2023

福建社会发展年鉴

FUJIAN SOCIAL DEVELOPMENT YEARBOOK

《福建社会发展年鉴》编委会 编

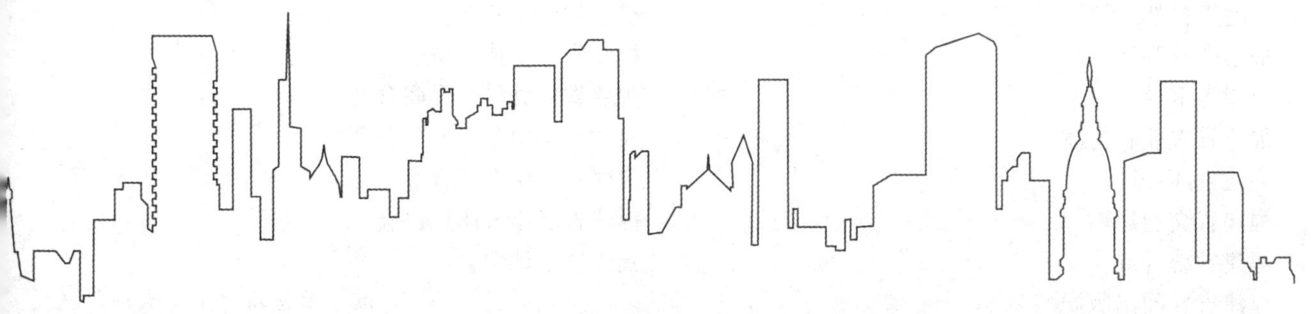

海峡出版发行集团 THE STRAITS PUBLISHING & DISTRIBUTING GROUP | 福建科学技术出版社 FUJIAN SCIENCE & TECHNOLOGY PUBLISHING HOUSE

特 别 致 谢

下列单位为本书编撰提供了翔实的资料和数据、大量的信息和稿件，海峡出版发行集团福建科学技术出版社为本书出版进行了精心的审读与编校，在此一并致以诚谢！

福建省人民政府、各设区市、县（市、区）人民政府

平潭综合实验区管委会

福建省发展和改革委员会

福建省卫生健康委员会

福建省国有资产管理委员会

福建省教育厅

福建省科学技术厅

福建省文化和旅游厅

福建省人力资源和社会保障厅

福建省工业和信息化厅

福建省住房和城乡建设厅

福建省财政厅

福建省公安厅

福建省民政厅

福建省退役军人事务厅

福建省应急管理厅

福建省生态环境厅

福建省司法厅

福建省民族与宗教事务厅

福建省自然资源厅

福建省水利厅

福建省审计厅

福建省农业农村厅

福建省商务厅

福建省交通运输厅

福建省统计局

福建省新闻出版局

福建省广播电视局

福建省体育局

福建省医疗保障局

福建省市场监督管理局

福建省药品监督管理局

福建省地方金融监督管理局

国家税务总局福建省税务局

福建省林业局

福建省海洋与渔业局

福建省粮食和物资储备局

福建省机关事务管理局

福建省精神文明建设指导委员会办公室

福建省人民政府侨务办公室

福建省供销合作社联合社

中共福建省委老干部局

中国人民银行福建省分行

中国人民银行厦门市分行

中华人民共和国福州、厦门海关

国家金融监督管理总局福建监管局

国家金融监督管理总局厦门监管局

中国证券监督管理委员会福建监管局

中国证券监督管理委员会厦门监管局

福建社会科学院

福建省总工会

中国共产主义青年团福建省委员会

福建省妇女联合会

福建省科学技术协会

福建省社会科学界联合会

福建省文学艺术界联合会

福建省残疾人联合会

福建省老年人体育协会

福建省统计学会

（以上单位排名不分先后）

《2023 福建社会发展年鉴》
编　委　会

《2023 福建社会发展年鉴》
编　辑　部

编 辑 说 明

一、编辑出版《2023 福建社会发展年鉴》以习近平新时代中国特色社会主义思想为指导，旨在宣传福建社会发展的目标任务，反映福建社会事业的新进展、新成就和新情况、新问题，总结经验，提供信息，承载历史，服务当今。

二、《2023 福建社会发展年鉴》是系统汇集福建社会发展基本情况和重要文献的地方性、综合性和资料性年刊；正式出版，国内外公开发行。

三、《2023 福建社会发展年鉴》所录资料的时限为 2022 年 1 月 1 日至 12 月 31 日，部分收录资料上溯至上年度，内容分为：文献特载、大事纪要、发展探索、热点透视、生态文明、区域概览、统计数据、政策选编、荣誉成果和年度人才，共十篇，比较客观、详实地记载 2022 年福建社会事业发展的实际情况。

四、《2023 福建社会发展年鉴》中的一些论述仅代表作者观点，所引用的数据和资料均采用政府各部门正式发布的数据和资料。由相关单位提供的稿件，因统计口径不尽相同，个别数据可能有差异。读者如需引用数据和资料，请向相关单位查证，以相关单位提供的数据和资料为准。

五、《2023 福建社会发展年鉴》编辑出版工作，得到了省委、省政府，各设区市和县（市、区）政府，平潭综合实验区管委会，省直各有关单位，各有关社会组织和社会各界人士的关心指导和大力支持，在此一并致以衷心的感谢。在本书编撰过程中，参考、引用了一些专著或资料，因沟通渠道的制约，无法一一与原作者取得联络，请有关作者看到本书后与编委会联系，我们将支付稿酬并致以谢忱。限于经验和水平，工作难免存在疏漏和欠妥之处，谨请广大读者指正，以期进一步改进和完善。

目　录

第一篇　文献特载

第二篇　大事纪要

第三篇　发展探索

第四篇　热点透视

第五篇　生态文明

第六篇　区域概览

第七篇　统计数据

第八篇　政策选编

第九篇　荣誉成果

第十篇　年度人才

第二篇 文献特载

中共福建省委　福建省人民政府印发《关于优化生育政策促进人口长期均衡发展的实施方案》

2022年5月27日《福建日报》刊发：中共福建省委、福建省人民政府印发《关于优化生育政策促进人口长期均衡发展的实施方案》，并发出通知，要求各地各部门结合实际认真贯彻落实。

《关于优化生育政策促进人口长期均衡发展的实施方案》公布如下：

为深入贯彻《中共中央、国务院关于优化生育政策促进人口长期均衡发展的决定》（以下简称《决定》）精神，现就优化生育政策，实施三孩生育政策及配套支持措施，促进我省人口长期均衡发展，提出如下实施方案。

一、总体要求

（一）**指导思想和主要原则**。坚持以习近平新时代中国特色社会主义思想为指导，站在党和国家工作全局的高度，充分认识实施三孩生育政策的重大意义。坚持以人民为中心、以均衡为主线、以改革为动力、以法治为保障，实施三孩生育政策及配套支持措施，完善服务管理制度，提升优生优育和普惠托育服务水平，降低生育、养育、教育成本，增进家庭和谐幸福，推动实现适度生育水平，促进人口长期均衡发展，为全方位推进高质量发展超越、加快新时代新福建建设提供坚实基础和持久动力。

二、主要目标

（二）**中期目标**。到2025年，积极生育支持政策体系基本建立，服务管理制度基本完备，优生优育服务水平明显提高，普惠托育服务体系加快建设，每千人口拥有3岁以下婴幼儿托位数达到4.5个，生育、养育、教育成本显著降低，生育水平适当提高，出生人口性别比趋于正常，人口结构逐步优化，人口素质进一步提升。婴儿死亡率控制在4‰以下。

（三）**长期目标**。到2035年，促进人口长期均衡发展的政策法规体系更加完善，服务管理机制运转高效，生育水平更加适度，人口结构进一步改善。优生优育、幼有所育服务水平与人民群众对美好生活的需要相适应，家庭发展能力明显提高，人的全面发展取得明显进展。

三、推进落实三孩生育政策

（四）**依法实施三孩生育政策**。贯彻落实《中华人民共和国人口与计划生育法》《福建省人口与计划生育条例》，提倡适龄婚育、优生优育，实施三孩生育政策。深入评估本地区人口发展形势、工作基础和政策实施风险，依法组织实施，确保政策平稳落地。

（五）**取消社会抚养费等制约措施**。取消社会抚养费，清理和废止相关处罚规定。已经依法作出征收决定并执行完毕的，应当予以维持；已经作出征收决定但尚未执行完毕的，已经征收部分不予退还，未征收部分不再继续征收；尚未调查或作出征收决定的，不再受理、处理。开展地方性法规、规章和规范性文件涉及计划生育内容专项清理工作。将入户、入学、入职等与个人生育情况全面脱钩。依法依规妥善处理历史遗留问题，维护人民群众的合法权益，维护工作大局的稳定。

（六）**加强人口服务体系建设**。以“一老一小”

为重点，建立健全覆盖全生命周期的人口服务体系。加强基层服务管理体系和能力建设，增强抚幼养老功能。强化政府保基本兜底线职能，培育养老新业态，构建居家社区机构相协调、医养康养相结合的养老服务体系。围绕婴幼儿、青少年、育龄群众等主要服务对象，开展优生优育指导、儿童早期发展、青春健康、生殖健康咨询等健康促进项目，完善服务体系。加强“妈妈小屋”（母婴设施）规范化建设，为婴幼儿照护、哺乳提供便利。实行生育登记制度，对生育和再生育一律实行登记，方便群众。搭建“出生一件事”套餐服务信息平台，群众网上申请，即可享受出生医学证明办理、预防接种证办理、出生户口登记、生育保险待遇核准支付、城乡居民基本医疗保险参保登记、社会保障卡申领等联办服务。

（七）**强化人口监测和战略研究**。加强全员人口库建设，健全基层监测网络队伍，完善人口监测点，丰富人口信息采集手段，推进生育登记、孕产期保健、住院分娩、出生医学证明、儿童预防接种、居民健康档案等信息共享。加强部门协作，促进人口服务基础信息融合共享、动态更新。建立人口长期均衡发展指标体系，健全人口预测预警制度。开展人口形势分析，深化人口与经济社会发展等重大问题研究。

四、着力提升优生服务水平

（八）**妇幼健康有保障**。全面落实母婴安全五项制度，开展妊娠风险评估，加强分类管理。完善危重孕产妇救治中心建设，健全孕产妇转运及用血保障机制，提升临床救治能力。强化各级政府责任，开展妇幼保健机构达标建设，实现每个市、县都有一个标准化的妇幼保健机构。打造生育全程优质服务链，满足全省妇女儿童日益增长的服务需求。

（九）**出生人口素质有提高**。加快补齐生育相关的公共服务短板，推动县域内出生缺陷三级防控措施全面落实。鼓励和促进群众积极参与婚前医学检查与孕前优生健康检查。加强全省产前筛查诊断机构网络建设，提升筛查质量，做好新生儿疾病筛查后的诊断、治疗、康复转介服务及社区随访管理服务。做好出生缺陷患儿基本医疗和康复救助工作。健全重特大疾病医疗保险和救助制度。

（十）**人类辅助生殖技术应用有规范**。进一步完善我省人类辅助生殖技术服务体系。落实人类辅助生殖技术应用相关规划，加大对人类辅助生殖技术服务的监督执法力度，严厉打击未经批准实施人类辅助生殖技术等违法行为，严厉打击代孕、非法采供精（卵）、滥用性别鉴定技术等违法违规行为，维护全省人类辅助生殖技术的规范执业和有序开展。开展孕育能力提升专项攻关，规范不孕不育诊治服务。

五、多措并举推进优育服务

（十一）**增强家庭照护能力**。儿童监护抚养是父母的法定责任和义务，家庭对婴幼儿照护负主体责任。加强对家庭婴幼儿照护的支持和指导。严格落实产假、哺乳假等制度。用人单位对符合法律、法规规定生育子女的夫妻，在其子女年满三周岁之前，每年给予夫妻双方各十天育儿假。鼓励有条件的用人单位设立“妈妈班组”，推行弹性工作制，为婴幼儿照护创造便利条件。通过入户指导、亲子活动、家长课堂等方式，探索开发建设家庭育儿共享平台，向广大家庭尤其是农村家庭普及科学育儿知识和技能，提高家庭的科学育儿能力，促进儿童全面发展。

（十二）**大力发展普惠优先的多元托育服务**。发挥预算内投资的引导和撬动作用，推动建设一批方便可及、价格可接受、质量有保障的托育服务示范机构。开展全省托育机构示范园评比，实行示范带动。鼓励支持各级机关、企事业单位、其他社会力量采取单独、联合的方式，或提供场所与专业托育服务机构合作，向本单位职工提供婴幼儿照护服务，有条件的可向附近居民开放。机关、企事业单位房屋主管部门积极作为，盘活存量闲置房屋，用于支持机关、企事业单位开展托育服务。不断完善土地、住房、财政、金融、人才等支持政策，引导支持国有、社会资本参与建设社区托育服务设施和举办综合托育服务机构。新建城区和新建住宅区应当按照每千人不少于10个托位规划建设托育服务设施，并与住宅同步验收、同步交付使用。老城区和已建成住宅区无托育服务设施或者现有设施未达到标准的，应当通过购置、置换、租赁等方式，按照每千人不少于6

个托位建设托育服务设施。鼓励支持有条件的幼儿园开设托育班，招收2至3岁幼儿。加强和规范家庭托育点管理。支持隔代照料、家庭互助等照护模式，支持家政企业扩大育儿服务。

（十三）**扩大托育人才培养规模**。完善托育从业人员职前职后一体化培养培训体系。推动技能人才评价，鼓励用人单位建立从业人员工资待遇与专业技能等级、从业年限挂钩制度，实现从业人员持证上岗率达到100%。加大婴幼儿照护专业建设支持力度。省卫健部门会同教育、人社部门共同制定婴幼儿照护服务人才培养计划，将托育服务人才作为急需紧缺人员，加大培养力度。促进产教研相结合。依托优质托育机构示范园、妇幼保健机构等，鼓励相关高等院校参与，建立健全省、市、县三级婴幼儿照护服务研究指导平台，为托育服务机构提供指导、咨询，为从业人员提供培训指导。支持各类高校与妇幼保健机构、优质托育机构共建一批婴幼儿照护服务实训基地，并作为幼教人员基层服务定点单位，服务时长作为基层服务时间，打通职称晋升通道。

（十四）**坚持齐抓共管**。省、市、县三级建立由分管领导牵头，各相关职能部门参与的部门联席会议制度，定期召开会议，研究解决托育服务发展中重难点问题。卫健部门探索建设综合监管平台，对托育机构开办、监管、服务品质以及家长反馈等进行信息化管理。教育、财政等部门支持有条件的院校开设婴幼儿托育专业，加大对新设婴幼儿托育专业学校的补助，加强婴幼儿托育专业人才培养。市场监管部门加强对托育机构饮食用药安全进行监管。以设区市（含平潭综合实验区）为单位制定整体解决方案，统筹推进托育服务健康发展。各级政府建立健全登记备案制度、信息公示制度、评估制度，加强动态监管，建立机构关停等特殊情况应急处置机制，推动托育行业持续健康发展。

六、不断完善优待制度

（十五）**生育成本降低**。探索建立生育补助制度，鼓励有条件的地方对生育二孩、三孩的家庭每月予以一定补助。完善生育保险与职工基本医疗保险合并实施制度，继续按规定做好参保女职工生育医疗费用、生育津贴待遇等的保障，以及城乡居民医保参保人生育医疗费用保障，将符合条件的产前检查和治疗费用按规定纳入基本医疗保险、生育保险报销范围，减轻生育医疗费用负担。

（十六）**住房优先保障**。各市、县（区）在配租公租房时，可将家庭人数及构成等纳入轮候排序或综合评分的因素，对符合条件且有未成年子女的家庭，可根据其未成年子女数量，在户型选择方面给予适当照顾。对符合条件的生育三孩家庭、计划生育特殊家庭，同等条件下可按规定优先予以保障。同时，鼓励各地进一步完善公租房调换政策，定期复核保障对象家庭人口、住房和经济等变化情况，对因家庭人口增加、子女就学等原因需要调换公租房的承租家庭及时调换房源。指导各市、县（区）根据本地实际，细化抚养未成年子女家庭住房套数的认定标准，支持租赁和购买改善性住房。

（十七）**教育公平优质**。每年通过新建、改扩建幼儿园等方式，建设一批公办幼儿园，不断扩大公办幼儿园学位供给。加大对普惠性民办幼儿园的扶持力度，引导支持民办幼儿园向社会提供普惠性教育服务，提升普惠性幼儿园覆盖率。鼓励幼儿园关注家长需求，积极创造条件适当延长在园时长或提供托管服务。深化城乡义务教育一体化发展，缩小城乡办学条件差距。推进紧密型教育共同体建设，建设家门口优质学校，促进义务教育均衡发展。以公益普惠为原则，推动中小学课后服务扩面提质，强化学校育人主阵地作用，满足学生多样化需求。推进中小学教育质量评价改革，扭转“唯分数”、“唯升学”等不科学的教育评价导向，建立科学多元的教育质量评价制度和学生学业质量评价体系。将减轻义务教育阶段学生作业负担和校外培训负担、深化校外培训机构治理纳入教育督导体系。全面规范校外培训行为，不再审批新的面向义务教育阶段学生的学科类校外培训机构，强化常态运营监管，加强培训收费监管，严格控制培训广告投放，逐步压减学科类培训机构数量。建立培训内容备案与监督制度，严禁超标超前培训，严禁占用国家法定节假日、休息日及寒暑假期组织学科类培训，切实减轻学生课业负担和校外培训负担。

（十八）**就业得到保护**。规范机关、企事业等用人单位招录、招聘行为，促进妇女平等就业。落实好《女职工劳动保护特别规定》、《福建省女职工劳动保护条例》，定期开展女职工生育权益保障专项督查，将保障女职工合法权益和特殊利益有关内容纳入集体合同签订，完善约谈机制，加大联合约谈力度，督促用人单位纠正歧视行为。为因生育中断就业的女性提供再就业培训公共服务。将生育友好作为用人单位承担社会责任的重要方面，鼓励用人单位制定有利于职工平衡工作和家庭关系的措施，依法协商确定有利于照顾婴幼儿的灵活休假和居家办公等弹性工作方式。

七、坚决落实优惠政策

（十九）**切实维护计划生育家庭合法权益**。对全面两孩政策调整前的独生子女家庭和农村计划生育双女家庭，继续实行现行各项奖励扶助制度和优惠政策。独生子女的父母年满六十周岁，患病住院治疗期间，用人单位应当支持其子女进行护理照料，并给予每年累计不超过十天的护理时间，护理期间工资福利待遇不变。加强立法，保障响应党和国家号召、实行计划生育家庭的合法权益。

（二十）**全方位帮扶计划生育特殊家庭**。根据经济社会发展水平等因素，实行特别扶助制度扶助标准动态调整。落实城乡医疗救助政策，对符合条件的计划生育特殊家庭成员，按规定资助参加城乡居民基本医疗保险。县（市、区）要指定接收计划生育特殊家庭成员养老机构，当地政府可采取购买服务等方式为有需要的计划生育特殊家庭成员提供无偿或低收费托养服务。对住房困难的，优先纳入住房保障。有条件的地方可对计划生育特殊家庭成员中的生活长期不能自理、经济困难的老年人发放护理补贴。落实好扶助所需资金，有条件的地方可探索建立公益金或基金，重点用于帮扶计划生育特殊家庭。积极落实计划生育特殊家庭联系人制度、家庭医生签约服务、优先便利医疗服务，建立省市两级每年巡访抽查、县乡两级每年普查的检查机制。依托村（社区）、有资质的社会组织，以购买服务等方式，为计划生育特殊家庭提供生活照料、就医陪护等服务。

八、强化组织保障

（二十一）**加强组织领导**。各级党委和政府要把贯彻落实《决定》摆上重要议事日程，深入学习领会，切实增强国情、国策意识，坚持一把手亲自抓、负总责，加强统筹协调，明确重点任务和职责分工，推动出台积极生育支持措施，确保责任到位、措施到位、投入到位、落实到位。

（二十二）**发动社会参与**。加强工作协同，充分发挥工会、共青团、妇联等群团组织以及社会组织在促进人口发展、家庭建设、生育支持等方面的重要作用，形成贯彻落实《决定》的合力。积极发挥计划生育协会作用，加强基层能力建设，深化生育关怀行动，做好宣传教育、生殖健康咨询服务、优生优育指导、计划生育家庭帮扶、权益维护、家庭健康促进等工作，大力开展志愿者服务活动。

（二十三）**积极宣传引导**。加强政策宣传解读，引导社会各界正确认识人口形势发展变化，弘扬主旋律、汇聚正能量，及时妥善回应社会关切，营造良好氛围。深入开展婚育新风进万家活动，弘扬中华民族传统美德，尊重生育的社会价值，提倡适龄婚育、优生优育，鼓励夫妻共担育儿责任，破除高价彩礼等陈规陋习，构建新型婚育文化。

（二十四）**抓好工作落实**。各地各部门要按照本实施方案要求，狠抓任务落实，及时研究解决苗头性、倾向性问题，确保优化生育政策取得积极成效。各设区市党委和政府、平潭综合实验区党工委和管委会每年要向省委和省政府报告本地区人口工作情况。

福建省高级人民法院工作报告

——2023 年 1 月 13 日在福建省第十四届人民代表大会第一次会议上

福建省高级人民法院院长　金银墙

各位代表：

现在，我代表福建省高级人民法院向大会报告工作，请予审议，并请省政协各位委员和其他列席人员提出意见。

过去五年的主要工作

2018 年以来的五年，党和国家事业取得举世瞩目的重大成就，人民法院工作也取得突破性进展，迈出坚实步伐。在省委领导、省人大监督和最高人民法院指导下，省法院坚持以习近平新时代中国特色社会主义思想为指导，全面贯彻党的十九大、二十大精神，深入贯彻习近平法治思想，认真落实省第十次、十一次党代会精神和省十三届人大历次会议决议，深刻领悟“两个确立”的决定性意义，增强“四个意识”、坚定“四个自信”、做到“两个维护”，忠实履行宪法法律赋予的职责，努力让人民群众在每一个司法案件中感受到公平正义。

五年来，全省法院受理案件 454.04 万件、办结 449.42 万件，分别比上五年上升 31.99% 和 34.66%，其中省法院受理 8.55 万件、办结 8.17 万件，上升 83.67% 和 84.51%。司法服务自贸区建设、助力脱贫攻坚、文化遗产保护等 19 项亮点工作写入最高人民法院工作报告；跨域诉讼、集约送达、司法惠台等 29 项经验做法在全国法院推广；入选全国法院典型案例 175 个，获评全国法院优秀庭审 9 场、司法研究重大课题成果奖 8 项；634 个集体、790 名个人受到省级以上表彰表扬，涌现出全国“人民满意的公务员集体”泉州中院诉讼服务中心和全国“最美奋斗者”黄志丽、全国“十大法治人物”陈少华、全国“双百政法英模”张得意等一批先进典型。

一、紧扣高质量发展主题，为新福建建设提供有力司法保障

围绕“四个更大”重要要求，聚焦数字、海洋、绿色、文旅经济发展，出台司法指导性意见 65 份，充分发挥司法职能，努力做到经济社会发展到哪里，司法服务就跟进到哪里。

精准服务疫情防控和经济社会发展。及时出台服务“六稳”“六保”27 项举措，发布司法工作指引 9 批 248 条，审结涉疫案件 2438 件，努力为抗疫护航。根据“新十条”“乙类乙管”等新阶段疫情防控要求，制定 6 批 46 条举措，因时因势调整优化司法措施。依法惩治涉疫诈骗、哄抬防疫物资价格等犯罪行为，维护防疫秩序。妥善审理因疫情引发的合同违约、企业债务等纠纷，充分考虑疫情给企业造成的困难，审慎运用强制措施，帮助中小微企业渡过难关。开展“千名执行干警进千企”，帮助解决问题 298 个，推出助力中小微企业发展 10 条执行措施，助企减负纾困。南平法院选派百名“法律特派员”，精准对接群众关切和企业需求。疫情之下线上服务“显身手”，网上立案 57.6 万件、开庭 8.44 万次、调解 99.53 万次、电子送达245.84万件次，全国首批实现看守所远程庭审系统全覆盖，确保诉讼不断线、工作不停摆、正义不止步。

着力营造法治化营商环境。积极融入法治化营商环境示范区建设，推出100条涵盖“保立审执破”的安商惠企举措，编制《民营经济法律风险防控图解指南》，制定服务创新型民营企业发展24条措施，以良好的用户体验赢得企业好评。加强产权司法保护，保障市场公平有序，一审审结商事案件97.65万件。从省级层面推动金融司法与金融监管的协同合作，厦门法院在全国首创金融司法协同中心并向全国推广，宁德、龙岩法院建立普惠金融纠纷协同调处机制，促进纠纷联调、风险联防。做好保交楼、保民生、保稳定相关工作，妥善处置停摆7年的“中国贵谷”案件，1400多户业主顺利入住，善意执行福州大儒世家、莆田正鼎系列房地产案件，让“烂尾楼”转危为安。加强破产审判，运用全国首创的“执破直通”机制，挽救危困企业、出清僵尸企业，审结强制清算与破产案件6202件。“厦门第一高楼”等一批项目重现生机，“实达集团”实现36天高效重整，创全国审理时间最短、执行效率最高的上市公司破产重整记录。

服务加快建设知识产权强省。一审审结各类知识产权案件7.29万件、同比增长2.2倍，保护创新、激励创造。设立福州、厦门、泉州知识产权法庭，与省知识产权局共同建立覆盖省市县的协同保护机制，入选我省深化“放管服”改革典型经验。全面推进知识产权“三合一”审判机制改革，统一损害赔偿裁量标准，着力破解“举证难、周期长、成本高、赔偿低”问题。依法妥善审理高通与苹果专利纠纷案，运用“禁售令”促成双方全球和解。省法院作为全国第二家高院，与世界知识产权组织仲裁与调解中心签署合作协议，促进涉外知识产权纠纷公正高效多元解决。

保障高水平对外开放。主动融入海丝中央法务区建设，设立厦门、泉州国际商事法庭、厦门涉外海事法庭，打造国际商事海事争端解决优选地。深入实施涉外审判精品战略，一审审结涉外、涉港澳侨案件1.46万件，依法审结“章公祖师”肉身佛像追索案，成为我国通过司法渠道跨国追索文物的开创性案例，创设了“中国版”国际司法裁判规则。服务自贸试验区建设，平潭法院企业送达信息共享机制、财产执行云处置模式入选国务院自贸区改革试点经验向全国推广。加强海事海商审判，一审审结相关案件6274件。成功承办海上丝绸之路（泉州）司法合作国际论坛，24个国家、地区和国际组织参加，俄罗斯等7国首席大法官线上参会，展示我国司法国际形象。

助推绿色发展。一审审结各类环境资源案件2.08万件，追究刑事责任7850人，补种复绿6万余亩，司法守护八闽绿水青山。“生态司法+保险”机制、“海丝蓝屏”保护行动等6项工作写入最高人民法院发布的《中国生物多样性司法保护》报告。服务“双碳”目标，全国首创林业碳汇损失计量及赔偿机制，体现林业碳汇价值，修复受损森林资源。漳州法院全国首创蓝碳司法保护与生态治理机制，东山等5个基层法院集中管辖涉碳案件。驻河长办、林长办法官联络机构全省覆盖，司法保护网更密更实。加强文化和自然遗产一体保护，在武夷山设立全国首个国家公园司法保护实践基地，福州、宁德分别建立古厝、廊桥司法保护协作机制，龙岩加强红色文化遗存司法保护，助力文脉传承赓续。南平法院完善“三绿”机制和“513”涉旅审判机制，高效化解旅游纠纷。莆田法院创新采用“固坝填石”河道修复模式，助力木兰溪流域生态保护。三明法院创建“平台+巡回专庭+服务点”种业振兴保障机制，守护红土地上稻花香。省法院在世界环境司法大会上作专题发言。

推进两岸融合发展。立足我省对台独特优势，持续推进涉台司法创新发展，办结涉台案件6354件、司法互助案件2.82万件。在全国法院率先出台司法惠台59条措施，开通全国首个涉台司法服务网，发布全国首份涉台海事审判白皮书，设立60家台胞权益保障法官工作室，为台胞台企提供无差别司法服务。选聘353名台胞担任陪审员、调解员，漳州设立全国首个台胞调解委员会，平潭创新“三调三进”涉台解纷模式，扩大台胞参与司法渠道。设立涉台司法交流研究中心，聘请45名台胞、高校学者等担任特邀咨询员、研究员，完善涉台法律专家智库。厦门法院接收台青实习实训，增强台湾青年学生对大陆司法的认同感。2009年起连续成功举办14届海峡两岸司法实务研讨会，两岸同胞1600余人次参加，以法为媒促进“两岸一家亲”。

二、依法惩治犯罪，推动建设更高水平的平安福建

严惩危害国家安全和社会治安犯罪。贯彻总体国家安全观，一审审结刑事案件23.18万件，判处罪犯30.17万人，总体呈现下降态势，人民群众安全感不断增强。依法严厉打击分裂国家、颠覆政权、恐怖犯罪和邪教组织犯罪，严惩杀人、抢劫、涉枪涉爆、涉毒等严重危害社会治安犯罪，严惩龙岩公交车劫持案等一批严重危害社会安全的犯罪分子。判处侮辱消防烈士的被告人有期徒刑，以法律正义捍卫英烈荣光。开展打击整治养老诈骗、电信网络诈骗、拐卖妇女儿童犯罪三项行动，对群众反映强烈的犯罪重拳出击。审结养老诈骗犯罪案件87件312人，全部适用财产刑，为老年人挽回损失1.34亿元，我省经验在全国法院推进会上交流。审结电信网络诈骗犯罪案件4449件，涉案金额60.8亿元，较五年前分别上升56.7%和913%，依法严惩涉案金额达1.29亿元的曾树荣电信诈骗案。审结拐卖妇女儿童犯罪案件404件682人，对实施拐卖行为的犯罪分子绝不姑息。依法审理“套路贷”“校园贷”诈骗、危害食品药品安全、高空抛物等犯罪案件，让“钱袋子”“舌尖上”“头顶上”的安全更有保障。

常态化开展扫黑除恶斗争。黑恶势力是社会毒瘤，群众深恶痛绝，必须除恶务尽、常治长效。开展为期三年的扫黑除恶专项斗争，审结涉黑恶案件1568件7601人，审理了福清林德发、泉州黄荣荣等一批社会影响较大的涉黑案，严打黑恶势力“保护伞”，以雷霆之势形成有效震慑，净化社会风气。强化“打财断血”，生效涉黑恶财产判决执行到位30.12亿元，铲除黑恶势力经济基础。开展重点行业领域专项整治，针对非法采矿、暴力催收等发出司法建议626份，促进源头防范整治。省法院连续三年获评全国扫黑除恶专项斗争先进单位，庭审重点攻坚、相对集中管辖、黑恶财产处置和“打伞破网”四联动等做法经验在全国推广。

依法惩治腐败犯罪。一审审结贪污、贿赂等案件1579件1997人，其中被告人原为省部级干部5人、省管干部41人，依法审结陈树隆案、张坚案等一批重大职务犯罪案件。顺应监察体制改革，会同省监委、省检察院出台职务犯罪协作配合、案件管辖等指导意见，促进监察与司法程序衔接，强化运用法治手段惩治腐败。依法审理外逃人员回国受审案件，决不让境外成为腐败分子的法外之地。

人权司法保障有效加强。落实宽严相济，判处五年以上有期徒刑直至死刑2.24万人，判处缓刑、管制等非监禁刑10.57万人。坚持罪刑法定、疑罪从无、证据裁判，依法宣告94名被告人无罪。建成全国首个“刑事案款跨域便民缴纳系统”，方便财产刑缴纳。深入推进刑事案件律师辩护全覆盖，指定辩护律师比五年前增加505.6%。全面排查1990年以来减刑、假释、暂予监外执行案件53.03万件，出台84条措施规范审理，防止“纸面服刑”破坏公平正义。

三、践行以人民为中心，促进提高人民生活品质

高标准建设现代化诉讼服务体系。全面建成诉讼服务大厅、网上平台、12368热线、巡回审判并行的“厅网线巡”立体化诉讼服务体系，持续完善一站式、便捷化、多元化的司法服务。出台19条措施和164项诉讼服务标准，当场立案率达99.24%，方便“一门进一次办”。三明中院司法服务标准化试点入选全国典型案例。在“闽政通”开通“诉讼服务”功能，上线诉讼服务微信小程序，推进“一网通一码清”。泉州首创跨域立案诉讼服务并推广到全国法院，由单一的立案拓展至送达、取证等86个项目，实现群众异地诉讼从“咫尺天涯”到“天涯咫尺”，获评首届“人民法院改革创新奖”。漳州、南平中院等5家法院被最高人民法院命名“为群众办实事示范法院”。

强化民生权益保障。贯彻实施民法典，一审审结教育、就业、医疗、住房、消费、社会保障等案件40.53万件。做好家事审判，完善反家暴工作机制，南平法院设立家庭教育“百合花开”馨课堂，推行“朱子·家”家事审判工作法，莆田法院发出全国首例由残联代为申请的人身安全保护令，相关做法被司法解释吸纳。制定涉少审判46条措施，少年法庭实现全省覆盖，发出家庭教育令等420份，督促家长“依法带娃”，用法治守护花朵成长。与省总工会联合创设职工法律服务“园区枫桥”机制，保护劳动者合法权益。加强司法拥军，全面完成服务保障涉军停偿工作，省法院作为全国唯一高院获评全国涉军停偿先进单位，三明中院成为全国法院唯一受表彰的“全国爱国拥军模范单位”。率先探索国家赔偿案件回访制度，审结国家赔偿与司法救助案件6986件，发放司法救助款1.8亿元。设立福建法院司法融媒体中心，深化司法六进，提供“点单式”“互动式”“体验式”法律宣传服务，大力弘扬社会主义核心价值观，讲好法治故事、传播法治强音。

坚定推进切实解决执行难。以前所未有的力度，打好“基本解决执行难”攻坚战，向着切实解决执行难迈进，共执结案件147.1万件，执行到位金额2925.19亿元。将执行工作纳入综治考评，与百家省级联动单位系统对接，全面强化执行联动和失信惩戒，依法为主动履行的被执行人修复信用，综合治理执行难格局不断完善。健全执行工作长效机制，“一案双查”和平潭法院涉案房产“e拍即得”协同执行机制在全国法院推广。推广宁德党政机关“零强制”执行机制，促进自动履行生效判决。完善网络司法拍卖，成交4.63万件，成交额1110.69亿元，为当事人节约佣金55.53亿元。开展“八闽护薪”“执行暖冬”等涉民生专项执行行动，为农民工追讨“辛苦钱”“血汗钱”12.22亿元。

加强行政争议实质性化解。一审审结行政诉讼案件3.6万件，办结行政非诉执行案件4.3万件，保护行政相对人合法权益，促进法治政府建设。完善“省市县”府院联席会议机制，连续12年发布行政审判白皮书，创新建立“五位一体”以庭代训机制，司法与行政良性互动不断深化，我省行政机关负责人出庭应诉率居全国前列。加强行政争议多元调处中心建设，促进争议实质性化解，泉港运用“项目化”模式促成全省最大单体拆迁项目“零诉讼”。

用好新时代“枫桥经验”。把非诉讼纠纷解决机制挺在前面，用好在线调解平台，推进源头、前端、多元解纷。全省三级法院全部建成诉非联动中心，省法院与28家部门、行业建立诉非联动机制，努力把矛盾纠纷化解于萌芽，诉前成功化解纠纷87.08万件。省法院、漳州中院在全国法院在线多元解纷会议上作经验交流。全省法院聘请4297名特邀调解员、1962个特邀调解组织，设立755个专业化调解平台，发挥各方力量化解纠纷。深入开展10个重点行业领域的矛盾纠纷大化解，金融、住建等多个行业新收案件出现下降。开展涉诉信访“治重化积”三年专项行动，办结率99.67%，涉诉信访总量持续下降。宁德设立诉非联动中心保障新能源产业重点项目建设，实现无一信访。福州铁路运输法院从源头化解铁路重点项目建设纠纷，保障国家“大动脉”畅通。罗源法院加强畲乡诉源治理，架起群众连心桥。

切实发挥人民法庭化解纠纷、服务群众第一线作用。落实强基导向，优化全省208个人民法庭、677个巡回审判点的功能布局，蕉城法院打造全国首个5G海上巡回法庭，为群众提供家门口的司法服务。全省法院76.32%的人员充实配置在基层、85.25%的案件办结在基层，服务乡村全面振兴和基层社会治理。开展寻找“最美法庭”活动，展播永泰嵩口等法庭事迹，展示人民法庭为人民的美丽风景。“海岛模式”“背包法庭”“茶乡法庭”等5项经验做法入选全国新时代人民法庭建设案例。

四、纵深推进司法体制改革和智慧法院建设，稳步提升司法质量、效率和公信力

司法责任制全面落实。实行“让审理者裁判、由裁判者负责”，明晰审判权责清单，确保履责有据、行权有度。全省1400余个新型审判团队有效运行，员额法官年人均办案235.05件。压实院庭长监管责任，对重大疑难复杂等“四类案件”推出23条监管措施，做到放权不放任。发挥专业法官会议、审判委员会制度作用，全面推行类案检索，推进“闽法同判”，统一司法尺度。建成案件统一监管平台，严格审限管理，开展长期未结、久押不决案件专项清理，2022年长期未结案件同比下降60.82%。

司法体制综合配套改革不断深化。平稳有序开展法院审级职能定位改革试点，推动诉讼分流、职能分层，审结一审案件 237.77 万件、二审案件 26.31 万件，申诉、申请再审及再审案件 5.25 万件。完成基层法院内设机构改革，内设机构精简 37.81%。实行人员分类管理，先后 5 批遴选员额法官 4033 名，实现 85% 以上人员向办案一线集中。完善司法人员依法履职保障机制，2 个法官权益保障案例被中国法官协会推广。贯彻实施人民陪审员法，全省 7177 名人民陪审员参审案件 42.53 万件，一审普通程序案件陪审率 69.61%。

诉讼制度机制改革取得成效。推进以审判为中心的刑事诉讼制度改革，认罪认罚从宽制度适用率达 88.06%，一审服判率 92.61%。完成民事诉讼程序繁简分流改革试点，小额诉讼程序平均审理期限 26.91 天。深化行政案件跨行政区域管辖改革，实行中级法院交叉管辖、基层法院集中管辖，防止行政诉讼“主客场”问题。完成人身损害赔偿标准城乡统一试点，解决城乡赔偿差异，我省试点经验被司法解释吸纳。

推进现代科技与司法工作深度融合。将信息技术全方位嵌入法院办案、服务、管理各环节，为实现公平正义插上科技翅膀，22 项成果在数字中国建设峰会亮相展出。加快智慧办案办公系统建设，积极参与省级政法跨部门大数据办案平台建设，全国首创司法集约送达“185”模式，实现即时高效送达。深化司法大数据分析应用，发布金融、破产审判、服务数字经济等 13 类白皮书，当好经济社会活动“晴雨表”，省法院连续两年获评全国法院“司法大数据专题协作研究”特等奖。深化司法公开，裁判文书上网 277 万余篇，庭审直播案件 47 万余场，以信息化赋能阳光司法。

五、坚持自我革命，锻造忠诚干净担当的法院铁军

始终把政治建设摆在首位。深入开展“不忘初心、牢记使命”主题教育、党史学习教育和“两个确立”主题教育，精心组织“学习二十大”14 项载体活动，迅速掀起学习二十大热潮。严格执行《中国共产党政法工作条例》和省委实施办法，落实意识形态工作责任制。开展庆祝建党 100 周年“十个一”活动，编写出版《法魂——中国特色社会主义法治溯源》，百集全媒体音视频系列报道《共和国法治从这里走来》全网点播量达 6600 万。福州中院建成“习近平法治思想学习宣传馆”，龙岩“共和国法治摇篮展览馆”优化升级，在传承红色基因中强志气、厚底气。省法院承担的《人民法院贯彻落实习近平法治思想研究》获评全国法院“优秀重大课题研究成果”。

着力提升司法能力。推出优秀年轻干部“选、育、管、用”12 项措施，形成以 3 名全国审判专家为龙头、132 名省级审判专家为主体的高层次审判人才梯队。开设“闽法讲堂”“闽法问道”平台，常态化举办“闽法课堂”，发布闽法微课，线上线下举办各类培训班和专题讲座 244 期，培训 23 万余人次。发挥司法文明研修中心和全省 31 个实践基地作用，涵养“红”“福”“拼”的福建法院特色文化。厦门中院“七星法治文化街区”和泉州中院“法映刺桐”宋元法律文化展馆入选“全国法院文化建设特色项目”。

持之以恒正风肃纪反腐。扎实开展政法队伍教育整顿，“小切口”靶向整治顽瘴痼疾 2014 个，作风、素能、面貌持续提升。落实中央八项规定及其实施细则精神，常态化开展司法巡查、纪律作风督察，持续整治作风顽疾。深化党风廉政建设和反腐败斗争，一体推进不敢腐不能腐不想腐。自主研发福建法院廉政风险防控“清风”系统，聚焦审判执行全流程 89 个廉政风险点，实现早预警早发现早处置，被全国教整办推介。严格执行新时代政法干警“十个严禁”、防止干预司法“三个规定”等铁规禁令，启用全国四级法院统一的干预过问案件记录报告平台，“逢问必录”的自觉正在形成。运用“四种形态”从严监督执纪问责，查处违纪违法人员 438 人，确保司法清正廉洁。

六、贯彻全过程人民民主，自觉接受监督，切实改进工作

深入贯彻中央和省委人大工作会议精神，自觉接受人大及其常委会监督。坚持大会报告和专项报告制度，省法院先后就司法体制改革、刑事审判、生态司法保护、民事审判、审判监督工作向省人大常委会作专项报告，认真落实审议意见并做好“回头看”。全省法院办复代表建议 731 件，转化为推动法院工作发展的举措和成效。出台服务人大代表工作 15 条举措，完善联络机制，邀请人大代表视察法院、旁听庭审、参与调解、见证执行，支持和保障代表更好履职、发挥作用。接受政协民主监督，全省法院办复委员提案571件，邀请政协委员、各民主党派、工商联、无党派人士和人民团体开展专题调研。自觉接受监察机关监督，依法接受检察机关监督，邀请检察长列席审判委员会会议，共同维护司法公正。广泛接受社会监督、舆论监督、人民法院监督员监督，深化与律师良性互动，不断改进法院工作。

五年来的笃行奋进，我们深深体会到，做好人民法院工作，必须坚持以习近平新时代中国特色社会主义思想为指导，毫不动摇坚持党对法院工作的绝对领导，做到维护核心、绝对忠诚、听党指挥、勇于担当；必须坚持以人民为中心，把为民造福贯穿法院工作全过程，努力让人民群众切实感受到公平正义就在身边；必须坚持服务党和国家工作大局，完整、准确、全面贯彻新发展理念，充分发挥审判职能，推进更高水平的平安福建、法治福建建设；必须坚持正确实施宪法法律，依法独立公正行使审判权，牢牢守住维护社会公平正义的最后一道防线；必须坚持改革创新，始终奋楫争先，务求实干实效，不断提升司法质量、效率和公信力；必须坚持狠抓队伍建设不放松，勇于自我革命，从严治院管警，以高素质法院队伍推进高质量发展。

各位代表，全省法院工作的发展进步，是各级党委、人大、政府、政协、监委、检察院和人大代表、政协委员以及社会各界、广大人民群众关心支持帮助的结果。在此，我谨代表全省法院表示衷心感谢和崇高敬意!

同时，我们清醒地看到，法院工作还存在问题和不足。对标新时代新征程新要求，在推进中国式现代化、前瞻性地服务保障新福建建设上还有差距；案件总量持续高位运行，深化诉源执源治理、提升办案质效、促进人民群众高品质生活仍需用力；司法改革系统集成、协同高效有待加强，信息化助力司法效能作用需进一步发挥；队伍素质能力还有短板，高层次专业化人才的培养还需加速推进；司法不公、司法腐败问题仍有发生，损害了司法形象。对此，我们将采取有效措施，努力加以解决。

2023年工作安排

2023年是全面贯彻落实党的二十大精神的开局之年。全省法院要坚持以习近平新时代中国特色社会主义思想为指导，全面贯彻落实党的二十大精神，深入贯彻习近平法治思想，认真贯彻落实党中央决策部署和省委、最高人民法院工作要求，坚持稳中求进工作总基调，全方位推进法院工作高质量发展，为打造法治强省、谱写福建篇章开好局起好步提供有力司法服务保障。

一要坚定不移走中国特色社会主义法治道路。严格执行《中国共产党政法工作条例》，把党的绝对领导贯彻落实到法院工作各领域各方面各环节。持续推进学习宣传贯彻党的二十大精神走深走实，按照党中央部署开展主题教育，常态化长效化开展党史学习教育，筑牢政治忠诚。深入挖掘我省红色资源，立体化打造"法魂"系列精品工程。自觉接受人大及其常委会监督，更好履行党和人民赋予的职责使命。

二要以司法现代化服务推进中国式现代化。聚焦做大做强做优四大经济，落实稳增长、稳就业、稳物价要求，找准司法服务保障的发力点。统筹疫情防控和经济社会发展，优化助企纾困司法措施，依法保护民营企业和企业家合法权益，加快建立营商环境司法数智平台，加强知识产权保护，打造一流法治化营商环境。主动融入海丝中央法务区建设，助力打造法治强省。落实落细涉台司法举措，促进两岸融合发展。加强生态司法一体化保护，保障美丽福建建设。

三要依法保障人民群众合法权益。妥善审理涉民生领域案件，兜牢民生底线。依法惩治各类犯罪，持续推进扫黑除恶常态化，促进建设更高水平的平安福建。支持监督行政机关依法行政，推进行政争议实质性化解。升级打造三级法院"执行服务中心"，深化执行难综合治理、源头治理。巩固提升"一站式"建设成果，优化升级跨域诉讼服务，加强网上立案、在线调解、在线诉讼推广应用，为人民群众提供全方位的优质司法服务。

四要守好维护社会公平正义的最后一道防线。

全面准确落实司法责任制，持续深化综合配套改革。加快推进司法权力运行机制改革，构建系统完备、规范高效的司法制约监督体系，确保司法公正高效权威。常态化开展长期未结、久押不决案件专项整治。加快智慧法院数字化智能化转型升级，抓好政法跨部门大数据办案平台运用，努力实现审判体系和审判能力现代化。

五要深入推进全面从严治院管警。强化素能培养，优化人才结构，激发人才活力。以“一地一品牌一特色”为牵引，挖掘、培育富有福建特色的法院文化。落实中央八项规定及其实施细则精神，严格执行防止干预司法“三个规定”等铁规禁令，持续推进“清风”系统下沉应用，提升巡查督察效能，确保法官清正、法院清廉、司法清明。

各位代表，新征程开启，新使命在肩。我们要紧密团结在以习近平同志为核心的党中央周围，在省委领导、人大监督下，坚定信心、忠诚履职，踔厉奋发、勇毅前行，为奋力谱写福建发展新篇章作出新的更大贡献！

福建省人民检察院工作报告

——2023年1月13日在福建省第十四届人民代表大会第一次会议上

福建省人民检察院代检察长　侯建军

各位代表：

现在，我代表福建省人民检察院向大会报告工作，请予审议，并请省政协各位委员和其他列席人员提出意见。

过去五年工作回顾

省十三届人大一次会议以来的五年，是福建牢记嘱托、砥砺前行、跨越发展的五年，也是检察事业重塑变革、守正创新、深化发展的五年。在省委和最高人民检察院领导下，在省人大及其常委会监督下，全省检察机关坚持以习近平新时代中国特色社会主义思想为指导，深入贯彻党的十九大和二十大精神，全面贯彻习近平法治思想，落实省委部署和省十三届人大历次会议决议，深刻领悟“两个确立”的决定性意义，增强“四个意识”、坚定“四个自信”、做到“两个维护”。五年来，全省检察机关从百年党史和90多年检察史中赓续红色血脉，顺应多重改革叠加形势把握时代机遇，以《中共中央关于加强新时代检察机关法律监督工作的意见》和省委实施意见引领创新发展，以省人大常委会《关于加强新时代人民检察院法律监督工作的决定》深化拓展“四大检察”法律监督格局，各项工作取得长足进步。2018年至2022年，共办理各类案件916964件，其中刑事检察477130件、民事检察18777件、行政检察11063件、公益诉讼检察13164件、其他案件396830件。

一、忠诚担当保障高质量发展和高水平安全

统筹发展和安全，聚焦全方位推进高质量发展制定系列服务保障举措，守正创新、能动履职为大局服务。

坚决维护国家安全和社会稳定。贯彻总体国家安全观，依法严惩危害国家安全、暴恐、邪教组织等犯罪，助力建设更高水平的平安福建。打赢为期三年的扫黑除恶专项斗争，常态化惩治黑恶犯罪，对全部涉黑和重大涉恶案件由省检察院统一把关，起诉涉黑犯罪2521人、涉恶犯罪6648人，推动“破网打伞”、行业治乱，全省54个单位和个人获省级以上表彰。突出打击影响人民群众安全感的犯罪，起诉严重暴力犯罪和多发性侵财犯罪67739人。与金融监管部门推进金融风险领域整治，起诉非法吸收公众存款、洗钱等破坏金融管理秩序犯罪5650人，同步做好追赃挽损工作。针对传统犯罪加速向网络蔓延态势，起诉电信网络诈骗、网络赌博等犯罪57375人。因时因势优化依法战疫措施，落实宽严相济刑事政策，起诉涉疫犯罪996人。

着力营造法治化营商环境。坚持法治是最好的营商环境，依法平等保护国企民企、内资外资、大中小微企业合法权益，起诉破坏市场经济秩序犯罪24416人，起诉侵害企业权益犯罪3578人。传承弘扬“晋江经验”，持续加大对民营企业平等保护力度，对企业负责人涉经营类犯罪依法能不捕的不捕、能不诉的不诉、能不判实刑的提出适

用缓刑建议。全面推开涉案企业合规改革，与省工商联等8部门共建第三方监督评估机制，对依法可不捕不诉的，督促涉案企业作出合规承诺并切实整改，2021年试点以来共办理企业合规案件99件，对整改合格的140名涉案企业责任人依法不起诉；另有10家企业整改未通过监督评估，相关责任人被依法追诉。莆田、平潭检察机关办理工程建设领域串通投标系列案，对84家企业开展合规整改，促进行业健康发展。会同省公安厅对长期未侦结的涉企“挂案”集中攻坚，对排查的109件全部督促办结。积极融入海丝中央法务区建设，福州、厦门、泉州市检察机关入驻提供检察服务。

全力保障创新驱动发展。融入知识产权强省建设，省检察院与省知识产权局建立协同保护十项制度。省市两级检察院全部组建知识产权检察办公室，深化刑事、民事、行政检察一体履职，推进知识产权权利人告知工作全覆盖，共起诉侵犯知识产权犯罪3312人，办理知识产权民事行政诉讼监督案件84件。我省办理的案件连续10年入选年度全国检察机关典型案例。宁德一高新技术企业商业秘密被侵犯，检察机关经引导侦查取证、自行补充侦查，破解商业秘密认定、侵权致损鉴定难题，依法追诉2个公司单位犯罪，保护企业“不能说的秘密”。完善检察办案保护创新创业容错机制，建立涉科研骨干职务犯罪案件批捕、起诉层报省检察院审批制度。

助力打造美丽福建。积极践行绿水青山就是金山银山的理念，深入打好蓝天、碧水、碧海、净土保卫战，起诉破坏生态环境资源犯罪8470人，办理公益诉讼案件6801件，督促修复被损毁耕地、林地、矿山1.8万亩，清理各类固体废物、生活垃圾57.7万吨，追偿环境损害赔偿金1.3亿元。在全国率先实现“河（湖）长+检察长”机制全覆盖，闽江、九龙江、木兰溪流域检察机关推进跨区域协作。省检察院与省自然资源厅等6部门建立海洋保护协作机制，与省林业局推进以认购林业碳汇方式修复受损生态环境。南平市检察机关开展环武夷山国家公园保护发展带专项监督，龙岩市检察机关建成全省首个生态修复治理检察示范基地，宁德市检察机关协同26家涉海单位共护“海洋蓝”。

引领社会法治意识。落实“谁执法谁普法”普法责任制，将社会主义核心价值观融入法律监督，办理的164个案件入选最高检指导性案例、典型案例，发布全省性典型案例14批次66件，结合办案制发社会治理类检察建议3900件。运用全媒体矩阵讲好检察故事，推动法治精神、法治观念飞入寻常百姓家。在全省分主题选点建成八个特色检察展示平台，成为普法宣传教育、代表委员联络、党政干部与在校学生教学实践的阵地，累计接待5万余人参观、学习。

二、坚守初心保护人民群众合法权益

坚持以人民为中心，积极回应人民群众新要求新期待，守正创新办好民生案件、为民实事，增进人民福祉。

守护人民群众美好生活。落实食品药品安全“四个最严”要求，开展系列专项监督保障“舌尖上的安全”，办理公益诉讼案件1643件，起诉制售有毒有害食品、假药劣药等犯罪1002人，以民事公益诉讼诉请惩罚性赔偿金，让违法者付出应有代价。从严惩治侵犯公民个人信息犯罪，起诉1168人，会同行政机关深入排查、清理存在个人信息泄露隐患的政务公开内容。针对安全生产、物流寄递、窨井盖管理等领域安全隐患，与公安、住建、应急管理、邮政管理等部门联合开展专项行动，起诉危害安全生产犯罪629人，督促整改各类安全隐患2.8万处。汇全系统之力开展对口帮扶，选派243名干部援藏援疆和驻村挂职，助推脱贫攻坚和乡村振兴。漳州市检察机关首创检察技术“云”援藏机制，为受援检察机关提供专门技术支撑。

用心用情办理群众信访。做好“送上门来的群众工作”，从2019年起推行群众信访“件件有回复”制度，全省100347件信访件落实了7日内程序性回复，进入检察办案程序的信访件均在3个月内作出办理进展或结果答复。领导干部带头办理疑难复杂信访案件，全省三级院检察长接访、包案6854件，基层检察院受理首次信访全部由院领导办理。对争议较大、久诉不息的1812件案件，邀请人大代表、政协委员、人民监督员等参与评议，以公开听证化“法结”、解“心结”。为2212名生活困难的刑事被害人及其近亲属发放司法救助金5504万余元，雪中送炭、救人急难。

撑起未成年人法治保护蓝天。贯彻未成年人保护法、预防未成年人犯罪法，加大双向保护力度，零容忍惩治性侵、虐待等侵害未成年人犯罪，批捕7907人、起诉11035人；对涉罪未成年人依法从宽和依法惩戒并行，对主观恶性深、犯罪手段残忍、后果严重的坚决依法惩治，对犯罪情节较轻的立足挽救，不批捕2671人、不起诉3251人，不捕率、不诉率较总体刑事案件高出15.6个、20.1个百分点。加强犯罪源头预防，推动密切接触未成年人行业开展入职查询59.9万人次，对513名前科劣迹人员作出清退或不予录用等处理。打造全省“未检闽ｏ站”工作品牌，各地涌现出一批各具特色的未检团队。莆田市检察机关联合相关部门建立权益保护协作机制，结对帮扶侨乡留守儿童。

加强特殊群体权益保障。坚决维护国防利益和军人军属合法权益，起诉涉军犯罪89人，办理公益诉讼案件186件。福州市检察机关会同军事检察院督促拆除某军用机场周边超高信号塔，消除军事飞行安全隐患。维护归侨侨眷和侨胞合法权益，省检察院与省侨联建立检侨常态化联络机制。保障妇女儿童合法权益，联合省公安厅、省民政厅出台意见，开展打击拐卖妇女儿童专项行动，批捕323人、起诉899人。维护老年人合法权益，起诉养老诈骗犯罪410人，力促追赃挽损4460万余元，守护老年人“钱袋子”。厦门市检察机关办理一起以低价旅游设置购物陷阱诈骗老年人案件，依法起诉21人，督促全额退赃700万余元。连续五年组织开展“根治欠薪”专项监督活动，起诉拒不支付劳动报酬犯罪257人，支持农民工起诉1560件，帮助3183人追讨欠薪7004万元。开展无障碍环境建设公益诉讼专项监督，办理相关案件205件，“有爱无碍”让残障人士放心出门。

三、全面履职切实维护社会公平正义

坚守宪法定位，在守正创新中依法履行刑事、民事、行政、公益诉讼“四大检察”职能，助力打造法治强省。

着力做优刑事检察。坚持惩治犯罪与保障人权并重、实体公正与程序公正并重，严格依法办案，防止和纠正冤错案件。全面落实“捕诉一体”机制，批捕各类刑事犯罪149928人、起诉316033人。始终坚持对严重犯罪追诉严惩，对已过追诉期限但社会危害性和影响仍然存在的24件命案，报请最高检核准追诉，重罪虽久必究、正义不会缺席。适应轻罪案件不断增多、重罪案件持续减少的犯罪结构变化，与法院、公安机关共同落实少捕慎诉慎押刑事司法政策，组织开展羁押必要性审查专项活动。对依法可不捕的不批捕39018人，对犯罪情节轻微、不需要判处刑罚的不起诉34908人，诉前羁押率逐年下降至30.3%。与公安机关在市县两级全覆盖设立侦查监督与协作配合办公室，对应当立案而不立案的监督立案2085件、不应当立案而立案的监督撤案3073件，对依法当捕、应诉而未移送的追加逮捕3834人、追加起诉5814人，对侦查活动违法情形提出监督纠正意见4269件。推进行政执法与刑事司法衔接，督促行政执法机关移送涉嫌犯罪案件1160件，公安机关已立案995件。加大对定罪量刑明显不当、审判程序严重违法等问题监督力度，对认为确有错误的刑事裁判提出抗诉953件，法院已审结725件，其中改判、发回重审510件。针对漳州市芗城区一起因被告人不认罪、以证据存疑作无罪判决的盗窃案件，省市区三级检察院接续监督、历时五年，有效补查复核证据，省法院采纳抗诉意见，改判被告人有期徒刑十年。

加强和改进刑事执行检察工作，依法监督监狱、看守所、社区矫正机构履职。全面推行“派驻＋巡回”检察工作机制，省检察院直接组织对26个监狱、看守所开展巡回检察，各地市实现辖区巡回检察全覆盖，发现监管执法问题1220个、检察履职问题243个，发出纠正违法通知书248份。严防“纸面服刑”“提钱出狱”，全面加强对违规违法减刑、假释、暂予监外执行问题的监督，累计纠正执行不当7510人。针对收押难、送监难问题，开展专项清理排查，牵头修订完善长效机制，督促依法收押收监3793人。对全省1101名老年在押人员合法权益保障情况开展调研，促成相关部门完善监管措施。深化财产刑执行监督，提出纠正意见3428件，已执行322.1亿元。加强对涉海涉渔社区矫正对象出海作业管理的监督，率先出台监督指导意见，实现既“管得住”又“出得去”。

着力做强民事检察。深入贯彻民法典，强化精准监督理念，对认为确有错误的民事裁判提出抗诉、再审检察建议1236件，法院已采纳1025件。与法院共同维护司法公信，对审查后不支持监督申请的6278件正确裁判，耐心向当事人释法说理，促进服判息诉。对民事审判活动中的违法情形提出监督意见942件，法院已采纳924件。落实省委政法委部署，推进执法监督和法律监督贯通衔接，连续三年开展执行案件评查，对消极执行、超标的查封、终结本次执行程序不规范等情形提出监督意见4364件，法院已采纳4325件；以类案监督检察建议规范失信被执行人名单制度，17万人被移出失信名单。持续加大虚假诉讼监督力度，牵头与法院、公安机关等建立协作机制，监督纠正虚假诉讼766件，帮助挽回经济损失2.2亿余元，从中追究刑事责任109人，让打假官司者吃上真官司。三明、南平、龙岩市检察机关在办理涉黑恶“套路贷”刑事案件、假借农民工讨薪案件中，监督纠正虚假诉讼118件，4名司法工作人员被追究刑事责任。

着力做实行政检察。围绕维护司法公正、促进依法行政的共同法治目标，加大行政诉讼监督力度。对行政裁判结果及行政审判和执行活动中的违法情形，提出监督意见3327件。泉州市检察机关专项监督清理住宅专项维修资金未及时交存问题，督促缴交1亿余元。针对一些行政争议难以化解、群众诉求得不到实质解决问题，首创行政争议实质性化解“路线图”工作机制，通过监督纠正、促成和解、司法救助等方式，有效化解行政争议1207件，其中诉争10年以上的106件。省市县三级检察院办理闽侯县姚某诉请撤销婚姻登记监督案，受到最高检重视并促成民政部等4部门出台处理冒名顶替、弄虚作假办理婚姻登记问题指导意见。在全国率先探索开展诉讼活动中涉及行政处罚、行政强制戒毒专项监督，持续跟进解决没收违法建筑物处置问题，推进土地执法查处领域非诉执行监督，提出监督意见2323件。

着力做好公益诉讼检察。履行“公共利益代表”神圣职责，落实省委《关于支持检察机关依法开展公益诉讼工作的意见》，协同立法、执法、司法保护国家利益和社会公共利益。聚焦社会关切的生态环境和资源保护、食品药品安全、国有财产保护、国有土地使用权出让等传统法定领域，办理公益诉讼案件9555件，占办案总数的72.6%。积极稳妥办理英烈权益保护、个人信息保护、农产品质量安全等新法定领域案件1465件，探索办理公共卫生、文物和文化遗产保护等其他领域案件2144件。厦门市检察机关创新“检察监督+台胞认领+社会共管”涉台文物保护模式，泉州市检察机关开展“检察护宝·守护海丝名城”专项监督，三明市检察机关以专项监督促成修缮21处革命文物。以诉前实现保护公益目的为最佳司法状态，首创公益诉讼诉前圆桌会议机制，通过诉前磋商、告知函、公开听证等方式，督促相关部门依法履职，99.5%的案件在诉前环节得以解决。对于诉前检察建议未整改到位以及法律规定的机关和组织未提起公益诉讼的，依法提起公益诉讼1006件，诉讼请求全部得到法院支持。

四、凝心聚力推进改革创新和品牌打造

坚持守正创新，向改革要动力、向管理要质效，形成一批可复制可推广的福建检察样本。

全面推进重塑性改革。坚决配合国家监察体制改革，协同完善监察执法与刑事司法衔接机制，受理各级监委移送职务犯罪2022人，已起诉1686人，对6名原省部级干部和37名原厅级干部提起公诉。依法立案侦查司法工作人员徇私枉法、滥用职权等职务犯罪148人。深化刑事诉讼制度改革，落实认罪认罚从宽制度，坚持应用尽用、规范适用，检察环节适用率稳定保持在85%以上，一审服判率92.6%。深化司法体制综合配套改革，完善检察官单独职务序列，制定检察官权力清单，入额院领导带头办理疑难复杂和引领性案件46101件。全面完成检察机关内设机构改革，市县两级检察院机构精简33.7%，人员力量向一线倾斜。

健全检察管理制度。遵循检察工作规律，用制度管事、管案、管人。建立部署、落实、监督、评价“四位一体”工作机制，形成闭环管理，推动工作落地见效。率先在省级院推行业务态势分析制度，每季度集中分析全省检察业务质效。深化运用“案－件比”质效评价标准，刑事检察“案－件比”从2019年的1.95优化至2022年的1.11，有效减少群众诉累、节约司法资源。全面推行部门主要职责说明书和个人岗位说明书“两书”制度，解决“干什么”“怎么干”的问题，激发干警担当作为。1057个集体和个人获省级以上表彰，涌现出“全国工人先锋号”省检察院第七检察部、全国“人民满意的公务员”潘进格等一批先进典型。李望厦、周永东用生命赴使命，激励我们不忘初心、承志前行。

打造检察品牌矩阵。生态检察与公益诉讼融合履职成效凸显，生态恢复性司法机制作为国家生态文明试验区改革举措在全国推广。未成年人检察工作创新发展，在全国首创“督促监护令”机制上升为法律规定，与省妇联等部门联合推广“春蕾安全员”机制。涉台检察品牌持续擦亮，涉台检察联络室和台胞检察联络员覆盖全省，“司法服务+司法保障+司法交流”涉台检察工作模式得到最高检和中央台办肯定。泉州“亲清护企”、平潭“岚岛检察蓝”先后获评第一、二届全国检察机关十佳文化品牌。

五、自我革命锻造新时代过硬检察铁军

弘扬伟大建党精神，持之以恒抓党建、带队伍、促业务，守正创新提升检察队伍整体水平。

始终把政治建设摆在首位。学思践悟习近平新时代中国特色社会主义思想，深入学习宣传贯彻党的二十大精神，坚定拥护“两个确立”、坚决做到“两个维护”。坚持党对检察工作的绝对领导，落实《中国共产党政法工作条例》和省委实施办法，向省委、省委政法委请示报告重要工作、重大事项。扎实开展“不忘初心、牢记使命”主题教育、党史学习教育和政法队伍教育整顿，推进“提高效率、提升效能、提增效益”行动。加强机关党建工作，开展模范机关和文明单位创建，79个检察院被评为全国、全省文明单位，省检察院连续三届被评为全国文明单位。

稳步提升法律监督能力。创新教育培训和岗位练兵平台，开办“新福建检察大讲堂”，通过业务竞赛、听庭评议等方式，分级分类培训75000人次。注重交流互鉴、智慧借助，开展检察官、法官、警察等同堂培训32次，聘请472名行政机关专业人员兼任检察官助理，与法院、行政机关互派干部交流，与清华大学等高校建立战略协作机制。25个团队和个人获评全国优秀办案团队、优秀检察官、优秀公诉人、业务专家称号。

深化全面从严管党治检。严格落实中央八项规定及其实施细则精神和我省实施办法，落实新时代政法干警“十个严禁”、防止干预司法“三个规定”等纪律要求，一体推进不敢腐不能腐不想腐。自觉接受最高检党组巡视、省委全面从严治党主体责任检查、省委政法委政治督察，三级检察院一体整改落实。建立健全内部监督制约机制，加强对市县两级检察院“一把手”、年轻干部的管理监督。主动接受各级纪委监委及派驻机构监督，积极配合地方党委开展巡察，严肃查处违纪违法检察人员154人。

锲而不舍夯实基层基础。持续开展“基层建设年”活动，6个基层院获评“全国先进基层检察院”。主动争取党委重视支持，全面完成市县检察长换届，优化领导班子结构。适应数字化发展趋势，在省委政法委领导下主导建设的省级政法跨部门大数据办案平台投入使用，检察业务应用系统2.0上线运行，网上办案迭代升级，信息技术赋能“智慧”检察。

各位代表，自觉接受监督，是检察机关贯彻落实全过程人民民主的庄严承诺。五年来，我们认真学习贯彻中央、省委人大工作会议精神，自觉接受人大及其常委会监督，认真落实相关决议和决定，向省人大常委会专题报告司法体制改革、民事行政检察、公益诉讼检察、未成年人检察、控告申诉检察等工作，配合各级人大常委会开展专题调研和执法检查753次，配合开展类案评查工作。自觉接受民主监督，每年向省政协通报检察工作，健全与各民主党派、工商联和无党派人士联系机制。重视与代表委员经常性联络，邀请视察工作、参与公开听证等检察活动15108人次，办结代表建议687件、委员提案137件。自觉接受履职制约，对公安机关提请复议复核的案件依法慎重审查，改变原决定77人，对法院作出无罪判决的逐案评查剖析。尊重和保障律师依法执业，与律协建立协作机制，开展律师互联网阅卷试点工作，监督纠正执法司法人员侵犯律师执业权利58件。自觉接受社会监督，支持人民监督员、特约检察员、专家咨询委员、听证员履职。深化检务公开，常态化开展线上线下检察开放日活动，及时发布重要案件信息和核心业务数据，不断提升司法公信力。

各位代表，过去五年检察工作的发展进步，是全省各级党委、人大、政府、政协、监委、法院和人大代表、政协委员以及社会各界关心、支持、帮助的结果。在此，我谨代表全省检察机关表示衷心感谢和崇高敬意！

我们深切体会到，检察事业发展进步，必须坚持党的绝对领导，深入践行习近平法治思想，时刻谨记习近平总书记对福建、对检察工作的殷切嘱托，确保检察事业坚定有力、行稳致远；必须坚持践行全过程人民民主，把为了人民与依靠人民统一起来，把人民群众、代表委员的监督支持转化为检察机关能动履职、为民司法的强大动力；必须坚持法律监督宪法定位，强化法治思维、遵循司法规律，坚持敢于监督、善于监督、勇于开展自我监督，努力让人民群众在每一个司法案件中感受到公平正义；必须坚持系统观念，把握好全局和局部、当前和长远、宏观和微观的关系，坚持个案办理、类案监督、社会治理一体推进，更好发挥法治固根本、稳预期、利长远的保障作用；必须坚持守正创新，对根本性原则性问题坚如磐石，对新形势新要求顺势而为，对大数据新技术深度运用，推动检察工作创新发展。

我们清醒认识到，与新时代新征程党和人民的更高要求相比，检察工作还有一定差距。一是学思践悟习近平法治思想还需走深做实，检察理念需持续提升；二是服务新发展阶段新福建建设的措施还需持续优化，保障民生的精准度和实效性有待增强；三是法律监督需要进一步加强，不敢、不善、不规范监督问题还不同程度存在；四是队伍专业化水平仍有差距，运用大数据赋能法律监督、推动社会治理还需持续发力；五是极少数检察人员违纪违法仍时有发生，推进全面从严管党治检时刻不能放松。对这些问题，我们将紧盯不放，下大气力推动解决。

2023 年工作安排

2023 年是全面贯彻落实党的二十大精神的开局之年。全省检察机关要坚持以习近平新时代中国特色社会主义思想为指导，深入落实《中共中央关于加强新时代检察机关法律监督工作的意见》及省委实施意见，把握以检察工作现代化服务中国式现代化的目标要求，依法能动履行检察职能，为全方位推进高质量发展提供有力保障。

一是深入学习宣传贯彻党的二十大精神。按照党中央部署，认真开展习近平新时代中国特色社会主义思想主题教育，全覆盖开展党的二十大精神学习培训，不断提高政治判断力、政治领悟力、政治执行力。始终坚持党对检察工作的绝对领导，坚定不移走中国特色社会主义法治道路、检察道路。

二是全力服务保障新发展阶段新福建建设。落实省委十一届三次全会部署，运用法治力量服务我省现代化建设。依法打击危害国家安全犯罪，常态化推进扫黑除恶，宽严相济办好各类案件。深化涉案企业合规改革，依法保护产权和知识产权。加强涉台检察工作，助力海峡两岸融合发展示范区建设。常态化抓实生态环境司法保护、信访积案化解、未成年人综合保护等为民实事。

三是全面提升法律监督质量和效果。深入思考检察工作现代化的思路、方法和路径，推动法律监督理念、体系、机制、能力现代化。持续推动“四大检察”全面协调充分发展，加强刑事立案、侦查、审判和执行活动监督，强化民事、行政检察监督，提升公益诉讼办案质效，办理更多有影响力的典型案件。深化检察改革，实施数字检察战略，赋能司法办案和法律监督。

四是锻造忠诚干净担当的检察队伍。落实新时代党的建设总要求和新时代党的组织路线，一体提升政治素质、业务素质和职业道德素质。深化全面从严管党治检，突出抓好领导干部和办案环节制约监督。优化检务管理，完善考核评价体系，激励干警担当作为。自觉接受人大监督，接受政协民主监督，依靠群众支持做好各项工作。

各位代表，新的一年，我们要更加紧密团结在以习近平同志为核心的党中央周围，认真落实本次省人大会议部署，忠实履行宪法法律赋予的职责使命，踔厉奋发、勇毅前行，为奋力谱写全面建设社会主义现代化国家福建篇章作出新的更大贡献！

关于福建省2022年国民经济和社会发展计划执行情况及2023年国民经济和社会发展计划草案的报告

——2023年1月11日在福建省第十四届人民代表大会第一次会议上

福建省发展和改革委员会

各位代表：

受福建省人民政府委托，现将福建省2022年国民经济和社会发展计划执行情况及2023年国民经济和社会发展计划草案提请省十四届人大一次会议审议，并请省政协各位委员和其他列席人员提出意见。

一、2022年国民经济和社会发展计划执行情况

2022年，全省各级各部门坚持以习近平新时代中国特色社会主义思想为指导，深入贯彻党的十九大和十九届历次全会精神，认真学习宣传贯彻党的二十大精神，坚决贯彻落实习近平总书记重要讲话重要指示批示精神和党中央国务院决策部署，全面落实“四个更大”重要要求，在省委领导下，坚持稳中求进工作总基调，全面落实“疫情要防住、经济要稳住、发展要安全”重要要求，高效统筹疫情防控和经济社会发展，统筹发展和安全，认真执行省十三届人大六次会议审议批准的《政府工作报告》和2022年国民经济和社会发展计划，着力提高效率、提升效能、提增效益，传承弘扬“马上就办、真抓实干”的优良作风，扎实做好“六稳”“六保”工作，全力以赴稳增长、稳市场主体、保就业、防风险，有力克服超预期因素影响，推动全省发展稳中有进、稳中向好，社会大局安定稳定。初步统计，全省地区生产总值突破5万亿元，增长4.7%；一般公共预算总收入同口径增长1.9%，地方一般公共预算收入同口径增长5.5%；固定资产投资增长7.5%；社会消费品零售总额增长3.3%；出口增长12.3%；居民消费价格上涨1.9%；城镇调查失业率5.1%；城镇居民人均可支配收入增长5.2%，农村居民人均可支配收入增长7.6%。

一年来国民经济和社会发展成效主要体现在九个方面：

（一）集中力量打好重点地区疫情歼灭战，统筹疫情防控和经济社会发展取得积极成果

新冠疫情防控有序有效。坚定不移坚持人民至上、生命至上，严格执行国家各项疫情防控措施，毫不放松做好常态化疫情防控，按照统一部署要求及时调整优化；全力打赢泉州、宁德、福州等地聚集性疫情歼灭战，保障人民生命安全和身体健康；抓好新阶段疫情防控重点任务，推动平稳有序“压峰”转段。推进新冠病毒疫苗接种，至12月底，全省累计接种10337万人次，全过程接种覆盖率超过94.2%。强化疫情防控能力，建成全省统一高效的疫情防控一体化服务平台，全面升级福建健康码功能，实现疫情防控全业务、全流程信息化覆盖。加强重点人群健康管理和重点场所疫情防控，全面提

升核酸检测能力。发挥省重点产业链供应链“白名单”企业省级联系服务保障机制和省物流保通保畅工作机制作用，持续畅通交通物流，切实保障产业链供应链安全稳定。

稳增长政策措施有力有效。着力稳市场主体、保就业，及时出台实施五批次政策措施，提前制定实施一季度“开门红”工作方案，省级出台稳投资、促生产、保用工、促消费等36份政策文件；3—4月，应对疫情冲击影响，率先制定帮扶市场主体33条及工业稳增长68条政策措施；5月，全面顶格落实国务院稳经济一揽子政策，出台我省贯彻措施48条；9月，加力巩固经济恢复发展基础，落实国务院稳经济一揽子政策的接续措施，出台我省贯彻措施21条；12月，制定出台进一步帮助市场主体纾困解难补充措施14条。对福州、泉州、宁德等受疫情冲击影响较大的地区，及时研究出台专项扶持政策。推动政策“闭环落实”，上线运行省疫情防控惠企政策平台，对营商环境惠企政策、稳增长政策落实等开展专题“飞行检查”，开展政策实施效果评估。全省退减降缓税费1150亿元。新增4期共400亿元中小微企业纾困增产增效贷款，新设各50亿元制造业中小微企业融资支持专项贷款和纺织鞋服产业纾困专项贷款，惠及企业1.83万家。全面落实各项援企稳岗政策，各项稳就业政策支出24亿元，惠及企业38.5万家、职工640.1万人。落实住房公积金阶段性缓缴相关政策，全省累计缓交金额11726万元，惠及职工1.95万余人。落实国有房屋租金减免政策，共减免房屋租金23.6亿元，减免户数7.8万余户。建成全省经济社会运行和高质量发展监测与绩效管理平台，强化数字化监测分析调度。

（二）加快科技创新步伐，产业结构持续优化

科技创新能力进一步提高。获批8家国家企业技术中心，数量居全国前列。新增省级工程研究中心8家，省级以上工程研究中心（工程实验室）累计达128家。推动光电信息、能源材料等6家省创新实验室加快建设。成功举办第二十届中国·海峡创新项目成果交易会。5个设区市入选首批国家知识产权强市建设试点示范城市，晋江、福清通过全国首批创新型县（市）验收，首个“全国骨干科特派培训基地”落地南平。国家高新技术企业突破1万家。30项专利获评中国专利奖，创历年新高。

制造业竞争优势进一步增强。全省规模以上工业增加值增长5.7%，其中高技术产业增加值增长17.1%。设立石化—化纤—纺织—鞋服、集成电路、新能源汽车、锂电新能源新材料、生物医药等5个省级重点产业专项协调小组，建立“一产业一专班”专项协调工作机制，出台实施湄洲湾（泉港、泉惠）石化基地总体发展规划（2020—2030年），制定促进石化化工高质量发展加快打造万亿支柱产业、进一步支持漳州古雷石化基地加快开发建设、加快生物医药产业高质量发展、氢能产业发展三年行动计划等政策。梯次培育战略性新兴产业集群，厦门市战略性新兴产业集群获国务院督查激励。宁德市动力电池集群列入国家先进制造业集群。21家企业入围“2022中国制造业企业500强”榜单，新认定省“专精特新”中小企业384家，新增国家专精特新“小巨人”企业132家，新培育10个国家级制造业单项冠军企业（产品）、认定52个省级制造业单项冠军企业（产品）。“电动福建”三年行动计划顺利完成，累计推广应用新能源汽车标准车62.9万辆，我省被列入全国电动船舶产业发展重点地区先行先试。

专栏1　重大制造业项目建设情况

开工建设	漳州中沙古雷乙烯项目、中创新航厦门三期、万华化学年产80万吨PVC、福鼎时代锂离子电池生产基地二期、厦门天马第8.6代新型显示面板生产线、万景石化年产90万吨丙烷脱氢制丙烯等项目开工建设
竣工投产	厦门天马第6代柔性AMOLED生产线、宁德时代湖西锂离子动力电池生产基地、翔安中航锂电二期、福清正太新材20万吨/年二氧化钛、中景石化120万吨/年聚丙烯热塑性弹性体、万华化学40万吨/年MDI等项目建成或部分建成投产

现代服务业发展水平进一步提升。现代运输体系加快构建，新开通外贸集装箱班轮航线7条，3家试点企业在4条线路上实现了公水联运“一单制”模式。泉州入选2022年国家物流枢纽建设名单。出台我省贯彻“十四五”冷链物流发展规划实施方案，推进现代冷链物流体系加快构建。12月末全省金融机构本外币各项存、贷款余额分别增长17.5%、11%，优质金融资源加快集聚，新增上市和过会企业20家。福州、厦门、平潭获批全国数字人民币试点城市。成功举办全国电子竞技大赛。

农业农村现代化基础进一步夯实。粮食再获丰收，实现粮食总产量508.7万吨。新增建成高标准农田129万亩。全省农作物良种覆盖率达98.7%。深入实施特色现代农业高质量发展“3212”工程，新创建闽西禽蛋国家优势特色产业集群、漳平市和永春县2个国家现代农业产业园以及7个国家农业产业强镇。乡村特色产业全产业链产值超百亿元强县达12个、超十亿元强镇达103个、亿元强村达206个。新认证“三品一标”农产品573个。

（三）持续壮大新动能，“四大经济”发展势头良好

数字经济加快发展。高标准建设国家数字经济创新发展试验区，全省数字经济增加值预计达2.6万亿元，对经济增长的贡献进一步加大。举办第五届数字中国建设峰会、数字经济创新发展大会等系列活动。深入实施“上云用数赋智”行动，纵深推进制造业数字化转型，形成6个国家级平台、27个省级工业互联网示范平台、222家标杆企业。优化提升网络基础设施，“千兆到户”实现县级以上区域全覆盖，5G网络实现所有乡镇全覆盖。制定实施公共数据资源开放开发管理办法，上线公共数据资源开发服务平台，推进公共数据资源化价值化进程。

海洋经济做大做强。实施加快建设“海上福建”推进海洋经济高质量发展行动。海洋生产总值预计超1.2万亿元，继续位居全国前列。339个海洋经济重点项目年度投资超过900亿元。深海装备养殖、海工装备、海洋生物医药、海洋新能源等海洋新兴产业取得新进展，全球单机容量最大的16兆瓦海上风电机组建成下线，全国首台套渔旅融合深海养殖装备“闽投1号”建成投产。

绿色经济培育壮大。印发实施生态省建设专项规划，出台绿色经济发展行动计划，总规模200亿元的绿色产业发展基金设立运行。持续构建绿色制造体系，推进节能减排十大重点工程，实施绿色产业指导目录。新增省级绿色工厂、绿色园区、绿色供应链138个。完善支持绿色发展的金融、投资等政策，推动绿色电力参与市场交易，累计交易电量3.21亿千瓦时，达成“绿证”1.7万张，“绿电”供需市场初步形成。

文旅经济持续回暖。实施文旅经济高质量发展行动计划，累计接待国内游客3.8亿人次，实现国内旅游收入4160亿元。举办各类群众文化活动2.9万余场。全省新增4A级景区12个，露营游、乡村游、研学游、红色游、美食游成为游客新选择。拓展省内游精品路线，开通“平潭—莆田湄洲岛”航线。

专栏2　“四大经济”发展工作举措及成效

数字经济	出台福建省推动数据中心和5G等新型基础设施绿色高质量发展实施方案，新增5G基站2.1万个，全省在用互联网数据中心36个、总机架7.3万个，工业互联网标识注册量破亿，“安溪铁观音一号”卫星成功发射。 聚焦物联网、新型显示、智能制造等领域，打造5个业态特色鲜明、产业集中度高的省级数字经济核心产业集聚区。 培育遴选数字经济核心产业领域316家创新企业，其中10家“独角兽”、82家“未来独角兽”、224家“瞪羚”企业

续表

海洋经济	全国首创租赁新模式的首台套渔旅融合深海养殖装备“闽投1号”建成投产，漳州东山、莆田秀屿等4台套开工。全国最大的半潜式深海养殖平台“宁德1号”在宁德福安下水。全国首艘入级中国船级社（CCS）的电动游艇“时代创新号”顺利交付，全省首艘由宁德时代电机整船自主研制电动船舶“白海豚1号”首航成功。 在全国率先开展100万千瓦海上风电市场化竞争配置试点。 全省首 个海洋领域国家基础科学中心—海洋碳汇与生物地球化学过程基础科学中心成功启动
绿色经济	全面加强资源节约集约循环利用，福州、厦门、泉州列入国家废旧物资循环利用体系建设城市名单，南平市、三明市三元区、罗源湾经济开发区入选国家大宗固体废弃物综合利用示范基地。 生态产品价值加速转化实现，乌龙茶国际标准全球发布，武夷岩茶连续5年位列中国茶叶类区域品牌第2名，品牌价值超700亿元
文旅经济	全省新增25个A级景区，其中4A级景区12个。11条线路入选全国乡村旅游精品线路，1条线路入选全国体育旅游精品线路，新增1个省级历史文化名城泰宁。 漳州市漳州古城、泉州市五店市传统街区、南平市考亭文化和旅游集聚区等入选第二批国家级夜间文化和旅游消费集聚区

（四）着力扩消费促投资，内需潜力进一步释放

消费市场总体向好。持续打响“全闽乐购”品牌，推出“福见商旅”“万企百日惠福品”系列促消费活动，累计发放消费券4亿元，有效撬动居民消费。打造“福茶”“福酒”“万福”“闽菜馆”等公共消费品牌，成功举办首届福品博览会。积极培育新兴消费，鼓励发展预制菜等新业态，推进夜间经济、露营经济、网红经济、直播经济等，限额以上网络零售额增长21%。支持扩大新能源汽车、绿色智能家电消费。以福州、厦门为重点培育建设国际消费中心城市，推进商圈、步行街、一刻钟便民生活圈建设。福州入选全国供应链创新与应用示范城市。加快发展农村电商，农村网络零售额规模居全国第3位。

投资结构持续优化。固定资产投资总量再上新台阶，突破2万亿元。组建省推进有效投资重要项目协调机制，推动政策性开发性金融工具相关工作，落实基础设施投资基金项目105个、总投资3113亿元。全年争取新增地方政府专项债务限额1472亿元、利用专项债务限额空间发行新增专项债券额度359亿元、争取中央预算内投资98.2亿元支持项目建设，发挥政府投资引导带动作用。国内首批、福建首单保障性租赁住房“中金厦门安居REIT”成功上市。省级预算内投资重点投向重大基础设施、民生社会事业、数字福建等领域，支持一批重大项目加快实施。1587个省重点项目累计完成投资7250亿元，超额完成年度计划。

专栏3　重大基础设施项目建设情况

交通项目	福州地铁5号线、6号线开通运营，莆炎高速公路全线、龙岩东环线、南靖至永定高速、兴泉铁路等项目建成，福厦高铁全线贯通，福州长乐机场二期扩建等项目加快建设，厦门新机场、福州港口后方通道、湄洲湾罗屿8号、11号、12号大型散货泊位等项目开工建设
能源项目	闽粤联网工程、福清核电6号机组、国能连江电厂2号机组等投产运行，漳州LNG接收站一期、福建天然气管网德化支线建成，北电南送特高压工程、华夏电力等容量替代项目开工建设，漳州核电3、4号机组、中石油福建LNG接收站获国家核准
水利项目	泉州白濑水利枢纽、“五江一溪”防洪工程等项目加快建设，木兰溪下游水生态修复与治理工程、闽江干流防洪提升工程等项目开工建设，宁德上白石水利枢纽工程、金门供水水源保障工程等项目前期工作加快推进

招商引资成效明显。建立全省重大活动集中签约项目联合推进工作机制和招商项目全生命周期管理机制，省政府与中国船舶集团、东方电气集团、国家能源投资集团等15家央企签订合作协议，当年签约央企家数为历年最多。数字中国建设峰会、中国国际投资贸易洽谈会、闽商大会、央企深化合作座谈会、金融资本福建创新发展大会等重大招商活动成效显著，集中签约866个项目，投资额9175亿元。

（五）全面实施乡村振兴战略，城乡区域协调发展

乡村振兴全面推进。乡村振兴“十大行动”116项重点任务有序推进，打造乡村振兴试点示范“串点连线成片”精品线路100条，宁德古田县、南平浦城县、龙岩上杭县入选2022年国家乡村振兴示范县创建名单。建设农村供水管网8487公里、乡镇污水配套管网1287公里、安全生态水系300公里。推进500个村庄开展农村生活污水治理，80%以上行政村成为“绿盈乡村”；新建改造农村公路2447公里；新改建农村卫生厕所10709户；村庄规划编制累计批复6398个。做好脱贫攻坚后续帮扶，以工代赈专项支持实施61个农村产业配套及基础设施项目建设。

区域协作展开新篇章。全面深化新时代山海协作，研究制定进一步做深做实新时代山海协作推动区域协调发展的意见。推进闽东北、闽西南协同发展区建设，持续深化公共资源共享、产业配套协作、生态保护协同、社会治理联动，推进423个区域协作项目。实施福州都市圈高质量发展行动计划，落实强省会战略，推进福州新区和平潭综合实验区联动发展。支持厦门加快建设高质量发展引领示范区、漳州建设古雷世界一流石化产业基地、泉州建设21世纪“海丝名城”。推动三明、龙岩革命老区高质量发展示范区建设。支持莆田践行木兰溪治理理念推进绿色高质量发展、武夷新区建设加快南平全方位绿色高质量发展、宁德打造新能源新材料产业重要增长极。加强跨省区域合作，与云南省签订全面深化区域合作框架协议。

新型城镇化深入推进。出台促进人口增长与经济社会发展良性互动若干措施，统筹优化人口和公共资源空间布局。推行身份证首次申领“全国通办”试点等便民服务事项，在全省范围开展出生申报、婚姻变更项目登记及迁移户口登记“一件事”套餐，推动厦门市优化户口迁移政策。全省吸纳农业转移人口落户49.8万人，增长36.4%，下达农业转移人口市民化奖励14.35亿元，增长12.2%。有序推进城市更新，开工棚户区改造5万套，开工保障性租赁住房12.9万套，超额完成年度目标任务。我省生活垃圾分类工作走在全国前列。漳州市成功申报全国第二批系统化全域推进海绵城市建设示范城市。

老区苏区加快振兴。国家印发实施闽西革命老区高质量发展示范区建设方案，支持三明、龙岩打造新时代革命老区振兴发展样板。出台革命老区振兴发展的实施方案、老区苏区振兴发展专项规划、闽西革命老区高质量发展示范区建设发展规划等系列政策文件。我省所有老区苏区县全部成为全国义务教育发展基本均衡县，全部实现低保、特困供养、临时救助等标准城乡一体化。成功举办纪念福建省苏维埃政府成立90周年活动。支持三明与上海、龙岩与广州对口合作。

（六）推进绿色低碳发展，生态环境保持优良

生态文明建设步伐加快。出台推进生态环境治理项目产业化、促进绿水青山转化为金山银山若干措施，举办生态环境项目成果发布会。莆田木兰溪绶溪片区、三明市沙溪流域、漳州市南靖县等3个生态环境导向的开发模式项目（EOD）入选国家试点项目。举办习近平生态文明思想理论与实践研讨会。组织实施综合性生态保护补偿方案，39项改革成果入选《建设美丽中国的探索实践》，居全国首位。厦门、南平等9个市县获评国家生态文明建设示范区，莆田市木兰溪流域、南平市邵武市被命名为“绿水青山就是金山银山”实践创新基地。按照耕地和永久基本农田、生态保护红线、城镇开发边界的优先序，统筹划定落实三条控制线。鼓励和支持社会资本参与生态保护修复，自然资源资产产权制度改革有序推进，探索全民所有自然资源资产所有权委托代理机制试点，印发试点实施总体方案和自然资源清单。河湖长制工作走在全国前列，福建成为全国唯一连续五年获得国家督查激励的省份。

碳达峰碳中和工作有序推进。出台我省碳达峰碳中和工作实施意见和碳达峰实施方案，加快完善“1+N”政策体系。“双碳”综合管理平台上线运行。加快重点领域节能降碳改造升级，规模以上工业万元增加值能耗下降1.9%。持续深化资源环境权益交易机制，碳排放权累计成交3997.8万吨，成交金额达10.6亿元，其中林业碳汇成交量与成交额均居全国前列。厦门打造全国首个农业、海洋碳汇交易平台，连江发布全国首个海洋渔业碳汇建设体系，三明市入选首批国家气候投融资试点名单。三明、龙岩、南平入选国家林业碳汇试点市。执行首例运用林业碳汇赔偿机制的刑事案件、首例渔业领域“蓝碳”赔偿案。

污染防治攻坚战持续深化。一体推进两轮中央生态环境保护督察整改，完成第二轮省级督察全覆盖。出台我省深入打好污染防治攻坚战实施方案、深化生态省建设打造美丽福建行动纲要（2021—2035年），实施蓝天、碧水、碧海、净土“四大工程”，聚焦钢铁、水泥、锅炉炉窑等十大重点领域推进氮氧化物和挥发性有机物协同减排、精准治理；组织实施41个闽江、九龙江流域山水林田湖草沙保护修复水污染治理项目和6个矿山及周边环境生态保护修复项目，加快打造一批美丽河湖；“一湾一策”实施重点海湾水质提升工程，深化入海排污口分类治理、海漂垃圾综合治理，重点岸段海漂垃圾密度比整治前下降57%；开展土壤环境先行调查试点，推动71.5万亩受污染耕地落实安全利用和严格管控措施，推进福州、莆田“无废城市”建设，全省医疗废物和危险废物集中处置能力分别提升至238吨/日、201万吨/年。主要流域国控断面Ⅰ～Ⅲ类水质比例98.1%，市县饮用水源地水质均达标；9个设区城市空气质量优良天数比例97.6%，PM2.5浓度为19微克/立方米；近岸海域优良水质比例85.8%，生态环境质量保持优良并持续居全国前列。

（七）深化改革优化环境，市场主体活力进一步激发

重点领域改革蹄疾步稳。国企改革三年行动重点任务全面完成，省大数据集团、金投公司、能化集团、水投集团等组建运营。林业改革迈出新步伐，出台持续推进林业改革发展的意见。深化“三医联动”改革，常态化推进药品耗材集中带量采购，医保支付方式改革九市一区全覆盖。全面推进要素市场化配置改革，省级将土地征收成片开发方案和中心城区以外的批次用地报件授权或委托福州市、厦门市政府审批；龙岩、宁德、晋江、厦门入选中央财政支持普惠金融发展示范区；全面建成省市两级公共数据汇聚共享平台，挂牌成立省大数据交易所。全面落实《市场准入负面清单（2022年版）》，开展市场准入效能评估试点。有序推进增量配电业务改革。

营商环境持续优化。《福建省优化营商环境条例》正式施行，将优化营商环境工作纳入法治化规范化轨道。出台实施营商环境创新改革行动计划，创新实施营商环境数字化监测督导机制。全年新登记市场主体114万户，实有市场主体总数近712万户。推进社会信用体系建设法治化规范化，持续开展信用措施清理规范。加强信用信息共享应用，建设全国中小微企业融资信用综合服务平台省级节点，累计发放贷款近5000亿元，其中信用贷款超过2800亿元。聚焦交通物流、水电气等领域开展涉企违规收费专项整治行动，切实减轻企业负担。

“放管服”改革继续深化。印发全省行政许可事项清单（2022年版），发布行政许可事项705项。修订印发全省定价目录。出台加快推进政务服务标准化规范化便利化实施方案，提升政务服务“马上就办”成效。在国家公布的评估报告中我省省级政府一体化政务服务能力水平达到“非常高”，全省全程网办事项超83%；157项高频政务服务事项实现“跨省通办”；全省“好差评”数据量1.25亿条，满意率99.2%。

民营经济活力进一步增强。大力传承弘扬“晋江经验”，成功举办弘扬“晋江经验”促进民营经济高质量发展大会、“晋江经验”与习近平经济思想理论研讨会，制定支持泉州建设21世纪“海丝名城”指导意见，出台推动民营经济创新发展若干措施。15家民营企业入选“2022中国民营企业500强”榜单。

（八）稳住外贸外资基本盘，对外开放水平不断提高

外贸外资量稳质升。进出口总额1.98万亿元，增长7.6%；其中出口1.21万亿元，增长12.3%。成功举办第二届中国跨境电商交易会，成为目前国内规模最大的跨境电商行业国家级品牌展会，跨境电商海外仓总面积超180万平方米，居全国前列。南平、宁德获批设立国家跨境电商综合试验区。石狮、晋江市场采购贸易试点实现全省共享。易货贸易首票成功通关。福建省纺织服装、服饰业获评国家首批外经贸提质增效示范项目，晋江获批国家进口贸易促进创新示范区，新认定5家省级外贸转型升级基地。自贸试验区改革再添新成果，新推出48项创新举措，其中全国首创28项；推动海关特殊监管区域与自贸试验区统筹发展。漳州中沙古雷乙烯项目通过国家“储转规”并开工建设，成为我省迄今一次性投资最大的中外合资项目。成功举办第二十二届中国国际投资贸易洽谈会。境外投资重大项目成效凸显，累计备案对外投资项目316个，中方协议投资额26.7亿美元，增长44.5%。中印尼、中菲“两国双园”建设稳步推进。

服务双循环重要通道持续畅通。“丝路海运”影响力不断扩大，成功举办第四届“丝路海运”国际合作论坛，联盟成员单位达271家，命名航线94条，新开通RCEP航线和“丝路海运”电商快线，建设“丝路海运”国际航运综合服务平台。新开行福州、泉州、龙岩中欧班列，首次开通“台湾—厦门—圣彼得堡”海铁联运线路，跨越台湾海峡、横跨欧亚的铁水联运物流新通道逐步构建。制定“丝路投资”支持政策，引导支持实力较强的企业积极拓展海外布局，参与国际产业链供应链合作。海丝中央法务区加快建设，国际商事争端预防与解决组织全球首个代表处正式运营，知识产权CBD正式揭牌。金砖国家工业互联网与数字制造发展论坛、金砖国家新工业革命伙伴关系论坛、金砖国家可持续发展论坛等成功举办。

积极探索海峡两岸融合发展新路。做好“通”“惠”“情”文章，推动国亨丙烷脱氢等项目加快建设、奇美化工等一批大项目增资扩产、古雷石化一期项目全面竣工投产。畅通两岸贸易往来，闽台贸易额1036.7亿元。组织实施“台企快服贷”，筹备设立台商基金、闽台产业发展基金。推出两岸标准共通试点项目25项，发布两岸共通标准62项。落实同等待遇，开展我国台湾地区计量技术人员职业资格直接采认工作。海峡两岸乡村融合发展试验区在三明设立。成功举办第十四届海峡论坛、第十届海峡青年节、郑成功收复台湾360周年纪念活动、两岸企业家峰会年会等，开展“迁台记忆”文献档案征集活动。

闽港澳侨合作交流水平进一步提升。持续开展“福建品牌港澳行”等活动，携手港澳拓展“一带一路”等海外市场。加强与香港贸发局、中国香港（地区）商会等机构协作，举办闽港产业对接交流等精准招商活动，推动生成一批投资合作项目。澳门继续成为我省第一大对外劳务合作市场。支持福建企业赴港澳上市发债融资。深化与澳门贸促局合作，共同创新发展新模式新平台。大力实施引进侨资侨智侨力工程，鼓励和支持广大侨胞来闽投资兴业、创新创业、交流合作。

（九）着力保障和改善民生，社会保持安定稳定

城乡居民收入稳步增长。深入实施“四大群体”增收计划，建立居民增收工作调度保障机制，深化企业工资收入分配制度改革，着力增加一线劳动者劳动报酬，促进技能人才技能与待遇“双提升”。最低工资标准各档平均值调增至1865元/月。完善国有企业市场化薪酬分配机制，发布2022年我省企业工资指导线和省属企业工资指导线。

就业形势总体稳定。建立重点企业用工调度保障机制，搭建人力资源供需对接平台。不断加大高校毕业生、就业困难人员、退役军人等重点群体帮扶和就业服务力度。持续开展技能提升行动，全面提升劳动者职业技能水平和就业创业能力。城镇新增就业51.97万人，失业人员再就业13.19万人，就业困难人员实现就业3.5万人，在闽务工的省内外农民工、脱贫劳动力就业规模保持稳定，高校毕业生毕业去向落实率超过90%。

公共服务保障水平持续提升。民生投入持续加大，全省民生支出4343.3亿元，增长10.1%，占一般公共预算支出的76.2%，25件省委省政府为民办实事全面完成。实施福建省基本公共服务标准，推动公共服务普惠均等发展。推进公办幼儿园和义务教育薄弱环节改善与能力提升项目建设，预计新增公办幼儿园学位6.7万个、义务教育学位13万个。持续开展“双减”工作，规范课后服务管理，义务教育管理标准化学校占比超过70%。纳入中央“十四五”教育强国院校项目建设有序推进，每十万人口高等教育平均在校生数3150人。国家区域医疗中心累计开展新技术、新项目、新服务192项，其中国内首次5项，医院转外就医患者数减少36.3%。职工医保门诊共济保障全面实施，医学检查检验结果互认实现二级以上公立医院全覆盖，免费为28万适龄女性接种HPV疫苗。调整完善生育政策，出台三孩生育配套支持政策。实施市级“一老一小”整体解决方案。福州市列入国家儿童友好城市建设试点。城乡全民健身场地设施明显改善，人均体育场地面积达2.58平方米。启动建设福建省革命军事馆。退役军人服务工作更加有力。全面落实住房保障政策，支持住房租赁企业专业化、规模化运营。

专栏4　社会公共服务体系建设情况

教育	实施公办幼儿园和义务教育薄弱环节改善与能力提升项目，推进省高水平职业院校和专业群建设，推动省新一轮“双一流”和一流应用型高校建设。6所高校由“省市共建、以市为主”调整为“省市共建、以省为主”
医疗卫生	7个国家区域医疗中心试点项目已有6个投入运营，4个省级区域医疗中心建设有序推进，省人民医院列入国家中医药传承创新中心建设单位。新增医疗卫生机构床位数0.6万个
全民健身与竞技体育	举办线上线下全民健身赛事活动3200多场，全省经常参加体育锻炼的人数比例达到41.3%。第十七届省运会成功举办。竞技体育成绩优异，福建运动健儿在国际、国内各项各类赛场（含各类公开赛、挑战赛）上获得80金80银80铜
养老托育	全省养老服务床位数增加至27.9万张，新建86个农村区域性养老服务中心和488个长者食堂（助餐点）。省委、省政府为民办实事安排1.5亿元支持普惠托育机构建设
社会兜底保障	全省基本养老保险参保人数3200多万人，城镇职工退休人员基本养老金增长4%，惠及220万退休人员。全省基本医保参保人数3860万人，城乡居民医保财政补助标准提高至不低于610元/人，职工医保省级统筹调剂集中比例提高至50%，医保服务下沉至所有乡镇和1.2万个村卫生所。全省低保年平均标准比上年底增长17%，特困供养年平均标准比上年底增长14%

确保粮食安全。全方位夯实粮食安全根基，落实粮食安全党政同责，严格耕地保护和粮食安全责任制考核。出台实施《福建省地方政府储备粮安全管理办法》。提升粮食储备能力，规划新建65万吨省级粮库，推动落实50万吨粮食增储计划。推进全省地方储备粮承储库点（含代储库点）智能化升级改造。深入推进优质粮食工程，拓展粮食产销合作渠道，成功举办第十八届福建粮洽会。

专栏5　粮食安全保障工作情况

提升储备能力	开工建设建宁、南安、长汀、长乐、漳浦、泉州、仙游等7个省级粮库项目，建成后预计将新增65万吨仓容
健全应急体系	全省认定粮食应急加工企业168家，应急供应网点1620家，实现全省每个乡镇、街道供应网点全覆盖
深化产销合作	第十八届福建粮洽会签订粮食购销合同498万吨。自2005年以来，与10个粮食主产省签订产销协议，先后从协作省份调入粮食超亿吨

强化能源供应保障。适度超前推进重大能源项目规划建设，全省电力装机达7526万千瓦，全年发电量增长4.9%，确保能源供应稳定。电网网架稳定性进一步增强，闽粤联网项目投产实现跨区域余缺互济。天然气基础设施持续完善。加快完善海上风电资源配置制度体系，推动深远海风电资源开发。

专栏6　能源保障工作情况

电力运行管理	制定实施年度电力迎峰度夏、度冬保障、有序用电负荷管理、电力需求响应方案，开展大面积停电事件演练、有序用电负荷管理演练。加强煤电机组非计划停运和出力受阻常态化监督管理，细化风险管控和隐患排查治理
煤炭稳产稳供	健全电厂存煤监测预警机制，落实电煤中长期合同签约履约和进口煤应急保障中长期合同补签工作，落实国家关于统调电厂存煤要求。推进自产煤炭生产，提升政府可调度煤炭储备能力。建成福建华电可门港煤炭储备基地等项目
天然气保供稳价	落实天然气中长协气源。保障莆田LNG罐容维持在较高水平。加强和规范天然气应急调度管理，制定天然气应急保供预案，确保天然气供应安全平稳有序。强化陆上长输油气管道设施保护工作，印发2022年陆上长输油气管道保护工作要点，开展占压专项排查清理工作

全力做好保供稳价、安全生产、风险防范等工作。阶段性调整社会救助和保障标准与物价上涨挂钩联动机制，加大对困难群众物价补贴力度。及时启动平价商店，减轻群众的“米袋子”“菜篮子”负担。深化安全生产大检查，开展“百日行动”，巩固提升“三年行动”，安全生产和消防工作在国家考核中获评优秀。各类安全生产事故起数、死亡人数分别下降38%、32.3%，未发生重大以上事故。有力有效应对暴雨、洪涝、台风、干旱、森林火灾等自然灾害，切实维护人民群众生命财产安全。扎实做好保交楼稳民生工作，有效防范化解优质头部房企风险。牢牢守住不发生系统性金融风险底线，全省不良贷款率低于全国平均水平。建设“食品放心工程”，连续3年获评国家食品安全评议考核A级，厦门获评国家食品安全示范城市。常态化推进扫黑除恶斗争，有力遏制了电信网络诈骗、跨境赌博、养老诈骗等违法犯罪，有效化解各类矛盾纠纷和风险隐患，人民群众安全感不断增强。

总的看，经省十三届人大六次会议审议通过的国民经济和社会发展计划主要指标处在合理区间，为全国大局作出福建贡献。同时我们也清醒看到，当前经济社会发展还面临不少困难和问题，主要是：一是受诸多超预期因素影响，地区生产总值、社会消费品零售总额、城镇和农村居民人均可支配收入等指标未能完成年度预期目标。二是实体经济持续承压，中小微企业和个体工商户生产经营压力加大、困难增多，住宿、餐饮、旅游等聚集型接触型消费行业恢复未及预期。三是发展动力亟待加强，科技创新能力不强、人才支撑不足等深层次矛盾仍然突出，市场预期偏弱，大项目好项目投资接续不足。四是民生领域还有不少短板，房地产、金融等重点领域风险仍需关注，等等。面对这些困难和问题，我们要高度重视，采取有力措施积极应对。

回顾过去五年，全省各级各部门始终坚持以习近平新时代中国特色社会主义思想为指导，全面落实党中央国务院各项决策部署和省委工作要求，认真执行省十三届人大历次会议审议批准的年度国民经济和社会发展计划，坚持以新发展理念引领推动各项工作，坚决打赢疫情防控的人民战争、总体战、阻击战，全方位推进高质量发展，各年度经济社会发展主要目标任务较好完成，计划执行情况总体良好。经济综合实力显著增强，全省地区生产总值连跨4万亿元、5万亿元两个台阶，年均增长6.4%，人均地区生产总值突破12万元。推进创新型省份加快建设，现代化产业体系加快构建，产值超千亿产业集群达21个，数字经济增加值超过2万亿元，海洋生产总值突破1万亿元，绿色经济、文旅经济加快发展。落实生态省建设战略，污染防治攻坚战取得重要成效，全省生态环境质量保持全优，主要流域优良水质比例、城市空气质量优良天数比例位居全国前列。人民生活水平稳步提高，坚持以人民为中心，民生支出占一般公共预算支出比重持续保持在七成以上，居民收入保持增长，所有县达到义务教育发展基本均衡要求，高等教育加快发展，三明医改经验在全国推广，社会保障覆盖面进一步扩大。从五年的计划执行情况看，由于外部环境变化、新冠肺炎疫情突发等因素影响，有些年度个别指标完成情况与目标存在差距。我们要做好与规划衔接，加大计划执行力度，攻坚克难，力争完成“十四五”规划目标任务。

二、2023 年国民经济和社会发展主要预期目标和任务

政府工作报告提出 2023 年全省经济社会发展工作的总体要求是：以习近平新时代中国特色社会主义思想为指导，全面贯彻落实党的二十大精神和中央经济工作会议部署，按照省第十一次党代会、省委十一届三次全会和省委经济工作会议要求，紧扣“四个更大”重要要求，坚持稳中求进工作总基调，完整、准确、全面贯彻新发展理念，加快构建新发展格局，全方位推进高质量发展，更好统筹疫情防控和经济社会发展，更好统筹发展和安全，全面深化改革开放，促进闽台融合发展，大力提振市场信心，把实施扩大内需战略与深化供给侧结构性改革有机结合起来，突出做好稳增长、稳就业、稳物价工作，有效防范化解重大风险，推动经济运行整体好转，实现质的有效提升和量的合理增长，为在推进中国式现代化中展现福建作为、谱写福建篇章开好局、起好步。

2023 年经济社会发展的主要预期目标：

一是加快高质量发展。坚持稳字当头、稳中求进，把实施扩大内需战略与深化供给侧结构性改革有机结合起来，加快建设现代化经济体系，全力打造先进制造业强省、质量强省、交通强省，发挥比较优势，发展壮大民营经济，大力发展数字经济、海洋经济、绿色经济、文旅经济，推动经济实现整体好转、风险得到有效控制、社会大局保持稳定。预期全省地区生产总值增长 6% 左右；固定资产投资增长 6%，社会消费品零售总额增长 10%，出口增长 7%，实际使用外资增长 8%；一般公共预算总收入增长 6% 左右，地方一般公共预算收入增长 5.5% 左右。

二是推动高动能创新。坚持科技是第一生产力、人才是第一资源、创新是第一动力，坚持教育优先发展、科技自立自强、人才引领驱动，完善科技创新体系，加快实施创新驱动发展战略，加快建设教育强省、科技强省、人才强省。预期研发经费投入增长 18% 以上，每十万人口高等教育在校生数达到 3300 人。

三是创造高品质生活。坚持在发展中保障和改善民生，着力解决好人民群众急难愁盼问题，健全基本公共服务体系，扎实推进共同富裕。预期城镇居民人均可支配收入增长 7%、农村居民人均可支配收入增长 7.5%；城镇调查失业率 5.5% 左右；居民消费价格涨幅 3% 左右；每千人口拥有执业（助理）医师数达到 2.84 人，每千人口医疗机构床位数达到 5.73 张。

四是保持高颜值生态。牢固树立和践行绿水青山就是金山银山的理念，推进美丽福建建设，促进生态优先、节约集约、绿色低碳发展。生态环境质量保持优良，化学需氧量、氨氮、挥发性有机物、氮氧化物重点工程减排量完成国家下达的指标，地级及以上城市空气质量优良天数比率、地表水达到或好于Ⅲ类水体比例保持高水平。

五是实现高水平安全。以新安全格局保障新发展格局，提高防范化解重大经济金融风险能力，严密防范系统性安全风险，确保粮食、能源资源、重要产业链供应链安全，粮食总产量稳定在 507 万吨以上，防止重特大事故发生。

重点要组织实施好十个方面工作：

（一）落实新阶段疫情防控各项举措

确保疫情防控平稳转段和社会秩序稳定。坚持人民至上、生命至上，平稳有序实施新型冠状病毒感染“乙类乙管”，以“保健康、防重症”为重点，强化应急处置措施，有力有效应对好可能出现的各种风险和挑战，最大程度保护人民生命和身体健康，最大限度减少疫情对经济社会发展的影响。

强化疫情防控救治能力建设。着力加强院前急救服务保障、急诊接诊管理和重症患者医疗救治，强化分级分层分流救治引导和居家患者健康指导，保证中药、西药及相关医疗设备等供应，全力推进医疗物资达产增产，强化价格和质量监管，保障群众基本用药需求。

加强重点场所重点人群防控。强化学校、医院、养老院等重点场所疫情防控，做好老年人、儿童、孕产妇、残疾人、慢性病患者等重点人群服务保障。加快推进老年人新冠病毒疫苗接种工作。全面加强农村地区疫情防控。加强健康知识科普宣传。

（二）深入实施扩大内需战略

着力恢复和扩大消费。完善促消费政策措施，多渠道增加城乡居民收入，提高居民消费能力。深化“全闽乐购”活动，打造传统节假消费旺季，培育特定群体节日消费热点，进一步弘扬福文化，促进福品消费。稳定和扩大汽车、家电等大宗消费，鼓励开展新能源汽车、智能家电、绿色建材等下乡行动。合理增加消费信贷，支持住房改善、养老服务、教育医疗文化体育服务等消费。壮大新兴消费，创新消费场景，培育新零售，推进会展业高质量发展。继续办好电商主播大赛、第二届福品博览会等。完善县域商业体系，推进乡镇商贸中心功能完善，支持农产品交易市场数字化改造提升。

积极扩大有效投资。扩大科技和产业投资，围绕全面加强基础设施建设、“十四五”重大工程、高质量发展、绿色转型等适度超前布局一批稳基础、优结构、利长远的项目。积极争取中央预算内投资、地方政府专项债券、基础设施投资基金、制造业中长期贷款等资金，安排省级预算内投资支持项目建设。统筹做好全省招商引资工作，健全高效协同招商机制。鼓励采用基础设施领域不动产投资信托基金（REITs）等方式盘活存量资产，形成投资良性循环。放宽民间投资市场准入，鼓励和吸引更多民间资本参与重大工程和补短板项目建设。设立高质量发展融资专项，引导银行等金融机构加大配套融资支持。高质量高效率推进项目建设，健全储备、签约、审批、招标、开工、竣工到评价的全生命周期项目管理体系，优化项目服务保障。

专栏7　基础设施重大工程

铁路	建成福厦高铁、龙龙铁路龙岩至武平段。加快推进福州港口后方通道等在建项目建设。开工建设漳汕高铁、龙龙铁路武平至梅州段。加快温福高铁、温武吉铁路、厦门港后方通道等项目前期工作并取得实质性进展。开展昌福厦高铁、赣龙厦高铁等重大项目前期研究，力争列入国家中长期铁路网规划
民航	加快福州机场二期扩建、厦门新机场和泉州晋江机场改扩建项目建设。积极争取国家有关部门尽快批复武夷山机场迁建、龙岩新机场项目预可研
轨道交通	福州地铁：建成5号线，加快推进4号线一期、2号线东延线一期、6号线东调段工程建设。 厦门地铁：加快推进3号线（蔡厝至翔安机场段、南延段）、4号线一期、6号线一期、6号线集美至同安段及漳州角美延伸段建设，计划开工建设9号线岛内段。 城际铁路：继续推进福州至长乐机场城际铁路F1线建设；加快推进厦漳泉城际铁路R1线、福莆宁城际铁路F2、F3线等工程前期工作，力争R1线控制性工程开工
公路	高速公路：建成厦门第二东通道、翔安机场路、泉南高速改扩建等项目，加快建设国高网福银联络线沙南高速公路、国高网武宁高速公路宁德至古田段、福州机场第二高速等项目。 普通公路：加快推进列入交通运输部“十四五”建设规划项目前期工作，有条件项目尽快开工建设，推进国道G228线滨海风景道建设。推进福州、厦漳泉都市圈便捷通道，打通断头路，加快乡镇便捷通高速项目、未达二级公路标准的普通国省道项目、疏港公路和红色旅游公路建设。大力实施“四好农村公路”工程。计划开工国省干线约150公里，完工约200公里
港航	推动闽江水口水电站枢纽坝下水位治理与通航改善工程顺利投入运营，推动闽江航运恢复发展。 新开工江阴港区6—7号泊位扩能工程。建成江阴港区万华化学13ABC号泊位、三都澳港区漳湾21号泊位、湄洲湾港鲤鱼尾4号泊位等项目。 加快推进漳湾18—21号泊位、可门7号泊位、罗屿8号、11—12号泊位、古雷南20—22号泊位等项目建设

续表

水利	推动罗源霍口水库、平潭及闽江口水资源配置工程主体完工。加快建设泉州白濑水利枢纽工程、木兰溪下游水生态修复与治理、九龙江调水、闽江干流防洪等项目。加快推进闽西南、闽东水资源配置工程、闽江口城市群水资源配置提质增效工程等重大项目前期工作
新型基础设施	适度超前布局建设新型基础设施，新增5G基站2万个以上。推进省政务云计算中心（扩容）、省超算中心（三期）、福建人工智能计算中心、泉州先进计算中心、中国土楼云谷等建设

（三）实施科教兴省战略

建设高质量教育体系。坚持以人民为中心发展教育，下好发展教育事业“先手棋”，促进教育公平。推动实施城镇公办幼儿园结构优化与质量提升工程，加大普惠性幼儿园扶持力度。继续实施义务教育薄弱环节改善与能力提升项目，扩大城区公办义务教育学校学位数，推进集团化办学、义务教育管理标准化建设和城乡紧密型教育共同体建设。实施县域普通高中发展提升行动。完善特殊教育保障机制，实施“一人一案”教育安置。加快培育创新型人才和高素质劳动者，着力增强职业教育适应性，推动职业院校产教融合发展。支持省部共建厦门市职业教育创新发展高地、泉州市创建国家产教融合试点城市。健全学科专业动态调整机制，抓好高水平学科创新平台建设。推进完善政产学研用金联盟建设，促进高校成果与产业需求常态化精准对接转化。

深入实施创新驱动发展战略。打好推进科技创新“组合拳”，充分发挥福厦泉国家自主创新示范区集聚效应，加快建设中国东南（福建）科学城、厦门科学城、泉州时空科创基地、三明中关村科技园等，打造海峡科技创新中心。提升创新载体平台能级，加快建设省创新研究院，新建一批省创新实验室、工程研究中心等，积极争取在能源、海洋领域建设国家实验室福建基地，全力推动我省国家工程研究中心建设。推进基础研究能力提升计划，深化与大院大所合作。组织实施10项以上省级科技重大专项，落实“揭榜挂帅”“赛马”等机制，强化跨部门、跨行业重大科技攻关，构建高效强大共性技术供给体系。办好第二十一届中国·海峡创新项目成果交易会。大力实施高新技术企业“双倍增”和龙头企业“培优扶强”专项行动。加快建设知识产权强省，提升知识产权创造、运用、保护、管理和服务水平，加强知识产权法治保障。

加快建设人才强省。牵住引才聚才用才“牛鼻子”，深入实施新时代人才强省战略，继续大力实施引才“百人计划”“八闽英才”等重大人才计划，遴选支持不少于120名高层次人才（团队），推进高端外国专家集聚工程。深化人才发展体制机制改革，建立健全人才培养、使用、评价、服务、支持、激励等制度机制，支持科研人员在高校、科研院所和企业之间双向流动，支持事业单位科研人员离岗创业，激发人才创新创造活力。加强高技能产业工人队伍建设，不断壮大技能人才规模。鼓励企业采用年薪工资、协议工资、项目工资等方式聘任创新人才。开展特殊贡献人才职称评审。健全新时代科技特派员机制，鼓励引导科技特派员围绕乡村振兴和产业转型开展全产业链条服务。

（四）加快产业体系升级发展

做大做强做优先进制造业。完善大抓工业协调机制，发挥重点产业专班机制作用，深入实施“强链补链延链”工程，力争培育形成产值超3000亿元以上产业集群7个。强化重点产业“卡脖子”技术装备攻关，落实好国产首台套政策。实施“增芯强屏”工程，推动三安系列投资、天马第6代柔性AMOLED生产线和8.6代新型显示面板生产线、士兰集科、士兰明镓等重大项目建设。加快推动古雷炼化一体化二期、中化泉州150万吨/年乙烯项目前期工作，推进漳州中沙古雷乙烯、国亨化学PP及PDH、万华化学年产80万吨PVC等重大项目实施。实施新一轮省级战略性新兴产业集群发展工程，争取再推动集成电路、新能源、新材料等一批省级集群纳入国家集群发展工程，推动战略性新兴产业融合集群发展。有序推动低于能效基准水平的存量项目节能化改造、转型提升，组织实施省重点技改项目1000项以上。加快中小微企业梯度培育，推动“个转企”“小升规”“规改股”“股上市”，梯度培育300家以上“专精特新”中小企业和100家以上专精特新“小巨人”企业。深入实施国防科技工业军民融合创新工程，推进与军工央企合作共建，推动建设一批军民融合高技术产业基地（示范园区），在自主可控计算机及信息安全、人工智能及传感器、北斗等军民两用领域实施一批重大示范项目。联动实施质量、标准、品牌强省战略，深入推进质量提升行动，做强做精福建品牌。

推动服务业优质高效发展。推进生产性服务业加快发展，以国家级新区、产业园区等为载体，大力培育智能工厂建设、工业互联网创新应用、柔性化定制等融合发展新业态新模式。加快“一带一路”物流通道、国家物流枢纽城市和国家骨干冷链物流基地建设，推进实施福州、厦门、泉州国家综合货运枢纽补链强链工程，深入推进多式联运“一单制”试点，搭建“丝路海运”现代物流体系。推动生活性服务业补短板上水平，加快养老服务设施和养老服务队伍建设，推进长期照护服务试点工作，推进一批示范性长者食堂项目建设。持续实施“引金入闽”等工程，加快发展数字金融、绿色金融、普惠金融，进一步增强金融服务实体经济能力。

加快数字经济创新发展。推动数字经济核心产业龙头企业壮大规模，培育一批具有全国竞争力的数字产业集群。纵深推进产业数字化转型，培育引进专业型、综合性优秀数字化解决方案服务商，布局数字化转型促进中心。持续推进数字经济应用场景培育工程，加快各领域应用场景开放开发和示范推广。大力引进数字经济领域急需人才。制定实施全省一体化公共数据体系建设方案，全领域开展公共数据场景式开发利用，深化省大数据交易所运营管理，培育优质的数据供应、应用标杆单位。办好第六届数字中国建设峰会，加快数字经济项目签约落地。

深化发展海洋经济。深化福州、厦门国家海洋经济发展示范区建设，继续推进省海洋产业发展示范县项目，支持优势海洋产业集聚发展和海洋特色园区建设。加快电动船舶研发制造基地建设，带动全产业链发展。推进福州海上风电产业园建设。继续推动海水养殖向深海型、集约型、高端型转变。重点支持开发海洋创新药物，加快发展特殊医学用途食品和功能性食品。继续实施海洋渔船“宽带入海”工程，打造一批“5G＋智慧海洋”示范应用工程。持续打造“水乡渔村”休闲渔业示范基地。着力推进重点港区连片开发。

大力培育绿色经济。落实绿色经济发展行动计划，围绕生产绿色化、生态产业化、能源清洁化、生活低碳化、绿色生态体系实施一批绿色经济重大工程。完善绿色金融标准体系，推动绿色经济领域投融资对接，服务绿色产业项目建设。完善生态产品交易平台，持续推进生态产品价值实现机制试点工作，强化“武夷山水”“红古田”“下乡的味道”等区域生态公用品牌培育和推广。

加快推动文旅经济发展。实施文旅经济高质量发展十大行动，积极培育发展旅游演艺、音乐产业等新业态。加快“1号滨海风景道”、长征国家文化公园（福建段）、环武夷山国家公园保护发展带等建设。加快自驾车旅居车营地、旅游服务中心建设，完善旅游公共服务设施网络。推进厦门植物园、连城冠豸山、福州鼓山创建5A级景区和永定创建国家旅游度假区工作。以创建全国乡村旅游重点村（镇）和认定福建全域生态旅游小镇、金牌旅游村为抓手，推动乡村旅游全面提升。

（五）全面推进乡村振兴和促进区域协调发展

接续推进乡村振兴。促进现代农业高质量发展，深入实施特色现代农业高质量发展“3212”工程。实施种业创新与产业化工程，育成具有自主知识产权的农作物新品种35个以上，新培育“三品一标”农产品240个以上，全省杂交水稻制种面积稳定在36万亩以上，积极培育“育繁推”一体化种业企业。加快提升农业科技和装备水平，建设高标准农田90万亩，提升全省农作物耕种收综合机械化率。建设一批省级数字农业创新应用基地和农业物联网应用基地，持续开展农产品产地冷藏保鲜设施建设。实施乡村振兴“十大行动”，深入开展乡村“五个美丽”建设，提升宜居宜业和美乡村建设水平。创建一批国家乡村振兴示范县和全省乡村振兴示范乡镇、示范村。扎实推进“串点连线成片”，继续提升打造100条精品示范线路。推进应急广播体系建设，继续实施智慧广电乡村工程。

持续优化区域协调发展格局。全面深化新时代山海协作和对口帮扶，推动山海产业联动融合发展、创新资源开放共享、基础设施互联互通、民生事业协同共建、公共服务均衡发展。深入实施区域协调发展战略，实施一批区域协作项目，打造闽东北、闽西南区域协同发展的新格局。推动福州都市圈和厦漳泉都市圈建设，深入实施强省会战略，支持厦门打造高质量发展引领示范区、泉州建设21世纪“海丝名城”。深化拓展福州新区、平潭综合实验区协作领域和政策效应，加快形成湾区联动、岛区协作的一体化发展格局。巩固提升易地搬迁脱贫质量，推动搬迁安置区后续产业可持续发展，组织实施以工代赈项目，继续开展消费帮扶，促进更多脱贫人口实现就地就近就业增收。全面融入国家区域发展战略，加强同长三角、粤港澳、长江经济带等对接合作。进一步做好闽宁协作和援疆援藏等对口支援工作。

加快老区苏区振兴发展。倾力支持老区苏区特色产业提升、基础设施建设和公共服务保障，推动龙岩与广州、三明与上海深化对口合作，支持对口合作园区建设，全力打造革命老区振兴发展样板城市。有效实施中央国家机关及有关单位对口支援等政策举措。持续落实省领导挂钩联系、省直部门挂钩帮扶、经济较发达县（市、区）对口帮扶乡村振兴重点县及欠发达老区苏区县制度，引导更多资源向老区苏区集聚。

深入实施新型城镇化战略。推进以县城为重要载体的城镇化建设，提高人口服务管理水平，着力降低生育、养育、教育成本，促进人口长期均衡发展。开展宜居建设、绿色人文、交通通达、安全韧性、智慧管理等五大城市建设品质提升工程建设，力争完成年度投资4700亿元，加快10个国家县城新型城镇化示范县（市）建设。深入推进城市更新行动，改造提升2580个老旧小区，加强公共环境适老化改造和无障碍设施建设，积极推动完整社区建设试点。推进海绵城市建设，因地制宜地建设地下综合管廊。实施城市交通设施提升工程，新增公共停车泊位2万个，不断完善城市功能。推进儿童友好城市、青年发展型城市创建。推动城市绿化建设，建设一批郊野公园、福道、城市公园等绿化项目。推进城乡融合发展，全面推进73个县（市、区）城乡供水一体化建设，新建扩建规模化水厂60处，铺设管网7200公里，力争农村自来水普及率达到89.5%以上。

（六）持续促改革优环境

切实落实“两个毫不动摇”。推动实施新时代民营经济强省战略，着力营造好的政策和制度环境，完善领导干部联系企业家制度，帮助解决实际困难，让国企敢干、民企敢闯、外企敢投。传承弘扬和创新发展“晋江经验”，依法保护民营企业产权和企业家合法权益，鼓励和引导民营企业心无旁骛做实业、一心一意创品牌，促进民营经济发展壮大。推动国企改革三年行动成果制度化、长效化，以提高核心竞争力和增强核心功能为重点，创新以管资本为主的国有资产管理体制和监督机制，开展新一轮深化国有企业改革，实施八闽国企综合改革专项行动，打造一批新的国企改革样板。

深化重点领域改革。深化农村集体产权制度改革，推进农村集体产权交易市场建设，稳步实施农村承包地“三权分置”，稳慎开展农村宅基地制度改革试点，稳妥推进农村集体经营性建设用地入市试点。持续深化集体林权制度改革，推动林权规范有序流转200万亩以上。促进“三医”协同发展和治理，推动优质医疗资源扩容和区域均衡布局。深化区域金融改革创新，持续推进数字人民币试点。完善教育领域收费制度，持续推动农业水价综合改革，深化输配电价改革。进一步开展清费减负工作，降低制度性交易成本。

建设高标准市场体系。加快清理废除妨碍全国统一大市场的政策规定，健全完善统一的知识产权保护、市场准入退出、公平竞争、公正监管等制度。创新要素市场化配置方式，推进福州、厦门、泉州要素市场化配置综合改革试点。全面开展电力市场建设。建立培育世界一流企业工作机制。

大力推进数字政府建设。着力升级重塑数字政府的技术架构、业务模型和数据资源体系，建设政务网络一张网、一朵云、三大一体化平台、一个综合门户的“1131”基础平台，推进省网上办事大厅、闽政通、12345政务服务便民热线平台、中国福建门户网站集群建设，优化政务服务

"一网通办"。推进省域治理"一网统管"，构建一体化监管体系，加强智能化经济监测研判与调节。提升政府运行"一网协同"，全面实现省市县乡四级协同办公。

专栏8 深化"放管服"改革措施

简政放权	加大简政放权力度，编制公布省、市、县三级行政许可事项清单，推动"证照分离"改革全覆盖，建立高效便捷的工程建设项目全流程在线审批机制
放管结合	统筹推进市场监管、质量监管、安全监管和金融监管，全面构建以"双随机、一公开"监管和"互联网+监管"为基本手段、以重点监管为补充，以信用监管为基础的新型监管机制，深入推进智慧监管和线上线下一体化监管，完善新产业新业态新模式监管，构建权责明确、公开透明、协同高效的事前事中事后全链条全领域监管体系
优化服务	加快推进政务服务标准化规范化便利化，深化"一件事一次办"集成套餐服务改革，持续开展"一业一证"改革试点，推广"免证办"服务，扩大"e政务"改革试点，拓展创新"跨省通办"自助服务渠道，优化政务服务"网上办、掌上办"服务体验

打造一流营商环境。聚焦市场有效、政府有为、企业有力、群众有感，对标先进、改革创新，打造市场化、法治化、国际化、便利化营商环境。健全数字化监测督导机制，建设全省统一的网上和掌上服务端，打造对内对外的营商环境数字化闭环。推行政策精准推送、"免申即享"。推进法治化营商环境示范区建设。提高监管执法规范性和透明度，推广信用承诺制，健全信用修复机制，强化信用信息共享，建设诚信福建。

（七）着力推进高水平对外开放

持续拓展推动"海丝"核心区建设。大力推进市场采购、跨境电商、数字贸易、海外仓等外贸新业态新模式发展，继续组织"福品卖全球、全球买闽货"活动，用好RCEP规则和各类展会平台，鼓励企业多元化拓展市场。推动外贸企业转型升级，加快技术改造，提高出口产品国际竞争力。促进服务外包转型升级，支持厦门争创国家服务贸易创新发展示范区。扩大先进技术、重要设备等优质产品和服务进口，推进国家进口贸易促进创新示范区建设。实施"丝路伙伴计划"，持续扩大"丝路海运"品牌影响，加快"丝路海运"国际航运综合服务平台建设，提升港航物流整体效率。提升"中欧班列"规模效益，促进"丝路海运""中欧班列"联动发展。扎实推进自贸试验区建设提升。加快中印尼、中菲等"两国双园"建设，推动更多资源要素在福建聚集。

加大吸引和利用外资力度。围绕我省重点发展产业及新开放领域，加强外贸产业链招商，大力招引贸易型（区域）总部来闽落地。持续开展"促增资扩产能"专项行动，推动外资标志性项目开工建设。办好第二十三届中国国际投资贸易洽谈会。扎实推进金砖创新基地建设，办好金砖国家新工业革命伙伴关系论坛等活动，拓展"金砖+"，引进更多头部企业入驻。

用好用足对外开放重要力量。深化闽港澳经贸合作，持续开展福建品牌港澳行，加强与港澳投资促进机构合作，推进"并船出海"，助力福品开拓港澳及海外市场。大力引进侨资侨智侨力，持续建设高水平侨务交流平台，拓展与闽籍新华侨华人、海外留学人员和华商新生代联络渠道，推动侨资侨智深度融入我省产业链、创新链、资金链、服务链，打造全球闽商经贸协作网络。

加快建设海峡两岸融合发展示范区。强化闽台电子信息、石油化工、精密机械、生物科技、医疗健康、现代服务业等产业合作，打造两岸共同市场福建样板。深入推进闽台农业融合发展，引导台胞台企参与乡村振兴。推进对台功能性经贸平台建设，支持福州、平潭等地打造对台跨境电商集散枢纽，支持莆田等地建设两岸能源资源中转平台。推进落实同等待遇，完善台胞在闽就业、就医、住房、社保、养老、子女就学等制度保障。努力在更多行业的两岸标准共通实践上取得突破，推动我国台湾地区职业资格"能认尽认""直接采认"。办好第十五届海峡论坛、第十一届海峡青年节，不断扩大闽台青年共同“朋友圈”和“事业圈”。开展闽台族谱对接、寻根谒祖等活动，加强民间信仰以及体育、艺术等领域交流。加快推进与金马地区通水通电通气通桥，支持平潭综合实验区加快打造台胞“第二生活圈”。

（八）聚力办实事惠民生

落实就业优先战略。完善就业增收机制，注重投资带动、消费拉动、产业撬动、区域联动对就业的支持引导，增强市场主体吸纳就业能力。统筹做好高校毕业生、农村转移劳动力、退役军人等重点群体就业工作，加强困难群体就业兜底帮扶。深入实施“技能福建”行动，共建共享一批公共实训基地，提升劳动者职业技能。加强灵活就业和新就业形态劳动者权益保障。

完善社会保障体系。凝心聚力办好省委、省政府为民办实事项目，加快补齐就业、教育、医疗、养老等民生社会事业短板。继续全面实施全民参保计划，稳步提高基本养老保险待遇水平，健全职工医保门诊共济保障机制，完善大病保险和医疗救助制度，巩固提升医保待遇水平。制定并实施基本养老服务清单，推动示范性居家社区养老服务网络建设，构建城区“一刻钟”养老服务圈。大力发展多元普惠托育服务，鼓励各级机关、企业事业单位、社会力量向本单位职工提供婴幼儿照护服务。加快建设省退役军人事务一体化平台，加强军休服务管理机构、优抚医院、光荣院、军供站、烈士纪念设施保护单位等服务保障机构建设。持续开展“福蕾行动计划”，加快县市级儿童福利机构转型升级。强化住房保障，规范公租房管理，支持刚性和改善性购房需求，激活二手房和租赁市场，因城施策促进房地产行业健康发展和良性循环，推动房地产业尽快走出困境，向新发展模式平稳过渡。持续做好保供稳价，压实“菜篮子”市长责任制，满足市场多样化需求。落实基本生活救助标准动态调整机制，兜牢兜实民生底线。

加快健康福建建设。深入开展爱国卫生运动，不断提升人民群众文明健康素养和健康水平。全面落实公立医院高质量发展实施方案，加强分级诊疗制度建设。推进复旦华山福建医院等7个国家级、4个省级区域医疗中心试点项目建设，推进三级医院对口帮扶县级医院、二三级医院对口支援基层医疗卫生机构、省属医院“移动医院”巡诊，完善资源梯度下沉与精准帮扶机制。优化县域医共体内资源配置，健全乡村医疗卫生体系。细化完善患者基层首诊、双向转诊等工作机制。序时推进中医类国家区域医疗中心、中医特色重点医院等重点项目建设。推进疾控体系改革，开展全民健康管理试点工作。推动群众体育、竞技体育、体育产业等协调发展。

繁荣发展文化事业。围绕宣传贯彻党的二十大主题，积极创作一批精品文艺作品，组织开展形式多样的文艺演出活动。实施优秀传统文化传承发展工程，推动“福”文化、朱子文化等特色文化创造性转化、创新性发展。抓好第十五届福建音乐舞蹈节、街头文化展示、读中华经典颂时代华章全省诵读比赛等全省性群众文化活动。加强公民道德建设，注重家庭家教家风建设，全面推进全国文明城市创建。支持国家重点文物保护和考古挖掘工作，建设一批兼具文物储存、修复、研究等功能的设施。办好海上丝绸之路国际艺术节、世界妈祖文化论坛等重要节庆活动。深入打造“视听福建”海外播映品牌，讲好福建故事，传播福建声音。

（九）深入推进生态文明试验区建设

不断创新生态文明机制。健全“三线一单”生态环境分区管控体系。推进武夷山国家公园建设，加快南平全方位绿色高质量发展，完善自然保护地体系。推进综合性生态保护补偿，持续实施重点流域生态保护补偿和汀江—韩江跨省流域上下游横向生态保护补偿。落实“四水四定”原则，支持莆田建设绿色高质量发展先行市。推进排污权、用能权、碳排放权、水权等资源环境权益交易市场建设。推广电力绿色贷、碳中和债等绿色金融产品。深入开展自然资源资产产权制度改革，加快完善自然资源价格形成机制，完善耕地园地江河休养生息机制。强化正向激励机制，鼓励基层开展首创性、差异化改革探索，激发生态文明领域改革创新活力和潜能。

积极稳妥推进碳达峰碳中和。完善我省碳达峰碳中和政策体系。推进能源绿色低碳转型，加强煤炭清洁高效利用，大力推动煤电节能降碳改造、灵活性改造、供热改造“三改联动”。持续推进重点行业节能降碳改造升级，全面推行清洁生产，加强节能监察能力建设。着力构建绿色制造体系，加快工业领域低碳工艺革新。深化低碳城市、低碳园区、低碳社区试点。接续实施林业“八大工程”，着力提高森林质量、生态稳定性和固碳中和能力。进一步建好用好碳达峰碳中和综合管理平台。积极参与全国碳市场交易，完善福建碳市场建设。

深入打好污染防治攻坚战。分类整治流域性、区域性、行业性污染，加快解决突出生态环境问题。坚决打赢“蓝天保卫战”，削减废气污染物排放，加快机动车船、沿海港口货运车船电气化，提高油品产储运销体系油气回收水平，全面推进工业炉窑实施脱硫脱硝改造提升。坚决打赢“碧水保卫战”，推进提高废水污染治理水平，实施开发区、工业园区雨污全分流和污水全收集、全处理、全达标工程，推广“污水零直排区”建设，推进城市污水处理提质增效和黑臭水体治理、农村污水收集处理提升工程。规范畜禽养殖废水预处理、资源化利用设施建设和管理。坚决打赢“碧海保卫战”，持续推进水清滩净治理，全面排查、分步实施、分类整治入河入海排污（排放）口，推进海上养殖转型升级和岸上、滩涂养殖场尾水综合治理，全面推进35个海湾建设国家级、省级美丽海湾。坚决打赢“净土保卫战”，强化全过程土壤污染防治，严格农用地和建设用地监管，深入开展农用地土壤镉等重金属污染源头防治行动，实施医废处置“扩能提质”工程和补短板项目，开展新污染物治理，加快建设一批“无废城市”。持续推进生活垃圾分类工作，促进再生资源回收利用和环卫系统“两网融合”。

（十）切实防风险保安全

保障粮食安全。严格落实耕地保护和粮食安全党政同责，确保粮食播种面积稳定在1253万亩以上、粮食总产量稳定在507万吨以上。加快省市县三级新增50万吨粮食储备任务落实和新一轮省级粮库建设进度。实施优质粮食提升行动，加快建设全省粮食购销领域监管信息化“一张网”。精心办好第十九届福建粮洽会。深入治理“餐桌污染”、持续建设“食品放心工程”，守护人民群众“舌尖上的安全”。

保障能源安全。持续优化能源供应结构，充分发挥煤电的基础性支撑性调节作用，做好现有各类电源有序替代更新工作。持续优化电力运行调度，扎实做好电力迎峰度夏、度冬工作。加强与国内产煤大省、重要能源央企的对接合作。建立健全电力供需等预警机制，优化应急保障电源配置。

专栏9　能源基础设施项目

核电	积极推进漳州核电1—4号机组建设；推动宁德核电5、6号机组，华能霞浦核电1、2号机组，漳州核电5、6号机组等纳入国家核准计划，力争“十四五”期间获得国家核准并开工建设
煤电	加快推动华电可门三期和古雷、泉惠、江阴等工业园区先进热电联产机组建设；谋划一批厂址条件好的现有煤电厂，扩建一批先进煤电机组，作为我省支撑性和调节性电源；推进到役煤电机组实施等容量替代改造，提高重点城市支撑电源保障水平
气电	按照气源有保障、气价可承受、布局合理等要求，开展先进燃气机组前期工作，进一步提高电力供应能力
海上风电和光伏发电	完善海上风电资源配置制度，探索开展深远海风电资源示范开发，稳妥开展集中式光伏试点，有序推进整县屋顶分布式光伏试点
抽水蓄能	适应新能源大规模高比例发展需要，加快永泰、厦门、云霄抽水蓄能项目建设，加快“十四五”“十五五”规划重点项目前期工作，开展新一轮抽水蓄能场址摸排
电网	加快形成省内“四纵三横”主干电网，推进北电南送特高压工程建设；同步建设主力电源和新能源项目送出工程，增强电网供电能力；加强农村电网改造，提高供电可靠性
天然气	加快建设福建天然气管网和互联互通工程，推进哈纳斯莆田LNG接收站和中石油福建LNG接收站建设，加速形成“省内环网”主干气网结构，通过重点区域双管线、海陆多气源保障、管罐结合多元化手段保障天然气供应

扎实做好重点领域风险防范化解、安全生产等工作。全力维护政治安全，切实维护网络安全、信息安全、数据安全等非传统安全。强化金融稳定保障体系，及时有效防范化解金融风险隐患，防止形成区域性、系统性金融风险。提升市域社会治理能力，完善网格化管理、精细化服务、信息化支撑的基层治理平台，健全城乡社区治理体系。加强生物安全管理，着力防范化解生态资源安全风险，实施互花米草除治攻坚等行动。推进军地联动，大力实施海防城网融合工程，强化经济动员应急能力建设。完善产业链供应链风险动态监测机制，进一步提升风险监测和处置能力。深入开展危化品、燃气、自建房、消防、道路交通、水上运输和渔业船舶等重点领域安全整治，坚决守住不发生重特大事故的底线，亿元生产总值生产安全事故死亡人数0.009人以内，较上年进一步下降。提高防灾减灾能力，坚持防减救助，推进千个自然灾害避灾点提升建设工程，提升建设不少于200个避灾点。加强基层应急管理体系和能力建设，继续推进“五个一百”公共安全保障提升工程，筑牢基层安全屏障。

各位代表，做好2023年经济社会发展工作意义重大、任务艰巨、使命光荣。我们要更加紧密地团结在以习近平同志为核心的党中央周围，以习近平新时代中国特色社会主义思想为指导，深刻领悟“两个确立”的决定性意义，增强“四个意识”、坚定“四个自信”、做到“两个维护”，切实把思想和行动统一到党的二十大精神上来，不折不扣贯彻落实党中央国务院各项决策部署，认真落实省委十一届三次全会和省委经济工作会议要求，落实省十四届人大一次会议决议，自觉接受省人大的监督，认真听取省政协的意见和建议，踔厉奋发、勇毅前行、团结奋斗，扎扎实实办好福建的事情，全方位推进高质量发展，在推进中国式现代化中彰显福建担当、展现福建作为，奋力谱写全面建设社会主义现代化国家福建篇章！

关于福建省2022年预算执行情况及2023年预算草案的报告

——2023年1月11日在福建省第十四届人民代表大会第一次会议上

福建省财政厅

各位代表:

受福建省人民政府委托，现将福建省2022年预算执行情况及2023年预算草案提请省十四届人大一次会议审议，并请省政协各位委员和其他列席人员提出意见。

一、2022年预算执行情况

2022年是党和国家历史上极为重要的一年。全省各级各部门坚持以习近平新时代中国特色社会主义思想为指导，深入贯彻党的十九大和十九届历次全会精神，认真学习宣传贯彻党的二十大精神，坚决贯彻落实习近平总书记重要讲话重要指示批示精神，全面落实“四个更大”重要要求，认真落实党中央、国务院决策部署和省委、省政府工作要求，严格执行省十三届人大六次会议审查批准的预算，全面落实疫情要防住、经济要稳住、发展要安全的要求，高效统筹疫情防控和经济社会发展，统筹发展和安全，全力以赴稳住经济大盘，积极稳妥防范化解重大风险，不断提高效率、提升效能、提增效益，保持经济运行在合理区间和社会大局稳定，推动我省经济社会发展取得新成效。

回顾过去一年，受疫情反复、国际局势变化和长时间持续降雨自然灾害等超预期因素影响，我省经济运行承受着增长回落的压力；同时，我省不折不扣落实中央组合式税费支持政策，并在中央赋予的税收权限范围内，顶格出台税收优惠地方举措，政策效应叠加释放，市场主体减负规模为历年之最，全省财政收支矛盾加剧，做好财政工作难度很大。面对困难和挑战，全省各级财政部门牢固树立“以政领财、以财辅政”意识，坚持积极的财政政策要提升效能，更加注重精准、可持续，深入落实稳经济一揽子政策和接续措施，主动作为、应变克难，先后出台15条统筹疫情防控和经济社会发展政策措施、43条支持稳经济财税政策，努力增收节支、挖潜增效，财政改革发展各项工作有序推进，财政收支运行总体平稳，为有效应对超预期因素冲击，推动福建发展稳中有进、稳中向好作出应有贡献。

（一）2022年预算收支情况

1. 一般公共预算

据快报统计，全省一般公共预算总收入5382.30亿元，按财政部统一要求，剔除增值税留抵退税因素后，同口径增长1.9%，其中，地方一般公共预算收入3339.06亿元，剔除增值税留抵退税因素后，同口径增长5.5%。全省一般公共预算支出5702.93亿元（含中央补助收入、上年结转和一般债券安排的支出），增长9.6%。

省本级地方一般公共预算收入280亿元，下降8.1%。省本级一般公共预算支出591.38亿元（含中央补助收入、上年结转和一般债券安排的支出），增长3.3%。

2. 政府性基金预算

全省政府性基金预算收入2631.32亿元，下降21.3%，主要是国有土地使用权出让收入下降影响。全省政府性基金预算支出4206.52亿元（含中央补助收入、上年结转和专项债券安排的支出），增长1.2%。

省本级政府性基金预算收入21.89亿元，增长1.9%。省本级政府性基金预算支出59.56亿元（含中央补助收入、上年结转和专项债券安排的支出），增长70.4%，主要是新增专项债券支出拉动。

3. 国有资本经营预算

全省国有资本经营预算收入173.3亿元，增长55.0%，主要是国有企业2021年可分配利润增长，相应增加2022年上缴收入。全省国有资本经营预算支出108.11亿元，下降19.0%，主要是2021年安排省属金融企业增资扩股支出，基数较高。

省本级国有资本经营预算收入62.88亿元，增长16.4%，主要是省属国有企业2021年可分配利润增长，相应增加2022年上缴收入。省本级国有资本经营预算支出50.36亿元，下降49.0%，主要是2021年安排省属金融企业增资扩股支出，基数较高。

4. 社会保险基金预算

全省社会保险基金收入2210.37亿元，增长3.3%。全省社会保险基金支出1947.21亿元，下降4.1%，主要是按国家新出台的企业职工基本养老保险全国统筹调剂办法，省级社保基金中企业职工基本养老保险基金需上解中央的调剂金支出减少227.12亿元。

省级社会保险基金收入952.30亿元，下降4.1%。省级社会保险基金支出830.33亿元，下降16.1%。主要是按新办法企业职工基本养老保险基金中央调剂金补助收入减少167.47亿元，需上解中央的调剂金支出减少227.12亿元。

5. 地方政府债务情况

2022年，全省发行政府债券2575.91亿元。其中：发行新增债券1998.21亿元（财政部下达新增限额1640亿元，扣除无需发行的外债转贷资金0.79亿元，加上利用结存限额发行359亿元），主要用于市政和产业园区、交通、社会事业、保障性安居工程、农林水利、生态环保等公益性项目建设；发行再融资债券577.7亿元，用于偿还到期政府债券。全省共偿还政府债务本金764.65亿元。截至2022年12月底，全省政府债务余额11901.72亿元（一般债务3562.54亿元、专项债务8339.18亿元），严格控制在中央核定的限额12857.2亿元之内，政府债务风险总体可控。

2022年，省本级发行政府债券49.26亿元。其中：发行新增债券47.26亿元，主要用于水利、交通、教育等领域；发行再融资债券2亿元。省本级共偿还政府债务本金13.24亿元。截至2022年12月底，省本级政府债务余额217.65亿元（一般债务79.78亿元、专项债务137.87亿元）。

以上快报数在决算编制中可能还会有所变动，决算编成后再按规定报省人大常委会审批。

（二）主要财税政策落实和重点财政工作情况

按照预算法及其实施条例、人大预算审查监督重点向支出预算和政策拓展的有关规定，以及省人大预算决议和省人大常委会有关审议意见的要求，加强预算收支管理，深化财税体制改革，持续保障和改善民生，有效防范财政运行风险，有力推动经济社会平稳发展。

1. 精准施策，扎实稳住经济大盘

一是不折不扣落实组合式税费支持政策。严格落实小微企业和制造业等十三类行业留抵退税、对小规模纳税人阶段性免征增值税、缓缴制造业中小微企业税费等政策，顶格出台减免小微企业“六税两费”、给予退役士兵等重点群体创业就业税收优惠等五项地方举措。推出“闽捷办”智慧税务平台，优化退税等政策办理流程，提升政策直达精准度与便捷性，充分激发市场主体活力。全省退税减税降费及缓税缓费共计1146亿元，其中，留抵退税705亿元，约为2021年退税规模的3倍，用“真金白银”帮助市场主体纾困减负。在实现省定涉企行政事业性收费项目“零收费”基础上，实行收费清单“一张网”管理，组织开展涉企乱收费整治，确保各项税费支持政策落地见效。

二是全力以赴支持市场主体渡过难关。新增四期共400亿元规模中小微企业纾困增产增效专项贷款，先后设立各50亿元额度的制造业中小微企业融资支持专项贷款、纺织鞋服产业纾困专项贷款，共惠及1.83万家企业。从中小微企业纾困贷中切块100亿元支持泉州、福州等地企业复工复产。加大政府采购对中小微企业支持力度，中小微企业获得采购合同金额占比近60%。对符合条件的市场主体承租行政事业单位国有房屋阶段性减免租金5.99亿元。提高失业保险稳岗返还比例，返还企业10.75亿元。缓缴养老等三项保险费政策实施范围由5个特困行业扩大至22个行业，对中小微企业和符合条件的个体工商户缓缴单位缴费部分职工医保费（含生育保险），共缓缴32.5亿元。

三是积极发挥财政稳投资作用。发行新增专项债券1831亿元，增长25.7%，共支持1317个项目建设，优先保障水利、教育、卫生、养老等重点领域，有效发挥债券资金带动扩大有效投资的重要作用。多渠道筹措资金146.46亿元，加快推进铁路、公路、港口、民航机场等交通基础设施建设。统筹预算内投资119.64亿元，支持重大基础设施、自然灾害防治、公共管理等领域重大项目建设。支持厦门、福州、泉州入围2022年国家综合货运枢纽补链强链首批城市。推进PPP项目规范高质量发展，全省落地项目14个，总投资114.71亿元。组建100亿元规模省级政府投资母基金，推广运用“基金云”平台，撬动更多社会资本投资。

四是助力助推稳外贸稳外资促消费。下达16.14亿元，支持稳外贸稳外资促消费政策，将政策精准落实到市场主体。对符合条件的企业领取“单一窗口+出口信保”保单予以全额补助，保费费率降幅超30%。加大出口信贷扶持，继续实施“商贸贷”“外贸贷”，创新推出“台企快服贷”。推广运用汇率避险工具，惠及1469家企业。支持各地通过包机、组团、代参展等形式开拓市场。用好外资到资奖励政策，重点支持引进先进制造业、高新技术企业、技术先进型服务企业。支持发放“全闽乐购·福见商旅”活动消费券，促进汽车消费，推进县域商业体系建设。

2. 突出重点，不断增强发展动能

一是支持科技自立自强。下达7.3亿元，支持高标准建设6家省创新实验室，推动筹建集成电路、海洋领域省创新实验室，支持省创新研究院建设，推进沿福厦泉轴线科技创新走廊建设。下达6.33亿元，用于自然科学基金、对外合作等“从0到1”基础研究。围绕企业“卡脖子”关键核心技术靶向施策，持续推动科技重大专项“揭榜挂帅”。继续实施企业技改项目融资贷款贴息政策，支持232个项目，实际投放贷款125.84亿元，带动社会资本投资1098亿元。下达19.12亿元，实施技改奖补、企业研发分段补助、科技小巨人领军企业研发奖励、专精特新企业奖补等政策。下达10亿元，深入实施新时代人才强省战略。下达1亿元，支持选认2150名省级科技特派员、741个团队（法人）科技特派员。深化财政科技管理体制改革，创新出台经费“包干制”政策，支持实施高校科研院所科技成果转化综合试点，赋予科研人员更大自主权。

二是推动“四大经济”做大做强。支持打造数字经济新引擎，下达6.04亿元，支持数字经济核心产业集聚区建设及电竞产业发展等；下达13.34亿元，支持数字政府建设。支持拓展海洋经济新空间，下达2.7亿元，支持渔业产业发展、海洋安全设施和科技装备建设等；下达26亿元，支持渔港建设、海上养殖升级改造、远洋渔业发展等。支持壮大绿色经济新优势，下达7.02亿元，支持加速推进“电动福建”、新能源充电基础设施建设，加大对电动船舶、新能源汽车等支持力度；下达1.74亿元，支持循环经济试点示范项目建设，加快推进工业节能降碳和资源综合利用；下达2.87亿元，支持林业经济发展。支持打响文旅经济新品牌，下达4.13亿元，支持文旅融合及新业态发展、“清新福建”“福文化”品牌宣传推广等，促进全域旅游、生态旅游、红色旅游以及闽派文化精品打造。推动数字、绿色、海洋等产业基金启动组建。

三是支持生态省建设持续深化。下达35.57亿元，支持提升森林碳汇能力。下达23.43亿元，并设立9亿元正向激励资金，深入推进九龙江流域山水林田湖草沙一体化保护和修复工程。闽江流域山水林田湖草生态保护修复项目在财政部绩效评价中获得全国唯一优秀等次。下达7.35亿元，支持国家公园连片系统建设，实施环武夷山国家生态保护修复治理，推进国家公园文化遗产保护、智慧公园等项目建设。建立综合性生态保护补偿长效机制，下达5亿元，用于重大生态保护修复项目以及重点生态功能区、生态文明建设示范区的生态保护治理。下达2.53亿元，支持沿海市县开展互花米草除治和生态修复，维护我省滨海湿地生物多样性和生态系统安全。下达16.87亿元，用于农村生活垃圾治理、城市生活污水管网新建改造等。充分利用我省生态优势，积极参与中央竞争性资金分配，共争取到10个生态项目获得中央财政支持，总额达32.4亿元。争取亚洲开发银行贷款用于木兰溪流域生态环境综合治理及提升项目。

四是推进区域协调发展。全面推进乡村振兴，按照“四个不摘”要求，保持衔接推进乡村振兴财政投入力度不减，下达13.7亿元，持续加大对脱贫户、老区苏区县和23个脱贫县支持力度。下达15.47亿元，加大特色优势产业支持力度，推进乡村一二三产融合发展。支持打造乡村产业振兴示范村108个。推动城乡建设品质不断提升，下达35.83亿元，支持棚户区改造、老旧小区改造，建设公共租赁住房、保障性租赁住房以及发放租赁补贴。下达24.3亿元，推动乡村建设行动，支持农村道路、农村公益事业建设等。下达34.82亿元，支持耕地保护、高标准农田建设、种业振兴、农机购置补贴等。统筹13.98亿元，做好粮食等领域保供，支持省级储备粮库建设。持续加大对老区苏区倾斜支持力度，下达19.3亿元，支持改善基本公共服务和急需的社会民生事业项目建设，并对中央和省新出台的重大民生政策在补助标准等方面给予倾斜支持。支持深化东西部协作和对口支援机制，做好闽宁协作和援藏援疆工作。

3. 加大投入，持续增进民生福祉

一是民生投入持续加大。坚持以人民为中心发展思想，提高公共服务水平，着力解决好人民群众急难愁盼问题。全省民生支出4343.28亿元，增长10.1%，占一般公共预算支出的76.2%，持续保持在七成以上。其中：教育支出1222.27亿元，增长13.2%；社会保障和就业支出709.84亿元，增长19.8%；卫生健康支出611.05亿元，增长14.5%；文化旅游体育与传媒支出117.52亿元，增长12.1%；粮油物资储备支出25.83亿元，增长37.9%。省委和省政府25项为民办实事项目省级相关资金下达123.91亿元，为年初计划总额的113.8%。

二是社保体系更加健全。完善就业公共服务体系，下达9.28亿元，支持高校毕业生、农村转移劳动力、退役军人等重点群体就业创业，健全灵活就业、新就业形态劳动用工和社会保障政策。对受疫情影响的参保企业，发放一次性留工培训补助。强化社会保险基金管理，连续第24年调整提高企业退休人员养老金，将城乡居民基础养老金省定标准从每人每月130元提高到140元，提高职工医保、工伤保险省级统筹调剂集中比例。完善基本医疗保障体系，下达106.8亿元，将城乡居民医保年人均财政补助标准从580元提高到610元，资助困难群众参加基本医疗保险、开展医疗救助。下达31.15亿元，做好困难群众救助补助资金保障，将省定低保最低标准由4400元提高到4750元。加快补齐养老短板，支持养老及救助工作政府购买服务、农村区域性养老服务中心、长者食堂等项目建设。连续第21次提高部分优抚对象抚恤和生活补助标准，连续第26次提高革命“五老”人员定期生活补助标准。下达8.53亿元，促进残疾人事业发展，支持提高残疾人生活和护理两项补贴标准。

三是健康卫生有效保障。全省各级财政投入130.43亿元，用于疫情处置和防控能力提升、核酸检测、疫苗及接种费用补助等支出，有力保障各地疫情防控资金需求。医保基金全额承担新冠病毒疫苗购置及接种费用，支持全民免费接种，市县财政按30%比例补助医保基金，省级统筹中央资金对市县财政负担部分补助60%。下达4.99亿元，提升省市县三级重症救治能力，支持省级重大疫情救治基地建设和省市县医院综合ICU床位建设。健全公共卫生体系，将基本公共卫生服务人均财政补助标准从79元提高到84元，推进卫生健康事业发展，支持省属医疗卫生机构项目、新一轮医疗“创双高”、县域医共体能力提升项目建设，推动卫生健康高层次及基层卫生等人才队伍建设，促进中医药服务能力提升。支持“无陪护”病房、乙肝感染者规范化治疗、适龄女性HPV疫苗免费接种等试点项目。三明市入选中央公立医院改革与高质量发展示范项目。

四是教育文体稳步发展。坚持教育优先发展，下达教育领域项目资金104.46亿元，支持新建、改扩建公办幼儿园216所，助推城区义务教育学位增补和高中质量提升计划，支持职业教育国家和省级“双高计划”建设，深化高校管理体制改革，加快推动“双一流”和应用型高校建设。下达16亿元，健全从学前教育到研究生教育阶段、家庭经济困难学生全覆盖的学生资助政策体系，保障困难学生不失学。下达10.96亿元，继续实施公共文化设施升级完善和文化场馆免费开放政策，促进公共文化场馆错时延时开放，推进漳州海域水下考古挖掘，支持推广试点“文物+保险+服务”项目，支持打造闽派特色文化精品佳作。下达9.56亿元，支持全民健身国家战略，推进智慧体育公园等建设，支持南平办好第十七届省运会。

4. 注重效能，有效提升财政治理水平

一是财政法治建设不断加强。认真落实省人大及其常委会关于福建省2022年预算和省级预算调整方案等决议，依法向省人大及其常委会报告预算执行、决算、地方政府债务管理、国有资产管理等情况。着力提升服务代表委员水平，共承办省人大代表建议176件、省政协委员提案76件，均在规定的时间内办结，做到沟通率、答复率、满意率100%。建立健全审计问题台账，分类整改，逐项销号，确保审计整改到位。编制非税收入项目目录清单，从源头上规范收入收缴。硬化预算约束，严禁超预算、无预算安排支出，规范预算调剂事项。首次编制全省合并行政区划政府综合财务报告，全面准确反映政府财务状况和运行情况。

二是财税体制改革深入推进。深化预算管理制度改革，在全省全面实施零基预算，稳步推进预算支出标准体系和资产盘活长效机制建设。持续推进预算绩效管理，首次对所有省级专项资金实施事中绩效评价，评价结果直接应用于2023年度预算编制。不断提升市县财政管理水平，14个县2021年度财政管理绩效综合评价进入全国前200名，其中，5个县进入全国前20名，周宁县排名全国第1。进一步扩大预决算公开范围，全省各级部门所属单位预决算公开实现全覆盖。扎实推进税制改革，建立落实增值税留抵退税资金分担机制和政策会商机制。稳步推进省以下财政体制改革，对市县财力状况分档进行调整完善，推动提高区域间均衡度和转移支付精准度。推动省与市县财政事权和支出责任划分改革，制定出台国防领域改革实施方案。将省直部门所属企业纳入国有资本经营预算编制范围。健全国有金融资本管理制度体系，组建省金融投资有限责任公司，促进我省金融机构做强做优做大。

三是财政服务监管水平持续提升。扎实推进财政“放管服”改革，政府采购活动实现供应商无纸化投标、远程参与开标、专家异地评审。推进注册会计师、资产评估业务线上办理。推动电子凭证会计数据标准试点工作，实现全流程无纸化。非税收入收缴电子化和财政电子票据管理改革位居全国前列，改革实施单位超2万家。推进智慧财审系统建设，实现评审全流程线上办理。持续加强财政资金监管，乡村振兴（扶贫惠民）资金在线监管平台监管项目从40项增至48项，累计监管资金超442亿元，惠及群众812.8万人，实现乡村振兴重点领域资金监管全覆盖。扩大财政资金直达机制范围，全省直达资金829.14亿元，增长40.6%，实现资金和监管同步“一竿子插到底”。预算管理一体化系统全面上线运行，实现预算全流程信息化管理。严肃财经纪律，严控“三公”经费和其他一般性支出，开展地方财经秩序专项整治行动。财政资金监管相关做法在省政府第五次廉政工作会议上作经验交流。

四是保障基层财政平稳运行。加大转移支付力度，下达县级基本财力保障补助、均衡性转移支付等资金609.79亿元。实行县级“三保”预算事前审核全覆盖，加强统一监测预警，完善应急处置机制，确保基层“三保”不出现问题。按日监测各地库款情况，统筹做好库款调度，加大对受疫情影响地区资金调度和留抵退税资金保障力度。完善政府债务管理，建立政府债券穿透式监测、支出进度通报预警、违规使用处理处罚等制度。压实政府债务偿还责任，全省到期地方政府债券全部按期足额偿还。积极稳妥、依法合规化解隐性债务存量，坚决遏制隐性债务增量。

过去的五年，全省各级财政部门坚决贯彻落

实党中央、国务院决策部署和省委、省政府工作要求，牢记嘱托、砥砺前行，有效发挥财政职能作用，财政“十三五”规划圆满完成，“十四五”规划顺利实施，为全面加快新发展阶段新福建建设提供坚强的财力保障。

五年来，财政综合实力不断壮大。坚持把做大“蛋糕”作为财政发展的基础，持之以恒，久久为功，深入推进财源建设，充分发挥财政在国家治理中的基础和重要支柱作用。全省财政收入迈上新台阶，全省一般公共预算总收入突破5000亿元，2022年达到5382.30亿元，年均增长4.8%；地方一般公共预算收入突破3000亿元，2022年达到3339.06亿元，年均增长5.3%。保持必要财政支出强度，全省一般公共预算支出总量从2018年的4832.69亿元增加到2022年的5702.93亿元，累计2.6万亿元，有力保障各项政策措施落地见效。同时，我省作为全国八个净上缴省份之一，2018—2022年，累计净上缴中央超过3200亿元，为全国发展大局作出积极贡献。

五年来，重大战略任务保障有力。坚持围绕中心、服务大局，加大财政资源统筹力度，优化财政支出结构，支持大力发展“四大经济”，有效增强省委和省政府重大战略任务财力保障，促进经济社会高质量发展。着力推进地区间公共服务均等化，完善县级基本财力保障制度，不断增强区域发展的协调性和均衡性。坚持教育支出“两个只增不减”，2018年以来财政教育预算支出占一般公共预算支出的比重均居全国前3位，五年累计支出3996亿元，成为我省第一大民生支出。深入落实创新驱动发展战略，把科技作为财政支出的重点领域予以优先保障，财政支出年均增长6.8%。大力支持实施人才强省战略，构建较为完整的人才引进与跟踪培育政策支持体系，财政支出年均增长22.1%。有效推动实施乡村振兴战略，完善涉农资金统筹整合长效机制，确保农业农村投入只增不减。扎实推进美丽福建建设，率先出台国家公园生态补偿机制，加快建设首个国家生态文明试验区，闽江流域山水林田湖草生态保护修复工程试点在全国率先完成项目整体验收，九龙江流域山水林田湖草沙一体化保护修复工程和环武夷山国家公园生态保护修复治理项目等顺利实施。

五年来，积极财政政策持续有效。持续实施积极的财政政策，相机抉择、开准药方，有力支持经济实现质的有效提升和量的合理增长。推动优化税制结构，不折不扣落实减税降费各项措施，五年累计减轻企业税费负担约3000亿元，逐步实现“放水养鱼”“水多鱼多”良性循环。用好用足地方政府债务限额，五年累计发行新增政府债券7011.9亿元，年均增长28.7%，有效发挥债券资金稳投资促发展惠民生作用。加快推进财政金融协同发展，从2020年起先后设立八期共800亿元规模中小微企业纾困贷款，惠及2.36万家企业，企业负担的实际贷款平均年利率为3.25%；推动政策、企业、金融上线上云，入驻“金服云”平台企业超过25.55万家，解决融资需求2106.06亿元。

五年来，基本民生保障更加到位。始终坚持在发展中保障和改善民生，全省民生支出从2018年的3505.44亿元增加到2022年的4343.28亿元，民生支出占一般公共预算支出比重持续保持在七成以上，不断增强人民群众的获得感、幸福感、安全感。2018年以来，我省共计实施省委和省政府为民办实事项目136项，省级财政投入达到583.86亿元，解决了一批人民群众最关心最直接最现实的问题。支持我省提前一年打赢脱贫攻坚战，全力巩固拓展脱贫攻坚成果同乡村振兴有效衔接，五年累计投入相关资金383.6亿元。实施积极就业政策，推动实现更高质量和更充分就业。加强社会保障体系建设，推动兜底线、织密网、建机制。建立并常态化实施财政资金直达机制，确保民生补助资金直达基层、直接惠企利民。坚持“三保”支出在财政支出中的优先地位，严禁挤占挪用“三保”支出，坚决防范基层“三保”风险，我省县级财力得到有力保障，基层财政运行总体平稳。

五年来，财税体制改革纵深推进。围绕建立现代财政制度，加快推进重点领域改革。财政体制改革稳步推进，出台外交、国防、交通运输等8个领域省与市县财政事权和支出责任划分改革实施方案，建立健全省对市县均衡性转移支付、县级基本财力保障补助稳定增长机制。预算管理改革持续深化，全面推行零基预算改革、资产盘活长效机制、支出标准体系建设等，省、市、县三级基本建成全方位、全过程、全覆盖的预算绩效管理体系，顺利完成全面实施预算绩效管理各项改革任务。税收制度改革不断发力，根据税法授权相继制定我省环境保护税、耕地占用税、资源税、契税、城市维护建设税具体适用税率（额）及减免税办法，在全国率先实施个人养老金递延纳税优惠政策，积极推进非税收入划转税务部门征收。国资、国企、金融等领域改革加快推进，严格按要求向省人大常委会报告国有资产管理等情况，完成全部75家国有企业股权划转充实社保基金工作。

五年来，依法理财水平不断提升。全面贯彻落实习近平法治思想，将法治建设贯穿财政改革发展全过程，地方财政制度规范体系、财政法治监督、财政法治保障等不断完善。健全依法决策机制，将公众参与、专家论证、风险评估、合法性审查、集体讨论决定等，作为财政重大行政决策法定程序固定下来、形成常态。深入开展特色财政法治宣传教育，广泛开展宪法和预算法等财政普法宣传，积极营造依法行政、依法理财良好氛围。依托信息化提升财政管理科学化精细化水平，实现一体化系统全域上线、全流程贯通、全业务覆盖。主动接受社会监督，省、市、县三级政府预决算、部门预决算均按规定公开，政府采购透明度评估连续4年位列全国前4名。统筹发展和安全，完善政府债务“借、用、管、还”全链条闭环管理体系，全省债务风险总体可控。严肃财经纪律，强化财会监督，加强财政内控建设，财政治理水平稳步提升，我省财政资金监管相关做法在国务院廉政工作会议上作经验交流。

五年来财政工作取得的成绩，根本在于习近平新时代中国特色社会主义思想科学指引，是坚决贯彻落实党中央、国务院决策部署的结果，得益于省委和省政府的科学施策、正确领导，得益于省人大、省政协的依法监督、有力指导，得益于全省各级各部门以及全省人民的团结奋斗、艰苦努力。同时，我们也清醒看到，财政工作还存在一些不足，财政运行仍面临一些困难和问题，主要是：全省财政收入持续增长基础尚不牢固，财政资金使用效益有待进一步提高，少数县（市、区）防范化解债务风险和有效保障基层“三保”压力较大。我们高度重视这些问题，今后还将认真听取各位代表、各位委员的意见和建议，加大工作力度、采取有力措施加以解决。

二、2023年预算草案

2023年是全面贯彻落实党的二十大精神的开局之年，是实施“十四五”规划承上启下的关键一年。预算编制和财政工作要以习近平新时代中国特色社会主义思想为指导，全面贯彻落实党的二十大精神和中央经济工作会议部署，按照省第十一次党代会、省委十一届三次全会和省委经济工作会议要求，紧扣“四个更大”重要要求，坚持稳中求进工作总基调，完整、准确、全面贯彻新发展理念，加快构建新发展格局，全方位推进高质量发展，更好统筹疫情防控和经济社会发展，更好统筹发展和安全，坚持积极的财政政策要加力提效，进一步健全现代预算制度，在有效支持高质量发展中保障财政可持续和地方政府债务风险可控，推动经济运行整体好转，实现质的有效提升和量的合理增长，为谱写中国式现代化福建篇章开好局起好步提供坚实财力保障。

预算编制遵循以下原则：一是服务中心、保障重点。围绕省委和省政府中心工作，聚焦省委经济工作会议提出的“八个突出”，优化支出结构，保持必要的财政支出强度，增强我省重大战略任务和基本民生财力保障，并为全国大局多作贡献。二是合理预测、统筹平衡。坚持收入预算与经济社会发展水平相协调，与积极的财政政策要加力提效相衔接，实事求是、积极稳妥编制收入预算。加强财政资源统筹，坚持有保有压，做好收支平衡。三是勤俭节约、过紧日子。坚持艰苦奋斗，节俭办一切事业，党政机关带头过紧日子，进一步压减非重点非刚性支出，省直部门一般性支出总体上按5%比例压减。四是强化管理、讲求绩效。坚持预算法定，强化预算约束和绩效管理，加强绩效评价结果和审计发现问题的应用，提升资金效益和政策效能。五是兜牢底线、防范风险。加大转移支付调节力度，筑牢兜实基层“三保”底线。用好地方政府债券，充分发挥拉动有效投资作用。防范化解地方政府债务风险，坚决遏制隐性债务增量、化解存量。

（一）2023 年全省代编和省级一般公共预算

1. 全省代编一般公共预算

全省代编一般公共预算总收入预计增长 6% 左右，按 6% 编制，全省一般公共预算总收入为 5705.23 亿元；地方一般公共预算收入预计增长 5.5% 左右，按 5.5% 编制，地方一般公共预算收入为 3522.71 亿元。

地方一般公共预算收入加上中央补助 1499.5 亿元、动用预算稳定调节基金 372.1 亿元、调入资金 441.59 亿元、中央提前下达新增一般债务限额 101 亿元，剔除上解中央 70 亿元，全省收入合计 5866.9 亿元。按照收支平衡原则，相应安排全省一般公共预算支出 5866.9 亿元，增长 8.2%。

2. 省级一般公共预算

省本级一般公共预算收入预计增长 3% 左右，按 3% 编制，省本级一般公共预算收入为 288.38 亿元，加上中央财政补助收入 1387.81 亿元、市县财政上解收入 322.86 亿元、调入资金 7.92 亿元、动用预算稳定调节基金 180 亿元、中央提前下达新增一般债务限额 87 亿元，省级收入合计 2273.97 亿元。

按照收支平衡原则，相应安排省级支出 2273.97 亿元，增长 8.9%，扣除应上解中央支出 43.73 亿元、补助市县支出 1538 亿元、一般债务还本支出 14.36 亿元、债务转贷市县支出 87 亿元，省本级支出 590.88 亿元，增长 3%。

（二）**政府性基金预算**

全省政府性基金预算收入预计增长 3% 左右，按 3% 编制，全省政府性基金预算收入为 2710.25 亿元，加上中央补助收入 15.84 亿元、中央提前下达新增专项债务限额 933 亿元，全省收入合计 3659.09 亿元。按照以收定支原则，相应安排支出 3659.09 亿元。

省本级政府性基金预算收入预计下降 3.3% 左右，主要是国家重大水利工程建设基金和彩票公益金收入预计减少。按 -3.3% 编制，省本级政府性基金预算收入为 21.17 亿元，加上中央补助收入 15.63 亿元、按规定调入专项债券还本付息资金 6.25 亿元、市县财政上解政府性基金 7.5 亿元、中央提前下达新增专项债务限额 755 亿元，省级收入合计 805.55 亿元。按照以收定支原则，相应安排省级政府性基金预算支出 805.55 亿元，扣除补助市县支出 31.58 亿元、专项债务还本支出 1.4 亿元、债务转贷市县支出 740 亿元，安排省本级支出 32.57 亿元。

（三）**国有资本经营预算**

全省国有资本经营预算收入预计下降 16.3% 左右，主要是国有企业 2022 年可分配利润预计下降，相应减少 2023 年上缴收入。按 -16.3% 编制，全省国有资本经营预算收入为 145 亿元，加上中央补助收入 0.2 亿元、上年结转 28.62 亿元，全省收入合计 173.82 亿元。根据国有资本经营预算管理相关规定，扣除按规定调入一般公共预算 55 亿元，相应安排支出 118.82 亿元。

省本级国有资本经营预算收入预计下降 23.6% 左右，主要是省国资委预计其监管企业 2022 年可分配利润下降，相应减少 2023 年上缴收入。按 -23.6% 编制，省本级国有资本经营预算收入为 48.03 亿元，其中，省国资委监管企业国有资本经营预算收入 6.29 亿元，省级金融企业国有资本经营预算收入 41.16 亿元，其他行政事业单位所属企业国有资本经营预算收入 0.58 亿元。省本级国有资本经营预算收入加上中央财政补助收入 0.18 亿元、上年结转收入 2.36 亿元，省级收入合计 50.57 亿元。按照国有资本经营预算管理相关规定，扣除按规定调入一般公共预算 3.05 亿元、补助市县支出 0.18 亿元后，安排省本级支出 47.34 亿元。

（四）**社会保险基金预算**

全省社会保险基金预算收入预计增长 6.9% 左右，按 6.9% 编制，全省社会保险基金预算收入为 2362.79 亿元。按照精算平衡原则，安排全省社会保险基金预算支出 2099.91 亿元，增长 7.8%。当年收支结余 262.88 亿元。

省级编制的 5 项社会保险基金收入预计增长 5.4%，按 5.4% 编制，省级社会保险基金收入为 1043.53 亿元，其中，企业职工基本养老保险基金收入 896.03 亿元、机关事业单位基本养老保险基金收入 53.88 亿元、职工基本医疗保险基金收入 48.53 亿元、工伤保险基金收入 9.16 亿元、失业保险基金收入 35.93 亿元。按照精算平衡原则，安排省级社会保险基金支出927.11亿元，增长7%。当年收支结余116.42亿元，年末滚存结余999.29亿元。

（五）2023年省级四本预算支出安排

省级四本预算安排支出共计4054.15亿元，扣除债务转贷市县支出827亿元后（其中：一般债务87亿元，专项债务740亿元），省级四本预算支出3227.15亿元，其中，一般公共预算支出2186.97亿元、政府性基金预算支出65.55亿元、国有资本经营预算支出47.52亿元（不含调入一般公共预算）、社会保险基金预算支出927.11亿元。除保运转等支出外，全力保障省委十一届三次全会和省委经济工作会议提出的各项工作任务。聚焦“八个突出”，对照《政府工作报告》部署内容，重点做好以下九个方面的支出保障：

1. 有效支持推动经济高质量发展。深化数字福建建设，统筹用好数字经济发展等专项资金，支持实施数字信息基础设施“强基”行动，培育跨行业跨领域工业互联网平台，加快推进数字产业化、产业数字化。加快发展海洋经济，用好促进海洋与渔业产业高质量发展等专项资金，培育壮大海工装备、海上风电、海洋生物医药等产业，构建具有国际竞争力的现代海洋产业基地。培育壮大绿色经济，持续发挥循环经济、“电动福建”建设等专项资金作用，支持大力发展节能环保产业，深化“电动福建”建设，着力构建绿色制造体系和服务体系，支持开展省级以上园区循环化改造。支持实施文旅经济高质量发展十大行动，统筹文旅融合发展、文化产业发展等专项资金，支持大力发展红色、生态、工业、乡村、海洋等文旅新业态。用好工业增产增效正向激励、制造业单项冠军奖励、标准化补助等奖补政策，支持持续实施“六大工程”、龙头企业培优扶强工程等，支持实施质量、标准、品牌强省战略，推进提升制造业竞争力。发挥省级服务业发展引导资金带动作用，支持加快推进我省现代流通体系建设，培育制造业和服务业融合发展的服务型制造新业态新模式。用好省级政策性优惠贷款风险分担资金池，加大普惠金融重点领域供给。优化地方政府专项债投向，支持适度超前布局一批稳基础、优结构、利长远的项目，积极扩大有效投资。发挥商务发展资金撬动作用，深化“全闽乐购”活动，增加汽车、家电等大宗消费，深化城乡消费提升行动，加快打造区域消费中心，加强县域商业体系建设，促进农特产品“进城”、高质量消费品“下乡”。

2. 有效支持提升创新竞争力。统筹用好扩大学前教育资源、基础教育质量提升等专项资金，支持实施学前教育发展提升行动，全面提升保教水平。加快义务教育优质均衡发展和城乡一体化，推进义务教育薄弱环节改善与能力提升，完善全学段学生资助体系。持续加大高等教育投入，支持实施职业技能提升行动和职业教育“双高”计划，支持推进新一轮“双一流”和应用型高校建设。深入实施创新驱动发展战略，优化财政科技投入稳定增长机制，提升科技投入效能。用好福厦泉自主创新示范区建设专项资金，打造海峡科技创新中心。做好高水平科研平台经费保障，加快建设省创新研究院和海洋、集成电路等领域省创新实验室。发挥研发费用分段补助、加计扣除等财税政策作用，支持实施高新技术企业“双倍增”行动，激励企业加大研发投入。深化财政科技经费分配使用机制改革，推进科研经费“包干制”，推行“揭榜挂帅”“赛马”等新型管理制度，深化新时代科技特派员机制，完善科技特派员扶持激励政策。持续加大人才专项相关资金投入力度，深入实施新时代人才强省战略，落实人才育引计划。

3. 有效支持促进城乡区域共建共享。深入实施区域协调发展战略，推进闽东北、闽西南两大协同发展区建设，支持实施强省会战略，推进福州新区、平潭综合实验区一体化发展，加快建设福州都市圈、厦漳泉都市圈、厦门高质量发展引领示范区、泉州21世纪“海丝名城”。加大财政转移支付倾斜支持，建设闽西革命老区高质量发展示范区。持续做好东西部协作和对口支援，支持援藏援疆、闽宁协作不断深化。支持加快推动新型城镇化，加强对吸纳农业转移人口较多地区的资金支持，推动农业转移人口与当地户籍人口同等享受基本公共服务。用好国土空间生态修复等资金，支持加快建设国土空间规划“一张图”，促进县城人口集聚、产业集中和功能集成。充分发挥城乡人居环境建设资金效益，持续推进海绵城市、韧性城市建设，因地制宜建设地下综合管廊，大力实施城市更新行动和乡村建设行动，持续提升城乡建设品质。全面推进乡村振兴，持续加大“三农”投入，确保财政投入与乡村振兴目标任务相适应。认真落实惠农政策，大力支持粮食生产，促进重要农产品稳产保供。全力做好巩固脱贫攻坚成果与乡村振兴有效衔接，持续保持衔接资金投入力度不减，坚决防止出现规模性返贫。完善现代农业产业体系，实施农业保险保费补贴政策，用好特色现代农业发展专项资金，支持发展“一县一业”“一村一品”，打响“福农优品”品牌。支持高素质农民培训和学历提升以及乡村产业带头人培育，引导各类能人回归。支持打造特色公共文化服务品牌，丰富乡村文化生活。

4. 有效支持推动改革攻坚。加强重点领域改革资金保障，支持深化要素市场化配置改革、农村集体产权制度改革、区域金融改革创新、集体林权制度改革和县域集成改革试点等，落细落实我省加快建设全国统一大市场分工任务。深化“三医”联动改革，巩固提升三明医改成果，加快推进分级诊疗制度建设和医共体体制机制创新，完善大病保险和医疗救助制度。深化国资国企改革，做好国有资产综合报告工作，加快国有经济布局优化和结构调整，支持加快省属企业战略性重组和专业化整合。探索建立地方国有金融资本管理绩效评价工作机制和评价体系，实行金融机构重大事项清单管理，支持省属金融企业做强做优做大。支持扎实开展第五次全国经济普查。用好数字福建专项资金，支持打造数字政府、建设数字社会，加快建设全省一体化公共数据平台，培育壮大数据要素市场，实现数字赋能、激发市场活力。进一步加大城乡社区公共服务、基本养老服务、就业公共服务、教育公共服务等重点领域政府购买服务改革力度。持之以恒推进“放管服”改革，支持打造一流营商环境。

5. 有效支持推进高水平对外开放。推动外贸保稳提质，大力发展市场采购、跨境电商、海外仓等外贸新业态，支持企业开拓市场、抢抓订单，加大对企业建设和使用海外仓支持力度，推进“福品销全球”。优化出口信保扶持政策，支持“单一窗口＋出口信保”降费扩面，加强对中小微外贸企业倾斜支持。支持海关通关便利化建设，扎实推进自贸试验区建设提升，推进特色优势产业平台做大规模。建立健全重点外贸企业服务保障制度，深化“助力万企成长”行动。完善全省招商工作统筹机制，用好外资到资奖励机制，落实外商“两清单一目录”，推动外资“双百项目”转化升级、落地投产。支持实施侨资侨智侨力引进工程。支持办好第二十三届投洽会，扩大高新技术领域利用外资，打造吸引外资新高地。支持“两国双园”建设，深化闽港闽澳合作，扎实推进海丝核心区、海丝中央法务区建设，提升双向投资和开放合作水平。

6. 有效支持建设海峡两岸融合发展示范区。深化闽台产业合作，支持福州、平潭建设对台跨境电商集散枢纽，推动打造两岸能源资源中转平台和对台功能性经贸平台，支持平潭综合实验区打造海关监管特殊区域。统筹闽台农业合作等资金，支持高质量建设台湾农民创业园和闽台农业融合发展产业园，推进闽台优势企业产业链供应链价值链融合，提升闽台农业交流合作水平。扎实推进同等待遇落实，完善台胞在闽就业、就医、住房、社保、养老、子女就学等制度保障，吸引更多台胞来闽就业创业和学习生活。落实台湾青年来闽实习就业创业政策措施，加强海峡两岸青年就业基地和示范点建设。支持厦金、福马率先融合发展，深入推进与金马地区通水通电通气通桥，推动基本公共服务均等化普惠化便捷化，不断增进台湾同胞福祉。促进闽台基层交流交往，加强闽台科技教育、文化体育交流，加大力度引进台湾建筑师团队开展乡建乡创陪伴式服务，支持涉台文物保护工程，统筹做好第十五届海峡论坛、第十一届海峡青年节经费保障。

7. 有效支持全面发展民生和社会事业。落实落细就业优先政策，用好就业补助、失业保险等资金，促进高校毕业生、农村转移劳动力、退役军人等重点群体就业。健全中小学教师工资长效联动机制。引导、支持公益慈善事业发展。进一步健全养老服务体系，支持大力发展银发经济，优化养老服务供给，推动智慧健康养老，支持打造“福见康养”品牌。健全基本养老、基本医疗保险筹资和待遇调整机制，进一步完善基本医疗保险、失业保险、工伤保险省级统筹。健全分层分类的社会救助体系，落实省定低保标准增长机制，加强困难群众救助帮扶，保障好因疫因灾遇困群众和老弱病残等特殊群体的基本生活。统筹用好城镇保障性安居工程补助资金，大力支持棚户区、老旧小区改造和公共租赁住房、保障性租赁住房建设，规范公租房管理，加快建立多主体供给、多渠道保障、租购并举的住房制度。加快健康福建建设，健全公共卫生体系，深化医药卫生体制改革，加强重大疫情防控救治体系和应急能力建设保障，提升医疗服务能力。推动优质医疗资源扩容和均衡布局，推进分级诊疗体系建设，加快建设国家、省级区域医疗中心，深化公立医院薪酬制度改革，持续推进公立医院高质量发展。支持加强基层医疗卫生建设，保障群众及时就地就近看病就医。加大投入力度，促进中医药传承创新发展。推进文化强省建设，统筹省文化产业发展等资金，支持实施优秀传统文化传承发展，加强文物和文化遗产保护利用，健全公共文化服务体系，推进广播影视事业发展。支持繁荣发展哲学社会科学、参事、文史、档案、地方志等事业，提升新型智库建设水平。统筹体育发展相关资金，支持发展群众体育、竞技体育、体育产业，加快推进体育强省建设。

8. 有效支持生态强省建设。完善支持绿色发展的财政政策，深化国家生态文明试验区建设。加快推动绿色低碳转型，支持开展低碳城市、园区、社区试点，推进钢铁、有色等重点领域节能降碳，推动资源循环利用，发展绿色低碳产业。统筹用好生态环境、林业、国家公园生态保护等相关资金，深入推进环境污染防治，支持深入打好蓝天、碧水、碧海、净土保卫战，实施生物多样性保护重大工程，高质量推进武夷山国家公园建设，深入开展互花米草除治攻坚行动。巩固闽江流域生态保护修复成效，持续推进九龙江流域山水林田湖草沙一体化保护和修复工程，提升综合治理效能。落实综合性生态保护补偿实施方案，持续实施汀江—韩江跨省流域上下游横向生态保护补偿，支持建立健全生态产品价值实现机制，拓宽“两山”转化路径。

9. 有效支持维护社会安全稳定。严守耕地保护红线，加强高标准农田建设，实施现代种业创新工程，充分发挥地方粮食风险基金作用，支持加快省级粮库建设，确保粮食安全。统筹做好食品药品、市场监管经费保障，深入治理“餐桌污染”、建设“食品放心工程”，对食品药品安全问题“零容忍”。支持完善能源产供储销体系，加快煤炭储备基地、油气储备设施建设，确保能源安全。支持应急管理体系建设，用好安全生产、安全应急保障提升工程等专项资金，强化应急物资、队伍、装备、设施等保障，增强全灾种救援能力和急难险重任务处置能力。高度警惕房地产、金融等领域风险，防范化解政府债务风险，守住不发生系统性风险底线。深入实施“八五”普法规划，加强社会治理经费保障，健全城乡社区治理体系，强化社会治安整体防控，推进常态化扫黑除恶。优化财政投入，发挥好工会、共青团、妇联等群团组织作用，促进妇女、儿童、残疾人、老体协等事业发展。积极做好统一战线经费保障工作，扎实推进民族宗教工作高质量发展，扶持少数民族和民族地区发展经济和社会事业。做好国防领域经费保障，支持深化全民国防教育，落实人民防空等国防动员地方支出责任，积极开展双拥共建，做好退役军人服务保障，巩固提高军民一体化国家战略体系和能力。

三、扎实做好2023年财政改革发展工作

围绕上述指导思想和预算安排，深入贯彻预算法及其实施条例，全面落实省十四届人大一次会议决议要求，敢于担当、善于作为，扎实做好财政各项改革发展工作，确保全年预算目标顺利完成，以新气象新作为推动高质量发展取得新成效。

（一）**注重政策协同，推动经济运行整体好转。**坚持稳字当头、稳中求进，加力提效实施积极的财政政策，注重精准、更可持续，全力服务全省发展大局。优化财政投融资机制，加强财政与金融、产业、科技、社会等政策协调配合，保持政策预期的稳定和一致性，更好发挥财政资金引导与撬动作用，形成共促高质量发展合力。落实减税降费政策，着力纾解企业困难。用好用足财政贴息、融资担保、政府投资基金等政策工具，引导金融机构更好服务实体经济。支持把恢复和扩大消费摆在优先位置，做好基本消费品保供稳价，培育壮大智慧产品和服务等“智慧+”消费，扩大汽车等重点领域消费。用好地方政府债券等扩大投资政策，统筹把握债券发行节奏，适当提高资金使用集中度，加快专项债券支出进度，支持“两新一重”等基础设施建设，推动尽快形成实物工作量，促进带动扩大有效投资。坚持“两个毫不动摇”，鼓励支持民营经济和民营企业发展壮大，提升市场主体活力。

（二）**强化资源统筹，增强重大战略任务财力保障**。努力培植财源，优化收入结构，盘活低效闲置资产，积极向上争取转移支付资金和新增债务限额，依法依规组织收入，进一步加强非税收入管理，持续做大财政收入“蛋糕”，发挥好服务经济社会发展的作用。把过紧日子作为常态化思维方式和纪律要求，精打细算，严格压减非急需非刚性支出，严控“三公”经费预算，做到只减不增，坚决杜绝浪费现象，将更多的财政资金用于支持经济社会发展和基本民生保障。加强四本预算统筹衔接，保持必要的财政支出强度，优化财政支出结构，增强财政资源统筹能力，提高财政资源配置效率。完善支持高质量发展的财政政策和标准体系，积极支持“四大经济”、科教兴省、生态省建设、基本民生、乡村振兴等重大发展战略。

（三）**聚焦民生福祉，稳步提高保障和改善民生水平**。坚持在发展中保障和改善民生，尽力而为、量力而行，统筹需要和可能，促进民生支出与经济发展相协调、与财力状况相匹配。健全民生领域投入保障机制，把更多的财力、最大的增量投入民生事业，确保民生投入持续保持在七成以上。扎实推进共同富裕，增强均衡性和可及性，推动现代化建设成果更多更公平惠及全体人民。落实好省委和省政府为民办实事项目资金保障，持之以恒办好民生实事。加大税收、社会保障、转移支付等调节力度，推进公共服务优质共享，支持建设高质量教育体系，促进提高医疗卫生服务能力，健全社会保障体系，持续改善生态环境质量，有效保障落实新阶段疫情防控各项举措，兜牢基本民生底线。

（四）**深化财税改革，健全现代预算制度**。全面落实税收法定原则，积极落实中央有关税制改革的工作部署。坚持预算法定，完善预算执行管理体系，全面启动实施财政预算指标核算管理改革。推进全面实施预算绩效管理，逐步建立成本预算绩效管理制度体系，强化评价结果应用。加强财会监督和财政内控建设，加快构建全省财会监督综合管理平台，强化重大财税政策落实情况监督检查和转移支付全链条监督管理。进一步运用预算管理一体化系统，全流程办理预算管理业务。完善常态化财政资金直达机制，优化分配审核流程，健全全过程监管机制，做到快拨快用快见效。按照与财政事权和支出责任划分相适应的原则，完善财政转移支付体系，严格转移支付设立程序，健全定期评估和退出机制，提升转移支付管理的科学性。

（五）**更好统筹发展和安全，牢牢守住不发生系统性风险的底线**。建立健全财政承受能力评估机制，在出台重大政策和实施重大投资项目前，开展财政承受能力评估，增强财政政策针对性、有效性。兼顾当前和长远，加强跨年度预算平衡，增强财政可持续性。规范举债融资机制，加强全过程穿透式监测，强化债务风险评估预警，分类推进债务高风险地区降低风险等级，积极稳妥化解隐性债务存量，坚决遏制隐性债务增量，确保地方政府债务风险可控。严格落实“三保”主体责任，督促各地足额安排基层“三保”支出；省级继续实行“三保”预算事前审核全覆盖，强化动态监测预警，推动财力下沉，健全县级财力长效保障机制，筑牢兜实基层“三保”底线。

各位代表、各位委员，新的一年我们要更加紧密地团结在以习近平同志为核心的党中央周围，全面贯彻习近平新时代中国特色社会主义思想，坚定拥护“两个确立”、坚决做到“两个维护”，在省委和省政府的领导下，自觉接受省人大监督，虚心听取省政协意见建议，勠力同心、勇毅前行，团结奋斗、开拓创新，更好发挥财政职能作用，扎实推进财政改革发展各项工作，为全面加快新发展阶段新福建建设，奋力谱写全面建设社会主义现代化国家福建篇章作出新的更大贡献。

第二篇 大事纪要

一月

1 日，国务院联防联控机制第八督查组进驻福建。

按照党中央、国务院统一部署，国务院联防联控机制第八督查组进驻福建，开展元旦春节期间疫情防控工作综合督查。省委书记、省应对新冠疫情工作领导小组组长尹力与督查组组长、国家市场监督管理总局副局长唐军一行在福州进行座谈。

2 日，国务院联防联控机制“两节”期间疫情防控综合督查工作对接会召开。

近日，国务院联防联控机制第八督查组来闽开展“两节”期间疫情防控综合督查。上午，在福州召开工作对接会，第八督查组组长、国家市场监督管理总局副局长唐军，副省长、省应对疫情工作指挥部副指挥长李德金出席会议。

4 日，第八届福建艺术节落幕。

由福建省人民政府主办，省文化和旅游厅、省广播电视局、省文联、省广播影视集团、福州市人民政府等单位承办的第八届福建艺术节，经过 20 多天的演出、展览、闽台交流活动和旅游演艺展示等，日前在福州圆满落幕。本届艺术节以“办艺术盛会、展时代风采”为主题，荟萃戏剧、曲艺、音乐、舞蹈、杂技、美术和书法等多个门类的精品力作。有 38 台剧目参加第 28 届全省戏剧会演，10 台剧（节）目参加第五届全省音乐舞蹈杂技曲艺类优秀剧（节）目展演，多样化、多角度集中展示和交流三年来我省文化艺术创作生产的优秀成果，充分体现了我省的艺术水准、文化特色。

4 日，省政府召开常务会议。

代省长赵龙主持召开省政府常务会议，深入学习贯彻党的十九届六中全会和中央经济工作会议精神，按照省委部署，审议通过《福建省卫生健康发展建设三年行动计划（2021—2023 年）》《福建省传统工艺美术保护和发展办法（修订草案）》，听取第七届福建省政府质量奖评审工作的汇报。

4 日，省委党史学习教育领导小组办公室会议召开。

福建省委党史学习教育领导小组办公室会议召开，研究推进近期我省党史学习教育工作。省委常委、宣传部部长，省委党史学习教育领导小组副组长、办公室主任张彦主持并讲话。

4 日，我省财政透明度持续保持全国先进。

福建省财政厅消息，财政部发布 2019、2020 年度地方预决算公开度排名，我省在全国 36 个省、市、自治区（含计划单列市）中分别排名第 9 名和第 4 名，连续 4 年位居全国前 10 名，财政透明度持续保持全国先进。

5 日，尹力在宁德寿宁县调研。

元旦刚过，节后上班第一天，省委书记尹力深入宁德市寿宁县，来到田间地头、进村入户，实地了解“三农”工作情况，并看望慰问困难党员、困难群众，代表省委、省政府向他们送上新年问候和温暖祝福。

5 日，我省首条旅游观光轨道交通启用。

日前，武夷新区旅游观光轨道交通正式开通一期运营，线路全长 26.43 公里。这是我省首条采用 PPP 模式建设的有轨电车项目，总规划里程 68 公里，计划分三期实施。

6 日，全省新冠肺炎疫情防控工作视频培训会召开。

全省新冠肺炎疫情防控工作视频培训会召开，深入贯彻落实党中央、国务院关于做好“两节”期间新冠肺炎疫情防控工作决策部署，对各级应对疫情工作领导小组（指挥部）及有关部门负责同志进行系统培训。副省长李德金出席会议作开班动员讲话。

7日，省委组织部制定出台23条措施贯彻落实省党代会精神。

福建省委组织部于近日印发《中共福建省委组织部关于贯彻落实省第十一次党代会精神的若干措施》。《若干措施》主要围绕省党代会提出的关于党的建设和组织工作的新要求，聚焦组织部门主责主业，从提高政治能力、加强干部队伍建设、从严监督管理、夯实基层基础、强化人才保障、打造模范部门等6个方面制定了23条具体措施，实现任务项目化、项目清单化、清单责任化，为全方位推进高质量发展超越提供坚强组织保证。

7日，全省党史学习教育总结会召开。

福建省党史学习教育总结会在福州召开。省委书记尹力出席并讲话。省委副书记、代省长赵龙主持会议。党史学习教育中央第六指导组副组长何瑞到会指导。省委常委、宣传部部长张彦传达了习近平总书记重要指示和中央党史学习教育总结会议精神。

7日，福建省贯彻落实家庭教育促进法工作推进视频会议召开。

福建省贯彻落实家庭教育促进法工作推进视频会议在榕召开，并举行2022年寒假儿童关爱服务活动启动仪式。省委常委、常务副省长、省妇儿工委主任郭宁宁出席并讲话。

9日，我省进一步规范政府购买社会救助服务。

福建省民政厅、省财政厅日前联合出台《关于进一步规范政府购买社会救助服务的通知》，要求建立健全政府购买社会救助服务机制，制定政府购买社会救助服务清单，规范购买流程，加强监督评估，不断提高社会救助服务质量和水平，有效满足困难群众多层次、多样化的服务需求。

10日，庆祝2022年中国人民警察节系列活动举行。

上午，在全国喜迎第二个中国人民警察节之际，福建省公安厅和漳州市公安局在“漳州110”基地举行庆祝2022年中国人民警察节系列活动，深入弘扬新时代“漳州110”精神，充分展现党史学习教育、队伍教育整顿以来的新变化新气象，进一步凝聚警心、激励斗志，全力投身疫情防控和维护安全稳定工作。副省长，省公安厅党委书记、厅长黄海昆参加活动。

10日，《福建省弘扬“马上就办、真抓实干”优良传统作风若干规定》印发。

近日，中共福建省委、福建省人民政府印发了《福建省弘扬“马上就办、真抓实干”优良传统作风若干规定》，并发出通知，要求各地区各部门认真遵照执行。

10日，省公安厅举行“擎旗奋进新征程”2022年度民警荣誉仪式。

晚上，省公安厅举行全省公安机关2022年度民警荣誉仪式，热烈庆祝第二个中国人民警察节。荣誉仪式在庄严的迎警旗仪式中拉开序幕，分为“从警光荣”“向您致敬”“接续奋斗”三个篇章。从警40年、30年、20年的12名民警代表分别受颁特别、金质、银质荣誉章；8名退休民警代表受颁光荣退休纪念牌；10名2021福建省“最美基层民警”对外发布；11个先进集体和11名先进个人代表受到表彰；新警代表集中宣誓《公安机关人民警察誓词》。荣誉仪式上，省委副书记、政法委书记罗东川颁发“时代楷模”潘东升同志全国公安系统一级英雄模范奖章、证书，潘东升同志的亲属上台领奖。

10日，省领导到省体育局调研。

福建省副省长李德金到省体育局调研，并召开座谈会听取省体育局工作汇报，研究部署2022年全省体育工作。

11日，我省开展学习宣传贯彻党代会精神蹲点主题采访活动。

“学习宣传贯彻省第十一次党代会精神八闽行”蹲点主题采访活动座谈会在福州召开。

根据活动安排，1月10日至14日，《福建日报》、省广播影视集团、东南网记者，以及厦门大学新闻传播学院、福建师范大学传播学院师生赴福州、宁德、泉州等地开展集中采访。

11日，省委宣传部党史学习教育总结会召开。

福建省委宣传部召开党史学习教育总结会，深入学习贯彻习近平总书记重要指示精神，贯彻落实中央和我省党史学习教育总结会议部署，总结部机关党史学习教育成效，巩固深化党史学习教育成果。省委常委、宣传部部长张彦出席并讲话。

11—12 日，副省长李德金带领省直有关部门负责人，深入龙岩市长汀县、上杭县和漳州市漳浦县，实地调研疫情防控、教育、卫生健康、体育等工作，并召开座谈会。

12 日，2022 年省委和省政府为民办实事项目向社会和广大网友公开征求意见。

为切实把好事办好、实事办实，日前，省政府门户网站开通“2022 年省委和省政府为民办实事项目征求意见”专栏（http：//www. fujian. gov. cn/zwgk/ztzl/2022wmbss/），对经过多轮筛选形成的 25 件 2022 年省委和省政府为民办实事拟办项目，向社会和广大网友公开征求意见，征集时间为 1 月 11 日至 1 月 16 日。

12 日，我省启动寒假儿童关爱服务活动。

为了让儿童度过一个健康、温暖、幸福的假期，省教育厅、省妇联、省民政厅等 12 部门日前启动“把爱带回家——送法到家　让孩子健康成长”2022 寒假儿童关爱服务活动。

12 日，省委和省政府向老同志通报工作。

省委和省政府召开工作通报会，向老同志通报 2021 年全省经济社会发展情况。受省委书记尹力、代省长赵龙委托，省委常委、秘书长吴偕林作工作通报，副省长黄海昆主持会议。

12 日，省领导赴龙岩、漳州调研。

12 日，台盟福建省十届十次全委会召开。

台盟福建省十届十次全委会在福州召开。会议传达学习中共十九届六中全会、中共福建省第十一次代表大会和台盟中央十届五中全会精神，审议通过台盟福建省十届常委会 2021 年工作报告。副省长、台盟福建省委会主委郑建闽出席会议并讲话。

13 日，第六次全省残疾人事业工作会议召开。

第六次全省残疾人事业工作会议在福州召开。会议全面总结“十三五”全省残疾人事业发展取得的显著成效，部署安排“十四五”和今后一个时期的工作任务。副省长、省政府残工委主任郑建闽出席会议并讲话。

13 日，福建省新“两纲”新闻发布会召开。

省政府新闻办举行《福建省妇女发展纲要（2021—2030 年）》和《福建省儿童发展纲要（2021—2030 年）》新闻发布会。省委常委、常务副省长、省妇儿工委主任郭宁宁出席并作主发布、回答记者提问。

13 日，全省宣传部长会议召开。

全省宣传部长会议召开，传达学习全国宣传部长会议精神和省委工作要求，部署全省宣传思想工作。省委常委、宣传部部长张彦出席并讲话，副省长李德金主持。会议在福州设主会场，以视频会议形式进行。

14 日，我省实施“322”就业服务质量提升工程。

为全面提升就业服务质效，省人社厅、发改委、民政厅、财政厅四部门日前联合实施“322”就业服务质量提升工程，即：推进基本就业服务扩容、专项服务提质、特色服务创新 3 项服务，强化基层平台、信息平台 2 个平台，加强公共服务、社会化服务 2 支队伍。

14 日，道路交通事故社会救助基金垫付时限从 5 日延长至 7 日。

为充分发挥救助基金扶危救急的作用，让交通事故受害者得到及时治疗，从今年 1 月 1 日起，我省将道路交通事故社会救助基金垫付时限从 5 日延长至 7 日。

14 日，全省新冠肺炎疫情防控工作视频会议召开。

全省新冠肺炎疫情防控工作视频会议在榕召开，对春节期间疫情防控工作进行再动员再部署。副省长、省应对疫情工作指挥部副指挥长李德金出席并讲话。

14 日，全省“扫黄打非”工作电视电话会议召开。

全省“扫黄打非”工作电视电话会议召开，学习贯彻第三十五次全国“扫黄打非”工作电视电话会议精神，部署全省“扫黄打非”工作。省委常委、宣传部部长，省“扫黄打非”领导小组组长张彦出席并讲话，副省长郑建闽主持。

15日，省政府出台《完善职工基本医疗保险门诊共济保障机制的实施意见》。

近日，省政府出台《完善职工基本医疗保险门诊共济保障机制的实施意见》，在我省现有职工医保普通门诊统筹和门诊特殊病种政策基础上，改革职工医保个人账户，探索增强职工医保门诊保障的有效途径，实现制度更加公平更可持续。根据意见，2022年3月起，个人账户划拨和门诊待遇政策联动实施，逐步调整，2023年底全部统筹区实现改革目标。其中，在职职工2022年3月起个人账户单位缴费部分划拨比例先降低50%，2023年12月底前单位缴纳的基本医疗保险费不再计入个人账户；退休人员2022年3月起个人账户划拨比例先降低1个百分点，2023年12月底前改为按定额划入。

16日，赵龙在南平政和县调研。

代省长赵龙深入南平政和县调研，看望慰问困难群众，推动信访积案化解在基层；参加2021年度政和县委常委班子党史学习教育专题民主生活会，强调要认真学习贯彻党的十九届六中全会精神，始终牢记“两个确立”、做到“两个维护”，推动党史学习教育常态化长效化，埋头苦干、勇毅前行。

16日，“诚信之星”福建鸿星尔克事迹发布。

中央宣传部、国家发展改革委近日向社会发布了2021年“诚信之星”。晚上，2021“诚信之星”发布特别节目在中央广播电视总台央视财经频道播出，节目主要通过电视专题片讲述“诚信之星”的先进事迹。福建鸿星尔克体育用品有限公司成为第一个发布的“诚信之星”。

17日，省委常委会召开会议。

福建省委书记尹力主持召开省委常委会会议，传达学习贯彻习近平总书记在省部级主要领导干部学习贯彻党的十九届六中全会精神专题研讨班上的重要讲话精神，研究部署我省贯彻落实工作。省委副书记、代省长赵龙，省政协主席崔玉英，省部级党员负责同志参加学习。

17日，省军区党委十届十次全体（扩大）会议召开。

福建省军区党委十届十次全体（扩大）会议在榕召开。会议以习近平新时代中国特色社会主义思想为指导，深入学习贯彻习近平强军思想，认真总结2021年工作，全面部署2022年任务，进一步统一思想、凝聚力量，不断推动省军区全面建设高质量发展，以实际行动迎接党的二十大胜利召开。省委书记、省军区党委第一书记尹力出席会议并讲话。

18日，我省法院2021年案件执行成效居全国前列。

福建省法院举行新闻发布会，通报“我为群众办实事——高效为民执行专项行动”成效，并发布了2021年度福建法院十大执行案件。从2021年10月中旬至12月底，全省法院掀起新一轮执行攻坚新高潮，着力解决人民群众身边的“急难愁盼”问题。去年全省法院共执结各类案件33.44万件，同比增长13.75%，执结率为94.96%。

18日，省委召开专题会议研究疫情防控和春节有关工作。

福建省委召开专题会议研究近期全省疫情防控和春节有关工作。省委书记尹力主持并讲话。省委副书记、代省长赵龙就有关工作作出安排。

18日，闽西南协同发展区联席会议第四次会议召开。

闽西南协同发展区联席会议第四次会议在三明召开。闽西南五市及省直相关部门领导出席会议，研究谋划进一步做深做实新时代山海协作，加快把闽西南协同发展区打造成为区域协同发展示范区。

19日，全省就业工作座谈会暨省就业领导小组全体会议召开。

全省就业工作座谈会暨省就业领导小组全体会议以视频形式召开，总结2021年就业工作，细化部署下阶段重点工作。副省长康涛出席并讲话。

20日，省委人才工作会议召开。

福建省委人才工作会议在福州召开。省委书记尹力出席会议并讲话。尹力强调，要深入学习贯彻习近平总书记关于新时代人才工作的新理念新战略新举措，全面落实中央人才工作会议部署要求，深入实施新时代人才强省战略，全方位大力度培养、引进、用好人才，努力把福建打造成为人才荟萃的东南高地，让人才成就福建、让福建成就人才。省委副书记、代省长赵龙主持。省政协主席崔玉英出席。

20日，省总工会给环卫清洁行业职工派送爱心年夜饭。

“暖心暖意过大年”我省慰问环卫清洁行业职工爱心年夜饭派送启动仪式在福州举办，活动由省总工会、省住建厅、福州市总工会、省城市市容环境卫生行业协会主办。

20日，省“三下乡”活动在松溪开展志愿服务。

福建省“三下乡”活动志愿服务小分队来到松溪县郑墩镇梅口村，开展惠农助农志愿服务，为今年的“三下乡”主体活动预热。2022年福建省文化科技卫生“三下乡”活动由省委宣传部等55个单位参与联办，各单位认真筹划“在乡”项目，积极助推当地补齐民生和发展短板，共捐助松溪县款物1800余万元。

21日，省政协十二届五次会议在福州开幕。

上午，中国人民政治协商会议第十二届福建省委员会第五次会议开幕。本次会议于1月21日至24日在福州召开，会期三天半。

22日，省十三届人大六次会议开幕。

上午，省十三届人大六次会议隆重开幕。本次会议于1月22日至25日在福州召开，会期四天。

23日，尹力赵龙与各地党政负责同志签订2022年平安建设、生态环境保护目标责任书

福建省两会前夕，省委书记尹力，省委副书记、代省长赵龙代表省委、省政府，分别与九个设区市和平潭综合实验区党政负责同志签订2022年平安建设、生态环境保护目标责任书。

24日，福建省政协十二届五次会议闭幕。

福建省政协十二届五次会议圆满完成各项议程在福州闭幕。会议通过了《中国人民政治协商会议第十二届福建省委员会第五次会议政治决议》，听取了省政协十二届五次会议提案审查情况的报告。截至1月22日17时30分，大会共收到提案871件，经审查立案689件。

25日，省十三届人大六次会议闭幕，赵龙当选为省人民政府省长。

福建省十三届人大六次会议圆满完成各项议程，下午在福州闭幕。经选举，赵龙当选为省人民政府省长，周联清、庄稼汉当选为省十三届人大常委会副主任，金银墙当选为省法院院长，黄新銮当选为省十三届人大常委会秘书长，尤猛军、阮军、陈为民、陈灿辉、陈善光、林兴禄当选为省十三届人大常委会委员。大会表决通过林兴禄为省十三届人大财经委主任委员、陈善光为省十三届人大社会委主任委员。大会表决通过《关于福建省人民政府工作报告的决议》《关于福建省2021年国民经济和社会发展计划执行情况及2022年国民经济和社会发展计划的决议》《关于福建省2021年预算执行情况及2022年预算的决议》《关于福建省人民代表大会常务委员会工作报告的决议》《关于福建省高级人民法院工作报告的决议》《关于福建省人民检察院工作报告的决议》以及《福建省人民代表大会议事规则》。

26日，省政府召开常务会议。

福建省省长赵龙主持召开省政府常务会议，贯彻落实党中央国务院决策部署以及省委工作要求，研究2022年度省重点项目安排方案，审议通过《关于切实加强水库除险加固和运行管护工作的通知》，听取涉及计划生育内容的地方性法规清理、省科学技术奖评审有关情况汇报。

26日，省纪委十一届二次全会在榕召开。

中共福建省第十一届纪律检查委员会第二次全体会议在福州召开。省委书记尹力强调，要以习近平新时代中国特色社会主义思想为指导，深入学习贯彻党的十九届六中全会精神，认真贯彻落实十九届中央纪委六次全会部署，永葆自我革命精神，以永远在路上的坚定执着，坚定不移全面从严治党，继续打好党风廉政建设和反腐败斗争攻坚战持久战，打造干部清正、政府廉洁、政治清明的清廉福建，为新发展阶段新福建建设提供坚强政治保障。省委副书记、省长赵龙，省政协主席崔玉英出席。省委常委、省纪委书记、省监委主任李仰哲主持并作工作报告。

26日，全省征兵工作电视电话会议召开。

我省召开征兵工作电视电话会议，部署今年全省征兵工作。省长、省征兵领导小组组长赵龙强调，要深入学习贯彻习近平强军思想，贯彻落实全国征兵工作电视电话会议精神，树立精准征兵理念，积极为人民军队输送优质兵员，奋力开

创新时代福建征兵工作新局面。省军区领导王宏宇、宋鸿喜出席，副省长康涛主持。

27日，省领导调研并部署疫情防控工作。

福建省副省长、省应对疫情工作指挥部副指挥长李德金带领省直有关部门负责同志赴省大数据公司调研，并主持召开省应对疫情工作指挥部专题会议，对春节期间疫情防控工作再部署再落实。

28日，我省部署推进全省消防安全工作。

福建省消防安全委员会第一次全体会议暨2022年全省消防工作视频会议召开，部署全省消防安全工作。省委常委、常务副省长、省消安委主任郭宁宁出席并讲话。

28日，省公安厅召开全省公安机关党风廉政建设电视电话会议。

福建省公安厅召开全省公安机关党风廉政建设电视电话会议，传达学习十九届中央纪委六次全会、省纪委十一届二次全会和全国公安机关党风廉政建设电视电话会议精神，部署2022年全省公安机关党风廉政建设和反腐败工作。副省长，省公安厅党委书记、厅长黄海昆出席会议并讲话。

28日，全闽乐购·“万福”迎新春促消费活动红火开启。

福建省商务厅在福州市长乐旅游集散服务中心，牵头开展全闽乐购·“万福”迎新春促消费活动，省委常委、常务副省长郭宁宁出席并启动活动。活动现场举行了“万福”商品线下展销、预制菜现场展示推广、“全闽乐购·网上年货节”俄罗斯专场直播带货、福茶网直播带货及福农驿站、五福年货集市等丰富多彩的展销活动。

28日，尹力赵龙崔玉英等走访慰问驻闽部队官兵。

春节将至，省委书记、省人大常委会主任尹力，省委副书记、省长赵龙，省政协主席崔玉英等省领导，近日分别走访驻闽部队机关和基层单位，共叙鱼水深情，共话军地发展。每到一地，省领导与官兵们亲切座谈，向广大驻闽部队官兵致以新春的美好祝福。

28日，2022年省信访工作联席会议视频会议召开。

经省委批准，省信访工作联席会议视频会议召开，总结2021年工作情况，分析当前信访形势，部署2022年重点任务。省委副书记、政法委书记罗东川出席并讲话，省委常委、组织部部长邢善萍出席，副省长黄海昆主持。

28日，省领导到基层政法单位看望慰问一线干警。

下午，省委副书记、政法委书记罗东川到基层政法单位看望慰问一线干警，向大家致以新春佳节的美好祝福。副省长、省公安厅厅长黄海昆，省法院院长金银墙，省直和福州市有关部门负责同志参加活动。

29日，省领导看望慰问老同志和各界人士代表。

春节前夕，省委书记、省人大常委会主任尹力，省委副书记、省长赵龙，省政协主席崔玉英等省领导分别看望慰问老同志和各界人士代表，向大家送上诚挚的问候和新春的祝福。

省领导走访慰问了全国人大专委会副主任委员于伟国，全国政协专委会副主任张帆，全国人大、全国政协专委会委员叶双瑜、陈义兴、张健；慰问了党外人士代表严可仕、郑建闽、洪捷序、薛卫民、王光远、阮诗玮、刘献祥、邓力平、郑兰荪等。省领导走访慰问了省级老同志陈明义、黄小晶、袁启彤、游德馨、梁绮萍、林开钦、黄瑞霖、王一士、张明俊、邹尔均、宋峻、方忠炳、郑义正、王建双、黄文麟、陈荣春、陈增光、周厚稳、洪永世、张家坤、贾锡太、陈营官、朱亚衍、洪华生、黄贤模、林强、曹德淦、谢先文、曾喜祥、潘心城、金能筹、王耀华、陈家骅、苍震华、吴新涛、陈旭、刘德章、陈芸、王美香、马潞生、叶家松、袁锦贵、庄先、李祖可、李川、叶继革、陈向先、徐谦、陈桦、陈伦、张燮飞、刘可清、陈荣凯、郭振家、马新岚、倪英达、刘群英、杨根生、陈绍军、彭锦清、何泽中、李红、张广敏、黄琪玉、潘征、李秀记、蔡望怀、郑道溪、陈修茂等。省领导还看望慰问了部队老同志和老红军代表；享受省级待遇的老同志、已故老同志遗偶等。

29日，全省高等教育十年发展规划咨询会暨高层次人才座谈会召开。

全省高等教育十年发展规划咨询会暨高层次

人才座谈会在榕召开，副省长李德金出席并讲话，中国科学院院士谢联辉、中国工程院院士付贤智等高校专家学者参会并发言。

29 日，省领导到省卫健委调研。

副省长李德金到省卫健委调研，并召开座谈会听取省卫健委工作汇报，研究部署 2022 年全省卫生健康工作。

29 日，全省公安局长会议暨队伍教育整顿总结会召开。

全省公安局长会议暨队伍教育整顿总结会召开。副省长，省公安厅党委书记、厅长黄海昆出席会议并讲话。

30 日，福州道庆洲大桥通车。

福州道庆洲大桥正式开放通车，这是全省首座公轨两用桥。福州市民从海峡国际会展中心、三江口片区开车到滨海新城目前约需 40 分钟，待道庆洲大桥连接的国道 G316 项目全部建成，上述路程只需 25 分钟即可。这意味着福州市区、滨海新城、长乐城区将进入“半小时都市生活圈”时代。

31 日，尹力、赵龙、罗东川等省领导看望慰问一线干部职工。

日前，省委书记、省人大常委会主任尹力，省委副书记、省长赵龙，省委副书记、政法委书记罗东川在福州分别看望慰问了坚守一线的干部职工，向他们致以节日的问候，向全省人民致以美好的新春祝福，祝福全省人民身体健康、阖家幸福、虎年吉祥、事业更上一层楼!

31 日，省领导走访慰问院士专家和优秀文艺工作者等代表。

虎年春节即将到来，省委书记、省人大常委会主任尹力，省委副书记、省长赵龙，省政协主席崔玉英，省委副书记、政法委书记罗东川分别走访慰问了部分在榕的院士专家和优秀文艺工作者等代表，向他们致以诚挚问候和新春祝福。省领导分别先后看望了章绍同、洪茂椿、谢南、付贤智、陈民藩，陈征、林占熺、林瑛、杨春波、柳红、江尔雄、杨东平、鲍红丽、杨宗武、陈如凯、刘用辉等。

（摘编：王诗诚）

二月

2 日，省领导慰问一线疫情防控工作人员。

下午，副省长、省应对疫情工作指挥部副指挥长李德金到省卫健委慰问春节期间在岗一线疫情防控工作人员，并参加省、市疫情防控视频会商会，对春节假期疫情防控工作提出具体要求。

4 日，福建文化海外驿站助力春节文化“走出去”。

正值新春佳节，日本、马来西亚、菲律宾、澳大利亚、阿根廷、英国、法国、新加坡、南非等国家的福建文化海外驿站积极发挥落地优势，助力春节文化“走出去”。

4 日，国务院联防联控机制科研攻关组向厦门大学致感谢信。

近日，国务院应对新型冠状病毒肺炎疫情联防联控机制科研攻关组疫苗研发专班向厦门大学发来感谢信，感谢厦门大学两年来为我国新冠疫苗研发作出的巨大贡献。

8 日，尹力主持召开省应对新冠肺炎疫情工作领导小组会议。

福建省委书记尹力主持召开省应对新冠肺炎

疫情工作领导小组会议。尹力强调，要扎实做好“外防输入、内防反弹”各项工作，切实抓好节后返校返岗疫情防控工作，巩固全省疫情防控成果。省长赵龙出席。

8日，省政府召开常务会议。

福建省省长赵龙主持召开省政府常务会议，听取法治专题讲座，研究通过《福建省全民健身实施计划（2021—2025）》。会议邀请湖北省高级人民法院党组书记、院长游劝荣作《深入学习贯彻习近平法治思想　推进法治政府建设》专题辅导报告。

8日，春节全省社会安定治安平稳。

春节期间，全省公安机关启动指挥情报一级响应机制和高等级巡防勤务，狠抓安保维稳措施落实，确保全省人民度过一个平安祥和的新春佳节。其间，全省公安机关接报违法犯罪警情同比下降27%，全省社会安定、治安平稳。

9日，省领导到省教育厅调研。

福建省副省长李德金到省教育厅调研，并召开座谈会研究2022年全省教育重点工作。

9日，今年省定低保最低标准再提高350元。

福建省民政厅、财政厅日前明确2022年省定低保最低标准再提高350元，并提前预拨了困难群众救助补助资金31.15亿元。到2021年底，全省的低保平均标准为8580元，省定低保最低标准为4400元。提高标准后今年省定低保最低标准达到4750元。

10日，我省新增一处省级自然保护区。

近日，省政府批复同意建立福清兴化湾水鸟省级自然保护区，批复总面积7518.36公顷，其中核心区面积2282.66公顷，实验区面积5235.70公顷。截至目前，我省共建立各级各类自然保护区111处，其中国家级16处、省级24处、市县级71处，总面积达36.89万公顷。

10日，我省新增30家普惠性托育机构、34个全国示范性老年友好型社区。

全省卫生健康工作会议消息，我省进一步推进“一老一小”健康服务，2021年新增30家普惠性托育机构，建成3000个普惠性托位；34个社区获评2021年全国示范性老年友好型社区。全省医养结合机构达172家，与去年同期相比增加17.8%。福州市加强老年友善医疗机构建设，建成全省首个安宁疗护培训示范基地。2021年孕产妇死亡率8.77/10万，婴儿死亡率2.32‰，5岁以下儿童死亡率3.43‰，优于全国平均水平。

11日，尹力主持召开福建省习近平新时代中国特色社会主义思想研究中心主任会议。

福建省习近平新时代中国特色社会主义思想研究中心主任会议在福州召开，省委书记、研究中心主任尹力主持会议并讲话。他强调，要充分发挥福建优势，努力多出高质量成果、多出高水平人才，当好学习宣传研究党的创新理论排头兵。

11日，2022年福建省公务员考试2月14日起报名

福建省公务员局发布《福建省2022年度考试录用公务员公告》，2022年我省计划录用4057名公务员（含参公人员），报名时间为2月14日，笔试时间为3月26日、27日。

11日，省领导到省公安厅厅属单位调研指导。

福建省副省长、省公安厅厅长黄海昆到省公安厅出入境管理局等厅属单位调研，了解节后民警工作情况，要求各项公安工作“提高效率、提升效能、提增效益”，服务保障全省经济“开门红”。

12日，新建住宅小区需“标配”养老服务设施。

福建省民政厅、省自然资源厅、省住建厅日前联合出台《关于加强城区和住宅小区养老服务设施配建工作的通知》，明确要求县级以上地方政府应当根据老年人口比例以及分布情况，将社区养老服务设施用房纳入新建城区和住宅区规划，与住宅同步规划、同步建设、同步竣工验收、同步无偿交付使用。

14日，2021年空气质量福州厦门分列全国第5、6位。

近日，生态环境部发布2021年全国环境空气质量状况，福州、厦门空气质量在全国168个重点城市中分别排名第5、6位。2021年福建全省生态环境稳定优良，领先全国：城市空气优良天数比例、主要流域Ⅰ～Ⅲ类水质比例、近岸海域优良水质比例等均优于全国平均水平，国家生态文明建设示范区、“绿水青山就是金山银山”实践创新

基地数量居全国前列。

14日，春节期间232家慈善组织参与慰问帮扶。

福建省民政厅消息，据不完全统计，全省共有232家慈善组织参与春节期间慈善慰问帮扶活动，筹集各界善款5483.9万元，发放慰问物资11.98万件，慰问帮扶困难群众14.98万人次。

14日，我省开展养老服务领域安全隐患大排查大整治。

为切实做好养老服务机构安全管理工作，根据民政部部署，省民政厅日前下发通知，要求在全省养老服务领域开展安全隐患大排查大整治工作，全力确保养老服务机构和服务对象安全。

14日，全省反恐怖工作电视电话会议召开。

全省反恐怖工作电视电话会议在福州召开，会议通报有关情况，部署推进下一步工作。

省委副书记、政法委书记、省反恐怖工作领导小组组长罗东川出席并讲话。

15日，省领导调研闽台新闻交流。

福建省委副书记罗东川赴省广播影视集团等单位，调研闽台新闻交流情况。

17日，省领导赴泉州调研。

福建省副省长李德金带领省直有关部门负责人深入泉州幼儿师范高等专科学校、泉州疾控中心、泉州正骨医院、安踏集团、晋江全民运动中心调研，指导疫情防控、卫生、教育、体育等工作。

17—18日，尹力在南平调研。

福建省委书记尹力深入南平市的武夷山国家公园、生态茶园、历史文化名镇和当地企业等，进行实地调研。尹力强调，要努力实现生态保护、绿色发展、民生改善相统一，为实现高质量发展增添绿色底色、夯实绿色根基，不辜负习近平总书记的殷殷嘱托。

17—18日，省长赵龙赴福州新区、平潭综合实验区调研并主持召开联席会议，研究协调解决相关问题，强调要按照省委实施“提高效率、提升效能、提增效益”行动要求，在新起点上加快推动福州新区、平潭综合实验区一体化高质量发展。省领导林宝金、郭宁宁出席会议。

18日，2022海丝华文媒体发展论坛开幕。

2022海丝华文媒体发展论坛在榕开幕，来自34个国家和地区的83家华文媒体代表参加了这次盛会。副省长李德金出席开幕式并致辞。

18日，我省部署春季学期开学工作。

福建省委教育工委、省教育厅召开全省2022年春季学期开学工作部署会，对各地各校春季学期开学疫情防控、校园安全、教学准备等有关工作作出部署。

18日，赵龙赴福州新区平潭调研并主持召开联席会议。

18日，全省对台工作会议召开。

全省对台工作会议在榕召开。省委副书记罗东川出席会议并讲话。省委常委、常务副省长郭宁宁主持会议。

19日，尹力在三明主持召开全省深化医改工作座谈会。

福建省委书记尹力在三明沙县主持召开全省深化医改工作座谈会，强调要深入学习贯彻习近平总书记关于医改工作的重要论述和党中央决策部署，强化系统集成、协同配套、整体推进，创造性落实好国家赋予我省的综合医改试点任务，不断巩固扩大三明医改成效，继续当好全国医改“排头兵”。

20日，尹力在三明调研。

18—20日，省委书记尹力深入三明市调研，详细了解当地开展医药卫生体制改革、深化林权制度改革、推进教育改革和抓党建促乡村振兴、产业发展等情况。

20日，省总工会捐赠十二万套新冠检测试剂。

为舒缓香港新冠检测的繁重压力，近日，福建省总工会紧急采购了12万套福建生产的新冠检测试剂，赠与香港工会联合会，便利香港基层职工、一线职工做快速检测，进一步筑牢疫情防控防线。

22日，赵龙在福州调研。

近日，省长赵龙在福州调研城市品质提升、文化遗产保护、科技创新、高等教育等工作，强调要深入学习贯彻习近平总书记来闽考察重要讲话精神，传承弘扬习近平总书记在福建工作时开创的重要理念和重大实践，坚持“3820”战略工程思想精髓，做大做强省会，加快建设现代化国际城市。省委常委、福州市委书记林宝金参加。

22日，尹力主持召开省文明委全体会议。

福建省文明委全体会议在福州召开，研究部署当前和今后一个时期我省精神文明建设工作。省委书记、省文明委主任尹力主持会议并讲话，他强调，要深入学习贯彻习近平总书记关于精神文明建设的重要论述，坚持“两手抓、两手都要硬”，推动我省精神文明建设高质量发展，激发加快新福建建设强大动力。省长、省文明委第一副主任赵龙出席。

22日，省领导调研高校春季开学等工作。

福建省副省长李德金赴福州大学和福建农林大学，调研春季开学和疫情防控工作，实地察看校门口、核酸检测点、防疫设备研发中心、图书馆、食堂等重点场所，详细了解师生返校疫情防控和开学准备等情况。当天，北京大北农科技集团向福建农林大学捐赠1.6亿元人民币，并与学校签署战略合作协议。

22日，迪拜世博会中国馆福建活动日举办。

迪拜世博会中国馆福建活动日在福州和迪拜通过连线方式隆重开幕。省委常委、常务副省长郭宁宁出席开幕式并致辞。本次活动日以“创新福地，合作共赢”为主题，采取线上线下结合+全球双语直播方式，在福州设主会场，连线迪拜世博会中国馆，并同步举办签约成果展示、文旅经贸推介交流，向世界推介展示新时代新福建。

23日，尹力主持召开十一届省委全面深化改革委员会第二次会议。

福建省委书记、省委全面深化改革委员会主任尹力主持召开十一届省委全面深化改革委员会第二次会议，研究审议省委深改委2021年工作总结报告和2022年工作要点，听取武平县传承弘扬“林改经验”努力创造高品质生活的汇报，审议通过《福建省完善重要民生商品价格调控机制实施方案》《关于推进种业振兴的若干措施》。省长、省委全面深化改革委员会副主任赵龙，省政协主席崔玉英，省委副书记、省委全面深化改革委员会副主任罗东川出席会议。

23日，全省各地多举措应对低温雨雪冰冻灾害。

福建省减灾办电话调度南平、三明、龙岩、宁德等地及福州、泉州部分重点县，要求做好电、水、通信及道路交通安全、群众生活保障、农业生产、灾情处置等各项工作，各地各部门压紧压实低温寒潮灾害防御工作责任。22日至23日，南平中北部、三明西部、宁德西北部和龙岩西部城区最低气温－1～4℃。全省共有23个县（市、区）的47个乡镇最低温度低于0℃，以泰宁新桥乡－3.0℃（海拔1706米）为最低。北部地区的部分乡镇出现雪或雨夹雪，部分山区路段出现道路结冰或积雪。24日，最低气温在0℃以下且伴有降水的有浦城、光泽、武夷山、寿宁4个县（市、区）11个乡镇。

23日，全省新冠肺炎疫情防控工作视频会议召开。

我省召开新冠肺炎疫情防控工作视频会议，贯彻落实全国新冠肺炎疫情防控工作电视电话会议精神，部署下一阶段疫情防控工作。副省长、省应对疫情工作指挥部副指挥长李德金出席并讲话。

24日，省政府召开常务会议。

福建省省长赵龙主持召开省政府常务会议，认真贯彻落实党中央、国务院决策部署以及省委工作要求，审议通过科学技术奖励办法、标准化管理办法修订草案和价格争议调解处理办法草案等；研究法治政府建设、生物医药产业高质量发展等工作。

25日，2020年度省科学技术奖励名单出炉。

根据《福建省科学技术奖励办法》有关规定，省政府决定对2020年度在科学技术进步活动中作出重要贡献的科学技术人员和组织给予奖励。

25日，我省启动新冠疫苗序贯加强免疫接种。

福建省疾控中心消息，根据国家统一部署，福建启动新冠疫苗序贯加强免疫接种。据专家介绍，序贯加强免疫是指采用与基础免疫不同技术路线的疫苗进行加强免疫接种，也称为异源加强免疫。而同源加强免疫是指加强免疫采用与基础免疫同一技术路线的疫苗进行接种。

25日，福建省“移动医院”巡诊项目启动。

福建省“移动医院”巡诊项目启动仪式在榕举行，副省长李德金出席并讲话。当天，“移动医院”首场巡诊开启，由省立医院，福建医科大学附属协和医院、第一医院、口腔医院，省肿瘤医院、妇产医院、儿童医院等7所省级医院组成两支医疗队，配备门诊车、医技车、CT车等移动医疗服务车，赴宁德寿宁、霞浦和三明沙县、尤溪基层一线，为基层群众送上“家门口”的健康服务。

26日，省委常委会召开会议。

福建省委书记尹力主持召开省委常委会会议，传达中央纪委国家监委对陈家东涉嫌严重违纪违法进行纪律审查和监察调查的决定。

27日，我省首颗城市定制卫星发射升空。

11时06分，随着长征八号遥二运载火箭在中国文昌航天发射场成功发射，“厦门·天卫科技壹号”先导星开启了太空之旅。此次长征八号遥二运载火箭共搭载22颗商业卫星升空，作为其中一员的“厦门·天卫科技壹号”先导星，也是我省首颗城市定制卫星。

27日，武夷山国家公园西区开展首次联合科考。

“关注森林·探秘武夷——走进光泽”2022年武夷山国家公园生态科考活动在光泽县寨里镇启动。本次科考活动由省林业局、省政协人口资源环境委员会联合主办。省政协副主席、省关注森林活动组委会主任张兆民出席启动仪式并讲话。

28日，省委政法委部署推进“提高效率、提升效能、提增效益”行动

福建省委政法委召开专题会议，对实施“提高效率、提升效能、提增效益”行动进行再动员再部署再推进。省委副书记、政法委书记罗东川出席会议并讲话。

（摘编：杨立群）

三月

1日，我省发布退役军人和其他优抚对象优待目录清单。

福建省退役军人事务厅消息，近日，省退役军人事务厅等部门联合出台《关于加强军人军属、退役军人和其他优抚对象优待工作实施办法》，并发布现役军人、军人家属、残疾军人、退役军人及烈士遗属、因公牺牲军人遗属、病故军人遗属的优待目录清单，涉及荣誉、生活、养老、医疗、住房、教育、文化交通和其他优待等8个方面153项的优待内容。

1日，省总工会启动“女职工维权行动月”活动。

为更好地维护女职工合法权益和特殊利益，今日起，省总工会开展“女职工维权行动月”活动。活动分为五个主题周，内容分别为：女职工权益保护知识宣传周、女职工维权服务周、女职工劳动安全卫生知识普及周、创建家庭友好型工作场所主题活动周、女职工权益保护法律监督周。

1日，省总工会：为10万名新就业形态劳动者购买人身意外伤害保险。

福建省总工会消息，近年来，我省着力抓好新就业形态劳动者建会入会和维权服务工作，今年，将为10万名新就业形态劳动者购买人身意外伤害保险，建立200个“司机之家”，推动工会优质服务资源进一步向新就业形态劳动者覆盖延伸。

3日，十三届全国人大五次会议福建代表团成立。

十三届全国人大五次会议福建代表团在北京成立。代表团推选尹力为团长，赵龙、罗东川、吴偕林、庄稼汉为副团长。省委书记、省人大常

委会主任尹力主持会议。会议审议了十三届全国人大五次会议主席团和秘书长名单草案、大会议程草案，通报了代表团有关工作事项。

3日，《福建省侨乡文化名镇名村集锦》画册首发。

作为我国著名的重点侨乡，福建现有旅居世界188个国家和地区的闽籍海外侨胞1580多万人、归侨侨眷600多万人。由省委统战部、省住房和城乡建设厅、省文化和旅游厅、省归国华侨联合会主办的《福建省侨乡文化名镇名村集锦》画册线下首发暨线上宣传推广启动仪式在福州举行，活动现场向20位海外侨胞和归侨侨眷代表赠送画册，并线上展示《福建省侨乡文化名镇名村集锦》画册。

3日，我省开展第九个世界野生动植物日宣传活动。

3月3日是第九个世界野生动植物日。今年全球宣传主题为“恢复关键物种，修复生态系统”，我国的主题是“关注旗舰物种保护，推进美丽中国建设”。当天，省关注森林活动组委会联合省林业局、省公安厅等单位，在汀江源国家级自然保护区举办现场宣传活动。

3日，“国家重点保护野生动物名录”小程序上线。

由海峡出版发行集团海峡书局与中国野生动物保护协会共同开发的“国家重点保护野生动物名录”微信小程序正式上线，面向全球公益开放。上线当日，使用人数已达17万人次。

4日，全省新冠肺炎疫情防控工作视频会商会议召开。

我省召开全省新冠肺炎疫情防控工作视频会商会议，贯彻落实全国疫情防控工作视频会商会议精神，部署下一阶段疫情防控工作。副省长、省应对疫情工作指挥部副指挥长李德金出席并讲话。

4日，省领导赴平潭综合实验区调研。

副省长李德金带领省直有关部门负责人到平潭综合实验区调研，实地察看福建信息职业技术学院平潭校区、平潭第一中学、平潭国际棒垒球基地、福建医科大学附属协和医院平潭分院等，强调要深入学习贯彻党的十九届六中全会精神和习近平总书记来闽考察重要讲话精神，围绕“一岛两窗三区”战略蓝图，统筹做好疫情防控和经济社会发展工作，深化闽台交流合作，在探索海峡两岸融合发展新路上走前头。

5日，支持福建建设闽籍华侨华人“寻根”工程。

十三届全国人大五次会议福建代表团消息，福建代表团以全团名义向大会提交建议，建议支持福建建设闽籍华侨华人“寻根”工程。

7日，省直机关重家教立家训传家风主题活动启动部署暨故事分享会召开。

下午，省委省直机关工委重家教立家训传家风主题活动启动部署暨故事分享会召开。会上，对省直机关2021年全国最美家庭和福建省绿色家庭表彰对象进行颁奖。8位省直机关先进家庭代表从不同角度分享了自己的家风家训家教故事。

7日，福建省妇联2022年“三八”国际妇女节纪念活动在榕举行。

“八闽巾帼心向党同心喜迎二十大”福建省妇联2022年“三八”国际妇女节纪念活动在榕举行。省委常委、常务副省长、省妇儿工委主任郭宁宁参加活动并为2021年度全国三八红旗手（集体）代表颁奖。活动前，郭宁宁会见了“七一勋章”获得者林丹、全国道德模范陈素珍、时代楷模孙丽美亲属等。2021年度全国巾帼文明岗、全国巾帼建功标兵、全国巾帼建功先进集体代表，第七次全国维护妇女儿童权益先进集体和先进个人代表，全国妇联系统先进集体、劳动模范、先进工作者代表等参加当天活动。“三八”国际妇女节期间，省妇联还将在全省联动开展系列先进典型宣讲活动。

8月，尹力向全省女同胞致以节日祝贺、美好祝福。

今天是“三八”国际劳动妇女节。在北京参加十三届全国人大五次会议的省委书记、省人大常委会主任、福建代表团团长尹力，代表省委省政府向参加全国两会的女代表、女委员、女工作人员，向全省各族各界妇女，致以节日的祝贺和美好的祝福！祝福全省妇女同胞节日快乐、家庭美好、工作顺利、生活幸福！

8日，省领导到福建社科院调研。

福建省副省长李德金到福建社科院调研，察看福建省台湾文献信息中心人文社科馆和科研成果展览室，并召开座谈会研究推进相关工作。

8 日，省领导到省方志馆调研

福建省副省长李德金到省方志馆调研，并召开座谈会听取省委党史方志办工作汇报，指导我省党史方志工作。

9 日，福建代表团召开新闻发布会。

福建代表团在驻地召开新闻发布会，以线上线下相结合的方式发布本团代表履职情况。

出席十三届全国人大五次会议的福建代表团共有 72 名代表，至大会议案截止时间 3 月 8 日中午 12 点，福建代表团共向大会提交议案 10 件。至大会建议截止时间 3 月 9 日中午 12 点，福建代表团共向大会提交建议 306 件。

10 日，住闽全国政协委员提交提案 112 件。

全国政协十三届五次会议开幕以来，住闽全国政协委员认真履职、积极建言，共提交大会提案 112 件。

10 日，住闽全国政协委员返闽。

下午，出席全国政协十三届五次会议的住闽全国政协委员在完成大会各项议程后，从北京返回福建。

11 日，我省确定每年 3 月为“铸牢中华民族共同体意识主题月”。

福建省委统战部、省民族宗教厅会同省网信办、省教育厅、团省委等单位近日联合发文，将每年 3 月确定为全省“铸牢中华民族共同体意识主题月”。

11 日，省领导到南平三明调研。

10—11 日，省委常委、常务副省长郭宁宁与省直有关部门负责同志赴南平、三明调研，实地查看了武夷山国家公园智慧管理中心、生态茶园、历史文化保护点、沙县区总医院、沙县小吃“五中心一研究院”、机械科学研究总院海西分院、官庄国有林场等，现场协调解决有关问题。

11 日，福建全国人大代表返闽。

参加十三届全国人大五次会议的福建代表团代表圆满完成会议各项任务，于今日下午返回福建。

11 日，7 所高校与闽江学院签署对口合作协议。

东华大学、江南大学、厦门大学、福州大学、福建师范大学、福建农林大学、集美大学等 7 所高校与闽江学院在福州签署对口合作协议，将围绕学科建设、人才培养、师资队伍建设、科研与社会服务、管理队伍建设、资源共享等方面支持闽江学院加快发展。

12 日，尹力主持召开省应对新冠肺炎疫情工作领导小组会议。

福建省委书记尹力主持召开省应对新冠肺炎疫情工作领导小组会议。尹力强调，要认真落实全国新冠疫情防控工作电视电话会议部署要求，坚持外防输入、内防反弹，坚持从严从紧、抓早抓小，落实“四早”要求，压实四方责任，科学精准、分秒必争，迅速全面准确落实疫情防控各项举措，坚决守住不出现疫情规模性反弹底线。省长赵龙出席。

12 日，省领导检查指导省公安厅监管总队福建警察学院疫情防控工作。

福建省副省长、省公安厅厅长黄海昆到省公安厅监管总队、福建警察学院，实地检查指导疫情防控工作，看望慰问一线监所民警辅警。

13 日，尹力在泉州丰泽区现场检查指导疫情防控工作。

福建省委书记尹力深入泉州市丰泽区，现场检查指导疫情防控工作，会商部署当前疫情应急处置和下一步重点工作。省长赵龙参加检查指导。

14 日，省卫健委调派核酸检测医疗救治人员赴泉州。

13—14 日，省卫健委从福州、厦门、莆田、宁德等地调派核酸检测、医疗救治人员赴泉州开展核酸检测和患者救治工作。至 14 日晚 9 时 40 分，省卫健委已调派核酸检测人员 84 名，核酸检测实验人员 45 名，福建省立医院方舱实验室 11 人，厦门方舱实验室检测人员 9 名支援泉州核酸检测工作；省卫健委还抽调了 4 名督导组成员增援泉州核酸检测质量控制工作。

14 日，福建省委常委会召开扩大会议。

福建省委常委会召开扩大会议，传达学习习近平总书记在全国两会期间的重要讲话精神，传达李克强总理所作的政府工作报告精神和十三届全国人大五次会议、全国政协十三届五次会议精神等。省委书记尹力主持并讲话，研究部署我省贯彻落实意见。赵龙、崔玉英等出席。

14日，省领导调研指导泉州市疫情防控工作。

福建省副省长、省应对疫情工作指挥部副指挥长李德金深入泉州市基层一线，实地调研泉州市公安局、泉州市第一医院、核酸采样点以及移动方舱实验室，认真查看检测点现场组织、人员调配、物资保障工作，分析研判疫情防控大数据，详细了解疫情防控部署落实情况，看望一线疫情防控工作人员。

15日，我省举行新冠疫情防控工作新闻发布会。

会上，通报疫情防控了有关情况，3月1日至14日24时，全省累计报告境外输入性阳性感染者51例，其中确诊病例38例、无症状感染者13例。累计报告本土确诊病例44例。其中：泉州市报告41例，厦门市报告3例。

15日，尹力在福州调研检查疫情防控工作。

福建省委书记尹力深入福州市的国际健康驿站、企业、酒店，实地调研检查疫情防控工作，看望一线工作人员，推动防控措施进一步落实到位。

15日，赵龙在泉州检查指导疫情防控工作。

根据省委部署，省长赵龙赴泉州检查指导疫情防控工作。3月14日、15日，赵龙实地检查了核酸检测点、隔离酒店、“三公（工）一大”流调中心、封控社区现场，强调要突出快准严实细，坚决打赢局部疫情歼灭战，尽快恢复正常生产生活秩序，给老百姓一个安全、健康、幸福的环境。

15日，省领导到泉州疫情防控一线调研。

福建省副省长、省应对疫情工作指挥部副指挥长李德金前往泉州市疫情防控指挥部核酸检测工作专班，并深入丰泽、晋江、石狮基层一线，检查指导疫情防控工作，看望一线疫情防控工作人员。

15日，省公安厅部署推进全省公安重点工作。

福建省公安厅召开全省公安机关视频会议，深入学习贯彻习近平总书记重要指示和全国两会精神，按照省委、省政府和公安部工作要求，就扎实做好疫情防控和第二季度全省维护安全稳定工作进行部署。副省长、省公安厅厅长黄海昆出席会议并讲话。

16日，国务院批复同意建设闽西革命老区高质量发展示范区。

国务院日前印发《关于同意建设赣州、闽西革命老区高质量发展示范区的批复》，同意建设闽西革命老区高质量发展示范区。

16日，尹力在厦门检查指导疫情防控工作。

福建省委书记尹力在厦门实地检查指导疫情防控工作。尹力强调，要坚持“外防输入、内防反弹”、“动态清零”不动摇，坚持常态化精准防控和局部应急处置有机结合，针对病毒株变异特点，加强各方面防控措施，努力做到疫情防控不松劲、经济社会不停摆。

16日，尹力再赴泉州检查督导疫情防控工作。

福建省委书记尹力深入泉州市疫情防控指挥中心、定点医院、学校等，实地检查督导疫情防控工作。尹力强调，本次疫情是新冠病毒奥密克戎毒株引发，隐秘性强、传播速度快，必须全面动员、快速行动，科学施策、精准发力，防控工作越早越主动、越快代价越小，要坚定信心，坚决阻断疫情传播。省长赵龙参加调研。

16日，尹力赴莆田、宁德调研检查疫情防控工作。

福建省委书记尹力赶赴莆田、宁德，就当地疫情防控工作落实情况进行检查指导。尹力强调，当前我省正处于疫情防控关键时期，要坚定信心、快速行动、精准施策，突出快准严实细的要求，织密织牢疫情防控基层网络，做到守土有责、守土负责、守土尽责，进一步做好疫情防控工作。

16日，省领导深入泉州一线调研疫情防控工作。

福建省副省长、省应对疫情工作指挥部副指挥长李德金前往泉州基层社区、高校、核酸采样点等重点场所防控一线，检查指导疫情防控工作，看望一线疫情防控工作人员。

16日，省领导调研检查海事、邮政系统疫情防控工作。

福建省副省长林文斌深入福建海事局、福建邮政局，实地调研检查疫情防控工作，推动防控措施进一步落实到位。

16 日，省公安厅对做好疫情防控工作进行再部署。

晚上，省公安厅召开全省公安机关视频调度会，深入学习贯彻习近平总书记重要指示精神，传达公安部有关文件精神，对公安机关积极参与、精准做好疫情防控处置工作进行再部署。副省长、省公安厅厅长黄海昆出席会议并讲话。

16 日，福建省委组织部发出重要通知。

福建省委组织部近日发出通知，要求全省各级党组织和广大党员深入学习贯彻习近平总书记关于疫情防控的重要指示精神，积极投身疫情防控工作，确保省委各项部署要求落实落细。

17 日，赵龙在泉州检查指导疫情防控工作。

16—17 日，省长赵龙在泉州市丰泽区、鲤城区、洛江区、晋江市、石狮市、惠安县检查指导疫情防控工作，强调要坚决贯彻落实习近平总书记重要讲话重要指示精神，按照省委、省政府部署，全市统筹，高效联动，在快准严实细上下功夫，全力以赴打赢疫情歼灭战，守护好人民群众生命安全和身体健康。

17 日，省领导检查指导泉州疫情防控工作。

福建省副省长、省应对疫情工作指挥部副指挥长李德金前往泉州市和丰泽区两级疫情防控指挥部、流调溯源专班，并深入鲤城区、泉州台商投资区基层社区、核酸采样点，检查指导疫情防控工作，看望慰问一线工作人员。

17 日，省委政法委员会 2022 年第三次全体会议召开。

福建省委副书记、政法委书记罗东川主持召开省委政法委员会 2022 年第三次全体会议，传达学习贯彻习近平总书记出席全国两会有关会议时的重要讲话精神和全国两会精神，研究巩固政法队伍教育整顿成果、全面深化政法领域改革等相关工作。副省长、省公安厅厅长黄海昆，省法院院长金银墙、省检察院检察长霍敏等出席。

18 日，尹力主持召开省应对新冠肺炎疫情工作领导小组会议。

福建省委书记尹力主持召开省应对新冠肺炎疫情工作领导小组会议，进一步部署研究我省疫情防控工作。尹力强调，要全面落实国务院联防联控机制电视电话会议部署，坚持人民至上、生命至上，坚持党政同责、守土有责、守土尽责，坚持科学精准、动态清零，要把疫情防控工作放在第一位，尽快恢复正常生产生活秩序。省长赵龙作具体工作部署。省政协主席崔玉英出席。

18 日，省领导到福州市调研督导网格治理助力疫情防控工作。

福建省委副书记、政法委书记罗东川不打招呼、直插一线，到福州市鼓楼区南街街道、安泰街道和晋安区新店镇调研督导网格治理助力疫情防控工作。

18 日，省领导在泉州调研隔离酒店和封管控区管控工作。

福建省副省长、省应对疫情工作指挥部副指挥长李德金前往泉州洛江、晋江、南安、惠安等地，就隔离点管理、社区管控、核酸检测等工作开展调研指导。

19 日，省委召开全省疫情防控工作视频会议。

福建省委召开全省疫情防控工作视频会议，分析研判我省疫情形势，研究部署下一步工作。省委书记尹力强调，要坚持人民至上、生命至上，坚持科学精准、动态清零，全面动员、快速行动，采取更加有力的措施，尽快遏制疫情扩散蔓延，保护人民群众生命安全和身体健康。省长赵龙主持会议。

19 日，赵龙赴莆田检查疫情防控工作。

福建省省长赵龙赴莆田检查疫情防控工作，强调要坚决贯彻习近平总书记重要讲话重要指示精神，认真落实全国疫情防控工作电视电话会议要求和省委、省政府部署，努力用最小的代价实现最大的防控效果，最大限度减少疫情对经济社会发展的影响。

19 日，省领导在泉州检查指导高校等疫情防控工作。

福建省副省长、省应对疫情工作指挥部副指挥长李德金前往黎明大学、泉州师院、方舱医院检查指导高校疫情防控和方舱医院建设工作。

19 日，我省启动养老机构封闭管理。

福建省民政厅消息，新冠肺炎疫情应急响应启动以来，省民政厅快速反应，立即启动养老机构封闭管理，保持了养老机构疫情“零感染”，保障了老年人健康和生命安全。

19日，福建首个新冠病毒抗原检测试剂产品获批。

福建省药监局消息，厦门奥德生物科技有限公司新型冠状病毒（2019－nCoV）抗原检测试剂盒（胶体金法）3月18日获国家药监局注册批准上市。这是国务院应对新型冠状病毒肺炎疫情联防联控机制综合组发布《关于印发新冠病毒抗原检测应用方案（试行）的通知》后，我省首个获批上市的新型冠状病毒抗原检测试剂产品。

19日，我省部分列车开行方案有调整。

南昌铁路局消息，针对近日全国部分地区出现多点零星散发病例和局部聚集性疫情，为配合各地政府减少人员流动、减少旅途风险、减少人员聚集等疫情防控政策的落实，铁路部门暂时停运赣闽两省间，以及赣闽两省前往北京、广深汕、沪杭温、武汉、西南等方向的部分旅客列车，并出台旅客列车车票免费退票措施。

20日，国务院联防联控机制综合组福建工作组来闽指导疫情防控工作。

由国家卫生健康委应急办一级巡视员王文杰任组长的国务院联防联控机制综合组福建工作组抵达泉州，指导和督促疫情防控应急处置工作。省委常委、泉州市委书记刘建洋，副省长、省应对疫情工作指挥部副指挥长李德金分别汇报了泉州市和我省疫情防控工作情况。

20日，省市疫情防控视频会议召开。

晚上，省委书记尹力视频连线全省九市一区，听取疫情防控工作进展情况汇报和国务院联防联控机制综合组福建工作组的意见建议，共同研判当前疫情形势，明确重点任务。省长赵龙主持会议。

20日，全省教育系统疫情防控工作视频会议召开。

全省教育系统疫情防控工作视频会议召开。省委常委、宣传部部长张彦，副省长李德金分别在福州、泉州出席并讲话。

20日，福建地名文化展播活动启动。

3月20日是第十个国际幸福日。由省委宣传部指导，省民政厅联合省委网信办、省委党史方志办、省文旅厅等举办的“有福的地方是我家——福建地名文化展播”活动启动，通过集中呈现一批福建地名的魅力与风采，讲好福建地名故事，读懂福建地名文化，领略福建地名之美，激发大众爱家爱闽爱国情怀，增强文化自信。

21日，省委常委会召开会议。

福建省委书记尹力主持召开省委常委会会议，深入学习贯彻习近平总书记在3月17日中央政治局常委会会议、2月25日中央政治局会议、中央政治局第三十七次集体学习、中央全面深化改革委员会第二十四次会议、中央党校（国家行政学院）中青年干部培训班开班式上的重要讲话精神及审阅中央政治局委员等有关同志述职报告时提出的重要要求，研究我省贯彻落实意见，部署我省巡视整改、效能建设、对口支援等工作。

21日，尹力深入莆田、泉州一线检查督导疫情防控工作并参加省市疫情防控视频会。

福建省委书记尹力深入莆田、泉州一线检查督导疫情防控工作，与国务院联防联控机制综合组福建工作组座谈、听取专家意见建议，并在泉州参加省市疫情防控视频会，对全省防控工作作出进一步部署。省长赵龙主持会议。

21日，赵龙在福州检查疫情防控工作。

福建省省长赵龙在福州检查疫情防控工作，强调要按照国务院联防联控机制综合组福建工作组提出的要求和省委、省政府部署，增强省会意识，守土有责、守土尽责，采取更加坚决果断措施，坚决遏制疫情扩散蔓延，为全省打赢疫情防控歼灭战作出更大贡献。省委常委、福州市委书记林宝金参加。

22日，省领导在泉检查指导疫情防控工作。

21—22日，副省长、省应对疫情工作指挥部副指挥长李德金前往转运隔离专班、流调工作专班、火围山方舱医院、快捷健康驿站、隔离点、封管控区、核酸采样点等基层一线，检查指导疫情防控工作。

22日，我省开展疫情模拟预测分析工作。

近期泉州等地疫情发生后，省科技厅迅速组织厦门大学公共卫生学院专家团队，运用传染病模型预测方法和疫情报告最新数据，密切跟踪分析、模拟预测我省疫情发展态势，实行每日一报制度，为疫情防控过程决策提供参考依据。

22日，本周起全省各地陆续供应重组新冠病毒疫苗（CHO 细胞）。

福建省疾控中心消息，目前我省供应的新冠疫苗种类有北京生物的灭活疫苗、北京科兴中维的灭活疫苗、康希诺的腺病毒载体疫苗。本周起，安徽智飞龙科马的重组新冠病毒疫苗（CHO 细胞）将登陆福建，福州、三明、漳州、宁德开始供应。

22 日，赵龙主持召开省市疫情防控视频会议。

晚上，受省委书记尹力委托，省长赵龙主持召开省市疫情防控视频会议，国务院联防联控机制第七督查组成员，省委、省政府有关领导，省直有关部门和各设区市、平潭综合实验区主要负责同志等参加。赵龙代表省委、省政府对国务院工作组、督查组的悉心指导表示感谢。他说，党中央、国务院高度重视和关心支持我省疫情防控工作，工作组提出的意见建议，具有很强的针对性、指导性和可操作性，各地各部门务必逐条逐项抓好落实，坚决迅速、深入认真整改，日清日结。

22 日，省财政厅迅速调拨抗疫资金。

近日，省财政厅迅速贯彻落实省委、省政府工作部署，及时调拨资金支持泉州等地坚决打赢疫情歼灭战，及时调度库款 3 亿元，统筹用于加强泉州市抗疫物资采购、核酸检测及其相关工作需要等资金保障。同时，安排 1886 万元资金补助泉州市、福州市建设 3 个方舱医院及其医疗设备配备。目前上述资金已通过国库渠道拨付到位。

23 日，尹力在南平调研。

在习近平总书记来闽考察一周年之际，3 月 22 日至 23 日，省委书记尹力深入南平市的企业、乡村、景区等，实地调研了解当前经济发展状况，检查疫情防控措施落实情况。尹力强调，牢记教诲再出发，统筹好疫情防控和经济社会发展。

23 日，省防指部署近期强降雨和强对流天气防范应对工作。

上午，省防指组织气象、应急、水利等部门会商，分析研判近期强降雨和强对流天气情况，部署防范应对工作。会商指出，24 日至 26 日，我省有较明显降雨过程并伴有雷电，雷电时局地伴有短时强降雨、7—9 级短时大风和冰雹等强对流天气，过程累计雨量可达 50—120 毫米，局部 160 毫米，最大小时雨量 60 毫米。24 日，全省有中雨到大雨，北部地区的局部有暴雨。25 日，全省有阵雨或雷阵雨，西北部地区有暴雨，局部大暴雨。26 日，全省有中雨到大雨，局部暴雨。

23 日，全省防汛抗旱工作视频会议暨 2022 年防汛指挥长培训班举行。

全省防汛抗旱工作视频会议暨 2022 年防汛指挥长培训班举行。会议强调，今年我省防汛抗旱形势仍然复杂严峻，各级各有关部门要进一步增强风险意识、担当意识和工作本领，扎扎实实做好全年防汛抗旱各项工作。省委常委、常务副省长、省防指总指挥郭宁宁出席会议并讲话。

23 日，赵龙再赴泉州检查疫情防控工作。

福建省省长赵龙再赴泉州检查疫情防控工作，受省委书记尹力委托，赵龙直奔陈埭镇泉商公馆，实地检查封控管控措施落实和物资保障情况，看望慰问昼夜坚守在防控一线的工作人员。在航空酒店隔离点，赵龙仔细询问核酸检测做了几轮、垃圾怎么处理、防控人员和物资够不够，叮嘱工作人员做好自身防护。赵龙还与国务院联防联控机制综合组福建工作组座谈会商，对疫情防控工作再研究、再强化。

24 日，工信部紧急调拨医疗物资，全力支持福建抗疫。

福建省工信厅消息，针对当前我省出现核酸采样管、咽拭子等医疗物资需求量较大的情况，省医疗物资保障组积极向国务院联防联控机制医疗物资保障组争取物资支持。工信部了解到情况后，紧急协调、调运物资，全力以赴支援福建抗疫。

24 日，尹力指导泉州疫情防控工作。

23—24 日，省委书记尹力深入泉州部分封控区、前方指挥部、公安部门等，调研检查疫情防控和应急处置各项工作、慰问一线防疫工作人员，并与国务院联防联控机制第七督查组、综合组福建工作组座谈会商、听取意见。省长赵龙参加有关活动。

24 日，尹力在省市疫情防控视频会议上进一步要求。

晚上，省委书记尹力在省市疫情防控视频会议上强调，要认真学习贯彻习近平总书记在中央政治局常委会会议上的重要讲话精神，全面落实全国疫情防控工作电视电话会议部署，进一步压紧压实责任，严格落实各项防控措施，坚定必胜信心，有效阻断疫情传播，尽快实现社会面动态清零。省长赵龙主持并作具体部署。

25日，省财政厅提前调拨37.8亿元支持各地抓好疫情防控和促发展工作。

为统筹抓好疫情防控和经济社会发展，省财政厅进一步加大资金统筹力度，通过资金拨付绿色通道，于今日提前调拨37.8亿元库款，用于支持各地做好与疫情相关的各项防控和促发展工作。

25日，清明缅怀英烈倡导“云祭扫”“代祭扫”。

清明节即将来临，鉴于当前我省新冠肺炎疫情防控形势，省退役军人事务厅日前部署开展“2022·奋进·网上祭英烈”活动，倡导群众在清明节期间开展网上“云祭扫”，组织烈士陵园提供“代祭扫”服务，用心用情用力为群众纪念缅怀英烈提供便利。

25日，《福建省贯彻〈知识产权强国建设纲要(2021—2035年)〉的实施方案》印发。

福建省市场监督管理局（知识产权局）消息，近日，中共福建省委办公厅、福建省人民政府办公厅印发《福建省贯彻〈知识产权强国建设纲要(2021—2035年)〉的实施方案》，为我省加快建设知识产权强省作出全面部署。

25日，我省出台措施支持泉州抗疫。

福建省发改委印发《关于支持泉州市积极应对新冠肺炎疫情影响的若干措施》，支持泉州市积极应对新冠肺炎疫情影响。

26日，省领导在泉州检查指导涉疫垃圾污水处理工作

福建省副省长、省应对疫情工作指挥部副指挥长李德金深入泉州市新冠肺炎集中隔离点、社区卫生服务中心等基层一线检查指导涉疫垃圾污水处理工作，并主持召开省市涉疫垃圾污水处理协调会。

26日，我省开展药品安全专项整治。

福建省药监局、省公安厅、省市场监管局、省医保局等4家单位近日联合开展药品安全专项整治。此次专项整治聚焦药品、医疗器械、化妆品等3个领域。

27日，尹力对重点地区疫情防控工作再动员再部署。

连日来，省委书记尹力与泉州等疫情防控重点地区多次视频连线，会商研判当前新冠疫情形势，并于今日赶赴泉州与市领导班子座谈，对疫情防控工作进行再动员再部署。尹力强调，经过大家的共同努力，疫情防控工作取得阶段性成效，但要清醒地看到拐点还没有到来，必须继续发扬伟大抗疫精神，保持战略定力，咬紧牙关，攻坚克难，坚持快准严实细的要求，不断提高科学精准防控水平，一鼓作气打赢疫情歼灭战。省长赵龙参加有关活动。

27日，省文旅厅开设“云游福建”专栏。

因为突如其来的疫情，外出旅行不得不暂时放下。为了让大家能够居家云赏福建风光，省文旅厅积极作为，在“清新福建　文旅之声”官方微信公众号专门开设“云游福建”专栏，帮大家圆心中的“福游”计划。

28日，省领导赴泉州疫情防控一线检查指导。

副省长、省应对疫情工作指挥部副指挥长李德金赴泉州部分定点医院、方舱医院、隔离点及封控区调研检查，看望慰问疫情防控一线工作人员，召开省驻泉州疫情处置一线指挥部专题会议和核酸检测、流调溯源工作协调会，研究部署疫情防控工作。

29日，省人大常委会今年将重点督办7件代表建议。

福建省人大常委会消息，省十三届人大六次会议期间，共收到省人大代表建议752件。近日，经省人大常委会主任会议研究确定，今年将重点督办其中7件代表建议。

29日，省市疫情防控视频会召开。

晚上，省委书记尹力在省市疫情防控视频会上，听取泉州、漳州疫情防控工作汇报，进一步指导推进全省防控工作。尹力强调，要深入学习贯彻习近平总书记关于疫情防控工作的重要讲话精神，认真落实党中央、国务院决策部署，坚持人民至上、生命至上，发扬连续作战精神，坚定清零目标不松劲，突出防控重点再发力，继续巩固扩大疫情防控成果。省长赵龙主持会议。会上，国务院联防联控机制综合组福建工作组提出意见

建议。

29 日，省政府反拐联席会议电视电话会议召开。

福建省政府反拐联席会议电视电话会议召开，深入学习贯彻习近平总书记重要指示精神，落实李克强总理批示要求，传达国务院反拐部际联席会议电视电话会议精神，部署推进我省反拐工作。副省长、省公安厅厅长、省反拐联席会议总召集人黄海昆出席会议并讲话。

29 日，赵龙赴泉州检查重点区域疫情防控工作。

受省委书记尹力委托，省长赵龙赴泉州市检查重点区域疫情防控工作，不打招呼现场查找漏洞，深入一线实地解决问题。赵龙强调，要坚决贯彻习近平总书记关于疫情防控重要指示精神，全面落实党中央国务院决策部署，按照省委、省政府要求，坚持人民至上、生命至上，厚植为民情怀，坚定信心决心，发扬爱拼敢赢的精神气质，尽锐出战全力攻坚，重兵合围啃硬骨头，用最短时间实现社会面清零目标，让群众尽快恢复正常生产生活秩序。

30 日，李建成任福建省副省长。

福建省第十三届人大常委会第三十二次会议决定任命李建成为福建省人民政府副省长。

30 日，省人大常委会会议表决通过修改《福建省人口与计划生育条例》的决定。

省十三届人大常委会第三十二次会议表决通过修改《福建省人口与计划生育条例》的决定，并于公布之日起施行。福建生育政策再次迎来了优化和调整。当前和未来一个时期，我省人口发展形势和全国一样，都面临着人口增速放缓、老龄化程度加深的严峻形势，新修改的计生条例中，多个条款都为“生娃、养娃”减轻负担，让更多夫妇“怀得上、孕得优、生得安、养得好”。

30 日，我省各地开展安全教育主题活动。

3 月 28 日是第 27 个“全国中小学生安全教育日”，本周是第 15 个“福建省学校安全教育周”，为不断提升师生安全意识，我省各地学校开展了形式多样的安全教育主题活动。

30 日，国务院联防联控机制综合组福建工作组深入一线培训泉州疫情防控督导员。

国务院联防联控机制综合组福建工作组的社区管控专家一行，前往永春县开展现场教学。来自安溪县、永春县、德化县的 18 名督导组成员参加学习。

30 日，省领导赴福州调研检查外防输入工作。

福建省委常委、常务副省长郭宁宁以“四不两直”方式，赴福州长乐国际机场、海青营地集中隔离点调研，深入现场检查机场检验检疫流程，以及入境人员、工作专班闭环管理落实情况。

30 日，省领导在泉州调研检查新冠肺炎患者医疗救治工作。

福建省副省长、省应对疫情工作指挥部副指挥长李德金前往泉州新冠肺炎患者定点医院、方舱医院检查指导医疗救治工作，看望慰问疫情防控一线工作人员，并召开专题会议，研究部署疫情防控工作。

30 日，省领导调研指导福州市“三公（工）一大”融合协同机制工作。

福建省副省长、省公安厅厅长黄海昆深入福州市“三公（工）一大”融合协同机制工作专班，实地调研指导疫情防控工作，看望慰问专班工作人员。

31 日，省市疫情防控视频会召开。

晚上，省市疫情防控视频会召开，泉州、福州、厦门、莆田、宁德等市主要负责同志在会上汇报交流了近期疫情防控工作情况，国务院联防联控机制综合组福建工作组谈了意见建议。省委书记尹力在会上强调，要深入贯彻落实习近平总书记重要指示精神，落实党中央、国务院决策部署，毫不放松抓好疫情防控工作，牢记坚持就是胜利，统筹好疫情防控和经济社会发展，统筹好发展和安全，尽快实现社会面清零目标，努力减少疫情对经济社会发展的影响。省长赵龙主持会议。

31 日，全省新冠肺炎疫情防控工作电视电话会议召开。

全省新冠肺炎疫情防控工作电视电话会议召开，部署国内重点地区入（返）闽人员排查管控工作和清明节期间疫情防控工作。副省长、省应对疫情工作指挥部副指挥长李德金，副省长郑建闽出席并讲话。

31日，省公安厅部署推进近期重点工作。

福建省公安厅召开全省公安机关视频会，贯彻落实近期省委、省政府和公安部工作部署，对助力打赢疫情歼灭战、严打整治电信网络诈骗犯罪等重点工作进行再部署再落实，统筹抓好疫情防控和维护稳定工作。副省长、省公安厅厅长黄海昆出席会议并讲话。

（摘编：林学军）

四月

1日，尹力主持召开省委人才工作领导小组第一次会议。

省委人才工作领导小组第一次会议在福州召开，审议了《关于实施新时代人才强省战略的意见》《2022年全省人才工作要点及分工方案》《省委人才工作领导小组工作规则》《省委人才工作领导小组办公室工作细则》等，听取了人才专项工作推进情况，并书面审议了其他相关文件。省委书记、省委人才工作领导小组组长尹力主持会议并讲话。省长、省委人才工作领导小组第一副组长赵龙出席。

1日，省领导在泉州检查指导疫情防控工作。

福建省副省长、省应对疫情工作指挥部副指挥长李德金深入泉州惠安、泉港部分封控区、管控区、集中隔离点等基层一线检查指导疫情防控工作，强调要发挥“三公（工）一大”融合协同机制作用，加强区域协查和数据支撑，做好各项防控工作。

2日，我省财政收入实现首季开门红。

据财政快报统计，一季度，全省财政总收入完成1908.93亿元，同比增长11.2%。其中地方级收入完成1191.89亿元，同比增长17.3%。总收入和地方级收入均实现首季开门红。

2日，省领导赴晋江调研检查疫情防控工作。

福建省副省长、省应对疫情工作指挥部副指挥长李德金赴晋江调研检查，指导督促落实落细疫情防控措施，召开专题会议协调解决疫情防控具体问题。

2日，数字人民币试点范围扩大，福州、厦门入列试点地区。

中国人民银行消息，在前期试点地区基础上，人民银行增加天津市、重庆市、广东省广州市、福建省福州市和厦门市、浙江省承办亚运会的六个城市作为试点地区，北京市和河北省张家口市在2022年北京冬奥会、冬残奥会场景试点结束后转为试点地区。

2日，尹力、赵龙、崔玉英等参加义务植树活动。

上午，省委书记尹力，省长赵龙，省政协主席崔玉英等省领导来到闽侯上街旗山湖项目绿化地块，与福州干部群众一同参加主题为“履行植树义务，助力碳中和”的义务植树活动。

2日，省市疫情防控视频会召开。

晚上，省市疫情防控视频会召开，九市一区主要负责同志在会上汇报了疫情防控工作进展，国务院联防联控机制综合组福建工作组提出了意见建议。省委书记尹力在会上强调，要始终坚持“外防输入、内防反弹”，一鼓作气实现社会面动态清零的目标。赵龙主持。

3日，省领导在泉州检查指导疫情防控工作。

福建省副省长、省应对疫情工作指挥部副指挥长李德金深入泉州部分核酸检测采样点、集中隔离点、方舱医院、方舱核酸检测实验室，检查指导疫情防控工作，看望慰问疫情防控一线工作人员。

4日，省领导在泉州检查指导疫情防控工作。

福建省副省长、省应对疫情工作指挥部副指挥长李德金深入晋江部分封控区检查指导疫情防控工作，召开省驻泉州疫情处置一线指挥部与泉州会商会，协调推进疫情防控工作。

4日，我省开展超时加班问题集中排查整治专项行动。

为进一步落实工时和休息休假制度，依法保障职工工时和休息休假权益，近日，省人社厅印发《关于开展超时加班问题集中排查整治专项行动的通知》，决定自3月15日起在全省范围内开展为期两个月的集中排查整治专项行动。

5日，尹力在泉州检查指导疫情防控工作。

福建省委书记尹力再次深入泉州检查指导疫情防控及患者救治工作，代表省委、省政府向国务院联防联控机制综合组福建工作组专家表示感谢，并看望和慰问奋战在抗疫一线的医务工作者、社区工作者和志愿者等，对下一步防控工作提出要求。省长赵龙参加。

5日，省领导召开省市会商会研究指导疫情防控工作。

副省长、省应对疫情工作指挥部副指挥长李德金召开省市会商会，协调推进疫情防控工作。会议指出，泉州疫情发生以来，省驻泉州一线指挥部坚持落实省市每日会商、专家研判、信息反馈机制，会同泉州市科学研判疫情形势，针对现场检查发现的问题，列出问题清单、责任清单、整改清单，共同推进各项工作措施落实落细落到位，取得了疫情防控阶段性胜利。

5日，泉州有序恢复生产生活秩序。

泉州市人民政府新闻办公室召开2022年泉州市新冠疫情防控情况第二十四场新闻发布会。根据通报，4月4日零时至24时，泉州市报告新增确诊病例6例，无症状感染者7例，均从集中隔离点和闭环管理的重点人群中发现。目前，一方面，继续精准、精细地做好社会面动态清零收尾工作，另一方面，在抓好疫情防控的同时，有序恢复生产生活秩序。

5日，全省火化率和节地生态安葬率居全国前列。

福建省民政厅消息，近年来，我省深化殡葬改革推进移风易俗，引导群众厚养礼葬，全省火化率稳定在99.8%以上，节地生态安葬率提高至88%，均居全国前列。

6日，尹力主持召开省委人才工作领导小组第一次会议。

日前，省委人才工作领导小组第一次会议在福州召开，审议有关文件，研究部署重点工作。省委书记、省委人才工作领导小组组长尹力主持会议并讲话。省长、省委人才工作领导小组第一副组长赵龙出席。

6日，泉州欢送国务院联防联控机制综合组福建工作组。

泉州市举行仪式，欢送国务院联防联控机制综合组福建工作组。省委常委、泉州市委书记刘建洋，副省长、省应对疫情工作指挥部副指挥长李德金出席了欢送仪式。仪式上，刘建洋、李德金分别向工作组成员颁发了特聘专家证书。3月13日，泉州突发新冠疫情。3月20日，在泉州疫情最吃紧的时候，国家卫生健康委应急办一级巡视员王文杰带领国务院联防联控机制综合组福建工作组赶到泉州，全方位融入指导泉州疫情防控工作。

6日，省领导赴晋江检查指导疫情防控工作。

福建省副省长、省应对疫情工作指挥部副指挥长李德金深入晋江市陈埭镇、安海镇部分封控区检查指导，看望慰问奋战在抗疫一线的工作人员，并召开省驻泉州疫情处置一线指挥部与泉州市会商会，协调推进疫情防控工作。

6日，我省中小学将全面配置法治副校长。

5月1日起，我省每所中小学将配备至少一名法治副校长。省教育厅、省高级人民法院、省人民检察院、省公安厅和省司法厅等五部门近日印发通知，要求各地落实教育部出台的《中小学法治副校长聘任与管理办法》。

7日，省政府召开常务会议。

福建省省长赵龙主持召开省政府常务会议，认真贯彻落实党中央国务院决策部署以及省委工作要求，审议通过《福建省湄洲湾（泉港、泉惠）

石化基地总体发展规划（2020—2030年）》；研究深入打好污染防治攻坚战、加强新时代老龄工作等事项。

7日，上海加油，福建来了！

约13时，在福州长乐国际机场，福建援沪医疗队出征誓词澎湃激昂。15时30分，随着航班降落在上海虹桥国际机场，首批166名医护人员抵沪。当天，福建援沪医疗队共1730人陆续抵达上海。他们来自省立医院，福建医科大学附属协和医院，省妇幼保健院，省儿童医院，省老年医院，福建中医药大学附属人民医院、第二人民医院，省疾控中心等8所省属医疗卫生机构及8个设区市的医疗卫生机构。其中，不少医疗队员刚从泉州转战而来，经验丰富。

7日，泉州有序推进复工复产复学。

上午，泉州市人民政府新闻办公室召开2022年泉州市新冠疫情防控情况第二十六场新闻发布会。根据通报，4月6日零时至24时，泉州市新增确诊病例5例，均由无症状感染者转为确诊；新增无症状感染者16例。4月6日，泉州市治愈出院347人，累计出院1199人（其中普通型40人、轻型524人、无症状感染者635人）。截至4月6日21时，泉州全市密接人员已解除隔离18058人，次密接人员已解除隔离21388人。截至4月6日，全市共划定封控区530个，已解除409个；划定管控区33个，已解除18个。现有高风险地区20个、中风险地区40个。泉州市成立了专门的复工复产工作服务小组，开通了工业企业服务热线“968871”，全力保障产业链供应链协同复工。泉州市因地、因校制宜，一校一案，分区、分期、分批组织学生返校恢复线下教学。目前，泉港区、惠安县、安溪县、德化县、泉州台商投资区等地的高三年级已恢复线下教学。

8日，我省实施“慈善手拉手”专项行动。

福建省民政厅日前下发《关于实施2022年“慈善手拉手”专项行动的通知》，鼓励和引导社会力量开展扶贫济困、扶老救孤、助残扶弱等领域慈善活动，力争全年动员全省各级慈善组织策划实施500个以上慈善项目和活动，慈善帮扶人数不少于100万人次。

8日，厦门大学、福建师范大学联合开展新思想研学活动。

厦门大学、福建师范大学联合开展福建省习近平新时代中国特色社会主义思想大学生研习社研学活动。活动以“深学细悟新思想　扬蹄奋进新征程”为主题，在两校分别设立主会场，以线上线下相结合的形式举行。

8日，省领导在泉州检查指导疫情防控工作

福建省副省长、省应对疫情工作指挥部副指挥长李德金前往泉州新冠肺炎患者定点救治医院、“红黄码”人员接诊医院检查指导，并先后在晋江市、丰泽区疫情防控指挥部召开会议，协调推进疫情防控工作。

8日，全省基层党建工作重点任务推进会召开。

全省基层党建工作重点任务推进会在福州召开。省委常委、组织部部长邢善萍强调，要对标对表习近平总书记关于基层党建工作的重要论述，按照中组部部署和省委要求，弘扬伟大建党精神，推动基层党建工作提质增效，为新发展阶段新福建建设提供坚强组织保证。

9日，省领导在泉州调研检查疫情防控工作。

福建省副省长、省应对疫情工作指挥部副指挥长李德金深入泉州动车站、物资运输中转站、部分封控区、集中隔离点、核酸检测专班调研检查，召开省驻泉州疫情处置一线指挥部与泉州市会商会，研究部署疫情防控工作。

9日，福建援沪医疗队正式接管上海世博方舱医院。

下午，福建援沪医疗队与军队援沪医疗队进行交接，正式接管上海世博展览馆方舱医院。福建援沪医疗队临时党委书记、省人大常委会副主任袁毅代表医疗队开展交接，并与大家一起进入方舱医院，进行具体对接协调工作。

9日，泉州将开展“清街、扫楼、补网”专项行动。

上午，泉州市人民政府新闻办公室召开2022年泉州市新冠疫情防控情况第二十八场新闻发布会。根据通报，4月8日零时至24时，泉州市报告新增确诊病例3例，1例从集中隔离点中筛查发现，其他2例由无症状感染者转为确诊；新增无症状感染者9例，均从集中隔离点中筛查发现。4月

8日，泉州全市确诊病例出院109例，无症状感染者解除隔离127例；确诊病例累计出院787例，无症状感染者累计解除隔离926例。同时，持续做好风险人员动态管理，截至4月8日21时，泉州全市密接人员已解除隔离25300人，次密接人员已解除隔离25928人。经专家分析研判，4月8日起，泉州对鲤城区开元街道、鲤中街道，丰泽区东海街道、北峰街道、丰泽街道、泉秀街道，洛江区马甲镇等地的部分区域解除封控；对泉州台商投资区洛阳镇部分区域解除封控，洛阳镇全域解除管控。疫情发生以来，泉州全市开展了10轮区域核酸检测，并针对重点区域开展了多轮核酸检测。

11日，全省打击治理电信网络新型违法犯罪工作电视电话会议召开。

福建省政府召开全省打击治理电信网络新型违法犯罪工作电视电话会议，传达学习全国电视电话会议精神，部署推进我省打击治理工作。会议指出，过去一年全省打击治理电信网络新型违法犯罪工作取得良好质效，呈现案件数、财损数下降，破案数、抓获数上升的“两降两升”良好态势，工作绩效位列全国第三名。副省长、省公安厅厅长、省政府打击治理电信网络新型违法犯罪工作联席会议总召集人黄海昆出席会议并讲话。

11日，尹力赴宁德检查指导疫情防控工作。

10日、11日，省委书记尹力到宁德市蕉城区，实地察看七都镇某封控区，检查指导疫情防控工作，并与市领导班子座谈。11日晚，省市疫情防控视频会召开，会商研判当前疫情形势，研究部署下一步重点工作。尹力强调，要深入贯彻习近平总书记重要指示精神，严格按照党中央、国务院决策部署，坚持“外防输入、内防反弹”，坚决压实“四方责任”、落实“四早”要求，突出快准严实细，尽力抓早抓小，努力用较小代价坚决迅速遏制疫情，打牢加快经济社会发展的前提和基础。省长赵龙参加10日活动并主持视频会。

11日，省领导在宁德检查指导疫情防控工作。

福建省副省长、省应对疫情工作指挥部副指挥长李德金前往宁德市蕉城区部分核酸采样点、隔离点、定点医院、封控区和蕉城区疫情防控指挥部检查指导，看望慰问疫情防控一线工作人员。

11日，省人大常委会开展森林“一法一条例”执法检查。

福建省人大常委会召开森林“一法一条例”执法检查汇报会。省人大常委会副主任严可仕参加会议并讲话，副省长康涛到会报告我省贯彻实施森林“一法一条例”的情况，省直有关部门作了工作汇报。

12日，省领导在宁德深入疫情防控一线调研检查。

福建省副省长、省应对疫情工作指挥部副指挥长李德金深入部分企业、商超、核酸采样点、隔离点、封控区及核酸检测移动方舱等一线调研检查，召开会商会，研究部署疫情防控工作。

12日，我省出台创新举措推进欠薪案件线索“月月清”。

福建省根治拖欠农民工工资工作领导小组办公室日前印发《关于推进根治欠薪工作提质增效 落实欠薪案件线索“月月清”的通知》，创新推出欠薪案件“月月清零”、欠薪投诉“月月清理”、责任落实“月月清查”的“三清”举措，扎实推动欠薪案件线索早发现、早处置、早清零，努力实现欠薪顽疾“早治病、常治病、治未病”。

13日，全省打击整治养老诈骗专项行动动员部署会议召开。

近日，全省打击整治养老诈骗专项行动动员部署会议召开。会议传达全国打击整治养老诈骗专项行动部署会议精神，部署启动我省打击整治养老诈骗专项行动。省委副书记、政法委书记罗东川主持会议并讲话。

13日，省领导在宁德调研检查疫情防控工作。

福建省副省长、省应对疫情工作指挥部副指挥长李德金深入宁德部分企业、封管控区及流调溯源工作专班等调研检查，召开会商会，研究部署疫情防控工作。

15日，福建省委常委会召开会议。

福建省委书记尹力主持召开省委常委会会议，认真学习贯彻习近平总书记在北京冬奥会冬残奥会总结表彰大会上和海南考察时的重要讲话精神及有关重要指示精神，研究我省贯彻落实意见，进一步统筹好疫情防控和经济社会发展；学习《中共中央 国务院关于加快建设全国统一大市场的意见》，研究推进落实具体措施；研究部署进一步加强和改进新时代人大工作、新时代政法工作改革创新等。

15日，“4·15”全民国家安全教育日宣传活动启动。

在第七个全民国家安全教育日来临之际，省委国安办、省国家安全厅联合举办“国泰闽安·你我同行”全省“4·15”全民国家安全教育日宣传活动启动仪式，省委常委、秘书长吴偕林出席并致辞。启动仪式发布了福建国安动漫IP形象“福·安”；为福建省海外利益安全研究基地（福州大学）、福建农林大学“福建省生物安全研究中心”、福建省新时代国家安全研究中心（福建警察学院）授牌。

15日，全省打击整治枪支爆炸物品违法犯罪专项行动推进会召开。

全省打击整治枪支爆炸物品违法犯罪联席会议第四次全体会议暨专项行动推进会召开，深入学习贯彻习近平总书记重要指示精神，贯彻落实全国会议精神和省委、省政府要求，部署今年全省打击整治枪爆违法犯罪工作。副省长、省公安厅厅长、联席会议总召集人黄海昆出席会议并讲话。

15日，全省宗教工作会议召开。

全省宗教工作会议在福州召开。省委书记尹力出席并讲话，省长赵龙主持，省政协主席崔玉英出席。尹力强调，要深入学习贯彻习近平总书记关于宗教工作的重要论述和全国宗教工作会议精神，全面贯彻党的宗教工作基本方针，扎实推进新时代宗教工作，不断开创福建宗教工作新局面，以实际行动忠诚拥护“两个确立”、坚决做到“两个维护”。省委常委、统战部部长王永礼和副省长郑建闽对我省宗教工作作具体部署。

15日，省领导在宁德检查指导疫情防控工作。

副省长、省应对疫情工作指挥部副指挥长李德金深入宁德部分封管控区、隔离点，霞浦县医院核酸检测实验室等检查指导，并召开会商会协调推进疫情防控工作。

15日，公安部领导看望慰问福建援沪医疗队。

下午，国务院指导组成员、公安部副部长林锐到世博方舱医院看望慰问福建援沪医疗队。医疗队临时党委书记、省人大常委会副主任袁毅参加。

16日，省领导在宁德调研指导，要求尽快打赢疫情防控歼灭战。

福建省副省长、省应对疫情工作指挥部副指挥长李德金赴宁德城区、福安市部分封管控区、隔离点、重点企业等检查指导，并召开会商会研究部署疫情防控工作。李德金要求，要认真贯彻落实省委、省政府工作部署，坚定信心，保持清醒头脑，咬紧牙关、攻坚克难，一鼓作气，坚决打赢宁德疫情防控歼灭战。

17日，200家婴幼儿托育园年内建成。

福建省卫健委消息，今年我省将建成200家普惠性托育园，新增15000个普惠性托位。年内福州、厦门、泉州将各建成不少于28个托育园、各2000个托位；莆田、漳州、南平、宁德将各建成不少于18个托育园、各1370个托位；三明、龙岩将各建成不少于17个托育园、各1370个托位；平潭综合实验区将建成不少于4个托育园、280个托位；省级将建成不少于6个托育园、500个托位。这意味着，越来越多的3岁以下婴幼儿有机会获得普惠性托育服务，更多双职工家庭育儿负担得以减轻。

18日，我省近一年来破获电诈案件近2万起。

全省打击治理电信网络新型违法犯罪工作电视电话会议消息，去年5月以来，全省公安机关共破获电信网络诈骗案件近2万起，抓获犯罪嫌疑人3万余名，有力维护了人民群众财产安全和合法权益。

19日，宁德疫情形势正在向好发展。

宁德市新冠肺炎疫情防控情况第九场新闻发布会消息，截至18日24时，宁德市新增本土确诊病例0例、无症状感染者6例，均在集中隔离场所中筛查发现。9日以来，累计报告确诊病例41例、无症状感染者157例。宁德市日新增阳性病例数不断下降，已连续4天未发现社区阳性样本，全市疫情形势正在向好发展。

19日，省领导在宁德调研指导。

副省长、省应对疫情工作指挥部副指挥长李德金赴宁德市古田县、屏南县部分定点医院、隔离点和高速服务区调研指导，召开会商会研究部署疫情防控工作。

20 日，全省信访和维护社会稳定工作视频会议召开。

全省信访和维护社会稳定工作视频会议召开，强调要认真落实党中央决策部署和省委工作要求，分析当前信访和社会稳定形势，查找突出问题和薄弱环节，以钉钉子精神落实工作部署。省委副书记、政法委书记罗东川出席会议并讲话，副省长、省公安厅厅长黄海昆主持会议。省法院院长金银墙、省检察院检察长霍敏，驻闽部队领导史建国、张建超出席。

20 日，孙春兰看望慰问福建援沪医疗队。

上午，中共中央政治局委员、国务院副总理孙春兰来到上海世博展览馆方舱医院，检查指导医疗救助、医院管理工作，看望慰问福建援沪医疗队，对福建省在上海最需要的时候派出精锐队伍挺身而出支援上海表示感谢。

20 日，省巩固政法队伍教育整顿成果专题会召开。

福建省委副书记、政法委书记罗东川主持召开省巩固政法队伍教育整顿成果专题会，梳理总结我省教育整顿成果巩固工作情况，部署推进下一阶段重点工作。副省长、省公安厅厅长黄海昆，省法院院长金银墙、省检察院检察长霍敏出席。

21 日，我省扩大“爱心助残驿站”试点。

近日，省残联、民政厅、财政厅联合印发《关于 2022 年继续开展“爱心助残驿站”试点工作的通知》。2021 年 5 月首家“爱心助残驿站”挂牌成立以来，试点工作在全省全面铺开，60 个试点单位全部投入运营，服务残疾人 2716 人，安排 40 名残疾人就业，打通了综合助残服务的“最后一公里”。今年增加 80 家“爱心助残驿站”试点单位，侧重试点设区市和试点县。

22 日，全省档案工作视频会议召开。

全省档案工作视频会议在福州召开。会上举行了省级“档案专家”“档案工匠”颁证仪式。省委常委、秘书长吴偕林出席会议并讲话。副省长李德金主持会议。

24 日，福建党政代表团赴新疆昌吉州考察。

23—24 日，省委书记、省人大常委会主任尹力率福建党政代表团赴新疆昌吉州实地考察，深入学习贯彻习近平总书记关于东西部扶贫协作的重要论述，完整准确贯彻新时代党的治疆方略，进一步推动闽昌对口支援，并看望慰问援疆干部。23 日，新疆维吾尔自治区党委书记马兴瑞在昌吉州与代表团一行进行座谈并陪同考察。自治区主席艾尔肯·吐尼亚孜，自治区党委副书记何忠友参加座谈。

24 日，福建党政代表团在四川学习考察。

福建省委书记、省人大常委会主任尹力率领福建党政代表团在四川成都学习考察。代表团一行先后考察了天府国际机场、天府新区规划馆、兴隆湖湿地公园、成都超算中心等，详细了解机场智能管理、城市规划建设、区域生态改善、基础计算平台建设等具体情况，学习当地在对外开放、公园城市建设、科技创新、文化旅游等方面的先进经验做法。

25 日，我省对我国台湾地区计量专业技术人员资格直接采认。

福建省市场监管局、人社厅等日前联合下发《关于开展直接采认台湾地区甲级、乙级计量技术人员职业资格有关事项的通知》，决定在全省范围内开展直接采认台湾地区甲级、乙级计量技术人员证书工作。

25 日，省红十字会 2022 年度悦基金救助工作启动。

福建省红十字会消息，2022 年度悦基金救助工作正式启动。省内困难家庭儿童患有先天性食管闭锁、先天性胆道闭锁疾病的，可以申请专项公益基金，最高可获得 2 万元救助。

26 日，福建党政代表团赴西藏昌都市考察。

25—26 日，省委书记、省人大常委会主任尹力率福建党政代表团赴西藏昌都市，深入贯彻落实习近平总书记关于西藏工作和对口支援工作的重要指示精神，推进落实支援昌都各项工作，看望慰问援藏干部，深化闽藏对口支援。25 日，西藏自治区党委书记王君正陪同考察，并与代表团一行座谈。

27 日，第五届福建文学好书榜颁奖。

由省文旅厅、省文联主办，省图书馆、省作协承办的第五届福建文学好书榜颁奖仪式日前在福州举行，共评选出 10 部优秀图书、10 部推荐图书、5 部读者最喜爱的图书。孙绍振、石华鹏、钟兆云、周瑞春、谢宜兴等5位获奖代表在现场开展图书签赠活动。

27日，福建党政代表团在云南学习考察。

26—27日，省委书记、省人大常委会主任尹力率领福建党政代表团在云南昆明学习考察，进一步深化两省交流合作。云南省委书记、省人大常委会主任王宁陪同考察，并与代表团座谈。云南省省长王予波参加有关活动。

27日，一季度我省居民人均可支配收入同比名义增长7.0%。

国家统计局福建调查总队消息，据住户抽样调查，一季度，福建居民人均可支配收入12500元，同比名义增长7.0%，扣除价格因素实际增长6.1%。按常住地分，城镇居民人均可支配收入16300元，同比名义增长6.5%，实际增长5.5%；农村居民人均可支配收入6221元，同比名义增长7.2%，实际增长6.9%。

27日，省领导赴漳州调研教育卫生工作并看望中国女排运动员。

副省长李德金带领省直有关部门负责人深入漳州卫生职业学院、漳州三中、漳州市医院龙文院区等地调研教育、卫生、疫情防控工作，并赴漳州体育训练基地看望中国女排运动员。

28日，“五一”起 我省将推出321项文旅优惠措施。

自“五一”假期开始，我省将累计推出321项（不含宁德市）景区优惠措施。其中，福州市发放景点、酒店、机票红包500万元；厦门市鼓浪屿景区施行核心景点联票优惠；漳州土楼云水谣等景区门票5折；三明市上线“智慧游三明”小程序发放文旅消费券；莆田市发行“莆田文旅一卡通”，持卡可享受景区免门票及部分电影院、书店、酒店超低折扣优惠；龙岩市有11家国有收费A级旅游景区免费开放。

28日，首届“福建慈善奖”评选工作启动。

福建省民政厅消息，首届“福建慈善奖”评选工作日前正式启动。“福建慈善奖”是经中央批准设立的福建慈善领域最高奖项，由福建省人民政府主办，福建省民政厅承办，每三年举办一届，主要表彰在全省扶贫、济困、扶老、救孤、恤病、助残、优抚，救助自然灾害、事故灾难和公共卫生事件等突发事件造成的损害，促进教育、科学、文化、卫生、体育等事业发展，保护和改善生态环境等公益慈善领域作出突出贡献的自然人、法人、其他组织和慈善项目（慈善信托）。本届“福建慈善奖”共设置五类奖项，表彰名额总数不超过85个，奖项类别和名额上限分别为：爱心慈善楷模奖10个、优秀慈善项目（慈善信托）奖20个、爱心捐赠企业（机构）奖20个、爱心捐赠个人奖20个、优秀慈善组织奖15个。

28日，全国政协副主席张庆黎率专题调研组来闽。

25—28日，全国政协副主席、党组副书记张庆黎率调研组来闽，就“加强全民国防教育”进行专题调研，并在福州召开座谈会。省委书记尹力出席座谈会并讲话。省长赵龙出席有关活动。省政协主席崔玉英陪同调研并主持座谈会。调研期间，调研组先后到福建省龙岩市、福州市，实地考察了学校、企业、博物馆、国防教育基地等，深入了解当地开展国防教育的情况。

29日，省领导看望慰问劳模和新就业形态劳动者

在“五一”国际劳动节即将来临之际，省委常委、统战部部长王永礼今日上午到福州新业态企业，看望慰问劳模代表和一线职工，向大家致以节日问候和祝福。

29日，我省举行2022年防暴雨洪水综合演练。

福建省防指在南平市举行2022年防暴雨洪水综合演练。省委常委、常务副省长郭宁宁担任演练总指挥并作点评。本次演练主会场设在省防汛抗旱指挥中心，演练会场设在南平市应急指挥中心，其他各市、县（区）和平潭综合实验区设观摩分会场。

29日，省政府召开常务会议。

省长赵龙主持召开省政府常务会议，听取《信访工作条例》法治专题讲座，研究第七届世界闽商大会筹备、退役军人服务和保障等工作。

29日，省领导到福州检查指导疫情防控工作。

29—30日，省委副书记、政法委书记罗东川到福州市基层单位和重点场所，检查指导常态化疫情防控工作，慰问“三公（工）一大”融合协

同专班和坚守岗位的公安干警、消防指战员。

29 日，省委宣传部追授陈炜同志“八闽楷模”称号。

近日，由省委宣传部、省委教育工委、省教育厅主办的“八闽楷模”陈炜先进事迹发布仪式在福州举行。省委常委、宣传部部长张彦，副省长李德金出席发布仪式并慰问陈炜同志亲属。

30 日，福建实现全域低风险区。

今日零时起，随着宁德市 24 个封控区和 3 个管控区全部解封，我省全域均成为新冠肺炎疫情低风险区。省卫健委通报显示，4 月 29 日零时至 24 时，我省无新增本土新冠肺炎确诊病例。根据我省相关防疫政策，当日起省内人员在健康码绿码、体温正常、做好个人防护的前提下可在省内有序流动。

30 日，省领导看望慰问劳动模范和一线职工。

五一劳动节即将到来之际，省人大常委会党组副书记、副主任，省总工会主席周联清一行赴南平、三明看望慰问劳动模范和一线职工，向全省劳动群众致以节日问候。

（摘编：赵旭东）

五月

1 日，赵龙慰问假期值班值守人员并检查相关工作。

今天是“五一”假期的第一天，受省委书记尹力委托，省长赵龙到省公安厅、交通厅，代表省委省政府看望慰问坚守岗位干部职工，向大家致以节日问候和衷心感谢，检查保通保畅、道路安全、安保维稳和景区景点安全管理等工作。

1 日，福建省“最美科技特派员”评选启动。

日前，省科技厅、省委组织部、省委宣传部、省发改委、省教育厅、省财政厅、省人社厅、省农业农村厅等八部门联合，在全省启动开展“最美科技特派员”学习宣传活动，将深入挖掘、广泛宣传一批优秀科技特派员典型，引导和激励广大科技特派员学习最美、争当最美，为奋力谱写全面建设社会主义现代化国家福建篇章凝聚精气神、激发正能量。

2 日，福建省经济社会运行和高质量发展监测与绩效管理平台上线试运行。

该平台主要包括经济社会运行监测、高质量发展绩效管理两个子系统，旨在实现全省各地区各领域经济社会运行情况“一网监测、一网评估”。

3 日，“五一”假期我省文艺演出精彩纷呈。

“五一”期间，省文旅厅精心策划了全省文艺院团和美术馆共同参与的“春回福地‘艺’起出发”系列演出展览活动，推出超过 150 场线上线下演出和展览活动。全省文艺院团和专业文艺工作者，邀请大家向着更文艺、更美好的生活一起出发。省内各设区市也在景点街区安排了歌舞、闽剧、莆仙戏、歌仔戏、提线木偶、南音、评话、南词、诗歌吟诵等各类丰富多彩的专场演出。专业艺术院团的精彩演出将持续整个“五一”假期。

4 日，全省工会举办活动欢庆“五一”。

“五一”国际劳动节期间，全省各级工会以迎接党的二十大胜利召开为主线，深入学习宣传贯彻习近平总书记致首届大国工匠创新交流大会的贺信精神，开展一系列丰富多彩的活动，激励全省广大职工增强主人翁意识、发挥“主力军”作用，为统筹疫情防控和经济社会发展贡献智慧和力量。各级工会以庆“五一”为契机，持续掀起新思想大学习热潮，运用福建红色工运资源，举办文艺汇演、歌咏大赛、演讲比赛、摄影比赛，教育引导广大职工和工会干部继承发扬工人阶级和工会组织的光荣传统，坚定不移听党话、矢志不渝跟党走。

5日，省公安厅出台十项措施进一步助力复工复产。

福建省公安厅近日出台实施积极应对疫情影响进一步助力复工复产10项措施，要求全省各级公安机关认真抓好贯彻落实，积极应对疫情影响，进一步帮助市场主体纾困解难，服务全省发展大局。

5日，“五一”假期全省接待游客逾1700万人次。

今年“五一”假期，全省文化和旅游系统在科学精准做好疫情防控前提下，统筹做好假日文旅经济发展，着力丰富优质文旅产品供给，组织开展一系列特色鲜明、形式新颖的线上线下文化和旅游活动，推出多样化“本地游”“微度假”文旅产品，吸引市民游客就近出游，尽享假期。全省文旅市场安全有序，未发生重大涉旅投诉和旅游安全事故。据测算，假期全省累计接待旅游人数1716.79万人次，实现旅游收入116.71亿元。

6日，“新版”劳动课9月上线。

根据教育部最新发布的《义务教育劳动课程标准（2022年版)》，今年9月秋季学期开始，全国义务教育学校将执行劳动课“新课标”。“新课标”将劳动课程内容设置了十个任务群，每个任务群由若干项目组成，同时根据不同学段制定了“整理与收纳”“家庭清洁、烹饪、家居美化等日常生活劳动”等学段目标。

6日，“百校万岗·同心就业”行动首场线上招聘会启动。

福建省启动“百校万岗·同心就业”行动首场线上招聘会。当天有78家企业面向全省中高职院校毕业生提供就业岗位3181个。目前已有近2000名职校毕业生在线上应聘。

6日，莆田市警税合成作战中心成立。

近日，莆田市警税合成作战中心在莆田市税务局稽查局成立。这也是我省首个设区市一级警税合成作战中心。

7日，我省举办纪念第75个世界红十字日主题活动。

福建省红十字会在榕举办“生命教育　人道伴行”——福建省纪念第75个世界红十字日主题活动。副省长、省红十字会会长李德金出席活动。活动现场启动了“福建省红十字会红博云智慧应用平台”。

7日，我省开展《信访工作条例》宣传月活动。

《信访工作条例》（以下简称《条例》）于5月1日起正式施行。为进一步推动《条例》学习宣传贯彻工作，今日我省全面启动以“贯彻信访工作新《条例》，坚持人民信访为人民”为主题的宣传月活动。

8日，省财政加大投入助推生活垃圾分类扩面。

福建省财政厅消息，助力垃圾分类，倡导美好生活。今年，省财政厅进一步加大投入力度，安排8050万元补助资金，比上年增长41%，助推我省生活垃圾分类工作扩面。

8日，福建省“为爱奔跑·母亲健康1+1”公益募捐活动举行。

由省妇联、省体育局和福州市人民政府共同主办的关爱母亲·守护幸福——福建省“为爱奔跑·母亲健康1+1”公益募捐活动举行。省委常委、常务副省长、省妇儿工委主任郭宁宁出席活动，现场带头公益募捐，为领跑嘉宾颁发爱心公益大使证书、授旗并参加健康跑运动。

9日，我省全面排查整治养老服务机构消防隐患。

近日，省民政厅联合省自然资源厅、省住建厅、省卫健委、省消防救援总队等部门开展养老服务“双十条”措施落实情况调研督导。调研组随机抽查了厦门、三明、南平、宁德等4个设区市23家养老服务机构的消防安全情况，共发现安全隐患问题82个。

9日，“糖友”可享胰岛素“团购价”。

福建省医保局消息，今日起我省各地相关医疗机构统一执行第六批国家集采（胰岛素专项）中标结果。这意味着，首个国采生物药在闽落地，“糖友”可享国采胰岛素“团购福利”。

9日，省防指部署做好强降雨防御工作。

福建省防指组织气象、应急、水利、自然资源、住建等部门会商，并与全省九市一区视频连线，分析研判强降雨天气情况，部署防范应对工作。会商预测，10日至13日，我省将发生今年以来降雨强度最大的暴雨天气过程，过程雨量100—200毫米，局部280—350毫米，最大小时雨量80毫米。此次强降雨过程持续时间长、影响范围广、累计雨量大、局地雨势强，龙岩、泉州、莆田有可能出现强降雨落区叠加。根据水文预测，龙岩、泉州、福州3市5县4条河流5个站点可能发生超警戒0.1—1.5米的洪水；福州、宁德、泉州、南平、三明、龙岩等6市17县28条中小河流可能发生暴涨洪水。

9日，我省启动全国家庭教育宣传周活动。

今年1月1日起施行的《家庭教育促进法》规定，每年5月15日国际家庭日所在周为全国家庭教育宣传周。由省妇联、省教育厅联合主办的全国家庭教育宣传周启动仪式今日在福州市晋安榕博小学举行。宣传周以“家教伴成长福见千万家”为主题，聚焦落实立德树人根本任务，上下联动组织开展丰富多彩的家庭教育宣传展示和主题实践活动，推动家庭教育法律法规家喻户晓。

9日，福建省应对新冠肺炎疫情工作领导小组召开会议。

在国务院联防联控机制电视电话会议后，省应对新冠肺炎疫情工作领导小组召开会议，部署推进我省常态化疫情防控工作。省委书记尹力出席并讲话，强调要深入学习贯彻习近平总书记重要讲话精神，按照国务院电视电话会议部署要求，高效统筹疫情防控和经济社会发展，坚持“动态清零”不犹豫不动摇，坚决筑牢疫情防控屏障，坚决巩固住来之不易的疫情防控成果，为党的二十大胜利召开营造良好环境。省长赵龙主持。

10日，打击养老诈骗专项行动开展。

福建省公安厅消息，全省公安机关今年4月起开展为期半年的专项行动，依法严厉打击整治养老诈骗违法犯罪行为。此次专项行动重点打击六类养老诈骗犯罪：以提前预订养老院床位、照顾陪护等名义，诱骗老年人提前预付费用的诈骗犯罪；以“投资养老”名义，提供住宿餐饮、观光旅游，免费鉴定“收藏品”、高额利息等为诱饵诱骗老年人投资的诈骗犯罪；以“以房养老”名义，诱骗老年人签订虚假合同，通过担保、质押等方式抵押其房产实施的诈骗犯罪；以代办“提前退休”“养老保险”名义，收取材料费、好处费实施诈骗；以“养老帮扶”名义，利用微信建群，以传销手段层层发展下线，向老年群体收取会员费、材料费、报单费等实施的民族资产解冻类诈骗；以“养老保健”名义，通过虚假宣传、夸大食品、保健品功效，向老年人群体高价销售伪劣商品的诈骗犯罪。

10日，我省组织集中收看庆祝中国共产主义青年团成立100周年大会。

上午，庆祝中国共产主义青年团成立100周年大会在北京隆重举行，中共中央总书记、国家主席、中央军委主席习近平发表重要讲话。省委书记尹力，王永礼、李德金等省领导，与我省青年代表一起在省委机关集中收看大会直播，认真聆听习近平总书记重要讲话。

10日，省人大常委会开展科普“一法一例”执法检查。

根据全国人大常委会委托和省人大常委会监督工作计划，省人大常委会将于5—6月在全省开展《中华人民共和国科学技术普及法》及《福建省科学技术普及条例》执法检查。今日，省人大常委会在榕召开科普“一法一例”执法检查汇报座谈会，正式启动这项工作。省人大常委会党组书记、副主任梁建勇出席会议并讲话，副主任吴洪芹主持会议。副省长康涛到会介绍我省贯彻实施科普“一法一例”的情况，省直有关部门作了工作汇报。

10日，省委政法委员会2022年第四次全体会议召开。

福建省委副书记、政法委书记罗东川主持召开省委政法委员会2022年第四次全体会议，传达学习贯彻习近平总书记重要讲话精神，总结今年以来全省政法工作情况，部署推进下一阶段重点工作。省委政法委员会委员黄海昆、金银墙、霍敏等出席。

10日，省防指召开全省防范持续性暴雨视频会商调度会。

福建省防指召开视频会议，会商调度持续性暴雨防御工作。省委常委、常务副省长郭宁宁出席会议并讲话。会议强调，本轮降雨是今年我省入汛以来预报最强的降雨过程。各地市各有关部门要认真学习贯彻习近平总书记关于防汛救灾工作的重要指示精神，落实省委和省政府工作要求，坚持人民至上、生命至上，统筹做好疫情防控和强降雨防御各项工作，牢牢守住安全底线。

11日，省防指启动防暴雨Ⅳ级应急响应。

下午，省防指组织气象、应急、水利等部门会商，并与厦门、龙岩、漳州、泉州、莆田市视频连线，分析研判强降雨天气趋势，进一步部署防范应对工作。根据《福建省防汛防台风应急预案》，省防指于11日18时启动防暴雨Ⅳ级应急响应。11日16时，福建省气象台将"暴雨预警"提升为Ⅲ级。预计10日至13日，过程累计降雨量可达100—200毫米，局部300—350毫米，局地有短时强降雨，最大小时雨量80毫米。水文预测，11日夜里至12日晨，漳州、三明2市4县5条中小河流可能发生暴涨洪水。12日至13日，龙岩、漳州、莆田3市6县6条河流共6个站可能发生超警0.2—2.5米的洪水；龙岩、莆田、泉州、漳州4市8县17条中小河流可能发生暴涨洪水。

12日，我省首季"铁拳"行动成效明显。

福建省市场监管局消息，我省第一季度"铁拳"行动执法办案工作成效明显。一季度全省市场监管执法稽查条线共查处案件4301件、同比增长18.75%，罚没金额11937.96万元、同比增长153.65%，移送公安机关案件31件、同比增长63.16%。"铁拳"行动以查办案件为主线，坚决打击各类危害安全、破坏竞争、侵害消费的违法行为。

13日，省领导到南平调研指导公安工作。

12—13日，副省长、省公安厅厅长黄海昆深入南平政和、武夷山、建阳、建瓯等地，指导公安派出所建设和安全生产大检查等重点工作，调研公安机关助力复工复产情况，看望慰问民警辅警。

14日，第十二届福建省残疾人文化周开幕。

庆祝第三十二次全国助残日暨第十二届福建省残疾人文化周活动在福州开幕。省委常委、统战部部长王永礼宣布活动开幕，省人大常委会副主任严可仕出席，副省长、省残工委主任郑建闽致开幕词，省政协副主席许维泽，省级老同志张广敏、陈绍军参加活动。

16日，全省政法委系统"学习贯彻习近平法治思想"专题研讨班举办。

全省政法委系统"学习贯彻习近平法治思想"专题研讨班在省委党校开班。省委副书记、政法委书记罗东川为研讨班作"发挥习近平法治思想重要孕育地和实践地优势，奋力推进新时代法治强省建设"的专题辅导报告，副省长、省公安厅厅长黄海昆主持报告会，省法院院长金银墙、省检察院检察长霍敏出席。

16日，2022年高校毕业生服务社区计划启动。

福建省民政厅等五部门日前联合下发《关于组织实施2022年高校毕业生服务社区计划的通知》。2022年，全省统一招募300名高校毕业生，安排到纳入县级基本财力保障范围的县（市、区）的城市社区从事社区工作，服务期限为2年。招募对象为省内全日制普通高校、省外全日制普通高校福建生源毕业生（不含成人教育培养类别等非本专科全日制高校毕业生），往届高校毕业生年龄一般不超过25周岁，研究生学历放宽至28周岁，同等条件下优先招募派遣低保、低收入家庭、就业困难的高校毕业生，以及岗位所在地县（市、区）、乡镇（街道）生源的毕业生、退役大学生士兵、残疾毕业生、少数民族毕业生。其中，福州市15名、漳州市40名、泉州市30名、三明市50名、莆田市10名、南平市45名、龙岩市45名、宁德市55名、平潭综合实验区10名。

16日，全省稳就业工作暨普通高等学校毕业生就业创业工作视频会议召开。

我省召开视频会议，部署推进全省稳就业工作和普通高等学校毕业生就业创业工作。副省长李德金、康涛出席并讲话。

17日，适龄女性HPV疫苗免费接种项目启动。

为贯彻落实健康福建战略要求，降低适龄女性宫颈癌发病率，根据省委、省政府《关于开展2022年为民办实事工作的通知》要求，省卫健委联合省教育厅、省财政厅、省妇联于近期启动福建省适龄女性人乳头状瘤病毒（HPV）疫苗免费接种项目。

17日，2022年省招委会第一次全体会议召开。

2022年省招委会第一次全体会议召开，研究部署今年我省高考有关工作。副省长、省招委会主任李德金出席会议并讲话

17日，福建省2022年全国防灾减灾日宣传活动暨安全文化公园开园仪式举行。

由福建省减灾委员会、福建省应急管理厅主办的“福建省2022年全国防灾减灾日宣传活动暨安全文化公园开园仪式”在福州市牛岗山公园正式启动。省委常委、常务副省长、省减灾委主任郭宁宁出席活动，为福建省应急管理综合行政执法队伍授旗，宣布福建省安全文化公园牛岗山试点园开园。

18日，我省残疾人两项补贴“全程网办”。

福建省民政厅消息，按照民政部、中国残联统一部署，我省实行困难残疾人生活补贴和重度残疾人护理补贴（简称“残疾人两项补贴”）申请“全程网办”。

18日，2022年“5·18国际博物馆日”福建主会场系列活动启动。

今年5月18日是第46个“5·18国际博物馆日”，主题为“博物馆的力量”。当天，福建主会场系列活动启动仪式在福建博物院举行，省委常委、宣传部部长张彦出席并宣布活动启动。启动仪式上，播放了“福”文化融媒体宣传片，举行了《福建省博物馆概览》《福建馆藏文物精品》首发式，并为获奖展览和全省博物馆讲解大赛获奖讲解员代表颁奖。

18日，2022年全省普通高校招生考试安全工作视频会议召开。

2022年全省普通高校招生考试安全工作视频会议在榕召开，副省长、省招委会主任李德金出席并讲话。

19日，福建省“科普希望行”系列活动启动。

由省科协、省委宣传部和省教育厅联合主办的2022年福建省“科普希望行”系列活动16日在福州启动。活动将面向我省老区、苏区和边远山区等科技教育基础较薄弱地区，开展“大师报告进乡村”“科技实践进乡村”“辅导员培训进乡村”等一系列普惠性科普活动。

19日，全国人大常委会副委员长沈跃跃率执法检查组来闽。

16—19日，全国人大常委会副委员长沈跃跃率执法检查组来闽开展环境保护法实施情况执法检查。省委书记、省人大常委会主任尹力，省长赵龙参加有关活动。执法检查组在闽期间听取了省政府及有关部门汇报，分别深入福州、三明、莆田，对生态“云平台”建设、城市黑臭水体整改和内河生态修复综合治理、生活垃圾和厨余垃圾处置、乡村振兴生态环保、林业资源保护利用、生态水系综合整治、海漂垃圾治理、饮用水源保护、工业废气治理等情况进行了实地检查，并召开座谈会，与五级人大代表交流，听取相关专家和部门对海洋环境保护法和有关议案办理的意见建议。

19日，省平安建设领导小组召开平安建设宣传联席会议。

福建省平安建设领导小组召开平安建设宣传联席会议，深入学习贯彻习近平法治思想，认真落实中央政法委第九次新时代政法工作创新交流会精神，部署推进下一阶段重点工作。省委副书记、政法委书记罗东川出席会议并讲话。

19日，省领导到厦门市调研指导公安工作。

副省长、省公安厅厅长黄海昆深入厦门市调研指导公安工作，看望慰问一线民警、辅警。

19日，厦门连线参与金砖国家政党、智库和民间社会组织论坛。

金砖国家政党、智库和民间社会组织论坛以视频方式在京开幕，厦门同步连线参与论坛。福建省委常委、厦门市委书记崔永辉在厦门连线会场出席开幕式，并在全体会议上介绍金砖国家新工业革命伙伴关系创新基地建设情况。

19日，我省义务教育优质均衡先行创建县（市、区）达12个。

福建省教育厅印发通知，确定厦门市集美区、漳州市东山县、泉州市永春县、莆田市城厢区、南平市光泽县、龙岩市漳平市、宁德市福鼎市为省级义务教育优质均衡先行创建县（市、区）。此前，福州市鼓楼区和晋安区，厦门市思明区和湖里区，以及三明市三元区已成为教育部义务教育

优质均衡先行创建县（市、区）。至此，我省义务教育优质均衡先行创建县（市、区）达12个。

20日，2022年福建省家风家教主题宣传活动启动。

福建省纪委监委、省妇联在福州启动2022年福建省家风家教主题宣传活动。活动以“家风润心田　福见千万家”为主题，通过家庭典型选树、家风故事分享、家教名师巡讲、亲子阅读实践、公益广告展播等，引导全省广大家庭特别是党员干部注重家庭注重家教注重家风，传承弘扬革命先辈、时代楷模的红色家风、清廉家风。

20日，破坏历史建筑将有专门举报平台。

福建省住建厅、省文旅厅和省文物局日前联合印发实施《关于在城乡建设中加强历史文化保护传承七条措施的通知》，明确将建立专门网页、信息平台、举报电话等有效便捷渠道，鼓励公民、法人和其他组织举报涉及历史文化保护传承的违法违规行为。

22日，“3820”战略工程的思想精髓和实践启示高端论坛在福州举行。

“3820”战略工程的思想精髓和实践启示高端论坛在福州市举行。省委常委、宣传部部长、福建省习近平新时代中国特色社会主义思想研究中心执行主任张彦，省委常委、福州市委书记林宝金出席并致辞。

23日，五年来我省社会治安“两降三升”总体平稳。

福建省公安厅举行新闻发布会，通报过去五年主要工作成绩以及今年以来助力复工复产、打击电信网络诈骗等重点工作的成效。2017年至2021年，我省社会治安总体平稳，呈现“两降三升”良好态势，即刑事立案从24.1万起下降至15.8万起、降幅34.3%，破案率从41%上升至64.6%，移送起诉数从6.8万人上升至8.2万人、升幅19.5%，道路交通事故死亡人数下降15.1%，群众安全感率从94.56%上升至99.06%。特别是全省公安机关牢记“人民的保护神”殷切嘱托，去年侦破拐卖儿童积案89起、找回历年失踪被拐儿童1465名，“团圆”行动战果名列全国第一。省公安厅2次被公安部记集体一等功。

23日，我省104个学生小组获优秀奖。

福建省科协消息，日前，由中国科协、教育部、国家发改委、生态环境部、中央文明办和共青团中央等六部委联合举办的2021年全国青少年科学调查体验活动公布评选结果，我省共有132所中小学校参与活动，5213个学生小组提交调查表5万多份，其中，104个学生小组获评“全国优秀学生小组”，获奖数量居全国第三。

23日，我省高校将进行学科专业结构优化调整。

福建省教育厅发布普通本科高校学科专业结构调整优化的指导意见，明确福建将分类推进学科专业建设、打造优势特色学科专业、调整优化学科专业布局、健全学科专业监督机制，以期在2025年基本建成结构更加优化、布局更加合理、特色更加鲜明的高校学科专业体系。

23日，省防汛办会商部署近期持续降水防范工作。

上午，省防汛办组织应急、水利、气象、自然资源、水文等部门会商，分析研判近期持续降雨天气情况和影响，安排部署相关防范工作。5月中旬以来，我省降雨频繁，近期又有持续明显降水，其中23日夜里至24日白天，我省中部地区有暴雨、局部大暴雨，累积雨量50～80毫米，局部110毫米，最大小时雨量20毫米。预计25日至30日，我省仍以阴雨天气为主，局部有暴雨。

24日，韩正在福建调研。

23—24日，中共中央政治局常委、国务院副总理韩正在福建宁德、福州、漳州调研。韩正强调，要深入贯彻习近平总书记有关重要指示精神，高效统筹疫情防控和经济社会发展，着力抓好稳就业稳物价等工作，采取精准务实举措帮助企业解决实际困难，保持产业链供应链稳定，稳住宏观经济大盘，不断推动高质量发展迈出新步伐。国务院副秘书长丁学东，财政部部长刘昆，生态环境部部长黄润秋，国家发展改革委副主任林念修，住房和城乡建设部副部长倪虹，省委书记尹力，省长赵龙，省领导林宝金、郭宁宁、吴偕林、康涛参加有关活动。

24日，上海市委书记李强看望慰问福建援沪医疗队。

上海市委书记李强在浦东新区检查疫情防控

工作，看望慰问了福建援沪医疗队。李强来到上海浦东新区周浦医院，检查定点医院运行情况，听取医院收治新冠肺炎患者和医疗救治工作汇报，向夜以继日坚守岗位、全力护佑每一个生命的一线医务人员和福建援沪医疗队表示慰问和感谢，关切询问大家工作生活情况，还有什么问题需要解决。

25 日，我省两款新冠病毒检测试剂获批。

福建省药监局消息，我省泰普生物科学（中国）有限公司“2019 新型冠状病毒（2019 - nCOV）核酸检测试剂盒（RT - PCR 荧光探针法）”和厦门宝太生物科技股份有限公司“新型冠状病毒（2019 - nCOV）抗原检测试剂盒（胶体金法）”2 个产品同时获得了国家药监局注册批准。

25 日，尹力、赵龙赴漳州看望中国女排集训队。

日前，省委书记尹力赴漳州体育训练基地看望了第 48 次来漳集训的中国女排教练员和运动员。省长赵龙参加。尹力一行参观了中国女排腾飞纪念馆，了解中国女排组建和发展历程，来到训练馆看望正在训练的女排集训队，并与教练员和运动员进行互动交流，详细询问大家的训练生活情况并致以诚挚问候。

26 日，力争 2025 年全省养老机构护理型床位占比超 60%。

福建省人民政府关于养老服务体系建设情况的报告提交省人大常委会会议审议，报告提出，我省将进一步扩大养老服务有效供给，持续推进养老服务改革创新，全面加强老年健康服务工作。截至 2021 年底，全省 60 周岁以上户籍老年人口达 678.8 万人，占户籍人口的 17.2%。预计至 2025 年，全省老年人口占比将达到 20%，进入中度老龄化社会；2050 年前后将达到 30.4%，进入重度老龄化社会。报告显示，我省连续 6 年将养老设施建设列入省委、省政府为民办实事项目，全省养老机构总数达 1180 家，各类养老床位数由 2017 年的 16.5 万张提高到 26.3 万张，每千名老年人拥有养老床位数由 31 张提高到 38.7 张，养老机构护理型床位占比由 21.9% 提高到 56%。

27 日，省流动人员人事档案公共平台上线。

福建省人社厅消息，为进一步提升我省流动人员人事档案管理服务工作的信息化、便民化水平，福建省流动人员人事档案公共服务平台（网址：https：//www.fjrsda.com：7003/）日前正式上线。公共服务平台已集中全省各档案管理服务机构现存的 354 万份流动人员人事档案基础信息，实现档案基础信息“全集中”。

27 日，首届厦门金融司法协同论坛举办。

首届厦门金融司法协同论坛举办，活动采用线上线下相结合形式举行，厦门设主会场，北京设分会场。最高人民法院审判委员会副部级专职委员刘贵祥，中国证监会副主席李超，福建省副省长黄海昆，福建省高级人民法院院长金银墙等出席开幕式并致辞。

27 日，省十三届人大常委会第三十三次会议闭幕。

省十三届人大常委会第三十三次会议圆满完成各项议程，于上午闭幕。会议表决通过《福建省邮政条例》《福建省中医药条例》《福建省土地管理条例》《福建省地方金融监督管理条例》《福建省土壤污染防治条例》《福建省人大常委会关于修改〈福建省气象条例〉等三项涉及“放管服”改革的地方性法规的决定》。

27 日，全省防汛视频工作会议召开。

晚上，全省防汛视频工作会议在福州召开。省委书记尹力在会上强调，要深入贯彻习近平总书记关于加强防汛抗旱救灾工作的重要指示精神，按照党中央、国务院决策部署，坚持人民至上、生命至上，统筹发展和安全，立足防大汛、抢大险、救大灾，以更高标准、更严要求、更实举措全力抓好防汛防灾各项工作，切实保障人民群众生命财产安全。省长赵龙主持。

27 日，省公安厅党委传达学习贯彻全国公安系统英雄模范立功集体表彰大会精神。

副省长，省公安厅党委书记、厅长黄海昆主持召开厅党委（扩大）会议，传达学习全国公安系统英雄模范立功集体表彰大会和全国稳住经济大盘电视电话会议精神，研究贯彻落实措施。我省 4 位获表彰的优秀集体代表、个人代表在会上交流发言。

27 日，《福建省邮政条例》将于今年 7 月 1 日起施行。

福建省十三届人大常委会第三十三次会议表决通过《福建省邮政条例》，将于今年7月1日起正式施行。

27日，省防指启动防暴雨Ⅲ级应急响应。

晚上，福建省防指消息，根据《福建省防汛防台风应急预案》，省防指于5月27日16：30将防暴雨应急响应提升为Ⅲ级。预计27日傍晚到28日白天，南平、龙岩两市的部分有暴雨，其中南平市局部大暴雨，24小时雨量40—70毫米，局部超过110毫米。省防指要求各相关成员单位和有关地市密切监视雨情动态，强化组织指挥，扎实做好防御工作。

27日，尹力赵龙迎接我省援沪医疗队凯旋。

白衣擐甲，不辱使命。我省援沪医疗队历经51天的奋战，圆满完成各项任务，平安返回。省委书记尹力率省领导在福州长乐国际机场迎接英雄凯旋。省长赵龙，省政协主席崔玉英参加。

27日，我省专项整治在建项目拖欠工程款及农民工工资问题。

福建省住建厅、人社厅日前联合召开全省深化推进拖欠工程款及农民工工资“点题整治”视频会议，部署在建项目拖欠工程款及农民工工资问题专项整治工作。力争到今年10月底前，全面落实工程项目工资支付保障制度，确保实现大数据监管全覆盖。

27日，“时代楷模”孙丽美同志先进事迹报告会举行。

为大力弘扬英模精神，近日，省委宣传部在福建省广播影视集团举行“时代楷模”孙丽美同志先进事迹报告会。省政府副省长康涛等出席报告会。

28日，省领导赴南平市调研省运会筹备工作。

副省长、第十七届省运会筹委会主任李德金赴南平市调研省运会筹备工作，实地察看运动员宿舍、省运会主会场和举重、射箭、沙滩排球比赛场地，并听取南平市、开闭幕式执行团队有关工作汇报。

29日，我省首个本科院校中职基地校揭牌。

为贯彻落实新职业教育法，服务职业教育高质量发展，福建技术师范学院中职基地校福建理工学校签约揭牌仪式举行，这是我省首个本科院校中职基地校，旨在充分发挥本科高校的学科、人才、平台等资源优势。

29日，1—4月我省环境质量稳中向好。

福建省生态环境厅消息悉，今年1—4月我省环境质量数据出炉，全省生态环境质量稳中向好。今年前4个月，全省9个设区市和平潭综合实验区环境空气达标天数比例99.7%，同比升高0.4个百分点。6项主要污染物浓度“四降一升一持平”，其中PM2.5浓度为每立方米24微克，同比下降20%；臭氧浓度为每立方米127微克，同比下降0.8%。1—4月，全省主要流域375个评价断面Ⅰ—Ⅲ类水质比例94.4%，同比上升2.9个百分点；主要流域105个国考断面Ⅰ—Ⅲ类水质比例95.2%，同比上升3.8个百分点；19个淡水湖泊水库Ⅰ—Ⅲ类水质比例89.5%，同比持平。县级及以上集中式生活饮用水水源地水质达标率100%。小流域考核断面Ⅰ—Ⅲ类水质比例91.0%，同比上升0.9个百分点。

29日，民法典进农村主题活动举办。

福建省农业农村厅联合省司法厅在上杭县古田镇举办2022年福建省“促乡村振兴·民法典进农村”主题宣传主场活动。本次活动通过普法文艺表演、民法典专题宣讲、法律知识有奖竞答、发放普法宣传资料、提供法律咨询服务等方式，突出宣传民法典关于农业农村农民有关规定和乡村振兴促进法等涉农法律法规，让农民群众在寓教于乐中上了一堂生动的法治教育课。

30日，我省各级法院已全部成立少年法庭。

福建省法院举行的加强未成年人司法保护新闻发布会消息，近年来，我省法院创新未成年人司法保护工作机制，不断推动少年法庭建设提速见效，全省各级法院全部挂牌成立少年法庭，形成了三级法院“一体化”全覆盖的少年法庭工作格局。

30日，尹力在福州看望科技工作者。

在第六个“全国科技工作者日”到来之际，省委书记尹力、省长赵龙在福州看望慰问科技工作者代表，并通过他们向全省广大科技工作者致以节日问候和美好祝愿。

30日，我省吸毒人员连续五年大幅下降。

省政府新闻办召开的2022年福建省禁毒工作

新闻发布会消息，去年以来全省共破获毒品犯罪案件1186起，抓获毒品犯罪嫌疑人1877名，打掉制贩毒团伙176个。抓捕劝投涉毒在逃人员392名，其中公安部确定的“钉子”在逃人员7名，查处吸毒人员3942人次，缴获各类毒品893.3公斤、易制毒化学品90.5吨。

31日，我省建立非遗保护工作联席会议制度。

联席会议制度明确联席会议由省委统战部、网信办，省发改委、教育厅、科技厅、工信厅、民族宗教厅、财政厅、自然资源厅、住建厅、农业农村厅、商务厅、文旅厅、卫健委、知识产权局、广电局、体育局、文物局，福建社科院等19个部门和单位组成。联席会议由省文旅厅主要负责同志担任召集人，有关负责同志担任副召集人，其他成员单位有关负责同志担任成员。

31日，我省5支医疗队赴宁帮扶。

我省5支“组团式”援宁医疗队从福州启程，前往宁夏开展帮扶工作。按照国家工作部署要求，省卫健委选派“组团式”援宁医疗队，结对帮扶宁夏回族自治区5个乡村振兴重点县的医疗机构。本次援宁医疗人才选派自泉州市、厦门市、莆田市的5家医疗机构及福建医科大学附属第一医院，组成5支“组团式”援宁医疗队，每支帮扶团队5至7人，共计27名队员。

31日，省领导开展“六一”儿童节慰问。

副省长李德金专程来到福建幼儿师范高等专科学校及附属第一幼儿园看望慰问师生，并实地调研学前教育工作。他要求，要认真贯彻落实习近平总书记向全国广大少年儿童致以节日祝贺的重要指示精神，祝小朋友们学习进步、快乐生活、茁壮成长。

31日，我省开展打击整治养老诈骗专项行动。

近日，为期半年的全国打击整治养老诈骗专项行动正式启动。我省多部门积极行动起来，合力织密防护网，守护老人钱袋子。4月以来，全省公安机关开展专项行动，严厉打击整治养老诈骗违法犯罪行为。重点打击以“预订养老院床位”“投资养老”“以房养老”等为名义的六类养老诈骗犯罪。

（摘编：张海生）

六月

1日，《关于全面加强新时代少先队工作的实施意见》公布。

近日，中共福建省委印发《关于全面加强新时代少先队工作的实施意见》，并发出通知，要求各地各部门结合实际认真贯彻落实。

1日，尹力在平潭调研。

省委书记尹力赴平潭综合实验区，深入产业园区、文旅项目、乡村社区等基层一线，看实情、问实计、办实事，推动政策措施落地见效，加快高质量发展。尹力强调，要深入学习贯彻习近平总书记重要讲话重要指示精神，坚定不移沿着“一岛两窗三区”发展方向，落实“疫情要防住、经济要稳住、发展要安全”重要要求，着力提高效率、提升效能、提增效益，用好优良生态环境这个“真宝贝”，做好扩大开放开发这篇“大文章”，加快推动平潭综合实验区发展。

1日，省政府召开常务会议。

省长赵龙主持召开省政府常务会议，认真贯彻落实党中央国务院决策部署以及省委工作要求，听取研究深化东西部协作和定点帮扶、加强和改进信访工作、加强新时代公安工作，审议通过《福建省“十四五”推进农业农村现代化实施方案》《关于促进民宿发展的若干措施》，研究碳达峰碳中和、海丝核心区建设、加强统计工作等事项。

1日，省领导检查高考考前准备工作。

副省长、省招委会主任李德金率省直有关部门负责人，实地检查福州屏东中学考点，主持召开全省高考组考工作调度视频会，对各地高考准备工作进行再动员再部署、再检查再落实。

1日，省领导走访慰问福州市困境儿童群体。

在“六一”国际儿童节到来之际，副省长、省未保委主任郑建闽深入福州市鼓楼区五凤街道兰庭社区，走访慰问福州市事实无人抚养儿童和困难家庭儿童，向他们送去节日祝福，并送上慰问金和慰问品。

2日，中共福建省委十一届二次全会召开。

中国共产党福建省第十一届委员会第二次全体会议在福州召开。省委常委会主持会议。省委书记尹力，省委副书记赵龙等出席会议。全会经充分讨论酝酿，以无记名投票方式确定了福建省出席党的二十大代表候选人预备人选名单。全会审议通过了《关于召开中国共产党福建省代表会议的决议》，决定于今年6月在福州召开中国共产党福建省代表会议，选举产生我省出席党的二十大代表。

3日，省防汛办：全力做好端午节和高考期间强降雨防御工作。

福建省防汛办消息，5月中旬以来，我省先后遭遇两轮持续性强降雨过程，部分地区江河底水高，下垫面土壤含水量饱和，叠加后续降雨，极易引发山洪、地质灾害。据会商研判，端午假期和高考期间，我省雨日多，6月5日晚到9日有明显降水过程。其中，3—4日，全省多云，午后到上半夜有阵雨或雷阵雨，局部有大雨到暴雨；5日白天，南平中到大雨，局部大雨到暴雨，其余地区多云，午后到上半夜有阵雨或雷阵雨；5日夜里到9日，全省多云到阴，有阵雨或雷阵雨，部分有大雨到暴雨，局部大暴雨。省防汛办要求，各地各部门要认真贯彻落实省委、省政府工作要求，压紧压实防汛责任，全力保障人民群众生命财产安全。

4日，省防指启动防暴雨Ⅳ级应急响应。

根据《福建省防汛防台风应急预案》，省防指决定于6月4日17时启动防暴雨Ⅳ级应急响应。要求各相关成员单位和有关地市密切监视雨情动态，适时启动防暴雨应急响应，强化组织指挥，扎实做好防御工作。4日14时40分，省气象台将“暴雨预警”提升为Ⅲ级。预计5日南平、三明有暴雨，局部大暴雨，24小时雨量50—100毫米，局部可达150毫米，最大小时雨量90毫米。

5日，省防指部署持续性强降雨防御工作。

省防指召开全省视频会议，部署持续性强降雨防御工作。会议强调，本轮强降雨持续时间长、累计雨量大、短时强度高、影响范围广，又恰逢高考，防汛减灾形势严峻。各地各有关部门要认真学习贯彻习近平总书记对防汛救灾工作的重要指示精神，落实省委和省政府工作要求，坚持人民至上、生命至上，扎实做好防汛救灾各项工作。省委常委、常务副省长郭宁宁出席并讲话。

6日，第二十届海创会将于18日开幕。

福建省政府新闻发布会消息，6月18日至20日，第二十届中国·海峡创新项目成果交易会将如期在福州举办。

6日，我省普通高考各项工作准备就绪。

2022年我省普通高考于6月7日至9日举行。今年我省设置了87个考区、221个考点、8465个考场，另设有115个备用考点、87个备用病房考点（考场）。根据省委、省政府、教育部和省招委会部署要求，省教育厅、省教育考试院与各级各有关部门协作，考前各项准备工作已全部就绪。

7日，省领导巡查2022年高考工作。

2022年我省普通高考首日，副省长、省招委会主任李德金召开调度会，视频巡查各地高考组织实施情况，要求各地各部门认真落实省委省政府、教育部有关部署要求，把组考工作做实做细，确保高考安全有序、万无一失。

7日，省防指：毫不松懈持续抓好当前强降雨防御各项工作。

下午，福建省防指召开会商调度会，传达贯彻省领导批示要求，滚动研判雨情汛情和地质灾害风险动态，连线厦门、泉州、漳州、龙岩、三明市防指，进一步细化安排防御措施。

据会商研判，预计7日至8日，我省中南部地区有暴雨、局部大暴雨，9日西北部和中南部沿海地区有大雨到暴雨、局部大暴雨，累计雨量100—180毫米、局部300毫米，降雨时伴有短时强降水、局地7—9级雷雨大风等强对流天气；10日起雨带逐渐北抬。受强降雨影响，7日晚至8日，龙岩、漳州、三明、福州境内河流可能发生超警洪水，中小河流水位出现较大涨幅，上述地区山洪、地质灾害风险等级高。

8日，省防讯抗旱指挥中心召开防范持续性强降雨会商调度会。

福建省防指召开视频会议，落实省委和省政府工作要求，对防范持续性强降雨再强调、再部署、再落实。省委常委、常务副省长郭宁宁出席会议并讲话。

10日，我省简化优化高校毕业生求职就业手续。

福建省人社厅日前下发《关于进一步落实简化优化高校毕业生求职就业手续的通知》，明确要求简化优化求职就业手续，取消高校毕业生离校前公共就业人才服务机构在就业协议书上签章环节，取消高校毕业生离校后到公共就业人才服务机构报到手续，切实为毕业生求职就业提供便利。

10日，744名省直援沪抗疫医疗队员结束休整返回工作岗位。

福建省委省直机关工委在省直援沪医疗队4个休整驻点，欢送省直744名援沪抗疫医疗队员结束休整和健康管理返回工作岗位。

10日，福建援沪医疗队临时党委召开总结会议。

福建援沪医疗队结束了14天的休整，即将回到各自岗位。9日下午，福建援沪医疗队临时党委以线上形式召开总结会议。医疗队临时党委书记、省人大常委会副主任袁毅出席会议。

10日，全国打击整治养老诈骗专项行动第十四督导组对福建开展督导。

根据全国打击整治养老诈骗专项行动办公室统一安排，全国打击整治养老诈骗专项行动第14督导组近日开始对福建省开展督导。今日，督导组以视频形式对我省打击整治养老诈骗专项行动工作情况进行第一次督导。全国专项办副主任、第14督导组组长周亮主持会议并讲话，省委副书记、政法委书记罗东川作表态发言。

10日，省政协“加快推进我省市域社会治理现代化”专题协商会召开。

按照省委制定的年度政协协商计划，省政协举行“加快推进我省市域社会治理现代化”专题协商会，深入学习贯彻习近平总书记关于社会治理现代化的重要论述，组织百名政协委员、专家学者、街道社区基层代表与有关部门共商市域社会治理良策。省政协主席崔玉英主持。中央政法委副秘书长王洪祥作视频致辞。省委副书记、政法委书记罗东川出席并讲话。

10日，中国（福建）知识产权保护中心通过验收。

福建省市场监管局消息，国家知识产权局专家验收组通过对中国（福建）知识产权保护中心的验收。该中心是继泉州、宁德后，在福建省布局建设的第3家知识产权保护中心，也是全国第11家面向全省域提供知识产权快速协同保护工作的中心。

10日，我省疫情风险总体可控。

福建省新冠肺炎疫情联防联控工作新闻发布会在福州举行。从发布会上获悉，6月6日漳州疫情发生后，全省上下在省委、省政府领导下，按照“快、准、严、实、细”要求，全力打好疫情防控歼灭战。目前，我省疫情风险总体可控。

12日，七部门开展新就业形态用工信息采集。

随着平台经济快速发展，网约车驾驶员、外卖配送员、快递员等新就业形态劳动者数量大幅增加。省人社厅、发改委、交通厅、市场监管局等七部门日前联合下发《关于开展新就业形态用工信息采集工作的通知》，力争全面推广应用新就业形态劳动者监测服务系统，动态掌握新就业形态用工情况，加强劳动者权益保障。

12日，省青年科普创新实验暨作品大赛举办。

第二届福建省青年科普创新实验暨作品大赛，即第八届全国青年科普创新实验暨作品大赛福建赛区比赛在省科技馆圆满落幕。本届大赛全省共有来自156所学校的640支队伍报名参赛。经初赛评审，选拔出97支队伍晋级复赛。经过为期两天的复赛角逐，最终评选出一等奖队伍16支，二等奖队伍25支，三等奖队伍39支。各组别排名第1—2名的队伍有机会代表福建赛区参加全国总决赛。

13日，省委理论学习中心组学习会集中学习研讨《闽山闽水物华新——习近平福建足迹》。

省委理论学习中心组召开学习会，集中学习研讨《闽山闽水物华新——习近平福建足迹》。省委书记尹力主持会议并讲话，省政协主席崔玉英出席。张彦、邢善萍、王永礼作发言，理论学习中心组其他成员作书面发言。

13日，坚持不懈抓好防御暴雨工作。

上午，福建省防指召集省气象、应急、水利、水文、自然资源部门，并连线龙岩、三明等相关地市，召开防御连续性暴雨视频会商暨调度会。会议要求，各地各有关部门要慎终如始、坚持不懈抓好防御暴雨工作。我省本轮持续性强降雨持续时间长，降水范围广，雨量大；全省大部累计雨量可达250—400毫米，南平、三明、龙岩、莆田、泉州和宁德部分地区可达400—500毫米，局部600—700毫米，最大小时雨量100毫米，大部分地区累计雨量超过历史同期1—2倍。福州、龙岩、南平、宁德、泉州、三明和漳州7个市，47个县，507个乡镇地质灾害风险预警等级为黄色，后续拟发布橙色预警。13—14日龙岩全境河流，闽江沙溪、尤溪、大樟溪等5市15县9条河流将发生超警以上洪水，超警幅度0.5—2.0米。

14日，2022年福建省公务员考试时间确定。

福建省公务员局日前发布《关于福建省2022年度考试录用公务员和省、市级机关公开遴选公务员笔试安排的公告》，全省考试录用公务员笔试安排时间为：7月9日（周六）9：00—11：00《行政职业能力测验》，7月9日（周六）14：00—16：30《申论》，7月10日（周日）9：00—11：00《公安基础知识》。省、市级机关公开遴选公务员笔试安排时间为7月10日（周日）9：00—12：00。

14日，我省部署开展打击整治枪爆违法犯罪专项行动暨夏季治安整治行动。

福建省公安厅召开视频会议，部署全省公安机关开展打击整治枪爆违法犯罪专项行动暨夏季治安整治行动。副省长、省公安厅厅长黄海昆出席会议并讲话。

14日，郑成功收复台湾360周年纪念活动举行。

以“弘扬郑成功爱国主义精神，维护国家统一，捍卫民族尊严”为主题的纪念郑成功收复台湾360周年大会在郑成功故里泉州南安市举行。省委书记尹力出席大会并讲话。中共中央台办、国务院台办主任刘结一通过视频作讲话。省政协主席崔玉英出席。省委副书记罗东川主持。

14日，纪录片《郑成功》发布仪式在泉州南安举办。

下午，纪录片《郑成功》发布仪式在泉州南安举办。该活动是纪念郑成功收复台湾360周年大会系列活动之一，国台办副主任龙明彪出席并讲话，省委常委、常务副省长郭宁宁出席活动。

15日，我省在全国首设科技成果转化奖。

新修订的《福建省科学技术奖励办法》（以下简称《办法》）日前正式施行。《办法》的一个亮点是，新增设立省科学技术成果转化奖和省国际科学技术合作奖，将省自然科学奖、省技术发明奖、省科学技术进步奖、省科学技术成果转化奖等的每年授奖项目总数从“不超过200项”调整为“不超过230项”。

15日，我省社保再出实招助企纾困。

省人社厅、省发改委、省财政厅、省税务局日前联合印发《关于落实扩大阶段性缓缴社会保险费政策实施范围等有关工作的通知》，扩大阶段性缓缴企业职工基本养老保险费、失业保险费、工伤保险费政策实施范围，延长缓缴期限等。通知明确，原5个特困行业养老保险费缓缴实施期限延长至2022年年底，原已申请的，可再申请费款所属期为2022年7月至2022年12月的缓缴；失业保险费、工伤保险费实施期限仍截至2023年3月。17个扩围行业困难企业养老保险费缓缴实施期限为2022年6月至12月；失业保险费、工伤保险费缓缴期限为2022年6月至2023年5月。中小微企业三项社保费缓缴期限为2022年6月至12月。缓缴期间免收滞纳金。

15日，省领导检查指导高考评卷工作。

副省长、省招委会主任李德金到福州大学、福建师范大学高考评卷点，检查指导2022年我省普通高考评卷工作，看望慰问评卷教师和工作人员。

15 日，省委政法委员会 2022 年第五次全体会议召开。

省委副书记、政法委书记罗东川主持召开省委政法委员会 2022 年第五次全体会议，深入学习中央、省委有关会议及文件精神，对做好当前和今后一个时期我省政法工作进行部署。会议还研究部署进一步加强我省律师队伍教育管理工作，通报党的十九大以来我省政法领域全面深化改革评估情况，并对政法系统积极做好当前汛期安全工作提出具体要求。黄海昆、金银墙、霍敏等省委政法委员会委员出席。

16 日，我省十四部门联合发文推动 15000 多名大学生参与暑期实习。

近日，团省委联合省发改委、省教育厅、省科技厅、省工信厅等十四部门共同下发《关于开展 2022 年福建省大学生实习“扬帆计划”的通知》，提出今年要在全省党政机关、事业单位、国有企业和金融机构、各类科研机构以及大型民营企业等单位中征集不少于 3 万个优质实习岗位，面向省外高校闽籍学子和省内高校学子广泛发布，推动不少于 15000 名大学生参与暑期实习。截至目前，福建省大学生实习“扬帆计划”已动员 2357 家用人单位，提供实习岗位 21863 个，其中“数字经济”岗位 2524 个，“海洋经济”岗位 194 个，“绿色经济”岗位 1665 个，“文旅经济”岗位 1585 个，吸引学生投递简历达 40324 人次。

16 日，九三学社福建省第九次代表大会闭幕。

九三学社福建省第九次代表大会在福州圆满闭幕。省政协副主席洪捷序、老同志陈家骅出席闭幕式。大会经无记名投票选举产生九三学社福建省第九届委员会组成人员，选举产生福建省出席九三学社第十二次全国代表大会的代表。在随后召开的九三学社福建省第九届委员会第一次全体会议上，选举王长平为主任委员，吴小颖、蔡锋、刘明华、郑宝东、温永、林修凤、叶玲为副主任委员。九三学社福建省第九届委员会主委王长平致闭幕词。

16 日，台盟福建省第十一次盟员代表大会闭幕。

台盟福建省第十一次盟员代表大会在福州圆满闭幕。大会经无记名投票选举产生台盟福建省第十一届委员会组成人员，选举产生福建省出席台盟第十一次全国代表大会的代表。在随后举行的台盟福建省第十一届委员会第一次全体会议上，选举郑建闽为主任委员，江尔雄、廖明宏、陈椿、苏耿聪、许勇铁、方丽云为副主任委员。副省长、台盟福建省第十一届委员会主委郑建闽在闭幕式上讲话。

17 日，省自然科学基金增设海洋科学联合资助。

福建省科技厅消息，为发挥省基金主渠道引导作用，聚集资源促进基础研究，我省将开展新一期 2023—2025 年度省自然科学基金联合资助，并将增设开展面上项目海洋科学联合资助。

17 日，省政协举行专题议政性常委会会议。

十二届省政协常委会第二十六次会议召开，围绕“加快培育我省文旅经济产业”协商议政。会议深入学习贯彻习近平总书记关于文化和旅游工作的重要论述，围绕省委、省政府关于做大做强做优文旅经济的部署安排，组织 200 多位政协委员、专家学者、企业界人士代表共话文旅经济发展。省委副书记、省长赵龙出席并讲话。省政协主席崔玉英主持。

17 日，沙退绿进，我省 6 年建设沿海防护林 75.43 万亩。

6 月 17 日是“世界防治荒漠化和干旱日”，今年中国的主题为“携手防治荒漠化，共建命运共同体”。福建坚持把防沙治沙与沿海防护林体系建设紧密结合，过去 6 年间，全省累计完成沿海防护林建设 75.43 万余亩，其中新造基干林带 4.35 万余亩、林带修复提升 52.68 万余亩、封山育林 18.4 万余亩。

17 日，全国人大常委会副委员长郝明金率调研组来闽。

近日，全国人大常委会副委员长郝明金率调研组来闽，就人民法院涉外审判工作情况和人民检察院未成年人检察工作情况在我省开展调研。其间，省委书记、省人大常委会主任尹力在福州与调研组一行进行座谈交流。调研组一行先后赴福州、泉州、漳州等地，实地察看涉外涉港澳台商事纠纷调解室、古厝与文化遗产保护巡回法庭、未成年人普法基地、海丝史迹保护巡回法庭案例点、“亲清护企”联络工作点、全国中小学生研学实践教育基地、“春蕾安全员”工作室等，并召开座谈会，听取省市县三级法院、检察院，省有关部门的工作汇报以及省人大代表、专家学者等的意见和建议。

18日，第七届世界闽商大会开幕。

第七届世界闽商大会、第二十届中国·海峡创新项目成果交易会和第十二届福建省民营企业产业项目洽谈会在福州开幕。海内外1600多位闽商代表和各界人士在主会场以及印度尼西亚、马来西亚、菲律宾、澳大利亚和中国香港等地视频参会，共同传承弘扬、创新发展“晋江经验”，同心向未来，建功新时代，建设新福建。全国政协副主席、全国工商联主席高云龙出席开幕式并讲话。省委副书记、省长赵龙，中央统战部副部长许又声讲话，省政协主席崔玉英出席，省委常委、统战部部长王永礼主持。

19日，我省开展救助机构“开放日”活动。

今年6月19日是第十个全国救助管理机构“开放日”。全省各地以“救助，让弱有所扶更温馨”为主题，采取“请进来”的方式，在做好疫情防范的基础上，主动向社会公众开放救助机构。

22日，十一届省委第一轮第二批巡视展开。

根据《中国共产党巡视工作条例》及中央、省委关于巡视工作的部署要求，经省委巡视工作领导小组同意，省委巡视组近期陆续进驻，对省科学技术厅等14个省直单位党组织开展常规巡视，巡视时间40天左右。

23日，中国共产党福建省代表会议举行。

中国共产党福建省代表会议在福州举行。会议在充分酝酿讨论的基础上选举产生了福建省出席中国共产党第二十次全国代表大会代表。会议由省委常委会主持。省委书记尹力作讲话。与会代表以对党和人民的事业高度负责的精神，认真履行职责，充分酝酿讨论，以无记名投票方式，选举产生了我省出席党的二十大代表。

23日，福建省选举产生出席中国共产党第二十次全国代表大会代表。

福建省党代表会议选举产生出席党的二十大代表41名。福建省出席党的二十大代表，是严格按照党章和党中央关于做好代表选举工作的要求选举产生的。在代表候选人初步人选推荐提名和代表正式选举过程中，坚持标准条件，严格组织把关，充分发扬了党内民主。代表的产生符合程序规定，结构比例符合中央要求。

24日，省社科联第八次代表大会召开。

省社科联第八次代表大会在福州召开。省委书记尹力出席并讲话，强调要深入学习贯彻习近平总书记关于哲学社会科学的重要论述，忠诚拥护“两个确立”、坚决做到“两个维护”，始终牢记初心使命、发扬历史主动精神，增强做好新时代哲学社会科学工作的思想自觉和行动自觉，不断开创福建哲学社会科学事业发展新局面。省长赵龙，省政协主席崔玉英出席。大会还宣读了全国哲学社会科学工作办公室的贺信和关于颁发福建省第十四届社会科学优秀成果奖的决定，并为获奖代表颁奖。

24日，2022年省招委会第二次全体会议召开。

2022年省招委会第二次全体会议召开，会议研究确定今年我省高考各科类、批次录取控制分数线，部署下一阶段招生录取工作。副省长、省招委会主任李德金出席会议并讲话。

24日，我省发布首届“最美禁毒人”并启动青少年智慧禁毒教育云课堂。

下午，我省首届“最美禁毒人”荣誉发布暨青少年智慧禁毒教育云课堂启动仪式在福州举行。省委副书记、政法委书记罗东川出席。省禁毒委成员单位领导、各地市禁毒办领导以及禁毒民警、志愿者、社工代表共约200人参加活动。今年4月，省委宣传部、省禁毒办联合举办了福建省首届“最美禁毒人”宣传推选活动。通过广泛动员、逐级推荐、群众投票、专家评审，共评选出“最美禁毒人”10名、提名奖10名。

25日，闽宁校地联学活动举办。

福建省委宣传部、宁夏回族自治区党委宣传部、厦门大学党委围绕“再学《摆脱贫困》赓续前行力量”主题，以视频连线方式举办校地联学活动。省委常委、宣传部部长张彦，宁夏回族自治区党委常委、宣传部部长李金科，厦门大学党委书记张荣出席并讲话。

25日，省领导巡查2022年中考工作。

2022年全省中考首日，副省长李德金召开调度会，视频巡查各地中考组织实施情况，要求各地严格按照省委、省政府部署要求，高标准落实落细中考组考各项工作，确保考试平安顺利。

25日，我省约100万人参加中考。

2022年我省中考于今天上午顺利开考。全省报考人数约100万人（其中九年级48万人、八年级52万人），共设置86个考区、651个考点、17678个考场，另设有86个备用考点、2258个备用隔离考场，抽调监考员等考试工作人员约8万人参加考务工作。首日考试科目为语文、数学，各地严格按照组考工作方案要求，统筹抓好疫情防控和考试安全工作，全省考场秩序井然，考风考纪良好。

25日，我省进一步部署强化夏季治安打击整治行动。

公安部部署开展夏季治安打击整治“百日行动”后，省公安厅召开全省公安机关视频会议，就进一步深入开展夏季治安打击整治“百日行动”，统筹推进维护国家政治安全、社会稳定、公共安全等工作进行全面部署。副省长、省公安厅厅长黄海昆出席会议并讲话。

26日，我省启动“民企稳岗促就业”专项行动。

省人社厅、工商联日前联合下发《关于进一步促进民营企业吸纳高校毕业生就业的通知》，将开展“民企稳岗促就业”专项行动，充分发挥民营企业吸纳高校毕业生就业主渠道作用，畅通民营企业与高校毕业生供需对接渠道，千方百计扩大就业容量。

26日，全省基层党建工作调度推进会召开。

全省基层党建工作调度推进会在福州召开。省委常委、组织部部长邢善萍强调，要深入学习贯彻习近平总书记关于基层党建工作的重要论述，按照中组部部署和省委要求，持续用力抓好基层党建工作重点任务落实，努力把各领域基层党组织建设成为坚强战斗堡垒，为全方位推进高质量发展超越提供组织保证。会上，9个设区市和平潭综合实验区有关负责同志作了交流发言。

26日，我省举行国际禁毒日宣传活动。

6月26日是第35个国际禁毒日。日前，省委副书记、省长赵龙出席全国禁毒宣传教育基地（福州市林则徐纪念馆）揭牌仪式，省领导罗东川、梁建勇、黄海昆、许维泽，老同志林强参加活动，国家禁毒办发来贺电。今年全民禁毒宣传月期间，我省围绕“健康人生、绿色无毒”主题，组织开展首届“最美禁毒人”荣誉发布暨青少年智慧禁毒教育云课堂启动仪式、“主播说禁毒”系列专题节目、《正青春，不“毒”行》福建禁毒卡通形象毒品预防教育系列动漫短片发布、“纪念虎门销烟183周年”禁毒书画展等系列宣传活动，全面展示近年来全省禁毒工作成效。

27日，中共福建省委召开各民主党派省委会新老班子成员座谈会。

中共福建省委召开各民主党派省委会新老班子成员座谈会。省委书记尹力主持并讲话，强调要深入学习贯彻习近平总书记关于加强和改进统一战线工作的重要思想，认真贯彻落实中共中央关于加强参政党建设的决策部署，同心同德、肝胆相照，不忘合作初心、继续携手前进，为新福建建设凝聚广泛共识、汇聚强大合力。省长赵龙、省政协主席崔玉英出席。

27日，省社会治安综合治理中心揭牌成立。

省社会治安综合治理中心揭牌成立，省委副书记、政法委书记罗东川，省直相关单位负责同志出席仪式并为中心揭牌。揭牌仪式后，罗东川一行考察了省综治中心办公场所，察看省网格化平台优化升级工作，并召开现场办公会，研究解决相关问题。

27日，省见义勇为基金会换届暨第七届理事会第一次会议召开。

省见义勇为基金会换届暨第七届理事会第一次会议在福州召开。副省长、省公安厅厅长黄海昆出席会议并讲话。

27日，福建广电5G网络服务昨日启动。

中国广电5G网络服务启动仪式在北京举行。福建广电5G网络服务启动活动在榕同步举行，省委常委、宣传部部长张彦出席。福建广电5G网络服务启动后，将充分发挥综合传输优势，面向政用、民用、商用和工业用，创新提供个性化、差异化和精准化的优质服务，更好地用5G赋能我省数字经济和智慧广电建设，推动广电网络高质量发展。

28日，省政府召开常务会议。

省长赵龙主持召开省政府常务会议，认真贯彻落实党中央国务院决策部署以及省委工作要求，审议通过《福建省“十四五”城乡社区服务体系建设规划》《福建省人民政府关于贯彻落实国务院〈计量发展规划（2021—2035年）〉的实施意见》；通过《福建省气候资源保护和利用条例（草案）》，决定提请省人大常委会审议。

28日，全省公安英雄模范立功集体先进事迹报告会举行。

福建省公安厅举行全省公安英雄模范立功集体先进事迹报告会。省委副书记、政法委书记罗东川，副省长、省公安厅厅长黄海昆出席报告会并会见报告团全体成员。报告团成员由全国公安系统英雄模范立功集体我省11名获奖代表组成。报告会首先播放了习近平总书记会见全国公安系统英雄模范立功集体表彰大会代表的《新闻联播》视频短片，重温现场盛况，深切感受习近平总书记和党中央的亲切关怀、关心厚爱。报告会以视频形式开至县一级公安机关，全省政法系统近万名干警辅警收听收看了报告会。

28日，国家信访局调研督导座谈会召开。

国家信访局调研督导座谈会在榕召开，听取省信访局和有关部门工作汇报，交流意见建议。国务院副秘书长、中央信访联席办主任、国家信访局局长李文章出席会议并讲话，副省长黄海昆主持会议。

29日，平安福建建设表彰大会暨更高水平的平安福建建设工作会议召开。

平安福建建设表彰大会暨更高水平的平安福建建设工作会议在福州召开。省委书记尹力出席会议，强调要深入学习贯彻习近平总书记关于平安建设的重要指示精神，认真总结近年来我省平安建设成效经验，扎实做好防风险、保安全、护稳定工作，提升法治核心竞争力，建设更高水平的平安福建和法治强省，为党的二十大胜利召开营造安全稳定的政治社会环境。省委副书记、政法委书记罗东川主持。会议宣读了我省获评平安中国建设示范市、县和平安中国建设表彰先进集体、先进个人名单，并对平安福建建设先进集体和个人代表等进行颁奖。

29日，金砖国家可持续发展高层论坛开幕。

金砖国家可持续发展高层论坛在榕开幕。省长赵龙，国家发展改革委副主任、秘书长赵辰昕，省委常委、福州市委书记林宝金出席并致辞，巴西、俄罗斯、印度、南非政府部门代表视频致辞。金砖国家可持续发展高层论坛于29日至30日在福州以线上线下结合方式举行，设置主论坛、平行分论坛和产业对接会，旨在进一步凝聚金砖国家共识，推动实现更加绿色、健康、安全、可持续的全球发展。金砖国家政府部门、企业、高校、金融机构及国际组织代表等参加活动。

29日，省政协召开重点提案督办协商会。

省政协召开《关于发挥侨海优势助力我省打造人才荟萃的东南高地的建议》重点提案督办协商会。省政协副主席杜源生出席并讲话。

29日，福建省文联第八次代表大会闭幕。

福建省文学艺术界联合会第八次代表大会圆满完成各项议程，在福州胜利闭幕。省委常委、宣传部部长张彦出席闭幕式并讲话，副省长郑建闽出席，新当选的省文联主席张帆致闭幕词。闭幕式上，省领导为文联第八届顾问颁发聘书。

29日，我省开展促进高校毕业生就业创业十大专项行动。

为推动实现高校毕业生更加充分更高质量就业，省人社厅日前发布《关于开展促进高校毕业生就业创业十大专项行动的通知》，提出全面开展政策宣传落实行动、人社局长拓岗行动、返乡入村就业行动、创业创新扶持行动、实名就业服务行动、青年就业见习行动、就业技能提升行动、就业红娘帮扶行动、信息对接促进行动、就业权益保护行动，确保高校毕业生就业水平总体稳定。

29日，第二季度中央驻闽媒体调研采访暨新闻策划会在宁德举行。

第二季度中央驻闽媒体调研采访暨新闻策划会在霞浦县举行。省委常委、宣传部部长张彦出席并讲话。调研采访为期3天，中央驻闽媒体将深入霞浦、周宁、屏南等地开展主题采访。

30日，省领导赴福建医科大学调研。

副省长李德金赴福建医科大学调研，实地察

看了福建医科大学旗山校区科研综合楼、实验动物中心等建设项目情况，并听取福建医科大学有关工作情况汇报。

30日，省级党员领导干部“七一”主题党日活动暨省委理论学习中心组学习会举行。

在中国共产党成立101周年前夕，今日，省委书记尹力率领省级党员领导干部开展“七一”主题党日活动，集体参观省党风廉政警示教育馆，并召开省委理论学习中心组学习会，深入学习贯彻习近平总书记在中央政治局第四十次集体学习时的重要讲话精神，共同庆祝党的生日。省长赵龙、省政协主席崔玉英出席。

30日，省领导调研基层党建工作。

“七一”来临之际，今日，省委副书记、政法委书记罗东川到福州市调研基层党建工作。他强调，要弘扬伟大建党精神，深入学习贯彻习近平总书记关于全面从严治党重要论述，推动基层党建工作高质量发展，为新发展阶段新福建建设提供坚强保障，以实际行动迎接党的二十大胜利召开。罗东川先后前往鼓楼区水部街道建华社区、仓山区仓山镇先锋村，实地察看党员政治生活馆、红色引领厅，详细了解近邻党建特色做法、“互联网+党建”模式、基层社区治理等情况，与基层党组织负责人和一线干部交谈，并向他们致以节日问候。

（摘编：郭虹）

七月

1日，省委政法委机关举办政法英模事迹报告会。

为庆祝中国共产党成立101周年，深入开展“忠诚在心、岗位奉献”对党忠诚教育，今日，省委政法委机关举办政法英模事迹报告会，邀请福州车站派出所英雄模范立功集体和个人作事迹报告，同时举行“光荣在党50年”纪念章颁发仪式。省委副书记、政法委书记罗东川出席，委机关全体党员干部和老干部党员代表参会。

1日，省人大常委会机关举行“光荣在党50年”纪念章颁发仪式。

福建省人大常委会机关举行“光荣在党50年”纪念章颁发仪式暨2021年度机关先进党支部和优秀共产党员表彰会。省人大常委会党组书记、副主任梁建勇出席颁发仪式并讲话。

2日，“追寻习近平总书记的足迹——闽山闽水物华新”全省大学生暑期社会实践活动启动。

由省委宣传部、省委教育工委、海峡出版发行集团联合组织开展的2022年“追寻习近平总书记的足迹——闽山闽水物华新”全省大学生暑期社会实践活动启动仪式在福州举行。省委常委、宣传部部长张彦为高校学生代表赠书，宣布实践活动正式启动，并为实践队授旗。

在本次实践活动中，实践队成员将通过专家导读、访谈拍摄主题纪录片等形式，将研学实践成果与高校大学生讲思政课等活动相结合，推动学习热潮走深、走实、走心。

2日，第十二届海峡两岸曲艺欢乐汇在平潭举办。

晚上，第十二届海峡两岸曲艺欢乐汇在平潭国际演艺中心圆满落幕，省委常委、宣传部部长张彦出席。本届欢乐汇分两个部分举办，台湾会场走进台东大学举办演出和座谈活动；大陆会场由三场展演、一个研讨会和一次采风活动等构成，

40余名演员、10个曲种、28个节目轮番上演，研讨会就后疫情时代两岸曲艺人如何拓展曲艺交流途径、提升曲艺创演水平等展开深入全面讨论，曲艺名家讲座让观众领略了曲艺的独特魅力。

4日，厦门50辆5G智慧急救车“上岗”。

日前，中国电信厦门分公司运用云网融合优势，采用5G智慧急救视频转储管理平台的模式，为厦门市急救中心打造50辆5G智慧急救车，实现救护车健康数据第一时间回传至急救中心，极大提升生命救助的效能。该项目也是我省首个5G+医疗云项目，为加快培育技术先进、性能优越、效果明显的智慧医疗服务新业态提供标杆示范。

4日，尹力主持召开省应对新冠肺炎疫情工作领导小组会议。

日前，省委书记尹力主持召开省应对新冠肺炎疫情工作领导小组会议，强调要深入学习贯彻习近平总书记重要讲话精神，贯彻落实党中央、国务院决策部署，扎实做好新阶段新冠疫情防控工作，时刻绷紧疫情防控这根弦，坚持“外防输入、内防反弹”“动态清零”，突出快准严实细要求，及时处置疫情苗头，坚决巩固住来之不易的防控成果，为全省经济社会发展夯实重要基础。省长赵龙出席。

4日，赵龙赴宁德霞浦检查疫情防控工作。

受省委书记尹力委托，省长赵龙赴宁德霞浦检查疫情防控工作，强调要坚决贯彻落实习近平总书记关于疫情防控重要讲话重要指示批示精神和党中央国务院决策部署，坚持人民至上、生命至上，坚持“外防输入、内防反弹”总策略和“动态清零”总方针，坚定信心、全力以赴，按照“快准严实细”的要求，争分夺秒、集中力量阻断疫情传播途径，尽快实现“动态清零”，实现经济社会正常化。

5日，《摆脱贫困》出版30周年暨乡村振兴理论研讨会召开。

《摆脱贫困》出版30周年暨乡村振兴理论研讨会在福州召开。省委书记尹力出席开幕式并致辞。

5日，全省首个税收法律服务中心在福州成立。

近日，国家税务总局福州市税务局税收法律服务中心揭牌成立。这是全省首个税收法律服务中心，将帮助市场主体依法应对发展中遇到的税收法律问题，引导纳税人缴费人学法遵法守法、诚信经营、依法维权。

5日，省领导在宁德调研检查疫情防控工作。

副省长、省应对疫情工作指挥部副指挥长李德金深入宁德霞浦县部分高中风险区，以及海上疫情防控专班和流调溯源专班调研检查，并召开会商会，对新冠肺炎疫情应急处置工作再动员再部署再落实。国务院联防联控机制工作组组长傅卫到会指导。

5日，预计下半年有4至5个台风登陆或影响我省

福建省防指组织气象、应急、水利、海渔、水文等部门会商，对今年以来气候汛情进行回顾，对下半年气候趋势进行研判预测。上半年，我省经历了8场暴雨和3次强对流天气过程，5—6月出现极端持续性暴雨过程。主要表现为：降雨量偏多，全省平均降雨量1228.6毫米，较去年偏多448.1毫米；极端降雨频繁，5月31日—6月20日出现今年以来最强暴雨过程，其综合强度、持续时间和暴雨范围均为历史第一；洪水量级高，今年以来，全省共有南平、三明、龙岩、福州、宁德、泉州、漳州7市38县45条河流64站发生超警以上洪水；江河来水多，1—6月，主要江河控制站实测来水量598.31亿立方米，较去年同期偏多108%。会商预测，今年下半年，我省主要气候特点为夏季高温多雨、秋冬湿凉。预计下半年平均降雨量为550—500毫米，偏多一至四成。预计未来登陆或影响我省的台风个数为4—5个（不含3号台风），少于常年，夏季有1—2个台风登陆或严重影响我省。

7日，13所高校489个产学合作科技项目获立项支持。

日前，省财政厅、省科技厅下达2022年度高校产学合作等科技计划项目经费（省、市级）。“智慧商业数字孪生能力系统研发及产业化”等373项科技计划项目（省级）和“蓄能/防护性能兼顾马拉松跑鞋仿生研发及产业化”等116项（市级）科技计划项目入选，获补助经费支持共计14926.5万元。

7日，第十四届海峡论坛将于7月12日起在福建举办。

国台办发言人朱凤莲表示，第十四届海峡论坛将于7月12日起在福建举办，主会场设在厦门，13日举办论坛大会。目前各项筹备工作基本就绪。论坛组委会邀请了台湾有关政党代表、主办单位代表，以及行业精英、社团负责人、工青妇、乡镇村里、农渔水利、民间信仰等各界嘉宾以不同方式出席论坛相关活动。

8日，我省5G移动电话用户达1227.1万户。

省通信管理局发布的数据显示，我省移动电话用户规模稳中有增，5G用户快速发展。截至5月底，全省电话用户达5556.3万户，同比增长1%。其中，固定电话用户695.9万户，同比下降3.7%；移动电话用户4860.4万户，同比增长1.7%。而5G移动电话用户达1227.1万户，同比增长113.5%，占移动电话用户总数的25.2%，占比较上年末提高4.7个百分点。

10日，十二条举措鼓励高校毕业生留闽来闽就业创业。

省委组织部、省人社厅日前发布《关于引导和鼓励高校毕业生留闽来闽就业创业工作的通知》，提出求职免费住宿、人才储备生活补助、扶持创新创业等12条利好措施，吸引高校毕业生留闽来闽就业创业。

10日，全省疫情防控工作视频会议召开。

全省疫情防控工作视频会议在福州召开，听取九市一区疫情防控工作情况汇报，分析研判疫情防控形势，部署当前我省疫情防控重点工作。省委书记尹力出席并讲话，强调要深入贯彻落实习近平总书记关于疫情防控工作的重要指示精神，贯彻落实“疫情要防住、经济要稳住、发展要安全”的重要要求，坚持人民至上、生命至上，坚持“外防输入、内防反弹”和“动态清零”，保持清醒头脑、强化责任担当，依法科学全面做好疫情防控各项工作，巩固来之不易的防控成果。省长赵龙主持。

11日，今年第二次省级农产品质量安全监督抽查总体合格率98.8%。

福建省农业农村厅消息，2022年第二次省级农产品质量安全监督抽查总体合格率为98.8%。本次监督抽查发现的主要问题是15批次种植业产品农药残留超标、1批次畜禽产品兽药残留超标。

12日，省科普作品创作大赛启动。

日前，省科协、省委宣传部、省文旅厅联合启动“繁荣科普文化，喜迎二十大”科普作品创作大赛，助力全民科学素养提升。此次大赛即日起报名，截止时间为8月20日，面向省内社会公众征集作品，年龄、职业不限，包括企事业单位、科研机构、社会团体和在校师生等，不组织中小学生参加。

12日，第二十届海峡青年论坛在厦门开幕。

在第二十届海峡青年论坛开幕式上，共青团中央书记处书记、中华全国青年联合会副主席傅振邦宣读习近平总书记给参加海峡青年论坛的台湾青年的回信，并代表共青团中央向论坛举行表示祝贺。省委书记、省人大常委会主任尹力出席活动并致辞。

12日，第十届海峡两岸民生气象论坛开幕。

第十届海峡两岸民生气象论坛在厦门开幕。省委常委、常务副省长郭宁宁，中国气象局副局长毕宝贵出席开幕式并致辞。

12日，两岸各民族携手向未来活动开幕。

第十四届海峡论坛·两岸各民族携手向未来活动，以线上线下相结合的方式在厦门开幕。活动以“传承民族文化·共促民族复兴”为主题，以“走进闽台非遗”为线索，通过“论、演、展、觅”四个维度，展现畲族和闽台“非遗”民族文化。

12日，宁夏党政代表团来闽考察交流。

10—12日，宁夏回族自治区党政代表团来闽考察交流。省委书记、省人大常委会主任尹力，宁夏回族自治区党委书记、人大常委会主任梁言顺，省委副书记、省长赵龙，自治区党委副书记、自治区主席张雨浦，省委副书记、政法委书记罗东川，自治区党委副书记陈雍参加有关活动。11日，两省区领导在福州进行了深入座谈，共同推动闽宁协作再上新台阶。

13日，第十四届海峡论坛大会在厦门举行。

中共中央政治局常委、全国政协主席汪洋在厦门出席第十四届海峡论坛大会并致辞。全国政协副主席、台盟中央主席苏辉，十届全国人大常委会副委员长、中国关工委主任顾秀莲，刘结一、张志军等中央和国家部委领导，尹力、赵龙、崔玉英等省领导，新党主席吴成典、中国统一联盟党主席戚嘉林等来自台湾各界的嘉宾代表出席了论坛大会。

13 日，两岸新媒体创享论坛举办。

作为第十四届海峡论坛的配套活动，两岸新媒体创享论坛·今日头条两岸文化寻宝盛典在厦门举办。

13 日，两岸基层调解员联谊交流会举行。

第十四届海峡论坛·两岸基层调解员联谊交流会在厦门举行，40 多名两岸调解员以线上线下相结合的方式参加。交流会延续“深化调解交流，共创和谐家园”这一主题，两岸调解员分享了在调解纠纷中的经验和体会，共同探讨调解工作的创新发展。

13 日，省领导赴福建医科大学附属协和、第一医院调研。

副省长李德金赴福建医科大学附属协和、第一医院调研，实地察看重点学科、医疗项目建设，推进公立医院综合改革、区域医疗中心建设、公立医院高质量发展工作。

14 日，宁德三都海上巡回法庭首次引入 5G 技术。

近日，宁德市蕉城区人民法院 5G 三都海上巡回法庭首次开庭，通过 5G 移动云平台，成功调解一起涉渔排网箱拆迁补偿款案件。

14 日，海峡两岸红十字博爱论坛举办。

第十一届海峡两岸红十字博爱论坛（以下简称论坛）在厦门举行。来自中国红十字会总会、台湾红十字组织、福建等省市红十字会等 100 余人参与交流分享。论坛采用线下线上相结合的方式，以“携手人道、惠泽两岸”为主题。

14 日，我省第十批援藏干部人才欢送座谈会召开。

我省第十批援藏干部人才欢送座谈会在福州召开。省委书记尹力在会上勉励大家，深入学习贯彻习近平总书记关于做好西藏工作的重要指示要求和新时代党的治藏方略，拿稳“接力棒”、跑好“接力赛”，推动援藏工作不断取得新成效，努力为雪域高原添彩，为福建人民增光。省长赵龙主持。省政协主席崔玉英出席。

14 日，我省首个高速服务区军人驿站揭牌。

由省退役军人事务厅、省高速集团联合打造，我省首个高速公路服务区军人驿站（退役军人服务站）在漳州常山服务区正式揭牌成立。常山服务区军人驿站（退役军人服务站）主要提供优惠服务、应急援助、共建共享等功能，服务站内设置休息区、宣传区和读书区，持有效证件或优待证的军人（退役军人）和其他优抚对象，在驿站内可享受“三优三免两援助”服务。

15 日，我省启动竞技后备人才“选星计划”。

日前，省体育局出台《福建省优秀竞技后备人才“选星计划”工作方案》（以下简称《工作方案》），正式启动竞技体育“选星计划”，在我省现有竞技体育选材培养体系的基础上进一步扩大选材面，拓展竞技后备人才选材渠道，完善竞技后备人才输送和培养体系。

15 日，我省启动竞技后备人才“选星计划”。

日前，省体育局出台《福建省优秀竞技后备人才“选星计划”工作方案》（以下简称《工作方案》），正式启动竞技体育“选星计划”，在我省现有竞技体育选材培养体系的基础上进一步扩大选材面，拓展竞技后备人才选材渠道，完善竞技后备人才输送和培养体系。

15 日，2022 福州国际数字化媒体发展研讨会开幕。

2022 福州国际数字化媒体发展研讨会开幕，40 余家海内外华文媒体以及多位数字经济领域专家学者、业界代表等，通过线上线下方式相聚，共同探讨数字中国建设路径，共谋数字媒体发展未来，并发起成立国际数字媒体发展联盟。

15 日，海峡妇女论坛在榕举行。

第十四届海峡论坛·海峡妇女论坛在福州举行。全国妇联副主席林怡，福建省人大常委会副主任庄稼汉出席并致辞。台湾中华妇女会总会理事长徐刘淑媓、台湾中华妇女党主席涂明慧视频致辞。本届论坛以“福佑中华　情融两岸”为主题，采取线上线下相结合的方式，在福州设主会场，在台湾、北京、陕西设分会场。

15 日，省委政法委员会 2022 年第六次全体会议召开。

省委副书记、政法委书记罗东川主持召开省委政法委员会2022年第六次全体会议，传达学习政法领导干部加强政治建设专题研讨班、全面深化政法改革推进会精神，研究贯彻落实意见，部署推进下半年重点工作。省委政法委员会委员黄海昆、金银墙、霍敏等出席。

15日，全省海上疫情防控工作视频会议召开。

全省海上疫情防控工作视频会议召开，对海上疫情防控工作进行再动员、再部署、再落实。副省长李德金、林文斌出席并讲话。

18日，“闽宁协作—旅居养老”合作框架协议签订。

福建省民政厅、宁夏回族自治区民政厅日前签订“闽宁协作—旅居养老”合作框架协议，共同谱写闽宁两省区在养老领域互帮互助、优势互补、共同发展的新篇章，促进两省区养老事业与养老产业协同融合发展。

18日，省领导会见我省全国见义勇为英雄模范。

省委副书记、政法委书记罗东川，副省长、省公安厅厅长黄海昆在福州会见了载誉归来的我省见义勇为英雄模范。17日在北京召开的第十四届全国见义勇为英雄模范表彰大会上，我省陈江桥获“全国见义勇为英雄”荣誉称号并在大会上发言，谢中华获“全国见义勇为模范”荣誉称号。

19日，黄如欣同志任三明市委书记，余红胜同志任龙岩市委书记。

日前，省委决定：黄如欣同志任三明市委书记；余红胜同志任龙岩市委书记。

19日，全国首款联名文旅数字纪念票在福州亮相。

在第五届数字中国建设峰会到来之际，为倡导市民低碳绿色出行，今日，福州推出全国首款联名文旅数字纪念票。通过区块链技术进行IP版权保护及确权，为这款数字纪念票提供了独特的珍藏价值。

19日，省妇女第十三次代表大会在榕开幕。

福建省妇女第十三次代表大会在福州开幕。省委书记尹力出席开幕式并讲话，强调全省各级妇联组织要深入学习贯彻习近平总书记关于妇女和妇女工作的重要论述，推动妇联工作高质量发展，引导广大妇女始终走在时代前列，把巾帼智慧力量凝聚到全省改革发展稳定上来，努力做伟大事业的建设者、文明风尚的倡导者、敢于追梦的奋斗者。省长赵龙，省政协主席崔玉英出席。全国妇联副主席、书记处书记蔡淑敏到会祝贺并致辞。

19日，西藏自治区党政代表团来闽考察交流。

17—19日，西藏自治区党政代表团来闽考察交流。省委书记、省人大常委会主任尹力，省委副书记、省长赵龙，自治区党委副书记、自治区主席严金海，省政协主席崔玉英参加有关活动。18日，两省区领导在福州进行了座谈交流，深入推动闽藏合作再上新水平。代表团一行在福州实地考察并详细了解了生态环境、民生改善和历史文化保护等方面情况，还召开了援藏工作座谈会。

19日，中央依法治国办第四督察组来闽开展市县法治建设实地督察。

根据中央依法治国办统一部署，中央依法治国办第四督察组7月20日到我省开展市县法治建设实地督察。省委书记尹力、省长赵龙与督察组组长于康震一行进行见面交流。见面会前，督察组召开了专题汇报会，赵龙在会上作表态发言，省委副书记、政法委书记罗东川汇报了我省学习宣传贯彻习近平法治思想和推进市县法治建设工作情况。中央依法治国办第四督察组成员，省领导吴偕林、黄海昆参加有关活动。

20日，全国人大常委会副委员长王东明率执法检查组来闽。

17—20日，全国人大常委会副委员长王东明率全国人大常委会执法检查组到我省开展外商投资法执法检查。全国人大常委会委员、财经委主任委员徐绍史等参加检查。省委书记、省人大常委会主任尹力参加有关活动。

20日，中国—太平洋岛国减贫与发展合作中心启用仪式举行。

中国—太平洋岛国减贫与发展合作中心启用仪式在福州举行。省委书记尹力在仪式上致辞，省长赵龙出席。与会嘉宾共同为合作中心揭牌，并见证相关合作项目签约。

20日，福建省妇女第十三次代表大会闭幕。

福建省妇女第十三次代表大会完成各项议程在福州闭幕。会议审议通过了《关于福建省妇联第十二届执行委员会工作报告的决议》，选举产生了省妇联第十三届执行委员会和新一届省妇联领导班子。林叶萍当选为省妇联主席，卓晓銮、赖前斌、陈红、陈婉萍当选为省妇联副主席。

20日，省政府召开常务会议。

省长赵龙主持召开省政府常务会议，认真贯彻落实党中央国务院决策部署以及省委工作要求，研究通过《福建省推进绿色经济发展行动计划（2022—2025年）》《关于健全重特大疾病医疗保险和救助制度的实施意见》；研究支持泉州传承弘扬"晋江经验"建设21世纪"海丝名城"、推动民营经济创新发展等事项。

21日，我省部署"八一"期间双拥工作。

近日，省退役军人事务厅、省军区政治工作局、省双拥办联合下发《关于做好"八一"期间拥军优属拥政爱民工作的通知》，要求各地各部队要大力传承弘扬习近平总书记在福建工作期间关于双拥工作的重要理念和重大实践，扎实做好"八一"期间拥军优属、拥政爱民工作，进一步密切军政军民关系。

21日，"2022年中国有约·你好福建"国际媒体主题采访活动总结会举行。

"2022年中国有约·你好福建"国际媒体主题采访活动总结会在榕举行。本次主题采访活动为期4天，由中央和地方新闻网站记者、在华外籍知华友华人士等组成的采访团60余人，追寻习近平总书记治国理政思想脉络和行动足迹，深入福州、厦门、龙岩等地，围绕党的十八大以来福建在经济建设、社会建设、生态文明建设、数字中国建设等方面取得的历史性成就开展采访报道。

22日，"有福之州·对话未来"系列活动启动。

作为第五届数字中国建设峰会的重要活动之一，"有福之州·对话未来"系列活动启动。会场设在福州三坊七巷历史文化街区、朱紫坊历史文化街区、"闽江之心"青年会前广场等地。各地政府领导、行业专家、两院院士、企业代表等共聚一堂，畅谈数字经济建设、共同对话未来。系列活动将持续至25日，共计31场次。

22日，国家药监局医疗器械技术审评中心医疗器械创新福建服务站揭牌。

国家药监局医疗器械技术审评中心和省药监局在榕签订《关于支持福建医疗器械创新提升审评能力合作协议》，并设立"国家药监局医疗器械技术审评中心医疗器械创新福建服务站"（以下简称"医疗器械创新福建服务站"）。副省长黄海昆和国家药监局副局长徐景和共同为医疗器械创新福建服务站揭牌。

23日，尹力、赵龙与出席第五届数字中国建设峰会嘉宾座谈。

22日、23日，省委书记尹力、省长赵龙在福州与出席第五届数字中国建设峰会的部分企业负责人分别座谈交流，进一步深入推动数字经济各领域务实合作，实现共同发展。

23日，第五届数字中国建设峰会开幕。

第五届数字中国建设峰会在福州开幕。中共中央政治局委员、中宣部部长黄坤明以视频方式出席开幕式并发表主旨演讲，强调要深入学习贯彻习近平总书记关于网络强国的重要思想，加快数字中国建设，以数字化转型整体带动生产方式、生活方式、治理方式变革，在数字化发展浪潮中把握新机遇、应对新挑战、塑造新优势。本届峰会以"创新驱动新变革　数字引领新格局"为主题，由国家网信办、国家发改委、科技部、工信部、国务院国资委、福建省人民政府共同主办。开幕式上还发布了《数字中国发展报告（2021年）》，举行了全民数字素养与技能提升月启动仪式。

23日，第五届数字中国建设峰会主论坛举行。

第五届数字中国建设峰会主论坛举行，中国科学院院士徐冠华，省领导罗东川、张彦、王永礼、刘建洋，以及来自中央和各地的政府部门领导、知名专家学者、领军企业代表负责人出席。本次主论坛以"创新驱动新变革　数字引领新格局"为主题，由国家网信办、国家发展改革委、科技部、工业和信息化部、国务院国资委、福建省人民政府等联合主办。

24日，数字福建分论坛举行。

第五届数字中国建设峰会数字福建分论坛在福州举行。第十二届全国政协副主席王钦敏作主旨演讲，副省长林文斌出席并致辞，中国科学院院士徐冠华、梅宏，中国工程院院士郭仁忠，省政协副主席薛卫民、王光远出席。分论坛还举行了福建省公共数据资源开发服务平台正式上线、《福建省公共数据资源开放开发管理办法》、2022年度数字技术创新应用场景等发布活动。

24日，“5G应用及6G愿景”分论坛在福州举行。

第五届数字中国建设峰会“5G应用及6G愿景”分论坛在福州举行。省委常委、宣传部部长张彦出席论坛并致辞。本次论坛以“赋能数字经济，共创智慧未来”为主题，旨在汇聚众多信息通信及垂直行业优势资源，进一步挖掘5G应用价值，推动6G关键技术的研究和突破，助力全社会数字化转型发展，共吸引了中国工程院张平院士等近200位专家学者参加，一批行业龙头企业分享探讨了5G应用赋能行业、推动转型升级的经验，以及6G技术的技术特性、发展需求。论坛还以6G愿景展望为主题举行圆桌论坛，发布《6G典型场景和关键能力》白皮书。

24日，我省集中开展夏夜治安巡查宣防行动。

22—24日，我省公安机关根据公安部部署，以“亮剑”“净土”“坚盾”3个行动为抓手，深入开展夏夜治安巡查宣防第一次集中统一行动。本次行动，我省共组织民警辅警5.9万人次，动员其他社会治安力量近4万人次，加强对街面、路段、部位、场所、通道、水域的治安巡查宣防，深入排查重点场所23903个，从严整治治安乱点9828处，依法打击查处现行违法犯罪1153起，防范清除风险隐患5223处，有效净化了社会治安环境。

25日，省领导赴漳州平和调研。

省委常委、秘书长吴偕林带领省直相关单位赴漳州市平和县，调研督办花山溪饮用水水源地问题整改工作。

25日，公安部第八督察组来闽专项督察。

按照公安部部署，公安部第八督察组组长赵炜率队来闽开展夏季治安打击整治“百日行动”专项督察。省公安厅今日向督察组汇报我省公安机关夏季治安打击整治“百日行动”工作开展情况。副省长、省公安厅厅长黄海昆主持会议并作汇报。

26日，积极做好高温天气劳动保护工作。

持续的高温天气对职工工作及健康将产生较大影响。省人社厅日前印发通知，要求各级人社部门和用人单位积极做好暑期高温天气劳动保护工作，督促企业履行防暑降温主体责任，严格落实高温津贴发放规定。

26日，省领导检查我省2022年高招录取工作。

副省长、省招委会主任李德金到我省普通高校招生录取现场，检查指导高招录取工作，看望慰问高招录取工作人员。

27日，省市军休系统举行八一文艺汇演。

下午，由省退役军人事务厅、福州市退役军人事务局联合主办的“喜迎二十大　奋进新征程”八一文艺汇演在福州举行。

28日，2022中国（福建）－韩国云端文艺汇演启动。

今年是中韩建交30周年和“中韩文化交流年”，今日，“源远流长　同心筑梦”2022年中国（福建）－韩国云端文艺汇演启动仪式在厦门举行。本次汇演由福建省外办与福建省文旅厅指导，厦门市主办，泉州市、南平市和韩国全罗南道、济州道、庆尚南道，木浦市、密阳市、平泽市、光阳市、光州市、庆州市、釜山市、金海市、安东市等地方友城及友好交流城市一同录制。

28日，海丝中央法务区建设领导小组全体会议召开。

海丝中央法务区建设领导小组全体会议在榕召开。会议总结海丝中央法务区启动大会暨首届论坛以来的建设成效，审议相关工作方案，部署推进下阶段重点工作。省委副书记、政法委书记、领导小组组长罗东川出席并讲话。

28日，《福建省动物防疫条例》将于今年10月1日起施行。

省人大常委会第三十四次会议表决通过了《福建省动物防疫条例》，将于今年10月1日起施行。条例总结提炼我省动物防疫工作的实践和经验，对新形势下国家重点推动的动物疫病预防、控制、净化、消灭和区域化管理等动物防疫活动作出具体、明确、可操作规定，为公共安全和人体健康提供更加有力的法治保障。

28日，我省新冠病毒相关研究成果在国际学术期刊发布。

厦门市疾控中心消息，国际学术期刊《感染学杂志》与《信号转导与靶向治疗》近期陆续刊发该中心三篇研究文章，揭示了奥密克戎变异株的气溶胶传播能力等新冠相关奥秘。

28日，省政协召开网络议政远程协商会议。

根据省委制定的政协协商计划，省政协召开“抓住RCEP实施契机，加强‘一带一路’国际合作示范区建设”远程协商会，深入学习贯彻习近平总书记关于对外开放的重要论述，组织百名政协委员、企业界人士、RCEP成员国侨企代表与有关部门齐聚“云”端，共商“一带一路”国际合作示范区建设大计。

29日，我省双拥模范城（县）命名大会在榕举行。

我省双拥模范城（县）命名大会在福州举行。省委书记、省人大常委会主任尹力出席并讲话，强调做好新时代双拥工作责任重大、使命光荣，要秉承光荣传统、携手继续奋斗，不断巩固坚如磐石的军政军民团结，努力开创福建双拥工作新局面。省长、省双拥共建工作领导小组组长赵龙主持。省政协主席崔玉英出席。

29日，省信访工作联席会议视频会议召开。

省信访工作联席会议视频会议召开，深入学习贯彻习近平总书记关于加强和改进人民信访工作的重要指示精神，贯彻落实《信访工作条例》，按照中央和省委有关会议精神，研究部署推进我省信访工作。省委副书记、政法委书记罗东川出席会议并讲话。

30日，省工会第十四次代表大会在榕开幕。

福建省工会第十四次代表大会在福州开幕。省委书记尹力出席开幕式并讲话，强调全省广大职工群众要深入学习贯彻习近平总书记关于工人阶级和工会工作的重要论述，坚守理想信念，激发强大动力，练就过硬本领，矢志改革创新，推动福建工运事业和工会工作高质量发展，充分发挥工人阶级主力军作用，在加快新福建建设中担当新使命、展现新作为。省长赵龙，省政协主席崔玉英出席。中华全国总工会副主席、书记处书记马璐出席并致辞。

31日，“福往福来”海上游首航活动在平潭举办。

“福往福来”海上游首航活动在平潭举行，省委常委、宣传部部长张彦，副省长郑建闽出席。“福往福来”海上游平潭—莆田航线是我省首条跨城跨岛海上旅游线路，以平潭澳前客滚码头、莆田湄洲湾的湄洲岛宫下客运码头作为起讫靠泊码头，串联起平潭滨海沙滩、海蚀地貌、莆田湄洲妈祖文化、湄屿潮音等。

31日，台湾海峡大型巡航救助船“海巡06”轮首次巡航执法。

中午12点，台湾海峡大型巡航救助船“海巡06”轮驶离福建海事局平潭海事监管基地码头。该轮列编后首次海上巡航执法活动正式开始。“海巡06”轮是台湾海峡首艘大型巡航救助船，7月11日在平潭正式列编福建海事局。该轮船长128.6米，满载排水量6600吨，可到达全球除南北极以外所有海域。

31日，省工会第十四次代表大会闭幕。

福建省工会第十四次代表大会完成各项议程在福州闭幕。会议通报了省总工会第十四届委员会主席、副主席、常委和省总工会第十四届经费审查委员会主任、副主任、常委的选举结果。周联清当选为省总工会主席，祝荣亮、方月兴、柳公立、黄爱华（女）、陈勇（挂职）、洪长春（兼）、卓晓銮（兼，女）、陈文学（兼）、陈国信（兼）、常海涛（兼）当选为省总工会副主席。

31日，福建省“八一”军政座谈会举行。

在庆祝中国人民解放军建军95周年之际，省委书记尹力、省长赵龙日前走访慰问了空军福州基地某部队，了解基层官兵学习、训练、生活情况，并出席省“八一”军政座谈会，共同弘扬双拥优良传统，增进军民鱼水深情，推进军地建设发展。驻闽部队领导孔军、唐兴华，省政协主席崔玉英出席。

31日，我省实施反恐法办法将于今年9月1日起施行。

省人大常委会第三十四次会议表决通过《福建省实施〈中华人民共和国反恐怖主义法〉办法》，将于今年9月1日起施行。《办法》加强了对重要环节和新兴业态的管理。

（摘编：黄万良）

八月

1 日，第 23 届中国专利奖我省大丰收。

近日，国家知识产权局发布《关于第二十三届中国专利奖授奖的决定》，对为技术（设计）创新和经济社会发展作出突出贡献的专利权人和发明人（设计人）以及相关组织者给予表彰，我省获奖数创新高。福建夜光达科技股份有限公司“一种微棱镜阴阳条纹反光模具的制作方法”等 26 个项目获中国专利优秀奖，金牌厨柜家居科技股份有限公司“厨柜（亚丁 3）”等 4 个项目获中国外观设计优秀奖。我省本次获奖的项目总数达 30 项（含 2 项与省外专利权人共有），位居全国第 7 位，是历年来获奖项目最多的一届。

2 日，2023 年度福建省科技计划项目申报启动。

为支撑我省重点产业转型升级和数字经济、海洋经济、绿色经济、文旅经济高质量发展，日前，省科技厅、省财政厅发布了 2023 年度省科技计划项目申报通知及指南。这些计划项目围绕《福建省“十四五”科技发展和创新驱动专项规划》，将着力于推动创新链、产业链、人才链、资金链深度融合，打造区域创新高地、产业高地、人才高地和孵化高地，包括支持五大方面 14 类。申报工作即日开始。

2 日，赵龙在福州检查指导征兵体检工作。

省长、省征兵领导小组组长赵龙在福州检查指导征兵体检工作，强调要深入学习贯彻习近平强军思想，把军爱民、民拥军的优良传统始终传承下去，坚持把军队需求作为征兵导向，高质量做好征兵工作，以实际行动迎接党的二十大胜利召开。

4 日，全球农遗论坛在安溪举行。

以“在发掘中保护，在利用中传承”为主题的首届全球农遗·安溪铁观音茶文化系统保护与发展论坛日前在安溪县举行。论坛上，安溪县总结安溪铁观音茶文化系统申遗和保护经验，发布《安溪铁观音质量安全白皮书（2021 年）》，启动安溪铁观音茶文化系统保护与发展系列项目，聚力安溪铁观音茶文化系统发展新路。

4 日，截至 6 月底我省 5G 移动电话用户达 1295.5 万户。

省通信管理局最新发布的数据显示，我省移动电话用户规模稳中有增，5G 用户快速发展。截至 6 月底，全省 5G 移动电话用户达 1295.5 万户，同比增长 100.5%，占移动电话用户总数的 26.7%，占比较上年末提高 6.2 个百分点。

4 日，闽宁社工机构“牵手计划”启动。

福建省民政厅、宁夏回族自治区民政厅日前启动“十四五”期间闽宁协作社会工作服务机构“牵手计划”。“十四五”期间，福建将支援宁夏建设乡镇社会工作服务站 5 个，培育发展社会工作服务机构 5 家，培养社会工作专业人才不少于 30 名，培训社会工作人员不少于 1000 人次，全面提升宁夏社会工作专业服务能力和水平。

4 日，省领导到泉州和莆田调研。

3—4 日，副省长、省公安厅厅长黄海昆深入泉州、莆田等地，调研重点项目建设，指导公安派出所和警务装备建设工作，看望慰问一线民警辅警。

5 日，我省首次开展注册会计师行业高端人才选拔培养。

福建省财政厅消息，近日，我省首批注册会计师行业高端人才培养选拔考试在厦门国家会计学院举行，共有85名前期通过资格初选的考生参加考试。首批将从行业中择优选取45名注册会计师进行培养，培养期三年。

6日，纪念林白水就义96周年座谈会在榕举行。

由福州市政府、省社科联、省林白水研究会联合举办的纪念林白水就义96周年座谈会在福州举行。省委宣传部、福州市政府、省社科联等有关部门负责人及专家学者、新闻界代表、林白水烈士家乡代表和各界群众代表参加座谈会。

7日，我省研发新冠抗原检测试剂盒自动化生产设备。

日前，一款新冠抗原检测试剂盒自动化生产设备在闽面世，该装备综合性能指标达到国内领先水平。该项目已完成新冠抗原检测试剂盒样品试制，可满足企业的生产需求。

8日，2022年“全民健身日”主题示范活动举办。

2022年“全民健身日”主题示范活动——全省健走达人万里福道健步行活动在福州举办，副省长李德金、省政协副主席薛卫民向获得“福建省健步走运动达人”称号代表颁发荣誉证书，并与现场群众一起福道健步走。该活动由体育总局群体司、省体育局、省政协教科卫体委、福州市政府共同主办，吸引超过500名健步走运动爱好者参加。据了解，全省各级体育部门在8月8日前后围绕“以人为本、因地制宜、确保安全”原则，陆续开展太极拳、桥牌、笼式足球等153场“全民健身日”主题活动，让全民健身成为社会新风尚。

8日，全省文物安全工作视频会议召开。

全省文物安全工作视频会议召开，深入学习贯彻习近平总书记关于文物工作的重要论述，落实省委、省政府工作部署，深刻吸取屏南万安桥火灾事故教训，对全省文物安全工作进行再部署、再强调、再落实，筑牢文物安全防线。副省长郑建闽出席并讲话。

8日，科学技术部、福建省人民政府2022年部省工作会商会议在榕举行。

科学技术部、福建省人民政府在福州举行2022年部省工作会商会议。省委书记、省人大常委会主任尹力，科技部党组书记、部长王志刚出席会议并讲话。省委副书记、省长赵龙主持会议。会上，王志刚与赵龙代表部省双方签署了《科学技术部　福建省人民政府工作会商制度议定书(2022—2026年)》。

9日，省委常委会召开会议。

省委书记尹力主持召开省委常委会会议，认真学习贯彻习近平总书记在中央统战工作会议、7月28日中央政治局会议、中央政治局第四十一次集体学习、党外人士座谈会上的重要讲话和向中国共产党与世界马克思主义政党论坛致贺信精神，研究我省贯彻落实意见，部署推进我省统战和经济发展等工作。

9日，“高等教育服务文旅经济高质量发展”活动举办。

由省文化和旅游厅、福建师范大学联合主办的“高等教育服务文旅经济高质量发展”系列活动在福建师范大学仓山校区举办。活动中，福建省文化和旅游资源信息系统正式上线、福建省文化和旅游研究院正式揭牌。副省长郑建闽出席活动并启动福建省文化和旅游资源信息系统上线。

10日，省儿童医院成立全国首家儿童专科医院放疗科。

近日，福建省儿童医院放疗科正式开科，这是全国首家儿童专科医院放疗科，填补了国内儿童专科医院没有放疗科的空白。省儿童医院放疗科配备国内先进的高端设备，可开展精准的放疗服务。该科的医疗服务将弥补我国东南部儿童肿瘤放射治疗的短板，并将辐射江西、浙江等周边省份。

10日，第三届中国短视频大会在福州开幕。

第三届中国短视频大会在福州数字中国会展中心开幕。本次大会有主论坛、8个分论坛及年度盛典、产业推介暨项目对接会等活动。开幕式上举行了福州短视频产业链招商成果签发仪式，并发布2021中国短视频行业发展报告、2021年度全国短视频创新案例推荐以及短视频健康发展与行业自律倡议。

10日，我省慎终如始抓好疫情防控各项工作

福建省新冠肺炎疫情防控新闻发布会消息，近期莆田市、厦门市先后发生本土局部聚集性疫

情，我省及时派出核酸检测、院感、医疗救治、流调等人员支援莆田市、厦门市疫情防控工作。根据目前流行病学调查，结合国内疫情情况及基因测序结果，莆田市疫情传播链清晰，疫情风险总体可控。厦门市疫情正在快速、高效、有序处置中。

10日，我省专题研究推进打击整治养老诈骗专项行动。

我省召开打击整治养老诈骗专项行动专题会议，贯彻落实全国专项办部署和督导要求，按照省委工作要求，扎实深入推进我省专项行动取得实效。省委副书记、政法委书记罗东川出席会议并讲话，省专项办各成员单位相关负责同志参加会议并发言。

10日，全国首个“科技小院”建设与管理指南团体标准发布。

《“科技小院”建设与管理指南》（T/MNJX 001—2022）团体标准在全国团体标准信息平台发布，为全国首创。该标准以我省创建的33个科技小院建设与管理经验为基础，明确了“科技小院”建设与管理的总则、申报推荐、考察评选、建设、运行管理与考核评估，适用于福建省“科技小院”的建设与管理。

11日，我省所有乡镇基本实现5G网络覆盖。

我省稳步推进5G及千兆光网协同建设。省通信管理局最新统计数据显示，目前，全省已建成5G基站超6万个，基本实现所有乡镇5G网络覆盖；建成10G－PON端口34万个，家庭千兆光纤网络覆盖率达94%，县级以上区域普遍具备“千兆到户”能力。

11日，第五届港澳台大学生走朱子之路研习营开营。

八闽文化之旅·第五届港澳台大学生走朱子之路研习营开营。省委常委、常务副省长郭宁宁，省政协副主席杜源生出席开营式并讲话。开营式上还举行了创作赠送朱子文化书法作品活动，开营式分别在福建、香港、澳门及台湾举行。本次研习活动为期两天，采取线上线下相结合方式进行，共有闽港澳台20多所高校的近300名师生参加。（记者　林蔚）

12日，“最美森林消防嫂”颁奖典礼举行。

近日，由省森林消防总队和省妇联联合主办的“礼赞消防嫂　弘扬家国情”2022年福建省“最美森林消防嫂”颁奖典礼在福州举行。活动共表彰了8位2022年“最美森林消防嫂”，她们中有医生护士，在疫情中逆行出征；有人民教师，立德树人为国育才；有基层党员，深入群众为民解忧；有公司白领，追求卓越创造价值。她们在不同岗位发光发热，为社会作贡献的同时勤俭持家、孝敬老人、抚育子女，勇挑家庭重担，展现了新时代妇女自强自立、甘于奉献的精神风貌。

12日，尹力赴宁德市检查全面从严治党主体责任落实情况。

11—12日，省委书记尹力赴宁德市开展2022年全面从严治党主体责任落实情况检查并进行集体约谈。

12日，尹力在宁德开展信访接待并调研。

省委书记尹力来到宁德市寿宁县信访局，现场接待来访群众，认真倾听、协调解决群众反映的问题。尹力一行还前往寿宁县下党乡，了解项目工程建设进展，与村干部、党员代表、产业致富带头人交流。省委常委、秘书长吴偕林参加。

12日，福建省2022届普通高校毕业生就业工作座谈会召开。

福建省2022届普通高校毕业生就业工作座谈会召开。副省长李德金主持会议并讲话。

会议指出，就业是最大的民生，高校毕业生就业事关千家万户，事关经济社会发展和社会稳定大局。

14日，我省开展夏夜治安巡查宣防第二次集中统一行动。

12—14日，按照公安部和省公安厅党委统一部署，我省公安机关全警动员、尽锐出战，精心组织开展夏夜治安巡查宣防第二次集中统一行动。

14日，福建大数据发展水平居全国第7位。

近日，赛迪研究院信息化与软件产业研究所正式发布《中国大数据区域发展水平评估报告（2022年）》。根据该报告，福建大数据发展水平居全国第7位，进入第一梯队。报告聚焦基础环境、产业发展、融合应用三个关键维度，选取相关典型指标，对全国31个省区市大数据政策体系、产业基础、产业链、生态体系等发展情况进行评估和分析。根据综合各项指标得出的大数据区域发展水平总体指数，广东、北京、江苏、上海、浙江、山东、福建的大数据区域发展水平为全国七强。

14 日，我省 25 人获国家杰出青年优秀青年科学基金项目资助。

根据日前国家自然科学基金委信息，我省 25 人获 2022 年度国家杰出青年、优秀青年科学基金项目资助，其中国家杰青 10 人、国家优青 15 人，批准资助经费 6880 万元，获资助人数和经费均创历史新高。

14 日，专项资金分配首次引入竞争机制。

专项资金分配首次引入竞争机制，拿出 25%的专项资金用于设立竞争性项目，通过遴选予以立项支持。日前，省科技厅启动现有 36 家省属公益类科研院所科技创新能力及专项使用绩效评估，评估结果将作为 2023—2025 年专项资金安排主要依据。此前，我省设立了省属公益类科研院所基本科研专项，主要用于支持院所自主选题研究和青年人才培养，实行自主选题、自主评审、自主管理、自主验收，赋予科研机构更大自主权。同时，实行三年一次评估，结果作为下一轮资金分配主要依据。

15 日，福建协和医院新增肝脏、肾脏移植执业资格

国家卫健委近日公布了 2022 年医疗机构人体器官移植执业资格认定结果，新增 11 家医院具备人体器官移植执业资格。其中，福建医科大学附属协和医院获肝脏和肾脏移植资质。据悉，该院系我省唯一同时具备心、肺、肝、肾四大器官移植资质的医院。

15 日，全省疫情防控工作视频会议召开。

全省疫情防控工作视频会议在福州召开。省委书记尹力出席会议并讲话，强调要深入学习贯彻习近平总书记关于疫情防控工作的重要指示精神，按照“疫情要防住、经济要稳住、发展要安全”重要要求，落实国家第九版防控方案措施要求，坚持外防输入、内防反弹和动态清零，更快更细落实各项防控措施，不断提高科学精准防控水平，努力用最小的代价实现最大的防控效果。省长赵龙主持会议。当天，尹力一行还赴厦门实地检查指导疫情防控工作，看望慰问疾控专家并认真听取意见建议。

17 日，庆祝香港特别行政区成立二十五周年晚会在闽举行。

庆祝香港特别行政区成立二十五周年晚会在福州举行。香港特别行政区行政长官李家超发表视频致辞，省委常委、常务副省长郭宁宁，香港特区政府驻粤办主任陈选尧出席并致辞。本次晚会由香港特别行政区政府驻粤经济贸易办事处暨驻福建联络处举办，是香港特区政府庆祝香港回归祖国 25 周年的系列活动之一。

18 日，省政府召开常务会议。

省长赵龙主持召开省政府常务会议，认真贯彻落实党中央国务院决策部署以及省委工作要求，审议通过《福建省政府质量奖管理办法（修订草案）》《福建省文化市场综合行政执法事项指导目录（2022 年版）》，听取 2021 年福建省专利奖拟奖励事项有关情况汇报；研究深化生态省建设、福建省综合立体交通网规划纲要等工作。

18 日，省委政法委员会 2022 年第七次全体会议召开。

省委副书记、政法委书记罗东川主持召开省委政法委员会 2022 年第七次全体会议，深入学习贯彻习近平总书记在省部级主要领导干部专题研讨班上的重要讲话精神，传达学习中央政法委有关会议、文件精神，研究部署当前政法重点工作。省委政法委员会委员黄海昆、金银墙、霍敏等出席。

18 日，省第十一次律师代表大会举行。

福建省第十一次律师代表大会在榕召开。省委副书记、政法委书记罗东川出席并讲话，司法部副部长熊选国视频致辞，省人大常委会党组书记、副主任梁建勇出席，副省长、省公安厅厅长黄海昆主持开幕式，省法院院长金银墙、省检察院检察长霍敏出席，中华全国律师协会会长高子程视频致辞。大会选举产生第十一届省律协理事会、第五届监事会。于宁杰当选会长，邓乃文当选监事长。

18 日，全省推进地市级媒体加快深度融合发展现场会召开。

全省推进地市级媒体加快深度融合发展现场

会在三明市召开。省委常委、宣传部部长张彦出席会议并讲话。会议为2021年度全省优秀县级融媒体中心30强代表颁奖，三明、龙岩、宁德等地宣传部负责同志和厦门日报负责同志作交流发言。会议还组织参会人员开展了媒体深度融合发展研讨，实地考察了三明市融媒体中心。

18日，省总工会看望慰问医务工作者代表。

在第五个中国医师节来临之际，省人大常委会党组副书记、副主任，省总工会主席周联清到省疾病预防控制中心、福建医科大学附属第一医院看望慰问医务工作者代表，向全省广大医务工作者致以节日的祝贺和诚挚的慰问。

19日，尹力会见北京大学校长龚旗煌一行。

省委书记尹力在福州会见了中国科学院院士、北京大学校长龚旗煌一行。尹力希望北京大学一如既往地关心支持福建发展，带动更多优秀北大师生到福建来创新创业创造，在人才选拔培养、学科建设、科研攻关、决策咨询等方面进一步加强双方合作，推动省校战略合作取得更为丰硕的成果。

19日，北京大学、复旦大学在闽青年人才座谈会召开。

北京大学、复旦大学在闽青年人才座谈会在福州召开。省委常委、组织部部长邢善萍，北京大学校长龚旗煌、复旦大学党委书记焦扬参加座谈会并讲话。邢善萍希望两所高校与福建在人才培养引进、科技成果转化等方面进一步加强合作，实现共同发展。龚旗煌、焦扬分别表示，北京大学、复旦大学愿与福建省在人才引进、科技创新、干部教育培训等方面深化合作，进一步助推福建经济社会高质量发展。

19日，尹力、赵龙在福州看望慰问一线医务人员。

今年8月19日，是第五个中国医师节，省委书记尹力、省长赵龙等省领导在福州看望慰问一线医务人员，并通过他们向全省广大医务工作者致以节日祝贺和诚挚祝福。

19日，福建省“最美科技特派员”名单公布。

日前，省科技厅、省委组织部、省委宣传部、省发展改革委、省教育厅、省财政厅、省人力资源和社会保障厅、省农业农村厅等八部门联合公布福建省“最美科技特派员”名单。

经广泛发动、层层推荐、资格审核、专家遴选、公开公示等程序，最终评选产生了林占熺等50名福建省“最美科技特派员”。

19日，全国政协副主席梁振英来闽考察调研。

18—19日，全国政协副主席梁振英来闽考察调研，并在福州召开闽港合作工作座谈会。省委书记尹力出席座谈会并讲话。省长赵龙主持座谈会。省政协主席崔玉英出席并陪同调研。

在闽期间，调研组赴福州、平潭，实地考察了解福建经济社会发展情况，助推闽港合作走深走实。

19日，省预防医学会第六届第一次会员代表大会举行。

福建省预防医学会第六届第一次会员代表大会在福州举行。省人大常委会副主任吴洪芹、省政协副主席阮诗玮出席大会。本次换届会员大会，选举产生了第六届理事会，福建省卫健委党组成员、副主任、一级巡视员王喜瑛同志当选为福建省预防医学会第六届理事会会长。该会现有会员6900余名，团体会员单位734个；专业分支机构28个，已经成为我省公共卫生和预防医学领域最具影响力的学术社团。

19日，我省举行第五届“中国医师节”活动大会。

下午，福建省第五届“中国医师节”活动大会在榕举行。副省长李德金出席并讲话，向广大医务工作者致以崇高敬意和节日问候。

20日，省政法领导干部加强政治建设专题研讨班举行。

19—20日，省政法领导干部加强政治建设专题研讨班举行。省委副书记、政法委书记罗东川出席开班式并作“强化政治建设　锻造政法铁军　以实际行动迎接党的二十大胜利召开”专题辅导报告。副省长、省公安厅厅长黄海昆主持开班式并传达全国政法领导干部加强政治建设专题研讨班和全面深化政法改革推进会精神，省法院院长金银墙、省检察院检察长霍敏出席。

20日，2022年福建省引进青年人才座谈会召开。

2022年福建省引进青年人才座谈会在福州召

开。省委常委、组织部部长邢善萍出席会议并讲话，勉励广大青年人才牢记习近平总书记谆谆教诲和深情嘱托，踔厉奋发、勇毅前行、投身实践，让青春在新时代新征程绽放绚丽之花。副省长李德金主持座谈会。

21日，第二十三届省政协好新闻奖揭晓。

日前，由省政协办公厅联合省新闻工作者协会共同举办的第二十三届福建省政协好新闻评选结果揭晓。本届评选共收到参评作品186件，经评选，63件作品获奖，包括一等奖8件、二等奖15件、三等奖40件。

22日，省慈善总会第四次会员代表大会召开。

福建省慈善总会第四次会员代表大会在福州召开。省委书记尹力出席并讲话，强调要认真学习贯彻习近平总书记关于促进慈善事业发展的重要指示精神，深入贯彻实施慈善法，广泛普及慈善意识，大力弘扬慈善文化，持续规范慈善活动，更好发挥慈善在促进社会进步、共享发展成果等方面的积极作用，推动新时代福建慈善事业持续健康发展。省长赵龙出席。全国人大社会建设委员会副主任委员、中华慈善总会会长宫蒲光到会祝贺并致辞。

22日，省委常委会召开会议。

省委书记尹力主持召开省委常委会会议，认真学习贯彻习近平总书记关于防汛救灾的重要指示、在辽宁考察时的重要讲话、给“中国好人”李培生胡晓春回信、向国际民间社会共同落实全球发展倡议交流大会和世界职业技术教育发展大会致贺信精神，研究贯彻落实措施；部署推进对口援藏工作。

22日，省防指启动防台风Ⅳ级应急响应。

省防指消息，省气象台于8月22日16时发布“台风预警Ⅳ级”，根据《福建省防汛防台风应急预案》，省防指决定于8月22日16时启动防台风Ⅳ级应急响应。要求沿海各设区市和平潭综合实验区防指以及有关部门密切关注台风“马鞍”后续发展趋势，及时做好各项防范应对工作。

23日，十一届省委全面深化改革委员会第四次会议召开。

日前，省委书记、省委全面深化改革委员会主任尹力主持召开十一届省委全面深化改革委员会第四次会议，认真学习贯彻习近平总书记在中央全面深化改革委员会第二十六次会议上的重要讲话精神，研究我省贯彻落实措施；研究部署我省深化科技体制改革和推动“福”文化传承创新工作。省长、省委全面深化改革委员会副主任赵龙，省委副书记、省委全面深化改革委员会副主任罗东川出席。

23日，2022年福建省疫情防控科技成果推介活动举行。

2022年福建省疫情防控科技成果推介活动在福州举行，一批成熟度高、转化性强、具有一定产业化前景的疫情防控最新科技成果和技术，通过线上线下同步进行的方式向省内外推介。本次活动共征集项目成果52项，成果涉及生物医药、安全消杀、智慧防疫等疫情防控全领域，组织了省内部分高校、科研机构、企业等参加推介展示与对接。

23日，全省2022年秋季学期开学工作视频会议召开。

全省2022年秋季学期开学工作视频会议召开，副省长李德金出席并讲话。他指出，全省各地各校要深入贯彻习近平总书记重要讲话重要指示批示精神，全面落实党中央、国务院决策部署，按照“疫情要防住、经济要稳住、发展要安全”的重要要求，高效统筹疫情防控和教育改革发展，确保学校开学平稳有序、师生返校安全顺利。

24日，省防指会商部署“马鞍”台风防御工作。

上午，省防指召集应急、水利、气象、海洋、海事等部门和漳州市防汛办视频会商，分析第9号台风“马鞍”发展趋势，要求各地各有关部门要扎实做好防台风各项工作。会商指出，24日10时台风“马鞍”中心位于广东省阳江市东偏南方向约590公里，中心附近最大风力10级，将以每小时25公里左右的速度向西偏北方向移动，强度逐渐增强，将于25日白天在广东珠海至湛江一带沿海登陆。受其影响，24日中午到25日上午，台湾浅滩渔场风力最大可达8—9级，阵风10—11级；24日傍晚到25日上午，闽南渔场和南部沿海风力最大可达7—8级，阵风9—10级；24日，闽中渔场和中部沿海风力最大可达6—7级，阵风8—9

级。24日，沿海地区有阵雨或雷阵雨，南部沿海地区有中雨到大雨，局部暴雨。25日，南部地区有阵雨或雷阵雨，局部大雨到暴雨。

24日，首届职业健康技能竞赛收官。

23—24日，“福建共益杯”全省职业健康技能竞赛决赛在龙岩古田举行，赛事由省卫健委、省总工会联合举办，这也是我省职业健康发展领域首次举办技能比赛。经过激烈角逐，最终龙岩代表队获得团体一等奖，福州、泉州代表队获得团体二等奖，莆田、宁德、三明代表队获得团体三等奖。

24日国务院第九次大督查第七督查组来闽

根据国务院第九次大督查的统一安排，国务院第七督查组近日来闽对我省开展实地督查。省委书记尹力、省长赵龙与督查组组长、国家税务总局副局长王道树一行在福州座谈。

25日，第二十二届福建省科协年会在福州开幕。

第二十二届省科协年会在福州开幕。省委常委、统战部部长王永礼出席开幕式并讲话，中国科学院院士、省科协主席郑兰荪致辞，省级老同志李红、潘征，以及来自全国的8名院士、57名专家出席开幕式。开幕式上还举行了院士工作站、全国学会服务站等授牌仪式，“福建省最美科技工作者”颁奖活动以及“科创中国”科技服务团入榕签约仪式。

25日，我省夏季治安“百日行动”取得阶段性成效。

省公安厅召开夏季治安打击整治“百日行动”新闻发布会，通报主要做法和阶段性成效。

在“百日行动”中，我省公安机关发起凌厉攻势，攻下了一批公安部、省公安厅挂牌督办案件，特别是对35起跨省跨市、犯罪链条长的重大案件发起集群战役，抓获犯罪嫌疑人420名。

26日，省领导赴松溪县调研灾后重建工作。

省委常委、宣传部部长张彦赴挂钩联系的松溪县，深入郑墩镇夙屯村、祖墩乡溪畔村、花桥乡花桥村、红旗街片区、松溪三中等地，调研“6·18”特大洪灾灾后重建、乡村振兴等工作，并召开灾后重建座谈会。

26日，福建省职业教育高质量发展暨职业院校办学条件达标工作现场推进会召开。

福建省职业教育高质量发展暨职业院校办学条件达标工作现场推进会在莆田召开，副省长李德金出席并讲话。他指出，要深入学习贯彻习近平总书记关于职业教育的重要讲话重要指示批示精神，全面贯彻党的教育方针，遵循职业教育发展规律，把职业教育作为培养高素质技能人才的基础性工程，加快推进职业教育高质量发展，为全方位推进高质量发展超越提供有力的人才支撑。

29日，福建：抓党建带团建。

日前，福建省委组织部和共青团福建省委出台了《关于加强和改进全省基层党建带团建工作的意见》。《意见》指出，福建各级党组织要牢固树立抓党建带团建意识，把这项工作摆在突出位置，纳入党建工作总体格局。

29日，省政府参事、省文史研究馆馆员聘任仪式暨工作座谈会举行。

省政府参事省文史研究馆馆员聘任仪式暨工作座谈会在福州举行。省长赵龙为新聘省政府参事和部分馆员代表颁发聘书并讲话，副省长、省政府参事室主任郑建闽主持。

29日，全省公立医院改革与高质量发展现场推进会召开。

我省召开全省公立医院改革与高质量发展现场推进会，副省长李德金出席并讲话。

29日，第三季度中央驻闽主要媒体调研采访活动暨策划会在南平举行。

25—29日，2022年第三季度中央驻闽主要媒体调研采访活动暨策划会在南平市举行。省委常委、宣传部部长张彦出席并与中央驻闽主要媒体负责人座谈交流。调研采访为期5天，中央驻闽主要媒体调研采访团以“南平农村工作机制的探索与提升”为主题，深入建阳区、武夷山市、浦城县、松溪县等地开展主题采访。

30日，中共福建省委“中国这十年·福建”主题新闻发布会举行。

中共福建省委“中国这十年·福建”主题新闻发布会在福州举行。省委书记尹力围绕“全方位推进高质量发展，奋力把新福建宏伟蓝图变成美好现实”作主题发布并回答记者提问。省委副书记、省长赵龙回答有关提问。

30日，我省开展社会救助改革创新试点。

为进一步推进社会救助工作改革创新，加快形成覆盖全面、分层分类、综合高效的社会救助格局，省民政厅日前下发通知，将开展社会救助改革创新试点工作，形成一批可复制、可推广的经验做法，推动形成“资金＋物质＋服务”救助模式。此次改革创新试点期限为一年左右，2023年11月底前完成试点任务。

30日，2022年海峡两岸司法实务研讨会召开。

2022年海峡两岸司法实务研讨会在漳州市举行。本次研讨会由福建省法官协会、台湾海峡两岸法学交流协会共同主办。来自海峡两岸90余位法学界及实务界人士以“深化司法交流　促进融合发展”为主题，围绕“司法改革比较研究”“民商事法律适用问题研究”“刑事司法实务热点问题研究”三个议题，通过线下与线上结合方式展开研讨交流。

30日，省教育厅开展专项督导。

省教育厅日前印发通知，部署开展2022年秋季学期开学工作专项督导，确保各地各校秋季学期开学前准备充分到位，新学期开学后各项工作运转顺畅、防控组织严密、管理科学有效。专项督导已于8月29日开始。省教育厅派出由委厅领导带队的10个督导组，分赴全省各设区市及平潭综合实验区各级各类学校开展实地督导。每个设区市一般走访两个县（市、区），实地督导覆盖高校、职业院校、中小学、幼儿园、校外培训机构，对民办学校进行重点督导。

30日，我省举行2022年防汛防台风综合演练。

省防指在莆田市举行“应急使命2022”防汛防台风综合演练。省委常委、常务副省长郭宁宁担任演练总指挥并作点评。本次演练主会场设在省防汛抗旱指挥中心，演练现场设在莆田市应急指挥中心，其他各市、县（区）和平潭综合实验区设观摩分会场。

30日，中共福建省委今日举行“中国这十年·福建”主题新闻发布会。

中共福建省委“中国这十年·福建”主题新闻发布会于今日15时在福州举行。本次发布主题是“全方位推进高质量发展，奋力把新福建宏伟蓝图变成美好现实”。发布会上，省委书记、省人大常委会主任尹力作主题发布，重点介绍党的十八大以来，在习近平新时代中国特色社会主义思想引领下，全省上下牢记习近平总书记嘱托，坚持以人民为中心，一张蓝图绘到底，全方位推进高质量发展的生动实践、显著成效。尹力还将与省委副书记、省长赵龙一同回答媒体记者提问。发布会由省委常委、宣传部部长张彦主持。

30日，央媒聚焦，看福建非凡十年。

中共福建省委“中国这十年·福建”主题新闻发布会在福州举行。人民日报、新华社、中央广播电视总台、光明日报、经济日报、中国新闻社等多家央媒聚焦福建，纷纷推出重磅报道。

31日，省领导到宁德基层调研指导工作。

30—31日，副省长、省公安厅厅长黄海昆深入宁德基层一线，调研党的二十大安保维稳、夏季治安打击整治“百日行动”情况以及公安基层基础、执法规范化建设等工作，看望慰问民警辅警。

31日，尹力、赵龙与“人民满意的公务员”和“人民满意的公务员集体”我省受表彰对象座谈。

省委书记尹力、省长赵龙在福州与全国“人民满意的公务员”和“人民满意的公务员集体”我省受表彰对象座谈，并与大家合影留念。尹力强调，全省广大公务员要认真学习贯彻习近平总书记重要指示精神，贯彻落实党中央决策部署，以先进典型为标杆，牢记使命责任，勇于担当作为，做人民公仆、为人民服务、让人民满意，以无愧于党、无愧于人民、无愧于时代的优秀业绩，为全方位推进高质量发展作出更大贡献。

31日，赵龙赴泉州市检查全面从严治党主体责任落实情况。

根据省委统一部署，今日，省委副书记、省长赵龙赴泉州市开展2022年全面从严治党主体责任落实情况检查并进行集体约谈，强调要深入学习贯彻习近平总书记关于全面从严治党重要论述，永葆“赶考”的清醒和坚定，坚持不懈把全面从严治党向纵深推进，以高质量党建引领经济社会高质量发展。省委常委、泉州市委书记刘建洋参加。

31日，全省基层社工站建设有了规范化标准。

为进一步加强全省乡镇（街道）社会工作服务站规范化建设，提高基层社会工作服务站建站质效，提升专业服务水平，省民政厅日前出台《福建省乡镇（街道）社会工作服务站规范化建设评估指引（试行）》，将围绕乡镇（街道）社会工作服务站如何建设落地、如何运作管理、如何提供服务等核心问题，设置了基础建设、制度建设、运营投入、运营管理、服务提供与运营绩效六大评估模块，明确党建引领、资金保障、日常监测管理、服务资源联动等重点任务。

（摘编：康明辉）

九月

1 日，省政府召开常务会议。

省长赵龙主持召开省政府常务会议，认真贯彻落实党中央、国务院决策部署以及省委工作要求，审议通过《福建省加快推进政务服务标准化规范化便利化的实施方案》《福建省地方政府储备粮安全管理办法（草案）》，通过《福建省公安机关警务辅助人员管理条例（草案）》，研究第二十二届中国国际投资贸易洽谈会筹备等工作。

1 日，福建实施反恐法办法今起施行。

《福建省实施〈中华人民共和国反恐怖主义法〉办法》9 月 1 日起施行。8 月 31 日，省政府新闻办召开专题新闻发布会，通报《办法》出台背景、主要内容和贯彻实施举措等情况。省人大常委会法工委，省反恐办、公安厅和司法厅有关负责人回答提问。

1 日，我省启动住户调查大样本轮换工作。

国家统计局福建调查总队消息，2022 年福建省住户调查大样本轮换工作已于日前启动。现行的调查样本将在今年 11 月 30 日退出调查，新轮换抽取的居民家庭将作为 2023 年至 2027 年记账周期的调查样本。

2 日，省防指：进一步抓好防台风各项工作。

福建省防指消息，面对今年第 11 号台风“轩岚诺”（超强台风级）逐渐逼近，省防指要求，各地各部门要深入贯彻落实省委、省政府工作要求和国家防总工作部署，进一步抓好防台风各项工作。

3 日，省领导检查全面从严治党主体责任落实情况。

按照省委统一部署，连日来，省委书记尹力，省委副书记、省长赵龙，省委副书记、政法委书记罗东川等省领导分别带队赴部分设区市、平潭综合实验区和省委台港澳办、省民政厅、省农信联社、福建日报社（报业集团）、福建中医药大学，开展 2022 年全面从严治党主体责任落实情况检查并进行集体约谈。

3 日，2022 年度福建省十大法治人物和十大法治事件推荐评选活动启动。

为深入学习贯彻习近平法治思想，弘扬宪法精神，大力宣传法治先进典型，凝聚法治力量，助力打造法治强省，建设更高水平的法治福建，近日，由省委全面依法治省委员会办公室、省委宣传部、省委政法委、省人大常委会办公厅、省司法厅、省法学会主办，福建法治报社承办的 2022 年度福建省十大法治人物和十大法治事件推荐评选活动正式启动。

3 日，我省集中招聘高层次和紧缺急需人才。

为加大人才引进力度，吸引各类人才来闽创业创新，省人社厅日前下发《关于开展 2022 年高层次和紧缺急需人才招聘活动的通知》，我省将于 9 月至 12 月集中开展 2022 年高层次和紧缺急需人才招聘活动，采取全职引进和柔性引进相结合等方式，广泛吸引人才来闽创业创新。

3日，中央财政助力我省居家和社区基本养老服务提升。

福建省财政厅消息，近日，中央财政下达我省专项彩票公益金3897万元，支持厦门市、三明市实施居家和社区基本养老服务提升行动项目。资金主要用于建设家庭养老床位、为失能和部分失能老年人提供上门服务等，推动形成成本可负担、方便可及的普惠型养老服务，提升老年人生活幸福感。

3日，我省举行纪念中国人民抗日战争胜利77周年活动。

由福建省新四军研究会、福建省闽粤赣边区革命史研究会等单位举办的纪念中国人民抗日战争胜利77周年活动在福州三山人文纪念园英雄广场举行。

4日，福建党政代表团赴宁夏考察并召开闽宁协作第二十六次联席会议。

3—4日，省委书记尹力、省长赵龙率领福建党政代表团赴宁夏回族自治区学习考察并召开闽宁协作第二十六次联席会议，共同深入学习贯彻习近平总书记关于东西部扶贫协作的重要论述，更高质量推动闽宁协作，续写新时代“山海情”，以实际行动忠诚拥护“两个确立”、坚决做到“两个维护”，迎接党的二十大胜利召开。宁夏回族自治区党委书记梁言顺、自治区主席张雨浦、自治区政协主席崔波参加有关活动。

4日，全省首家国家知识产权局专利检索咨询中心代办处揭牌运营。

厦门市市场监督管理局消息，近日，国家知识产权局专利检索咨询中心厦门代办处在海丝中央法务区自贸先行区“知识产权CBD”正式揭牌运营。

4日，我省全面推进村（居）民委员会公共卫生委员会建设。

为进一步加强村（居）民委员会公共卫生委员会建设，提高我省应对突发重大公共卫生事件的能力和水平，省民政厅、省卫健委日前联合下发《关于全面推进村（居）民委员会公共卫生委员会建设的通知》，力争至2022年底，实现公共卫生委员会机制全覆盖、能力普遍提升、作用有效发挥，初步建立起常态化管理和应急管理动态衔接的基层公共卫生管理机制。

5日，省委常委会召开会议。

省委书记尹力主持召开省委常委会会议，认真学习贯彻习近平总书记在8月30日中央政治局会议上的重要讲话、向2022年中国国际服务贸易交易会致贺信精神，研究我省贯彻落实措施；部署推进疫情防控、信访维稳、公务员队伍建设等工作，听取第二十二届中国国际投资贸易洽谈会筹备情况汇报。

5日，2022年福建省暨福州市食品安全宣传周启动。

上午，由福建省食品安全委员会办公室、福州市食品安全委员会办公室联合主办，省市区三级食安委相关成员单位协办的“共创食安新发展　共享美好新生活”2022年福建省暨福州市食品安全宣传周活动启动仪式在榕举行。副省长郑建闽出席启动仪式。

5日，“提升我省红色文化遗产保护利用水平”协商式民主监督会议召开。

“提升我省红色文化遗产保护利用水平”协商式民主监督会议在福州召开。会上，省政协课题调研组汇报协商式民主监督情况。省直有关部门与部分民主党派省委会负责同志、政协委员、专家学者协商对话，就进一步做好我省红色文化遗产保护利用的工作重点和思路举措凝聚共识。

5日，我省打击整治养老诈骗专项行动取得阶段性成效。

省政府新闻办公室召开新闻发布会，通报我省打击整治养老诈骗专项行动总体情况、创新举措，发布一批典型案例及预警提示。省打击整治养老诈骗专项行动办公室有关负责同志参加发布会，介绍相关情况并回答记者提问。今年4月以来，我省共收到12337平台线索1400多条，研判有效线索469条；我省先后破获养老诈骗案件1258起，排查整治完成346个养老诈骗问题隐患，立案数、破案率、八个领域整治率等指标均位于全国前列，取得阶段性明显成效。

5日，把公安政务服务做到百姓心坎上。

“牢记使命　奋斗为民”系列主题新闻发布会

举行，省公安厅有关负责人介绍我省公安机关坚持以人民为中心，深化公安“放管服”改革、助力优化营商环境等情况。

6日，省直机关援琼医疗队员结束休整。

晚上，省直机关工委休整工作专班挥手送别最后8名休整队员，至此，58名省直单位援琼医疗队员全部结束休整。

6日，漳州圣杯屿元代海船水下考古准备工作就绪。

经过十几天的前期施工，目前漳州圣杯屿元代海船水下考古准备工作已就绪，即将全面展开发掘，有望为研究元代海上丝绸之路等历史课题提供重要的考古资料。本次发掘的元代海船水下遗址位于漳州圣杯屿海域，其位置正处于古代海上丝绸之路南洋航线和东洋航线的交汇处。2014年、2016年和2021年，相关部门先后实施3次水下调查。目前已基本明确遗址的保存状态，船体残长13.07米，残宽约3.7米，尚存六道隔舱板，推测至少有七个船舱，隔舱板厚度约8厘米，船舱内发现有成摞的瓷器堆积。2021年进行的最近一次水下调查，在遗址周边和船舱内采集到瓷器标本近700件。

6日，2022网安周举办。

6—12日，由省委宣传部、省委网信办、省教育厅、省工信厅、省公安厅、省广播电视局、省总工会、团省委、省妇联、中国人民银行福州中心支行、省通信管理局联合主办的2022年国家网络安全宣传周福建省活动在全省统一开展。全省各地广泛宣传网络安全政策法规和相关知识、着力提升全民网络安全防护技能，充分展现我省网安工作成果，进一步推进网信产业融合发展。

7日，省直机关开展“福行八闽·‘救’在身边”慈善关爱文明实践活动。

5日是我国第七个“中华慈善日”。9月7日，省委省直机关工委、省红十字会在屏山大院联合举办“福行八闽·‘救’在身边”2022年福建省直机关慈善关爱文明实践活动，助力公益慈善事业。

8日，福建省第三届“最美教师”暨特级教师表彰仪式举行。

在第38个教师节来临之际，福建省第三届“最美教师”暨特级教师表彰仪式举行。省委常委、宣传部部长张彦，省人大常委会副主任吴洪芹，省政府副省长郑建闽，省政协副主席薛卫民出席活动。会上，省政府授予方齐珍等220位同志特级教师称号，集体追忆“全国最美教师”陈炜同志的先进事迹。与会领导为邱火星等10名福建省第三届“最美教师”获得者和黄志群等20名提名奖获得者颁奖。

8日，第二十二届中国国际投资贸易洽谈会开幕。

全国人大常委会副委员长张春贤在厦门出席第二十二届中国国际投资贸易洽谈会开幕式并发表主旨演讲。本届投洽会将举办41场重要的会议论坛研讨活动，联合国工发组织以及韩国、日本、奥地利等48个国家和地区的使领馆、商协会和投资促进机构参展，国内的26个省、自治区、直辖市参展。

9日，“忠诚在心 清正家风”省直机关家风家训家教主题宣传教育活动举办。

上午，省委省直机关工委在福州举办“忠诚在心 清正家风”省直机关家风家训家教主题宣传教育活动。省直机关工委有关负责同志参加活动。

9日，尹力、赵龙教师节前夕看望慰问人民教师。

第三十八个教师节来临之际，省委书记尹力、省长赵龙分别前往莆田、厦门的部分学校看望慰问人民教师，向他们致以节日祝贺和诚挚祝福，勉励广大教师为加快我省教育事业发展、为中国特色社会主义现代化建设作出更大贡献。尹力希望全省广大教师认真学习贯彻习近平总书记给北京师范大学“优师计划”师范生回信精神，坚定理想信念，牢记立德树人初心，当好学生成长的引路人，争做有理想信念、有道德情操、有扎实学识、有仁爱之心的“四有”好老师，努力培养德智体美劳全面发展的社会主义建设者和接班人。

9日，我省公安机关掀起“百日行动”凌厉攻势。

晚上开始，我省公安机关开展夏夜治安巡查宣防第三次集中统一行动，投入警力78630人次，全力护航重点路段、重点部位、重点场所。

9日，庆祝中韩建交30周年闽韩友好交流之夜活动在闽举行。

庆祝中韩建交30周年闽韩友好交流之夜活动在福州举行。省委常委、常务副省长郭宁宁，韩国驻广州总领事韩在爀出席活动并致辞。本次活动由福建省人民政府外事办公室与韩国驻广州总领事馆共同举办，是庆祝中韩建交30周年的系列活动之一。

10日，中华全国数字化人才培育联盟成立。

中国元宇宙产业人才峰会在厦门举办。会上，中华全国数字化人才培育联盟正式成立，联盟首批合作项目签约。

10日，省领导看望慰问福建警察学院教师代表。

在第三十八个教师节来临之际，副省长、省公安厅厅长黄海昆到福建警察学院看望慰问教师代表，向广大教师致以节日问候和崇高敬意，勉励他们始终牢记习近平总书记重要训词精神，忠实践行“对党忠诚、服务人民、执法公正、纪律严明”总要求，为服务公安工作和队伍建设发展作出新的更大贡献。

11日，省防指要求进一步做好台风“梅花”防御工作。

福建省防指消息，面对今年第12号台风“梅花”逐渐逼近，省防指要求，各地各部门要密切关注台风动向及变化，及时研判，提早部署，加强防范。正值假期，切不可松懈麻痹，要做好船舶回港避风和岸上防汛防台风工作，切实做到万无一失。第12号强台风“梅花”将以每小时5—10公里的速度向西北方向移动，强度逐渐增强，最强可达50—55米/秒（15—16级，强台风级或超强台风级），12日在台湾以东洋面缓慢北上，13日进入我省外海渔场，路径距离我省最近250公里左右，将影响我省闽东渔场、闽外渔场、闽中渔场东部、钓鱼岛海域及宁德市沿海。

12日，我省大力培育发展社区社会组织。

福建省民政厅日前出台《关于推进福建省社区社会组织高质量发展的实施意见》。根据《意见》，我省将在公益慈善、生活服务、社区事务、文体活动等领域培育一批有活力、有公信力、有品牌影响力的优秀社区社会组织，建立与城乡社区发展相适应，党建引领、结构合理、功能完善、作用明显的社区社会组织体系。

13日，全省扫黑除恶常态化推进会召开。

全省扫黑除恶常态化推进会近日召开。会议传达学习了全国第四次扫黑除恶常态化推进会精神，对抓紧抓实今年扫黑除恶“十件实事”以及开展教育、金融放贷、市场流通等行业领域整治工作进行部署。省委副书记、政法委书记罗东川出席会议并讲话。

13日，全省首个“党建+”联域邻里中心成立。

近日，全省首个“党建+”联域邻里中心在泉州市泉港区涂岭镇寨后村揭牌，标志着泉港涂岭镇、洛江罗溪镇、仙游园庄镇三地携手共建的领域进一步深化拓展。

14日，省政府召开常务会议。

省长赵龙主持召开省政府常务会议，认真贯彻落实党中央国务院决策部署以及省委工作要求，审议通过《福建省行政许可事项清单（2022年版）》《福建省社会科学优秀成果奖励办法（修订草案）》，审议《福建省消防条例（修订草案）》。

14日，我省打击治理金融违法犯罪成效显著。

福建省政府新闻办公室召开“遏制金融违法犯罪　筑牢金融安全屏障”专题新闻发布会，邀请人行福州中心支行和部分金融机构，介绍我省金融机构织密金融行业风险防控网，配合打击、有力遏制金融违法犯罪行为，牢牢守护人民群众“钱袋子”，净化我省金融生态环境的做法和成效。有关部门坚持源头管控，强化预警防控，持续推进打击治理电信网络违法犯罪工作。今年1月至8月，我省月均涉诈账户数降幅达27.41%。

14日，中国剧协首次在闽举办戏剧教育专业人才培训班。

“全国中小学戏剧教育推广计划”——中国剧协2022年福建省戏剧教育专业人才培训班在厦门实验中学开班。培训班由中国戏剧家协会、福建省文联、省教育厅和中国戏曲学院等联合主办，是中国剧协首次在闽举办戏剧教育专业人才培训班。

14日，2022年全国科普日福建省主场活动启动。

2022年全国科普日福建省主场活动在福州启动。今年全国科普日以“喜迎二十大，科普向未来”为主题。福建省主场活动启动仪式上举行了授牌仪式，为第四批省科协科技小院、第四批省科技馆分馆、第五批闽江科学传播学者授牌，并举行了“典赞·2022福建科普”发布仪式，正式发布了年度十佳科普教育基地、十佳科技辅导员、十佳科学传播人物。同期还在福州举办了科普摄影展、科普创作大赛作品展、科学知识竞赛等，带动全省各地掀起科普活动热潮。9月14—21日期间，集中示范活动将在全省各地同时开展。

15日，全球首次发现洞穴“海贝石”奇观。

日前，中国地质调查局岩溶地质研究所洞穴调查团队在连城县冠豸山国家地质公园赖源溶洞景区发现洞穴“海贝石”的钟乳石奇观。中国地质调查局岩溶地质研究所专家表示，洞穴“海贝石”形成条件极为苛刻，在岩溶洞穴中十分罕见。这类钟乳石目前并未在国内外其他洞穴有过类似发现报道，系国内乃至全球首次发现。

15日，省防指要求做好第14号台风“南玛都”防御工作。

福建省防指消息，今年第14号台风“南玛都”于14日2时在西北太平洋洋面上生成，20时加强为强热带风暴；15日14时加强为台风。15日14时中心位于闽外渔场东偏南方向约1200公里的西北太平洋洋面上，近中心最大风力12级（33米/秒）。预计，“南玛都”将以每小时10—15公里的速度向西北方向移动，强度逐渐增强。受其影响，17日下午至18日闽外渔场将出现7—8级阵风9—10级大风和5.0米的巨浪。省防指要求，各地各有关部门要迅速传达贯彻落实省领导批示和工作部署，扎实做好防台风各项工作。

15日，第二届东南法治论坛举行。

以“学习贯彻习近平法治思想　推进法治化营商环境建设”为主题的第二届东南法治论坛在泉州市举行。全国人大宪法和法律委员会副主任委员信春鹰出席论坛并作主旨演讲，全国人大宪法和法律委员会副主任委员、中国法学会副会长江必新作视频演讲。本届论坛设主论坛和四个分论坛。会上为获奖论文作者和优秀组织单位进行了颁奖。全省政法系统、高校和科研机构、企业代表共160人参加论坛。

15日，尹力在龙岩调研。

14—15日，省委书记尹力深入龙岩漳平市、武平县、永定区，走进美丽乡村、林改策源地，察看重点项目、产业园区，走访革命红色小镇、世界文化遗产，实地调研推进老区苏区发展。尹力强调，要深入学习贯彻习近平总书记重要讲话重要指示精神，传承红色基因，牢记初心使命，巩固拓展脱贫攻坚成果，因地制宜推进乡村振兴，加快老区苏区高质量发展，以实际行动迎接党的二十大胜利召开。

16日，纪念福建省苏维埃政府成立90周年大会召开。

纪念福建省苏维埃政府成立90周年大会在龙岩长汀举行。省委书记尹力出席大会并讲话，强调要以习近平新时代中国特色社会主义思想为指导，发扬伟大建党精神、苏区精神，传承红色基因、赓续红色血脉，不忘初心、牢记使命，以史为鉴、开创未来，坚定走好新的赶考之路，奋力谱写全面建设社会主义现代化国家福建篇章，以实际行动迎接党的二十大胜利召开。省委副书记、省长赵龙主持大会。省政协主席崔玉英出席。

16日，纪念福建省苏维埃政府成立90周年理论研讨会召开。

纪念福建省苏维埃政府成立90周年理论研讨会在龙岩长汀召开。省人大常委会党组书记、副主任梁建勇出席会议并讲话。9位专家学者围绕总结苏区民主建设经验，推动革命老区振兴发展在会上进行了视频主旨发言和研讨交流。

16日，高质量气象服务人民美好生活。

“牢记使命　奋斗为民”系列主题新闻发布会省气象局专场在福州举行。发布会上消息，党的十八大以来，福建省气象部门坚持人民至上、生命至上，为福建高质量发展和人民美好生活提供有力的气象服务保障，气象现代化水平从全国第15跃居全国第4。不久前，中国气象局与省政府签订了第三轮省部合作协议，把福建列为全国首批气象高质量发展先行试点省。

16日，科研失信行为责任主体将被严惩。

《福建省科技计划项目科研诚信管理办法（暂行）》日前出台，造假申报、串通评审、套取财政资金、编造科学技术成果、从事学术论文买卖、接受“打招呼”“走关系”等失信行为的责任主体都将受到严惩。涉嫌违反党纪政纪、违法犯罪的，将移交有关机关处理。

17日，曲剧《林则徐在北京》福建站公益演出正式启动。

上午，曲剧《林则徐在北京》福建站公益演出活动在福州市林则徐纪念馆正式启动。国家禁毒委副主任曾伟雄，副省长、省禁毒委主任黄海昆，省级老同志、林则徐后人林强出席活动。

17日，福建省国家统一法律职业资格考试客观题开考。

福建省2022年国家统一法律职业资格考试客观题（计算机化考试）开考。副省长黄海昆以及相关部门负责人在福建师范大学旗山校区考场巡考。本次客观题考试共设置9个考区，13个考点，198个考场（含30个备用、隔离考场）。全省客观题考试报名人数17521人（港澳台86人，其中，台湾41人、香港41人、澳门4人），创历史新高。主观题考试时间为10月16日。今年报名人员中，最大年龄74岁，最小年龄18岁，平均年龄30岁。

19日，8月份我省居民消费价格同比上涨2.4%。

国家统计局福建调查总队消息，8月份，全省居民消费价格（CPI）同比上涨2.4%。其中，食品价格同比上涨6.6%，非食品价格同比上涨1.4%；消费品价格同比上涨3.7%，服务价格同比上涨0.3%。1—8月平均，比上年同期上涨1.7%。

19日，2022年福建省暨福州市欢送新兵活动举行。

上午，2022年福建省暨福州市欢送新兵活动在福州火车站北广场举行。副省长李建成，省军区副司令员郑福源少将等军地领导出席欢送活动。当天，首批205名新兵带着家乡父老的殷切期盼和美好祝福，即将奔赴陆军、海军、空军、武警等单位，开启军旅生涯。

20日，首届八闽英烈讲解员大赛落幕。

由省委宣传部、省退役军人事务厅、福建广电网络集团主办的我省“光大杯”首届八闽英烈讲解员大赛总决赛举行，来自全省各地的19名英烈讲解员参赛。经过激烈角逐，漳州市选手张婷姝获专业组一等奖，泉州市选手陈芳菲获志愿组一等奖。

20日，第十七届省运会11月6日开幕。

福建省政府新闻办召开的新闻发布会消息，福建省第十七届运动会将于11月6日在南平市体育中心开幕，于11月13日举行闭幕式。此外，第十一届老年人体育健身大会将于11月20日开幕。本届省运会共设置青少年部、社会俱乐部、群众部、行业部、大学生部等5个部，共计80个大项、1307个小项，将有近3万人参赛。

21日，省委常委会召开会议。

省委书记尹力主持召开省委常委会会议，强调要认真学习贯彻习近平总书记重要讲话重要指示精神，切实把思想和行动统一到党中央决策部署上来，全面落实“疫情要防住、经济要稳住、发展要安全”重要要求，科学精准落实疫情防控措施，抓好安全生产、防灾减灾等工作，确保全省经济发展稳中有进，确保人民群众生活和社会大局和谐稳定。

21日，我省第十五个民族团结进步宣传月主题活动启动。

由省委宣传部、省委统战部、省民族与宗教事务厅共同主办的福建省第十五个民族团结进步宣传月主题活动启动仪式在华安县举办，此次活动以“福籽同心爱中华”为主题。

21日，全国基层关工委建设工作座谈会在福州召开。

全国基层关工委建设工作座谈会在福州召开，中国关工委主任顾秀莲出席并讲话，中国关工委常务副主任兼秘书长张玉台主持，福建省委常委、统战部部长王永礼致辞，中国关工委常务副主任吴德刚出席。

21日，全省市域社会治理现代化试点工作经验交流会召开。

全省市域社会治理现代化试点工作经验交流会召开。会议贯彻落实全国试点工作交流会和试点创新研讨班部署要求，总结交流我省试点工作经验，推进试点工作高质量发展和平安福建建设。省委副书记、政法委书记罗东川出席会议并讲话。

22日，省属高校首获国家自然科学基金创新研究群体项目。

国家自然科学基金委员会近日公布2022年度国家自然科学基金集中申报期项目评审结果，由福州大学江莉龙研究员牵头申报的“氨能源催化工程”创新研究群体项目获得资助，直接经费1000万元，实现了该校在国家自然科学基金创新群体项目上零的突破。这也是我省省属高校首次获批国家自然科学基金创新研究群体项目。

22日，省运会线上火炬传递活动启动。

福建省第十七届运动会“圣火传递·点燃省运激情”线上火炬传递活动在南平启动。中国男子举重队队员、世锦赛冠军丁建军成为首棒火炬手。本次线上火炬传递活动将以微信小程序进行传播，以省运会吉祥物“楠楠”和“萍萍”为虚拟火炬手原型展开，线上火炬传递融入南平元素特色，突破时空限制，让关注省运会的广大群众都可以参与传递省运圣火、共襄盛会精彩。

22日，福建统战工作会议召开。

福建省委统战工作会议在福州召开。省委书记尹力出席会议并讲话，强调要深入学习贯彻习近平总书记关于做好新时代党的统一战线工作的重要思想，贯彻落实中央统战工作会议精神，坚持围绕中心、服务大局，坚持与时俱进、守正创新，巩固发展最广泛的新时代爱国统一战线，为新发展阶段新福建建设汇聚强大力量。省委副书记、省长赵龙主持。省政协主席崔玉英出席。

23日，我省研发猴痘病毒检测试剂盒并取得欧盟CE认证。

日前，福建师范大学生命科学学院欧阳松应教授团队联合福建佰孟医学科技有限公司，成功研发猴痘病毒荧光PCR检测试剂盒（荧光探针法），并取得欧盟CE认证，获得在欧盟国家以及认可欧盟CE认证国家的销售资格。

23日，“喜迎党的二十大”福建省主题书法、美术、传统工艺、红色文化联展开幕。

“喜迎党的二十大”福建省主题书法、美术、传统工艺、红色文化联展开幕式在福州举行。省委常委、宣传部部长张彦出席并讲话，副省长李建成，省政协副主席阮诗玮，全国人大华侨委委员、省人大书画院院长叶双瑜出席开幕式。

23日，省青年工作联席会议第三次全体会议召开。

我省召开省青年工作联席会议第三次全体会议，研究部署《福建省中长期青年发展规划（2018—2025年）》实施中期评估和福建省青年发展型城市建设试点工作。省委常委、统战部部长王永礼出席会议并讲话，副省长郑建闽主持会议。

25日，全省疫情防控工作视频会议召开。

全省疫情防控工作视频会在福州召开，对做好国庆假期及前后疫情防控工作进行再部署再细化再落实。副省长林文斌主持会议并讲话。

25日，国家一级重点保护野生动物勺嘴鹬今秋首次光顾福建。

福建省观鸟会调查员在闽江河口湿地鸟类调查活动中，观测到一只勺嘴鹬。这是今年秋冬季福建省首次记录到这一全球极度濒危物种。勺嘴鹬是国家一级重点保护野生动物，目前全球仅有600多只。

26日，首届福建省国防动员“最美人物”颁奖仪式举行。

“喜迎二十大　奋进新征程——首届福建省国防动员‘最美人物’颁奖仪式”在福州举行。省委副书记、政法委书记罗东川，省委常委、省军区少将政治委员宋鸿喜，副省长李建成出席仪式。

27日，省政协召开重点提案办理“三结合”座谈会

省政协重点提案《关于扶持畲族医药发展的建议》办理“三结合”座谈会在福州召开。

会上，提案单位、少数民族界别委员、相关研究和从业人员代表与提案主办、协办单位及省直相关部门负责同志交流互动，为扶持畲族医药发展建言献策。主办方首次将沉浸式体验活动带入会场，通过集中展示部分畲族医药非遗项目和畲药产品，让与会人员感受畲族医药的文化魅力和诊疗效果，切实增进共识。

27日，“奋进新时代”主题成就展在京开展。

为迎接党的二十大胜利召开，今日，“奋进新时代”主题成就展在北京展览馆盛大开幕。当天，福建展区聚焦高质量发展成就，在主题展中清新亮相。本次展览将持续至2022年12月31日。

27日，省委政法委员会2022年第八次全体会议召开。

省委政法委员会召开2022年第八次全体会议，传达学习全国打击整治养老诈骗专项行动总结会等有关会议精神，研究部署我省贯彻落实意见。

省委副书记、政法委书记罗东川主持会议并讲话。

27日，省防指会商部署我省当前防汛抗旱工作。

下午，省防指组织应急、水利、气象、农业农村、工信、住建、生态环境等部门会商，分析研判我省当前防汛抗旱形势，部署相关工作。会商指出，年初以来，全省平均降水量1428.2毫米，较常年同期偏少43%，较去年同期偏多15.9%；主要江河径流量723.56亿立方米，较常年同期偏多1%，较去年同期偏多67%；142座大中型水库蓄水总量96.52亿立方米，较常年同期偏少4%，较去年同期偏多9%。7月以来，我省持续干燥少雨，河道来水偏少，部分地方出现气象干旱。全省有40个县（市、区）出现重度及以上等级的气象干旱，其中15个县（市、区）出现气象特旱。

28日，电影《相见在鸾峰桥》在榕首映。

由省委宣传部、省电影局指导的“福影耀八闽，喜迎二十大”优秀展映影片《相见在鸾峰桥》首映式在福州大戏院举行。《相见在鸾峰桥》是一部缘于下党、礼赞八闽，展现“闽东特色乡村振兴之路”的主旋律电影作品。影片以习近平总书记给下党乡亲们的回信为创作背景，以推进下党乡从脱贫攻坚迈向乡村振兴的“下党实践”“宁德模式”为主线，讲述了青年一代在老一辈人精神影响下的创业历程和下党乡的幸福嬗变。

28日，共建美丽福建，同圆安居梦想。

“牢记使命　奋斗为民”系列主题新闻发布会省住建厅专场举行。省住建厅有关负责人介绍近十年来我省住房和城乡建设的发展情况和取得的成就。住建事业既关乎经济发展大局，也和百姓生活息息相关。党的十八大以来，我省坚持以人民为中心，以百姓获得感、幸福感、安全感为落脚点，全方位推进住房城乡建设高质量发展。

28日，省法院评选出108名审判业务专家。

第三届福建省审判业务专家颁证仪式举行，省法院院长金银墙和省政法委有关负责同志出席。为带动促进全省法院队伍素质整体提升，今年7月起，省法院参照“全国审判业务专家”评选标准，突出政治标准、注重审判业绩、强调实践导向，经申报推荐、专业评审、党组审定、公示等程序，“优中选优”评选出108名审判业务专家。

28日，福建省第十六届“书香八闽”全民读书月启动。

福建省第十六届“书香八闽”全民读书月启动仪式在福州举行，省委常委、宣传部部长张彦出席。启动仪式上举行了颁奖仪式，向福建省全民阅读优秀项目获奖单位以及“喜迎二十大，奋进新征程，书香伴我行”青少年读书征文、家庭阅读短视频大赛、2022年度“闽版好书”获奖代表颁奖，并向福州市鼓楼区10个社区“新思想”书屋捐赠书籍。现场还进行了全民阅读共建合作签约仪式，省退役军人事务厅与海峡出版发行集团签订“加强拥军优属、推动全民阅读”共建协议，福州市鼓楼区委宣传部与福建新华发行集团福州分公司签订“全民阅读·书香鼓楼”建设战略合作协议。

28日，全省打击整治养老诈骗专项行动总结会召开。

全省打击整治养老诈骗专项行动总结会召开。会议传达学习贯彻全国总结会精神，总结我省专项行动的成效经验，部署常态化开展打击整治养老诈骗工作。省委副书记、政法委书记罗东川出席会议并讲话，副省长、省公安厅厅长黄海昆主持会议。

28日，第七季“一‘马’当先”知识竞赛圆满收官。

第七季福建省高校大学生学习马克思主义理论“一‘马’当先”知识竞赛总决赛在福建师范大学举行。省委常委、宣传部部长张彦出席并为获奖高校和个人颁奖。在各高校初赛的基础上，省级竞赛分晋级赛和总决赛两个阶段，竞赛活动涵盖全省所有高校，共吸引20余万人次参加。晋级赛通过线下相对集中、线上统一竞答的方式，产生研究生组、本科生组、高职高专学生组十强队伍入围总决赛。总决赛以现场竞答方式进行，分别角逐出研究生组、本科生组、高职高专学生组个人和团体一、二、三等奖。

29日，“闽山闽水物华新——迎接党的二十大主题成就展”开幕。

为迎接党的二十大胜利召开，“闽山闽水物华新——迎接党的二十大主题成就展”在福建省革命历史纪念馆开幕，省委常委、宣传部部长张彦，省委常委、常务副省长郭宁宁参观展览。此次展览紧扣“奋进新时代”主题，以2021年3月习近平总书记在福建考察时提出的“一个篇章，四个更大”为主线，共分为“把新福建宏伟蓝图变为现实”“加快建设现代化经济体系”“服务和融入新发展格局”“探索海峡两岸融合发展新路”“创造高品质生活”五部分，多维度、多领域展示党的十八大以来福建重大发展成就。除传统图片、视频等展示形式之外，展览突出展示新能源、新材料、新技术，突出展示“实践之树”“全福游”“福见百业”等互动项目，通过立体化展示和体验，把为人民群众谋福祉的初心使命和担当作为贯穿始终，把为人民幸福建功立业的“福”文化精髓贯穿始终。

29日，省领导到福州调研督导安保维稳工作。

省委副书记、政法委书记罗东川到福州市调研督导，强调要认真贯彻党中央决策部署和省委工作要求，坚决扛起政治责任，以最高标准、最严要求、最实措施全力以赴防风险、保安全、护稳定，确保党的二十大安保维稳各项工作万无一失。

29日，福建与日本长崎庆祝结好四十周年。

我省与日本长崎县结好四十周年庆祝活动举行。省长赵龙，日本长崎县知事大石贤吾通过视频连线出席活动并致辞。中国驻日本大使孔铉佑、日本驻华大使垂秀夫视频致辞。省委常委、常务副省长郭宁宁，中国驻长崎总领事张大兴出席。

30日，省领导检查节日市场供应、疫情防控和安全生产工作。

副省长李建成带队在福州走访永辉超市奥体店、华威新西营里农产品交易中心，了解肉蛋菜水产品等主要副食品供应情况，检查疫情防控措施、消防设备维护、消控中心人员持证上岗等情况。

30日，省公安厅举行向公安烈士敬献花篮仪式。

上午，省公安厅在福建公安英烈纪念园举行向福建公安烈士敬献花篮仪式。副省长、省公安厅厅长黄海昆和省公安厅民警、公安院校师生、少先队员代表一起，向公安英烈纪念碑敬献花篮，缅怀为捍卫政治安全、维护社会安定、守护人民安宁而英勇献身的公安英烈。新中国成立以来，我省共有521名公安民警光荣牺牲，其中186名被批准为革命烈士。

30日，省政协喜迎中共二十大胜利召开书画展开幕。

由省政协和福州市政协联合举办的“丹心向党——喜迎中国共产党第二十次全国代表大会胜利召开书画展”在榕开幕。省政协主席崔玉英出席开幕式并致辞。

30日，全省网络市场监管厅际联席会议举行。

上午，省网络市场监管厅际联席会议在福州举行。会议指出，要强化平台指导，规范平台经营行为，督促平台经营者严格落实主体责任，各平台企业要切实维护好平台内经营者、网购消费者以及外卖送餐员根本利益，要自觉确保实名登记、安全查验制度等落到实处，防止禁寄物品进入寄送渠道。

30日，原创民族歌剧《山海情》在京首演。

由国家大剧院与中共北京市委宣传部、中共福建省委宣传部、中共宁夏回族自治区委员会宣传部联合出品，东阳正午阳光影视有限公司荣誉出品的原创民族歌剧《山海情》在国家大剧院首演，再现闽宁镇发展传奇。根据同名电视剧改编推出的原创民族歌剧《山海情》，聚焦20世纪90年代以来宁夏西海固人民的脱贫变迁史。在“闽宁模式”下，曾经贫困的西海固破茧化蝶，成为百姓富足、安居乐业的特色小镇。

30日，“建功新时代、喜迎二十大”2022年省直机关公文写作技能竞赛在福州举行。

由省委省直机关工委主办，省直机关工会工委承办的“建功新时代、喜迎二十大”2022年省直机关公文写作技能竞赛在福州举行。本次技能竞赛共有97个省直单位和中直驻闽单位组队，共290多人参赛，分为集中闭卷竞赛与现场答题竞赛，在集中闭卷竞赛中获得团体分数前十的队伍参与现场答题竞赛。经过现场的激烈角逐，最终省市场监管局、国家统计局福建调查总队两支代表队获得金奖，省委统战部、省纪委监委、省政府办公厅等8支代表队分获银奖、铜奖。竞赛还产生个人一等奖20名、二等奖30名、三等奖47名。

（摘编：彭金龙）

十月

1日，“奋进新时代”主题成就展福建展区侧记。

国庆节，正在北京展览馆展出的“奋进新时代”主题成就展福建展区又迎来一波参观高峰，参观者络绎不绝，人气“爆棚”。一组数据证明福建展区的“超旺人气”：开展以来，12000多人次参观了福建展区；“百业福”拓福互动区合计送出3130张明信片；“全福游”互动体验打印订制车票1652张。参观者在福建展区全方位深度感受福建奋进新时代的辉煌十年。本次展览自9月27日起持续到12月31日，福建展区紧扣“奋进新时代”主题，在约180平方米的空间中铺陈立体画卷，多维度呈现党的十八大以来福建经济社会发展重大成就。

1日，国庆首日全省高速公路车流量同比增长83.8%。

福建省交通运输厅消息，国庆首日全省高速公路车流量大幅增长，出入口流量达251.8万辆次，同比增长83.8%，环比增长99.6%；其中，免费通行的小型客车出入口流量225.6万辆次，占总车流量的89.6%，同比增长101.3%，环比增长157.7%。国庆长假首日，全省道路客运量达59万人次，同比增长7.6%，累计发送客运班次2万班。全省水路客运量2.4万人次，同比增长323%。

1日，迟耀云任福建省委常委、省纪委书记。

日前，中共中央批准：迟耀云同志任福建省委委员、常委和省纪委书记；李仰哲同志另有任用。

2日，赵龙调研推进数字福建建设工作。

近日，省长赵龙在福州调研数字经济企业发展情况，召开省政府专题会议研究公共数据汇聚共享平台（政务云）建设有关工作。他强调，要深入学习贯彻习近平总书记重要讲话重要指示批示精神，按照数字中国、网络强国建设要求，坚持把数字福建建设作为基础性先导性工程，加快推进数据共享应用，做大做强做优数字政府、数字经济、数字社会，以数字赋能高质量发展，以实际行动迎接党的二十大胜利召开。省领导林宝金、郭宁宁参加有关活动。

6日，内外兼修聚贤才。

近年来，我省着眼于有效聚集产业人才，推动一批高水平科研院所、高校优秀团队落地，促使企业创新能力不断提升。目前，全省共培育产业领军团队68个，引进“高精尖缺”人才150多名，攻克一批“卡脖子”难题；培育省级制造业创新中心4家，引进高端人才1200多名；通过技能竞赛平台培养技能型人才超3万名。

8日，国庆期间全省社会安定治安平稳

今年国庆期间，全省公安机关坚决贯彻落实省委、省政府和公安部部署，统筹疫情防控和维护安全稳定工作，全警动员、全力以赴，狠抓各项措施落地落实，全省社会治安平稳有序，道路交通安全畅通。

8日，学习人民好公仆，建功八闽在今朝。

在党的二十大即将召开之际，党中央、国务院决定，授予397名同志全国“人民满意的公务员”称号；授予198个集体全国“人民满意的公务员集体”称号。福建有10名个人、5个集体获此殊荣。

9日，十一届省委第一轮第二批巡视完成反馈。

根据省委部署，2022年6月中旬至7月下旬，省委7个巡视组对省科学技术厅、省工业和信息化厅等14个省直单位党组织开展了巡视。近日，省委7个巡视组分别向本批巡视的14个省直单位党组织进行了反馈，传达学习省委书记尹力的讲话精神，通报巡视发现的问题，对巡视整改工作进行部署。

9日，坚持就业优先，保障民生福祉。

“牢记使命　奋斗为民”系列主题新闻发布会在福州召开。省人社厅有关负责人介绍了党的十八大以来全省人社事业发展情况。十年来，我省深入实施就业优先战略，全省城镇就业人数十年增加超500万人，失业率指标长期保持在控制目标内。尤其是新冠肺炎疫情发生以来，全省共落实稳就业相关政策资金超400亿元，惠及70万家企业、1000多万人，福建稳就业工作受到国务院办公厅通报表扬。

10日，福建医保为群众健康保驾护航。

“牢记使命　奋斗为民”系列主题新闻发布会在福州召开。省医保局有关负责人介绍了党的十八大以来，特别是2018年成立省医保局以来，我省医保部门在增进民生福祉方面所做的工作。数据显示，2021年全省基本医保参保人数3872万人，其中职工933万人、城乡居民2939万人，参保率稳定在95%左右。居民医保住院率从2012年的4.2%上升到2021年的13%。

10日，省级社会组织孵化基地揭牌启用。

福建省省级社会组织孵化基地正式揭牌启用。基地将采取“政府委托、专业团队管理、公众监督、社会组织受益”的模式，以孵化、培育、扶持社会组织为核心目标，对社会组织实行“入驻—孵化—评估—出壳”培育扶持。启动仪式上，9家社会组织签约入驻。

10日，上海市与三明市对口合作座谈会召开。

上海市与三明市对口合作座谈会在三明召开，上海市副市长彭沉雷、福建省副省长郑建闽出席并讲话。会议期间，上海市代表团一行参观考察了沪明有关合作项目。

10日，省市疫情防控工作视频会商会召开。

省应对疫情工作指挥部召开省市疫情防控工作视频会商会，对国庆假期后疫情防控工作进行会商部署。副省长林文斌主持会议并讲话。

11日，省直机关举行“闽山闽水物华新”喜迎党的二十大主题艺术党课。

由省委省直机关工委主办，省文化和旅游厅、省广播影视集团协办的“闽山闽水物华新”省直机关主题艺术党课在福州举行。党课以喜迎党的二十大胜利召开为主题主线，由《信仰的力量》《殷殷嘱托记心间》《永远在路上》3个篇章组成，通过重温党史、场景讲述、音诗画展示等多形式艺术呈现。

12日，我省开展出席党的二十大代表履职培训。

我省出席党的二十大代表履职培训班在福州举行。省委常委、组织部部长邢善萍出席开班式并讲话，来自生产和工作一线等方面的二十大代表参加培训班。

12日，我省出台省队运动员进校园、社区实施方案。

为了积极推动我省优秀运动员进中小学校、社区开展健身指导服务制度化、长效化，日前，省体育局出台《福建省队运动员进中小学校和社区开展健身指导服务长效化机制实施方案》提出，原则上各运动管理中心选派省运动队参与服务活动每年应不少于4次，省队运动员（正式运动员）参与服务活动每年应不少于6小时。

12日，《省属公益类科研院所基本科研项目管理办法》出台。

省科技厅日前修订印发《省属公益类科研院所基本科研项目管理办法》旨在激发科研人员创新积极性。《办法》明确专项资金使用方向，主要包括：科研院所根据自身技术优势或积累，自主选题开展能加快形成优势研究领域的基础研究和应用基础研究工作；围绕我省经济和社会发展需求，有重要应用前景或重大公益意义，有望取得较大突破的技术研究与开发；有利于培养科技创新团队和青年创新人才，推动协同创新的科研项目等。

12日，福建开展闽台族谱宗亲交流数字平台建设调研。

近日，福建开展闽台族谱宗亲交流数字平台建设调研，并座谈交流。参加活动的有省委办公厅、省台港澳办、省台联、省档案馆、闽南师范大学以及福建省电子政务有限公司、福建两岸信息技术有限公司等。

13日，省人大常委会向社会公开征集2023—2027年地方立法规划建议项目。

为进一步推进科学立法、民主立法、依法立法，深入践行全过程人民民主，根据《中华人民共和国立法法》和《福建省人民代表大会及其常务委员会立法条例》规定，省人大常委会决定自即日起至2022年10月31日，向社会公开征集2023—2027年地方立法规划建议项目。

14日，我省出席党的二十大代表抵京。

带着福建4180多万人民的期盼，肩负着全省230多万名党员的重托，出席中国共产党第二十次全国代表大会的福建代表团今日从福州出发，顺利抵达北京，向大会报到。

14日，“纪录小康工程”数据库近日上线

“纪录小康工程”以数据库为主要载体，按照“分层分级、总体联通”原则，建设国家、省、市和县四级数据库，以大事记为内容主干，搭建起整个记录内容的框架，忠实记载有关小康社会的重要工作、重要活动和重大事件。“纪录小康工程”出版发行一套丛书，分为中央和地方两个系列。“纪录小康工程”数据库（www. jiluxiaokang. com）近日上线并向公众开放。

16日，我省党员干部群众认真收听收看党的二十大开幕会。

上午，中国共产党第二十次全国代表大会隆重开幕。我省广大党员干部群众认真收听收看习近平总书记代表第十九届中央委员会向大会作报告。大家一致认为，习近平总书记所作的报告是党团结和带领全国各族人民在新时代继续踔厉奋发、勇毅前行的宣言书和指南针。以中国式现代化全面推进中华民族伟大复兴，为全面建设社会主义现代化国家、向第二个百年奋斗目标进军的新征程指明了前进方向。大家纷纷表示，将认真学习贯彻落实好党的二十大精神，以良好的精神状态和优异的工作成绩，为全面建设社会主义现代化国家贡献自己的力量。

16日，福建代表团认真学习讨论党的二十大报告。

出席中国共产党第二十次全国代表大会的福建代表团举行全体会议，传达习近平总书记在党的十九届七中全会上关于党的二十大报告起草工作的说明，认真学习讨论党的二十大报告。代表们一致表示，完全赞成、坚决拥护习近平总书记代表第十九届中央委员会所作的报告。

16日，我省党的二十大代表林占熺亮相“党代表通道”。

8时40分许，人民大会堂一楼中央大厅，党的二十大代表、福建农林大学研究员、国家菌草工程技术中心首席科学家林占熺自信满满地站上“党代表通道”，面对直播镜头，向全世界再次谈起这株“幸福草”“友谊草”。“1983年，我开始‘以草代木’栽培食用菌的研究，发明了菌草技术。在习近平总书记的长期关怀下，菌草技术从福建走向全国、走向世界。”菌草成为闽宁扶贫协作的第一个产业，帮助宁夏西海固17500多个农户摆脱了贫困，被称为“致富草”。菌草也为黄河流域的生态保护和高质量发展作出了贡献。菌草援外小而美、见效快、惠民生，菌草技术和减贫经验已经传播到106个国家和地区。

17日，党的二十大福建代表参观“奋进新时代”主题成就展。

晚上，出席党的二十大的福建代表来到北京展览馆，参观了“奋进新时代”主题成就展，并在福建展区久久驻足，全方位深度感受福建奋进新时代的辉煌十年。一幅幅图片、一条条视频、一件件模型，集中展现了我国十年来的战略性举措、变革性实践、突破性进展、标志性成果，让大家全方位、沉浸式地感受祖国的发展繁荣。中央综合展区的12个单元中，展出了包含福建元素的图片34幅、实物25件以及相关场景和视频，连同福建展区的系列陈设，从不同维度展现了全省上下推进新福建建设的生动实践。

18日，让“福”文化和“美丽福建”名片更加亮丽。

晚上，党的二十大新闻中心举行第二场集体采访，福建、黑龙江、上海、江苏等七省（市）代表团新闻发言人集体亮相，介绍本团学习讨论二十大报告等情况并回答记者提问。本次集体采访，福建生态文明建设成效和“福”文化品牌广受关注。

19日，省公安厅举行法律顾问聘任仪式。

下午，省公安厅举行法律顾问聘任仪式，副省长、省公安厅厅长黄海昆出席聘任仪式，并为法律顾问颁发聘任证书。21名政治素质高、职业操守好、社会责任感强、严格遵纪守法的专业人士担任省公安厅法律顾问。聘任仪式后，省公安厅召开以“贯彻落实习近平法治思想，推进法治公安建设”为主题的法律顾问座谈会。

20日，晋江成为中超联赛中立赛区。

中超联赛官方公布，晋江市成为2022赛季中超新的中立赛区。届时，晋江市足球训练中心体育场、晋江市体育中心体育场将作为中立赛区的比赛场地。目前，上海的两支球队——申花和海港已基本敲定入驻晋江，未来不排除还有北方球队进驻。

22日，我省党员干部群众热烈欢庆党的二十大胜利闭幕。

肩负9600多万名共产党员的殷殷重托，承载14亿多中国人民的热切期盼，党的二十大圆满完成各项议程，在人民大会堂胜利闭幕。闭幕之际，我省广大党员干部群众为新时代十年党和国家事业发展取得的辉煌成就热情“点赞”，对实现中华民族伟大复兴的光明前景满怀信心。大家一致认为，党的二十大对全面建设社会主义现代化国家进行了战略谋划，为新时代新征程党和国家事业发展、实现第二个百年奋斗目标指明了前进方向、确立了行动指南，一定能够使中国式现代化走得稳、走得好，成为实现中华民族伟大复兴进程中的重要里程碑。

23日，出席党的二十大的福建代表返闽。

出席党的二十大的福建代表圆满完成大会各项任务后抵达福州，陆续返回各自工作岗位。

24日，省委常委会召开扩大会议传达学习贯彻党的二十大精神。

省委书记尹力主持召开省委常委会（扩大）会议，传达学习党的二十大和党的十九届七中全会、二十届一中全会精神，研究部署我省初步贯彻落实意见。会议强调，学习宣传贯彻党的二十大精神是当前和今后一个时期的首要政治任务，要深刻领悟“两个确立”的决定性意义，增强“四个意识”、坚定“四个自信”、做到“两个维护”，切实把思想和行动统一到党的二十大精神上来，高举中国特色社会主义伟大旗帜，全面贯彻习近平新时代中国特色社会主义思想，扎扎实实办好福建的事情，在推进中国式现代化中彰显福建担当、展现福建作为，奋力谱写全面建设社会主义现代化国家福建篇章。省委副书记、省长赵龙，省政协主席崔玉英出席。

24日，福州：坚决打赢疫情防控阻击战歼灭战。

福州市召开的新闻发布消息，截至24日15时，福州累计报告54例无症状感染者。23日晚，福州市召开全市疫情防控会商会，强调坚持人民至上、生命至上，快准严实细做好疫情防控工作，坚决打赢疫情防控阻击战、歼灭战。

25日，省政府召开常务会议。

省长赵龙主持召开省政府常务会议，认真学习贯彻党的二十大精神，按照省委工作要求，审议通过《福建省贯彻“十四五”冷链物流发展规划实施方案》《福建省贯彻〈促进残疾人就业三年行动方案（2022—2024年）〉的实施意见》，听取我省见义勇为模范评选表彰有关情况汇报；研究数字政府改革和建设、闽西革命老区高质量发展示范区建设等工作。

26日，2023年福建高考报名现场确认时间延长。

福建省教育考试院发布关于延长2023年高考报名现场确认时间的通告提出，根据目前我省疫情形势，经研究，决定将2023年我省高考报名现场确认截止日期由10月29日延长至11月6日。

27日，省领导传达学习贯彻党的二十大精神。

上午，省委常委、常务副省长郭宁宁主持召开分管部门专题会议，认真传达学习党的二十大精神，按照省委、省政府部署要求，研究具体贯彻落实措施。

27日，我省各地各部门认真传达学习贯彻党的二十大精神。

连日来，我省各地各部门认真传达学习贯彻党的二十大精神，要求把深入学习领会二十大精神作为当前和今后一个时期一项重大政治任务，在全面学习、全面把握、全面落实上下功夫，坚定不移把党的二十大提出的目标任务落到实处。

27日，全省疫情防控工作视频会议召开。

下午，全省疫情防控工作视频会议在福州召开。省委书记尹力出席会议，强调要严格执行第九版防控方案，坚持“外防输入、内防反弹”“动态清零”，坚定信心、迎难而上，突出快准严实细，做到早发现、快处置、防外溢，牢牢守住不发生规模性疫情的底线，齐心协力打赢这场疫情防控歼灭战。省长赵龙主持。

27日，省防指会商部署台风“尼格”防御工作。

福建省防指召集省应急厅、省水利厅、省气象局、省海洋与渔业局和福建海事局等部门会商今年第22号台风“尼格”发展趋势，研判影响情况，部署相关防御工作。会商指出，台风“尼格”27日17时位于距菲律宾马尼拉东偏南方向约1160公里的洋面上，预计“尼格”将以每小时15—20公里的速度向西偏北方向移动，31日进入南海中东部后转偏北方向移动，向华南沿海和台湾南部地区靠近。受其影响，29日起我省闽中、闽南和台湾浅滩渔场及中南部沿海将有较大风浪过程，相关海域可能出现10级以上大风，4—6.5米巨浪到狂浪。

28日，省委常委会召开会议。

福建省委书记尹力主持召开省委常委会会议，传达学习习近平总书记在10月25日中共中央政治局会议上和27日带领中共中央政治局常委赴陕西延安瞻仰延安革命纪念地时的重要讲话精神，研究我省贯彻落实措施；学习贯彻习近平总书记会见C919大型客机项目团队代表并参观项目成果展览时作出的重要指示、给山东省地矿局第六地质大队全体地质工作者回信、向中国国际可持续交通创新和知识中心成立致贺信精神，研究部署推动我省有关工作。

28日，我省党外人士学习贯彻二十大精神座谈会召开。

福建省党外人士学习贯彻二十大精神座谈会暨第12期“同心·半月座谈”在榕召开。会议认真学习领会中共二十大精神，围绕“一起来想、一起来干”交流学习体会，研究贯彻落实的具体措施。

29日，省防指部署台风“尼格”防御应对工作。

福建省防指消息，今年第22号台风“尼格”28日已进入48小时警戒线。受台风和冷空气共同影响，预计10月29日至11月2日，我省沿海地区和渔场海域将有一次显著风浪影响过程。省防指要求，各地各有关部门要认真贯彻落实省委、省政府工作要求，扎实细致做好台风防范应对各项工作，切实保障人民群众生命财产安全。

29日，赵龙在福州检查指导疫情防控工作。

福建省省长赵龙前往福州市隔离酒店、核酸采样点、高风险区，实地检查指导疫情防控工作落实情况，看望慰问一线防疫人员，并到市疫情防控指挥部研究会商疫情。

31日，尹力主持召开省应对疫情防控工作领导小组会议。

福建省委书记尹力主持召开省应对疫情防控工作领导小组会议，听取当前全省及福州疫情防控工作情况，进一步研究部署防控工作措施。尹力强调，始终坚持人民至上、生命至上，全面落实外防输入、内防反弹和动态清零，坚定信心、科学施策，与病毒拼速度、与疫情抢时间，争取尽快实现清零目标，一鼓作气打赢这场疫情防控歼灭战。省长赵龙出席会议并对福州疫情防控工作提出要求。

31日，全省政务服务中心年内实现综合窗口全覆盖。

日前，我省印发《福建省加快推进政务服务标准化规范化便利化的实施方案》，提出未来三年我省优化政务服务工作的总体目标、方法要求和保障措施等。《方案》提出，在2022年底前，建立完善全省政务服务事项标准与全国标准的衔接机制，全省政务服务中心实现综合窗口全覆盖，全省一体化政务服务平台“一网好办”能力显著增强，高频政务服务事项实现“跨省通办”“省内通办”。

31日，我省倡导慈善组织支持建好“爱心驿站”。

福建省民政厅、省总工会日前联合下发倡议书，呼吁全省各慈善组织、社会各界爱心人士关心关爱环卫工人、外卖小哥、交通警察等户外劳动者，支持建好“爱心驿站”，为他们创造一个温馨的休憩港湾。

31 日，省立医院医生发明获国家专利。

近日，由福建省立医院心内科王欢博士牵头的高血压研究团队协同药学部孙红副主任药师共同构建的，新型人源 CACNA1D 基因胚系突变 SD 大鼠模型（简称“WKH 大鼠模型”），获得国家发明专利（专利号 202011326345.8）。该发明填补了国内人源化遗传性高血压大鼠模型的构建方法技术领域的空白，为探索降压作用新的靶点提供了研究模型。

31 日，我省重要民生商品货足价稳。

为做好新冠肺炎疫情期间重要民生商品保供稳价工作，今日，省发改委组织人员前往福州市永辉超市、大润发超市、上海东农贸市场等开展价格巡查，目前各超市及农贸市场米、面、油、肉、蛋、菜等货源充足，价格稳定，市场秩序井然，未出现断档、抢购等异常情况。

（摘编：游学荣）

十一月

1 日，我省 2022 年度国家自然科学基金立项数创新高。

福建省科技厅消息，据不完全统计，截至目前，2022 年度国家自然科学基金我省已有 32 家单位获各类项目立项 940 项，资助经费超 6 亿元，立项数继 2021 年度再创历史新高。

2 日，省市疫情防控视频会商会召开。

福建省市疫情防控视频会商会在福州召开，分析当前疫情形势，对打好疫情防控攻坚战歼灭战进行再动员、再部署。省委常委、福州市委书记林宝金讲话，副省长、省应对疫情工作指挥部副指挥长李德金主持。

2 日，福建省朱子文化品牌建设联席会议召开。

福建省朱子文化品牌建设联席会议召开，深入学习贯彻党的二十大精神和习近平总书记关于传承发展中华优秀传统文化的重要讲话重要指示精神，研究部署朱子文化传承创新工作。省委常委、宣传部部长张彦主持会议并讲话。

3 日，尹力赴省习近平新时代中国特色社会主义思想研究中心宣讲党的二十大精神。

福建省委书记、省习近平新时代中国特色社会主义思想研究中心主任尹力在研究中心，宣讲党的二十大精神。尹力强调，学习好、宣传好、贯彻好党的二十大精神，是当前和今后一个时期的首要政治任务。省研究中心的负责同志、特邀研究员、青年科研工作者代表等聚焦党的二十大精神，结合自身研究领域，踊跃发言，畅谈学习感悟。尹力与大家围坐在一起，深入互动交流。

3 日，我省成为全国首批对个人养老金实施递延纳税优惠政策地区。

福建省财政厅消息，今日财政部、国家税务总局印发《关于个人养老金有关个人所得税政策的公告》，明确自 2022 年 1 月 1 日起，在福建省、上海市、苏州工业园区对个人养老金实施递延纳税优惠政策。我省成为全国首批在全省范围内对个人养老金实施递延纳税优惠政策地区。

4 日，尹力赴宁德古田宣讲党的二十大精神。

福建省委书记尹力来到宁德古田县宣讲党的二十大精神。尹力强调，学习宣传贯彻党的二十大精神，要按照党中央统一部署，在全面学习、全面把握、全面落实上下功夫，切实把广大党员干部群众的思想和行动统一到党的二十大精神上来，持续在全省兴起学习宣传贯彻热潮，推动党的二十大精神在福建落地生根、开花结果。

4 日，赵龙在福州检查指导疫情防控工作。

受省委书记尹力委托，省长赵龙在福州检查指导疫情防控工作，他强调，福州市疫情防控工作在大家共同努力下，已到了关键时刻，要按照国务院联防联控机制福建工作组提出的要求和省委、省政府部署，在更加精准细致用心上下功夫，咬紧牙关、持续攻坚，一鼓作气尽快实现社会面清零。省领导林宝金、李德金参加。

5 日，《国家公园》纪念邮票在武夷山首发。

《国家公园》纪念邮票首发仪式在武夷山国家公园举行。该邮票由中国邮政发行，一套5枚，图案名称分为三江源国家公园、大熊猫国家公园、东北虎豹国家公园、海南热带雨林国家公园和武夷山国家公园。全套邮票面值6元。

5 日，2022 海峡两岸青年阅读季在厦举办。

2022 海峡两岸青年阅读季在厦门举办。在为期一个月的活动期间，110 余名在厦门学习生活的两岸青年将同读经典，品味书香。本次活动包括“书生雅趣”名家讲座、“书缘艺术”在线共读、“书香两岸”书展参访、“书韵闽南”征文评选四大板块活动。

6 日，国务院联防联控机制福建工作组在榕调研指导疫情防控工作。

国务院联防联控机制福建工作组组长鹿文媛一行深入福州市晋安区、鼓楼区等地，现场检查指导红黄码医院接诊、医疗机构核酸检测等疫情防控工作。副省长、省应对疫情工作指挥部副指挥长李德金陪同检查。

7 日，国务院联防联控机制福建工作组指导福州疫情处置工作。

国务院联防联控机制福建工作组与省市疫情防控指挥部共同召开视频会商会，对疫情防控工作进行再梳理再部署。工作组组长鹿文媛到会指导，省委常委、福州市委书记林宝金讲话，副省长、省应对疫情工作指挥部副指挥长李德金主持。

7 日，省财政厅提前下达一批 2023 年度专项资金。

为助力各地稳增长保民生，省财政厅加强资金调度，及早做好测算，于近日连续下达一批 2023 年度专项资金。这些资金包括科技创新资金、乡村振兴资金、优抚安置和残疾人事业发展资金等，总额 20. 34 亿元，其中提前下达的 23 个脱贫县专项扶持资金 9. 64 亿元，集中用于已出台的各项重大民生政策支出。

8 日，学习贯彻党的二十大精神中央宣讲团报告会在榕举行。

根据党中央统一部署，今日学习贯彻党的二十大精神中央宣讲团报告会在福州举行。中央宣讲团成员，十二届全国政协社会和法制委员会副主任、中央政策研究室原副主任施芝鸿作宣讲报告。省委书记、省人大常委会主任尹力主持报告会。省委副书记、省长赵龙，省政协主席崔玉英出席。

8 日，我省 12 件作品获第 32 届中国新闻奖。

由中华全国新闻工作者协会主办的第 32 届中国新闻奖、第 17 届长江韬奋奖评选结果于今日揭晓。我省再创佳绩，共有 12 件作品获得本届中国新闻奖，其中一等奖 1 件、二等奖 7 件、三等奖 4 件。中国新闻奖是经中央批准常设的全国优秀新闻作品最高奖，由中华全国新闻工作者协会主办，每年评选一次。

8 日，赵龙赴福州市疫情防控指挥部研究会商疫情防控工作。

下午，省长赵龙前往福州市疫情防控指挥部，听取福州市和重点区疫情防控工作汇报，与国务院联防联控机制福建工作组一道研究会商形势，对相关工作进行再部署再推动。

8 日，我省首支消防救援无人机大队在龙岩成立。

下午，龙岩市“119”消防宣传月启动暨“无人机大队”揭牌仪式在龙岩人民广场举行。在百余名消防指战员、群众代表、学生代表等的见证下，龙岩市消防救援“无人机大队”揭牌，标志着全省首支消防救援无人机大队正式成立。

8—9 日，中央宣讲团赴福州泉州厦门宣讲党的二十大精神。

来闽开展宣讲的中央宣讲团成员，十二届全国政协社会和法制委员会副主任、中央政策研究室原副主任施芝鸿先后赴福州、泉州和厦门，向理论工作者、基层社区干部群众和高校师生宣讲党的二十大精神。

9 日，侨连五洲·华侨华人助力金砖国家发展论坛在厦开幕。

侨连五洲·华侨华人助力金砖国家发展论坛在厦门开幕。中国侨联党组书记、主席万立骏出席开幕式并讲话，省政协党组书记、主席崔玉英，中国侨联党组成员、副主席程学源，省委常委、厦门市委书记崔永辉出席，省委常委、统战部部长王永礼，外交部、工信部、厦门市委有关负责同志以及侨胞代表分别致辞。

9 日，省市疫情防控工作视频会商会召开。

晚上，省市疫情防控工作视频会商会在福州召开，深入分析研判当前福州疫情形势，部署下一步工作重点。省委常委、福州市委书记林宝金讲话，副省长、省应对疫情工作指挥部副指挥长李德金主持。

10 日，2022 年国际中文教育研究重点课题发布。

近日，教育部中外语言文学交流合作中心发布 2022 年国际中文教育研究课题立项名单，厦门大学的《英国 GCSE 中文课题课程与考试研究》、福建师范大学的《新时代东盟国家国际中文教育舆论环境研究》、华侨大学的《人机协同下医学中文智能教育平台研究》、福州外语外贸学院的《后疫情时期东南亚华文教育的转型与提升》等 7 项课题获批为重点课题。

10 日，2022 厦门国际海洋周开幕。

2022 厦门国际海洋周开幕式暨厦门国际海洋论坛在厦门举行。自然资源部副部长、国家海洋局局长王宏，福建省人民政府副省长林文斌，厦门市人民政府市长黄文辉出席并分别致辞，联合国副秘书长李军华等国际嘉宾线上致辞。

11 日，全省疫情防控工作视频会议召开。

福建省委书记尹力主持召开全省疫情防控工作视频会议，强调要认真学习贯彻习近平总书记在中共中央政治局常务委员会会议上的重要讲话精神，全面落实全国新冠肺炎疫情防控工作电视电话会议要求，切实把思想和行动统一到党中央决策部署上来，进一步优化疫情防控措施，科学精准打赢疫情重点攻坚战，全面认真做好常态化疫情防控工作。省长赵龙出席。

13 日，福建省召开领导干部会议宣布中央决定。

福建省召开全省领导干部会议，中共中央政治局委员尹力主持会议并讲话。中央组织部部长陈希出席会议并宣布中央决定：尹力同志不再兼任福建省委书记、常委、委员职务，周祖翼同志任福建省委委员、常委、书记。省委书记周祖翼出席会议并讲话。省委副书记、省长赵龙在会上发言。省政协主席崔玉英，中央组织部部务委员兼干部二局局长张光军出席会议。

13 日，2022 年度中国海洋文化发展报告在厦门发布。

《海洋文化蓝皮书·中国海洋文化发展报告(2022)》在第二届中华海洋文化厦门论坛上发布，该书是“海洋文化蓝皮书”系列的第四本，2019 年起由自然资源部宣传教育中心、福州大学、福建省海洋文化研究中心共同研发与主编。

13 日，全省疫情防控工作视频会召开。

晚上，全省疫情防控工作视频会在福州召开，贯彻全国疫情防控工作电视电话会议精神，对落实国务院联防联控机制优化防控二十条措施再强调再部署。副省长、省应对疫情工作指挥部副指挥长李德金讲话，副省长林文斌主持。

14 日，周祖翼在榕看望慰问于伟国和正省级老同志。

福建省委书记周祖翼在福州看望了全国人大环境与资源保护委员会副主任委员于伟国，和陈明义、黄小晶、袁启彤、游德馨、梁绮萍等正省级老同志，感谢他们为福建经济社会发展作出的积极贡献，认真听取他们的意见建议，并致以诚挚问候和祝福。

14 日，福建省公平竞争政策宣传周启动。

福建省市场监督管理局通过视频会议形式连线厦门市市场监督管理局，举办 2022 年福建省公平竞争政策宣传周启动仪式。活动设福建省市场监管局、厦门市市场监管局两个会场，15 家行政机关、互联网平台、行业协会和企业在厦应邀参加。

14 日，我省成立新时代大中小学劳动教育指导中心和劳动教育指导委员会。

日前，省教育厅决定成立福建省新时代大中小学劳动教育指导中心和劳动教育指导委员会，旨在推动全省大中小学生树立正确的劳动观念，培养优良的劳动精神，掌握基本的劳动技能，形成良好的劳动习惯，培养德智体美劳全面发展的社会主义建设者和接班人。

14日，明年我省将全面使用全国统一财政电子票据。

福建省财政厅消息，为推进财政电子票据社会化应用，实现财政票据统一，我省将于2023年1月1日起，全面使用全国统一财政电子票据式样和财政机打票据式样，原有的旧版票据，即2012年至2019年各年度省财政厅监（印）制（见票面的年度注册号码）的各类财政票据停止使用。

15日，周祖翼在福州宣讲党的二十大精神。

福建省委书记周祖翼深入福州市社区、企业，与基层干部群众面对面交流，宣讲党的二十大精神并调研。

15日，省领导赴福州高校调研教育工作。

福建省副省长李德金带领省直有关部门负责人深入福建农林大学、福建师范大学调研，实地查看福耀科技大学（暂名）工地建设情况，指导高校内涵建设、疫情防控等工作。

15日，全球贸易投资促进峰会法律论坛暨中央法务区建设助力全球可持续发展研讨会召开。

由中国贸促会、国际商事争端预防与解决组织主办，厦门市海丝中央法务区建设工作领导小组办公室等单位承办的全球贸易投资促进峰会法律论坛暨中央法务区建设助力全球可持续发展研讨会正式召开，设北京、厦门两个分会场，国内外专家采取“线上＋线下”方式进行交流研讨。

15日，我省爬行动物新记录种，中国棱蜥现身武平。

日前，福建梁野山国家级自然保护区野生植物调查团队与福建省林业勘察设计院野生动物调查团队在梁野山自然保护区开展野外动植物资源调查时，发现一蜥蜴类幼体，经专家鉴定为石龙子科（Scincidae）棱蜥属（Tropidophorus）中国棱蜥（Tropidophorus sinicus），是我省爬行动物分布新记录种。

15日，全国首个畲族语言与口头文化有声数据库建成。

近日，由宁德师范学院语言与文化学院赵峰教授主持的国家社科基金项目《畲族语言与口头文化有声数据库建设及利用研究》通过专家评审，顺利结项。据了解，该项目建成我国首个畲族语言与口头文化有声数据库。

15日，我省打击“三假”等恶性欺诈骗保行为成效明显。

近日，记者从省医保局获悉，截至今年10月底，全省查出涉嫌“三假”案件75例，总涉案金额达数亿元，目前已追回2000多万元，相关案件正在进一步侦办中。同时，省医保局还曝光了14起违法违规使用医保基金典型案例。

16日，周祖翼在厦门宣讲党的二十大精神。

福建省委书记周祖翼赴厦门深入宣讲党的二十大精神，并调研推进基层治理、疫情防控和深化改革开放等工作。

16日，省领导出席向省援藏工作队捐赠翻译机活动。

福建省政府参事室、科大讯飞股份有限公司向省援藏工作队捐赠多语种离线翻译机活动在榕举行，副省长、省政府参事室主任郑建闽出席。

16日，上杭恐龙足迹群化石科考和保护工作又有新进展。

上杭县自然资源局消息，上杭恐龙足迹化石保护工作又有新进展，新发现了罕见的正负模（对板）保存的恐龙足迹化石。

18日，省委群团工作座谈会召开。

福建省委召开群团工作座谈会，围绕“深入学习贯彻党的二十大精神，深化群团工作品牌建设”主题进行交流研讨。省委常委、统战部部长王永礼主持并讲话。

18—20日，第十二届医学与教育信息化国际会议举行。

2022年第十二届医学与教育信息化国际会议（ITME2022）在厦门召开。本届会议由厦门大学与闽南科技学院联合主办。会议以“信息技术在医学与教育领域的应用”为主题，聚焦人工智能、大数据、信息技术及其在医学与教育领域的应用，共收到国内外科研工作者的投稿论文230余篇，录用论文154篇。

18—19日，周祖翼在宁德宣讲党的二十大精神。

福建省委书记周祖翼深入宁德市宣讲党的二十大精神，走进企业车间、美丽乡村，与基层党员群众互动交流，并调研经济社会发展情况。

19 日，周祖翼在宁德寿宁下党乡宣讲党的二十大精神。

福建省委书记周祖翼深入宁德市寿宁县下党乡，走进“难忘下党”主题馆了解下党乡发生的巨大变化，与基层党员干部、村民代表在鸾峰桥上，共同交流学习党的二十大精神的心得体会，并实地调研下党乡推进乡村振兴、建设美丽乡村等情况。

20 日，省委常委会召开会议。

福建省委书记周祖翼主持召开省委常委会会议，认真学习贯彻习近平总书记在亚太经合组织工商领导人峰会上的书面演讲、出席亚太经合组织第二十九次领导人非正式会议时的重要讲话、向第 6 届中国—南亚博览会致贺信精神，研究我省贯彻落实措施。

20 日，我省将评选闽台乡建乡创样板县和样板村。

近日，省住建厅、省财政厅、省台港澳办、省农业农村厅、省妇联联合印发《福建省闽台乡建乡创合作管理规定》。《规定》明确，省级每年支持 100 个闽台乡建乡创合作项目，创建若干个闽台乡建乡创合作样板村和样板县。对两类样板项目，省级财政在支持台湾团队设计费用（即每个项目补助 50 万元）的同时，还安排建设资金予以支持。

21 日，福建省第九次台湾同胞代表会议开幕

福建省第九次台湾同胞代表会议在榕开幕。全国台联党组书记、会长黄志贤，省委副书记罗东川到会并致辞。

22 日，省领导赴南平市调研省运会筹备工作。

副省长、第十七届省运会组委会主任李德金带领省直有关部门负责同志赴南平市，实地察看省运会相关场馆、新闻中心、安保指挥中心等，检查部署第十七届省运会和第十一届省老年人体育健身大会筹备工作。

22 日，我省粮食风险基金使用范围扩大。

近日，省财政厅等部门对粮食风险基金管理办法进行修订，扩大基金使用范围，将粮食应急供应保障体系建设等纳入基金使用范围。扩大基金使用范围有利于从更为广泛的角度支持粮食生产安全，特别是支持做好突发应急情况下的粮食保障。

23 日，周祖翼在福州调研检查疫情防控工作。

福建省委书记周祖翼在福州调研检查疫情防控工作，看望慰问一线防控工作人员，与疾控专家座谈交流。

23 日，福建 13 部门联合发文加强新市民金融服务。

为助力解决新市民在创业、就业、住房、医疗、养老、教育等领域的急难愁盼问题，经省政府同意，近日，福建银保监局、厦门银保监局、人行福州中心支行、省金融监管局以及省发改、教育、民政、财政、人社、自然资源、住建、农业农村、医保等 13 部门联合出台《关于加强新市民金融服务工作的若干措施》。

23 日，当好党和人民的“守夜人”。

福建省政府新闻办召开新闻发布会，省消防救援总队等单位有关负责人介绍了近年来福建省“抓消防安全，保高质量发展”工作的有关情况。今年以来，全省共接报各类警情 55637 起，出动指战员 53.56 万人次、消防车 9.1 万辆次，累计营救被困人员 5433 人，疏散遇险人员 15532 人，抢救财产价值约 7.3 亿元。

23 日，首届福品博览会 12 月开启。

福建省商务厅消息，我省将于 12 月 9 日—11 日以“寻福、送福、造福、享福”“福品供全球，全球享福品”为主题，在福州海峡国际会展中心举办首届福品博览会。首届福博会展览面积超 5 万平方米、参展商近 1000 家、国际标准展位超 2000 个，预计参展观众超 5 万人次，聚焦“福品供全球，全球享福品”、传播“福文化”等重点内容，设置“六福”展区和“N”场活动。

24 日，《福建省海上搜寻救助条例》将于明年元旦起施行。

福建省第十三届人大常委会第三十六次会议审议通过了《福建省海上搜寻救助条例》，将于明年元旦起正式施行。《条例》进一步健全我省海上搜寻救助工作机制，建立海上搜寻救助的奖励、补偿及优待制度，为提升我省搜寻救助能力提供保障。

24日，《福建省红色文化遗存保护条例》将于明年元旦起施行。

福建省第十三届人大常委会第三十六次会议表决通过《福建省红色文化遗存保护条例》，将于明年元旦起正式施行。《条例》对我省红色文化遗存在保护原则、调查认定、保护管理、传承利用等方面作出明确规定，对于传承红色基因，弘扬革命精神，培育和践行社会主义核心价值观，激发实现中华民族伟大复兴中国梦的强大精神力量有重要意义。

24日，周祖翼会见庄荣文一行。

福建省委书记周祖翼在厦门会见了来厦出席大思政课相关活动的中央宣传部副部长、中央网信办主任庄荣文一行。

24日，省政府领导深入基层宣讲党的二十大精神。

按照省委统一部署，近日，省长赵龙，副省长郭宁宁、李德金、郑建闽、康涛、黄海昆、林文斌、李建成和秘书长吴南翔分别深入企业、农村、机关、校园、社区等，宣讲党的二十大精神，结合分管领域和工作实际与党员干部群众面对面交流，畅谈学习体会与感受，一起谋划思路、落细措施，推动党的二十大精神落地生根、开花结果。

24日，省领导赴三明调研。

福建省副省长李德金带领省直有关部门负责同志前往三明市中西医结合医院、三明市疾控中心调研深化医药卫生体制改革、健全公共卫生体系有关工作，深入长深高速三明北、沙县出口广场和厦沙高速秀村服务区等调研检查疫情防控工作落实情况。

25日，中共福建省委十一届三次全会在榕举行。

全会由省委常委会主持，省委书记周祖翼讲话。全会听取和讨论了周祖翼受省委常委会委托作的工作报告，审议通过了《中共福建省委关于深入学习宣传贯彻党的二十大精神，奋力谱写全面建设社会主义现代化国家福建篇章的决定》。

25日，2022“把青春华章写在祖国大地上”大思政课网络主题宣传和互动引导活动举行。

2022“把青春华章写在祖国大地上”大思政课网络主题宣传和互动引导活动在厦门大学举行。中央宣传部副部长、中央网信办主任、国家网信办主任庄荣文，教育部党组成员、副部长翁铁慧，人民日报社副总编辑崔士鑫，省委常委、宣传部部长张彦，厦门大学党委书记张荣出席活动并致辞，中央网信办副主任、国家网信办副主任牛一兵主持致辞环节。中国载人航天工程副总设计师杨利伟出席并作分享。

25日，第八届“海丝”品博会在石狮开幕。

由中国国际商会、福建省人民政府侨务办公室、省商务厅、省贸促会、泉州市人民政府联合主办的第八届中国（泉州）海上丝绸之路国际品牌博览会暨第二届RCEP青年侨商创新创业峰会在石狮开幕。本届“海丝”品博会展会面积达2.6万平方米，来自50个国家和地区的140名闽籍青年侨商和逾30个国家和地区的200家企业参加。

25日，福建省与冲绳县庆祝结好25周年。

福建省与日本冲绳县结好25周年庆祝活动举行。省长赵龙，日本冲绳县知事玉城丹尼通过视频连线出席活动并致辞。

26日，省委常委会召开会议。

日前，省委书记周祖翼主持召开省委常委会会议，认真学习习近平总书记对河南安阳市凯信达商贸有限公司火灾事故作出重要指示、向发展中国家科学院第16届学术大会暨第30届院士大会致贺信、向联合国/中国空间探索与创新全球伙伴关系研讨会致贺信精神，研究我省贯彻落实措施。

27日，福建省第十七届运动会在南平开幕。

在全省上下深入学习宣传贯彻党的二十大精神、八闽儿女满怀信心奋进新时代新征程之际，今晚，福建省第十七届运动会在南平开幕。省委书记周祖翼出席开幕式并宣布开幕，省长赵龙致开幕辞，省政协主席崔玉英出席。

28日，周祖翼在南平宣讲党的二十大精神。

福建省委书记周祖翼深入南平建阳区、武夷山市，来到乡村、企业宣讲党的二十大精神，并调研生态建设、乡村振兴、科技创新和疫情防控等工作。周祖翼强调，要认真学习宣传贯彻党的二十大精神，深入贯彻落实习近平总书记来闽考察重要讲话精神，牢固树立和践行绿水青山就是金山银山的理念，推进生态优先、转型升级，高效统筹疫情防控和经济社会发展，努力实现生态保护、绿色发展、民生改善相统一。

28 日，全省疫情防控工作视频会议召开。

全省疫情防控工作视频会议召开。受省委书记周祖翼委托，省长赵龙出席会议并讲话，强调要深入贯彻落实习近平总书记关于疫情防控工作的重要讲话重要指示批示精神，全面落实疫情要防住、经济要稳住、发展要安全的要求，坚决落实“三个坚定不移”，科学精准做好疫情防控工作，牢牢守住不发生聚集性疫情的底线，以实际行动推动党的二十大精神落地见效。副省长郭宁宁、郑建闽、康涛、黄海昆、林文斌参加，李德金主持。

28 日，省领导调研检查省运会赛事活动。

上午，副省长、第十七届省运会组委会主任李德金到省运会游泳馆、羽毛球馆等比赛现场调研，慰问参赛运动员、教练员和裁判员，对省运会赛事组织工作提出要求。

29 日，周祖翼在三明宣讲党的二十大精神。

福建省委书记周祖翼赴三明三元区、沙县区，宣讲党的二十大精神，并调研林改医改、乡村振兴、文物遗址保护等工作。周祖翼强调，要切实把思想和行动统一到党的二十大精神上来，贯彻落实省委十一届三次全会要求，敢为人先、勇于探索，以抓铁有痕、踏石留印、钉钉子的精神深入推进改革创新，着力加快老区苏区发展，把党的二十大精神落实到改革发展各方面全过程。

29 日，省领导赴泉州和厦门调研。

福建省副省长李德金前往晋江市陈埭镇江头村、集美大学实地检查疫情防控工作，调研学校发展情况，并召开座谈会。

29 日，第十四届海峡论坛・海峡两岸职业教育论坛举办。

由中华职业教育社、台湾海峡两岸教育交流促进协会、福建省中华职业教育社主办的第十四届海峡论坛・海峡两岸职业教育论坛以线上线下相结合形式举办。论坛在北京设主会场，在台湾、福建设分会场，来自海峡两岸的职业教育专家、学者、院校和企业代表参加活动。两岸职教专家和院校长围绕后疫情时代两岸职业教育人才培养、教学创新、校企融合发展、交流合作等内容进行交流研讨。

29 日，“中国传统制茶技艺及其相关习俗”申遗成功。

在摩洛哥王国拉巴特召开的联合国教科文组织保护非物质文化遗产政府间委员会第 17 届常会宣布，将“中国传统制茶技艺及其相关习俗”列入人类非物质文化遗产代表作名录，这是我国第 43 个列入联合国教科文组织非物质文化遗产名录的项目。该项目包括了福建省的武夷岩茶（大红袍）制作技艺、铁观音制作技艺、福鼎白茶制作技艺、福州茉莉花茶窨制工艺、坦洋工夫茶制作技艺、漳平水仙茶制作技艺等 6 个国家级非遗代表性项目。

30 日，省管干部学习贯彻党的二十大精神专题研讨班第一期结业。

福建省管干部学习贯彻党的二十大精神专题研讨班第一期结业式在福州举行，省委副书记、省长赵龙出席并作总结讲话，强调要全面学习、全面把握、全面落实党的二十大精神，按照省委十一届三次全会部署，以更加昂扬的精神、更加强烈的担当、更加务实的作风，奋力谱写全面建设社会主义现代化国家福建篇章。

30 日，全省市域社会治理现代化试点创新研讨会召开。

全省市域社会治理现代化试点创新研讨会在福州召开。会议深入学习贯彻党的二十大精神，围绕“加快推进市域社会治理现代化，提升市域社会治理能力”主题展开研讨。省委副书记、政法委书记罗东川出席会议并讲话。当天，福建省市域社会治理研究中心正式成立，聘任我省 15 名各领域专家学者为特约研究员。

30 日，2022 年度福建省科学技术奖提名工作启动。

福建省科学技术奖励委员会办公室下发通知，正式启动 2022 年度福建省科学技术奖提名工作。据了解，该奖项评选是《福建省科学技术奖励办法》新修订后首次启动的评奖工作，评奖类别增至 6 类，包括省科学技术重大贡献奖、省自然科学奖、省技术发明奖、省科学技术进步奖、省科学技术成果转化奖和省国际科学技术合作奖。

（摘编：周忠志）

十二月

1日，省委常委会召开会议传达告全党全军全国各族人民书。

福建省委书记周祖翼主持召开省委常委会会议，传达党中央、全国人大常委会、国务院、全国政协、中央军事委员会告全党全军全国各族人民书，要求进一步把思想和行动统一到党中央精神上来，推动全省上下以实际行动深切缅怀江泽民同志。

1日，十一届省委全面深化改革委员会第五次会议召开。

福建省委书记、省委全面深化改革委员会主任周祖翼主持召开十一届省委深改委第五次会议，认真学习贯彻党的二十大精神，落实中央全面深化改革委员会第二十七次会议部署，研究我省贯彻落实措施；审议《福建省数字政府改革和建设总体方案》《关于让文物活起来、扩大中华文化国际影响力的实施方案》《关于更加有效发挥统计监督职能作用的实施意见》。省长、省委深改委副主任赵龙，省委副书记、省委深改委副主任罗东川出席。

1日，省领导在福州调研检查疫情防控工作。

福建省副省长、省应对疫情工作指挥部副指挥长李德金赴福州晋安新店镇、福州火车站、乌山小学等地实地检查指导疫情防控工作，主持召开省应对疫情工作指挥部专题会议，研究部署近期疫情防控工作。

1日，2022年海峡两岸检察制度研讨会在平潭召开。

2022年海峡两岸检察制度研讨会在福建平潭综合实验区召开。中国犯罪学学会会长万春，福建省法学会会长罗东川，福建省检察官协会会长霍敏出席会议并致辞。会议以线上线下结合的方式进行。

1日，福建民盟组织成立75周年纪念座谈会在榕召开。

纪念福建民盟组织成立75周年座谈会在福州召开。省政协副主席、民盟省委会主委阮诗玮出席会议并讲话，老同志王耀华出席会议。

1日，首届侯官论坛在福州举行。

上午，以“赓续侯官文脉　开拓学城新局”为主题的首届侯官论坛在福建师范大学举行。省委常委、宣传部部长张彦出席开幕式并讲话。

1日，2023年全省将精准选认省级科特派2000名左右。

福建省科技特派员工作联席会议办公室下发通知，2023年福建省科技特派员选认工作启动。2023年，我省将精准选认省级科技特派员2000名左右。

2日，省政府召开常务会议。

福建省省长赵龙主持召开省政府常务会议，深入学习贯彻党的二十大精神，按照省委工作要求，听取近期食品安全工作情况汇报，审议通过《福建省氢能产业发展行动计划（2022—2025年）》；研究2023年政府工作报告、2022年预算执行情况及2023年预算草案、2022年国民经济和社会发展计划执行情况及2023年国民经济和社会发展计划草案等。

2日，十二届省政协常委会第二十八次会议召开。

十二届省政协常委会第二十八次会议在榕召开，认真学习贯彻中共二十大精神，学习贯彻全国政协十三届常委会第二十四次会议精神和中共福建省委十一届三次全会精神。省政协主席崔玉英主持会议并讲话。

2 日，省涉军维权工作领导小组电视电话会议召开。

福建省涉军维权工作领导小组电视电话会议在福州召开。会议认真学习贯彻党的二十大精神，按照党中央决策部署和省委工作要求，研究推进我省新时代涉军维权工作创新发展。省委副书记、政法委书记罗东川，省军区副政委史建国出席会议并讲话。省法院院长金银墙、省检察院检察长霍敏出席。

2 日，第十届海峡青年节峰会在榕举行。

由国务院台湾事务办公室、中华全国青年联合会、福建省人民政府共同主办的第十届海峡青年节峰会在福州举行。省委书记周祖翼在福州主会场出席并致辞，宣布活动正式启动。省长赵龙主持。第十届海峡青年节以“融合发展、文化传承”为主题，将举办海峡青年节峰会、两岸青年文化交流周、“走进政协·台湾青年说”、海峡气象青年汇、闽台人才协作论坛、海峡乡创生活节等系列活动。

2 日，省职业教育名师名校长论坛举行。

由省教育厅主办，福建技术师范学院、福建省职教师资培训中心承办的“福建省职业教育名师名校长论坛”在福清举行。本次论坛紧紧围绕“学习宣传贯彻党的二十大精神，服务福建职业教育高质量发展”这一主题，邀请了国内职业教育领域知名专家学者，共聚一堂开展学术交流、经验分享，探讨新时代背景下职业教育高质量发展的实践经验和未来趋势。

4 日，第十七届省运会闭幕。

下午，福建省第十七届运动会在南平市圆满闭幕。省运会组委会主任、副省长李德金出席并宣布闭幕。闭幕式上，举行了颁奖仪式和会旗交接仪式。本届省运会设青少年部、社会俱乐部、群众部、行业部、大学生部等 5 个部，共计 80 个大项 1307 个小项，参赛规模近 3 万人。共有 36 人次打破 17 项省纪录，7 个青少年部代表团、21 个行业代表团、79 所高校代表团分别荣获体育道德风尚奖。

4 日，福建新阶联组织实现全省市县区全覆盖。

近日，平潭综合实验区新的社会阶层人士联谊会（新阶联）召开第一次会员大会暨成立大会，审议通过了该区新阶联《章程》，选举产生第一届理事会、监事会。至此，福建新阶联组织实现全省市县区全覆盖。

5 日，福建 18 名学生获第 36 届化学奥赛奖牌。

第 36 届中国化学奥林匹克（决赛）于 11 月 27 日至 12 月 1 日举行。记者从福建省青少年科技活动中心获悉，我省共 18 名高中生参赛，经过两轮理论考试的激烈角逐，共获得金牌 2 枚、银牌 14 枚、铜牌 2 枚，其中福建师范大学附属中学的林俊烨同学入选国家集训队，这是我省近 3 年在本项竞赛中取得的最好成绩。中国化学奥林匹克竞赛是全国中学生五项学科竞赛之一，是国内中学生化学最高级别赛事。

5 日，省直机关红十字应急救护技能大赛举办。

由省委省直机关工委、省红十字会联合举办的省直机关红十字应急救护技能大赛落下帷幕。本次大赛以“‘救’在身边，机关先行”为主题，来自各个省直机关单位的 40 支代表队 80 名红十字救护员参加比赛，比拼成人心肺复苏操作及 AED 使用项目。经过激烈角逐，最终评选出个人一、二、三等奖 40 名，团体一、二、三等奖 24 名，组织奖 16 名。

5 日，新冠“鼻喷疫苗”获批紧急使用。

厦门大学、福建省科技厅消息，由福建省科技厅立项支持的疫情防控应急科研攻关成果——鼻喷流感病毒载体新冠肺炎疫苗（以下简称“鼻喷疫苗”），经国家卫生健康委提出建议，国家药品监督管理局组织论证同意，于 12 月 2 日获得批准在中国国内紧急使用。该款“鼻喷疫苗”由厦门大学牵头，联合香港大学、北京万泰公司共同研制，是我国布局新冠疫苗应急攻关的五条技术路线之一，也是全球首个获批进入临床试验的“鼻喷疫苗”。

6 日，全省各地党员干部群众深切悼念江泽民同志。

上午，江泽民同志追悼大会在人民大会堂隆

重举行，大会通过全国广播电视、新闻网站现场直播。八闽大地，哀思绵绵，我省各地党员干部群众怀着沉痛心情，收听收看了江泽民同志追悼大会直播实况。上午10时整，追悼大会开始，全省各族人民肃立默哀，汽车、火车、轮船等汽笛齐鸣，防空警报响彻云霄。

7—10日，第三期省管干部学习贯彻党的二十大精神专题研讨班结业。

第三期省管干部学习贯彻党的二十大精神专题研讨班在福州举行。我省400多名省管干部参加本期专题研讨班。

8日，第十一届共同家园论坛在平潭举行。

第十一届共同家园论坛在平潭举行。省委常委、常务副省长郭宁宁出席并致辞，新党主席吴成典发表视频致辞。两岸各界人士260多人参加。本届论坛延续“好的生活　好的未来”主题，围绕吸引台青从平潭登“陆”创业就业、密切两岸基层交流交往等方面展开深入研讨。论坛现场，平潭综合实验区管委会与全国台企联签订战略合作框架协议。活动期间还配套举办了闽台电商平潭对话、第六届海峡两岸村里长交流会等活动。

8日，中国新闻奖等获奖作品颁奖活动暨全省重要舆论阵地领导干部培训开班式举行。

中国新闻奖等获奖作品颁奖活动暨全省重要舆论阵地领导干部培训开班式在福州举行，省委常委、宣传部部长张彦出席并作开班动员讲话。开班式上表彰了第32届中国新闻奖福建省获奖代表、2021年度福建省十佳新闻工作者以及福建新闻奖获奖作品主创人员等。中央驻闽和省、市、县新闻单位的代表作交流发言。本次培训内容主要有学习宣传贯彻党的二十大精神专题讲座、中国新闻奖评选改革专题辅导等。

8日，2022年度福建省十大法治人物和十大法治事件颁奖礼举行。

以“弘扬宪法精神　打造法治强省”为主题的2022年度福建省十大法治人物和十大法治事件颁奖礼在福建司法警察训练总队礼堂举行。省委副书记、政法委书记、依法治省办主任罗东川出席并致辞，省人大常委会党组书记、副主任梁建勇，省政协副主席洪捷序，省法院院长金银墙，省检察院检察长霍敏出席，为李海庭等“2022年度福建省十大法治人物”获评者以及“福建省政法跨部门大数据办案平台开通”等“2022年度福建省十大法治事件”的获评代表颁奖。

8—9日，周祖翼在龙岩宣讲党的二十大精神。

福建省委书记周祖翼赴龙岩上杭县、长汀县，瞻仰革命圣地，深入老区乡村、工厂企业，向基层党员群众宣讲党的二十大精神，加快推动老区苏区全面振兴发展。周祖翼强调，要自觉把思想和行动统一到党的二十大精神上来，大力弘扬古田会议精神，发扬革命传统，赓续红色血脉，推动党的二十大精神在老区苏区落地生根开花结果。

9日，我省开展“寒冬送温暖”专项救助行动。

福建省救助总站消息，为全力保障流浪乞讨等困难群众平安过冬、温暖过冬，连日来，全省各级民政部门和救助管理机构开展“寒冬送温暖”专项救助行动，共组织工作人员上街巡查3200多人次，出动车辆1100多辆次，街面救助400多人次，站内救助1000多人次，发放棉被、棉衣、食品1100多件。

9日，全省疫情防控工作视频会召开。

全省疫情防控工作视频会在福州召开，副省长、省应对疫情工作指挥部副指挥长李德金讲话，副省长林文斌主持。

9日，福建发布13条优化疫情防控工作措施。

福建省应对新冠肺炎疫情工作指挥部刚刚发布福建省优化疫情防控的13条工作措施。

9日，我省成立大中小学思政课一体化建设指导委员会。

福建省大中小学思政课一体化建设指导委员会成立仪式暨党的二十大精神融入大中小学思政课研讨会在榕举行，省委常委、宣传部部长张彦出席并讲话。会上聘任35位专家、名师担任省指导委员会专家指导组成员，通过指导委员会章程并启动大中小学思政课一体化建设“闽东北、闽西南”区域联盟。

9—10日，周祖翼在莆田宣讲党的二十大精神。

福建省委书记周祖翼赴莆田宣讲党的二十大精神，并深入基层调研。周祖翼强调，要深入学习贯彻习近平总书记对福建工作的重要讲话重要指示精神，始终牢记嘱托，践行初心使命，久久为功、埋头苦干，高效统筹疫情防控和经济社会发展，把党的二十大精神落实到各项工作中，全力以赴完成全年目标任务，为实现明年开好局、起好步打下坚实基础。

11 日，我省自主研发的三款医疗手术机器人亮相。

福州大学未名医疗机器人研究院重大项目签约揭牌仪式近日在福州大学国家大学科技园举行。我省自主研发的三款医疗手术机器人正式亮相。这三个项目分别是：全髋置换微创手术机器人、经鼻气管插管手术机器人、心血管钙化组织旋磨手术机器人。

11 日，我省海域违法采砂案件连续 4 年呈下降趋势。

福建省海洋与渔业执法总队消息，至 2022 年，全省海域违法采砂案件连续 4 年下降，共立案查处海域违法采砂案件 21 宗，收缴罚没款 186.7499 万元；向海警部门移送涉嫌非法采矿罪案件 2 起。海域违法采砂行为得到逐步遏制，海域使用秩序进一步向好。

11 日，2023 年上半年征兵报名开始。

福建省征兵办消息，2023 年上半年应征（男兵）入伍报名已开始，时间自 2022 年 12 月 1 日至 2023 年 2 月 10 日 18 时。男青年应征报名对象为高中（含中专、职高、技校）毕业生及以上文化程度的青年（含高校在校生），年满 18 至 22 周岁（2001 年 1 月 1 日—2005 年 12 月 31 日出生）。普通高等学校本专科毕业生、上半年符合毕业条件的毕业班学生，年满 18 至 24 周岁；研究生毕业生及在校生放宽至 26 周岁。

11 日，2022 年平潭国际赛车嘉年华开幕式举行。

2022 年平潭国际赛车嘉年华开幕式在平潭如意湖国际赛道举行，共有 68 名车手同台竞技。省委常委、常务副省长郭宁宁到场观摩并为选手颁奖。

12 日，我省举办福籽同心爱中华主题展。

近日，由省委统战部、省委宣传部指导，省民族宗教厅与中华民族团结进步协会、中央民族大学等单位联合主办的福籽同心爱中华主题展，在福建省工艺美术大楼展出。主题展分“中华民族·多元一体”“中华民族·八闽华章”“中华民族·闽台一家”三个展区，用千年德化白瓷、厚重史料实物、大量珍贵照片，梳理讲述民族团结进步之魂、民族工作思想之源、多元一体发展之路。

12 日，福建粮食增产丰收。

国家统计局今日发布的 2022 年粮食产量数据显示，全国粮食总产量 68653 万吨（13731 亿斤），比上年增加 368 万吨（74 亿斤），增长 0.5%，粮食产量连续 8 年稳定在 1.3 万亿斤以上。其中，福建全年粮食产量 508.7 万吨，略高于去年的 506.4 万吨。

12 日，我省自然灾害综合风险普查走在全国前列。

福建省应急管理厅消息，三年来，我省按照第一次全国自然灾害综合风险普查工作部署，采集约 1307 万项调查数据，完成 9 个领域风险普查，构建全灾种自然灾害综合风险动态数据库和灾害风险评估示范应用系统，多项工作走在全国前列。

12 日，第二批“气候康养福地”名单发布。

“清新福建·气候福地”第二批“气候康养福地”发布会在福州举行，福州晋安区桂湖小镇、厦门翔安区大帽山农场、漳州平和县灵通风景区等 35 个乡镇、村落、景区被认定为第二批“气候康养福地”，并接受授牌。

13 日，福建省科技活动周主场活动在榕举行。

近日，由省科技厅、省委宣传部、省科协共同主办的 2022 年福建省科技活动周主场活动在福州高新区举行。本次活动周以“走进科技　你我同行”为主题，通过图文展、现场活动等方式展现全省科技创新发展成果。根据最新统计，我省综合科技创新水平指数为 66.38%，比上年提高了 1.05 个百分点（全国提高 0.25 个百分点），科技促进经济社会发展指数和科技创新环境指数均居全国第 9 位，公民具备科学素质的比例达 11.51%，位居全国第 7 位。

13 日，福建省首届“福”文化论坛举行。

福建省首届“福”文化论坛在榕举行。本届“福”文化论坛以“新时代视域下的福文化”为主题，共征集 38 篇论文，将我省“福”文化从民俗层面向理论高度提升。全省“福”文化专家学者、理论工作者及社会各界学者近50人参加。

13日，第六届海峡两岸书院论坛在福州举办

第六届海峡两岸书院论坛在福州举行，两岸专家学者等近百人参加活动。本届论坛作为纪念两岸开启交流35周年的重点交流项目，是第十四届海峡论坛的重要配套活动，采用线上线下相结合的方式进行。论坛上，两岸书院的山长、专家学者围绕中华传统文化开展交流探讨，阐述新时代下闽台书院如何携手弘扬中华传统文化，增强文化认同，促进心灵契合。

论坛还引入福建日报全媒体、东南网、海峡网、闽南网等网络平台全程直播。直播在线播放量累计超过1000万次。

14日，2023年全省硕士研究生招生考试安全工作视频会议召开。

2023年全省硕士研究生招生考试安全工作视频会议召开，副省长、省招委会主任李德金出席会议并讲话。

14日，省领导出席“茶和天下·共享非遗之福茶香飘”主题活动。

“茶和天下·共享非遗之福茶香飘”主题活动在南平武夷山启动。活动围绕学习贯彻习近平总书记对非物质文化遗产保护工作作出的重要指示精神，以专家报告、成果展示、文化习俗演艺等形式，庆祝“中国传统制茶技艺及其相关习俗”申遗成功。省委常委、宣传部部长张彦出席并致辞，省政协副主席阮诗玮出席开幕式。

15日，福建省第十一届老年人体育健身大会闭幕。

福建省第十一届老年人体育健身大会在南平市圆满闭幕。老健会组委会名誉主任、副省长李德金出席并交接会旗，老健会组委会主任、省老体协主席王美香宣布闭幕。闭幕式上，举行了颁奖仪式和会旗交接仪式。省第十一届老健会组委会宣读了关于表彰本届老健会“优秀组织奖”代表团、“优秀志愿者”、开幕式文体展演节目“最佳表演奖”及“优秀表演奖”的决定。下届老健会承办城市三明市接过老健会会旗。

15日，《八闽文库·福建民间契约文书》新书在榕发布。

《八闽文库·福建民间契约文书》新书发布会在福州召开，省委常委、宣传部部长张彦宣布新书全球首发并讲话，省政府副省长林文斌，全国政协社会和法制委员会副主任、福建社会科学院院长张帆出席。发布会后召开了新书编纂出版与国际学术研讨会，海内外知名专家学者围绕东南地区民间文书的丰富内涵和特殊价值展开热烈讨论。

16日，我省已累计发行福利彩票641亿元。

福建省福利彩票发行中心品牌升级发布会消息，截至2022年11月，我省已累计发行福利彩票641.18亿元，共筹集福彩公益金194.22亿元，有力地推动了社会福利和公益事业的健康发展。一直以来，“扶老、助残、救孤、济困”是福利彩票的发行宗旨。

17日，首届海峡两岸乡村融合发展论坛举行。

首届海峡两岸乡村融合发展论坛在福州举行。论坛以“两岸融合发展·乡村全面振兴”为主题，由闽江学院主办，海峡两岸乡建乡创发展研究院、闽江学院乡村振兴研究院承办。来自海峡两岸暨香港地区的120多名专家学者和乡建乡创工作者以线上线下相结合的方式参加。与会代表围绕“两岸乡村融合发展理论与实践”“两岸乡村融合发展与乡村振兴”“两岸乡村融合发展与两岸关系”“两岸乡村全面发展振兴”等议题展开交流研讨。

17日，妈祖文化传媒论坛在莆田湄洲岛举行。

省政府新闻办公室和莆田市政府主办的妈祖文化传媒论坛在莆田湄洲岛举行。中国文联副主席朱彤出席论坛，省委常委、宣传部部长张彦出席并致辞，中国传媒大学校长张树庭视频致辞。

17日，“服务共同富裕的金融创新”研讨会在福州举行。

“服务共同富裕的金融创新”研讨会在福州举行。省委常委、常务副省长郭宁宁出席并致辞。本次研讨会由省政府发展研究中心主办，兴业银行承办，省金融监督管理局和中国人民银行福州中心支行为支持单位，发展研究杂志社协办。

17—18日，海峡两岸朱子文化论坛举行。

由福建社会科学院、黎明职业大学共同主办的海峡两岸朱子文化论坛以线上形式举行。清华大学、厦门大学、福建社会科学院、台湾“中央

大学”、台北故宫博物院等两岸高校和科研院所的50多名专家学者参加论坛，共同推动朱子文化创造性转化和创新性发展，促进两岸文化交流与合作。论坛期间，与会专家学者围绕朱子理学思想、朱子经学与四书学、朱子学的经世思想、朱子书院文化、当代海外朱子学研究等议题展开交流讨论。

18日，福建省安全文化公园开园仪式在福州举行。

日前，由福建省政府安委会、福建省应急管理厅主办的“乐游百园·共筑安全”——福建省安全文化公园开园仪式在福州市闽侯县沙堤安全文化公园举行。省委常委、常务副省长郭宁宁出席活动并宣布开园。安全文化公园是我省为民办实事项目“五个一百”安全应急保障提升工程建设的主要载体。今年，全省共建成100个应急避灾示范点、100个应急物资储备站、100个微型消防站、100个安全宣教体验场所、100个安全文化公园。

20日，木兰溪流域考古发现两万年前人类活动遗址。

莆田市文化和旅游局消息，在莆田木兰溪流域考古调查中，发现了山边旧石器时代晚期遗址，把莆田地区有人类生存活动的历史至少提早到距今2万年。

20日，省文化创意设计大赛正式启动。

由省文旅厅指导，省艺术馆（省非物质文化遗产保护中心）主办的“有福器，创未来”——福建省文化创意设计大赛今日正式启动，并面向全社会发出征集邀请。大赛设置三大征集主题，分别为：以“福”文化为核心要素的文创作品，融合现代创意设计与传统非遗元素、技艺的系列文创作品，以及深度融合福建传统文化资源与内容且适用于现代生活场景的文创作品。

20—21日，周祖翼在漳州调研。

福建省委书记周祖翼深入漳州古雷开发区、东山县、云霄县、芗城区等地，学习弘扬谷文昌精神，调研重大项目建设和重点企业发展。周祖翼强调，要把思想和行动统一到党的二十大精神和党中央关于经济工作的决策部署上来，高效统筹疫情防控和经济社会发展，统筹发展和安全，提振信心、稳中求进，确保明年经济社会发展各项工作开好局、起好步。省长赵龙参加有关活动。

21日，海丝中央法务区建设工作领导小组会议召开。

海丝中央法务区建设工作领导小组会议在榕召开。会议深入学习贯彻党的二十大和中央经济工作会议精神，落实省委十一届三次全会部署，总结今年海丝中央法务区建设成效，研究明年工作计划、重点举措和任务分工。省委副书记、政法委书记、领导小组组长罗东川出席并讲话，省委常委、常务副省长、领导小组副组长郭宁宁主持会议。

22日，省政府召开常务会议。

省长赵龙主持召开省政府常务会议，认真学习贯彻党的二十大精神，按照省委工作要求，研究厦门海洋高新产业园申请设立省级高新技术产业园区、2021年省科学技术奖有关事项；审议《福建省治理货物运输车辆超限超载条例（草案）》《福建省献血条例（修订草案）》，决定提请省人大常委会审议。

22日，首届福建“福”文化嘉年华活动月底启动。

省委宣传部消息，以“新时代·享福气”为主题，全面展示我省“福”文化传承创新成果的首届福建“福”文化嘉年华活动，将于12月30日在位于福州市台江区的闽江之心启动，并连续开展三天。本次活动将围绕“福”文化产品和服务展览、展示、演艺、销售，融合吃、喝、玩、乐、赏等多种互动体验形式，组织开展“福”文化成果展，举办“福味”美食市集、“共筑幸福”高歌党的二十大文艺汇演、“全民游福建”发车仪式、2023年“福建福　福天下”全球挥春送福活动启动仪式以及露天观影、巡游表演、非遗演出、汉服秀、“健康就是福”全民健身互动演出、“一起来福”青年音乐节等丰富多彩的“福”文化系列活动，并开设“山海有福”网红点、“福”文化快闪主题馆等观赏互动区。

23日，省委常委会召开会议。

福建省委书记周祖翼主持召开省委常委会会议，认真学习贯彻习近平总书记重要指示精神，研究贯彻落实措施；审议相关文件，研究推进我省党内法规制度建设和质量强省、标准化建设等工作；听取当前我省疫情防控情况汇报，部署下一步工作。

23日，省领导在福州调研疫情防控和医疗救治工作。

副省长、省应对疫情工作指挥部副指挥长李德金前往福建省立医院、福建医科大学附属第一医院等实地检查医院发热门诊、药房、住院病房情况，调研检查部分药店药品供应情况，并召开座谈会研究部署医疗救治工作。

23日，2022年福建省社会科学普及宣传周启动。

“学习贯彻二十大　砥砺奋进新征程”——2022年福建省社会科学普及宣传周在福州启动。此次活动由省委宣传部、省社科联主办，福州市委宣传部、福州市社科联、鼓楼区委区政府等单位承办。在活动现场，省社科普及工作联席会议成员单位领导共同启动了全省社会科学普及宣传周活动，参观了“新时代新福建成就”图片展、“福”文化创意产品展示区、福州非遗技艺展示、社科知识普及咨询区、社科普及读本签赠区等活动展区，并参与了丰富多彩的社科普及活动，观看了《闽山闽水物华新》视频。

24日，周祖翼在平潭调研。

福建省委书记周祖翼深入平潭综合实验区的产业园区、台资企业、文旅项目等，调研经济社会发展情况。周祖翼强调，要深入学习贯彻党的二十大精神，贯彻落实中央经济工作会议部署，坚定不移沿着习近平总书记指引的“一岛两窗三区”发展方向，发挥独特优势，勇于先行先试，加快开放开发，持续推进两岸交流合作，在探索海峡两岸融合发展新路上迈出更大步伐。

24日，省领导在福州检查全国研究生招生考试工作。

副省长、省招委会主任李德金前往省教育考试院检查全国研究生招生考试工作，召开2023年研考考前调度视频会，听取各设区市考试组织和疫情防控的工作情况汇报，通过视频查看考场秩序情况，指挥调度研考工作。

24日，福建2023年全国硕士研究生招生考试顺利开考。

2023年全国硕士研究生招生考试今天上午顺利开考。我省共有10.46万人报考，共设14个考区、101个考点（含省外考生借考考点2个）、3567个考场。上午8时30分思想政治理论、管理类综合能力等2门科目准时开考，11时30分考试顺利结束。考场秩序井然，考风考纪良好，考试总体平稳有序。全省各级各部门以高度负责的态度，确保“如期考试、应考尽考、平安研考”。

24日，我省部署新年春节期间拥军优属拥政爱民工作。

2023年新年春节即将来临，省双拥办、省退役军人事务厅、省军区政治工作局近日联合下发通知，要求各地各部队要大力弘扬拥军优属、拥政爱民光荣传统，巩固发展军政军民团结，为全面建设社会主义现代化国家、全面推进中华民族伟大复兴凝聚强大力量。通知要求，各地各部队要广泛开展延安双拥运动80周年纪念活动，营造爱我人民爱我军的社会氛围。

26日，省委召开中直单位驻闽机构座谈会。

福建省委书记周祖翼主持召开中直单位驻闽机构座谈会，听取中央驻闽单位、央企驻闽单位、在闽金融机构、中央新闻媒体等对我省明年工作特别是经济工作的意见建议，研究下一步工作思路举措。

27日，2022年中国福建人才创业周启动。

由省人力资源和社会保障厅、中国海峡人才市场联合主办的2022年中国福建人才创业周活动12月27日—31日举行，将面向我省数字经济、海洋经济、绿色经济、文旅经济等重点领域需求，聚焦高层次人才创业创新，进一步夯实人才、项目、资本、产业对接合作平台，促进产业链、创新链与人才链融合。活动期间，云平台上将举办八闽英才创业创新成果展、人才·项目·资本路演对接、海归人才创业创新项目对接、“四大经济”高层次人才猎聘洽谈对接等活动。

28日，中央依法治国办督察反馈组向我省反馈市县法治建设工作督察意见。

中央依法治国办市县法治建设工作督察反馈会在福州举行。中央依法治国办督察反馈组组长，国务院参事、农业农村部原副部长于康震反馈督察意见。省委书记、省委全面依法治省委员会主任周祖翼出席并作表态讲话。

28 日，省委常委会召开会议。

福建省委书记周祖翼主持召开省委常委会会议，传达学习习近平总书记在中央农村工作会议上的重要讲话、对爱国卫生运动作出的重要指示、给中国东方演艺集团的艺术家的回信精神，研究我省贯彻落实措施；听取当前疫情防控工作情况汇报，部署推进下一步工作。

28 日，2022 网上群众工作峰会在宁德举行。

由人民网、省委办公厅、省政府办公厅、省委宣传部、省信访局主办的 2022 网上群众工作峰会在宁德举行。十一届全国政协副主席、中国人口福利基金会会长李金华，十二届全国政协委员、中国政策科学研究会会长、人民日报社原副总编辑马利，副省长李建成分别致辞。

28 日，省法院同世界知识产权组织仲裁与调解中心签署合作协议。

省法院同世界知识产权组织仲裁与调解中心签署《加强知识产权领域替代性争议解决交流与合作协议》，在解决涉外知识产权纠纷领域开展合作。中华人民共和国一级大法官、最高人民法院常务副院长贺荣，世界知识产权组织副总干事王彬颖以视频方式出席活动并致辞。省委副书记、政法委书记罗东川，省法院院长金银墙出席签约仪式并致辞。省委常委、福州市委书记林宝金书面致辞。

28 日，《福建省公安机关警务辅助人员管理条例》明年起施行。

《福建省公安机关警务辅助人员管理条例》施行新闻发布会召开。《条例》经福建省第十三届人大常委会第三十六次会议表决通过，将于明年 1 月 1 日起施行。其制定实施，标志着我省公安机关警务辅助人员（以下简称辅警）队伍建设步入了法治化轨道。《条例》共 7 章 43 条，紧紧围绕辅警身份性质、人员招聘、工作职责、权利保障、管理监督、法律责任等方面，对辅警队伍建设作出了规范。

29 日，新修订的《福建省湿地保护条例》明年起施行。

新修订的《福建省湿地保护条例》将于 2023 年 1 月 1 日起施行。该《条例》在与上位法衔接的同时，直面近年来我省湿地保护中遇到的新情况、新问题。湿地是地球三大重要生态系统之一，发挥着涵养水源、调节气候、改善环境、维护生物多样性等重要生态功能。福建湿地资源丰富。根据《湿地保护法》规定的湿地定义和我省国土三调公布的数据，全省全口径湿地面积约 78.48 万公顷。

29 日，首届福品博览会在福州举办。

首届福品博览会开幕式暨“全闽乐购 · 福兔迎春”跨年购促消费系列活动、2023 福建网上年货节启动仪式在福州举办，本届福品博览会以“寻福、送福、造福、享福”为主题。副省长李建成出席活动并致辞。

30 日，省委经济工作会议在榕召开。

福建省委经济工作会议在福州召开。会议主要任务是，以习近平新时代中国特色社会主义思想为指导，全面贯彻落实党的二十大精神，按照中央经济工作会议部署，落实省第十一次党代会和省委十一届三次全会要求，总结 2022 年全省经济工作，分析当前经济形势，部署 2023 年经济工作。省委书记周祖翼出席并讲话。省委副书记、省长赵龙作会议总结。省政协主席崔玉英出席。

30 日，关于召开政协第十三届福建省委员会第一次会议的决定。

政协第十二届福建省委员会常务委员会第二十九次会议决定：政协第十三届福建省委员会第一次会议于 2023 年 1 月中旬在福州召开，会期约四天半。

30 日，全省疫情防控工作视频会议召开。

我省召开全省疫情防控工作视频会议，贯彻落实全国新冠病毒感染医疗救治工作电视电话会议精神，部署我省疫情防控和医疗救治工作。副省长、省应对疫情工作指挥部副指挥长李德金出席并讲话。

30 日，兴泉铁路昨日全线通车。

8 时 15 分，随着 T8010 次列车驶离福建泉州站，向着江西兴国县呼啸而去，全长 464 公里的兴泉铁路全线通车。兴泉铁路的全线贯通，结束了江西宁都、石城，福建宁化、清流、明溪、大田、德化、永春等 8 个革命老区县不通铁路的历史。

30 日，第六届“爱我国防”福建省大学生演讲比赛圆满落幕。

第六届“爱我国防”福建省大学生演讲比赛决赛和颁奖仪式先后在福建警察学院举行。省委常委、宣传部部长张彦，省委常委、省军区少将政治委员宋鸿喜出席颁奖仪式并为一等奖获得者颁奖。本届演讲比赛以“青春激扬新时代，奋进强军新征程”为主题，由省委宣传部、省教育厅、省公安厅、省退役军人事务厅、省军区政治工作局和团省委联合举办。最终，分别有2组选手获得一等奖、3组选手获得二等奖、5组选手获得三等奖，另有10组选手获得优胜奖。

30日，省委组织部下发通知要求在元旦春节期间开展走访慰问生活困难党员、老党员、老干部活动。

日前，省委组织部下发通知，要求各级党组织在元旦春节期间走访慰问生活困难党员、老党员、老干部活动，使广大党员、干部和人民群众深切感受到以习近平同志为核心的党中央的关怀和温暖，进一步激励广大党员、干部踔厉奋发、勇毅前行，奋力谱写全面建设社会主义现代化国家福建篇章。

（摘编：张捷）

第三篇 发展探索

福建社会形势分析与预测

2022年，福建把迎接中共二十大、学习宣传贯彻二十大精神作为贯穿全年的重大任务，全面贯彻习近平新时代中国特色社会主义思想，扎实落实习近平总书记对福建工作的重要讲话重要指示批示精神，大力传承弘扬习近平总书记在福建工作期间开创的重要理念和重大实践，不断提高效率、提升效能、提增效益，奋力实现高质量发展，谱写全面建设社会主义现代化国家福建篇章。

一、2022年福建社会发展基本形势

（一）疫情防控有序开展

福建严格按照党中央、国务院决策部署，坚决落实“疫情要防住、经济要稳住、发展要安全”重要要求，始终坚持“外防输入、内防反弹”的总策略和“动态清零”的总方针，毫不放松做好常态化疫情防控和应急处置，及时高效处置本土疫情，持续巩固疫情防控成果，为福建经济社会健康发展提供有力保障。一是防治能力建设不断加强。“三公（工）一大”融合协同进一步强化，流调队伍建设持续加强，建立备勤制度，已设立定点医院12家、救治床位7363张和后备定点医院11家、床位6518张，已组建12支省级医疗救治队。全省共有核酸检测机构355家，日最大核酸检测能力达292万管，片区核酸检测支援机制进一步完善。二是疫苗接种稳妥推进。60岁及以上老年人接种工作持续推进，筑牢免疫屏障，截至9月，全省累计接种10210.18万人次，其中第一剂次接种3963.13万人，全人口覆盖率95.41%，完成全程接种3897.64万人，全人口覆盖率93.83%。三是疫情防控信息化建设持续完善。全省疫情防控一体化平台运行良好，涉疫数据汇聚共享，为区域核酸检测、初筛阳性直报、流调溯源管理、新冠疫苗接种等提供信息支撑，实现了疫情防控全业务、全流程信息化覆盖，健康码功能应用持续拓展，群众出行愈加便利。四是统筹疫情防控和经济社会发展。持续支持和促进控疫情、保运转、稳增长、防风险，多措并举稳住市场主体，全力保障企业正常运转、经济稳定运行。

（二）民生福祉不断增进

2022年福建省确定了25个为民办实事项目，包括新增公办幼儿园和义务教育公办学校学位、建设全省重大疫情救治基地、实施13周岁~14周岁半女性人乳头瘤病毒（HPV）疫苗免费接种项目试点、新建智慧体育公园、新建和改造提升福道、清理海漂垃圾、老旧小区供配电设施升级改造等，省级财政计划投入108.86亿元，截至8月底，省级资金已全部下达，总金额达120.6亿元，达到年初计划投入的110.8%。

卫生健康事业持续完善。一是医疗卫生服务能力稳步提升。实施委省共建，推进医疗“创双高”和区域医疗中心建设，与国家高水平医院建立“一对一”合作共建关系，7所医院纳入国家区域医疗中心试点项目建设。高水平医院、高水平临床医学中心、临床重点专科建设不断推进，实现高位嫁接、技术平移。中医药在医疗惠民能力和科技创新方面有了长足进步。二是基层医疗卫生服务体系进一步健全。以紧密型县域医共体建设为抓手，不断整合优化县乡村医疗卫生资源布局，实现医共体县域全覆盖。基本公共卫生服务均等化水平进一步提升，年人均基本公共卫生服务项目经费补助标准从2021年的79元提高到2022年的84元。三是“互联网+医疗健康”加快推进。建成了省市两级全民健康信息平台，实现了

省到村五级政务外网卫生专网互联互通，省级应用系统全部依托省级政务云平台部署，实现了基础设施平台的统一运维管理。推行医学检查检验结果信息共享互认，已覆盖全省234家医院。四是“一老一小”健康服务不断完善。老年健康与医养结合服务项目纳入基本公共卫生服务，每年为10000名以上失能老年人提供健康评估与服务，老年人心理关爱、老年口腔健康、老年人失能预防与干预、安宁疗护、家庭病床等老年健康服务在全省逐步推广。不断做好妇女儿童健康服务工作，完善网络建设，全省建立危重症孕产妇转诊救治中心93个，严格落实母婴安全五项制度。

教育事业扎实推进。一是“双减”工作不断走深走实。各地建立作业校内公示制度，出台作业管理办法，作业时间控制基本达标。课后服务实现义务教育学校全覆盖，能够初步满足学生需要。义务教育阶段线下学科类培训机构大幅度压减，“营转非”“备改审”、预收费监管工作等重点工作基本完成，校外培训机构培训行为渐趋规范，学生过重作业负担和校外培训负担、家庭教育支出和家长相应精力负担有效减轻。二是教育资源供给不断扩大。同步推进公办幼儿园建设和普惠性民办幼儿园发展，学前教育普惠率达93.1%。持续推进义务教育城区学位扩容，基本消除大班额，九年义务教育巩固率达99.23%。三是城乡教育资源进一步均衡配置。推进学前教育“镇村一体化”、农村巡回支教等办学模式改革，让近万名偏远山区幼儿，在家门口接受学前教育。以示范性幼儿园建设为抓手，辐射带动学前教育质量整体提升。推进义务教育城乡一体化发展，100%的乡村小规模学校达到省定标准，近65%的义务教育学校成为管理标准化学校，近2600所乡村学校参与城乡紧密型教育共同体，城乡之间、校际的差距不断缩小。

文化事业繁荣发展。一是“福”文化资源不断创新发展。福建高度重视中华“福”文化宣传推广，举办“福”文化主题春晚，制作“福虎”卡通形象等“福”文化标识，装扮3900多个主题造型景观、2800多处打卡点和1800多个景区、公园。福建通过实施“福”文化出版影视动漫精品工程、举办“福”文化创意设计大赛、推广“福”文化品牌公共标识、开展福建形象IP作品征集评选、推出十大“福”文化旅游线路和“福茶”“福酒”系列产品等举措，以“福”文化创造性转化、创新性发展助力文化强省建设。二是公共文化服务体系着力构建。推动公共文化服务与群众需求有效对接，五级公共文化服务设施网络基本形成，着力打造“百姓大舞台”“乡村音乐会”“经典诵读”“音乐舞蹈节”等群众文化活动品牌，一年举办各类群众文化活动近万场。三是文化旅游复苏发展。“清新福建”“福文化”等文旅品牌全面打响，今年上半年，全省接待国内游客1.95亿人次、实现旅游总收入2112亿元，分别恢复到2019年同期的91.8%和73.7%，恢复程度均高于全国平均水平。

（三）人社公共服务水平持续提升

福建深入实施就业优先战略，落实落细各项援企稳岗政策，推动“政策找人、政策找企”，顶格落实相关奖补政策，“真金白银”惠企业、稳用工，发挥出政策援企稳岗促就业的最大效应，突出高校毕业生这个重中之重，全面实施毕业生就业十大专项行动，认真落实“1311”就业服务机制，统筹做好农民工、失业人员、退役军人等重点群体就业工作，精准做好就业困难人员的就业帮扶和生活保障工作，全省就业质量不断提高，就业形势保持稳定。1—8月，全省城镇新增就业人数39.22万人，完成全年目标任务50万人的78.44%，失业人员实现再就业人数6.07万人，完成全年目标任务10万人的60.7%，就业困难人员实现就业人数1.79万人，完成全年目标任务2.4万人的74.58%。

福建社会保障体系不断健全，覆盖范围持续扩大，待遇水平稳步提升，援企稳岗成效显现，经办服务更加精细便捷，全省社会保险事业实现了高质量发展。截至8月底，全省城镇基本养老保险参保人数（含离退休）1601.71万人，完成全年目标任务1389万人的115.31%，其中：企业基本养老保险参保人数（不含离退休）1276.68万人，完成全年目标任务1039万人的122.88%，机关事业基本养老保险参保人数（不含离退休）98.6万人，完成全年目标任务99万人的99.6%。失业保险参保人数741.58万人，完成全年目标任务758

万人的97.83%，工伤保险参保人数1016.51万人，完成全年目标任务1004万人的101.25%。

（四）乡村振兴战略全面实施

福建以实施乡村振兴战略为总抓手，以农业供给侧结构性改革为主线，扎实推进农业农村改革发展，着力保障和改善农村民生，农业农村持续发展，农民群众获得感幸福感安全感不断提升。一是粮食和重要农产品供给有效保障。粮食安全党政同责有效落实，稳粮惠农政策力度持续加大，深入实施藏粮于地、藏粮于技战略，巩固提升粮食产能，粮食播种面积、总产量稳定在1250万亩、500万吨以上，粮食安全省长责任制考核成绩保持全国前列。二是乡村特色产业提质增效。立足资源多样性和气候适宜优势，实施特色现代农业高质量发展工程，打造“福农优品”福建优质农产品品牌，鼓励发展农产品加工、农村电商、休闲农业等，推动茶叶、水果、蔬菜、食用菌、林竹、畜禽、水产等十大乡村特色产业全产业链发展、全价值链提升，成为乡村产业振兴的重要支撑力量。三是脱贫攻坚成果巩固拓展。坚持“四个不摘”，建立健全防止返贫监测和帮扶机制，巩固提升脱贫人口“两不愁三保障”和饮水安全保障水平，脱贫人口家庭人均纯收入增幅高于全省平均水平，牢牢守住了不发生规模性返贫底线。四是乡村建设行动统筹推进。持续建设宜居宜业美丽乡村，农村基础设施公共服务保障水平不断提升，全省实现村村通水、通电、通硬化路、通客车和光纤网络、有线电视，农村公厕、卫生户厕实现全覆盖，农村生活垃圾收集转运处置体系全面构建，所有乡镇建成生活污水处理设施，农村面貌焕然一新。

（五）社会治理卓有成效

福建着力打造法治强省，扎实推进更高水平的平安福建建设，法治核心竞争力持续增强，全省群众安全感率、扫黑除恶好评率、执法工作满意率保持99%、98%、97%以上高位，群众获得感、幸福感、安全感不断提升。一是市域社会治理现代化持续推进。福建努力推动全国市域社会治理现代化试点城市建设，牢牢把握“市域成为重大风险终结地”目标，全面加强市域内政治安全、社会治安、社会矛盾、公共安全、网络安全“五类风险”的研判、评估、协同、化解等工作，强化五治融合，打造人人有责、人人尽责、人人享有的社会治理共同体，形成了一批如三明“一党委三中心（站）”、厦门海丝中央法务区、漳州“芗里芗亲”平安志愿服务队、泉州“E通政法”网上协同办案和智能辅助平台等特色做法。二是专项行动深入开展。依法严厉打击群众反映强烈的黄赌毒、食药环、盗抢骗等突出违法犯罪，深入开展常态化扫黑除恶斗争、打击整治养老诈骗专项行动、打击整治电信网络诈骗专项行动、“团圆”行动、夏季治安打击整治“百日行动”等，一批案情复杂、社会关注度高的重大案件办理取得突破。三是智慧治理有效推行。持续建设“e政务”等群众家门口“一站式”综合服务平台，全省依申请审批服务事项网上可办率达97%。今年6月，大数据办案平台开通上线并在全省运行，通过搭建全省统一的政法数据中转枢纽，非侵入式贯通政法各部门办案系统，推行网上协同办案，实现全省域政法机关网上业务协同一体化的历史性突破。截至9月，线上成功协同流转刑事案件（电子卷宗）18088件次，一审结案1962件，总体运转情况良好。

（六）生态环境质量稳定优良

福建始终坚持生态惠民、生态利民、生态为民，坚定不移推进生态省建设，扎实建设全国首个生态文明试验区，绘就“清新福建”好山、好水、好空气，不断为人民群众提供优质生态产品，满足人民群众日益增长的优美生态环境需要。据省生态环境厅发布的1—8月环境质量状况显示，福建生态状况总体保持优良水平。环境空气质量方面，福建9市1区的环境空气质量达标天数比例平均为98.2%，PM2.5浓度19微克每立方米，同比改善约14%。水环境方面，全省主要流域总体水质为优。监测的375个断面中，Ⅰ~Ⅲ类水质比例97.6%，同比上升2.1个百分点，其中Ⅰ~Ⅱ类水质比例54.7%。各类水质比例如下：Ⅰ类占1.1%，Ⅱ类占53.6%，Ⅲ类占42.9%，Ⅳ类占2.4%，无Ⅴ类和劣Ⅴ类水。小流域考核断面Ⅰ~Ⅲ类水质比例为95.3%。森林覆盖率继续位居全国首位。生态环境状况指数继续保持全国前列。

二、当前福建社会发展面临的主要问题与挑战

（一）社会民生领域有待持续改善

一是卫生健康事业需要进一步发展。当前，全球新冠肺炎疫情仍然十分严重，国内疫情仍在高位运行，波及影响范围依然很大，且病毒还在不断变异，疫情最终走向还存在很大不确定性。国内疫情呈多点散发，我省面临境外和省外输入双重压力，防控形势仍然严峻复杂。同时，猴痘疫情也存在输入性风险。卫生健康事业还存在卫生资源总量不足和医疗技术水平不高即塔尖不尖、塔基不牢现象，以及基层医疗服务网络布局有待进一步完善、分级诊疗制度内涵尚待深入拓展、家庭医生签约服务质量和效果有待提升、医疗行业综合监管体制机制不够健全等问题。二是教育事业需要继续推进。“双减”政策全面实施以来取得积极成效，但也存在课后服务内容形式单一、管理成本增加，以及教师工作压力增加、专业发展受到影响等问题。普惠性学前教育资源不足，城乡教育水平不够均衡，高中阶段“普职分流”政策引发家长教育焦虑。三是“一老一小”等问题亟待解决。人口老龄化加快，高龄人口、失能或部分失能人口快速增加，对公共服务供给的能力和水平都提出了更高要求。随着三孩政策全面实施，托育（0—3岁）服务需求将进一步凸显。基本养老、儿童福利和救助保护、精神卫生和残疾人康复等事业的社会关注度越来越高。

（二）劳动就业与社会保障面临挑战

国际形势依然复杂严峻，国内经济恢复仍然面临挑战，就业总量压力依然存在，稳就业保就业工作仍需付出艰苦努力。经济下行压力叠加疫情影响，经济增长拉动就业能力减弱的同时企业面临招工难、用工难问题，就业形势更趋复杂、就业结构性矛盾更加凸显，就业形势稳中承压、稳中有难、稳中存忧。受国内外经济形势变化影响，加上一些企业参保意识不强，部分从业人员和城乡居民参保积极性不高，社会保险扩面难度越来越大。新型就业形态和模式对传统基于劳动关系的社会保险参保和缴费政策带来新的挑战。被征地人员、就业困难人员、灵活就业人员的社会保障诉求日益凸显，对健全多元社会保障体系、提高保障待遇带来新的压力。

（三）生态治理和社会治理存在风险

在生态治理方面，福建工业化城镇化仍将持续快速发展，生态环境质量保持高位运行的难度越来越大，持续向好的压力较大，同时污染防控重点从工业为主向工业、交通、生活、农业并重的结构性转变，呈现点多量大面广、布局分散的特点。沿海地区臭氧污染问题逐步显现，部分河口区海域无机氮、活性磷酸盐含量偏高，废铅蓄电池处置问题逐步凸显，个别地区医废处置能力不足，部分区域生活污水收集管网未形成系统。在社会治理方面，近年网络犯罪近年呈高发多发态势，如侵犯公民个人信息、跨境网络赌博、“网络水军”敲诈勒索等等，以投资“养老项目”、代办“养老保险”、开展“养老帮扶”、销售“养老产品”等名目进行的养老诈骗屡屡出现，一些房地产开发企业因资金链断裂导致房屋停工停建“烂尾”等问题也成为近期群众关注的热点。

三、2023年福建社会发展基本态势与对策建议

2023年，福建将把学习宣传贯彻党的二十大精神与贯彻落实“四个更大”重要要求紧密结合起来，高举中国特色社会主义伟大旗帜，全面贯彻习近平新时代中国特色社会主义思想，扎扎实实办好福建的事情，在推进中国式现代化中彰显福建担当、展现福建作为，奋力谱写全面建设社会主义现代化国家福建篇章。

（一）着力保障和改善民生，促进共同富裕

拓宽居民增收渠道，完善分配制度，构建初次分配、再分配、第三次分配协调配套的制度体系。强化就业优先政策，促进高质量充分就业，健全就业公共服务体系，完善重点群体就业支持体系，加强困难群体就业兜底帮扶，健全终身职业技能培训制度，支持和规范发展新就业形态。不断提升和推广三明医改经验，深化“三医联动”改革，加快推进县域医共体等建设，加强重大慢性病健康管理，促进中医药传承创新发展。深化落实“双减”工作，推进基础教育优质均衡发展，加大普惠性民办幼儿园扶持力度，加快推进校际和城乡紧密型教育共同体建设，实施城区学位增补计划。完善三孩生育配套支持政策，实施普惠托育服务专项行动。发展普惠型养老服务和互助

性养老，推广居家社区养老模式，提升居家社区养老品质。健全现代公共文化服务体系，创新实施文化惠民工程，加大文物和文化遗产保护力度，加强城乡建设中历史文化保护传承。推动“福”文化资源转化利用，打响“福”文化品牌，展带动福建文旅产业加快发展。全面推进乡村振兴，夯实粮食安全根基，深入实施种业振兴行动，强化农业科技和装备支撑，树立大食物观，构建多元化食物供给体系，统筹乡村基础设施和公共服务布局，建设宜居宜业和美乡村。加快老区苏区振兴发展，实施新时代山海协作。

（二）打造法治强省，建设平安福建

推进多层次多领域依法治理，提升社会治理法治化水平。将综治中心作为整合社会治理资源、创新社会治理方式的重要工作平台，健全“数字化、标准化、实体化”的综治工作体系，深化“综治中心+网格化+信息化”建设，健全平战结合转换机制。完善多元化解矛盾纠纷机制，深化“枫桥式公安派出所”创建，加强诉非联动中心建设，健全“四门四访”“四访四通”机制、信访评理机制、乡镇（街道）信访工作联席会议机制，探索建设信访矛盾纠纷联合调处机制。推进扫黑除恶斗争常态化，对涉海、涉砂、涉林等重点问题以及交通运输、教育、医疗等重点行业持续开展综合治理，深入打击整治电信网络诈骗、养老诈骗、侵犯公民个人信息、侵害未成年人等违法犯罪。加强食品药品安全监管，持续治理“餐桌污染”。继续探索行政执法工作新机制，完善不予处罚、从轻处罚、减轻处罚和免于行政强制事项“四张清单”。推进法治化营商环境示范区和海丝中央法务区建设。高度关注房地产等重点领域债务风险，加强风险预判预警，采取综合措施稳妥处置。

（三）落实“双碳”战略，持续深化生态省建设

积极稳妥推进碳达峰碳中和，推动能源清洁低碳高效利用，加快规划建设新型能源体系，完善碳排放统计核算制度，健全碳排放权市场交易制度。继续实施蓝天工程，推进石化基地区域大气污染综合整治。继续实施碧水工程，加强生物多样性保护，实施山水林田湖草沙一体化保护和系统治理，加快推进县级城市建成区黑臭水体整治，强化重点直排海污染源污水治理和尾水排放控制，梯次推进美丽海湾建设。继续实施净土工程，推进“无废城市”建设，强化危险废物监管和利用处置，加快城市医疗废物处置扩容升级工程建设，推进用地土壤污染状况调查、风险评估和管控修复。推动生态振兴乡村建设，不断提升绿盈乡村占比。大力推动产业生态化、生态产业化，建立健全生态产品价值实现机制。传承弘扬林权制度改革，创新开发林业碳汇。完善生态补偿机制，推进国家生态综合补偿试点地区建设。持续健全生态环境综合管理信息化平台，利用生态云系统完善风险自动判断、隐患精准把脉、备案一网通办等功能。倡导绿色消费，推动形成绿色低碳的生产方式和生活方式，让天蓝、地绿、水清的美丽福建名片更加闪亮。

（撰稿：福建社会科学院　耿羽）

福建省制定“十四五”县域普通高中发展提升行动方案

2022年10月10日福建省教育厅、中共福建省委机构编制委员会办公室、福建省发展和改革委员会、福建省财政厅、福建省人力资源和社会保障厅、福建省自然资源厅、福建省住房和城乡建设厅七部门下发《关于印发〈福建省“十四五”县域普通高中发展提升行动方案〉的通知》（闽教基〔2022〕43号）提出，根据教育部等九部门联合印发的《“十四五”县域普通高中发展提升行动计划》（教基〔2021〕8号），省教育厅等七部门研究制定了《福建省“十四五”县域普通高中发展提升行动方案》，请各地认真组织实施。

《福建省“十四五”县域普通高中发展提升行动方案》主要内容如下：

为贯彻落实党中央、国务院关于加强县域普通高中（县、县级市举办的普通高中，以下简称县中）建设的决策部署，着力提升我省县中办学水平和教育质量，根据教育部等九部门印发的《“十四五”县域普通高中发展提升行动计划》（教基〔2021〕8号）要求，结合我省实际，制定本行动方案。

一、总体要求

（一）**指导思想**。以习近平新时代中国特色社会主义思想为指导，深入贯彻党的十九大和十九届历次全会精神，全面贯彻党的教育方针，落实立德树人根本任务，围绕建设高质量教育体系，健全县中发展提升保障机制，全面提高县中教育教学质量，促进县中与城区普通高中协调发展，加快推进教育现代化，建设教育强省，着力培养堪当民族复兴重任的时代新人。

（二）**基本原则**

——坚持问题导向。聚焦县中优质生源流失、优质师资吸引力不足、基础条件较薄弱、教育质量有待提高等重点问题，对照高考综合改革和育人方式改革新要求，集中力量补短板、促改革、提质量，激发县中办学活力。

——坚持政府主导。加强省级统筹指导，落实市县政府主体责任，动员社会各方面力量参与，深化资源配置方式改革，健全县中发展提升保障机制，改善县中办学条件。

——坚持协调发展。优化高中布局结构，加快推进县中办学水平和质量提升，扩大县中优质资源供给，实现市域内县中和城区普通高中协调发展。

——坚持改革创新。深化教育教学管理改革，健全德智体美劳全面培养的教育体系，着力破解制约县中改革发展的体制机制障碍，保障县中持续健康发展。

（三）**主要目标**。到2025年，县中整体办学条件和教育水平显著提升，市域内县中和城区普通高中协调发展机制基本健全，统筹普通高中教育和中等职业教育发展，全省高中阶段毛入学率保持在97%以上，92%以上的公办高中完成达标创建，每个县（市）至少有1所省一级达标的县中，培育认定若干所县中成为特色鲜明的省级示范性高中。普通高中招生全面规范，县中生源流失现象得到根本扭转；教师补充激励机制基本健全，县中校长和教师队伍建设明显加强；教育经费投入机制更加健全，县中办学经费得到切实保障；办学条件大幅改善，未完成达标创建高中基本达到国家建设标准；教育教学改革进一步深化，县中教育质量显著提高。

二、主要措施

（一）**完善普通高中招生管理**。强化招生管理省级统筹、地市主体、县级落实的责任，全面落实公民办普通高中同步招生和属地招生政策，确保到2024年按规定全面实现属地招生。完善优质普通高中指标到校招生办法，到2025年各地分配比例应逐步提高到不低于70%，并向农村初中和薄弱初中倾斜，争取录取人数只增不减。规范自主招生行为，自主招生应与学校特色办学相结合，严禁单纯以学业成绩作为唯一录取依据，严禁擅自提前招生，促进县中多样化有特色发展。各设区市要建立完善高中阶段学校招生录取信息化统一管理平台，实现高中阶段全部通过信息化平台实施招生录取。严格实行“阳光招生”，严格落实“十个严禁”，加强招生工作监管，对违规招生行为加大查处力度，严肃追究相关人员和学校责任。继续做好高校有关专项计划招生工作，加强对基础教育薄弱地区的支持。

（二）健全教师队伍补充激励机制。落实教育部等八部门联合印发的《新时代基础教育强师计划》（教师〔2022〕6号），坚持将教师队伍建设作为基础工作来抓。严格落实中小学教职工编制标准和统筹管理相关规定，落实城乡统一的教职工编制标准，依照条件标准及时补充县中教师，加大教职工编制跨行业统筹配置和跨区域调整力度，省级统筹、市域调剂、以县为主、动态调配，多渠道补充教师编制，着力解决县中教师总量不足和结构性缺员问题。深入推进“县管校聘”改革，盘活县域教师资源，健全完善紧缺学科教师“走教”制度，并鼓励教师多承担工作量或外聘部分兼职教师，多举措满足教育教学需求。教育行政部门不得挤占县中教职工编制或长期借用县中教师，严禁公办学校教师在民办学校任教。各地要采取有力措施关心教师工作和生活，留住人才、用好人才，确保教师队伍稳定。校长和教师跨县域流动应严格按照国家有关规定和程序办理手续，违反规定抢挖优秀校长和教师的，按相关规定严肃处理。适当优化控制高、中级岗位的结构比例，鼓励符合条件的省级示范高中和达标高中自主开展中级及以下职称评聘。合理核定县中绩效工资总量，绩效工资内部分配向班主任、名优教师倾斜。

（三）**组织实施教师素质能力提升计划**。加强师范生培养，根据普通高中新课程推进情况及时调整优化培养规模，确保教师配备满足高考综合改革教育教学需求。落实省教育厅等四部门《关于开展高素质复合型硕士层次高中教师培养试点工作的通知》，推进复合型高中教师培养试点，着力培养跨学科教学人才。全面加强教师思想政治素养和师德师风建设，将师德师风建设贯穿教师管理全过程，切实增强县中教师教书育人的使命感和责任感。加大县中校长和教师培训力度，完善省、市、县分级培训机制，省级力争用五年时间完成县中校长和教师全员轮训，市、县两级以市为主开展县中校长和教师常态化培训，各级加大名优骨干教师培养力度。完善教研体系建设，省、市两级教研部门要配齐配强普通高中各学科专职教研员，县级根据高中办学规模配备相关学科教研员。健全完善教研机构和教研员对口帮扶薄弱县（市）和县中机制，为促进县中教师专业成长和教育教学改革提供有力支撑与服务。

（四）**加大县中对口帮扶力度**。省级统筹引导，市级加强协调组织，开展多种形式的县中对口帮扶工作，努力使每个教育基础薄弱县和学校都得到帮扶支持，加快提升县中整体办学水平。省级继续组织示范高中至少对口帮扶1所薄弱县中，并将对口帮扶成效列为示范建设考核的重要内容；各地要积极组织区域内优质普通高中与薄弱县中开展联合办学、对口支援，每所优质普通高中至少托管帮扶1所薄弱县中。鼓励省内有条件的高校结合实际开展县中特别是革命老区县中的托管帮扶工作，与地方协商制定县中托管帮扶工作实施方案，充分发挥托管高校在校长选配、教师招聘、师资培训、信息化建设和教学管理等方面的重要作用，地方政府应给予积极支持和相应保障；托管高校要坚持教育公益性原则，不得收取“品牌费”，地方政府可给予托管高校一定管理费，用于托管工作有关支出。按照有关规定，对在托管帮扶工作中表现突出的学校、团队和个人给予表彰奖励。

（五）**夯实县中办学条件**。继续实施高中阶段教育质量提升计划，完善布局规划，根据生源增长情况科学布点，新建、迁建、改扩建一批学校，鼓励适度集中城镇办学，提高学位供给的有效性。省级以上继续安排专项经费支持教育基础薄弱的县中改善办学条件。县域原则上按每10万常住人口布点建设1所普通高中，合理控制普通高中办学规模，单个校区办学规模不超过60个班（原则上控制在3000人以内），班生额原则上须控制在50人以内，最多不得超过55人。各地要根据国家标准，并结合达标高中评估标准，按“一校一案”制订本地县中标准化建设工程实施方案，明确时间表和路线图，切实加大投入，加快补齐短板，有效改善教学条件和学生学习生活环境，更好适应高考综合改革和普通高中育人方式改革需要。支持县中开展达标晋级和示范高中创建工作，鼓励有条件县（市）以省三级达标评估标准作为普通高中办学建设基本标准，全面实现达标化，引领县中优质发展。要严格学校建设经费管理，严禁超标建设豪华学校。

（六）**深化教育教学改革**。深入实施普通高中新课程，健全教学组织形式和运行制度，创新完善行政班与教学班有效衔接的管理模式，积极探索基于情境、问题导向的互动式、启发式、探究式、体验式等教学模式，加强跨学科综合性教学，加强课程、教材、考试、评价、招生等有机衔接，提高县中教育教学能力和水平。对接高校本科招生专业选考科目要求指引，深入推进学生选课指导，合理确定选择性考试科目。充分利用农业农村资源，打造社会实践大课堂，加强劳动教育和综合实践活动，完善综合素质评价，形成具有鲜明县域特色的普通高中育人模式。支持县中积极开展特色示范项目培育，推进县中错位发展和特色发展，引导高中校由分层教育向分类教育转变。加强县（市、区）普通高中新课程新教材实施典型培育，发挥辐射引领作用，带动县中提高新课程新教材实施水平。

（七）**提升信息化建设水平**。推进实施教育数字化战略行动，建设县级教育城域网，推动县中校园局域网升级，按需扩大学校出口带宽，实现固定宽带网络千兆到校、百兆到班。普及数字校园建设，提升县中通用教室多媒体教学装备水平，推进学科专用教室、教学实验室数字化智能化改造，鼓励有条件的县中开展智慧校园建设。支持县中依托国家和省智慧教育平台，用好平台优质数字教育资源，开发本地化特色化校本数字教育资源，促进信息技术与教育教学深度融合，并充分利用信息化手段提升教育管理水平。推动“专递课堂、名师课堂、名校网络课堂”等应用，鼓励优质高中将教育教学网络资源向县中开放，通过结对帮扶等方式开展远程学科教研、教学观摩、课题研究等活动，更好促进优质教育资源共享，帮扶指导县中深化信息化背景下教育教学方式和人才培养模式改革。

（八）**加大县中经费保障**。健全以财政投入为主、其他渠道筹措经费为辅的普通高中经费保障机制。省级将进一步完善公办普通高中生均公用经费财政拨款制度，根据改革发展实际，逐步提高生均公用经费基本定额标准，加大对经济欠发达县（市、区）教育转移支付力度。各地要科学核定普通高中办学成本，综合考虑地方经济社会发展水平，完善财政拨款和学费标准动态调整机制，加大对薄弱县中经费投入保障力度，确保县中正常办学运转所需经费及时足额落实到位。完善和落实普通高中家庭经济困难学生国家助学金和免学杂费政策，确保每一位学生不因家庭贫困而失学辍学。

三、组织领导

（一）**坚持党的全面领导**。各地要深入贯彻落实习近平总书记关于教育的重要论述，在党委和政府领导下，把县中发展提升工作作为推进区域教育现代化的重大举措，纳入重要议事日程，认真研究制定本地县中发展提升行动方案，积极推动解决县中发展提升面临的突出问题。加强省级统筹，落实市、县两级办学主体责任，加强县中办学分类指导，鼓励各地探索建立以地市为主的办学管理体制，促进市域普通高中教育整体协调发展。各地要树立正确政绩观，建立科学教育评价导向，不得给县中下达升学指标或单纯以高考升学率、高分考生考核评价学校和校长、教师。加强县中党的工作，有序推进县中建立党组织领导的校长负责制，选优配强党组织书记和校长，健全党务工作机构，配齐党务干部队伍，不断完善县中党的建设工作体系，充分调动和发挥教师的积极性创造性，为加快县中发展提供坚强的政治保证和人才保障。

（二）**明确部门职责分工**。教育部门要加强沟通协调，会同有关部门推动落实好各项任务举措，加强对县中教育教学改革的指导。各有关部门把县中发展纳入县域经济社会发展相关规划，支持开展教育基础薄弱县特别是革命老区县普通高中学校建设。财政部门要健全普通高中教育经费投入机制。编制、人力资源社会保障部门要支持县中及时补充教师，完善县中教师待遇保障和激励机制。自然资源部门要坚持节约集约原则，合理保障县中学校规划建设用地需求。教育、住建等部门要督促有关责任主体全面落实普通中小学校建设标准。

（三）**强化督导考核评价**。教育督导部门要把县中发展提升情况作为对市、县两级人民政府履行教育职责督导评价的重要内容，重点检查普通高中招生管理、县中教师配备、生均公用经费保障、标准化建设、化解大班额和大规模学校、办学质量提高等方面情况，对督导发现的问题将限期整改、强化问责。建立县中发展提升情况跟踪督导机制，适时开展县中办学质量评价监测，建立健全常态化教育教学质量评价体系，促进县中质量稳步提升。

（四）**大力营造良好环境**。坚持正确舆论导向，各地要通过广播电视、报纸以及新兴媒体等平台，加强对县中发展提升工作重大意义和各项政策举措的宣传解读，广泛凝聚共识，积极争取各方理解支持。推动树立素质教育观念，严肃处理炒作高考升学率、高考状元和高分考生等做法。要及时总结宣传县中发展提升的典型经验和有益做法，大力营造县中持续健康协调发展的良好氛围。

（摘编：苏建平）

福建省普通本科高校学科专业结构调整优化

2022年5月18日福建省教育厅印发《福建省教育厅关于普通本科高校学科专业结构调整优化的指导意见》提出，为贯彻国务院关于深化高等教育学科专业体系改革的决策部署，落实教育部等五部门关于深化高等教育领域“放管服”改革精神，建立健全学科专业动态调整机制，调整优化我省普通本科高校（以下简称“高校”）学科结构、专业设置，建设高质量高等教育体系，提出如下意见。

一、总体要求

以习近平新时代中国特色社会主义思想为指导，深入贯彻落实全国、全省教育大会精神，坚持和加强党对教育工作的全面领导，落实立德树人根本任务，坚持“四个服务”办学方向，以提高人才培养质量为目的，引导高校合理确定办学定位，规范设置、合理布局，提高质量、办出特色，科学评价、动态调整，加快构建支撑数字经济、海洋经济、绿色经济、文旅经济和现代产业新体系的学科专业体系。到2025年，基本建成结构更加优化、布局更加合理、特色更加鲜明的高校学科专业体系。

二、分类推进学科专业建设

（一）**繁荣发展哲学社会科学学科专业**。坚持马克思主义指导地位，坚持用习近平新时代中国特色社会主义思想铸魂育人，确保正确政治方向和育人导向。巩固马克思主义理论一级学科基础地位，推动马克思主义理论与马克思主义哲学、政治经济学、科学社会主义与国际共产主义运动、中共党史党建等学科联动发展。支持有条件的高校建设马克思主义理论、中共党史党建等学科专业。加快构建以文学、哲学、艺术等学科专业为核心的人文社科学科专业群，推动经济学、法学、管理学等学科专业发展，培养服务经济社会发展的实务人才。

（二）**持续稳定发展基础学科专业**。突出基础学科专业的支撑引领作用，引导高校高起点布局支撑国家原始创新能力的基础学科专业，完善对数学、物理、化学、生物等基础学科的稳定投入机制，建设一批基础学科研究中心。保护和发展具有重要文化价值和传承意义的“绝学”、冷门学科专业。推进基础学科拔尖人才培养基地建设，在选拔、培养、评价、使用、保障等方面进行体系化、链条式设计，培养造就国家创新发展急需的基础研究人才。

（三）**创新发展重点产业学科专业**。加强应用学科专业与行业产业、区域发展的对接联动，增强应用学科专业快速响应需求能力，引导高校加强服务数字经济、海洋经济、绿色经济、文旅经济建设和现代产业新体系相关的学科专业建设。聚焦数字经济，支持建设大数据、云计算、卫星应用、5G、人工智能、区块链、集成电路等领域学科专业。聚焦海洋经济，支持建设海洋高新、海洋工程装备、海洋生物科技、海洋信息服务等领域学科专业。聚焦绿色经济，支持建设碳达峰、碳中和、生态农业、节能环保等领域学科专业。聚焦文旅经济，支持建设数字出版、网络视听、研学旅游、生态观光、文化体验等领域学科专业。聚焦现代产业新体系，支持建设电子信息、先进装备制造、石油化工、现代纺织服装、食品加工、冶金、建材、特色轻工、新材料、新能源、新能源汽车、生物与新医药等领域学科专业。

（四）**加快发展民生急需学科专业**。深化医学教育创新发展，加强基础医学、临床医学学科专业建设，加大儿科学、精神医学、麻醉学、公共卫生、临床诊断检验医学等紧缺专业人才培养。加快高水平公共卫生与预防学科专业建设，支持有条件的高校开设临床医学和护理学专业。坚持中西医并重和优势互补，促进中医药学科传承创新发展，布局建设中医养生学、中医康复学等中医药学科专业。加强家政、养老、托育等领域人才培养，鼓励有条件的高校开设家政服务、养老服务管理、健康服务与管理等专业。

（五）**振兴发展师范教育学科专业**。加大师范院校支持力度，重点支持建设一批师范教育基地，引导师范院校牢固树立师范教育为主业的办学定位。加强教师教育学科建设，教育硕士、教育博士学位授予单位及授权点向师范院校倾斜，鼓励有条件的高校自主设置“教师教育学”二级学科。加强思想政治、音乐、体育、美术、科学、劳动、特殊教育、信息技术、心理健康等中小学紧缺学科专业人才培养。

（六）**积极发展新兴交叉学科专业**。探索建立新兴交叉学科专业发展引导机制，围绕人工智能、国家安全、国家治理、储能技术、中华文化传播等领域，打破学科壁垒，培育新兴交叉学科专业。推动多学科专业协同育人，推进跨学科专业人才培养，促进科教融合、产教融合，培养急需紧缺人才。深化新工科建设，大力发展智能制造、智能建造、新材料等新产业新业态相关的学科专业。深化新医科建设，支持设置医工结合相关学科专业，支持医工结合等复合型学科博士、硕士学位授权点建设。深化新农科建设，支持增设种业、农林智能装备、食品营养等领域紧缺学科专业。深化新文科建设，推进现代信息技术与传统文科专业、文科与理工农医科专业深度交叉融合。

三、打造优势特色学科专业

（七）**创新推动一流学科建设**。引导高校找准办学定位，彰显优势特色，集中力量建设2—3个重点学科，在不同领域和方向争创一流。推动学科联盟建设，强化资源整合、协同合作，形成优势互补、强强联合、集聚发展的学科建设新模式，促进高校优势学科联合发展、“组团式”发展、集聚发展。实施高水平学科创新平台建设计划，布局建设一批高水平学科创新平台和前沿学科中心，培育基础学科、交叉学科相关领域的新增长点。

（八）**加快推进一流专业建设**。持续推进国家级、省级一流本科专业建设，深化教育教学改革，及时更新教学内容，创新方法手段，加强基层教学组织建设，努力培育以人才培养为中心的质量文化。落实《普通高等学校本科专业类教学质量国家标准》，引导高校完善人才培养方案，建强教师队伍，改善教学条件，强化教学过程管理，健全质量保障体系，切实提高人才培养的目标达成度、社会适应度、条件保障度、质保有效度和结果满意度。全面推进专业认证，落实保合格、上水平、追卓越的三级认证，以认证促进专业建设和高质量发展。

四、调整优化学科专业布局

（九）**加强学科专业调整宏观指导**。根据我省经济社会发展的总体布局和高校专业设置的实际情况，调整优化全省高校学科专业布局结构，引导高校结合办学定位和自身优势，紧贴经济社会发展需求设置学科专业，避免重复设置、盲目建设和低质建设。根据人才培养需求变化、培养规模和学生报考集中度，适时发布紧缺学科专业名单和需求严重饱和、毕业去向落实率较低专业名单，为学科专业设置调整提供参考。

（十）**加快布局急需新兴学科专业**。坚持需求导向，引导高校布局社会需求强、就业前景广、人才缺口大的应用学科专业，加快建设事关公共安全、卫生健康、生态环保、食品安全等重大民生需求的学科专业，优先设置一批前沿、新兴、交叉的学科专业。扩大专业学位授权布局，支持增设临床医学、教育、工程类博士专业学位授权点；新增硕士学位授予单位原则上只开展专业学位研究生教育，新增硕士学位授权点以专业学位授权点为主，硕士研究生招生计划增量主要用于专业学位。

（十一）**加大学科专业存量调整力度**。建立完善有进有出、有增有减的学科专业动态调整机制，引导高校优化升级特色学科专业，调整撤销与高校办学定位不匹配、与经济社会发展需求脱节以及全省布点较多、规模较大、就业去向落实率低的学科专业。严格控制艺术类和布点数超过全省本科高校数50%的本科专业设置。对达不到《普通高等学校本科专业类教学质量国家标准》的本科专业，将予以通报、调减招生计划并限期整改；经整改仍达不到的，将暂停招生或撤销学士学位授权点。

（十二）**强化对学科专业的引导调整**。高校要落实学科专业调整的主体责任，健全学科专业设置办法和程序，结合自身发展定位、办学特色和办学条件，按照“控制总量、优化存量、用好增量”的原则，编制本校学科专业建设与发展规划（2022—2025年），合理确定学科专业总量，分年度明确本科专业设置和调整计划。博士硕士学位授予单位及培育单位要明确博士硕士学位授权点分批次培育计划。对不符合办学定位或未列入学科专业建设与规划的博士硕士学位授权点、本科专业原则上不予新增。鼓励高校探索课程衔接、能力递进的模块化人才培养模式，基于模块化的专业课程体系和师资队伍建设新专业。

五、健全学科专业监督机制

（十三）**严格落实学科专业质量要求**。根据国家发布的博士硕士学位授权点申请基本条件和学位授予基本要求以及《普通高等学校本科专业类教学质量国家标准》等，坚持把教师配备、办学条件、质量保障等基本要求作为学科专业准入和退出的刚性条件，确保学科专业建设的质量底线。

（十四）**强化新设专业学位授权管理**。经教育部批准或备案的新增本科专业，原则上应在本专业招收首批本科生的当年年底前申请学士学位授权审核。授权审核结果将作为新设专业继续招生、限制招生、暂停招生的依据。高校应保证新设专业的办学条件，在没有毕业生之前，对新设专业进行年度自查、发布专业建设质量年度报告，接受社会监督。高校应于每年年底前将新设专业年度自查情况报送省教育厅，省教育厅将进行抽查。

（十五）**加强学科专业常态化监测**。探索建立学科专业质量监测平台，常态化监测博士硕士学位授权点、本科专业的师资队伍、教学条件和人才培养等情况。推动高校建立教育教学基本状态数据库，定期采集学位授权点、本科专业基本状态信息，开展学科专业建设和教育教学的质量监控，完善质量保证工作体系。健全年度质量报告制度，编制发布本科、研究生教育和博士、硕士学位授权点质量报告。

（十六）**建立学科专业退出机制**。做好学科专业合格评估，促进内涵建设和特色发展；推进本科教学评估工作，提升教学质量和教育水平。综合运用学位点合格评估、专业评估、论文抽检等各类评价结果，督促高校调整撤销偏离办学方向、办学水平低下、毕业去向落实率低的学科专业。高校要建立健全学科专业退出机制，制定完善相关退出办法。

六、保障措施

（十七）**加强组织领导**。省教育厅强化对学科专业调整优化的统筹规划和部门联动，定期开展学科专业质量检查，将学科专业调整情况纳入“双一流”和一流应用型高校建设成效评价。高校要坚持正确办学方向，加强学科专业结构优化调整对经济社会发展需求的适应力、支撑力和引领力的研究，每年至少研究一次学科专业调整优化工作。

（十八）**健全激励机制**。加强教学资源、管理制度、平台建设、招生计划、质量保障等方面的政策保障，重点支持学科专业特别是优势特色学科专业建设。高校要加大政策配套，推动学科专业内涵建设、特色发展、追求卓越。

（十九）**建立约束机制**。强化毕业生就业状况导向作用、招生计划调控引导作用，健全就业情况、招生计划与专业发展“三挂钩”联动机制。对连续两年毕业去向落实率低于全省平均落实率的高校，控制其专业发展规模。对连续两年毕业去向落实率低于全省同类专业平均落实率的专业，调减其招生计划。

（摘编：李哲）

福建科技聚能促创新

党的二十大提出科技是全面建设社会主义现代化国家的基础性、战略性支撑之一，强调要以国家战略需求为导向，集聚力量进行原创性引领性科技攻关，坚决打赢关键核心技术攻坚战。2022年，福建坚持以习近平新时代中国特色社会主义思想为指导，全面贯彻落实习近平总书记关于科技创新的重要论述和对福建工作的重要讲话重要指示批示精神，深入实施科教兴省战略、人才强省战略、创新驱动发展战略，以高水平科技自立自强为奋力谱写全面建设社会主义现代化国家福建篇章提供有力支撑。

一、创新生态持续优化

保护知识产权就是保护创新。福建坚持系统谋划，创新工作抓手，优化体制机制，大力提升知识产权服务和管理水平，构建知识产权保护协作机制，全力营造开放协同的创新创业创造生态。

（一）知识产权保护格局日益完善

福建把知识产权工作放到全省发展大局中考量谋划，着力构建加快知识产权强省建设的保护机制，推动行政执法与司法保护有机衔接，搭建多部门联动协作机制，依托国家级知识产权保护中心、快速维权中心和纠纷快速处理中心，构建省、市、县三级联动的知识产权快速协同保护体系。2022年，全省知识产权执法部门共立案受理专利纠纷案件2604件，结案2584件；立案查处假冒专利案件5069件，结案6035件。目前，全省具有知识产权案件管辖权的基层法院由7家增加至27家，已有8家中级法院和平潭综合实验区法院实现了知识产权“三合一”审判机制改革。2022年，全省法院共受理各类知识产权案件24389件，同比增长16.3%；结案23198件，同比增长26.6%，结案率达95.1%。

（二）知识产权公共服务体系逐步完善

福建进一步完善知识产权公共服务体系，以“知创福建”知识产权公共服务平台为核心、九市一区分平台为枢纽、区域工作站为结点，构建立体化、多层级的资源共享、服务联动、智库支撑的知识产权公共服务网络，目前已设立10个分平台、2个区域平台、41个工作站。2022年，福建着力织密知识产权公共服务网络，新增省级知识产权信息公共服务网点32家、备案国家网点2家，获批首批国家级专利导航服务基地3家。目前，全省拥有中国（福建）、中国（泉州）、中国（宁德）等3个国家级知识产权保护中心，中国厦门（厨卫）、中国晋江（鞋服和食品）等2个国家级知识产权快速维权中心，以及6个省级产业集聚区知识产权运营保护中心。

（三）大众创新创业创造广泛开展

福建紧盯“建设高水平创新型省份”目标，在“优平台、强主体、聚人才、活机制”上持续发力，为大众创新创业创造营造良好发展环境。2022年，全省拥有众创空间404家，比上年增加20家；其中国家级众创空间72家，比上年增加12家；众创空间服务创业团队6509个，服务初创企业5632家，拥有入驻项目8886项；众创空间的常驻团队和企业拥有有效知识产权12442件，同比增长15.5%；其中有效发明专利1211件，同比增长32.6%。2022年，全省有在统科技企业孵化器142家，其中国家级21家；孵化器内企业总数达5448家，比上年增加235家；有在孵企业4230家，比上年增加61家；孵化器当年新增在孵企业1252家，当年毕业企业603家，累计毕业企业4837家；

在孵企业投入研发经费21.07亿元，申请知识产权7693件；在孵企业拥有有效知识产权24315件，同比增长7.5%；其中有效发明专利3652件，同比增长40.5%。

二、创新载体加快建设

福建突出前瞻性、战略性需求导向，积极推进科技创新体系建设，以科技创新驱动产业创新，通过打造“基础研究－技术创新－成果转化和产业化”全链条，布局建设一批大项目、大平台和大设施，厚植新质生产力的生长土壤。

（一）自主创新示范区建设扎实推进

福建坚持以用为导向，先行先试，发挥福厦泉国家自主创新示范区集聚效应，全力推进“创新引擎”建设，辐射带动国家高新区协同创新发展。目前，福州软件园、厦门火炬高新区入选国家级双创示范基地，福州高新区入选国家绿色产业示范基地，厦门火炬高新区入选国家高新区企业创新积分试点，厦门软件园入选首批国家数字服务出口基地。截至2022年底，全省共有福州、厦门、泉州、漳州、莆田、龙岩、三明等7个国家高新区，在全国国家高新区的排位分别为第35位、第11位、第95位、第115位、第112位、第166位、第167位；建有武平、南平、泉州半导体、厦门海洋、柘荣等5个省级高新区；建成运营12个特色创新园区，仍有福州海峡星云国产整机先进制造基地（一期）、开元创新社区（国际科技创新城）、莆田未来科技产业园、南平三爱富（邵武）氟材料产业基地、上杭新材料科创谷（一期）等9个特色创新园区正在推进建设中。

（二）高水平科创平台建设亮点纷呈

针对前沿科学融合和重大领域创新资源集成度不够高等痛点，福建探索新型科创平台建设路径，注重提能造峰，持续推进重大创新平台“内优外引”机制，加强平台优化整合和动态调整，争创一批国家级研发创新平台。2022年，全省新增15家国家级企业技术中心，获批建设1家国家级工程研究中心，获批建设2个国家野外科学观测站，重组入列海水养殖生物育种、传染病疫苗研发2家全国重点实验室。目前，全省建有国家重点实验室10家、全国重点实验室2家，国家级工程技术研究中心7家，国家级工程研究中心6家，国家级企业技术中心78家；备案国家级临床医学研究分中心7家；建成运营新型研发机构21家。

（三）科技重大专项开花结果

福建聚焦集成电路、良种选育、生物医药等重点产业领域，建立统筹推进重大科技创新项目遴选机制，深入推进“揭榜挂帅”“赛马”等新型管理制度，强化产业关键核心技术攻关，集中力量突破产业关键核心技术和推动重大科技成果转化。2022年，全省在电子信息、先进装备制造、新材料、生物与新医药等领域组织实施52项省级技术创新重点攻关及产业化项目，带动企业研发投入超3亿元，新增发明专利授权21件。目前，福建围绕“集成电路、新型显示和5G通信关键技术”“新一代人工智能与区块链关键技术”等20项重大科技专项，组织实施51项省级重大科技专项专题，安排经费2.35亿元。

三、扶持措施落地见效

福建以发展新产业、新技术、新平台、新业态、新模式为抓手，持续推出财税扶持政策举措，优化金融保障机制，助力科技创新在全方位推动高质量发展上取得新成效。

（一）财政支持不断加力

福建着眼优化全省科技创新生态，持续推进财政支持科技体制机制改革，发挥财政资金激励引导作用，实行以增加知识价值为导向的分配政策，对科技创新的支持力度持续加码。2022年，全省一般公共财政预算支出中科学技术支出为149.87亿元，占一般公共预算支出的2.6%。福建科技创新券政策是用创新券补助符合条件的科技型中小企业在研发过程中向境内高校、科研院所及其他企事业单位购买科技创新服务所产生的费用，这种“企业创新、政府买单”的公共服务模式，降低了企业的科技创新成本，推动了高校、科研机构等创新载体的资源为企业所用。2022年，全省有589家科技型中小企业获得科技创新券补助超2000万元，带动企业购买科技服务超9000万元。企业研发统计年报数据显示，2022年，全省R&D经费中，政府资金为105.44亿元，同比增长10.1%，占全社会经费投入的9.7%。

（二）减税政策持续发力

福建精简办税流程，全面落实组合式税费支

持政策和知识产权相关税费优惠政策，推动税费减免政策直达快享，确保政策红利充分释放。2022年，全省共有241户纳税人享受技术转让、技术开发免征增值税政策，累计免征增值税3877.0万元；22家企业享受技术转让所得税减免政策，累计减免企业所得税2.41亿元；627人次申报享受职务科技成果转化现金奖励所得税减半政策，累计减免个人所得税637万元。企业研发统计年报数据显示，2022年，全省有3276家规模以上企业享受企业研发费用加计扣除减免税政策，同比增长20.2%；占规模以上企业的11.8%，比上年提高1.7个百分点；加计扣除减免税额达85.41亿元，同比增长30.6%。

（三）金融保障机制日益完善

福建积极探索具有特色的科技金融发展路径，不断创新和发展科技金融产品，推动科技与金融的深层次融合，促进金融对科技创新的精准服务，形成“财政+科技+金融”的有效模式，进一步改善科技金融环境。至2022年底，全省累计发放“科技贷”4894笔，发放金额达200.13亿元，惠及科技型企业2837家，有效解决“高科技、高风险、轻资产、无抵押物”科技型中小企业融资难题。2022年，地理标志商标质押贷款及其风险补偿试点工作为永春闽南水仙、石狮古浮紫菜等10项地理标志商标授信超2亿元，发放贷款200多万元；武夷星茶业获得“武夷山水”品牌商标使用权质押贷款1400万元。

四、科技投入保持增长

福建以加大投入推进科技创新，优化科技资源配置方法，突破科技资源供给约束堵点，通过资金链的配置引导激励和推动创新链的完善和扩展，在打造现代化经济体系的过程中实现经济增长动力从要素驱动向创新驱动转变。

（一）经费投入取得突破

2022年，福建省R&D经费投入总量突破千亿元，达1082.13亿元，居全国第12位；R&D经费投入同比增长11.7%，比全国平均增速（10.1%）高1.6个百分点，居全国第13位；R&D经费投入强度（R&D经费与现价GDP之比）突破2%关口，达2.04%，居全国第15位。全省R&D经费投入总量和强度实现双突破，显示近年来福建以创新为第一动力，加快实施创新驱动发展的战略成效卓著。从地区分布看，创新头部效应进一步应凸显。2022年，全省R&D经费超百亿元的地市有4个，分别是福州（283.00亿元）、厦门（250.72亿元）、泉州（200.19亿元）和宁德（119.87亿元），比上年增加1个（宁德）；分别比上年增长9.9%、13.3%、23.1%和55.6%，对全省R&D经费增长的贡献率分别为22.6%、25.9%、33.2%和37.8%。全省R&D经费投入强度超过全国平均水平的地市有2个，分别是宁德（3.37%）和厦门（3.21%）。

（二）人才队伍加速集聚

福建统筹资源推进重点服务、精准支持，着力培育一批省级特级后备人才、高层次创新创业人才和团队，引进一批海内外顶尖科学家、领军人才、青年科技人才，做大高层次科技人才增量。2022年，全省有25人获得2年度国家杰出青年、优秀青年科学基金项目资助，其中国家杰出青年10人、国家优秀青年15人，获批资助经费6880万元，获批资助人数和经费均创历史新高。福建继续深化科技特派员制度，持续加大力度支持科技特派员组团进企入村，聚焦区域特色产业发展和企业创新转型需求开展技术开发与产业化示范，引导科技特派员依托“福建省星创天地”为返乡农民工、大学生、初创企业提供专业化创业服务和技术指导。2022年，全省共择优遴选101个法人（团队）科技特派员项目、11家省级星创天地予以补助支持，下达财政经费3470万元，项目涉及粮食生产14项、茶科技11项、种业创新14项、海洋经济9项、产业转型22项，带动科技项目总投资2.5亿元，累计推广新品种244个，新技术、新工艺、新产品139项，制定新标准46项，申请专利420项，服务农民2.7万余户，培训农民11万人次，为促进地方经济和特色产业发展，助力乡村振兴发挥了重要作用。

（三）基础研究投入不断加码

基础研究处于从研究到应用再到生产的科研链条起始端，是整个科学体系的源头，是所有技术问题的总机关。可以说，基础研究是科技创新尤其是原始创新的源头活水，决定着一个国家科技创新的底蕴和后劲。近年来，福建不断强化基础研究顶层设计和前瞻布局，统筹部署需求导向和自由探索类基础研究，为科技自立自强夯实根基，为科技强省建设打牢地基。2022 年，全省基础研究经费为 35.65 亿元，同比增长 27.7%，比全国平均增速（11.4%）高 16.3 个百分点，保持较快增长势头；占全社会 R&D 经费的比重突破 3%，达 3.3%，比上年提高 0.4 个百分点，延续上升趋势。从基础研究投入主体看，高等学校是基础研究活动的主力军。2022 年，全省高等学校基础研究经费同比增长 43.0%，比上年提高 21.5 个百分点；对全省基础研究经费增长的贡献率达 92.9%，比上年提高 21.6 个百分点。

五、企业创新活力释放

企业、科研机构和高等学校是 R&D 活动的三大执行主体。福建持续强化企业创新主体地位，完善高新技术企业成长加速机制，大力实施高新技术企业“双倍增”和龙头企业“培优扶强”专项行动，促进创新要素向企业集聚。

（一）企业主体地位强化

企业是福建科技创新投入的中坚力量，是推动高质量发展的重要支撑和关键因素。2022 年，全省企业 R&D 经费达 959.42 亿元，同比增长 11.8%；占全社会 R&D 经费的 88.7%，比上年提高 0.1 个百分点；对全社会 R&D 经费增长的贡献率为 89.6%，企业创新主体地位进一步稳固。从产业部门看，工业企业仍然是拉动 R&D 投入增长的主力军。2022 年，全省有 7215 家规模以上工业企业开展 R&D 活动，同比增长 4.4%；占规模以上企业的 34.9%，比上年提高 0.6 个百分点；规模以上工业企业 R&D 人员全时当量 193782 人年，同比增长 4.0%，占规模以上企业的 85.2%；规模以上工业企业 R&D 经费投入 848.59 亿元，同比增长 10.0%，占规模以上企业的 89.7%。

（二）高技术制造业投入扩大

2022 年，全省规模以上高技术制造业企业 R&D 经费为 307.29 亿元，同比增长 18.6%，比全省规模以上制造业企业平均增速高 8.6 个百分点，比全国规模以上高技术制造业企业平均增速（14.5%）高 4.1 个百分点；全省规模以上高技术制造业企业 R&D 经费投入强度（R&D 经费与营业收入之比）为 3.32%，比上年提高 0.27 个百分点，比全省规模以上制造业企业平均水平高 2.06 个百分点，比全国规模以上高技术制造业企业平均水平（2.91%）高 0.41 个百分点。高技术制造业企业 R&D 经费增速和投入强度的稳步提高，为关键核心技术攻关和产业基础能力提升创造条件，已成为福建科技产业创新发展的“牛鼻子”。

（三）民营企业研发力量显现

以创新驱动高质量发展已成为福建民营企业的重要共识，企业的发展活力、内生动力得到进一步提升。2022 年，全省规模以上民营企业中，有 6788 家开展了 R&D 活动，同比增长 7.5%，比规模以上企业平均增速高 1.9 个百分点；开展 R&D 活动企业占比为 28.9%，比上年提升 0.7 个百分点；有 2040 家设置了研发机构，同比增长 14.0%，比规模以上企业平均增速高 2.8 个百分点；设置研发机构企业占比为 8.7%，比上年提升 0.7 个百分点。2022 年，全省规模以上民营企业投入 R&D 人员 20.94 万人，同比增长 9.6%，比规模以上企业平均增速高 1.3 个百分点；占规模以上企业的 67.2%，比上年提高 0.8 个百分点。全省规模以上民营企业投入 R&D 经费 602.57 亿元，同比增长 16.0%，比规模以上企业平均增速高 3.7 个百分点；占规模以上企业的 63.7%，比上年提高 2.1 个百分点。

六、科技产出硕果累累

2022 年，福建科技进步贡献率达 60.58%，比上年提高 0.27 个百分点，已提前完成“十四五”时期科技创新发展专项规划目标，在关键核心技术攻关、知识产权创造、科技成果转化等方面取得积极进展。

（一）知识产权创造量质同增

2022 年，全省专利授权 141536 件，其中发明专利授权 16213 件。截至 2022 年底，全省共存有效发明专利 75064 件，同比增长 20.8%；每万人口发明专利拥有量为 17.9 件，比上年增加 3.0 件。其中，高价值发明专利 27905 件，同比增长 23.2%；每万人口高价值发明专利拥有量为 6.7 件，比上年增加 1.3 件。2022 年，全省新增有效注册商标 327483 件，共存有效注册商标 2277564 件，位列全国第七；新增地理标志商标 40 件，共存地理标志商标 633 件，位列全国第二。2022 年，全省共有30项专利获得二十三届中国专利及外观设计优秀奖，获奖项目数创历年新高；评审推荐34个项目参评第二十四届中国专利奖。

（二）科技成果转化效果卓著

福建继续推动建立技术需求与项目成果长效对接机制，推进知识产权转移转化，提高科技成果转化成效，提升知识产权综合运用效益。针对不锈钢制作、增材制造、高端绿色鞋服等福建产业优势领域，鼓励行业龙头联合实施技术攻关并进行科技成果转化，形成一批以产业化为导向的核心专利技术组合。目前，福建省高端绿色鞋服制造业创新中心已协助企业参与标准制修订52项，包括国际标准1项、国家标准16项、行业标准35项。2022年，全省技术合同登记数为12002项，同比增长11.1%；成交总金额达289.52亿元，同比增长35.0%。在第二十届中国·海峡创新项目成果交易会期间，全省共征集符合省内产业发展方向的省内外高校、科研院所项目成果1000多项，企业技术需求、行业关键及共性技术需求200多项，成功转化落地项目100多项。

（三）创新主体发展突出

福建继续完善高新技术企业成长加速机制，按照“科技型中小企业—省级高新技术企业—国家级高新技术企业”的发展梯次，大力实施高新技术企业“双倍增”和龙头企业“培优扶强”专项行动，至2022年底，全省国家级高新技术企业达12080家。福建大力培育拥有自主知识产权和较强竞争实力的优势企业，充分发挥知识产权优势企业在核心技术和前沿技术领域的创新主力军作用。至2022年底，全省入库登记科技型中小企业6200家，有科技小巨人企业2425家，国家技术创新示范企业33家，国家级制造业单项冠军45家，国家知识产权优势示范企业291家，国家专精特新“小巨人”企业349家。

（撰稿：福建省统计局 陈昉）

福建多措并举进一步推进医养结合发展

福建省卫生健康委员会、福建省发展和改革委员会、福建省教育厅等十一部门于2022年12月12日印发《关于进一步推进医养结合发展的实施方案》（闽卫老龄〔2022〕135号）的通知，要求各地认真组织实施。

《关于进一步推进医养结合发展的实施方案》主要内容如下：

为深入贯彻落实党的二十大精神，坚持以人民为中心的发展思想，进一步推进我省医养结合发展，不断满足老年人健康和养老服务需求，根据国家卫生健康委等十一部委《关于进一步推进医养结合发展的指导意见》（国卫老龄发〔2022〕25号）等文件要求，经省政府同意，制定本实施方案。

一、大力发展居家社区医养结合服务

（一）推进居家社区医养结合设施建设。支持新建社区卫生服务机构建设社区医养结合服务设施。支持社区卫生服务中心、乡镇卫生院或社区养老服务机构、特困人员供养服务机构（敬老院），利用现有资源新建、改（扩）建康复、护理及医养结合服务设施，重点为失能（含失智）、慢性病、高龄、残疾等行动不便或确有困难的老年人提供医养结合服务。

（二）积极提供居家社区医疗服务。扩大提供家庭病床等居家医疗服务，鼓励有条件的地方政府对开展家庭病床服务的医疗机构予以补助。以基层医疗卫生机构为依托，推广适宜康复医疗技术，支持有条件的医疗机构通过“互联网+”、家庭病床等方式将康复医疗、护理等服务延伸至社区和家庭。发挥中医药和中西医结合在医疗护理、康复服务、养生保健、慢性病防治等方面的优势，推动中医药进家庭、进社区、进机构。探索发展社区和居家安宁疗护服务，建立医院、基层医疗卫生机构和家庭相衔接的安宁疗护工作机制。县级以上地方人民政府可依托医疗卫生机构、养老服务机构以及其他社会专业机构，积极开展老年能力综合评估、认知障碍评估与干预、意外伤害预防、心理健康关爱等服务。

二、推动医养结合机构提质扩面

（三）加强医养结合机构建设。支持建设老年医院、康复医院、护理院（中心、站）和安宁疗护机构。支持医疗资源丰富地区的二级及以下医疗卫生机构转型，开展康复、护理和医养结合服务。支持医疗卫生机构依法依规在养老服务机构设立医疗服务站点。支持符合条件的医养结合机构承接当地公共卫生、基本医疗、基本养老以及需求评估、人才培训等服务。

（四）提升养老服务机构医养结合服务能力。各地要在摸清失能等老年人底数的基础上，结合入住需求和意愿，采取差异化补助等多种措施，推动养老服务机构改造增加护理型床位和设施。鼓励大型或主要接收失能老年人的养老服务机构按标准设置医疗卫生机构。支持医疗机构为入住养老服务机构符合条件的老年人提供家庭病床等服务。

（五）提升医养结合服务质量。用好全国老龄健康信息管理系统、福建省养老服务综合信息平台，为服务老年人提供信息化支撑。持续推进医养结合机构服务质量提升行动。积极争创全国医养结合示范县（市、区）和示范机构，发挥辐射带动作用，不断提高医养结合服务能力和水平，鼓励有条件的地方政府对获评全国医养结合示范县（市、区）和示范机构的单位给予资金奖补。

三、强化医疗卫生与养老服务衔接

（六）**开展养老服务机构与医疗卫生机构签约合作**。各地民政、卫健部门按照平等、自愿、有偿原则，确定1—2对养老服务机构和医疗卫生机构为医养签约合作机构，开展医养签约样板建设。医养签约合作机构应当签订书面协议，明确合作内容、方式、时间、频次、费用及双方责任等。鼓励地方政府以购买医疗卫生服务的方式，补充提升养老服务机构的医疗卫生服务能力。

（七）**加强医疗养老资源共享**。推进社区卫生服务机构与社区养老服务机构、社区康复站，乡镇卫生院与敬老院，村卫生室与农村幸福院、残疾人照护机构统筹规划、同址或毗邻建设。将养老机构内设符合条件的医疗卫生机构纳入医疗联合体管理，与医联体内的牵头医院、康复医院等建立双向转诊机制，严格按照医疗卫生机构出入院标准和双向转诊指征，为老年人提供连续、全流程的医疗卫生服务。鼓励各地积极探索相关机构养老床位和医疗床位按需规范转换机制。

四、完善支持政策

（八）**完善价格政策**。公立医疗卫生机构为老年人等人群提供上门医疗服务，除我省现行上门服务收费另有规定外，其他上门医疗服务采取“医疗服务价格+上门服务费”方式收费，提供的医疗服务、药品和医用耗材，适用本医疗卫生机构执行的医药价格政策。上门服务费可由公立医疗卫生机构综合考虑服务半径、人力成本、交通成本、供求关系等因素自主确定，不得重复收费。公立医疗卫生机构举办非营利性养老机构，收费标准要综合考虑服务成本、供求关系、群众承受能力等因素，原则上普通床位费、护理费由价格主管部门核定后执行；具备招标条件的，鼓励通过招标方式确定。落实养老服务机构用电、用水、用气、用热享受居民价格政策，不得以土地、房屋性质等为理由拒绝执行相关价格政策。

（九）**加大保险支持**。根据医养结合特点，合理确定养老机构内设医疗卫生机构医保总额控制指标，探索对安宁疗护、医疗康复等需要长期住院治疗且日均费用较稳定的疾病实行按床日付费，鼓励有条件的地方向提供医养结合服务的定点医疗卫生机构预付部分医保资金。及时将符合条件的治疗性医疗服务项目按程序纳入医保支付范围，足额支付符合规定的基本医保费用。支持保险公司开发适合老年人的商业养老保险和健康保险，将老年人预防保健、健康管理、康复、护理等纳入保障范围。积极推进长期护理保险制度建设，合理确定保障范围和待遇标准，完善相关管理服务规范、运行机制等政策制度框架。

（十）**盘活土地资源**。医疗卫生用地、社会福利用地可用于建设医养结合项目。允许盘活利用城镇现有空闲商业用房、厂房、校舍、办公用房、培训设施及其他设施提供医养结合服务，并适用过渡期政策，五年内继续按原用途和权利类型使用土地。完善土地支持政策，优先保障接收失能老年人的医养结合项目用地需求。在符合国土空间规划并确保各类用途不冲突的前提下，允许和鼓励单宗综合开发项目将房地产用地、社会福利用地、医疗卫生用地等按比例混合开发利用，探索推动建设一批全龄化社区。允许和鼓励农村集体建设用地用于医养结合项目建设。

（十一）**落实税费优惠**。落实有关税收优惠政策，支持社会力量提供多层次、多样化医养结合服务。养老服务机构符合现行政策规定条件的，可享受小微企业等财税优惠政策。对在社区提供日间照料、康复护理、助餐助行等服务的养老服务机构依法落实税费减免政策。落实各项行政事业性收费减免政策。

五、促进人才队伍建设

（十二）**加强培养培训**。鼓励普通高校、职业院校（含技工学校）开设健康和养老相关专业和课程，扩大招生规模，适应行业需求。落实职业培训补贴等促进就业创业扶持政策，委托省、市医疗护理员培训中心培养一批从事老年护理工作的医疗护理员，为培训合格的医疗护理员发放证书。分期分批对医疗机构特别是二级医院、护理院（中心、站）、基层医疗机构中正在或准备从事老年护理工作的护士开展培训。加强临床医务人员的老年医学知识和技能培训。开展就业指导服务，鼓励医养结合机构优先招聘培训合格的医疗护理员和养老护理员。通过开展应急救助和照护技能培训等方式，提高失能老年人家庭照护者的照护能力和水平。鼓励志愿服务人员为照护居家失能老年人的家属提供喘息服务。

（十三）引导医务人员从事医养结合服务。基层卫生健康人才招聘、使用和培养等要向提供医养结合服务的医疗卫生机构倾斜。根据公立医疗卫生机构开展医养结合服务情况，合理核定绩效工资总量。公立医疗卫生机构在内部绩效分配时，对完成居家医疗服务、医养结合签约等服务较好的医务人员给予适当倾斜。在养老机构举办的医疗机构中工作的医务人员，可参照执行基层医务人员相关激励政策。支持医务人员特别是退休返聘且临床经验丰富的护士到提供医养结合服务的医疗卫生机构执业，鼓励开展志愿服务。有条件的地方可以探索由从业单位自愿选择为执业退休医务人员单独办理工伤保险，或者购买人身意外伤害等商业保险。

六、强化服务监管

（十四）加强行业监管和督促考核。各地各有关部门要增强责任担当，坚持问题导向，加强协调配合，着力破解制约医养结合发展的难点堵点问题。将医养结合服务纳入医疗卫生行业、养老服务行业综合监管和质量工作考核内容，将医养结合机构中的医疗卫生机构纳入卫生健康部门“双随机、一公开”监督抽查范围，将医疗卫生机构开展养老服务纳入养老机构“双随机、一公开”监督抽查范围。各级卫健部门要会同民政等部门加强督促指导和检查考核。坚决查处非法行医、诈骗、泄漏患者信息等违法问题，加大对骗取医保资金，生产、销售、提供假药等违法犯罪行为的整治力度。

（十五）落实传染病防控和安全生产责任。医疗机构要按照传染病防控部署，及时为老年人接种相关疫苗，有条件的地方做好流感、肺炎等疫苗接种，减少老年人罹患相关疾病风险。医疗卫生机构提供养老服务的场所要与医疗服务区域实行分区管理，做到物理隔离、独立设置。本地区发生重大传染病疫情期间，医疗卫生机构提供养老服务的场所要根据疫情形势配备专职医务人员及其他必要工作人员，非紧急必须情况不与医疗服务区域交叉使用设施设备、物资等，确需使用的，要严格落实防控措施。严禁利用易燃可燃彩钢板材料搭建有人员活动的场所。行业主管部门要督促相关机构严格落实安全生产和消防安全主体责任，指导做好消防宣传培训和应急处置演练。消防部门依法开展“双随机、一公开”消防监督抽查，依法查处消防违法行为。应急管理部门对不具备安全生产条件和存在重大安全隐患的，依法依规予以处理。

（摘编：林学军）

福建社会公共安全治理形势分析预测与对策

2022年是党的二十大召开之年，是开启全面建设社会主义现代化国家新征程的关键一年。今年以来，我省经历两次疫情反复，面临疫情防控和经济发展的双重压力，面对复杂多变的国际形势，全面贯彻习近平新时代中国特色社会主义思想，全面落实总体国家安全观，统筹疫情防控和经济社会发展，全面推进市域社会治理现代化建设，着力打造法治强省，扎实推进更高水平的平安福建建设，为全方位推进高质量发展超越和党的二十大胜利召开创造安全稳定的社会环境。

一、2022年社会公共安全治理的主要成效

党的十八大以来，福建省将平安福建建设工作置于全面推进依法治国大局中来谋划，不断提升平安福建的科学化、社会化、法治化、智能化水平，为全方位推进高质量发展超越奠定了坚实的基础。

（一）强化政治引领，坚持党的绝对领导

福建省委、省政府制定“十四五”平安福建建设规划，将依法行政工作列入各级政府年度绩效考评。紧抓“关键少数”，连续24年签订平安建设责任书，“五级书记一起抓、党政同责共同抓”的平安建设组织领导机制不断优化；健全领导干部学法用法机制，将学习宣传习近平法治思想列入全省干部教育培训计划，列入各级党校（行政学院）、干部学院必修课程，把法治教育纳入各级政府工作人员初任培训、任职培训的必学内容。持续巩固政法队伍教育整顿成果，完善对执法司法权力运行的监督制度机制，构建各司其职、配合有力、制约有效的监督体系。关心爱护政法干警，建立健全职业保障制度，近年来，晋江市公安局将暖警工程纳入思想政治工作，将关爱民警辅警身心健康作为“暖警工程”，重大安保期间每日关心掌握民警辅警身体状况，获评“2017—2020年度全国群众体育先进单位”。

（二）着力打造法治强省，主动服务经济社会发展大局

近年来，福建省充分发挥习近平法治思想重要孕育地和实践地优势，大力传承弘扬习近平同志在闽工作期间的重要法治理念和重大法治实践，着力打造法治强省，推动法治成为福建发展的核心竞争力。

一是加强顶层设计，绘制福建法治建设蓝图。2021年11月，福建省第十一次党代会提出要打造法治强省，建设更高水平平安福建，扎实推进治理体系和治理能力现代化。2022年4月初，十一届省委全面依法治省委员会第一次会议审议通过《法治福建建设规划（2021—2025年）》《福建省法治社会建设实施方案（2021—2025年）》《福建省法治政府建设实施方案（2021—2025年）》《福建省加强法治文化建设实施方案》《福建省新时代法治人才培养实施方案》《关于推进法治强省宣传工作的方案》等系列文件，形成新时代法治强省建设的路线图、任务书。

二是深入推进海丝中央法务区建设。福建省第十一次党代会明确提出，将建设海丝中央法务区作为打造法治强省、提升法治核心竞争力的重要举措；省“十四五”规划《纲要》对海丝中央法务区建设作出明确部署。海丝中央法务区成立一年来，厦门国际商事法庭、厦门涉外海事法庭、国际商事海事纠纷调解中心相继落地厦门，国际商事争端预防与解决组织全球第一个代表处在厦门设立；全国首个实体法务服务中心——福州法

务区服务中心投入运营；泉州片区吸引多家法务上下游企业入驻，设立国际商事法庭。三区共同发力，充分发挥厦门总部经济集中、福州公共法务资源丰富、泉州民营经济发达等优势，逐渐形成特色鲜明、亮点纷呈、互相支撑的梯次创新体系，以“法”聚力，推动营商环境不断优化。

三是充分发挥政法能动性，主动服务和融入新发展格局。2022年1月，福建省公安厅发布《福建省公安机关助力稳增长护航经济发展若干措施》，贯彻落实《福建省营商环境创新改革行动计划》，持续优化法治化营商环境。9月，先后召开第二届海丝中央法务区论坛和第二届东南法治论坛，为福建打造法治强省、提升法治核心竞争力构筑集思广益的重要平台。今年以来，福建法院开展“千名执行干警进千企”行动，收集企业意见，依法解决涉及执行的问题，共为各类中小企业执结标的额8.06亿元，为76家企业缓解生产经营压力，提高了企业对法院执行工作的满意度。2021年，福建入选十大营商环境最好的省份之一。

（三）创造安全稳定的社会环境，着力防范化解影响社会稳定的各类风险隐患

为党的二十大顺利召开营造安全稳定的政治社会环境，是今年平安福建建设工作的中心任务。根据党中央的集中统一部署，福建省坚持总体国家安全观，着力防范化解影响社会稳定的各类风险隐患，推进扫黑除恶斗争常态化，依法严厉打击黄赌毒、食药环、盗抢骗等突出违法犯罪，全省社会治安形势持续向好。今年1月至8月，全省刑事案件呈现发案数下降和破案率、抓获数上升的“一降两升”态势；全省电信网络诈骗案件呈现发案数和财损数下降、破案率和抓获数上升的“两降两升”良好态势。

一是开展夏季治安打击整治“百日行动”。今年6月以来，根据公安部的部署，福建省公安厅部署全省公安机关开展夏季治安打击整治行动，坚持“什么犯罪突出就重点打击什么犯罪，哪里治安混乱就重点整治哪里”，聚焦黑恶痞、黄赌毒、枪爆刀、盗抢骗等违法犯罪，开展了“亮剑”“净土”“坚盾”三大行动，集中组织夏季夜间临查临检行动，取得明显成效。截至9月底，全省公安机关共破获各类刑事案件2.5万余起，命案、抢劫案件全破，有效遏制了具有夏季治安特点的违法犯罪多发势头。行动期间，公安部门还开展了道路安全风险隐患排查治理，截至8月底已经完成整治340处，为群众打造安全和良好的生活和出行环境，提升了广大人民群众的安全感和幸福感。

二是持续推进重点领域专项打击，加强重点领域涉稳风险防控。今年4月以来，按照党中央决策部署和全国专项办的统一安排，福建省公安机关结合夏季治安打击整治“百日行动”，开展了打击整治养老诈骗专项行动。先后破获养老诈骗案件1258起，包括三明三元“5.06”非法吸收公众存款案、福州罗源“5.09”系列投资养老诈骗案、“4.08”特大养老诈骗案等一系列大案要案，排查整治完成346个养老诈骗问题隐患，发送反诈宣传短信9380万余条，追赃挽损折合人民币1.99多亿元，取得阶段性明显成效。截至2022年8月底，全省法院共审理养老诈骗案件86件304人，审结65件205人，对63名被告人判处五年以上有期徒刑，依法加大罚金、没收财产等财产刑适用力度。未成年人是祖国的未来、民族的希望，我省努力构建未成年人保护多元化法治格局，不断创新预防和遏制未成年人违法犯罪、保护未成年人合法权益的机制和做法。2019年起福州市检察院在全国率先推出“督促监护令”制度，福州市两级检察院会同各部门建立家庭教育工作联席会议制度，设立家庭教育指导中心，邀请司法社工、心理辅导老师、亲子教育专家等专业社会力量共同参与考察评估，深入探索“督促监护令”工作机制，确保其发挥实质效果。今年5月，仓山区检察院联合辖区内的多家单位成立“仓山区职校保护联盟家庭教育指导中心”，会签《关于开展涉未成年人案件家庭教育指导工作的实施意见》。仓山区检察院运用“4+1+N”精准帮教新模式办理的林某某涉嫌聚众斗殴案，入选最高检“检察机关与各方力量携手构建未成年人保护大格局十大典型案（事）例”。截至目前，福州市检察院已经发出“督促监护令”401份，累计帮助300余名涉案未成年人监护人改善监护方式，139名涉案未成年人回归校园，171名涉案未成年人顺利就业，收到了良好的社会效果。

三是大力推进治理重复信访、化解信访积案

专项工作。今年5月以来，福建省以《信访工作条例》颁布和实施为契机，开展多种形式的社会宣传，将《条例》纳入各级党校（行政学院）的重要教育培训内容。大力推行领导接访下访，省级领导每半年到基层接访群众，市县乡领导干部每月15日和每周一定点接访，今年上半年共接访群众3192批4805人次，一线协调化解大批群众“急难愁盼”问题。大力推进治理重复信访，化解信访积案专项工作，累计推动化解重点信访事项1.3万余件。全力参与疫情防控，在福建省政府门户网站和人民网“地方领导留言板”设立两个“新冠肺炎疫情防控诉求和建议通道”，要求涉疫信访事项“12小时内受理、24小时内办理”、每日“清零”，今年上半年共高效化解涉疫信访事项2.8万余件。

（四）加快推进市域社会治理现代化，构筑共建共治共享的社会治理新格局

党的十九届四中全会明确提出“加快推进市域社会治理现代化”。市域社会治理是国家治理的重要维度，在国家治理体系中具有承上启下的枢纽作用。2019年以来，福建省分两批开展市域社会治理现代化试点合格城市创建，坚持系统治理、依法治理、源头治理、综合治理，不断探索市域治理的新理念、新方法和新制度，在党建引领社会治理、创新基层社会治理、多元化解矛盾纠纷等方面取得了明显成效，以市域治理现代化助推更高水平的平安福建建设。

一是强化党建引领，开创党建引领社会治理的“八闽之路”。近年来，厦门市大力推广“近邻党建”工作模式，以社区党组织为核心，组织和协调居委会、小区治理委员会、物业企业、共建单位、社会组织等共同参与社区治理，把社会资源和群众力量都调动起来。在龙岩市，按照“方便自治管理”“区域相对独立”的原则，全市单独或者联合成立小区党支部1220个，实现全市1521个小区党的组织和工作全覆盖，引领建设“红色幸福小区”。全面推行“小区党支部+红色业委会+红色物业”三方联动小区治理模式，组建519个“红色业委会”、513个“红色物业”，有效推动小区党支部、业委会、物业公司良性互动，协商解决邻里纠纷、环境卫生等问题4万余个。福州市早在2018年就出台了《加强和完善城乡社会治理三年行动方案》，健全基层党组织领导的群众自治机制，截至目前已累计创建2088个达标村，411个达标社区；同时推行“社区党委－网格党支部－小区党支部－楼栋党小组”四级组织构架网络，让党建引领基层治理直达“神经末梢”。

二是健全基层治理网格化管理，促进基层群众自治与网格化服务管理有效衔接。以平潭综合试验区为例，平潭推行全域网格化治理，把网格化管理作为推进精细化治理的重要手段。平潭综合试验区推行“片区－责任片－（跨村联合）－行政村（社区）－微网格”分级网格模式，将全区精细划分为982个网格，打造综合型网格，同时将网格延伸至海岸线和港口码头，划分278个网格，做到网格全覆盖。在科学精细划分网格的基础上，完善网格基础设施建设，实现党群服务中心升级改造；明晰网格管理权责，梳理12个部门共83项入格事项；加强网格治理力量，不仅下沉1146名党员干部，分层分类担任网格长，还将全区的处级干部下沉一线，实现党员入格、事项认领“双覆盖”；健全工作机制，建立联建共建机制、信息共享机制、纠纷调节机制等，不断提高基层治理能效。平潭在网格化治理方面的探索仅仅是一个缩影，近年来，福建各地市纷纷采取各种措施加强和完善网格化管理，漳州在全市2070个社区（村）推行“2+N”基层网格治理模式；三明市动员法官、检察官、警察、司法行政人员、城管队员“五员”进村（社区）兼任网格辅导员；宁德市增加2135名辅警作为综治网格员。2021年，福建全省可防性案件同比大幅下降，治安志愿者队伍达188.7万人。

三是加强矛盾风险分层治理，推广基层矛盾纠纷多元化解机制。莆田市荔城区建立物业纠纷调处中心，建立“四四三”物业纠纷调处机制，积极引导物业行业协会参与纠纷解决。龙岩新罗法院打造“调解超市新罗在线融平台”，借助信息化手段，汇聚纠纷解决资源，使群众维权更便捷畅通；推动调解平台“进社区、进乡村、进网格”工作，促进纠纷就地解决；2021年12月新罗法院首创“诉非融合团队”，建立简案诉调一体无缝对接机制，自创建以来，已高效化解各类纠纷1542

件。2021年以来，新罗法院受理一审民商事纠纷13594件，同比上涨11.86%，诉前化解3130件，同比上涨72.07%，实现辖区内万人成讼率三连降。宁德法院创新提出诉非联动中心建设模式，在全市设立诉非联动中心186个，加快形成“非诉解纷挺前、法院裁决断后”递进式矛盾纠纷分层过滤体系。2021年，全市法院委派、委托调解案件17825件，调解成功率62.93%；其中，同意诉前调解案件16213件，占新收一审民商事案件72.92%；全市万人成讼案件82.82件。该模式被最高法院司法改革动态专刊推广。

（五）深入推进智慧政法建设，全面提升平安福建科学化和智能化水平

福建省委、省政府高度重视数字政法工作，在省“十四五”发展规划中明确提出实施“智慧政法”战略，构建集智慧法院、智慧检务、智慧公安、智慧司法和智慧法律服务于一体的智慧政法体系。2021年11月，省委政法委出台《福建省政法公共服务智能化推进意见》，为“十四五”期间的智慧政法建设谋篇布局。今年以来，我省的智慧政法建设围绕《意见》提出的四大重点任务，已经取得了不少亮眼的成绩和突破性成果。

一是不断完善网格化、立体化、信息化社会治安防控体系。福州市在推动社会治安防控体系示范城市创建过程中，以构建“e体+”智慧赋能体系为抓手，以数字党建为引领，深入推进“雪亮工程”，推动3100余家治安保卫重点单位信息数据“全采集”，全市校园视频监控安装率、保安员派驻率、防护器械配备率、封闭式管理率和护学岗设置率均达100%。全市二级以上医疗机构和公交车均安装监控视频和一键报警装置，形成了大数据“一张网”，治安防控“一盘棋”的智慧新格局。在加强“技防”建设的同时，也不断夯实“人防”基础：创新搭建“五级巡防体系”，配置3万余名专兼职巡防力量，先后建成智慧安防小区2000余个，打造了鼓楼林春兰警务室、台江宁化警务室等一批智慧警务室，配合社区管理服务。2021年，全市命案和“两抢”案件持续保持全破，八类暴力犯罪案件破案率达98.4%，福州市获评“全国平安中国建设示范城市”和首批“全国禁毒示范城市”。

二是大力推进智慧法律服务建设。人民群众获取公共法律服务的便捷性是一个地区法治化水平的重要标志。近年来，我省司法行政部门致力于“互联网+公共法律服务体系”建设，整合律师、公证、司法鉴定、仲裁、调解、法律援助等资源，打造一站式服务平台，提高司法行政管理和服务水平。“互联网+调解”是我省创新矛盾纠纷化解模式，联合多方平台，快速处理各类矛盾纠纷的重要举措。2021年，龙岩市司法局创新“互联网+矛盾纠纷化解”模式，开发了“龙岩市矛盾纠纷多元化解服务平台”，融合各级各类调解组织和各相关行政部门，为群众提供“一站式受理、全流程调处、全链条解决”的智慧调解服务。漳州市利用综治网格平台，建立与公安110对接分流处置工作机制。

三是推动数据共享开放，真正实现数据“一盘棋”。我省公共机关牵头运行的“三公（工）一大”融合机制，精准支撑疫情流调溯源，切实为精准防控疫情贡献力量，取得了良好的效果。在疫情防控常态化的大形势下，为了有效实施社区矫正，福建省不断完善社区矫正一体化平台建设，完成了与全省法院的信息化联网工作，实现调查评估、交付执行、刑罚执行变更等环节的法律文书网上交换；开通了远程教育模块，开展了“全省社区矫正示范课”评选活动，进一步丰富了社矫的学习教育形式。今年6月，省政法跨部门大数据办案平台开通上线并在全省运行，推行网上协同办案，实现全省政法机关网上业务协同一体化的历史性突破。大数据办案平台是我省政法领域全面深化改革的一项重要任务，是推动政法协同应用一体化的先导性、基础性重点工程，旨在解决长期以来政法各部门专网相互独立，且缺乏统一的数据交换接口技术标准，由此造成政法部门之间数据交换难、汇聚难、共用难的问题。平台运行后，公安办案阶段形成的电子卷宗随案移送，可直接为检察、法院办案系统再次使用，避免了同一案件在不同部门数据系统中逐项重复录入的问题，省时省力，真正实现让“数据多跑路，干警少跑腿”。截至9月30日，大数据办案平台线上成功协同流转刑事案件（电子卷宗）19600件次，一审结案2373件，总体运转情况良好。

（六）不断推进食品药品安全现代化治理体系和治理能力建设

确保食品安全是民生工程、民心工程，福建省连续22年治理“餐桌污染”，从2019年起连续三年在国务院食安委对省政府的食品安全工作评议考核中获得A级。今年以来，深入推进食品安全“守底线、查隐患、保安全”专项行动，系统开展餐饮质量安全提升行动。一是持续深化食品安全监管体制机制改革，创新推出“一品一码”可追溯管理、餐饮服务单位“互联网+明厨亮灶”、网络餐饮e治理、进口冷链食品集中监管等食品安全监管新做法，提高监管能效，推动食品安全治理体系和治理能力现代化。二是聚焦重点领域和群众普遍关心的问题集中开展专项执法活动。福建省市场监督管理局开展“整治脏乱差店家入驻外卖平台问题，强化外卖商家审核监管”点题整治专项行动，制定《关于进一步加强指导网络餐饮服务第三方平台落实主体责任的通知》，督促平台落实主体责任；坚持“数据共享、多维共治”的思路，督促饿了么、美团等主要网络餐饮服务第三方平台，按时报送平台内福建省入网餐饮服务提供者清单、销量靠前主体名单（即网红店名单），加强监测和监管。截至今年9月底，福建全省各地共检查网络餐饮服务第三方平台和入网餐饮服务提供者83514户次，督促平台下线违法违规入网餐饮服务提供者3228户，发现问题线索6039条，办结问题线索5463条，处理投诉举报1414件，立案1597起，罚没款135万余元，取得良好效果。开展食用植物油质量安全专项整治，严厉查处和打击食用植物油超范围使用食品添加剂、掺杂掺假、以次充好等行为，截至10月底，累计检查食用植物油生产企业193家次，发现相关问题294项，责令整改企业52家，立案查处11起。加强特殊食品安全监管，紧盯“一老一小”，对婴幼儿配方奶粉、特殊医学用途配方食品、保健食品三类生产企业实施重点监管，实现全省婴幼儿配方奶粉、特殊医学用途配方食品生产企业可视化监管全覆盖；聚焦“虚假夸大宣传、专区专柜和消费提示”落实不到位的问题，截至10月底，全省共出动11.31万人次，检查7.8万家次，发现风险问题1272个，完成处置1235个，完成处置率97.1%。今年8月—10月，开展为期两个月的集中整治商品过度包装、“天价”月饼和蟹卡蟹券等问题的专项行动。三是加强食品安全宣传力度，推动社会共治。推动食品安全进社区、进乡村、进企业、进校园，集中展示食品安全监管成效，强化市场主体诚信自律，落实食品安全主体责任，提升公众食品安全素养，倡导社会各界积极参与食品安全治理，营造食品安全共治共享的良好氛围。

在疫情防控常态化大形势下，我省从2022年3月起全面开展为期一年的药品安全专项整治行动，加大监管力度，严厉打击药品、医疗器械、化妆品领域违法犯罪行为，牢牢守住药品安全底线；深入推进化妆品安全专项整治行动，特别是加大对儿童化妆品的监管力度。同时，不断健全药品监管和执法工作机制。今年8月，福建省药品监管和产业促进领导小组新增省委政法委、省公安厅相关领导担任副组长；成员单位扩增至20个；新增联合执法、数据共享、新闻发布和考核评价等相关工作制度；并要求全省各市、县两级人民政府于2022年11月1日前全面建立本地区集中打击整治危害药品安全违法犯罪工作机制。这些举措有利于健全行刑衔接机制，形成合力，集中打击危害药品安全违法犯罪活动。

持续巩固社会安全稳定局面，为福建服务和融入新发展格局奠定了坚实的基础。目前，全省有77个县（市、区）获评第四轮平安县（市、区），114个省直单位获评省直平安单位，平安建设近四年绩效总评居全国第二，受平安中国建设表彰数量、平安中国示范市占比均居全国前列。群众安全感和社会治安满意率逐年上升，2021年全省群众安全感率、扫黑除恶好评率、执法工作满意率分别保持99%、98%、97%以上高位。

二、社会公共安全治理面临的新局面新问题

经过多年平安福建、法治福建建设，我省公共安全形势总体向好，但仍面临不少挑战。今年以来，国际形势复杂多变，国内面临疫情防控与经济社会发展的双重压力，极端天气现象增多，网络不法行为和不文明现象频发，自然灾害、事故灾难、社会安全事件等各类突发事件仍处于易发多发期，提高公共安全治理水平和治理能力刻

不容缓，任重道远。

（一）法治政府建设依然存在突出问题和薄弱短板

法治是平安福建建设的重要保障。《福建省法治政府建设实施方案》中提出要坚持法治福建、法治政府、法治社会一体建设，发挥法治政府的引领带动作用，对我省的法治建设提出了更高更新的要求。同时，人民群众对平安的期待和要求，越来越呈现出多样性、动态性、发展性等特点。我们目前的法治建设实践与法治政府建设目标和人民群众的期许尚有一定距离。一是规范性文件制定和行政决策的程序规范不足。不少规范性文件特别是职能部门红头文件的制定未向社会公开征求意见，或者征求意见只是走过场；未按规定及时报送备案；文件实施以后未及时进行立法或者执法效果评估；文件过期或者失效后未及时清理，出现规定僵化或与新上位法冲突等情况。重大行政决策程序不规范，重大决策社会稳定风险评估制度尚不健全，在很多地方流于形式。二是综合行政执法协调机制有待完善。在综合行政执法体制改革中，综合行政执法部门和行政主管部门之间的边界不够清晰，协作机制不够健全。以街道层面的执法力量为例，存在专业职能部门与街道综合行政执法部门等多支执法力量，职责不清易造成推诿，各执法力量的协调配合仍有不足。三是基层行政执法力量仍然不足。直接参与行政执法工作的有生力量与监管任务不匹配。基层公共管理部门大量配置辅助或者兼职执法人员，甚至将部分执法任务外包，出现了粗暴执法、损害人民群众权益等现象。四是公共法律服务水平有待提高。日前开通的政法跨部门大数据办案平台主要是便利政法系统内部数据和电子卷宗流转，且主要应用于刑事司法程序，大量的民事案件和行政案件仍难以实现协同办案。随着“互联网+公共法律服务”的大力推行，公众获取公共法律服务的便捷性大大提高，但经常需要使用不同的App，缺乏统一的平台。五是县乡法治政府建设和农村基层法律服务依然是法治建设的短板。在县乡政府层面，有法不依执法不严的现象突出，行政决策缺乏民主程序和法律监督机制，基层行政执法人员和司法人员都严重不足，且部分国家工作人员法治意识相对淡薄，法治实践能力薄弱。

（二）市域社会治理现代化体系和能力还有待提升

近年来，我省在推进市域社会治理现代化建设中进行了积极的探索，积累了一些有益的经验，形成了各具特色、具有福建辨识度的治理模式，但仍然面临一些问题与风险。一是缺乏战略性、系统性的顶层设计和治理政策。目前，市域社会治理的责任分散在不同的职能部门，比如平安城市建设由政法部门主抓，党建引领由组织部门牵头，智慧城市建设主要由住建部门负责，城市综合管理由城管部门负责等等，各部门之间缺乏有效的工作协调，难以形成治理合力。二是基层治理依然是市域治理现代化的难点。一方面基层治理仍处于传统型向现代化转型的阶段，“管控型”治理方式的特点比较明显，大部分工作仍由政府、社区主导，依赖行政手段推进。另一方面基层负担重、压力大，“上面千条线，下面一根针”的问题仍未得到根本性解决。虽然网格化管理，网格员下沉在一定程度上缓解了基层人员配备不足，基层职能过于分散等问题，但并不能从根本上解决问题。三是社会组织参与市域社会治理程度不高。以福州市为例，全市每万人拥有持证社工6.4人，落后于广州市（12.8人）和杭州市（10人）等周边省会城市，距福建省“十四五”民政规划提出的“每万人拥有持证社工10人”也尚有不小的差距。福州市发展研究中心2021年的调查报告显示，全市经民政部门登记的6116家社会组织中，参与社区治理的仅占1.6%。四是城乡二元治理结构依然存在，一体化治理格局尚未形成。“市域”是指地级市所辖的所有区域，强调中心城区、县域和乡村一体化发展和统筹治理。虽然福建省近年来在推动乡村振兴，促进城乡融合发展方面进行了积极探索，比如大力支持福州东部片区作为国家城乡融合发展试验区的发展，但长期以来阻碍城乡一体化发展的户籍制度、社会福利制度等制度性障碍依然存在，城乡发展不平衡带来的流动人口管理和“半城市化”地区的治理难题仍将长期存在。如何推动城乡一体化发展，实现城区、县域和乡村统筹治理，将是一段时期内市域社会治理现代化的难点。

（三）智慧政法建设依然存在难题，信息化服务功能仍需加强

福建省依托数字福建的建设平台，深入推进智慧政法建设，取得了良好的效果，但在数据治理效能方面，依然存在诸多难点和堵点。一是数据共享互通不足。在社会治理指挥中心方面，相关单位出于自身利益的考虑，不愿意共享数据，数据壁垒、数据孤岛的现象依然存在。数据融合汇聚的“一盘棋”还没有完全构建，无法满足社会治理实战需要，特别是跨行政区域、跨部门协作的需要。二是网络安全有漏洞。在网络平台建设中不同程度地存在“重应用、轻安全”的情况，“一点突破、危及全网”的风险在一定领域内依然存在。大数据、视频监控、移动警务等方面的业务应用与安全接入问题还需进一步加强。三是基层网络设施建设比较薄弱。部分偏远农村、老区苏区、海岛地区等地方还未实现宽带网络覆盖。基层政法单位庭、所、站、中心等场所的标准化建设落后，科技赋能程度不高。四是信息化服务功能有待加强。目前信息化建设主要服务于司法信息管理，让“数据多跑腿，＊＊少跑路”是最常见到的宣传用语，这也从侧面说明信息化建设还停留在数据收集和工作展示阶段，缺乏对数据的有效整合和分析，对司法人员办案和领导决策的参考指导作用有限。五是公共数据共享开放程度不够，数据质量不高。公共数据除了应当按照规定在公共管理和服务机构之间实现共享或者协同应用之外，还应当按照一定的原则和程序向公众公开，提高政府的透明度，保障公众的知情权。但目前我省公共数据公开程度不高，开放的数据量虽然不小，但涉及核心业务办理、社会公共迫切需求的数据较小，且数据更新不及时，存在碎片化、数据统计口径不一，同一类数据缺乏连续性等现象。

三、进一步推动社会公共安全治理的对策措施

平安是人民幸福安康的基本要求，是改革发展的基本前提。在新发展阶段，要不断完善党委领导、政府负责、民主协商、社会协同、公众参与、法治保障、科技支撑的社会治理体系，切实提高市域社会治理系统化、社会化、精细化、法治化、智能化水平，努力建设人人有责、人人尽责、人人享有的社会治理共同体，推动实现更高水平的平安福建建设。

（一）加快法治强省建设，助力更高水平的平安福建建设

习近平总书记在二十大报告中提到，要健全国家安全体系，提高公共安全治理水平，坚持安全第一、预防为主，完善公共安全体系，提高防灾减灾救灾和急难险重突发公共事件处置保障能力。福建省要以《法治福建建设规划 2021—2025》为指导，将平安福建建设纳入法治化轨道，以法治保障和助推更高水平的平安福建建设。一是健全完善公共安全法规体系和体制机制。完善公共安全治理的制度体系和标准流程，健全重大决策社会稳定风险评估机制，从源头预防社会稳定风险；完善排查化解机制，建立健全多元纠纷化解机制，完善人民调解、行政调解、司法调解“三调”联动工作体系，大力推行市、县领导干部接访下访制度，努力把问题解决在早在小。二是坚持严格规范公正文明执法。全面落实行政执法公示制度、执法全过程记录制度、重大执法决定法制审核制度等。严格落实执法责任制，实行办案质量终身负责制和错案责任倒查问责制。常态化推进扫黑除恶，集中打击新型网络犯罪和跨国跨境犯罪，严厉打击“黄赌毒”“食药环”“盗抢骗”等危害民生的违法犯罪活动。三是以严格公正司法推进法治福建建设。充分发挥司法能动性，积极服务和主动融入新发展格局，严厉打击人民群众密切关注的刑事犯罪，在知识产权保护、生态环境治理、公益诉讼等方面不断创新，切实保护人民群众的合法权益，让人民群众在每一个司法案件中感受到公平正义。四是深入推进全民守法，加快建立平安和谐有序的法治社会。引导群团组织、社会组织和公民共同参与法治建设，加大全民普法力度，增强人民群众的法治意识和法治思维，在全社会营造尊法、守法、学法、用法的良好氛围。

（二）持续推动市域社会治理现代化建设

当前，我省城市空间结构、生产方式、组织形态和运行机制都发生了深刻变革，市域社会治理面临着压力和挑战。应当在强化政治引领，聚焦法治保障、德治教化、自治基础、智治支撑等

方面，持续探索市域社会治理的新制度和新模式，以“市域之治”助推更高水平“平安福建”建设。

一是以党建引领为核心，以党建统领自治、法治与德治“三治融合”。党的领导是中国特色社会主义制度的最大优势，只有党的全面领导，才能突破行政壁垒，整合分割的碎片化的社会资源，协调各方面力量解决治理难题。市域社会治理要始终坚持党的集中统一领导，坚持走中国特色的社会治理之路。强化基层党组织建设，推广“近邻党建”工作模式，充分发挥基层党组织和党员联系群众、化解矛盾纠纷和宣传党的政策等方面的作用。二是以人民为中心，创新基层治理方式。要着力解决好人民群众最关心的公共安全、食品药品安全、公平正义和权利保障等问题；充分尊重和保障人民群众的知情权、参与权和监督权，畅通各种表达诉求的渠道；完善社会协同机制，广泛调动市域社会各行各业的积极力量，鼓励和促进专业化的社会组织帮助化解社会矛盾纠纷，承担部分社会治理任务；鼓励退休的老干部、老党员参与到基层治理和乡村振兴中，引导老年群体有序参与社区治理，助力形成共建共治共享的社会治理新格局。三是加大技术赋能建设，提高市域社会治理智能化水平。完善数据共享体系，推进“多网合一”，统筹基层党建、综治、城管、环保、民政等网络，实现“全科网络”。规范“综治中心”的标准化建设，制定“综治中心”建设的统一标准化工作方案，完善基层社会治理体系。推进“雪亮工程”“智安小区”建设，加强城市与乡村公共安全视频监控建设与联网，提供更加安全的治理环境，增强人民群众的安全感和幸福感。四是加快推进城乡融合发展，构建城乡一体化治理结构。在乡村振兴战略下，根据乡村和县域特点，总结和推广国家城乡融合发展试验区建设中的治理经验，实现城乡社会治理的双向互动、融合发展。

（三）深入推动数字政法建设，保护数据安全

《福建省大数据发展条例》于2022年2月正式施行，为大数据发展应用和数据安全保护夯实了坚实的法治基础。下一步，将依托“数字福建”资源禀赋，聚焦协同高效、数字赋能，推动更高水平的平安福建、法治福建建设。一是加强数据安全管理，强化网络安全保障。构建全省统一的网络安全监测预警、应急处置平台，提升大数据监测、预警和应急处置能力。二是构建数据共享大平台，实现社会治理精准化。依托各级综治中心和网格化工作机制，联通公安、城管、环保、民政等业务系统，形成数据共享大平台，提高对公共安全风险因素的预警和防范能力。三是以大数据办案平台为支撑，加速政法协同一体化。通过政法跨部门大数据办案平台，实现了案件数据和电子卷宗一次录入多家使用，形成了立案侦查、批捕起诉和审判执行等办案程序协同办理，探索此种办案模式由刑事向民事、行政等应用扩展。四是加大网络安全宣传教育力度，提升全民网络安全技能和素养。加强对“一老一小”的网络安全宣传和教育，引导未成年人安全文明上网，老年人防范网络诈骗等。加大网络安全人才培养，联合省教育厅共同建设“福建省网信人才培养示范基地”，全面推进我省网络安全产业高质量发展。五是着力完善数据安全保护制度。建立健全数据分类分级保护和安全审查制度，构建涵盖合规检测、安全管控、数据鉴权、数据脱敏等方面的数据安全防护体系。制定数据安全事故应急预案，定期开展安全评估、风险预测和应急演练。加大公共数据开放力度，特别是与民生密切相关、社会关注度和需求度高的数据，保障公民的数据权益。

（撰稿：福建社会科学院　陈思宇）

福建人力资源建设形势分析与对策建议

人力资源是进行社会生产最基本、最重要的资源。纵观当今世界，国家和地区之间的竞争是综合实力的竞争，归根结底是人才竞争。福建省全面贯彻习近平总书记关于新时代人才工作的新理念新战略新举措，坚持科技是第一生产力、人才是第一资源、创新是第一动力，深入实施人才强省战略，努力打造人才荟萃的东南高地，为奋力谱写全面建设社会主义现代化国家福建篇章奠定坚实的人力资源基础。

一、福建人力资源建设现状

（一）人力资源规模保持稳定，城乡就业人员结构持续优化

到2021年底，福建总人口达到4187万人，比上一年略增26万人，其中劳动力资源2524.7万人，劳动年龄人口在总人口的比例已由2010年的69.3%持续下降到60.3%，全省劳动力人口数量较2010年减少34.5万人，劳动力低成本现象已逆转。全省城乡就业人员2197万人，比上一年减少9万人；城乡就业人员结构持续优化，第三产业就业人员比例继续增长，第一、二、三产业就业人员比例由2004年的40.2：29.4：30.4优化为13.7：33.2：53.1。

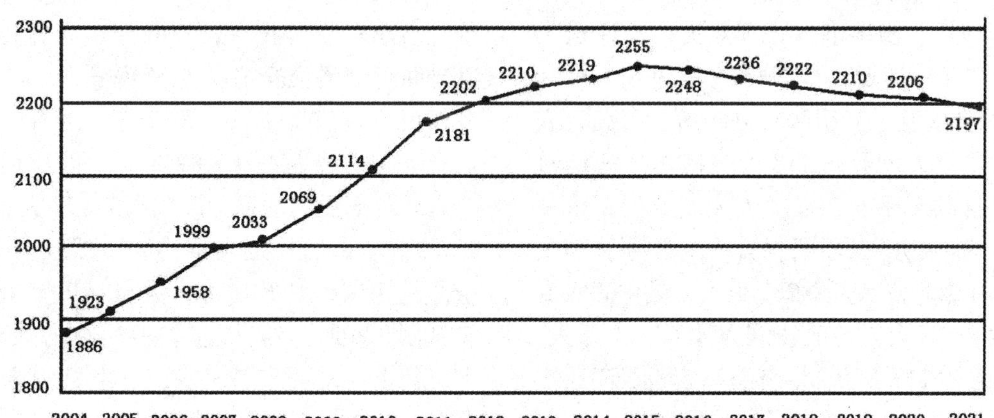

图1　2004—2021年全省城乡就业人员变化趋势图（单位：万人）

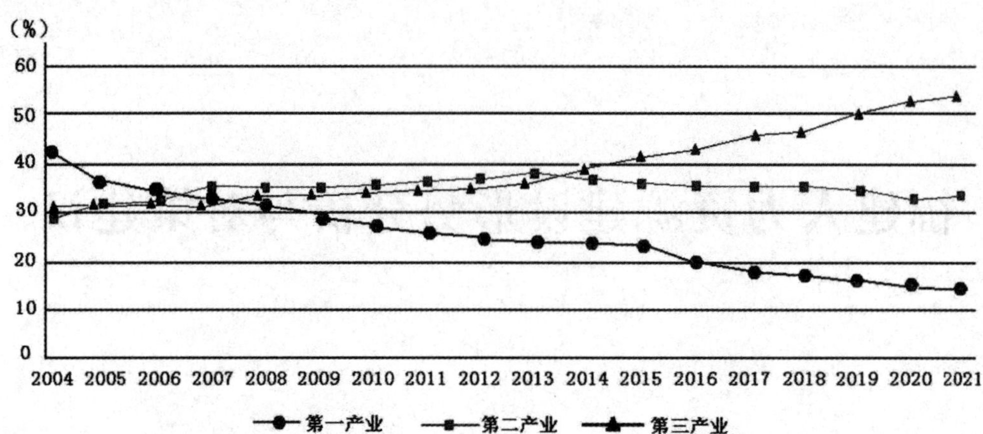

图2　2004—2021 年全省就业人员从事产业的比例变化趋势

（二）坚持人才引领驱动，人才为经济社会发展的支撑作用显著增强

1. 坚持人才引领发展的战略地位。加快构建更具竞争力、吸引力的人才政策体系和服务体系，充分激发经济社会发展活力。全省深入实施“海纳百川”高端人才聚集计划、“八闽英才”培育工程，各地结合实际制定出台人才政策，如福州市“福聚英才”战略计划、厦门市高层次人才“双百计划”、漳州市“万才聚漳”行动计划、泉州市“人才港湾计划”、莆田市“壶兰计划”、三明市“绿都人才计划”、南平市“才聚武夷行动计划”、龙岩市“才智龙岩计划”、宁德市“三都澳人才计划”、平潭综合实验区“引领计划”等。目前，省市县三级共建立人才驿站 318 个，搭建“海纳百川”人才信息共享平台，推动人才创业创新事项“网上办”“指尖办”，不断提升人才服务管理水平。全省共有专业技术人才 282 万人，其中高级专业技术人才 28 万人；持证技能人才 651.8 万人，其中高技能人才 113.8 万人；累计认定省级高层次人才 4125 人，支持工科类青年人才 9859 人。

2. 闽台人才交流合作不断深化。突出海峡品牌和闽台特色，继续实施支持台湾青年来闽创新创业计划、海峡博士后资助交流计划等，支持在闽优秀台湾人才申报引才“百人计划”等高端人才项目，支持台湾人才参与社区治理和乡村振兴，多渠道搭建闽台人才融合发展平台。比如，深化闽台乡建乡创融合发展，已累计引入 95 支台湾建筑师和文创团队、300 多名台湾乡建乡创人才，为福建 228 个村庄提供规划设计、产业文创等服务，助力福建乡村振兴。围绕打造“台胞台企登陆的第一家园”，支持台胞在闽就业创业，完善保障台湾同胞享受同等待遇的政策和制度。在推进闽台职业资格和职业互通方面，多项工作走在全国前列，比如率先开展对台职业资格直接采认工作等。

（三）政府公共投入逐步增长，人力资源发展的保障条件持续改善

各级政府加大卫生、教育、社会保障、科技等社会事业发展投入，不断夯实人力资源发展的基础条件，增强全省人力资源竞争力。福建省城乡居民收入稳步增长，2022 年上半年，全省城镇居民人均可支配收入 28948 元，同比增长 4.6%；全省农村居民人均可支配收入 11977 元，同比增长 7.1%。全省医疗卫生机构和一线技术人员增多，卫生机构床位总数增加，为提高人口健康素质奠定基础。2021 年底福建省卫生技术人员 29.4 万人，比上一年增长 5.7%，卫生机构床位数 22.4 万张，比上一年增长 3.3%。全省支撑人力资源发展的保障条件继续改善。2021 年底福建省财政用于教育支出 1083.8 亿元，同比增长 5.1%，用于社会保障和就业支出 587.8 亿元，同比增长 2.7%，用于科学技术领域的支出 152.0 亿元，同比增长 1.7%。

（四）人力资源市场体系建设不断完善，劳动关系治理水平进一步提升

1. 切实加强构建和谐劳动关系各项工作。健全劳动关系领域风险防控机制，通过建立劳动关系监测与预警、挂钩帮扶、部门联动等制度，有效防范重大风险。切实保障新冠肺炎康复者等劳动者平等就业权利，完善人社部门与人民法院协调配合机制，及时查处违法行为。推进和谐劳动关系创建活动，全省有13家企业被命名为“全国和谐劳动关系创建示范企业”，有2个工业园区被命名为“全国和谐劳动关系创建示范工业园区”。设立劳动保障监察热线，实现省内“一点投诉举报、全网联动处理”，有效维护劳动者权益。比如，开展拖欠农民工工资问题专项整治，到2022年9月为施工企业追讨工程款11亿元，为1.22万名劳动者追发工资等待遇1.29亿元。目前，省、市、县三级仲裁委调整组建率和仲裁建院率均达100%；调解仲裁“六统一”居全国前列，大中型企业劳动争议、乡镇（街道）劳动争议调解组织组建率均超过86%；全省劳动合同、集体合同签订率动态保持在95%、80%以上。

2. 大力推进人力资源市场体系建设。健全人力资源市场政策法规体系，培育一批人力资源服务骨干企业，加快建立专业化、信息化、产业化、国际化的人力资源服务体系。比如，作为全省龙头企业的“福建省人力资源服务有限公司”，其合作单位已达4000余家。加快建设与实体经济、科技创新、现代金融协同发展的人力资源产业体系，全省创建了一批优质人力资源产业园区。尊重劳动者的自主择业权，充分发挥市场配置的基础性作用，形成了多元化的市场用人主体。据统计，从2000年至2021年全省城镇就业人员中，国有单位就业人员的比例从9.52%下降到6.85%；有限责任公司和股份有限公司就业人员的比例从1.19%大幅上升到12.80%。

二、福建人力资源建设存在的问题

面对全球疫情处于高位运行、外部环境更趋复杂严峻等影响因素，全省人力资源建设面临着新挑战。当前，福建人才队伍的数量、质量与东部沿海发达省份相比仍存在一定差距，人才竞争力还不具备比较优势，存在人才存量较小、结构不合理、高端人才匮乏问题，一些制约人才培育、吸引、集聚和发挥作用的深层次矛盾尚未根除等。

（一）高层次人才资源总量偏小，人才载体平台建设不完善

随着全方位推动高质量发展超越的深入，福建高层次人才资源总量偏小与社会需求量激增之间的矛盾凸显，日益成为产业结构转型升级的制约因素。当前，数字化、智能化引领的产业变革加速演进，数字经济、智能经济、海洋经济、绿色经济加速成长。新兴技术领域成为博弈重点，高端人才、标准规则、市场空间成为竞争焦点。全省高端人才紧缺的局面没有根本改变，以领军人才为核心的创业创新团队引进不足，能够突破关键技术、带动新兴学科的战略科学家和创新创业领军人才更加稀缺。全省一流的研究型大学和综合性科研机构不多，“985”高校仅厦门大学1所，“211”高校仅福州大学1所，国家级科研机构仅中科院物构所、城环所、海洋三所及机械研究院分院等。

随着长期依托的全球化技术扩散红利弱化，对原始创新能力提出更高要求，需要集聚高层次创新人才，加强科技创新基础能力建设。在此过程中，产业龙头企业和重点实验室、工程技术中心、技术开发中心等高端研发平台已成为集聚创新人才的重要载体。但全省人才载体平台建设还不完善，以企业为主体的技术创新体系不完备，这也是高层次人才缺乏的重要原因。比如，从衡量研发产业发展的核心指标“全年研究与试验发展（R&D）经费支出占GDP比例”来看，福建仅为1.92%，与全国平均水平的2.40%还有较大差距。再如，福建高位次的产业科创平台与国内先进地区相比差距明显，以国家重点实验室为例，全国有各类国家重点实验室549个，福建有10个，排名倒数第七位，排名前六位依次是北京136个、上海44个、江苏39个、广东30个、湖北29个、陕西26个。此外，随着区域间人才竞争愈加激烈，发达地区对人才的“虹吸效应”明显，高层次人才缺口尤其体现在全省战略性新兴产业的七大重点领域，包括：新一代信息技术产业、高端装备产业、新材料产业、新能源产业、生物与新医药产业、节能环保产业、海洋高新产业等。

（二）高技能人才数量不足，职业教育与培训体系建设尚显薄弱

建设现代化经济体系，要有高素质技能人才作支撑。福建作为东南沿海制造业大省，产业结构转型升级要求与之相配置的人力资源结构发生相应调整，这个过程中对技能劳动者的需求量越来越大，尤其是高技能人才。当前，高技能人才数量不足，已成为制约产业转型升级的瓶颈。全省技能劳动者约651.8万人，仅占就业人员比重的29.5%，其中高技能人才113.8万人，仅占技能劳动者总数的17.5%，与发达国家相比仍有较大差距（发达国家高技能人才一般占比40%以上）。比如，近年大数据等新兴技术发展亟需“新工科”人才，尤其是智能制造人才缺口较大，包括数据治理、架构师、数据工程师、智能化工程师等，人才供给远不能满足实际需求。此外，从2022年第一季度福建人力资源市场职业供求状况看，劳动力供求总量为67.16万人次，其中有技能要求的熟练工供求总量为13.84万人次，市场求人倍率高达2.33，可见各类用人单位能够吸纳的劳动力需求缺口主要在于高技能人才。

加强技能型人力资源的开发建设，是缓解人力资源结构性矛盾的有效途径。全省技工教育投入不足，高技能人才培养体系还不完善。比如，技能型人才培养与产业发展的紧密度不够，存在与产业需求相脱节的“供需失配”问题；技工教育与培训机构理论知识、实践经验均丰富的“双师型”教师短缺；产学结合、校企合作模式不健全，企业与技工院校的“产教融合”存在“一头冷一头热”问题；职业教育吸引力不强，在一些地区生源仍难以保证，技能劳动者职业发展存在通道狭窄、空间受限等约束，职业认同感、荣誉感不高等。

（三）国际人才发展的区域竞争力有待提升，人才发展的体制机制障碍需进一步破除

党的二十大报告指出，加快建设世界重要人才中心和创新高地，着力形成人才国际竞争的比较优势。从国际上看，从20世纪开始各主要发达经济体就相继制定并实施留学、工作与移民等方面的政策措施，以吸引高端国际人才在该国家长期发展。人才的自由流动是世界继货物与资本流动大潮后的第三次浪潮。近几年福建加大人才国际交流力度，出台吸引国际人才来闽发展的创新举措，有力增强了福建对于国际人才的吸引力。比如，目前厦门市持有效工作许可的外籍中高端人才有近2000人。但总体看，国际人才引进数量还远远不足，国际人才竞争力在国内仍处于第二梯队位置。福建是著名侨乡，共有1580多万闽籍侨胞，分布在188个国家和地区。面对“人才争夺战”，福建作为侨乡在吸引国际人才方面的优势没有充分发挥，尤其是对于世界级科学技术专家和战略科学家的引进还严重缺乏。当前，国际人才竞争变得更为复杂，人才环流壁垒成为国际科技竞争的方式。科技封锁的本质是人才封锁，通过设置人才流动、知识扩散以及教育交流等壁垒，从根本上遏制国内科技创新步伐。面对一系列挑战，如何加大改革开放力度，聚焦科技创新、产业发展、企业需要和堵点痛点，进一步破除人才发展体制机制障碍，推出有利于吸引和集聚国际人才的具体措施，以更加开放的姿态参与国际人才竞争；如何坚持引进来与走出去相结合，系统审视与谋划全省创新体系与高等教育体系建设，推进科技人才引进计划战略转型，构建人才国际交流合作新框架，这些都是现阶段需要解决的重大课题。

（四）人力资源结构存在不均衡性，劳动关系矛盾仍处于多发期

全省人力资源建设存在结构性矛盾，城乡之间、区域之间等分布不均衡。长期以来农村优质劳动力流向城市，乡村振兴“缺人”现象严重，尤其是适合乡村新业态的人才更加缺乏。全省人才分布的区域差距明显，福州、厦门、泉州等沿海地区人才集聚度相对较高，南平、龙岩、三明等区域各类人才严重短缺。此外，社会工作专业队伍的人才供给量还难以满足日益增长的社工专业服务需求，全省持证社会工作者仅2.3万人。如何聚焦社会、乡村振兴、法治等重点工作，加快各类专门人才队伍建设；如何促进人才区域合理布局，引导高校毕业生等各类人才向基层一线流动，加强返乡入乡创业人才队伍建设，这是当前需要解决的问题。

全省正处于推动产业转型升级的关键时期，

产业结构调整传导到劳动用工领域，对协调劳动关系提出了新挑战。当前部分行业受疫情影响，经济效益下滑，一些员工面临裁员、降薪等困难。加之近年来新业态发展带来了新型用工模式，面临着用人单位管理制度欠缺、岗位不稳定、劳动关系不明确等现实难题，新就业形态劳动者权益保障问题突出，相关主体及其利益诉求越来越多元化，新型用工劳动关系带来的挑战日益显现。

三、进一步推进福建人力资源建设的对策思路

人才是实现民族振兴、赢得国际竞争主动的战略资源，党的二十大报告为加快建设人才强省指明了前进方向、提供了重要遵循。全省人力资源建设应紧扣经济社会发展全局，始终坚持人才是第一资源，坚持为党育人、为国育才，全面提高人才自主培养质量，不断塑造发展新动能新优势，为新时代新征程新福建建设提供强有力的人才支撑。

（一）深入实施人才强省战略，强化新福建建设的人才支撑

1. 坚持人才是第一资源，不断塑造发展新动能新优势。党的二十大报告首次将教育、科技、人才三大战略一体规划，强调以国家战略需求为导向，把发展科技第一生产力、培养人才第一资源、增强创新第一动力更好结合起来。现阶段必须坚持党对人才工作的全面领导，从高质量发展走在前列的高度谋划人才布局，强化战略性、系统性和紧迫性思维，构建符合新时代发展要求的人才强省战略支撑体系。应锚定面向世界科技前沿、经济主战场、国家重大需求、人民生命健康的发展方向，针对高质量发展面临的卡点瓶颈，加快夯实国家战略人才力量。尤其是补齐基础软件、核心硬件、基础原材料等突出短板，提升自主知识产权和替代接续能力。注重全省人才工作与产业发展、科技创新同步推进，密切区域间“政产学研用”高效协同，推动创新链产业链资金链人才链深度融合。比如，推进福厦泉国家自主创新示范区建设，应注重与中国（福建）自由贸易试验区、平潭综合实验区、21 世纪海上丝绸之路核心区、福州新区、国家生态文明试验区等联动，在科技成果转化、人才团队引进等方面开展综合施策，促进叠加效应最大化。这其中重点以福州高新区、福州大学城为依托，在福州建设中国东南（福建）科学城，以厦门大学、嘉庚创新实验室、同安“三谷”等为依托，建设厦门科学城，以引进中科院国家授时中心为支撑，在泉州建设时空科创基地，并在福州、厦门、泉州等中心城市建设高能级引才聚才平台，不断开辟发展新领域新赛道等。

2. 促进人才发展体制机制改革取得突破。坚持向改革要动力、用改革增活力，实施更加积极、更加开放、更加有效的人才政策，把各方面优秀人才集聚到党和人民事业中来，让人才成就福建、让福建成就人才。改革人才管理体制，扩大用人主体自主权，健全市场化人才管理服务体系。持续深化人才评价和激励机制改革，建立以创新价值、能力、贡献为导向的人才评价体系，形成有利于科技人才潜心研究和创新的评价体系。比如，在完善人才评价制度方面，深入破“四唯”，深化“三评”改革，对基础研究、应用研究、技术开发和公益研究人才，建立遵循特定专业领域创新规律的人才评价模式和标准；针对承担不同层次、类型科研任务的平台机构，推动建立愿景和目标导向的差异化人才评价机制等。在完善人才激励制度方面，强化对于顶尖型、领军型人才的支持，探索建立一流人才一流待遇，一流贡献一流回报的机制；以推动科技成果向现实生产力转化为基本导向，完善科技成果转化激励机制，建立科技成果利益分享和收益机制；完善技术转移市场体系建设，加快推进中国·海峡创新项目成果交易会市场化、专业化进程等。

3. 大力集聚海内外高层次人才。（1）全面做好人才培养和引进工作。前瞻性制定全省中长期人才培养和引进策略，建立可持续的人才储备。紧密围绕科技自立自强，强化人才自主培养的使命担当，全面提高人才自主培养质量，发挥高校和科研院所人才培养主阵地作用，全面提升高层次创新人才的供给能力。突出“高精尖缺”导向，整合高水平大学、科研机构和科技领军企业力量，完成关键核心技术攻关和重大科研攻关，着力造就一批具有重要影响力的科技领军人才和拔尖创新人才。探索成立福建省院士联谊会，发挥省外闽籍商会桥梁纽带作用，健全高层次创新人才柔性引进机制等。（2）高水平打造吸引集聚人才的平台载体。以企业为主体，坚持“以产聚才、以才促产”，推动人才链与产业链精准对接。培育壮大创新型企业群体，支持企业建设省重点实验室、工程研究中心、制造业创新中心、企业技术中心等研发机构。尤其是吸引国内外一流高校、科研机构、中央企业和世界500强企业或高层次人才团队来闽设立新型研发机构。比如，加快推进天津大学—新加坡国立大学福州联合学院、中国福州物联网开放实验室、鲲鹏产业生态中心、百度云（福州）AI实验室、宁德时代新能源—中国科学院物理研究所联合研发中心等研发机构建设。（3）加大国内外人才双向交流力度。构建具有吸引力和竞争力的国际引才机制，汇聚更多创新资源。紧盯世界科技前沿和国际顶尖水平，把握全球人才流动机遇，重点引进海内外战略科技人才、领军人才和高水平创新团队。发挥长期在国内工作的外国人才“以才引才”作用，实施国际创新合作人才领军计划，高标准建设国际科技合作和引才引智基地。坚持引进来和走出去相结合，鼓励各类主体积极参与国际技术转移，支持我省技术、产品、品牌走出去、开拓国际市场等。

（二）加快构建高技能人才培养体系，提升全省人力资源综合竞争力

1. 加强高技能人才队伍建设。健全完善党委领导、政府主导、政策支持、企业主体、社会参与的高技能人才工作体系。深入实施“技能福建”行动和卓越工程师培养工程，不断扩大高技能人才供给规模，预计“十四五”期间全省可新增高技能人才15万人以上。充分调动各类主体培养高技能人才的积极性，构建以行业企业为主体、职业学校（含技工院校）为基础、政府推动与社会支持相结合的高技能人才培养体系。尤其是鼓励各类企业事业组织、社会团体及其他社会组织举办职业教育培训机构，积极参与承接政府购买服务。创新高技能人才培养模式，深化产教融合、校企合作，大力推广校企“双导师制”和大师工作室建设，建立重点产业紧缺人才培养实训基地，推进“订单式”“定制化”培养。增强技能型人才的职业吸引力，2022年4月国家已出台《关于健全完善新时代技能人才职业技能等级制度的意见（试行）》，构建技能人才培养、使用、评价、激励制度，畅通技能人才职业发展通道，普遍建立与国家职业资格制度相衔接、与终身职业技能培训制度相适应的职业技能等级制度。

2. 促进城乡人力资源均衡配置。注重政府宏观调控，加强对城乡人力资源运行的综合协调，促进人才区域合理布局。加强山海协作，围绕闽东北和闽西南两个协作区建设，推进区域人才协作一体化。着力破解乡村振兴人才瓶颈，加强政策差异化支持，加大省级财政对山区人才工作转移支付力度。建立职业教育与乡村振兴的协同联动机制，强化“互联网+职业技能培训”，实施乡村工匠培育计划，培育造就更多新型职业农民。

3. 深化拓展闽台人才融合交流。围绕电子、机械、石化、精密制造、工业设计等重点产业，进一步推动海峡两岸开展务实科技项目合作，支持省内机构与台湾高科技企业、科研机构、领军人才共建创新平台。拓展深化闽台高等学校合作办学，支持组建联合科研教育创新平台，加大对以高校毕业生为重点的台湾学生和青年群体的政策吸引力度。加强闽台技工院校、职业培训机构的合作，鼓励台湾人力资源机构来闽设立分支机构或开展业务等。

（三）着力构建新时代和谐劳动关系，建设高标准人力资源市场体系

1. 着力构建新时代和谐劳动关系。适应新时代劳动关系和调解仲裁工作的新要求，大力完善由政府、工会、企业共同参与的协调劳动关系三方机制，健全劳动人事争议调解仲裁机制，提升劳动保障监察执法效能，形成构建和谐劳动关系新格局。坚持解决当前突出问题与建立长效机制相结合，有效预防和化解劳动关系矛盾，提升劳动关系治理能力和治理水平。比如，应科学把握数字时代劳动关系的管理和治理，完善治理的民主参与流程，畅通劳动者诉求表达渠道，优化平台算法规则，完善收入分配、休息、劳动安全卫生等方面制度，真正做到技术的归技术、劳动的归劳动，不断健全新型劳动关系制度，维护新就业形态劳动者权益。探索出台新业态劳动用工指导意见，促进共享用工健康发展，进一步做好经济结构调整过程中劳动关系处理工作。在疫情防控期间，可建立专项救助帮扶制度，对因疫情影响陷入困境的企业及失业的劳动者进行救助帮扶，帮助企业走出困境，帮助失业的劳动者重新就业。

2. 建设高标准人力资源市场体系。健全人力资源配置机制，促进人力资源有序流动，制定出台《福建省人力资源市场条例》。培育引进一批人力资源服务骨干企业和领军人才，推动国家、省、市级人力资源产业园区建设，构建人力资源服务集群。加强人才服务体系建设，推行人才服务"一卡通"，推进人才大数据建设，提升人才管理服务质量。健全政府购买人才公共服务政策，完善外国人来华工作许可制度，优化外国高端人才来闽工作绿色通道等。

（撰稿：福建社会科学院　赖扬恩）

第四篇 热点透视

习近平给参加海峡青年论坛的台湾青年回信

中共中央总书记习近平2022年7月11日给参加海峡青年论坛的台湾青年回信，勉励两岸青年为实现中华民族伟大复兴中国梦携手打拼。

习近平在回信中说，得知你们因海峡青年论坛同大陆结缘，在大陆找到了实现梦想的舞台，亲历了祖国日新月异的发展变化，感受到了两岸同胞一家亲的热切感情，我很欣慰。

习近平强调，青年兴则国家兴，青年强则国家强。祖国和民族的前途寄托在青年人身上。我们将一如既往为两岸青年互学互鉴创造良好条件，为台湾青年在大陆学习、就业、创业、生活提供更多便利。希望你们多向台湾青年分享自己在大陆的经历和感悟，让更多台湾青年了解大陆，同大陆青年同心同行、携手打拼，锲而不舍、驰而不息，让青春在实现中华民族伟大复兴中国梦的伟大进程中绽放异彩。

海峡青年论坛创办于2003年，由中华全国青年联合会、台湾中华青年交流协会、中国国民党青工总会共同主办，是两岸青年交流的重要平台。第二十届海峡青年论坛于7月11日至12日在福建厦门举办，应邀参加本届论坛的50名台湾青年近期给习近平总书记写信，讲述了在祖国大陆学习、工作、生活的经历和感悟，表达了为民族复兴和祖国统一贡献力量的坚定决心。

（摘编：周忠志）

纪念福建省苏维埃政府成立90周年大会召开

2022年9月16日，纪念福建省苏维埃政府成立90周年大会在龙岩长汀举行。省委书记尹力出席大会并讲话，强调要以习近平新时代中国特色社会主义思想为指导，发扬伟大建党精神、苏区精神，传承红色基因、赓续红色血脉，不忘初心、牢记使命，以史为鉴、开创未来，坚定走好新的赶考之路，奋力谱写全面建设社会主义现代化国家福建篇章，以实际行动迎接党的二十大胜利召开。省委副书记、省长赵龙主持大会。省政协主席崔玉英出席。

尹力指出，90年前，福建省苏维埃政府在长汀成立，这是福建历史上第一个全省性的工农民主政权，开创了福建土地革命战争新局面。90年风雨兼程，90载砥砺前行，福建人民在党的领导下，浴血奋战、百折不挠，自力更生、发愤图强，解放思想、锐意进取，自信自强、守正创新，付出了艰辛努力，作出了巨大牺牲，取得了辉煌成就。尹力说，我们党对革命先烈先辈的敬仰缅怀始终如一，对老区苏区人民的关心关怀始终如一。习近平总书记在福建工作期间，经常深入老区苏区调查研究，关心支持老区苏区发展，倾力改善老区苏区民生。党的十八大以来，习近平总书记作出一系列重要指示，为我们弘扬革命传统、做好老区苏区工作指明了方向。我们要认真学习、深刻领会，永远铭记福建苏区的历史功绩，把党的光荣革命传统一代一代传承下去。

尹力强调，回顾福建省苏维埃政府成立90周年的光辉历程，无数先辈用鲜血和生命探索革命道路，创建、捍卫和发展红色政权，积累了宝贵经验，践行了伟大建党精神，铸就了苏区精神。我们要从福建苏区创建和发展的生动实践中汲取智慧和力量，把老一辈无产阶级革命家开创的伟大事业不断推向前进。要汲取坚定理想信念的力量，坚定拥护“两个确立”、坚决做到“两个维护”。始终牢记革命理想高于天，坚定对马克思主义的信仰，对社会主义、共产主义的信念，对实现中华民族伟大复兴的信心，发挥福建优势、深学细照笃行习近平新时代中国特色社会主义思想，不断提高政治判断力、政治领悟力、政治执行力。要汲取加强经济建设的力量，扎扎实实推动高质量发展。始终扭住发展第一要务不放松，立足新发展阶段，完整、准确、全面贯彻新发展理念，积极服务和融入新发展格局，统筹疫情防控和经济社会发展，统筹发展和安全。坚决扛起加快老区苏区发展的历史责任，巩固拓展脱贫攻坚成果，衔接推进乡村振兴，确保老区苏区在现代化进程中一个都不掉队。要汲取坚守为民初心的力量，着力提高人民生活水平。始终坚持以人民为中心，站稳人民立场、走好群众路线，增进民生福祉，着力解决好群众急难愁盼问题，努力在创造高品质生活上实现更大突破，使全省人民朝着共同富裕的目标扎实迈进。要汲取发扬优良作风的力量，巩固拓展良好政治生态。始终秉承苏区干部好作风，传承弘扬“四下基层”“四个万家”“马上就办、真抓实干”等优良传统，一以贯之推进党的建设和全面从严治党，让新风正气成为福建名片。

尹力要求，全省各级党委政府要加强组织领导，用好红色资源、讲好红色故事，进一步激发新福建建设的精神动力。要加强红色遗址遗迹遗物的保护开发，实现与文旅经济发展、乡村振兴等深度融合。要大力宣传红色历史，深化研究阐释苏区精神，让更多人了解苏区历史、感悟革命精神，在全社会营造传承弘扬苏区精神的良好氛围，形成社会各界参与老区苏区振兴发展的强大合力。

会上，中央党史和文献研究院学术和编审委员会主任王均伟，龙岩市委书记余红胜，烈士后代代表钟振华，苏区县代表、宁化县县长吴茂生在现场或线上作了发言。

省领导、驻闽部队领导出席。中央国家部委及央企有关负责人，老革命子女代表，省直有关部门主要负责人，各设区市和平潭综合实验区有关负责人等参加。

（摘编：周忠志）

2022年省委和省政府为民办实事项目

2022年2月15日福建日报刊载，今年1月11日—16日，省政府门户网站开通“2022年省委和省政府为民办实事项目征求意见”专栏，公开向社会和广大网友征求项目意见建议。此次征求意见，共有6015人次参与投票，提出意见建议1189条。经过认真研究吸收，确定2022年省委和省政府25件为民办实事项目如下：

一、新增公办幼儿园学位4万个，新增义务教育公办学校学位6万个，改造近视防控教室照明2万间。

二、首批630所学校体育场试点向社会开放，福州厦门60家公共文化场馆试点延时错时开放。

三、将人均基本公共卫生服务项目政府补助标准提高6.3%，将低保对象、特困人员和低保边缘家庭成员等困难群体高血压、糖尿病门诊指定用药报销比例提高到100%。

四、实施13周岁~14周岁半女性人乳头瘤病毒（HPV）疫苗免费接种项目试点。

五、投资12亿元建设2个全省重大疫情救治基地（2022年计划完成投资2.5亿元），在公共场所配置2000台自动体外除颤器，培训救护员20万人次。

六、抽调1000名中高级职称医师下基层服务。

七、建成200个普惠性托育园，新增15000个普惠性托位。

八、开展各类补贴性职业技能培训15万人次，新增培训高素质农民10万人次，对符合条件的在校生和大中专毕业生创业项目择优给予3万~10万元资助等。

九、提高城乡居民基本养老保险基础养老金标准。

十、新增70所农村区域性养老服务中心和300个长者食堂（助餐点）。

十一、将困难残疾人生活补贴标准提高7.6%，将生活困难的重度残疾人一级护理补贴标准提高3.5%、二级护理补贴标准提高7.6%，打造250个无障碍设施示范样板项目和10个无障碍示范区。

十二、新建20个智慧体育公园和30个游泳池，在全省各地开展全民健身赛事活动。

十三、治理“餐桌污染”、建设“食品放心工程”。

十四、新扩建生活垃圾分类屋（亭）1000座。

十五、常态化清理海漂垃圾，完善海上环卫建设，保障海湾水清滩净。

十六、新建改造修复城市和县城生活污水管网750公里，启动实施500个村庄农村生活污水提升治理。

十七、新增保障性租赁住房2万套，开工棚户区改造2.5万套以上，开工城镇老旧小区改造10万户，改造更新老旧燃气管道100公里。

十八、新建和改造提升福道500公里（包括城乡绿道、森林步道、登山步道、自行车道等）。

十九、整治和改善提升10个历史文化街区（传统街巷）、10个历史文化名镇、50个历史文化名村（传统村落）。

二十、建设100个应急避灾示范点、应急物资储备站、微型消防站、安全文化主题公园、安全宣教体验场所。

二十一、建设与改造农村公路1500公里，改造危桥150座，提升农村公路安保800公里，集中整治重点道路交通安全隐患391处。

二十二、建设农村规模化水厂60处，铺设管网1000公里。

二十三、开展水土流失综合治理75万亩，治理河长200公里。

二十四、完成150个以上老旧小区供配电设施升级改造，完成380万只以上智能电表安装，建成25个“零计划停电示范区”，新建改造3000个以上农村配电网台区，新建电动汽车公共充电桩2000个。

二十五、新建5G基站2万个。

（摘编：赵旭东）

2022 金砖国家友好城市暨地方政府合作论坛举行

2022 年 9 月 20 日，由中国人民对外友好协会、中国国际友好城市联合会和福建省人民政府共同主办的 2022 金砖国家友好城市暨地方政府合作论坛以视频方式举行，在北京设主会场，在福建省政府、厦门市设分会场。全国人大常委会副委员长沈跃跃，福建省省长赵龙，中国人民对外友好协会会长林松添出席开幕式并致辞。福建省委常委、常务副省长郭宁宁参加。

沈跃跃表示，今年 6 月金砖五国领导人举行第十四次会晤并共同发表《北京宣言》，为开启金砖合作新征程作出战略部署。金砖各国地方政府要更好发挥国际友城和地方合作的优势作用，推动全球安全倡议落地见效、全球发展倡议走深走实，做团结合作的伙伴，共同应对全球性风险挑战；做创新发展的伙伴，推动金砖合作可持续高质量发展；做包容互鉴的伙伴，夯实人民友好的社会和民意基础。

赵龙代表省委、省政府向出席论坛的嘉宾表示诚挚欢迎。他说，福建将深入贯彻落实习近平总书记在金砖国家领导人第十四次会晤上的重要讲话精神，秉承“开放、包容、合作、共赢”的金砖精神，与金砖各国各友好省州、友好城市一道，深化项目合作，完善机制保障，扩大伙伴网络，密切人文交流，携手构建更加全面、紧密、务实、包容的高质量伙伴关系。

林松添表示，论坛旨在落实金砖国家领导人会晤重要共识，已成为金砖国家友好城市和地方政府之间增进了解、深化合作、互学互鉴的重要平台。愿进一步发挥平台作用，深化各领域交流合作，促进金砖国家人民团结合作，更好构建金砖国家高质量伙伴关系，为推动构建人类命运共同体贡献民间力量。

俄罗斯国家杜马第一副主席梅利尼科夫、南非联合执政和传统事务部长恩科萨扎娜·德拉米尼-祖马、巴西州议会全国联盟主席利迪奥·洛佩斯等嘉宾视频致辞。有关国家驻华使节及 123 个地方政府和 8 个友好组织代表以线上线下方式与会。

本次论坛聚焦“团结合作、共同发展”主题，与会嘉宾围绕友城合作与绿色转型发展、开放创新与数字化发展、人文交流与民心相通、资源共享与联动发展等议题深入探讨、分享经验、共谋未来。各方一致认为，此次论坛契合了金砖各国及发展中国家地方政府的共同关切，对接了地方互利合作思路，愿不断深化战略对接，推进友城结好，促进共同发展。

随后，中国同新兴市场和发展中国家地方政府对话会召开，林松添、郭宁宁出席并致辞。

（摘编：郭虹）

第十四届海峡论坛大会深化融合发展

2022年7月13日第十四届海峡论坛大会在厦门举办，中共中央政治局常委、全国政协主席汪洋出席并致辞。全国政协副主席、台盟中央主席苏辉，十届全国人大常委会副委员长、中国关工委主任顾秀莲，刘结一、张志军等中央和国家部委领导，尹力、赵龙、崔玉英等省领导，新党主席吴成典、中国统一联盟党主席戚嘉林等来自台湾各界的嘉宾代表出席了论坛大会。

汪洋指出，海峡论坛是两岸民间交流合作的盛会，也是同胞之间互诉亲情、共话桑麻的平台。两天前，习近平总书记给参加海峡论坛的部分台湾青年回信，体现了对台湾青年的亲切关怀，也体现了对海峡论坛的高度重视。两岸青年要响应习近平总书记的号召，同心同行、携手打拼，团结更多台湾青年来大陆追梦、筑梦、圆梦，让青春在民族复兴的伟大进程中绽放异彩。

汪洋强调，两岸同胞是血浓于水的一家人。中共十八大以来，我们贯彻新时代党解决台湾问题的总体方略，坚持一个中国原则和“九二共识”，推动两岸关系和平发展，不断完善保障台湾同胞福祉和在大陆享受同等待遇的制度和政策，努力为台湾同胞特别是台湾青年来大陆学习、就业、创业、生活创造良好条件。正是有强大祖国做依靠，台湾同胞的民生福祉才会更好，发展空间才会更大。广大台胞要看清两岸关系发展大势，坚定站在历史正确的一边，坚决反对各种“台独”分裂行径，把幸福和梦想牢牢抓在自己手中。

省委书记尹力在致辞中表示，两岸一家亲，闽台亲上亲。我们要认真学习贯彻习近平总书记来闽考察重要讲话和给参加海峡青年论坛的台湾青年的回信精神，贯彻落实中央对台方针，发挥福建优势，敞开怀抱与广大台胞共享发展机遇，深入推进以通促融、以惠促融、以情促融，进一步加强经贸合作、增进同胞福祉、促进心灵契合，加快建设海峡两岸融合发展示范区，打造台胞台企登陆的第一家园，在探索海峡两岸融合发展新路上迈出更大步伐。

本届论坛继续以“扩大民间交流、深化融合发展”为主题，采取线上与线下、集中与分散相结合的方式开展各项交流活动，主会场设在厦门，福建省有关设区市和平潭综合实验区分别举办相关活动。

本届论坛共安排论坛大会和青年、基层、文化、经济交流四大版块43场活动，有关设区市同期举办12场活动。活动邀请台湾各界嘉宾约2000人，其中集中活动期间邀请台湾嘉宾约1000人。

论坛大会将采取线上线下结合举办。其中，在青年交流版块，举办海峡青年论坛、“单车天使”第一家园骑行之旅、两岸青年创新创业论坛等11场活动；在基层交流版块，举办海峡百姓论坛、两岸社区服务恳谈会、两岸基层治理论坛等11场活动；在文化交流版块，举办“福临浯洲”两岸福文化交流活动、两岸金点子创意大赛、海峡影视季等10场活动；在经济交流版块，举办海峡金融论坛·台企发展峰会、两岸特色乡镇交流对接暨乡村融合发展论坛、海峡两岸工商合作论坛等11场活动。

此外，今年10月至11月，还将举办纪念两岸开启交流35周年系列活动，包括“35年心路”两岸交流纪事、“跨越海峡来乡建”研讨会、两岸特色庙会等13场活动。

（摘编：苏建平）

福建革命军事馆2025年将全面建成开馆运行

2022年8月3日福建日报报道，我省高度重视福建革命军事馆筹建工作，按照军事馆建设总体方案，2025年将全面建成开馆运行。近日，福建革命军事馆文物捐赠仪式在福州三坊七巷新四军驻福州办事处旧址举行。仪式上，邀请文物捐赠代表介绍文物基本情况，并为捐赠文物个人颁发证书。

此次捐赠仪式，福建革命军事馆共接收革命文物73件，包括土地革命时期收缴地主的茶壶、抗美援朝时期朝鲜民众赠予志愿军的盘子、全军十大英模陶瓷挂像等。军事馆征集布展小组负责同志表示，对于社会各界捐赠的革命文物，将严格按照《文物保护法》要求，从严抓好文物的登记、维护、修缮、管理和研究，并把文物承载的红色故事挖掘好、展示好。

福建革命军事馆建成后，将面向社会免费开放，列入“国家国防教育示范基地”“全国爱国主义教育示范基地”，成为军地开展各类教育的“大课堂”、追溯部队光辉历程的“大家谱”、巩固军民鱼水深情的“大平台”、展示福建红色文化的“新窗口”和福建红色旅游的“打卡地”。同时，福建革命军事馆还将长期面向社会公众征集革命军事文物。

（摘编：林学军）

福建省宪法宣传教育馆开馆

2022年是我国现行宪法公布施行四十周年。12月8日，2022年“宪法宣传周”主题活动暨福建省宪法宣传教育馆开馆仪式在福州举办。省委副书记、政法委书记、省委依法治省办主任罗东川出席并致辞，省人大常委会党组书记、副主任梁建勇，省政协副主席洪捷序，省法院院长金银墙，省检察院检察长霍敏出席，省直、福州市相关部门负责同志参加。

本次活动以“学习宣传贯彻党的二十大精神，推动全面贯彻实施宪法”为主题，由省委依法治省办、省司法厅主办，省、市、区相关单位现场设置普法展台。

活动现场，全国法治教育宣传基地——福建省宪法宣传教育馆揭牌启用，“网上宪法馆”同步上线运行。该馆专门设置了习近平法治思想展厅，主要介绍习近平法治思想的核心内容、习近平法治思想在福建的孕育与实践及习近平同志在福建的法治故事，并设置了宪法光耀八闽展厅。

（摘编：赵旭东）

努力建设更高水平的法治福建

2022年4月6日福建日报报道，日前，省委书记、省委全面依法治省委员会主任尹力主持召开十一届省委全面依法治省委员会第一次会议，深入学习贯彻习近平法治思想，认真贯彻落实习近平总书记来闽考察重要讲话精神和党中央决策部署，深入实施全面依法治省战略，扎实推进法治建设重点工作，努力建设更高水平的法治福建。省长、省委全面依法治省委员会副主任赵龙出席。

会议充分肯定过去一年法治福建建设取得的成效。会议指出，习近平法治思想是我们深入推进全面依法治省的根本遵循和行动指南。今年是党的二十大召开之年，做好全面依法治省工作意义重大。要学深悟透习近平法治思想，深刻理解把握丰富内涵、精神实质和实践要求，严格对标对表、细化目标举措、强化责任担当，精准施策、靶向发力，全面推进科学立法、严格执法、公正司法、全民守法，让公民遵纪守法和社会法治良序成为福建发展的重要竞争力。

会议强调，要扎实推动地方立法高质量发展，以良法促发展促善治。把党的领导贯穿到立法工作的全过程各方面，把统筹疫情防控和经济社会发展急需的立法项目摆在突出位置，积极发展全过程人民民主，突出地方立法特色，增强立法的针对性、适用性、可操作性，提高立法质效。要扎实推动法治政府建设，持续提升政务服务法治化水平。压实主体责任，聚焦重点任务，紧抓“关键少数”，把政府活动全面纳入法治轨道，积极打造法治化营商环境示范区，加快建设职能科学、权责法定、执法严明、公开公正、智能高效、廉洁诚信、人民满意的法治政府。要扎实推动法治社会建设，引导带动全社会进一步增强法治观念。健全完善社会领域制度规范，深入推进海丝中央法务区建设，加强社会主体合法权益保护，加快打造诚信福建，健全党组织领导下的法治、德治、自治相结合的城乡基层治理体系。要扎实推动法治文化建设，加大法治强省宣传力度。突出抓好宪法宣传教育，大力弘扬社会主义法治精神，全面开展“八五”普法工作，深入开展法治进基层活动，推动法治文化与八闽优秀文化有机融合发展，促进人人参与法治建设、人人信仰法治权威、人人共享法治成果。

会议要求，各级党委（党组）要切实承担起法治建设领导责任，统一领导、统一部署、统筹协调，确保各项任务落地落实。要加强立法、执法、司法队伍建设，强化跨部门、跨领域、跨学科人才联合培养，共同构建具有福建特色的法治人才培养体系，培养造就一批理想信念坚定、家国情怀强烈、法学根底扎实的法治人才。各级领导干部带头强化法治意识，不断提高运用法治思维和法治方式深化改革、推动发展、化解矛盾、维护稳定、应对风险的能力水平，为党的二十大胜利召开创造安全稳定的政治社会环境。

会议审议了《中共福建省委全面依法治省委员会2022年工作要点》《福建省法治政府建设实施方案（2021—2025年）》《福建省法治社会建设实施方案（2021—2025年）》《关于推进法治强省宣传工作的方案》《关于加强社会主义法治文化建设的实施方案》《福建省新时代法治人才培养实施方案（2021—2025年）》，研究了今年立法计划工作，听取了省委全面依法治省委员会及其各协调小组和办公室2021年工作总结报告。

（摘编：赵旭东）

第五届数字中国建设峰会数据法治分论坛举行

2022 年 7 月 23 日下午，第五届数字中国建设峰会数据法治分论坛在福州举行。中央网信办、国家网信办副主任盛荣华，副省长黄海昆出席并致辞。

本次分论坛主题为“数据法治助推数字化发展”，由国家互联网信息办公室主办。来自国内知名高校、研究机构的专家学者及互联网企业、行业协会代表围绕“数字时代法律体系”“数据法治保障数字化发展安全”“数据法治助推数字经济、数字社会、数字政府、数字生态建设”等议题作主旨发言，并围绕“企业合规发展”议题展开圆桌对话。

与会嘉宾表示，推进数据法治建设，是营造良好数字生态的迫切需要，也是高质量建设数字中国的必然要求。建议要加快推进数据法治体系建设，进一步加大数据领域执法、普法力度，深化数据法治国际合作交流，充分发挥数据法治固根本、稳预期、利长远的作用，为建设数字中国保驾护航。福建作为“数字中国”的重要孕育地，要将数据法治建设作为“数字福建”建设的重要内容，积极探索创新，着力推进数据领域法治建设，为完善我国数据法治体系贡献更多“福建智慧”。

（摘编：郭虹）

福建省首个涉海洋公益诉讼检察研究基地揭牌

2022 年 3 月 9 日，平潭综合实验区人民检察院与自然资源部海岛研究中心共建涉海洋公益诉讼检察研究基地揭牌。

这是我省首个由检察机关与中央部委直属科研机构共同发起的公益诉讼理论研究基地，双方将以“资源共享、优势互补、共同发展、互利共赢”为原则，以推动海洋生态环境检察保护和涉海洋公益诉讼理论创新研究为目标，建立起更加长期、全面、深度的实质性合作关系，为实验区海洋生态环境保护贡献更多的检察力量、科研力量。

检察公益诉讼是检察机关实施法律监督的重要职能，对于促进依法行政、严格执法，维护国家和社会公共利益，具有十分重要的法治和现实意义。共建涉海洋公益诉讼检察研究基地是检察机关与科研机构加强协作配合、共筑载体平台的积极探索，也是进一步加强公益诉讼检察理论研究，构建新时代检察理论研究新体系、新格局的重要实践。

（摘编：彭金龙）

第五届数字中国建设峰会数字政法分论坛举行

2022 年 7 月 24 日，以“数字赋能共治共享　创新驱动政法发展”为主题的第五届数字中国建设峰会数字政法分论坛在福州举行。第十二届全国政协副主席王钦敏，省委副书记、政法委书记罗东川，中国工程院院士、第八届中国科协副主席邓中翰，省政协副主席薛卫民，省法院院长金银墙、省检察院检察长霍敏出席。

王钦敏围绕新时代数字政法和法治政府建设主题作了主旨演讲。他指出，党的十八大以来，党中央对全面依法治国作出一系列重大决策部署，在各方面共同努力下，法治中国建设取得了显著成效，为全面建设社会主义现代化国家提供有力法治保障。当前新兴技术飞速发展，对法治中国建设产生深远影响。要深入学习贯彻习近平法治思想，坚持以人民为中心，把信息化作为政法工作现代化的必由之路，积极推动大数据、人工智能、区块链同政法工作的深度融合，扎实推进新时代数字政法各项任务，推动法治中国和数字政法建设再上新台阶。

罗东川在致辞中说，省委、省政府高度重视数字政法建设，将其作为数字福建建设重要内容，一体谋划推进。推进数字政法建设，要坚持正确政治方向，牢记嘱托、传承发展，坚持高起点规划、大融合建设、安全性发展；要释放数字要素活力，坚持以数据为核心、以实战为导向、以应用为驱动；要注重融合共建共享，推动部门业务协同化、社会治理精准化、政务服务高效化。要加强论坛成果转化运用，把数字政法论坛打造成政法战线创新创造的常态化展示平台，以实际行动迎接党的二十大胜利召开。

邓中翰作题为“国家标准和自主可控芯片保证数字政法安全可靠”的主旨演讲，介绍了我国芯片产业、技术发展及如何为数字政法建设提供安全保障。金银墙在致辞中说，要更加积极融入数字化、网络化、智能化发展，以科技创新带动智慧法院建设实现新提升。霍敏在致辞中说，要牢固树立科技强检理念，以智慧办案、管理、服务、支撑为目标，全力推进智慧检务建设。

论坛由省政府主办，省委政法委、省检察院和省大数据集团承办。来自最高法院、最高人民检察院、公安部和省直部门、兄弟省市政法单位负责同志、企业代表等，从不同角度作了主题报告。论坛还解读了人民法院在线运行规则，对我省政法跨部门大数据办案平台进行发布推介。设区市政法部门负责人参加论坛。

（摘编：赵旭东）

第二届海丝中央法务区论坛
奋力推进新时代法治强省建设

2022年9月7日至8日，第二届海丝中央法务区论坛在厦门举行。省委副书记、政法委书记罗东川主持开幕式、主论坛并为法务区入驻项目揭牌，调研推进法务区建设。最高法、最高检、中国贸促会有关负责同志和国内外专家学者出席论坛相关活动。

主论坛上，全国政协常委、民建中央副主席、上海市政协副主席周汉民，中国法学会国际经济法学研究会会长沈四宝，中国法学会副会长黄进，北京大学法学院教授赵宏，国际商事争端预防与解决组织秘书长刘超，最高人民法院研究室主任段农根和民四庭法官李伟等7位嘉宾，围绕“打造更高水平海丝中央法务区，奋力推进新时代法治强省建设”主题，从不同角度作了主旨演讲。

论坛提出，第二届海丝中央法务区论坛在第二十二届中国国际投资贸易洽谈会期间举办，也是一次法治建设和法务产业发展的“投洽会”，与会嘉宾的真知灼见、良谋善策，必将有力推动海丝中央法务区务实发展、行稳致远。我们将认真贯彻落实党中央决策部署和省委工作要求，在各界大力支持和共同努力下，致力将海丝中央法务区打造成为高端法务资源汇聚之区、国际商事海事争端处理优选之区、知识产权保护首善之区、数字政法创新之区，不断扩大其知名度、影响力，更好服务促进法治强省建设、深度融入共建“一带一路”。

本届论坛组织了3场分论坛，分别以海丝中央法务区与涉外商事海事争端预防和解决机制创新、海丝中央法务区与市场化法治化国际化营商环境建设、法务区的发展与展望为主题，邀请专家学者、法务工作者、科技企业代表建言献策。

论坛期间，海丝中央法务区国际法务运营平台、国际商事争端预防与解决组织（厦门）代表处和厦门国际商事法庭、厦门涉外海事法庭、海丝中央法务区公共法律服务中心、福建省高级人民法院海丝中央法务区巡回审判点、福建律师学院正式揭牌。论坛还发布了海丝中央法务区建设十大成果，进行项目集中签约等活动。

（摘编：周忠志）

福建省政法跨部门大数据办案平台开通上线

2022年6月29日福建省政法跨部门大数据办案平台正式开通上线。省委副书记、政法委书记罗东川，最高检党组第四巡视组组长崔智友，省法院院长金银墙、省检察院检察长霍敏，省直有关部门负责同志和省人大代表、政协委员出席开通仪式并观摩平台运行情况演示。

罗东川对平台上线开通表示祝贺，向为平台建设付出辛勤努力的同志们表示感谢。他指出，平台正式开通，标志着我省数字政法建设迈出了重要一步。要加强党的领导，提高站位、乘势而上，以“不进则退、慢进也是退”的紧迫感，聚焦重点难点、攻坚堵点痛点，全力推进平台优化完善，为平安福建、法治福建建设提供强大科技支撑，为政法智能化建设贡献更多“福建智慧”。要科学统筹再推进，不断总结试点成效，加快补齐短板弱项，形成更多走在前列、更有福建辨识度、更富成效的数字政法建设成果。要赋能攻坚再深化，突出实战导向、精准靶向施策，由上至下推进政法各部门系统资源和业务流程的对接贯通。要坚持以人民为中心，立足广大群众和法律工作者实际需求，不断优化系统配置和功能应用，实现便捷易用、减负增效、智能支撑的建设目标。要常态长效再提升，突出协同优化、注重聚智聚力，建立安全高效可控的网络安全和运维管理体系，健全定期会商、重点攻坚等保障平台高效运行的制度机制，促进平台科学应用、良性发展、行稳致远，更好满足发展所需、基层所盼。

福建省政法跨部门大数据办案平台依托数字福建建设优势，通过构建中心平台、监管平台和子平台，打通政法各部门现有办案系统的信息传输通道，实现跨部门数据共享交换、业务协同办理、办案流程再造，有效提升执法司法质量、效率和公信力。从6月30日起，平台在全省试运行。

（摘编：郭虹）

福建省公布首批法治政府建设示范地区和项目

2022年4月21日，省政府新闻办举行“深入学习贯彻习近平法治思想，着力打造法治强省”新闻发布会，通报我省打造法治强省相关进展情况，介绍《福建省法治社会建设实施方案（2021—2025年）》《关于加强社会主义法治文化建设的实施方案》《关于推进法治强省宣传工作的方案》和《福建省法治政府建设实施方案（2021—2025年）》的出台背景、主要内容等，公布第一批全省法治政府建设示范地区和项目。

省委依法治省办相关负责同志介绍，省委、省政府高度重视法治建设，认真学习贯彻习近平法治思想，坚持将法治建设与经济社会发展同步谋划、同步部署、同步推进。2021年，全省各地区各部门统筹推进法治福建、法治政府、法治社会建设，全面依法治省各项工作迈上新台阶。比如，政府依法履职能力进一步强化，政务服务事项全程网办比例达80.4%，“一趟不用跑”比例达90.3%。守法普法工作进一步加强，出台并实施“八五”普法规划，全省排查化解社会矛盾纠纷20.2万件，公共法律服务热线评价满意率达99.7%。

《福建省法治社会建设实施方案（2021—2025年）》由7个部分组成，提出29项具体措施，逐项明确责任单位。比如在创造安全稳定的社会环境方面，《实施方案》提出，要推进扫黑除恶斗争常态化，深入推进“雪亮工程”建设，对涉海、涉砂、涉林等重点问题以及交通运输、教育、医疗等重点行业持续开展综合治理，深入打击整治电信网络诈骗、侵犯公民个人信息、侵害未成年人和“盗抢骗”“黄赌毒”“食药环”等违法犯罪等措施，建设更高水平的平安福建。《福建省法治政府建设实施方案（2021—2025年）》共10个部分，对82项重点任务和保障措施进行细化分解。方案既确定了“十四五”时期我省法治政府建设的总体目标，又从实际出发确定了若干个阶段目标。如，结合全省法治政府建设示范创建活动，提出到2022年各级政府依法行政能力显著提升，形成一批市县法治政府建设典型示范的阶段性子目标等。

为树立新时代全省法治政府建设的先进标杆，省委依法治省办在全省组织开展了法治政府建设示范创建活动。根据创建结果，第一批示范地区为4个市、县：福州市、泉州市晋江市、龙岩市武平县、泉州市石狮市；第一批示范项目共7个：三明市法治引领医药卫生体制改革项目、南平市生态法治制度创新与实践项目、漳州市创新110警务机制改革项目、三明市打造水生态环境治理新样本项目、厦门市“小快灵”立法破解共享单车治理难题项目、泉州市德化县优化行政审批服务项目、三明市明溪县法治保障生态文明建设项目。

（摘编：李哲）

全省教育系统重点工作推进会召开

2022 年 5 月 27 日，全省教育系统重点工作推进会在榕召开，省委常委、宣传部部长张彦，副省长李德金出席并讲话。

会议强调，要深入学习贯彻习近平总书记关于教育的重要论述和党中央决策部署，按照省委工作要求，统筹发展与安全，统筹疫情防控和教育高质量发展，扎实推进教育系统各项重点工作。要突出主题主线，坚持用习近平新时代中国特色社会主义思想铸魂育人，有序推动建立中小学校党组织领导的校长负责制，强化关键领域、重要节点阵地管理和精准防控，完善常态化疫情防控措施，多策并举做好高校毕业生就业工作，因地制宜、分类开展研学实践教育，整合各方资源推动学校心理健康教育，打好教育系统风险防范化解整体仗主动仗。要强化组织领导，完善工作机制，强化部门协同，提升治理能力，压紧责任链条，加强宣传引导，深入开展思想政治工作，确保教育系统各项重点工作落细落实。

会议要求，要认真贯彻落实党中央、国务院和省委、省政府的部署要求，全力以赴做好当前教育系统各项重点工作。要抓考试安全，严密组织高考中考等各类考试，做到“应考尽考、一个不落”，确保各类考试安全有序、万无一失。要抓就业服务，落实“一把手”工程，多渠道挖掘就业岗位，多形式优化就业服务。要抓校园安全，加快排查整治校舍安全隐患，加强暑期防溺水、交通安全等教育，防范各类风险，确保校园安全稳定。要抓疫情防控，提前部署暑期教育系统疫情防控工作，做好高中风险地区高校返闽学生服务保障，确保师生安全健康。要抓“双减”落实，不折不扣推进教育为民办实事项目，落实好“十四五”教育发展规划重点项目，加快补齐教育短板，促进教育高质量发展。

（摘编：游学荣）

福建两高校进入新一轮“双一流”名单

经国务院批准，第二轮“双一流”建设高校及建设学科名单2022年2月14日正式公布。我省入选一流建设的高校仍然是厦门大学和福州大学两所。其中，厦门大学新增1个一流学科“教育学”，入选一流学科的数量从5个增加到6个。

我省两所高校多个学科上榜。具体为厦门大学：教育学、化学、海洋科学、生物学、生态学、统计学；福州大学：化学。

此次公布的名单当中共有建设高校147所。建设学科中数学、物理、化学、生物学等基础学科布局59个、工程类学科180个、哲学社会科学学科92个。北京大学、清华大学自主建设的学科自行公布。

根据教育部、财政部、国家发展改革委印发的《关于深入推进世界一流大学和一流学科建设的若干意见》，第二轮建设名单不再区分一流大学建设高校和一流学科建设高校，将探索建立分类发展、分类支持、分类评价建设体系作为重点之一，引导建设高校切实把精力和重心聚焦到有关领域、方向的创新与实质突破上，创造真正意义上的世界一流。

（摘编：游学荣）

2022 年全省高校领导干部办学治校能力专题研讨班举办

2022 年 8 月 4 日到 5 日，2022 年全省高校领导干部办学治校能力专题研讨班在榕举办。省委常委、宣传部部长张彦，副省长李德金分别作主题报告。

会上强调，要深入学习贯彻习近平总书记关于高校党建和思想政治工作重要论述和在省部级主要领导干部专题研讨班上的重要讲话精神，忠诚拥护“两个确立”、坚决做到“两个维护”，以高水平党建和思想政治工作为高等教育高质量发展提供坚实政治保障。要准确把握新时代新形势新任务，充分发挥福建独特优势，坚持用习近平新时代中国特色社会主义思想铸魂育人，坚持和加强党的全面领导，全面提升高校党建水平，为高等教育高质量发展营造良好政治生态。要坚持党管人才，健全完善体制机制，注重引育并举，不断优化人才成长环境，为新发展阶段新福建建设培育、蓄积更多优秀人才。要强化政治意识，有效防范化解各类风险隐患，全力维护校园安全稳定，以实际行动迎接党的二十大胜利召开。

会上提出，要深入贯彻落实习近平总书记关于高等教育的重要讲话重要指示精神，坚持党的领导，坚持社会主义办学方向，坚持以人民为中心的发展思想，准确把握高等教育的历史方位和责任使命，进一步增强思想自觉、政治自觉、理论自觉、行动自觉，培养更多新时代高素质人才。要把立德树人作为根本任务，把学科建设作为发展根基，把深化改革作为强大动力，结合福建实际，坚持问题导向，强化要素保障，深化融合交流，不断提升我省高等教育竞争力和综合实力，为全方位推进高质量发展超越提供有力支持。

本次研讨班邀请国内知名教育专家授课，全省九市一区分管教育工作的领导、教育部门负责人、全省高校主要负责人共 240 余人参加。

（摘编：苏建平）

福建省组建高校学科联盟

2022年7月5日福建省教育厅消息，福建省高校学科联盟成立大会近日在福州举行。11个学科联盟在会上获得授牌。

这11个学科联盟，包括数学、物理学、化学、生物学（育种）、基础医学、马克思主义理论、中国语言文学等7个高校基础学科联盟和数字经济、海洋经济、绿色经济、文旅经济等4个高校应用学科联盟，分别由厦门大学、福州大学、福建师范大学、福建农林大学、福建医科大学牵头组建。

此举得到国家“双一流”高校、学科评议组、专业教指委专家们的高度评价。专家们认为，真正实现高水平学科的协同构建，打造出学科高地，助力做大做强做优“四大经济”，福建重点要在建立长效机制、实现联盟建设可持续发展上做到“联”“实”“新”。

我省组建高校学科联盟，进一步打破校际壁垒，强化高校间人才、教学、科研等要素的优势互补、资源共享，被专家们赞为“开创了省级合作建设学科联盟的先河”。

在学科联盟成立后，将迅速扩至联盟内几十个院校及企业。联盟成员“组队”挖掘福建在区位、资金、政策、人才、机构、机制等方面的优势，联合开展数字经济“双一流”学科和学科群建设，培育数据科学与大数据技术、人工智能、社会计算、遥感科学与技术等新兴交叉学科专业，并探索高校间合建人工智能工程、数据技术与工程、机器人等复合型专业。

福建学科联盟建设的重点任务之一是探索拔尖创新人才联合培养新机制。几所牵头高校主要领导均表示，今年内就将建立联盟内教师互聘、互用、互育制度，推进产教融合的研究生培养模式，开展研究生联合培养等工作。

厦门大学副校长周大旺说，高校学科联盟的成立对于推动我省高等教育高质量发展具有重要意义。厦门大学作为数学学科、物理学学科、海洋经济学科联盟牵头高校，将全力支持联盟发展，协同打造学科高地，加快产出有影响、可示范的标志性成果，把服务福建、贡献福建融入世界一流大学建设中，努力为福建全方位推进高质量发展超越贡献新的更高水平的厦大力量。

福建医科大学校长林旭透露，基础医学学科联盟将组建跨院校、跨一级学科的“肿瘤微生物学”虚拟教研室与“基础医学 + X”虚拟教研室，在新医科模式下开展跨学科人才培养与科学研究，实行基于导师制与学分制的本硕博连贯式基础学科拔尖人才培养模式。

福建师范大学党委书记潘玉腾介绍说，马克思主义理论学科联盟将依托全国重点马克思主义学院，充分发挥联盟单位的学科传统优势、地缘优势和人才优势，协同深化习近平新时代中国特色社会主义思想在福建的孕育和实践研究、习近平生态文明思想理论与实践研究、华人华侨与“一带一路”建设等特色研究方向，着力构建具有福建鲜明特色的“红、绿、蓝”研究体系，共同打造马克思主义理论教育教学、研究宣传和人才培养的坚强阵地。

有组织地推进学科建设，组建高校学科联盟，既是构建学科发展共同体、提升学科建设水平的新模式，更是加快培养急需紧缺人才、组团式服务经济社会发展的重要举措。省教育厅指出，要在机制运行上做到‘联’，在任务建设上做到‘实’，在推进措施上做到‘新’，深入探索长效运行机制，实现联盟可持续发展，为全方位推进高质量发展超越提供有力支撑。

（摘编：杨立群）

福建省集成电路产教融合创新发展联盟成立

2022年7月16日，福建省集成电路产教融合创新发展联盟成立大会暨“产教融合·创新发展”论坛在厦门大学举行。

会上，福建省集成电路产教融合创新发展联盟正式启动，联盟为理事长、副理事长颁发了荣誉牌。该联盟由厦门大学发起，已发动福建省10余家高校、50余家企业、10余家研究机构及行业协会，共约100家单位组成。联盟的成立，既是厦门大学服务国家战略和区域发展的有力举措，更标志着我省在集成电路人才链与创新链、产业链的有效衔接和协同发展上迈出新步伐。

今后，联盟将瞄准集成电路关键核心技术，特别是“卡脖子”问题，充分发挥协同作用，强化重大科技攻关，组建产学研联合体和新型研发机构，推动知识产权共享、通用基础设施共建共享，强化关键工艺环节与核心技术联合攻关。同时，联盟也将加快产业需求、人才培养融合进程，释放高校和科研院所科学研究、技术创新潜力，构建支撑集成电路产业重大需求的技术人才和创新创业人才培养体系，力争成为福建省集成电路人才培养和关键核心技术攻关的加速器。

2019年5月，厦门大学与清华大学、北京大学、复旦大学成为首批获准建设国家集成电路产教融合创新平台的四所高校。厦门大学国家集成电路产教融合创新平台是迄今为止我省唯一的国家级产教融合创新平台。经过3年的建设发展，已建成集产业人才培养、科学研究、学科建设于一体的区域共享型国家级创新平台。

（摘编：吴强）

福建省首个纪检监察学院揭牌

2022年12月17日，我省首个纪检监察学院在福建师范大学旗山校区揭牌。

今年9月，国务院学位委员会、教育部发布研究生教育学科专业目录（2022年），纪检监察学进入新版目录，成为法学门类下的一级学科。

福建师范大学纪检监察学院将坚持高起点定位、高标准推进、高质量发展，紧紧抓住新时代党和国家建设纪检监察学一级学科的战略机遇，聚焦党和国家廉政建设重大问题，组建一支50人左右的功底扎实、结构合理、勇于创新的教师队伍，探索构建纪检监察学本科、硕士、博士贯通式人才培养体系，加快推进纪检监察学科建设。

（摘编：林学军）

福州大学晋江校区正式获批

2022年8月13日福建省教育厅消息，福州大学晋江校区日前已正式获省教育厅批复。这意味着，从2015年开始通过校地合作模式共建的福州大学晋江科教园正式升格为福州大学晋江校区。

福州大学晋江科教园的设立，集合了福州大学‘双一流’的学科优势、晋江的产业集群优势，属于强强联合，是校地双赢的一次合作，是传承弘扬‘晋江经验’的一次新的实践。

福州大学与晋江市人民政府2015年11月签约共建福州大学晋江科教园。园区总占地面积1380亩，按“两院两园”布局：“两院”即福州大学先进制造学院、福州大学海洋学院，均为全日制教育；“两园”即福州大学国家大学科技园晋江分园、福州大学大学生创业教育园。2018年4月，首批研究生入驻。2019年开始本科专业招生，目前在校生人数有1500人。

围绕晋江产业经济转型升级的需求，实行‘菜单式’服务。2019年6月，福州大学面向先进制造产业和晋江经济社会发展需求，整合8个工程领域专业硕士学位点，在该科教园成立先进制造学院。学院设置电子与通信工程、集成电路工程、机械工程、材料工程、土木工程材料、环境工程、生物工程、物流工程等8个研究生专业方向，以产业创新技术工程项目为支撑，培养交叉融合型、创新融通型高层次“新工科”人才。此外，学院在电气工程及自动化、电子信息工程、水利水电工程、机械设计制造及其自动化、生物技术、物流管理等6个专业招收闽台高校联合培养人才项目全日制本科生。

福州大学晋江科教园不仅是福州大学办学实体的延伸，也是科教、产教融合的试验田。福州大学—晋江微电子研究院，主要面向国家产业布局和创新发展需求，完善政学企协同创新模式，服务区域经济建设与发展，为晋江集成电路产业发展提供了强有力的人才支撑和智力支持。

福州大学晋江科教园不仅立足晋江经济社会发展特点，持续深化校地合作，在协同创新方面，通过与政府机构、企业、行业共建实验室、研发中心等形式开展多层次合作。

在育人模式系统化综合改革中，福州大学晋江科教园引入当地优秀企业家及行业、龙头企业优秀人才多方位参与人才培养过程，推进面向行业、企业的教育教学供给侧改革，通过共享实验室资源、共建实习实践基地、共育师资队伍、共促科技攻关等措施，实现高校与企业、人才培养与创新创业的无缝对接。

福州大学晋江科教园与七匹狼、蓝光节能科技、卓睿科技等公司共建联合实验室并落地国家大学科技园晋江分园；与恒安、劲霸、华宇、晋江气电、晋江机场等单位共建实习实训基地，先后组织福大相关专业6批次共计500多名学生前往实习实训；与恒安、七匹狼等公司共建产业嵌入课程；开展非学历教育培训，截至目前已举办3期，350余人次参加，其中包括承办了2021年人社部“数字经济应用”高级研修班在内的多次教育培训。

该科教园建设以来，产学研对接持续推进，累计合作企业91家，意向合作企业153家，已立项项目130余项，总投资约2.7亿元。

目前，福州大学晋江科教园二期建设已经进入前期筹备建设阶段。今年9月，福州大学晋江校区的在校生人数预计将超过3000人。

（摘编：游学荣）

福建医科大学妇儿临床医学院正式揭牌

2022 年 2 月 27 日，福建医科大学妇儿临床医学院在福建省妇幼保健院正式揭牌。

临床医学院是学校临床教学、科研的主体单位，承担学科学位点、专业、课程建设任务，并落实教学、科研和学生管理等工作。

省妇幼保健院将依托福建医科大学，在疑难危重症诊疗、临床研究、人才培养、医院服务等方面，缩小与国内高水平医院的差距，培育医学教育与科研新高地，着力推进医、教、研、管全方位高质量发展，有力提升我省妇儿健康医疗、预防、保健队伍的整体素质，为全省 2445 万名妇女儿童提供更加优质的妇儿健康服务。

（摘编：游学荣）

首批省级现代产业学院建设项目确定

2022 年 7 月 4 日福建省教育厅消息，近日，省教育厅和省工信厅公布了首批省级现代产业学院建设项目名单，立项建设省级现代产业学院 21 个。

这些学院涉及省内 18 所高校，包括福州大学紫金矿业学院、石油化工学院，福建师范大学智慧文旅产业学院，福建农林大学安溪茶学院，集美大学罗普特人工智能学院，福建工程学院工程数字化管理产业学院，厦门理工学院软件与服务现代产业学院，福建江夏学院数字经济产业学院，福建技术师范学院元洪食品产业学院，泉州师范学院绿色化工新材料产业学院，莆田学院高端装备与智能制造现代产业学院，闽江学院人工智能产业学院，三明学院中兴通讯 ICT 学院、闽光学院，龙岩学院专用机械装备学院，武夷学院圣农食品学院、武夷茶学院，宁德师范学院正大产业学院，闽南理工学院智能制造产业学院，泉州信息工程学院智能制造现代产业学院，以及阳光学院智能信息技术现代产业学院。

现代产业学院建设期两年。建设期满，将由省教育厅和省工信厅组织进行验收，通过则确定为省级现代产业学院。对特色明显、成效突出、示范带动性强的现代产业学院，相关部门将宣传推广其经验做法；对工作进展慢、成效不佳的现代产业学院，责成限期整改，整改后仍未改善的取消其称号。

（摘编：苏建平）

福建发布2022年高招工作新政策

福建省高等学校招生委员会、省教育厅2022年5月23日发布《关于做好2022年福建省普通高校招生工作的通知》（以下简称《通知》）以及《2022年福建省普通高等学校招生工作实施细则》（以下简称《细则》）。

今年我省普通高校招生工作总体上与去年一致。有一点需提醒考生，如果今年报考专项计划被录取了，却放弃入学资格或退学，则以后不能再报考专项计划。

《通知》要求，各地各校要将高考组考防疫列入当地应对新冠肺炎疫情联防联控机制工作重点；要加强考前疫情形势的分析研判，针对可能出现的确诊、密接、次密接、发热或仍在集中隔离点、封控区、管控区等特殊群体考生，按照“一考区一策”“一考生一策”原则，分级分类周密制定组考防疫方案，完善突发疫情应急预案，做到“应考尽考、一个不落”；要强化考点考场等场所防疫举措，加密全员核酸检测频次，精准摸排考生和考试工作人员身体健康情况，深入细致做好考试招生场所消毒、防疫物资与场地配备等各环节工作；要加强操作培训，确保考前、考中和考后各项措施落实到位，坚决守住不因组织考试引发疫情传播的底线。

根据《细则》，今年全国统考和普通高中学业水平选择性考试于6月7日至9日举行。考生须于6月3日—6日（上午8：00—12：00，下午3：00—6：00）持本人有效居民身份证（若有效居民身份证丢失的，应持由当地派出所出具的身份证明，下同）到当地教育招生考试机构指定的地点，签领本人准考证（须加盖县级教育招生考试机构公章），并提交《2022年福建省普通高校招生全国统一考试考生诚信考试承诺书》（须考生本人签名）、《考生须知》（须考生本人及家长签名）和《福建省教育考试考生健康申明卡及安全考试承诺书》，接受“福建健康码”核验。

6月6日前，考点合理安排考生错峰、有序熟悉考场，接受考风考纪和诚信考试教育以及疫情个人防护知识培训，并参加外语听力试听。外语听力测试安排在外语笔试考试开始前进行。

在深化高校考试招生改革方面，《通知》强调，各地要主动与相关高校对接，帮助学生进行针对性复习和备考，巩固提升我省“强基计划”招生录取的成效。继续实施重点高校面向农村和脱贫地区专项计划。从2023年招生起，往年被专项计划录取后放弃入学资格或退学的考生，不再具有专项计划报考资格。

在加强招生录取规范管理方面，《通知》要求，各地各校要进一步强化招生信息公开和监管机制，严格落实招生信息“十公开”和多级公示制度。要加强考试招生信息安全管理和招生信息化服务平台的监测和运行维护，做好数据校验和备份，加强人防、物防、技防，及时堵塞管理和技术安全漏洞。高校要规范招生宣传，招生广告或者宣传严谨、规范，不得采取贬损、夸张、低俗以及其他不适当的语言或者方式开展招生宣传，不得以新生高额奖学金、违规承诺录取等方式争抢生源。要严格组织新生入学资格复查，确保招生录取公平公正。

在考试招生宣传服务方面，《通知》要求，各地要深入实施“高考护航行动”，细化优化教学安排，切实加强心理辅导和诚信警示教育，加强综合保障和考生服务。各地各高校要坚持正确育人导向，精准开展政策宣传解读、信息查询和温馨提示等服务，严禁以各种方式公布宣传炒作“高考状元”“高考喜报”“高考升学率”“高分考生”等。各地政府、学校、培训机构不得以高考成绩为标准奖励教师和学生，不得给年级、班级、教师下达升学指标，将升学率与教师评优评先及职称晋升挂钩，坚决杜绝唯分数论、唯升学率的错误政绩观，不得在网上发布或校园内张贴不利于引导考生身心健康发展的考试标语。

（摘编：游学荣）

福建省首家退役军人教育学院揭牌

2022 年 6 月 8 日上午，由漳州市退役军人事务局、漳州职业技术学院共同筹建的福建省首家政校企合作退役军人教育学院——“漳州市退役军人教育学院”在漳州职业技术学院正式揭牌启用，学院将依托高校优质资源，搭建退役军人学历教育、继续教育、岗位能力培训新平台。

漳州市退役军人教育学院瞄准就业创业靶向，依托漳州职业技术学院开展退役军人学历提升、就业创业政策研究、创新创业指导孵化、退役军人测评与技能提升等“八位一体”的退役军人教育服务体系“定单、定向、定岗”式培训，探索学历教育与适应性培训深度融合的教培新模式，为乡村振兴、人才培养提供智力支撑。

（摘编：游学荣）

福建：十二条措施充实中小学幼儿园教师队伍

2022年3月2日，省教育厅、省委编办、省财政厅、省人社厅联合印发《关于进一步做好全省中小学幼儿园教师补充工作的若干措施》（以下简称《若干措施》），明确我省将采取6个方面12条措施充实中小学幼儿园教师队伍。

根据《若干措施》，我省各地将依标足额核定教职工编制。严禁在有合格师资来源的情况下"有编不补"，严禁任何单位占用或变相占用中小学教职工编制。各地将研究制定本地区年度教师补充计划和中长期教师补充规划，提升教师补充工作的精准性。省教育厅将建立师资需求预警机制，定期发布全省师范生培养和各市、县（区）师资情况。

在加快配足配齐紧缺教师方面，各市、县（区）每年补充的中小学思想政治、音乐、体育、美术、科学、劳动、特殊教育、信息技术、心理健康等紧缺学科教师，原则上将不低于当地补充数量的30%，其中音体美教师原则上不低于当地补充数量的15%。各地可将本地紧缺学科教师纳入当地急需紧缺人才目录，通过专项公开招聘、面试考核等方式招聘。

2022年起，省级财政将按照每位教师每年2万元的标准，连续3年对23个原省级扶贫开发工作重点县新补充的公办中小学音体美教师的工资性支出进行补助，推动当地及时补充音体美教师。

在扩大教师补充渠道，吸引优秀人才从教方面，省内本科高校应届优秀师范毕业生（本专业综合评价前20%）、省内本科高校中通过二级认证师范专业的应届优秀毕业生（本专业综合评价前30%），将可以直接面试考核进入中小学幼儿园教师队伍。同时，我省鼓励各地吸引高水平大学非师范专业优秀毕业生从事教师职业。

根据《若干措施》，今年起我省不再统一组织安排全省中小学幼儿园教师公开招聘工作，由市、县（区）教育部门会同有关部门组织实施。省里每年提供一次新任教师招聘笔试服务，各地可视需要使用笔试成绩。

（摘编：王诗诚）

福建省将遴选培育特色高中

2022年5月6日福建省教育厅发布消息，将在全省范围内遴选一批特色高中，促进高中多样化发展。

高中校可结合自身办学实际和优势资源等情况，围绕人文高中、科技高中、体艺高中、综合高中等特色类型，明确特色项目或学校建设定位。其中人文高中主要是以人文人才培养为办学特色，包括文史高中、外语高中等；科技高中主要是以科技人才培养为办学特色，包括理工高中、科技创新高中、工程技术高中等；体艺高中主要是以培养体育和艺术人才为办学特色，包括体育高中、艺术高中、美术高中、音乐高中等；综合高中主要以培养职业技能人才为办学特色，将学科教育和技能教育相结合，开设普职融通班或职业技能课程。鼓励学校积极探索创新，围绕金融高中、中医药高中、航海高中等开展特色创建工作。

遴选上的高中将加强课程规划和建设，优化课程结构，开发建设一批与学校特色发展相关的课程群和资料库，开展丰富的社团活动，建立健全学生选课、分层教学，走班制、学分制和导师制等多种教学模式和促进学生个性化发展的管理机制。同时，加大相关教师的培养和引进力度，并改进教育评价。

首批认定的30所示范性高中将着力打造高水平特色示范高中，不再单独申报此次特色示范项目。

（摘编：张海生）

福建省完成国家义务教育质量监测

2022年5月31日福建省教育厅消息，近日，国务院教育督导委员会办公室组织实施2022年国家义务教育质量监测（以下简称“国测”），我省10个样本县的202所中小学校9000多名师生参加，全省现场测试组织实施工作有序开展、顺利完成。

今年“国测”内容为义务教育阶段四、八年级学生语文、艺术、英语课程或教育活动开设，学生学业负担、教学条件保障、教师配备、教育教学、学校管理以及区域教育管理情况等，同时监测学生心理健康状况。

“国测”由国务院教育督导委员会办公室统筹规划、组织实施，是国家围绕落实立德树人根本任务，科学评价一个区域教育教学质量和相关影响因素。根据学生德智体美劳全面发展的培养目标和义务教育课程方案实施情况，对标《义务教育质量评价指南》，“国测”确定德育、语文、数学、英语、科学、体育与健康、艺术、劳动、心理健康为监测的9个学科领域。

（摘编：游学荣）

福建省全面推行“2＋N”课后服务模式

2022年5月25日福建省教育厅消息，自今年秋季开学起，我省所有义务教育阶段学校将全面推行工作日“2＋N”课后服务模式。其中，“2”指的是“作业辅导＋体育活动”等两项基本服务，“N”代表“科普、文艺、劳动、阅读、兴趣小组及社团活动等”N种拓展服务。

根据省教育厅发布的《关于进一步推进全省中小学课后服务提质增效的指导意见》（以下简称《意见》），我省在继续推行课后服务“5＋2”模式（即学校每周工作日5天都要开展课后服务、每天至少开展2小时）的基础上，全面推行“2＋N”课后服务模式。

同时，《意见》明确，全省各城区将有80%以上的学校采用“2＋3”（2项基本服务＋3项拓展服务）课后服务模式，为学生提供更多优质课后服务。

不仅如此，有条件的学校将可通过自办食堂、委托具备资质企业集中配餐、改造教学活动场所设施等方式为学生中午在校午餐午休创造有利条件，并积极承担学生暑假、寒假托管服务，开放教室、图书馆、运动场馆等各类资源设施，为学生创设丰富多彩的假期生活环境。

目前，我省的课后服务一般由本校教师为主承担。根据《意见》，各地将聘请退休教师、志愿者、具备资质的社会专业人员一起参与课后服务工作，同时依法科学设定准入条件，结合本地实际和学校需求组织遴选非学科类教育培训机构或具备相应资质、行为规范、无违法违规记录的社会组织等参与课后服务，形成“白名单”供有需要的学校选用，并建立健全动态评估退出机制，强化第三方入校服务日常监管。

学校可结合学生发展需要，通过购买服务方式在名单范围内选择相应的组织或机构，充实课后服务内容，但严禁开展学科类培训。

我省鼓励学校通过设置课后服务家长开放日、聘请家长担任课后服务督导员、组织热心家长参加志愿活动等形式，让家长参与学校课后服务，同时加大对课后服务财政补助力度，合理制订课后服务收费标准，建立合理的取酬机制，按规定及时调整绩效工资核定办法，足额发放教师参与课后服务补助，切实保障教师合法权益。

为了进一步健全激励机制，《意见》将教师参加课后服务的表现作为年度考核、职称评聘、表彰奖励和绩效工资分配的重要参考，鼓励各地通过“调休”“AB岗”“时间银行”等举措，落实弹性工作制，让参与课后服务的教师可适当灵活调配休息时间。

课后服务依然坚持学生和家长自愿原则，学校不会强制或变相强制学生统一参加课后服务，也不得无故拒绝学生参加课后服务。各地各校将通过提升质量吸引学生参加，杜绝“一刀切”，并且优先保障留守儿童、困境儿童、进城务工人员随迁子女等特殊群体学生课后服务需求。

（摘编：游学荣）

福建省“十四五”全民科学素质行动规划纲要实施方案印发

2022年3月28日福建省人民政府办公厅消息，日前，省人民政府办公厅发布《关于印发福建省“十四五”全民科学素质行动规划纲要实施方案的通知》(以下简称《实施方案》)，对全省中长期全民科学素质建设目标和“十四五”时期的重点任务、保障措施等作出系统谋划。《实施方案》提出，到2025年，我省公民具备科学素质的比例超过16%、位居全国前列，各地区、各人群科学素质发展不均衡状况得到改善。

围绕上述目标，我省将开展五项提升行动、实施六大重点工程。五项提升行动分别为青少年科学素质提升行动、农民科学素质提升行动、产业工人科学素质提升行动、老年人科学素质提升行动、领导干部和公务员科学素质提升行动，内容包括实施科技创新后备人才培育计划，每年组织50万人次青少年参与各级各类科技竞赛活动；每年培训科学及相关学科骨干教师1000名、乡村教师3000名、校内外科技辅导员1000名；实施百万农民培育行动，开展乡村振兴智力服务，每年安排省级科技特派员专项经费1亿元，实施高技能人才振兴计划；开展“老年人健身康乐家园”创建活动等。

六大重点工程分别为科技资源科普化工程、科普数字化赋能工程、科普基础设施建设工程、基层科普能力提升工程、科学素质交流合作工程、心理健康促进工程。内容包括实施科技资源科普化专项行动，搭建数字科普平台，实施“互联网+科普”，到2025年累计建设100家以上省级科普教育基地；建立应急科普响应机制，加强科技志愿者队伍建设，到2025年，注册科技志愿者达到5万名；深化闽港澳台科学素质交流合作，到2025年，累计参与的台港澳科技人才、青少年达到2万人次等。

《实施方案》要求，全民科学素质工作联席会议要进一步发挥作用，各成员单位结合各自工作职责抓好任务落实。省科协发挥综合协调作用，会同各有关方面共同推进科学素质建设。

公民具备科学素质是指崇尚科学精神，树立科学思想，掌握基本科学方法，了解必要科技知识，并具有应用其分析判断事物和解决实际问题的能力。我国自1992年起开展全国公民科学素质抽样调查，至今已成功开展11次。2020年底，福建省公民具备科学素质的比例达11.51%，居全国第7位，圆满完成“十三五”目标。通过开展五项提升行动和六大重点工程，力争“十四五”末我省公民具备科学素质的比例高于全国同期平均水平。

（摘编：郭虹）

福建省自然科学基金联合资助模式成果显著

2022年8月15日福建省科技厅消息，我省实施自然科学基金联合资助以来，联合资助行业领域不断拓展、经费规模持续扩大。最新统计显示，省自然科学基金开展联合资助的面上项目立项数量和立项经费，从试点前2014年度的441项、1630万元，逐步增加到2022年度的1528项、10186万元，分别增长246%、525%；相应地，省自然科学基金整体立项规模从575项、2895万元，逐步增加到1967项、14689万元，分别增长242%和407%。

福建省自然科学基金设立于1986年，是我省科技计划资助基础研究和应用基础研究的主要渠道。

为弥补经费短板，省科技厅探索多元化投入机制，通过省自然科学基金计划，与有关联合出资单位共同资助省自然科学基金项目。2014年，省科技厅首先从卫生行业入手，遴选了15家科研实力较强的三甲医院，启动省自然科学基金卫生联合资助试点。至2022年度，省自然科学基金联合资助已逐步扩增涵盖省内27家医院、20所高校、省农科院及所属各研究所、全省气象系统，并与部分联合单位开展青创项目联合资助和重点项目联合资助。

省自然科学基金联合资助的实施，培养和锻炼了科研人才队伍，增强了我省承接国家自然科学基金项目的竞争力。“十三五”期间，我省获得国家自然科学基金项目数量和经费比“十二五”分别增长了23%、25%。2017年以来，我省共有24人获得国家杰出青年科学基金项目、54人获得国家优秀青年科学基金项目，其中分别有14人、21人获得过省自然科学基金项目的资助。

为持续鼓励引导社会共同支持促进我省自然科学基金项目科研，省科技厅近期启动2023—2025年度新一期联合资助，并将提高项目资助强度，试行海洋科学面上项目联合资助，探索由涉海联合资助单位研究提出联合资助方向。目前，已确定新增纳入3所本科高校、8家三甲医院、4家科研院所加入联合资助，参加联合资助单位总数已增加至23所高校、35家医院、4家科研院所及省农科院、气象局系统，联合单位每年投入经费总额将增至13950万元。

（摘编：杨立群）

34家省重点实验室通过验收并授牌

2022年8月6日福建省科技厅消息，根据《福建省重点实验室管理实施细则》规定，日前，省科技厅对34家学科类省重点实验室进行了验收。经研究决定，福建省海洋碳汇重点实验室等34家重点实验室通过验收，予以正式授牌运行。

此次通过验收的学科类省重点实验室涵盖海洋碳汇、海洋经济生物遗传育种、智慧基础设施与监测、大数据智能与安全、媒体信息智能处理与无线传输、海洋生物技术、先进微纳光子技术与器件、复杂动态系统智能辨识与控制、蔬菜遗传育种、检验医学、医疗大数据工程等方面，依托单位包括厦门大学、福州大学、华侨大学、福建师范大学、福建农林大学、福建医科大学附属第一医院、中科院海西研究院泉州装备制造研究所、中科院城市环境研究所、福建省农业科学院作物研究所、福建省立医院、福建省计量科学研究院等28家。

根据通知，即日起各重点实验室进入运行期。省科技厅将每三年组织一次考评，考评结果为优良的给予一定支持。省科技厅要求各重点实验室要结合专家组现场考察验收时提出的意见和建议，聚焦国家战略和我省经济社会发展重大需求，在国家和我省重大战略任务中找准定位，创新机制，组织开展基础和应用基础研究，凝聚培养优秀创新人才。业务主管部门和依托单位继续大力支持重点实验室的运行和管理，在资源投入、激励和保障等方面给予实验室倾斜支持，发挥科技创新平台的引领带动作用。

（摘编：黄万良）

我国首个海洋领域国家基础科学中心启动

我国首个海洋领域国家基础科学中心——海洋碳汇与生物地球化学过程基础科学中心，经过多年严苛的评审和现场考察，高票获得国家自然科学基金委员会的批准立项，于2022年5月23日在厦门启动。

海洋碳汇与生物地球化学过程基础科学中心以“应对气候变化、支撑碳中和需求”为出发点，瞄准海洋碳汇形成过程与调控机制基础科学国际前沿，以原创的“微型生物碳泵”理论为交叉核心，通过生物、化学、地质等学科的深度融合，深入系统地研究海洋碳汇的形成过程、调控机理与环境效应，及其对气候变化的响应与反馈。

基础科学中心正式启动后，将加快推进相关研究工作进展，进一步吸引和凝聚国内外优秀科技人才，着力推动学科深度交叉融合，打造海洋科学人才高地，建设海洋碳汇研究国际平台。

（摘编：周忠志）

首批福建省气象科普基地出炉

2022年6月21日福建省气象局消息，日前，省气象局和省科学技术厅联合认定首批福建省气象科普基地，福建省气象台等12个科普基地上榜。

首批福建省气象科普基地是依据《福建省气象科普基地管理办法（试行）》有关标准要求，经各设区市、平潭综合实验区气象、科技主管机构以及相关省属单位主管部门审核推荐，组织专家评审、面向社会公示等一系列程序后脱颖而出。

这12个气象科普基地是福建省气象台、福建气象史志馆、福建省海洋预报台、福清市气象科普园、闽侯县气象局气象科普基地、平潭综合实验区气象局气象科普基地、安溪县气象局气象科普基地、莆田市气象局气象科普基地、龙岩市气象局气象科普基地、福清市瑞亭小学、漳浦县实验小学分校、厦门市思明第二实验小学。

（摘编：周忠志）

福建举办科学家精神宣讲等主题活动

2022年5月29日，由省科协主办的中国科学家精神宣讲团宣讲活动在福州举行。来自各高校、科研院所的100多名科技工作者参加了活动。

中国船舶科学研究中心研究员、万米载人潜水器“奋斗者”号总设计师叶聪作题为《弘扬载人深潜精神　勇攀深海科技高峰》的宣讲报告。叶聪研究员从载人深潜的历史出发，讲述了个人参与研制的中国先进载人深潜装备的故事，弘扬“严谨求实、团结协作、拼搏奉献、勇攀高峰”的中国载人深潜精神。

中国工程院院士、核潜艇研究设计专家、“共和国勋章”获得者黄旭华之女黄峻作题为《此生属于中国　此生无怨无悔》的宣讲报告。她以父亲黄旭华院士的“三个三十年”为线索，用朴实的语言、饱含深情地讲述父亲为中国核潜艇事业奉献一生的故事，体现老一辈科学家的赤子情怀。

2022年5月30日是第六个“全国科技工作者日”。围绕“创新争先、自立自强”主题，省科协将陆续开展主题宣讲、科学家精神主题巡展、科普希望行、科技志愿服务行动、走访慰问等学习宣传系列活动。

（摘编：周忠志）

《福建省省级文化生态保护区管理办法》印发

2022 年 3 月 1 日福建省文旅厅消息，经福建省人民政府同意，福建省文化和旅游厅日前印发《福建省省级文化生态保护区管理办法》（以下简称《管理办法》），对省级文化生态保护区的申报与设立、建设与管理等作出明确规定，标志着依法行政、依规保护非物质文化遗产又迈上一个新的台阶。《管理办法》于 2022 年 3 月 1 日施行。

文化生态保护区是指以保护非物质文化遗产为核心，对历史文化积淀丰厚、存续状态良好，具有重要价值和鲜明特色的文化形态进行整体性保护，并经批准同意设立的特定区域。我省是开展非遗区域整体性保护最早的省份之一，早在 2007 年 6 月，闽南文化生态保护实验区就被原文化部批准为我国首个国家级文化生态保护实验区，2019 年 12 月由文化和旅游部正式公布为第一批国家级文化生态保护区。2017 年 1 月文化和旅游部批准设立国家级客家文化（闽西）生态保护实验区。2010 年经省政府批准同意设立省级妈祖文化（莆田）生态保护实验区。

《管理办法》明确，省级文化生态保护区建设应当坚持保护优先、整体保护、见人见物见生活的理念，既保护历史文化遗产，也保护孕育非物质文化遗产的人文环境和自然环境，实现“遗产丰富、氛围浓厚、特色鲜明、民众受益”的目标。

《管理办法》结合我省独特的对台港澳优势及在“一带一路”建设中的重要作用，增加了推动闽台港澳、对外交流合作尤其是与海丝沿线国家（地区）交流与合作的条款。根据我省传统工艺振兴、非遗助力乡村振兴以及建设全域生态旅游省的有关要求，增加并细化了有关内容。

（摘编：李哲）

福建：推进文化数字化战略实施

2022年10月22日福建省文化改革发展工作领导小组消息，该小组近日印发《关于推进福建文化数字化战略实施方案》（以下简称《方案》），要求各地各有关部门结合实际认真贯彻落实。

《方案》明确，到“十四五”末，形成线上线下融合互动、立体覆盖的文化服务供给体系，形成引领行业、国内领先的数字文化发展高地。到2035年，建成物理分布、逻辑关联、快速链接、高效搜索、全面共享、重点集成、融通全国的国家文化大数据体系福建数据库，文化数字化生产力快速发展，福建文化全景全面呈现。

《方案》提出，要深入实施福建文化数据库关联形成、文化数字化基础设施夯实、文化数据服务平台搭建、文化机构数字化转型升级、数字化文化消费新场景、公共文化服务数字化、文化产业数字化拓展布局七大工程，推进红色基因库（福建）、中国文化遗产标本库（福建）、中华文化数据库（福建）等18个重点项目。

《方案》要求，建立完善文化数字化治理体系，加强文化数据安全保障，加强文化数字化全产业链条监管，运用推广文化数字化标准体系，健全文化资源数据分享动力机制，优化调整政府投入，提升科技支撑水平，加大金融支持力度，激活智力智库资源。

《方案》强调，各设区市、平潭综合实验区要把推进实施福建文化数字化战略列入重要议事日程，因地制宜，规划实施重点工程项目，确保各项任务落到实处。各地各有关部门要加强对有关具体工作事项和政策措施落实情况的跟踪分析和协调指导，注重效果评估。

（摘编：李哲）

全省“福”文化工作推进会召开

2022年9月8日，全省“福”文化工作推进会在福州召开，省委常委、宣传部部长张彦出席并讲话，副省长郑建闽主持会议。

会议指出，中华“福”文化历史悠久、底蕴深厚、形态多样、特色鲜明，浸润在生命、生活、生产和人们的交流往来之中，具有独特的精神价值、文化价值、社会价值、经济价值。要深入学习贯彻习近平总书记关于中华优秀传统文化传承发展的重要论述，深刻理解“福”文化的丰富内涵，全力推动“福”文化创造性转化、创新性发展。把准“福”文化与文明风尚的契合点，融入精神文明创建、城乡建设、民生事业，着力涵养社会主义核心价值观。把准“福”文化与文艺创作的结合点，深入挖掘题材，创新艺术形式，推动文艺惠民。把准“福”文化与产业发展的融合点，打造“福”文化产品、产业、市场体系。把准“福”文化宣传推介的发力点，激活“福”文化催人奋进的影响力和生生不息的推动力，构建鲜明福建文化标识体系。

会上举行了福建“福”文化创意设计大赛颁奖活动。

（摘编：王诗诚）

福建省推出10条“福建非遗主题旅游”经典线路

2022年6月27日福建省文化和旅游厅消息，为推动非遗与旅游融合发展，助力我省文旅经济做大做强做优，近日该厅推出10条“福建非遗主题旅游”经典线路。

我省非物质文化遗产资源丰富，目前共有8个项目入选联合国教科文组织的非遗名录（名册）。省文旅厅引导鼓励各地充分利用丰富的非遗资源，加强与非遗传承群体、旅游企业等合作，共同设计、运营非遗主题旅游线路，通过非遗主题旅游线路的展示、推介，不断提高非遗传承实践水平，同时为旅游业注入更加优质、更富吸引力的文化内容，并充分发挥旅游业的独特传播优势，为我省非遗保护传承和发展注入新的更大的内生动力。

这10条非遗主题旅游经典线路分别是：福州·古厝非遗纳福之旅，厦门·多元文化知福之旅，漳州·古城文化探福之旅，泉州·非遗传承聚福之旅，三明·闽味小吃品福之旅，莆田·妈祖朝圣祈福之旅，南平·朱子文化传福之旅，龙岩·永定土楼集福之旅，宁德·畲乡非遗亲福之旅，平潭·海洋文化寻福之旅。

（摘编：赵旭东）

国家水下文化遗产保护福建（平潭）基地揭牌

2022年6月16日，国家水下文化遗产保护福建（平潭）基地暨福建水下考古（平潭）基地揭牌仪式在平潭举行，标志着我省水下考古事业开启新篇章。

上述基地的建设依托于平潭海坛海峡水下遗址与海丝文化，规划改造建筑面积约9455平方米，主要功能分区包括出水文物保护修复、整理收藏研究、陈列展示、研学教育、水下考古培训与学术交流等，旨在充分利用平潭水下遗产资源优势，拓展水下遗产保护利用交流合作，推动基地在文物保护活化利用、学术交流、宣传推广、社会教育、研学旅游等领域的对外交流合作与发展。

当天，省文物局与平潭综合实验区管委会签订《福建水下考古（平潭）基地共建协议》。

（摘编：张海生）

城村汉城考古遗址公园成为福建省第二个国家考古遗址公园

2022年12月29日，国家文物局公布第四批国家考古遗址公园评定结果，武夷山市兴田镇城村汉城考古遗址公园入选国家考古遗址公园，成为我省继万寿岩国家考古遗址公园后的第二个国家考古遗址公园。

城村汉城始建于公元前202年，为西汉初年闽越王无诸受封于汉高祖刘邦时营建的一座王城，占地14.6平方公里，其中王城面积48万平方米。据介绍，城村汉城遗址在1958年第一次全国文物普查时被发现，经过60多年的考古勘探与重点发掘，目前发现城墙、城门、宫殿、作坊、墓葬等遗迹，出土陶器、砖瓦、铁器、铜器等大量文物。

城村汉城遗址是福建境内发现的唯一有城墙环绕的上古时期大型城市遗址，被誉为“东方的庞贝古城”。城村汉城遗址于1961年和1996年先后被列入我省、全国重点文物保护单位。1999年，遗址作为武夷山申报世界文化与自然双遗产的主要项目列入《世界遗产名录》，入选“十一五”至“十四五”大遗址总体保护项目，2013年成为国家考古遗址公园立项单位。

今年以来，闽越王城博物馆与北京大学、厦门大学等合作，重新启动城村汉城遗址主动性考古发掘，对城村汉城遗址道路水系、防御系统等进行发掘、勘探，形成更加丰富、准确的考古成果。

（摘编：苏建平）

安溪铁观音茶文化系统
被认定为全球重要农业文化遗产

2022 年 5 月 20 日，联合国粮食及农业组织（FAO）网站对外公布，“中国福建安溪铁观音茶文化系统”被正式认定为全球重要农业文化遗产（GIAHS）。

安溪是中国乌龙茶之乡、世界名茶铁观音的发源地。安溪铁观音茶文化系统是以传统铁观音品种选育、种植栽培、采制工艺和茶文化等为核心的农业生产系统，并涵盖该系统在生产过程中孕育的生物多样性、发挥的生态系统功能、呈现的人文和自然景观特征，已成为中国茶产业的突出代表和符号。2014 年，安溪铁观音茶文化系统入选中国重要农业文化遗产。

安溪铁观音茶文化系统具有显著的全球重要性，主要体现在它首创“半发酵”乌龙茶制作技艺，丰富了世界茶叶种类；发明了茶树“短穗扦插”繁殖技术，保持茶树品种的优良特性；发现了铁观音茶树品种，至今仍保留有铁观音母树，丰富了世界茶树基因库。安溪铁观音茶文化系统的生态种植管理模式，对全球山区生态农业建设具有示范作用；茶文化传承模式为重要农业文化遗产保护与传承提供了借鉴。

2019 年 1 月，安溪县委、县政府成立安溪铁观音茶文化系统申报全球重要农业文化遗产工作领导小组，同时启动该项申报工作。2020 年，安溪铁观音茶文化系统入选联合国粮农组织“全球重要农业文化遗产候选项目”。

今年是全球重要农业文化遗产保护 20 周年，农业农村部支持遗产地开展系列活动，联合国粮农组织于 10 月份举行全球重要农业文化遗产保护 20 周年纪念活动。联合国粮农组织副总干事玛丽亚·海伦娜·赛梅朵表示，“全球重要农业文化遗产已通过非凡的生态农业方法证明其可持续农业模式的巨大潜力。通过对农业体系原有特色加以利用，它能为农村注入新的活力，推动农村发展”。

（摘编：黄万良）

中国金鸡百花电影节在厦门闭幕

2022年11月12日，由中国文联、中国电影家协会和厦门市人民政府共同主办的第35届中国电影金鸡奖颁奖典礼暨2022年中国金鸡百花电影节闭幕式在厦门海峡大剧院举行。中国文联主席、中国作协主席铁凝，中国文联党组成员、书记处书记，中国影协分党组书记张宏，省委常委、宣传部部长张彦，省委常委、厦门市委书记崔永辉出席。铁凝为王玉梅、黄蜀芹、王好为三位老艺术家颁发中国文联终身成就电影艺术家荣誉称号。

本届金鸡奖参评影片题材丰富，新作、佳作迭出。颁奖典礼共颁出20项大奖，电影《长津湖》获最佳故事片奖，导演陈凯歌、徐克、林超贤凭借《长津湖》获最佳导演奖，刘江江导演的《人生大事》获最佳导演处女作奖，《漫长的告白》获最佳中小成本故事片奖，邵艺辉凭借剧本《爱情神话》获最佳编剧奖，朱一龙、奚美娟凭借电影《人生大事》《妈妈!》中的精彩表现分别荣获最佳男主角奖和最佳女主角奖，辛柏青、齐溪因在电影《漫长的告白》《奇迹·笨小孩》中的出色表演分获最佳男配角奖、最佳女配角奖。电影《我和我的父辈》获评委会特别奖。

此外，电影《熊出没·重返地球》获最佳美术片奖，《1950他们正年轻》获最佳纪录/科教片奖，《再见土拨鼠》获最佳儿童片奖，《敦煌女儿》获最佳戏曲片奖，《漫漫寻子路》获最佳外语片奖，《狙击手》获最佳录音奖、最佳摄影奖，《爱情神话》还获得最佳剪辑奖，最佳美术奖、最佳音乐奖花落《独行月球》。

本届金鸡奖共计收到各片种报名影片168部，其中故事片51部，中小成本故事片50部，儿童片13部，美术片15部，纪录片/科教片17部，戏曲片11部，外语片11部。

为期3天的本届中国金鸡百花电影节，共举办了包括金鸡电影论坛等5场学术论坛、金鸡电影创投大会、金鸡奖·鼓浪屿论坛、数字影视产业高峰论坛暨影视产业项目签约仪式，以及国产新片展、金鸡国际影展、金鸡香港影展、第三届金鸡海峡两岸暨港澳青年短片季、八闽电影巡展、户外公益影展等活动，配套“金鸡百花星光海岸”启动仪式、电影界学习座谈会、电影艺术家深入基层活动等，充分展示电影行业发展成果，探讨电影产业发展新趋势。

（摘编：苏建平）

第七届世界妈祖文化论坛暨
第二十四届中国·莆田湄洲妈祖文化旅游节举行

2022 年 12 月 18 日，第七届世界妈祖文化论坛暨第二十四届中国·莆田湄洲妈祖文化旅游节在莆田湄洲岛举行。全国政协副主席、台盟中央主席苏辉讲话并宣布开幕。受省委、省政府委托，省委常委、宣传部部长张彦出席并致辞。省政协副主席刘献祥、全国台湾同胞投资企业联谊会会长李政宏、全国政协委员潘新洋等出席。中国社会科学院副院长高培勇，澳门特别行政区政府文化局局长梁惠敏，北京大学常务副校长、中国工程院院士乔杰等视频致辞。中国文联副主席朱彤，北京大学校务委员会副主任、中外妇女问题研究中心主任叶静漪，联合国教科文组织驻华代表夏泽翰参加论坛并作主旨演讲。

苏辉代表全国政协和台盟中央，对第七届世界妈祖文化论坛的举办表示热烈的祝贺，同时向出席第七届世界妈祖文化论坛的海内外嘉宾表示亲切的问候。苏辉在致辞中说，中共二十大报告明确指出要推进文化自信自强，铸就社会主义文化新辉煌。妈祖被称为“海上和平女神”，妈祖文化是古代海上丝绸之路的重要文化标识，也是中华海洋文明的重要代表。第七届世界妈祖文化论坛的举办，对于弘扬妈祖精神、促进文明互鉴、增进民心相通、推动世界和平，具有积极而重要的意义。

张彦表示，作为妈祖故里，福建将加强妈祖信俗这一人类非物质文化遗产的系统性保护，搭建好世界妈祖文化论坛这一重要平台，以礼敬中华文明重要精神标识的态度，积极融入人民创造与时代精神，认真讲好妈祖文化故事，为促进世界文化欣欣向荣、推动构建人类命运共同体作出更大贡献。

本届论坛以“大爱和平　文明互鉴”为主题，由文化和旅游部、自然资源部、中国社会科学院、澳门特别行政区政府和福建省人民政府共同主办。活动分为一个主论坛和六个平行论坛，在线上线下同步进行。其间，还举行“妈祖文化传五洲”主题图片展、“湄洲女发髻”表演赛、海峡两岸美食节等系列妈祖文化体验活动。

（摘编：黄万良）

海峡两岸民俗文化节突出“民俗心·两岸福”主题

2022年2月12日，2022年海峡两岸民俗文化节在福州梁厝文化历史街区启动。本次活动以“民俗心·两岸福”为主题，通过展现两岸民俗文化，进一步增强两岸民族认同感，营造同享福气、福聚榕城的新春节日氛围。

本次活动由福建省文化和旅游厅、福州市人民政府指导，福州市文化和旅游局等主办。两岸民俗巡游汇集了福州本土最具有代表性的地方特色民俗节目，巡游中，现场观众和民俗队伍一起欢乐共舞。

巡游过程中，福州主会场主持人连线本届民俗文化节台湾马祖分会场，“云端”展演了马祖特色民俗节目《摆暝》等，让现场观众充分领略台湾民俗文化的魅力。

今年的海峡两岸民俗文化节涵盖了国家、省、市级非遗项目上百项，共有超千名演员参演。在活动现场，设置了十福迎宾、民俗游园、国潮民俗汇、风雅圩市、两岸民俗展示馆、街头艺术集萃等六大功能区模块，以更加丰富全面的视角展现两岸民俗风情。此外，主办方还采用“云上文化节”的形式，通过线上直播全方位实时互动。

（摘编：王诗诚）

第二十一届海峡两岸大学生辩论赛成功举办

2022年7月30日，历经3天的激烈角逐，第二十一届海峡两岸大学生辩论赛圆满落幕。省委常委、统战部部长王永礼出席颁奖仪式，中国科协党组成员兼港澳台办公室主任罗晖出席颁奖仪式并致辞，台湾中华青年交流协会理事长黄荣护线上致辞。

在本届比赛中，清华大学、台湾大学等两岸各8所高校共16支代表队的80多位辩手，采用“云辩论”方式，分别集中在福州赛场和台北赛场，围绕“直播模式对区域经济发展利大于弊还是弊大于利”“大数据时代，人们的知识差距越来越大还是越来越小”两道辩题，进行了22场唇枪舌剑和精彩思辨。最终，东吴大学代表队获团体冠军，华南理工大学代表队获团体亚军，世新大学和海南大学代表队分获团体第三、四名。海南大学郃昊洋和东吴大学赖姿璇同学获评最佳辩手。

本届海辩赛进行了20周年回顾活动，与会代表、学子共同重温海辩赛风雨历程中的精彩瞬间，黄执中、席瑞等众多从海辩赛走出来的两岸辩论界翘楚纷纷为海辩赛寄语，激励新一代两岸青年辩手同心同行、携手奋进、砥砺前行。

（摘编：李哲）

2022 金砖国家传统医药高级别会议召开

2022 年 5 月 11 日晚，由国家中医药管理局、福建省人民政府主办的 2022 金砖国家传统医药高级别会议召开，以视频会议形式在北京、漳州设双会场。开幕式上，国家中医药管理局局长于文明、福建省人民政府副省长李德金代表主办方先后致辞。

于文明表示，新冠肺炎疫情发生以来，中国政府坚持中西医结合，推动中医药深度参与疫情防控救治，效果显著。希望金砖国家在新冠肺炎等各类重大感染性疾病防治行动中，相互协调，信息共享，加强从业人员和机构间的交流合作，联合开展相关研究工作，推动传统医学在改善全球卫生治理中发挥更大作用。

李德金指出，福建省委、省政府认真贯彻落实习近平总书记关于中医药工作重要讲话重要指示批示精神，在国家中医药管理局的关心支持下，充分发挥自身资源禀赋优势，培育出一批名医、名科、名院，产生在国内外具有较大影响、具有福建特色的 24 个国家级、省级闽医学术流派，发挥中医药在疾病诊治、重大传染病防治中的重要作用，积极开展对外交流，向世界讲好中医故事，取得了明显成效。此次会议为金砖国家搭建了传统医药交流平台，将有利于推动传统医药服务参与金砖国家卫生健康治理，福建愿为此贡献自己的经验和力量。

其他金砖国家的代表在会上作了发言，会议通过《2022 金砖国家传统医药合作在线倡议》，并召开了研讨会。

（摘编：康明辉）

国务院医改领导小组：召开推广三明医改经验视频会

2022年3月23日，在习近平总书记视察三明医改并作出重要指示一周年之际，国务院医改领导小组秘书处召开推广三明医改经验视频会。会上，福建省医改领导小组介绍我省深化医改的工作进展。

去年以来，我省立足党政主导，优化形成了“党政‘一把手’挂帅、党委专职副书记统筹协调、政府一位领导分管‘三医’具体抓落实”的新机制，出台实施进一步深化医改的《意见》，印发《行动计划》等16份配套措施，并将重点任务列入省政府对各设区市的绩效考核内容，加大政府投入力度。据初步统计，2021年福建医改总投入436.21亿元，同比增长4.94%；其中省级投入同比增加9.93%。同时，我省还出台进一步支持三明市深化医改的《意见》，继续鼓励支持三明市先行先试。

我省继续深化“三医联动”，合力破解群众“急难愁盼”。在落实国家集采任务的同时，扩大开展46种药品和11类耗材的省级集采，平均降价超过50%。建立职工医保省级统筹调剂机制，各地市人均拥有基金量差距缩小45%；制定医保待遇清单，职工医保门诊统筹实现全覆盖；推进收付费一体化改革，提升医保基金使用效益，目前全省按病种收付费的病种数增至1391个。落实党委领导下的院长负责制、“双培养”等机制，深化薪酬制度改革，推进家庭病床试点、创建无“红包”医院等工作，不断改善群众就医体验。去年，我省推进医学检查检验结果互认，仅当年第四季度就节约费用约1.7亿元。

通过深化医改，我省有力推动了全省卫生健康事业发展，人均预期寿命提高到78.33岁，主要健康指标优于全国平均水平，以较少的卫生资源获得了较高的健康效益。据悉，国务院医改领导小组于2021年10月再次发文推广三明经验，三明市获批全国唯一医改经验推广基地；福建在综合医改试点省阶段性评估、公立医院综合改革效果评价、医保基金运行绩效考核等方面，均位居全国前列。

（摘编：杨立群）

电子政务（数字抗疫）分论坛举行

2022 年 7 月 24 日第五届数字中国建设峰会电子政务（数字抗疫）分论坛在福州举行。第十二届全国政协副主席、国家电子政务专家委员会主任王钦敏，国家互联网信息办公室副主任曹淑敏，国家卫生健康委副主任于学军为分论坛致辞。安徽省委常委、副省长张红文，福建省副省长李德金等领导作主旨发言。

分论坛由国家网信办信息化发展局、国务院办公厅电子政务办公室、国家卫生健康委规划发展与信息化司主办。与会嘉宾围绕着“数字改革赋能治理创新　数据协同助力疫情防控”为主题谈做法、谈经验、谈建议。

在主旨发言环节，张红文分享了安徽省抢抓数字化发展机遇，加强数字政府建设的经验做法。李德金介绍了我省坚定不移推进数字福建建设，全力打造能办事、快办事、办成事的“便利福建”。

会上，十五省政务服务自助机启动“跨省通办”合作，泛珠三角地区跨域通办服务专区同步上线，将合力解决群众异地办事“来回跑”“多地跑”难题。

（摘编：康明辉）

数字健康分论坛举行

2022 年 7 月 23 日下午，以“智慧互通　融创数字健康新生活”为主题的第五届数字中国建设峰会数字健康分论坛举行。分论坛由国家卫生健康委员会、福建省人民政府主办。国家卫生健康委副主任于学军，省人大常委会副主任袁毅为分论坛致辞。

会上，国家卫生健康委规划发展与信息化司介绍了“十四五”全民健康信息化建设的思路，国家卫生健康委统计信息中心发布了全国卫生健康信息化发展指数（2022）。近期，我国将启动全民健康互通共享三年攻坚行动、健康中国建设支撑行动、智慧医院建设示范行动、重点人群智能服务行动、药品供应保障智慧监测应对行动、数字公共卫生能力提升行动、“互联网 + 中医药”健康服务行动、数据安全能力提升行动等八项优先行动。

会上，中国科学院院士赵国屏、樊嘉在各自的主题演讲中，分别从各自研究领域介绍了生物医学大数据的有效治理与共享，以及人工智能下医疗数字化如何服务人民健康。中国通用技术（集团）控股有限责任公司总经理陆益民分享了利用新技术推进数字健康和央企办医的做法和经验。

（摘编：杨立群）

全国三级公立医院2020年度绩效考核：我省名次上升

2022年7月8日福建省卫健委消息，根据最新全国三级公立医院考核通报，我省三级公立医院绩效考核总体成绩排名从2018年的全国第15名上升至2020年的全国第4名，进步明显。

全国共2508家三级公立医院参加2020年度绩效考核。其中，西医类医院1923家（综合医院1342家，专科医院581家），中医类医院585家。考核结果显示，大部分指标持续向好，公立医院改革发展取得阶段性成效，三级公立医院向高质量发展方向持续迈进。

2020年，全国三级公立医院门诊患者满意度和住院患者满意度分别为86.51分、91.68分，较2019年提高1.10分、0.67分。门诊患者满意度最高的5个省份依次为浙江、四川、福建、山东、湖南；住院患者满意度最高的5个省份为浙江、江苏、山东、福建、上海。医务人员满意度79.71分，较2019年提高0.95分，在同级关系、发展晋升方面的满意度相对较高，在工作内容与环境、薪酬福利维度方面分数提升较快；医务人员满意度最高的5个省份依次为宁夏、湖南、浙江、福建、吉林。

（摘编：康明辉）

福建省依法加大中医药事业经费投入

2022年5月27日结束的省十三届人大常委会第三十三次会议表决通过了《福建省中医药条例》，该条例自今年10月22日起施行。法规明确进一步加大对中医药事业经费投入支持力度，加强中医药文化传承和保护力度。法规规定，支持中医区域医疗中心、特色重点医院、名医堂建设；政府举办的中医医疗机构不得擅自合并、撤销，或者改变其中医医疗性质，支持社会力量举办中医医疗机构。县级以上地方政府应当制定政策提高中医药专业技术人员待遇，省政府应当建立健全名中医评选制度。对具有临床价值、功能疗效明显的中医诊疗项目实施按病种付费，逐步扩大中药饮片、中成药、医疗机构中药制剂、中医非药物疗法项目和康复项目的报销范围和比例。医疗机构提供或者委托其他有关单位提供中药代煎、配送服务的，应当加强规范管理并对代煎中药的质量负责。

（摘编：苏建平）

福建支持全省各地提升医疗卫生服务水平

2022 年 1 月 12 日福建省卫健委消息，近日，省卫健委会同省财政厅提前下达三批 2022 年卫生健康补助资金 38.51 亿元，支持各地提升医疗卫生服务水平。

补助资金具体包括：公共卫生服务补助资金 19.45 亿元，用于支持开展健康教育、预防接种、疾病预防控制、妇幼健康、职业病防治、卫生监督、老年健康服务等基本公共卫生服务，以及扩大免疫规划、艾滋病防治、结核病防治、血吸虫病防治、精神卫生和慢性病防治等重大传染病防控；医疗服务能力提升补助资金 7.57 亿元，用于支持医疗卫生机构能力提升、中医药传承与发展、卫生健康科研及人才培养等；计划生育服务补助资金 6.39 亿元，用于奖励和扶助计划生育家庭等；基层医疗卫生机构运转补助资金 4.73 亿元，用于支持基层医疗卫生机构实施基本药物制度、保障乡镇卫生院人员经费等；婴幼儿托育服务补助资金 0.26 亿元，用于支持婴幼儿照护服务机构新增普惠性托位；疾病应急救助补助资金 0.11 亿元，用于对身份不明、无负担能力的人民群众实施疾病应急救助。

（摘编：康明辉）

“千县工程”福建入选医院

2022 年 5 月 27 日福建省卫健委消息，国家卫生健康委近日印发《“千县工程”县医院综合能力提升工作县医院名单》（以下简称《县医院名单》），我省福清市医院、大田县总医院、云霄县医院等 34 家医院入选。

国家卫生健康委将组织县医院医疗服务能力评估，根据评估情况和有关工作推进进展，中期调整《县医院名单》。对未参与“千县工程”县医院综合能力提升工作，但能力提升明显并符合推荐条件的县医院，可经省级卫生健康行政部门推荐纳入；对在《县医院名单》内，但工作进展不明显，经中期评估与达到三级医院服务能力目标差距较大的县医院，将从名单中剔除。

（摘编：赵旭东）

福建省各地各校加强人物同防强化多病共防

2022 年 3 月 13 日全省学校疫情防控工作视频会议消息，我省各地各校即日起按照最新版高等学校、中小学校和托幼机构新冠肺炎疫情防控技术方案要求，在校门管理、员工管理、应急处置机制等方面加强制度落实，强化防控能力。

根据省教育厅的部署，各地各校将加强对师生的日常健康监测，继续严格落实师生员工常态化核酸检测“应检尽检”“适时抽检”制度，增强自我发现的能力。我省鼓励各地各校加密抽测频次，特别是加密重点岗位、重点人群检测频次。

针对外出返校、外人入校、外物入校等环节，各地各校将进行重点管控，强化隐患排查。除严控校外无关人员和物品进入校园外，所有快递冷链食品等入校时也将采取有效措施加强监控和彻底消毒。所有核酸检测点、隔离点也将强化闭环管理，进一步降低交叉感染风险。各地各校还将严格落实食堂、宿舍、教室、图书馆及超市、快递接收点等校内重点场所疫情防控要求，从源头上做好风险管控和隐患排查。

（摘编：康明辉）

福建省推进“云上妇幼”远程医疗平台建设

2022 年 12 月 9 日，国家“云上妇幼”远程医疗平台（福建省）项目推进会举行。平台于 2022 年 4 月搭建完成，目前已覆盖全省 93 家妇幼保健机构稳定运行，功能、性能和兼容性等各方面表现良好。年内累计开展远程会诊 198 次，涵盖产科、超声、眼科等业务，远程培训 7 次，累计观看人数 900 余人次。

受省卫生健康委员会的委托，省妇幼保健院自 2021 年起开展国家“云上妇幼”远程医疗平台（福建省）项目建设，提供远程会诊、多学科远程会诊、远程超声会诊、远程眼科会诊、转诊、远程培训教学等功能，让病人和家属少跑路。同时，促进妇幼健康优质医疗资源下沉基层，依托妇幼专科的技术力量带动基层妇幼保健机构能力提升和共同发展，促进医疗资源合理配置。

今后，平台将拓展优化“云上妇幼”远程医疗平台支撑功能，增加“两癌筛查”中阴道镜检查远程指导、腹腔镜远程指导、病理诊断远程会诊等功能模块，提升对重点业务的支撑作用，优化升级省级“云上妇幼”平台，进一步推进实化细化优化远程教学、远程培训、远程指导和远程会诊等基本功能模块。

（摘编：康明辉）

福建省第十七届运动会开幕

在全省上下深入学习宣传贯彻党的二十大精神、八闽儿女满怀信心奋进新时代新征程之际，2022年11月27日晚，福建省第十七届运动会在南平开幕。省委书记周祖翼出席开幕式并宣布开幕，省长赵龙致开幕辞，省政协主席崔玉英出席。

南平市体育中心灯光璀璨、流光溢彩。20时，开幕式正式开始。伴随着雄壮的中华人民共和国国歌和省运会会歌，中华人民共和国国旗和省运会会旗、第十七届省运会会旗先后在会场冉冉升起。

21时许，周祖翼郑重宣布：福建省第十七届运动会开幕。礼花绽放，全场响起热烈掌声和欢呼声。

赵龙代表省委、省政府向第十七届省运会开幕表示热烈祝贺。他说，习近平总书记高度重视体育事业发展和全民健身工作，党的十八大以来，提出了一系列新理念新思想新战略，为新时代推动体育改革发展提供了根本遵循和行动指南。省委、省政府认真贯彻落实习近平总书记关于体育的重要论述，传承弘扬习近平总书记在福建工作期间开创的重要理念和重大实践，全力推动群众体育做“广”、竞技体育做“强”、体育产业做“活”，体育强省建设蹄疾步稳。党的二十大对加快建设体育强国作出了重要部署，希望广大运动健儿大力弘扬中华体育精神和奥林匹克精神，以最佳竞技状态赛出好成绩，以最好赛风赛纪赛出好风格；希望组委会统筹疫情防控和赛事组织，奉献一届简约、低碳、安全、精彩的体育盛会；希望全省上下充分释放省运会效应，为奋力谱写全面建设社会主义现代化国家福建篇章作出新的更大贡献。

省领导罗东川、张彦、吴偕林、梁建勇、庄稼汉、薛卫民出席开幕式，副省长李德金主持，南平市委书记林瑞良致欢迎辞。

开幕式上举行了文体展演，生动展现清新福建发展的喜人成就和厚重的人文底蕴，展示了全省上下万众一心、勇毅前行的昂扬精神风貌。运动员、教练员、裁判员代表进行了宣誓。省运会射击冠军卢雯欣，全运会、亚运会沙滩排球冠军李健，世界举重锦标赛冠军吴景彪，女排奥运冠军侯玉珠共同迎接火炬入场，侯玉珠点燃了主火炬，将开幕式推向高潮。

本届省运会以“青春省运、山水武夷”为主题，来自全省约2.3万名运动员角逐80个大项、1307个小项比赛。

（摘编：杨立群）

福建省第十一届老年人体育健身大会开幕

2022年12月9日下午，福建省第十一届老年人体育健身大会在南平开幕。省委副书记罗东川致辞并宣布开幕，省老体协主席王美香主持。省领导王永礼、庄稼汉、张兆民，老同志庄先、陈桦、叶继革等出席开幕式。

罗东川代表省委、省政府向老年人体育健身大会的举办表示祝贺。他希望广大老年人坚持“老有所学，老有所乐，老有所为”，发挥优势、各尽所能，在推动高质量发展、促进社会和谐稳定、关心教育下一代等工作中展现更大作为。各级各部门要深入学习贯彻党的二十大精神及省委十一届三次全会部署要求，进一步完善老年人体育工作保障机制，为老年人丰富生活、陶冶情操、促进健康提供更好服务保障。各级老体协要深入推进“老年人健身康乐家园”建设，积极组织丰富多彩的老年人体育活动，让更多老年人加入科学健身行列。

本届老健会以“展康乐风采，抒幸福情怀”为主题，共设置交流比赛项目16个大项、28个小项。大会为期5天，共有来自全省14个代表团，参赛运动员、裁判员及工作人员3300多人参与其中。

（摘编：张捷）

数字体育分论坛举行

2022年7月24日，第五届数字中国建设峰会数字体育分论坛在福州长乐数字中国会展中心举行。国家体育总局副局长李颖川、福建省副省长郑建闽出席论坛并致辞。

本次论坛由国家体育总局主办，以“‘数字+冬奥’照见体育未来”为主题，围绕“数字+冬奥”成果、国家数字化发展战略，展现数字技术助力体育事业发展的成果，分享数字体育在落实体育“十四五”规划中的积极实践和创新应用。有关单位负责同志、知名专家学者、高校院所及企业代表围绕数字体育共话实践经验和创新成果，共议数字引擎助力体育强国建设大计。国际欧亚科学院院士、住房和城乡建设部原副部长、中国城市科学研究会理事长仇保兴，人民日报体育部主任薛原，北京冬奥组委技术部部长喻红等嘉宾进行了精彩的主题演讲。

数字体育需要在服务“以人民为中心”的体育、推动“互联互通”、赋能“业务应用”、注重“夯实基础”等方面着力发展。体育领域应充分借鉴北京冬奥会宝贵经验，进一步加强数字体育建设，持续不断地为建设体育强国提供新动力、新引擎，为不断满足人民群众日益增长的体育需求创造新方法、新途径。

（摘编：苏建平）

福建省启动竞技后备人才“选星计划”

2022 年 7 月 15 日福建省体育局消息，该局日前出台《福建省优秀竞技后备人才“选星计划”工作方案》(以下简称《工作方案》)，正式启动竞技体育“选星计划”，在我省现有竞技体育选材培养体系的基础上进一步扩大选材面，拓展竞技后备人才选材渠道，完善竞技后备人才输送和培养体系。

“选星计划”是国家体育总局选拔优秀后备体育人才的一个新举措，无论是耐力性运动项目需要的“大心肺”、力量性运动项目需要的“大力量”，还是球类项目的“大个子”，均可加入“选星计划”。

《工作方案》提出，不限项目，不限年龄，不限地域，只要具有从事某一竞技运动项目所需要的突出特长或巨大成长潜力的人才，均可通过推荐或自荐，经过培训（或试训）、测试和评估考核后，成为“选星计划”的培养对象。

《工作方案》要求把省运会、年度赛、俱乐部赛和其他青少年体育活动作为“选星计划”重要海选平台，把选星工作作为赛事的重要环节，发动体育类校外培训机构、俱乐部把有潜质的优秀人才推报“选星计划”。

同时，还将组织省级训练营，对经专家组测试评估为省级“选星计划”的后备对象进行不少于6 周的系统训练、测试和评估，并根据训练情况、测试情况和发展潜力择优确定我省“选星计划”入选人员。对计划入选人员，将根据特长与优势，分别纳入相应项目所在中心，从竞技能力发展和文化教育学习两方面进行系统培养。

值得一提的是，针对我省独特的“侨”资源优势，《工作方案》提出各基层体育部门要积极协调所在地侨办、侨联等部门和团体，帮助广泛收集我省海外华侨华人优秀体育人才信息，并按照“一人一档”的方式，建立人才档案。

据了解，“选星计划”将长期实施，首个周期为2022 年至2024 年，后期将根据首期组织实施情况进行优化调整。业内人士认为，“选星计划”是竞技体育人才选拔、成长、成才新的平台与通道，是对当前我国、我省竞技体育选材培养体系的有益完善和补充，将更大幅度地推进“开门办体育”，拓宽竞技后备人才选材途径。

（摘编：林学军）

福建省老年人体育工作取得新成果

福建省老年人体育工作，以习近平新时代中国特色社会主义思想为指导，认真贯彻落实党中央、国务院和国家部委、省委、省政府有关文件精神；深入调查研究，联系实际，以迎庆党的二十大为主题，以举办省第十一届老健会为契机，以创建新一轮“老年人健身康乐家园”为抓手，广泛开展老人体育健身活动，推进老年人体育工作创新发展，各项工作取得新的成效。2022 年，福建省老年人体育协会获评 5A 级（2022 年至 2027 年）社会组织。

认真学习贯彻党的二十大精神。省老体协党支部按照省委部署和省体育局体育行业社会组织党委的安排，制定学习计划，有计划地组织学习、培训，迅速掀起学习宣传贯彻党的二十大精神热潮。10 月 26 日，省老体协党支部召开党员大会，学习党的二十大重要文件，重点学习习近平总书记代表十九届中央委员会所作的工作报告。省老体协党支部书记、主席王美香作了主题发言并对学习宣传党的二十大精神作了具体部署。与会党员热烈发言，畅谈学习的感受和体会，进一步深刻领悟“两个确立”的决定性意义，自觉增强“四个意识”，坚定“四个自信”，做到“两个维护”，切实把思想和行动统一到党的二十大精神上来。同时，加强对全省各级老体协组织学习的指导，充分利用期刊、网站、报刊等载体，集中学习宣传党的二十大精神，讲好老年人听党话跟党走、拥护二十大精神的故事，展现老年群众老有所为、老有所学、老有所乐的精神风貌。

以党建为引领，各项工作取得新突破。省老体协召开“弘扬伟大建党精神，不忘初心使命，勇于担当作为，做好新时代老年体育工作”为主题的组织生活会，每位党员联系执行中央、省委的有关规定，联系贯彻落实习近平总书记关于老龄工作的重要指示和党中央、国务院、省委、省政府有关文件精神，联系学党史、悟思想、办实事、开新局的实际，总结成绩，查摆不足，进行党性分析，开展批评和自我批评，进一步深刻领悟践行伟大建党精神，增强做好老年体育工作的使命感责任感，促进党建工作和业务工作深度融合，以党建工作促进和保障业务工作取得积极成效，以党建工作引领自身建设，增强服务意识，提升服务能力。

3 月 14 日，省老体协党支部组织集体学习，传达学习习近平总书记在全国“两会”上的重要讲话精神和李克强总理所作的政府工作报告要点；深刻领会总书记阐述的“五个必由之路”与“五个战略性有利条件”，为我们奋进新征程，建功新时代指明了方向。会议还学习了《习近平在福建》中两篇有关体育工作的访谈，感受到总书记对群众体育工作和对体育工作者的关心、关爱和支持。会议要求全体党员加强学习，把思想行动统一到两会精神上来，发挥党建引领力，科学合理调整工作计划，坚持做到工作与防疫两不误，保质保量完成好全年工作任务。

省老体协深入开展“提高效率、提升效能、提增效益”活动，深入基层，特别是工作较薄弱县（市）区开展调研，加强工作指导。5 月份至 8 月份，省老体协领导先后赴三明、泉州、福州、厦门、漳州等 5 个设区市的 13 个县（市、区）实地查看基层老年体育活动中心及场地建设情况，了解老年人健身项目培训推广和开展健身活动情况、“老年人健身康乐家园”创建情况，广泛听取基层意见，发现问题，总结经验，帮助基层解难题办实事，推进新一轮“老年人健身康乐家园”创建工作。省老体协拨款支持顺昌县改造提升门球场所。

成功举办福建省第十一届老年人体育健身大会。在省委、省政府关心重视下，在省体育局和南平市委、市政府的大力支持下，福建省第十一届老年人体育健身大会在南平市举办并取得圆满成功。作为承办单位南平市体育局、南平市老体协，认真履行承办省老健会的各项工作职责，征集会徽、主题口号，制定老健会竞赛规程，制定工作方案，深入南平市实地考察场地设施和后勤保障工作，做好各项保障工作。坚持安全办会，严格落实各项安全及疫情防控措施，确保老健会安全、有序、成功、精彩。12 月 11 日，以“展康乐风采·抒幸福情怀”为主题的福建省第十一届老健会在南平市体育中心体育馆开幕。省委副书记罗东川致辞并宣布开幕，省老体协主席王美香主持，南平市委书记林瑞良致欢迎辞，中国老体协发来贺信。省领导王永礼、庄稼汉、张兆民，省级老同志庄先、陈桦、叶继革，省体育局局长叶得盛及省直机关有关部门领导、南平市领导等出席开幕式。本届大会共设置 16 个大项、28 个小项交流比赛项目。全省以各设区市，平谭综合实验区、省直及行业系统为单位，组建 14 个代表团参赛，运动员、裁判员及工作人员共 3300 多人。参赛老年朋友在南平的各个场馆同场交流、展示技艺、增进友谊、收获康乐，充分展示了老年人体育健身的丰硕成果和健康向上的精神风貌。12 月 15 日上午举行闭幕式和会旗交接仪式。李德金副省长把省老健会会旗交给下一届省老健会承办城市三明市委常委、副市长王军强。

本届省老健会取得圆满成功，一是交流比赛收获满满。各项健身项目的交流比赛，不仅充分展示了个人和团体的精湛技术、团队精神和道德风貌，而且展示了广大老年朋友良好的身体素质和健康水平，也充分诠释了贯彻实施《福建省老年人权益保障条例》、《福建省全民健身实施计划》和《福建省老龄事业发展规划》的积极成果。二是服务保障周到细致，赛事安全有序顺畅。大会严格落实承办地疫情防控方案和措施。南平市委、市政府高度重视，投入大量人力、物力、财力，为老健会的圆满成功提供全方位保障服务。三是倡导团结向上和谐文明之风。全体运动员精神饱满，遵纪守规，赛出风格，赛出水平。全体裁判员忠于职守，公正执裁，营造良好的赛风。工作人员和志愿者履职尽责，热情服务，温暖细致，保障了各项赛事有序安全。

省老体协根据疫情防控要求，采取线上线下相结合的形式组织全省老年人开展健身活动。线上，组织参加中国老体协举办的太极拳（剑）、广场舞、柔力球、健身球操等 4 个项目交流活动；线下，开展了地掷球、门球、网球、气排球、第七届老年人智力运动会等 5 个项目交流活动，参加人数 1850 多人。为满足广大中老年群众健身需求，打造我省群众文体健身活动品牌，省老体协与省广播影视集团联合举办全省广场舞大赛，共有 9 个设区市、省直机关及平潭综合实验区的 248 支队伍、近 5000 人参加。年内，省老体协举办了老年人太极拳（剑）、广场舞、健身球操、可乐球、柔力球等 5 个项目培训班，培训骨干 425 人。福州市举办了乡镇（街道）以上各种比赛 389 场，约 4 万人参加。厦门市举办“新春健步行”和“重阳节登山”活动，参加者 3.5 万人次。

稳步推进老年人健身场地设施建设。省老年体育中心改扩建工程按照时间节点完成了项目全过程咨询管理、旧楼拆除、场内树木迁移、环网改迁、临时办公用房改造、过渡用电建设等项目公开招投标和施工工作。省老体协协助全过程咨询公司完成项目初设、概算及预算编制等报审工作，为项目开工建设打下了坚实的基础。福州市连江县对陈第公园进行整体改造，整合现有少体校旧址和老体育馆，建成连江县老年人体育活动中心；长乐区投入 2300 万元建设区老年人体育活动中心。泉州市保质保量按时完成了年度市政府为民办实事的 10 座基层老年体育活动中心建设任务，项目建筑面积达 12554 平方米，总投资达 2148 万元。南平市建阳区体育馆进行全面升级改造，在武夷新区体育公园建设了塔山门球场和地掷球场。

（撰稿：兰福生）

首届世界龙舟联赛福州站决出十八项冠军

2022年6月3日，首届世界龙舟联赛福州站比赛在浦下河落下帷幕。经过3天的激烈角逐，18项冠军各归其主，63支参赛队伍为现场观众献上了一场速度和激情的视觉盛宴。

在公开组竞技龙舟决赛中，计时赛中有意保存实力的海峡龙舟中心队夺得了男子200米和男子500米两项冠军。九江双蒸龙舟队和广东远航龙舟队分别夺得女子200米和女子500米冠军。

高校组竞技龙舟决赛则爆出大冷门。组队仅一年的闽江学院男子龙舟队连续夺得200米、500米直道竞速冠军。为备战此次比赛，队员们已经集中训练了一个多月，夺冠是进步最好的证明。

华中科技大学龙舟队则在女子200米和女子500米决赛中捍卫了一直以来的霸主地位，轻松夺得冠军。

专业组竞技龙舟决赛的参赛队伍都是由国家队或各省省队的专业运动员组成，他们也为现场观众奉献了高水平的竞技。在男子200米、500米比赛中，仅仅集训了7天的东道主福建龙舟队夺冠。在女子200米、500米比赛中，浙江体彩龙舟队和国家训练营龙舟队分别夺得冠军。

奥运龙舟组的比赛是本次大赛的一大看点。最终，国家训练营龙舟队夺得女子200米、500米冠军，福建龙舟队在男子200米决赛中第一个划过终点，浙江体彩龙舟队则摘得男子500米决赛金牌。

在备受关注的传统龙舟比赛中，长乐营前龙舟队包揽了200米、500米项目冠军，并打破赛会纪录。

（摘编：赵旭东）

福建：公共体育设施应向公众免费或低收费开放

2022年3月30日，省十三届人大常委会第三十二次会议表决通过《福建省全民健身条例》，于公布之日起施行。条例对全民健身活动、全民健身设施、服务与保障及法律责任等方面作出具体规定，以立法方式，补齐全民健身短板，让全民健身走入千家万户，托起幸福生活。

全民健身，重在参与。条例规定，每年8月8日全民健身日所在周为本省全民健身周，公共体育设施应当在全民健身日向公众免费开放，并鼓励体育设施、体育旅游景区在全民健身周向公众免费开放。条例要求，地方各级人民政府依托当地自然人文资源，培育、打造和引进全民健身品牌赛事活动，并结合实际开展居家健身和网络赛事活动。

为了让全民健身真正普及全民、惠及全民，条例规定新建居住小区、新建公园配套建设全民健身设施，老旧居住小区改造、统筹配建，已建公园因地制宜补建。此外，鼓励利用山地、森林、河流等自然资源建设特色体育公园，在河道湖泊沿岸、滩地等地建设健身步道，充分发挥我省生态环境优势，因地制宜建设特色全民健身设施。

针对群众最关切的健身场地开放及收费问题，条例规定公共体育设施应当向公众免费或者低收费开放，除季节性、突发事件应急处置等情形关闭外，每年开放时间不少于330日，且每周不少于56小时。推进学校体育设施向社会开放，明确政府及部门对学校开放体育设施的支持举措。鼓励国家机关、企事业单位和其他组织加强内部体育设施建设，并向公众开放，鼓励体育主管部门管理的训练中心、基地、体育运动学校的体育设施以及运动康复等服务向公众开放。为鼓励健身消费，条例针对公民在特定全民健身设施内发生的消费给予一定比例的补助。

为了加强全民健身公共服务的质量与水平，条例规定，政府部门可以结合全民健身公共服务需求，通过购买服务的方式，将公共体育场馆运营管理、全民健身赛事活动、运动项目普及培训等交由体育社会组织或者其他组织承担。明确建设全民健身公共服务平台，提供场地预约、健身指导、体质测定、赛事活动参与等综合服务。鼓励体育运动学校、体育俱乐部在学校、青少年宫开设公益性课后体育兴趣班。此外，支持全民健身与教育、旅游、科技、养老等领域融合发展，加强全民健身文化建设和数字化建设。

（摘编：林学军）

2021年福建省筹集体育彩票公益金超27亿元

2022年8月17日福建省体育局消息，省体育局和省财政厅日前联合发布《关于2021年度福建省体育彩票公益金筹集和省级体育彩票公益金使用情况的公告》（以下简称“公告”）。公告显示，2021年，我省体育彩票销售额为927735.87万元，共筹集体育彩票公益金270289.26万元。

公告显示，2021年，省体育局体育彩票公益金支出51886.01万元，其中省本级体育彩票公益金安排支出31814.01万元、补助地方安排支出20072.00万元。这些资金主要用于实施群众体育工作、开展竞技体育工作和扶持体育产业发展等体育事业项目，并取得良好的效果。

在去年的东京奥运会和陕西全运会上，我省竞技体育双双取得历史性突破。东京奥运会17名运动员入选中国体育代表团，共夺得4金2银2铜；陕西全运会上，我省体育代表团取得25金、17银、18铜，金牌数位居全国第7位。

全民健身同样水涨船高。去年，我省新建20个智慧体育公园、6个全民健身中心，举办线上线下全民健身赛事活动2400场次，参与人数超过120万人次。

去年，我省举办田径、羽毛球和击剑等青少年年度体育赛事52项，省级中学生联赛12项次，参赛人数超过2.4万人；联合教育部门举办省大学生足球、篮球比赛，以省级联赛带动市级中学生联赛超100项次，参与人数超5万人，推动青少年体育事业健康发展。

在体育产业方面，去年我省共有19个项目获评中国体育文化博览会、中国体育旅游博览会精品项目，获奖项目数位列全国第一；泉州卡尔美、漳州泰利斯、福州天翔、厦门文广等6家企业获评国家级体育产业基地，宁德白水洋、漳州鹭凯获评国家级体育旅游示范基地。

（摘编：林学军）

中央加大支持力度助推我省社会福利和体育事业发展

2022 年 7 月 18 日福建省财政厅消息，近日，中央根据工作绩效、相关机构数量、地方人口等因素，下达我省集中彩票公益金 1 亿元，比上年增长 27.9%，用于支持社会福利和体育事业发展。

社会福利事业方面，重点支持老年人福利、残疾人福利、儿童福利、社会公益类项目，包括用于支持以服务生活困难和失能失智老年人为主的城镇老年社会福利机构建设，困难残疾人公益性康复辅助器具配置服务，以及“福彩圆梦·孤儿助学工程”等。

体育事业方面，主要支持群众体育、竞技体育和青少年体育，包括加强全民健身场地设施建设，举办全民健身赛事活动，开展竞技体育后备人才选拔培养工作，举办竞技体育赛事活动和青少年运动技能普及活动，资助国家高水平体育后备人才基地等，促进全民健身，推动体育强国建设。

中央集中彩票公益金来源于发行彩票所筹集公益金，彩票公益金在中央和地方之间按各 50% 的比例分配，其中上缴中央财政的彩票公益金即中央集中彩票公益金，在全国社会保障基金、中央专项彩票公益金、民政部和体育总局之间分别按 60%、30%、5% 和 5% 的比例分配。

（摘编：彭金龙）

海峡两岸社区治理论坛举办

2022 年 7 月 12 日，作为第十四届海峡论坛配套活动之一，海峡两岸社区治理论坛在厦门举办。论坛以“近邻服务　幸福养老”为主题，近百名来自两岸的专家学者、基层社区工作者和志愿者等参加活动。

本届论坛旨在弘扬“远亲不如近邻”优秀文化传统，发挥近邻服务在居家社区养老、助老扶幼、志愿者服务等方面的作用。与会者一致认为，人口老龄化是两岸共同面对的社会问题和考验，发展社区养老服务，积极应对人口老龄化，是实现基本公共服务均等化的重要方式。

论坛嘉宾还实地参观了厦门思明区嘉莲街道养老服务照料中心、湖里区禾山街道禾山社区养老综合服务中心等，深入了解大陆养老服务业的发展。

（摘编：郭虹）

福建省开展农村人居环境整治提升行动

2022年4月8日福建日报刊载，近日，省委办公厅、省政府办公厅印发《福建省农村人居环境整治提升行动实施方案》，提出要以实施乡村建设项目为抓手，重点加强普惠性、基础性、兜底性民生建设。到2025年，农村人居环境显著提升，生态宜居美丽乡村建设取得新进步。

2018年至2020年，我省深入开展农村人居环境整治三年行动。该行动以厕所革命、农村垃圾治理行动、农村污水治理行动、农房整治行动、村容村貌提升行动"一革命四行动"为主要内容。到2020年底，全省农村人居环境显著改善，各项指标任务均超额完成，农村人居环境整治成效综合评价连续三年位居全国前列。

为巩固拓展三年行动成果，我省接续推进农村人居环境整治提升行动。作为"十四五"时期全省农村人居环境整治提升工作的指导性文件，方案明确了目标任务：农村卫生厕所全面普及，厕所粪污得到有效处理或资源化利用；农村生活污水治理率达到65%以上，基本消除较大面积农村黑臭水体；农村生活垃圾基本实现无害化处理，农村有机垃圾生态处理机制基本建立；新建改造农村公路5000公里；农村自来水普及率达到90%以上；长效管护机制全面建立，建成一批美丽宜居村庄。

方案明确了提高农村改厕质量、加快农村生活污水治理、全面提升农村生活垃圾处理水平、提升农村居住品质、推进村容村貌美化提升、完善农村基础设施、群众参与活力提升、提升长效管护水平等8个方面重点任务。

方案从加强组织领导、完善配套政策、加大资金投入、推进制度规章与标准体系建设、强化考核激励等5个方面，提出保障措施。用地保障方面，在严守耕地和生态保护红线的前提下，优先保障农村人居环境设施建设用地；资金投入方面，各级应积极统筹上级补助、本级一般公共预算、土地出让收入、城乡建设用地增减挂钩所获土地增值收益、耕地占补平衡指标收益等相关渠道资金，强化农村人居环境整治提升项目建设、运行、维护投入保障。同时，要避免政府大包大揽，鼓励通过政府和社会资本合作等模式，调动社会力量积极参与垃圾、污水治理等各类农村人居环境整治重点项目建设。

（摘编：林学军）

福建省退休人员基本养老金提高

2022年7月18日福建省人社厅消息，经省政府同意，省人社厅、财政厅印发《关于2022年调整退休人员基本养老金的通知》，明确从2022年1月1日起，为我省2021年底前已办理退休手续，并领取养老金的企业和机关事业单位退休人员提高养老金待遇，总体调整水平为2021年退休人员月人均基本养老金的4%。新增基本养老金将于7月31日前发放到位，惠及全省220万名退休人员。

今年继续统一采取定额调整、挂钩调整与适当倾斜相结合的调整办法。其中，定额调整按退休人员每人每月40元增加，全省企业和机关事业单位退休人员调整标准一致。挂钩调整以“多缴多得”“长缴多得”为原则，与本人基本养老金、缴费年限挂钩，在按退休人员2021年12月发放基本养老金标准的2%调整增加的同时，按缴费年限每满一年发给1元。在上述调整的基础上适当倾斜，对2021年达到70周岁的退休人员每人每月增发40元；对2021年12月底前基本养老金低于2818元的企业军转干部，补齐至2818元后，再参加本次基本养老金调整。

（摘编：彭金龙）

福建省出台多项举措保障困难群众基本生活

2022 年 8 月 27 日福建省民政厅消息，为切实保障好困难群众基本生活，省民政厅、财政厅日前联合下发通知，要求切实落实社会救助标准动态调整机制，2022 年底前，低保标准占最低工资标准的平均比例达到 44% 以上，特困供养标准按规定作相应调整。为低保对象、特困人员增发一次性生活补贴，具体发放标准由各地结合实际确定，原则上应于 9 月底前发放到位。受疫情影响严重地区可为临时生活困难群众发放一次性临时救助金。对因家庭成员就业导致收入超过低保标准的救助对象家庭，延保 6 个月。同时，加大对未参保失业人员等困难群众临时救助力度。

各地民政部门要深入开展困难群众“漏保”“漏救”点题整治巩固提升，加大对困难群体摸排、巡访探访力度，全面了解辖区内受疫情影响困难群众生活状况，做到早发现、早介入、早救助。完善低收入人口动态监测信息平台，汇聚各部门数据信息，通过数据交叉比对，对低收入人口进行常态监测、快速预警，对发现的困难群众及时干预、精准救助、综合帮扶。

鉴于当前疫情多发的情况，各地要综合考虑疫情可能对困难群众造成的影响，提前制定疫情防控期间困难群众救助工作应急预案，结合实际明确临时遇困、滞留人员申请临时救助的具体情形、救助标准和救助时限、救助方式，由急难发生地直接实施临时救助。全面落实“先行救助”“分级审批”等政策规定，适度提高中高风险区域乡镇（街道）备用金下拨额度和审批额度，疫情严重的地区可由社区（村）直接实施临时救助。

通知要求，深入开展社会救助领域群众身边腐败和作风问题综合治理，严肃查处虚报冒领、截留私分、贪污侵占救助资金以及“关系保”“人情保”吃拿卡要等违规违纪行为，守护好困难群众的每一笔“救助款”、每一分“保命钱”。

（摘编：郭虹）

福建省持续提高优抚对象抚恤补助标准

2022年10月7日福建省财政厅消息，根据省财政厅、省退役军人事务厅9月底印发的通知，从2022年8月1日起，我省进一步提高部分优抚对象等人员抚恤和生活补助标准。这是我省自2004年以来，连续21次提高该标准，预计惠及优抚对象超19万人。

其中，残疾军人、伤残人民警察、伤残国家机关工作人员、伤残民兵民工的残疾抚恤金标准从每人每年10140～106670元提高至10850～116270元，增幅超7%。“三属”（烈属、因公牺牲军人遗属、病故军人遗属）定期抚恤金从每人每月2392～2929元提高到2552～3183元，增幅超6%。农村和城镇红军失散人员抚恤补助分别从每人每月2922元、2952元提高到3172元、3202元，增幅8%。复员军人生活补助金从每人每月1750～1840元提高到1900～1990元，增幅8%；带病回乡退伍军人生活补助金从每人每月720元提高到770元，增幅6%。

参战退役人员生活补助金从每人每月845元提高到895元，增幅5%。居住在农村和城镇无工作单位、18周岁之前没有享受过定期抚恤金待遇且年满60周岁的烈士子女生活补助金从每人每月590元提高到645元，增幅9%。部分年龄在60周岁以上（含60周岁）、未享受国家定期抚恤补助的农村籍退役士兵补助金从每人每月50元提高到54元，增幅8%。新中国成立前加入中国共产党的农村老党员和未享受离退休待遇的城镇老党员，生活补贴标准从每人每月750～870元提高到815～880元，增幅8%。

今年以来，我省已下达补助资金11.07亿元，确保优抚对象各类待遇落实到位。

（摘编：林学军）

第五篇 生态文明

习近平生态文明思想理论与实践研讨会在三明举行

2022年4月18日，习近平生态文明思想理论与实践研讨会在我省三明市举行。省委书记、福建省习近平新时代中国特色社会主义思想研究中心主任尹力，生态环境部党组书记孙金龙，中央宣传部副部长孙业礼，出席开幕式并致辞。省长赵龙主持。

尹力在致辞中说，习近平生态文明思想是党领导人民推进生态文明建设取得的标志性、创新性、战略性重大理论成果，是新时代建设社会主义生态文明的强大思想武器。福建山海相连、美丽清新，是我国南方地区重要的生态屏障，更是习近平生态文明思想的重要孕育地和实践地。我们坚持以习近平生态文明思想统领生态省建设实践，传承弘扬习近平总书记在闽工作时推进生态文明建设的重要理念和重大实践，始终胸怀“国之大者”，精心守护绿水青山，持续深化国家生态文明试验区建设，有力有序做好碳达峰碳中和工作，做强做优做大绿色经济，加快构建现代生态文明治理体系，扎实推进经济发展和生态保护相协调相促进，为建设美丽中国贡献福建力量。我们将以此次研讨会为契机，与大家共同感受习近平生态文明思想的真理伟力，共同推动学习贯彻习近平生态文明思想走深走实。

孙金龙说，习近平生态文明思想是习近平新时代中国特色社会主义思想的重要组成部分，是经过实践检验、富有实践伟力的强大思想武器，是推进美丽中国建设、实现人与自然和谐共生现代化的根本遵循。党的十八大以来，在习近平生态文明思想的科学指引下，我国生态文明建设和生态环境保护发生历史性、转折性、全局性变化，美丽中国正在不断变为现实。在福建工作期间，习近平总书记提出了一系列具有战略性前瞻性的生态文明理念和建设“生态省”战略。福建始终牢记嘱托，坚定不移走生态优先、绿色发展的高质量发展道路。生态环境部将一如既往地支持福建深入学习贯彻习近平生态文明思想，推进生态文明理论和实践创新，为建设天更蓝山更绿水更清的美丽中国贡献福建智慧和福建经验。

孙业礼说，习近平生态文明思想是习近平新时代中国特色社会主义思想的重要组成部分，是马克思主义生态文明观的重大创新成果，是建设美丽中国、实现人与自然和谐发展的根本遵循和行动纲领。福建是习近平生态文明思想的重要孕育地和实践地。近年来，福建省围绕习近平生态文明思想深入开展研究，推出了一系列具有重要影响力的理论研究成果。要通过此次研讨会，进一步加强理论学习和研究阐释，弘扬优良学风，在学深悟透习近平生态文明思想上取得新认识，在推动习近平生态文明思想学理化、大众化上取得新进展，在深入践行习近平生态文明思想上取得新成效。

中央党校（国家行政学院）分管日常工作的副校（院）长李书磊，中国社会科学院副院长、党组副书记高翔，联合国环境规划署驻华代表涂瑞和，通过视频在开幕式上致辞。中央党校（国家行政学院）副校（院）长李毅，省领导罗东川、吴偕林、郑建闽出席。省委常委、宣传部部长张彦主持主旨报告阶段。

中央和国家机关有关部门同志，省直有关部门负责同志，部分省外“绿水青山就是金山银山”实践创新基地代表，海外、省内外专家学者和学生代表等参加研讨会。

研讨会举行前夕，中央党校（国家行政学院）习近平新时代中国特色社会主义思想研究中心与福建省习近平新时代中国特色社会主义思想研究中心签署战略合作协议。

（摘编：李哲）

《福建省生态环境保护条例》2022年5月1日起施行

2022年3月30日，《福建省生态环境保护条例》经省十三届人大常委会第三十二次会议表决通过，于今年5月1日起施行，该《条例》贯彻新发展理念，落实党中央关于生态文明建设重大决策部署、衔接国家近年来新出台生态环保领域法律，对现行《福建省环境保护条例》进行全面修订完善，从监督管理、保护和改善生态环境、防治污染和其他公害、信息公开与公众参与以及法律责任等方面进行总纲性、综合性规定，进一步完善我省生态文明建设的法规制度体系，对其他生态环保单项法规起到统领作用，从整体上推进我省生态环境保护，促进我省生态文明建设迈上新台阶。

《条例》多个条款体现党中央关于“双碳”目标的重大决策部署，其中明确应当把“双碳”纳入生态省建设布局，科学编制“双碳”时间表和路线图，发挥福建林业优势推进林业碳汇交易工作，建立应对气候变化工作机制，加快建立以绿色低碳为特征的产业体系和生活方式。

《条例》要求建立健全环境信用评价制度，将企事业单位和其他生产经营者的环境违法信息纳入福建省公共信用信息平台，记入社会诚信档案，并及时向社会公布违法者名单，倒逼企事业单位和其他生产经营者自觉履行环保法定义务和社会责任。

《条例》根据我省环境执法实践需要，贴近民生，回应百姓生活关注焦点，规定一系列环境违法行为禁止性规定及其法律责任，增强打击环境违法行为的针对性和可操作性。《条例》规定，高考、中考期间在考点周围区域内进行产生环境噪声的活动的，对单位处一万元以上五万元以下罚款，对个人处五百元以上二千元以下罚款，填补了上位法的空白。

（摘编：康明辉）

《福建省“十四五”生态省建设专项规划》发布

2022 年 4 月 29 日省政府新闻办召开福建省“十四五”专项规划新闻发布会（生态省建设专场），邀请省有关部门解读《福建省“十四五”生态省建设专项规划》（以下简称《规划》）。

根据《规划》，“十四五”时期，我省将坚定不移实施生态省战略、深化国家生态文明试验区建设，“双碳”工作有序推进，绿色经济发展质量更高，节能减排保持全国先进水平，生态系统质量巩固提升，绿色生活方式和生态文明理念深入人心；到 2035 年，率先建成美丽中国福建示范区。

降碳，是“十四五”时期我国生态文明建设的重点战略方向。目前，“双碳”工作实施意见、碳达峰实施方案已按程序报请审定，“1 + N”政策体系正抓紧制定出台；绿色低碳产业加速做大做强，获批全国首个新能源产业发展示范区，战略性新兴产业实现倍增发展，高技术产业增加值同比增长 26.4%；积极推进林业碳中和试点、海洋渔业碳汇交易、林业金融区块链融资服务平台、碳中和研究机构等一系列碳中和探索。

《规划》将“双碳”战略目标纳入经济社会发展、生态省建设整体布局——将科学、合理制定我省“双碳”时间表、路线图；加快构建绿色低碳循环发展的经济体系，全面推行资源循环利用，到 2025 年，具备条件的省级以上园区全部实施循环化改造；积极发展非化石能源，到 2025 年非化石能源占能源消费总量比例为 27.4%；持续推进绿色低碳关键核心技术攻关工程，实施“绿碳”“蓝碳”等工程，加强科技支撑；进一步拓展生态文明教育的广度和深度，凝聚绿色共识。

根据《规划》，我省将进一步推进绿色制造体系建设，降低资源能源消耗，增加绿色产品供给，推动我省制造业的高质量绿色低碳发展。

“十四五”期间，我省将积极鼓励引导企业、园区创建绿色工厂、绿色园区，到 2025 年，全省创建绿色工厂 150 家、绿色园区 15 个、绿色供应链管理企业 25 家，持续推动“绿色制造”体系创建；加大节能环保技术、装备的推广应用力度，统筹推进节能降耗，2025 年 30% 以上行业能效达到标杆水平；开展重点行业能效对标，加快淘汰落后工艺、技术设备，推广先进的节能减排技术、装备、工艺；培育本地化绿色制造服务机构，提升绿色制造服务水平。

根据《规划》，“十四五”期间，我省基础设施建设将聚焦能源、城乡建设、交通运输等三大领域，加快绿色低碳化发展。至 2025 年，所有城市建成区内的公园绿地服务半径覆盖率达到 85% 以上，实现设区城市垃圾分类全覆盖，力争城市原生生活垃圾零填埋，全省市、县污水处理率达 98%。

进入“十四五”，污染防治攻坚战由“坚决打好”，走向“深入打好”。面对新任务、新要求，我省将坚持降碳、减污、扩绿、增长协同推进，突出精准、科学、依法治污，深入实施蓝天、碧水、碧海、净土四大工程，系统推进美丽城市、美丽乡村、美丽河湖、美丽海湾和美丽园区“五大美丽”建设，全力守好生态高颜值，促进发展高质量，服务民生高品质。

山水林田湖草是生命共同体，“十四五”期间，我省将统筹推进森林、流域、农田、城镇、海洋、废弃矿山等国土空间全域生态保护修复。结合《规划》，我省将加快构建国土空间规划和用途管制体系、国土空间生态保护修复体系，到

2025年，全省将完成废弃矿山治理面积2万亩，修复海岸线50公里、滨海湿地3万亩，打造可复制、可借鉴的生态修复“福建样本”。

在生态省建设中，林业起到基础性、战略性作用。围绕生态省建设的目标要求，我省将继续提升森林质量，构建稳定、健康、优质、高效的森林生态系统；强化森林资源保护，全面提升森林生态系统的抗风险能力；加快构建以国家公园为主体的自然保护地体系；推进林长制从“全面建立”向“全面见效”，让美丽福建底色更绿更亮。

（摘编：吴强）

“牢记使命　奋斗为民”系列主题新闻发布会福建省生态环境厅专场举行

2022年9月30日，“牢记使命　奋斗为民”系列主题新闻发布会省生态环境厅专场在福州举行。省生态环境厅有关负责人介绍十年来我省守护生态环境、建设生态文明、坚持绿色发展的相关情况。

一、铁腕治污护生态环境

十年来，我省坚持以改善生态环境质量为导向，统筹推进蓝天、碧水、碧海、净土污染防治攻坚战。

打好蓝天保卫战，深入推进煤电机组、钢铁行业、燃煤锅炉等达标排放、超低排放改造，协同推进氮氧化物和VOCs减排，强化城市扬尘、油烟管控。

打好碧水保卫战，严格饮用水水源地保护，深入推进“六江两溪”水环境综合整治，实施闽江、九龙江山水林田湖草沙保护修复工程，加强工业、城镇生活、畜禽养殖业污染防治，开展小流域、入河排污口、农村生活污水等治理。

打好碧海保卫战，加强近岸海域污染防治，开展入海排污（放）口整治，推进海漂垃圾综合治理。福州滨海新城岸段获评“全国美丽海湾”。

打好净土保卫战，开展农用地土壤污染状况详查，探索构建“防、控、治”三位一体的土壤污染防治模式；持续提升工业、生活垃圾处理能力和水平；严格危险废物、医疗废物处置监管。

2021年，全省城市空气质量优良天数比例99.2%，PM2.5年均浓度22微克/立方米，主要流域Ⅰ—Ⅲ类水质比例97.3%，市县饮用水水源地水质均达标，近岸海域水质优良比例85.2%，全省森林覆盖率66.8%，八闽大地天更蓝、水更清、海更碧、山更绿。

近年来，我省积极推进生态环境保护督察整改，解决了一大批事关民生的突出生态环境问题。至目前，第一轮中央对我省生态环境保护督察的72项整改任务绝大多数已经完成；第二轮中央督察的38项整改任务已完成过半；省级两轮督察明确的450项整改任务已完成六成以上。

长期以来，我省对污染环境和破坏生态的违法问题坚决予以打击，连续8年联合公安部门开展“清水蓝天”专项行动，共查办环境行政处罚案件2.8万多起、处罚金额16.4亿元。

二、改革创新促生态文明

党的十八大以来，福建先后成为国家生态文明先行示范区、全国首个国家生态文明试验区。以改革创新为主线，《国家生态文明试验区（福建）实施方案》26项重点任务全面完成，按期取得了38项重大改革成果，39项改革举措和经验做法向全国复制推广。

不断改革创新，系统完整的生态文明制度体系已基本构建。

坚持党政同责、一岗双责，2016年起，省委书记、省长每年与九市一区党政“一把手”签订党政领导生态环境保护目标责任书；制定58个省直部门生态环境保护责任清单；建立健全企业环境信用评价、企业环境信息依法披露等制度，实施企业落实环境治理责任情况动态评估，形成全链条、多层次、广覆盖的生态环境保护责任体系。

完善生态环境法治体系，出台20多部地方性法规、规章、污染物排放标准等，构建起较完备的地方生态环境保护法规标准体系。

创新建成覆盖省市县三级的生态云平台，运用大数据技术实现可靠溯源、有效预测、精准治污、智慧监管；创新建立覆盖全省主要流域的生态补偿机制，“十三五”以来累计补偿资金63.1亿元；探索汀江—韩江跨省流域横向生态补偿新路子，累计补偿24.7亿元。

创新生态激励机制，推行排污权、碳排放权、用能权等资源环境权益交易制度，排污权交易市场活跃，率先上线省级碳市场综合服务平台，企业节能降碳减排内生动力有效激发。

三、绿色低碳高质量发展

十年来，我省完整准确全面贯彻新发展理念，着力建立绿色低碳循环经济体系，让“绿色”成为福建高质量发展鲜明“底色”。

优化绿色布局，落实主体功能区规划，编制完成全省“三线一单”，将全省“网格化”划分为791个优先保护、835个重点管控、135个一般管控单元，在空间布局上明确、规范各地产业发展方向，构建沿海加快产业集聚、山区重点保护生态的协调发展格局。

树好绿色导向，对南平、龙岩、三明、宁德、平潭5个地级市（区）和34个县（市、区），取消地区生产总值考核，重点考核生态环境质量和绿色发展水平。至目前，我省有5个县（市、区）被列为全国“两山”实践创新基地，30个市、县（区）被列为国家生态文明建设示范区。

加快绿色转型，将碳达峰碳中和纳入生态省建设布局，推进产业转型升级，加快绿色低碳改造，从源头上减少排放。至2021年，我省单位地区生产总值能耗、碳排放强度为全国平均的68%、60%，清洁能源装机比重达58%。

持续深化放管服，促进营商环境更加优质。环评审批范围减少约80%，全省环评审批实现“四级四同”，审批时限均压缩至法定时限的50%。发展环保产业，持续谋划、生成、落地、实施生态环境治理项目，带动环保技术、装备、产业发展，打造经济新增长点。今年以来，全省生态环境系统组织策划实施了2600多个项目，总投资达2900多亿元。

（摘编：康明辉）

省政府召开常务会议：审议通过福建省综合性生态保护补偿实施方案、互花米草除治攻坚行动方案

2022年9月26日，省长赵龙主持召开省政府常务会议，认真贯彻落实党中央国务院决策部署以及省委工作要求，审议通过《福建省综合性生态保护补偿实施方案》《福建省互花米草除治攻坚行动方案》等工作。

会议明确，延续并深化综合性生态保护补偿政策，增补5个县纳入实施范围，今后按照“退出补入”原则实行动态调整，奖励资金与生态指标考核结果挂钩。会议强调，各地各部门要深入学习贯彻习近平生态文明思想，牢固树立绿水青山就是金山银山理念，坚持山水林田湖草沙是生命共同体，持续深化生态保护补偿机制改革，强化激励约束，加强资金监管，完善工作机制，确保生态保护各项任务落地落实。

会议强调，要深入贯彻习近平总书记关于生物安全的重要指示批示精神，坚持全民动员、方法对路、科学除治、后期管护、生态提升工作要求，分区域、分年度开展互花米草除治攻坚，全力斩草除根，防止死灰复燃，确保“一年明显见效、二年基本除治、三年完成修复、长期加强管护”。

（摘编：黄万良）

福建省举办生态环境项目成果发布会

2022 年 6 月 19 日，福建省生态环境项目成果发布会在福州海峡国际会展中心举行。作为第二十届中国·海峡创新项目成果交易会的重要活动之一，此次发布会旨在推介生态环境项目，推进项目精准对接，扩大生态环保领域有效投资。

发布会由省生态环境厅、省发改委、省财政厅、省地方金融监管局联合主办，会上展示了生态环境相关的 150 个项目案例、45 项前沿技术及 10 家金融机构。福州、龙岩等地方政府及金融机构、重点科研院所的负责人在会上推介生态环境项目成果、前沿技术和绿色金融产品，莆田市 EOD 项目、大田县环境能源装备产业园区等 30 个项目现场“牵手联姻”，总签约金额逾 310 亿元。

同时，省生态环境厅与省内 8 家主要金融机构签署合作协议，未来 5 年，各金融机构将给予生态环保领域 8000 亿元的意向性融资支持；其中，首批 10 个重点融资项目现场签约，总授信额近 150 亿元。

（摘编：游学荣）

数字环保分论坛举行

2022 年 7 月 23 日，第五届数字中国建设峰会数字环保分论坛在福州举行。分论坛由生态环境部、福建省人民政府联合主办，福建省副省长郑建闽出席论坛并致辞。

论坛上，围绕“智能化助力减污降碳，数字化引领绿色发展”主题，来自全国各地的专家学者，政府部门、知名企业代表等约 500 人进行深入交流和探讨。中国工程院院士王桥、中国科学院院士郭华东，及来自重庆市环境局、福建省生态环境厅、生态环境部信息中心和联通数字科技有限公司等的代表作主题报告，并发布了 30 个第五届“全国数字环保优秀应用案例”。

本次论坛首次举行了“环境治理类国家智能社会治理实验特色基地”授牌仪式。江苏省、广东省深圳市等 10 个基地获评“环境治理类国家智能社会治理实验特色基地”。

2019 年数字中国建设峰会首次设置“数字生态”分论坛，已连续举办三届，今年更名为“数字环保”分论坛，以展示生态环境信息化改革创新发展理念、数字生态建设最新成果，促政府、企业、研究机构深入合作。

（摘编：周忠志）

第七届中国国际绿色创新发展大会推进实现“双碳”目标

2022年9月7日，第七届中国国际绿色创新发展大会在厦门举行。十二届全国政协副主席、农工民主党原常务副主席刘晓峰宣布开幕并致辞。

“双碳”目标提出后，从中央到地方，从政府到企业，从学术机构到民间社会，调动各方智慧和力量，有序开展了能源转型、环境保护、低碳金融、智慧科技、绿色消费等多领域、多层面的绿色低碳行动，体现了令人瞩目的大国行动力、凝聚力和领导力。举办本次大会，旨在搭建社会各界研讨交流、对接合作的专业平台，营造互学互鉴、互促互进的产业生态圈，共享绿色转型、创新发展的思路和成果。在各方嘉宾凝心聚力、团结合作下，一定会为实现“双碳”目标、促进可持续发展、构建人类命运共同体添砖加瓦，作出新的更大贡献。

本次大会以“落实联合国气候公约，推进实现‘双碳’目标——共建新平台、共创新生态、共享新成果”为主题，围绕“加强低碳节能环保投资与融资，参与国际绿色领域合作，提升绿色低碳发展水平”展开研讨。现场还举办了中国园区开发区适合投资指数评价体系、科教创新梦想中心 D - centre 项目启动仪式，并为2022年度绿色低碳示范园区、绿色创新领军企业、低碳发展领军企业表彰授牌。

中国气候变化事务特使解振华、中国国际投资促进会会长马秀红通过视频致辞。

（摘编：康明辉）

全国林草碳汇高峰论坛在三明举行

2022年7月1日全国林草碳汇高峰论坛在三明举行，主题为“发挥林草碳汇优势，助力实现‘双碳’目标”，由国家林草局应对气候变化工作领导小组办公室、福建省林业局指导，中国林学会、福建农林大学、三明市政府、中国林业科学研究院、中国林业集团有限公司等单位共同主办。省政府副省长康涛、国家林草局副局长刘东生出席论坛。

作为全国首个生态文明试验区，福建始终传承弘扬习近平总书记在闽工作时推进生态文明建设的重要理念和重大实践，做大做优做强绿色经济，扎实推进经济发展和生态保护相协调相促进，为建设美丽中国贡献福建力量。目前，我省林业碳汇交易成交量和成交额均居全国前列，还涌现出会议碳中和、碳汇保险、林业碳票等亮点做法，为林业碳汇发展开辟新路。希望通过本次论坛，助推福建林业碳汇工作探索新思路、挖掘新点子，在林业碳汇创新发展上迈出更大步伐。

高峰论坛上，中国科学院院士、云南大学校长方精云，中国科学院院士于贵瑞，国家应对气候变化战略研究和国际合作中心主任徐华清等知名专家学者作了一系列主题报告。部分省（区、市）林草主管部门及国有大型森工企业代表等参加论坛活动，并就林草碳汇有关问题展开深入交流研讨。

（摘编：黄万良）

2022年双碳金融论坛举办

2022年9月22日，在双碳目标提出两周年之际，2022年双碳金融论坛在福州举办。省委常委、常务副省长郭宁宁到会致辞。

论坛提出，要坚持以习近平生态文明思想为指导，传承弘扬习近平总书记在福建工作时开创的生态文明建设创新理念和重大实践，坚定不移推进生态省建设，努力构建金融支持绿色低碳发展的长效机制，积极建设资金渠道多元、金融服务高效、健康可持续的绿色投融资环境，助力碳达峰、碳中和。要加强碳金融的研究和实践，加大碳金融投融资工具的创新和运用，积极参与建立绿色金融标准体系，推动绿色金融产品供给增量、扩面、提质、降本、强效，全面提升绿色金融服务实体经济的广度、深度和力度，引导更多金融源头活水浇灌绿色低碳循环发展的生产、流通、消费全链条，全方位推进我省绿色经济产业做大做强做优。

论坛上，来自中国能源研究会、国际金融公司（IFC）以及省内有关单位嘉宾，围绕双碳目标下的能源转型发展、转型金融服务碳减排、福建实现双碳目标的机遇与优势发表了主题演讲；中国工程院、G20可持续金融工作组、国家金融与发展实验室等的专家学者通过视频发表了精彩观点。

（摘编：王诗诚）

双碳经济国际合作研讨会举行

2022年9月8日，第二届中国外资展·双碳经济国际合作研讨会在厦门会展中心举行。

本次会议是中国外商投资企业协会双碳与可持续发展委员会自今年6月成立以来的首次研讨。会上，以“双碳目标下的国际合作”为主题，来自中华环保联合会、法国威立雅环境集团、道达尔能源集团、通用汽车、亿滋国际和福建省太阳能光伏商会等的专家学者、中外企业代表切磋交流，分享低碳减排方面的政策理论与实践经验。来自湖南省、中国（河南）自由贸易试验区开封片区、中国（福建）自由贸易试验区厦门片区等地的代表分享各自在“双碳”领域的计划。

与会企业代表表示，希望通过合作交流，促进更多节能减碳、绿色发展方面的先进技术、商业模式加速在中国落地。

（摘编：康明辉）

"中国山水工程"入选联合国首批十大"世界生态恢复旗舰项目"

北京时间2022年12月13日，联合国《生物多样性公约》第15次缔约方大会（COP15）在高级别会议期间正式发布首批十大"世界生态恢复旗舰项目"，"中国山水工程"项目获评。从福建省财政厅获悉，"中国山水工程"项目包含福建闽江、九龙江流域两个项目。

2017年，通过竞争性评选，福建省闽江流域山水林田湖草生态保护修复工程成功入围全国第二批试点，项目总投资121亿元，获得中央财政奖补资金20亿元。项目试点实施成效显著，闽江流域生态系统质量和稳定性明显增强，人与自然关系更加和谐，环境治理、环境质量改善、生境修复等指标显著改善，成为第二批试点中唯一获得国家部委组织考评优秀成绩的省份，并在2020年国务院第七次大督察中获表扬并向全国推广。今年8月，经省政府同意，福建省闽江流域山水林田湖草生态保护修复试点工程项目通过整体验收，成为全国44个项目中率先通过验收的项目。

2021年，经竞争性评审，我省九龙江流域山水林田湖草沙一体化保护和修复工程在全国29个申报项目中位列第5，入选中央财政支持项目，获得奖补资金20亿元。项目总投资78.61亿元，实施期为2021—2023年，重点围绕区域内存在的部分小流域水环境问题严重、历史遗留矿山生态修复迫切、水土流失与农地退化严重等主要生态问题，实施水环境治理与生态廊道建设、重要生态系统保护修复、农地生态功能提升与面源污染防治、矿山生态修复、机制创新与能力建设5大类项目。

财政部、自然资源部会同相关部门自2016年启动山水林田湖草沙一体化保护和修复工程，从区域、流域尺度综合开展各类生态要素的一体化保护和系统治理，力求取得整体性、综合性生态效益。"十三五"以来，已在重要生态屏障区域部署实施了44个山水工程项目，累计下达中央财政奖补资金794亿元，完成生态保护修复面积350多万公顷，在组织模式、实施理念、技术标准等方面形成了一系列创新成果。

"世界生态恢复旗舰项目"由联合国环境规划署和联合国粮食及农业组织会同多家国际组织共同评选，经"联合国生态系统恢复十年"执行委员会审定并报联合国秘书长，将纳入联合国秘书长报告提交2025年联合国大会，并在联合国高级别政治活动中展示。

（摘编：黄万良）

“闽江流域”交出优秀答卷

2022年8月22日经省政府同意，福建省闽江流域山水林田湖草生态保护修复试点工程项目通过整体验收，验收报告今日正式上报财政部、自然资源部、生态环境部。

闽江是福建的“母亲河”，闽江流域是我国南方地区重要的生态屏障，是东南地区重要水源涵养地、水土保持地和生物多样性保护地，对台湾海峡近海生态环境影响大。

2017年，通过竞争性评选，福建省闽江流域山水林田湖草生态保护修复工程成功入围全国第二批试点，项目总投资121亿元，获得中央财政奖补资金20亿元。

试点项目涉及三明、南平、福州、龙岩、宁德5个地市29个县（市、区），实施水环境治理与生态修复、生物多样性保护、水土流失治理及农地生态功能提升、废弃矿山生态修复和地质灾害防治、机制创新与能力建设等五大重点工程，共368个项目。

省委、省政府高度重视，成立了省、市、县三级领导小组，将生态保护修复工作列入相关地方党委政府生态环保目标责任书，按照“省级协调、市为主体、县抓落实”三级联动工作推进机制，财政牵头，自然资源、生态环境、发改等九部门齐抓共管、同向发力，打破部门、资金、政策条块分割的状况，针对流域生态关键问题和薄弱环节，全流域整体谋划、上下游协同治理。同时，依托全国首个“生态云”平台，将闽江流域分为25个国控单元、62个省控单元、318条小流域的“流域脉络图”，实现全流域精细化管控、长效管护。

我省还在全国首创系统集成的精品示范项目，设立10亿元正向激励资金，集中支持打造15个多生态要素保护修复有机融合、生态措施和工程措施较好衔接、项目建设与科学研究“建研”一体的精品示范工程，并引入中国社科院专家团队常驻福建，分片区全流程指导试点地区项目推进。

项目试点实施以来，闽江流域生态系统质量和稳定性明显增强，人与自然关系更加和谐，环境治理、环境质量改善、生境修复等指标显著改善。2020年，三明、南平空气质量达标天数比例均提升至100%，福州、宁德、龙岩试点区域空气质量明显提升。2021年，闽江干流和二级以上支流水质优良比例99.2%，台湾海峡闽江口水质优良点位比例81.4%，小流域优于Ⅲ类水质比例98.5%。闽江源、沿江及河口湿地白鹏、东方白鹳、黑脸琵鹭等越冬地、繁殖地90%以上达到国家保护标准，珍稀鸟类迁徙通道基本贯通，胭脂鱼、花鳗鲡、大刺鳅等珍稀濒危物种得到有效保护，基本遏制物种消失趋势。

各地还积极探索“山水林田湖+景观提升+产业振兴”发展路子，让绿水青山转化为金山银山，不断增强群众对良好生态环境的获得感，368个子项目群众满意率均达97%以上。

“闽江项目”也成为全国生动案例，在财政部绩效评价中获全国同批次唯一的优秀等次，在2020年国务院第七次大督察中获表扬并向全国推广。

项目的成功实施，使山水林田湖草整体系统保护的理念逐渐深入人心。“闽江经验”正复制推广至我省第二大河流九龙江流域，并持续创新，提升并带动全省流域生态治理工作。

（摘编：王诗诚）

国家生态文明建设示范区福建省获评名单

2022年11月20日福建省生态环境厅消息，福建省厦门市、厦门同安区、厦门翔安区、南平市、福州马尾区、闽侯县、泉州洛江区、惠安县、古田县等9个市县获评第六批国家生态文明建设示范区；莆田市木兰溪流域、南平市邵武市被命名为“绿水青山就是金山银山”实践创新基地。

目前，我省已有39个国家生态文明建设示范区，7个“绿水青山就是金山银山”实践创新基地，数量位居全国前列。厦门市成为继深圳市之后全国第二个全域及其各区均为示范区的副省级城市。木兰溪流域是全国唯一以流域命名的实践创新基地。

（摘编：康明辉）

第三批国家农业绿色发展先行区创建名单福建省入选县

2022年8月14日福建省农业农村厅消息，农业农村部、国家发改委、科技部等8部门日前公布第三批49个国家农业绿色发展先行区创建名单。我省长汀县、建宁县入选。

我国自2017年启动国家农业绿色发展先行示范区建设，以形成一批适宜不同类型特点的农业绿色发展模式和技术集成，提炼推广一批农业绿色发展制度，为推动形成农业绿色生产和生活方式提供样板。按照要求，创建单位要重点围绕农业投入品减量增效、废弃物资源化利用、农业资源集约利用、产业链低碳循环等方面，探索符合不同区域、生态类型、主导品种的绿色发展模式。

此前，我省漳州市、南平市入选第一批国家农业绿色发展先行区创建名单；永泰县入选第二批国家农业绿色发展先行区创建名单。

（摘编：黄万良）

全国农业绿色发展典型案例福建省入选名单

2022年2月25日福建省农业农村厅消息，近日，农业农村部发布51个全国农业绿色发展典型案例，并向全国推介。我省2案例入选，分别是武夷山市的“做好‘两无化’文章　发展绿富美生态茶园”、上杭县的“‘土长’当家　守护一方净土”。

去年，武夷山市全面启动生态茶园建设，计划以“1+X”模式，按“初级生态茶园、中级生态茶园、高级生态茶园”的标准，分级分类逐步推进生态茶园建设，确保“十四五”期间全市基本实现高级生态茶园全覆盖。其中，“1”指按照“头戴帽，脚穿鞋，中间扎腰带，保障茶园生物多样性”的要求建成生态茶园，“X”指在原有生态茶园建设的基础上，因地制宜推行若干生态调控、农艺改良、物理防控、生物防治、科学施肥等组合技术，有序有效提升生态茶园建设水平。

2020年，上杭县在全省率先探索建立实施“土长制”，全面建立县、乡（镇）两级“土长体系”，明确各级“土长”是所辖区土壤生态环境保护管理的直接责任人，负责掌握全县土壤环境质量状况、严格监管各类土壤污染源、加强农用地保护与安全利用、严格管控建设用地环境风险、强化未污染土壤保护、有序开展土壤污染治理与修复和强化土壤环境监管等任务。去年，“土长制”做法被向全省推广。

近年来，我省全力推进农业绿色发展。去年，我省首部农业绿色发展专项规划印发，明确了“十四五”期间我省农业绿色发展目标：到2025年，全省农业绿色发展水平得到明显提升，一批绿色导向的集成技术和发展模式广泛应用，一套绿色发展的制度体系和长效机制基本建立，一批绿色生态的新产业新业态快速发展，资源、生产、产品、碳汇和制度“五个绿色”目标全面实现。

（摘编：赵旭东）

全国首单红树林蓝碳生态保护保险在闽落地

2022年9月14日，全国首单红树林蓝碳生态保护保险在福鼎市试点落地，将为全市红树林提供1875万元损失风险保障。

福鼎是中国红树林资源自然分布的北端区域。长期以来，该市加强投入，逐年扩大红树林种植面积，构筑绿色生态屏障。今年，该市还成为全国第一个引进蚂蚁森林基金用于红树林造林的城市，完成了1000亩红树林种植。全市现有红树林3750亩，主要分布于前岐、佳阳、店下等乡镇，并有柯湾、巽城和罗唇3处红树林保护小区。

红树林被称为“海岸卫士”“海洋绿肺”，在消浪护岸、净化海水、固碳储碳、科学研究与生态体验等方面有着极高的生态价值。相关数据显示，人类活动每年排放的二氧化碳以碳计约为55亿吨，其中海洋吸收了其中的三分之一左右。海岸带植物生物量虽然只有陆地植物生物量的0.05%，但每年的固碳量却与陆地植物相当。作为蓝碳的重要组成部分，红树林正越来越多地被开发成蓝碳作为自愿减排量在碳市场交易。

针对红树林生长相对缓慢，存活率较低，容易受病虫害、项目建设、排污等自然、人为事件的影响，也无法通过规模机械化的操作来实现大面积补种等问题，福鼎市政府与中国人寿财险福建省分公司积极探索绿色金融创新，为这一宝贵的海洋蓝碳绿色资源提供风险保障。

据国寿财险福建省分公司农险产品研发科负责人介绍，红树林蓝碳生态保护保险将投保地理区域内的红树林资源面积、种类进行划分，对其生长过程中面临的物种入侵和特有病虫害进行研究分析，保险责任除了一般性的自然灾害与意外事故以外，还包括了三叶鱼藤、互花米草等有害物种入侵及团水虱、藤壶等红树林保护区病虫害。

此单保险由福鼎市林业局投保，赔款不仅可用于救治、修复保险标的，也可用于改善红树林蓝碳生态环境而投入的必要、合理的施救有关费用支出。

福鼎市林业局负责人表示，政企联手创新红树林蓝碳生态保护保险，借助保险杠杆作用，将扩大政府专项资金使用效应，加强红树林保护区风险管理，为福鼎市近海生态系统建设搭建坚实的风险屏障。

（摘编：张海生）

全国绿化先进福建获表彰名单

2022年8月24日福建省绿化委办公室消息，全国绿化委员会、人力资源和社会保障部、国家林业和草原局日前授予298个单位“全国绿化先进集体”称号，147名同志“全国绿化劳动模范”称号，146名同志“全国绿化先进工作者”称号。我省一批单位与个人获殊荣。

其中，福建省绿化委员会办公室、福州市林业局、泉州市林业局、宁德市林业局、长汀县林业局、福建省泰宁国有林场、平和县林业局、政和县林业局被授予“全国绿化先进集体”称号。

福安市潭头镇太坑林场场长林住平、福建省华安金山国有林场和清管护站站长许亚春、福建省上杭县古田国有林场场长雷勤福、福建省闽清美菰国有林场股长汤绍雄被授予“全国绿化劳动模范”称号。

福建省世界银行贷款造林项目办公室主任林萍、福建省沙县官庄国有林场场长谢汝根、厦门市绿化中心副主任丁印龙、平潭综合实验区绿化委员会办公室干部李积安被授予“全国绿化先进工作者”称号。福建省安溪丰田国有林场场长周宗哲被追授为“全国绿化先进工作者”。

（摘编：彭金龙）

全国首单民营企业绿色熊猫债券落地福建

2022年7月15日福建日报报道，近日，安踏体育用品有限公司2022年度第一期绿色中期票据成功发行，这是全国首单民营企业绿色熊猫债券，也是市场首单体育行业绿色债券。

该笔债券由兴业银行牵头主承销，发行金额5亿元，期限3年，票面利率2.80%，认购倍数2.38，票面利率普遍低于近期AAA央企及国企发行价格。募集资金主要用于安踏体育全球零售总部绿色建筑项目建设，建成投入运营后，预计每年可节约能源消耗量554.32吨标准煤，减少二氧化碳排放量1225.04吨，有效提高能源利用率。

绿色债券系指将募集资金专门用于支持绿色产业、绿色项目或绿色经济活动的有价证券。

（摘编：周忠志）

全国首个农业碳汇交易平台在厦门落地

2022年5月5日全国首个农业碳汇交易平台在厦门落地。同时，全国首批农业碳票现场发放，首批农业碳汇交易项目签约，助力碳达峰、碳中和战略与乡村振兴融合发展。

当天，厦门市同安区莲花镇军营村、白交祠村的党支部书记从厦门产权交易中心负责人手中接过全国首批农业碳票。编号为“0001”和“0002”的农业碳票涉及两村的7755亩生态茶园，经第三方评估测算，茶园的2年期碳汇为3357吨。在厦门产权交易中心农业碳汇交易平台撮合下，这批碳汇由厦门银鹭食品集团购买，实现首批农业碳票成功变现。

此次农业茶园碳汇交易的成功，标志着厦门开启“以绿色凭证促进农村绿色交易，以绿色交易促进农民绿色增收”的新模式、新机制。

该农业碳汇交易平台由厦门产权交易中心设立，可提供农业碳汇开发、测算、交易、登记等一站式服务，促进农业生产转化为碳交易产品，为村民增加了碳汇致富新途径。

（摘编：彭金龙）

福建省七市协同立法保护闽江流域水生态环境

2022年9月28日，省十三届人大常委会第三十五次会议批准了福州、泉州、三明、莆田、南平、龙岩、宁德（以下简称七市）人大常委会《关于加强闽江流域水生态环境协同保护的决定》（以下简称《决定》）。这是我省继九龙江流域水生态环境保护协同立法后，再次打破行政边界，开展区域协同立法。

《决定》要求，七市共同建立协同保护机制，按照生态优先、科学规划、统筹协调、跨域联动、综合施策的要求，坚持上下游联动、干支流统筹、左右岸合力，确保闽江流域经济社会高质量发展和生态环境高水平保护协同并进。

《决定》明确，七市政府要建立健全闽江流域水生态环境保护联席会议制度，统筹协调流域水生态环境保护重大事项，共同协商解决流域水生态环境保护重大问题，加强协同治理，形成工作合力，共同改善闽江流域水生态环境质量。

《决定》提出，七市要从立法协同、执法协同、司法协同、监督协同四个维度，并对规划统一、信息互通共享、联合河湖长制、应急预警处置、上下游生态补偿等内容作出制度设计和安排，并对闽江流域水生态环境共建、共治、共管、共享作出了原则规定。

（摘编：周忠志）

厦门设立全国首个生态司法公益碳账户

2022 年 8 月 31 日，全国首个生态司法公益碳账户设立暨“生态司法 + 碳汇交易”签约仪式在厦门市同安区举行。当天，首个运用该机制购买碳汇以履行替代性生态修复义务的案件，在同安区人民法院行政与生态环境审判庭就民事公益诉讼部分达成调解。此案的调解成功，标志着厦门市“生态司法 + 碳汇交易”工作正式启动。

在厦门市“双碳办”的指导下，同安区人民法院、同安区人民检察院与厦门产权交易中心（厦门市碳和排污权交易中心）开展合作，依托厦门产权交易中心设立的全国首个农业碳汇交易平台和海洋碳汇交易平台，着力打造生态司法和碳汇交易平台之间的直通机制，建立“双碳”生态司法修复模式。该模式旨在解决生态环境损害赔偿义务人修复能力不足、实际修复条件有限等问题，简化生态修复流程，进一步拓宽生态环境损害赔偿义务人替代性修复生态环境的责任承担方式。

全国首个生态司法公益碳账户——厦门市生态司法公益碳账户的设立突破了以往的碳汇生态修复模式，今后可将生态环境损害赔偿义务人购买的碳汇汇总起来，用于厦门区域内大型社会活动项目的碳中和，真正实现碳汇生态产品生产、交易、使用的闭环管理。

（摘编：游学荣）

全省首个涉案珍稀植物迁地保护基地在上杭揭牌

2022 年 8 月 5 日，“涉案珍稀植物迁地保护基地”在龙岩国家现代林业科技示范园区核心区上杭白砂国有林场正式揭牌。这是全省首个涉案珍稀植物迁地保护基地。

上杭涉案珍稀植物迁地保护基地由省公安厅森林警察总队、龙岩市公安局、市林业局推动。该基地主要将乱采滥挖珍稀植物、破坏珍稀植物生长环境、非法经营利用珍稀植物等违法犯罪行为中的涉案珍稀植物移入到保护基地，提高珍稀植物的存活率。

该基地规划总面积 800 亩，目前已完成 157 亩，现有迁地保护珍稀植物金毛狗蕨等 3 万余株，后期将会增加金线莲、红豆杉、观音坐莲等珍稀品种，不断扩大迁地保护基地珍稀植物的种类。同时，该基地也作为生态案件教育基地，适时组织涉案当事人异地补植，以起到教育警示作用。

（摘编：郭虹）

中央财政增加福建省重点生态功能区转移支付补助

2022年5月19日福建省财政厅消息，为引导各地加强生态环境保护，提高生态功能重要地区基本公共服务保障能力，中央财政不断加大对重点生态功能区转移支付力度。今年下达我省重点生态功能区转移支付补助14.36亿元，同比增长5.2%。

省财政将积极统筹中央补助和省级财力，加大省对市县转移支付补助力度，加快资金下达进度，激励引导我省生态功能重要地区加强生态环境保护，提升生态保护成效。

（摘编：彭金龙）

福建省10个生态项目获中央财政支持

2022年12月14日福建省财政厅消息悉，随着中央财政持续加大生态项目竞争性评审力度，我省财政紧紧依托生态优势，加强项目规划，积极争取中央竞争性资金支持。今年全省共有10个生态项目获得中央财政支持，总额达32.4亿元。

10个项目涉及海洋生态保护修复、废弃矿山生态修复、农村黑臭水体治理、国土绿化、海绵城市和水系连通及水美乡村建设等方面，这些项目的建设将进一步提升我省生态环境质量。

在改善海洋生态环境质量方面，我省规划推动了一批海洋生态保护修复项目，并成功促成福州、厦门、莆田、宁德4个项目入选财政部2023年海洋生态保护修复工程项目名单，将获中央财政奖补14亿元，项目数量和资金规模均居全国首位。

在推进海绵城市建设方面，今年漳州再次入选全国第二批系统化全域推进海绵城市建设示范城市，3年共将获中央财政补助9亿元。目前我省累计入选海绵城市建设示范城市数量居全国首位。

在加快国土绿化方面，南平市环武夷山国家公园保护发展带国土绿化试点示范项目通过财政部、国家林草局组织的竞争性评审，获得中央财政2亿元资金支持。

（摘编：游学荣）

福建省财政支持开展城乡建设绿色低碳试点

2022年7月21日福建省住建厅消息，作为碳排放的主要领域之一，城乡建设领域绿色低碳发展对落实碳达峰、碳中和目标至关重要。今年，省财政首次安排资金支持开展城乡建设绿色低碳试点。

一方面，在全省范围内选取50个城乡建设项目开展绿色低碳试点。另一方面，支持莆田市湄洲岛和龙岩市长汀县核心区开展片区试点。建设内容包括新建绿色建筑、建筑效能提升、既有建筑节能改造、可再生能源建筑等，通过实施一系列节能降碳技术措施，推动试点项目和片区达到减碳降碳效果。

近年来，我省大力开展绿色建筑创建行动，结合气候经济资源等条件，已形成了规划、建设、管理、改造等一系列绿色建筑技术和政策保障体系。

（摘编：苏建平）

福建省近岸海域污染防治专项整改工作部署推进会召开

2022年7月15日，福建省近岸海域污染防治专项整改工作部署推进会召开。会议深入学习贯彻习近平生态文明思想，落实中央决策部署和省委工作要求，研究推进中央生态环保督察整改工作。专项整改牵头领导，省委常委、宣传部部长张彦，副省长郑建闽出席会议。

会议强调，近岸海域污染防治问题整改工作是我们落实生态环保责任中必须回答好的一份答卷。各地各部门要坚定不移以习近平生态文明思想统领生态环保督察整改工作，强化效率、效能、效益意识，以系统思维扎实推进整改各项工作，以实际行动忠诚拥护“两个确立”、坚决做到“两个维护”。要紧盯入海排污口超标、入海河流水质不达标、部分海湾水质下降等突出问题，分类施策、综合整治，确保整改工作按序时进度推进、高质量完成。要学习筼筜湖治理、闽江口湿地保护等先进经验，着眼标本兼治，完善监测体系，创新保护治理模式，推动建立生态环境保护长效机制。各地各部门要对标中央生态环保督察要求，按照省委、省政府工作部署，聚焦督察反馈的突出问题，认认真真整改到位，确保取得实实在在的整改成效。要坚持追责问效、举一反三，进一步全面排查、彻底解决一批涉海突出生态环境问题，持续改善近岸海域生态环境质量和滨海景观，不断增强人民群众临海亲海的获得感、幸福感和安全感。

（摘编：康明辉）

福建省开展两岸森林康养标准共通试点

2022年6月22日福建省林业局消息，由省国有林场发展中心、省林业调查规划院等单位承担的《两岸森林康养标准共通试点》项目日前正式获批。

两岸行业标准共通是两岸融合发展的重要组成部分。我省森林覆盖率居大陆各省份第一，森林资源丰富，森林质量优越，具有发展森林康养得天独厚的优势。截至目前，全省已创建4个省级森林养生城市、10个省级森林康养小镇、42个省级森林康养基地，森林康养产业初具规模。台湾地区开展关于森林环境对人体健康效益的研究已超过30年，在相关产业发展及研究方面积累了丰富的经验与数据。

《两岸森林康养标准共通试点》项目的实施，旨在促进两岸森林资源保护与利用，有利于两岸标准化政策的研究与采集，进一步扩大两岸标准共通范围，助推两岸产业提升。

（摘编：康明辉）

福建省新增1家国家4A级生态型旅游景区

2022年9月14日福建省文化和旅游厅消息，依据《旅游景区质量等级评定管理办法》和《旅游景区质量等级评定与划分》国家标准的相关规定，近日，长汀汀江国家湿地公园新获批为国家4A级生态型旅游景区。

今年以来，我省已创建生态型A级旅游景区8家，其中4A级3家，进一步丰富了旅游产品供给，持续打响“清新福建”“福”文化品牌。

（摘编：康明辉）

福建省将新规划11处自然保护区

2022年8月15日福建省林业局正式出台《福建省自然保护地总体布局和发展规划（2022—2035年)》。根据规划，到2025年，我省将新规划11处自然保护区，力争新建或晋升11处自然公园；到2035年，我省将选择满足条件的自然保护地或区域，探索和培育1至2处国家公园候选区。

当前，我国正加快构建以国家公园为主体的自然保护地体系。截至去年，我省已累计建成自然保护地共357处，批复总面积1017982.72公顷。其中，国家公园1处，自然保护区110处，风景名胜区53处，地质公园24处，森林公园154处，海洋公园7处，湿地公园8处。

规划以2021年为基年，明确了我省自然保护地建设与发展的近期与中远期规划。

到2025年，我省将初步建成以国家公园为主体的自然保护地体系。届时，全省自然保护地面积占陆域国土面积达到5.79%，重点野生动植物种数保护率达到80%；自然保护地年访客数量达到1亿人次。

到2035年，我省将全面建成以国家公园为主体的自然保护地体系，自然保护地管理水平达到全国前列。届时，全省自然保护地面积占陆域国土面积达到6.00%，自然保护地勘界立标完成率达到100%，重点野生动植物种数保护率达到85%，自然保护地年访客数量达到1.5亿人次。

按照规划，我省将逐步构建“一主三带九群”的自然保护地总体布局。其中，“一主”指处于自然保护地体系建设主体地位的国家公园；“三带”指武夷山脉及玳瑁山、鹫峰山—戴云山—博平岭、沿海海岸带；“九群”则包括武夷山自然保护地群、闽江源自然保护地群、汀江源自然保护地群、鹫峰山自然保护地群、戴云山自然保护地群、闽江口自然保护地群、泉州湾自然保护地群、厦门湾自然保护地群、东山湾自然保护地群。

为提高自然保护地建设水平，我省将重点开展保护管理建设、生态保护修复、监测监管能力建设、自然宣教建设和社区融合发展建设等五大工程建设。

（摘编：赵旭东）

福建省推进九龙江流域山水林田湖草沙一体化保护修复

2022年6月23日福建省财政厅消息，为加快推进九龙江流域山水林田湖草沙一体化保护和修复项目实施，今年，我省建立正向激励机制，计划3年安排9亿元激励资金，推动项目实施市县抓好工作落实。

正向激励包含绩效评价激励和创新示范激励两方面，其中绩效评价激励是按照每年度工作绩效评价考核情况，对15个项目实施市县分档给予奖励；创新示范激励是遴选支持建设10个九龙江流域山水林田湖草沙一体化保护和修复精品示范工程。对于项目实施期间出现流域重大污染事件的市县，取消当年度参与正向激励资金分配资格。

此外，我省还建立了协调联动机制、项目对口指导机制、资金筹措机制、项目全过程跟踪督促机制和技术支撑机制等5项推进制度，加快项目建设，促进九龙江流域主要生态问题解决，提升流域生态环境质量。

九龙江流域山水林田湖草沙一体化保护和修复工程项目计划投资78.61亿元，实施期为2021—2023年。

（摘编：郭虹）

福建省生态保护财力转移支付年均增长15.8%

2022年9月28日福建省财政厅消息，我省坚持绿色发展理念，持续加大生态文明建设投入，党的十八大以来，生态保护财力转移支付年均增长15.8%，为建设绿水青山的清新福建提供了强有力的财政保障。

生态保护财力转移支付制度自2012年实施以来，资金从4.46亿元增长到2021年的16.69亿元，平均增幅高于财政收入增幅。转移支付以财力方式下达给各重点生态市县区，由其统筹用于生态保护和与生态相关的支出。通过持续加大转移支付力度，我省生态功能重要地区生态环境保护能力得到大幅度提升，基本公共服务保障水平全面提高。在加大生态保护财力转移支付力度的同时，各级财政还通过专项投入的方式，推进蓝天、碧水、碧海、净土工程建设等，为守护我省生态“高颜值”发挥了积极作用。

（摘编：林学军）

福建省新增2家国家水利风景区

2022年1月16日福建省水利厅消息，水利部公布的第十九批国家水利风景区中福建有2处上榜，分别为建阳考亭水利风景区和永春外山云河谷水利风景区。至此，我省国家水利风景区增至39家。

考亭水利风景区位于建阳区潭城街道考亭村，以西门电站库区山水为核心，以考亭朱子文化为依托，结合考亭山水风光、民风民俗、历史文化、非遗工艺等特色资源，打造综合性水利风景胜地。2021年7月，考亭水美城被水利部评定为全国第三届水工程与水文化有机融合典型案例，成为我省此次唯一被认定的风景区。

外山云河谷水利风景区位于泉州市永春县外山乡境内，主要水体景观资源为外山溪和美乾溪，以云河谷亲水游览区为核心，辐射外山溪水土保持科普观光区、草洋村生态农业体验园及云峰村大风车露营基地，以水利资源带动新农村建设和乡村旅游发展。

（摘编：周忠志）

福建省碳中和学会成立

2022年6月18日，福建省碳中和学会成立大会暨2022年福建碳达峰、碳中和高峰论坛，在福州海峡国际会展中心举行。福建省人大常委会副主任、民进福建省委会主委严可仕出席并致辞。

福建省碳中和学会由福建师范大学联合省内高校、科研院所、行业企业，在省科协等有关部门的指导下发起成立，旨在集成福建各行业力量，为国家“双碳”战略目标和福建生态省建设提供智力支持。

严可仕在致辞中说，福建始终牢记习近平总书记的殷切嘱托，把碳达峰、碳中和纳入经济社会发展和生态省建设的总体布局，全力推进福建绿色低碳发展。希望学会各成员单位着眼服务福建经济社会绿色发展，深入开展前瞻性、战略性、储备性研究，切实把学会打造成为实施“双碳”战略的学术高地、人才高地、智库高地。

在随后举行的2022年福建碳达峰、碳中和高峰论坛上，中国科学院院士、厦门大学焦念志教授，加拿大皇家科学院院士、福建师范大学陈镜明教授，中国科学院院士、厦门大学戴民汉教授，中国工程院院士、中国核动力研究设计院于俊崇教授及中国科学院空天信息创新研究院高级工程师王大成等作了一系列主题报告，并展开深入交流研讨。

（摘编：张海生）

福建省完成全国首单农田碳汇交易

2022年7月19日，全国首单农田碳汇交易试点项目在海峡股权交易中心完成交易。福建环融环保股份有限公司向南靖县龙山镇购买农田碳汇0.7万吨，并承诺用于捐赠碳中和事业。

农业碳排放主要源自施肥导致的氧化亚氮、有机物后期降解产生的二氧化碳、水稻种植过程中产生的甲烷等温室气体排放。但同时，采用保护性耕作措施，改变稻田灌溉方式，实施秸秆还田、有机肥增施等手段，能够提升土壤碳储量，减少温室气体排放，由此产生的增汇为农田碳汇。

6月，农业农村部、国家发改委联合印发《农业农村减排固碳实施方案》，提出实施包括稻田甲烷减排、化肥减量增效、农田碳汇提升在内的十大行动。本次试点项目是落实该方案的具体实践，涉及9000亩农田。

根据《在水稻栽培中通过调整供水管理实践来实现减少甲烷的排放》等方法学，经过监测与测算，试点项目每年可实现增汇0.23万吨。当天交易的碳排放权产品，为该项目2020年至2022年间的碳汇当量。

此次碳汇交易所得将用于乡村振兴事业。当地累计建设高标准农田21250亩，有效改善灌溉条件，提升土壤有机质，推动农田减排固碳，为农田碳汇开发奠定了基础。

（摘编：张海生）

福建省完成全国首个海岛全域森林碳汇计量与潜力评估

2022年6月7日，由国家林业和草原局华东调查规划设计院编制完成的《湄洲碳中和岛林业碳汇本底调查与固碳潜力评估报告》通过专家评审。该项目为全国首个海岛全域森林碳汇计量与潜力评估案例。

经质询和讨论后，与会专家一致认为，该报告创新探索了海岛全域森林碳汇计量、多源遥感与地面调查数据融合、造林绿化空间科学评估等方法，依据充分、内容全面、方法科学、分析精准、结果可靠，能够为湄洲碳中和岛建设提供数据支撑，为海岸带保护修复和海岛生态建设提供借鉴，对全面推行林长制、实现“双碳”目标、带动湄洲岛文旅产业升级、推动经济社会高质量发展具有指导意义。

（摘编：李哲）

两岸森林康养标准共通试点项目启动

2022年8月16日，两岸森林康养标准共通试点项目启动会在福州举行。来自中国林学会森林疗养分会、福建农林大学、台湾森林休憩保育协会、台湾森林保健学会等两岸森林康养领域的代表，以线上线下结合方式参加会议。

为推动两岸行业标准共通，省市场监督管理局面向全省征集两岸标准共通试点项目。今年6月，由省国有林场发展中心、省林业调查规划院承担的《两岸森林康养标准共通试点》项目获批，入选一类试点项目。

海峡两岸都拥有丰富的森林资源，近年来在森林康养领域各自开展了大量理论研究与实践探索，标准互通条件成熟。在我国台湾地区，森林康养被称为森林疗愈。开展两岸森林康养标准共通试点工作，旨在强化对森林康养的学术研究和科技支持，促进两岸互助合作和深度交流，推动两岸森林康养标准研制与应用，助力两岸森林康养产业做大做强。

根据《两岸森林康养标准试点工作方案》，本次试点工作将持续至2024年6月，为期两年。该项目预计形成一项互认机制——森林康养人才互认机制，四项共通标准——《森林康养目的地认定》《森林康养基地疗愈环境因子评价》《森林疗愈空间设计规范》《森林康养课程设计规范》。

本次试点工作参加单位包括台湾森林休憩保育协会、台湾森林保健学会、福建农林大学、福建中医药大学附属康复医院、福州植物园，以及一批福建国有林场与森林康养基地。其中，台湾森林休憩保育协会与台湾森林保健学会将负责对台湾森林疗愈现状进行系统梳理，整理、提供与本项目相关的标准、文件或政策，从台湾实际提出两岸森林康养标准建议性框架，参与标准制定。

（摘编：周忠志）

闽江河口湿地保护20年实践系列活动暨2022年福建省湿地保护宣传周启动

2022年4月29日，闽江河口湿地保护20年实践系列活动暨2022年福建省湿地保护宣传周正式启动，省委常委、福州市委书记林宝金，省政协副主席刘献祥出席。

习近平总书记高度重视湿地保护，早在福建工作期间，就强调建设生态省必须重视对湿地的保护。正是得益于习近平总书记的亲自关心推动，闽江河口湿地自然保护区得以建立，并用10年时间实现了创建县级、晋升省级、升格国家级的“三级跳”。20年来，福州市认真贯彻落实习近平总书记的重要批示精神，探索出了一条湿地生态系统保护与发展的新路径。特别是近年来，通过全方位加强湿地保护、恢复和利用，闽江河口湿地生态环境越来越好，候鸟种类日益增多，荣膺中国十大魅力湿地称号，入选国家重要湿地名录，成为“清新福建”的一张重要生态名片。我们要深入贯彻落实习近平总书记2021年3月来闽考察重要讲话精神，牢记嘱托、感恩奋进，持续抓好湿地生态系统的保护与发展，全力把闽江河口湿地打造成中国湿地的保护样板。

湿地保护需要多部门、全社会共同参与，希望更多人加入湿地和生物多样性保护中来，共同呵护湿地的每一种生物、每一寸水土，让人人都成为湿地保护的践行者、贡献者。

活动现场，省领导等还为湿地保护义务宣传自行车骑行队代表授旗；志愿者代表宣读《2022年福建省湿地保护倡议书》。

（摘编：郭虹）

九龙江流域保护和修复精品示范工程获省级财政奖励

2022 年 12 月 23 日福建省财政厅消息，经专家评审，近日，10 个九龙江流域山水林田湖草沙一体化保护和修复项目通过省级备案，入选精品示范工程，将获得省级财政奖补资金 3 亿元，目前首批奖励资金已下达。

这 10 个项目分别是：九龙江流域（新罗段）面源污染治理工程、龙岩红坊溪流域生态修复整治工程、九龙江北溪（漳平片）流域生态廊道建设工程、新罗区万安溪生物多样性保护工程、漳平市废弃矿山生态修复工程、九龙江西溪（南靖片）流域水环境综合治理及生态廊道建设工程（一期）、九龙江（华安片）重点流域水环境治理提升与生态廊道建设工程、龙海区九龙江口整治与红树林保护修复工程、九龙江西溪（龙文段）生态带及湿地建设工程、高新区漳州水仙花种植区农地生态提升与农田整治工程。

（摘编：黄万良）

福建省推广碳汇型茶园超 30 万亩

2022 年 12 月 11 日，福建省农科院消息，该院碳计量与低碳农业技术科技创新团队致力于碳汇型茶园研究，探索构建了符合我省实际的茶园碳汇计量方法体系，同时在全省茶叶主产区推广茶园生态修复与固碳减排模式。目前，累计推广面积已达 31 万亩（次）。

茶树生产过程中和其他绿色植物一样吸入二氧化碳放出氧气，具有碳汇功能。碳汇茶园建设，是通过固碳减排的科学措施，加强放大茶叶生产中的碳汇功能。茶产业是福建重要的优势特色产业。2021 年全省茶园面积 348.1 万亩，茶产业全产业链产值 1412 亿元。作为一种重要的农业生态系统，茶园具有巨大的碳汇潜力。

相较于森林生态系统，茶园碳循环及其过程要更为复杂，不仅与地理、气候条件有关，还受到茶叶采摘等周期性经营活动影响。对茶园碳汇进行科学计量，是碳汇型茶园建设的前提。近年来，省农科院碳计量与低碳农业技术科技创新团队研发了茶枝等农业废弃物制备生物炭的技术，在茶园生态修复与固碳减排模式下，茶叶平均增产 2.7% 以上，土壤有机碳含量提高 24.7% 以上，温室气体排放减少 23.3% 以上。

（摘编：康明辉）

三明已有4个“中国天然氧吧”

2022年8月11日，第三届氧吧产业发展大会暨“中国天然氧吧”媒体推介会举办，三明市永安市、建宁县以优质旅游气候资源获得中国气象局授予的“中国天然氧吧”称号。截至目前，三明共有4处“中国天然氧吧”，分别是将乐县、大田县、建宁县、永安市，成为全省拥有“中国天然氧吧”称号最多的地市。

“中国天然氧吧”创建活动由中国气象局指导、中国气象服务协会发起，主要对申报地区的气候、空气质量、大气负氧离子水平、生态及旅游发展规划、旅游配套等情况进行考核评价。成为“中国天然氧吧”需要符合气候条件优越，一年中气候舒适时长不少于3个月；负氧离子含量较高，年平均浓度不低于1500个/立方厘米；旅游配套齐全，生态保护措施得当等条件。

近年来，三明市不断践行“两山”理论，将文旅康养与现代农业相结合，让好生态带来更高价值。三明市气象局积极融入地方生态文明建设，“气象+”赋能三明绿色经济发展成效显著。

（摘编：康明辉）

平潭发布全省首份海岛生态司法保护蓝皮书

2022年6月13日平潭综合实验区法院消息，该院与自然资源部海岛研究中心近日联合召开新闻发布会，正式发布《海岛生态司法保护蓝皮书》（以下简称《蓝皮书》）。这是我省法院系统首次发布海岛生态司法保护领域的蓝皮书。

《蓝皮书》总结了近年来平潭法院在海岛生态司法保护方面的工作特点、做法成效和下一步工作思路，是理论研究与司法实践相融合的成果。《蓝皮书》指出，立足实验区独特的海岛生态优势和地缘区域优势，平潭法院坚持守护生态环境，创新工作机制、完善制度体系，凸显了全域化、专业化、法治化、融合化、体系化的特点。

《蓝皮书》显示，平潭法院探索建立自然保护与司法保护、海洋保护与岛屿保护、蓝碳保护与绿碳保护、主岛保护与离岛保护、生态保护与产业保护的“五双”海岛生态司法保护体系，全力打造环境资源和生态旅游司法保护的“海岛样本”。累计审结非法采矿犯罪等案件27件、涉环境资源行政案件7件、环境资源民事案件423件。

（摘编：周忠志）

武夷山国家公园再添 2 个大型真菌新物种

2022 年 11 月 10 日福建省农科院食用菌研究所消息，由该所曾辉博士主持的武夷山国家公园大型真菌多样性调查项目，在武夷山国家公园发现两个大型真菌新种——细脚小蘑菇和武夷山小蘑菇。相关成果已由颜俊清博士联合江西农业大学、生态环境部南京环科所发表在微生物学权威期刊《微生物学前沿》上。

细脚小蘑菇和武夷山小蘑菇，为小蘑菇属新种。2020 年、2021 年，研究团队在武夷山国家公园桐木关一带，分别采集到这两个新种的样本。

小蘑菇属与蘑菇属同属于蘑菇科，二者较为相似，为姊妹关系。但小蘑菇属被研究和认知较晚，属内物种近 60 年才被大量发现和描述。

本研究在闽浙赣三省共发现小蘑菇属新物种 6 种，中国新记录种 1 种，较大程度上丰富了我国小蘑菇属物种多样性，并为构建该属下分类框架提供了关键信息和足够的标本数。

该团队在武夷山国家公园已累计发现大型真菌新物种 4 个，前两个为多形油囊蘑与诸键老伞。自 2016 年启动体制试点工作以来，武夷山国家公园累计发现 16 个新物种。

（摘编：李哲）

永安发现福建蝴蝶新记录种

2022 年 9 月 26 日福建日报报道，近日，永安天宝岩国家级自然保护区资源监测工作人员在保护区的一处山谷灌丛中监测到我省蝴蝶新记录种——灿烂双尾灰蝶。

双尾灰蝶属目前在国内已知有 9 种。灿烂双尾灰蝶是该属中较罕见的一种，为中型灰蝶，幼虫主要以桑寄生科植物为寄主，成虫栖息常绿林内，喜晒日光浴，爱访花，偶尔落低处吸蜜，雄蝶有登峰习性。

就在本月 17 日，永安市两名蝶友在罗坊乡一处山涧拍摄到灰翅串珠环蝶。这种蝴蝶是永安市第 331 种有影像记录的蝴蝶。

（摘编：苏建平）

连江用海洋碳汇实现“零碳”会议

2022年6月6日，连江县召开金融助力海洋经济发展大会暨海洋经济产业项目集中签约会。兴业银行福州分行捐赠了6000千克海洋碳汇，抵消了此次大会的碳排放，创造了全国首次由海洋碳汇实现碳中和的“零碳”会议。

“零碳”会议也称会议碳中和，指一些企业、团体或个人测算在一定时间内直接或间接产生的温室气体排放总量，通过购买碳排放指标，抵消自身产生的二氧化碳排放量，从而实现二氧化碳“零排放”。

连江县一直走在海洋碳汇开发应用的前沿。早在2011年，黄岐半岛北部海域就规划建设了全国首个碳汇渔业养殖基地。作为全国水产第二大县，连江县的大型藻类和贝类养殖总量近70万吨，占全县水产养殖总量90%左右，可交易海洋碳汇的经济价值较高。经初步估算，连江县水产养殖产生的海洋碳汇量约为40万吨/年。

今年1月，连江县完成了全国首宗海洋碳汇交易。5月，连江县人民法院创新海洋碳汇生态司法修复机制，在审结一起破坏海洋环境资源刑事犯罪案件中，判决对受损的海洋生态以认购海洋碳汇方式进行替代性修复，这是全国首例适用海洋碳汇进行生态修复的司法案件。6日，海峡资源环境交易中心向会议主办方连江县人民政府颁发了“碳中和荣誉证书”。

（摘编：彭金龙）

连江法院宣判全国首例适用海洋碳汇修复生态案件

2022年6月2日，连江法院以认罚程序审结一起非法采矿案件，被告人林某某因购买海洋碳汇以替代性修复被其破坏的海洋生态得到从宽处理，以非法采矿罪被判处有期徒刑二年三个月，并处罚金人民币7万元。这是全国首例适用海洋碳汇进行海洋生态修复的司法案件。

海洋碳汇，是指利用海洋活动及海洋生物来吸收大气中的二氧化碳，并将其固定、储存在海洋的过程、活动和机制。本案中，被告人林某某非法运输海砂牟利，破坏了海洋生态环境。连江法院在案件审理中，创新生态司法保护理念，对受损的海洋生态以认购海洋碳汇方式进行替代性修复，引导被告人林某某自愿通过福建海峡资源环境交易中心购买海洋碳汇近7000吨。

（摘编：张海生）

2022 年福建省城市环境空气质量状况

根据《环境空气质量标准》(GB 3095-2012)及其修改单、《环境空气质量评价技术规范(试行)》(HJ 663-2013)和《城市环境空气质量排名技术规定》(环办监测〔2018〕19 号),对 2022 年 12 月和 1—12 月全省县级以上城市空气质量进行评价。具体如下:

一、9 市 1 区环境空气质量

1—12 月,9 个设区城市及平潭综合实验区的环境空气质量优良天数比例保持稳定。9 个设区城市环境空气质量综合指数范围为 2.27~2.85,首要污染物为臭氧。

空气质量从相对较好开始排名,依次为:南平、龙岩、福州、莆田、宁德、厦门、泉州、三明、漳州。平潭综合实验区环境空气质量综合指数为 1.78,首要污染物为臭氧(详见附表 1)。

二、县级城市环境空气质量

1—12 月,58 个县级城市环境空气质量达标天数比例平均为 99.7%,同比下降 0.1 个百分点;环境空气质量综合指数范围为 1.52~2.60,首要污染物为臭氧。

空气质量相对较好、排名前 10 位的县级城市(自第 1 名开始排序)分别是:周宁、泰宁、明溪、将乐、屏南、永定、宁化、大田、清流、建宁。空气质量相对较差、排名后 10 位的县级城市(自最后一名开始排序)分别是:永安、龙海、浦城、福安和平和(并列倒数第 4 名)、石狮、长泰、闽侯、漳浦和闽清(并列倒数第 9 名)(详见附表 2)。

附表 1

2022 年 1—12 月设区城市环境空气质量状况

排名	城市	综合指数	SO_2	NO_2	PM_{10}	$PM_{2.5}$	$CO_{\_95per}$	$O_{3\_8h-90per}$	首要污染物
1	南平市	2.27	6	12	26	18	0.8	127	臭氧
2	龙岩市	2.46	8	17	30	18	0.7	126	臭氧
3	福州市	2.51	4	16	32	18	0.7	142	臭氧
4	莆田市	2.53	6	13	32	20	0.8	140	臭氧
5	宁德市	2.54	7	16	31	18	1.0	132	臭氧
6	厦门市	2.56	4	22	32	17	0.6	134	臭氧
7	泉州市	2.58	7	17	33	18	0.7	141	臭氧
8	三明市	2.75	7	19	31	21	1.2	129	臭氧
9	漳州市	2.85	6	19	37	22	0.8	145	臭氧
—	平潭区	1.78	2	7	23	12	0.7	116	臭氧

备注:1. 综合指数为无量纲,CO 浓度单位为 mg/m^3,其他浓度单位均为 $\mu g/m^3$;

2. 综合指数越小,表示环境空气质量相对越好。

附表 2

2022 年 1 —12 月县级城市环境空气质量状况

设区市	县级城市	达标天数比例（%）	综合指数	首要污染物
福州	长乐区	100	1.98	臭氧
	连江县	99.7	2.06	臭氧
	福清市	99.7	2.23	臭氧
	闽侯县	99.7	2.30	臭氧
	罗源县	99.4	2.27	臭氧
	永泰县	99.2	2.09	臭氧
	闽清县	98.9	2.29	臭氧
莆田	仙游县	99.7	2.28	臭氧
三明	泰宁县	100	1.56	臭氧
	明溪县	100	1.62	臭氧
	将乐县	100	1.64	臭氧
	宁化县	100	1.72	臭氧
	大田县	100	1.78	臭氧
	清流县	100	1.80	臭氧
	建宁县	100	1.83	臭氧
	尤溪县	100	2.00	臭氧
	沙县区	100	2.14	臭氧
	永安市	98.9	2.60	臭氧
泉州	德化县	100	2.09	臭氧
	石狮市	100	2.32	臭氧
	永春县	99.7	2.13	臭氧
	晋江市	99.5	2.19	臭氧
	泉港区	99.5	2.20	臭氧
	南安市	99.2	2.17	臭氧
	安溪县	99.2	2.17	臭氧
	惠安县	98.4	2.23	臭氧
漳州	长泰区	100	2.31	臭氧
	华安县	99.7	1.94	臭氧
	南靖县	99.7	2.06	臭氧
	诏安县	99.7	2.11	臭氧
	平和县	99.7	2.37	臭氧
	云霄县	99.5	2.16	臭氧
	漳浦县	99.2	2.29	臭氧
	东山县	98.6	2.18	臭氧
	龙海区	97.3	2.44	臭氧

续表

设区市	县级城市	达标天数比例（%）	综合指数	首要污染物
南平	松溪县	100	1.84	臭氧
	建阳区	100	2.19	臭氧
	顺昌县	100	2.22	臭氧
	邵武市	100	2.22	臭氧
	建瓯市	99.7	1.96	臭氧
	光泽县	99.7	2.21	臭氧
	武夷山	99.2	1.87	臭氧
	政和县	99.2	2.01	臭氧
	浦城县	99.2	2.41	臭氧
龙岩	永定区	100	1.70	臭氧
	武平县	100	1.86	臭氧
	连城县	100	2.02	臭氧
	长汀县	100	2.05	臭氧
	上杭县	100	2.17	臭氧
	漳平市	99.7	2.26	臭氧
宁德	周宁县	100	1.52	臭氧
	屏南县	100	1.67	臭氧
	寿宁县	100	1.87	臭氧
	福鼎市	100	1.90	臭氧
	柘荣县	100	1.91	臭氧
	霞浦县	100	1.99	臭氧
	福安市	100	2.37	臭氧
	古田县	99.7	2.12	臭氧

备注：综合指数越小，表示环境空气质量相对越好。

（来源：福建省生态环境厅网站　摘编：陈德盛）

2022 福建省县级以上集中式生活饮用水水源水质每月状况

1 月

一、监测情况

2022 年 1 月，全省 9 个设区市及平潭综合实验区共监测 106 个正式投入使用的集中式生活饮用水水源（取水口），其中地表水水源 104 个（河流型 48 个，湖库型 56 个）、地下水源 2 个。

（一）监测点位

1. 地表水水源：河流型水源在水厂取水口上游 100 米附近处设置监测断面，水厂在同一河流有多个取水口，可在最上游 100 米处设置监测断面；湖库型水源原则上按常规监测点位采样，在每个水源取水口周边 100 米处设置 1 个监测点位进行采样。河流及湖库采样深度为水面下 0.5 米处。

2. 地下水水源：具备采样条件的，在抽水井采样。如不具备采样条件，在自来水厂的汇水区（加滤前）采样。

（二）监测项目

1. 地表水水源

①设区城市、平潭综合实验区：监测项目为《地表水环境质量标准》（GB 3838－2002）表 1 的基本项目（24 项）、表 2 的补充项目（5 项）和表 3 的优选特定项目（33 项），共 62 项。其中，湖库型地表水饮用水源加测叶绿素 a 和透明度 2 项，共 64 项。

②县级城市：监测项目为《地表水环境质量标准》（GB 3838－2002）表 1 的基本项目（24 项）、表 2 的补充项目（5 项），共 29 项。其中，湖库型地表水饮用水源加测叶绿素 a 和透明度 2 项，共 31 项。

2. 地下水饮用水源

监测项目为《地下水质量标准》（GB/T 14848－2017）表 1 中 39 项。

各地可根据当地污染实际情况，适当增加区域特征污染物。

二、评价标准及方法

（一）地表水水源

地表水水源水质评价根据《地表水环境质量标准》（GB 3838－2002）Ⅲ类标准限值进行评价。基本项目按照《地表水环境质量评价方法（试行）》（环办〔2011〕22 号）进行评价，补充项目、特定项目采用单因子评价法进行评价。

（二）地下水水源

地下水水源水质评价执行《地下水质量标准》（GB/T 14848－2017）Ⅲ类标准限值，采用单因子评价法进行评价。评价项目为《地下水质量标准》（GB/T 14848－2017）表 1 中 39 项。

三、评价结果

（一）总体情况

106 个集中式生活饮用水水源均达标（达到或优于Ⅲ类标准），达标比例为 100%（详见附表）。

（二）地表水水源

104 个地表水水源均达标，达标比例为 100%。其中，有 70 个达到或优于Ⅱ类标准，占 67.3%。

（三）地下水水源

2 个地下水水源均达标，达标比例为 100%。

备注：

1. 集中式生活饮用水水源，是指进入输水管网送到用户的和具有一定取水规模（供水人口一般大于1000人）的在用、备用和规划水源。

2. 集中式生活饮用水水源和饮用水的区别：饮用水水源为原水，居民饮用水为末梢水，水源水经自来水厂净化处理达到《生活饮用水卫生标准》的要求后，进入居民供水系统作为饮用水。

附表

2022年1月福建省县级以上集中式生活饮用水水源水质状况

序号	省份名称	行政区划	点位名称	水源地类型	水体类型	达标情况	超标指标及超标倍数
1	福建省	福州市	福州市西区、北区水厂闽江原厝取水口	地表水	河流型	达标	
2	福建省	福州市	福州市城门水厂闽江南港取水口	地表水	河流型	达标	
3	福建省	福州市	福州市马尾水厂白眉水库取水口	地表水	湖库型	达标	
4	福建省	福州市	福州市新东区水厂塘坂取水口	地表水	河流型	达标	
5	福建省	福州市	福州市飞凤山水厂水源取水口	地表水	河流型	达标	
6	福建省	闽侯县	闽侯县自来水公司叶洋泵站取水口	地表水	河流型	达标	
7	福建省	连江县	连江县塘坂水厂塘坂取水口	地表水	河流型	达标	
8	福建省	罗源县	罗源县八井水厂反调节库取水口	地表水	河流型	达标	
9	福建省	罗源县	罗源县可湖水厂西溪水库取水口	地表水	湖库型	达标	
10	福建省	罗源县	罗源县洋尾水厂东岩调节水库取水口	地表水	湖库型	达标	
11	福建省	闽清县	闽清县白石坑水厂、塔山水厂闽江取水口	地表水	河流型	达标	
12	福建省	闽清县	闽清县葫芦门水库取水口	地表水	湖库型	达标	
13	福建省	永泰县	永泰县南区水厂大樟溪取水口	地表水	河流型	达标	
14	福建省	永泰县	永泰县青云山水厂天门窗水库取水口	地表水	湖库型	达标	
15	福建省	福清市	福清市东张水库取水口	地表水	湖库型	达标	
16	福建省	福清市	福清市闽江调水峡南取水口	地表水	河流型	达标	
17	福建省	长乐区	长乐炎山水厂炎山矶头取水口	地表水	河流型	达标	
18	福建省	厦门市	厦门市莲坂水厂、集美水厂石兜、坂头水库取水口	地表水	湖库型	达标	
19	福建省	厦门市	厦门市高殿水厂、杏林水厂九龙江北溪取水口	地表水	河流型	达标	
20	福建省	厦门市	厦门市同安梅山水厂汀溪水库取水口	地表水	湖库型	达标	
21	福建省	莆田市	莆田市莆田水厂东圳水库取水口	地表水	湖库型	达标	
22	福建省	莆田市	莆田市涵江水厂外渡水库取水口	地表水	湖库型	达标	
23	福建省	仙游县	仙游县仙游水厂古洋水库取水口	地表水	湖库型	达标	
24	福建省	仙游县	仙游县金钟水库取水口	地表水	湖库型	达标	
25	福建省	三明市	三明市东牙溪水库取水口	地表水	湖库型	达标	
26	福建省	明溪县	明溪县城北水厂罗翠水库取水口	地表水	湖库型	达标	
27	福建省	清流县	清流县自来水厂严坊溪取水口	地表水	湖库型	达标	
28	福建省	宁化县	宁化县沙子甲水厂寨头里水库取水口	地表水	湖库型	达标	

续表

序号	省份名称	行政区划	点位名称	水源地类型	水体类型	达标情况	超标指标及超标倍数
29	福建省	大田县	大田县自来水公司坑口水库取水口	地表水	湖库型	达标	
30	福建省	尤溪县	尤溪县自来水厂大池水库取水口	地表水	湖库型	达标	
31	福建省	尤溪县	尤溪县东村溪兴头水库取水口	地表水	湖库型	达标	
32	福建省	沙县区	沙县第一水厂洞天岩水库取水口	地表水	湖库型	达标	
33	福建省	沙县区	沙县第二水厂下村洋水库取水口	地表水	湖库型	达标	
34	福建省	沙县区	沙县第三水厂马岩水库取水口	地表水	湖库型	达标	
35	福建省	将乐县	将乐县下村水厂漠村溪取水口	地表水	河流型	达标	
36	福建省	泰宁县	泰宁县北溪水厂际头水库取水口	地表水	湖库型	达标	
37	福建省	建宁县	建宁县自来水公司王坪栋水库取水口	地表水	湖库型	达标	
38	福建省	永安市	永安市北区水厂沙溪取水口	地表水	河流型	达标	
39	福建省	永安市	永安市南区水厂洛溪水库取水口	地表水	湖库型	达标	
40	福建省	泉州市	泉州市北水厂北高干渠取水口	地表水	河流型	达标	
41	福建省	泉州市	泉州市湄丰水厂、泉港第三水厂泗洲水库取水口	地表水	湖库型	达标	
42	福建省	泉州市	泉州市湄丰水厂、泉港第三水厂黄塘溪取水口	地表水	河流型	达标	
43	福建省	泉州市	泉州市金浦水厂、三水厂晋江干流金鸡拦河旧闸取水口	地表水	河流型	达标	
44	福建省	惠安县	惠安县城南水厂黄塘溪取水口	地表水	河流型	达标	
45	福建省	惠安县	惠安县北关水厂菱溪水库取水口	地表水	湖库型	达标	
46	福建省	安溪县	安溪县城关水厂晋江西溪吾都取水口	地表水	河流型	达标	
47	福建省	永春县	永春县第三自来水厂晋江东溪湖洋溪取水口	地表水	河流型	达标	
48	福建省	德化县	德化县第二水厂国宝溪取水口	地表水	河流型	达标	
49	福建省	石狮市	石狮市石狮水厂南高干渠取水口	地表水	河流型	达标	
50	福建省	晋江市	晋江市田洋水厂南高干渠取水口	地表水	河流型	达标	
51	福建省	南安市	南安市美林水厂晋江东溪取水口	地表水	河流型	达标	
52	福建省	漳州市	漳州市第二水厂九龙江北溪鳌浦取水口	地表水	河流型	达标	
53	福建省	漳州市	漳州市三水厂、福糖水厂九龙江北溪内林取水口	地表水	河流型	达标	
54	福建省	漳州市	漳州市金峰水厂九龙江西溪取水口	地表水	河流型	达标	
55	福建省	云霄县	云霄县风吹岭水厂车圩溪取水口	地表水	河流型	达标	
56	福建省	漳浦县	漳浦县自来水厂梁山水库取水口	地表水	湖库型	达标	
57	福建省	漳浦县	漳浦县自来水厂澎水水库取水口	地表水	湖库型	达标	
58	福建省	诏安县	诏安县自来水厂亚湖水库取水口	地表水	湖库型	达标	
59	福建省	长泰区	长泰自来水公司龙津溪福信取水口	地表水	河流型	达标	
60	福建省	东山县	东山县供水公司红旗水库取水口	地表水	湖库型	达标	

续表

序号	省份名称	行政区划	点位名称	水源地类型	水体类型	达标情况	超标指标及超标倍数
61	福建省	南靖县	南靖县自来水公司象溪取水口	地表水	河流型	达标	
62	福建省	平和县	平和县自来水公司花山溪取水口	地表水	河流型	达标	
63	福建省	华安县	华安县自来水厂九龙江北溪取水口	地表水	河流型	达标	
64	福建省	龙海区	龙海自来水厂九龙江北溪江东桥取水口	地表水	河流型	达标	
65	福建省	南平市	南平市新建村水厂照溪（五星桥水库）取水口	地表水	湖库型	达标	
66	福建省	南平市	南平市武夷新区水厂雷公口水库取水口	地表水	湖库型	达标	
67	福建省	顺昌县	顺昌县派溪水厂院尾水库取水口	地表水	湖库型	达标	
68	福建省	浦城县	浦城县东区水厂南浦溪取水口	地表水	河流型	达标	
69	福建省	浦城县	浦城县西区水厂东风水库取水口	地表水	湖库型	达标	
70	福建省	光泽县	光泽县自来水厂西关水坝取水口	地表水	河流型	达标	
71	福建省	松溪县	松溪县杉溪水厂杉溪取水口	地表水	河流型	达标	
72	福建省	松溪县	松溪县来龙水厂钱园桥水库取水口	地表水	湖库型	达标	
73	福建省	政和县	政和县珠山水厂宝岭水库取水口	地表水	湖库型	达标	
74	福建省	邵武市	邵武市熙春水厂大乾水库取水口	地表水	湖库型	达标	
75	福建省	武夷山市	武夷山市石雄水厂西溪取水口	地表水	河流型	达标	
76	福建省	武夷山市	武夷山市三菇水厂崇阳溪取水口	地表水	河流型	达标	
77	福建省	建瓯市	建瓯市东门水厂松溪取水口	地表水	河流型	达标	
78	福建省	建瓯市	建瓯市新区水厂七里街水库取水口	地表水	湖库型	达标	
79	福建省	龙岩市	龙岩市凤凰水厂富溪三级水库大坝取水口	地表水	湖库型	达标	
80	福建省	龙岩市	龙岩市新区水厂黄岗水库取水口	地表水	湖库型	达标	
81	福建省	龙岩市	龙岩市东南洋水厂东肖水库取水口	地表水	湖库型	达标	
82	福建省	长汀县	长汀县自来水股份有限公司正方水库取水口	地表水	湖库型	达标	
83	福建省	永定区	永定龙寨水厂龙寨水库取水口	地表水	湖库型	达标	
84	福建省	永定区	永定淑雅溪水库取水口	地表水	湖库型	达标	
85	福建省	上杭县	上杭县兰地水厂汀江横滩取水口	地表水	河流型	达标	
86	福建省	武平县	武平县北门水厂捷文水库取水口	地表水	湖库型	达标	
87	福建省	连城县	连城县自来水公司竹光取水口	地下水	地下水	达标	
88	福建省	连城县	连城县自来水公司波洋取水口	地下水	地下水	达标	
89	福建省	连城县	连城县城区第二水源北团河取水口	地表水	河流型	达标	
90	福建省	漳平市	漳平市自来水厂大坂三级电站取水口	地表水	河流型	达标	
91	福建省	漳平市	漳平市铁路水厂双洋溪取水口	地表水	河流型	达标	
92	福建省	宁德市	宁德市二水厂金涵水库取水口	地表水	湖库型	达标	
93	福建省	宁德市	宁德市德源自来水厂陈家洋水库取水口	地表水	湖库型	达标	

续表

序号	省份名称	行政区划	点位名称	水源地类型	水体类型	达标情况	超标指标及超标倍数
94	福建省	宁德市	宁德市第一自来水厂金溪取水口	地表水	河流型	达标	
95	福建省	霞浦县	霞浦县北山里水厂溪西水库取水口	地表水	湖库型	达标	
96	福建省	古田县	古田县城关水厂桃溪水库取水口	地表水	湖库型	达标	
97	福建省	屏南县	屏南县第一自来水厂汤坑溪取水口	地表水	河流型	达标	
98	福建省	屏南县	屏南县第二自来水厂南峭溪取水口	地表水	河流型	达标	
99	福建省	屏南县	屏南县第二自来水厂引水工程取水口	地表水	河流型	达标	
100	福建省	寿宁县	寿宁县城区自来水厂西山水库取水口	地表水	湖库型	达标	
101	福建省	周宁县	周宁县深洋水厂李园水库取水口	地表水	湖库型	达标	
102	福建省	柘荣县	柘荣县自来水厂新荣溪水库取水口	地表水	湖库型	达标	
103	福建省	福安市	福安市城关二水厂交溪桃花岛取水口	地表水	河流型	达标	
104	福建省	福安市	福安市城东水厂留洋水库取水口	地表水	湖库型	达标	
105	福建省	福鼎市	福鼎市二水厂南溪水库取水口	地表水	湖库型	达标	
106	福建省	平潭综合实验区	平潭县自来水公司三十六脚湖取水口	地表水	湖库型	达标	

2 月

一、监测情况

2022 年 2 月，全省 9 个设区市及平潭综合实验区共监测 106 个正式投入使用的集中式生活饮用水水源（取水口），其中地表水水源 104 个（河流型 48 个，湖库型 56 个）、地下水源 2 个。

（一）监测点位

1. 地表水水源：河流型水源在水厂取水口上游 100 米附近处设置监测断面，水厂在同一河流有多个取水口，可在最上游 100 米处设置监测断面；湖库型水源原则上按常规监测点位采样，在每个水源取水口周边 100 米处设置 1 个监测点位进行采样。河流及湖库采样深度为水面下 0.5 米处。

2. 地下水水源：具备采样条件的，在抽水井采样。如不具备采样条件，在自来水厂的汇水区（加滤前）采样。

（二）监测项目

1. 地表水水源

①设区城市、平潭综合实验区：监测项目为《地表水环境质量标准》（GB 3838－2002）表 1 的基本项目（24 项）、表 2 的补充项目（5 项）和表 3 的优选特定项目（33 项），共 62 项。其中，湖库型地表水饮用水源加测叶绿素 a 和透明度 2 项，共 64 项。

②县级城市：监测项目为《地表水环境质量标准》（GB 3838－2002）表 1 的基本项目（24 项）、表 2 的补充项目（5 项），共 29 项。其中，湖库型地表水饮用水源加测叶绿素 a 和透明度 2 项，共 31 项。

2. 地下水饮用水源

监测项目为《地下水质量标准》（GB/T 14848－2017）表 1 中 39 项。

各地可根据当地污染实际情况，适当增加区域特征污染物。

二、评价标准及方法

（一）地表水水源

地表水水源水质评价根据《地表水环境质量标准》（GB 3838－2002）Ⅲ类标准限值进行评价。基本项目按照《地表水环境质量评价方法（试行）》（环办〔2011〕22 号）进行评价，补充项目、特定项目采用单因子评价法进行评价。

（二）地下水水源

地下水水源水质评价执行《地下水质量标准》（GB/T 14848－2017）Ⅲ类标准限值，采用单因子评价法进行评价。评价项目为《地下水质量标准》（GB/T 14848－2017）表1中39项。

三、评价结果

（一）总体情况

106个集中式生活饮用水水源均达标（达到或优于Ⅲ类标准），达标比例为100%（详见附表）。

（二）地表水水源

104个地表水水源均达标，达标比例为100%。其中，有66个达到或优于Ⅱ类标准，占63.5%。

（三）地下水水源

2个地下水水源均达标，达标比例为100%。

备注：

1. 集中式生活饮用水水源，是指进入输水管网送到用户的和具有一定取水规模（供水人口一般大于1000人）的在用、备用和规划水源。

2. 集中式生活饮用水水源和饮用水的区别：饮用水水源为原水，居民饮用水为末梢水，水源水经自来水厂净化处理达到《生活饮用水卫生标准》的要求后，进入居民供水系统作为饮用水。

附表

2022年2月福建省县级以上集中式生活饮用水水源水质状况

序号	省份名称	行政区划	点位名称	水源地类型	水体类型	达标情况	超标指标及超标倍数
1	福建省	福州市	福州市西区、北区水厂闽江原厝取水口	地表水	河流型	达标	
2	福建省	福州市	福州市城门水厂闽江南港取水口	地表水	河流型	达标	
3	福建省	福州市	福州市马尾水厂白眉水库取水口	地表水	湖库型	达标	
4	福建省	福州市	福州市新东区水厂塘坂取水口	地表水	河流型	达标	
5	福建省	福州市	福州市飞凤山水厂水源取水口	地表水	河流型	达标	
6	福建省	闽侯县	闽侯县自来水公司叶洋泵站取水口	地表水	河流型	达标	
7	福建省	连江县	连江县塘坂水厂塘坂取水口	地表水	河流型	达标	
8	福建省	罗源县	罗源县八井水厂反调节库取水口	地表水	河流型	达标	
9	福建省	罗源县	罗源县可湖水厂西溪水库取水口	地表水	湖库型	达标	
10	福建省	罗源县	罗源县洋尾水厂东岩调节水库取水口	地表水	湖库型	达标	
11	福建省	闽清县	闽清县白石坑水厂、塔山水厂闽江取水口	地表水	河流型	达标	
1	福建省	闽清县	闽清县葫芦门水库取水口	地表水	湖库型	达标	
13	福建省	永泰县	永泰县南区水厂大樟溪取水口	地表水	河流型	达标	
14	福建省	永泰县	永泰县青云山水厂天门窗水库取水口	地表水	湖库型	达标	
15	福建省	福清市	福清市东张水库取水口	地表水	湖库型	达标	
16	福建省	福清市	福清市闽江调水峡南取水口	地表水	河流型	达标	
17	福建省	长乐区	长乐炎山水厂炎山矶头取水口	地表水	河流型	达标	
18	福建省	厦门市	厦门市莲坂水厂、集美水厂石兜、坂头水库取水口	地表水	湖库型	达标	
19	福建省	厦门市	厦门市高殿水厂、杏林水厂九龙江北溪取水口	地表水	河流型	达标	
20	福建省	厦门市	厦门市同安梅山水厂汀溪水库取水口	地表水	湖库型	达标	
21	福建省	莆田市	莆田市莆田水厂东圳水库取水口	地表水	湖库型	达标	

续表

序号	省份名称	行政区划	点位名称	水源地类型	水体类型	达标情况	超标指标及超标倍数
22	福建省	莆田市	莆田市涵江水厂外渡水库取水口	地表水	湖库型	达标	
23	福建省	仙游县	仙游县仙游水厂古洋水库取水口	地表水	湖库型	达标	
24	福建省	仙游县	仙游县金钟水库取水口	地表水	湖库型	达标	
25	福建省	三明市	三明市东牙溪水库取水口	地表水	湖库型	达标	
26	福建省	明溪县	明溪县城北水厂罗翠水库取水口	地表水	湖库型	达标	
27	福建省	清流县	清流县自来水厂严坊溪取水口	地表水	湖库型	达标	
28	福建省	宁化县	宁化县沙子甲水厂寨头里水库取水口	地表水	湖库型	达标	
29	福建省	大田县	大田县自来水公司坑口水库取水口	地表水	湖库型	达标	
30	福建省	尤溪县	尤溪县自来水厂大池水库取水口	地表水	湖库型	达标	
31	福建省	尤溪县	尤溪县东村溪兴头水库取水口	地表水	湖库型	达标	
32	福建省	沙县区	沙县第一水厂洞天岩水库取水口	地表水	湖库型	达标	
33	福建省	沙县区	沙县第二水厂下村洋水库取水口	地表水	湖库型	达标	
34	福建省	沙县区	沙县第三水厂马岩水库取水口	地表水	湖库型	达标	
35	福建省	将乐县	将乐县下村水厂漠村溪取水口	地表水	河流型	达标	
36	福建省	泰宁县	泰宁县北溪水厂际头水库取水口	地表水	湖库型	达标	
37	福建省	建宁县	建宁县自来水公司王坪栋水库取水口	地表水	湖库型	达标	
38	福建省	永安市	永安市北区水厂沙溪取水口	地表水	河流型	达标	
39	福建省	永安市	永安市南区水厂洛溪水库取水口	地表水	湖库型	达标	
40	福建省	泉州市	泉州市北水厂北高干渠取水口	地表水	河流型	达标	
41	福建省	泉州市	泉州市湄丰水厂、泉港第三水厂泗洲水库取水口	地表水	湖库型	达标	
42	福建省	泉州市	泉州市湄丰水厂、泉港第三水厂黄塘溪取水口	地表水	河流型	达标	
43	福建省	泉州市	泉州市金浦水厂、三水厂晋江干流金鸡拦河旧闸取水口	地表水	河流型	达标	
44	福建省	惠安县	惠安县城南水厂黄塘溪取水口	地表水	河流型	达标	
45	福建省	惠安县	惠安县北关水厂菱溪水库取水口	地表水	湖库型	达标	
46	福建省	安溪县	安溪县城关水厂晋江西溪吾都取水口	地表水	河流型	达标	
47	福建省	永春县	永春县第三自来水厂晋江东溪湖洋溪取水口	地表水	河流型	达标	
48	福建省	德化县	德化县第二水厂国宝溪取水口	地表水	河流型	达标	
49	福建省	石狮市	石狮市石狮水厂南高干渠取水口	地表水	河流型	达标	
50	福建省	晋江市	晋江市田洋水厂南高干渠取水口	地表水	河流型	达标	
51	福建省	南安市	南安市美林水厂晋江东溪取水口	地表水	河流型	达标	
52	福建省	漳州市	漳州市第二水厂九龙江北溪鳌浦取水口	地表水	河流型	达标	
53	福建省	漳州市	漳州市三水厂、福糖水厂九龙江北溪内林取水口	地表水	河流型	达标	

续表

序号	省份名称	行政区划	点位名称	水源地类型	水体类型	达标情况	超标指标及超标倍数
54	福建省	漳州市	漳州市金峰水厂九龙江西溪取水口	地表水	河流型	达标	
55	福建省	云霄县	云霄县风吹岭水厂车圩溪取水口	地表水	河流型	达标	
56	福建省	漳浦县	漳浦县自来水厂梁山水库取水口	地表水	湖库型	达标	
57	福建省	漳浦县	漳浦县自来水厂澎水水库取水口	地表水	湖库型	达标	
58	福建省	诏安县	诏安县自来水厂亚湖水库取水口	地表水	湖库型	达标	
59	福建省	长泰区	长泰自来水公司龙津溪福信取水口	地表水	河流型	达标	
60	福建省	东山县	东山县供水公司红旗水库取水口	地表水	湖库型	达标	
61	福建省	南靖县	南靖县自来水公司象溪取水口	地表水	河流型	达标	
62	福建省	平和县	平和县自来水公司花山溪取水口	地表水	河流型	达标	
63	福建省	华安县	华安县自来水厂九龙江北溪取水口	地表水	河流型	达标	
64	福建省	龙海区	龙海自来水厂九龙江北溪江东桥取水口	地表水	河流型	达标	
65	福建省	南平市	南平市新建村水厂照溪（五星桥水库）取水口	地表水	湖库型	达标	
66	福建省	南平市	南平市武夷新区水厂雷公口水库取水口	地表水	湖库型	达标	
67	福建省	顺昌县	顺昌县派溪水厂院尾水库取水口	地表水	湖库型	达标	
68	福建省	浦城县	浦城县东区水厂南浦溪取水口	地表水	河流型	达标	
69	福建省	浦城县	浦城县西区水厂东风水库取水口	地表水	湖库型	达标	
70	福建省	光泽县	光泽县自来水厂西关水坝取水口	地表水	河流型	达标	
71	福建省	松溪县	松溪县杉溪水厂杉溪取水口	地表水	河流型	达标	
72	福建省	松溪县	松溪县来龙水厂钱园桥水库取水口	地表水	湖库型	达标	
73	福建省	政和县	政和县珠山水厂宝岭水库取水口	地表水	湖库型	达标	
74	福建省	邵武市	邵武市熙春水厂大乾水库取水口	地表水	湖库型	达标	
75	福建省	武夷山市	武夷山市石雄水厂西溪取水口	地表水	河流型	达标	
76	福建省	武夷山市	武夷山市三菇水厂崇阳溪取水口	地表水	河流型	达标	
77	福建省	建瓯市	建瓯市东门水厂松溪取水口	地表水	河流型	达标	
78	福建省	建瓯市	建瓯市新区水厂七里街水库取水口	地表水	湖库型	达标	
79	福建省	龙岩市	龙岩市凤凰水厂富溪三级水库大坝取水口	地表水	湖库型	达标	
80	福建省	龙岩市	龙岩市新区水厂黄岗水库取水口	地表水	湖库型	达标	
81	福建省	龙岩市	龙岩市东南洋水厂东肖水库取水口	地表水	湖库型	达标	
82	福建省	长汀县	长汀县自来水股份有限公司正方水库取水口	地表水	湖库型	达标	
83	福建省	永定区	永定龙寨水厂龙寨水库取水口	地表水	湖库型	达标	
84	福建省	永定区	永定淑雅溪水库取水口	地表水	湖库型	达标	
85	福建省	上杭县	上杭县兰地水厂汀江横滩取水口	地表水	河流型	达标	
86	福建省	武平县	武平县北门水厂捷文水库取水口	地表水	湖库型	达标	

续表

序号	省份名称	行政区划	点位名称	水源地类型	水体类型	达标情况	超标指标及超标倍数
87	福建省	连城县	连城县自来水公司竹光取水口	地下水	地下水	达标	
88	福建省	连城县	连城县自来水公司波洋取水口	地下水	地下水	达标	
89	福建省	连城县	连城县城区第二水源北团河取水口	地表水	河流型	达标	
90	福建省	漳平市	漳平市自来水厂大坂三级电站取水口	地表水	河流型	达标	
91	福建省	漳平市	漳平市铁路水厂双洋溪取水口	地表水	河流型	达标	
92	福建省	宁德市	宁德市二水厂金涵水库取水口	地表水	湖库型	达标	
93	福建省	宁德市	宁德市德源自来水厂陈家洋水库取水口	地表水	湖库型	达标	
94	福建省	宁德市	宁德市第一自来水厂金溪取水口	地表水	河流型	达标	
95	福建省	霞浦县	霞浦县北山里水厂溪西水库取水口	地表水	湖库型	达标	
96	福建省	古田县	古田县城关水厂桃溪水库取水口	地表水	湖库型	达标	
97	福建省	屏南县	屏南县第一自来水厂汤坑溪取水口	地表水	河流型	达标	
98	福建省	屏南县	屏南县第二自来水厂南峭溪取水口	地表水	河流型	达标	
99	福建省	屏南县	屏南县第二自来水厂引水工程取水口	地表水	河流型	达标	
100	福建省	寿宁县	寿宁县城区自来水厂西山水库取水口	地表水	湖库型	达标	
101	福建省	周宁县	周宁县深洋水厂李园水库取水口	地表水	湖库型	达标	
102	福建省	柘荣县	柘荣县自来水厂新荣溪水库取水口	地表水	湖库型	达标	
103	福建省	福安市	福安市城关二水厂交溪桃花岛取水口	地表水	河流型	达标	
104	福建省	福安市	福安市城东水厂留洋水库取水口	地表水	湖库型	达标	
105	福建省	福鼎市	福鼎市二水厂南溪水库取水口	地表水	湖库型	达标	
106	福建省	平潭综合实验区	平潭县自来水公司三十六脚湖取水口	地表水	湖库型	达标	

3月

一、监测情况

2022年3月，全省9个设区市及平潭综合实验区共监测106个正式投入使用的集中式生活饮用水水源（取水口），其中地表水水源104个（河流型48个，湖库型56个）、地下水源2个。

（一）监测点位

1. 地表水水源：河流型水源在水厂取水口上游100米附近处设置监测断面，水厂在同一河流有多个取水口，可在最上游100米处设置监测断面；湖库型水源原则上按常规监测点位采样，在每个水源取水口周边100米处设置1个监测点位进行采样。河流及湖库采样深度为水面下0.5米处。

2. 地下水水源：具备采样条件的，在抽水井采样。如不具备采样条件，在自来水厂的汇水区（加滤前）采样。

（二）监测项目

1. 地表水水源

①设区城市、平潭综合实验区：监测项目为《地表水环境质量标准》（GB 3838－2002）表1的基本项目（24项）、表2的补充项目（5项）和表3的优选特定项目（33项），共62项。其中，湖库型地表水饮用水源加测叶绿素a和透明度2项，共64项。

②县级城市：监测项目为《地表水环境质量标准》（GB 3838－2002）表1的基本项目（24项）、表2的补充项目（5项），共29项。其中，湖库型地表水饮用水源加测叶绿素a和透明度2

项，共31项。

2. 地下水饮用水源

监测项目为《地下水质量标准》（GB/T 14848－2017）表1中39项。

各地可根据当地污染实际情况，适当增加区域特征污染物。

二、评价标准及方法

（一）地表水水源

地表水水源水质评价根据《地表水环境质量标准》（GB 3838－2002）Ⅲ类标准限值进行评价。基本项目按照《地表水环境质量评价方法（试行）》（环办〔2011〕22号）进行评价，补充项目、特定项目采用单因子评价法进行评价。

（二）地下水水源

地下水水源水质评价执行《地下水质量标准》（GB/T 14848－2017）Ⅲ类标准限值，采用单因子评价法进行评价。评价项目为《地下水质量标准》（GB/T 14848－2017）表1中39项。

三、评价结果

（一）总体情况

106个集中式生活饮用水水源均达标（达到或优于Ⅲ类标准），达标比例为100%（详见附表）。

（二）地表水水源

104个地表水水源均达标，达标比例为100%。其中，有70个达到或优于Ⅱ类标准，占67.3%。

（三）地下水水源

2个地下水水源均达标，达标比例为100%。

备注：

1. 集中式生活饮用水水源，是指进入输水管网送到用户的和具有一定取水规模（供水人口一般大于1000人）的在用、备用和规划水源。

2. 集中式生活饮用水水源和饮用水的区别：饮用水水源为原水，居民饮用水为末梢水，水源水经自来水厂净化处理达到《生活饮用水卫生标准》的要求后，进入居民供水系统作为饮用水。

附表

2022年3月福建省县级以上集中式生活饮用水水源水质状况

序号	省份名称	行政区划	点位名称	水源地类型	水体类型	达标情况	超标指标及超标倍数
1	福建省	福州市	福州市西区、北区水厂闽江原厝取水口	地表水	河流型	达标	
2	福建省	福州市	福州市城门水厂闽江南港取水口	地表水	河流型	达标	
3	福建省	福州市	福州市马尾水厂白眉水库取水口	地表水	湖库型	达标	
4	福建省	福州市	福州市新东区水厂塘坂取水口	地表水	河流型	达标	
5	福建省	福州市	福州市飞凤山水厂水源取水口	地表水	河流型	达标	
6	福建省	闽侯县	闽侯县自来水公司叶洋泵站取水口	地表水	河流型	达标	
7	福建省	连江县	连江县塘坂水厂塘坂取水口	地表水	河流型	达标	
8	福建省	罗源县	罗源县八井水厂反调节库取水口	地表水	河流型	达标	
9	福建省	罗源县	罗源县可湖水厂西溪水库取水口	地表水	湖库型	达标	
10	福建省	罗源县	罗源县洋尾水厂东岩调节水库取水口	地表水	湖库型	达标	
11	福建省	闽清县	闽清县白石坑水厂、塔山水厂闽江取水口	地表水	河流型	达标	
12	福建省	闽清县	闽清县葫芦门水库取水口	地表水	湖库型	达标	
13	福建省	永泰县	永泰县南区水厂大樟溪取水口	地表水	河流型	达标	
14	福建省	永泰县	永泰县青云山水厂天门窗水库取水口	地表水	湖库型	达标	
15	福建省	福清市	福清市东张水库取水口	地表水	湖库型	达标	
16	福建省	福清市	福清市闽江调水峡南取水口	地表水	河流型	达标	

续表

序号	省份名称	行政区划	点位名称	水源地类型	水体类型	达标情况	超标指标及超标倍数
17	福建省	长乐区	长乐炎山水厂炎山矶头取水口	地表水	河流型	达标	
18	福建省	厦门市	厦门市莲坂水厂、集美水厂石兜、坂头水库取水口	地表水	湖库型	达标	
19	福建省	厦门市	厦门市高殿水厂、杏林水厂九龙江北溪取水口	地表水	河流型	达标	
20	福建省	厦门市	厦门市同安梅山水厂汀溪水库取水口	地表水	湖库型	达标	
21	福建省	莆田市	莆田市莆田水厂东圳水库取水口	地表水	湖库型	达标	
22	福建省	莆田市	莆田市涵江水厂外渡水库取水口	地表水	湖库型	达标	
23	福建省	仙游县	仙游县仙游水厂古洋水库取水口	地表水	湖库型	达标	
24	福建省	仙游县	仙游县金钟水库取水口	地表水	湖库型	达标	
25	福建省	三明市	三明市东牙溪水库取水口	地表水	湖库型	达标	
26	福建省	明溪县	明溪县城北水厂罗翠水库取水口	地表水	湖库型	达标	
27	福建省	清流县	清流县自来水厂严坊溪取水口	地表水	湖库型	达标	
28	福建省	宁化县	宁化县沙子甲水厂寨头里水库取水口	地表水	湖库型	达标	
29	福建省	大田县	大田县自来水公司坑口水库取水口	地表水	湖库型	达标	
30	福建省	尤溪县	尤溪县自来水厂大池水库取水口	地表水	湖库型	达标	
31	福建省	尤溪县	尤溪县东村溪兴头水库取水口	地表水	湖库型	达标	
32	福建省	沙县区	沙县第一水厂洞天岩水库取水口	地表水	湖库型	达标	
33	福建省	沙县区	沙县第二水厂下村洋水库取水口	地表水	湖库型	达标	
34	福建省	沙县区	沙县第三水厂马岩水库取水口	地表水	湖库型	达标	
35	福建省	将乐县	将乐县下村水厂漠村溪取水口	地表水	河流型	达标	
36	福建省	泰宁县	泰宁县北溪水厂际头水库取水口	地表水	湖库型	达标	
37	福建省	建宁县	建宁县自来水公司王坪栋水库取水口	地表水	湖库型	达标	
38	福建省	永安市	永安市北区水厂沙溪取水口	地表水	河流型	达标	
39	福建省	永安市	永安市南区水厂洛溪水库取水口	地表水	湖库型	达标	
40	福建省	泉州市	泉州市北水厂北高干渠取水口	地表水	河流型	达标	
41	福建省	泉州市	泉州市湄丰水厂、泉港第三水厂泗洲水库取水口	地表水	湖库型	达标	
42	福建省	泉州市	泉州市湄丰水厂、泉港第三水厂黄塘溪取水口	地表水	河流型	达标	
43	福建省	泉州市	泉州市金浦水厂、三水厂晋江干流金鸡拦河旧闸取水口	地表水	河流型	达标	
44	福建省	惠安县	惠安县城南水厂黄塘溪取水口	地表水	河流型	达标	
45	福建省	惠安县	惠安县北关水厂菱溪水库取水口	地表水	湖库型	达标	
46	福建省	安溪县	安溪县城关水厂晋江西溪吾都取水口	地表水	河流型	达标	
47	福建省	永春县	永春县第三自来水厂晋江东溪湖洋溪取水口	地表水	河流型	达标	

续表

序号	省份名称	行政区划	点位名称	水源地类型	水体类型	达标情况	超标指标及超标倍数
48	福建省	德化县	德化县第二水厂国宝溪取水口	地表水	河流型	达标	
49	福建省	石狮市	石狮市石狮水厂南高干渠取水口	地表水	河流型	达标	
50	福建省	晋江市	晋江市田洋水厂南高干渠取水口	地表水	河流型	达标	
51	福建省	南安市	南安市美林水厂晋江东溪取水口	地表水	河流型	达标	
52	福建省	漳州市	漳州市第二水厂九龙江北溪鳌浦取水口	地表水	河流型	达标	
53	福建省	漳州市	漳州市三水厂、福糖水厂九龙江北溪内林取水口	地表水	河流型	达标	
54	福建省	漳州市	漳州市金峰水厂九龙江西溪取水口	地表水	河流型	达标	
55	福建省	云霄县	云霄县风吹岭水厂车圩溪取水口	地表水	河流型	达标	
56	福建省	漳浦县	漳浦县自来水厂梁山水库取水口	地表水	湖库型	达标	
57	福建省	漳浦县	漳浦县自来水厂澎水水库取水口	地表水	湖库型	达标	
58	福建省	诏安县	诏安县自来水厂亚湖水库取水口	地表水	湖库型	达标	
59	福建省	长泰区	长泰自来水公司龙津溪福信取水口	地表水	河流型	达标	
60	福建省	东山县	东山县供水公司红旗水库取水口	地表水	湖库型	达标	
61	福建省	南靖县	南靖县自来水公司象溪取水口	地表水	河流型	达标	
62	福建省	平和县	平和县自来水公司花山溪取水口	地表水	河流型	达标	
63	福建省	华安县	华安县自来水厂九龙江北溪取水口	地表水	河流型	达标	
64	福建省	龙海区	龙海自来水厂九龙江北溪江东桥取水口	地表水	河流型	达标	
65	福建省	南平市	南平市新建村水厂照溪（五星桥水库）取水口	地表水	湖库型	达标	
66	福建省	南平市	南平市武夷新区水厂雷公口水库取水口	地表水	湖库型	达标	
67	福建省	顺昌县	顺昌县派溪水厂院尾水库取水口	地表水	湖库型	达标	
68	福建省	浦城县	浦城县东区水厂南浦溪取水口	地表水	河流型	达标	
69	福建省	浦城县	浦城县西区水厂东风水库取水口	地表水	湖库型	达标	
70	福建省	光泽县	光泽县自来水厂西关水坝取水口	地表水	河流型	达标	
71	福建省	松溪县	松溪县杉溪水厂杉溪取水口	地表水	河流型	达标	
72	福建省	松溪县	松溪县来龙水厂钱园桥水库取水口	地表水	湖库型	达标	
73	福建省	政和县	政和县珠山水厂宝岭水库取水口	地表水	湖库型	达标	
74	福建省	邵武市	邵武市熙春水厂大乾水库取水口	地表水	湖库型	达标	
75	福建省	武夷山市	武夷山市石雄水厂西溪取水口	地表水	河流型	达标	
76	福建省	武夷山市	武夷山市三菇水厂崇阳溪取水口	地表水	河流型	达标	
77	福建省	建瓯市	建瓯市东门水厂松溪取水口	地表水	河流型	达标	
78	福建省	建瓯市	建瓯市新区水厂七里街水库取水口	地表水	湖库型	达标	
79	福建省	龙岩市	龙岩市凤凰水厂富溪三级水库大坝取水口	地表水	湖库型	达标	
80	福建省	龙岩市	龙岩市新区水厂黄岗水库取水口	地表水	湖库型	达标	

续表

序号	省份名称	行政区划	点位名称	水源地类型	水体类型	达标情况	超标指标及超标倍数
81	福建省	龙岩市	龙岩市东南洋水厂东肖水库取水口	地表水	湖库型	达标	
82	福建省	长汀县	长汀县自来水股份有限公司正方水库取水口	地表水	湖库型	达标	
83	福建省	永定区	永定龙寨水厂龙寨水库取水口	地表水	湖库型	达标	
84	福建省	永定区	永定淑雅溪水库取水口	地表水	湖库型	达标	
85	福建省	上杭县	上杭县兰地水厂汀江横滩取水口	地表水	河流型	达标	
86	福建省	武平县	武平县北门水厂捷文水库取水口	地表水	湖库型	达标	
87	福建省	连城县	连城县自来水公司竹光取水口	地下水	地下水	达标	
88	福建省	连城县	连城县自来水公司波洋取水口	地下水	地下水	达标	
89	福建省	连城县	连城县城区第二水源北团河取水口	地表水	河流型	达标	
90	福建省	漳平市	漳平市自来水厂大坂三级电站取水口	地表水	河流型	达标	
91	福建省	漳平市	漳平市铁路水厂双洋溪取水口	地表水	河流型	达标	
92	福建省	宁德市	宁德市二水厂金涵水库取水口	地表水	湖库型	达标	
93	福建省	宁德市	宁德市德源自来水厂陈家洋水库取水口	地表水	湖库型	达标	
94	福建省	宁德市	宁德市第一自来水厂金溪取水口	地表水	河流型	达标	
95	福建省	霞浦县	霞浦县北山里水厂溪西水库取水口	地表水	湖库型	达标	
96	福建省	古田县	古田县城关水厂桃溪水库取水口	地表水	湖库型	达标	
97	福建省	屏南县	屏南县第一自来水厂汤坑溪取水口	地表水	河流型	达标	
98	福建省	屏南县	屏南县第二自来水厂南峭溪取水口	地表水	河流型	达标	
99	福建省	屏南县	屏南县第二自来水厂引水工程取水口	地表水	河流型	达标	
100	福建省	寿宁县	寿宁县城区自来水厂西山水库取水口	地表水	湖库型	达标	
101	福建省	周宁县	周宁县深洋水厂李园水库取水口	地表水	湖库型	达标	
102	福建省	柘荣县	柘荣县自来水厂新荣溪水库取水口	地表水	湖库型	达标	
103	福建省	福安市	福安市城关二水厂交溪桃花岛取水口	地表水	河流型	达标	
104	福建省	福安市	福安市城东水厂留洋水库取水口	地表水	湖库型	达标	
105	福建省	福鼎市	福鼎市二水厂南溪水库取水口	地表水	湖库型	达标	
106	福建省	平潭综合实验区	平潭县自来水公司三十六脚湖取水口	地表水	湖库型	达标	

4月

一、监测情况

2022年4月，全省9个设区市及平潭综合实验区共监测106个正式投入使用的集中式生活饮用水水源（取水口），其中地表水水源104个（河流型48个，湖库型56个）、地下水源2个。

（一）监测点位

1. 地表水水源：河流型水源在水厂取水口上游100米附近处设置监测断面，水厂在同一河流有多个取水口，可在最上游100米处设置监测断面；湖库型水源原则上按常规监测点位采样，在每个水源取水口周边100米处设置1个监测点位进行采样。河流及湖库采样深度为水面下0.5米处。

2. 地下水水源：具备采样条件的，在抽水井采样。如不具备采样条件，在自来水厂的汇水区（加滤前）采样。

（二）监测项目

1. 地表水水源

①设区城市、平潭综合实验区：监测项目为《地表水环境质量标准》（GB 3838－2002）表1的基本项目（24项）、表2的补充项目（5项）和表3的优选特定项目（33项），共62项。其中，湖库型地表水饮用水源加测叶绿素a和透明度2项，共64项。

②县级城市：监测项目为《地表水环境质量标准》（GB 3838－2002）表1的基本项目（24项）、表2的补充项目（5项），共29项。其中，湖库型地表水饮用水源加测叶绿素a和透明度2项，共31项。

2. 地下水饮用水源

监测项目为《地下水质量标准》（GB/T 14848－2017）表1中39项。

各地可根据当地污染实际情况，适当增加区域特征污染物。

二、评价标准及方法

（一）地表水水源

地表水水源水质评价根据《地表水环境质量标准》（GB 3838－2002）Ⅲ类标准限值进行评价。基本项目按照《地表水环境质量评价方法（试行）》（环办〔2011〕22号）进行评价，补充项目、特定项目采用单因子评价法进行评价。

（二）地下水水源

地下水水源水质评价执行《地下水质量标准》（GB/T 14848－2017）Ⅲ类标准限值，采用单因子评价法进行评价。评价项目为《地下水质量标准》（GB/T 14848－2017）表1中39项。

三、评价结果

（一）总体情况

106个集中式生活饮用水水源均达标（达到或优于Ⅲ类标准），达标比例为100%（详见附表）。

（二）地表水水源

104个地表水水源均达标，达标比例为100%。其中，有70个达到或优于Ⅱ类标准，占67.3%。

（三）地下水水源

2个地下水水源均达标，达标比例为100%。

备注：

1. 集中式生活饮用水水源，是指进入输水管网送到用户的和具有一定取水规模（供水人口一般大于1000人）的在用、备用和规划水源。

2. 集中式生活饮用水水源和饮用水的区别：饮用水水源为原水，居民饮用水为末梢水，水源水经自来水厂净化处理达到《生活饮用水卫生标准》的要求后，进入居民供水系统作为饮用水。

附表

2022年4月福建省县级以上集中式生活饮用水水源水质状况

序号	省份名称	行政区划	点位名称	水源地类型	水体类型	达标情况	超标指标及超标倍数
1	福建省	福州市	福州市西区、北区水厂闽江原厝取水口	地表水	河流型	达标	
2	福建省	福州市	福州市城门水厂闽江南港取水口	地表水	河流型	达标	
3	福建省	福州市	福州市马尾水厂白眉水库取水口	地表水	湖库型	达标	
4	福建省	福州市	福州市新东区水厂塘坂取水口	地表水	河流型	达标	
5	福建省	福州市	福州市飞凤山水厂水源取水口	地表水	河流型	达标	
6	福建省	闽侯县	闽侯县自来水公司叶洋泵站取水口	地表水	河流型	达标	
7	福建省	连江县	连江县塘坂水厂塘坂取水口	地表水	河流型	达标	
8	福建省	罗源县	罗源县八井水厂反调节库取水口	地表水	河流型	达标	
9	福建省	罗源县	罗源县可湖水厂西溪水库取水口	地表水	湖库型	达标	
10	福建省	罗源县	罗源县洋尾水厂东岩调节水库取水口	地表水	湖库型	达标	

续表

序号	省份名称	行政区划	点位名称	水源地类型	水体类型	达标情况	超标指标及超标倍数
11	福建省	闽清县	闽清县白石坑水厂、塔山水厂闽江取水口	地表水	河流型	达标	
12	福建省	闽清县	闽清县葫芦门水库取水口	地表水	湖库型	达标	
13	福建省	永泰县	永泰县南区水厂大樟溪取水口	地表水	河流型	达标	
14	福建省	永泰县	永泰县青云山水厂天门窗水库取水口	地表水	湖库型	达标	
15	福建省	福清市	福清市东张水库取水口	地表水	湖库型	达标	
16	福建省	福清市	福清市闽江调水峡南取水口	地表水	河流型	达标	
17	福建省	长乐区	长乐炎山水厂炎山矶头取水口	地表水	河流型	达标	
18	福建省	厦门市	厦门市莲坂水厂、集美水厂石兜、坂头水库取水口	地表水	湖库型	达标	
19	福建省	厦门市	厦门市高殿水厂、杏林水厂九龙江北溪取水口	地表水	河流型	达标	
20	福建省	厦门市	厦门市同安梅山水厂汀溪水库取水口	地表水	湖库型	达标	
21	福建省	莆田市	莆田市莆田水厂东圳水库取水口	地表水	湖库型	达标	
22	福建省	莆田市	莆田市涵江水厂外渡水库取水口	地表水	湖库型	达标	
23	福建省	仙游县	仙游县仙游水厂古洋水库取水口	地表水	湖库型	达标	
24	福建省	仙游县	仙游县金钟水库取水口	地表水	湖库型	达标	
25	福建省	三明市	三明市东牙溪水库取水口	地表水	湖库型	达标	
26	福建省	明溪县	明溪县城北水厂罗翠水库取水口	地表水	湖库型	达标	
27	福建省	清流县	清流县自来水厂严坊溪取水口	地表水	湖库型	达标	
28	福建省	宁化县	宁化县沙子甲水厂寨头里水库取水口	地表水	湖库型	达标	
29	福建省	大田县	大田县自来水公司坑口水库取水口	地表水	湖库型	达标	
30	福建省	尤溪县	尤溪县自来水厂大池水库取水口	地表水	湖库型	达标	
31	福建省	尤溪县	尤溪县东村溪兴头水库取水口	地表水	湖库型	达标	
32	福建省	沙县区	沙县第一水厂洞天岩水库取水口	地表水	湖库型	达标	
33	福建省	沙县区	沙县第二水厂下村洋水库取水口	地表水	湖库型	达标	
34	福建省	沙县区	沙县第三水厂马岩水库取水口	地表水	湖库型	达标	
35	福建省	将乐县	将乐县下村水厂漠村溪取水口	地表水	河流型	达标	
36	福建省	泰宁县	泰宁县北溪水厂际头水库取水口	地表水	湖库型	达标	
37	福建省	建宁县	建宁县自来水公司王坪栋水库取水口	地表水	湖库型	达标	
38	福建省	永安市	永安市北区水厂沙溪取水口	地表水	河流型	达标	
39	福建省	永安市	永安市南区水厂洛溪水库取水口	地表水	湖库型	达标	
40	福建省	泉州市	泉州市北水厂北高干渠取水口	地表水	河流型	达标	
41	福建省	泉州市	泉州市湄丰水厂、泉港第三水厂泗洲水库取水口	地表水	湖库型	达标	
42	福建省	泉州市	泉州市湄丰水厂、泉港第三水厂黄塘溪取水口	地表水	河流型	达标	

续表

序号	省份名称	行政区划	点位名称	水源地类型	水体类型	达标情况	超标指标及超标倍数
43	福建省	泉州市	泉州市金浦水厂、三水厂晋江干流金鸡拦河旧闸取水口	地表水	河流型	达标	
44	福建省	惠安县	惠安县城南水厂黄塘溪取水口	地表水	河流型	达标	
45	福建省	惠安县	惠安县北关水厂菱溪水库取水口	地表水	湖库型	达标	
46	福建省	安溪县	安溪县城关水厂晋江西溪吾都取水口	地表水	河流型	达标	
47	福建省	永春县	永春县第三自来水厂晋江东溪湖洋溪取水口	地表水	河流型	达标	
48	福建省	德化县	德化县第二水厂国宝溪取水口	地表水	河流型	达标	
49	福建省	石狮市	石狮市石狮水厂南高干渠取水口	地表水	河流型	达标	
50	福建省	晋江市	晋江市田洋水厂南高干渠取水口	地表水	河流型	达标	
51	福建省	南安市	南安市美林水厂晋江东溪取水口	地表水	河流型	达标	
52	福建省	漳州市	漳州市第二水厂九龙江北溪鳌浦取水口	地表水	河流型	达标	
53	福建省	漳州市	漳州市三水厂、福糖水厂九龙江北溪内林取水口	地表水	河流型	达标	
54	福建省	漳州市	漳州市金峰水厂九龙江西溪取水口	地表水	河流型	达标	
55	福建省	云霄县	云霄县风吹岭水厂车圩溪取水口	地表水	河流型	达标	
56	福建省	漳浦县	漳浦县自来水厂梁山水库取水口	地表水	湖库型	达标	
57	福建省	漳浦县	漳浦县自来水厂澎水水库取水口	地表水	湖库型	达标	
58	福建省	诏安县	诏安县自来水厂亚湖水库取水口	地表水	湖库型	达标	
59	福建省	长泰区	长泰自来水公司龙津溪福信取水口	地表水	河流型	达标	
60	福建省	东山县	东山县供水公司红旗水库取水口	地表水	湖库型	达标	
61	福建省	南靖县	南靖县自来水公司象溪取水口	地表水	河流型	达标	
62	福建省	平和县	平和县自来水公司花山溪取水口	地表水	河流型	达标	
63	福建省	华安县	华安县自来水厂九龙江北溪取水口	地表水	河流型	达标	
64	福建省	龙海区	龙海自来水厂九龙江北溪江东桥取水口	地表水	河流型	达标	
65	福建省	南平市	南平市新建村水厂照溪（五星桥水库）取水口	地表水	湖库型	达标	
66	福建省	南平市	南平市武夷新区水厂雷公口水库取水口	地表水	湖库型	达标	
67	福建省	顺昌县	顺昌县派溪水厂院尾水库取水口	地表水	湖库型	达标	
68	福建省	浦城县	浦城县东区水厂南浦溪取水口	地表水	河流型	达标	
69	福建省	浦城县	浦城县西区水厂东风水库取水口	地表水	湖库型	达标	
70	福建省	光泽县	光泽县自来水厂西关水坝取水口	地表水	河流型	达标	
71	福建省	松溪县	松溪县杉溪水厂杉溪取水口	地表水	河流型	达标	
72	福建省	松溪县	松溪县来龙水厂钱园桥水库取水口	地表水	湖库型	达标	
73	福建省	政和县	政和县珠山水厂宝岭水库取水口	地表水	湖库型	达标	
74	福建省	邵武市	邵武市熙春水厂大乾水库取水口	地表水	湖库型	达标	
75	福建省	武夷山市	武夷山市石雄水厂西溪取水口	地表水	河流型	达标	

续表

序号	省份名称	行政区划	点位名称	水源地类型	水体类型	达标情况	超标指标及超标倍数
76	福建省	武夷山市	武夷山市三菇水厂崇阳溪取水口	地表水	河流型	达标	
77	福建省	建瓯市	建瓯市东门水厂松溪取水口	地表水	河流型	达标	
78	福建省	建瓯市	建瓯市新区水厂七里街水库取水口	地表水	湖库型	达标	
79	福建省	龙岩市	龙岩市凤凰水厂富溪三级水库大坝取水口	地表水	湖库型	达标	
80	福建省	龙岩市	龙岩市新区水厂黄岗水库取水口	地表水	湖库型	达标	
81	福建省	龙岩市	龙岩市东南洋水厂东肖水库取水口	地表水	湖库型	达标	
82	福建省	长汀县	长汀县自来水股份有限公司正方水库取水口	地表水	湖库型	达标	
83	福建省	永定区	永定龙寨水厂龙寨水库取水口	地表水	湖库型	达标	
84	福建省	永定区	永定淑雅溪水库取水口	地表水	湖库型	达标	
85	福建省	上杭县	上杭县兰地水厂汀江横滩取水口	地表水	河流型	达标	
86	福建省	武平县	武平县北门水厂捷文水库取水口	地表水	湖库型	达标	
87	福建省	连城县	连城县自来水公司竹光取水口	地下水	地下水	达标	
88	福建省	连城县	连城县自来水公司波洋取水口	地下水	地下水	达标	
89	福建省	连城县	连城县城区第二水源北团河取水口	地表水	河流型	达标	
90	福建省	漳平市	漳平市自来水厂大坂三级电站取水口	地表水	河流型	达标	
91	福建省	漳平市	漳平市铁路水厂双洋溪取水口	地表水	河流型	达标	
92	福建省	宁德市	宁德市二水厂金涵水库取水口	地表水	湖库型	达标	
93	福建省	宁德市	宁德市德源自来水厂陈家洋水库取水口	地表水	湖库型	达标	
94	福建省	宁德市	宁德市第一自来水厂金溪取水口	地表水	河流型	达标	
95	福建省	霞浦县	霞浦县北山里水厂溪西水库取水口	地表水	湖库型	达标	
96	福建省	古田县	古田县城关水厂桃溪水库取水口	地表水	湖库型	达标	
97	福建省	屏南县	屏南县第一自来水厂汤坑溪取水口	地表水	河流型	达标	
98	福建省	屏南县	屏南县第二自来水厂南峭溪取水口	地表水	河流型	达标	
99	福建省	屏南县	屏南县第二自来水厂引水工程取水口	地表水	河流型	达标	
100	福建省	寿宁县	寿宁县城区自来水厂西山水库取水口	地表水	湖库型	达标	
101	福建省	周宁县	周宁县深洋水厂李园水库取水口	地表水	湖库型	达标	
102	福建省	柘荣县	柘荣县自来水厂新荣溪水库取水口	地表水	湖库型	达标	
103	福建省	福安市	福安市城关二水厂交溪桃花岛取水口	地表水	河流型	达标	
104	福建省	福安市	福安市城东水厂留洋水库取水口	地表水	湖库型	达标	
105	福建省	福鼎市	福鼎市二水厂南溪水库取水口	地表水	湖库型	达标	
106	福建省	平潭综合实验区	平潭县自来水公司三十六脚湖取水口	地表水	湖库型	达标	

5月

一、监测情况

2022年5月，全省9个设区市及平潭综合实验区共监测106个正式投入使用的集中式生活饮用水水源（取水口），其中地表水水源104个（河流型48个，湖库型56个）、地下水水源2个。

（一）监测点位

1. 地表水水源：河流型水源在水厂取水口上游100米附近处设置监测断面，水厂在同一河流有多个取水口，可在最上游100米处设置监测断面；湖库型水源原则上按常规监测点位采样，在每个水源取水口周边100米处设置1个监测点位进行采样。河流及湖库采样深度为水面下0.5米处。

2. 地下水水源：具备采样条件的，在抽水井采样。如不具备采样条件，在自来水厂的汇水区（加滤前）采样。

（二）监测项目

1. 地表水水源

①设区城市、平潭综合实验区：监测项目为《地表水环境质量标准》（GB 3838－2002）表1的基本项目（24项）、表2的补充项目（5项）和表3的优选特定项目（33项），共62项。其中，湖库型地表水饮用水源加测叶绿素a和透明度2项，共64项。

②县级城市：监测项目为《地表水环境质量标准》（GB 3838－2002）表1的基本项目（24项）、表2的补充项目（5项），共29项。其中，湖库型地表水饮用水源加测叶绿素a和透明度2项，共31项。

2. 地下水饮用水源

监测项目为《地下水质量标准》（GB/T 14848－2017）表1中39项。

各地可根据当地污染实际情况，适当增加区域特征污染物。

二、评价标准及方法

（一）地表水水源

地表水水源水质评价根据《地表水环境质量标准》（GB 3838－2002）Ⅲ类标准限值进行评价。基本项目按照《地表水环境质量评价方法（试行）》（环办〔2011〕22号）进行评价，补充项目、特定项目采用单因子评价法进行评价。

（二）地下水水源

地下水水源水质评价执行《地下水质量标准》（GB/T 14848－2017）Ⅲ类标准限值，采用单因子评价法进行评价。评价项目为《地下水质量标准》（GB/T 14848－2017）表1中39项。

三、评价结果

（一）总体情况

106个集中式生活饮用水水源均达标（达到或优于Ⅲ类标准），达标比例为100%（详见附表）。

（二）地表水水源

104个地表水水源均达标，达标比例为100%。其中，有71个达到或优于Ⅱ类标准，占68.3%。

（三）地下水水源

2个地下水水源均达标，达标比例为100%。

备注：

1. 集中式生活饮用水水源，是指进入输水管网送到用户的和具有一定取水规模（供水人口一般大于1000人）的在用、备用和规划水源。

2. 集中式生活饮用水水源和饮用水的区别：饮用水水源为原水，居民饮用水为末梢水，水源水经自来水厂净化处理达到《生活饮用水卫生标准》的要求后，进入居民供水系统作为饮用水。

附表

2022年5月福建省县级以上集中式生活饮用水水源水质状况

序号	省份名称	行政区划	点位名称	水源地类型	水体类型	达标情况	超标指标及超标倍数
1	福建省	福州市	福州市西区、北区水厂闽江原厝取水口	地表水	河流型	达标	
2	福建省	福州市	福州市城门水厂闽江南港取水口	地表水	河流型	达标	

续表

序号	省份名称	行政区划	点位名称	水源地类型	水体类型	达标情况	超标指标及超标倍数
3	福建省	福州市	福州市马尾水厂白眉水库取水口	地表水	湖库型	达标	
4	福建省	福州市	福州市新东区水厂塘坂取水口	地表水	河流型	达标	
5	福建省	福州市	福州市飞凤山水厂水源取水口	地表水	河流型	达标	
6	福建省	闽侯县	闽侯县自来水公司叶洋泵站取水口	地表水	河流型	达标	
7	福建省	连江县	连江县塘坂水厂塘坂取水口	地表水	河流型	达标	
8	福建省	罗源县	罗源县八井水厂反调节库取水口	地表水	河流型	达标	
9	福建省	罗源县	罗源县可湖水厂西溪水库取水口	地表水	湖库型	达标	
10	福建省	罗源县	罗源县洋尾水厂东岩调节水库取水口	地表水	湖库型	达标	
11	福建省	闽清县	闽清县白石坑水厂、塔山水厂闽江取水口	地表水	河流型	达标	
12	福建省	闽清县	闽清县葫芦门水库取水口	地表水	湖库型	达标	
13	福建省	永泰县	永泰县南区水厂大樟溪取水口	地表水	河流型	达标	
14	福建省	永泰县	永泰县青云山水厂天门窗水库取水口	地表水	湖库型	达标	
15	福建省	福清市	福清市东张水库取水口	地表水	湖库型	达标	
16	福建省	福清市	福清市闽江调水峡南取水口	地表水	河流型	达标	
17	福建省	长乐区	长乐区炎山水厂炎山矾头取水口	地表水	河流型	达标	
18	福建省	厦门市	厦门市莲坂水厂、集美水厂石兜、坂头水库取水口	地表水	湖库型	达标	
19	福建省	厦门市	厦门市同安梅山水厂汀溪水库取水口	地表水	湖库型	达标	
20	福建省	莆田市	莆田市莆田水厂东圳水库取水口	地表水	湖库型	达标	
21	福建省	莆田市	莆田市涵江水厂外度水库取水口	地表水	湖库型	达标	
22	福建省	仙游县	仙游县仙游水厂古洋水库取水口	地表水	湖库型	达标	
23	福建省	仙游县	仙游县金钟水库取水口	地表水	湖库型	达标	
24	福建省	三明市	三明市东牙溪水库取水口	地表水	湖库型	达标	
25	福建省	明溪县	明溪县城北水厂罗翠水库取水口	地表水	湖库型	达标	
26	福建省	清流县	清流县自来水厂严坊溪取水口	地表水	湖库型	达标	
27	福建省	宁化县	宁化县沙子甲水厂寨头里水库取水口	地表水	湖库型	达标	
28	福建省	大田县	大田县自来水公司坑口水库取水口	地表水	湖库型	达标	
29	福建省	尤溪县	尤溪县自来水厂大池水库取水口	地表水	湖库型	达标	
30	福建省	尤溪县	尤溪县东村溪兴头水库取水口	地表水	湖库型	达标	
31	福建省	沙县区	沙县区第一水厂洞天岩水库取水口	地表水	湖库型	达标	
32	福建省	沙县区	沙县区第三水厂马岩水库取水口	地表水	湖库型	达标	
33	福建省	沙县区	沙县区双溪水库取水口	地表水	湖库型	达标	
34	福建省	将乐县	将乐县下村水厂漠村溪取水口	地表水	河流型	达标	
35	福建省	泰宁县	泰宁县北溪水厂际头水库取水口	地表水	湖库型	达标	
36	福建省	建宁县	建宁县自来水公司王坪栋水库取水口	地表水	湖库型	达标	

续表

序号	省份名称	行政区划	点位名称	水源地类型	水体类型	达标情况	超标指标及超标倍数
37	福建省	永安市	永安市北区水厂沙溪取水口	地表水	河流型	达标	
38	福建省	永安市	永安市南区水厂洛溪水库取水口	地表水	湖库型	达标	
39	福建省	泉州市	泉州市北水厂北高干渠取水口	地表水	河流型	达标	
40	福建省	泉州市	泉州市湄丰水厂、泉港第三水厂泗洲水库取水口	地表水	湖库型	达标	
41	福建省	泉州市	泉州市湄丰水厂、泉港第三水厂黄塘溪取水口	地表水	河流型	达标	
42	福建省	泉州市	泉州市金浦水厂、三水厂晋江干流金鸡拦河旧闸取水口	地表水	河流型	达标	
43	福建省	惠安县	惠安县城南水厂黄塘溪取水口	地表水	河流型	达标	
44	福建省	惠安县	惠安县北关水厂菱溪水库取水口	地表水	湖库型	达标	
45	福建省	安溪县	安溪县城关水厂晋江西溪吾都取水口	地表水	河流型	达标	
46	福建省	永春县	永春县第三自来水厂晋江东溪湖洋溪取水口	地表水	河流型	达标	
47	福建省	德化县	德化县第二水厂国宝溪取水口	地表水	河流型	达标	
48	福建省	石狮市	石狮市石狮水厂南高干渠取水口	地表水	河流型	达标	
49	福建省	晋江市	晋江市田洋水厂南高干渠取水口	地表水	河流型	达标	
50	福建省	南安市	南安市美林水厂晋江东溪取水口	地表水	河流型	达标	
51	福建省	漳州市	厦门市高殿水厂、杏林水厂九龙江北溪取水口	地表水	河流型	达标	
52	福建省	漳州市	漳州市第二水厂九龙江北溪鳌浦取水口	地表水	河流型	达标	
53	福建省	漳州市	漳州市三水厂、福糖水厂九龙江北溪内林取水口	地表水	河流型	达标	
54	福建省	漳州市	漳州市金峰水厂九龙江西溪取水口	地表水	河流型	达标	
55	福建省	云霄县	云霄县风吹岭水厂车圩溪取水口	地表水	河流型	达标	
56	福建省	漳浦县	漳浦县自来水厂梁山水库取水口	地表水	湖库型	达标	
57	福建省	漳浦县	漳浦县自来水厂澎水水库取水口	地表水	湖库型	达标	
58	福建省	诏安县	诏安县自来水厂亚湖水库取水口	地表水	湖库型	达标	
59	福建省	长泰县	长泰区自来水公司龙津溪福信取水口	地表水	河流型	达标	
60	福建省	东山县	东山县供水公司红旗水库取水口	地表水	湖库型	达标	
61	福建省	南靖县	南靖县自来水公司象溪取水口	地表水	河流型	达标	
62	福建省	平和县	平和县自来水公司花山溪取水口	地表水	河流型	达标	
63	福建省	华安县	华安县自来水厂九龙江北溪取水口	地表水	河流型	达标	
64	福建省	龙海市	龙海区自来水厂九龙江北溪江东桥取水口	地表水	河流型	达标	
65	福建省	南平市	南平市新建村水厂照溪（五星桥水库）取水口	地表水	湖库型	达标	
66	福建省	南平市	南平市武夷新区水厂雷公口水库取水口	地表水	湖库型	达标	

续表

序号	省份名称	行政区划	点位名称	水源地类型	水体类型	达标情况	超标指标及超标倍数
67	福建省	顺昌县	顺昌县派溪水厂院尾水库取水口	地表水	湖库型	达标	
68	福建省	浦城县	浦城县东区水厂南浦溪取水口	地表水	河流型	达标	
69	福建省	浦城县	浦城县西区水厂东风水库取水口	地表水	湖库型	达标	
70	福建省	光泽县	光泽县自来水厂西关水坝取水口	地表水	河流型	达标	
71	福建省	松溪县	松溪县杉溪水厂杉溪取水口	地表水	河流型	达标	
72	福建省	松溪县	松溪县来龙水厂钱园桥水库取水口	地表水	湖库型	达标	
73	福建省	政和县	政和县珠山水厂宝岭水库取水口	地表水	湖库型	达标	
74	福建省	邵武市	邵武市熙春水厂大乾水库取水口	地表水	湖库型	达标	
75	福建省	武夷山市	武夷山市石雄水厂西溪取水口	地表水	河流型	达标	
76	福建省	武夷山市	武夷山市三姑水厂崇阳溪取水口	地表水	河流型	达标	
77	福建省	建瓯市	建瓯市东门水厂松溪取水口	地表水	河流型	达标	
78	福建省	建瓯市	建瓯市新区水厂七里街水库取水口	地表水	湖库型	达标	
79	福建省	龙岩市	龙岩市凤凰水厂富溪三级水库大坝取水口	地表水	湖库型	达标	
80	福建省	龙岩市	龙岩市新区水厂黄岗水库取水口	地表水	湖库型	达标	
81	福建省	龙岩市	龙岩市东南洋水厂东肖水库取水口	地表水	湖库型	达标	
82	福建省	长汀县	长汀县自来水股份有限公司正方水库取水口	地表水	湖库型	达标	
83	福建省	永定区	永定区龙寨水厂龙寨水库取水口	地表水	湖库型	达标	
84	福建省	永定区	永定区淑雅溪水库取水口	地表水	湖库型	达标	
85	福建省	上杭县	上杭县兰地水厂汀江横滩取水口	地表水	河流型	达标	
86	福建省	武平县	武平县北门水厂捷文水库取水口	地表水	湖库型	达标	
87	福建省	连城县	连城县自来水公司竹光地下取水口	地下水	地下水源	达标	
88	福建省	连城县	连城县自来水公司波洋地下取水口	地下水	地下水源	达标	
89	福建省	连城县	连城县城区第二水源北团河取水口	地表水	河流型	达标	
90	福建省	漳平市	漳平市自来水厂大坂三级电站取水口	地表水	河流型	达标	
91	福建省	漳平市	漳平市铁路水厂双洋溪取水口	地表水	河流型	达标	
92	福建省	宁德市	宁德市二水厂金涵水库取水口	地表水	湖库型	达标	
93	福建省	宁德市	宁德市德源自来水厂陈家洋水库取水口	地表水	湖库型	达标	
94	福建省	宁德市	宁德市第一自来水厂金溪取水口	地表水	河流型	达标	
95	福建省	霞浦县	霞浦县北山里水厂溪西水库取水口	地表水	湖库型	达标	
96	福建省	古田县	古田县城关水厂桃溪水库取水口	地表水	湖库型	达标	
97	福建省	屏南县	屏南县第一自来水厂汤坑溪取水口	地表水	河流型	达标	
98	福建省	屏南县	屏南县第二自来水厂南峭溪取水口	地表水	河流型	达标	
99	福建省	屏南县	屏南县第二自来水厂引水工程取水口	地表水	河流型	达标	
100	福建省	寿宁县	寿宁县城区自来水厂西山水库取水口	地表水	湖库型	达标	

续表

序号	省份名称	行政区划	点位名称	水源地类型	水体类型	达标情况	超标指标及超标倍数
101	福建省	周宁县	周宁县深洋水厂李园水库取水口	地表水	湖库型	达标	
102	福建省	柘荣县	柘荣县自来水厂新荣溪水库取水口	地表水	湖库型	达标	
103	福建省	福安市	福安市城关二水厂交溪桃花岛取水口	地表水	河流型	达标	
104	福建省	福安市	福安市城东水厂留洋水库取水口	地表水	湖库型	达标	
105	福建省	福鼎市	福鼎市二水厂南溪水库取水口	地表水	湖库型	达标	
106	福建省	平潭综合实验区	平潭县自来水公司三十六脚湖取水口	地表水	湖库型	达标	

6月

一、监测情况

2022年6月，全省9个设区市及平潭综合实验区共监测106个正式投入使用的集中式生活饮用水水源（取水口），其中地表水水源104个（河流型48个，湖库型56个）、地下水水源2个。

（一）监测点位

1. 地表水水源：河流型水源在水厂取水口上游100米附近处设置监测断面，水厂在同一河流有多个取水口，可在最上游100米处设置监测断面；湖库型水源原则上按常规监测点位采样，在每个水源取水口周边100米处设置1个监测点位进行采样。河流及湖库采样深度为水面下0.5米处。

2. 地下水水源：具备采样条件的，在抽水井采样。如不具备采样条件，在自来水厂的汇水区（加滤前）采样。

（二）监测项目

1. 地表水水源

①设区城市、平潭综合实验区：监测项目为《地表水环境质量标准》（GB 3838－2002）表1的基本项目（24项）、表2的补充项目（5项）和表3的优选特定项目（33项），共62项。其中，湖库型地表水饮用水源加测叶绿素a和透明度2项，共64项。

②县级城市：监测项目为《地表水环境质量标准》（GB 3838－2002）表1的基本项目（24项）、表2的补充项目（5项），共29项。其中，湖库型地表水饮用水源加测叶绿素a和透明度2项，共31项。

2. 地下水饮用水源

监测项目为《地下水质量标准》（GB/T 14848－2017）表1中39项。

各地可根据当地污染实际情况，适当增加区域特征污染物。

二、评价标准及方法

（一）地表水水源

地表水水源水质评价根据《地表水环境质量标准》（GB 3838－2002）Ⅲ类标准限值进行评价。基本项目按照《地表水环境质量评价方法（试行）》（环办〔2011〕22号）进行评价，补充项目、特定项目采用单因子评价法进行评价。

（二）地下水水源

地下水水源水质评价执行《地下水质量标准》（GB/T 14848－2017）Ⅲ类标准限值，采用单因子评价法进行评价。评价项目为《地下水质量标准》（GB/T 14848－2017）表1中39项。

三、评价结果

（一）总体情况

106个集中式生活饮用水水源均达标（达到或优于Ⅲ类标准），达标比例为100%（详见附表）。

（二）地表水水源

104个地表水水源均达标，达标比例为100%。其中，有58个达到或优于Ⅱ类标准，占55.8%。

（三）地下水水源

2个地下水水源均达标，达标比例为100%。

备注：

1. 集中式生活饮用水水源，是指进入输水管网送到用户的和具有一定取水规模（供水人口一般大于1000人）的在用、备用和规划水源。

2. 集中式生活饮用水水源和饮用水的区别：饮用水水源为原水，居民饮用水为末梢水，水源水经自来水厂净化处理达到《生活饮用水卫生标准》的要求后，进入居民供水系统作为饮用水。

附表

2022 年 6 月福建省县级以上集中式生活饮用水水源水质状况

序号	省份名称	行政区划	点位名称	水源地类型	水体类型	达标情况	超标指标及超标倍数
1	福建省	福州市	福州市西区、北区水厂闽江原厝取水口	地表水	河流型	达标	
2	福建省	福州市	福州市城门水厂闽江南港取水口	地表水	河流型	达标	
3	福建省	福州市	福州市马尾水厂白眉水库取水口	地表水	湖库型	达标	
4	福建省	福州市	福州市新东区水厂塘坂取水口	地表水	河流型	达标	
5	福建省	福州市	福州市飞凤山水厂水源取水口	地表水	河流型	达标	
6	福建省	闽侯县	闽侯县自来水公司叶洋泵站取水口	地表水	河流型	达标	
7	福建省	连江县	连江县塘坂水厂塘坂取水口	地表水	河流型	达标	
8	福建省	罗源县	罗源县八井水厂反调节库取水口	地表水	河流型	达标	
9	福建省	罗源县	罗源县可湖水厂西溪水库取水口	地表水	湖库型	达标	
10	福建省	罗源县	罗源县洋尾水厂东岩调节水库取水口	地表水	湖库型	达标	
11	福建省	闽清县	闽清县白石坑水厂、塔山水厂闽江取水口	地表水	河流型	达标	
12	福建省	闽清县	闽清县葫芦门水库取水口	地表水	湖库型	达标	
13	福建省	永泰县	永泰县南区水厂大樟溪取水口	地表水	河流型	达标	
14	福建省	永泰县	永泰县青云山水厂天门窗水库取水口	地表水	湖库型	达标	
15	福建省	福清市	福清市东张水库取水口	地表水	湖库型	达标	
16	福建省	福清市	福清市闽江调水峡南取水口	地表水	河流型	达标	
17	福建省	长乐区	长乐区炎山水厂炎山矾头取水口	地表水	河流型	达标	
18	福建省	厦门市	厦门市莲坂水厂、集美水厂石兜、坂头水库取水口	地表水	湖库型	达标	
19	福建省	厦门市	厦门市高殿水厂、杏林水厂九龙江北溪取水口	地表水	河流型	达标	
20	福建省	厦门市	厦门市同安梅山水厂汀溪水库取水口	地表水	湖库型	达标	
21	福建省	莆田市	莆田市莆田水厂东圳水库取水口	地表水	湖库型	达标	
22	福建省	莆田市	莆田市涵江水厂外渡水库取水口	地表水	湖库型	达标	
23	福建省	仙游县	仙游县仙游水厂古洋水库取水口	地表水	湖库型	达标	
24	福建省	仙游县	仙游县金钟水库取水口	地表水	湖库型	达标	
25	福建省	三明市	三明市东牙溪水库取水口	地表水	湖库型	达标	
26	福建省	明溪县	明溪县城北水厂罗翠水库取水口	地表水	湖库型	达标	
27	福建省	清流县	清流县自来水厂严坊溪取水口	地表水	湖库型	达标	
28	福建省	宁化县	宁化县沙子甲水厂寨头里水库取水口	地表水	湖库型	达标	

续表

序号	省份名称	行政区划	点位名称	水源地类型	水体类型	达标情况	超标指标及超标倍数
29	福建省	大田县	大田县自来水公司坑口水库取水口	地表水	湖库型	达标	
30	福建省	尤溪县	尤溪县自来水厂大池水库取水口	地表水	湖库型	达标	
31	福建省	尤溪县	尤溪县东村溪兴头水库取水口	地表水	湖库型	达标	
32	福建省	沙县区	沙县区第一水厂洞天岩水库取水口	地表水	湖库型	达标	
33	福建省	沙县区	沙县区第三水厂马岩水库取水口	地表水	湖库型	达标	
34	福建省	沙县区	沙县区双溪水库取水口	地表水	湖库型	达标	
35	福建省	将乐县	将乐县下村水厂漠村溪取水口	地表水	河流型	达标	
36	福建省	泰宁县	泰宁县北溪水厂际头水库取水口	地表水	湖库型	达标	
37	福建省	建宁县	建宁县自来水公司王坪栋水库取水口	地表水	湖库型	达标	
38	福建省	永安市	永安市北区水厂沙溪取水口	地表水	河流型	达标	
39	福建省	永安市	永安市南区水厂洛溪水库取水口	地表水	湖库型	达标	
40	福建省	泉州市	泉州市北水厂北高干渠取水口	地表水	河流型	达标	
41	福建省	泉州市	泉州市湄丰水厂、泉港第三水厂泗洲水库取水口	地表水	湖库型	达标	
42	福建省	泉州市	泉州市湄丰水厂、泉港第三水厂黄塘溪取水口	地表水	河流型	达标	
43	福建省	泉州市	泉州市金浦水厂、三水厂晋江干流金鸡拦河旧闸取水口	地表水	河流型	达标	
44	福建省	惠安县	惠安县城南水厂黄塘溪取水口	地表水	河流型	达标	
45	福建省	惠安县	惠安县北关水厂菱溪水库取水口	地表水	湖库型	达标	
46	福建省	安溪县	安溪县城关水厂晋江西溪吾都取水口	地表水	河流型	达标	
47	福建省	永春县	永春县第三自来水厂晋江东溪湖洋溪取水口	地表水	河流型	达标	
48	福建省	德化县	德化县第二水厂国宝溪取水口	地表水	河流型	达标	
49	福建省	石狮市	石狮市石狮水厂南高干渠取水口	地表水	河流型	达标	
50	福建省	晋江市	晋江市田洋水厂南高干渠取水口	地表水	河流型	达标	
51	福建省	南安市	南安市美林水厂晋江东溪取水口	地表水	河流型	达标	
52	福建省	漳州市	漳州市第二水厂九龙江北溪鳌浦取水口	地表水	河流型	达标	
53	福建省	漳州市	漳州市三水厂、福糖水厂九龙江北溪内林取水口	地表水	河流型	达标	
54	福建省	漳州市	漳州市金峰水厂九龙江西溪取水口	地表水	河流型	达标	
55	福建省	云霄县	云霄县风吹岭水厂车圩溪取水口	地表水	河流型	达标	
56	福建省	漳浦县	漳浦县自来水厂梁山水库取水口	地表水	湖库型	达标	
57	福建省	漳浦县	漳浦县自来水厂澎水水库取水口	地表水	湖库型	达标	
58	福建省	诏安县	诏安县自来水厂亚湖水库取水口	地表水	湖库型	达标	
59	福建省	长泰县	长泰县自来水公司龙津溪福信取水口	地表水	河流型	达标	
60	福建省	东山县	东山县供水公司红旗水库取水口	地表水	湖库型	达标	

续表

序号	省份名称	行政区划	点位名称	水源地类型	水体类型	达标情况	超标指标及超标倍数
61	福建省	南靖县	南靖县自来水公司象溪取水口	地表水	河流型	达标	
62	福建省	平和县	平和县自来水公司花山溪取水口	地表水	河流型	达标	
63	福建省	华安县	华安县自来水厂九龙江北溪取水口	地表水	河流型	达标	
64	福建省	龙海市	龙海市自来水厂九龙江北溪江东桥取水口	地表水	河流型	达标	
65	福建省	南平市	南平市新建村水厂照溪（五星桥水库）取水口	地表水	湖库型	达标	
66	福建省	南平市	南平市武夷新区水厂雷公口水库取水口	地表水	湖库型	达标	
67	福建省	顺昌县	顺昌县派溪水厂院尾水库取水口	地表水	湖库型	达标	
68	福建省	浦城县	浦城县东区水厂南浦溪取水口	地表水	河流型	达标	
69	福建省	浦城县	浦城县西区水厂东风水库取水口	地表水	湖库型	达标	
70	福建省	光泽县	光泽县自来水厂西关水坝取水口	地表水	河流型	达标	
71	福建省	松溪县	松溪县杉溪水厂杉溪取水口	地表水	河流型	达标	
72	福建省	松溪县	松溪县来龙水厂钱园桥水库取水口	地表水	湖库型	达标	
73	福建省	政和县	政和县珠山水厂宝岭水库取水口	地表水	湖库型	达标	
74	福建省	邵武市	邵武市熙春水厂大乾水库取水口	地表水	湖库型	达标	
75	福建省	武夷山市	武夷山市石雄水厂西溪取水口	地表水	河流型	达标	
76	福建省	武夷山市	武夷山市三菇水厂崇阳溪取水口	地表水	河流型	达标	
77	福建省	建瓯市	建瓯市东门水厂松溪取水口	地表水	河流型	达标	
78	福建省	建瓯市	建瓯市新区水厂七里街水库取水口	地表水	湖库型	达标	
79	福建省	龙岩市	龙岩市凤凰水厂富溪三级水库大坝取水口	地表水	湖库型	达标	
80	福建省	龙岩市	龙岩市新区水厂黄岗水库取水口	地表水	湖库型	达标	
81	福建省	龙岩市	龙岩市东南洋水厂东肖水库取水口	地表水	湖库型	达标	
82	福建省	长汀县	长汀县自来水股份有限公司正方水库取水口	地表水	湖库型	达标	
83	福建省	永定区	永定区龙寨水厂龙寨水库取水口	地表水	湖库型	达标	
84	福建省	永定区	永定区淑雅溪水库取水口	地表水	湖库型	达标	
85	福建省	上杭县	上杭县兰地水厂汀江横滩取水口	地表水	河流型	达标	
86	福建省	武平县	武平县北门水厂捷文水库取水口	地表水	湖库型	达标	
87	福建省	连城县	连城县自来水公司竹光取水口	地下水	地下水	达标	
88	福建省	连城县	连城县自来水公司波洋取水口	地下水	地下水	达标	
89	福建省	连城县	连城县城区第二水源北团河取水口	地表水	河流型	达标	
90	福建省	漳平市	漳平市自来水厂大坂三级电站取水口	地表水	河流型	达标	
91	福建省	漳平市	漳平市铁路水厂双洋溪取水口	地表水	河流型	达标	
92	福建省	宁德市	宁德市二水厂金涵水库取水口	地表水	湖库型	达标	
93	福建省	宁德市	宁德市德源自来水厂陈家洋水库取水口	地表水	湖库型	达标	

续表

序号	省份名称	行政区划	点位名称	水源地类型	水体类型	达标情况	超标指标及超标倍数
94	福建省	宁德市	宁德市第一自来水厂金溪取水口	地表水	河流型	达标	
95	福建省	霞浦县	霞浦县北山里水厂溪西水库取水口	地表水	湖库型	达标	
96	福建省	古田县	古田县城关水厂桃溪水库取水口	地表水	湖库型	达标	
97	福建省	屏南县	屏南县第一自来水厂汤坑溪取水口	地表水	河流型	达标	
98	福建省	屏南县	屏南县第二自来水厂南峭溪取水口	地表水	河流型	达标	
99	福建省	屏南县	屏南县第二自来水厂引水工程取水口	地表水	河流型	达标	
100	福建省	寿宁县	寿宁县城区自来水厂西山水库取水口	地表水	湖库型	达标	
101	福建省	周宁县	周宁县深洋水厂李园水库取水口	地表水	湖库型	达标	
102	福建省	柘荣县	柘荣县自来水厂新荣溪水库取水口	地表水	湖库型	达标	
103	福建省	福安市	福安市城关二水厂交溪桃花岛取水口	地表水	河流型	达标	
104	福建省	福安市	福安市城东水厂留洋水库取水口	地表水	湖库型	达标	
105	福建省	福鼎市	福鼎市二水厂南溪水库取水口	地表水	湖库型	达标	
106	福建省	平潭综合实验区	平潭县自来水公司三十六脚湖取水口	地表水	湖库型	达标	

7月

一、监测情况

2022年7月，全省9个设区市及平潭综合实验区共监测106个正式投入使用的集中式生活饮用水水源（取水口），其中地表水水源104个（河流型48个，湖库型56个）、地下水水源2个。

（一）监测点位

1. 地表水水源：河流型水源在水厂取水口上游100米附近处设置监测断面，水厂在同一河流有多个取水口，可在最上游100米处设置监测断面；湖库型水源原则上按常规监测点位采样，在每个水源取水口周边100米处设置1个监测点位进行采样。河流及湖库采样深度为水面下0.5米处。

2. 地下水水源：具备采样条件的，在抽水井采样。如不具备采样条件，在自来水厂的汇水区（加滤前）采样。

（二）监测项目

1. 地表水水源

①设区城市、平潭综合实验区：监测项目为《地表水环境质量标准》（GB 3838－2002）表1的基本项目（24项）、表2的补充项目（5项）和表3的优选特定项目（33项），共62项。其中，湖库型地表水饮用水源加测叶绿素a和透明度2项，共64项。

②县级城市：监测项目为《地表水环境质量标准》（GB 3838－2002）表1的基本项目（24项）、表2的补充项目（5项），共29项。其中，湖库型地表水饮用水源加测叶绿素a和透明度2项，共31项。

2. 地下水饮用水源

监测项目为《地下水质量标准》（GB/T 14848－2017）表1中39项。

各地可根据当地污染实际情况，适当增加区域特征污染物。

二、评价标准及方法

（一）地表水水源

地表水水源水质评价根据《地表水环境质量标准》（GB 3838－2002）Ⅲ类标准限值进行评价。基本项目按照《地表水环境质量评价方法（试行）》（环办〔2011〕22号）进行评价，补充项目、特定项目采用单因子评价法进行评价。

（二）地下水水源

地下水水源水质评价执行《地下水质量标准》（GB/T 14848－2017）Ⅲ类标准限值，采用单因子评价法进行评价。评价项目为《地下水质量标准》（GB/T 14848－2017）表1中39项。

三、评价结果

（一）总体情况

106个集中式生活饮用水水源均达标（达到或优于Ⅲ类标准），达标比例为100%（详见附表）。

（二）地表水水源

104个地表水水源均达标，达标比例为100%。其中，有72个达到或优于Ⅱ类标准，占69.2%。

（三）地下水水源

2个地下水水源均达标，达标比例为100%。

备注：

1. 集中式生活饮用水水源，是指进入输水管网送到用户的和具有一定取水规模（供水人口一般大于1000人）的在用、备用和规划水源。

2. 集中式生活饮用水水源和饮用水的区别：饮用水水源为原水，居民饮用水为末梢水，水源水经自来水厂净化处理达到《生活饮用水卫生标准》的要求后，进入居民供水系统作为饮用水。

附表

2022年7月福建省县级以上集中式生活饮用水水源水质状况

序号	省份名称	行政区划	点位名称	水源地类型	水体类型	达标情况	超标指标及超标倍数
1	福建省	福州市	福州市西区、北区水厂闽江原厝取水口	地表水	河流型	达标	
2	福建省	福州市	福州市城门水厂闽江南港取水口	地表水	河流型	达标	
3	福建省	福州市	福州市马尾水厂白眉水库取水口	地表水	湖库型	达标	
4	福建省	福州市	福州市新东区水厂塘坂取水口	地表水	河流型	达标	
5	福建省	福州市	福州市飞凤山水厂水源取水口	地表水	河流型	达标	
6	福建省	闽侯县	闽侯县自来水公司叶洋泵站取水口	地表水	河流型	达标	
7	福建省	连江县	连江县塘坂水厂塘坂取水口	地表水	河流型	达标	
8	福建省	罗源县	罗源县八井水厂反调节库取水口	地表水	河流型	达标	
9	福建省	罗源县	罗源县可湖水厂西溪水库取水口	地表水	湖库型	达标	
10	福建省	罗源县	罗源县洋尾水厂东岩调节水库取水口	地表水	湖库型	达标	
11	福建省	闽清县	闽清县白石坑水厂、塔山水厂闽江取水口	地表水	河流型	达标	
12	福建省	闽清县	闽清县葫芦门水库取水口	地表水	湖库型	达标	
13	福建省	永泰县	永泰县南区水厂大樟溪取水口	地表水	河流型	达标	
14	福建省	永泰县	永泰县青云山水厂天门窗水库取水口	地表水	湖库型	达标	
15	福建省	福清市	福清市东张水库取水口	地表水	湖库型	达标	
16	福建省	福清市	福清市闽江调水峡南取水口	地表水	河流型	达标	
17	福建省	长乐区	长乐区炎山水厂炎山矶头取水口	地表水	河流型	达标	
18	福建省	厦门市	厦门市莲坂水厂、集美水厂石兜、坂头水库取水口	地表水	湖库型	达标	
19	福建省	厦门市	厦门市同安梅山水厂汀溪水库取水口	地表水	湖库型	达标	
20	福建省	莆田市	莆田市莆田水厂东圳水库取水口	地表水	湖库型	达标	
21	福建省	莆田市	莆田市涵江水厂外度水库取水口	地表水	湖库型	达标	
22	福建省	仙游县	仙游县仙游水厂古洋水库取水口	地表水	湖库型	达标	

续表

序号	省份名称	行政区划	点位名称	水源地类型	水体类型	达标情况	超标指标及超标倍数
23	福建省	仙游县	仙游县金钟水库取水口	地表水	湖库型	达标	
24	福建省	三明市	三明市东牙溪水库取水口	地表水	湖库型	达标	
25	福建省	明溪县	明溪县城北水厂罗翠水库取水口	地表水	湖库型	达标	
26	福建省	清流县	清流县自来水厂严坊溪取水口	地表水	湖库型	达标	
27	福建省	宁化县	宁化县沙子甲水厂寨头里水库取水口	地表水	湖库型	达标	
28	福建省	大田县	大田县自来水公司坑口水库取水口	地表水	湖库型	达标	
29	福建省	尤溪县	尤溪县自来水厂大池水库取水口	地表水	湖库型	达标	
30	福建省	尤溪县	尤溪县东村溪兴头水库取水口	地表水	湖库型	达标	
31	福建省	沙县区	沙县区第一水厂洞天岩水库取水口	地表水	湖库型	达标	
32	福建省	沙县区	沙县区第三水厂马岩水库取水口	地表水	湖库型	达标	
33	福建省	沙县区	沙县区双溪水库取水口	地表水	湖库型	达标	
34	福建省	将乐县	将乐县下村水厂漠村溪取水口	地表水	河流型	达标	
35	福建省	泰宁县	泰宁县北溪水厂际头水库取水口	地表水	湖库型	达标	
36	福建省	建宁县	建宁县自来水公司王坪栋水库取水口	地表水	湖库型	达标	
37	福建省	永安市	永安市北区水厂沙溪取水口	地表水	河流型	达标	
38	福建省	永安市	永安市南区水厂洛溪水库取水口	地表水	湖库型	达标	
39	福建省	泉州市	泉州市北水厂北高干渠取水口	地表水	河流型	达标	
40	福建省	泉州市	泉州市涓丰水厂、泉港第三水厂泗洲水库取水口	地表水	湖库型	达标	
41	福建省	泉州市	泉州市涓丰水厂、泉港第三水厂黄塘溪取水口	地表水	河流型	达标	
42	福建省	泉州市	泉州市金浦水厂、三水厂晋江干流金鸡拦河旧闸取水口	地表水	河流型	达标	
43	福建省	惠安县	惠安县城南水厂黄塘溪取水口	地表水	河流型	达标	
44	福建省	惠安县	惠安县北关水厂菱溪水库取水口	地表水	湖库型	达标	
45	福建省	安溪县	安溪县城关水厂晋江西溪吾都取水口	地表水	河流型	达标	
46	福建省	永春县	永春县第三自来水厂晋江东溪湖洋溪取水口	地表水	河流型	达标	
47	福建省	德化县	德化县第二水厂国宝溪取水口	地表水	河流型	达标	
48	福建省	石狮市	石狮市石狮水厂南高干渠取水口	地表水	河流型	达标	
49	福建省	晋江市	晋江市田洋水厂南高干渠取水口	地表水	河流型	达标	
50	福建省	南安市	南安市美林水厂晋江东溪取水口	地表水	河流型	达标	
51	福建省	漳州市	厦门市高殿水厂、杏林水厂九龙江北溪取水口	地表水	河流型	达标	
52	福建省	漳州市	漳州市第二水厂九龙江北溪鳌浦取水口	地表水	河流型	达标	
53	福建省	漳州市	漳州市三水厂、福糖水厂九龙江北溪内林取水口	地表水	河流型	达标	

续表

序号	省份名称	行政区划	点位名称	水源地类型	水体类型	达标情况	超标指标及超标倍数
54	福建省	漳州市	漳州市金峰水厂九龙江西溪取水口	地表水	河流型	达标	
55	福建省	云霄县	云霄县风吹岭水厂车圩溪取水口	地表水	河流型	达标	
56	福建省	漳浦县	漳浦县自来水厂梁山水库取水口	地表水	湖库型	达标	
57	福建省	漳浦县	漳浦县自来水厂澎水水库取水口	地表水	湖库型	达标	
58	福建省	诏安县	诏安县自来水厂亚湖水库取水口	地表水	湖库型	达标	
59	福建省	长泰县	长泰区自来水公司龙津溪福信取水口	地表水	河流型	达标	
60	福建省	东山县	东山县供水公司红旗水库取水口	地表水	湖库型	达标	
61	福建省	南靖县	南靖县自来水公司象溪取水口	地表水	河流型	达标	
62	福建省	平和县	平和县自来水公司花山溪取水口	地表水	河流型	达标	
63	福建省	华安县	华安县自来水厂九龙江北溪取水口	地表水	河流型	达标	
64	福建省	龙海市	龙海区自来水厂九龙江北溪江东桥取水口	地表水	河流型	达标	
65	福建省	南平市	南平市新建村水厂照溪（五星桥水库）取水口	地表水	湖库型	达标	
66	福建省	南平市	南平市武夷新区水厂雷公口水库取水口	地表水	湖库型	达标	
67	福建省	顺昌县	顺昌县派溪水厂院尾水库取水口	地表水	湖库型	达标	
68	福建省	浦城县	浦城县东区水厂南浦溪取水口	地表水	河流型	达标	
69	福建省	浦城县	浦城县西区水厂东风水库取水口	地表水	湖库型	达标	
70	福建省	光泽县	光泽县自来水厂西关水坝取水口	地表水	河流型	达标	
71	福建省	松溪县	松溪县杉溪水厂杉溪取水口	地表水	河流型	达标	
72	福建省	松溪县	松溪县来龙水厂钱园桥水库取水口	地表水	湖库型	达标	
73	福建省	政和县	政和县珠山水厂宝岭水库取水口	地表水	湖库型	达标	
74	福建省	邵武市	邵武市熙春水厂大乾水库取水口	地表水	湖库型	达标	
75	福建省	武夷山市	武夷山市石雄水厂西溪取水口	地表水	河流型	达标	
76	福建省	武夷山市	武夷山市三菇水厂崇阳溪取水口	地表水	河流型	达标	
77	福建省	建瓯市	建瓯市东门水厂松溪取水口	地表水	河流型	达标	
78	福建省	建瓯市	建瓯市新区水厂七里街水库取水口	地表水	湖库型	达标	
79	福建省	龙岩市	龙岩市凤凰水厂富溪三级水库大坝取水口	地表水	湖库型	达标	
80	福建省	龙岩市	龙岩市新区水厂黄岗水库取水口	地表水	湖库型	达标	
81	福建省	龙岩市	龙岩市东南洋水厂东肖水库取水口	地表水	湖库型	达标	
82	福建省	长汀县	长汀县自来水股份有限公司正方水库取水口	地表水	湖库型	达标	
83	福建省	永定区	永定区龙寨水厂龙寨水库取水口	地表水	湖库型	达标	
84	福建省	永定区	永定区淑雅溪水库取水口	地表水	湖库型	达标	
85	福建省	上杭县	上杭县兰地水厂汀江横滩取水口	地表水	河流型	达标	
86	福建省	武平县	武平县北门水厂捷文水库取水口	地表水	湖库型	达标	

续表

序号	省份名称	行政区划	点位名称	水源地类型	水体类型	达标情况	超标指标及超标倍数
87	福建省	连城县	连城县自来水公司竹光地下取水口	地下水	地下水源	达标	
88	福建省	连城县	连城县自来水公司波洋地下取水口	地下水	地下水源	达标	
89	福建省	连城县	连城县城区第二水源北团河取水口	地表水	河流型	达标	
90	福建省	漳平市	漳平市自来水厂大坂三级电站取水口	地表水	河流型	达标	
91	福建省	漳平市	漳平市铁路水厂双洋溪取水口	地表水	河流型	达标	
92	福建省	宁德市	宁德市二水厂金涵水库取水口	地表水	湖库型	达标	
93	福建省	宁德市	宁德市德源自来水厂陈家洋水库取水口	地表水	湖库型	达标	
94	福建省	宁德市	宁德市第一自来水厂金溪取水口	地表水	河流型	达标	
95	福建省	霞浦县	霞浦县北山里水厂溪西水库取水口	地表水	湖库型	达标	
96	福建省	古田县	古田县城关水厂桃溪水库取水口	地表水	湖库型	达标	
97	福建省	屏南县	屏南县第一自来水厂汤坑溪取水口	地表水	河流型	达标	
98	福建省	屏南县	屏南县第二自来水厂南峭溪取水口	地表水	河流型	达标	
99	福建省	屏南县	屏南县第二自来水厂引水工程取水口	地表水	河流型	达标	
100	福建省	寿宁县	寿宁县城区自来水厂西山水库取水口	地表水	湖库型	达标	
101	福建省	周宁县	周宁县深洋水厂李园水库取水口	地表水	湖库型	达标	
102	福建省	柘荣县	柘荣县自来水厂新荣溪水库取水口	地表水	湖库型	达标	
103	福建省	福安市	福安市城关二水厂交溪桃花岛取水口	地表水	河流型	达标	
104	福建省	福安市	福安市城东水厂留洋水库取水口	地表水	湖库型	达标	
105	福建省	福鼎市	福鼎市二水厂南溪水库取水口	地表水	湖库型	达标	
106	福建省	平潭综合实验区	平潭县自来水公司三十六脚湖取水口	地表水	湖库型	达标	

8月

一、监测情况

2022年8月，全省9个设区市及平潭综合实验区共监测106个正式投入使用的集中式生活饮用水水源（取水口），其中地表水水源104个（河流型48个，湖库型56个）、地下水水源2个。

（一）监测点位

1. 地表水水源：河流型水源在水厂取水口上游100米附近处设置监测断面，水厂在同一河流有多个取水口，可在最上游100米处设置监测断面；湖库型水源原则上按常规监测点位采样，在每个水源取水口周边100米处设置1个监测点位进行采样。河流及湖库采样深度为水面下0.5米处。

2. 地下水水源：具备采样条件的，在抽水井采样。如不具备采样条件，在自来水厂的汇水区（加滤前）采样。

（二）监测项目

1. 地表水水源

①设区城市、平潭综合实验区：监测项目为《地表水环境质量标准》（GB 3838－2002）表1的基本项目（24项）、表2的补充项目（5项）和表3的优选特定项目（33项），共62项。其中，湖库型地表水饮用水源加测叶绿素a和透明度2项，共64项。

②县级城市：监测项目为《地表水环境质量标准》（GB 3838－2002）表1的基本项目（24项）、表2的补充项目（5项），共29项。其中，湖库型地表水饮用水源加测叶绿素a和透明度2

项，共31项。

2. 地下水饮用水源

监测项目为《地下水质量标准》（GB/T 14848－2017）表1中39项。

各地可根据当地污染实际情况，适当增加区域特征污染物。

二、评价标准及方法

（一）地表水水源

地表水水源水质评价根据《地表水环境质量标准》（GB 3838－2002）Ⅲ类标准限值进行评价。基本项目按照《地表水环境质量评价方法（试行）》（环办〔2011〕22号）进行评价，补充项目、特定项目采用单因子评价法进行评价。

（二）地下水水源

地下水水源水质评价执行《地下水质量标准》（GB/T 14848－2017）Ⅲ类标准限值，采用单因子评价法进行评价。评价项目为《地下水质量标准》（GB/T 14848－2017）表1中39项。

三、评价结果

（一）总体情况

106个集中式生活饮用水水源均达标（达到或优于Ⅲ类标准），达标比例为100%（详见附表）。

（二）地表水水源

104个地表水水源均达标，达标比例为100%。其中，有76个达到或优于Ⅱ类标准，占73.1%。

（三）地下水水源

2个地下水水源均达标，达标比例为100%。

备注：

1. 集中式生活饮用水水源，是指进入输水管网送到用户的和具有一定取水规模（供水人口一般大于1000人）的在用、备用和规划水源。

2. 集中式生活饮用水水源和饮用水的区别：饮用水水源为原水，居民饮用水为末梢水，水源水经自来水厂净化处理达到《生活饮用水卫生标准》的要求后，进入居民供水系统作为饮用水。

附表

2022年8月福建省县级以上集中式生活饮用水水源水质状况

序号	省份名称	行政区划	点位名称	水源地类型	水体类型	达标情况	超标指标及超标倍数
1	福建省	福州市	福州市西区、北区水厂闽江原厝取水口	地表水	河流型	达标	
2	福建省	福州市	福州市城门水厂闽江南港取水口	地表水	河流型	达标	
3	福建省	福州市	福州市马尾水厂白眉水库取水口	地表水	湖库型	达标	
4	福建省	福州市	福州市新东区水厂塘坂取水口	地表水	河流型	达标	
5	福建省	福州市	福州市飞凤山水厂水源取水口	地表水	河流型	达标	
6	福建省	闽侯县	闽侯县自来水公司叶洋泵站取水口	地表水	河流型	达标	
7	福建省	连江县	连江县塘坂水厂塘坂取水口	地表水	河流型	达标	
8	福建省	罗源县	罗源县八井水厂反调节库取水口	地表水	河流型	达标	
9	福建省	罗源县	罗源县可湖水厂西溪水库取水口	地表水	湖库型	达标	
10	福建省	罗源县	罗源县洋尾水厂东岩调节水库取水口	地表水	湖库型	达标	
11	福建省	闽清县	闽清县白石坑水厂、塔山水厂闽江取水口	地表水	河流型	达标	
12	福建省	闽清县	闽清县葫芦门水库取水口	地表水	湖库型	达标	
13	福建省	永泰县	永泰县南区水厂大樟溪取水口	地表水	河流型	达标	
14	福建省	永泰县	永泰县青云山水厂天门窗水库取水口	地表水	湖库型	达标	
15	福建省	福清市	福清市东张水库取水口	地表水	湖库型	达标	
16	福建省	福清市	福清市闽江调水峡南取水口	地表水	河流型	达标	

续表

序号	省份名称	行政区划	点位名称	水源地类型	水体类型	达标情况	超标指标及超标倍数
17	福建省	长乐区	长乐区炎山水厂炎山矶头取水口	地表水	河流型	达标	
18	福建省	厦门市	厦门市莲坂水厂、集美水厂石兜、坂头水库取水口	地表水	湖库型	达标	
19	福建省	厦门市	厦门市高殿水厂、杏林水厂九龙江北溪取水口	地表水	河流型	达标	
20	福建省	厦门市	厦门市同安梅山水厂汀溪水库取水口	地表水	湖库型	达标	
21	福建省	莆田市	莆田市莆田水厂东圳水库取水口	地表水	湖库型	达标	
22	福建省	莆田市	莆田市涵江水厂外渡水库取水口	地表水	湖库型	达标	
23	福建省	仙游县	仙游县仙游水厂古洋水库取水口	地表水	湖库型	达标	
24	福建省	仙游县	仙游县金钟水库取水口	地表水	湖库型	达标	
25	福建省	三明市	三明市东牙溪水库取水口	地表水	湖库型	达标	
26	福建省	明溪县	明溪县城北水厂罗翠水库取水口	地表水	湖库型	达标	
27	福建省	清流县	清流县自来水厂严坊溪取水口	地表水	湖库型	达标	
28	福建省	宁化县	宁化县沙子甲水厂寨头里水库取水口	地表水	湖库型	达标	
29	福建省	大田县	大田县自来水公司坑口水库取水口	地表水	湖库型	达标	
30	福建省	尤溪县	尤溪县自来水厂大池水库取水口	地表水	湖库型	达标	
31	福建省	尤溪县	尤溪县东村溪兴头水库取水口	地表水	湖库型	达标	
32	福建省	沙县区	沙县区第一水厂洞天岩水库取水口	地表水	湖库型	达标	
33	福建省	沙县区	沙县区第三水厂马岩水库取水口	地表水	湖库型	达标	
34	福建省	沙县区	沙县区双溪水库取水口	地表水	湖库型	达标	
35	福建省	将乐县	将乐县下村水厂漠村溪取水口	地表水	河流型	达标	
36	福建省	泰宁县	泰宁县北溪水厂际头水库取水口	地表水	湖库型	达标	
37	福建省	建宁县	建宁县自来水公司王坪栋水库取水口	地表水	湖库型	达标	
38	福建省	永安市	永安市北区水厂沙溪取水口	地表水	河流型	达标	
39	福建省	永安市	永安市南区水厂洛溪水库取水口	地表水	湖库型	达标	
40	福建省	泉州市	泉州市北水厂北高干渠取水口	地表水	河流型	达标	
41	福建省	泉州市	泉州市湄丰水厂、泉港第三水厂泗洲水库取水口	地表水	湖库型	达标	
42	福建省	泉州市	泉州市湄丰水厂、泉港第三水厂黄塘溪取水口	地表水	河流型	达标	
43	福建省	泉州市	泉州市金浦水厂、三水厂晋江干流金鸡拦河旧闸取水口	地表水	河流型	达标	
44	福建省	惠安县	惠安县城南水厂黄塘溪取水口	地表水	河流型	达标	
45	福建省	惠安县	惠安县北关水厂菱溪水库取水口	地表水	湖库型	达标	
46	福建省	安溪县	安溪县城关水厂晋江西溪吾都取水口	地表水	河流型	达标	
47	福建省	永春县	永春县第三自来水厂晋江东溪湖洋溪取水口	地表水	河流型	达标	

续表

序号	省份名称	行政区划	点位名称	水源地类型	水体类型	达标情况	超标指标及超标倍数
48	福建省	德化县	德化县第二水厂国宝溪取水口	地表水	河流型	达标	
49	福建省	石狮市	石狮市石狮水厂南高干渠取水口	地表水	河流型	达标	
50	福建省	晋江市	晋江市田洋水厂南高干渠取水口	地表水	河流型	达标	
51	福建省	南安市	南安市美林水厂晋江东溪取水口	地表水	河流型	达标	
52	福建省	漳州市	漳州市第二水厂九龙江北溪鳌浦取水口	地表水	河流型	达标	
53	福建省	漳州市	漳州市三水厂、福糖水厂九龙江北溪内林取水口	地表水	河流型	达标	
54	福建省	漳州市	漳州市金峰水厂九龙江西溪取水口	地表水	河流型	达标	
55	福建省	云霄县	云霄县风吹岭水厂车圩溪取水口	地表水	河流型	达标	
56	福建省	漳浦县	漳浦县自来水厂梁山水库取水口	地表水	湖库型	达标	
57	福建省	漳浦县	漳浦县自来水厂澎水水库取水口	地表水	湖库型	达标	
58	福建省	诏安县	诏安县自来水厂亚湖水库取水口	地表水	湖库型	达标	
59	福建省	长泰县	长泰县自来水公司龙津溪福信取水口	地表水	河流型	达标	
60	福建省	东山县	东山县供水公司红旗水库取水口	地表水	湖库型	达标	
61	福建省	南靖县	南靖县自来水公司象溪取水口	地表水	河流型	达标	
62	福建省	平和县	平和县自来水公司花山溪取水口	地表水	河流型	达标	
63	福建省	华安县	华安县自来水厂九龙江北溪取水口	地表水	河流型	达标	
64	福建省	龙海市	龙海市自来水厂九龙江北溪江东桥取水口	地表水	河流型	达标	
65	福建省	南平市	南平市新建村水厂照溪（五星桥水库）取水口	地表水	湖库型	达标	
66	福建省	南平市	南平市武夷新区水厂雷公口水库取水口	地表水	湖库型	达标	
67	福建省	顺昌县	顺昌县派溪水厂院尾水库取水口	地表水	湖库型	达标	
68	福建省	浦城县	浦城县东区水厂南浦溪取水口	地表水	河流型	达标	
69	福建省	浦城县	浦城县西区水厂东风水库取水口	地表水	湖库型	达标	
70	福建省	光泽县	光泽县自来水厂西关水坝取水口	地表水	河流型	达标	
71	福建省	松溪县	松溪县杉溪水厂杉溪取水口	地表水	河流型	达标	
72	福建省	松溪县	松溪县来龙水厂钱园桥水库取水口	地表水	湖库型	达标	
73	福建省	政和县	政和县珠山水厂宝岭水库取水口	地表水	湖库型	达标	
74	福建省	邵武市	邵武市熙春水厂大乾水库取水口	地表水	湖库型	达标	
75	福建省	武夷山市	武夷山市石雄水厂西溪取水口	地表水	河流型	达标	
76	福建省	武夷山市	武夷山市三菇水厂崇阳溪取水口	地表水	河流型	达标	
77	福建省	建瓯市	建瓯市东门水厂松溪取水口	地表水	河流型	达标	
78	福建省	建瓯市	建瓯市新区水厂七里街水库取水口	地表水	湖库型	达标	
79	福建省	龙岩市	龙岩市凤凰水厂富溪三级水库大坝取水口	地表水	湖库型	达标	
80	福建省	龙岩市	龙岩市新区水厂黄岗水库取水口	地表水	湖库型	达标	

续表

序号	省份名称	行政区划	点位名称	水源地类型	水体类型	达标情况	超标指标及超标倍数
81	福建省	龙岩市	龙岩市东南洋水厂东肖水库取水口	地表水	湖库型	达标	
82	福建省	长汀县	长汀县自来水股份有限公司正方水库取水口	地表水	湖库型	达标	
83	福建省	永定区	永定区龙寨水厂龙寨水库取水口	地表水	湖库型	达标	
84	福建省	永定区	永定区淑雅溪水库取水口	地表水	湖库型	达标	
85	福建省	上杭县	上杭县兰地水厂汀江横滩取水口	地表水	河流型	达标	
86	福建省	武平县	武平县北门水厂捷文水库取水口	地表水	湖库型	达标	
87	福建省	连城县	连城县自来水公司竹光取水口	地下水	地下水	达标	
88	福建省	连城县	连城县自来水公司波洋取水口	地下水	地下水	达标	
89	福建省	连城县	连城县城区第二水源北团河取水口	地表水	河流型	达标	
90	福建省	漳平市	漳平市自来水厂大坂三级电站取水口	地表水	河流型	达标	
91	福建省	漳平市	漳平市铁路水厂双洋溪取水口	地表水	河流型	达标	
92	福建省	宁德市	宁德市二水厂金涵水库取水口	地表水	湖库型	达标	
93	福建省	宁德市	宁德市德源自来水厂陈家洋水库取水口	地表水	湖库型	达标	
94	福建省	宁德市	宁德市第一自来水厂金溪取水口	地表水	河流型	达标	
95	福建省	霞浦县	霞浦县北山里水厂溪西水库取水口	地表水	湖库型	达标	
96	福建省	古田县	古田县城关水厂桃溪水库取水口	地表水	湖库型	达标	
97	福建省	屏南县	屏南县第一自来水厂汤坑溪取水口	地表水	河流型	达标	
98	福建省	屏南县	屏南县第二自来水厂南峭溪取水口	地表水	河流型	达标	
99	福建省	屏南县	屏南县第二自来水厂引水工程取水口	地表水	河流型	达标	
100	福建省	寿宁县	寿宁县城区自来水厂西山水库取水口	地表水	湖库型	达标	
101	福建省	周宁县	周宁县深洋水厂李园水库取水口	地表水	湖库型	达标	
102	福建省	柘荣县	柘荣县自来水厂新荣溪水库取水口	地表水	湖库型	达标	
103	福建省	福安市	福安市城关二水厂交溪桃花岛取水口	地表水	河流型	达标	
104	福建省	福安市	福安市城东水厂留洋水库取水口	地表水	湖库型	达标	
105	福建省	福鼎市	福鼎市二水厂南溪水库取水口	地表水	湖库型	达标	
106	福建省	平潭综合实验区	平潭县自来水公司三十六脚湖取水口	地表水	湖库型	达标	

9月

一、监测情况

2022年9月，全省9个设区市及平潭综合实验区共监测106个正式投入使用的集中式生活饮用水水源（取水口），其中地表水水源104个（河流型48个，湖库型56个）、地下水水源2个。

（一）监测点位

1. 地表水水源：河流型水源在水厂取水口上游100米附近处设置监测断面，水厂在同一河流有多个取水口，可在最上游100米处设置监测断面；湖库型水源原则上按常规监测点位采样，在每个水源取水口周边100米处设置1个监测点位进行采样。河流及湖库采样深度为水面下0.5米处。

2. 地下水水源：具备采样条件的，在抽水井采样。如不具备采样条件，在自来水厂的汇水区（加滤前）采样。

（二）监测项目

1. 地表水水源

①设区城市、平潭综合实验区：监测项目为《地表水环境质量标准》（GB 3838－2002）表1的基本项目（24项）、表2的补充项目（5项）和表3的优选特定项目（33项），共62项。其中，湖库型地表水饮用水源加测叶绿素a和透明度2项，共64项。

②县级城市：监测项目为《地表水环境质量标准》（GB 3838—2002）表1的基本项目（24项）、表2的补充项目（5项），共29项。其中，湖库型地表水饮用水源加测叶绿素a和透明度2项，共31项。

2. 地下水饮用水源

监测项目为《地下水质量标准》（GB/T 14848－2017）表1中39项。

各地可根据当地污染实际情况，适当增加区域特征污染物。

二、评价标准及方法

（一）地表水水源

地表水水源水质评价根据《地表水环境质量标准》（GB 3838－2002）Ⅲ类标准限值进行评价。基本项目按照《地表水环境质量评价方法（试行）》（环办〔2011〕22号）进行评价，补充项目、特定项目采用单因子评价法进行评价。

（二）地下水水源

地下水水源水质评价执行《地下水质量标准》（GB/T 14848－2017）Ⅲ类标准限值，采用单因子评价法进行评价。评价项目为《地下水质量标准》（GB/T 14848－2017）表1中39项。

三、评价结果

（一）总体情况

106个集中式生活饮用水水源均达标（达到或优于Ⅲ类标准），达标比例为100%（详见附表）。

（二）地表水水源

104个地表水水源均达标，达标比例为100%。其中，有81个达到或优于Ⅱ类标准，占77.9%。

（三）地下水水源

2个地下水水源均达标，达标比例为100%。

备注：

1. 集中式生活饮用水水源，是指进入输水管网送到用户的和具有一定取水规模（供水人口一般大于1000人）的在用、备用和规划水源。

2. 集中式生活饮用水水源和饮用水的区别：饮用水水源为原水，居民饮用水为末梢水，水源水经自来水厂净化处理达到《生活饮用水卫生标准》的要求后，进入居民供水系统作为饮用水。

附表

2022年9月福建省县级以上集中式生活饮用水水源水质状况

序号	省份名称	行政区划	点位名称	水源地类型	水体类型	达标情况	超标指标及超标倍数
1	福建省	福州市	福州市西区、北区水厂闽江原厝取水口	地表水	河流型	达标	
2	福建省	福州市	福州市城门水厂闽江南港取水口	地表水	河流型	达标	
3	福建省	福州市	福州市马尾水厂白眉水库取水口	地表水	湖库型	达标	
4	福建省	福州市	福州市新东区水厂塘坂取水口	地表水	河流型	达标	
5	福建省	福州市	福州市飞凤山水厂水源取水口	地表水	河流型	达标	
6	福建省	闽侯县	闽侯县自来水公司叶洋泵站取水口	地表水	河流型	达标	
7	福建省	连江县	连江县塘坂水厂塘坂取水口	地表水	河流型	达标	
8	福建省	罗源县	罗源县八井水厂反调节库取水口	地表水	河流型	达标	
9	福建省	罗源县	罗源县可湖水厂西溪水库取水口	地表水	湖库型	达标	
10	福建省	罗源县	罗源县洋尾水厂东岩调节水库取水口	地表水	湖库型	达标	

续表

序号	省份名称	行政区划	点位名称	水源地类型	水体类型	达标情况	超标指标及超标倍数
11	福建省	闽清县	闽清县白石坑水厂、塔山水厂闽江取水口	地表水	河流型	达标	
12	福建省	闽清县	闽清县葫芦门水库取水口	地表水	湖库型	达标	
13	福建省	永泰县	永泰县南区水厂大樟溪取水口	地表水	河流型	达标	
14	福建省	永泰县	永泰县青云山水厂天门窗水库取水口	地表水	湖库型	达标	
15	福建省	福清市	福清市东张水库取水口	地表水	湖库型	达标	
16	福建省	福清市	福清市闽江调水峡南取水口	地表水	河流型	达标	
17	福建省	长乐区	长乐区炎山水厂炎山矶头取水口	地表水	河流型	达标	
18	福建省	厦门市	厦门市莲坂水厂、集美水厂石兜、坂头水库取水口	地表水	湖库型	达标	
19	福建省	厦门市	厦门市高殿水厂、杏林水厂九龙江北溪取水口	地表水	河流型	达标	
20	福建省	厦门市	厦门市同安梅山水厂汀溪水库取水口	地表水	湖库型	达标	
21	福建省	莆田市	莆田市莆田水厂东圳水库取水口	地表水	湖库型	达标	
22	福建省	莆田市	莆田市涵江水厂外渡水库取水口	地表水	湖库型	达标	
23	福建省	仙游县	仙游县仙游水厂古洋水库取水口	地表水	湖库型	达标	
24	福建省	仙游县	仙游县金钟水库取水口	地表水	湖库型	达标	
25	福建省	三明市	三明市东牙溪水库取水口	地表水	湖库型	达标	
26	福建省	明溪县	明溪县城北水厂罗翠水库取水口	地表水	湖库型	达标	
27	福建省	清流县	清流县自来水厂严坊溪取水口	地表水	湖库型	达标	
28	福建省	宁化县	宁化县沙子甲水厂寨头里水库取水口	地表水	湖库型	达标	
29	福建省	大田县	大田县自来水公司坑口水库取水口	地表水	湖库型	达标	
30	福建省	尤溪县	尤溪县自来水厂大池水库取水口	地表水	湖库型	达标	
31	福建省	尤溪县	尤溪县东村溪兴头水库取水口	地表水	湖库型	达标	
32	福建省	沙县区	沙县区第一水厂洞天岩水库取水口	地表水	湖库型	达标	
33	福建省	沙县区	沙县区第三水厂马岩水库取水口	地表水	湖库型	达标	
34	福建省	沙县区	沙县区双溪水库取水口	地表水	湖库型	达标	
35	福建省	将乐县	将乐县下村水厂漠村溪取水口	地表水	河流型	达标	
36	福建省	泰宁县	泰宁县北溪水厂际头水库取水口	地表水	湖库型	达标	
37	福建省	建宁县	建宁县自来水公司王坪栋水库取水口	地表水	湖库型	达标	
38	福建省	永安市	永安市北区水厂沙溪取水口	地表水	河流型	达标	
39	福建省	永安市	永安市南区水厂洛溪水库取水口	地表水	湖库型	达标	
40	福建省	泉州市	泉州市北水厂北高干渠取水口	地表水	河流型	达标	
41	福建省	泉州市	泉州市涓丰水厂、泉港第三水厂泗洲水库取水口	地表水	湖库型	达标	
42	福建省	泉州市	泉州市涓丰水厂、泉港第三水厂黄塘溪取水口	地表水	河流型	达标	

续表

序号	省份名称	行政区划	点位名称	水源地类型	水体类型	达标情况	超标指标及超标倍数
43	福建省	泉州市	泉州市金浦水厂、三水厂晋江干流金鸡拦河旧闸取水口	地表水	河流型	达标	
44	福建省	惠安县	惠安县城南水厂黄塘溪取水口	地表水	河流型	达标	
45	福建省	惠安县	惠安县北关水厂菱溪水库取水口	地表水	湖库型	达标	
46	福建省	安溪县	安溪县城关水厂晋江西溪吾都取水口	地表水	河流型	达标	
47	福建省	永春县	永春县第三自来水厂晋江东溪湖洋溪取水口	地表水	河流型	达标	
48	福建省	德化县	德化县第二水厂国宝溪取水口	地表水	河流型	达标	
49	福建省	石狮市	石狮市石狮水厂南高干渠取水口	地表水	河流型	达标	
50	福建省	晋江市	晋江市田洋水厂南高干渠取水口	地表水	河流型	达标	
51	福建省	南安市	南安市美林水厂晋江东溪取水口	地表水	河流型	达标	
52	福建省	漳州市	漳州市第二水厂九龙江北溪鳌浦取水口	地表水	河流型	达标	
53	福建省	漳州市	漳州市三水厂、福糖水厂九龙江北溪内林取水口	地表水	河流型	达标	
54	福建省	漳州市	漳州市金峰水厂九龙江西溪取水口	地表水	河流型	达标	
55	福建省	云霄县	云霄县风吹岭水厂车圩溪取水口	地表水	河流型	达标	
56	福建省	漳浦县	漳浦县自来水厂梁山水库取水口	地表水	湖库型	达标	
57	福建省	漳浦县	漳浦县自来水厂澎水水库取水口	地表水	湖库型	达标	
58	福建省	诏安县	诏安县自来水厂亚湖水库取水口	地表水	湖库型	达标	
59	福建省	长泰县	长泰县自来水公司龙津溪福信取水口	地表水	河流型	达标	
60	福建省	东山县	东山县供水公司红旗水库取水口	地表水	湖库型	达标	
61	福建省	南靖县	南靖县自来水公司象溪取水口	地表水	河流型	达标	
62	福建省	平和县	平和县自来水公司花山溪取水口	地表水	河流型	达标	
63	福建省	华安县	华安县自来水厂九龙江北溪取水口	地表水	河流型	达标	
64	福建省	龙海市	龙海市自来水厂九龙江北溪江东桥取水口	地表水	河流型	达标	
65	福建省	南平市	南平市新建村水厂照溪（五星桥水库）取水口	地表水	湖库型	达标	
66	福建省	南平市	南平市武夷新区水厂雷公口水库取水口	地表水	湖库型	达标	
67	福建省	顺昌县	顺昌县派溪水厂院尾水库取水口	地表水	湖库型	达标	
68	福建省	浦城县	浦城县东区水厂南浦溪取水口	地表水	河流型	达标	
69	福建省	浦城县	浦城县西区水厂东风水库取水口	地表水	湖库型	达标	
70	福建省	光泽县	光泽县自来水厂西关水坝取水口	地表水	河流型	达标	
71	福建省	松溪县	松溪县杉溪水厂杉溪取水口	地表水	河流型	达标	
72	福建省	松溪县	松溪县来龙水厂钱园桥水库取水口	地表水	湖库型	达标	
73	福建省	政和县	政和县珠山水厂宝岭水库取水口	地表水	湖库型	达标	
74	福建省	邵武市	邵武市熙春水厂大乾水库取水口	地表水	湖库型	达标	

续表

序号	省份名称	行政区划	点位名称	水源地类型	水体类型	达标情况	超标指标及超标倍数
75	福建省	武夷山市	武夷山市石雄水厂西溪取水口	地表水	河流型	达标	
76	福建省	武夷山市	武夷山市三菇水厂崇阳溪取水口	地表水	河流型	达标	
77	福建省	建瓯市	建瓯市东门水厂松溪取水口	地表水	河流型	达标	
78	福建省	建瓯市	建瓯市新区水厂七里街水库取水口	地表水	湖库型	达标	
79	福建省	龙岩市	龙岩市凤凰水厂富溪三级水库大坝取水口	地表水	湖库型	达标	
80	福建省	龙岩市	龙岩市新区水厂黄岗水库取水口	地表水	湖库型	达标	
81	福建省	龙岩市	龙岩市东南洋水厂东肖水库取水口	地表水	湖库型	达标	
82	福建省	长汀县	长汀县自来水股份有限公司正方水库取水口	地表水	湖库型	达标	
83	福建省	永定区	永定区龙寨水厂龙寨水库取水口	地表水	湖库型	达标	
84	福建省	永定区	永定区淑雅溪水库取水口	地表水	湖库型	达标	
85	福建省	上杭县	上杭县兰地水厂汀江横滩取水口	地表水	河流型	达标	
86	福建省	武平县	武平县北门水厂捷文水库取水口	地表水	湖库型	达标	
87	福建省	连城县	连城县自来水公司竹光取水口	地下水	地下水	达标	
88	福建省	连城县	连城县自来水公司波洋取水口	地下水	地下水	达标	
89	福建省	连城县	连城县城区第二水源北团河取水口	地表水	河流型	达标	
90	福建省	漳平市	漳平市自来水厂大坂三级电站取水口	地表水	河流型	达标	
91	福建省	漳平市	漳平市铁路水厂双洋溪取水口	地表水	河流型	达标	
92	福建省	宁德市	宁德市二水厂金涵水库取水口	地表水	湖库型	达标	
93	福建省	宁德市	宁德市德源自来水厂陈家洋水库取水口	地表水	湖库型	达标	
94	福建省	宁德市	宁德市第一自来水厂金溪取水口	地表水	河流型	达标	
95	福建省	霞浦县	霞浦县北山里水厂溪西水库取水口	地表水	湖库型	达标	
96	福建省	古田县	古田县城关水厂桃溪水库取水口	地表水	湖库型	达标	
97	福建省	屏南县	屏南县第一自来水厂汤坑溪取水口	地表水	河流型	达标	
98	福建省	屏南县	屏南县第二自来水厂南峭溪取水口	地表水	河流型	达标	
99	福建省	屏南县	屏南县第二自来水厂引水工程取水口	地表水	河流型	达标	
100	福建省	寿宁县	寿宁县城区自来水厂西山水库取水口	地表水	湖库型	达标	
101	福建省	周宁县	周宁县深洋水厂李园水库取水口	地表水	湖库型	达标	
102	福建省	柘荣县	柘荣县自来水厂新荣溪水库取水口	地表水	湖库型	达标	
103	福建省	福安市	福安市城关二水厂交溪桃花岛取水口	地表水	河流型	达标	
104	福建省	福安市	福安市城东水厂留洋水库取水口	地表水	湖库型	达标	
105	福建省	福鼎市	福鼎市二水厂南溪水库取水口	地表水	湖库型	达标	
106	福建省	平潭综合实验区	平潭县自来水公司三十六脚湖取水口	地表水	湖库型	达标	

10月

一、监测情况

2022年10月，全省9个设区市及平潭综合实验区共监测106个正式投入使用的集中式生活饮用水水源（取水口），其中地表水水源104个（河流型48个，湖库型56个）、地下水水源2个。

（一）监测点位

1. 地表水水源：河流型水源在水厂取水口上游100米附近处设置监测断面，水厂在同一河流有多个取水口，可在最上游100米处设置监测断面；湖库型水源原则上按常规监测点位采样，在每个水源取水口周边100米处设置1个监测点位进行采样。河流及湖库采样深度为水面下0.5米处。

2. 地下水水源：具备采样条件的，在抽水井采样。如不具备采样条件，在自来水厂的汇水区（加滤前）采样。

（二）监测项目

1. 地表水水源

①设区城市、平潭综合实验区：监测项目为《地表水环境质量标准》（GB 3838－2002）表1的基本项目（24项）、表2的补充项目（5项）和表3的优选特定项目（33项），共62项。其中，湖库型地表水饮用水源加测叶绿素a和透明度2项，共64项。

②县级城市：监测项目为《地表水环境质量标准》（GB 3838－2002）表1的基本项目（24项）、表2的补充项目（5项），共29项。其中，湖库型地表水饮用水源加测叶绿素a和透明度2项，共31项。

2. 地下水饮用水源

监测项目为《地下水质量标准》（GB/T 14848－2017）表1中39项。

各地可根据当地污染实际情况，适当增加区域特征污染物。

二、评价标准及方法

（一）地表水水源

地表水水源水质评价根据《地表水环境质量标准》（GB 3838－2002）Ⅲ类标准限值进行评价。基本项目按照《地表水环境质量评价方法（试行）》（环办〔2011〕22号）进行评价，补充项目、特定项目采用单因子评价法进行评价。

（二）地下水水源

地下水水源水质评价执行《地下水质量标准》（GB/T 14848－2017）Ⅲ类标准限值，采用单因子评价法进行评价。评价项目为《地下水质量标准》（GB/T 14848－2017）表1中39项。

三、评价结果

（一）总体情况

106个集中式生活饮用水水源均达标（达到或优于Ⅲ类标准），达标比例为100%（详见附表）。

（二）地表水水源

104个地表水水源均达标，达标比例为100%。其中，有73个达到或优于Ⅱ类标准，占70.2%。

（三）地下水水源

2个地下水水源均达标，达标比例为100%。

备注：

1. 集中式生活饮用水水源，是指进入输水管网送到用户的和具有一定取水规模（供水人口一般大于1000人）的在用、备用和规划水源。

2. 集中式生活饮用水水源和饮用水的区别：饮用水水源为原水，居民饮用水为末梢水，水源水经自来水厂净化处理达到《生活饮用水卫生标准》的要求后，进入居民供水系统作为饮用水。

附表

2022年10月福建省县级以上集中式生活饮用水水源水质状况

序号	省份名称	行政区划	点位名称	水源地类型	水体类型	达标情况	超标指标及超标倍数
1	福建省	福州市	福州市西区、北区水厂闽江原厝取水口	地表水	河流型	达标	
2	福建省	福州市	福州市城门水厂闽江南港取水口	地表水	河流型	达标	

续表

序号	省份名称	行政区划	点位名称	水源地类型	水体类型	达标情况	超标指标及超标倍数
3	福建省	福州市	福州市马尾水厂白眉水库取水口	地表水	湖库型	达标	
4	福建省	福州市	福州市新东区水厂塘坂取水口	地表水	河流型	达标	
5	福建省	福州市	福州市飞凤山水厂水源取水口	地表水	河流型	达标	
6	福建省	闽侯县	闽侯县自来水公司叶洋泵站取水口	地表水	河流型	达标	
7	福建省	连江县	连江县塘坂水厂塘坂取水口	地表水	河流型	达标	
8	福建省	罗源县	罗源县八井水厂反调节库取水口	地表水	河流型	达标	
9	福建省	罗源县	罗源县可湖水厂西溪水库取水口	地表水	湖库型	达标	
10	福建省	罗源县	罗源县洋尾水厂东岩调节水库取水口	地表水	湖库型	达标	
11	福建省	闽清县	闽清县白石坑水厂、塔山水厂闽江取水口	地表水	河流型	达标	
12	福建省	闽清县	闽清县葫芦门水库取水口	地表水	湖库型	达标	
13	福建省	永泰县	永泰县南区水厂大樟溪取水口	地表水	河流型	达标	
14	福建省	永泰县	永泰县青云山水厂天门窗水库取水口	地表水	湖库型	达标	
15	福建省	福清市	福清市东张水库取水口	地表水	湖库型	达标	
16	福建省	福清市	福清市闽江调水峡南取水口	地表水	河流型	达标	
17	福建省	长乐区	长乐区炎山水厂炎山矾头取水口	地表水	河流型	达标	
18	福建省	厦门市	厦门市莲坂水厂、集美水厂石兜、坂头水库取水口	地表水	湖库型	达标	
19	福建省	厦门市	厦门市高殿水厂、杏林水厂九龙江北溪取水口	地表水	河流型	达标	
20	福建省	厦门市	厦门市同安梅山水厂汀溪水库取水口	地表水	湖库型	达标	
21	福建省	莆田市	莆田市莆田水厂东圳水库取水口	地表水	湖库型	达标	
22	福建省	莆田市	莆田市涵江水厂外渡水库取水口	地表水	湖库型	达标	
23	福建省	仙游县	仙游县仙游水厂古洋水库取水口	地表水	湖库型	达标	
24	福建省	仙游县	仙游县金钟水库取水口	地表水	湖库型	达标	
25	福建省	三明市	三明市东牙溪水库取水口	地表水	湖库型	达标	
26	福建省	明溪县	明溪县城北水厂罗翠水库取水口	地表水	湖库型	达标	
27	福建省	清流县	清流县自来水厂严坊溪取水口	地表水	湖库型	达标	
28	福建省	宁化县	宁化县沙子甲水厂寨头里水库取水口	地表水	湖库型	达标	
29	福建省	大田县	大田县自来水公司坑口水库取水口	地表水	湖库型	达标	
30	福建省	尤溪县	尤溪县自来水厂大池水库取水口	地表水	湖库型	达标	
31	福建省	尤溪县	尤溪县东村溪兴头水库取水口	地表水	湖库型	达标	
32	福建省	沙县区	沙县区第一水厂洞天岩水库取水口	地表水	湖库型	达标	
33	福建省	沙县区	沙县区第三水厂马岩水库取水口	地表水	湖库型	达标	
34	福建省	沙县区	沙县区双溪水库取水口	地表水	湖库型	达标	
35	福建省	将乐县	将乐县下村水厂漠村溪取水口	地表水	河流型	达标	

续表

序号	省份名称	行政区划	点位名称	水源地类型	水体类型	达标情况	超标指标及超标倍数
36	福建省	泰宁县	泰宁县北溪水厂际头水库取水口	地表水	湖库型	达标	
37	福建省	建宁县	建宁县自来水公司王坪栋水库取水口	地表水	湖库型	达标	
38	福建省	永安市	永安市北区水厂沙溪取水口	地表水	河流型	达标	
39	福建省	永安市	永安市南区水厂洛溪水库取水口	地表水	湖库型	达标	
40	福建省	泉州市	泉州市北水厂北高干渠取水口	地表水	河流型	达标	
41	福建省	泉州市	泉州市涓丰水厂、泉港第三水厂泗洲水库取水口	地表水	湖库型	达标	
42	福建省	泉州市	泉州市涓丰水厂、泉港第三水厂黄塘溪取水口	地表水	河流型	达标	
43	福建省	泉州市	泉州市金浦水厂、三水厂晋江干流金鸡拦河旧闸取水口	地表水	河流型	达标	
44	福建省	惠安县	惠安县城南水厂黄塘溪取水口	地表水	河流型	达标	
45	福建省	惠安县	惠安县北关水厂菱溪水库取水口	地表水	湖库型	达标	
46	福建省	安溪县	安溪县城关水厂晋江西溪吾都取水口	地表水	河流型	达标	
47	福建省	永春县	永春县第三自来水厂晋江东溪湖洋溪取水口	地表水	河流型	达标	
48	福建省	德化县	德化县第二水厂国宝溪取水口	地表水	河流型	达标	
49	福建省	石狮市	石狮市石狮水厂南高干渠取水口	地表水	河流型	达标	
50	福建省	晋江市	晋江市田洋水厂南高干渠取水口	地表水	河流型	达标	
51	福建省	南安市	南安市美林水厂晋江东溪取水口	地表水	河流型	达标	
52	福建省	漳州市	漳州市第二水厂九龙江北溪鳌浦取水口	地表水	河流型	达标	
53	福建省	漳州市	漳州市三水厂、福糖水厂九龙江北溪内林取水口	地表水	河流型	达标	
54	福建省	漳州市	漳州市金峰水厂九龙江西溪取水口	地表水	河流型	达标	
55	福建省	云霄县	云霄县风吹岭水厂车圩溪取水口	地表水	河流型	达标	
56	福建省	漳浦县	漳浦县自来水厂梁山水库取水口	地表水	湖库型	达标	
57	福建省	漳浦县	漳浦县自来水厂澎水水库取水口	地表水	湖库型	达标	
58	福建省	诏安县	诏安县自来水厂亚湖水库取水口	地表水	湖库型	达标	
59	福建省	长泰区	长泰县自来水公司龙津溪福信取水口	地表水	河流型	达标	
60	福建省	东山县	东山县供水公司红旗水库取水口	地表水	湖库型	达标	
61	福建省	南靖县	南靖县自来水公司象溪取水口	地表水	河流型	达标	
62	福建省	平和县	平和县自来水公司花山溪取水口	地表水	河流型	达标	
63	福建省	华安县	华安县自来水厂九龙江北溪取水口	地表水	河流型	达标	
64	福建省	龙海区	龙海市自来水厂九龙江北溪江东桥取水口	地表水	河流型	达标	
65	福建省	南平市	南平市新建村水厂照溪（五星桥水库）取水口	地表水	湖库型	达标	
66	福建省	南平市	南平市武夷新区水厂雷公口水库取水口	地表水	湖库型	达标	

续表

序号	省份名称	行政区划	点位名称	水源地类型	水体类型	达标情况	超标指标及超标倍数
67	福建省	顺昌县	顺昌县派溪水厂院尾水库取水口	地表水	湖库型	达标	
68	福建省	浦城县	浦城县东区水厂南浦溪取水口	地表水	河流型	达标	
69	福建省	浦城县	浦城县西区水厂东风水库取水口	地表水	湖库型	达标	
70	福建省	光泽县	光泽县自来水厂西关水坝取水口	地表水	河流型	达标	
71	福建省	松溪县	松溪县杉溪水厂杉溪取水口	地表水	河流型	达标	
72	福建省	松溪县	松溪县来龙水厂钱园桥水库取水口	地表水	湖库型	达标	
73	福建省	政和县	政和县珠山水厂宝岭水库取水口	地表水	湖库型	达标	
74	福建省	邵武市	邵武市熙春水厂大乾水库取水口	地表水	湖库型	达标	
75	福建省	武夷山市	武夷山市石雄水厂西溪取水口	地表水	河流型	达标	
76	福建省	武夷山市	武夷山市三菇水厂崇阳溪取水口	地表水	河流型	达标	
77	福建省	建瓯市	建瓯市东门水厂松溪取水口	地表水	河流型	达标	
78	福建省	建瓯市	建瓯市新区水厂七里街水库取水口	地表水	湖库型	达标	
79	福建省	龙岩市	龙岩市凤凰水厂富溪三级水库大坝取水口	地表水	湖库型	达标	
80	福建省	龙岩市	龙岩市新区水厂黄岗水库取水口	地表水	湖库型	达标	
81	福建省	龙岩市	龙岩市东南洋水厂东肖水库取水口	地表水	湖库型	达标	
82	福建省	长汀县	长汀县自来水股份有限公司正方水库取水口	地表水	湖库型	达标	
83	福建省	永定区	永定区龙寨水厂龙寨水库取水口	地表水	湖库型	达标	
84	福建省	永定区	永定区淑雅溪水库取水口	地表水	湖库型	达标	
85	福建省	上杭县	上杭县兰地水厂汀江横滩取水口	地表水	河流型	达标	
86	福建省	武平县	武平县北门水厂捷文水库取水口	地表水	湖库型	达标	
87	福建省	连城县	连城县自来水公司竹光取水口	地下水	地下水	达标	
88	福建省	连城县	连城县自来水公司波洋取水口	地下水	地下水	达标	
89	福建省	连城县	连城县城区第二水源北团河取水口	地表水	河流型	达标	
90	福建省	漳平市	漳平市自来水厂大坂三级电站取水口	地表水	河流型	达标	
91	福建省	漳平市	漳平市铁路水厂双洋溪取水口	地表水	河流型	达标	
92	福建省	宁德市	宁德市二水厂金涵水库取水口	地表水	湖库型	达标	
93	福建省	宁德市	宁德市德源自来水厂陈家洋水库取水口	地表水	湖库型	达标	
94	福建省	宁德市	宁德市第一自来水厂金溪取水口	地表水	河流型	达标	
95	福建省	霞浦县	霞浦县北山里水厂溪西水库取水口	地表水	湖库型	达标	
96	福建省	古田县	古田县城关水厂桃溪水库取水口	地表水	湖库型	达标	
97	福建省	屏南县	屏南县第一自来水厂汤坑溪取水口	地表水	河流型	达标	
98	福建省	屏南县	屏南县第二自来水厂南峭溪取水口	地表水	河流型	达标	
99	福建省	屏南县	屏南县第二自来水厂引水工程取水口	地表水	河流型	达标	
100	福建省	寿宁县	寿宁县城区自来水厂西山水库取水口	地表水	湖库型	达标	

续表

序号	省份名称	行政区划	点位名称	水源地类型	水体类型	达标情况	超标指标及超标倍数
101	福建省	周宁县	周宁县深洋水厂李园水库取水口	地表水	湖库型	达标	
102	福建省	柘荣县	柘荣县自来水厂新荣溪水库取水口	地表水	湖库型	达标	
103	福建省	福安市	福安市城关二水厂交溪桃花岛取水口	地表水	河流型	达标	
104	福建省	福安市	福安市城东水厂留洋水库取水口	地表水	湖库型	达标	
105	福建省	福鼎市	福鼎市二水厂南溪水库取水口	地表水	湖库型	达标	
106	福建省	平潭综合实验区	平潭县自来水公司三十六脚湖取水口	地表水	湖库型	达标	

11月

一、监测情况

2022年11月，全省9个设区市及平潭综合实验区共监测105个正式投入使用的集中式生活饮用水水源（取水口），其中地表水水源103个（河流型48个，湖库型55个）、地下水水源2个。

（一）监测点位

1. 地表水水源：河流型水源在水厂取水口上游100米附近处设置监测断面，水厂在同一河流有多个取水口，可在最上游100米处设置监测断面；湖库型水源原则上按常规监测点位采样，在每个水源取水口周边100米处设置1个监测点位进行采样。河流及湖库采样深度为水面下0.5米处。

2. 地下水水源：具备采样条件的，在抽水井采样。如不具备采样条件，在自来水厂的汇水区（加滤前）采样。

（二）监测项目

1. 地表水水源

①设区城市、平潭综合实验区：监测项目为《地表水环境质量标准》（GB 3838－2002）表1的基本项目（24项）、表2的补充项目（5项）和表3的优选特定项目（33项），共62项。其中，湖库型地表水饮用水源加测叶绿素a和透明度2项，共64项。

②县级城市：监测项目为《地表水环境质量标准》（GB 3838－2002）表1的基本项目（24项）、表2的补充项目（5项），共29项。其中，湖库型地表水饮用水源加测叶绿素a和透明度2项，共31项。

2. 地下水饮用水源

监测项目为《地下水质量标准》（GB/T 14848－2017）表1中39项。

各地可根据当地污染实际情况，适当增加区域特征污染物。

二、评价标准及方法

（一）地表水水源

地表水水源水质评价根据《地表水环境质量标准》（GB 3838－2002）Ⅲ类标准限值进行评价。基本项目按照《地表水环境质量评价方法（试行）》（环办〔2011〕22号）进行评价，补充项目、特定项目采用单因子评价法进行评价。

（二）地下水水源

地下水水源水质评价执行《地下水质量标准》（GB/T 14848－2017）Ⅲ类标准限值，采用单因子评价法进行评价。评价项目为《地下水质量标准》（GB/T 14848－2017）表1中39项。

三、评价结果

（一）总体情况

105个集中式生活饮用水水源均达标（达到或优于Ⅲ类标准），达标比例为100%（详见附表）。

（二）地表水水源

103个地表水水源均达标，达标比例为100%。其中，有76个达到或优于Ⅱ类标准，占73.8%。

（三）地下水水源

2个地下水水源均达标，达标比例为100%。

备注：

1. 集中式生活饮用水水源，是指进入输水管网送到用户的和具有一定取水规模（供水人口一般大于1000人）的在用、备用和规划水源。

2. 集中式生活饮用水水源和饮用水的区别：饮用水水源为原水，居民饮用水为末梢水，水源水经自来水厂净化处理达到《生活饮用水卫生标准》的要求后，进入居民供水系统作为饮用水。

附表

2022年11月福建省县级以上集中式生活饮用水水源水质状况

序号	省份名称	行政区划	点位名称	水源地类型	水体类型	达标情况	超标指标及超标倍数
1	福建省	福州市	福州市西区、北区水厂闽江原厝取水口	地表水	河流型	达标	
2	福建省	福州市	福州市城门水厂闽江南港取水口	地表水	河流型	达标	
3	福建省	福州市	福州市马尾水厂白眉水库取水口	地表水	湖库型	达标	
4	福建省	福州市	福州市新东区水厂塘坂取水口	地表水	河流型	达标	
5	福建省	福州市	福州市飞凤山水厂水源取水口	地表水	河流型	达标	
6	福建省	闽侯县	闽侯县自来水公司叶洋泵站取水口	地表水	河流型	达标	
7	福建省	连江县	连江县塘坂水厂塘坂取水口	地表水	河流型	达标	
8	福建省	罗源县	罗源县八井水厂反调节库取水口	地表水	河流型	达标	
9	福建省	罗源县	罗源县可湖水厂西溪水库取水口	地表水	湖库型	达标	
10	福建省	罗源县	罗源县洋尾水厂东岩调节水库取水口	地表水	湖库型	达标	
11	福建省	闽清县	闽清县白石坑水厂、塔山水厂闽江取水口	地表水	河流型	达标	
12	福建省	闽清县	闽清县葫芦门水库取水口	地表水	湖库型	达标	
13	福建省	永泰县	永泰县南区水厂大樟溪取水口	地表水	河流型	达标	
14	福建省	福清市	福清市东张水库取水口	地表水	湖库型	达标	
15	福建省	福清市	福清市闽江调水峡南取水口	地表水	河流型	达标	
16	福建省	长乐区	长乐区炎山水厂炎山矶头取水口	地表水	河流型	达标	
17	福建省	厦门市	厦门市莲坂水厂、集美水厂石兜、坂头水库取水口	地表水	湖库型	达标	
18	福建省	厦门市	厦门市高殿水厂、杏林水厂九龙江北溪取水口	地表水	河流型	达标	
19	福建省	厦门市	厦门市同安梅山水厂汀溪水库取水口	地表水	湖库型	达标	
20	福建省	莆田市	莆田市莆田水厂东圳水库取水口	地表水	湖库型	达标	
21	福建省	莆田市	莆田市涵江水厂外渡水库取水口	地表水	湖库型	达标	
22	福建省	仙游县	仙游县仙游水厂古洋水库取水口	地表水	湖库型	达标	
23	福建省	仙游县	仙游县金钟水库取水口	地表水	湖库型	达标	
24	福建省	三明市	三明市东牙溪水库取水口	地表水	湖库型	达标	
25	福建省	明溪县	明溪县城北水厂罗翠水库取水口	地表水	湖库型	达标	
26	福建省	清流县	清流县自来水厂严坊溪取水口	地表水	湖库型	达标	
27	福建省	宁化县	宁化县沙子甲水厂寨头里水库取水口	地表水	湖库型	达标	
28	福建省	大田县	大田县自来水公司坑口水库取水口	地表水	湖库型	达标	

续表

序号	省份名称	行政区划	点位名称	水源地类型	水体类型	达标情况	超标指标及超标倍数
29	福建省	尤溪县	尤溪县自来水厂大池水库取水口	地表水	湖库型	达标	
30	福建省	尤溪县	尤溪县东村溪兴头水库取水口	地表水	湖库型	达标	
31	福建省	沙县区	沙县区第一水厂洞天岩水库取水口	地表水	湖库型	达标	
32	福建省	沙县区	沙县区第三水厂马岩水库取水口	地表水	湖库型	达标	
33	福建省	沙县区	沙县区双溪水库取水口	地表水	湖库型	达标	
34	福建省	将乐县	将乐县下村水厂漠村溪取水口	地表水	河流型	达标	
35	福建省	泰宁县	泰宁县北溪水厂际头水库取水口	地表水	湖库型	达标	
36	福建省	建宁县	建宁县自来水公司王坪栋水库取水口	地表水	湖库型	达标	
37	福建省	永安市	永安市北区水厂沙溪取水口	地表水	河流型	达标	
38	福建省	永安市	永安市南区水厂洛溪水库取水口	地表水	湖库型	达标	
39	福建省	泉州市	泉州市北水厂北高干渠取水口	地表水	河流型	达标	
40	福建省	泉州市	泉州市湄丰水厂、泉港第三水厂泗洲水库取水口	地表水	湖库型	达标	
41	福建省	泉州市	泉州市湄丰水厂、泉港第三水厂黄塘溪取水口	地表水	河流型	达标	
42	福建省	泉州市	泉州市金浦水厂、三水厂晋江干流金鸡拦河旧闸取水口	地表水	河流型	达标	
43	福建省	惠安县	惠安县城南水厂黄塘溪取水口	地表水	河流型	达标	
44	福建省	惠安县	惠安县北关水厂菱溪水库取水口	地表水	湖库型	达标	
45	福建省	安溪县	安溪县城关水厂晋江西溪吾都取水口	地表水	河流型	达标	
46	福建省	永春县	永春县第三自来水厂晋江东溪湖洋溪取水口	地表水	河流型	达标	
47	福建省	德化县	德化县第二水厂国宝溪取水口	地表水	河流型	达标	
48	福建省	石狮市	石狮市石狮水厂南高干渠取水口	地表水	河流型	达标	
49	福建省	晋江市	晋江市田洋水厂南高干渠取水口	地表水	河流型	达标	
50	福建省	南安市	南安市美林水厂晋江东溪取水口	地表水	河流型	达标	
51	福建省	漳州市	漳州市第二水厂九龙江北溪鳌浦取水口	地表水	河流型	达标	
52	福建省	漳州市	漳州市三水厂、福糖水厂九龙江北溪内林取水口	地表水	河流型	达标	
53	福建省	漳州市	漳州市金峰水厂九龙江西溪取水口	地表水	河流型	达标	
54	福建省	云霄县	云霄县风吹岭水厂车圩溪取水口	地表水	河流型	达标	
55	福建省	漳浦县	漳浦县自来水厂梁山水库取水口	地表水	湖库型	达标	
56	福建省	漳浦县	漳浦县自来水厂澎水水库取水口	地表水	湖库型	达标	
57	福建省	诏安县	诏安县自来水厂亚湖水库取水口	地表水	湖库型	达标	
58	福建省	长泰区	长泰自来水公司龙津溪福信取水口	地表水	河流型	达标	
59	福建省	东山县	东山县供水公司红旗水库取水口	地表水	湖库型	达标	
60	福建省	南靖县	南靖县自来水公司象溪取水口	地表水	河流型	达标	

续表

序号	省份名称	行政区划	点位名称	水源地类型	水体类型	达标情况	超标指标及超标倍数
61	福建省	平和县	平和县自来水公司花山溪取水口	地表水	河流型	达标	
62	福建省	华安县	华安县自来水厂九龙江北溪取水口	地表水	河流型	达标	
63	福建省	龙海区	龙海自来水厂九龙江北溪江东桥取水口	地表水	河流型	达标	
64	福建省	南平市	南平市新建村水厂照溪（五星桥水库）取水口	地表水	湖库型	达标	
65	福建省	南平市	南平市武夷新区水厂雷公口水库取水口	地表水	湖库型	达标	
66	福建省	顺昌县	顺昌县派溪水厂院尾水库取水口	地表水	湖库型	达标	
67	福建省	浦城县	浦城县东区水厂南浦溪取水口	地表水	河流型	达标	
68	福建省	浦城县	浦城县西区水厂东风水库取水口	地表水	湖库型	达标	
69	福建省	光泽县	光泽县自来水厂西关水坝取水口	地表水	河流型	达标	
70	福建省	松溪县	松溪县杉溪水厂杉溪取水口	地表水	河流型	达标	
71	福建省	松溪县	松溪县来龙水厂钱园桥水库取水口	地表水	湖库型	达标	
72	福建省	政和县	政和县珠山水厂宝岭水库取水口	地表水	湖库型	达标	
73	福建省	邵武市	邵武市熙春水厂大乾水库取水口	地表水	湖库型	达标	
74	福建省	武夷山市	武夷山市石雄水厂西溪取水口	地表水	河流型	达标	
75	福建省	武夷山市	武夷山市三菇水厂崇阳溪取水口	地表水	河流型	达标	
76	福建省	建瓯市	建瓯市东门水厂松溪取水口	地表水	河流型	达标	
77	福建省	建瓯市	建瓯市新区水厂七里街水库取水口	地表水	湖库型	达标	
78	福建省	龙岩市	龙岩市凤凰水厂富溪三级水库大坝取水口	地表水	湖库型	达标	
79	福建省	龙岩市	龙岩市新区水厂黄岗水库取水口	地表水	湖库型	达标	
80	福建省	龙岩市	龙岩市东南洋水厂东肖水库取水口	地表水	湖库型	达标	
81	福建省	长汀县	长汀县自来水股份有限公司正方水库取水口	地表水	湖库型	达标	
82	福建省	永定区	永定区龙寨水厂龙寨水库取水口	地表水	湖库型	达标	
83	福建省	永定区	永定区淑雅溪水库取水口	地表水	湖库型	达标	
84	福建省	上杭县	上杭县兰地水厂汀江横滩取水口	地表水	河流型	达标	
85	福建省	武平县	武平县北门水厂捷文水库取水口	地表水	湖库型	达标	
86	福建省	连城县	连城县自来水公司竹光取水口	地下水	地下水	达标	
87	福建省	连城县	连城县自来水公司波洋取水口	地下水	地下水	达标	
88	福建省	连城县	连城县城区第二水源北团河取水口	地表水	河流型	达标	
89	福建省	漳平市	漳平市自来水厂大坂三级电站取水口	地表水	河流型	达标	
90	福建省	漳平市	漳平市铁路水厂双洋溪取水口	地表水	河流型	达标	
91	福建省	宁德市	宁德市二水厂金涵水库取水口	地表水	湖库型	达标	
92	福建省	宁德市	宁德市德源自来水厂陈家洋水库取水口	地表水	湖库型	达标	
93	福建省	宁德市	宁德市第一自来水厂金溪取水口	地表水	河流型	达标	

续表

序号	省份名称	行政区划	点位名称	水源地类型	水体类型	达标情况	超标指标及超标倍数
94	福建省	霞浦县	霞浦县北山里水厂溪西水库取水口	地表水	湖库型	达标	
95	福建省	古田县	古田县城关水厂桃溪水库取水口	地表水	湖库型	达标	
96	福建省	屏南县	屏南县第一自来水厂汤坑溪取水口	地表水	河流型	达标	
97	福建省	屏南县	屏南县第二自来水厂南峭溪取水口	地表水	河流型	达标	
98	福建省	屏南县	屏南县第二自来水厂引水工程取水口	地表水	河流型	达标	
99	福建省	寿宁县	寿宁县城区自来水厂西山水库取水口	地表水	湖库型	达标	
100	福建省	周宁县	周宁县深洋水厂李园水库取水口	地表水	湖库型	达标	
101	福建省	柘荣县	柘荣县自来水厂新荣溪水库取水口	地表水	湖库型	达标	
102	福建省	福安市	福安市城关二水厂交溪桃花岛取水口	地表水	河流型	达标	
103	福建省	福安市	福安市城东水厂留洋水库取水口	地表水	湖库型	达标	
104	福建省	福鼎市	福鼎市二水厂南溪水库取水口	地表水	湖库型	达标	
105	福建省	平潭综合实验区	平潭县自来水公司三十六脚湖取水口	地表水	湖库型	达标	

备注：永泰县青云山水厂水源保护区（天门窗水库取水口）水源地受干旱影响，本期无法采样监测。

12 月

一、监测情况

2022 年 12 月，全省 9 个设区市及平潭综合实验区共监测 106 个正式投入使用的集中式生活饮用水水源（取水口），其中地表水水源 104 个（河流型 48 个，湖库型 56 个）、地下水水源 2 个。

（一）监测点位

1. 地表水水源：河流型水源在水厂取水口上游 100 米附近处设置监测断面，水厂在同一河流有多个取水口，可在最上游 100 米处设置监测断面；湖库型水源原则上按常规监测点位采样，在每个水源取水口周边 100 米处设置 1 个监测点位进行采样。河流及湖库采样深度为水面下 0.5 米处。

2. 地下水水源：具备采样条件的，在抽水井采样。如不具备采样条件，在自来水厂的汇水区（加滤前）采样。

（二）监测项目

1. 地表水水源

①设区城市、平潭综合实验区：监测项目为《地表水环境质量标准》（GB 3838－2002）表 1 的基本项目（24 项）、表 2 的补充项目（5 项）和表 3 的优选特定项目（33 项），共 62 项。其中，湖库型地表水饮用水源加测叶绿素 a 和透明度 2 项，共 64 项。

②县级城市：监测项目为《地表水环境质量标准》（GB 3838－2002）表 1 的基本项目（24 项）、表 2 的补充项目（5 项），共 29 项。其中，湖库型地表水饮用水源加测叶绿素 a 和透明度 2 项，共 31 项。

2. 地下水饮用水源

监测项目为《地下水质量标准》（GB/T 14848－2017）表 1 中 39 项。

各地可根据当地污染实际情况，适当增加区域特征污染物。

二、评价标准及方法

（一）地表水水源

地表水水源水质评价根据《地表水环境质量标准》（GB 3838－2002）Ⅲ类标准限值进行评价。基本项目按照《地表水环境质量评价方法（试行）》（环办〔2011〕22 号）进行评价，补充项目、特定项目采用单因子评价法进行评价。

（二）地下水水源

地下水水源水质评价执行《地下水质量标准》(GB/T 14848－2017)Ⅲ类标准限值，采用单因子评价法进行评价。评价项目为《地下水质量标准》(GB/T 14848－2017)表1中39项。

三、评价结果

(一) 总体情况

106个集中式生活饮用水水源均达标（达到或优于Ⅲ类标准），达标比例为100%（详见附表)。

(二) 地表水水源

104个地表水水源均达标，达标比例为100%。其中，有80个达到或优于Ⅱ类标准，占76.9%。

(三) 地下水水源

2个地下水水源均达标，达标比例为100%。

备注：

1. 集中式生活饮用水水源，是指进入输水管网送到用户的和具有一定取水规模（供水人口一般大于1000人）的在用、备用和规划水源。

2. 集中式生活饮用水水源和饮用水的区别：饮用水水源为原水，居民饮用水为末梢水，水源水经自来水厂净化处理达到《生活饮用水卫生标准》的要求后，进入居民供水系统作为饮用水。

附表

2022年12月福建省县级以上集中式生活饮用水水源水质状况

序号	省份名称	行政区划	点位名称	水源地类型	水体类型	达标情况	超标指标及超标倍数
1	福建省	福州市	福州市西区、北区水厂闽江原厝取水口	地表水	河流型	达标	
2	福建省	福州市	福州市城门水厂闽江南港取水口	地表水	河流型	达标	
3	福建省	福州市	福州市马尾水厂白眉水库取水口	地表水	湖库型	达标	
4	福建省	福州市	福州市新东区水厂塘坂取水口	地表水	河流型	达标	
5	福建省	福州市	福州市飞凤山水厂水源取水口	地表水	河流型	达标	
6	福建省	闽侯县	闽侯县自来水公司叶洋泵站取水口	地表水	河流型	达标	
7	福建省	连江县	连江县塘坂水厂塘坂取水口	地表水	河流型	达标	
8	福建省	罗源县	罗源县八井水厂反调节库取水口	地表水	河流型	达标	
9	福建省	罗源县	罗源县可湖水厂西溪水库取水口	地表水	湖库型	达标	
10	福建省	罗源县	罗源县洋尾水厂东岩调节水库取水口	地表水	湖库型	达标	
11	福建省	闽清县	闽清县白石坑水厂、塔山水厂闽江取水口	地表水	河流型	达标	
12	福建省	闽清县	闽清县葫芦门水库取水口	地表水	湖库型	达标	
13	福建省	永泰县	永泰县南区水厂大樟溪取水口	地表水	河流型	达标	
14	福建省	永泰县	永泰县青云山水厂天门窗水库取水口	地表水	湖库型	达标	
15	福建省	福清市	福清市东张水库取水口	地表水	湖库型	达标	
16	福建省	福清市	福清市闽江调水峡南取水口	地表水	河流型	达标	
17	福建省	长乐区	长乐区炎山水厂炎山矾头取水口	地表水	河流型	达标	
18	福建省	厦门市	厦门市莲坂水厂、集美水厂石兜、坂头水库取水口	地表水	湖库型	达标	
19	福建省	厦门市	厦门市高殿水厂、杏林水厂九龙江北溪取水口	地表水	河流型	达标	
20	福建省	厦门市	厦门市同安梅山水厂汀溪水库取水口	地表水	湖库型	达标	
21	福建省	莆田市	莆田市莆田水厂东圳水库取水口	地表水	湖库型	达标	

续表

序号	省份名称	行政区划	点位名称	水源地类型	水体类型	达标情况	超标指标及超标倍数
22	福建省	莆田市	莆田市涵江水厂外渡水库取水口	地表水	湖库型	达标	
23	福建省	仙游县	仙游县仙游水厂古洋水库取水口	地表水	湖库型	达标	
24	福建省	仙游县	仙游县金钟水库取水口	地表水	湖库型	达标	
25	福建省	三明市	三明市东牙溪水库取水口	地表水	湖库型	达标	
26	福建省	明溪县	明溪县城北水厂罗翠水库取水口	地表水	湖库型	达标	
27	福建省	清流县	清流县自来水厂严坊溪取水口	地表水	湖库型	达标	
28	福建省	宁化县	宁化县沙子甲水厂寨头里水库取水口	地表水	湖库型	达标	
29	福建省	大田县	大田县自来水公司坑口水库取水口	地表水	湖库型	达标	
30	福建省	尤溪县	尤溪县自来水厂大池水库取水口	地表水	湖库型	达标	
31	福建省	尤溪县	尤溪县东村溪兴头水库取水口	地表水	湖库型	达标	
32	福建省	沙县区	沙县区第一水厂洞天岩水库取水口	地表水	湖库型	达标	
33	福建省	沙县区	沙县区第三水厂马岩水库取水口	地表水	湖库型	达标	
34	福建省	沙县区	沙县区双溪水库取水口	地表水	湖库型	达标	
35	福建省	将乐县	将乐县下村水厂漠村溪取水口	地表水	河流型	达标	
36	福建省	泰宁县	泰宁县北溪水厂际头水库取水口	地表水	湖库型	达标	
37	福建省	建宁县	建宁县自来水公司王坪栋水库取水口	地表水	湖库型	达标	
38	福建省	永安市	永安市北区水厂沙溪取水口	地表水	河流型	达标	
39	福建省	永安市	永安市南区水厂洛溪水库取水口	地表水	湖库型	达标	
40	福建省	泉州市	泉州市北水厂北高干渠取水口	地表水	河流型	达标	
41	福建省	泉州市	泉州市涓丰水厂、泉港第三水厂泗洲水库取水口	地表水	湖库型	达标	
42	福建省	泉州市	泉州市涓丰水厂、泉港第三水厂黄塘溪取水口	地表水	河流型	达标	
43	福建省	泉州市	泉州市金浦水厂、三水厂晋江干流金鸡拦河旧闸取水口	地表水	河流型	达标	
44	福建省	惠安县	惠安县城南水厂黄塘溪取水口	地表水	河流型	达标	
45	福建省	惠安县	惠安县北关水厂菱溪水库取水口	地表水	湖库型	达标	
46	福建省	安溪县	安溪县城关水厂晋江西溪吾都取水口	地表水	河流型	达标	
47	福建省	永春县	永春县第三自来水厂晋江东溪湖洋溪取水口	地表水	河流型	达标	
48	福建省	德化县	德化县第二水厂国宝溪取水口	地表水	河流型	达标	
49	福建省	石狮市	石狮市石狮水厂南高干渠取水口	地表水	河流型	达标	
50	福建省	晋江市	晋江市田洋水厂南高干渠取水口	地表水	河流型	达标	
51	福建省	南安市	南安市美林水厂晋江东溪取水口	地表水	河流型	达标	
52	福建省	漳州市	漳州市第二水厂九龙江北溪鳌浦取水口	地表水	河流型	达标	
53	福建省	漳州市	漳州市三水厂、福糖水厂九龙江北溪内林取水口	地表水	河流型	达标	

续表

序号	省份名称	行政区划	点位名称	水源地类型	水体类型	达标情况	超标指标及超标倍数
54	福建省	漳州市	漳州市金峰水厂九龙江西溪取水口	地表水	河流型	达标	
55	福建省	云霄县	云霄县风吹岭水厂车圩溪取水口	地表水	河流型	达标	
56	福建省	漳浦县	漳浦县自来水厂梁山水库取水口	地表水	湖库型	达标	
57	福建省	漳浦县	漳浦县自来水厂澎水水库取水口	地表水	湖库型	达标	
58	福建省	诏安县	诏安县自来水厂亚湖水库取水口	地表水	湖库型	达标	
59	福建省	长泰区	长泰自来水公司龙津溪福信取水口	地表水	河流型	达标	
60	福建省	东山县	东山县供水公司红旗水库取水口	地表水	湖库型	达标	
61	福建省	南靖县	南靖县自来水公司象溪取水口	地表水	河流型	达标	
62	福建省	平和县	平和县自来水公司花山溪取水口	地表水	河流型	达标	
63	福建省	华安县	华安县自来水厂九龙江北溪取水口	地表水	河流型	达标	
64	福建省	龙海区	龙海自来水厂九龙江北溪江东桥取水口	地表水	河流型	达标	
65	福建省	南平市	南平市新建村水厂照溪（五星桥水库）取水口	地表水	湖库型	达标	
66	福建省	南平市	南平市武夷新区水厂雷公口水库取水口	地表水	湖库型	达标	
67	福建省	顺昌县	顺昌县派溪水厂院尾水库取水口	地表水	湖库型	达标	
68	福建省	浦城县	浦城县东区水厂南浦溪取水口	地表水	河流型	达标	
69	福建省	浦城县	浦城县西区水厂东风水库取水口	地表水	湖库型	达标	
70	福建省	光泽县	光泽县自来水厂西关水坝取水口	地表水	河流型	达标	
71	福建省	松溪县	松溪县杉溪水厂杉溪取水口	地表水	河流型	达标	
72	福建省	松溪县	松溪县来龙水厂钱园桥水库取水口	地表水	湖库型	达标	
73	福建省	政和县	政和县珠山水厂宝岭水库取水口	地表水	湖库型	达标	
74	福建省	邵武市	邵武市熙春水厂大乾水库取水口	地表水	湖库型	达标	
75	福建省	武夷山市	武夷山市石雄水厂西溪取水口	地表水	河流型	达标	
76	福建省	武夷山市	武夷山市三菇水厂崇阳溪取水口	地表水	河流型	达标	
77	福建省	建瓯市	建瓯市东门水厂松溪取水口	地表水	河流型	达标	
78	福建省	建瓯市	建瓯市新区水厂七里街水库取水口	地表水	湖库型	达标	
79	福建省	龙岩市	龙岩市凤凰水厂富溪三级水库大坝取水口	地表水	湖库型	达标	
80	福建省	龙岩市	龙岩市新区水厂黄岗水库取水口	地表水	湖库型	达标	
81	福建省	龙岩市	龙岩市东南洋水厂东肖水库取水口	地表水	湖库型	达标	
82	福建省	长汀县	长汀县自来水股份有限公司正方水库取水口	地表水	湖库型	达标	
83	福建省	永定区	永定区龙寨水厂龙寨水库取水口	地表水	湖库型	达标	
84	福建省	永定区	永定区淑雅溪水库取水口	地表水	湖库型	达标	
85	福建省	上杭县	上杭县兰地水厂汀江横滩取水口	地表水	河流型	达标	
86	福建省	武平县	武平县北门水厂捷文水库取水口	地表水	湖库型	达标	

续表

序号	省份名称	行政区划	点位名称	水源地类型	水体类型	达标情况	超标指标及超标倍数
87	福建省	连城县	连城县自来水公司竹光取水口	地下水	地下水	达标	
88	福建省	连城县	连城县自来水公司波洋取水口	地下水	地下水	达标	
89	福建省	连城县	连城县城区第二水源北团河取水口	地表水	河流型	达标	
90	福建省	漳平市	漳平市自来水厂大坂三级电站取水口	地表水	河流型	达标	
91	福建省	漳平市	漳平市铁路水厂双洋溪取水口	地表水	河流型	达标	
92	福建省	宁德市	宁德市二水厂金涵水库取水口	地表水	湖库型	达标	
93	福建省	宁德市	宁德市德源自来水厂陈家洋水库取水口	地表水	湖库型	达标	
94	福建省	宁德市	宁德市第一自来水厂金溪取水口	地表水	河流型	达标	
95	福建省	霞浦县	霞浦县北山里水厂溪西水库取水口	地表水	湖库型	达标	
96	福建省	古田县	古田县城关水厂桃溪水库取水口	地表水	湖库型	达标	
97	福建省	屏南县	屏南县第一自来水厂汤坑溪取水口	地表水	河流型	达标	
98	福建省	屏南县	屏南县第二自来水厂南峭溪取水口	地表水	河流型	达标	
99	福建省	屏南县	屏南县第二自来水厂引水工程取水口	地表水	河流型	达标	
100	福建省	寿宁县	寿宁县城区自来水厂西山水库取水口	地表水	湖库型	达标	
101	福建省	周宁县	周宁县深洋水厂李园水库取水口	地表水	湖库型	达标	
102	福建省	柘荣县	柘荣县自来水厂新荣溪水库取水口	地表水	湖库型	达标	
103	福建省	福安市	福安市城关二水厂交溪桃花岛取水口	地表水	河流型	达标	
104	福建省	福安市	福安市城东水厂留洋水库取水口	地表水	湖库型	达标	
105	福建省	福鼎市	福鼎市二水厂南溪水库取水口	地表水	湖库型	达标	
106	福建省	平潭综合实验区	平潭县自来水公司三十六脚湖取水口	地表水	湖库型	达标	

（来源：福建省生态环境厅网站　摘编：陈德盛）

2022 年福建省流域水环境质量状况

2022 年 1 — 12 月，全省主要流域总体水质为优。监测的 375 个断面中，Ⅰ ~ Ⅲ类水质比例 98.7%，其中Ⅰ ~ Ⅱ类水质比例 55.5%。各类水质比例如下：Ⅰ类占 1.1%，Ⅱ类占 54.4%，Ⅲ类占 43.2%，Ⅳ类占 1.3%，无Ⅴ类和劣Ⅴ类水。

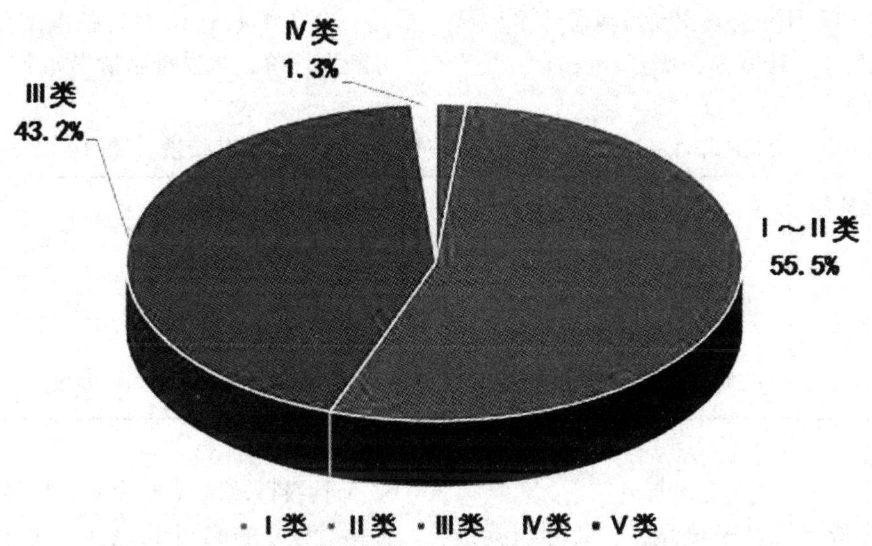

2022 年 1 — 12 月全省主要流域水质状况

（来源：福建省生态环境厅网站　摘编：陈德盛）

2022 年福建省地表水水质状况排名

参照生态环境部《城市地表水环境质量排名技术规定（试行）》，对全省主要流域和各设区市、有关县级行政区的地表水水质状况进行排名。

一、主要流域水质排名情况

2022 年 1 — 12 月，全省主要流域总体水质从相对较好开始排名，具体为：闽江、交溪、霍童溪、晋江、汀江（韩江）、木兰溪、敖江、萩芦溪、九龙江、诏安东溪、东西溪、漳江、龙江、鹿溪。

二、设区市水质排名情况

2022 年 1 — 12 月，各设区市地表水水质按省考断面评价，水质排名情况如下（详见表 1）。

2022 年 1 — 12 月福建省设区市地表水水质排名情况（表 1）

类别 \ 排名	1	2	3	4	5	6	7	8	9
省考断面（自优排序）	南平	三明	宁德	泉州	龙岩	莆田	福州	漳州	厦门
小流域断面（自优排序）	三明	南平	宁德	泉州	龙岩	福州	莆田	漳州	厦门

三、县级行政区水质排名情况

平潭综合实验区因涉及流域少，暂参与县级行政区水质排名。2022 年 1 — 12 月，平潭和全省 62 个县级行政区（40 个县、11 个县级市，地理位置相对独立的 11 个市辖区）地表水水质综合排名前 10 位和后 10 位名单如下（详见表 2）。

2022 年 1 — 12 月福建省县级行政区地表水水质排名情况（表 2）

类别 \ 排名	1	2	3	4	5	6	7	8	9	10
前 10 名（自优排序）	将乐	泰宁	建宁	光泽	明溪	邵武	武夷山	德化	建阳	宁化
后 10 名（倒数排序）	晋江	泉港	漳浦	龙海	惠安	平潭	东山	福清	霞浦	长乐

注：地理位置相对独立的 11 个市辖区为：福州长乐、漳州龙海和长泰、泉州泉港、三明三元和沙县、龙岩新罗和永定、南平延平和建阳、宁德蕉城。

（来源：福建省生态环境厅网站　摘编：陈德盛）

2022 年福建省近岸海域水质状况

2022 年 1—12 月，全省近岸海域监测的 235 个点位中，按照面积法评价，优良（一、二类）水质比例为 85.8%。各类水质比例具体为：一类 58.9%，二类 26.9%，三类 4.2%，四类 7.0%，劣四类 3.0%。沿海各地市近岸海域优良（一、二类）水质比例分别为：漳州 93.5%、泉州 89.8%、莆田 87.0%、厦门 82.0%、福州 80.7%、宁德 79.4%。

（来源：福建省生态环境厅网站　摘编：陈德盛）

2022 年福建省排污权指标市场加权平均价汇总

第一季度福建省排污权指标市场加权平均价汇总

受让地区	标的名称	2022 年第一季度市场加权平均价（元/年吨）
全省	化学需氧量	10505.07
	氨氮	11769.60
	二氧化硫	4950.84
	氮氧化物	5788.15
福州	化学需氧量	10634.74
	氨氮	12239.36
	二氧化硫	6963.75
	氮氧化物	10924.07
厦门	化学需氧量	8011.69
	氨氮	8007.27
	二氧化硫	4842.78
	氮氧化物	4509.38
漳州	化学需氧量	25000.00
	氨氮	17891.41
	二氧化硫	7655.85
	氮氧化物	11748.38
泉州	化学需氧量	9695.97
	氨氮	8368.47
	二氧化硫	4441.87
	氮氧化物	4452.45
莆田	化学需氧量	25000.00
	氨氮	14696.92
	二氧化硫	7365.14
	氮氧化物	13753.39

续表

受让地区	标的名称	2022 年第一季度市场加权平均价（元/年吨）
南平	化学需氧量	10273.65
	氨氮	12247.17
	二氧化硫	7206.82
	氮氧化物	10507.00
三明	化学需氧量	10244.48
	氨氮	12237.92
	二氧化硫	6977.58
	氮氧化物	11039.14
龙岩	化学需氧量	24720.33
	氨氮	16807.44
	二氧化硫	7446.74
	氮氧化物	14444.19
宁德	化学需氧量	11124.72
	氨氮	12475.58
	二氧化硫	7224.11
	氮氧化物	13607.14
平潭	化学需氧量	-
	氨氮	-
	二氧化硫	-
	氮氧化物	-

第二季度福建省排污权指标市场加权平均价汇总

受让地区	标的名称	2022 年第二季度市场加权平均价（元/年吨）
全省	化学需氧量	10027.21
	氨氮	11253.44
	二氧化硫	5483.29
	氮氧化物	7891.47
福州	化学需氧量	10244.48
	氨氮	12237.93
	二氧化硫	6950.97
	氮氧化物	10189.18
厦门	化学需氧量	8011.69
	氨氮	8007.27
	二氧化硫	6360.29
	氮氧化物	10189.18

续表

受让地区	标的名称	2022年第二季度市场加权平均价（元/年吨）
漳州	化学需氧量	13385.54
	氨氮	14252.06
	二氧化硫	4357.40
	氮氧化物	12395.49
泉州	化学需氧量	8600.00
	氨氮	7800.00
	二氧化硫	4365.77
	氮氧化物	4199.72
莆田	化学需氧量	25000.00
	氨氮	14697.50
	二氧化硫	4376.01
	氮氧化物	13650.00
南平	化学需氧量	19502.65
	氨氮	14522.23
	二氧化硫	6951.20
	氮氧化物	10189.18
三明	化学需氧量	25000.00
	氨氮	14696.95
	二氧化硫	8390.00
	氮氧化物	5317.37
龙岩	化学需氧量	22500.00
	氨氮	14918.49
	二氧化硫	6972.90
	氮氧化物	31000.00
宁德	化学需氧量	10244.00
	氨氮	12237.00
	二氧化硫	6951.21
	氮氧化物	10189.18
平潭	化学需氧量	–
	氨氮	–
	二氧化硫	–
	氮氧化物	–

第三季度福建省排污权指标市场加权平均价汇总

受让地区	标的名称	2022 年第三季度市场加权平均价（元/年吨）
全省	化学需氧量	9295.98
	氨氮	10005.67
	二氧化硫	5926.02
	氮氧化物	5707.38
福州	化学需氧量	10244.48
	氨氮	12237.92
	二氧化硫	6950.00
	氮氧化物	10189.18
厦门	化学需氧量	8011.69
	氨氮	8007.27
	二氧化硫	4772.62
	氮氧化物	4663.44
漳州	化学需氧量	14737.22
	氨氮	13341.15
	二氧化硫	6602.28
	氮氧化物	9705.19
泉州	化学需氧量	8600.00
	氨氮	7800.00
	二氧化硫	4366.52
	氮氧化物	4163.71
莆田	化学需氧量	25000.00
	氨氮	14697.04
	二氧化硫	4385.43
	氮氧化物	13640.00
南平	化学需氧量	10244.48
	氨氮	12237.92
	二氧化硫	6951.20
	氮氧化物	10189.18
三明	化学需氧量	-
	氨氮	-
	二氧化硫	-
	氮氧化物	-
龙岩	化学需氧量	22500.00
	氨氮	13389.88
	二氧化硫	6027.02
	氮氧化物	16000.00

续表

受让地区	标的名称	2022 年第三季度市场加权平均价（元/年吨）
宁德	化学需氧量	10244.00
	氨氮	12237.00
	二氧化硫	6951.20
	氮氧化物	10189.18
平潭	化学需氧量	–
	氨氮	–
	二氧化硫	–
	氮氧化物	–

第四季度福建省排污权指标市场加权平均价汇总

受让地区	标的名称	2022 年第四季度市场加权平均价（元/年吨）
全省	化学需氧量	10242.92
	氨氮	10748.89
	二氧化硫	5805.28
	氮氧化物	7727.19
福州	化学需氧量	10244.48
	氨氮	12237.92
	二氧化硫	6812.11
	氮氧化物	10177.97
厦门	化学需氧量	8011.69
	氨氮	8007.27
	二氧化硫	6300.00
	氮氧化物	10189.18
漳州	化学需氧量	10276.18
	氨氮	14696.95
	二氧化硫	7835.57
	氮氧化物	19084.99
泉州	化学需氧量	8600.00
	氨氮	7800.00
	二氧化硫	4390.00
	氮氧化物	4200.00
莆田	化学需氧量	–
	氨氮	–
	二氧化硫	–
	氮氧化物	–

续表

受让地区	标的名称	2022 年第四季度市场加权平均价（元/年吨）
南平	化学需氧量	-
	氨氮	-
	二氧化硫	-
	氮氧化物	-
三明	化学需氧量	10244. 48
	氨氮	12237. 92
	二氧化硫	6951. 20
	氮氧化物	10189. 18
龙岩	化学需氧量	22500. 00
	氨氮	13389. 87
	二氧化硫	6915. 00
	氮氧化物	14924. 09
宁德	化学需氧量	10244. 00
	氨氮	12236. 99
	二氧化硫	6950. 94
	氮氧化物	10189. 18
平潭	化学需氧量	-
	氨氮	-
	二氧化硫	-
	氮氧化物	-

（来源：福建省生态环境厅网站　摘编：陈德盛）

第六篇 区域概览

福州市社会发展综述

2022年是极不寻常、极不平凡的一年。党的二十大胜利召开，为新时代新征程党和国家事业发展、实现第二个百年奋斗目标指明了前进方向、确立了行动指南。习近平总书记当年亲自为福州谋划的“3820”战略工程实施30周年，有福之州站上了新的历史起点，正昂首阔步迈向新征程。

一年来，在省委、省政府和市委的领导下，福州市以习近平新时代中国特色社会主义思想为指导，认真学习宣传贯彻党的二十大精神，坚持“3820”战略工程思想精髓，加快建设现代化国际城市，高效统筹疫情防控和经济社会发展，各项工作都取得了新的进展。严格按照疫情要防住、经济要稳住、发展要安全的要求，快准严实细落实防控措施，有力抵制疫情冲击，有效守护了人民生命安全和身体健康。

特别是面对1022疫情，福州市果断决策、尽锐出战，各级党员干部冲锋一线、日夜奋战，广大抗疫工作者、志愿者义无反顾、勇往直前，全体市民守望相助、同心抗疫，在不封不停不静默的情况下，一个月内实现社会面动态清零。国务院“新十条”措施出台后，福州市调整重心、优化举措，第一时间开设发热门诊262个、城市中心发热门诊2个，储备基层医疗机构513个、亚定点救治医院床位7000张，新建综合ICU床位536张、可转换ICU床位486张、监护床位500张，抓好医疗物资储备和疫苗接种工作，免费向社会发放健康包和急需紧缺药品，为群众提供温馨服务，加快从“防感染”向“保健康、防重症”平稳转换。福州市坚持统筹发展和安全，扎实推进“两稳一保一防”工作，经济发展稳中有进，社会大局安定稳定。全市地区生产总值增长5.2%以上；规上工业增加值增长4.8%；固定资产投资增长6.5%、总量保持全省第一；一般公共预算总收入1059.1亿元，同口径下降5.5%；地方一般公共预算收入698.5亿元，同口径增长1.1%；进出口总额3620亿元，增长9%；实际利用外资11.7亿美元，实现正增长；社会消费品零售总额4732亿元，增长4%；城镇、农村居民人均可支配收入分别达56145元、26763元，分别增长5.1%、6.2%；居民消费价格总水平上涨2.5%。完成省下达的节能减排降碳任务。一年来福州市社会事业发展的主要工作和成效是：

民生福祉日益增进。各级财政用于民生支出790.9亿元，占一般公共预算支出的79.1%。完成为民办实事项目73件。城镇新增就业14万人，失业人员再就业3.4万人。新改扩建公办幼儿园33所、中小学17所，新增公办园学位1.2万个、义务教育学位1.8万个，闽江学院入选省一流应用型建设高校。市二医院奥体院区正式开诊，新增社区医院8家，全国首创“积分制”家庭医生签约服务模式。依法实施全面三孩政策，普惠性托育机构实现县（市）区全覆盖。新建居家社区养老服务示范点15个、长者食堂383个，新增机构养老床位2361张。市图书馆等27个公共文化场馆错时延时开放，市文化馆新馆、市少儿图书馆新馆、市科技馆新馆主体工程完工。举办首届世界龙舟联赛等竞技赛事，在省运会上获金牌总数、奖牌总数、团体总分“三个第一”。实施全民健身设施项目475个，260所学校体育场地对社会开放，15分钟健身圈实现全覆盖。扫黑除恶专项斗争长效机制健全完善。安全生产形势保持稳定。编制、信访、仲裁、行政复议、司法行政、民族宗教、军民融合、国防动员、退役军人服务保障、民兵预备役、双拥、海防、人防、反走私等工作继续加强。广播影视、新闻出版、哲学社会科学、文学艺术、统计、科普、气象、防震、地方志、档案、老龄、青少年、妇女儿童、残疾人、慈善、红十字等事业健康发展。

政府建设持续加强。认真学习宣传贯彻党的二十大精神，深刻领会“两个确立”的决定性意义，以实际行动增强“四个意识”、坚定“四个自信”、做到“两个维护”。弘扬“马上就办、真抓实干”优良作风，落实“提高效率、提升效能、提增效益”工作要求，开展“转作风、强服务、办实事、促发展”等专项行动，干事创业精气神全面提振。贯彻落实中央八项规定及其实施细则精神，毫不松懈纠治“四风”，机关效能进一步提升。职责明确、依法行政的治理体系日益健全，获评第二批全国法治政府建设示范市。

城市品质不断提高。全面划定国土空间规划“三区三线”，完成重点发展区域专项规划及城市设计28项。滨海新城建设持续推进，机场第二高速、十九中滨海校区等104个项目顺利开工，G228线滨海风景道、滨海新城CBD输配环等169个项目加快建设。三江口片区城市设计方案编制完成，植物园设计方案完成国际招标，道庆洲大桥主线正式通车。“闽江之心”成为热门“网红打卡点”，滨江步行街、青年桥建成开放，青年广场城市更新项目获评2022年全球未来设计金奖。实施古厝保护修缮项目153个，采峰别墅方所艺文空间等古厝活化利用项目进展顺利，三坊七巷历史文化研究会、福州市古厝研究会正式成立。实施城市品质提升项目903个。地铁5号线一期首通段和6号线开通运营，2号线东延线、6号线东调段全面动建。完成城区缓堵项目26个，尤溪洲南桥头立交提升改造、象山隧道拓宽改造等35个项目开工建设。新改扩建市政道路108.2公里。新增更新新能源公交车283辆，新辟优化公交线路130条。新增公共停车泊位5013个，新建汽车充电桩1598个。实施连片旧屋区改造项目60个，整治老旧小区376个。新增各类租赁住房7万套。闽江北岸三线贯通等项目启动建设，建成主题公园13个、口袋公园77个、郊野公园11个。垃圾分类工作稳居住建部考评第一档。清理批而未供土地3.3万亩。处置“两违”588万平方米。开展“护河爱水、清洁家园”行动，河湖长制工作获国务院正向激励。空气质量排名全国重点城市第5位。闽江河口湿地当年申报当年列入世界遗产预备清单。

2023年工作。根据市委统一部署，新的一年福州市工作总体要求是：以习近平新时代中国特色社会主义思想为指导，全面贯彻落实党的二十大精神，按照省委十一届三次全会和市委十二届四次全会部署，紧扣“四个更大”重要要求，扎实推进中国式现代化，坚持稳中求进工作总基调，完整、准确、全面贯彻新发展理念，积极服务和融入新发展格局，更好统筹疫情防控和经济社会发展，更好统筹发展和安全，坚持“3820”战略工程思想精髓，一张蓝图绘到底，全方位推进高质量发展，做大做优做强省会，加快建设现代化国际城市，突出做好稳增长、稳就业、稳物价工作，推动经济运行整体好转，实现质的有效提升和量的合理增长，努力在新发展阶段新福建建设中走在前头。全市经济社会发展主要预期目标是：地区生产总值增长6.5%左右，规上工业增加值增长6.8%，地方一般公共预算收入增长5.5%，固定资产投资增长6%，社会消费品零售总额增长10%，出口总额增长不低于全省平均水平，实际利用外资正增长，城镇、农村居民人均可支配收入分别增长7%、7.5%，完成节能减排降碳任务。为实现社会事业发展的预期目标，必须正视困难、提振信心，认真做好以下几个方面工作：

增进民生福祉，提高人民生活品。打造健康福州。强化重大公共卫生事件医疗救治体系建设，推进市县两级综合医院危重症救治设施设备提档升级。依托医联体、医共体构建分级诊疗体系，建立健全城市二级以上综合医院与县级医院对口帮扶机制。畅通市县两级转诊机制，提升农村地区重症救治能力，保障农村高风险人群就医需求。强化医疗物资储备，确保满足各级医院3个月运转需求。动建市肺科医院肿瘤楼及制剂楼，投用市疾控中心新址、孟超肝胆医院金山院区、华山附一医院二期、市儿童医院门诊综合楼等项目，新增床位2500张。加快建设县级综合医院“四大中心”，推进4家县级医院“千县工程”建设，新增区级医院2家，提升乡镇卫生院、社区卫生服务中心40家，力争基层医疗卫生机构服务能力基本标准达标比例达80%以上。推进安宁疗护试点工作，全市二级以上综合医院设置老年医学科达65%以上。实施重特大疾病医疗保险和救助制度。深入开展爱国卫生运动，做好国家卫生城市复审迎检工作。办好世界龙舟联赛、福州马拉松、电竞福州大会等赛事。争创全民运动健身模范市。

建设闽都文化国际品牌。动建市美术馆新馆、市博物馆新馆，建成市文化馆新馆、市少儿图书馆新馆，做好国家公共文化服务体系示范区复核迎检工作。修订历史建筑保护管理办法，公布新一批不可移动文物、历史建筑、传统风貌建筑，打造完成采峰别墅方所艺文空间。加快编纂《福州通史》。推进“非遗进景区”，打造一批国家级非遗生产性示范基地，开展非遗地方剧种公益性演出等文化惠民活动300场。举办街头艺术擂台赛等活动。办好第十一届中国大学生电视节、第十届丝绸之路国际电影节，拍摄“3820”主题电视剧、纪录片，创排音乐剧《三坊七巷》。推动哲学社会科学、新闻出版、广播影视、文学艺术等事业繁荣发展。

促进就业和社会保障。落实“四大群体”增收计划，完善最低工资标准正常调整机制。多措并举保障高校毕业生、农村转移劳动力、退役军人等重点群体就业，继续帮扶困难群体就业，城镇新增就业13万人、失业人员再就业1.2万人，确保城镇零就业家庭动态清零。推进老年友好型城市建设，持续开展居家和社区基本养老服务提升行动，建设长者食堂60个，新增机构养老床位2000张、老年教育学位2200个，推动长期护理保险提质扩面。加快国家儿童友好城市建设，完善三孩配套支持措施，建设婴幼儿照护服务普惠托位1760个。实现免除基本殡葬服务费用全覆盖。发展社会救助、慈善和残疾人事业。

加强精神文明建设。开展“温暖榕城·文明同行”主题活动，统筹推进文明培育、文明实践、文明创建，争创全国文明典范城市。强化志愿服务“五化”建设，打造新时代文明实践中心“云平台”。深化“争创文明岗·共建典范城”选树活动，培育一批示范性强的文明岗位标杆。加强未成年人思想道德建设，拓展乡村“复兴少年宫”覆盖面。办好读书月、网络文明大会、网络文化节等活动。

提升功能品质，推进城乡融合发展。提升城市环境面貌。完成总体城市设计，力争国土空间总体规划获批。推进“两江四岸”环境综合提升，建成闽江北岸三线贯通工程，提升拓展闽江游精品航线。新建改造福道130公里、口袋公园20个，建成金鸡山—金牛山城市慢行步道。开展新一轮夜景规划修编，提升城区灯光夜景。实施棚户区改造项目20个，整治老旧小区316个。新改建垃圾分类屋（亭）150座，推进垃圾分类社区、物业自治。推动红庙岭争创全国循环经济生态产业园示范园区。

深化污染防治攻坚。打好蓝天、碧水、碧海、净土保卫战，实施散乱污企业综合整治，推进两轮中央生态环保督察问题整改交账销号。动建闽江口琅岐环境空气超级监测站，优良空气天数比例稳定在98%以上。落实“河长日”“河湖长制”，打击非法采砂，主要流域优良水质比例不低于95%。实施罗源湾、福清湾、兴化湾等重点海湾综合治理，建成滨海新城岸段美丽海湾建设样板，近岸海域优良水质面积比例达82%以上。强化土壤污染防治，受污染耕地安全利用率达93%以上。推进“无废城市”建设，一般工业固体废物综合利用率达95%以上。保障核与辐射安全。

提升生态系统质量。创建国家生态文明建设示范市，落实生态环境损害赔偿制度，探索建立生态产品价值实现机制和政策体系。健全耕地休耕轮作制度，实施耕作层剥离再利用2000亩以上。深化闽江河口湿地保护修复，加快申报国际重要湿地和世界自然遗产。建设安全生态水系20公里，综合治理水土流失10万亩。植树造林4万亩，改造提升松林5.8万亩。加强生物多样性保护，完成互花米草除治工作。

（摘编：周华政）

鼓楼区社会发展概况

2022年是党和国家历史上极为重要的一年，党的二十大胜利召开，描绘了全面建设社会主义现代化国家、全面推进中华民族伟大复兴的宏伟蓝图。习近平总书记当年亲自为福州壁画的“3820”战略工程实施30周年，激励鼓楼区牢记嘱托，接续奋斗，在新时代新征程上阔步前进。鼓楼区坚持以习近平新时代中国特色社会主义思想为指导，深入贯彻党的十九大和十九届历次全会精神，认真学习宣传贯彻党的二十大精神，按照疫情要防住、经济要稳住、发展要安全的要求，高效统筹疫情防控和经济社会发展，各项事业取得新进展。全年地区生产总值增长5.8%；一般公共预算总收入同口径增长0.5%；地方一般公共预算收入同口径增长5%；社会消费品零售总额增长5%外贸进出口总额增长6%；城镇居民人均可支配收入增长5%。市场主体逆势增长，历史性突破15万户。获评首批国家知识产权强县建设示范区等荣誉，位居“中国楼宇经济（总部经济）标杆城区”前10强、全国创新百强区第18位、全国投资潜力百强区第21位。一年来社会事业发展的主要工作和成效是：

疫情防控注重以民为本。应对处置有力有效。面对突如其来的本土疫情，第一时间启动应急响应，区街高效联动、扁平指挥，突出“快准严实细”，压实“四方责任”，创新运用“大数据+网格化”模式，努力以最短时间、最小代价实现最大防控效果。服务保障暖心有序。全力保基本民生，生活物资供应充足价格稳定。成立医疗服务、关心关爱等多支小分队，发放“135”物资包、爱心健康包，为老弱病残孕等特殊群体开通绿色通道，及时加强与群众沟通对话。社会各界众志成城。2291名医护人员、3693名区街干部和社区工作者冲锋在前，4122名省直干部898名市直干部和600名永泰县支援干部无私奉献，广大居民群众守望相助，超10万人次志愿者同心战疫，各位代表、委员和热心人士八方驰援，切实守护了人民生命安全和身体健康。

民生事业取得新成效。将近八成财力用于民生支出，高质量推进50件为民办实事项目。就业稳岗精准高效。新增就业3.1万人，“免申即享”发放普惠性稳岗返还资金5350万元，惠及企业1.1万家、职工15.8万人。为3687名来榕就业高校毕业生每人发放1万元生活补贴。教育事业固本强基。新成立2个教育集团，新改扩建屏西小学等5所学校，新增学位3420个。深化“区管校聘”改革，名优骨干教师轮岗比例达31%。实施校内课后服务“双百”项目，学生参与率达92%。荣获1项省级教学成果奖特等奖和3项一等奖。健康事业扩面提升。“优质服务基层行”达标率全市第一，建成鼓东、南街2家省级精品中医馆，11家社区卫生服务中心与省老年医院签约医联体。设立成人预防接种数字化门诊，在全省率先开通HPV疫苗线上预约服务，累计接种5500剂次。老少服务创先争优。建成74家“长者食堂·学堂”，总面积超1.5万平方米，助餐助学超120万人次，在全国率先实现社区全覆盖。屏山、杨桥河南2个社区获评全国示范性老年友好型社区。优化普惠性托育服务，成立社区型托育机构3家，打造“小茉莉”精品托育品牌。

文体事业持续繁荣。高士其故居、吴孟超院士先进事迹展示馆入选全国科学家精神教育基地。原创话剧《少年严复》等7件作品荣获市茉莉花文艺奖。建成整峰坊历史文化街区展示馆，开展文化节庆等活动150余场。鼓楼区斩获省运动会金牌23枚、市锦标赛金牌48枚。举办区第十七届全民健身运动会、第四届企业运动会、“荣耀鼓楼”电竞政企赛。

社会治理迈出新步伐。鼓楼区数智赋能步步深入。深化国家智能社会治理实验综合基地建设，成立专设研究院，推进六大领域9项实验，在年度评估中获得最高等级A档。“鼓楼智脑”入围全国城市数字化转型优秀案例；“一线处置”机制解决民生事项8321件，被列入“数字中国”1号专题教学案例。基层治理多点发力。形成38类110项权责清单，为社区减负增能。创建6个市级精品社区，8个社区入选全市“一刻钟便民生活圈”试点。“家在鼓楼”小区事务服务中心新纳管无物业小区30个，惠及群众7599户。开展“居民恳谈日”活动1311场。“e福州”便民自助终端实现社区全覆盖。城区运行安全平稳。深化人民调解、信访评理、平安创建等工作，调处纠纷2052起，重复信访积案化解办结率达99.2%，盗窃警情减少38%。开展专项行动排查整治安全隐患3252处。实现省级双拥模范城“四连冠”。同时，鼓楼区民族宗教、外事侨务、台港澳事务、国防动员、退役军人服务保障、双拥、人防等工作扎实推进，工会、共青团、妇女儿童、老龄、残疾人、科普、档案、慈善、红十字、志愿服务等事业全面发展。

政府建设得到新加强。依法行政稳步提升，入选省政府立法基层联系点，组建区人民政府顾问团，办理行政复议案件91件、应诉行政诉讼案件31件，行政机关负责人出庭应诉率100%。数字政务全面加强。数字化公文平台上线运行，实现无纸化移动办公区街两级全覆盖。区政府门户网站实现全省绩效考核十二连冠。“家在鼓楼”公众号稳居福建微信影响力排行榜前茅。

城区面貌焕发新气象。城市更新联动推进。完成60个品质提升项目，携手市属国企创新投融资模式实施230个老旧小区改造，推行“三个到位”引导群众共建共享。试行责任规划师制度，打造温泉、怡山、福屿3个完整街区。实施15个环境综合整治项目，新建9条道路街巷。启动5个旧屋区改造项目，竣工7个安置房项目。新增公共保障性租赁住房1500套。建成乌石山精品公园，保护修复24处历史景观。福道荣获第十九届中国土木工程詹天佑奖。街区管理精细智能。参评项目在省级样板工程评比中再获第一。开展“双百双千双万”专项行动，实施智慧环卫一体化改革，建设垃圾分类、门前三包、燃气监管等数字化平台，提升改造垃圾分类屋（亭）372座，获评省级垃圾分类示范区。新建公共停车场7个，新增停车泊位678个。二环以内区管市政道路通信缆化实现全覆盖。生态保护长效常态。提升闽江北岸滨江生态休闲带，建设福山郊野公园低碳景区。完成30处立体绿化、集中式绿地微改造、口袋公园建设。开展“护河爱水、清洁家园”、绿色社区创建活动。持续加强扬尘、油烟、噪音专项治理，环境空气质量、饮用水源保护区水质保持优良。

完成能耗双控目标任务。

2023年是全面贯彻落实党的二十大精神开局之年，也是实施“十四五”规划承上启下的关键一年。根据市委市政府和区委统一部署，2023年鼓楼区工作总体要求是：以习近平新时代中国特色社会主义思想为指导，全面贯彻落实党的二十大精神，深入落实习近平总书记对福建、福州、鼓楼工作的重要讲话重要指示精神，紧扣“四个更大”重要要求，坚持“3820”战略工程思想精髓，坚持稳中求进工作总基调，完整、准确、全面贯彻新发展理念，服务和融入新发展格局，突出做好稳增长稳就业、稳物价工作，大力提振市场信心，着力推动高质量发展深入推进改革创新，完善社会治理体系，全力打造现代化国际城市“最美窗口”，实现首位度更高、首发量更多、首创力更强、首善鼓楼更宜居宜业。全区经济社会发展的主要预期目标是：地区生产总值增长7%；一般公共预算总收入增长5.5%；地方一般公共预算收入增长5.5%；社会消费品零售总额增长7%；城镇居民人均可支配收入增长6%。

（摘编：吴强）

台江区社会发展概况

2022年是党的二十大胜利召开之年，是进入全面建设社会主义现代化国家、向第二个百年奋斗目标进军新征程的重要一年。一年来，在市委、市政府的坚强领导下，台江区坚持以习近平新时代中国特色社会主义思想为指导，认真贯彻落实党的十九大、十九届历次全会和二十大精神，坚持“3820”战略工程思想精髓，主动融入省、市发展大局，深入实施“提高效率、提升效能、提增效益”行动，落实落细“1234”工作机制，扎实推进“两稳一保一防”，统筹疫情防控和经济社会发展，各项工作都取得新进展，成功蝉联“福建省城市发展‘十优’区”，荣获“福建省双拥模范城”称号。全年地区生产总值678.6亿元，增长5.6%；一般公共预算总收入24.71亿元；地方一般公共预算收入17.34亿元；实际利用外资18.3亿元，增长71%；社会消费品零售总额295亿元，增长2.7%；固定资产投资完成140亿元，增长10%；城镇居民人均可支配收入6.1万元，增长4.5%。一年来社会事业发展的主要工作和成效是：

民生福祉稳步增进。全年区级财政用于民生支出达18.33亿元，占一般公共预算支出的76.57%。60个为民办实事项目全面完成。就业形势保持平稳，新增城镇就业14626人，失业人员实现再就业4178人，开发公益性岗位150个。坊巷幼儿园改造、亚峰小学修缮等项目实现竣工，新增学位360个，学前教育普惠学额覆盖率提升至94.7%。义务教育管理标准化省级评估通过率达100%。新组建台实小等教育集团6个，学校（园）覆盖率达76%，鳌峰学校挂牌全市首批“榕博中学”。“双减”政策落实有力，台四小获评全国首批“科创筑梦助力双减试点单位”。成立全市首个中医药产业人才驿站，实现社区卫生服务中心“中医馆”全覆盖。人均基本公共卫生服务项目补助标准提高至75元。长者食堂实现社区全覆盖。在全市率先扩大部分重度残疾困难对象低保救助范围，累计发放各类补助金1811万元。积极融入福州三宝城建设，成功举办“福寿田丰——寿山田黄石精品展”，打造“南公艺舟”城市艺术会客厅。持续加强精神文明建设，开展文明实践活动4500余场，苍霞人家生活馆获评“全市党性教育现场教学市级示范点”，侯德榜故居获评国家级“2022年度科学家精神教育基地”。改造体育场地25片，更新更换健身路径20条，“十分钟健身圈”加速构建。创建绿色社区33个。上下杭社区入选国家互嵌式发展计划社区。平安台江建设持续深化，安全生产和食品药品安全形势稳中向好，“平安三率”连续达标。

疫情防控扎实有效。坚决贯彻落实习近平总书记关于疫情防控的重要指示批示精神，认真落实国家第九版防控方案和“二十条”“新十条”优化措施，提高疫情防控的科学性、精准性。“1022”疫情发生以来，台江区落实“四早”要求，压实“四方”责任，迅速启动平战转换机制，发动广大党员干部下沉一线，抓实抓细核酸检测、流调溯源、转运隔离、“无疫社区”创建等措施，在全市较快实现社会面动态清零。加强医疗服务保障，发热门诊开设、疫苗接种、药品储备等工作有序推进，医疗救治水平不断提高。

政府建设不断加强。全面宣传贯彻党的二十大精神，深刻领会“两个确立”的决定性意义，以实际行动增强“四个意识”、坚定“四个自信”、做到“两个维护”。以“3820”战略工程实施30

周年为契机，深入学习弘扬习近平总书记在福州工作期间开创的重要理念和重大实践，坚持“马上就办、真抓实干”，开展“转作风、强服务、办实事、促发展”专项行动，持之以恒纠治“四风”，机关效能进一步提升。开展“亮晒比学”活动，干事创业精气神持续提振。贯彻落实中央八项规定及其实施细则精神，严守廉洁制度。扎实推进法治政府建设，修订完善区政府党组议事规则、区政府工作规则。依法依规办理行政复议案件76件，实现政府行政规范性文件法律审查全覆盖。创新建立内部审计网格化联络员指导机制，审计监督力度不断加大。主动接受区人大及其常委会工作监督和政协民主监督，办复各级人大代表建议123件、政协委员提案127件，满意率均达100%。大力推进政务公开，全年公开信息549条，区政府及部门预算公开率达100%。民族、宗教、外事、侨务、人防、档案史志、残疾人、生育关怀、山海协作、东西部协作、国防动员、老干部服务、退役军人服务、双拥、信访维稳等工作取得了新成绩，工会、妇女儿童、青少年、关心下一代、红十字、慈善、工商联、贸促、科协、文联、媒体融合等事业实现了新发展。

城区品质持续提升。高标准实施市、区城市品质提升项目220个，累计完成投资85.95亿元。上海西新村地块成功出让，征收工作获市政府通报表扬。18天完成雁塔一地块100%签约封房及净地交付。7686套安置房实现交房回迁。完成老旧小区综合整治项目49个、雨污分流整治项目61个。苍霞新城全方位改造提升二期工程基本竣工。“闽江之心”一期建成开放，青年广场城市更新项目获评2022年全球未来设计金奖。福州三宝城项目获得城市（县城）更新省级样板考评第一名。瀛福路、排尾二路等10处市政项目顺利完工，鲤鱼巷等22个缓堵项目加快推进，新增停车泊位986个。完成中亭街、半岛国际等8个夜景灯光提升工程，白马河特色水街建设高效推进。新建改造荷塘、南星等大众汤屋4处，鳌峰片区高品质饮用水试点工作有序实施。在闽江北岸江滨路核心段打造市级精细化管理示范街区样板，创建“门前三包”示范街10条。拆除“两违”面积超4万平方米。排查经营性自建房258栋，排查率达100%。生活垃圾分类实现小区全覆盖，准确率达95%以上。严格落实“河长日”“河湖长制”，开展“护河爱水、清洁家园”行动687场次，辖区内河水质保持在Ⅳ类标准以上。三捷河、新港河、路通桥入选全省首批河湖文化遗产名单。持续打好污染防治攻坚战，空气质量优良天数位居全市前列。

2023年是全面贯彻落实党的二十大精神的开局之年，也是实施“十四五”规划承上启下的关键之年。根据区委统一部署，2023年各项工作的总体要求是：以习近平新时代中国特色社会主义思想为指导，全面学习贯彻党的二十大精神，贯彻落实习近平总书记重要讲话重要指示批示精神，加强党的全面领导，弘扬伟大建党精神，围绕统筹推进“五位一体”总体布局、协调推进“四个全面”战略布局，立足新发展阶段、完整准确全面贯彻新发展理念、服务和融入新发展格局，紧扣“四个更大”重要要求，坚持“3820”战略工程思想精髓，主动融入福州“建设六个城、打响五大国际品牌、实施九大专项行动”大局，抢抓强省会、福州都市圈战略机遇，深入实施“1234”工作机制，全方位推进高质量发展，加快打造活力商都、滨江福地，高水平建设现代化国际城市核心区，在奋力谱写全面建设社会主义现代化国家福建篇章中走前列、作示范。全区经济社会发展的主要目标是：地区生产总值增长7%；第三产业增加值增长7%；固定资产投资增长8%；社会消费品零售总额增长5%；实际利用外资完成市下达任务；一般公共预算总收入、地方一般公共预算收入分别增长6%；城镇居民人均可支配收入增长4.5%。为实现上述预期目标，必须更好地统筹疫情防控和经济社会发展，更好地统筹发展和安全，有效防范化解重大风险，推动经济运行整体好转，确保实现质的有效提升和量的合理增长。

（摘编：李哲）

仓山区社会发展概况

2022年，是极不平凡的一年。党的二十大胜利召开，习近平总书记亲自为福州擘画的“3820”战略工程实施30周年。在市委、市政府的正确领导下，仓山区坚决按照“疫情要防住、经济要稳住、发展要安全”的要求，紧紧围绕“两稳一保一防”部署，统筹疫情防控和经济社会发展，深入开展“项目攻坚落实年”“九大专项行动提升年”等行动，各项工作都取得新进展。受疫情、外部环境等因素影响，全年地区生产总值增长3%；一般公共预算总收入41.5亿元；地方一般公共预算收入27.6亿元；固定资产投资560亿元；社会消费品零售总额567.1亿元，增长3.5%；进出口总额287.9亿元，增长12%；实际利用外资2.75亿美元，增长525%；居民人均可支配收入51252元，增长3.1%；完成市下达的节能减排降碳任务。前三季度，建设提速攻坚、房屋拆迁攻坚等行动和招商工作综合排名均进入全市第一方阵，获评“国家知识产权强县建设试点县”“省级数字经济核心产业集聚区”“福州市营商环境改革创新示范区”等荣誉。一年来社会事业发展的主要工作和成效：

坚持以民为本，民生福祉日益增进。疫情防控有力有效，坚持人民至上、生命至上，压紧压实“四方责任”，落实“四早”要求，迅速启动“平战转换”机制，持续优化各项防控措施，“快准严实细”抓好核酸检测、流调溯源、转运隔离、社区防控等工作，召开新闻发布会5场，发布通告179期，下沉干部5000余人次，快速妥善处置“3·17”“10·22”两轮本土疫情，有力保障了人民群众生命安全和身体健康。

社会保障全面加强，完成为民办实事项目33项；新增城镇就业2.18万人，城镇失业人员再就业5809人；发放失业保险金、失业补助金、临时物价补贴等近6000万元，惠及6万余人次；城乡居民养老保险参保6.04万人，被征地农民养老保障参保11.3万人；扎实做好安置回迁工作，建成安置房7915套、共60.58万平方米，完成对接选房3327套、共25.12万平方米。坚持教育优先发展，金闽小学、永南中学新校、花溪幼儿园等9个项目竣工，新增义务教育学位4920个、公办幼儿园学位2520个；区属中学中考巩固率达99.4%，区属中学本专科上线率100%，本科上线率比去年提高5.87个百分点，区属环保职专新增3个五年制高职专业，2022届应届生就业率达97.48%。

健康服务持续强化，市二医院奥体院区揭牌开诊；公共服务标准持续提升，人均基本公共卫生服务经费补助标准从79元提高至84元；壶山林氏中医药文化园入选“福建省中医药文化宣传教育基地”。养老服务不断优化，建成投用建岭社区、盛景社区等居家社区养老服务站17个，建成长者食堂103个、餐位约2800个。

文体事业持续繁荣，闽台陈靖姑信俗文化中心竣工；鸣鹤拳、花朝节传统习俗等2个项目入选省级非遗代表性项目名录；开展群众性文化活动399场，惠及群众超100万人次；有序推进60处体育设施新建改造工作，努力打造群众身边的“15分钟健身圈”。

切实维护安全稳定，打造金洲社区、水都社区等精品示范社区8个，金山街道金洲社区获评全国先进基层群众性自治组织；金山街道综合网格服务管理工作获得省委常委、市委林宝金书记肯定。建新司法所获评五星司法所，五星司法所总数居全市第1，司法所规范化建设走在全省前列。安全生产和消防安全工作有序推进，累计检查单位1.48万家次，发现并整改隐患1.21万处，挂牌督办两处重大火灾隐患；食品安全日常监管与夏季食品安全攻坚专项行动扎实开展，检查食品生产经营主体5913家次，责令整改问题181个。“治重化积”行动有力实施，化解两批次专项件417件，化解率达99.7%以上；顺利完成党的二十大和全国“两会”等重大会议活动信访保障工作。

坚持改进作风，队伍建设不断加强。始终以党的政治建设为统领，以习近平新时代中国特色社会主义思想为指导，深入学习宣传贯彻党的二十大精神，深刻领悟“两个确立”的决定性意义，增强“四个意识”、坚定“四个自信”、做到“两个维护”。大力弘扬“马上就办、真抓实干”等优良传统，落实“提高效率、提升效能、提增效益”工作要求，持续开展“转作风、强服务、办实事、促发展”专项行动，高效推动工作落实。民族宗教、军民融合、国防动员、退役军人服务保障、民兵预备役、双拥、人防等工作继续加强，广播影视、统计、地方志、档案、老龄、青少年、妇女儿童、残疾人、慈善、红十字等各项事业健康发展。

坚持品质提升，城乡发展更加均衡。三江口片区开发建设持续推进，东部1#B等8个扫尾项目实现净地交地，新启动帝封江平衡地等11个、占地1298亩的项目，涉迁面积61万平方米。道庆洲大桥建成通车，福州地铁6号线、清凉山消防站等18个总投资213.12亿元的项目竣工，海月江南、下洋北片区道路等11个总投资79.36亿元的项目开工，三江口植物园等项目正加快推进。城市品质提升、“九个一批”综合提升等行动成效明显，水都社区等10个停车场、894个车位投入使用，马杭洲公园等13公里绿道完成提升改造，建成开放15个街头小公园，完成8个交通治堵项目，烟台山片区花漾街区位列全省品质提升建设样板评选活动第一档，建成区绿化覆盖率达45.66%，人均公园绿地面积达15.8平方米。“闽江之心”核心区整体提升工作快速推进，仅用30天全面完成中洲岛1、3号楼1070间商户搬迁工作，基本完成2号楼205间、共1.16万平方米的房屋征收工作，困扰仓山区十几年的中洲岛安全隐患大、纠纷多等问题得以解决；启动江心公园新一轮提升改造，全市首个在公园内设立的婚姻登记处——江心岛婚姻登记处成功揭牌；完成三县洲大桥、梅岭观海等重点区域夜景灯光改造，4.1公里的“闽江之心”核心区南岸灯光璀璨、流光溢彩。“护河爱水、清洁家园”、村庄清洁“六清一改”等行动深入开展，发动党员干部、群众18万人次以上，清理垃圾21万余吨；在全区58个村开展农村人居环境整治积分制。“林长制”“河长制”等制度全面落实，在全省率先开展林长制标准化、规范化工作，全区森林覆盖率达8.16%；解决内河问题493个，处置率达95%。垃圾分类工作扎实推进，改造提升垃圾分类屋337座、新扩建25座。启动新一轮环卫作业服务市场化工作。生态环保工作有力有效，“散乱污”企业整治持续开展，发现问题221个，完成整治216个。

2023年工作。根据区委统一部署，各项工作总体要求是：高举中国特色社会主义伟大旗帜，以习近平新时代中国特色社会主义思想为指导，深入学习宣传贯彻党的二十大精神，贯彻落实习近平总书记重要讲话重要指示精神，弘扬伟大建党精神，按照省委十一届三次全会、市委十二届四次全会、区委十三届四次全会部署要求，坚持稳中求进工作总基调，坚持“3820”战略工程思想精髓，立足新发展阶段，完整、准确、全面贯彻新发展理念，服务和融入新发展格局，加快打造创新经济中心、海丝文化高地、幸福之城样板，努力推动仓山发展再上新台阶。根据新的形势和任务，初步确定2023年全区经济社会发展的主要预期目标是：地区生产总值增长5%；一般公共预算总收入增长6%；地方一般公共预算收入增长6%；社会消费品零售总额增长5%；固定资产投资增长6%；居民人均可支配收入增长5%；完成市下达的实际利用外资、进出口总额和节能减排降碳任务。

（摘编：苏建平）

晋安区社会发展概况

2022年是极不平凡的一年，晋安区坚持以习近平新时代中国特色社会主义思想为指导，深入贯彻落实党的十九大、十九届历次全会精神，持续兴起学习宣传贯彻党的二十大精神热潮，细化落实省委、省政府、市委市政府决策部署和区委工作要求，按照“疫情要防住、经济要稳住、发展要安全”重要要求，高效统筹疫情防控和经济社会发展，各项工作取得积极成效。2022年，全区实现地区生产总值1137.2亿元；一般公共预算总收入26.4亿元；地方一般公共预算收入17.3亿元；规上工业增加值156.5亿元；固定资产投资564.2亿元，增长16.1%；社会消费品零售总额877.7亿元，增长4.5%；进出口总额304.1亿元，增长5%；城镇、农村居民人均可支配收入分别达56140元、27084元，分别增长3.8%、5.5%。一年来，社会事业发展的主要工作和成效是：

坚决贯彻落实习近平总书记关于疫情防控的重要指示批示精神，慎终如始抓好常态化疫情防控工作。特别是面对突如其来的“10·22”疫情，晋安区坚持“三个坚定不移”，按照“快准严实细”要求，同舟共济、众志成城，快速实现社会面动态清零，坚决打赢疫情防控阻击战歼灭战。在这场严峻的抗疫大战大考中，省市领导身先士卒、坐镇指挥，党员干部闻令而动、冲锋在前，医护人员白衣擐甲、逆行出征，志愿人员连续奋战、无私奉献，兄弟县市和市直部门火线集结、八方驰援，全体市民齐心协力、守望相助，共同守护了城市的安宁和百姓的安康。在这场大战大考中，全区干部群众展现出来的伟大抗疫精神，正在激发出奋进新征程的坚定信心，正在凝聚起建功新时代的磅礴力量。

强化民生保障，提升公共服务满意度。晋安区民生保障力度持续加大，财政支出75%以上用于民生事业，扎实办好省市区级103项为民办实事项目。教育强区扎实推进，新开办9所公办幼儿园，建成8所中小学，成立5个教育集团，新增学位10790个，成功入选全国义务教育优质均衡先行创建区。学前教育工作案例获评全国基础教育优秀工作案例，区教师进修学校获评福建省示范性县级教师进修学校。医疗服务提质扩面，区医院鼓山院区完成一期项目建设，区医院桂湖院区即将开诊，市中医院五四北院区门诊大楼主体封顶，国家级紧密型县域医共体试点有序推进，基本公共卫生服务经费人均政府补助标准提高至84元，建成2家婴幼儿照护服务试点机构。

养老服务持续提升，近邻长者食堂实现社区全覆盖，桂溪社区争创全国示范性老年友好型社区。就业形势保持稳定，新增城镇就业11474人，发放普惠性失业保险稳岗返还资金3709万元、惠及11.2万人。

社会兜底救助更加扎实，全年发放最低生活保障金、临时救助金1819万元。住房保障更加有力，新开工保障性租赁住房7797套。深化与宁夏隆德县、宁德霞浦县、永安清水乡等区域协作对口帮扶，落实各类帮扶资金1730万元。文体事业加快发展，举办全省首个两岸邻里文化周，新增2个市级非遗项目传承示范基地，晋安籍运动员在第十七届省运会上连破3项纪录、斩获50枚金牌、位居全市第一，区少体校获评“国家级体育后备人才基地”。

强化安定稳定，增进社会治理和谐度。深入实施“提高效率、提升效能、提增效益”行动，全面加强政府系统党的建设，严格落实中央八项规定精神，持续纠治“四风”，力戒形式主义、官僚主义，深化督查增效，落实基层减负，文风会风不断改进，“三公”经费持续下降。自觉接受人大法律监督、工作监督和政协民主监督，办复市区两级人大代表建议129件、政协委员提案162件，满意率均达100%。

深化基层治理创新，健全基层网格化指挥体系，成立全省首个乡镇级综治警务站，群众安全感率居省市前列，获评全省平安建设示范区。建成全省首个社区近邻活动中心，获评全省近邻服务示范区，打造6个精品示范社区，全面建成乡镇（街道）社工站，宦溪镇和汶洋村等一镇六村获评省级乡村治理示范村镇，全国农村社区治理实验区三年创建工作顺利通过民政部结项评估。

行政复议制度改革持续深化，“智慧矫正”建设走在全省前列，成立全省首个“蒲公英”女法官普法宣讲团，鼓山镇前屿村获评全国民主法治示范村。有力推行“四门四访”制度，深入开展信访突出问题和积案化解“百日攻坚”专项行动，切实维护群众合法权益，信访工作形势持续平稳向好。建立健全安全生产常态化督促检查整改落实机制，深入开展城镇燃气、房屋安全、道路交通、建筑工地等领域专项整治，切实做好应急救援、防汛备汛、森林防火等工作，粮食安全责任制有效落实，食品药品、特种设备等安全形势稳中向好。扎实推进新时代文明实践中心建设，连续六届蝉联省级文明城区。国防动员、双拥共建、退役军人服务保障等工作稳步推进，打造全市首条双拥共建示范街，再次荣获省级“双拥模范城”称号。人事编制、外事侨务、方志档案、民族宗教、广电、气象、人防、工青妇、老龄、残联、关心下一代等各项事业取得新进展。

强化城乡统筹，提高区域品牌美誉度。晋安区开展城市品质提升攻坚行动，城市生态廊道样板建设考核名列全省第一，获评全省城乡建设品质提升综合绩效优异县区。征迁交地再创新速度，三远片区45天全面完成800亩、120万平方米民房签约，全区征迁房屋175万平方米、交地7500亩，回迁选房5480套。实施新一轮交通缓堵工程，洋下东路等15条道路建成投用，新增公共停车泊位577个、电动汽车充电桩122个。

深入实施乡村振兴“五大工程”，深化14个省市级乡村振兴试点示范项目建设，规范北峰农村建房管理，深入开展“护河爱水、清洁家园”行动，全面推广农村人居环境整治积分制，新增乡村振兴五星级村1个、四星级村7个，寿山村获评省级乡村振兴实绩突出村。“晋安佛手瓜”“鹅鼻萝卜”获批国家地理标志证明商标，日溪乡荷龟园项目在“6·18”中国海峡项目成果交易会上获评“乡村振兴产业模式创新奖”。成功对接举办乡村振兴鼓岭论坛，深入开展“中轴探游”“农耕传家”等农文旅活动17场，石牌村获评福建省美丽休闲乡村，寿山乡田黄溪入选全省首批河湖文化遗产名单，“闽山闽水物华新·我在北峰有福田”入选全国乡村旅游精品路线，乡村振兴热度指数综合排名居全省78个涉农县（市、区）首位。

2023年是全面贯彻落实党的二十大精神的开局之年，是实施“十四五”规划承上启下的关键一年。按照中央及省市和区委决策部署，今年晋安区各项工作总体要求是：以习近平新时代中国特色社会主义思想为指导，全面学习贯彻党的二十大精神，贯彻落实习近平总书记重要讲话重要指示批示精神，按照省委十一届三次全会、市委十二届四次全会和区委六届四次全会部署要求，立足新发展阶段，完整准确全面贯彻新发展理念，服务和融入新发展格局，紧扣“四个更大”重要要求，全面融入强省会战略和福州都市圈建设，坚持“3820”战略工程思想精髓，聚焦“建设六个城、打响五大国际品牌、实施九大专项行动”部署，统筹发展和安全，以“福聚晋安”厚植民生福祉，全心全意为民谋福造福，努力在更高起点上全方位推进高质量发展，争当建设现代化国际城市排头兵。全区经济社会发展主要预期目标是：地区生产总值增长7%左右；一般公共预算总收入增长7.5%；地方一般公共预算收入增长7.5%；固定资产投资增长8%；规上工业增加值突破170亿元；社会消费品零售总额突破970亿元；第三产业增加值增长7.3%。

（摘编：余晓楠）

马尾区经济发展概况

2022年，马尾区以习近平新时代中国特色社会主义思想为指导，落实省委、省政府工作要求，在市委市政府和区委的坚强领导下，高效统筹疫情防控和经济社会发展，优化疫情防控措施，全方位推动高质量发展超越，各项工作取得新的成效。获评第六批“国家生态文明建设示范区”、福建省城市发展“十优”区、“省级双拥模范城”等荣誉。全区实现地区生产总值696亿元，增长5.8%；一般公共预算总收入35.04亿元，增长6.4%；地方一般公共预算收入23.6亿元，增长9%；固定资产投资165亿元，增长14%；社会消费品零售总额215亿元，增长7.5%；城镇居民人均可支配收入6.2万元，增长5%；农村居民人均可支配收入3.5万元，增长7.5%。一年来马尾区社会事业发展的主要工作和成效表现在：

坚持“抓落实”，疫情防控科学精准。马尾区坚决贯彻落实习近平总书记关于疫情防控的重要讲话精神，按照“疫情要防住、经济要稳住、发展要安全”重要要求，坚持以人民为中心，落实国家第九版防控方案、“二十条”优化措施，防控工作稳中求进、走小步不停步。特别是面对突如其来的“1022”疫情，马尾区优化指挥体系，充实基层防控力量，成立17个工作专班，全面动员2892名干部下沉一线；推广“网格化”管理模式，划分村居网格202个、单位网格499个；推进基层党建、综治维稳、疫情防控等“多网合一”，仅用一周时间就控制住疫情，将影响程度降到最低。在抗击疫情中，马尾区广大医务工作者白衣擐甲、逆行出征；政法干警、社区工作者、口岸单位工作者、新闻工作者、志愿者等坚守岗位、日夜奋战；万洋集团、联东集团、磊丰集团等20余家企业积极捐款捐物；全体居民万众一心、众志成城，谱写了抗疫感人篇章。“新十条”措施出台后，马尾区积极适应疫情新形势，加快治疗药物和医疗资源准备，完善发热门诊，加强全人群特别是老年人疫苗接种。全区共接种第一剂疫苗27.2万剂次，其中60岁以上老人第一剂疫苗接种覆盖率达91.3%，完成情况居六城区前列。

聚焦“惠民生”，幸福指数不断提升。马尾区全年投入民生支出52.1亿元，占财政总支出的74%，较去年上升4.7个百分点；完成“金秋助学”、政务服务进村居等区级为民办实事项目。教育事业稳步推进，完成教育重点项目投资4.5亿元，新增小学学位1620个，公办幼儿园学位270个；成立9个教育集团，组建18个城乡紧密型教育共同体，实现区属公办城乡中小学全覆盖；全面落实“双减”政策，学科类培训机构压减率为79%，实现课后服务“5+2”“2+N”全覆盖。医疗质量优化提升，完成马尾区新医院选址规划，区医院与福建医科大学附一医院合作建立马尾分院，进一步提升胸痛中心等重点科室的医疗服务水平。体育事业再创佳绩，马尾区选送的11名运动员在第十七届省运会上荣获4项冠军，为福州市体育代表团荣获全省金牌榜第一名和总分榜第一名做出了积极贡献。劳动关系和谐稳定，新增城镇就业10524人，失业再就业2845人；福光公司获评全国和谐劳动关系创建示范企业，区和谐劳动关系协会荣获省、市“金牌协调劳动关系社会组织”。社区治理不断深化，积极推进长者食堂建设，实现社区全覆盖；打造新港、旺岐及滨江3个精品社区，通过引入“三社联动”、创新“五度”“453”工作法等方式打通基层治理“最后一公里”，实现社区治理水平和群众满意度双提升。平安马尾工作扎实，持续推进扫黑除恶常态化，深入开展夏季治安、养老诈骗等专项整治行动；社会治安进一步优化，刑事案件发案数同比下降25.8%；排查调解各类矛盾纠纷2571件，办结率达99%；建成“智慧食安”监管平台，食品安全治理能力巩固提升。

擦亮“金招牌”，马尾品牌日益凸显。打响以百年船政为特色的文化品牌。全力推进福州船政海洋大学、“船政一台戏”等品牌项目建设；船政文化景区入选全国首批“大思政课”实践教学基地，全年累计讲解1100余场船政思政课；打造“云上船政·船政文化博物馆”数字展厅；“船政一号船坞保护修缮项目”列入2023年度全国重点文物保护项目名单；启动船政文化基因工程，推进“福建船政申报世界文化遗产”“船政文化景区创建国家5A级旅游景区”两项重点工作；原创闽剧《马江魂》荣获福建省第8届艺术节暨第28届戏剧会演优秀剧目一等奖、“福州市第五届茉莉花文艺奖”戏剧类一等奖。打响以琅岐为代表的生态品牌。推进福建省种业创新基地、福建省农科院琅岐现代种业科技园等4个项目建设，总用地面积达1863亩；通过“政企研校”协同合作，构建高优特新种业全链条产业链，打造科技生态农业示范岛；全力升级改造龙鼓度假村，修缮望江楼，完善周边配套设施；打造琅岐果蔬一条街，成功举办“2022福州美丽乡村旅游季”“福州市第二届果蔬节”“福州市佛跳墙文化节”等活动。

持续“优环境”，城乡建设焕发新貌。马尾区生态环境不断改善，城区空气优良天数比例为97.9%，主要流域优良水质比例为100%；新增和提升绿道15公里，人均公园绿地面积25.5平方米，建成区绿地率41%，建成区绿化覆盖率44.8%，三个绿化指标均位列六城区第二；完成松林改造面积6149亩，位列六城区之首。城市更新加快推进，年投资41.7亿元的城市品质提升工作全面完成。基础设施不断完善，轨道交通2号线东延线一期工程正式开工；新建改造污水管网25公里、供水管网7公里、供水泵站2个；完成6项道路建设工程。开展“两江四岸”环境提升以及“九个一批”综合提升专项工作，完成25项建设内容，进一步提升东江滨及船政片区城市基础设施水平，打造马尾“一区段一特色”。宜居水平进一步提升，启动罗建、上岐“城市更新+”等项目，提升改造君竹明居等老旧小区，累计搬迁及改造提升住房面积23.6万平方米，惠及1323户。乡村振兴不断深化，实施乡村振兴试点项目48个，打造1个省级特色乡镇、10个省市级乡村振兴试点村；对口协作进一步加强，支持协作资金2800万元，引导7家企业落地，帮助销售农特产品3.16亿元。

2023年是全面贯彻落实党的二十大精神的开局之年。根据区委统一部署，工作总体要求是：以习近平新时代中国特色社会主义思想为指导，全面贯彻落实党的二十大精神，弘扬伟大建党精神，扎实推进中国式现代化，按照省委十一届三次全会、市委十二届四次全会、区委十届四次全会部署要求，坚持稳中求进工作总基调，完整、准确、全面贯彻新发展理念，积极融入新发展格局。以全方位推进高质量发展超越为主题，坚持“3820”战略工程思想精髓，构建现代化产业新体系。以实施扩大内需战略同深化供给侧结构性改革有机结合为重点，坚持社会主义市场经济改革方向，坚持高水平对外开放。以不断满足人民群众对美好生活的向往为目标，发展全过程人民民主，促进全体人民共同富裕。牢记“马尾的事，特事特办、马上就办”殷切嘱托，坚持促改革、谋发展、优环境、惠民生，奋力开创宜居宜业现代化马尾新局面。

全区经济社会发展的主要预期目标是：地区生产总值增长7%，一般公共预算总收入增长6%，地方一般公共预算收入增长6%，固定资产投资增长10%，社会消费品零售总额增长6%，城镇居民人均可支配收入增长6%，农村居民人均可支配收入增长6.5%。

（摘编：林学军）

长乐区社会发展概况

2022年是党和国家历史上极为重要的一年。党的二十大胜利召开，为新时代新征程党和国家事业发展、实现第二个百年奋斗目标指明了前进方向、确立了行动指南。习近平总书记亲自擘画的“3820”战略工程实施30周年，福州新区体制改革全面铺开，福州自贸片区管委会入驻长乐，长乐区与福州新区、福州自贸片区“三位一体”的体制格局进一步优化。面对经济下行压力，长乐区密集出台了稳经济、稳增长32份政策文件、429项政策措施，经济社会发展稳中有进、稳中向好、稳中向优，位列全国综合实力百强区第64位、中国工业百强区第45位、全省城市发展“十优”区第5位。

在上级党委、政府的领导下，长乐区坚持以习近平新时代中国特色社会主义思想为指导，坚决贯彻党的二十大精神，贯彻落实“疫情要防住、经济要稳住、发展要安全”重要要求，传承弘扬“3820”战略工程思想精髓，全面落实强省会、福州都市圈等重大战略，主动融入“重点建设六个城、打响五大国际品牌、实施九大专项行动”，深入开展“提高效率、提升效能、提增效益”“项目攻坚落实年”等行动，扎实做好“两稳一保一防”工作，较好地完成确定的主要目标任务。全区地区生产总值突破1200亿元，增长5.2%；第一产业增加值增长5.6%；规模以上工业增加值增长5.5%；第三产业增加值增长6.1%；地方一般公共预算收入增长7.5%；固定资产投资增长10%；社会消费品零售总额211.9亿元，增长7%；进出口总额240亿元；实际利用外资1.7亿元；居民人均可支配收入42000元，增长6%；完成节能减排降碳任务。一年来社会事业发展的主要工作和成效是：

坚持普惠均衡、整体提升，民生福祉得到新改善。聚焦省级共同富裕示范区建设，加大民生事业投入，区财政民生领域支出占一般公共预算支出超80%，86个民生补短板项目完成投资22.4亿元，22个为民办实事项目完成投资10.2亿元。

教育布局持续优化，长乐侨中、实验幼儿园教育集团挂牌成立，集团化办学实现幼儿园至高中全学段覆盖；天津大学福州国际校区正式启用，福州职业技术学院长乐职专校区成立，长乐七中新教学楼建成，福州十九中滨海校区、外语外贸学院高中部鹤上校区动建；实验幼儿园西洋路校区等3个幼儿园建成投用，认定“提供普惠性服务民办幼儿园”44所，新增学前学位1170个，西关社区四点半学校实验项目入选教育部首批“能者为师”实践创新项目。“双减”政策持续落实，义务教育阶段学科类培训机构压减率达92%。教师待遇持续提升，班主任奖励金、新任教职工住房补贴等均高于市属学校标准。

医疗水平不断提升，省康复医院滨海院区、华山医院福建医院国际医疗部、福州新区急救中心及急诊医学中心开诊投用，华山医院福建医院二期、市疾控中心基本建成，文武砂社区卫生服务中心、罗联卫生院新院等建成投用；区医院获评国家医疗健康信息互联互通标准化成熟度四级甲等、全国VTE防治中心优秀单位，区第二医院入选全国100强乡镇卫生院，村卫生所全面完成标准化建设，11家乡镇卫生院完成“优质服务基层行”活动。

社会保障提质扩面，提高城乡低保、特困人员救助供养、残疾人“两项”补贴标准，累计发放补助资金约1.2亿元。通过举办春节企业家大会等活动，畅通社会资金参与民生事业渠道，区慈善总会、红十字会、教育发展促进会等社团组织累计发放救助金4300万元，受益群众6.7万人次。就业形势总体稳定，出台产业工人就业保障、高校毕业生来航就业创业等政策，新增城镇就业6800人、再就业866人，职业技能培训1.2万人，与云南省弥渡县等5个县（市）建立两地劳务协作关系，首占洲元社区获评全国最美工会户外劳动者服务站点。

文体事业健康发展，天妃灵应之记碑列入全国名碑名刻文物名录预备名单，高楼米线列入省级非遗项目，新编创作长乐十一状元折子戏闽剧、陈振龙引进番薯文化故事；三馆三中心主体建成，建设提升“福”文化主题公园8个，区文化市场综合执法大队获评全国服务农民、服务基层文化建设先进集体，飞思农庄获评全国科普教育基地，区融媒体中心入围全省优秀县级融媒体中心30强，营前长安村入选省新时代巾帼志愿服务“十大最美社区”；举办第五届“吴清源杯”世界女子围棋赛暨世界人工智能围棋大赛、第十四届海峡论坛·首届海峡两岸传统武术展演大会等大型赛事，参加首届世界龙舟联赛，省运会龙舟比赛取得历史最好成绩。

坚持生态立区、绿色发展，环境质量得到新提升。聚焦国家生态文明建设示范区、“绿水青山就是金山银山”实践创新基地创建，蓝天、碧水、碧海、净土四大工程持续实施，中央、省生态环保督察反馈问题整改扎实推进。习近平生态文明思想实践教育基地建成并对外开放，闽江河口湿地保护20年实践系列活动成功举办，“福建闽江河口湿地：海、陆生物地理区划过渡带”列入世界自然遗产预备清单，闽江河口湿地生物多样性保护案例入选生态环境部生物多样性优秀案例，全面完成互花米草除治。碳达峰、碳中和工作稳步推进，滨海新城碳汇造林项目持续推进，全省首个智慧能源纺织（华港纺织）工业园区、零碳数字化（漳港）供电所建成投用。整治散乱污企业（场所）185家。全面推行“林长制”，设立林长272名，植树造林1215亩，新建省级“互联网+全民义务植树”基地1个、森林村庄3个，建成五显鼻至大鹤林场北侧沿海防护林带，空气优良率居全市前列。全面落实“河湖长制”“河长日”，整治入河入海排污口682个，河长制工作和水质指标达标率居全市前列，区河长办《归之若水》获评全国“守护幸福河湖”主题活动优秀奖。

深化市域社会治理现代化，落实“八五”普法规划，常态化开展扫黑除恶斗争，抓好平安长乐、信访维稳、双拥共建、禁毒等工作，开展养老诈骗等专项整治行动，社会大局平安稳定，获评省双拥模范城，猴屿乡获评省级乡村治理示范乡镇，湖南镇人民调解委员会获评省人民调解先进集体。

防范化解金融、房地产等风险，成立福州金融纠纷联动化解中心长乐工作站。落实安全生产“十五条硬措施”及省市细化措施，打好安全生产专项整治三年行动收官战，推进重点行业领域隐患清剿行动，空港消防救援站建成投用。建立健全食品安全分层分级包保制度，落实食品安全“两个责任”，695家网络餐饮接入“阳光餐饮”平台。

2023年是全面落实党的二十大精神的开局之年，是“十四五”规划承上启下的关键之年，也是长乐建县1400年的里程碑之年。根据区委部署要求，长乐区工作的总体思路是：以习近平新时代中国特色社会主义思想为指导，全面贯彻落实党的二十大精神，深入落实习近平总书记重要讲话重要指示精神，坚持党的全面领导，弘扬伟大建党精神，扎实推进中国式现代化，按照省委十一届三次全会、市委十二届四次全会和区委一届五次全会部署要求，坚持稳中求进工作总基调，完整、准确、全面贯彻新发展理念，服务和融入新发展格局，紧扣“四个更大”重要要求，坚持“3820”战略工程思想精髓，全面推进新区新城建设，聚焦重点领域和关键环节改革，持续赋能科技创新、加快培育新兴产业，兜住兜牢民生保障底线、大力实施城市更新行动、扎实推进乡村全面振兴、不断提升生态宜居水平，突出做好稳增长、稳就业、稳物价工作，更好统筹疫情防控和经济社会发展，更好统筹发展和安全，全方位推进高质量发展，加快建设现代化国际城市领航区，全力打造生态创新宜居的现代长乐、国际航城。

（摘编：沈光明）

福清市社会发展概况

2022年是极不平凡、极不寻常的一年。党的二十大胜利召开，为福清市指明了前进方向，确立了行动指南。面对复杂多变的国际形势和新冠疫情考验，福清市坚持以习近平新时代中国特色社会主义思想为指导，在市委的坚强领导下，以变应变，跑出“福清速度”；改革破冰，探索“福清方案”；守望相助，传递“福清温度”。这一年，福清市爬坡过坎、奋勇攻坚，超前运作、迎难而上，“五盘并转”、系统推进，谱写了担当作为、干事创业的新篇章，开创了新时代“最福清”建设的新局面。经济运行保持稳中有进，主要指标较快增长。全市地区生产总值1535亿元，比增7.6%，增速连续6个季度领跑福州；规模以上工业总产值2654亿元，比增8.1%；社会消费品零售总额405.1亿元，比增6.5%；一般公共预算总收入192.5亿元（同口径），比增4.5%；地方一般公共预算收入128.8亿元（同口径），比增18.3%；居民人均可支配收入4.3万元，比增6.1%。在全国县域综合实力、科技创新、绿色发展、新型城镇化百强榜单中分别名列第17、11、15和23位，福州市“项目攻坚落实年”“亮晒比学”考核成绩均位居榜首。一年来，福清市社会事业发展的主要工作和成效是：

民生领域交出暖心答卷。快速打赢疫情防控阻击战。高效构建“平战结合、快速转换”的防控体系，落实国务院第九版防控方案、“二十条”和“新十条”优化措施，快准严实细抓好疫情防控，守住不发生规模性疫情的底线。建成五七健康中心并改造为亚定点医院，提升定点医院、各公立医疗机构防疫救治水平，构建覆盖全域的疾病防控和救治体系。火线驰援省内外多个地区，派出党员干部1500多人、医护人员5200多人次，在抗疫一线奏响大爱乐章。

为民办实事项目顺利完成。完成147个总投资92亿元为民办实事项目，改造19个老旧小区，新增公共停车泊位1000余个。落实稳价保供政策，发放价格补贴、节日食品补贴2100万元，储备生猪7500头。实施市民早餐暖心服务工程，挂牌首批25家早餐示范点。提升3个农贸市场，新增70套健身路径。新增城镇就业人口1.1万人，城镇失业人员再就业1788人。664户住房困难家庭实现住有所居。

公共服务更加优质。教育质量稳步提升，高考本科上线率达74.6%，一本上线率名列福州地区前茅，初中办学综合效益评价提升至福州地区第二名。建成市直幼儿园分园、高山第二中心小学等18所学校，新增学位7000个。建成福清市医院二期等25个项目，组建两个医共体。福建省妇幼保健院福清共建医院正式挂牌，福清市医院入选国家级第二批神经介入建设中心，市农村卫生协会获评全国先进。新增嵌入式养老家园1个、长者食堂33个。启动市托老中心建设，完成282户家庭适老化改造，新增养老床位590张。

文化影响力有效提升。开展新一轮全国文明城市创建，完成背街小巷等五大专项改造提升。深化“文化惠民乐万家”工程，开展“主题文艺下乡巡演”等活动。建成福清文艺家之家，获评“省新时代特色文艺示范基地”，《福清哥》等7件作品荣获福州市第五届茉莉花文艺奖。加强文化遗产保护传承，促进文旅经济发展，实施温泉体验馆等9个重点项目，“串点、连线、拓面”的全域旅游示范区加快形成。强化全媒体传播体系建设，连续两年荣获全省县级融媒体中心一等奖。《最福清》宣传片亮相纽约时代广场“中国屏”。

社会环境安定有序。获评新一轮省级平安县城称号。省级双拥模范城实现八连冠。开展“治重化积”百日攻坚、禁毒专项攻坚、打击养老诈骗等行动，社会治安秩序持续向好。扎实做好保交楼、保民生、保稳定各项工作，妥善解决利嘉中心、恒大地产等遗留问题。开展安全生产主题月、重点领域隐患清剿等行动，全市生产安全事故比降26.7%。

城市组团协调推进。四大指挥部协同并进，生成149个总投资310亿元项目。东部新城完成核心区城市设计方案等规划编制，启动“十路一水”、“一园三中心”等基础配套前期工作。高铁文旅小镇完成区域规划编制及真丰片区征迁，建成石竹山—黄檗寺休闲旅游步道等20个基础配套项目。龙高商贸新城龙北大道一期等配套道路建成通车，福庐山公园二期建成开放。汽车商贸走廊完成片区控规及城市设计方案，全面开展片区“三旧”改造。实施城市更新行动，提升改造86个项目，荣获全省“县城品质提升样板工程”第一名。

乡村振兴扎实推进。实施乡村振兴项目378个总投资5.7亿元，获评全国村庄清洁行动先进县和“四好农村路”示范县。开展乡村建设“五个美丽”、村庄清洁“六清一改”行动，推行乡村治理积分制，创建美丽乡村庭院1150个、微景观435个、小公园71个、美丽田园9个。复耕抛荒撂荒地877亩，建成高标准农田1.5万亩，粮食种植面积达28.6万亩。

生态环境得到有效整治。污染防治精准有力。开展突出环境问题百日攻坚行动，全面整治5大类10个生态环境突出问题。健全空气污染应急响应机制，淘汰2蒸吨以下小锅炉47台，渣土车纳入“智慧城管”平台管理，空气优良率达99.7%。加快推进龙江流域及小流域生态治理，完成河道清淤、生态修复等工程，流域水质持续向好。组建119人专业海上环卫队，清理海漂垃圾5200吨，整治入海排污口72个。全力推进互花米草除治专项行动，完成除治任务1.2万亩。开展东张水库水华治理，全市饮用水源地水质达标率100%。

环保设施建设提速。完成东门河水系治理、三大箱涵整治、大北溪干管上岸等重点工程。新改建城镇污水管网32公里、市政供水管网36公里。完成城区观溪、虎溪、石门等三大片区雨污分流“卷地毯”式整治。探索农村污水社会化治理模式，完成55个、总投资4.6亿元治理项目。加快状元埔循环经济生态产业园建设，垃圾焚烧发电厂改扩建项目进场施工。新建变电站3座，11万伏线路55公里。基本实现城区路灯全覆盖，完成6200盏路灯EMC节能改造。

公共空间更加友好。利桥滨水公园等12个绿地公园建成开放，公园绿地服务半径覆盖率超过90%。完成1.3万亩植树造林，新建68公里生态步道、4处城区防火瞭望台。签约全省首个林业碳中和试点项目，设立福州首个“林长+公检法”工作联络室。成立兴化湾水鸟省级自然保护区，实施龙江生态保护和修复负面清单管理。石竹山景区免费开放，石竹湖、龙江桥入选福建首批河湖文化遗产名单。

2023年工作。根据市委统一部署，今年福清市工作的总体要求是：以习近平新时代中国特色社会主义思想为指导，全面学习贯彻党的二十大精神，贯彻落实习近平总书记重要讲话重要指示精神，弘扬伟大建党精神，按照省委十一届三次全会、福州市委十二届四次全会和福清市委十四届四次全会部署要求，立足新发展阶段，完整准确全面贯彻新发展理念，服务和融入新发展格局，坚持稳中求进工作总基调，紧扣“四个更大”重要要求，以全方位推进高质量发展超越为主题，坚持“3820”战略工程思想精髓，加快建设现代化国际化海滨山水城市，做大做强省会副中心城市，努力在全面融入新时代新福建和福州现代化国际城市建设大局中出经验、当标兵。全市经济社会发展主要预期目标是：地区生产总值增长8%；地方一般公共预算收入增长6%；固定资产投资增长7.5%；社会消费品零售总额增长6%；出口总额增长3%；实际利用外资增长3%，居民人均可支配收入增长8%，完成节能减排降碳任务。

（摘编：赵旭东）

闽侯县社会发展概况

2022年是党的二十大召开之年。闽侯县坚持以习近平新时代中国特色社会主义思想为指导，在上级党委政府的正确领导下，踔厉奋发、团结奋进，加快建设科教名城、产业强城、宜居新城，全方位推进高质量发展取得新成效。地区生产总值突破千亿元大关，财政指标保持全省前列，城乡居民人均可支配收入增长5%。县域经济实力全国百强县排名持续提升、连续13年入围全省十强县，跻身全国县域发展潜力百强县第13位、县市未来投资热点百佳样本第27位，排名全国工业百强县第53位、全国创新百强县第27位、全国工业互联网推动数字化创新领先县（市）第20位，获评国家生态文明建设示范区、首批国家知识产权强县建设示范县，实现省级双拥模范县“七连冠”。一年来社会事业发展的主要工作和成效有：

全力改善民生。财政民生支出98.2亿元，占一般公共预算支出的83.6%。采取惠民生、暖民心举措，着力解决好人民群众急难愁盼问题，完成省市县为民办实事项目83项。新增城镇就业1.59万人，上线“闽侯就业创业”服务平台，奔驰汽车获评全国和谐劳动关系创建示范企业。坚持教育优先发展战略，建成投用七里学校等6个教育项目，新增学位4610个，新组建教育集团4个，普通高中学位保有量提高2个百分点，新增12所市级义务教育管理标准化学校。省立医院、省人民医院与县医院开展紧密帮扶，与省儿童医院合作共建县人民医院，上街、祥谦中心卫生院引进省立医院专家团队。充实卫技人员57名，卫生院中医馆全覆盖。改造提升农村幸福院、社区养老服务照料中心43个，新增长者食堂14个。首届“侯官论坛”成功举办。组队参加第十七届省运会取得优异成绩，闽侯文艺家之家获评全省首批新时代特色文艺示范基地，白沙湾图书馆获评第二届福建省示范书屋。“遇见闽侯”微信公众号多次入围全省微信影响力指数榜前十，县融媒体中心入围全省优秀县级融媒体中心十强。城乡居民社保参保人数达30.23万人、医保扩面1.05万人，城乡低保标准提高15.8%。甘蔗街道三福社区、白沙镇林柄村社工站获评市级“最美社工站”。建成荆溪龙山苑、上街大唐世家等安置房项目10个，回迁2377套、19.65万平方米。整治县级以上重大安全隐患52个。推进扫黑除恶常态化，社会治安整体防控持续强化，“小团队、细网格”社会治理体系更加完善，获评福建省“第四轮第二批平安县”。“八五”普法全面推进，民族宗教、行政复议、统计调查、关心下一代以及国防动员、双拥共建、人民防空、民兵预备役、退役军人服务保障等工作持续加强，诚信建设、防汛防台、防震减灾、气象、保密、档案、地方志、青少年、妇女儿童、红十字、残疾人、慈善等各项事业全面发展。

科学防控疫情。坚持人民至上、生命至上，压实“四方责任”，突出“快准严实细”，深化“敲门行动”、“无疫社区”创建等工作，统筹疫情防控和经济社会发展取得积极成果。尤其是福州“1022”疫情突袭，波及甘蔗、上街、青口等7个乡镇（街道），闽侯面临一场严峻挑战。危难时刻，广大医务工作者白衣为甲、披星戴月冲在一线，广大党员干部不惧风险、逆行出征日夜奋战，全体市民守望相助、同心抗疫众志成城，山区乡镇成建制支援前线，5961名机关干部下沉一线，一个个天使白、火焰蓝、志愿红以生命赴使命、用挚爱护苍生，让城市“静下来”、让生活“慢下来”，用朴实行动构筑起守护生命的铜墙铁壁，最大程度保护了人民生命安全和身体健康，最大限度减少了疫情对经济社会发展的影响。

加强自身建设。深入学习贯彻习近平新时代中国特色社会主义思想，认真学习宣传贯彻党的二十大精神，深刻领会“两个确立”的决定性意义，以实际行动增强“四个意识”、坚定“四个自信”、做到“两个维护”。全面落实意识形态工作责任制，着力推动党史学习教育常态化制度化，扎实开展“提高效率、提升效能、提增效益”行动，“转作风、强服务、办实事、促发展”的干事创业精气神持续提振。驰而不息贯彻落实中央八项规定精神，纠治形式主义、官僚主义，效能问责18人次。完成审计项目21个。认真执行县人大及其常委会决定决议，自觉接受县人大及其常委会的法律监督、工作监督。自觉接受县政协的民主监督，积极支持县政协开展民主协商。

加快城乡建设。完成“三区三线”划定及国土空间规划衔接工作，完成《闽侯县停车场专项规划修编》等2个专项规划、《青口镇东台片区控制性详细规划》等2个控制性详细规划。国家级县城新型城镇化建设示范县建设全面深化，新城开发、老城提升统筹推进，白龙洲大桥、旗山湖二期等一批项目建成投用，“一闸三线”工程实现供水，地铁5号线通车运营。乡村振兴战略深入实施，乡村建设行动扎实有效，雪峰1号风景道等项目建成投用，上街镇侯官村、白沙镇林柄村获评市乡村振兴五星级村，尚干镇后福村、洋里乡梧溪村等22个村获评市乡村振兴四星级村，跻身数字乡村百强县全国第5位、全省第1位。全国文明城市创建工作深入开展，“六大专项”行动扎实推进，10个文明实践中心（所、站）入选全市示范阵地、白沙所获评省级最美志愿者文明实践所，昙石山历史文化街区获评市新时代文明实践基地，青口镇后福村获评市级乡村振兴文明建设示范村，甘蔗街道昙石村、大湖乡大湖村获评市级乡风文明榜样村。落实120项市级城乡品质提升项目，建成公园11个、172亩，“两违”整治“遏新化旧”措施取得实效，新建（改造）公厕21座，整治“裸房”450栋，创建省级“美丽庭院”140户，自建房排查整治工作在全省作经验交流，大县城、大学城、汽车城品质提升行动成效明显，城乡人居环境不断改善。

优化生态环境。牢固树立和践行绿水青山就是金山银山理念，尊重自然、顺应自然、保护自然，各类生态环境保护问题有效整改，统筹山水林田湖草沙一体化保护和系统治理取得明显成效。“护河爱水、清洁家园”、“污水不入河”、“蓝天利剑”等专项行动深入开展，整治“散乱污”企业360家、排污口123个，铺设污水管网50公里。完成造林绿化和森林经营面积6.98万亩，打造“绿盈乡村”33个，创建省级森林城镇1个（上街镇）、森林村庄4个，森林生态巡护“闽侯模式”受到省市充分肯定。主要流域国考断面、小流域省考断面优良水质比例均达100%，乡镇级以上集中式饮用水源地水质达标率保持100%。环境空气质量总体保持优良水平，县域空气质量优良天数比例达99.7%。

2023年是全面贯彻落实党的二十大精神的开局之年。根据县委部署，2023年各项工作的总体要求是：高举中国特色社会主义伟大旗帜，以习近平新时代中国特色社会主义思想为指导，全面贯彻落实党的二十大精神，弘扬伟大建党精神，扎实推进中国式现代化，坚持稳中求进工作总基调，完整、准确、全面贯彻新发展理念，紧扣“四个更大”重要要求，坚持“3820”战略工程思想精髓，深化八闽首邑意识，发挥近郊区位优势，紧密衔接福州主城，加快建设科教名城、产业强城、宜居新城，推动新时代现代化滨江新城高质量发展，在福州加快建设现代化国际城市中再放异彩。根据这一总体要求，2023年经济社会发展主要预期目标是：地区生产总值增长7.5%；第一产业增加值增长5%；第二产业增加值增长7.9%；第三产业增加值增长7.2%；一般公共预算总收入增长5%；固定资产投资增长5%；社会消费品零售总额增长7%；城乡居民人均可支配收入增长5.3%；全面落实节能、减排、降碳任务。

（摘编：张捷）

连江县社会发展概况

2022年是党和国家历史上具有里程碑意义的一年，党的二十大胜利召开，指明了前进方向，确立了行动指南。习近平总书记当年为福州谋划的“3820”战略工程实施30周年，连江站在新的历史起点上。在省委、省政府、市委市政府和县委的坚强领导下，连江县以习近平新时代中国特色社会主义思想为指导，全面贯彻党的二十大精神，认真落实“疫情要防住、经济要稳住、发展要安全”的重要要求，真抓实干、拼搏进取，经济社会健康平稳发展。完成全县地区生产总值735.8亿元，比增5.8%；一般公共预算总收入44.61亿元，（同口径）比降6.5%，地方一般公共预算收入33.31亿元，（同口径）比增8%；固定资产投资506.33亿元，比增5.7%；实际利用外资7244万美元，完成进度100.6%；出口总额82.1亿元，比增16%。

一年来，连江县经受住了来自疫情、经济、安全生产等方面风险挑战，采取了一系列有效举措，推进了一系列创新实践，实现了一系列突破进展，取得了一系列标志性成果。入选2022年全国县域发展潜力百强县、县域经济投资潜力百强县；蝉联全省县域经济实力“十强”县；第七次获评全省双拥模范县。获评全国乡村振兴百强县；2022年度乡村振兴参与热度指数排名全省第一。渔业产值持续保持全国县级第一，水产品总量有望跃居全国县级第一；获评“中国鱼丸之乡”、蝉联“中国海带之乡”。通过全国科普示范县创建验收；入选首批省级数字乡村试点县；全省县级首个承办数字中国创新大赛成果发布会。年度绩效考评迈入全市优秀行列；二季度项目综合考评正向激励位列全省县市区第二。连江县数字蓝海新基建项目获得2022年世界智慧城市大奖中国区经济大奖，入选全球智慧城市合作与发展大会年度城市数字化转型优秀案例。罗源湾港区环下屿作业区获国务院批复开放，结束了长达5年的临时开放状态。福州现代物流城港后方铁路接轨方案正式获批并已正式动建，成为2021年7月新接轨管理办法实施以来全国首条通过审批的地方自建铁路项目。完成全国首宗渔业碳汇交易；成功举办全国海洋经济高峰论坛暨连江县海洋渔业碳汇建设体系发布会，以及福州市海洋经济人才项目对接会、“海连江”区域公共品牌发布会。高考本科上线率高于全省13个百分点；中考平均分、及格率、优秀率均位列六县市第一。基本公共卫生服务项目实施效果监测结果位列全省第四、全市第一。社会事业发展的主要工作及成效是：

疫情防控有力有效。按照“快准严实细”要求，高效开展防控工作，持续优化扁平化指挥体系，审时度势调整防控政策，用7天时间战胜了省外输入病例引发的“08·24”疫情，打赢了福州“10·22”疫情外溢连江的阻击战、歼灭战。全省首创核酸采样“小蓝屋”和“便民发热诊疗站”，建成投用方舱隔离点一至三期工程和方舱医院。新冠疫苗接种率达87.15%。先后派出708名志愿者和3000人次医技人员驰援仓山、台江疫情防控工作，为全市防疫大局作出了积极的贡献。

公共服务扩容提质。教育质量取得新突破，成立县教师进修校附属中学等4个教育集团，启动连江一中江南校区、实验小区江南校区、附属中学敖江分校前期工作，新改扩建9所中小学（幼儿园），新增各类学位3720个。连江一中获评全国青少年普法教育先进集体。引进了1名名优校长，新增市级及以上名优骨干教师101人。卫生健康事业取得新成效，积极创建国家级慢性病综合防控示范区，率先探索医疗机构网格化管理机制，120急救联动中心正式启用，县医院新院、可门港医院即将投用，琯头、丹阳中心卫生院通过省级社区医院验收。县医院入选国家“千县工程”名单，卫生院中医馆实现全覆盖，江南镇获评省级卫生镇，马鼻辰山村等11个村、社区获评省级卫生村、社区。文体事业取得新进展，举办福州（连江）开渔节、第二届福州鱼丸文化节、讨海音乐节。调整传统风貌建筑推荐名录87处；木帆船制作技艺列为市级非遗代表性项目；魁龙坊“青艺术中心”被授予省级新时代特色文艺示范基地，投资的《那山那海》在央视一套黄金档热播。在省运会中，获得10金10银7铜的好成绩。

民生保障日益增强。102项省市县三级为民办实事项目基本完成。城镇、农村居民人均可支配收入分别可达到4.52万元和2.47万元。累计发放临时救济金443万元。新增预算1080万元，提高城乡低保、特困人员救助供养等补助标准。发放稳岗返还资金754.34万元，组织各类招聘会26场，开展职业技能培训1万多人次，离校未就业高校毕业生落实就业去向率保持在90%以上，城镇新增就业2130人。建设保障性租赁住房4500套。全市率先设立未成年人保护救助中心。下宫区域性养老服务中心主体完工，建成18个长者食堂，244户老年人家庭完成适老化改造，老年人保障体系持续完善。

生态环境持续改善。深入开展“护河爱水、清洁家园”“六清一改”“爱国卫生”等专项行动，广泛推广人居环境整治积分制，河道“四乱”问题得到有效整治，主要流域国、省考断面，县、乡、村级生活饮用水水源地Ⅰ～Ⅲ类水质比例达100%。空气质量排名全市第一。生活垃圾分类有序推动，海漂垃圾实现常态化清理整治。深入开展“两违”整治，处置“两违”建筑面积113.74万平方米，清理腾退土地1727.81亩。历时7年的可门园区尾水排海工程建成投用，定海湾山海运动小镇项目成功销号，完成中央和省生态环保督察反馈重要问题整改。新增山仔、敖江河口湿地2处省级自然保护区，除治互花米草超1万亩。植树造林1.29万亩，改造提升低质低效林1.2万亩，造林绿化工作获得省委、省政府表彰，小沧乡获评省级森林乡镇。

安全基础接续巩固。汲取“8·12”“9·27”海上安全生产事故（事件）教训，全方位开展海上安全生产整治专项行动，实现了“12个百分百”目标，彻底扭转海上安全生产被动局面。完善森林防灭火体制机制，完成贵安、江南消防站建设前期工作，推进重点消防隐患整改攻坚，强化专业扑火和护林员队伍建设，护林员巡护率评比全市第一。可门园区建成综合性应急管理平台，安全风险评级从B级提升为C级。新建51个水库水雨情站点，完成官坂十字溪水库除险加固。全省率先推进“AI智能监管阳光餐饮”3.0平台试点建设。建成凤城地震监测站、苔菉地震基准站。

社会治理不断创新。总结社会综合治理、疫情防控成功经验，建立完善各类网格2402个，配齐网格人员超8000名。加快推进“综治中心+网格化+信息化+雪亮工程”建设，建成投用高清视频探头10119路。先后培育县域社会治理创新项目30个。12345便民服务平台运行更加规范高效。

2023年是全面贯彻落实党的二十大精神的开局之年，做好全年工作意义重大、责任重大。根据县委统一部署，各项工作总体要求是：坚持以习近平新时代中国特色社会主义思想为指导，全面贯彻落实党的二十大精神，按照中央经济工作会议、省委十一届三次全会、市委十二届四次全会和县委十四届四次全会部署要求，扎实推进中国式现代化，坚持稳中求进工作总基调，完整、准确、全面贯彻新发展理念，加快构建新发展格局，着力推动高质量发展，更好统筹疫情防控和经济社会发展，更好统筹发展和安全，推动经济运行整体好转，实现质的有效提升和量的合理增长。坚持“3820”战略工程思想精髓，加快打造“海上福州”桥头堡，构建两岸融合发展示范区，奋力建设现代化国际城市坚强北翼。

（摘编：郭虹）

闽清县社会发展概况

2022年，闽清县坚持以习近平新时代中国特色社会主义思想为指导，全面贯彻落实十九届五中、六中全会和党的二十大精神，扎实做好“两稳一保一防”，以“提高效率、提升效能、提增效益”“项目攻坚落实年”“企业服务年”等行动为抓手，鼓足精气神，奋力加油干，全力推动各项工作取得新成效。全年地区生产总值增长5.5%；规上工业增加值增长4.5%；完成固定资产投资156亿元，增长13%，其中，工业固投63.3亿元，增长13.2%；财政总收入34.2亿元，基本持平；地方财政收入19亿元，增长2%；城镇居民人均可支配收入40086元，增长4.5%，农村居民人均可支配收入20392元，增长6.5%；完成市下达的减排降碳任务。连续五年获评全省县域经济发展“十佳县”，荣获省级双拥模范县、省级平安县等称号。一年来，社会事业发展的主要工作和成效是：

保持定力、精准施策，发展动能进一步释放。坚决防住疫情。全面落实“疫情要防住、经济要稳住、发展要安全”重要要求，严格按照优化疫情防控二十条、新十条措施，高效统筹疫情防控和经济社会发展。始终坚持人民至上生命至上，突出快准严实细，有效应对周边多轮疫情冲击，全县疫情形势总体可控。“10.22”疫情发生以来，县委县政府指挥坚强有力、部门协同配合、乡镇快速高效，“大数据+网格化”排查管控服务4.6万人次，核酸检测414.6万人次，以最小管控区域、最低成本代价打赢疫情歼灭战。在抗疫关键时期，闽清县持续深化“无疫村居”创建，发动1.9万余名党员、镇村干部、医务工作者、志愿者等冲锋一线，先后派出1300多人次赴泉州、莆田、闽侯、仓山、晋安、连江、马尾等地支援抗疫，为全省全市决战决胜疫情攻坚战贡献闽清力量。全力稳住经济深入开展“千名干部进千企”“万名干部下基层”等行动，解决企业困难问题107项，兑现惠企资金4324万元，税费“退减免缓”3.6亿元，发放“纾困贷”1.1亿元，帮助建陶企业降低用气成本近1亿元，新增各类市场主体3692户。

兜牢底线、为民惠民，群众福祉进一步增进。社会保障更有温度。全年财政民生支出25.6亿元，占一般公共预算支出的81.4%。全面落实事业单位、公务员薪资结构改革，教师、医护人员、退休人员等待遇水平大幅提高。73项省、市、县为民办实事项目有效落实。新增城镇就业1550人，失业人员再就业239人。城乡居民基本养老保险参保14.8万人，发放养老金1.45亿元。基本医疗保险参保28.1万人，基金支出3.6亿元。发放各类困难群众补助8157万元、物价补贴282万元。建成坂东镇嵌入式家园，升级改造白樟等3个乡镇敬老院，新建“长者食堂”11个、老年人助餐点27个、适老化改造269户，生活不能自理特困人员集中供养率达91.2%。新增白中、白樟等乡镇公益性公墓7处，基本实现全县公益性殡葬设施全覆盖。

公共服务更加完善。启动实施教育补短板（一期）PPP项目，总投资6.3亿元，推动塔庄初级中学教学综合楼、闽清二中改扩建等8个项目建设，建成梅溪镇中心幼儿园、三溪乡中心幼儿园、第三实验小学教学综合楼，新增学位1170个。高薪引进1名闽都英才名校长，担任第三实验小学教育集团总校长，提升集团化办学水平。完成天儒中学改制。高级中学顺利通过省二级达标校评估。

闽清职专新增产教融合五年制大专班2个，加快实现“好就业”向“就好业”转变。深化与省立医院医联体协作，新建“名医师带徒”工作室7个，县总医院入选国家卫健委“千县工程”。建成县公共卫生应急服务中心（一期）。新建提升34家村级卫生所，标准化村卫生所实现全覆盖。

文体事业繁荣发展。加大历史文化遗产保护力度，核查登记文物建筑、历史建筑和传统风貌建筑等36处，完成鳌峰岭宅等7处文保单位修缮。义窑青白瓷传统手工技艺入选省级非物质文化遗产项目名录。成功举办福建省第五届小提琴展演总决赛。吴孟超院士馆入选中国华侨国际文化交流基地。县科技馆入选全国科普教育基地。白中镇白汀村获评省级“侨胞之家”。福建省首部华侨文化主题电影《诗巫风云》全国上映。闽剧《乐圣陈旸》荣获第八届福建艺术节剧目奖、导演奖一等奖、音乐奖一等奖。闽清籍运动员在福建省第十七届运动会上再创佳绩，斩获金牌20枚。

社会治理创新加强。新增“平安家园·智能天网”3500路，创新运用“e体+”多维调处等机制，接处警满意率100%，全省排名第一。全面深化村级事务服务清单管理，打造服务示范村32个。深入实施“八五普法”和法治乡村建设，纵深推进常态化扫黑除恶斗争，扎实开展夏季治安打击整治“百日行动”，重拳打击养老诈骗违法犯罪行为。强化信访积案化解，圆满完成党的二十大安保维稳任务。食品药品安全监管持续加强。完成市县两级安全隐患点整治25个，安全生产形势稳中向好。

依法行政更加自觉。坚持“三重一大”事项集体决策，健全完善重大决策合法性审查。创新行政复议案前调解机制，行政诉讼案件胜诉率93.8%，排名全市前列。全县入驻省网办大厅事项1229项，“一趟不用跑”比率95.6%，网上可办率99.8%。一般不动产登记在全市率先压缩至2个工作日。廉政建设走深走实。锲而不舍落实中央八项规定精神及其实施细则，驰而不息纠治“四风”问题。持续压减“三公”经费，坚持集中财力办大事。强化审计监督和审计整改，完成审计项目34个。

生态建设成效明显。扎实推进“绿盈乡村”建设，新培育绿盈乡镇1个、中高级版绿盈乡村15个。全面推行“公检法+林长办”机制，完成植树造林8771亩、商品林赎买2000亩，建成投用朱山湿地公园。“六清一改”机制更加健全，全面推广人居环境整治文明积分制。“河湖长制”“河长日”全面落实，清理整治小水电站25座、“散乱污”企业130家、河道25公里，治理水土流失面积1100公顷。全县空气质量优良率98.9%，饮用水源地水质及国控、省控断面水质达标率保持100%。

2023年是贯彻党的二十大精神的开局之年，是实施“十四五”规划承上启下的关键一年。根据县委统一部署，闽清县各项工作总体要求是：以习近平新时代中国特色社会主义思想为指导，全面学习宣传贯彻党的二十大精神，按照省委十一届三次全会、市委十二届四次全会、县委十四届四次全会部署，坚持稳中求进工作总基调，把握新发展阶段、贯彻新发展理念、服务和融入新发展格局，紧扣“四个更大”重要要求，坚持“3820”战略工程思想精髓，秉承“两区开发、两翼齐飞”发展理念，深入实施“三大三强”发展战略，融入都市圈、建设山水城，在推进中国式现代化的新征程中，全力打造福州都市圈承接区“桥头堡”和乡村振兴“闽清样板”，全方位推进高质量发展在更高起点上加快建设幸福新闽清。经济社会发展的主要预期目标是：全县地区生产总值增长6%；固定资产投资增长8%；社会消费品零售总额增长5%；出口总值增长10%；实际利用外资增长3%；公共财政总收入增长6%；地方财政收入增长6%；城镇居民人均可支配收入增长6%，农村居民人均可支配收入增长6.5%；环保各项指标控制在市定目标内。

（摘编：王杰成）

罗源县社会发展概况

2022年，罗源县认真学习贯彻党的二十大精神，全面落实党中央决策部署和省委、市委的工作要求，真抓实干、攻坚克难，各项工作取得了来之不易的成绩。

一年来，罗源县紧紧围绕县委确定的“启航新时代，做强北大门，打响四大国家级品牌，建功丝路海港城”的奋斗目标，突出干好打基础、利长远、增潜力的十件大事，全力抓落实、强推进、求突破，在历届县委、县政府接续奋斗的基础上：罗源县实现了牛坑湾围填海项目重新获批；落地建设了福蓉源新材料、东恒新能源等重大产业项目；招引清华大学重大科研项目，积蓄创新发展新动能；拓宽改造了罗源湾高速口，全面提升罗源门户形象；顺应群众期盼，正式动建了县总医院。27万罗源人民在全面建设现代化美丽海湾城市的道路上，迈出了新的坚实步伐。把稳增长作为头等大事。

罗源县坚持稳字当头、稳中求进，上榜“全国县域发展潜力百强县”第33位，“全国县域经济投资潜力百强县”第89位。全年完成地区生产总值400亿元，比增6.5%；三次产业增加值分别比增5.2%、7.1%、6.2%。地方一般公共预算收入同口径比增32.7%；城镇居民人均可支配收入42552元，比增7%；农村居民人均可支配收入20944元，比增8%。全社会固定资产投资251亿元，比增15.2%，其中民间投资占比达到64%。社会消费品零售总额66亿元，比增5%。一年来，罗源县社会事业发展的主要工作和成效是：

把防疫情作为平安底线。罗源县坚持人民至上、生命至上，优化调整疫情防控领导架构，毫不动摇坚持“外防输入、内防反弹”总策略，创新“一圈两线多点”机制，持续提高防控精准化水平，顶住了宁德、福州等多轮疫情考验。坚持防疫工作“一盘棋”，先后派出9批次5100多名党员干部、医务工作者驰援上海、广州、福州等地。广大党员干部和各界爱心人士用行动创造了罗源速度，用服务彰显了罗源温度，用果敢书写了罗源担当，构筑起联防联控的钢铁长城，让罗川大地处处春意盎然，让“七彩罗源”充满人间大爱。

把惠民生作为施政之本。罗源县用心用情办好惠民安民实事，完成为民办实事项目23个，完成率达96%，全年用于民生的财政支出超过75%。全省首创村级就业服务驿站，建立驿站80个，新增城镇就业1550人，转移农村富余劳动力2322人。县社会福利中心康养医院和6个长者食堂建成投用。低保特困、残疾人补贴标准稳步提高，累计救助1.1万人次。实施“凤川雏鹰培尖”等八项工程，实幼岐阳园、滨海二实幼、附小扩建项目投入使用，新增学位1920个，引进高层次教育人才9名。县医院扩建病房大楼、通关大楼健康驿站、方舱隔离点建成启用。与省立、协和、省肿瘤等医院开展协助帮扶，医联体诊疗机制更加健全。城市形象宣传曲《明月照罗源》正式发布，林可彝事迹陈列馆、松山围垦精神展示馆开馆。举办首届罗源玉石文化艺术节，吸引4位国家级工艺美术大师、14位省级工艺美术大师及近百名雕刻界人才回归，打造中国罗源滨海玉石文化城。建成智慧体育公园等公共体育设施23个，组织全民健身活动150场，罗源健儿在省运会上勇夺4银1铜。畲族民俗活动多次亮相央视，霍口畲族乡、松山镇获评“全省民族团结进步重点单位”。国防动员、退役军人服务卓有成效，实现省级“双拥模范县”五连冠。

把保稳定作为创业之基。罗源县扎实推进平安罗源建设，荣获省级“平安县”称号。县域治理现代化试点有力推进，夏季治安打击整治“百日行动”深入开展，“盗案清零”创新机制取得实效，信访积案动态清零，社会大局稳定向好。出台“粮七条”，遏制“非农化”、管控“非粮化”，建设高标准农田1300亩，治理抛荒撂荒超2000亩，稳定粮播面积9.35万亩，粮食生产安全稳定。金融风险防范化解精准有力，政府隐性债务化解完成年度目标，县域不良贷款率保持低位。深入实施质量强县战略，“点题整治”校园食品、网络餐饮，严厉打击药品安全违法行为。统筹做好道路交通、自建房、危化品、燃气、景区和非景区景点、防汛防台等领域安全生产工作。罗源县的工会、共青团、妇联、社科联、文联、残联、慈善总会、红十字会的作用进一步发挥，平安建设、仲裁、司法行政、诚信体系、海防、人防、反走私等工作进一步加强，编制、信访、民族宗教、融媒体、审计、统计、科普、气象、防震减灾、史志、档案、老龄、对台、外事侨务等各项事业进一步提升。

把提品质作为城建之要。罗源县努力使居民生活更便利、更舒心、更美好。汉昇观澜、金尊名城等地产项目陆续交付，新增保障性租赁住房2.2万平方米。岐阳二期路网全面通车，涉迁群众顺利回迁。完成莲花东区、岐阳小区老旧小区改造，整治提升东大路等5条市政道路，城区步道、岸线夜景等17个串珠公园项目建成开放。霍口水库提速扫尾，昌西水库百米大坝全线浇筑。城乡供水一体化启动建设。“美丽罗源”监管平台运行顺畅，拆违拆临面积超7.5万平方米。投入2475万元，实施起步集镇环境整治项目11个，打造宜居宜业集镇样板。获评省“城乡建设品质提升综合绩效优异县”。

把护生态作为长远大计。罗源县树牢“绿水青山就是金山银山”理念，全面打响生态环保“三大战役”。谋划生态治理项目32个，制定工作措施110条，受理办结环保投诉件337件。淘汰16座10蒸吨以下燃煤锅炉，完成钢铁行业阶段性超低排放改造，完成华东船厂、闽联木业等6家大型企业VOCs2.0治理，空气质量优良率达99.4%。深入整治河湖“四乱”，清淤疏浚河道500公里，清理罗源湾内“僵尸船”480艘，退出关停畜禽养殖场96家、非法砂场2家、小水电站16家。建成罗源湾卷羽鹈鹕公园，造林8231亩，绿化公路305公里，治理水土流失9500亩，除治互花米草2900多亩，种植红树林1600亩，重点流域水质不断向好。

2023年是全面贯彻落实党的二十大精神的开局之年，做好全年工作意义重大。罗源县各项工作的总体要求是：以习近平新时代中国特色社会主义思想为指导，全面贯彻落实党的二十大精神，坚持“3820”战略工程思想精髓，围绕强县和富民两大任务，以“双龙抱珠”打造绿色冶金、新能源两大千亿产业集群，以“七彩罗源”推动乡村振兴，启航新时代，做强北大门，打响四大国家级品牌，建功丝路海港城，全面建设现代化美丽海湾城市，为福州建设现代化国际城市贡献罗源力量。新的一年，罗源县经济社会发展的主要预期目标是：地区生产总值增长7%，地方一般公共预算收入15亿元以上，固定资产投资增长8%，出口总额增长5%，社会消费品零售总额增长6%，城镇居民人均可支配收入增长8%，农村居民人均可支配收入增长10%。实现上述目标，罗源县要继续举全县之力，重点推动10个重大项目建设：一是动建牛坑湾围填海工程。二是加速清华大学重大科研项目建设。三是启动S207线白塔至西兰段（西兰隧道）建设。四是动建罗源湾公共运输廊道项目。五是启动北门巷历史文化街区建设。六是完成台商投资区围填海历史遗留问题整改验收。七是完成县总医院一期门诊楼、医技楼、住院楼主体建设。八是完成县特殊教育学校新校区、福州民族小学二期等5个教育设施项目主体建设。九是完成中心市场改造项目。十是推进城乡供水一体化项目。

（摘编：陈德盛）

永泰县社会发展概况

2022年，永泰县坚持以习近平新时代中国特色社会主义思想为指导，深入学习贯彻党的十九大、十九届历次全会和二十大精神，高效统筹疫情防控和经济社会发展，各项工作取得新的成绩。全县地区生产总值365.6亿元，增长4%；一般公共预算总收入15.6亿元，地方一般公共预算收入11.1亿元；固定资产投资155.6亿元，增长9%；工业固定资产投资23.7亿元，增长35%；规模以上工业产值56亿元；社会消费品零售总额35亿元；进出口总值24.5亿元，增长15.6%；实际利用外资1514万美元；城镇居民和农村居民人均可支配收入分别增长7%和8%。一年来，永泰县社会事业发展的主要工作和成效是：

疫情防控科学精准。永泰县坚持人民至上、生命至上，因时因势调整落实疫情防控措施，快速扑灭多轮输入性关联疫情，最大程度保护人民身体健康。“快准严实细”落实常态化疫情防控，开展重点人群分级分类健康服务。推进老年人疫苗接种，累计接种5.3万人次，覆盖率92.7%。设置定点医院床位75张、亚定点医院床位510张，县乡村（社区）发热门诊应设尽设、应开尽开。全县人民众志成城、同心抗疫，1136名医务工作者持续奋战抗疫前沿，4931名干部职工下沉一线，708名志愿者驰援鼓楼、仓山，顺利完成厦泉转运、长乐机场核酸采样、福州国际健康驿站等轮值任务，谱写了山海协作、共克时艰的奋斗篇章。

民生事业持续改善。永泰县民生支出占一般公共预算支出达85.1%。实施为民办实事项目37件。樟城幼儿园、实验幼儿园碧桂园分园、进修校一附小建成投用，增加学位1620个。学前教育普惠性学额和公办学额覆盖率位居全市第一。建立全市首个城乡紧密型教育共同体，福州市区36所学校对口帮扶永泰47所中小学。永泰一中120周年校庆顺利举办。国家级健康促进县通过技术评估。县总医院与福建医大附一医院共建医疗健康联合体。建成县医院综合楼及感染性疾病科楼，葛岭、城峰等4个乡镇卫生院主体完工，每千人床位数达4.9张。实现乡镇中医馆全覆盖。开展“直播送岗”等招聘会12场。城镇新增就业1293人，发放创业担保贷款620万元。党校迁建项目动建，人才公寓及实训基地、工人文化宫全面竣工。党史和地方志研究室获评全国党史和文献部门先进集体。新建长者食堂8个，实施29所农村幸福院质量提升工程，葛岭、红星区域养老服务中心启动建设。城乡低保标准提高至每人每月880元。新改建5G基站184个，实现5G网络全覆盖。

治理效能切实增强。永泰县工作接受人大及其常委会法律监督、工作监督和政协民主监督，办复人大代表建议意见86件、政协委员提案124件，满意率均达100%。配齐乡镇“两中心一执法队”，赋予乡镇执法事项224项。建成投用24小时政务服务自助区，企业设立登记实现“即时审批”。县本级80%以上事项实现“全市通办”，“一趟不用跑”“最多跑一趟”事项占比分别提高至83.3%和99.4%。规范农村宅基地和建房审批管理，建立“铁三角”治违机制，拆除违建19.7万平方米。开展经营性自建房风险隐患排查整治“百日行动”，排查房屋1906栋。常态化推进扫黑除恶斗争工作，破获电信网络诈骗案件103起，小案快侦率及打击文物盗窃犯罪成果位居全市前列。推进“治重化积”，化解信访积案57件。建成平安乡镇18个、平安村（社区）239个。

改革创新亮点纷呈。永泰县出台《房票安置使用管理办法》《聚人才惠民生购房补贴政策》。试行“交地即交证”“交房即交证”新模式。落实退税减税降费6.4亿元。完成4家县属国企公司制改革。成立永阳融资担保公司，担保业务突破1亿元。深化乡村振兴“党建+金融”信用体系建设，塘前乡入选省级金融信用乡镇，莒口村等24个村入选省级金融信用村。“普惠金融平台”累计授信2亿元。入选首批省级农村产权流转交易市场建设试点，农村产权流转中心成交额突破5亿元。建立重点项目审批服务“包干代办”制，项目前期审批时限压缩至76个自然日。完善工程建设项目涉及砂石资产处置监管机制。出台《永泰县医药卫生体制改革方案》。设立高层次和紧缺急需专业人才专用编制池。永泰县的民族宗教、外事侨务、国防动员、双拥共建、退役军人服务保障和民兵预备役等工作继续加强。融媒体、科普、气象、人防、防震减灾、档案、老龄、老区、老干部、妇女儿童、青少年、工会、残疾人、慈善、红十字等各项事业健康发展。

城市品质不断提升。永泰县樟城西大道完成主体工程，东嵩公路、环山北路顺利动建。南门大桥双幅贯通，马洋大桥、溪尾大桥建成通车。三环路建设持续加快，355国道葛岭濑下至城峰蕉濑段、北江滨路旧制药厂至银场段等市政道路建成通行。龙翔大厦、龙鑫苑等老旧小区完成改造，鸿景家园等13个老旧小区实现智能化提升。温泉村改造安置房、刘岐村民住宅小区等6个安置房（地）项目建成移交。南城区便民综合市场主体竣工。樟城中心市场获评全省首批星级文明集市。旅游客运集散中心和公交总站主体封顶。生活垃圾分类实现城区全覆盖。新改建城市绿道11公里、绿地10万平方米。新建改造雨污管网10公里、供水管网5公里、燃气管网5公里，城市污水处理率达98.2%。

生态建设成效显著。永泰县入选省级林业碳中和试点县。新增造林绿化8746亩，改造低质低效和疏林地1万亩。开展松材线虫病防治，清除枯死松木3.2万株，改造林地3.9万亩。完成商品林赎买5117亩。创建3个省级森林村庄、17个绿盈乡村。赤壁云湖溪谷入选省级森林康养基地。建立“林长+”协作工作机制，成立公、检、法驻林长办联络室。常态化开展“护河爱水、清洁家园”行动，深化实施“河湖长制”，各级河湖长巡河2350次。大樟溪流域跨域保护协作机制启动运行。完成安全生态水系综合治理29.3公里、小流域水土流失治理1.5万亩。整治散乱污企业53家，清退小水电站14座。农村生活污水和城镇生活污水治理项目动工建设。大樟溪水质保持Ⅱ类标准，饮用水源水质达标率100%。

2023年是全面贯彻落实党的二十大精神的开局之年，是实施“十四五”规划的关键之年，也是永泰蓄势发力、跨越赶超的重要一年。根据县委统一部署，新一年永泰县各项工作的总体要求是：以习近平新时代中国特色社会主义思想为指导，全面学习贯彻落实党的二十大精神，按照省委十一届三次全会、市委十二届四次全会和县委十四届四次全会部署要求，以建设现代化绿色发展先行区为总目标，以“三示范三跨越”为总路径，围绕全域旅游、环境友好型工业、特色现代农业，持续构建“生态+”绿色产业体系，统筹发展和安全，奋力推动永泰县域经济高质量发展。2023年永泰县经济社会发展主要预期目标是：地区生产总值增长6.5%；一般公共预算总收入、地方一般公共预算收入分别增长17%和15%；固定资产投资增长8%；工业固定资产投资增长8.5%；规模以上工业增加值增长6.5%；社会消费品零售总额增长5%；进出口总值增长6.1%；实际利用外资1550万美元；城镇居民和农村居民人均可支配收入分别增长7%和8%。

（摘编：刘红波）

厦门市社会发展综述

2022年，厦门市坚持以习近平新时代中国特色社会主义思想为指导，深入贯彻党的十九大和十九届历次全会精神，认真学习宣传贯彻党的二十大精神，坚决贯彻落实习近平总书记重要讲话重要指示批示精神尤其是来闽考察重要讲话和致厦门经济特区建设40周年贺信重要精神，按照省第十一次党代会、省委十一届三次全会和市第十三次党代会、市委十三届四次全会部署要求，坚持稳字当头、稳中求进，全面落实疫情要防住、经济要稳住、发展要安全的重要要求，高效统筹疫情防控和经济社会发展，统筹发展和安全，着力提高效率、提升效能、提增效益，积极克服国内外各种超预期因素叠加影响，扎实做好“两稳两促”工作，经济社会保持平稳健康发展。全市地区生产总值增长4.4%；固定资产投资增长10.2%；一般公共预算总收入、地方一般公共预算收入同口径分别增长4.9%和6.6%；全体居民人均可支配收入增长5.7%；居民消费价格涨幅控制在2%以内；完成年度节能减排任务。一年来，社会事业发展的主要工作和成效是：

民生福祉持续增进。公共服务扩容提质。建成76个中小学幼儿园项目，新增学位8万个。全市高校27个学科点进入全球ESI排名前1%。新增医疗床位2800张，川大华西厦门医院试运营，北京中医药大学东直门医院厦门医院获批国家区域医疗中心试点。建成养老服务照料中心、农村幸福院、居家养老服务站、“长者食堂”633个，获评全国居家和社区基本养老服务提升行动试点地区。新增32家普惠性托育园。成功举办金鸡百花电影节、首届厦门市民文化节，歌仔戏《侨批》、电视剧《山海情》等入选全国“五个一工程”奖。新改建近邻运动场358个，举办厦门马拉松20周年活动，获得2027年亚洲田径锦标赛承办权。

社会保障力度加大。全面完成49项为民办实事项目。城镇新增就业17.7万人，在厦高校应届毕业生就业落实率达92.6%。进一步提高最低生活保障、特困人员及孤儿基本生活保障标准。竣工保障性住房1.18万套，筹集保障性租赁住房8.67万套，发放大学生住房租金补贴1.4亿元。“惠厦保”参保人数超百万，医保支付DIP改革居全国试点城市评估第一。

精神文明建设不断深化。完善文明创建常态长效机制，坚持创建为民靠民惠民，开展五大专项整治和三大重点攻坚行动，构建“大城管”治理格局，累计改造提升农贸市场85个，整治城中村电缆线20公里。深化新时代文明实践中心建设，推进“洁净家园”创建和文明交通等行动，文明新风尚进一步弘扬。

安全发展基础更加巩固。疫情防控科学精准高效。指挥体系始终激活，每日会商解决问题，因时因势调整策略。守牢全国第三大航空入境口岸，投用健康驿站，安置数占全省75%。“三公（工）一大”“大数据+网格化”机制高效运作，快准严实细处置本土病例近千例、涉疫突发事件400余起，未规模反弹、未静默管理、未层层加码，国家政策优化调整后以有力措施努力实现疫情“延迟暴发、压平波峰”，以最小代价实现最大防控效果。

风险防护网织密织牢。健全安委会组织架构和工作规则，全面落实国务院安全生产十五条硬措施，深化安全生产专项整治三年行动，安全生产形势稳定向好。强化社会治安整体防控，常态化推进扫黑除恶斗争，刑事警情下降4.75%，莲前派出所获评全国模范公安单位。排查化解金融风险，银行业不良贷款率保持全国全省低位。扎实推进“保交楼、保民生、保稳定”工作，房地产风险平稳可控。推动出台《厦门经济特区粮食安全保障规定》，全面完成粮食生产任务，“菜篮子”市长负责制考评居全国前列。获评国家食品安全示范城市，消费者满意度测评位居全国前十。

社会治理水平不断提升。推进“互联网+基层治理”建设，“近邻社区”促进社区共建共治共享案例获评全国基层治理创新典型。深化“平安社区”“无讼社区”创建，建成668个智慧安防小区，社区矛盾纠纷排查调处率达98%。完善户口迁移政策。国防动员、拥军优属等工作进一步加强，全市和六个区荣获省级双拥模范城（区）“满堂红”“五连冠”。

城市承载力辐射力日益增强。跨岛发展成效显著。岛外常住人口占全市六成以上，建成区面积、固定资产投资、规模以上工业增加值占全市七成以上，岛外新城建设全面推进，水、电、路网等基础配套更加完善，同翔高新城成为先进制造业新增长极，银城智谷等产业园区加速成型，新体育中心、新会展中心等重大公建项目进展顺利，马銮湾生态三岛等生态工程建成投用。推动实施闽西南协同发展区重大协作项目212个，年度总投资1073亿元。

重大基础设施加快建设。入选首批国家综合货运枢纽补链强链城市。厦门新机场主体工程加快推进，轨道交通3号线南延段、6号线集同段开工，6号线林华段全线洞通，福厦高铁厦门段完成铺轨，海沧疏港通道建成通车，翔安大桥成功合龙。新建改造供水管网45.1公里、雨水管网49公里、天然气管道86.9公里。市域内外五大水源实现连通。开工建设厦门数字工业计算中心，建成投用厦门鲲鹏超算中心、厦门国际互联网数据通道，5G基站累计超万个。

城市功能品质加快提升。科学划定“三区三线”。获批国家智能建设试点城市，建成城市大脑中枢平台。加快推进城市有机更新，湖滨片区、高林－金林片区等44个项目开工建设，沙坡尾等老城区功能持续提升。推动649个城乡建设品质提升项目，改造老旧小区4.97万户。推进道路交通改善项目56个，累计打通断头路25条，增开优化公交线路189条，新增公共停车泊位1.07万个。改造新建公园绿地129公顷、绿道61公里、慢行系统120.4公里，山海健康步道林海线建成投用。

乡村振兴深入推进。都市现代农业产业集群营业收入增长6.4%，4家企业入选中国农业企业500强。全力打造18条乡村振兴动线和69个试点示范村。创建13个“绿盈乡村”，全面完成农村雨污分流工程。创新薄弱村挂钩帮扶机制，新增20个集体经济年收入超过50万元的村集体。农村居民人均可支配收入总量保持全省第一。做好省内对口帮扶，启动闽宁产业园建设，厦门临夏东西部协作获评全球减贫案例。

生态环境持续改善。全域获评国家生态文明建设示范区。深化中央生态环保督察反馈问题整改，埭头溪治理经验入选全国河湖长制典型案例，入海排放口整治经验全国推广。空气质量保持全国前列，集中式饮用水水源地、主要流域国省控断面、小流域省控断面水质达标率均达100%。完成污水处理“三个一百”计划。生活垃圾分类考评连续18个季度全国第一。完成互花米草除治任务。率先全国设立海洋碳汇和农业碳汇交易平台。

2023年是全面贯彻落实党的二十大精神的开局之年。厦门市要以习近平新时代中国特色社会主义思想为指导，全面贯彻落实党的二十大精神，深入贯彻落实习近平总书记重要讲话重要指示批示精神特别是致厦门经济特区建设40周年贺信重要精神，认真贯彻落实党中央国务院决策部署以及省委、省政府和市委工作要求，坚持稳中求进工作总基调，完整、准确、全面贯彻新发展理念，积极服务和融入新发展格局，着力推动高质量发展，更好统筹疫情防控和经济社会发展，更好统筹发展和安全，坚持抢机遇、强优势、挖潜力，突出做好稳增长、稳就业、稳物价工作，推动经济运行整体好转、风险得到有效管控、社会大局保持稳定，推动经济实现质的有效提升和量的合理增长，为努力率先实现社会主义现代化开好局起好步。全市经济社会发展的主要预期目标为：地区生产总值增长6.5%，规模以上工业增加值增长11.5%，固定资产投资增长10%，一般公共预算总收入、地方一般公共预算收入均增长5.5%，社会消费品零售总额增长6.5%，外贸进出口总额增长1.5%，居民消费价格涨幅控制在3%左右，全体居民人均可支配收入与经济增长保持同步，完成国家和省下达的节能减排任务。社会事业发展要突出抓好以下几项工作：

着力保障和改善民生，打造共同富裕示范区。坚持在发展中保障和改善民生，健全公共服务体系，提高公共服务水平，不断增进民生福祉。办好人民满意的教育。坚持教育优先发展，建成46个中小学幼儿园项目，新增5.9万个学位，提高幼儿园公办率，促进基础教育优质均衡发展。健全学校家庭社会育人机制，巩固“双减”成果。支持在厦高校“双一流”建设，推动高职院校与应用型本科“3+2”贯通培养。办好老年教育和特殊教育，完善终身教育体系。建设高水平健康之城。深化国家区域医疗中心试点建设，推动马銮湾医院、环东海域医院建成投用。深化公立医院综合改革，强化公立医院公益属性，传承创新发展中医药。稳妥开展医疗服务价格改革试点，创新推进普通医用耗材集采。优化分级诊疗服务。健全公共卫生服务体系，完成疾控体制改革，更加有针对性地开展爱国卫生运动。开展全民健身活动，办好第21届市运会，发展运动时尚、竞赛表演等体育产业。完善社会保障体系。健全多层次医疗保险体系，稳步推进企业职工基本养老保险全国统筹，落实个人养老金试点工作。做好失业保险、工伤保险省级统筹工作。完善“一老一小”服务体系，推进社区和居家养老，建设一批农村幸福院和“长者食堂”，发展婴幼儿照护服务。做好残疾人工作，积极发展公益慈善事业。落实落细就业优先政策，鼓励灵活就业，保障新就业形态劳动者合法权益，做好困难群体就业兜底帮扶。深入实施收入倍增行动，探索多种渠道增加中低收入群众要素收入，多渠道增加城乡居民财产性收入。

建设生态宜居城市。加强城市整体设计和风貌管控，统筹地上地下空间开发利用。完善“三线一单”生态环境分区管控体系，推进山海廊道、湿地、湾区等生态保护修复工程，持续改善筼筜湖等水环境。推进中央、省生态环保督察反馈问题整改，深入打好污染防治攻坚战。做好生活垃圾分类全过程管理。积极稳妥推进碳达峰碳中和。建设更具韧性城市。加快构建城乡一体化交通网络，推动轨道交通第三期建设规划报批，实现4号、6号线轨通，加快推进第三东通道等跨海通道项目规划建设。深入开展道路交通综合整治。加快建设供水大水网。持续推进正本清源改造，提高污水处理能力。新建改造燃气管道，建设新型电力系统市级示范区。健全房屋安全长效管理机制。加强应急指挥和救援体系建设，全面增强城市防灾减灾救灾能力。建设新型智慧城市。加快“双千兆”城市建设，实现5G独立组网连续覆盖。高水平建设城市大脑，推动工信、商务、城市管理、市政、交通、水利等领域智慧化升级改造，逐步实现市域治理“一网统管”、政务服务“一网通办”、政务办公“一网协同”。

提升社会文明程度。积极践行社会主义核心价值观，深入实施公民道德建设工程，持续提升城市文明程度和市民文明素质。深化“爱心厦门”建设，健全志愿服务体系。着力建设社会主义文化强市，丰富人民精神世界。推进文化自信自强，加强社会主义精神文明建设，打造文化中心、艺术之城、音乐之岛，不断提升城市文化软实力。推动文化繁荣发展。深化文化体制改革，完善现代公共文化服务体系，支持地方文艺院团改革发展，推出更多新时代文艺精品。积极发展哲学社会科学、档案、地方志、文史等事业，提升新型智库建设水平。大力培育文化龙头企业，打造一批具有厦门特色的文化品牌、文化空间及文化地标，发展壮大文化产业。保护传承历史文化遗产。加强鼓浪屿世界文化遗产保护修缮和活化利用，加快历史文化街区和历史风貌区有机更新。保护利用好红色资源，传承红色基因。建好闽南文化生态保护区，活态传承非物质文化遗产，挖掘嘉庚精神时代价值，推动特色文化创造性转化、创新性发展。

（摘编：吴强）

思明区社会发展概况

2022年，思明区坚持以习近平新时代中国特色社会主义思想为指导，以学习宣传贯彻党的二十大精神为主线，深入学习贯彻习近平总书记重要讲话重要指示精神尤其是来闽考察重要讲话精神和致厦门经济特区建设40周年贺信重要精神，面对国内外各种超预期因素叠加影响，按照党中央“疫情要防住、经济要稳住、发展要安全”重要要求，高效统筹疫情防控和经济社会发展，统筹发展和安全，蝉联全省城市发展“十优区”1首位。全年地区生产总值增长5.2%；固定资产投资增长13%；财政总收入、地方一般公共预算收入同口径分别增长0.8%、7.1%；年度节能减排任务顺利完成。一年来，思明区社会事业发展的主要工作和成效是：

不遗余力惠民生，民生福祉持续改善。疫情防控科学精准。坚决落实国家和省、市优化疫情防控措施，实行“一办十六组17”联合集中办公，实施扁平化运作，“三公（工）一大”协调机制18、“大数据+网格化”排查机制高效运转，修订完善13个疫情处置工作规程，优化“采、送、检、报、流、封、转、隔”全链条机制，迅速果断处置多轮本土疫情。60至79岁、80岁以上常住人口新冠疫苗全程接种率分别达到98.27%、93.25%。

民生保障更有温度。把稳就业放在突出位置，发放各项就业补助资金4900万元。引进院校毕业生2.74万人，城镇失业人员再就业3.89万人。健全养老保障，新建阳台山、振兴社区居家养老服务照料中心，新增鹭江街道、深田社区食堂，扩充家庭养老床位1038张，思南、巡司顶社区获评全国示范性老年友好型社区。完善救助体系，发放各类惠民资金7719万元，2.1万户家庭入住保障性租赁房。积极创建全国首批未成年人保护示范区。

教育发展均衡优质。出台推进教育高质量发展三年行动方案，全面推动教育事业发展。主动应对入学高峰，提前谋划、积极争取临时用地建设高科技预制学校。大同小学岭兜校区、禾祥小学、滨海小学二期3个项目建成投用，新增学位3510个。普惠性幼儿园覆盖率达91.9%。发布“中小幼劳动教育”清单，实现课后服务“2+N”19全覆盖。成立首届特级教师工作室和名校（园）长工作室，组建13个教育共同体，打造滨海街道教育联盟，推动教育资源优化整合。

公共服务扩容提质。探索建立“近邻”健康工作机制，创建市级健康（县）区示范区。10个社区卫生服务中心回归区管，鼓励支持三级医院优质资源下沉，合作开展多病种早期筛查。新增壹果托育等6家普惠性托育园，每千人口托位数达到2.98个。深入实施文体惠民工程，开展全民健身系列活动，建成近邻运动场所106个，完成区图书馆大楼提升改造。举办鼓浪屿申遗成功五周年系列活动，鼓浪屿音乐节、钢琴音乐周、新年音乐会等品牌效应凸显。加强陈化成文物古迹、林云梯旧居保护提升，启动破狱斗争旧址周边改造，积极弘扬爱国主义和红色革命精神。国防动员、双拥共建、优抚安置工作进一步加强，民族宗教、侨务外事、档案方志、粮食安全、人防海防、防灾减灾、消防、仲裁、信访等各项工作取得新进展，妇女儿童、关心下一代、老龄、残疾人等各项事业取得新成效。

社会治理有效提升。全力以赴优环境，文明

创建扎实有效。“高标准、系统性、常态化、严要求”推进文明创建，调整充实分工机制，建立健全运行机制，梳理制定任务、流程标准，形成高效协同的闭环管理。坚持创建为民，十大专项整治提升行动10攻坚有力，规整空中缆线456万米，清理“三乱”7.1万处，改造提升乐添等5个农贸市场，拆除违建633宗，腾出违法占地8.8万平方米。坚持创建惠民，提升安平路等市政道路38条，打通蔡岭路（岭兜段）等断头路2条，新增停车泊位1057个。改造提升梅园小区等102个老旧小区，惠及2.75万户。开展前埔西路、会展南路等41条道路绿化升级，实施铁路文化公园、鸿山公园提升，完成红领巾路等10个口袋公园改造。启动“思明文明生活时尚季”，发起思明志愿联盟“1+1”行动计划等群众性创建活动万余场，福海、上李社区获评全国最美志愿服务社区。

城区生态持续改善。坚持精准治污、科学治污、依法治污，筼筜湖南、北岸片区污水“两高”建设11加快推进，完成575个小区、103条道路排水管网正本清源改造。全面落实林长制，实现东坪山等森林资源长效保护。压实河（湖）长制责任，完成演武池等小微水体治理。新建垃圾屋（亭）159座，垃圾分类在全市考评中保持领先。建成双莲池、前埔东两个低碳社区，东坪山近零碳排放示范区入选生态环境部典型案例，鼓浪屿街道获评第三届中国生态文明奖先进集体。空气质量优良率99.7%，保持全市第一。

基层治理不断提升。出台社会治理工作方案，加快构建社会治理“六位一体”12整体布局。智慧思明数据公司及运管中心挂牌运营，组建城市治理服务队伍，在全区推广“一网统管13”。“智慧近邻14”平台完成10个社区常用应用系统整合，初步实现“减时间、减材料、减跑动”目标。优化调整网格设置，规范社区工作事项清单，持续推动社区减负。围绕“党建引领、环境提升、治理创新、产业升级、文化培育”五大工程，统筹推进城中村现代化治理，黄厝社区试点形成初步规划，仙岳旧村环境整治有序推进。开展文屏山庄小区综合治理，形成示范效应。研究出台物业管理办法、业主大会和业委会指导细则，小区治理更加规范。在深田等3个社区试点城市空间整合服务15模式。近邻社区创新案例、镇海社区社会组织经验获评国家级荣誉16。

社会大局和谐稳定。安全生产专项整治三年行动顺利收官，全年整改各类安全隐患9000余项。建成区应急管理综合业务指挥平台，顺利完成第一次全国自然灾害综合风险普查阶段性工作。开展自建房及房屋安全专项整治，整治隐患277处。出台小散工程纳管实施细则，补齐安全生产监管短板。落实分层分级包保责任监管机制，筑牢食品安全防线。保持常态化扫黑除恶高压态势，打掉5个恶势力集团78人，全区刑事警情同比下降11.08%，降幅居全市首位。圆满完成重大活动、重要节点安保工作，获评全省平安县（区），滨海街道荣获“福建省平安建设先进集体”，莲前派出所被党中央、国务院授予“全国模范公安单位”荣誉称号。

2023年是贯彻党的二十大精神的开局之年，是实施“十四五”规划承上启下的关键一年，思明区唯有继续保持奋斗精神、奋发姿态，才能在新时代、新征程中奋勇前行，交出人民满意的答卷。2023年工作的总体要求是：坚持以习近平新时代中国特色社会主义思想为指导，全面贯彻落实党的二十大精神，深入贯彻落实习近平总书记对福建、厦门工作的重要讲话重要指示精神特别是致厦门经济特区建设40周年贺信重要精神，紧紧围绕统筹推进“五位一体”总体布局和协调推进“四个全面”战略布局，完整、准确、全面贯彻新发展理念，积极服务和融入新发展格局，突出“一个总体目标、两点重要要求、三项重点任务23”，牢记嘱托、践行使命，勇立潮头、勇毅前行，在努力率先实现社会主义现代化的新征程中做表率、当先锋，加快建设更加美丽富裕繁荣平安的幸福思明，为全面建成社会主义现代化强国、实现第二个百年奋斗目标作出新的贡献。全区经济社会发展的主要预期目标为：地区生产总值增长5.5%左右；财政总收入增长5.5%，固定资产投资增长10%，实际使用外资6亿美元；完成市下达的节能减排任务。

（摘编：林学军）

湖里区社会发展概况

2022年，湖里区以迎接党的二十大和学习宣传贯彻党的二十大精神为主线，坚持以习近平新时代中国特色社会主义思想为指导，全面深入贯彻习近平总书记来闽考察重要讲话精神和致厦门经济特区建设40周年贺信重要精神，按照党中央“疫情要防住、经济要稳住、发展要安全”重要要求，落实落细省委“提高效率、提升效能、提增效益”工作部署，坚定不移沿着区第九次党代会确立的发展路径，较好完成了区九届人大一次会议确定的目标任务，荣获全国工业百强区、全国义务教育优质均衡先行创建区、全省平安建设示范区、全省双拥模范城（区）、全省城市发展十优区等荣誉称号。全年实现地区生产总值1681.9亿元，增长3.3%；一般公共预算总收入280.7亿元，同口径增长16.3%，排名全市第二，其中地方一般公共预算收入55.9亿元，同口径增长15.5%，排名全市第二。一年来，湖里区社会事业发展的主要工作和成效是：

疫情防控快准严实。毫不动摇坚持“外防输入、内防反弹”总策略和“动态清零”总方针，全面激活平急转换机制，实行扁平化指挥，第一时间下发各类指令、通告、方案326份，19个工作专班分类处置，累计排查溯源数据95.6万条。分流入境旅客20.6万人次，核查进出港船舶3万艘次，检测消毒进口冷链食品6.7万吨，“全闭环”服务管控隔离对象6.3万人次。常态化设置5个24小时核酸检测点、97个常规核酸检测点，累计完成核酸检测5250.3万人次。

教育文体量质齐升。坚持教育优先发展战略，教育投入16.8亿元，入选全市唯一幼小科学衔接实验区，义务教育优质均衡发展创建通过市级复核。南山实验学校等8所高品质校园投入使用，新增学位1.62万个，普惠性幼儿园覆盖率达93.69%。新成立4个公办教育集团，在全市率先对薄弱民办校派驻执行校长。扎实推进“双减”，首创校外培训机构专职责任督学，全面规范校外培训市场环境。“校园清凉工程”“放心午餐工程”“明厨亮灶+互联网工程”义务教育阶段达到全覆盖，课后服务实现“3个100%”。文体活动更加多元，开展全区性文化活动315场，打造区级智慧体育管理服务平台，建设81个全民健身场地设施项目，新增9所学校对外开放体育场地。建成区文物保护中心，及时迁移保护文物7处，妥善修缮文物18处。

公共服务更加精准。全省首个国家中医区域医疗中心落户辖区。推进5家社区卫生服务中心管理体制改革，禾山街道社区卫生服务中心作为岛内唯一一个通过社区医院创建市级专家评审单位，区妇幼保健院上线全市首个非诊间结算信用就医系统。持续关注“一老一小”，开设老年大学西部分校，新建江头吕岭和殿前神山养老服务照料中心，实现全区58个社区居家养老服务全覆盖。每千名老人养老床位数达80张，超过全市标准1倍。新建7家普惠性托育机构，增设20家托班幼儿园，总托位数达到2664个。

民生保障持续发力。发放特困、低保、残疾人两补等各类救助3245.7万元，兑现计划生育家庭等帮扶资金超4000万元。成立“人力资源管理者联盟”，挂牌7家人才驿站，登记用工单位同比增长14.1%，在职人数同比增长6%。出台人才及重点群体住房保障17条措施，提供保障性租赁房、人才公寓超2万套，发放保障性租赁房补助及高校毕业生住房补贴2560万元。有效推动民生增进新福祉。牢牢把握“民有所呼、我有所应”，以代表、委员的建议提案为桥梁，依托“12345”平台、“金钥匙”活动，梳理、办结为民办实事项目34项。民生及社会公共事业支出占比连续10年保持60%以上。钟宅南苑、金林湾花园B区等完成返迁，推动历时10年的乌石浦改造项目启动返迁，高林－金林社区发展中心竣工。通过国家慢性病综合防控示范区复审，4家国家区域医疗中心落户。新增学校数、学位数创历史新高。每千名老人养老床位数全市第一。金安社区获“2022年全国示范性老年友好型社区”。

社会治理日益精细。常态化开展扫黑除恶专项斗争，查处全省首例旅游市场涉老诈骗案，打击恶势力犯罪集团5个，“票先生”一案经验做法被公安部肯定并推广。以围里第三网格为试点探索建立“智慧城中村”人口管理数据平台，建成智慧安防小区565个，实现现有小区全覆盖，位居全市首位。

安全基础夯实筑牢。持续开展安全生产专项整治三年行动。对城中村4.3万瓶装用户开展燃气隐患排查，在全市率先完成5488家餐饮场所100%安装远程功能燃气报警器，构建燃气智慧监管“一张网”。探索小散工程纳管“红黑榜”试点机制，全力推动全区19228部重型货车盲区预警安装，围里小型消防站投用，消防工作站实现街道全覆盖。

城区建设再上台阶。创新采用EPC＋O模式探索完整社区建设路径，推动东渡片区城市更新“投融建管运”一体化。钟宅南苑等4个安置房项目竣工验收。湿地公园TOD综合开发项目开工建设。出台城中村综合治理方案，后浦社缆线整治试点工作基本完成。编制慢行交通网络近期规划，市政道路完工13条，打通断头路6条，新增公共停车泊位3258个，建成电动自行车集中充电点1452处、充电桩（口）2.3万个，加快改造3个农贸市场，高林还建公园、石头皮山公园建设竣工，新增口袋公园10个。

城区治理数字赋能。成立智慧湖里数据公司，“城市大脑”优化升级，日均受理各类事件1753件，处置率100%，群众满意率99.8%。深化“大文明＋大城管”机制，完善网格精细化管理模式，开展四大专项整治及三大重点攻坚行动，推进416个住宅小区公共设施及环境专项整治，建立小修小补经费直达等8项保障机制，累计发现、解决问题14.7万个，电动车保有量下降20%。全省率先出台农贸市场长效管理绩效考评实施办法。拆除违建764处3.4万平方米，打造钟宅西二路省级精细化管理样板街区，综合管理考评成绩连续14个季度位列全市第一。

生态示范效应彰显。编制“十四五”生态环境保护规划。高标准推进两轮中央环保督察、国家海洋督察和省环保督察等反馈问题整改。深入开展生态环境治理，投入近10亿元推动8个片区44.4平方公里正本清源项目进入收尾，同步启动古塘垅社城中村正本清源试点工程，实现水环境功能区达标率、近岸海域水质达标率和土壤建设用地安全利用率“3个100%”，空气质量保持优良。积极落实“双碳”行动，盛德东南低碳园区提星升级，新增创建联发新天地等4个低碳社区。

2023年是全面贯彻党的二十大精神的开局之年，是实施“十四五”规划承上启下的关键一年，以实干实绩交出优异答卷，是湖里区的政治责任、时代责任、历史责任。党的二十大科学谋划了党和国家事业发展的目标任务和大政方针，形势催人奋进，征程鼓舞人心。建区三十五周年的湖里，正以格局和远见，赓续神山红色基因和精神财富，勇担特区发祥地改革开放的初心使命，再跨步再启航。关键之年，湖里区要胸怀“两个大局”、牢记“国之大者”，沿着厦门“一二三”战略规划方向，依托金砖创新基地、海丝中央法务区、全国进口贸易促进创新示范区等政策、动能、区位叠加优势，在变局中赢得先机，在发展中保持主动，为努力率先建成社会主义现代化强国的样板城市作出湖里贡献。全区经济社会发展主要预期目标为：地区生产总值增长5.5%以上，区级财政收入增长6.1%，规模以上工业产值增长10%，批发零售业销售总额增长13%。

（摘编：周华政）

集美区社会发展概况

2022年是党的二十大胜利召开之年，是进入全面建设社会主义现代化国家、向第二个百年奋斗目标进军新征程的关键之年。站在历史与未来的重要交汇点，集美区坚持以习近平新时代中国特色社会主义思想为指导，以迎接宣传贯彻党的二十大为强大动力，按照“疫情要防住、经济要稳住、发展要安全”的重要要求，全力做好“两稳一保一防”工作，不断巩固疫情防控和经济社会发展成果。2022年也是集美区承压奋进、破局突围的一年。这一年，集美区遭遇了最为严峻的新冠肺炎疫情挑战，遭遇了压力重重的宏观经济形势，遭遇了全区发展的动力转换窗口期，困难比预想的更多、更大。但是，集美人民坚持改革创新、团结奋斗，攻克了一个又一个难题，取得了较好成绩。全年地区生产总值增长3%；一般公共预算总收入、地方一般公共预算收入分别达到142.3亿元和46.1亿元；城镇居民人均可支配收入和农村居民人均可支配收入分别增长5%和8.1%。一年来，集美区社会事业发展的主要工作和成效是：

疫情防控体系精准高效。面对今年复杂多变的疫情防控形势，坚持“快、准、严、实、细”，持续优化三公（工）融合流调机制，坚持社区网格群防群控、入集关口联防联控、行业部门严防严控，坚决快速有效处置4轮本土疫情及外省市持续漫入病例，最大程度保护人民生命安全和身体健康，最大程度减少疫情对经济社会发展的影响。

社会保障更显温度。就业形势更加稳定，全区登记用工企业3.8万家，同比增长25.2%；新增就业2.7万人，现有在职人数40万人，同比增长9.2%。打造全市首个区级“青年友好城区线上校招平台”，创新开展“远鹭回歌”“城市定向探索赛”等引才宣传活动，2022届离校未就业高校毕业生就业率突破97%。做实做细社会救助，低保扩面率15.6%，暂列全市第一。率先全省将台胞纳入救助范畴。发放残疾人“两补”2311.2万元，为50户残疾人家庭实施无障碍改造。实施新一轮幸福安康险项目，惠及老年人5万余人。

教育发展更有质量。新建中小学、幼儿园项目12个，新增小学建设学位8820个、幼儿园建设学位2430个，幼儿园公办率同比提高6.3个百分点。率先全市落成家庭教育指导服务中心，实现全区中小学教室空调和LED护眼灯全覆盖。集美中学入选省首批示范性普通高中，杏南中学通过省一级达标高中复评，英村（兑山）幼儿园通过省示范性幼儿园评估验收。新招聘编内教师342名，新确认市级骨干教师及以上称号328人，组建名师发展工作室27个。新增17项省教育科学规划课题，2项抽检学科在全省义务教育艺术质量监测中分列第一和第二，在全国青少年电子信息智能创新大赛中获13项大奖。扎实推进“双减”，学科类校外培训机构压减率达87.5%，课后服务覆盖率达100%。华侨大学化学学科进入ESI全球前5‰，集美大学首次以第一单位和第一作者身份在《Science》上发表论文。

健康集美更加深入。川大华西厦门医院启动试运营，厦门医学院附属口腔医院集美院区投入使用，灌口中心卫生院通过二级医院评审，区妇幼保健院成为市妇幼保健院医联体合作医院，杏林街道社区卫生服务中心等3家基层医疗卫生机构与市儿童医院签约共建区儿科医联体。集美街道和杏滨街道社区卫生服务中心在全市综合激励考核中分列第一和第二。32家村（社区）卫生所规范化率达到100%。不断提升“一老一小”幸福指数，在3家二级以上综合医院开设老年医学科，完成45户困难老年人家庭的适老化改造；新建普惠托育机构6家、普惠托位555个，普惠率同比提升18.8个百分点，普惠性托育镇（街）覆盖率达83.3%，全市首家民营企业全资投建托育机构开园。

人文集美更具内涵。海峡两岸赛龙舟系列活动、集美·阿尔勒国际摄影季等大型文化活动成功举办，闽台关系档案文献展获中央领导肯定。全国首个区级两岸研学旅行专项奖励政策正式出台，31家研学单元获评省、市级中小学生研学实践教育基地。维纳数字艺术园开园，闽南戏曲艺术中心正式启用，改造20片群众身边全民健身场地。规范提升“十里长堤”，“集美之眼”影响力不断扩大。“全国民营经济人士理想信念教育基地”在陈嘉庚纪念馆揭牌，全省首个“5G＋VR”公安英模会客厅上线。传统纸扎技艺、后溪霞城城隍庙庙会习俗列入第七批省“非遗”名录。9处历史风貌建筑实现挂牌保护，38处不可移动文物三年集中保护修缮工作顺利收官。

城乡环境迈向精致。高标准打造精细化示范街区1个、户外广告设施设置精品路段6条。新增、改造提升园林绿地95.2公顷、公园绿地75.6公顷、绿道10.2公里、口袋公园7个，开工建设集美新城大学城带状公园，凤凰花公园、杏东公园建成开放。空气质量综合指数较去年改善3.6%，六项主要污染物浓度均达到国家二级标准，新能源公交车占比突破94%。后溪工业组团获评二星级低碳工业园区。全区水环境11个监测点水质100%达标，劣Ⅴ类断面实现清零，6处农村黑臭水体整治和78个农村污水提升治理全部完成。整治后的杏林大桥－新阳大桥岸线段焕然一新。垃圾夜间错峰直运量持续保持全市前列，岛外最大大件垃圾处理厂建成投用。

城乡治理谋求精细。创新社会治理模式，成立社会治理工作委员会，完善“一网统管”，建设“智慧集美”平台，高质量推进城乡管理向城乡治理升级。全面推行网格化管理，科学划分743个网格，新招录988名网格员，打造39个小区服务阵地、83个小区议事协商平台、145支小区服务队。制定小区治理小额“以奖代补”、居民公约等配套措施，率先全省成立小区业主服务中心。坚持党建引领城市治理，积极探索“三破三立”工作机制。成立全市首个物业行业党委，物业行业党组织数增长73.7%。苔芯志愿服务队获批全省首个台胞志愿服务队。铁腕整治“两违”，全区乱占耕地行为零新增。推进文明养犬，率先在岛外建立养犬管理信息系统。后溪镇及崎沟村、后溪村分别上榜第二批省级乡村治理示范镇、示范村。

安全生产底板持续加固。全区生产安全事故起数、死亡人数连续三年实现“双下降”，火灾起数同比下降10.4%，防汛和森林防灭火形势持续稳定。安全生产专项整治三年行动圆满收官，高层建筑、城中村、经营性自建房等重点领域综合治理扎实推进，危化品、城镇燃气、电动自行车等整治取得阶段性成效，道路交通安全综合治理五项行动正式启动。率先全市开展安全生产基础数据摸排，形成20个行业领域监管服务对象清单。

公共安全防线持续筑牢。常态化开展扫黑除恶斗争，打掉恶势力犯罪集团5个，刑事警情同比下降8.7%，每万人发生起数全市最低，八类案件破案率100%。连续三年反恐综治考评全市第一，“三级巡防”工作机制经验在全市推广。全力守护群众“舌尖上的健康”，全省首创农村集体聚餐食品安全团体标准，粮食安全首长责任制考核连续两年排名全市前列。

社会稳定大局持续向好。信访总量和信访人次分别同比下降16.5%和16.8%，群众对信访件办理满意率突破96.3%。劳动关系更加和谐，首创“党建＋无欠薪标杆项目”，劳动纠纷结案率、劳动争议调解率位居全市第一。国防动员、双拥共建、优抚安置进一步加强，军政军民团结不断巩固，实现省级双拥模范区“八连冠”。

（摘编：李哲）

海沧区社会发展概况

2022年是党的二十大胜利召开之年，是“提升本岛、跨岛发展”战略实施20周年。海沧区坚持以习近平新时代中国特色社会主义思想为指导，认真学习宣传贯彻党的二十大精神，坚决落实疫情要防住、经济要稳住、发展要安全重要要求，坚持稳字当头、稳中求进，在市委、市政府的正确领导下，高效统筹疫情防控和经济社会发展，着力提高效率、提升效能、提增效益，较好完成各项目标任务，再获国务院办公厅督查激励，入选“中国工业百强区”且位次从64位提升至51位，实现良好开局。

过去一年，海沧区上下团结奋斗、攻坚克难，积极应对国内外超预期因素冲击，有力克服去年经济指标高位运行的影响，坚持抓发展稳增长，坚持破难题增活力，坚持办实事惠民生，坚持保安全促和谐，各项工作取得新成效。1—11月，规上工业增加值增长7.5%，固定资产投资完成450亿元、增长12.5%，限上批零销售额增长31.5%，社会消费品零售总额增长7.5%，地方一般公共预算收入增长7.8%，居民人均可支配收入稳步提高，主要经济指标超过全省、全市平均水平。全年地区生产总值增长5%左右，三个经济指标有望跨越“千亿台阶”，即地区生产总值超1000亿元、规上工业产值超2000亿元、限上批零销售额超5000亿元。一年来，海沧区社会发展的主要工作和成效是：

民生事业持续改善。海沧区公共服务不断提升。坚持教育优先发展，深入实施补短扩容，7所学校建成投用、新增学位7800个；教育质量持续提升，义务教育阶段集团化办学实现全覆盖，中考学业评估值领跑岛外，高考本科上线率86.6%、较去年提高6.7个百分点；引入优质民办教育资源，与中央美术学院签约合作；沧江研学营地正式开放。健康事业再上新台阶，海沧医院入选“国家呼吸医学中心协同医院”，助力国家慢阻肺项目实施；马銮湾医院将投入试运营，长庚护理院启动建设；做强基层医疗机构，率先全市实现胸痛单元建设全覆盖。文体发展繁荣多彩，全市首个智慧体育公园投入使用，建设64处全民健身设施，举办海沧半程马拉松等品牌赛事；完成9处历史文化遗产集中修缮。

社会保障更有力度。海沧区扎实做好稳就业工作，发布岗位超10万个，重点强化高校毕业生、失业人员等群体服务，未来海岸社区获评“全国充分就业社区”。完善“一老一小”服务，新增备案3家托育机构，启动2个养老服务照料中心建设，完成区社会福利中心改造提升。加快佳芸花园等8个安置房项目进度，交付房源3263套。

稳定根基愈发坚实。海沧区疫情防控精准高效。坚持“外防输入、内防反弹”总策略和“动态清零”总方针，认真落实“快准严实细”要求，坚持以快制快、以变应变，“三公（工）一大”流调溯源等能力提升明显，快速扑灭多轮本土疫情，确保辖区人民群众生命安全和生产生活有序。疫苗接种稳步推进，持续筑牢免疫屏障。

风险化解稳妥有序。海沧区圆满完成全年重大敏感节点、特别是党的二十大期间安保维稳工作，常态化推进扫黑除恶斗争，刑事警情呈下降态势，获评“福建省平安建设示范区”。深入开展隐患排查整治，安全生产事故起数和死亡人数“双下降”。紧盯房地产、金融等领域，有效防范化解风险。国有资产盘活紧而有序，国企去库存、降负债稳步推进。

社会治理卓有成效。海沧区创新基层社区治理，通过“全国农村社区治理试验区”验收。推进矛盾纠纷多元化解，全国首创村集体负责人出庭应诉机制，“治重化积”任务化解率、执法满意率位列全市前茅。连续五届获评省级“双拥模范城（区）”。食品安全形势稳定向好。海沧区民族宗教、侨务外事、国防动员、档案方志、人防海防、防灾减灾、粮食安全等工作取得新进展，工会、共青团、妇女儿童、老龄、残疾人、红十字等事业实现新进步。

城乡品质不断提升。海沧区城中村改造力度加大。坚持系统思维，“拆、建、管”并举推进。加大拆违治乱力度，拆除违章搭盖超15万平方米。策划生成170个项目，总投资10.2亿元，有序推进基础设施及公共配套完善。强化长效管理，党员干部模范带头，群众共建共治共享氛围浓厚。精心打造“渐美样板”，探索形成“七先七后”工作经验，率先全市实现弱电强电缆线入地、告别空中“蜘蛛网”，相关工作经验全市推广。

文明创建持续加力。海沧区开展文明创建“十大提升行动”，分类分批推进农村、城市小区、农贸市场等薄弱区域改造提升，实现旧貌换新颜。创新推动文明创建与城市管理有机融合，加快“城市大脑”建设，“大城管”文明创建服务平台投入试运营，垃圾分类等工作考评位次明显攀升。引入第三方信息采集服务，健全城市管理问题“发现、归集、派单、整改、评价”的闭环机制。

乡村振兴深入实施。海沧区完成13个乡村振兴试点示范村和4条动线建设，过坂社区获评全国“一村一品”示范村。基本完成全区农村集体发展用地规划选址，“一村一发展用地”落到实处，新垵、莲花等项目竣工交付，温厝、祥露等项目有序推进。班纳利中国育种中心一期正式投产。全面完成农村生活污水治理提升工程，打造22处美丽乡村微景观，“五个美丽”建设工作经验全省推广。农民人均可支配收入增长7%，有望实现全省“十七连冠”。扎实做好与宁夏泾源县的东西部协作，推进与宁德屏南县的对口帮扶，深化闽西南协同发展，与四川绵阳经开区开展全面战略合作。

城乡面貌明显改善。海沧区推动环境添绿增彩，打造景观小品21处，新增（改造）绿地85.7万平方米。加大城市绿色空间“微更新”，建成10座高颜值“口袋公园”，完成市民公园近4万平方米的改造提升，新增林下休闲空间5处，引进“市民园长”参与管理。坚持“一把扫把扫到底”，推进城乡环境管养全覆盖，新增管养面积631万平方米，全域环境品质显著提升，群众获得感不断增强。

基础配套加速完善。海沧区新建（改造）市政道路13.9公里，滨湖路全线贯通，打通鼎山西二路等3条断头路，交通循环有效改善。提升海林二路等20条道路，完成建港路、兴港路等道路慢行系统建设，群众出行更加便利。新增路外公共停车位1389个、充电插口3105个，停车难、充电难等问题得以缓解。建成5G基站820个，实现重要区域室外信号全覆盖。

生态环境持续优化。海沧区深入打好污染防治攻坚战，减污降碳成效明显，生态环境质量公众满意度、空气质量优级率位居全市各区之首。完成正本清源改造33.5平方公里，新建（改造）污水管网10.1公里，地表水水质稳定达标。土壤环境安全可控，危险废物利用率、医疗废物无害化处理率均达100%。引导企业清洁用能，规上工业能耗同比下降10.9%。建成全国首个低值可回收物分拣中心。

2023年是全面贯彻落实党的二十大精神的开局之年，是“十四五”规划实施的中期年，做2023年工作至关重要。海沧区要完整、准确、全面贯彻新发展理念，积极服务和融入新发展格局，加快融入厦门“一二三”战略规划实施，着力推动高质量发展，更好统筹疫情防控和经济社会发展，更好统筹发展和安全，推动经济运行整体好转。海沧区经济社会发展的主要预期目标是：地区生产总值增长6%左右，规上工业增加值增长7%，固定资产投资增长7%，地方一般公共预算收入增长6%，居民人均可支配收入稳步提高。

（摘编：苏建平）

同安区社会发展概况

2022年，面对复杂严峻的经济形势和多重超预期因素影响，同安区坚持以习近平新时代中国特色社会主义思想为指导，全面落实“疫情要防住，经济要稳住，发展要安全”重要要求，高效统筹疫情防控和经济社会发展，扎实做好“两稳一保一防”工作，着力提高效率、提升效能、提增效益，经济社会保持平稳健康发展。全年实现地区生产总值705.6亿元，增长3.7%，固定资产投资增长35.8%，财政总收入、区级财政收入同口径分别增长2.3%、12.5%，城镇居民人均可支配收入增长5.0%，农村居民人均可支配收入增长7.7%。一年来，同安区社会事业发展的主要工作和成效是：

疫情防控科学精准。认真落实第九版防控方案和“二十条”“新十条”优化措施，全力做好外防输入、内防反弹各项工作，把疫情影响降到最低。完善推行“三级联防”“五包一”工作机制，深入开展“同安康”疫情防控主题实践活动，常态化疫情防控水平稳步提升。组建应急核酸采样、流调、医疗救治等49支队伍，培训核酸采样员2544名，防疫力量明显增强。有序推进疫苗接种，60岁以上老年人全程接种率达99.2%。

坚持和加强党的全面领导，始终在思想上政治上行动上同以习近平同志为核心的党中央保持高度一致。全面推进法治政府建设，扎实开展基层综合执法改革，严格执行规范性文件合法性审查。依法接受人大监督，自觉接受政协民主监督，办理人大代表建议113件、政协委员提案115件。主动公开政务信息12281条，办理12345政务热线7.3万件。坚决履行全面从严治党主体责任，严格落实意识形态工作责任制。深入开展“干部作风建设年”活动，深化纠治“四风”，压减“三公”经费11.9%。民族宗教、侨务外事、人防海防、审计、统计、气象等工作取得新进展，国防动员、优抚安置等工作得到新提升，妇女儿童、青年、老龄、残疾人、红十字、慈善事业、人口家庭等工作实现新进步。荣获省级双拥模范城“五连冠”。

坚持保民生、增福祉，人民至上理念深入践行。公共服务品质更优。超80%的一般公共预算支出投入民生领域。西湖中小学等15个学校项目竣工投用，新增学位1.2万个。“名校跨岛”加快推进，厦门实验中学新校区、市教科院附属中小学等项目全面开工。环东海域医院竣工验收，第三医院划归市管。医疗卫生体制改革持续深化，基层医疗卫生服务能力稳步提升。超前完成34处不可移动文物保护修缮，新增省、市级非遗项目8个。新改建“近邻运动场”40个。

社会保障体系更全。全力稳岗稳就业，发放稳岗资金1.4亿元，新增就业超2万人。城乡居民养老保险参保率100%，被征地人员基本养老保险参保人数全市第一。泰康之家·鹭园正式营业，8个镇级照料中心实现托管运营，42家农村幸福院完成改造提升，莲花村入选全国示范性老年友好型社区。推进10个安置房项目建设，新增安置房645套、保障性租赁住房5151套。

基层治理水平更高。全区专职网格员增至816名，网格化管理持续深化，基本实现“全科网格”全覆盖。凤祥社区获评全国最美志愿服务社区。成立全省首个“睦邻微法庭”诉非联动工作站，信访评理件化解率100%，重复信访件下降17.1%。顶村村获评全国民主法治示范村，汀溪镇、白交祠村等7个村镇入选省级乡村治理示范村镇。完成新民、西柯撤镇设街道和街道析置。

安全发展基础更牢。全面落实粮食安全党政同责和粮食安全责任制，完成粮食播种面积3.3万亩。扎实开展安全生产专项整治三年行动，排查整改安全隐患9670条。纵深推进平安同安建设，常态化开展扫黑除恶斗争，刑事警情同比前三年下降6.0%，电信网络诈骗警情下降15.6%，为群众挽回损失2110余万元，公共安全考评位居全市第二。

新城建设有力推进。聚焦以产兴城、以城聚产，“两个新城”建设提质增速，全年完成固投334亿元。同安新城开发用地面积扩至25平方公里，“三谷”产业园区加速成型，交通、教育、卫生等民生项目加快建设，“环东之眼”景观慢行工程顺利推进，市民服务中心等公建配套接踵布局。同翔高新城（同安片区）新拓产业空间4341.5亩，厦门新能安竣工试产，石墨烯产业园建成投用，海辰储能二期等21个产业项目快速推进，核心区城市配套逐步完善，产业、生活、运营等要素加速融合。

城市功能有力提升。同安进出岛通道先导段开工，轨道交通4号、6号线加快建设，新增城市道路19.2公里，打通“断头路”4条，启动运行交通微循环圈6个。新建燃气管道20.5公里、公共停车场14个、停车位1642个，新增园林绿地90公顷、慢行系统10公里。老旧小区改造、历史风貌区有机更新、城西完整社区试点稳步实施。空间利用向集约高效转变。科学划定“三区三线”，完成国土空间分区规划编制。整合提升工业集中区、轻工食品园等九大工业园区，完成10宗共2664亩产业用地挂牌出让。处置批而未供土地1431亩，盘活边角地524.5亩、低效工业用地343亩、闲置厂房5.5万平方米。总投资44.5亿元的9个零地招商项目落地，30家工业企业利用既有用地增资扩产、提容增效。宅基地“三个一”集成审批服务模式获省级通报表扬。

乡村振兴有力实施。乡村振兴热度指数综合排名连续两年位列全省前十，市级乡村振兴实绩考核获优秀等次。95个乡村振兴项目有力推进，完成“五个美丽”示范创建432处。198条农村电网完成改造，7个高效节水灌溉项目建成投用，29.7公里农村公路通过验收，入选“四好农村路”全国示范县创建单位。小型水库管理体制改革经验做法全国推广。四口圳、阳翟等集体发展用地项目开工建设。

坚持护生态、提效益，绿色发展水平不断提升。发展方式向低碳节能转变。积极稳妥推进碳达峰碳中和，完成年度节能减排任务。加快推动产业结构调整优化，严控高耗能行业产能规模。大力发展清洁低碳能源，加快厦门抽水蓄能电站建设，新增8个新能源充电停车场。环卫一体化管理持续推进，垃圾分类收集、转运处理体系不断完善。全国首个农业碳汇交易平台落地运营。环境保护向常态长效转变。获评国家生态文明建设示范区，莲花镇成功创建厦门首个省级“绿盈乡镇”。深化中央生态环保督察反馈问题整改，顺利通过省生态环保例行督察。农村污水提升治理顺利收官，完成27.3平方公里正本清源改造，新增雨污管网260公里。国、省控断面水质达标率100%，埭头溪治理入选全国河（湖）长制典型案例。开展守护蓝天专项行动，空气质量综合指数排名全市第一。森林资源管护工作经验在全省推广。

2023年，是全面贯彻落实党的二十大精神的开局之年，是实施“十四五”规划承上启下的关键之年，也是同安区全方位推进高质量发展超越的重要一年，做好各项工作意义重大。工作的总体要求是：以习近平新时代中国特色社会主义思想为指导，深入学习贯彻党的二十大精神，全面贯彻落实省委、省政府、市委市政府要求，认真落实《厦门“一二三”战略规划》，坚持稳中求进工作总基调，加快推动“四区一基地”建设，全方位推进高质量发展，奋力谱写富美新同安建设新篇章。经济社会发展的主要预期目标是：地区生产总值增长6%左右；规模以上工业总产值增长12.5%；财政总收入增长6.5%，区级财政收入增长6.6%；社会消费品零售总额增长8%；固定资产投资、城乡居民人均可支配收入增幅高于省市平均水平。

（摘编：余晓楠）

翔安区社会发展概况

2022年是党和国家历史上具有里程碑意义的一年，党的二十大胜利召开，为新时代新征程党和国家事业发展、实现第二个百年奋斗目标指明了前进方向。一年来，翔安区坚持以习近平新时代中国特色社会主义思想为指引，以迎接党的二十大召开和学习宣传贯彻党的二十大精神为主线，深入贯彻习近平总书记来闽考察重要讲话精神和致厦门经济特区建设40周年贺信重要精神，坚决落实“疫情要防住、经济要稳住、发展要安全”重要要求，高效统筹疫情防控和经济社会发展，统筹发展和安全，扎实做好“两稳一保一防”工作，较好完成了各项目标任务，荣获“全国2022高质量发展十佳城区”“全国工业百强区”“国家生态文明建设示范区”。全年地区生产总值增长6%，规上工业增加值增长9%，固定资产投资增长12.2%，财政总收入增长23.4%，区级财政收入增长20.1%，全体居民人均可支配收入增长6.1%。其中，地区生产总值、规上工业增加值、区级财政收入、其他营利性服务业、实际使用外资、城镇和农村居民人均可支配收入等7项指标增速居全市第一。一年来，社会事业发展的主要工作和成效是：

疫情防控精准有力。认真贯彻“三个坚定不移”重要要求，全流程落实科学防控措施，全方位筑牢外防输入“五道防线”，累计排查各类风险人员、车辆、船舶超30万人（辆）次。坚持以快制快、抢抓时间窗口，安全快速处置54起涉疫突发事件，牢牢守住不发生规模性疫情底线。投入2.6亿元提升常态化防控和应急处置能力，优化便民核酸采样点，疫苗全程接种率超95%、加强免疫接种率超83%，4项接种指标居全市首位，有效保障经济社会稳定发展和群众正常生活秩序。

民生优先增福祉。坚持人民至上，全面压缩非急需非刚性支出，全力稳就业保民生，全年民生支出达68.6亿元、增长12%，占全区可支配财力82%。稳岗就业取得实效。大力实施积极就业政策，及时兑现各项稳就业支持政策3600万元。健全公共服务就业体系，建成人力资源服务产业园，开展“六个走进”就业创业活动，组织线上线下招聘活动144场、项目制培训62期，应届离校未就业毕业生就业率达98%，全年城镇新增就业2.7万人、农村富余劳动力转移就业1800人，全体居民人均可支配收入增幅居全市首位。

社会保障质效提升。深入开展困难群众“漏保漏救”整治行动，新纳入困难群众对象750名，发放各类救助补助超2.6亿元、惠及群众46万人次。加强老年人、妇女儿童等弱势群体保障，有序提升改造一批养老设施、母婴室和普惠托位。多渠道保障群众住房需求，审批农村宅基地2410宗，新增保障性住房9200套，欧厝、田墘“四统房”主体封顶。

公共服务扩容提质。建成厦门大学附属翔安实验学校等36个教育项目，开办双十中学翔安校区高中部等20所学校，全国名校北京十一学校签约落地，新增各类学位2.3万个、全市最多。投用市第五医院医技科教综合楼、新发热门诊，新增病床位250张，厦大翔安医院器官移植等多学科走在全省前列，复旦儿科厦门医院、北京王琦医学研究院落户翔安；率先启用融文旅中心和“翔安旅图”服务平台，新建改造公共文体健身设施81处，新增2个省市级非遗代表性项目。

实施大治理创新求效。建立健全基层网格化

管理体系，科学划定550个网格单元并建立“五包一”机制。以“五个再造”思路启动城中村治理行动，探索形成党建引领“一强六共”等治理机制，首批9个城中村治理试点取得阶段性成效。全面规范整合村居各类专兼职人员队伍，岗位压减68%、人员精简72%、社区专职工作者大专以上学历提升至95%，优化提高“一社两非”薪资待遇和考核机制，基层治理效能明显提升。

主动创稳保平安。坚持护航党的二十大，全力防疫情、保安全、护稳定，社会大局和谐安定，获评省级“平安区”。治安维稳成效显著。深入开展常态化扫黑除恶斗争、夏季治安整治打击百日行动，打掉黑恶势力和养老诈骗团伙9个，破获刑事案件1373起，刑事警情下降6.8%，“平安三率”居全市前列。建立“平时化解、战时稳控”工作机制，大力推进“治重化积”行动，化解信访积案、重大疑难纠纷365件，教育划片、商办类地产等涉稳问题得到妥善处置。扎实做好根治欠薪工作，调解劳资纠纷案件1.3万起，追回拖欠工资、工程款1.2亿元，顺利通过国务院保障农民工工资支付工作考核。

安全基础不断夯实。巩固提升安全生产专项整治三年行动，投入8000万元完善提升各领域安全设施设备，全市首创农村自建房及小散工程“智慧纳管”模式、土方车视觉盲区预警系统、“智慧食安”监管平台，“三无船舶”实现历史性清零，安全生产、防灾减灾、食药安全形势总体平稳。荣获省双拥模范城“五连冠”。

城乡统筹优品质。翔安区坚持以高于岛内标准，大力实施城乡建设品质提升工程，接续打好环境综合整治战和污染防治攻坚战，城区形象面貌明显改善、功能品质持续提升。实施大建设补短扩容。片区开发迈入新阶段，新机场航站区、飞行区工程全面开建，航空产业启动区主体封顶，新体育中心、新会展中心即将投用，同翔高新城各项配套加速推进。乡村振兴实现新提升，累计投资12亿元的22个省市示范村、4条动线成效逐步显现，19个行政村集体经济收入超50万元；严守粮食安全底线，新建高标准农田超2800亩，粮食和重要农产品增产增效。

实施大整治美颜提质。投入1.5亿元开展文明创建“6+2+N”整治行动7，整改市容问题5.5万个，处置“两违”建筑110万平方米、违法图斑1360亩，新建改造各类公园9座、绿道步道22公里、园林绿地95公顷，全区最大综合性公园翔安中心公园开工建设。全面实施村容村貌专项整治，下大力气解决渣土占地、垃圾堆杂等“老大难”问题，建成“五个美丽”8示范点210处，清整4000亩空地用于建设停车场等惠民设施，75个村庄环境面貌焕然一新。投入4.5亿元实施小光山矿区复绿、互花米草除治等153个环境治理项目，配合完成省生态环保例行督察，空气质量优良率98.3%，地表水功能区达标率100%，近岸海域一类水质居全省沿海县区前列；深化生态体制改革，率先启动小微企业危险废物收集转运试点，“智慧环保+工作地图”模式入选全国数字政府建设优秀案例。

（摘编：林学军）

漳州市社会发展综述

2022年是党的二十大胜利召开之年。在以习近平同志为核心的党中央坚强领导下，在省委和省政府以及市委的正确领导下，漳州全市人民团结拼搏、迎难而上，坚决落实“疫情要防住、经济要稳住、发展要安全”重要要求，坚持稳中求进工作总基调，聚焦提高效率、提升效能、提增效益，全方位推进高质量发展。全市地区生产总值5706.58亿元、增长6.9%，一般公共预算总收入（同口径）341.03亿元、增长8.3%，地方一般公共预算收入（同口径）250.6亿元、增长16.7%，规模工业增加值增长10.2%，固定资产投资增长10.1%，社会消费品零售总额增长5.5%，出口总额增长17.8%，城镇居民、农村居民人均可支配收入分别增长7.1%、9.4%，居民消费价格指数（市辖区）上涨1.6%，完成年度节能减排任务，顺利完成市第十七届人大一次会议、市十七届人大常委会第十次会议确定的目标任务。一年来，社会事业发展的主要工作和成效是：

抓防控、战疫情，抗疫斗争有力有效。坚持人民至上、生命至上，因时因势调整疫情防控措施。坚决打好阻击战歼灭战，严格落实“快准严实细”要求，压实“四方”责任，构建提级指挥、上下融合、扁平高效、集成作战的指挥调度体系，落实“三公（工）一大”融合协同机制；组建64支流调队伍，日核酸检测能力提升至27.2万份；加快构建免疫屏障，全市累计接种疫苗1268.1万人次；抓好27类重点人群“应检尽检”以及重点场所常态化防控，加强海上疫情防控，成功阻断歼灭18条疫情传播链，最大程度保护了人民生命安全和身体健康，最大限度减少了疫情对经济社会发展的影响。防控政策优化后，把防疫重心从防控感染转向医疗救治，突出保健康、防重症，重点抓好老年人和基础性疾病群体疫情防控，全力加快医疗救治资源建设、推进老年人疫苗接种、保障群众就医用药，全市应设尽设发热门诊（诊室）172家，19家方舱医院设8000张床位。

抓实事、惠民生，群众福祉更多更好。全面完成30个为民办实事项目，财政民生支出达79.3%。出台稳岗稳工系列政策，城镇新增就业45178人。加大对困难群众的救助，发放救助补助资金9.4亿元。开工建设漳州一中古雷分校、漳州三中龙文校区等教育项目，新增幼儿园学位4700个、中小学学位1.1万个，公办幼儿园在园幼儿占比提高到62.5%。新建19家省级普惠性托育园，新增普惠性托位1370个。推进41个重点医疗卫生项目建设，新增医疗床位500张、卫技人员1021人，市医院总部院区正式开诊，片仔癀名医馆开馆运营。建设10个区域性养老服务中心和35个长者食堂，完成2100户特殊困难老年人家庭适老化改造。建设22个公益性“生命公园”。开展“一月一主题、文化进万家”活动，启动“用闽南文化点亮千年漳州古城”行动计划，持续打响“福”文化品牌。组织203场（次）全民健身赛事活动，第十七届省运会取得金牌数和总分全省第四的历史性佳绩。

抓改革、扩开放，体制机制创新创先。实施290项营商环境提升改革创新举措，进驻省网上办事大厅事项数6万项，推行“房地分离”“安商一体化”“拿地即开工”，政务服务非常满意率保持全省前列，城市信用排名稳定在全国30位左右。率先开展“林业地票”试点，南靖县发放全国首张林业地票、完成全国首单农田碳汇试点项目交易，华安县入选全国2022年农村综合性改革试点试验名单。成立全市财税工作领导小组，建立健全财税常态化联动机制。全面调整优化市属国有企业结构布局，形成“10+3”架构，5家国企获得AA^+以上信用评级。

实施城市建设品质提升“五大工程”，扎实推动“完整社区”建设，改造老旧小区227个，新增城市公共停车泊位5356个、公园绿地94公顷、口袋公园83个，入选全国第二批海绵城市建设示范城市。新开工保障性安居工程8018套，新建成10472套。中心城区7800套住房不动产权登记历史遗留问题得到解决。

全国文明城市创建工作巩固提升，常态化、长效化机制建立健全。推进819个乡村振兴试点示范项目，打造36条乡村振兴“串点连线成片”线路；加快发展11个乡村特色产业，推广129个优新品种，培育1个国家级“一村一品”示范村（镇）、28个省级示范村，打造2个全国乡村特色产业十亿元镇，新增115家市级以上农业龙头企业；推进农村建设品质提升行动，新建乡镇污水管网219公里，新建改造农村公路646.7公里，实现农村水冲式卫生厕所全覆盖，村庄规划编制、现有裸房整治等工作成效居全省前列。

2023年是全面贯彻落实党的二十大精神的开局之年。漳州市要以习近平新时代中国特色社会主义思想为指导，全面贯彻落实党的二十大精神，紧扣“四个更大”重要要求，坚持稳中求进工作总基调，完整、准确、全面贯彻新发展理念，服务和融入新发展格局，全方位推进高质量发展，更好统筹疫情防控和经济社会发展，更好统筹发展和安全，全面深化改革开放，大力提振市场信心，把实施扩大内需战略同深化供给侧结构性改革有机结合起来，深入开展“产业发展项目建设提升年”活动，突出做好稳增长、稳就业、稳物价工作，有效防范化解重大风险，推动经济实现质的有效提升和量的合理增长，推动建设现代化滨海城市取得新进展新成效，全力打造全省高质量发展新的重要增长极。主要预期目标是：地区生产总值增长6.5%，一般公共预算总收入增长7.5%，地方一般公共预算收入增长6%，规模工业增加值增长8.6%，固定资产投资增长7.5%，社会消费品零售总额增长10%，出口总额增长8%，城镇居民、农村居民人均可支配收入分别增长7%、8%，居民消费价格指数（市辖区）涨幅控制在3%左右，完成节能减排任务。新的一年，社会事业发展主要抓好以下几项工作：

办好公平优质教育。漳州高质量发展的根基在教育，要把强教育才之基筑得更牢。深化教育领域综合改革，推广名校集团化办学模式，推进体教深度融合、智商情商逆商同步培养。实施学前教育质量提升行动计划，推动学前教育普及普惠发展。建设城乡紧密型教育共同体，培育百所“老百姓家门口优质初中学校”，推动义务教育优质均衡发展。大力实施县（区）一中振兴工程，推动普通高中多样特色发展。加快漳州职业技术学院古雷校区、城市职业学院高新校区建设，支持闽南师范大学拓展扩容、漳州职业技术学院等院校“创本”。支持和规范民办教育发展。扩大优质资源供给，加快40个重点教育项目建设，新增义务教育学位4000个、公办幼儿园学位2100个。加强师德师风建设，实施名师名校长培养工程，建设高素质专业化创新型教师队伍。

加快建设人才强市。漳州高质量发展的关键在人才，要把招贤引才之门敞得更开。深入实施“万才聚漳”行动计划，着力破解高级人才引进建档难、名校长名教师返聘难等堵点问题，建立高层次专业技术人才编制和高级职称周转池，大力引育高层次科技人才和高水平创新创业团队。加强“双创之星”“首席科技官”“青年人才优秀创业项目”等培育选拔，持续拓展新农人“双百双万”素质提升工程，深入开展大学生实习“扬帆计划”，推动青年发展型城市建设。建立健全“校长库”“医院院长库”，组建首批国务院政府特殊津贴专家工作室。加快建设漳州人才酒店公寓，营造近悦远来的引才留才环境。

加快绿色低碳发展。推动经济社会发展绿色转型，协同推进降碳、减污、扩绿、增长，建设生态漳州、富美漳州。深化运用EOD模式，推动产业园区、“高能耗”行业绿色化升级，实施开发区循环化改造，降低园区单位能耗水平。落实排污权交易，探索实施碳排放权、用水权等资源环境权益交易。加强资源节约集约循环利用，倡导绿色低碳生活方式，提高生活垃圾分类覆盖面和准确率。

强化污染防治攻坚。持续推进中央和省级环保督察反馈问题整改，确保如期交账销号。深入实施蓝天工程，强化PM_ 2.5、二氧化氮和臭氧协同治理，抓好工地扬尘等重点领域整治，切实提升空气环境质量。深入实施碧水工程，排查整治各类污染，有效削减入河污染物排放总量，确保县级以上饮用水源地、农村“千吨万人”水源Ⅰ~Ⅲ类水质比例保持100%。深入实施碧海工程，推进近岸海域污染防治工程，加强入海排污口排查整治，加大海漂垃圾常态化清理力度。深入实施净土工程，落实农用地和建设用地土壤污染防治，加强危险废物全过程信息化管理，确保重点建设用地安全利用率95%以上。

提高生态系统质量。坚持山水林田湖草沙一体化保护和系统治理，统筹推进美丽城市、美丽乡村、美丽河湖、美丽海湾、美丽园区建设，加快推进九龙江、鹿溪、南溪等重要流域生态系统保护和修复，抓好东山八尺门海域、长泰吴田山、九龙江口和漳江口红树林湿地等生态修复。严格落实“三线一单”，严控“两高”产业布局，推动生态系统保护一体化。深化国土绿化美化、森林质量提升等行动，加强水土流失治理，筑牢生态安全屏障。实施江河湖库连通工程，加快九龙江南引工程、漳浦朝阳水库、平和官峰水库等重点水利工程建设，规划建设一批地面库。健全生态环境损害赔偿、多元化生态补偿制度体系，巩固提升漳州绿色生态优势。

多渠道促增收。强化就业优先政策，建立全市企业用工与人才需求信息库，搭建线上灵活就业公共服务平台。加快零工市场和就业驿站建设，优化创业扶持政策，加大职业技能培训力度，促进大学生等重点群体就业，加强困难群体就业帮扶，城镇新增就业4万人以上。突出提低、扩中、调高“三轮驱动”，实施重点群体增收计划，增加低收入者收入，壮大中等收入群体。

多维度优保障。认真落实新阶段疫情防控各项举措，着力保健康、防重症，进一步强化医疗资源储备、分级分类救治、就医用药保障，继续加快60岁以上老年人等重点人群疫苗接种，确保顺利渡过流行期。紧盯教育医疗等民生所需、一老一小等民生所急、品质生活等民生所好，实施45项为民办实事项目。坚持应保尽保，深入实施全民参保计划，促进多层次医疗保障有序衔接，健全分层分类的社会救助体系。加快增加“托位”，争创第二批全国婴幼儿照护服务示范城市，主城区新增0—3岁普惠性托位2000个。有效拓展“床位”，实施32个医疗卫生重点项目，力促市中医院新院区、市第二中医院新院区、第四医院扩建项目开工，推动市医院总部院区全面开诊，加快名医馆建设，激励名医入漳，推进疾控中心标准化建设，提高县级医院医疗卫生服务能力；在龙文、东山探索“全生命周期”健康管理；完善生育支持体系，积极应对人口老龄化少子化。开展“养老服务质量提升年”专项行动，推进省医养结合综合试点工作，鼓励社会力量兴办养老机构，扩大居家养老适老化改造覆盖面，新增养老床位1000张以上，养老机构护理型床位占比60%以上。优化配置“餐位”，合理选点布局城市餐厅，推动新建小区同步配套建设，新增10个以上城市餐厅。建设一批“园位”，新开工200个公益性“生命公园”。

推动文化惠民项目化，深入实施“用闽南文化点亮千年漳州古城”行动计划，举办“闽南文化节”、闽南（漳州）革命历史展览，规划建设开漳圣王文化园，改造提升县区博物馆，鼓励社会力量兴办各类博物馆，推动市图书馆新馆和中国女排精神展示馆开馆；实施文化振兴行动，加大文化遗产保护力度，擦亮漳州海洋文化名片；以迎接创建全国文明城市总评年为契机，推进各领域文明创建，提高全社会文明程度。加强体育惠民，抓好一批智慧体育公园、游泳健身场地建设，组织开展不少于150场全民健身赛事活动。加强住房惠民，建设6578套棚改安置房、1400套以上保障性租赁住房，解决好新市民、青年人等住房问题。

（摘编：沈光明）

芗城区社会发展概况

2022年是党的二十大召开之年，是实施“十四五”规划的深化之年，也是本届政府依法履职的开局之年。一年来，芗城区坚持以习近平新时代中国特色社会主义思想为指引，认真开展迎接党的二十大召开和学习宣传贯彻党的二十大精神各项工作，坚决落实“疫情要防住、经济要稳住、发展要安全”重要要求，深入推进“产业发展项目建设攻坚年”活动和“七比一看”竞赛，按照区第九次党代会的决策部署，统筹抓好疫情防控和经济社会发展，有力战胜一系列风险挑战，较好完成了区十届人大一次会议确定的各项目标任务。全年实现地区生产总值867亿元，增长8%以上；农林牧渔业总产值25亿元，增长6%；规模工业总产值（不含电力）972亿元，增长10%以上，规模工业增加值（不含电力）增长9.7%以上；固定资产投资310亿元，增长15.2%；一般公共预算总收入32.15亿元，同口径增长3%；地方一般公共预算收入19.21亿元，同口径增长7%；实际利用外资完成1300万美元，增长11.6%；外贸进出口115.8亿元，增长5%；社会消费品零售总额323亿元，增长6%；城镇居民人均可支配收入52276元，增长7.2%，农村居民人均可支配收入25945元，增长10%。节能减排降碳各项任务有序推进。一年来，社会事业发展的主要工作和成效是：

办实事增福祉，民生保障更加有力。围绕群众急难愁盼，用心用情用力保障和改善民生。突出扩供给，稳步推进32项为民办实事项目，竣工投用8所中小学和幼儿园，新增学位6825个；改扩建7所基层医疗卫生机构，市人民医院门诊综合楼、公共卫生应急处置中心和区妇幼保健院等项目主体完工；新建3所长者食堂，通北、西桥街道养老服务照料中心投入社会化运营；改造提升文化馆、青少年校外体育活动中心、许地山纪念馆等一批文化活动场所，区档案馆新馆建成投用，民生供给内容不断丰富。

突出提品质，教育“双减”等综合改革深入推进，核减校外培训机构92家，核减率78%；推动21所城乡中学、幼儿园成立3个办学（园）集团，初步实现优质教育资源互通共享；建设“5G＋智慧急救平台”，推动公立医院检查检验结果互认，形成省、市、区三级医疗机构高效协同救治体系；未成年人保护工作扎实推进，在全市率先开展全国未成年人保护示范区创建。

突出兜底线，实施稳企稳岗行动，发放各类稳就业补贴2313万元，城镇新增就业1.02万人；加强困难群体兜底，落实各类救助保障资金4995万元；强化安居保障，11个商品房项目4318套房产历史遗留办证难题实现清零，西湖、团结北庙片区6700套安置房交付使用，铁塘、金安片区2750套安置房完成建设，2569户公租房轮候对象全部实现销号。

转作风提效能，自身建设不断加强。落实全面从严治党主体责任，严格执行中央八项规定及其实施细则精神和省市实施办法，精打细算过紧日子，“三公”经费支出持续下降。组织修订《区政府工作规则》，扎实开展干部作风“五不”问题专项整治，畅通“能上能下”渠道，干部干事创业精气神得到激扬提振。坚决扛起政治责任，从严从实抓好经济责任、自然资源资产审计反馈问题整改。自觉接受区人大、区政协和社会舆论监督，认真听取区政协专题议政性常委会意见，办理人大议案建议70件、政协提案55件，办复率、满意率均为100%。国防动员、退役军人事务等工作扎实开展，机构编制、史志研究、保密、物价、供销、档案、慈善、老龄、残疾人、工青妇、红十字、科协、计生协、台港澳侨、民族宗教等各项事业也取得新成效。

优功能提品质，城乡建设齐头并进。基础配套提档升级，芗城区加快百里弦歌片区、漳州古城历史文化街区更新步伐，接续完成104个老旧小区、259个背街小巷点位改造修复；新改建钟法路、胜利西路等15条市政道路，施划智慧停车位5000余个，新增口袋公园23个；九龙公园地下停车场、龙文塔遗址公园建成投用，西湖生态园景观核心区将于元旦开园，群众对城市功能的期盼得到有效满足。

城市管理更加精细，芗城区深入推进“一支队伍管执法”，推动行政执法“攥指成拳”；扛稳扛牢创城“主战场”责任，查处违反“门前三包”问题2.8万起、车辆违停19万起，整治农村裸房1377栋、空中缆线1.2万处，处置“两违”面积60万平方米；巩固提升芝山街道生活垃圾分类省级示范片区创建成果，新建生态垃圾屋（亭）72座，天宝镇试点推进全域垃圾分类，城市形象得到显著提升，获评全省村庄清洁行动成效突出区，并顺利通过中央文明办复查验收。乡村振兴全面推进，完成24个村庄规划编制，改造提升天宝、浦南乡村振兴精品示范线路，白南线、泰浦路完成改造并顺利通车，石鼓山亲子乐园、墨溪智慧农业等项目有序推进，浦南10公里芗野漫道初具规模；持续稳固脱贫基础，脱贫村村集体收入均超过20万元，脱贫劳动力就业率达97.9%，内生发展动力明显增强，迈向更高质量脱贫。

生态环境持续改善，国省控断面和饮用水源地水质全部达标，空气综合指数同比改善8.4%；开工建设西区污水处理厂三期项目，完工30个涉气企业改造治理项目，金峰电镀厂、龙溪轴承厂污染地修复治理项目顺利完成。

突出优治理，扎实开展信访“治重化积”、养老诈骗打击整治等专项行动，全省毒品问题预警通告地区顺利摘帽，芗城公安分局获评“全国优秀公安局”，南台社区、珠里社区入选“全国民主法治示范社区”，漳州古城立体巡防体系在《人民日报》上刊发推广；深入推进安全生产专项整治三年行动，辖区安全生产四项指数全面下降，田寮村入选“全国综合减灾示范社区”；坚持以快制快处置疫情，调整优化各项防控措施，交出大战大考合格答卷；扛稳粮食安全政治责任，军粮仓储物流中心项目建设稳步推进，整治土地卫片违法图斑1115亩，整改森林图斑问题192个，耕地“非农化”“非粮化”初步得到遏制；加快创建食品安全城市，推动漳州古城创建省级食品安全示范街；大力弘扬拥军优属、拥政爱民光荣传统，实现省级“双拥模范城”八连冠。

2023年是全面贯彻落实党的二十大精神的开局之年，开好局、起好步至关重要。芗城区要坚持以习近平新时代中国特色社会主义思想为指导，全面贯彻落实党的二十大精神，认真落实习近平总书记对福建工作的重要讲话重要指示精神，坚持稳中求进工作总基调，立足新发展阶段，完整、准确、全面贯彻新发展理念，服务和融入新发展格局，更好统筹疫情防控和经济社会发展，更好统筹发展和安全，加快建设现代化产业体系，全面深化改革开放，大力提振市场信心，突出做好稳增长、稳就业、稳物价工作，加强生态文明建设，持续保障和改善民生，有效防范化解重大风险，全方位推进高质量发展，加快建设高品质中心城区，努力在漳州建设现代化滨海城市征程中贡献芗城力量。全区经济社会发展的主要预期目标为：全区地区生产总值增长7.5%左右；农林牧渔业总产值增长5%左右；规模工业总产值增长10%左右；规模工业增加值增长9.7%左右；固定资产投资增长8%左右；一般公共预算总收入增长7%左右，地方一般公共预算收入增长5%左右；实际利用外资完成1400万美元左右；外贸进出口增长6%左右；社会消费品零售总额增长6.6%左右；城镇居民人均可支配收入增长7.2%左右，农村居民人均可支配收入增长9%左右；完成年度节能减排降碳任务。

（摘编：赵旭东）

龙文区社会发展概况

2022 年是龙文发展史上值得铭记的一年。这一年大事多喜事多，党的二十大胜利召开，又恰逢龙文建区 25 周年、蓝田开发区成立 30 周年；这一年困难多挑战多，疫情反复、经济下行、房地产低迷等多种不利因素叠加出现，给龙文经济社会发展带来了巨大冲击，对企业生产、群众生活造成了深刻影响。狭路相逢勇者胜，越是艰险越向前。这一年，在市委市政府的坚强领导下，龙文区坚持以习近平新时代中国特色社会主义思想为指导，认真贯彻落实党的十九大、十九届历次全会和二十大精神，按照“疫情要防住、经济要稳住、发展要安全”重要要求，坚持稳字当头、稳中求进，高效统筹疫情防控和经济社会发展，统筹发展和安全，以开展“产业发展项目建设攻坚年”活动为抓手，众志成城，砥砺前行，推动经济运行回归合理区间，顺利完成各项年度目标任务，社会大局保持安定稳定，成功入选 2022 年度福建省城市发展“十优”区。龙文区全年地区生产总值突破 400 亿元，增长 6.5%；一般公共预算总收入 21.36 亿元，同口径增长 5%；一般公共预算收入 15.6 亿元，同口径增长 14.7%。一年来，龙文区社会事业发展的主要工作和成效是：

突出完善机制，以快制快战疫情，守护了百姓安康生命线。“3·17”本土疫情发生后，龙文区第一时间激活应急指挥体系，成立 12 个工作专班，实行“双指挥长、双会商、双挂钩、双督导”作战机制，扁平化运转，高效率运转，5 天实现社会面“动态清零”，以最短时间、最小代价打赢了疫情防控阻击战。随后，及时复盘总结，立足“早发现、快处置、主动防”，紧盯数据排查重点，开发“龙文区疫情防控信息流转”“核检实时通”信息平台，形成“大数据 + 网格化”工作闭环；压紧压实“四方责任”，强化核酸检测、流调溯源、转运隔离、物资储备等能力建设，优化追阳断链、社区管控等工作。全面提升各类人群接种率，有效守住了基层战“疫”防线。

突出为民惠民，主动作为办实事，增强了人民群众获得感。龙文区 34 个为民办实事项目年度任务全面完成，民生支出占财政支出 80% 以上。坚持就业优先战略，开展“服务企业、服务就业”行动，选派 85 名干部担任“就业网格员”，在福建省率先创建“零工服务中心”“社区零工服务驿站”。1—11 月，龙文区城镇新增就业 7464 人。坚决兜牢各类困难群众民生底线，居民最低生活保障和特困人员救助供养标准漳州市最高。

大力发展教育医疗，龙文区 4 所学校（含幼儿园）建成投用，新增学位 3330 个，漳州三中龙文校区和通源、龙溪“九年一贯制”学校等 5 个教育项目加快建设，公办幼儿园占比 53.02%，普惠性学前教育覆盖率 85.96%；统筹用活教师编制，招考 300 名编内教师，进一步充实师资力量。区教师进修学校通过省级标准化教师进修学校评估验收。新设立碧湖、蓝田街道社区卫生服务中心，改造公办卫生所（站）3 个，新申报省级卫生村（社区）46 个，在漳州市率先实现基层中医馆全覆盖。

扩大养老服务范围，在漳州市率先探索推行“线上 + 线下”医养结合服务，构建“以居家养老为基础、社区养老为依托、机构养老为补充”的多元养老服务体系；新建成投用 8 个“长者食堂”、1 个养老服务照料中心、2 个社区居家养老服务站，完成部分社区及 609 户困难老年人家庭

“适老化”改造，福隆社区获评“2022年全国示范性老年友好型社区”。

保持社会和谐安定，以安全生产专项整治三年行动为抓手，强化隐患排查整治，通过省政府安全生产考核。龙文区严厉打击各类违法犯罪，推动信访“治重化积”，荣获福建省平安建设示范区。坚持“新官理旧账”，推动物流城、华美达等历史遗留问题解决。扛牢粮食安全政治责任，严守耕地保护“红线”。深化“立体创城、爱我龙文”常态化创城活动，引领社会文明和谐新风尚。创新城市社区治理模式，成为省级社区治理和服务创新实验区。持续强化金融风险防控，不良贷款率降至0.49%。

突出有机更新，提升品质促融合，绘出了城乡建设高颜值，功能配套日趋完善。龙文区高起点推进北溪“一江两岸”、龙江新城等城市设计及云洞岩风景名胜区等规划提升，策划檀林、新社、东屿、浦口、建元等片区开发，推动324国道改线、云洞岩步道等项目落地开工，推动海绵城市等项目落地龙文。实施112个城乡品质提升项目、178个中心城区提升项目，完成5条道路、28条背街小巷、7条农村公路改造提升。建成投用21个“口袋公园”，新建改造绿地68亩，新增公共停车位3607个。

乡村振兴升级提档。龙文区实施乡村振兴20个“串点连线成片”项目建设，完成7个村庄生活污水治理设施建设及验收，整治既有裸房239栋，创建6个“绿盈乡村”，村庄清洁行动典型案例获省农业农村厅印发推广。推进口社农旅体验园等6个“一村一品”特色项目，打造扶摇、口社等文旅农旅融合特色样板村。郭坑镇“五和联创”乡村治理积分制做法获漳州市推广，桥头、口社获评2022年度省级乡村治理示范村。“福建龙文：优化公共服务　擦亮乡村幸福底色”短视频入选农业农村部“农村公共服务十年建设成果小视频”优秀作品展。“陈淳传说”成功入选省级非遗项目名录，新增10个区级非遗项目、6位非遗传承人。

生态环保扎实推进。制定实施《龙文区国家生态文明建设示范区规划（2021—2025）》，深化“水气土”系统治理，严格落实“三线一单”硬约束，扎实推进山水林田湖草沙一体化保护和修复项目，整改完成省生态环保督察交办信访件18件，九十九湾入选福建省首批河湖文化遗产名录。北溪、西溪流域断面水质均达到Ⅲ类水质考核目标，集中式饮用水源地水质达标率100%。1—11月，龙文区空气质量综合指数改善幅度位居福建省第8。创建首批省级生活垃圾分类示范区，生活垃圾分类考评漳州市第一，碧湖街道“五建五抓”经验做法被国家机关事务管理局评为2021—2022年度公共机构能源资源节约优秀示范案例。

2023年是全面贯彻落实党的二十大精神的开局之年，也是龙文区加快建设高质量发展先行区的关键一年。龙文区要以习近平新时代中国特色社会主义思想为指导，全面贯彻落实党的二十大精神，深入落实省委十一届三次全会、市委十二届四次全会、区委六届四次全会精神，坚持稳中求进工作总基调，完整、准确、全面贯彻新发展理念，加快构建新发展格局，更好统筹疫情防控和经济社会发展，更好统筹发展和安全，紧扣“四个更大”重要要求，深入开展“产业发展项目建设提升年”活动，扎实推进全国第五次经济普查，着力加快建设现代化经济体系，着力深化改革扩大开放，着力推进城乡协调发展，着力加强生态文明建设，着力探索对台融合发展新路，着力提升人民生活品质，踔厉奋发，勇毅前行，全方位推进高质量发展，奋力谱写现代化滨海城市建设和中国式现代化龙文篇章。全区国民经济和社会发展的主要预期目标是：龙文区地区生产总值增长7%左右；规模工业总产值增长10%；一般公共预算总收入增长5%，一般公共预算收入增长3%；固定资产投资增长7.5%；社会消费品零售总额增长9%；城镇居民人均可支配收入增长8%；农村居民人均可支配收入增长8%。

（摘编：张捷）

龙海区社会发展概况

2022年，面对新冠疫情的严重影响和经济下行的不利形势，龙海区坚持以习近平新时代中国特色社会主义思想为指导，深入贯彻党的十九大及历次全会、党的二十大精神，全面落实“疫情要防住、经济要稳住、发展要安全”重要要求，坚持稳中求进工作总基调，坚决扛起“两稳一保一防”工作责任，认真落实省委“三提三效”行动部署，扎实开展“产业发展项目建设攻坚年”活动和“七比一看”竞赛，较好完成了年初确定的各项目标任务，全区经济社会运行保持稳健态势。全年完成地区生产总值709.6亿元，增长6.9%；规模工业总产值872.7亿元、增长9.3%，规模工业增加值增长9%；农林牧渔业总产值109.6亿元，增长5.5%；固定资产投资182.6亿元，增长15%；一般公共预算总收入34.03亿元，增长6%；地方一般公共预算收入24.52亿元，增长30.85%；外贸进出口40亿元，增长15.77%；社会消费品零售总额180.8亿元，增长6.1%；城镇和农村居民人均可支配收入分别达到47880元和26919元，增长7%和9%。一年来，龙海区社会事业发展的主要工作和成效是：

注重抗疫情、防风险，社会发展更加安全。坚持以人民安全为宗旨，统筹发展和安全，守住不发生系统性风险底线。众志成城防抗新冠疫情。坚持“外防输入、内防反弹”，建立健全疫情防控应急指挥系统，充分调动各方资源，科学调度、精准防控，紧紧依靠全区人民力量，铸造龙海抗击疫情铁的防线，全区未发生聚集性疫情，最大程度保护人民生命安全和身体健康，最大限度减少疫情对龙海经济社会发展的影响。

注重办实事、惠民生，各项事业齐头并进。坚持优先保障民生，全年民生支出占一般公共预算支出80%以上，28个为民办实事项目超额完成年度投资计划。教育事业优先发展。成立奖教助学促进会，筹集资金1120万元，发放奖教助学金138万元，新增省特级教师1人、市级优秀教师83人，尊师重教正向激励得到加强。十二年一贯制的龙海一中南太武学校正式启用，区直机关幼儿园等15个教育项目竣工投用，新增学位7230个。

医疗服务日益提升。市第二医院三期项目加快建设，城市核酸检测基地投入使用，榜山卫生院通过省级社区医院建设验收，紫泥卫生院入选“省精品中医馆”，海澄、港尾卫生院新院区竣工验收，双第中医馆建成投用，全区医疗服务能力经受住新冠疫情历史考验。社会保障更加充分。加强低保户、孤儿及残疾人、库区移民、退役军人等重点群体保障，开展低收入群体就业帮扶，落实各类补助保障资金6750万元，新增城镇就业人数4580人，最低生活保障标准从每月659元提高到815元。卓岐村获评“2022年全国示范性老年友好型社区”。

深入学习贯彻习近平新时代中国特色社会主义思想，认真落实全面从严治党主体责任，严格执行中央八项规定及其实施细则精神，自觉接受人大、政协和社会各界监督，政府机关效能进一步提高，人大代表建议、政协委员提案办结率100%，政府决策法治化、民主化、科学化水平不断提升，干部干事创业精气神更加饱满。妇女儿童、青少年、残疾人、退役军人、国防动员、双拥共建、红十字会、工会、外事、海防、新闻、档案、物价、气象、防震减灾等工作取得新成效，老区苏区、山海协作、援藏援疆援宁工作扎实开展。

注重共创建、提品质，城乡面貌焕然一新。坚持城乡统筹，全面对接漳州城区标准，同步推进新区建设和老区改造，为群众创造宜居生活圈。城市开发步伐加快。实施城市建设品质提升项目97个、完成投资34.9亿元，“四馆一中心”整体落成，芦州大道二期等6条城市道路竣工通车，后港棚户区改造二期、云都人防工程、城市污水处理厂二期等项目相继建成，省道219零林至翠林段提升改造工程加快建设。创城工作纵深推进。

全民发动、全域启动，掀起全国文明城市创建新热潮。建立健全领导干部挂钩、志愿者服务、门前三包等常态化共建机制，启动23个老旧小区改造和智慧停车项目，新增城市口袋公园5个、公共停车位450个，铺设供水、供气和雨污管网53.5公里，市容市貌明显改观，群众获得感明显提高。

乡村振兴全面铺开。大力实施乡村振兴发展战略，深化建设省级乡村振兴特色乡镇1个、试点村15个、实绩突出村2个，优化调整乡村振兴“串点连线成片”路线3条，清理乱占耕地建房及各类违法图斑4463宗2362亩，处置“两违”87万平方米，整治裸房4298栋，农村污水收集处理PPP项目加快建设，新建管网316公里、污水处理站48座，实施农村公路新改扩建64公里，荣获第六批“四好”农村路省级示范县称号。埭美古村入选“福建省美丽休闲乡村”，镇海村入选第六批中国传统村落名录。

生态环境有效治理。扎实推进国家生态文明示范区创建活动，总投资5.7亿元的山水林田湖草沙项目全面开工，完成水土流失综合治理1.72万亩，河道清淤清障302公里，全面清退海上超规划养殖，如期完成互花米草除治任务，县级集中式饮用水水源、九龙江河口、南溪浮宫桥国控断面水质全面达标。九龙江西溪获得国家级“最美家乡河”称号，“龙江颂”入选国家红色基因水利风景区名录、获评省级“河湖文化遗产”。

精准施策抵御经济风险。全面落实稳经济一揽子政策，扎实开展“千名干部挂千企”帮扶活动，为企业办理留抵退税10.1亿元，兑现企业奖补资金6475万元；设立“12·8企业家活动日”，授予企业功勋奖、荣誉奖和贡献奖14家，表彰“亩均论英雄”标杆企业93家，旗帜鲜明为企业站台、为企业家撑腰；促进10家银行和186家企业达成意向性贷款20亿元以上，帮助企业暖冬渡难。

强化政府债务管理，再融资债券同比提高10个百分点，高出全省平均水平5个百分点，资金使用效益明显提升。“保交楼”工作加快落实，顺利化解泰禾白塘湾、闽南院子等房地产领域风险隐患。多措并举加强社会治理。严格落实安全生产责任制，安全生产形势稳定向好；深化平安龙海建设，持续开展扫黑除恶斗争，深入化解信访矛盾，持续强化食品药品监管，扎实推进国家食品安全示范城市创建，有效维护群众合法权益和社会稳定。连续七届获得“省级双拥模范城”称号。

2023年是贯彻落实党的二十大精神的开局之年，做好明年各项工作任务艰巨、责任重大、意义深远。龙海区要以习近平新时代中国特色社会主义思想为指导，全面学习贯彻党的二十大精神，坚持稳字当头、稳中求进，立足新发展阶段、贯彻新发展理念、服务和融入新发展格局，紧扣“四个更大”重要要求，深入开展“产业发展项目建设提升年”活动，深入实施“工业强区、港城兴区、生态立区”发展战略，致力发展实体经济，致力区域协调发展，致力推进乡村振兴，致力生态文明建设，致力增进民生福祉，致力深化改革创新，全方位推进龙海高质量发展，为漳州建设现代化滨海城市贡献力量。龙海区经济社会发展的主要预期目标是：地区生产总值增长6.9%，规模工业总产值增长9.3%，规模工业增加值增长9%，农林牧渔业总产值增长5.5%，固定资产投资增长10%，一般公共预算总收入增长7%，地方一般公共预算收入增长5%，外贸进出口增长5%，社会消费品零售总额增长6.5%，城镇和农村居民人均可支配收入分别增长9%和8.1%，城镇登记失业率控制在4.5%以内。

（摘编：郭虹）

长泰区社会发展概况

2022年是党的二十大召开之年。一年来，长泰区始终坚持以习近平新时代中国特色社会主义思想为指导，学习宣传贯彻党的二十大精神，坚持稳中求进工作总基调，抓紧抓实省委“三提三效”行动，深入开展“产业发展项目建设攻坚年”活动，深化“七比一看”竞赛，全方位推进高质量发展，经济运行保持在合理区间，首次跻身全省城市发展“十优区”，顺利完成各项年度目标任务。地区生产总值突破四百亿元大关，达403亿元，增长6.8%；社会消费品零售总额突破百亿元大关，达106亿元，增长7%；规模工业产值763亿元，增长10.6%；固定资产投资171亿元，增长10%；一般公共预算总收入23.5亿元，增长13.5%，地方一般公共预算收入16.7亿元，增长28.8%；农林牧渔业总产值45.2亿元，增长6%；出口总额86亿元，增长11%；城镇居民人均可支配收入48075元，增长6.5%；农村居民人均可支配收入26738元，增长8.5%。一年来，社会事业发展的主要工作和成效是：

抗疫精神在聚合力、攻战役中得到彰显。坚决落实“三个坚定不移”总体要求，全面执行第九版防控方案，高效实施“新十条”优化防控措施。过去一年来，11个应急专班、98支流调协查队“以快制快”控源、断流、清点，1100多名党员干部下沉村居、联防联控，800余名医务人员白衣擐甲、险中逆行，大量基层工作者、志愿者闻令而动、尽锐出战，以最小的社会成本获取最大防控成效，经受住疫情的历次大战大考，充分展现了伟大抗疫精神和长泰干部风采。

民生福祉在补短板、办实事中得到增进。民生支出21.6亿元，占财政支出的80.1%。13件区级为民办实事项目完成投资9.29亿元，占年度计划的120%。社会保障纵深推进。新增城镇就业5693人，城乡居民医保补助标准提高4.6%，最低生活保障标准提高23.7%。社会事业齐头并进。城区中学推行集团化办学，长泰一中加挂市第二外国语学校，中考优质生源留泰率由48%提高到82.4%，四小五幼等教育项目建成投用，新增学位2250个，筹集教育基金1820万元。全国健康区、国家食品安全示范城市深入创建，区医院新建工程开工建设。首届春晚成功举办，龙人古琴顺利申报海峡两岸交流基地。区级公益性公墓、残疾人康复服务中心项目立项实施，社会福利中心加快建设。文昌、锦溪社区获评全国示范性老年友好型社区。社会治理创新求进。市域社会治理试点深入创建，获评省级平安建设示范区，“三警十配套”创新推广，农村矛盾纠纷多元化解的“甘寨模式”获省领导肯定，省级双拥模范城实现“八连冠”。

政府建设在转作风、提效能中得到加强。党的政治建设进一步强化。坚决扛起全面从严治党主体责任，学习宣传贯彻党的二十大精神活动走深走实。“政治三力”进一步增强，各级党委政府的决策部署、工作要求不折不扣落到实处。法治政府建设进一步推进。区政府工作规则修订完善，乡镇“一支队伍管执法”改革创新启动。自觉接受人大监督、政协民主监督和社会舆论监督，高质量办理人大代表建议75件、政协委员提案90件，满意率均为100%。机关效能建设进一步深化。干部作风“五不”问题暨“躺平式”干部专项整治深度开展。中央八项规定及其实施细则精神和省市区实施办法严格执行，财政零基预算改革启动实施，一般性支出下降23%，“三公”经费连续五年压减。市对区绩效考评实现“三连冠”，机关效能发源地品牌进一步打响。此外，统计、审计、物价、档案、地震、人防、气象、地方志、妇女儿童、民族宗教等工作取得新进展。

城市能级在优建管、精品质中得到提高。城市功能日臻完善。城镇开发边界精准划定，净增建设用地722.95公顷，净增面积居全市第二位。溪东片区路网、鹤亭中路延伸等6个项目建成。至厦门天竺山地铁站公交开通运营，成为全市首条跨市域公交线路。新增停车位310个，区医院立体停车楼顺利竣工。城区33条主次干道污水管网全面疏通，锦溪明沟投入使用。龙津园、文昌阁功能改造提升工程顺利完工。获评省城乡建设品质提升综合绩效优异区。城市面貌日新月异。文体中心、“一江两岸”夜景、圆池音乐灯光喷泉等景观精彩呈现。龙鑫花园、陶然园等老旧小区完成改造，新型城镇化建设经验成为全省典型。城市管理日趋精细。全国文明城市、省级文明示范区深入创建，公共卫生日活动持续深化，片区整治“红黄绿”榜考评机制创新推行，建筑企业挂钩卫生片区等做法务实有力，城区环境得到大提升。

乡村振兴在走前列、当样板中得到推进。机制更活。乡村振兴大走访活动启动实施，“七赛”比拼卓有成效，“村书记绘蓝图”活动创新开展。新农人协会率先成立，村企结对共建撬动社会资本7.87亿元，收入百万元村新增3个，乡村振兴热度指数参与度进入全省前十。农业更强。建成高标准农田1.82万亩，粮食种植面积9.1万亩、产量3.94万吨，全面完成省市下达任务。引进推广种业创新品种27个，新增“三品一标”认证5个。农村更美。42个村庄规划提前实现应编尽编，“绿盈乡村”创建实现全覆盖，农村公路新建改造57.68公里。“两违铁三角”机制全面推广，拆违243宗、50.7万平方米。裸房整治3122栋，完成市下达任务的136%，崇尚集约建房示范区考评全省第一。

生态优势在重保护、严治理中得到厚植。污染防治攻坚有力推动。养殖业污染强势整治，关闭生猪反弹户440家、1.59万头，整治水禽污染217家、60.12万羽。银塘污水处理厂投入运行，50处农村生活污水处理设施新建投用。大气“八大系统”防治一体推进。空气质量优良率、国控洛滨断面水质达标率均为100%，成效五年最好。生态环境保护有序开展。植树造林1.69万亩，森林抚育2.39万亩，枋洋获评省森林城镇。吴田山废弃矿山综合治理工程开工建设，开启了长泰多年来规模最大的生态修复工程。绿色低碳路径有效探索。新增光伏发电项目32个，并网容量突破9万千瓦时。规模工业能耗下降18.1%，居全市第二位。

2023年是全面贯彻落实党的二十大精神开局之年，也是实施“十四五”规划承上启下的关键一年。长泰区各项工作的总体要求是：高举习近平新时代中国特色社会主义思想伟大旗帜，全面学习、把握、落实党的二十大精神，坚持稳中求进工作总基调，完整、准确、全面贯彻新发展理念，服务和融入新发展格局，更好统筹疫情防控和经济社会发展，更好统筹发展和安全。紧扣“四个更大”重要要求，扎实开展“产业发展项目建设提升年”活动，深化“七比一看”竞赛，启动实施巩固一大品牌、强化六大支撑、开展五大行动、实现八大跃升等“1658”工程，稳增长、扩投资、抓城乡、优环境、惠民生，推动经济运行整体好转，实现质的有效提升和量的合理增长，努力让中国式现代化新征程上的长泰更具实力、更有活力、更添美丽、更为舒心、更加幸福，为漳州打造成为全省高质量发展新的重要增长极贡献长泰力量，奋力谱写漳州现代化滨海城市之翼新篇章。全区经济社会发展的主要预期目标是：地区生产总值增长6.8%左右；规模工业总产值增长9%左右；固定资产投资增长8%左右；一般公共预算总收入增长7.5%左右；外贸出口增长8%左右；社会消费品零售总额增长9%左右；城乡居民人均可支配收入分别增长6.8%和8.5%左右。

（摘编：李哲）

漳浦县社会发展概况

2022年，漳浦县高举习近平新时代中国特色社会主义思想伟大旗帜，深入贯彻落实习近平总书记对福建工作的重要讲话重要指示精神，认真开展迎接党的二十大召开和学习宣传贯彻党的二十大精神各项工作，坚决落实“疫情要防住、经济要稳住、发展要安全”的重要要求，聚焦提高效率、提升效能、提增效益，经济运行稳中有进，“七比一看”竞赛排名全市前列。全年实现地区生产总值500.22亿元、增长6.8%；规模工业总产值475亿元、增长13.7%，规模工业增加值增长13.4%；固定资产投资164.66亿元、增长15%；一般公共预算总收入27.82亿元、增长12.8%；地方一般公共预算收入20.58亿元、增长26.6%；社会消费品零售总额209.33亿元、增长5.8%；实际利用外资5004万美元、完成133.5%；外贸进出口总值65.6亿元、增长4%；城镇居民人均可支配收入47083元、农村居民人均可支配收入27872元，分别增长7%、8%。一年来，漳浦县社会事业发展的主要工作和成效是：

工作亮点纷呈，做到“八个坚持、八个最”：一是坚持生命至上，科学精准落实疫情防控各项措施，以最快速度扑灭疫情燃点，坚决守住不发生规模性疫情底线，全力维护人民生命安全。二是坚持产业引领，以最实举措护航重点项目，总投资超200亿元的联盛林浆纸一体化项目快速推进，锦联线、横六路等8个关联配套项目进度加快，鹿溪至赤湖引水、尾水深海排放工程竣工投用，为明年4月项目正式投产提供坚实保障。三是坚持人民至上，以最暖初心重启民生工程，殡仪馆、朝阳水库、国道外甩、文体中心等一批备受关注的重点民生项目加快推进，“打造漳州南部区域医疗中心，推动医养结合产业发展”位列市2022十大民生实事榜首。四是坚持为国育才，以最佳成效谱写教育新篇，2022年高考漳浦一中4名学生被国内顶级名校录取，本科上线率达98%以上。五是坚持创新发展，以最大力度深化国企改革，整合81亿元国有资产组建金瑞公司；龙睿公司总资产超百亿元，主体信用达2A级，企业债发行获国家发改委注册批复。六是坚持文化自信，以最精艺术传播漳浦声音，廉洁文化题材芗剧《一代相国蔡新》入选省舞台艺术精品工程，荣获国家艺术基金资助，全国公开巡演。七是坚持拥军爱军，以最深情怀共话军民融合，顺利实现全省双拥模范城“八连冠”，六鳌武装部获评省军区基层武装工作先进单位，浦籍“兵王”蔡条阳荣获全军“四有”优秀个人标兵。八是坚持底线思维，以最强担当维护社会稳定，圆满完成党的二十大安保维稳任务；沉着应对房地产领域风险，泰禾·香山湾、福晟·钱隆首府等中高风险楼盘全面复工。

为民实事扎实推进。漳浦县全年财政用于民生支出43.74亿元、占财政支出82.74%。市县两级37项为民办实事项目年度完成投资10.7亿元，超序时进度19.5个百分点。投入3.55亿元，新建改造县医院和中医院综合诊治能力提升、深土卫生院等卫生项目6个，新增床位337张；实施漳浦二中教学楼B幢、顶坛民族小学综合楼、鉴湖小学附属幼儿园等教育项目11个，建成后可供学位5405个。投入1.8亿元，启动建设城乡供水一体化等农村供水保障工程12个，惠及26个村庄5万余人。

民生保障坚实有力。漳浦县坚持稳就业保民

生，落实各类就业创业补贴资金 1463 万元，新增城镇就业 4403 人，实现失业人员再就业 1328 人，开发公益性岗位 250 个。投入 583.8 万元，提升改造区域性养老服务中心 3 个、三星级以上幸福院 64 个、长者食堂 4 个。赤岭、南浦等 4 个公益性生命公园项目有序推进，天福养生村建成投用。累计发放城乡低保、特困供养、残疾人两项补贴等各类资金 1.02 亿元，惠及群众 40.3 万人次，城乡居民参保率达 98%。

社会事业全面进步。漳浦县成立全县奖教基金，意向捐赠款超 5000 万元，实验小学分校入选全国首批气象教育特色学校，赤岭民族中学郑雅秀获教育部乡村优秀青年教师培养奖励。县医院被确定为公立医院高质量发展省级试点单位，旧镇、佛昙卫生院成功创建全国“社区医院”。县剪纸艺术创作基地再获省新时代特色文艺示范基地。大南坂司法所入选省级司法行政系统先进集体。建成县应急指挥中心，排查各类安全隐患 6636 个、整治率 100%，安全生产事故起数、死亡人数实现“双下降”，获评省级平安县城。

城市建设扩容提质。漳浦县投入 23.07 亿元，实施城建项目 30 个。开工建设国道 324 城关过境段，新改扩建金鹿路、金浦大道、得仙路等道路工程，县城区供水管网建设、滨江南岸西区电力工程等一批基础设施建成投用。突出整体形象打造，府前唐街、绥东花园等旧城片区房屋征收强势重启；投入 3410 万元，提升改造老旧小区 12 个，惠及居民 617 户；智慧体育公园、绿道建设工程、府前街无障碍设施改造工程等项目建成投用，城市品质更加宜居。扎实推进智慧停车场项目建设，重新规范划定主城区 17 条道路停车泊位，新建改造文庙西侧、碧桂园御江府停车场，新增停车位 2300 个以上。

乡村振兴效应彰显。漳浦县扎实推进农村集体“三资”“四清”专项整治，清理农村集体资产 8877 宗、17.15 亿元。谋划专项债项目包 3 个、总投资 51.8 亿元，开工建设佛昙、湖西等乡村振兴提升改造项目，石榴乡村振兴整镇推进工程加快实施。建成东南片区村镇污水处理工程，改造提升六鳌、湖西、前亭、赤岭、佛昙 5 座垃圾中转站，新建改造农村公路 54 公里、镇村公厕 13 座，整治裸房 4008 栋，获评省级美丽庭院 122 户、卫生村 15 个，六鳌、赤湖入选省级卫生乡镇。投入 4200 万元，巩固提升溪坂后坑、近院东坂、大埔后垅、攀龙车本 4 条乡村振兴示范线，赤岭入选省级乡村振兴特色文创示范乡，官浔获评省级全域生态旅游小镇。

生态质量稳步提升。漳浦县坚定践行“绿水青山就是金山银山”的理念，除治互花米草 4049.14 亩，赤湖工业园区突出生态环境问题整改有序推进，第二轮中央生态环保督察矿山非法开采问题完成省级终验。绥东溪污水主干管提升改造工程实现通水运行，鹿溪北岸污水主干管改造、县城区临时污水处理站等项目完工投用，整治入河排污口 86 个，流域断面水质持续提升，近海海域水质优于二类。大力整治露天烧烤、工地扬尘污染，空气质量不断改善。完成植树造林 1.88 万亩，湖西赵家城、赤岭杨美、官浔西北入选省级森林村庄。

2023 年是“十四五”规划承上启下的关键一年，漳浦县将始终坚持以习近平新时代中国特色社会主义思想为指导，深入贯彻党的二十大精神，坚持稳中求进工作总基调，完整、准确、全面贯彻新发展理念，积极主动融入新发展格局，更好统筹疫情防控和经济社会发展，更好统筹发展和安全，紧扣“四个更大”重要要求，深入开展“产业发展项目建设提升年”活动，加快建设活力新产城、生态富家园，全方位推进漳浦高质量发展超越。漳浦县经济社会发展的预期目标是：地区生产总值增长 7.0%；规模工业总产值增长 14%；规模工业增加值增长 13.7%；固定资产投资增长 10%；一般公共预算总收入增长 8.5%；地方一般公共预算收入增长 6%；社会消费品零售总额增长 6.5%；实际利用外资完成 3000 万美元；外贸进出口总值增长 8.0%；城镇和农村居民人均可支配收入分别增长 7%、8%。

（摘编：王杰成）

云霄县社会发展概况

2022年，云霄县深入学习贯彻习近平新时代中国特色社会主义思想和党的二十大精神，坚持稳中求进，严格落实“疫情要防住、经济要稳住、发展要安全”的重大要求，扎实抓好“两稳一保一防”，深入开展“产业发展项目建设攻坚年”活动和“七比一看”竞赛，全力推进产业升级、城乡统筹、民生改善。全县实现生产总值216.3亿元、增长7%，农林牧渔业总产值82.9亿元、增长5.5%，规模以上工业增加值31.3亿元、增长8%，固定资产投资160.4亿元、增长16%，进出口总额13.5亿元、增长34.3%，实际利用外资1.1亿元、增长1588%，社会消费品零售总额116.4亿元、增长8%，一般公共预算总收入12.1亿元、增长14.4%，地方一般公共预算收入9.1亿元、增长21.2%，城镇居民人均可支配收入40760元、增长6.5%，农村居民人均可支配收入23614元、增长9%，完成县十八届人大一次会议确定的主要目标任务，高质量发展迈出坚实一步。社会事业发展的主要工作和成效是：

聚焦民需、改善民生，幸福指数稳步攀升。坚持民生优先，用心用情用力办好44件为民实事，近八成财力投入基本民生，全年民生支出20.2亿元。社会事业协调发展。教育优先得到凸显，新建校舍面积1万平方米，新增学前学位620个，普惠性幼儿园覆盖率达96.7%；城乡义务教育一体化均衡发展，高中教育、职业教育水平稳步提高；课后服务品质持续提升，“双减”政策有效落地；核增教师绩效性奖励工资5145万元，实现教师待遇不低于公务员标准。

健康云霄加快建成，县医院列入国家卫健委“千县工程”名单，中医院获评“三级中医医院”，新县医院迁建项目进入二次装修阶段，全年新增床位50张，医保经办便民服务实现村（居）全覆盖，医疗资源供给质量、服务水平不断提高。

文体事业繁荣发展，县融媒体中心进入全省县级融媒体30强，位居全市第一；建成向东渠事迹展示馆、党校新校区、足球训练中心，人民公园提升改造加快推进，5个城市口袋公园扮靓城区，书画写生创作基地、基层综合性文化服务中心、新时代文明实践中心（所、站）实现全覆盖。

社会保障日益完善。多渠道拓宽就业途径，全年新增城镇就业1400人，城镇登记失业率控制在3.5%以内。持续推进社会救助保障提标扩面，低保、特困供养、临时救助平均标准均同比增长5%以上。养老服务体系进一步健全，投入750万元，打造形成15分钟智慧养老服务圈，惠及1.13万名老人，新建4所长者食堂、5所农村幸福院，新增养老床位24张。深化殡葬改革，建成马铺乡公益性骨灰楼堂，推动云霄经济开发区纳入集中治丧范围，文明新风深入人心。

社会大局和谐稳定。慎终如始开展常态化疫情防控，成立10个战时工作专班和6个专项工作专班，推动“平战结合”疫情防控体系高效扁平运转，实现各项优化防控措施实时精准落地，最大程度保护人民生命安全和身体健康，最大限度减少疫情对经济社会发展的影响。

社会治理更加高效，“一盘一策”稳妥推进华天福满家园项目顺利复工；渡头嘉园等一批沉积多年的产权办证问题取得突破；加强食品药品监管，食品安全分级分层包保机制有效落地；顺利完成“二十大”安保维稳任务，完成国家及省市交办信访积案115件，化解率100%；纵深推进扫黑除恶常态化，涉电信网络诈骗、制售假烟得到有效遏制；提升国动援战能力，依案编建基干民兵2类75支1500人，高效优质完成征兵任务；深入开展“平安云霄”创建，抓好道路交通、工矿商贸企业、消防救援、防汛抗旱、森林防灭火等重点领域安全整治，整改各类安全隐患4万余处，安全生产形势平稳有序，全县大局安定稳定。

城市管理更加精细，以全国文明城市创建为抓手，设立周五“创建日”制度，号召千名干部进社区，深入开展创城六大专项整治行动，打响城市乱象“歼灭战”、城市管理“持久战”，改造2个老旧小区，完成城区2.6万户“三线”专项整治，拆除历史“微两违”6000余处，清理杂物垃圾3000余车次，城区面貌明显改善。

乡村振兴扎实推进。实施44个乡村振兴试点示范建设项目，打造3条乡村振兴“串点连线成片”线路，下河村获评2022年全国特色产业亿元村，白石等3个村入选“福建省高级版绿盈乡村”，新建改造农村公路52.3公里，完成高素质农民培训1635人次，43个村集体经营性收入突破50万元，云霄县乡村振兴热度指数连续两年进入全省“前十”。乡村治理更加有效，落实农村住房建设管理“两统筹、两统管”，完成52个村庄规划编制，新增耕地指标421亩、旱改水指标316亩，清理违法图斑1095宗1343亩，坡兜等8个村获评省级乡村治理示范村。

创新实施人居环境整治“八个一”机制，开展“清洁攻坚清零”行动和“拆旧拓新”竞赛，灵活用好线下明察暗访、线上“人居环境整治曝光台”，强力推进“拆废拆破拆危拆违”，清理村内沟渠3157公里，拆旧4848宗27万平方米，获评2022年度省级乡村振兴重点工作成效明显激励县。

生态治理破难攻坚。践行习近平生态文明思想，抓牢抓实中央和省生态环保督察反馈问题整改工作，阳下港污染扰民等环保信访件全部清零，红树林完成退养604.8公顷，实现“问题销号”和“功能区调规”同步推进，5763亩互花米草全部除治，央视《新闻联播》大美中国栏目两次聚焦漳江口红树林生态美景，引起巨大反响。突出抓好漳江流域综合治理，完成漳江干流与主要支流入河排口溯源，汇总建立230个排口污染清单，实现精准施治，漳江国省控断面及重要水源地水质均达Ⅲ类以上。加快诏安湾综合治理，清退八尺门陈岱海域底播养殖3000余亩，清理海漂垃圾1664吨。

深化城乡环境治理，完成生态水系建设14公里，治理中小河流3.7公里、水土流失1万亩，清理违法牛蛙养殖93场100亩，整治农村黑臭水体8条，造林绿化1.4万亩，受理办结群众环保投诉229件，全县地表水国省控断面Ⅰ—Ⅲ类水质比例达100%，城市空气质量优良率99.3%，实现天更蓝、山更绿、水更清。

2023年是贯彻党的二十大精神的开局之年，也是实现第二个百年奋斗目标的起步之年。做好云霄县今年工作：必须全面贯彻习近平新时代中国特色社会主义思想和党的二十大精神，深入落实中央、省市和县委的决策部署，始终坚持以人民为中心的发展思想和稳中求进工作总基调，完整、准确、全面贯彻新发展理念，紧抓省纪委监委挂钩帮扶契机，围绕“产业发展、城市文明、乡村振兴”三大重点任务，突出“清洁能源、电子信息、食品加工”三大主导产业，立足南部工业组团、中部城市经济、北部生态涵养三个发展片区域布局，更好统筹疫情防控和经济社会发展，更好统筹发展和安全，呼应云霄人民新关切、新期盼，全方位推进高质量发展超越，努力开创富美新云霄现代化建设新局面。全县经济社会发展主要预期目标是：地区生产总值达到236.6亿元，增长7%，实现在全省县域经济排名中位次前移；固定资产投资达到171.6亿元，增长7%；规模工业总产值达到130亿元，增长9.6%；社会消费品零售总额达到125亿元，增长7.5%；一般公共预算总收入达到13.6亿元，增长12.5%；地方一般公共预算收入突破10亿元，增长9.7%；居民收入增长要实现和经济增长基本同步；各项约束性指标完成省市下达计划。

（摘编：陈德盛）

诏安县社会发展概况

2022年，面对错综复杂的外部环境和世纪疫情的严峻考验，诏安县始终坚持以习近平新时代中国特色社会主义思想为指导，坚决贯彻落实党的十九大、十九届历次全会和党的二十大精神，决落实“疫情要防住、经济要稳住、发展要安全”重要要求，坚持稳中求进工作总基调，聚焦省委“提高效率、提升效能、提增效益”行动，深入开展“产业发展项目建设攻坚年”活动和“七比一看”竞赛，高效统筹疫情防控和经济社会发展，各项工作取得了新成效。全县完成地区生产总值336.23亿元，增长6.6%，其中第三产业增加值87.77亿元，增长6%；规模工业总产值482亿元，增长10.8%，其中规模工业增加值140.5亿元，增长10.5%；农林牧渔业总产值120亿元，增长5.5%；固定资产投资73.8亿元，增长10%；一般公共预算总收入9.6亿元，其中地方一般公共预算收入6.84亿元；出口总值46.39亿元；实际利用外资（验资）0.93亿元，增长130.2%；社会消费品零售总额117.7亿元，增长8.5%；城镇居民人均可支配收入39575元，增长9.5%；农村居民人均可支配收入23443元，增长10.5%。一年来，社会事业发展的主要工作和成效是：

民生福祉更加殷实。供水提升改造工程等15个为民办实事项目完成投资4.87亿元。教育事业稳步发展，新招聘教师229名，诏安电大工作站转型升级为诏安开放大学，从幼儿园到高中一体化的诏安职校实训基地江滨校区正式开工，深桥镇幼儿园等14个公办幼儿园项目有序推进；以举办诏安一中百年校庆为契机，持续掀起“跨九龙、追乌龙”新热潮，推进城乡紧密型教育共同体建设，完善集团化办学模式，西潭镇山河小学等8所小学被评为省教育管理标准化学校。

卫生事业加快发展，县总医院扩建项目主体结构封顶，县妇幼保健院综合楼、梅洲乡卫生院等项目基本完工；新招聘医技人员187名，成立诏安医学人才智库、健康委员会，促成县总医院与市医院托管合作。

文体事业繁荣发展，新增诏安石雕技艺、南箏等2个省级非遗项目，诏安运动员在第17届省运会斩获奖牌31枚创历史新高、在全国皮划艇青年锦标赛中获第三名。民生保障扎实有力，发放各类优抚金3607.64万元，发放低保、特困人员和残疾人救助金1.69亿元，低保标准由家庭年人均收入7908元提高到9780元。

养老事业持续发展，提升改造三星级以上农村幸福院71家，金星乡古关社区入选全国示范性老年友好型社区。军民融合工作有序推进，强化退役军人权益保障，实现省级双拥模范县“六连冠”。坚持人民至上、生命至上，构建扁平指挥、集成作战的指挥体系，落实“三公（工）一大”融合协调机制，成功开展“健康使命”——2022漳州市（诏安）疫情防控仿真模拟演练，迅速扑灭“11·12”等疫情；加快构筑坚实免疫屏障，累计接种新冠疫苗126.17万剂次，因时因势调整优化疫情防控政策，有力保障群众身体健康和生命安全。

创新推进供销社“三位一体”试点改革，被省供销社列为全省“三位一体”试点县，乌石养羊专业合作社获评省级示范社，忠发蔬菜专业合作社、华强果蔬专业合作社进入中国农民合作社500强。严格落实林长制，林下经济面积24.03万亩、产值12亿元，霞葛镇被列为全市深化集体林权制度改革试点乡镇，秀篆镇顶安村、官陂镇林畲村、红星乡坪林村获评省森林村庄。

城市品质不断提升。高标准编制国土空间总体规划，编制完成7个中心城区项目用地控制性详细规划。启动隆华广场市政道路工程等18个公共设施提升补短板项目，霞洋佳苑安置小区、棚改安置小区开工建设。首个商业综合体“金座·唐道613”建成运营，古城中山东路骑楼示范段改造工程完工，诏安大酒店、诏安文化艺术中心等地标性建筑拔地而起。

深化省级文明县城创建工作，“二进武平”考察学习创城经验，启动新一轮城区环卫一体化，推进“智慧城市”建设，城市管理水平不断提升。深入推进海上养殖综合整治和养殖设施升级改造，全面完成辖区海域违规养殖清理整治，在全市率先启动入海排污口整治工程，诏安湾水质明显改善。开展生态环境质量提升“百日攻坚”行动，主要流域、小流域国省考核断面Ⅰ—Ⅲ类水比例达100%，空气质量优良率99.7%。

深入推进流域污染源摸排整治专项行动，全面摸排整治流域污染源852个，关停违规畜禽牛蛙养殖场473家。加快实施诏安湾西岸海洋生态保护修复项目，组织开展互花米草除治攻坚行动，在全市率先完成互花米草除治任务。

探索“五抓五强五着力”乡村振兴新路径，深入实施乡村振兴创星竞赛，全市乡村振兴现场会在诏安召开。出台加快省际边界村乡村振兴实施方案，安排奖补资金支持33个边界村发展。完成123个“多规合一”实用性村庄规划编制，建立健全农村村民住宅规划建设管理工作机制。创新建立“1+3+7”图斑核查处置机制，“天地网”存量图斑清零，整改率排名全省第一。启动农村生活污水治理一体化项目，改建镇村污水配套管网44.07公里，整治裸房4080栋，新改建农村公路56.07公里。

深化安全生产专项整治三年行动，扎实开展安全检查“百日大会战”、自建房安全专项整治等行动，排查整改安全隐患5492处，生产安全事故和死亡人数实现“双下降”。启动全国食品安全示范城市创建工作，建立健全食品安全分层分级精准防控工作机制，守护群众舌尖上的安全。深入开展信访积案“治重化积”专项行动，圆满完成党的二十大安保维稳工作。常态化开展扫黑除恶斗争，持续高压严打“黄赌毒”、电信网络诈骗、走私、偷私渡等违法犯罪活动，获评省第四轮第三批平安县。

2023年是全面贯彻落实党的二十大精神的开局之年，也是实施“十四五”规划承上启下的重要一年，做好新一年的工作至关重要。党的二十大吹响了全面建设社会主义现代化国家、全面推进中华民族伟大复兴的奋进号角，对新时代新征程党和国家事业发展制定大政方针和作出战略部署。诏安县要坚持以习近平新时代中国特色社会主义思想为指导，全面学习贯彻党的二十大精神，深入落实习近平总书记重要讲话重要指示批示精神，加强党的全面领导，弘扬伟大建党精神，围绕统筹推进“五位一体”总体布局、协调推进“四个全面”战略布局，立足新发展阶段、贯彻新发展理念、服务和融入新发展格局，紧扣“四个更大”重要要求，实施“工业强县、山海兴县、文旅名县、富美新城”，营造良好的政治生态、人文生态、产业生态、自然生态，实现底部起跳、晋位争先，全力打造名副其实的福建南大门、漳州新增长极、海峡两岸融合发展先行区、对接粤港澳大湾区桥头堡，加快建设新兴工贸港口城市，奋力谱写富美新诏安现代化建设新篇章。诏安县经济社会发展主要预期目标是：全县地区生产总值增长7.2%；一般公共预算总收入增长5.0%，其中地方一般公共预算收入增长5.0%；规模工业总产值增长9.8%，其中规模工业增加值增长9.5%；农林牧渔业总产值增长5.5%；固定资产投资增长10.0%；出口总值增长3.0%；实际利用外资增长7.5%；社会消费品零售总额增长8.5%；城镇居民人均可支配收入增长8.5%；农村居民人均可支配收入增长9.0%；节能减排指标控制在省、市下达范围之内。为民办实事初步安排为：涉及教育、卫生、交通、水利等领域12个项目，总投资4.32亿元，年度计划投资3.58亿元。

（摘编：游学荣）

东山县社会发展概况

2022年，东山县坚持以习近平新时代中国特色社会主义思想为指导，深入学习贯彻党的二十大精神，坚决落实“疫情要防住、经济要稳住、发展要安全”重要要求，坚持稳中求进工作总基调，高效统筹疫情防控和经济社会发展，深入开展“产业发展项目建设攻坚年”活动，奋力拼搏，开拓创新，较好完成各项目标任务。全县完成生产总值231.89亿元、增长8%以上；农林牧渔业总产值94.38亿元、增长5.2%；规模工业总产值253.31亿元、增长20.3%；固定资产投资93.18亿元、增长17.5%；社会消费品零售总额92.25亿元、增长5.5%；外贸进出口126亿元、增长15%；实际利用外资0.86亿元；一般公共预算总收入19.37亿元、增长7.11%（若剔除留抵退税因素，完成22.46亿元，同口径增长23.4%）；地方一般公共预算收入15.63亿元、增长37.52%（若剔除留抵退税因素，完成17.17亿元，同口径增长50.34%）；城镇居民人均可支配收入46579元、增长8%；农村居民人均可支配收入29790元、增长9.2%。社会事业发展的主要工作和成效是：

科学精准防控，防疫屏障更加稳固。坚持人民至上、生命至上，举全县之力打好疫情防控阻击战。建立“平战结合”疫情防控体系，投入2500万元用于抗击疫情，建立健全各类防控工作专班，抽调超1500名干部下沉基层，与广大一线医务工作者、社区干部并肩奋战、共同战疫。严格执行上级疫情防控政策，压实“四方”责任，抓好28类重点人群核酸应检尽检及重点场所常态化防控，闭环管控20个渔港码头澳口及全部在册渔船，严厉打击“三无船舶”、海上非法交易等违法行为。建成方舱PCR实验室，具备24小时全员核酸检测能力。全力推进疫苗接种，累计完成56万剂次。

坚持惠民利民，民生福祉日益增进。岛外引水第二水源工程顺利供水，红旗水库扩容工程投用，有力保障群众用水安全。港西小学、石埔和后林幼儿园建成投用，新增公办幼儿园、小学学位740个。全面落实“双减”政策，实现课后服务全覆盖。新中医院、妇幼保健院、石埔及坑北村生命公园等民生工程投用，新建5家农村幸福院、6个长者食堂，获评中国“长寿之乡”。巩固拓展脱贫攻坚成果，农村脱贫人口人均可支配收入增长15%。推进社保参保扩面，多渠道拓宽就业途径，社会保障和就业支出3.62亿元，惠及群众近5万人。全力保交楼、稳民生，“一盘一策”推进问题楼盘复工复产，采取“证缴分离”方法，解决群众不动产办证历史遗留问题。强化基层治理，杏陈、前楼镇和顶西、湖塘等七个村分别入选第二批省级乡村治理示范镇村。安全生产专项整治三年行动圆满收官。完成国家信访局“治重化积”和市级信访积案54件，社会大局安定稳定，蝉联平安中国建设示范县、省级双拥模范县。

践行“三提三效”，政府建设务实有为。深入开展省委“三提三效”行动，修订完善县政府《工作规则》，进一步规范政府行政行为。开展年度县级预算执行和其他财政收支等审计，完成项目审计16个，增收节支3488万元。自觉接受人大和政协监督，办理人大代表建议129件、政协委员提案103件，办结率100%。发挥大督查“利器”作用，成立5个督查专班，组织百余次专项督查，有效督促各项重点工作落到实处、取得实效。坚定不移正风肃纪，开展干部作风“五不”问题专项整治，查处违反中央八项规定精神问题3起3人，党纪政务处分2人。推进20个基层廉洁教育基地建设提档升级，谷文昌纪念馆、谷文昌廉政主题馆获评全省首批廉洁文化示范基地。统计、工会、妇女儿童、青少年、残疾人、民族宗教、档案管理、社会科学、防汛抗旱、防震减灾、红十字会、国防动员、外事侨务、台港澳事务等工作也取得新的成效。

注重统筹协调，城乡品质持续优化。漳汕高铁确定入岛设站，完成可研报告编制等前期工作并即将动工，站房面积扩大至1.5万平方米，为全市县级场站规模之最。全力创建全国文明城市，投入2.7亿元改善城市面貌，主城区主次干道实现“白改黑”、198条背街小巷完成硬化，标准化提升4个城区农贸市场，建成17处口袋公园，改造13个老旧小区。新建改造道路66公里，冬古作业区疏港公路三期、西铜公路路面改造工程等建成通车，列入“四好农村路”全国示范县创建单位。总投资17亿元城乡污水收集处理系统项目有序实施，陈城污水处理厂主体完工，完成20个农村生活污水治理项目，入选全国农村黑臭水体治理试点县，农村生活污水治理试点工作评估位居全省第一。出台种粮补贴12条措施，建设高标准农田4100亩，完成粮食种植面积2.14万亩。持续推进“全省农房建设试点县”工作，后林、亲营等4个新农房示范小区主体建成。投入1.07亿元建成92个乡村振兴示范项目，编制14个村庄规划，创建“绿盈乡村”5个，湖尾、张家、岐下村获评省级森林村庄，澳角村入选省级美丽休闲乡村。开展生态环境质量提升百日攻坚行动，全力推进八尺门海域综合治理生态修复和海洋生态保护修复项目，海域清淤、红树林项目主体工程年底完工，清退东山湾、诏安湾等海域养殖面积842.6公顷，诏安湾生态治理等突出问题整治效果明显。

深化改革创新，县域发展活力迸发。优化国有企业格局，整合重组为投资、国资两大系列八个集团，进一步激发国企发展活力，国企资产总额达187.59亿元。创新生态司法保护模式，全国首创为造礁石珊瑚群落投保，发出全省首张“禁捕护海令”，“蓝碳司法”协同保护机制获全省机关体制机制创新优秀案例一等奖。深化乡镇综合行政执法改革，下放各镇行政执法事项155项，下派执法人员50人，有效破解基层“执法难”问题。扎实推进中菲“两国双园”东山片区项目，城垵水域开放取得阶段性进展。东山港成功推行“散改集”业务，港口集装箱吞吐量达1.2万标箱，创历史新高。成功举办第三十一届关帝文化旅游节，关帝庙获批国家级“海峡两岸交流基地”。积极为总投资184.4亿元的36个项目开展全程代办，一道新能源项目从洽谈到投产仅用283天，创造了“一道速度”。创新海域立体审批模式，办理全省第一本“立体分层设权”海域使用权证。推行“一书三证”并联办理、“四个一”审批模式，工程项目审批办理时长压缩率超70%。推出企业开办等“一件事”套餐29项，办理时限缩减80%。

2023年是全面贯彻党的二十大精神的开局之年，也是实现第二个百年奋斗目标的起步之年。按照县委统一部署，东山县要以习近平新时代中国特色社会主义思想为指导，全面学习贯彻党的二十大精神、习近平总书记重要讲话重要指示精神，深入落实党中央决策部署和省委、市委、县委工作要求，坚持稳中求进工作总基调，完整、准确、全面贯彻新发展理念，服务和融入新发展格局，紧扣“四个更大”重要要求，着力加快建设现代化经济体系，深化改革扩大开放，推进城乡协调发展，加强生态文明建设，探索东台融合发展新路，提升人民生活品质，全方位推进高质量发展，加快建设“国际旅游岛”，奋力谱写中国式现代化东山篇章。全县经济社会发展主要预期目标是：全县生产总值增长7%以上，农林牧渔业总产值增长5.5%，规模工业总产值增长15%，固定资产投资增长10%，外贸进出口增长10%，实际利用外资增长5%，社会消费品零售总额增长8%，一般公共预算总收入增长7.5%，地方一般公共预算收入增长6%，城镇居民和农村居民人均可支配收入分别增长7%和7.2%。

（摘编：刘红波）

平和县社会发展概况

2022年，面对经济下行、疫情反复、环保整治等叠加影响，平和县坚持以习近平新时代中国特色社会主义思想为指导，认真开展迎接党的二十大召开和学习宣传贯彻党的二十大精神各项工作，坚决落实省委、省政府、市委市政府工作要求，坚决落实“疫情要防住、经济要稳住、发展要安全”的重要要求，踔厉奋发、以干图强，高效统筹疫情防控和经济社会发展，扎实开展“三提三效”行动，深入实施“产业发展项目建设攻坚年”活动，全面推进“七比一看”竞赛，全县地区生产总值完成289.6亿元、增长5.2%，农业总产值完成108亿元、增长6.95%，一般公共预算总收入完成10.32亿元、增长15.52%，地方一般公共预算收入完成7.7亿元、增长20.78%，城镇、农村居民人均可支配收入分别完成40078元、25420元，增长8.5%、10.5%，多项指标增幅居全市前列，较好地完成了各项目标任务。这一年，直面困难、以干得助。省市大力支持花山溪综合整治，领导高位推动，多方协调联动，全县上下敢于实践探索、勇于攻坚克难，全面落实“6+8+N”水土标本兼治方法，开展“百日攻坚”专项行动，全流域水质自10月中旬起持续稳定达标，官峰水库先行试验段开工建设，“黄牌”警示如期解除，探索出流域整治“平和经验”。敢拼会赢、以干得赞。坚持以奋进之志、奋发之姿、奋斗之力，推动经济社会发展取得新荣誉：平和农业现代化示范区成功入选全国创建名单，是全省唯二、全市唯一入选县份；琯溪蜜柚入选农业农村部“2022年农业品牌精品培育名单”；平和县荣获“全国绿化先进集体”称号，入选首批省级“数字乡村试点县”，蝉联“省级双拥模范县”三连冠。平和县社会事业发展的主要工作和成效是：

民生福祉持续增进，疫情防控有序有效。平和县坚决打好疫情防控阻击战歼灭战，“快准严实细”处置突发疫情事件，有效应对疫情三年来最大的考验。加快构建免疫屏障，累计接种疫苗104.5万剂次。

民生事业全面进步。平和县完成为民办实事项目10个。有序推进前岭小学教学楼、新星幼儿园第二分园等项目建设；优先保障义务教育教师收入水平不低于公务员政策，追加奖励性绩效工资1.17亿元，推进力度在全市靠前；平和开放大学揭牌；实施一校一策、校长上课任教等措施，中高考成绩实现较大提高，外流生源回流增加。建成15家卫生院中医馆，全面推进AED群众性应急救护项目。加快庄上大楼修缮工程，建设“迁台记忆”馆；《潮剧（平和）》《漳州白皮饼制作技艺》入选省级第七批非遗代表性项目。落实稳健就业政策，城镇登记失业率控制在4.5%以内。成立康乐养护中心，山格镇敬老院成为全市唯一“医养结合”模式改革试点单位。修缮革命遗址8个。建设村级生命公园4个。开通县城到南靖动车站公交专线。

社会治理全面提升。平和县推进常态化扫黑除恶斗争，深化“百日攻坚”行动，建立公安执法监督管理中心、智慧执法办案中心，平安三率居全市前列。坚持依法治访，打击“非访”，有效化解一批信访积案。推广公调对接“九峰模式”，文峰镇“党建联盟+社会综合治理”智慧平台投入运行，国强乡延山村入选全国综合减灾示范社区。扎实开展道路交通、自建房等重点领域安全检查，安全环境良好。

自身建设持续加强。坚持和加强党的全面领导，深刻领悟“两个确立”的决定性意义，坚决做到“两个维护”。严格执行中央八项规定及其实施细则精神，坚持过好“紧日子”，兜牢兜实“三保”底线。扎实开展干部作风“五不”问题专项整治、“整肃纪律作风、优化营商环境”专项行动，干事创业氛围逐步形成。大力加强法治政府建设，68件人大代表议案建议、63件政协提案全部办复。严格落实意识形态工作责任制，扎实提升保密工作能力。强化重点领域、关键环节的审计监督，推进政府信息公开，营造清正廉洁、公开透明的政务环境。平和县工会、妇女儿童、慈善、红十字会、残疾人等事业取得新进步，外事侨务、机构编制、老干老龄、档案史志、民族宗教、老区移民、对台港澳、防震减灾、气象等工作取得新成绩，国防动员、支前、退役军人服务保障及双拥、国防教育和后备力量建设得到新加强。

城乡面貌持续改善。平和县城形象不断提升。积极创建省级文明县城，实施城乡建设品质提升项目66个，完成投资27.34亿元，北环路延伸段道路工程一期、东环路一期等有序推进，生活垃圾焚烧发电厂建成投用。建设自来水水质在线监测系统，雨水、污水管道分别增加15公里、9公里。改造提升老旧小区2个。城区保洁面积扩展至121万平方米。强化“卫片图斑”整治，处置“两违”76.64万平方米，有效遏制乱占乱建现象。

乡村建设提档升级。平和县实施特色乡镇、试点村示范项目97个，完成投资1.8亿元；乡村振兴“串点连线成片”项目28个，完成投资3228万元。16个民生项目得到省总工会、省水利厅等省直单位及闽侯县的对口帮扶。编制村庄规划147个，改造危桥3座，新建改造农村公路61公里，整治裸房2229栋。创建5个省级森林村庄。芦溪镇秀芦村入选第六批“中国传统村落”。持续推进后时片区防洪工程，以及南胜、崎岭、芦溪安全生态水系建设，水土流失综合治理2万亩。

生态环境不断优化。平和县落细落实各级环保督察反馈问题整改，有序推进花山溪流域综合整治，推行化肥施用定额制、购销实名制，5个重点乡镇施用化肥比减30%以上。精准实施水处理拦截治理措施，建成拦截坝、生态滤床等设施651个，11个主要流域断面水质排名位居全市前列。加强企业控排、施工扬尘等治理，空气质量优良率达99.6%。受污染耕地、污染地块安全利用率100%。造林绿化89503亩，退果还林3260亩，引进泡桐试种300亩，初见成效。

2023年是全面贯彻落实党的二十大精神的开局之年，也是“十四五”规划承上启下之年，更是平和县全方位推进高质量发展、加快新时代新平和建设的关键一年。平和县各项工作指导思想是：以习近平新时代中国特色社会主义思想为指导，全面贯彻落实党的二十大精神，按照上级党委、政府的工作部署，坚持稳中求进工作总基调，完整、准确、全面贯彻新发展理念，加快构建新发展格局，着力推动高质量发展，更好统筹疫情防控和经济社会发展，更好统筹发展和安全，紧扣“四个更大”重要要求，深入开展“产业发展项目建设提升年”活动，实施“七比一看”竞赛，加快“四区”建设、统筹开展“五优”创建，以奋进之志、奋发之姿、奋斗之力，将平和建成高质量发展的“进步之星”“后起之秀”，在建设漳州现代化滨海城市中展现平和担当、贡献平和力量。

平和县经济社会发展的主要预期目标是：地区生产总值增长6.5%，农业总产值增长6.9%，规模以上工业总产值增长9.8%，固定资产投资增长10%，社会消费品零售总额增长6.5%，一般公共预算总收入增长8.4%，地方一般公共预算收入增长6.1%，城镇、农村居民人均可支配收入分别增长8%、8.5%；完成省市下达节能减排降碳约束性指标任务。

（摘编：吴强）

南靖县社会发展概况

2022年是南靖建县七百周年。一年来，南靖县坚持以习近平新时代中国特色社会主义思想为指导，深入学习贯彻党的二十大和习近平总书记系列重要讲话精神，团结带领全县人民，扎实做好“两稳一保一防”工作，持续深化“产业发展项目建设攻坚年”活动和“七比一看”竞赛，负重拼搏，奋勇克难，推动全县经济社会各项事业发展取得新成效。全面落实“疫情要防住、经济要稳住、发展要安全”重要要求，高效统筹疫情防控和经济社会发展，推动经济运行企稳向好。

全年完成地区生产总值376.6亿元，增长6.8%；固定资产投资103.9亿元，增长13.5%；一般公共预算总收入13.8亿元，同口径增长0.6%；地方一般公共预算收入9.7亿元，同口径增长7.6%；外贸出口22.6亿元，增长21.2%；实际利用外资1亿元，增长65.4%；社会消费品零售总额118.4亿元，增长8%；城镇和农村居民人均可支配收入分别为42439元、25605元，分别增长8%、12%。在统计及疫情影响下，经济高质量发展指标实现由2021年转正到2022年大部分增长，预计地区生产总值、农林牧渔业总产值、规模工业总产值、规模工业增加值、社会消费品零售总额、外贸出口、实际利用外资等7项指标增速高于去年。一年来，南靖县社会事业发展的主要工作和成效是：

疫情防控更精准。坚持“人民至上，生命至上”，努力以最小代价实现最大防控成效。因时因势调整完善战疫指挥体系和应急处置机制，科学精准落实重点人员、重点区域、重点环节防控措施，持续推进各类人群疫苗接种，全面提升核酸检测、流调溯源、隔离管控、物质保障及医疗救治能力，组建3支县级流调队伍，储备隔离点17个、房间超1600间，每日核酸满负荷检测能力近7300管，成功遏制多起疫情扩散苗头，牢牢守住了“疫情要防住”的底线。

兜底保障更稳固。严格落实“四个不摘”要求，扎实推进“脱贫攻坚稳定提质三年行动”，统筹整合各类资金2495.8万元，着力巩固脱贫成果。坚持应保尽保，深入实施全民参保计划，全面下放低保、特困人员审核权限，城乡低保覆盖率提升至1.82%。新增城镇就业1724人，促进失业人员再就业457人。

公共服务更均衡。投入7.3亿元，实施一职校迁建、靖城尚寨幼儿园、靖城中心卫生院病房综合楼、书洋医疗急救分中心大楼等11个教育、卫生项目，新增学位4140个、床位70张。顺利通过教育“两项督导”省级评估验收，紧密型县域医共体建设在全国作经验交流。实施南坑镇农村区域性养老服务中心、船场镇西坑村农村幸福院提升工程，建成长者食堂5个，县殡仪服务中心改造提升和公益性生命公园建设加快推进。

积极推进“相对集中行政许可权改革试点”，创新实施《项目建设审批“两级三层、五方责任”工作机制》，全面推行“容缺受理”“并联审批”“多测合一”，有效提升项目审批效率。深化县属国企体制机制改革，整合形成“一平台四集团”。大力实施“靖盼您来”人才十大工程，新增人才登记650人。创新“检察+碳汇”生态修复模式，成功办理全省首例以碳汇认购进行生态修复的公益诉讼案件。在全市率先开展“深化集体林权制度改革整县推进试点”，工作经验在全省作典型发言，入选省级林改试点县，发放全国首张林业地票、全市首张林票，龙山镇完成全国首单农田碳汇试点项目交易。在全市率先落实“安商一体化”政策，有效解决商品房和安置房供需矛盾。景区社会治理、审计问题整改、考古遗址公园建设等一批经验做法在省级以上作交流推广。

坚持“城乡统筹”，人居环境展现“新面貌”。县城颜值大提升。扎实开展城市建设品质提升行动，实施34个老旧小区改造和教育路、解放路等6条市政道路“白改黑”，完成建设路“一街一景”及“一江两岸”建筑立面、江滨公园（一期）改造等工程，打通紫荆东路、紫荆西路2条断头路，加快推进城市中轴中山北路打通工程。新改建城区雨污管网26.7公里，新增公共停车场2个、停车位260个。常态化开展省级文明城市创建，市场化引入社会资本改造提升荆南新农贸市场，投入1149万元完成主要街道交通隔离护栏、停车位智能化及智慧公交站点建设，城市形象和居民幸福感、获得感、安全感得到大幅提升。

乡村风貌大变样。全面推进乡村振兴战略，谋划山梅百里画廊、富美龙山溪2条示范带，实施串点连线成片项目23个、试点示范项目73个，实现乡村振兴建设全覆盖。深入开展“农村人居环境整治提升五年行动”，完成“应编尽编”村庄规划116个，清理违法用地图斑2721宗，拆除“两违”面积53.2万平方米，整治裸房3565栋，建成农村污水处理站点22个、配套管网360公里，获评“全省村庄清洁行动成效突出县”，梅林镇入选省级卫生镇，新增4个省级卫生村，城乡供水一体化建设工作获省水利厅批示肯定。

生态环境大改善。深入开展“六大专项行动”，扎实推进山水林田湖草沙一体化保护和修复工程，全市唯一入选“国家第二批EOD模式试点”。全年靖城桥国考断面水质均值达到Ⅲ类，省控8个断面和5条小流域水质均值全部达标，县城空气质量优良率达99.7%，空气质量排名提升全市进步最快，“七比一看”水环境质量提升全市排名第一，县河长办选送作品《水美方与圆》获评第四届“守护幸福河湖”全国短视频征集活动优秀奖。持续加强生态保护和修复，完成造林绿化1.6万亩、森林抚育5.5万亩、矿山生态修复50亩，石桥生态清洁小流域成功创建国家水土保持示范工程。金山镇入选省级森林城镇，新增省级森林村庄4个、绿盈乡村2个。南靖县荣获“中国天然氧吧”称号，南坑镇入选“省气候康养福地”，紫云山庄入选“省级森林康养基地”，有力带动文旅康养产业发展。

平安建设更深入。扎实推进平安建设“四季竞赛、五大比拼”活动，强力打击非法出入境、电信网络诈骗、养老诈骗、涉假涉毒等各类违法犯罪活动，“毒品问题重点整治”“治安乱点重点地区整治”成功实现“摘帽”。持续深化“安全生产专项整治三年行动”，开展道路交通安全大整治，全县安全生产事故起数、死亡人数同比呈现“双下降”。积极配合创建“国家食品安全示范城市”，查处无底线营销食品案入选国家市场监管总局典型案例。妥善推进“治重化积”，全力消减信访存量。加大重点企业信贷风险防范化解力度，存贷款总量增速排名全市第二，化解不良贷款1188万元，不良贷款率降至0.87%。

2023年是全面贯彻落实党的二十大精神的开局之年。南靖县要以习近平新时代中国特色社会主义思想为指导，深入学习贯彻党的二十大精神，坚持稳中求进工作总基调，完整、准确、全面贯彻新发展理念，加快构建新发展格局，更好统筹疫情防控和经济社会发展，更好统筹发展和安全，紧扣“四个更大”重要要求，深入开展“产业发展项目建设提升年”活动，全力攻坚“七比一看”竞赛，以实干、实效、实绩推动争先、攀高、进位，力促经济运行持续向好，实现质的有效提升和量的合理增长。南靖县经济社会发展的主要预期目标初步安排为：地区生产总值增长7%；固定资产投资增长10%；规模工业总产值增长9.8%；一般公共预算总收入增长7%；地方一般公共预算收入增长5%；社会消费品零售总额增长7.5%；实际利用外资增长5%；外贸出口增长5%；城镇和农村居民人均可支配收入分别增长9%、10%以上。

（摘编：周华政）

华安县社会发展概况

2022年是党的二十大胜利召开之年，是实施“十四五”规划的重要一年。面对复杂严峻的国内外形势和多重超预期因素冲击，在以习近平同志为核心的党中央坚强领导下，华安县始终坚持以习近平新时代中国特色社会主义思想为指导，认真贯彻落实党的十九大、十九届历次全会和二十大精神，按照“疫情要防住、经济要稳住、发展要安全”重要要求，坚持稳中求进工作总基调，聚焦“提高效率、提升效能、提增效益”，深入开展“产业发展项目建设攻坚年”活动和“七比一看”竞赛，落实县委“1233”发展思路，以攻坚的姿态抓产业、上项目、促发展，高效统筹疫情防控和经济社会发展，各项工作取得新成效。

2022年成功入选“福建省县域经济发展十佳县”。全县地区生产总值突破200亿大关；规模工业总产值346.2亿元，增长7%左右；规模工业增加值增长6.7%左右；固定资产投资86亿元，增长10%左右；一般公共预算总收入10.1亿元，同口径增长8.26%左右，地方一般公共预算收入6.85亿元，同口径增长12.73%左右；社会消费品零售总额43亿元；实际利用外资0.61亿元；城镇居民人均可支配收入43978元，增长7.9%左右；农村居民人均可支配收入25134元，增长10.5%左右；农林牧渔业产值63.91亿元，增长7.5%左右。一年来，社会事业发展的主要工作和成效体现在：

华安县疫情防控有力有效，把疫情防控作为一切工作的前提、基础和保障，慎终如始抓好常态化疫情防控，发挥“三公（工）一大”机制作用，按照“快准严实细”要求，累计排查风险区域入（返）华安人员2.36万人，及时有效处置多起省外输入病例，未发生社会面扩散。扎实做好疫苗接种，18岁及以上人群、60岁以上第一针接种覆盖率各县区第一，60周岁以上老年人接种疫苗的做法在全市大会上作典型发言；在全市县区中率先建成健康驿站并启用，有效提升疫情应急处置能力。

抓保障，办实事，民生事业取得新成效。民生短板加快补齐，树牢“过紧日子”思想，全县民生支出11.56亿元，占一般公共预算支出71.31%，有力保障民生事业和基层运转。总投资7569万元的县实验小学综合楼及运动场和第二实验幼儿园迁建工程开工建设，200间中小学校近视防控教室照明改造、华丰中心小学综合楼及配套等一批项目竣工投用。全县完小以上学校课后延时服务100%覆盖，基层中学全部封闭式管理，受益学生1.5万人；学前教育普惠率、义务教育学习标准化创建均达100%；华安一中在“第二届少年硅谷·全国青少年人工智能教育成果展示大赛”荣获一等奖；发挥奖学奖教协会作用，发放奖励资金近百万元，惠及师生170人。县医院开办精神专科、中医妇科，改造扩容血液透析室；县中医院加强康复理疗科特色科室建设。开展基层卫生院“优质服务基层行”活动，3家卫生院完成国家基层医疗卫生机构“基本标准”创建；马坑、新圩、良村3家卫生院中医馆、华丰镇社区卫生服务中心业务用房完成建设，基层医疗服务能力进一步提升。

社会保障落地落实，在全市率先开展“百村百企”招工竞赛，建立招工奖励机制，开展“线上线下”企业用工招聘会，城镇新增就业人数1504人，超额完成年度任务，增长率全市第一。

华安县加大社会救助力度，提高城乡低保补助和特困对象供养水平，新增低保、特困社会救助对象383人，发放各类救助金2287万元。加快推进殡仪服务中心、村级公益性生命公园等项目建设。

抓短板，强弱项，城乡面貌呈现新气象。提升城区品质，实施城乡建设品质提升项目66个，完成投资17.08亿元。启动城区智慧停车运营管理项目；大同路等5条市政道路及配套设施改造工程竣工通车，新改建供水管网17.5公里。提升乡村颜值，开展农村人居环境整治“百村竞赛”专项行动，推进“一革命四行动”，农村无害化厕所普及率100%；继续开展裸房全覆盖专项整治三年行动，整治裸房3042栋，超额完成全年任务；加快实施农村生活污水治理PPP项目，铺设污水收集管网约660公里、验收行政村77个，形成农村生活垃圾处理“村收集、乡（镇）转运、县处理”治理模式，农村生活垃圾处理率达98%以上。县道湖仙线（X590）西陂至湖林段公路工程主线及连接线竣工通车，新改建农村公路61.5公里。“美丽宜居新华安”视频入选农业农村部全国农村公共服务优秀成果，全国仅30个。大地村作为全市唯一村庄入选“2022年中国美丽休闲乡村”，岛濑村荣获第二批省级乡村治理示范村；完成造林绿化和森林经营5.41万亩，“绿盈乡村”占比91.2%，高安镇被确定为“福建省森林城镇”，前岭村、平东村被确定为“省级森林村庄”。全面规范农村建房，拆除“两违”53.81万平方米，完成年度任务103.4%。提升环境质量，打好污染防治攻坚战，持续实施蓝天、碧水、净土保卫战，加快推进九龙江流域山水林田湖草沙一体化保护和修复工程，全县主要流域国省考断面水质均达Ⅰ—Ⅲ类，九龙江（华安段）水环境功能区、县城集中式饮用水源水质达标率均100%；城区空气环境质量全市第一。创建国家生态文明建设示范县通过省级预审。

社会治理成效显著，在全市率先推行“社会治安综合治理+保险”做法，得到省委副书记、政法委书记罗东川批示肯定。坚决落实国务院安委会加强安全生产工作15条硬措施，集中开展治超治限、自建房安全、电动车（摩托车）雨棚等专项整治，坚决防范和遏制各类安全事故发生，全县生产安全事故起数、死亡人数分别下降66.67%、50%，未发生较大及以上生产安全事故。加强地质灾害防治，实现连续16年地灾零伤亡。开展涉稳风险“大排查、大整治、大化解”专项行动和夏季治安打击整治“百日行动”，中央、省、市交办的重复信访疑难积案化解工作全部完成，圆满完成党的二十大维稳安保。打造“七无讼”全域治理新模式，民事案件调撤率达66.16%，全省第二、全市第一。首批政法队伍教育整顿成果评价全省第一，获评“全国信访工作示范县”“福建省第四轮第三批平安县”。

2023年是全面贯彻落实党的二十大精神的开局之年，是实施“十四五”规划承上启下的关键一年，做好各项工作意义特殊而重大。华安县要以习近平新时代中国特色社会主义思想为指导，全面贯彻落实党的二十大精神，完整、准确、全面贯彻新发展理念，服务和融入新发展格局，坚持稳中求进的总基调，更好统筹疫情防控和经济社会发展，更好统筹发展和安全，紧扣“四个更大”重要要求，突出做好稳增长、稳就业、稳物价工作，以开展“产业发展项目建设提升年”活动和深化“七比一看”竞赛为抓手，落实县委“1233”发展思路，加快建设现代化经济体系，着力深化改革开放，大力推进城乡协调发展，加强生态文明建设，提升人民生活品质，全方位推进高质量发展，奋力谱写全面建设社会主义现代化国家华安篇章。全县全年经济社会发展的主要预期目标为：地区生产总值增长6.3%左右；规模工业总产值增长8.5%左右，规模工业增加值增长8.2%左右；固定资产投资增长12%左右；社会消费品零售总额增长6%左右；一般公共预算总收入增长10%左右，地方一般公共预算收增长10.22%左右；实际利用外资增长7%左右；城镇居民人均可支配收入增长9.1%左右；农村居民人均可支配收入增长10%左右；农林牧渔业产值增长7%左右。节能减排指标控制在省市下达的指标范围之内。

（摘编：苏建平）

泉州市社会发展综述

2022年，泉州市迎来了党的二十大胜利召开，这是党和国家历史上具有里程碑意义的一年，也是泉州全方位推进高质量发展征程中具有重要意义的一年。这一年，泉州市隆重纪念习近平总书记总结提出“晋江经验”20周年，省委、省政府专门出台《关于传承弘扬“晋江经验”支持泉州建设21世纪“海丝名城”的意见》，激励和引导全市上下牢记殷切嘱托、深怀爱戴之情，奋力谱写全面建设社会主义现代化国家泉州篇章。这一年，泉州市勇担省委、省政府赋予的全省高质量发展主力军重任，紧扣“提高效率、提升效能、提增效益”，发挥“三大比较优势”，以实施“强产业、兴城市”双轮驱动为路径，聚焦“1+3”专项行动，全力抓项目、促发展，加快推进新型工业化和城镇化步伐。这一年，泉州市全面落实疫情要防住、经济要稳住、发展要安全的要求，高效统筹疫情防控和经济社会发展，迅速平战转换，快而有序打赢“0313”等疫情歼灭战，全力推进复工复产、满工达产、增资扩产、提质强产、保岗促产，“两稳一保一防”工作取得扎实成效，经济承压前行、稳中见韧。全市生产总值增长3.5%，地方一般公共预算收入可比增长8%，居民人均可支配收入增长5.4%。一年来社会事业发展的主要工作是：

民生福祉日益改善。坚持超七成五财力投入民生，全力惠民生补短板，完成39个为民办实事项目，建成229个便民惠民利民的“党建+”邻里中心，不断提高民生品质。巩固拓展脱贫攻坚成果，强化防返贫监测和低收入群体帮扶，实施产业帮扶3800多户、稳定务工就业1.6万人、住房条件改善提升422户；扶持低收入村发展村财项目166个，脱贫村集体经营性收入均达20万元以上。

促进教育优质均衡发展。新增公办幼儿园学位1.2万个、中小学学位2.7万个，实现义务教育阶段学校课后服务全覆盖，启动中小学“5G+专递课堂”试点，高中教育质量持续走在全省前列，新建技工院校4所，获批硕士学位授予培育单位2家。颁布实施新一轮妇女儿童发展纲要，未成年人保护、思想道德建设持续加强，关心下一代工作取得新成效。

加快补齐卫生健康短板。新增卫技人员3500人、医疗床位1200张、普惠性婴幼儿托位3000个；深化“三医联动”改革，开展信用医保试点，持续推进先诊疗、后付费；药品和医用耗材集采价格大幅下降，按病种收付费项目达494个。持续加强就业和社会保障工作，多措并举全力保就业，全市城镇新增就业9.1万人，失业人员实现再就业1.8万人，新增“五险”参保51万人次，保障农民工工资支付工作获得国务院通报表扬。

建成投用市社会福利中心。新增养老床位超2500张；市县慈善组织筹集善款16亿元；老龄、老干部工作得到加强。不断提升文化软实力，建立世遗“1+N”管理体系，成立文物保护中心，德化窑、永春苦寨坑窑获国家考古遗址公园立项，新增世界非物质文化遗产1个；出台闽南文化生态保护区管理办法，新增中国工艺美术大师5名，培育新型公共文化空间24个，开展公益性惠民演出活动1400场。第十七届省运会收获金牌188枚。

深化军地双拥共建。市本级及所辖县（市、区）荣膺省级双拥模范城（县）称号，实现省级“满堂红”四连冠，国防动员、军民融合、人防等工作持续提升。民族宗教、统计、气象、地震以及工会、共青团、妇联、科协、残疾人、红十字会、计生协会等工作取得新成效。

安全发展更有保障。建立平战结合疫情防控机制，"快、准、严、实、细"抓好疫情防控，做到早发现、快处置、稳经济；实行"三公（工）一大"领导24小时带班和"三个第一时间"应急响应，战时核酸检测能力拓展到80万管/日，流调队伍超2700人，隔离房间5.7万间，疫苗接种累计超2300万人次，建成定点亚定点医院26家、床位超1.7万张、发热门诊（诊室）209家。

加快安全生产标准化提升。完成5.2万家企事业单位标准化创建，建立"三张清单"制度，实行"红橙黄蓝"安全风险等级动态监管，生产安全事故起数和死亡人数实现"双下降"，消防和道路领域安全生产形势明显好转。

深入打好污染防治攻坚战。扎实推进两轮中央生态环保督察反馈问题整改销号；深化"碧水清河"行动，实现全市430条河流水质监测全覆盖，推行全市原水资源"五统一"管理，县级及以上饮用水水源地Ⅲ类水质达标率保持100%；开展"蓝色海湾"综合整治，全面除治互花米草，近岸海域优良水质比例达94.4%；完成126个大气精准治理减排项目；持续推进林业改革发展，建立市县乡村四级林长责任体系，完成植树造林8万亩、水土流失治理22.3万亩、废弃矿山修复3490亩。

深化平安泉州建设。圆满完成各项重大活动的安保维稳任务，常态化开展扫黑除恶斗争，严打严防电信诈骗、跨境赌博、非法集资等违法犯罪。持续加强食用农产品"一品一码"追溯管理，获批国家食品安全示范创建城市。

古城保护提质提效。完成古城核心区29条街巷市政综合提升，启动中山南路片区46条街巷整治。实施老旧小区改造项目560个、7.9万户，基本建成保障性安居工程1.2万套，新增保障性租赁住房5600套。实施"绿满泉城"、照明提升、水系联排联调、电力设施补短板4个三年行动，建立"三山一线"统一规划建设管理机制，建成口袋公园157个、新增公园绿地面积121公顷；实施东海片区、"两江"沿岸及重要节点照明提升；完成水系联排联调规划总体方案编制；中心城区电力设施投资增长22%。建成智慧城管物联通管理平台，实行中心城区环卫一体化管理，完善生活垃圾分类管理办法。

持续推动乡村建设。完成全市151万栋农村地籍房屋调查，编制实施村庄规划942个，创建整镇推进"五好"乡镇20个，打造乡村振兴示范线23条、典型示范村60个，新增国家级乡村治理示范村8个，整治裸房4.3万栋；实施城乡供水一体化建设，新改建供水管网1125公里；完成农村公路路网建设301公里、安防工程180公里，获评全国首批"四好农村路"建设市域突出单位。

2023年工作。党的二十大就新时代新征程党和国家事业发展制定了大政方针和战略部署，描绘了全面建设社会主义现代化国家、全面推进中华民族伟大复兴的宏伟蓝图。做好2023年各项工作：必须高举习近平新时代中国特色社会主义思想伟大旗帜，全面落实党的二十大精神，按照省委、省政府和市委部署要求，坚持稳中求进工作总基调，完整、准确、全面贯彻新发展理念，积极服务和融入新发展格局，着力推动高质量发展，更好统筹疫情防控和经济社会发展，更好统筹发展和安全，传承弘扬"晋江经验"，全面深化改革开放，大力提振市场信心，把实施扩大内需战略同深化供给侧结构性改革有机结合起来，深入实施"强产业、兴城市"双轮驱动，深耕"1+3"专项行动，勇当全省全方位推进高质量发展主力军，加快建设海丝名城、智造强市、品质泉州，奋力推进中国式现代化的泉州实践。经济社会发展主要预期目标是：全市生产总值增长6.5%左右，农林牧渔业总产值增长3.5%，工业增加值增长6.5—7%，第三产业增加值增长7—7.5%；一般公共预算总收入增长7%，地方一般公共预算收入增长5.6%；固定资产投资增长8%；实际使用外资增长8%，出口增长7%；社会消费品零售总额增长7%，居民消费价格涨幅控制在3%左右；居民人均可支配收入和经济增长同步；完成节能减排降碳任务。社会事业发展要重点做好以下工作：

坚持保护利用，繁荣发展文化事业文化产业。打造世遗保护利用典范城市。加强文化遗产和文物安全管理，健全世界遗产监测、展示、阐释体系，推动德化窑、永春苦寨坑窑国家考古遗址公园建设，筹办中非世界遗产能力建设泉州论坛。加强闽南文化生态保护区管理，规划建设闽南文化产业园、博览园，推动非遗保护传承创新。

健全现代公共文化服务体系。广泛践行社会主义核心价值观，深化爱国主义、集体主义、社会主义教育，加强公民道德建设，高标准打造新时代文明实践中心，争创第七届全国文明城市，提高全社会文明程度。巩固提升公共文化服务体系示范区创建成果，争取设立公共文化服务基金，建设24个新型公共文化空间，常态化开展公益演出活动1000场。提高海上丝绸之路国际艺术节、中国国际民间艺术节等实效，高水准办好第十二届市运会，协同发展群众体育、竞技体育、体育产业。

坚持绿色低碳，深化生态文明建设。加快绿色转型发展。开展降碳增汇行动，实施省级以上园区循环化改造，创建绿色工厂、绿色工业园区，新增20个省级以上绿色制造示范项目，有计划分步骤落实碳达峰方案。实施建筑业高质量发展三年行动，推广绿色建材、绿色建筑、装配式装修；倡导绿色消费，鼓励绿色低碳的生产方式和生活方式。

加大污染整治力度。坚持精准治污、科学治污、依法治污，实施100个以上大气精准治理减排项目，实行石化、制鞋、印刷等重点行业挥发性有机污染物全过程治理，强化臭氧污染防控；突出城镇生活污水收集处理，实施400个农村生活污水提升治理项目；加强陆海协同治污，深化河湖长制，创新推行“乡愁河长”，加快河湖空间带修复，打造沿江沿河沿湖绿色生态廊道。

加强生态文明建设。落实生态文明治理体系改革任务。深化林业改革，推动国有林场高质量发展；科学造林绿化，突出重点区位林相改造，强化古树名木保护，建好森林防火隔离带。加强水土流失综合治理，抓好互花米草遏制及植被修复，防治外来物种侵害，提升生态系统多样性、稳定性、持续性。

坚持人民至上，全力惠民生补短板。推动社会保障提标扩面。强化就业优先政策，抓细抓实稳岗就业工作，深化千企“引工大使”和“三个百”招工引才行动，职业技能培训2万人次、城镇新增就业8万人，新增“五险”参保18万人次、住房公积金归集3.6万人。实施“一老一小”整体解决方案，发展居家社区机构相协调、医养康养相结合的养老服务体系，新改扩建长者食堂等养老设施100个，新增养老床位超2000张、普惠性婴幼儿托位3000个，多措并举降低生育、养育、教育成本。发展好社会福利慈善事业、残疾人事业，完善分层分类的社会救助体系。

推动社会事业提档升级。努力办好人民满意的教育，实行中心市区公建配套学校与城市规划、设计、建设、验收、交付使用“五同步”，全市新增公办幼儿园学位1万个、中小学学位3万个；加快义务教育向优质均衡迈进，实施县域高中提升发展行动，建设“名优校+”教育发展共同体，完善乡村学校信息化基础设施，推动“5G+专递课堂”按需应用；试点中小学校长职级制改革，实施新一轮名师名校长培养计划，大力引进基础教育人才。深化国家产教融合试点城市建设，做优做强中职教育，力争建成泉州技师学院；支持华侨大学建设省“双一流”高校、泉州师范学院建设一流应用型高校，支持泉州医高专、黎明职业大学争创本科层次院校。加强学校心理健康和生命安全教育，改进体育美育工作，精准关爱下一代，抓好老年教育、继续教育、特殊教育。努力办好人民满意的卫生健康事业，健全公共卫生体系，推动市县两级设置疾控局，改扩建市公共卫生应急处置作业中心，加快发热门诊、定点救治医院、重症医学科建设，全面提高传染病处置和医疗救治能力。建成投用市妇产医院、正骨医院北峰院区，全市新增卫技人员4000人以上、医疗床位1500张以上；提升上海六院福建医院建设内涵，发展城市医联体，推动市级优质医疗资源下沉，建强基层医疗机构和乡村医生队伍，完善分级诊疗服务体系。促进“三医”协同发展和治理，推进医保支付方式改革，实现按DRG或按病种付费的医保基金支出占比不低于50%，探索中医诊疗项目打包收费，推进中西医“同病、同治、同疗效、同价”。

（摘编：周华政）

鲤城区社会发展概况

2022年，鲤城区坚持以习近平新时代中国特色社会主义思想为指导，坚持稳中求进总基调，锐意进取、应变克难，高效统筹疫情防控和经济社会发展，打赢“0313”等疫情歼灭战，落实稳经济一揽子政策措施，经济发展韧性得到巩固、城市建设格局有序拉开、民生服务保障更有品质。全年实现全区生产总值539.69亿元、增长4.5%，一般公共预算总收入23.32亿元、同口径增长1.6%，一般公共预算收入14.53亿元、同口径增长5.1%，工业增加值增长4.8%，建筑业增加值增长5.7%，第三产业增加值增长4.2%，社会消费品零售总额增长1.8%，固定资产投资增长10%。一年来社会事业发展的主要工作和成效是：

在共建共享中增进民生福祉，办好为民实事。鲤城区超八成财政支出投入民生领域，34件为民办实事项目高质量完成。实施“鲤跃”人才工程，全面推行“领军人才+创新团队+创新项目”引才模式，新引进人才中介机构4家，新增省级、市级高层次人才194人。实施职业技能提升培训近9000人次，城镇新增就业7500人。

落实阶段性社保降费率、社会保险费缓缴政策，减征社保费超3000万元，惠及企业近2万家次。鲤城区最低生活保障金、城居保基础养老金持续提标，全市率先实现街道医保服务全覆盖。完善住房保障体系，民企参与保障性租赁住房建设做法获住建部推广，建成保障性租赁住房640套、新建开工590套，建成长租公寓121套，推出安置型商品房2259套，回迁安置群众2237户。

推动优质均衡。鲤城区推进优质教育资源“过江”，加快福师大泉州附中扩建等一批教育项目建设，第二中心小学常泰校区封顶，3所小区配套幼儿园完成移交、新增学位1080个。以优秀等次通过教育“两项督导”市级评估，泉州七中获评全省首批示范性高中、泉州六中晋升省级二级达标高中、区教师进修学校成功创建省级示范校。课后服务实现“2+N”模式全覆盖，义务教育阶段学科类校外培训机构压减率达100%，“双减”政策有效落实。

接续实施卫生事业发展三年行动，引进集力生物等优质医疗项目，加快海丝智能医疗创新港、中医外科医院等医疗项目建设，启动区级医院前期工作，7家社区卫生服务中心通过国家优质服务基层行基本标准评审，开元社区卫生服务中心获评省级社区医院。增进互惠共享。实施社区集体经济“消薄倍增”工程，全面消除居财收入薄弱社区。拓展医养结合养老模式，完成500户困难老年人家庭适老化免费改造，社区卫生服务中心均设立老年人康复科，3个长者食堂建成投用，金山社区成功入选全国示范性老年友好型社区，老龄、老干部工作得到加强。

颁布实施新一轮妇女儿童发展纲要，深化家庭家教家风建设，未成年人思想道德建设持续加强。推进残疾人签约服务国家级试点工作，加快残疾人家庭无障碍改造。实施“1+2+3”食品安全提升工程，建设网络餐饮透明厨房示范街区，规范外卖餐饮服务，确保“舌尖上的安全”。完成粮食生产指标任务和粮食储备工作。成立全省首个“英模讲坛”，蝉联省级双拥模范城“八连冠”，人武部获评省级“拥政爱民模范单位”。

在典范创建中加快文旅融合。鲤城区加强文物保护。强化“世遗古城”主人翁意识，构建世界遗产点常态化保护机制，深入开展省级文物保险服务试点，81个市级以上文保单位定线落图，10个文保单位保护修缮工程启动实施，通天宫、锡兰侨民旧居等完成修缮；与华侨大学合作共建泉州古城遗产保护与利用研究基地，打造海丝史迹保护巡回法庭、检察护宝等品牌，推动文物级古大厝产权人自发析产，构建文物安全防护网。

繁荣文旅经济。鲤城区启动文旅经济发展“五大行动计划”，招引落地文旅项目13个、总投资超100亿元。深化古城业态提升“十个一”行动，推出10条精品旅游线路，举行“双李”系列纪念活动，举办街头艺术活动超百场，加快中山路、西街及周边商圈业态更迭，大上海理发店等“老店面”回归老店招，泉州侨批馆等开馆展览，中山路入选省级特色步行街，属于泉州人的老记忆慢慢唤醒。

成立民宿产业联盟。规范发展19家民宿，做优“世遗人家”品牌。举办文化旅游产品设计大赛、文化市集，建成城市会客厅，强化城市IP推广运作。人民文学出版社创作基地落地古城，承办中国电影编剧周启动仪式，引进精彩影视、无限自在等影视龙头企业，依托文学、影视讲好世遗故事。

传承非遗文化。鲤城区举办第二期古城文化传播人才培育计划，增设8个闽南文化和非遗文化传习场所，泉州扒龙船习俗（笋江）等5个项目入选省级非物质文化遗产代表性项目；建设“刺桐艺术馆”古城文艺创作展示基地，源和1916创意产业园获评省级“文艺两新”实践集聚地。深化文明创建。持续开展“品质名城·文明新风”行动，在第七届全国文明城市年度测评工作中发挥主力军作用。实行“党政街巷长制”，上线“民政事务服务平台”，倡导文明治丧理念。西菜市场获评省级三星文明集市。

“四方”防控责任落细落实。在防治结合中力保安定稳定，鲤城区完善区、街、居三级应急防控指挥体系，健全“一办十五组N专班”工作格局，建立“三公一大”“五源五同”等制度，自主开发“一网统管”“数智哨兵”等智慧防疫系统，疫苗接种累计超107万人次，设立发热门诊（诊室）17家。“三年”标准提升压紧压实。统筹整合全区应急救援和防灾减灾力量，落实安全生产专项整治“三年行动”，抓好“15条硬措施”和“66条具体举措”，完成934家企事业单位安全生产标准化创建；推进安全生产隐患“百日清零”，整改隐患4152项。深入推进“动态监测+人工巡检+保险理赔”试点，妥善处置存在安全隐患的自建房1472栋。“双线”提升创建走深走实。全力推进“平安鲤城”建设，开展四大专项攻坚行动，常态化推进扫黑除恶斗争，打击电信诈骗，八类安全破案率100%；建立阳光信访新模式，信访件满意率达95.9%，中央联席办“治重化积”交办事项化解率排名全市前列。

2023年是全面贯彻落实党的二十大精神开局之年，是实施“十四五”规划承上启下关键之年。鲤城区要以“高质量发展、高品质生活、高效能治理”为工作导向，围绕“产、城、人、文、安”发展思路，按照“五年规划、三年行动、年度计划、项目支撑”既定节奏，在2022年打基础的前提下，以更高的目标、更新的举措、更实的作风，推动鲤城高质量发展更好更快见成效。新一年工作的基本思路是：以习近平新时代中国特色社会主义思想为指导，全面贯彻落实党的二十大精神，坚持稳中求进总基调，完整、准确、全面贯彻新发展理念，服务和融入新发展格局，着力推动高质量发展，更好统筹疫情防控和经济社会发展，更好统筹发展和安全，按照“强产业、兴城市”“活古城、战江南”部署要求，实施“1345”发展战略，深化“1+3”专项行动，发展“数字+新制造”“数字+新商贸”“数字+大文创”“数字+大健康”产业，持续打造世遗典范城、中央创新区，奋力建设“品质名城·现代都市”。经济社会发展主要预期目标是：全区生产总值增长7%，工业增加值增长7%，建筑业增加值增长7%，第三产业增加值增长7%；一般公共预算总收入增长8%，一般公共预算收入增长8%；固定资产投资增长10%；出口商品总值（海关口径）增长5%，实际利用外资（验资口径）完成600万美元；社会消费品零售总额增长8%；居民人均可支配收入与经济增长基本同步。

（摘编：吴强）

丰泽区社会发展概况

2022年，丰泽区坚持以习近平新时代中国特色社会主义思想为指导，深入学习宣传贯彻党的二十大精神，在市委、市政府的坚强领导下，紧紧团结依靠全区人民，高效统筹疫情防控和经济社会发展，统筹发展和安全，做好“两稳一保一防”各项工作，全方位高质量发展迈出了坚实步伐。

以倾城之力打赢艰苦卓绝的抗疫大战。面对“03·13”突发疫情，丰泽区在上级党委政府的领导指导下，坚持人民至上、生命至上，弘扬伟大抗疫精神，立即启动应急响应机制，织密织牢疫情防控网络，仅用18天社会面确诊病例清零，35天全域降为防范区，得到国务院联防联控机制福建工作组和省、市的肯定。

以非常之举答好艰巨繁重的疫后大考。面对疫情对经济社会造成的巨大冲击，丰泽区直面挑战、精准施策，层层递进“四产联动”，仅5天重点项目复工率达100%，9天“四上”企业复工率达100%，GDP由一季度下降0.7%提高到全年增长4.5%，经济运行呈现“恢复快、回升稳、后劲足”的发展态势。

以破竹之势推动影响长远的要事大事。面对做大做强中心城区主力军重任，丰泽区深入实施“强产业、兴城市”双轮驱动，深耕“1+3”专项行动，泉州数字经济产业园、建筑服务产业园等园区成形成势，南埔山、后埔、南滨江、中央商务区等片区开发建设全面提速，产业、民生、基础设施等一批重大项目相继落地，为高质量发展注入强劲动力。全区上下奋勇攻坚、向难求成，交出了一份无愧于使命、无愧于职责、无愧于人民的奋斗答卷。一年来，社会事业发展的主要工作和成效是：

民生福祉得到新改善，保障扩面解民忧。丰泽区55项为民办实事项目全面完成，民生支出占财政支出比重达81.6%。打好就业稳岗组合拳，职业技能培训2万人次，新增就业2.3万人，居民人均可支配收入增长6.5%。居民养老保险、医保参保率均居全市前列，低保标准从每人每月775元提高至900元，被征地人员养老保障金标准提高至每人每月340元、实现“六连涨”。区社会福利中心新址项目开工建设，发放各类救助资金2600万元。新增保障性租赁住房426套。抓好“一老一小”服务，9个居家社区养老服务照料中心引进专业机构运营，新建普惠性托育园5个。9个退役军人服务中心（站）顺利通过全国示范型创建验收，蝉联省级双拥模范城“七连冠”。加强与顺昌县交流协作，落实帮扶资金1200万元。

资源扩容惠民需，落实教育优先发展。丰泽区新改扩建区实验小学、泉州九中等学校7所，新增优质学位6300个，推动泉州五中、培元中学及市直优质小学分校区布局城市更新片区；义务教育“双减”政策全面落实，课后服务参与率达73%；成立区教育集团，招聘从事教学工作的国企员工199人。扩大卫生资源供给，正骨医院北峰院区基本竣工，区疾控中心和妇幼保健院搬迁新址，东海、北峰街道社区卫生服务中心开工翻建，新增省级精品中医馆2家、民办医疗机构75家，重点人群家庭医生签约9.7万人。文体事业日益繁荣，区档案馆建成投用，改造提升社区综合文化服务中心5个，新建口袋体育公园20个，4个项目入选省级非物质文化遗产名录。治理扩效保民安。

完善疫情防控11项“平战结合”机制，高效稳妥处置数百条输入性疫情传播链，累计接种新冠疫苗182万剂次，守护了人民群众生命安全和身体健康。因地制宜划网定格，配备专兼职网格员3057名，实现基层治理“一网统管”。常态化推进扫黑除恶斗争，刑事警情数下降26%，信访“治重化积”178件。安全生产大排查大整治三年行动顺利收官，连续四年获评“全市完成年度安全生产目标责任优秀单位”；入选全市安全生产标准化提升试点县（市、区），4098家企事业单位全部完成创建。打击侵权假冒工作绩效位列全市第一档次。城东街道获评“全省劳动关系和谐街道”。防汛抗旱防台风、粮食安全、食品药品安全等工作扎实有力。

持续优化营商环境，“一趟不用跑”事项比例达95.5%，“一件事”集成套餐服务增至64项；推行“局长走流程”，破解行政审批堵点问题45个，工业用地拿地到开工用时压缩至59个工作日。国企改革有序推进，资产总额、营业收入分别增长12.5%和16.9%。“12345”诉求件办理满意率达99.2%。严格落实中央八项规定及其实施细则精神，完善区政府工作规则，统筹督查增效和基层减负，“三公”经费持续压减。国防动员、妇女儿童、残疾人、民族宗教、外事、侨务、保密、老年、慈善、计生协会、红十字会、地方志、关心下一代等工作取得新进步。

城市能级实现新跨越，精雕细琢提升城市品质。丰泽区实施“抓城建提品质”行动，66个城建项目完成投资65亿元。连片推进“三区一村”改造，分批次改造提升老旧小区262个，惠及4.8万户。成建制推进征迁交净地项目20个，拆除建筑87万㎡，腾出发展空间2262亩，出让土地1041亩。加速繁荣泉州中央商务区，新签约项目50个、总投资495亿元，新出租写字楼8万㎡，建成楼宇入驻率增长50%，入驻白领超万人。

精建细管提升城市功能。丰泽区全面升级“数字城管”，新建智慧安防小区495个，在全市率先实现千兆光纤网络100%覆盖。环卫一体化改革有序推进，新增垃圾分类亭100个，新建污水管网11公里。房屋“一楼一档”网格巡查全覆盖，排查处置安全隐患房屋4684栋，拆除“两违”2.5万㎡。打通“断头路”3条，新增停车位1000多个。4个社区入选市级“共建共享”社区治理试点，社会工作服务站建设经验获全市推广，物业管理矛盾纠纷数下降26%。文明城市创建由突击整治向常态长效转变，整治占道经营、共享单车乱停车等问题1.6万个。

精耕细作提升城市颜值。丰泽区认真抓好中央、省生态环保督察交办问题整改。完成大气治理减排项目5个，空气质量优良天数比例96.2%。创新“河湖长+”机制，整治北渠沿线排放口17个，东海、城东污水处理厂扩建工程建成投用，国控蟳埔断面水质达到Ⅲ类标准，北水厂集中式饮用水水源地水质达标率100%。清理整治互花米草6028亩，综合治理水土流失50亩。加快推进东海城东片区及晋江洛阳江两岸照明提升工程。实施“绿满泉城”行动，新建口袋公园10个，新增绿地11.6公顷。

2023年是全面贯彻落实党的二十大精神的开局之年，是实施“十四五”规划承上启下的关键之年，以实干实绩交出优异答卷是丰泽区的政治责任、时代责任、历史责任。各项工作的总体要求是：高举习近平新时代中国特色社会主义思想伟大旗帜，全面贯彻党的二十大精神，弘扬伟大建党精神，扎实推进中国式现代化，完整准确全面贯彻新发展理念，更好统筹疫情防控和经济社会发展，更好统筹发展和安全，紧扣“四个更大”重要要求，传承弘扬“晋江经验”，坚定不移实施“强产业、兴城市”双轮驱动，认真贯彻区委“一二三四五”工作思路，全力构建“五城五区”，勇当做大做强中心城区主力军，加快建设21世纪“海丝名城”核心区。经济社会发展的主要预期目标为：地区生产总值增长7%以上；工业增加值增长6%，第三产业增加值增长7.5%；一般公共预算总收入增长6%，地方一般公共预算收入增长4.5%；固定资产投资增长8%；社会消费品零售总额增长7.5%，居民人均可支配收入与全区生产总值基本同步增长。

（摘编：李哲）

洛江区社会发展概况

2022年，洛江区以习近平新时代中国特色社会主义思想为指导，认真学习宣传贯彻党的二十大精神，坚决落实中央、省市和区委的决策部署，高效统筹疫情防控和经济社会发展，统筹发展和安全，顺利完成当年的主要目标任务，全方位推进高质量发展取得新成绩。经济运行稳中有进，全年完成地区生产总值355亿元、增长4%，一般公共预算总收入27.2亿元，加上增值税留抵退税后完成28.75亿元，同口径增长8%，一般公共预算收入16.38亿元，加上增值税留抵退税后完成17.13亿元，同口径增长9%。落实新的组合式税费支持政策，全年退税减税缓税降费5.1亿元，兑现财政奖补资金2.9亿元。协调银行机构为51家企业提供超7.5亿元延期付息、贷款展期、调整结息周期等支持，帮助69家企业获得纾困增产增效专项贷3.4亿元。全年完成外贸出口80亿元、增长10.6%，全社会固定资产投资增长10%，新增利用外资2085万美元、增长86.6%。一年来，社会事业发展的主要工作和成效是：

民生福祉持续增强，疫情防控科学精准。面对严峻复杂的“0313”本土疫情，迅速调整构建“1+14+10”扁平高效专班指挥体系，探索五项机制、落实五个举措、提升五种能力，第一时间分区分级精准防控，实现10天社会面清零、14天集中隔离点清零，没有发生隔离点院感，用最短时间控制局面、掌握主动，得到国务院联防联控福建工作组和省市领导肯定。转入常态化防控后，穿透落实“三公（工）一大”融合协同、及早“发现1”机制，常态化开展核酸检测，同时按照党中央和省市部署，优化调整疫情防控措施，加强统筹衔接，有序组织实施，保障群众就医用药，确保平稳转段和社会秩序稳定。

民生投入持续加大。扎实办好年度66件民生实事，完成率100%，全年民生支出13.5亿元，占一般公共预算支出七成以上。提高城乡低保标准，每人每月从775元提高到900元，发放低保金、特困人员生活补助金、临时救助金约2000万元。投入204万元新建8个农村居家养老服务站和3个长者食堂。做好城乡居民养老保险参保扩面工作，新增参保482人，发放养老金4651.1万元、被征地养老保障金1180.6万元。公共服务扩容提质。投入2.5亿元建设21个教育项目，建成后可新增学位2700个。市实小洛江第二校区加快建设，泉州十一中塘西校区、洛江区实验幼儿园开工建设，奕聪中学通过省一级达标高中现场考察。

提升乡村医生保障水平。发放村级公共卫生服务补助271万元。区妇幼疾控综合业务大楼投入使用，区医院新院区开工建设，泉州宝璋肿瘤医院主体结构封顶。投入1150万元改造提升罗溪卫生院、万安社区卫生服务中心。丰富群众文体生活，新建13条全民健身路径、20个口袋健身公园，改造提升7个篮球场，俞大猷纪念馆重装开馆，蔡襄书院正式挂牌，区档案馆主体建筑封顶。建成并启用应急广播三级平台478个点位，在全市率先实现全覆盖。

社会治理更加高效，加快平安洛江建设。获评省第四轮第二批“平安县（市、区）”。统筹推进安全生产专项整治三年行动、安全生产标准化提升，按照“红橙黄蓝”四色确定企业整体安全风险等级，蓝色等级达到428家，分行业、分区域培植区级以上标杆企业30家。开展房屋结构安全排查整治“回头看”，排查隐患房屋227栋，全部分类处置到位，在全省自建房安全专项整治视频会议上作典型发言。推进阳光信访、责任信访、法治信访，受理率、按期办结率、满意率均位居全市前列，探索“心理+信访”模式获省领导批示，在全省推广。强化金融信贷风险防范，通过清收、核销等方式化解不良贷款5500万元。深化军地双拥共建，实现省级双拥模范城“五连冠”。

城乡建设全面提速，城市能级持续提升。落实全市“强产业、兴城市”双轮驱动和“抓城建提品质”专项行动，研究制定《洛江区“抓城建提品质”2022年专项行动方案》，组建工作专班集中办公，策划生成项目156个、总投资268.7亿元，开工建设120个、完成投资44.6亿元。统筹推进阳江新城、中部功能区、小总部经济区、河市西片区等片区开发建设，17个片区更新项目完成投资7.3亿元。认真办理区六届人大一次会议1号议案，制定《洛江区“五化”提升工程工作方案》，策划生成“五化”项目104个、总投资9.4亿元，完成万安和双阳内沟河清淤整治、光纤网络改造等52个项目。完善市政基础设施，洛江西环路（朋虹街至经九路段）市政工程、经九路即将完工，万虹路国道324至河市中学改造提升工程开工建设，完成朝阳二路、安达路等改造提升。投资985万元建设城市公共停车场，新增停车泊位379个。

乡村振兴亮点纷呈。实施乡村振兴“1+6+2”系列行动，113个乡村振兴项目完成投资2.8亿元。突出示范带动，建成19个乡村振兴省市区级试点示范村、4条市级示范线路。整镇推进“五好”乡镇创建，虹山乡在全市考评中获得农业生态型乡镇优秀等次。推进“五个美丽”创建行动，投资6000多万元建成美丽乡村庭院203户、微景观67个、小公园（小广场）15片、美丽田园5个、休闲旅游点4个。全域旅游推进全面振兴做法获国家乡村振兴局刊发，省领导批示推广。城乡供水一体化项目加快建设，完成年度投资计划的130%。

生态环境稳定向好。蓝天、碧水、净土保卫战取得新成效，成功创建第六批国家生态文明建设示范区。投入5000多万元实施6个“碧水清源”项目，完成6个农村生活污水治理项目建设和20个村庄生活污水提升治理，主要流域和小流域水质优良比例达100%。加强臭氧污染联防联控，完成5个大气精准治理减排项目。抓好土壤污染治理，完成泉州大华蓄电池有限公司污染地块治理修复，组织开展重金属行业企业排查，规范危险废物管理。投入474.7万元治理水土流失9930亩。制定《洛江区区域突出生态环境问题清单》，持续推进第二轮中央生态环境保护督察报告共性问题整改。出台《洛江区深化集体林权制度改革推进林业高质量发展实施方案》，全面落实林长制，开展松材线虫病防治，完成植树造林3000亩，除治互花米草1442.6亩。

2023年是全面贯彻落实党的二十大精神的开局之年，也是实施“十四五”规划承上启下的关键之年，做好新一年各项工作至关重要、责任重大。工作总体要求是：高举中国特色社会主义伟大旗帜，坚持以习近平新时代中国特色社会主义思想为指导，深入学习贯彻党的二十大精神和习近平总书记对福建工作的重要指示批示精神，坚持稳中求进工作总基调，以推动高质量发展为主题，完整、准确、全面贯彻新发展理念，主动服务和融入新发展格局，全面落实中央、省市和区委的决策部署，更好统筹疫情防控和经济社会发展，更好统筹发展和安全，保持经济稳定发展，保持社会大局稳定，加快建设更高水平的智造洛江、生态新城。经济社会发展主要预期目标是：地区生产总值增长7%；农林牧渔业总产值增长5%；工业增加值增长7%；第三产业增加值增长7.5%；一般公共预算总收入增长8%，一般公共预算收入增长9%；实际利用外资（验资口径）2500万美元；出口商品总值增长10%；全社会固定资产投资增长10%；社会消费品零售总额增长10%；居民人均可支配收入增长和经济增长基本同步；完成节能减排任务。

（摘编：苏建平）

泉港区社会发展概况

2022年是泉港区砥砺奋进、负重前行的一年。一年来，泉港区坚持以习近平新时代中国特色社会主义思想为指导，以迎接和学习宣传贯彻党的二十大为主线，组织实施“五大比拼”“五大攻坚”系列专项行动，扎实推进“两稳一保一防”工作，高效统筹疫情防控和经济社会发展，较好地完成了区五届人大一次会议确定的各项目标任务，高质量推进“三城建设”迈出坚实步伐。全年实现地区生产总值713.99亿元，增长3.5%；工业增加值468.98亿元，增长1%；第三产业增加值163.45亿元，增长8.8%；农林牧渔业总产值23.05亿元，增长2%，固定资产投资135.11亿元，增长20.5%；一般公共预算总收入90亿元，下降13.49%；一般公共预算收入22亿元，下降21.61%；实际使用外资1.31亿美元，增长15.4%；社会消费品零售总额155.18亿元，增长3%；居民人均可支配收入34302元，增长6.1%。全年经济增长好于预期目标，泉港区入选2022年“中国工业百强区”，获评福建省平安县（市、区）、省级双拥模范城（县）“六连冠”。社会事业发展的主要工作和成效是：

加强普惠性、基础性、兜底性民生建设，31件为民办实事项目如期完成、做实见效。坚持“外引内建”“高位嫁接”优质教育资源，引进8名省内“退休名师”，与泉州五中等知名学校开展对接合作，与省普教室达成基础教育教研结对帮扶，发放近2000万元用于奖教助学，2022年高考本科上线率达65.9%，创历史新高；中考成绩也取得历史性飞跃。泉港五中等5个教育基建项目序时推进，3所中心小学升格为实验小学，福师大泉港实验小学等5个基建项目投入使用，新增学位4130个。

深化推进公立医院改革。泉港区医院在全国1.4万多家县级医院竞争中首次荣登“500强”。社会保障提质扩面，基本养老金实现“17连调”，低保人均补差增长15%，养老、工伤、失业等保险参保人数均创新高，城乡低保覆盖率位居全市前列。严格落实“1338”防止返贫动态监测和帮扶机制。动态消除“零就业”家庭，在全省首推“线上+线下1小时就业圈”，推动3000多人次实现灵活就业，城镇新增就业2810人，调查失业率控制在5.5%以内。“一老一小”服务体系加快构建，完成未成年人救助保护中心建设，新增3个长者食堂，城乡社区养老服务设施实现全覆盖。

政务服务暖心高效。深入开展“营商环境提质年”“千名干部进千企，一企一策促发展”“局长进窗口走流程”等活动，机关干部常态化下沉服务。顶格执行国务院和省市扎实稳住经济一揽子政策措施，实行各类惠企政策“一站汇聚”。推行“规上云”小程序，精准匹配，确保纾困资金直达企业，累计兑现各级惠企资金8000万元，减税降费10亿元。引导金融活水不断流向实体经济，举办8场政银企对接会，授信总额近90亿元，全区各项贷款增长率28.7%，增速位居全市前列。围绕“三提三效”，纵深推进“放管服”改革，推行承诺审批、免证即办、跨区域通办等新模式，首创中小企业帮办服务中心，行政许可事项全程网上可办率达92%以上。推行工业用地弹性供应、分割转让等系列政策，建成“企业申办信息集成导录系统”，努力实现企业开办“零成本”、新设立企业“开办即开户”、工业项目用地“交地即开工”。全年实现“小升规”“限下转限上”企业27

家，新增各类市场主体1.2万户、同比增长108%，新增企业6758家、同比增长695%，企业开办数量和增速均位居全市第一。

抓城建、提品质，普惠性民生优化供给，山海宜居美城人气集聚，城市建设提档升级。落实“城建提速攻坚行动”，实施115个城建项目，完成投资75亿元。完成石化园区及安控区专项规划和控规编制，高起点规划石化科创小镇、天辰总部经济区，完成峰尾圭东小区、山腰锦祥片区（二期）改造。启动国道228泉港段改线工程，完成朝阳公路拓宽改造，福厦客专泉港站达到静态验收条件，泉港即将进入“高铁时代”。推进“智慧泉港”建设，完成智慧泉港城市运行指挥中心建设，新建智慧停车泊位3630个。成立物业行业协会、农村建筑工匠协会，完成商品房销售面积54万平方米，增速位居全市前列。开展市容提标整治，打通仁和路、忠孝路、北洲路等城区“梗阻路”，完成植物园二期工程、驿峰路入区广场、南山南路花漾街区等项目建设，实施金山街内涝治理，新建城乡公厕18座、口袋公园13个，城区绿化覆盖率超41%。

乡村振兴全面推进。现代农业提质增效，新增利园农业等4家市级农业产业化龙头企业，白潼村、惠屿村入选省级“一村一品”专业村，涂岭镇获评市级农业产业强镇。实施新一批村集体经济创收项目，全区村集体经营性收入20万元以上村达100%，50万元以上村23个，超百万村7个。深入开展村庄清洁提升行动，启动“五个美丽”建设活动，实施涂坑村、诚峰村、涂岭村等传统村落保护和整治提升工作，完成裸房整治2820栋，城乡人居环境整治工作考评成绩位列全市前列，顺利通过中央创城考评组年度测评。提升改造6个农村自来水工程，清淤疏浚25公里农村水系，县乡村三级物流节点覆盖率达到100%。抓好“一镇四线二十四村”示范推广，界山镇获评省级乡村治理示范乡镇，涂岭镇入选省级森林康养小镇，钟厝村等7个村获评省级乡村治理示范村，前黄村、诚平村入选中国传统村落名单。开展“唱响泉港好声音”宣传活动，推出“山海泉港·常来长寿”“镇长带你游泉港”系列短视频，出版发行《百鹭集》，尽显长寿之乡的生态人文之美，“泉港是美丽家乡”的共识更加深入人心。

民生福祉日益增进。

生态治理成效显著。加快实施泉港区海洋生态保护修复项目，完成补沙约120万立方米，修复岸线、生态化改造海堤超3公里。提前完成互花米草年度除治任务，近岸海域一、二类水质比例达100%，位居全市前列。扎实抓好两轮中央生态环保督察反馈问题整改销号，综合整治泗洲水库水华风险，有序推动氯碱公司拆除搬迁。严格落实河（湖）长制，开展污水提质增效和内沟河水质提升专项行动，污水处理厂二期建成投用，新增20个农村生活污水处理设施，城市生活污水集中收集处理率提升20个百分点。落实林长制，完成植树造林2288亩、矿山生态修复40亩，治理水土流失2560亩。扎实推进10个年度大气减排精准治理项目，全年环境空气质量优良率达99.4%，位列全市前3名。

2023年是全面落实党的二十大精神的开局之年，是实施“十四五”规划的关键之年。工作的总体要求是：以习近平新时代中国特色社会主义思想为指导，全面贯彻落实党的二十大精神，坚持稳中求进工作总基调，深入贯彻新发展理念，加快构建新发展格局，着力推动高质量发展，更好统筹疫情防控和经济社会发展，更好统筹发展和安全，提速“强产业、兴城市”双轮驱动，加快建设“绿色石化名城、现代活力港城、山海宜居美城”，为全面建设社会主义现代化国家贡献泉港力量。经济社会发展预期目标是：地区生产总值增长3%，农林牧渔总产值增长2.5%，工业增加值增长1.3%，第三产业增加值增长5.1%；一般公共预算总收入增长5%，一般公共预算收入增长10%；固定资产投资增长15%；出口商品总值（海关口径）增长5%，实际使用外资增长持平；社会消费品零售总额增长6%；居民人均可支配收入增长6%。

（摘编：余晓楠）

石狮市社会发展概况

2022年是党的二十大胜利召开之年。在以习近平同志为核心的党中央领航掌舵下，在上级和市委的坚强领导下，石狮市坚决贯彻党中央关于“疫情要防住、经济要稳住、发展要安全”的重要要求，认真落实省委“三提三效”行动和泉州市委“强产业、兴城市”双轮驱动部署，精准发力“两稳一保一防”，扎实推进“1+3”专项行动，做好做实“五在石狮”文章，高效统筹疫情防控和经济社会发展，全面建设现代化商贸之都迈出了坚实步伐。全年实现地区生产总值1171亿元、增长4.5%，一般公共预算总收入56亿元，一般公共预算收入41.1亿元，居民人均可支配收入64423元、增长4.6%，保持全国综合实力百强县市第15位。一年来，石狮市社会事业发展的主要工作和成效是：

坚持平战结合，疫情防控有力有序。迅速歼灭突发疫情。坚持人民至上、生命至上，全面动员、全民参与，快准严实细开展流调溯源、转运隔离、封控管控等工作，坚决有力实现“03·13”疫情9天社会面“清零”、15天隔离点“清零”，慎终如始应对秋冬季疫情。全面提升应急能力。按照“三个第一时间”要求，重塑应急指挥机制，建立集中健康观察场所储备体系，建成4个核酸检测实验室，培训核酸采样和检验人员2264名，组建流调专家组、流调队伍27支、信息化技术保障队伍10支、消毒队伍138支。织密常态防控网络。不断优化防控措施，健全完善“三公（工）一大”融合协同机制，建立穿透基层的“大数据+网格化”排查体系，统筹推进疫苗接种、密闭空间整治、海上防偷私渡、交通检疫等工作，科学精准实现人防、物防、技防措施全面覆盖。

坚持扩优并举，民生福祉增进增厚。石狮市全年民生支出占财政总支出的八成以上，28项为民办实事顺利完成。社会保障更有温度。坚持保就业优先导向，高校毕业生留石就业创业直通车工程成效初显，在石高校毕业生留石就业人数实现翻番，新增城镇就业5286人。省级和谐劳动关系示范区建设有序推进，获评全国和谐劳动关系创建示范企业1家、省级劳动关系和谐乡镇1个、劳动关系和谐园区1个。新一轮妇女儿童发展纲要顺利启动，城乡社保、医保持续扩面提质，低保标准提升至户月人均940元。全面落实退役军人、军属优待服务，蝉联省级双拥模范城“九连冠”。

社会事业更有质量。石狮市投入5.7亿元，推进24个教育项目建设，第九实验小学等7个学校建成投用，新增学位3260个。深入实施教育人才引育计划，培育各类名师141名，引进优秀教师696名，教师进修学校获评省级示范。深化省级基础教育改革发展实验区建设，实施“名优校+”集团化办学新模式，高位引进福师大附中、福建技师学院合作办学，加快教育优质均衡发展。石狮市总医院被列入国家首批“千县工程”，市总医院子英院区启动改造，“两病”门诊用药保障示范城市样板县创建工作稳步实施，药品和医用耗材带量采购常态化开展，累计帮助群众减轻药费负担约4500万元。石狮市举办首届“福狮”文化节、云上泼水节等文化节庆活动23场，完成67所少年宫改造提升，实现市区15分钟健身圈和农村全民健身设施全覆盖。

社会治理更有效率。石狮市整合打通智慧交通、城市管理、综治维稳、疫情防控等100多个数字服务应用，汇聚各类数据6.5亿条，实现社会治理事项“一网通办”，获评省级智能社会治理实践基地。巩固提升安全生产三年行动，稳步推进应急管理综合行政执法改革，推动2579家企事业单位完成安全生产标准化创建，被确定为全省安全生产连片联合执法试点。纵深推进平安石狮建设，严厉打击电信网络诈骗等违法犯罪活动，积极稳妥化解信访积案，创新“和润狮城·订单分包”等调解模式，获评全国首批信访工作示范市。强化“餐桌污染”治理，全面推进食品放心工程建设。石狮市统计、档案、工青妇、红十字、残疾人、民族宗教、防震减灾、对口协作、老干老龄等各项事业加快发展。

自身建设持之以恒。深入开展“提高效率、提升效能、提增效益”行动，深化“局长走流程”活动，创新推行“模拟审批”“拿地即开工”等服务新模式，行政许可事项承诺时限压缩90.6%，“最多跑一趟”和“一趟不用跑”事项占比99.8%，“E政务”自助办事项达115项，新增市场主体2.5万户。市属国企改革向纵深推进，运营集团获批AA+信用评级，国投、产投、文旅三大集团承建代建项目124个。落实全面从严治党要求，厉行勤俭节约、反对铺张浪费，持之以恒纠治“四风”，深化党风廉政建设，扎实抓好各级各类巡视巡察和审计反馈问题整改。

坚持城乡统筹，城市品质提质提档，城市功能更加完善。石狮市97个“抓城建提品质”项目完成投资65亿元，海岸带开发建设、五大片区更新改造稳步推进，联邦商业城改造重建和44个老旧小区修缮全面完成，泉州环湾快速路石狮连接线二期、永宁外线（红塔湾旅游路至梅宁路段）建成，锦南路西段等“断头路”成功打通，新建公交候车亭26座，新增停车泊位2000多个，晋位全国新型城镇化质量百强县市第17位。

乡村建设活力焕发。石狮市深入开展“新班子新气象、办实事促振兴”擂台大比拼活动，成立乡村振兴促进会，抓实6个省级试点村、3条泉州市级示范线、3个整镇推进载体，实施实事好事项目1302个，新建高标准农田1150亩、美丽田园示范区16个，新增省级乡村治理示范村14个，祥芝镇入选全国农业产业强镇创建名单，永宁镇获评省级乡村振兴重点特色镇，宝盖镇被认定为省级乡村治理示范乡镇。

生态质量稳步提升。石狮市扎实推行河（湖）长制、林长制，启动农村生活污水提升治理五年行动，新铺设污水管网120公里，新建“口袋公园”20个、造林绿化883亩，全面除治泉州湾南岸互花米草3150亩，科学实施10个大气精准减排治理项目，空气质量优良率、集中式饮用水源地和近岸海域水质保持100%达标。始终坚持最严格的环境监管执法，全面推进中央、省环保督察反馈问题整改，完成垃圾综合处理厂提级改造，建成餐厨垃圾预处理项目、大件垃圾综合处理站，印染行业转型升级成效获央视《焦点访谈》点赞，入选全国绿色发展百强县市。

2023年工作安排。党的二十大为新时代新征程党和国家事业发展、实现第二个百年奋斗目标指明了前进方向、确立了行动指南，擘画了以中国式现代化全面推进中华民族伟大复兴的宏伟蓝图。2023年是贯彻落实党的二十大精神的开局之年，做好各项工作：必须坚持以习近平新时代中国特色社会主义思想为指导，深入学习贯彻党的二十大精神，坚持稳中求进工作总基调，立足新发展阶段，完整、准确、全面贯彻新发展理念，服务和融入新发展格局，坚持强产业、兴城市，深化落实“五在石狮”部署，做好创新创业创造、发展商贸经济、精美城市建设“三个示范”，全力争当构建新发展格局先行区、共同富裕先行区，全力建设活力海洋之城、美食文旅之城、精美善治之城，努力实现质的有效提升和量的合理增长，加快建设现代化商贸之都。石狮市经济社会发展的主要预期目标是：全市生产总值增长6%左右；农业总产值增长3.5%左右，工业增加值增长6.2%左右；第三产业增加值增长6.3%左右；一般公共预算总收入增长6%；一般公共预算收入增长6%；固定资产投资增长7%左右；实际利用外资增长5%；出口增长10%；社会消费品零售总额增长8%左右；居民消费价格涨幅控制在3%以内；居民人均可支配收入增长6%左右；完成节能减排任务。

（摘编：林学军）

晋江市社会发展概况

2022年是党的二十大召开之年，也是“晋江经验”提出20周年。一年来，晋江市坚持以习近平新时代中国特色社会主义思想为指导，深入贯彻党的十九大、十九届历次全会和二十大精神，传承弘扬“晋江经验”，深入开展“三提三效”行动，以“五个年”活动为主抓手，扎实推进“强产业、兴城市”双轮驱动，承压奋进，艰辛突围，取得新的成效，全年地区生产总值超3200亿元、增长4.5%，一般公共预算收入150亿元、同口径增长6.17%，城乡居民人均可支配收入突破5万元、增长5.0%。县域经济基本竞争力保持全国第四，跻身II型大城市行列。一年来，社会事业发展的主要工作和成效是：

接续弘扬“晋江经验”。统筹推进22项国家级、省级改革试点和78个集成改革项目，启动国家盘活利用低效用地试点，获批国家进口贸易促进创新示范区、农村综合改革试验区。晋江市高规格举办福建省弘扬“晋江经验”促进民营经济高质量发展大会、“晋江经验”与习近平经济思想理论研讨会等系列活动，多位党和国家领导同志亲临晋江视察指导，晋江高质量发展成为中央主流媒体报道焦点。

从容应对多重考验。晋江市按照“疫情要防住、经济要稳住、发展要安全”重要要求，尽锐出战打赢艰苦卓绝的“0313”疫情，迅速扑灭局部爆发的“0817”疫情，快而有序控住多链并行的“1124”疫情，平稳落实“二十条”“新十条”措施。统筹经济运行调度，精准助企纾困，高效复工复产、满产达产，逆周期增资扩产、提质强产，有力有效应对严峻复杂的经济形势，实现高基数下的承压增长。

突出普惠共享，民生质量更高。晋江市财政投入115.7亿元，用于民生领域，占本级支出80.7%。“四帮四扶”166户困难家庭。新增城镇就业2.5万人，开设5个零工市场、2个技能培训输送基地，稳定岗位25万个。新增优质学位1万个，智能制造学院、泉州职业技术大学二期开工建设，晋江一中、养正中学获评全省首批示范性高中，学前教育普及普惠通过省级验收，进修学校通过省级示范性评估。实施55个公卫补短板项目，建成公共卫生应急指挥平台，改造提升120急救中心，新增托育位2229个，上海六院晋东院区开工建设。新增养老床位470个，建成3个区域性养老服务中心、11个长者食堂。主题电视剧《爱拼会赢》在央视黄金时段热播，获国家“五个一工程”优秀作品奖，非遗展示馆正式开馆，金交椅山窑入列省级考古遗址公园，南天寺保护修缮荣膺亚太地区文化遗产保护优秀奖，梧林入选中国华侨国际文化交流基地。落户全国电竞大赛、中超中立赛区、WCBA常规赛区，获评全国首批全民运动健身模范市。安全生产标准化提升实现全覆盖，生产安全事故数、亡人数分别下降34.8%、41.7%。晋江市常态化开展扫黑除恶专项斗争，电信诈骗案件比降41.3%，破案率提升3.25个百分点，392件治重化积案件全部化解。超额完成粮食播种任务，守牢粮食和食品安全底线。晋江市民族宗教、统计档案、防灾减灾、对口帮扶、老干老龄、工青妇儿、红十字、残疾人、退役军人、国防双拥、海防管理等各项事业加快发展。

统筹城乡建设，城市品质更优。晋江市划定国土空间“三区三线”，控规覆盖面积达60平方公里，蝉联全省城乡建设品质提升综合绩效优异县市。城市建设加快步伐。晋东、高铁、科创、紫帽四大新区实施项目25个、完成年度投资53亿元，5个安置房项目竣工验收。池店、安海、英林等片区更新完成征迁。“聚城畅通”工程加快推进，建成福厦客专晋江段、二重环湾一期、东部快速路一期等重要通道，开工世纪大道南延伸工程。

城市配套不断完善。晋江市实施155个基础设施项目，新增变电容量5万千伏安，5G信号覆盖城乡主要区域，打通12条污水“断头管”，中水回用率达62.5%，农村生活污水处理工程初验率达67%。完成18条重要通道景观提升。实施最严环卫考评新规，城市管理机制进一步完善。

生态环境持续改善。晋江市扎实抓好生态环保督察反馈问题整改，实施8个流域水质提升工程，完成“蓝色海湾”综合整治5892亩、互花米草除治2318亩、松材线虫病防治926亩。植树造林4100亩，新增绿地面积140公顷，修复矿山生态328亩，建成区绿化覆盖率44.04%。乡村振兴全面推进。成立市乡村振兴促进会，深入开展“百企帮百村、乡贤促振兴”行动，村企合作、乡贤捐赠金额超20亿元。鲍鱼、胡萝卜育种取得重大突破，高标准农田人库达6.92万亩。全市村集体经营性收入首超2.5亿元，共享型集体经济、乡村治理、乡村产业高质量发展成为全国典型，“五个美丽”建设成为全省典型，磁灶、英林获评省级乡村治理试点示范镇，金井获评省级全域生态旅游小镇，湖尾村获评国家美丽休闲乡村。

2023年是全面贯彻落实党的二十大精神的开局之年，挑战与机遇并存。尽管外部环境严峻复杂，经济恢复的基础尚不牢固，需求收缩、供给冲击、预期转弱三重压力仍然较大。但也要看到，晋江作为县域排头兵，有“晋江经验”引领的独特优势；有“爱拼敢赢、敢为人先”的人文优势；有经济韧性强、活力足、底盘稳的基础优势，长期向好的基本面没有改变，多年积累的综合优势没有改变，高质量发展的良好势头没有改变，这是晋江市最大的信心和底气。只要保持战略定力，坚定必胜信念，迎难而上，顶压前行，晋江市一定能够战胜风险挑战，推动全方位高质量发展取得更大成效。根据晋江市十四届党代会第二次会议精神，新的一年工作的总体要求是：以习近平新时代中国特色社会主义思想为指导，全面学习贯彻党的二十大精神，深入落实习近平总书记重要讲话重要指示精神，加强党的全面领导，弘扬伟大建党精神，围绕统筹推进“五位一体”总体布局、协调推进“四个全面”战略布局，立足新发展阶段、贯彻新发展理念、服务和融入新发展格局，紧扣“四个更大”重要要求，聚焦新发展阶段新福建建设，落实“强产业、兴城市”双轮驱动，全力攻坚中国式现代化建设先行示范、全方位推进高质量发展主力领军、共同富裕县域范例“三大战略目标”，加快构建“一三一三七”发展格局，奋力推进中国式现代化晋江实践，谱写“晋江经验”新篇章。晋江市经济社会发展主要预期目标是：地区生产总值增长6.5%左右，一般公共预算总收入增长7.6%、本级收入增长5.0%，规上工业增加值增长7.6%，全社会固定资产投资增长8.0%，城乡居民人均可支配收入增长7.0%。

围绕上述目标，晋江市要按照市党代会的部署要求，坚定不移推进新型工业化、新型城镇化和治理现代化，奋力“追赶、突破、引领、提升”。“追赶”就是要坚持目标导向，强化“标兵渐远、追兵渐近”的危机意识，全力对标赶超，把失去的时间抢回来，把发展的速度赶上来。“突破”就是要坚持问题导向，聚力攻坚，全力破解要素制约、空间瓶颈、社会治理等一批事关高质量发展的关键难题，突破一批事关晋江长远发展的重大引领性项目，争创发展新优势。“引领”就是要坚持扛旗领跑，强化走在前列的责任担当，树牢争创一流的责任意识，每个领域都要当标杆、作示范，打造一批全省乃至全国的晋江样板。“提升”就是要坚持质量效益并重，更加注重内涵式发展，深度推进“产城人”融合，推动各项工作迈上新台阶、实现新跃升。

（摘编：沈光明）

南安市社会发展概况

2022 年，是党的二十大胜利召开之年，大家共同见证了新时代十年振奋人心的伟大变革，激扬起团结奋进新征程的豪情壮志。一年来，在市委的坚强领导下，南安市坚持以习近平新时代中国特色社会主义思想为引领，稳慎应对风险挑战，迎难而上，勇毅前行，经济社会保持坚实稳定的发展态势。全市完成地区生产总值 1645 亿元、增长 4%，一般公共预算总收入 100 亿元、下降 2.2%，一般公共预算收入 65 亿元、增长 10.9%。一年来，南安市社会事业发展的主要工作和成效是：

科学高效防控疫情。始终坚持人民至上、生命至上，“快准严实细”落实防控措施，财政投入抗疫资金 5.5 亿元，核酸检测能力提高到 11.2 万管/日，流调队伍超 300 人，储备隔离房间 9400 多间，疫苗接种累计超 380 万人次，市镇村企、农工商学勠力同心，用最小代价实现最好防控成果。

用心增进民生福祉。脱贫基础更稳固，实施产业帮扶 187 户、稳定就业 3620 人、改善住房条件 112 户，脱贫户人均收入超 2 万元。社会保障更厚实，高质量完成 6 方面 48 个为民办实事项目。发放稳岗返还资金 1800 万元，新增城镇就业 8500 人。城乡低保标准从 775 元提高到 900 元。新建农村区域性养老服务中心 2 个、婴幼儿托育服务机构 9 家，“一老一小”更有依靠。启动人才社区建设，建成保障性安居工程 4500 多套，被列为省级保租房重点发展城市。建立关爱退役军人协会，蝉联省级双拥模范城“九连冠”。优质教育更普惠，18 个校舍改扩建项目建成投用，新增优质学位 1 万多个，课后服务惠及学生 18.7 万人，8 条强师惠师举措让教师更受尊崇，中高考成绩稳步提升。医疗服务更暖心，市医院新院区即将启用，市疾控、梅山、官桥、成功、昌财等医院项目快速推进；深化“三医联动”，药品和医用耗材价格持续下降，上海专家组团帮带深受欢迎，县域就诊率提升到 78%。成为国家首批中医适宜技术防控儿童青少年近视试点县。文体旅融合更深入，设立 1 亿元文体旅产业发展资金，成功文化园、南安文庙、蔡氏古民居等项目扎实推进，成功举办市运会，省女足落户南安，市体校被授予国家重点高水平体育后备人才基地和全国体育事业突出贡献奖，荣获全省首个“奥运冠军之城”、首批全民运动健身模范县称号。社会治理更高效，扫黑除恶斗争常态化开展，打击电信网络诈骗成效明显，禁毒重点整治地区顺利“摘帽”，蝉联省级平安县（市）。完成企事业单位安全生产标准化创建，健全道安、消防等源头管控机制，安全生产事故数和亡人数持续下降，食品安全质量考评居泉州市首位。信访安全保障实现“四个无”“三个不发生”目标。

加速提升城市能级。做优城市规划，划定“三区三线”，启动乡镇国土空间规划片区联编，完成实用性村庄规划应编尽编，精心打磨 10 个重点片区，精致设计地标建筑、交通系统、公共空间、绿色廊道。做强城市功能，北山、港仔渡、罗东后茂桥头、官桥中心镇区等片区更新扎实推进，城市更新改造完成投资 36.8 亿元、建成 66.2 万平方米。兴泉铁路南安北站建成，国道 324 改线水头段开建，横八线洪濑过境线、省道 215 线丰州至洪濑段建成通车，至翔安的城际公交首次实现双向对开。做美城市形象，完成废弃矿山生态修复 600 亩、植树造林 1.23 万亩、水土流失治理

4.56万亩，整治互花米草765亩、修复滨海湿地1120亩。推行水务城乡一体化，城市生活污水集中收集率和农村生活污水治理率分别提升到43%和60%，获评全国首批水系连通及水美乡村建设试点“优秀”等级。完善建筑垃圾治理和资源化利用机制，成为省级生活垃圾分类试点县。深入推进“文明实践+”十大专项行动等文明创城活动，“大爱南安·慈善有我”募集善款5亿元。位列全国新型城镇化质量百强第35位。

高标推进乡村振兴。保障粮食安全，全面落实粮食安全党政同责，出台加快粮食行业高质量发展“10条”，新建高标准农田1.2万亩，集中连片整治6000亩，撂荒复耕3500亩，启动省储备粮南安直属库改建和泉州储备库迁建，落地洪梅预制菜产业园，粮食生产超额完成任务。试点林业碳中和，获评省级林下经济重点县。建设美丽乡村，提级改造农村公路60公里、危桥7座、农村客运班线公交化3条，蓬华“四好农村路”成为全国现场观摩推荐点。加快城乡供水一体化建设，新建自来水厂2座，改建供水管网150公里，68万农村居民喝上健康水。开展农村人居环境“清脏治乱”行动，拆违10.9万平方米，整治裸房1万多栋，建成“五个美丽”项目1887个，6个村上榜省级“绿盈乡村”。打造示范标杆，省市试点镇、村、线竞放异彩，翔云、码头及45个村获评省级乡村治理示范镇村，石井奎霞村、英都良山村入列中国传统村落名录，码头大庭村成为全国民主法治示范村，梅山灯光村入选全国乡村治理典型案例。

2023年是全面贯彻落实党的二十大精神的开局之年，也是南安撤县建市30周年。三十载接续奋斗，南安创造跨越崛起的辉煌成就，积蓄全方位推进高质量发展的强劲动能。经济总量从1993年的44亿元迈入1600亿元大关，位列全国千亿县（市）第15名，崛起一批闻名遐迩的千亿百亿产业集群，构建“一市三城”基础框架，形成区位交通、腹地空间、科教人文和营商环境等集成优势，成长一批视野宽广、善拼实干的企业人才，锻炼一支担当负责、务实精干的干部队伍，为未来发展奠定坚实基础。三十而立再出发，南安站上突破跃升的崭新起点，迎来人和业兴、力争上游的黄金发展机遇期。纵观大局，疫情时代远未结束，国际环境动荡不安，所带来的不确定性仍在加深，但我国经济发展理念、格局、体制优势明显，“两个毫不动摇”坚定国企民企齐头并进信心；作为世界独一无二、超大规模的单一市场，产业链、供应链韧性十足，扩大内需战略将释放巨大动能，经济稳中向好、长期向好的基本面保持不变，为南安市经济发展提供稳定坚实的外部环境。立足自身，泉厦漳同城化催化南安区位嬗变之势，与泉州、厦门“1小时”交通圈经济圈生活圈初步形成，看好南安、选择南安、投资南安成为共识；“强产业、兴城市”双轮驱动激发南安能级跃升之势，更具韧性和竞争力的产业体系加速构建，城市承载力和吸引力不断提升；600多万海内外南安人团结拼搏凝聚政通人和之势，人心思齐、人心思进、人心思强的赶超跨越气场持续升腾，挑大梁、走前列、当主角的奋进姿态昂扬挺立。只要自信自强、守正创新，抢抓机遇、不懈奋斗，必将在推进中国式现代化新实践中勇立潮头、再创奇迹。做好新一年南安市经济社会发展各项工作：必须坚持以习近平新时代中国特色社会主义思想为指导，全面贯彻落实党的二十大精神、中央经济工作会议精神和省、泉州市、市委工作部署，聚焦中国式现代化战略擘画，以全方位推进高质量发展为主题，坚持稳中求进工作总基调，统筹发展和安全，紧扣“四个更大”重要要求和“三稳一化解”任务，传承弘扬“晋江经验”，倾力“强产业、兴城市”双轮驱动，深耕“1+3”专项行动，彰显干部敢为、地方敢闯、企业敢干、群众敢首创“精气神”，大力提振市场信心，踔厉奋发、扛旗争先，奋力谱写全面建设社会主义现代化国家南安篇章。主要预期目标是：地区生产总值增长6.5%，一般公共预算总收入增长8%，一般公共预算收入增长8%，固定资产投资（不含农户）增长8%，工业增加值增长6.2%，社会消费品零售总额增长6%，全体居民人均可支配收入与经济发展同步增长。

（摘编：赵旭东）

惠安县社会发展概况

2020年，惠安县始终坚持以习近平新时代中国特色社会主义思想为指导，全面贯彻党的十九大、十九届历次全会和二十大精神，全力以赴落实“疫情要防住、经济要稳住、发展要安全”要求，前三季度绩效综合考评位列全市第2。全年地区生产总值1225亿元、增长4.5%，固定资产投资增长15%，工业增加值增长4.5%，社会消费品零售总额增长2%，一般公共预算总收入120.8亿元、增长11.2%，一般公共预算收入43.97亿元、增长7.6%，全体居民人均可支配收入达4.26万元、增长5%。位居全国百强县第27名、福建省经济实力“十强”，新获得国家生态文明建设示范区、全国人口普查先进单位等省部级表彰荣誉9项。一年来，社会事业发展的主要工作和成效是：

坚持平战结合，疫情防控科学精准。认真落实国家疫情防控政策，做到既不层层加码，也不减码松懈，有效应对了疫情防控形势的发展变化，有效守护了人民生命安全和身体健康。平时，及时复盘总结疫情防控经验，重点提升核酸检测、疫苗接种、流调等6种能力建设，完成县疾控中心标准化建设和健康驿站、亚定点医院改造，分级诊疗门诊应设尽设，城市核酸检测基地建成投用；战时，快速激活防控工作体系，团结全县人民日夜奋战、辛勤坚守、科学应对，彰显了同心抗疫、共克时艰的硬核力量。

坚持民生为重，社会大局和谐稳定。民生投入47.99亿元、占一般公共预算支出75.3%，49件为民实事全部兑现。发放就业补助、稳岗返还资金2182万元，新增城镇就业2780人、农村劳动力转移就业992人。城乡居民养老保险参保率99.2%，基本医保参保覆盖面97.2%，发放低保金5033万元、特困供养金816万元、优抚对象定期抚恤补助金2820万元。县社会福利中心开业运营，新建区域性养老服务中心1个、农村居家养老服务站1个、长者食堂2个，新增养老床位335张，生活不能自理特困人员集中供养率达77.4%。深入推进教育发展“三年行动”，成立教育发展促进会，募集慈善资金10.1亿元，凝聚社会关心支持教育正能量；年度安排财政性资金19.6亿元投入教育事业发展，第五实验幼儿园、第四实验小学等8个项目建成投用，新增公办幼儿园学位2520个、中小学学位3150个，补充普惠性学位722个，普惠幼儿园覆盖率达88.9%；75所农村义务教育学校办学条件得到改善，圆满举办荷山学校办学百年庆祝活动，中考前50名优质生源零外流，高考本科上线率达64.7%；教师进修学校顺利通过省级标准化评估验收，开成职校2个专业入选“省高水平专业群”立项建设计划，技术学校恢复办学，华光学院紫山校区、云扬航空职业技术学校、传诚技工学校正式招生；与福建师范大学签订校地战略合作协议。年度安排财政性资金11.8亿元投入卫生医疗事业发展，县医院新院主体封顶，建成投用县医院检验中心改造等4个项目，启动建设县中医院康复大楼等11个项目；县中医院引进新中医诊疗体系，关键性业务指标位列全市前三，县医院入选“千县工程”名单，新增名医工作室11个，柔性引进高层次人才31名；在全市率先实现基层卫生院“优质服务基层行”达标全覆盖，2家卫生院达到国家推荐标准，搭建医疗信息共享平台，128个检查检验项目结果实现县内互认，县域内就诊率提升至76.3%，13项医改重要指标排名全市第一。成功举办第三届县运动会，运动健儿在省运会上获得7金9银14铜的历史最好成绩。开展“惠民惠安”群众性文体系列活动近1000场，螺阳镇锦丰“村晚”成功入选全国“村晚”示范展示活动，与中国工艺美术学会共建全国石雕艺术专业委员会，并成功落地惠安县，新增中国工艺美术大师2名、省级非物质文化遗产代表性项目2个、省级技能大师工作室4家。践行“近邻”理念，推进24个“党建+”邻里中心建设。开展信访积案“拔钉清障”专项行动，攻坚化解信访积案50件；妥善化解金融、房地产等领域风险，统筹抓好社会治安、食药监管、打击电诈等工作，退出全国电信诈骗重点地区前50名、全省禁毒预警通告县；完成3467家企事业单位安全生产标准化提升，安全生产事故起数和死亡人数分别下降62%、33%，获评省级平安县。

抓实抓细文明城市创建。实施42个创城达标提升项目，高质量完成西苑片区城市设计并启动征迁签约，惠泉片区安商房主体工程全面施工，中总片区改造历史遗留问题彻底解决，改造提升老旧小区20个、背街小巷13条，建成科山公园南大门景观工程，新建改造公园绿地68.6亩、街头小公园7个、立体绿化20处，精心打造新时代文明实践示范站36个、实践点60个，城区生活垃圾分类覆盖率100%。兴泉铁路、福厦客专惠安段基本建成，县道309线拓改、松村至港丰物流道路拓改、兴泉铁路黄塘货运站连接线主体完工，新开工县道310线拓改、惠紫路拓改等一批交通项目，新增公共停车位200个、港湾式公交亭30座，获评“四好农村路”省级示范县、入围全国示范县名单。

落实粮食、蔬菜、生猪稳产保供。新建高标准农田2.9万亩，完成粮食播种面积14.3万亩、粮食总产量5.02万吨，粮食加工生产线建成投用，推广三倍体牡蛎优质新品种4000亩，新增国家农业科技园区示范基地3个、“一村一品”省级示范村2个、省级示范家庭农场2个、省级首批“星级文明集市”1个，崇武镇入选省级农业产业强镇“3212”工程建设名单，台湾农民创业园获年度全国台创园建设评价第2名。

实施乡村建设行动。3个乡村振兴重点项目完成投资1.9亿元，实用型村庄规划基本实现全覆盖，新建农房审批100%按图集要求管控，提升乡村振兴精品线路4条，4个农村自住小区建设取得实质性进展，整治裸房5170栋，“绿盈乡村”创建比例达83.1%，农村自来水普及率达90%，乡村光纤实现全覆盖，新增省级乡村治理示范村23个，乡村振兴热度指数综合排名位列全省第7，获评省乡村振兴重点工作成效明显激励县。

全面推进国家森林城市创建。植树造林2736亩，惠女林场获评省级习近平生态文明思想实践基地，完成节能减碳项目10个，新增光伏发电1290万千瓦时，空气优良天数比例达98%；启动“蓝色海湾”综合治理，清除互花米草1929亩，实施重点水利项目9个，整治河道16公里，新建污水管网111公里，生活污水集中收集率达60%，饮用水源水质达标率100%。

2023年是全面贯彻落实党的二十大精神的第一个完整年度，是实施“十四五”规划承上启下的关键之年。惠安县将坚持把发展作为首要任务，凝心聚力拼经济。工作总体要求是：全面贯彻党的二十大精神，高举习近平新时代中国特色社会主义思想伟大旗帜，坚持稳中求进工作总基调，立足新发展阶段，完整、准确、全面贯彻新发展理念，积极服务和融入新发展格局，紧扣“四个更大”重要要求，坚持“强产业、兴城市”双轮驱动，深入实施“1+3”专项行动，全面推进中国式现代化惠安新实践，奋力建设海丝现代化工贸港口旅游城市。经济社会发展主要预期目标是：全县生产总值增长7%左右，工业增加值增长7%左右，第三产业增加值增长7.5%左右；一般公共预算总收入增长2%，一般公共预算收入增长2.4%；固定资产投资增长10%；社会消费品零售总额增长4%；外贸出口增长2%；全体居民人均可支配收入增长与经济增长基本同步；完成节能减排降碳任务。在此基础上，将力争实现更高目标要求，全力争取更好更快发展。

（摘编：张捷）

安溪县社会发展概况

2022年，安溪县坚持以习近平新时代中国特色社会主义思想为指导，做好迎接党的二十大和学习宣传贯彻党的二十大精神各项工作，坚定拥护“两个确立”、坚决做到“两个维护”，坚决落实“疫情要防住、经济要稳住、发展要安全”重要要求，坚持稳中求进工作总基调，完整、准确、全面贯彻新发展理念，深入实施“提高效率、提升效能、提增效益”行动和“强产业、兴城市”双轮驱动战略，统筹抓好经济社会发展各项重点工作，经济运行延续平稳发展态势，全年完成地区生产总值920亿元，增长5%左右；规上工业增加值增长8.9%；一般公共预算总收入45.4亿元，同口径下降5.6%；一般公共预算收入31.5亿元，同口径下降1.5%；社会消费品零售总额增长7.5%；居民人均可支配收入增长5.3%。综合实力位列全国百强县（市）第53位、较2021年度提升4位，最具投资潜力位列第11位、提升7位，绿色发展位列第51位、提升1位，科技创新位列第73位、提升2位；获评省经济发展“十佳”县（市）。一年来社会发展的主要工作和成效是：

精准高效防疫情。坚定不移坚持人民至上、生命至上，坚定不移落实“外防输入、内防反弹”总策略，坚定不移贯彻“动态清零”总方针，毫不放松抓好疫情防控工作。特别是，在泉州“0313”疫情中，持续巩固“零输入、零感染”防控成果；面对安溪县多起输入性疫情，都能第一时间激活应急指挥体系，按照“快准严实细”要求，科学精准落实各项防控措施，在短时间内打赢疫情歼灭战；全面落实优化疫情防控各项措施，健全完善联防联控办公协同平台，建成官桥健康驿站等项目，分场景开展应急演练，打造50个无疫示范单元，不断提升流调溯源、核酸检测、转运隔离、终末消毒、医疗救治等疫情防控应对处置能力。多措并举稳主体。深入开展“万名干部进万企　一企一策促发展”专项行动，推行领导干部挂钩服务重点企业全覆盖工作制度，及时帮助企业协调解决困难和问题198个；出台稳住经济、“1+1+8”等一揽子政策措施，制定惠企政策申报指南，上线“惠企政策查询匹配”平台，累计下达各类惠企资金1.3亿元、减税降费7.13亿元，帮助318家（次）企业争取纾困贷7.02亿元。

系统思维守底线。深入开展安全生产大检查、城镇燃气安全专项整治等行动，实现实际生产经营单位安全生产标准化创建全覆盖，安全生产形势持续稳定向好，在全市年度安全生产目标责任考核中位列第一名。清溪新城一期顺利交房，成为全省首个房地产开发企业破产清算重整并同步实现“交房即交证”项目；天将御园等项目破产重整工作有序推进。加大对重点企业债务、非法集资等风险排查化解力度，处置不良贷款2.5亿元，全县辖内不良贷款率0.38%，保持全市最低水平。

用心用情惠民生，高质量发展成果进一步共享。始终坚持以人民为中心的发展思想，完成19件为民办实事项目，不断提升群众幸福指数。教育事业加快发展。完成凤山幼儿园、龙涓下洋幼儿园等8个扩容改薄项目，支持西坪中心小学等42所农村学校校舍、运动场等改造提升，新增学位3200个。新增普惠性民办幼儿园67所、学前教育普惠率达96.8%。43所学校通过义务教育管理标准化学校评估，安溪一中入选首批省级示范性高中，教师进修学校通过省级标准化评估验收。启动“安溪好先生·十百千万”培养工程。推进中小学课后服务、校外培训机构规范管理等工作，不断优化校园育人环境。

健康服务便民暖心。推进县公共卫生应急暨健康培训中心、芦田卫生院等项目建设。持续深化综合医改，全省首创药品、医疗器械监管“三医联盟”；推动湖头、官桥医疗次中心二级达标建设，基层诊疗人次占比达61%，双向转诊患者3536名。灵活采取柔性、全职等方式引进人才33名，创建名医工作站12个。完善“一老一小”服务体系，新增普惠托位350个，老年人健康管理率达74.82%；创建农村儿童早期发展试点工作示范乡镇5个、示范村5个。

社会保障扩面提质。建设6个未成年人关爱服务站，持续推进“福蕾行动计划”。加快推进龙门等4个敬老院建设，建成15个长者食堂；在全市率先推行失能老年人护理保险和困难老年人家庭适老化改造。县殡仪馆综合服务功能区扩建项目主体工程完工。发放城乡低保、特困供养等各类保障金1.6亿元。全面启用乡镇基层医保经办服务窗口，推进多元复合型医保支付方式改革，不断提高群众报销比例。城镇新增就业3500人。

文化体育协调创新。建设提升新型公共文化空间等文体活动场所67个；开展文化下乡活动120余场次。推动图书馆、博物馆、文化馆与凤山书院融合使用，戏曲中心主体工程封顶，青阳冶铁考古遗址公园获省级立项。创编茶文化主题舞台剧《铁观音》，现代高甲戏《莫耶·延安颂》荣获第28届全省戏剧会演优秀剧目奖。安溪健儿在第17届省运会上荣获7枚金牌。

治理体系健全完善。深化“平安安溪”建设，纵深推进常态化扫黑除恶、防范治理境外涉诈暨非法出入境违法犯罪专项整治行动。全面实施“八五”普法。创新矛盾纠纷排查化解机制，深入开展信访积案化解攻坚；归并优化12345政务服务便民热线，受理群众诉求1.4万个。推进38个“党建+”邻里中心、513个新时代文明实践中心（所、站）建设，实现乡镇社会工作服务站全覆盖。建成2个市级职工疗休养基地。完成1636条道路命名工作。国防动员、军民融合、退役军人事务等工作扎实推进，实现省级双拥模范县“四连冠”。入选福建省高质量气象现代化建设先行试点县。同时，民族宗教、侨台外事、防灾减灾、食药监管、科普、档案及工青妇、社会团体等工作取得新成效。深入推进“一支队伍管执法”改革，赋予乡镇首批93个行政执法事项。严抓服务效能。推出“不见面审批”事项24个，新增“一件事”集成套餐服务改革7项；实现商品房分户登记全程网办；大力推进工建项目审批“集中办公、统一管理”“模拟审批”等模式改革，审批用时缩短至15个工作日。县政务服务中心第二中心正式投入使用，受理群众办件超10万件。推深做实“局长走流程、走基层”等活动，行政审批“安溪效率”等获评全省机关体制机制创新优秀案例。

深化河湖长制。完成河道治理14公里，建成安全生态水系15公里，推进40个农村生活污水提升治理项目；完成水电站清理整治销号工作；持续推进仑苍饮用水源地安溪境内环境整治和龙涓溪里口大桥、罗内桥断面水质提升工作，主要流域水质达到或优于Ⅲ类标准。

2023年是全面贯彻落实党的二十大精神的开局之年，是实施“十四五”规划承上启下的关键之年，也是安溪全方位推进高质量发展的重要之年。各项工作的指导思想是：坚持以习近平新时代中国特色社会主义思想为指导，全面贯彻落实党的二十大精神，坚持稳中求进工作总基调，完整、准确、全面贯彻新发展理念，服务和融入新发展格局，传承弘扬“晋江经验”，贯彻落实“强产业、兴城市”双轮驱动战略，推深做实“1+3”专项行动，埋头苦干、奋勇拼搏，全方位推进高质量发展，更好统筹疫情防控和经济社会发展，更好统筹发展和安全，加快建设具有茶乡特色的现代化中等城市。

全县经济社会发展主要预期目标是：GDP增长6.5%左右，规上工业增加值增长10%，第三产业增加值增长6.2%，一般公共预算总收入增长6%，一般公共预算收入增长6%，固定资产投资增长6.8%，社会消费品零售总额增长8%，全体居民人均可支配收入增长6.5%。

（摘编：郭虹）

永春县社会发展概况

2022年，永春全县上下坚持以习近平新时代中国特色社会主义思想为指导，深入贯彻落实党的十九大、十九届历次全会和二十大精神，统筹疫情防控和经济社会发展，全力做好“两稳一保一防”，稳妥处置“0313”突发疫情，率先实施城镇低效工业用地再开发，国企改革实质性突破，创建两个“国字号”农业产业园区，启动建设农产品集中加工区，加快推进海峡两岸农文旅融合发展示范区，产业结构调整迈出新步伐。坚持稳字当头、稳中求进，经济运行各项指标逐月向好，全年实现地区生产总值560.4亿元，获评福建省经济发展“十佳”县。一年来社会事业发展的主要工作和成效是：

用心用情惠民生，社会事业全面发展。社会保障统筹提升。脱贫攻坚与乡村振兴有效衔接，落实帮扶措施6382条、资金1459.4万元。实施全民参保计划，城乡居民基本养老保险、基本医疗保险参保率分别达99.4%、98.7%。关怀帮扶弱势群体，完成低保户、残疾人、慈善安居工程75户。

公共服务持续优化。实施57个为民办实事项目，民生支出30.3亿元，占一般公共预算支出的81.1%。新、扩建幼儿园1所、中小学校舍4幢，新增学位1260个，获评省级义务教育优质均衡发展先行创建县。实施永春职专提质扩容工程，新增4个专业，扩大办学规模。

深化校地合作。提升泉州幼高专附属幼儿园办学水平，泉州市高级技工学校永春校区签约落地。深化公立医院综合改革，县医院被列入“千县工程”名单，与省附一医院建立紧密型医联体协作，打造省级品牌科室。完善社会化养老服务体系，县老年公寓及16所乡镇敬老院实现公建民营，湖洋镇吴岭村获评全国示范性老年友好型社区。

推进文化事业发展。获评省历史文化保护传承试点县。苦寨坑窑遗址入选全国“新时代百项考古新发现”。林俊德事迹馆获评国家级科学家精神教育基地。

社会治理不断深化。常态化推进扫黑除恶斗争，平安建设“三率”居全市前列。打造“宽松型”警务永春样板，提升治安要素管控水平。深入开展安全生产大检查，加快安全生产标准化提升，完成1117家企事业单位标准化创建。稳妥实施碧桂园一期整治项目，是全市首个采取拆除重建，从根本上解决房屋质量问题的示范工程。圆满完成党的二十大等重大节点信访维稳工作，荣获“全国信访工作示范县”。深化双拥共建工作，实现福建省双拥模范县“五连冠”。

全面加强干部队伍作风和能力建设。“不敢为、不善为、不愿为”等现象逐渐改善。深化法治政府建设，“八五”普法工作有序开展，实现“一村（社区）一法律顾问”全覆盖。完善政府工作规则，行政效能不断提升。推进县直部门派驻机构属地管理，赋予乡镇政府行政执法事项158项。认真落实“一岗双责”，严格执行“三重一大”事项集体决策制度，坚决落实中央八项规定及其实施细则精神。加强财政预算管理，强化审计监督，开展专项效能督查23次、问责6人。认真办理县人大代表建议161件、县政协委员提案154件，满意率均为100%。扎实推进国防动员、民兵预备役、退役军人等工作，全力做好审计、统计、民族宗教、史志、档案、老干部、人防、气象、防震减灾等工作，大力支持工青妇、科协、计生协、红十字、慈善、残联、文联等群团工作，各项事业均取得新成绩。

深化改革谋创新，发展活力不断释放。重点改革扎实推进。加快国企改革，组建永春城建、农文旅两大集团，提高投融资能力，争取重大项目资金14亿元。深化集体林权制度改革试验，下洋镇获评省级“林下经济重点乡镇”。创新农业生产托管模式，成立全省首家益农福农联合运营中心。顺利通过全国农村改革试验区验收。

创新效应日益彰显。全县规上工业企业研发经费支出2.6亿元、增长9.8%，新增省级科技小巨人企业11家，科技型中小企业148家。国家香检中心通过市新型研发机构A级认定，博纯材料创建省级“博士后创新实践基地”。提升科技创新成果转化水平，技术合同认定成交额增长44%。营商环境持续优化。

深化“放管服”改革，推行“三减两上一服务”，新增“一件事”集成套餐13项、邻里中心“就近办”127项。开展“三提三效”优化营商环境攻坚行动，全市首创“四证联发”，创新“三个一”惠企政策直达兑现机制。加强知识产权保护，建成知识产权宣传展示中心。“创新‘E’名片提升用电质量”等经验做法入选全市典型案例。

统筹兼顾优生态，城乡品质日益提升。城市形象更和谐。高标准编制国土空间规划，加快“东拓西进”步伐，城镇化率提高至63%。聚力城市更新改造，80个城乡提品质项目完成投资49.4亿元。完善基础配套，完成留安山东路、桃石路等路网建设，启动建设生活垃圾焚烧发电项目，新改建各类管网352公里。

美化亮化城市环境，新增城市公园绿地12公顷、口袋公园15个，实施桃溪两岸景观带亮化工程。乡村建设更美丽。深化农村人居环境整治提升行动，获评全省村庄清洁行动成效突出县。扎实推进精美小城镇和美丽乡村建设，实施专项行动项目9个，整治裸房1.4万栋，获评国家乡村建设评价样本县。

实施乡村振兴试点村项目64个，荣获省级乡村振兴实绩突出村2个、乡村治理示范村20个。达埔镇汉口村获评全国“一村一品”示范村。一都镇仙阳村入选全国“文明乡风建设”典型案例。生态环境更友好。强化大气污染防控，空气质量优良率达99.6%，外山乡获评全省“清新福建·气候康养福地”。落实河湖长制，国、省控断面水质达标率100%，加快水系连通及水美乡村建设。筑牢生态屏障，植树造林1.5万亩，治理水土流失4.5万亩，获评国家水土保持示范县。实施天湖山矿区保护和修复工程，完成矿山生态修复1200亩。

2023年是全面贯彻落实党的二十大精神的开局之年，也是落实“十四五”规划承上启下的关键之年。新的一年，永春县经济社会发展的总体思路是：高举中国特色社会主义伟大旗帜，坚持以习近平新时代中国特色社会主义思想为指导，全面贯彻落实党的二十大精神，扎实推进中国式现代化，坚持稳中求进工作总基调，完整、准确、全面贯彻新发展理念，加快构建新发展格局，传承弘扬“晋江经验”，落实市委、市政府“强产业、兴城市”双轮驱动系列部署，围绕“生态之都、文化之旅、康养之地、智造之谷”发展目标，打造特色支柱产业，加快“东拓西进”，建设美丽中国先行示范区，以新气象新作为推动高质量发展取得新成效，奋力谱写全面建设社会主义现代化生态永春新篇章。主要预期目标是：地区生产总值增长6.5%，农业总产值增长3.5%，工业增加值增长7.0%，建筑业增加值增长8.8%，第三产业增加值增长5.5%，一般公共预算总收入增长6.0%，一般公共预算收入增长6.0%，固定资产投资增长10.0%，实际利用外资780万美元，出口商品总值增长8.0%，社会消费品零售总额增长6.5%，全体居民人均可支配收入与经济增长基本同步。

2023年是疫情防控进入新阶段的重要一年，实现上述目标，必须始终坚持人民至上、生命至上，更好统筹疫情防控和经济社会发展。要因时因势优化疫情防控措施，加快全人群疫苗接种，重点抓好老年人和患基础性疾病群体的防控，着力保健康、防重症。要加强疫情监测，准确掌握疫情变化，强化防疫科普宣传，努力延波削峰，确保平稳渡峰。随着各项优化疫情防控措施的落实，经济社会秩序将加快走向恢复，必定释放巨大发展潜力。抓住机遇，砥砺奋发、务实勤干。

（摘编：王杰成）

德化县社会发展概况

2022年，德化县以习近平新时代中国特色社会主义思想为指导，全面落实“疫情要防住、经济要稳住、发展要安全”重要要求，传承弘扬“晋江经验”，牢牢把握稳中求进工作总基调，聚焦“三提三效”，聚力“强产兴城”，开展“1+3”专项行动，推进“三大突破”，经济社会保持平稳健康发展。坚持以实干拼实绩，综合实力更加强劲。经济运行稳中有进。高效统筹疫情防控和经济社会发展，深入开展“千名干部进千企、一企一策促发展”活动，推行免申即享等措施，送服务、送政策上门，兑现惠企资金2.6亿元、退税缓税减税降费超7亿元，帮助企业获批纾困贷15.47亿元、转续贷26.37亿元。用好经济指标预警研判机制，保持经济运行在合理区间，时隔14年再次获评全省县域经济发展“十佳”县，首次荣膺中国创新百强县。全县生产总值349亿元、增长4.5%，工业增加值160.5亿元、增长6%，固定资产投资增长24.5%，社会消费品零售总额151.3亿元、增长6%；一般公共预算总收入22.18亿元、同口径增长4.1%，一般公共预算收入15.29亿元、同口径增长10%；全体居民人均可支配收入37308元、增长4.8%。一年来，社会事业发展的主要工作和成效是：

民生保障兜牢底线。完成44项为民办实事项目，民生相关支出28.14亿元，占一般公共预算支出的77.8%。县社会福利中心建成运营，新增养老床位500张。完善重点群体就业支持体系，支持企业稳定用工，新增城镇就业2174人、失业人员实现再就业1422人、“五险”参保9857人次；实施临时救助7476人次、发放救助金447万元。颁布实施新一轮妇女儿童发展纲要，未成年人以及老龄、老干部工作得到加强。

公共服务优化供给。投入4亿元推进11个教育项目，新增学位2100个，新招聘教师424人；德化一中入选首批省示范性高中，德化三中晋升省二级达标高中，高考成绩再创佳绩。县医院与深圳大学总医院、深圳大学附属华南医院共建医联体，入选全国首批“千县工程”名单，晋级全国县级医院300强；县妇幼保健院建成投用。成立闽台历史文化研究院德化分院，德化窑获国家考古遗址公园立项，入选“中国民间文化艺术之乡”建设典型案例。《德化年鉴（2021）》获评“中国精品年鉴”，融媒体中心进入全省优秀县级融媒体中心30强。深入实施进城务工人员安居工程，建成限价房1885套，新建保障性租赁住房952套。落实落细“涌泉”行动，新建人才平台18个，新增市人才“港湾计划”高层次人才602人，吸引高校毕业生1250人，引进紧缺人才287人，产才融合案例荣获全国人才工作征文活动二等奖。

社会治理持续提升。“快、准、严、实、细”应对突发疫情，建立“四项机制”，制定“平急结合”工作方案，核酸日检测能力拓展到2.88万管，疫苗接种累计超84万人次。深化“安全生产标准化提升”专项行动，巩固提升安全生产专项整治三年行动，完成5268家企业标准化创建，全省森林防灭火应急救援综合演练在德化县举行，全县安全生产事故起数、死亡人数“双下降”。落实食品安全分层分级包保责任制，守护瓷都群众“舌尖上的安全”。常态化推进扫黑除恶斗争，上半年扫黑除恶满意率位居全省第3；持续开展“治重化积”专项行动，严打严防电信网络诈骗及“黄、赌、毒、盗、抢”等各类违法犯罪，获评省平安建设示范县。荣获省级双拥模范县“四连冠”。民族宗教、人防、档案以及工会、残疾人、红十字会、计生协会、慈善等工作都取得新成效。

深化法治政府建设。重新修订县政府工作规则，不断优化行政诉讼“双率”。加强廉洁政府建设，坚持不懈推进全面从严治党，深入开展党风廉政建设和反腐败斗争。大力纠治形式主义、官僚主义，持续为基层减负、促干部担当。自觉接受人大、政协、司法、舆论和社会监督，办理人大代表建议251件、政协提案176件，满意率和基本满意率达100%。全面推进政务公开和信息公开，强化审计监督和统计监督，权力运行进一步规范。

城市建管做精做细。兴泉铁路全线具备通车条件，厦沙高速汤城枢纽至德化段拓宽工程有序推进，动建政永高速德化段、大外环路，改造“断头路”“瓶颈路”6条，开通点对点定制公交线路4条，新增停车位771个。实施“抓城建提品质”专项行动，94个城建项目完成投资61.6亿元，城区建成区面积达30.5平方公里，划定城镇开发边界6.6万亩，新成立社区5个。推进许厝、蒲坂、官路、新寨等10大片区改造，完成凤凰山绿道、13个口袋公园和15处立体绿化建设，大件垃圾、园林垃圾以及餐厨垃圾预处理站试运行，铺设各类管网55.3公里、燃气管道23.5公里，海西天然气管网德化支线工程试运投产。新建5G站点552个。

乡村建设有力有序。成立乡村振兴促进会，引进温铁军等知名“三农”专家成立全市首家乡村振兴研究院，建设深圳文交所德化子平台。编制村庄规划54个，“崇尚集约建房”县样板工程进入省级评比正向激励范围，整治裸房1865栋。连续五年推广“一清二整三美化”，全市农村人居环境整治提升暨“五个美丽”建设现场推进会在德化县召开，创建省乡村“五个美丽”典型示范建设点18个；新增省级乡村治理示范镇2个、村26个，国宝雷峰线进入省级“串点成线”精品线路创建名单，龙门滩水库纳入省级移民后扶项目示范区，上涌镇获评省级商务特色镇；昆坂村列入全国红色美丽村庄试点，美湖村获评省美丽休闲乡村，门头村、南斗村入选省乡村振兴实绩突出村。实施“百万村财攻坚”行动，全县191个村集体经营性收入全部超20万元，新增百万元以上村12个。

生态环境向好向优。打好“蓝天、碧水、净土”保卫战，扎实推进两轮中央生态环境保护督察反馈问题整改销号，完成造林绿化2.96万亩，综合治理水土流失3.34万亩，矿山生态修复515亩，生态环境质量持续保持全省前列，生物多样性保护经验和成果得到中国国际电视台的关注和报道。实施城区水环境综合治理，建设安全生态水系项目6个、治理中小河流8条，国、省控断面水质达标率100%，全域推进小水电绿色改造和现代化提升典型案例获全国推广。银瓶湖国家级水利风景区创建工作通过水利部专家组现场考评，“中国天然氧吧”顺利通过三年复查，小尤溪（樟树王文化）入选省第一批河湖文化遗产，新增省森林城镇、森林康养小镇、气候康养福地各2个、森林村庄5个，获评省级森林养生城市。

2023年工作。党的二十大是党和国家发展史上一个重大里程碑，对全面建设社会主义现代化国家进行了战略谋划，为新时代新征程党和国家事业发展、实现第二个百年奋斗目标指明了方向、确立了行动指南。做好2023年各项工作：必须坚持以习近平新时代中国特色社会主义思想为指导，全面贯彻党的二十大精神，准确把握新发展阶段，深入贯彻新发展理念，加快构建新发展格局，坚定实施陶瓷创新、文旅融合、城乡共建“三大战略”，紧抓党建引领、发展动能、民生福祉“三项提升”，全方位推进高质量发展，奋力打造幸福宜居的世界瓷都。经济社会发展主要预期目标是：全县生产总值增长7%，一般公共预算总收入增长7%，一般公共预算收入增长6%，固定资产投资增长10%，居民人均可支配收入增长和经济增长基本同步，完成节能减排降碳任务，其他各项指标也作了相应安排。

（摘编：陈德盛）

三明市社会发展综述

2022年是党和国家历史上极为重要的一年。一年来，三明市坚持以习近平新时代中国特色社会主义思想为指导，认真学习宣传贯彻党的二十大精神，深入贯彻落实习近平总书记来福建、来三明考察重要讲话重要指示精神，全面落实疫情要防住、经济要稳住、发展要安全重要要求，聚焦“三提三效”、聚力真抓实干，有力克服了宏观经济下行、疫情反复、天气前涝后旱等多重超预期因素冲击，扎实做好“两稳一保一防”各项工作，全市经济社会发展取得了新的成效。全市实现地区生产总值3100亿元，增长3.5%；地方一般公共预算收入111.35亿元，同口径增长6.35%；固定资产投资1205亿元，增长8.3%；社会消费品零售总额886亿元，增长4.0%；外贸出口136.6亿元，增长17.3%；城镇居民、农村居民人均可支配收入分别增长5.5%、7.0%。一年来，社会发展的主要工作和成效是：

坚持办实事惠民生，社会事业稳步发展。全面完成25项省、市为民办实事项目。健全防止返贫动态监测和帮扶机制，下达衔接推进乡村振兴专项资金2.57亿元，发放城乡低保补助2.88亿元，脱贫攻坚成果进一步巩固拓展。实施教育补短板项目48个，新建普惠托育机构17个，年度新增公办幼儿园和中小学学位2.47万个，学前教育公办率、普惠率居全省前列。出台援企稳岗促就业等政策措施，全市城镇新增就业1.1万人。完善养老服务体系，新改扩建农村区域性养老服务中心14个、建设长者食堂44个。群众体育、竞技体育、老年人体育协同发展，全年开展各类体育赛事活动243场次。公共文化服务水平日益提升，建成全省首个“福”文化主题馆，长征国家文化公园（三明段）35个项目全部开工。全国文明城市创建常态化长效化推进，三明市民文明积分制全面推行，制定出台道德典范推选帮扶礼遇和管理办法。国防建设、人民防空、退役军人和双拥优抚等工作进一步加强。工会、共青团、妇联和关心下一代工作扎实推进，老龄、红十字会、计生协会、残疾人事业加快发展，民族团结宗教和睦，科普、档案、地方志、外事侨务、水文、气象、地震、对口援疆援藏等工作取得新成效。

坚持两手抓两统筹，社会保持安定稳定。高效统筹疫情防控和经济社会发展，根据疫情防控阶段性特点，认真落实国家和省上优化疫情防控措施，把该管的管好、该放的放活，全力保障好群众身体健康和社会生产生活秩序。统筹发展和安全，深入开展安全检查“百日大会战”，有效应对持续强降水和极端干旱天气，开展酒驾醉驾集中整治，全市生产安全事故数、死亡人数实现“双下降”。强化金融风险研判，信贷不良率控制在1%以内。深入推进平安三明建设，积极化解信访积案，加强食品药品监管，常态化开展扫黑除恶斗争，三明市群众安全感率居全省第二名，执法满意率、扫黑除恶好评率居全省第一名，省级平安县（市、区）创建实现全覆盖。

坚持讲政治强担当，政府自身建设不断加强。持续学深悟透习近平新时代中国特色社会主义思想，深刻领悟“两个确立”的决定性意义，坚决做到“两个维护”，全力推动习近平总书记来三明考察重要讲话重要指示精神落地落实。纵深推进政府系统全面从严治党，不折不扣抓好国家统计督察、涉粮专项巡视整改，有效发挥审计作用，严格落实中央八项规定及其实施细则精神和省、市实施办法，文风会风持续改善，为基层减负落到实处。全国法治政府建设示范市创建全面推进，“打造水生态环境治理新样本”获评全国示范项目。人大代表建议、政协提案办结率和满意率均保持100%。机关效能建设取得实效，大力推进政务服务减程序、简手续，全面推行“一窗通办”便民举措，“一件事”集成套餐服务事项增至623项，“一趟不用跑”和“最多跑一趟”事项比例提升至99.9%。

坚持解难题务实效，特色改革走深走实。医改再深化“六大工程”稳步推进，三明医改第六次受国务院督查激励，成功申报公立医院改革与高质量发展示范项目、获得中央和省级补助资金10亿元，7个县级总医院入选国家“千县工程”，95%以上基层医疗卫生机构达到国家基本标准或推荐标准；创建“无陪护”“无红包”医院，出院患者和职工满意度分别居全省第一、第二位；在全省率先完成市、县两级疾病预防控制局和中医药管理局组建挂牌工作，三明市被中国工程院列为“全民健康管理工程研究”重大战略咨询项目实证研究基地。林改持续发力，制定进一步推进林业改革发展二十条措施，入选国家林业碳汇试点市，首届全国林草碳汇高峰论坛在三明市举办，福建沙县农村产权交易中心成为全省首家区域性农村综合产权交易平台并投入运营，“碳票”变“钞票”、探索生态产品价值实现机制做法在党的二十大新闻发布会上发布。教改扎实推进，“总校制”改革、留守儿童“雏燕”关爱行动入选全国基础教育优秀工作案例，三元入选教育部义务教育优质均衡先行创建县（区），课后服务实现全市所有义务教育学校和有需求的学生“两个全覆盖”。绿色金融改革取得实效，推出“福碳贷”等绿色金融产品，我市列入国家首批、全省唯一的国家气候投融资试点城市，沙溪流域生态治理及资源化一体开发EOD项目入选国家试点，全市绿色信贷余额235亿元、增长28%。

坚持扩内需稳增长，经济发展总体实现稳中有进。全面落实国务院、省政府一揽子政策和接续措施，分四批次叠加出台了稳住经济大盘63条、纾困解难33条等一系列政策措施，全市减税降费超38亿元、新增贷款203.96亿元，协调解决企业困难1758个，全市实有市场主体34.4万户、增长13.2%。全面发挥投资关键作用，深入开展重点项目“百日攻坚大会战”行动，全市争取专项债、政策性基础设施投资基金85.53亿元，莆炎高速、兴泉铁路三明段全线通车，市本级和建宁、沙县、永安、大田分别获全省项目考评正向激励。全面增强消费基础作用，组织第三届“中国绿都·乐购三明”直播节暨首届网络主播大赛等线上线下促消费活动，分期发放消费券1865万元，带动批零住餐、新能源汽车等消费回升。全面提升出口质量，加大纺织、竹木制品、机械等出口产品创新力度，年出口额超千万美元的生产型企业21家。

坚持抢机遇用政策，区域合作迈出坚实步伐。党中央国务院始终关心革命老区发展，2022年又出台了《国务院关于同意建设赣州、闽西革命老区高质量发展示范区的批复》《革命老区重点城市对口合作工作方案》等系列文件，明确上海与三明对口合作，为三明市发展带来了新的重大机遇。新一轮中央和省级单位对口支援三明工作扎实推进，宁化应急产业园、明溪原料药绿色生产基地、清流华润绿色高新建材产业园、建宁粮食产业融合发展示范园、“百趟专列进泰宁”等项目加快实施，省直单位对口支援实现11个县（市、区）全覆盖。沪明对口合作全面展开，上海市政府和福建省政府印发了《上海市与三明市对口合作实施方案（2023—2025年）》，红色文化交流、农产品销售、文旅及教育卫生事业合作等重点工作有序推进。京闽科技合作持续拓展，三明中关村科技园获批省级科技企业孵化器，累计入驻企业224家，中国机械科学研究总院海西分院开启第三轮三方共建。闽西南协同发展区深入推进，厦明火炬新材料产业园、泉三高端装备产业园新引进产业项目25个、总投资45亿元，16个项目建成投产。明台合作交流持续深化，第十七届林博会、首届海峡两岸（三明）乡村融合发展论坛成功举办，海峡两岸乡村融合发展试验区正式获批。

坚持抓龙头促协调，城乡建设水平持续提升。中心城市建设加快推进。编制完成“三沙永”融合发展规划，出台进一步支持生态新城加快发展十条措施，市委党校、市疾控中心完成整体搬迁。市区工业园区整合提升有力推进，三明经济开发区、三明高新区2个新园区管委会正式运营。市区实施老旧小区改造项目82个、直接受益群众2.32万户，儿童公园、户外劳动者“暖心驿站”等一批便民设施建成使用，市区餐厨垃圾、飞灰垃圾处理等项目投入运营，启动实施城市防洪排涝系统能力建设，福建省城市精细化管理研究培训中心落户三明。城镇化建设持续推进。实施城乡建设品质提升项目937个、完成投资277亿元，5个项目被评为全省样板工程并获省级正向激励，新建改造福道140公里，更新老旧燃气管道40公里，管道燃气实现“县县通”，泰宁获省级历史文化名城称号。乡村建设成效明显。完成1046个村庄规划编制，培育38条乡村振兴精品示范线，沙县小吃管理服务标准化项目入选国家级试点，全国乡村建设工作会议在三明召开。生态优势持续巩固。成功举办习近平生态文明思想理论与实践研讨会，三明市有7个县进入全省空气质量前十名、5个县进入全省水环境质量前十名，数量均为全省第一，泰宁入选全国水系连通及水美乡村建设县。

2023年是全面贯彻落实党的二十大精神的开局之年，也是实施“十四五”规划承上启下的关键一年。三明市坚持以习近平新时代中国特色社会主义思想为指导，全面贯彻落实党的二十大和中央经济工作会议精神，按照省委十一届三次全会、省委经济工作会议和市第十次党代会、市委十届四次全会、市委经济工作会议部署要求，坚持稳中求进工作总基调，完整、准确、全面贯彻新发展理念，加快融入新发展格局，着力推动高质量发展，大力提振市场信心，突出做好稳增长、稳就业、稳物价工作，推动经济运行整体好转，实现质的有效提升和量的合理增长，全面推进三明革命老区高质量发展示范区建设提质增效，努力在中国式现代化中彰显三明担当、贡献三明力量。经济社会发展的主要预期目标是：地区生产总值增长5.5%；地方一般公共预算收入增长5%；固定资产投资增长6.5%；外贸出口增长6%；实际利用外商直接投资增长3%；社会消费品零售总额增长5%；居民消费价格涨幅控制在3%左右；城镇居民人均可支配收入增长5%，农村居民人均可支配收入增长7.5%；完成节能减排降碳目标。围绕上述目标任务，社会发展重点做好以下方面工作：

着力改善和保障民生，践行以人民为中心的发展思想，优化公共服务供给，让城市更有温度、幸福更有质感。着力建设人民满意的服务型政府，坚持和加强党的全面领导，全面深入学习贯彻党的二十大精神，扎实开展主题教育活动，自觉践行“三个务必”，以实际行动忠诚拥护“两个确立”、坚决做到“两个维护”；深入落实全面从严治党要求，持之以恒推进政府系统党风廉政建设和反腐败工作，加强权力集中、资金密集、资源富集领域廉政风险防控，扎牢制度笼子；严格落实中央八项规定及其实施细则精神和省、市实施办法，持续深化纠治“四风”，着力解决隐形变异突出问题，真正为基层减负、为干部减压；深入推进节约型机关建设，严控三公经费支出，兜牢基层“三保”底线，用政府自身的“紧日子”，换来群众生活的“好日子”。着力推动改革向纵深发展，坚持改革惠民导向，巩固提升医改、林改、教改等特色改革，深入推进各领域改革，探索形成更多首创性、突破性、系统性的改革成果。着力打造创新型城市，牢固树立“山区也能搞创新，山区更要搞创新”理念，持续增强科技创新动能。着力提高开放合作水平，跳出三明看三明，善于借梯上楼、借船出海，构建具有山区特色的开放发展新格局。着力做强做优中心城市。全面推进“三沙永”融合发展、协同发展，加快提升中心城市规模、功能和品质。着力推动城乡融合发展，深入实施新型城镇化战略，做特县城、带动乡村，建设各美其美的美好家园。着力建设国家生态文明示范区，牢记“青山绿水是无价之宝”重要嘱托，全面推进生态优先、节约集约、绿色低碳发展，让青山绿水成为三明最亮的色彩。

（摘编：周华政）

三元区社会发展概况

2022年，三元区深入学习宣传贯彻党的二十大精神，聚焦“三提三效”，突出“快、优、实”，深入推进改革创新，全力以赴加快三元革命老区高质量发展先行示范区建设。一年来，凝心聚力促融合，区域发展向高水平迈进；一年来，同心协力防疫情，全力守护群众生命安全。投入集中隔离场所、核酸检测、物资保障等防控资金约1.5亿元，改造建成小蕉健康驿站和岩前方舱医院，开展疫情应急处置、物资中转接驳等多场演训演练，各项防疫措施落实精准高效；一年来，群策群力谋发展，经济保持平稳较快增长。全区经济综合实力明显增强，在全市各县（市、区）中经济总量最大、工业产值最高、项目投资最多，在全市“五比五晒”活动中居第1位，实现地区生产总值716.05亿元，增长2.8%；地方一般公共预算收入10.48亿元，同口径增长-2.0%；固定资产投资增长24.2%，社会消费品零售总额增长4.6%，城镇、农村居民人均可支配收入分别增长4.8%、6.6%。社会发展的主要工作及成效是：

民生福祉持续增强。公共服务不断优化。总投资约4.7亿元，完成徐碧“城中村”改造、陈碧农村公路等44个省市区为民办实事项目。办好人民满意教育，完成新改建校园23所，落实“双减”“双增”，实现课后服务“双覆盖”。成功入选全国义务教育优质均衡先行创建县，是全省唯一入选的山区县区。基层医疗服务水平不断提升，建成社区医养结合卫生服务站10家、社区长者食堂助餐点4个，为1万多名老年人提供社区医养服务。支持托育服务发展，登记备案托育机构14家，提供普惠托位770个。实施文化惠民工程，行政村综合性文化服务中心达标率达96%。文明创建纵深推进。启动常态化创城工作改革，投入1500万元全过程保障创建工作，完成农贸市场整治、停车线施划等重点任务，顺利完成文明城市（区）届中测评工作。唱响“大爱三明”品牌，每月开展“文明实践日　党员带头行”实践活动，解决残疾人帮扶、近邻驿站建设等问题100余个，惠及群众2.3万余人次。西际村被评为第三批省级文明乡风联系点，岩前镇乡愁馆被评为三明市首批公民思想教育基地。兜底保障扎实有效。全面落实各项就业创业优惠和保障措施，失业保险费率低至1%。开展社会保险基金管理提升年行动，城乡低保标准由708元/月提高到815元/月。城乡职工养老、医疗、失业、工伤、生育5项社会保险应保尽保。高龄补贴发放达660万元。顺利转化消化临聘人员86名。城市困难精准帮扶“347”模式荣获三明市改革创新特别贡献奖集体奖励嘉奖。

社会大局和谐稳定。基层治理更为精细。依托“明心通”市域社会治理公共服务平台，健全四级网格化管理体系，形成四级网格共1889个。投入约700万元加强“平安家园·智能天网”建设。打造在全市首支平安义警队伍——桃源义警队。社区网格化管理服务“14580”工作机制在《长安评论》推广。“一党委三中心（站）”建设经验得到省委领导肯定批示。保持社会安定稳定。获评全省新一轮“平安区”。创建“百姓说理之家”，构建社会调解新模式。深入开展“四门四访”，进一步深化首接首办机制，“治重化积”工作取得全面胜利。圆满完成冬奥会、党的二十大等重要会议活动的维稳安保任务。建成区级林则徐禁毒教育基地和城市禁毒公园，禁毒重点整治成功“摘帽”。守牢安全发展底线。积极应对“6·18”洪灾，开展10年一遇、20年一遇洪涝应急转移演练，有效防范重大灾情险情发生。完善安全生产风险分级管控和隐患排查治理双重预防机制，未发生较大以上生产安全事故。食品药品安全战略稳步实施，新增9家省级餐饮服务"互联网+明厨亮灶"示范单位，建设药品可追溯系统和医疗器械唯一识别码系统，让人民群众饮食用药安全放心。

履职基础不断夯实。加强政治建设。坚持党的全面领导不动摇，全面提高机关党建质量，推动政府及其部门与税务、市经济开发区、三钢集团党建结对共建，实现资源共享、优势互补、协调发展，党建品牌效应得到放大。意识形态工作责任制全面落实。推进法治建设。坚持依法决策、科学决策，主动接受人大的法律监督、工作监督和政协的民主监督，220件建议和提案全部办结。严格规范性文件合法审查。开展"八五"普法，"一村（居）一法律顾问"制度实现全覆盖。深化作风建设。以严的基调强化正风肃纪，全面落实中央八项规定及其实施细则精神。弘扬"马上就办、真抓实干"优良传统作风，有效化解历史遗留问题60个。审计监督、统计监督进一步加强。坚持政府过紧日子，压减非急需、非刚性支出，确保有限财力用在惠企利民上。

改革开放激发活力。财政体制更加完善。出台财政专项资金全过程管理、国库支付管理等办法。建立项目评审机制，节约投资资金近千万元。省财政厅将新三元区纳入基本财力保障县，省级每年增加对三元区补助资金3500万元。有效盘活沉淀多年的存量资金5050万余元，获得项目融资超8亿元，有效保障了卫生健康、规范津补贴、"两稳一保一防"等预算外支出超4亿元，多措并举促开源保运转，兜住"三保"支出超12亿元。国企改革提质增效。实现营业收入超7亿元、税利5600多万元，国企正在步入高质量发展轨道，为政府化解债务、减轻财政负担作出了重要贡献。发展环境优化提升。深化"放管服"改革，推行工业项目"签约即挂牌""交地即开工"改革，将用地挂牌时间从11天压缩至3天；"一趟不用跑"和"最多跑一趟"事项占比100%，居全省前列。落实证明事项告知承诺制度。完成第一批乡镇综合行政执法赋权事项的承接。对外开放深入推进。立足革命老区高质量发展示范区，深化沪明对口合作，建立沪明对口合作专题项目库，梳理上海市、杨浦区与我区对口合作项目22个，成立沪明科技创新研究院，上海交通大学BIM研究中心设立首个驻沪"人才科创飞地"。积极融入闽西南协同发展区和福州、厦漳泉都市圈建设。加强元台两岸交流合作，成功举办首届海峡两岸万寿岩科技节，首创海峡两岸"院子讲堂"，促进两岸同胞共享科技文明成果。

城乡建设协调并进。城市更新持续扩面。理顺市区征迁工作机制，完成土地征收900多亩，有效保障重点项目用地需求。老旧小区改造步入"快车道"，投入资金1.2亿元，改造老旧小区22个，打造丁香新村、和仁片区作为全市示范样板。城区居民生活垃圾分类基本实现全覆盖。乡村建设成效明显。持续巩固拓展脱贫攻坚成果，落实监测帮扶措施，及时化解致贫返贫风险。大力实施乡村振兴战略，落深落细"156"乡村建设机制，创建乡村振兴省级试点村10个，"1+3"乡村振兴示范线辐射带动全域发展提升，全区自营性收入10万元以上的村达68个。今年6月，小蕉村作为全国乡村建设现场会受检点得到肯定。生态环境逐步改善。在全市率先成功创评国家级大宗固体废弃物综合利用示范基地。继续打好蓝天、碧水、净土保卫战，加大餐饮油烟、园区异味等专项整治力度，城区空气优良指数持续向好。荆东溪黑臭水体常态化治理初见成效，完成溪源溪河道整治工程，城镇和农村集中式生活饮用水源地水质达标率达100%。三元区水环境综合治理工程获得省级正向激励。推进生态整治修复，常态化开展违法用地清理整治工作，清理整治违法用地面积约375.8亩。完成植树造林1.3万亩、森林抚育3.5万亩，创建省级森林村庄4个。莘口镇后溪村柳杉古树群获评第二批"福建最美古树群"。

（摘编：游学荣）

沙县区社会发展概况

2022年，沙县区坚持以习近平新时代中国特色社会主义思想为指导，深化“五比五晒”和“项目产业发展提升年”活动，较好地完成了年初确定的目标任务。全区地区生产总值增长4.6%；地方一般公共预算收入扣除留抵退税因素后增长6.8%；全社会固定资产投资增长17.5%；社会消费品零售总额增长6%；城镇居民人均可支配收入增长5.7%；农村居民人均可支配收入增长6.8%；城镇登记失业率为3.08%。一年来社会发展的主要工作措施和成效是：

民生福祉持续增进。全年民生支出21.9亿元，占一般公共预算支出的75%。17项为民办实事项目基本完成，累计新增就业1600人，凤岗街道鼓楼坪社区获评国家级充分就业社区。城乡低保标准提高至每人每月815元，养老保险参保人数突破18.25万人。沙县养老院项目基本建成，“农村幸福院+乐龄学堂+长者食堂”的“学养结合”模式被全省推广，富口镇“养老小镇”试点工作成效显著，全区养老服务体系日益完善。落实儿童福利保障，构建未成年人保护体系，实现区、乡、村（居）未成年人保护平台全覆盖。

教育事业蓬勃发展。教育改革有力有效，“市区合作型”总校制办学模式被省新闻频道《新闻启示录》栏目报道推广；“双减”工作稳步推进，南阳乡获评省级劳动教育基地，三官堂小学“书香校园建设”入选中国教育报遴选的全国创新案例、金沙二小《为留守儿童设计关爱作业》入选省教育厅第四批落实“双减”工作典型案例。沙县一中分校、第二实验幼儿园、鼓楼坪幼儿园投入使用，新增学位2610个。“数字+教育”教学模式迈出新步伐，全省首个智慧教育（质量提升）工程落地实施，中央电化教育馆人工智能课程教师研修基地、省级科研协同创新基地相继落户。教育教学质量实现新提升，傅钰淇同学被北京大学录取，特殊类型、本科上线率同比分别增长31%、17.3%。

“平安沙县”深化建设。建立健全预防化解矛盾纠纷“三三三”工作模式和信访工作四项长效机制，深入开展夏季治安打击整治“百日行动”，持续打击违法犯罪和电信网络诈骗。扎实开展依法打击整治非法宗教和邪教、养老诈骗及“净网2022”等专项活动，开展常态化扫黑除恶斗争。圆满完成冬奥会、全国两会及党的二十大等重要节点信访维稳安保工作，全面维护政治安全和社会治安大局稳定，夏茂镇获评全省人民调解先进集体。

政府决策更加民主。严格落实“过紧日子”要求，一般性及非刚性支出压减6%。加强机关效能建设，精简类发文、全区性会议分别下降6%、5%。自觉接受人大法律监督、工作监督和政协民主监督，高质量办结人大议案建议108件、政协提案109件，满意或基本满意率达100%。进一步加大政务公开力度，主动公开政府信息192条，依法受理行政复议案件17件。

监督体制更加健全。严格履行政府系统全面从严治党主体责任，深入开展“八五”普法，扎实推进意识形态责任制等各项工作，严格落实中央八项规定及其实施细则精神和省、市实施办法，加强审计监督，强化征地拆迁、工程建设、政府采购、民生资金等领域廉政风险防控。扎实抓好涉粮专项巡察整改，持续纠治“四风”，“三公经费”只减不增，党风廉政建设和反腐败斗争取得积极成效。同时，征兵、国防动员和后备力量建设、拥军优属、退役军人事务、军民融合、民族宗教、涉台事务、审计、烟草、供销、统计调查、人民防空、防震减灾、气象、水文、保密、库区移民、档案、地方志、工会、共青团、妇女儿童、老龄、残联、科协、红十字会等工作都有了新提升。

医改“六大工程”全面开展。打造全国首个区县级“国家基本公共卫生质控监测平台”，有序推进乙肝病毒感染者规范治疗项目试点及“优质服务基层行”创建，逐步完善以“两师两中心”为核心的全民健康管理体系。在全市县级医院中率先设立肿瘤科，填补学科空白。稳步推进全国基层中医药工作示范区创建工作，成立区中医药管理局，《沙县小吃传统药膳植物调查分析与应用》项目获中国中医科学院中药资源普查科学技术奖三等奖。

林改“五大体系”持续构建。全面推行30立方米以下林木采伐审批告知承诺制，新增“四共一体”专业化联营2.1万亩，新增发行林票2060万元；碳中和系列活动有序开展，竹林碳汇“CCER”项目有力推进，获评全省林下经济重点县；全省首个区域性农村综合产权交易平台——福建沙县农村产权交易中心正式揭牌运营；在全市率先成立林长制指挥中心，获评全省唯一2021年度全面推行林长制工作成效明显激励县（区），区林业局获评福建林业改革发展20年突出贡献集体。

以政策引资金活水。深挖国务院办公厅印发《关于进一步盘活存量资产扩大有效投资的意见》等政策“金矿”，三大国企自身造血能力持续提升，开展沙县小吃产业乡村振兴建设、森林提质增效及文体产业融合提升等项目，争取建设资金10.01亿元，盘活存量资产14.31亿元；争取各类上级补助资金13.1亿元及新增债券资金9.42亿元，用于发展教育、卫生、交通及农林水利等领域，为全区经济社会持续健康发展提供有力支撑。

营商环境更加良好。对标“六最”营商环境，深入推进“放管服”改革，加快“一网通办”“一窗通办”建设，完善“双随机一公开”制度，推进园区“1+N”项目服务，“一趟不用跑”“最多跑一趟”事项占比99.5%，2693项业务实现全程网上办理，527项便民服务事项实行“周六便民服务”办理。办理承诺时限压缩至法定时限的90%以上，企业开办时间压缩至4个工作时以内，新增市场主体4125户。

城乡建设品质不断提升。三优街道路白改黑、东天岭安置地基础设施完善及夏茂镇俞邦村绿地改造等68个城乡基础设施项目相继竣工，完成投资额33.42亿元，城乡风貌、管理、居住水平得到提升。老旧小区改造项目在去年争取各类资金4.9亿元的基础上，“自建房纳入老旧小区改造范畴”政策突破，今年再次争取到各类资金2.1亿元，并获评全省老旧改造评价绩效优异地区，获正向激励奖励300万元。生态新城新区（组团）建设样板、城市精细化管理街区样板工程被列入省级城乡建设品质提升样板工程，曲巷改造被省住建厅列为“活化案例”，东门历史街区改造被《中国建设报》宣传报道。投资2亿元完成村庄规划编制、高桥全域垃圾分类试点等17项农村品质提升重点建设项目，夏茂镇俞邦村、南阳乡大基口村分别获评2022年中国和福建省美丽休闲乡村。获评省级2022年度落实促进乡村产业振兴和改善农村人居环境激励县（区），夏茂镇被列入国家级农业产业强镇和全国乡村特色产业超十亿元镇。严格落实“四个不摘”要求，脱贫攻坚成果进一步巩固。俞邦村成为全国乡村建设现场会调研点，郑湖乡、南霞乡获评省级乡村治理示范乡镇，大洛镇昌荣畲族村获评全省民族团结进步重点单位，古县村等24个村获评省级乡村治理示范村。

生态治理稳步推进。加强农村生活污水提升治理，完成沙县区水源地规范化建设及饮用水安全保障工程项目申报；争取3700万元实施夏高中型灌区续建配套与节水改造项目；城乡供水一体化项目全面铺开，小水电站退出工作稳步开展，闽江防洪工程（三期）、西霞溪段河道治理等13个总投资4.36亿元的水利项目有序推进。加强污染地块安全利用，松川化工有限公司原址完成地块修复工作并从全省污染地块名录库中移出。城区环境空气质量始终保持在优于国家二级标准水平，城区三个饮用水源地水质全年达标率100%，小流域平均水质指标全部符合或优于地表水Ⅲ类水质标准。

（摘编：张捷）

永安市社会发展概况

2022年，永安市坚持以习近平新时代中国特色社会主义思想为指导，深入学习宣传贯彻党的二十大精神，坚决落实疫情要防住、经济要稳住、发展要安全的重要要求，克服了宏观经济下行、疫情多发和天气前涝后旱等多重超预期因素影响，扎实做好“两稳一保一防”各项工作，全市经济社会发展保持稳中向好态势。全市完成地区生产总值507.51亿元、增长4%，地方一般公共预算收入20.02亿元、同口径增长4.8%，固定资产投资增长15%，城镇居民人均可支配收入45772元、增长5.8%，农村居民人均可支配收入24390元、增长8%，完成上级下达的年度能耗“双控”目标任务，继续保持全省县域经济实力“十强”县(市)。社会发展的主要工作和成效是：

民生事业再添魅力。坚持在发展中保障和改善民生，将每件民生“小事”都当作政府“大事”，把民生实事办好、好事办实。城乡环境更加舒心。城市面貌有机更新，投入17.28亿元实施74个城市品质提升项目和46个老旧小区改造项目；乡村建设有序推进，新增中、高级版“绿盈乡村”24个，完成国道356线曹远樟林至泥坪公路主体建设，获批全省首个“福路贷”，被评为全省村庄清洁行动成效突出县。公共服务更加贴心。60项省、三明和我市为民办实事项目完成投资8.81亿元，全年民生支出增长18.26%，占一般公共预算支出的70.89%；教育事业稳步提升，新改建学校6所，增加学位2130个，永安学子被北大清华录取人数居三明第一，三明技师学院挂牌成立；医疗体系稳步健全，总医院新院区完成主体建设，中医院挂牌成立；文体事业稳步发展，实现村（社区）综合文化服务中心全覆盖，完成永安抗战文化公园项目（一期）建设，牵头成立北上抗日先遣队沿途县（市、区）联盟，获得省级以上体育竞赛金牌10块。社会保障更加暖心。强化就业扶持，城镇新增就业2217人；推动社保提质，城乡居民最低生活保障标准提高至815元/月，医保电子凭证定点医药机构接入率达100%；提升养老能力，建设农村区域养老服务中心2家、长者食堂4所，将军山社区被评为全国示范性老年友好型社区；巩固脱贫成果，全市脱贫监测户人均年收入达19443元，未发生返贫致贫。社会治理更加安心。“平安永安”扎实推进，圆满完成冬奥会、党的二十大等重要节点维稳任务，境外涉诈人员劝遏返工作成效居三明市首位，“法治零距离”服务、网格化管理等做法在央媒刊登；应急能力不断提升，未发生较大以上各类安全事故和重大群体性事件，完成全国第一次自然灾害综合风险普查。各项工作更加用心。国防建设、军供保障、人民防空、双拥优抚等工作不断加强，实现省级双拥模范城“九连冠”；工会、共青团、妇联和关心下一代工作扎实推进；老龄、慈善、红十字会、计生协会、残疾人事业加快发展；民族团结、宗教和睦；科普、档案、地方志、侨务、水文、气象、地震、库区移民等工作取得积极成效。

“三提三效”真抓实干。政府自身建设持续加强，坚持党的领导不动摇。始终坚持以习近平新时代中国特色社会主义思想为指导，全面系统深入学习贯彻党的二十大精神，坚定拥护“两个确立”、坚决做到“两个维护”，自觉把党的领导贯穿到政府工作全过程各领域。坚持人民至上不懈怠。深入开展“服务百家企业、推进百大项目、走访百位人才”活动，解决企业难题65个；深化

“放管服”改革，梳理落实“一趟不用跑”“最多跑一趟”事项3098项，事项占比99.94%，平均缩短审批时限比例93.52%。坚持依法行政不松劲。办理人大代表建议210件、政协委员提案165件；法治政府建设持续推进，制定完善《永安市人民政府“三重一大”事项集体决策制度》，行政复议合法率连续四年保持100%。坚持清正廉洁不褪色。坚定不移推进全面从严治党，不折不扣抓好国家统计督查、涉粮专项巡察整改，开展国有资产专项审计，严格落实中央八项规定及其实施细则精神和省、市实施办法，牢牢兜住“三保”底线，廉政建设取得实效。

深化改革激活动力。将改革作为解决问题的基础和关键，积极探索更多“永安模式”，把制度优势更好转化为治理效能。国资国企改革有实效。完善国资监管，在三明市率先开展市属国企“三定”工作，实行工资总额预算管理；市属国企牵头盘活神鹰汽车公司闲置资产，腾出产业发展空间；发展市属国企供应链金融，城投集团以煤炭、钢材贸易为新增长点，实现销售额8.21亿元、增长71.81%。林业改革有亮点。创新林竹碳中和“五碳”工程项目，搭建“竹师傅”竹产业共享平台，国家林草局林竹碳汇工程技术研究中心福建省基地落地永安，被列入省级碳中和试点县。医药卫生体制改革有力度。在三明市率先制定薪酬分配制度，推进“一院一专科”建设，实现村民家门口“诊断、检查、治疗、处方”一站式精准服务；公立医院实施药品集中采购，药价平均降幅45.5%。教育改革有特色。“总校制”“县管校聘”、教师编制及职称“周转池”改革深入推进，在三明市率先试点开办普职融通班，优质教研资源配置率达100%。财政体制改革有突破。调整乡镇、园区财政管理体制，开展市直单位零基预算改革，财政资金配置效率进一步提高。

风险化解提升能力。坚持统筹发展与安全，有效应对各种风险挑战，不断提升解决制约永安发展深层次矛盾和问题的能力。守好疫情安全防线。优化落实疫情防控二十条措施及新十条措施，设立防疫网格群1871个、入群居民14.29万户，提升快速处理能力，最大限度减少疫情对经济社会发展的影响。守牢重大风险底线。房地产风险有序化解，14个风险楼盘已成功化解13个，剩余1个楼盘正启动破产重整；政府债务风险有效稳控，推动PPP、TOT项目融资41.9亿元，再融资债券置换比例从80%提高至85%，顺利度过偿债高峰期；工贸企业风险有力管控，不良率压降至0.66%。守住生态环境红线。狠抓尼葛园异味整治、金银湖水泥矿山治理复绿等中央生态环境保护督察反馈问题整改销号，建立水环境问题研判溯源和预警督办机制，开展环境空气质量改善专项攻坚，沙溪流域生态治理EOD项目入选国家试点，安砂红军渡口、九龙湖荣获福建省首批河湖文化遗产，全市流域及城区饮用水源水质达标率100%，空气质量达到国家二级标准。

2023年是全面贯彻党的二十大精神的开局之年，永安市着力推动高质量发展，大力提振市场信心，突出做好稳增长、稳就业、稳物价工作，奋力打造中国式现代化的革命老区样板，为谱写全面建设社会主义现代化国家福建篇章作出永安贡献。全市经济社会发展主要预期目标是：地区生产总值增长5.6%；规模以上工业增加值增长5.3%；地方一般公共预算收入增长5%；固定资产投资增长11%；出口总值14.5亿元；社会消费品零售总额增长6.7%；城镇居民人均可支配收入增长6%，农村居民人均可支配收入增长8%。围绕上述目标，社会发展重点做好以下方面工作：

推进民生福祉均衡化，坚持人民至上，着力解决好人民最关心最直接最现实的利益问题，切实把群众的期待变成我们的行动；加强政府自身建设，弘扬伟大建党精神，加强政府治理体系和治理能力现代化，努力建设人民满意政府；推进人民城市品质化，推进以人为核心的新型城镇化，为永安这座城市厚植创新创业创造的土壤；推进乡村振兴特色化，坚持农业农村优先发展，改善农村人居环境，更多更好惠及农村农民；推进对外开放多元化，拓展改革开放空间，建设一流营商环境，增强永安对高端产业、优势资本的吸引力。

（摘编：郭虹）

明溪县社会发展概况

2022年，明溪县坚持以习近平新时代中国特色社会主义思想为指导，紧扣迎接宣传贯彻党的二十大主线，全面贯彻落实“疫情要防住、经济要稳住、发展要安全”的重要要求，高效统筹疫情防控和经济社会发展、统筹发展和安全，聚焦“三提三效”，聚力真抓实干，实施“两稳一保一防”系列措施，全县经济总体呈现恢复企稳、承压前进的较好态势。全县实现地区生产总值增长2.5%，地方一般公共预算收入增长10%，社会消费品零售总额增长2%，城镇居民人均可支配收入增长5.5%，农村居民人均可支配收入增长8%。一些重要领域、重点工作取得新进展新成效。

社会民生有感。民生支出占一般公共预算支出的比重达81%，20项为民办实事项目基本完成。第三实验小学扩建、第三幼儿园新建、城关中学艺体馆和宿舍楼等项目建成投用，县一中迁建、县总医院门诊综合大楼建设加快推进。南山遗址博物馆“四馆合一”、中山全民健身中心建设项目有序推进，南山遗址保护规划获省政府批复，滴水岩红色旅游景区晋升国家4A级旅游景区、肖家山古村落景区晋升国家3A级旅游景区。成立全省首个基层消防治理服务中心，经验做法被应急管理部消防救援局通报表扬。教育“两项督导”获评“双优”等级。首次获评福建省双拥模范县、福建省全民运动健身模范县，获评福建省平安县、全省县域节水型社会建设达标县。

老区振兴有力。做足做好老区苏区文章，争取上级资金补助10.83亿元，地方政府债券6.01亿元，是上年的2.78倍，政策项目支持107项。深化与国家中医药管理局对口支援、与省卫健委等部门对口帮扶、与上海嘉定区对口合作，组织对接重点事项和项目76个，总投资212亿元，成立全省首个县级中医药管理局，启动创建全国基层中医药工作示范县、全国健康县区。

城乡品质有进。兴泉铁路明溪站即将通车，省道S219至兴泉铁路明溪客货运站连接线（一阶段）即将完工，元溪高速公路、城乡供水一体化项目启动实施。新人武部营区竣工投用，完成坪埠东路二期、康乐路提升改造，建成南山田园综合体一期等58个城市品质提升项目。成功举办“中国农民丰收节”三明分会场暨明溪淮山文化节，乡村振兴热度指数综合排名全省第6位，2个乡镇、16个村获评第二批省级乡村治理示范乡镇、示范村，胡坊村获评省级乡村振兴实绩突出村。

一年来社会发展的工作主要体现在：

用心用情办实事、惠民生、保平安。坚持稳就业保就业，城镇新增就业增长124%，开展技能培训1710人次。城乡居民养老、医疗参保基本实现全覆盖，发放困难救助金额达2324万元。实施保障性安居工程，造纸厂安置房完成主体建设，猴子山公租房加快推进。巩固拓展脱贫攻坚成果，脱贫户收入增长14%。落实“双减”政策，义务教育课后服务实现全覆盖，学前教育普惠率达100%，积极争创国家学前教育普及普惠县。开展“优质服务基层行”，基层卫生院全部达到国家基本标准，建成胡坊精品中医馆，成立名医“师带徒”工作室和全国基层名老中医药专家传承工作室，县中医院入选全省中医药文化宣传基地。“一老一小”服务稳步提升，新建夏坊敬老院，长者食堂2个，普惠性托位130个。整修红色遗址和革命烈士纪念设施24处，强化176处文物安全保护，肖家山锔瓷技艺入选第七批省级非物质文化遗产，正争创国家级客家文化（闽西）生态保护实验区。着力防范化解重大风险，落细落实上级各项防控措施，全县疫情防控形势总体平稳可控。常态长效推进扫黑除恶，圆满完成党的二十大安保维稳，夏季治安打击整治“百日行动”成效明显，境外涉诈高危人员逼劝返工作经验全市推广。防范金融风险有力有效，不良贷款率0.74%，为历史最低。

驰而不息转作风、提效能、优服务。坚持把学习宣传贯彻党的二十大精神作为政府工作的首要政治任务，全面学习、全面把握、全面落实好党的二十大精神，坚定拥护“两个确立”，坚决做到“两个维护”。敢于斗争，担当作为，扎实开展“我为企业解难题”“我为群众办实事”活动，解决企业办证问题3个，群众房产登记问题530户，破解金草种业地块、和顺车业有限公司、兴达运输有限公司非标设备厂等历史遗留问题。加强法治政府建设，办理人大代表建议125件和政协委员提案97件，满意和基本满意率分别为99.2%、100%。履行全面从严治党主体责任，落实意识形态工作责任制，严格落实中央八项规定精神，抓实涉粮专项巡察、建宁系列案件反映问题等巡察审计督查整改，深化廉政风险防控，强化统计监督、审计监督，风清气正的发展氛围更加浓厚。

毫不动摇抓改革、促创新、强活力。持续深化医改，分级诊疗制度不断完善，县域内就诊率达76.51%，将37个中医非药物治疗项目纳入医保报销范围，中医药总诊疗人次增长36.35%。深入推进林改，完成重点生态区位商品林赎买5037亩，推动“益林贷”扩面增量，贷款总额突破1亿元，制发林票1518万元，开发碳票2.05万亩。扎实推进教改，全市率先理顺教育系统跟岗、交流、借用人员人事关系，健全“总校制”“县管校聘”等机制，“小升初”成绩居全市前列，教育发展促进会影响不断扩大，收到捐赠资金近1000万元。稳妥推进国企改革，国有及国有控股企业资产总额同比增长12%。深化“放管服”改革，不动产登记“跨境办”被省效能办推广，创新食品经营许可“口述办证”，推出“交地即交证”“交房即交证”服务，政务服务基本实现“最多跑一趟”。

精耕细作强管理、提品质、美城乡。深入实施“小县大城关”战略，推进北部新区、南山片区、东部新城等重点区域规划设计，11个市级征迁攻坚项目全面完成，征收土地1858亩，保障建设用地1288亩。加快城市更新，实施老旧小区改造18个，建成口袋公园4个，福道12公里，新建城乡雨污管网18.5公里；畅通城市路网，完成第三实验小学配套道路建设，打通原老年大学－妇幼保健院路段瓶颈路，加快实施北部新区路网工程，修缮城区桥梁7座，新增一批停车泊位；全市率先成立“两违”综合治理中心，开展城区生活垃圾分类试点，建成垃圾分类宣教中心和有害垃圾暂存点。全面推进乡村振兴，建成高标准农田2.08万亩，整治抛荒撂荒耕地4984亩，落实粮播面积21.47万亩、总产量8.08万吨。推行“156”乡村建设工作机制，投入2810万元打造10个省级乡村振兴试点村、3条示范线，有序推进9个农村新型小区建设。深入开展农村人居环境整治五年行动，绿盈乡村覆盖率达94.32%。实施乡镇生活污水处理市场化，被列入市级农村生活污水治理智慧监管试点。

持之以恒治污染、优生态、增颜值。持续打好“蓝天、碧水、净土”保卫战，扎实推进中央、省级环保督察反馈问题整改销号，空气质量达标天数比例100%，全省排名第3位；县乡饮用水源、主要流域国省控断面以及小流域水质达标率均为100%，清理退出水电站13座，水环境质量全省排名第5位；危废、医废处置率分别达98.5%，100%。深入推进河湖长制，整治牛蛙、红虫养殖面积183亩，抓好鳗鱼养殖尾水达标排放，强化“静夜守护”专项整治，涉噪音投诉总数下降。大力实施国土绿化行动，落实林长制，全县森林覆盖率达81.52%。深化生态文明建设，实施闽西北山地丘陵生物多样性保护项目，打造省级森林乡镇1个、森林村庄2个，被列入福建省综合性生态保护补偿28个实施县名单。

（摘编：周华政）

清流县社会发展概况

2022年，面对宏观经济下行、疫情多发、天气前涝后旱等超预期因素多重冲击，清流县坚持以习近平新时代中国特色社会主义思想为指导，全面贯彻落实“疫情要防住、经济要稳住、发展要安全”重要要求，扎实开展“大干一百天、喜迎二十大”活动，全力做好“两稳一保一防”工作，有力促进全县经济社会持续健康发展。据统计，全年完成地区生产总值158.83亿元，县级一般公共预算收入5.15亿元、增长13.7%，固定资产投资增长10.0%，社会消费品零售总额增长1.6%，城镇居民人均可支配收入增长6.1%，农村居民人均可支配收入增长7.1%，全县本外币各项存款余额增长14.53%，全县本外币贷款余额增长17.17%。社会发展一些领域取得新突破：

县域发展遇新机。党中央、国务院大力支持革命老区振兴发展，央企对口支援、省直单位对口帮扶、重点城市对口合作相继深化，华润集团米兰花酒店等7份合作协议正式签订，上海嘉定区12个方面合作项目稳步推进。多重政策叠加释放，清流革命老区后续发展更具优势潜力。

城市面貌焕新颜。创新开展“微改造、大提升”共建活动，老旧小区、背街小巷“灯不明、路不畅、管不通”等一批问题有效整治，“边角地”成为居民群众“幸福地”。北大路白改黑、凤翔街区综合整治、龙津广场改造、九龙夜市提升、屏山微乐园等投入使用，桩桩件件直落群众心坎。

民生福祉添新彩。龙津学校、城区第二水厂、县总医院综合医疗大楼等一批民生项目落成启用，民生补短板、群众齐点赞。红色文旅教育实践基地及附属设施项目加快建设，一张民生事业“新答卷”，正徐徐铺展。

干部担当扬新风。面对5年来降雨量最大、覆盖范围最广、持续时间最长的“6.13”特大暴雨洪灾，一批党员干部趟洪水、救百姓，实现零伤亡，得到应急管理部高度肯定。特别是疫情发生以来，广大医务工作者、基层干部、志愿者等付出艰辛努力，舍小家、顾大家，成为人民群众的“守护神”。一年来，社会发展的主要做了以下工作：

民生事业再进步。8项22个重点为民办实事项目全面落实。春节前30户灾后重建户全部迁入新居。深入实施“清人回归”工程，出台招工引才、稳工稳岗等政策，城镇登记失业率控制在5%以内。大力实施教育补短板项目，桥下、嵩口幼儿园等竣工投入使用，新增学位2820个，学前普惠性幼儿园覆盖率达100%。持续强化社会民生保障，城乡居民社会养老保险参保率达98.33%，基本医疗保险实现全覆盖，普惠医联保全面推广。深入开展困难群众“漏保”“漏救”点题整治，新增纳入低保324人，全面完成低保提标工作。持续深化安全生产三年专项整治行动，未发生较大以上安全生产事故。积极推进基层矛盾纠纷化解，入选省级平安县。党的二十大期间零进京上访，全县保持安定稳定。此外，统筹推进民族、宗教、科协、史志、人防、双拥、民兵预备役、退役军人、老区、老龄、残疾人、红十字会等工作，支持工会、共青团、妇女儿童等事业加快发展。

自身建设再加强。深入开展省委“三提三效”行动，聚焦“三提三效”，聚力真抓实干，年初政府工作报告确定的73项任务清单全面落实。认真落实意识形态工作责任制，纵深推进政府系统全面从严治党、党风廉政建设和反腐败斗争，完善财政资金、工程建设、项目管理、政府招投标等重点领域制度，风清气正的干事创业氛围更加浓厚。深入推进法治政府建设，坚决执行人大及其常委会决议决定，自觉接受人大监督、政协监督、监察监督、司法监督、审计监督和社会监督，人大代表建议和政协提案办复率均达100%。着力提升政务服务效能，设立“办不成事”“异地代收代办”窗口，推出“一站式”集成服务，“一趟不用跑”和“最多跑一趟”事项占比达99.95%。坚持政府过“紧日子”思想，强化预算执行约束，“三公”经费支出逐年缩减。

重点改革再深化。大力推进基础教育和现代职业教育“双轮驱动”改革，中高考成绩保持全市前列，职高分类考试，本科、专科上线率均居全市第一，“二元制”“3+2”合作办学成功推进，“小县办大教育”加快见效。持续深化“三医联动”改革，扎实推进“无红包”“无陪护”医院创建，县域就诊率达90%，连续三年群众医院满意度排全市前列。创新实施林业执法“一带三”模式，全省现场会在清流县召开，经验做法得到省上肯定和推广。探索实施“龙头企业+基地+林农”模式，华润三九“订单式”岗梅种植面积超3000亩，入选全省林下经济发展典型案例。扎实开展乡镇综合执法改革，组建综合执法大队，赋予乡镇行政执法事项166项，疏通基层执法“最后一公里”。

城乡品质再提升。推进城市有机更新，高标准实施城乡品质提升项目69个，凤翔、长兴等五个片区老旧小区改造完成，城区污水管网改造提升、老年儿童微乐园等竣工启用。强化城市精细管理，实施“环卫一体化”建设，拆除城区“两违”面积6200多平方米，修缮城区市政设施621处，增设交通安全红绿灯3处。加快乡村建设，全国首个华润希望乡村“芬芳石下”、拔里田园综合体等项目建成运营，培育“四村一体”省级乡村振兴精品示范带，全市“三农”暨乡村振兴工作现场会在清流县召开。坚持先做“减法”、再做“加法”，集镇街区和农村人居环境逐步提升。深入开展畜禽水产规范化养殖整治，依法严控取水、排水等环节，优化监测、排污等标准，鳗鱼养殖规模和地下取水量分别缩减30%、81.5%。

2023年，是全面贯彻落实党的二十大精神的开局之年，是实施“十四五”规划承前启后的关键一年，做好清流县各项工作意义特殊而重大，总体要求是：坚持以习近平新时代中国特色社会主义思想为指导，全面贯彻落实党的二十大精神，按照省、市和县委部署，坚持稳中求进工作总基调，完整、准确、全面贯彻新发展理念，着力推动质的有效提升和量的合理增长，奋力谱写清流全方位高质量发展新篇章。综合考虑各方面因素，2023年全县经济社会发展主要预期目标为：地区生产总值增长5.5%，第三产业增加值增长6.5%，县级一般公共预算收入增长3.0%，农林牧渔业总产值增长4.8%，规模以上工业增加值增长6.0%，固定资产投资增长10.0%，外贸出口增长3.0%，验资口径实际利用外资增长3.0%，社会消费品零售总额增长7.2%，城镇居民人均可支配收入增长6.0%，农村居民人均可支配收入增长7.0%，城镇登记失业率控制在5.0%以内；完成节能减排降碳目标。

（摘编：林学军）

宁化县社会发展概况

2022年，宁化县坚持以习近平新时代中国特色社会主义思想为指导，紧扣迎接宣传贯彻党的二十大工作主线，扎实做好“两稳一保一防”工作，全县经济社会发展稳中向好。全年完成地区生产总值236亿元，增长4%；固定资产投资增长15%；公共财政收入8.81亿元，其中地方公共财政收入7.05亿元，增长0.58%；城镇居民人均可支配收入37009元，增长7%；农村居民人均可支配收入22147元，增长10%；金融机构本外币存贷款余额首次突破300亿元，增长10.4%；争取到各级各类政策资金19.72亿元、总量居全市前列；获评国家级制种大县、全省县域经济发展“十佳”县、省级双拥模范县、省级平安县。社会发展的主要工作及成效是：

民生保障谱写幸福篇章。社会事业全面进步。科、教、文、卫、体事业蓬勃发展，新增国家高新技术企业4家，发明专利授权13件，每万人发明专利拥有量提高到1.644件，县科技馆获评全国科普教育基地，我县通过全国科普示范县验收；宁化一中图书馆综合楼等5个项目有序推进，公办园和普惠性民办园在园幼儿占比100%，宁化一中通过省一级达标高中复评，中考总平均分、及格率、优秀率均居全市第一，高考本科上线率居省内县域中学前列，县教师进修学校获评全省示范性县级教师进修学校；新增省级非遗名录5项、为历年最多，文昌阁建成投入使用，宁化客家书法创作基地获评省级新时代特色文艺示范基地；加快补齐卫生事业短板，标准化建设村卫生所160个，乡镇卫生院全部达到基本服务能力标准，县总医院进入全国县级医院500强、入选全国首批“千县工程”；常态化举办群众体育活动，全省青少年羽毛球锦标赛暨中学生联赛在宁化县举办，两名宁化籍运动员在十七届省运会上勇夺金牌。民生保障不断增强。全年民生领域财政支出25亿元、占总支出的82%。落实稳岗就业政策，城镇新增就业750人。完善住房保障体系，扩大保障性住房供给，新配租保障性住房70套，群众住房基本需求得到有效保障。实施全民参保计划，城乡居民基本养老保险、医疗保险参保率分别达93.14%、99.89%。巩固拓展脱贫攻坚成果，全额资助困难群众普惠医联保缴费7200余人，城乡低保补助标准提高到每月748元。健全养老服务体系，成立村级助老健康服务站160个。落实拥军优属政策，出台县级退役军人优待政策8项，规范化建设村级退役军人服务站27个，曹坊镇退役军人服务站获评全国百家红色退役军人服务站，宁化县蝉联省级双拥模范县“五连冠”。全力办好为民实事，20件为民办实事项目完成或基本完成年度目标任务。社会大局持续稳定。坚持科学精准防控疫情，落实第九版防控方案和优化疫情防控二十条、十条以及省十三条措施不动摇、不走样，最大程度保护人民生命安全和身体健康，最大限度减少疫情对经济社会发展的影响。深化“平安宁化”建设，加强信访突出问题治理，常态化开展扫黑除恶斗争，扎实推进夏季治安打击整治“百日行动”和“净网”“飓风肃毒”等专项行动，严厉打击电信网络诈骗等各类违法犯罪，全年违法犯罪类警情同比下降19.8%。

政府建设跃上更高台阶。党风廉政建设不断加强。严格落实全面从严治党主体责任，深化“点题整治”，强化审计、财政监督，一体推进不敢腐、不能腐、不想腐，风清气正的政治生态持续巩固。法治政府建设纵深推进。认真办理人大代表建议和政协提案220件，办结率100%。加强法治政府建设，推进政府信息公开和“八五”普法活动，巾帼蒲公英“普法三式”入选司法部行政（法律服务）案例库。政务服务效能大幅提高。围绕打造“倾情服务、马上就办”新风正气福建“名片”，深化“六最”营商环境对标活动，推进“放管服”和行政审批服务“三集中三到位”“一窗通办”改革，创新实施“网上办、掌上办、预约办、邮寄办、智能办”和周末便民等服务形式，“五级十五同”标准化事项目录绑定工作全面完成，“全程网办”“一趟不用跑”事项分别达96.9%、98.2%，行政审批服务压缩时限率达94.92%，市对县绩效考评连续三年获优秀等次。

开发开放开创全新局面。实施“优先、均衡、素质、质量”四轮驱动战略，纵深推进教育综合改革，创新实施综合素质“六个一”工程，学校“五育并举”扎实推进，“双减”政策全面落地，组建总校（园）12个，实验幼儿园被认定为市级总校制办学试点校，县获评全市幼小衔接改革实验区，教改经验被《中国教育报》头版头条报道。围绕“治好病”目标，实施医改“五大行动”，患者自付费用比例降低至28.7%，“无陪护”医院建设工作走在全市前列，治平畲族乡被列为全市中医“治未病”示范小镇试点。聚焦林改“六大环节”，健全生态产品价值实现机制，全年制发林票2000余万元、营造碳中和林示范片500余亩，首批持有三明林业碳票碳减排量超万吨。开放合作催生新动能。抢抓国家支持新时代革命老区振兴发展机遇，主动融入闽西革命老区高质量发展示范区建设，谋划示范区建设政策清单101条、项目清单132条，宁化县作为全省36个苏区县代表在纪念福建省苏维埃政府成立90周年大会上发言。县总医院与国家应急总医院签订医联体协议，嘉定“春雨工程”文化志愿服务走进宁化，上海中共一大纪念馆与县革命纪念馆结对共建。开展两岸乡村融合振兴行动，成功举办第28届世界客属石壁祖地祭祖大典暨第10届“石壁客家论坛”系列活动，侨家乐·福建省华侨美食风情文化节三明专场活动在宁化县举行，济村乡三村村获评明台融合示范村。

城乡发展呈现靓丽风貌。城市颜值更高。实施“大城关”战略，优化城东、城南规划布局，推进城市“东扩南伸”，水上儿童公园建成投用，康养城、慈恩文化公园等项目加快建设，城市规模体量不断拓展。开展城市建设品质提升行动，投入资金16.96亿元，实施城市更新、交通通达等五大工程，改造小溪边、下东门、北大街等老旧小区7个，宁阳古街客家风貌提升工程有序推进，玉屏路、翠锦桥和智慧停车（一期）等项目竣工投用，新建市政道路3.5公里、福道12公里，新改建供水管网5.5公里、雨污管网24公里、燃气管网12.5公里。落实常态化创城机制，推行城市精细化管理“1+1+N”模式，启动城区生活垃圾分类试点，大力推进违法建设、占道经营等整治，三轮车违法载客问题得到有效治理，回收处置载客三轮车645辆，拆除“两违”面积5600余平方米，城市管理更加规范、更加精细。乡村面貌更美。落实“156”乡村建设工作机制，投入资金9600万元，实施乡村振兴“6+2”工程，推进10个省级、18个县级试点村和7个实绩突出村项目建设，建成“一村一品”示范村37个，成功打造“红色故里·产业振兴”市级乡村振兴重点示范线。实施农村建设品质提升工程，加强农村风貌管控和基础设施建设，编制多规融合村庄规划129个，整治违法用地435宗，提升改造农村公路43.44公里，农村集中供水率达98.7%、供电可靠率达99.91%，千兆光网和5G网络实现乡镇镇区全覆盖，城区外13个乡镇集镇和84个村生活污水处理设施实现市场化运维，探索建立的“345”农村公共基础设施管护机制得到省市充分肯定。实施乡村绿化美化行动，推进闽赣交界村容村貌整治，加快乡村“五个美丽”建设，建成美丽乡村庭院、微景观等1083个，石壁镇溪背村等4个村获评高级版“绿盈乡村”，安乐镇谢坊村获评省级美丽休闲乡村。生态环境更优。深化国家生态文明建设示范县建设，投入资金1.8亿余元，纵深推进污染防治攻坚战，生态文明建设取得显著成效，我们的“天更蓝、水更清、山更绿”。

（摘编：赵旭东）

建宁县社会发展概况

2022年，建宁县全面贯彻落实习近平总书记重要讲话重要指示批示精神，扎实开展“提高效率、提升效能、提增效益”行动，围绕“两稳一保一防一控”，聚力革命老区高质量发展示范区建设，全县经济社会发展取得新进展、新成效。全年完成地区生产总值164亿元，增长4.5%；地方一般公共预算收入3.5亿元，自然增幅2%，同口径完成3.67亿元，增幅6.1%；固定资产投资增长19%；社会消费品零售总额44亿元，增长10%；城镇居民人均可支配收入37757元，增长6.5%；农村居民人均可支配收入21965元，增长8%。一年来社会发展的主要工作措施和成效是：

幸福指数持续增长。一中新校区、二实小原址新建项目加快推进，城关幼儿园二期建成投用，客坊中心小学列入全省智慧教育平台试点校。深化总医院与福建医科大学附属第一医院合作共建，稳步推进卒中、胸痛、创伤“三大”中心建设，全民健康信息化平台、“六大中心”建成投用，启动中医院项目前期工作。开展“迎盛会·庆丰收”“三下乡”等系列文体活动32场，实施体育中心能力提升项目，少体校在省运会上获3金2银佳绩，闽江源生态旅游区获评中国体育旅游精品项目，县图书馆被评为全国服务农民、服务基层文化建设先进集体。

社会保障有力有效。全面建立“适老化”服务台账，城乡居民养老保险参保率达99.57%，养老金最低标准提高7.69%；康养中心、黄坊乡敬老院改造投用，建成河东社区、伊家村等一批长者食堂和助餐点，溪源区域性养老服务中心开工建设。巩固脱贫攻坚成果，完善防止返贫动态监测机制，发放产业补助资金216万元，扶持脱贫户1367户，帮助务工就业1716人。组织开展“春风行动”“金秋招聘月”等线上线下招聘活动，累计提供就业岗位3000余个。

社会大局安定稳定。被列为全省应急预案体系建设试点县，县应急管理局获评全省应急管理系统先进集体，水南社区获评全国减灾示范社区，成功创建食品安全“一证通”试点县。有效应对新冠疫情，防控工作指挥得当、反应迅速、精准高效。处置不良贷款1.47亿元，不良率压降至1%以下。成立全省首家公共法律服务共治中心，濉溪镇、溪口镇被评为省级乡村治理示范镇，水南村等18个村被评为省级乡村治理示范村，隆下村获评全国民主法治示范村。推进“四大专项行动”“平安建宁”建设攻坚战役，上半年平安建设“三率”测评成绩优异，7项测评指标中有5项位居全省前列、3项全市第1，获评全省平安建设示范县、全国信访工作示范县。

政府效能持续提升。在全市率先实现与江西南丰、高安“跨省通办”，与台江、鼓楼“省内异地代收代办”，32项高频事项跨省通办、45项高频事项省内异地代收代办，群众办件满意度达100%。扎实开展“服务企业日”活动，累计办结企业发展诉求129个，全县营商环境不断优化，经验做法被省市推广。一以贯之推进依法行政。成立全省首家种业巡回法庭，探索建立“五联工作机制”打造“边界枫桥”获省上认可推广。提升法治建设水平，完成行政复议体制改革，落实首批乡镇综合行政执法事项赋权。累计办理人大代表建议102件、政协提案117件，回应社情民意9件。一以贯之筑牢廉政防线。履行“一岗双责”，落实意识形态工作责任制，严格落实中央八项规定及其实施细则精神，大力纠治“四风”，坚持过“紧日子”，全年“三公”经费支出同比下降8.48%。坚持依法审计，规范“三重一大”决策程序，加强廉政风险点防控管理，县政府组成部门排查梳理廉政风险点123个，并建立风险排查台账，做到防控关口前移。坚持统筹兼顾，国防教育和国防动员、民兵预备役建设水平不断提升，获评全省“双拥模范县”。工会、共青团、妇女儿童、红十字会、退役军人、残疾人等各项事业加快发展。水文、气象、地方志、防震减灾、外事侨务、人防、民族宗教、检验检疫、融媒体中心建设等工作取得良好成效。

重点改革稳步推进。深化医改再出发“六大工程”，总医院入选“千县工程”县医院综合能力提升工作名单，患者满意度由2021年全省倒数提升至92名，达到全省中等水平。深化“总校制”改革，成立5个城乡紧密型教育共同体和3个总园制办学团队，高考本科上线率从全市第8名提升至第4名。创新推出“五子贷”等绿色金融产品，经验做法在人民日报等主流媒体刊载推介。创新设立覆盖县乡两级“共享联办”林改服务机构，制放林票2216万元，核发碳票3.6万吨，被列为全省林业执法队伍建设改革试点县。国企改革重组完成框架构建，初步完成城发、投发集团组建，整合成立金木林业、粮食购销公司。

科技赋能更加凸显。全力创建全国农业科技现代化先行县，新认定省审以上水稻品种20个，本地企业拥有自主知识产权的品种达71个。实施同越管件二期等24个省市重点技改项目，技改投资增幅57.8%，居全市第一。全县企业研发投入1.76亿元、增长5.9%，培育科技型中小企业11家、科技小巨人企业5家、战略新兴企业12家、国家级高新技术企业9家，高技术产业增加值比增9%。

协作成果加快转化。用好省“5+1”单位挂钩帮扶资源，争取政策项目支持20余个、各级补助资金12.69亿元。深化中粮集团对口支援合作，中粮·建宁粮食产业融合发展示范园加快建设，先正达水稻种子供应链中心、省级粮食储备库、山水润粮食加工等项目有序推进。举办第二届“林深水美茶香”斗茶赛，“建宁红”获世界红茶产品质量金奖，茶产业产值达1.09亿元、同比增长20.1%。实施品牌带动战略，特色农产品终端价格提升15%以上，助推群众丰收增收。积极融入沪明合作，主动对接虹口区，策划合作项目12个；与上海市农科院签署战略合作框架协议，明确沪明生物多样性研学中心、精品果园示范基地等一批合作事项。

项目招引有成果。推进“大招商招好商”攻坚战役，开展专场招商30余次，策划首届产业“云招商”大比拼活动，招引落地友力特机械、金博旺塑料制品等项目95个、开工41个。在全市率先实施“飞地招商”，创新“跨境人民币投资”增资方案。

人居环境持续改善。城镇增品质，扎实推进城镇棚户区改造，被省住建厅评为城镇棚户区改造优异县，花墩桥入选省级传统历史文化街区名单。提升城市温度，完成桥南苑、葫芦坑老旧小区改造以及民主街周边、黄舟坊南路立面改造，建成莲花公园、容驷河儿童微乐园等一批口袋公园。开展征迁“百日攻坚”，完成征迁项目14宗，解决将屯红绿灯路口地块等一批十年以上历史遗留问题。乡村换新颜，获评全国乡村建设评价样板县、全省城乡建设品质提升工作综合绩效优异县，获正向奖励2000万元。整治提升乡村建筑4400余栋、“三线”104公里，创建“绿盈乡村”77个，创建省级乡村“五个美丽”典型示范建设点26个，里心集镇整治被列为省级集镇环境整治样板项目，罗源村列入省级传统村落改善提升项目，笔架村入选第六批中国传统村落名录。在全市率先实施交通路网“白改黑”三年行动，完成闽赣边界、动车北站连接线及所有乡镇集镇道路“白改黑”近40公里，获评“四好农村路”全国示范县。

生态环境再添靓色。入选“2022美丽中国·深呼吸小城”名单，闽江源国家湿地公园通过省级初验，被评为福建省村庄清洁行动成效突出县，莲海玉家、金铙山分别获评国家级、省级森林康养基地，修竹村、楚尾村成功创建省级森林村庄。开展美丽建宁“三清双提”行动，实施宁溪、楚溪等流域生态环境整治提升项目，水源地饮用水质达标率、空气质量优良天数比例均保持100%，地表水水质综合排名全省第3。

（摘编：刘红波）

泰宁县社会发展概况

2022年是党和国家历史上极为重要的一年。泰宁县坚持以习近平新时代中国特色社会主义思想为指导，深入学习贯彻党的二十大精神和习近平总书记对福建工作的重要讲话重要指示精神，全面落实“疫情要防住、经济要稳住、发展要安全”重要要求，聚焦“三提三效”、聚力真抓实干，高效统筹疫情防控和经济社会发展，统筹发展和安全，以“重点工作突破年”活动为抓手，深入实施“勇担当、促攻坚、建新功”专项行动，全方位推动经济社会发展取得新成效。

泰宁发展迎来新的重大历史机遇。党中央、国务院深切关怀老区苏区，继去年国务院和有关部委出台《关于新时代支持革命老区振兴发展的意见》等系列文件，并明确国铁集团对口支援泰宁后，今年国家发改委印发了《革命老区重点城市对口合作工作方案》，明确上海与三明对口合作，上海方面指定虹口区与泰宁县对口合作。今年以来，泰宁县与国铁集团、上海市虹口区建立常态化沟通联络机制，达成了一系列重要共识，泰宁县与上海市虹口区结对行动计划落地实施。

泰宁文化旅游在全省、全市的战略定位更加凸显。省委、省政府、市委市政府对泰宁文化旅游工作给予充分肯定，省上支持泰宁建设内涵丰富的世界级风景名胜区、申报国家历史文化名城，泰宁影视基地被纳入全省影视发展战略布局；市里提出以泰宁为龙头，整合全市旅游资源，打造“环大金湖旅游度假区”。

统筹疫情防控和经济社会发展取得积极成果。坚决贯彻落实上级疫情防控决策部署，全力抓好“外防输入”，适时优化调整疫情防控措施，疫情防控形势平稳可控。认真落实国务院扎实稳住经济的一揽子政策措施，常态化开展“我为企业解难题”活动，新增减税降费超0.7亿元，帮助112家企业申请纾困贷款超1.6亿元，新增“四上”企业16家；加快经济恢复性增长，据统计，全县完成地区生产总值102.36亿元；全力扩大有效投资，全县实施县级重点项目300个，23个项目列入省市重点项目，固定资产投资增长3%；持续兜牢“三保”底线，完成地方一般公共预算收入3.45亿元、增长17.2%，创历史新高，完成民生支出12.9亿元，占一般公共预算支出的78.6%。

一年来，社会发展的主要做了以下工作：

以人民群众对美好生活向往为目标，民生福祉有新改善。用心用情用力办好民生实事，浦武高速泰宁邱洪出入口、城西九年一贯制学校、领航艺术体育高级中学等项目开工建设，县总医院、猫儿山至大龙乡公路、文昌塔修复工程等项目顺利推进，闽江防洪工程三明段（二期）泰宁段一期、机关食堂、炉峰山革命烈士纪念设施修缮等项目建成投用，完成农村幸福院改造30个，投入运营新能源“微公交”20辆。大力发展社会事业，全民健身、全民阅读、全民科普服务体系不断完善，建成投用数字档案馆；教改工作得到上级肯定，中高考成绩位居全市中上游水平；县总医院入选全国“千县工程”（9）名单，连续4年获得省上公立医院综合改革绩效奖励，群众看病就医满意度持续提升；与福建工程学院、三明学院签订战略合作协议，省“外专百人计划”人才实现零的突破，选认省市县科技特派员62名。严格落实生态环境保护责任，成立全市首个幸福河湖促进会，首艘新能源纯电动船舶顺利下水，完成“三区三线”和184个农村饮用水源地保护范围划定工作，治理水土流失1.9万亩，建设安全生态水系7.5公里，提升改造农村生活污水处理设施10套，退出小水电11座，生态环境质量稳居全省前列。大力推进库区移民后期扶持示范项目建设，库区移民后期扶持资产收益稳步提升。

以防风险、保安全、护稳定为底线，平安建设有新进步。严格落实安全生产责任制，应急救援保障体系更加完善，全县安全生产形势稳定向好。强化金融风险研判，一体推进“降不良”“保交楼”，全县不良率控制在1%以内，低于全省、全市平均水平。深入开展“餐桌污染”治理，“食品放心工程”得到全面落实，灵秀商城民俗美食街入选省级食品安全示范街区。加强地质灾害综合防治工作，完成地灾隐患点治理5个。全力打好“平安泰宁”建设攻坚战役，推进基层社会治理现代化，社会治安防控体系更加完善，破获“11·17”跨境网络赌博等大案要案，顺利通过“全省毒品问题预警通告地区”考核验收，扫黑除恶工作成效位居全市第一；深入开展“沉下去、厘清楚、处置好”涉稳风险隐患化解行动，妥善处置房地产领域风险，全年无群众越级进京上访、无群众到省市集体访，圆满完成党的二十大维稳安保任务，综治平安建设“三率”居全省前列。“12345”便民服务平台快速受理群众诉求3283件，满意率和办结率分别达99.9%、100%。

以法治政府示范创建为引领，自身建设有新形象。把学习宣传贯彻党的二十大精神作为首要政治任务，迅速掀起学习宣传贯彻热潮。坚持不断加强政府系统党的建设，全面从严治党主体责任和“一岗双责”落细落实，拥护“两个确立”更加自觉坚定。严格落实中央八项规定及其实施细则精神和省、市、县实施办法，加大审计审查和效能督查，加强财政资金预算管理，“三公”经费进一步下降，政治生态持续清朗。全面推进严格执法、公正司法、全民守法，完成首批县级行政执法事项赋权乡镇工作，建成智慧矫正中心，备案审查、行政复议合法率达100%，“背包法庭”便民工作获得央视新闻频道深度报道。自觉接受人大、政协监督，办理人大代表建议78件、政协提案65件，满意率和办结率均有所提升。不折不扣落实国家统计督察、涉粮专项巡视巡察整改，粮食安全省长责任制落地落实，基层统计基础建设和依法管统治统水平不断提升。成立全市首个爱国拥军协会，实现省级双拥模范县“四连冠”。深化“放管服”改革，推出“一件事”集成套餐服务清单61项，工程建设项目“验登合一”举措在全省推广。

此外，国防建设、人民防空等工作进一步加强，工会、共青团、妇联、关工委、科协、工商联、文联、侨联、残联、计生协会、红十字会等工作扎实推进，老干部、民族宗教、地方志、供销、水文、气象等工作取得新成效。

以申报国家历史文化名城为重点，城乡建设有新名片。泰宁入选全省城乡历史文化保护传承试点县，古城区更新提升工程在省级样板工程年终考核中荣获全省第2名，际溪、崇际、里坑入选中国传统村落，游浆豆腐制作技艺、竹编技艺入选省级非物质文化遗产代表性项目名录。历史文化街区焕发新活力，打通了街巷路网，修复了古迹老宅，点亮了街头巷尾，提升了历史风貌，改变了古城旅游“一条巷子逛到底”的困境。古城集聚文旅消费和夜间经济作用更加明显，完成灵秀商城改造提升和“一河两岸三桥”夜态环境营造，启动民主街片区仿古商业街区改造，建设豆香上青馆、岭红酒馆、池潭80影视梦工厂等特色主题馆14个。城乡建设品质提升工作成效明显，入选省级垃圾分类试点县，完成5条市政道路和10个老旧社区改造提升，新建休闲步道13公里，新增停车泊位200个，投入运营垃圾分类屋（亭）30座；完成27个村庄规划编制，培育23个市级以上“一村一品”示范村、4条市级乡村振兴示范线，明清园—新桥乡岭下村公路被评为全省最美乡村“福”路，全省“四好农村路”高质量发展现场会在泰宁召开，泰宁入选全省党建引领乡村治理试点县，2个乡（镇）、18个村入选省级乡村治理示范村镇。深化全国文明城市创建，市容市貌、乡风文明呈现新变化，全市新时代文明实践工作现场推进会在我县召开。

（摘编：刘红波）

将乐县社会发展概况

2022年，将乐县坚持以习近平新时代中国特色社会主义思想为指导，聚焦“三提三效”、聚力真抓实干，经济社会保持良好发展态势。全县完成地区生产总值增长5.8%；地方一般公共预算收入增长5%；固定资产投资增长20%；社会消费品零售总额增长7.6%；城镇居民人均可支配收入增长7%；农村居民人均可支配收入增长9.5%。这一年，着力稳住经济发展大盘。在抓好疫情防控和安全生产的基础上，按照“快、实、优”要求，密集出台《扎实稳住经济一揽子政策措施》等县级配套政策21份，兑现助企纾困资金6000余万元，为各类市场主体“退减免缓”税费2.3亿元。GDP增速连续三个季度居全市第一。一年来，社会发展的重点工作和成效体现在以下方面：

持续增进人民福祉。聚焦群众“急难愁盼”办实事，推动10个小区旧貌换新颜，惠及居民3200户，建设11个微公园、风雨长廊。投入6500万元实施50个乡村振兴试点示范项目，获评全省乡村振兴热度指数“获得感”前十县、省级森林养生城市。出台养老托育专项政策措施，建设5家长者食堂，获评全国未成年人保护示范县，用心托起“朝夕美好”。多层次完善社会保障。全面落实稳就业政策，加强重点人群就业保障，开发158个公益性岗位，发放各类稳就业奖补资金448.6万元，城镇新增就业435人。持续巩固脱贫攻坚成果，严格按照“四个不摘”[15]要求，落实各类帮扶资金3420万元。全力推进低保提标扩面工作，发放各类救助资金累计2858万元，未成年人救助保护中心投入使用。加大人才服务保障力度，出台教育医疗等4项人才专项政策，柔性引进各领域院士、专家20人。

系统性提升服务水平。提高医疗服务能力，与省协和医院等合作共建，4个名医工作室入驻县总医院，积极创建“无陪护”“无红包”医院，妇产儿科大楼和卫生应急大楼建成投用。提升教育教学质量，第二实验幼儿园、白莲中学综合楼等项目建成投用，新增学位750个，中考平均分居全市第四，高考本科上线率再创新高。优化公共文化服务，与中科院、社科院合作成立县博物馆院士工作站、生物考古实验室，游浆豆腐制作技艺等4个项目被列入省级第七批非物质文化遗产名录，陈记柴窑荣获第六批“福建省老字号”，完成黄潭范氏宗祠、安仁东方军第六兵站旧址、光明楔俚乡革命委员会旧址的修缮工程。

全方位筑牢安全底线。防范化解重大风险，切实保障党的二十大等重大会议、活动期间的安定稳定。打好抗击疫情阻击战，扎实开展人员排查、健康管理、疫苗接种和核酸检测等常态化防控工作，妥善处置多起阳性疫情突发事件。持续推进安全生产专项整治三年行动，突出抓好燃气、危化品、自建房等重点领域的安全防范工作，生产安全事故持续控制在较低水平。深化“平安将乐”建设，深入推进扫黑除恶、禁毒、反电诈等重点工作，“e体+”智慧赋能中心、社会治理综合服务中心投入使用，中央交办的15件信访案件全部化解，县看守所获评“全国优秀公安基层单位”。严防严控食品药品安全风险，保障人民群众饮食用药安全。

不断提升行政效能。坚持党的全面领导，坚持依法决策，严格落实重大行政决策程序，建立县政府“三重一大”集体决策议事规则。坚持依法行政，深入推进政务公开，依托“e三明”等平台，拓宽群众诉求反映渠道，不断提高群众知情权。增强统计法治意识，坚守依法统计底线。兑现惠民承诺，32项为民办实事项目基本完成年度任务。持续优化营商环境，深入推进“放管服”改革，推动行政审批减环节、减材料、减时限、减费用，政务服务事项全程网办比例达94%，“一趟不用跑”比例达96%，乡镇便民服务中心、村居便民服务站标准化建设实现全覆盖。积极探索做好新时代双拥工作的新路径、新举措，实现省级双拥模范县“九连冠”。纵深推进政府系统党风廉政建设和反腐败斗争，严格落实中央八项规定及其实施细则精神。坚决扛起巡视巡察整改主体责任，全面抓好经济责任审计、自然资源资产管理与生态环境保护审计、涉粮专项巡察、上级环保督察等反馈问题整改工作。坚决落实“过紧日子”要求，健全财政预算绩效管理、政府采购代理机构动态管理等机制。发挥审计监督作用，完成87个政府性投资项目审计，节约资金8655万元。与此同时，密切与工商联、党外人士的联系，支持工会、共青团、妇联等群团组织开展工作。退役军人、残疾人、民族宗教、外事侨务、对台、移民、档案、老干部、邮政通讯、气象水文、人民武装、人民防空等工作取得新进展。

深化重点领域改革。出台教育综合改革“十项机制”，探索乡镇学生到城区学校托管共育，首次颁发教育工作“杨时奖”。高血压达标中心、心衰中心在全市县级总医院率先通过国家级认证，成立全市首家超声医学中心，率先实现总医院和妇幼保健院业务融合。持续激发林地活力，新发放林票2062万元，人均持股金额708元，全国乡村建设现场会、首届全国林草碳汇高峰论坛在将乐设置考察点。促进林业适度规模经营，新增村民企合作造林6000亩、林权抵押贷款1.7亿元，普惠林业金融贷款实现行政村全覆盖。拓宽碳票应用场景，建立福建金森碳票展示平台，县内新开发碳票项目9个村16.6万吨。深化“生态司法+碳汇”机制，11个案件认购碳汇1.4万吨。全面推行林长制，建立“一林一警”机制，建设10个“六绿”工程示范点。启动农村宅基地改革，以蛟湖村、马嘶村为试点，盘活闲置房屋近1600平方米。

推动区域对口协作。把握国家大力支持闽西革命老区高质量发展重大机遇，与上海虹口区建立党政联席会议制度，拟签订对口合作协议，达成7个意向合作项目，在“进博会”北外滩馆设立将乐县名特优产品展示专区，捐赠110万元抗疫物资驰援上海。深化与厦门思明区对口协作，加强双方互访，乡村振兴数字社会治理智能天网等5个帮扶项目投入使用。

高标准推进城市建设。提升规划质量，加快国土空间规划编制，划定“三区三线”。提升居住环境，投入1500万元完成水门街、南门街、人民路等沿街立面美化，为老旧小区加装电梯14部。提升基础设施，打通华南路等3条断头路，黑化改造东门街等3条道路并向16条背街小巷延伸，城区污水处理厂二期等项目投入使用。提升城市形象，华山公园完成生态步道、立雪广场等重要节点建设，实施绿化彩化亮化20万平方米。提升古县魅力，着力重塑南门历史古街、水南宋代古渡口遗址等老城风貌，找回城市历史记忆。提升管理水平，结合全国文明城市创建工作，规范清理中心城区流动摊点，拆除“两违”建筑约900平方米，完成环卫作业市场化改革。

乡村面貌不断改善。严格农村建筑风貌管控，完成60个村庄规划编制，整治违法图斑65亩，存量裸房整治基本完成。完善农村基础设施，改造乡镇污水管网18公里，新改建农村公路21.6公里，城乡供水一体化项目完成投资1.2亿元。持续深化河湖长制，治理水土流失2.3万亩，“水美乡村”后扶示范区和万全、南口中小河流治理等项目建设完成，漠源乡下村水厂水源地保护等项目有序推进。推广乡村治理积分制、清单制，南口镇、白莲镇和26个村被评为第二批省级乡村治理示范村镇。

探索生态价值转化。水美经济、露营经济等新业态方兴未艾，推出首批“十大网红打卡地”和“镛城名宴”，首次举办金溪水上音乐节，生动诠释山水城的独特魅力。开发碳票项目18个、碳汇总量38.7万吨，金森公司连续两届承接数字中国建设峰会碳中和项目，“碳票”变“钞票”做法在党的二十大新闻发布会上报道，习近平生态文明思想理论与实践研讨会分论坛在将乐举办，位列2022年度“美丽中国·深呼吸小城”榜首。

（摘编：苏建平）

尤溪县社会发展概况

2022年，尤溪县坚持以习近平新时代中国特色社会主义思想为指导，紧扣迎接学习宣传贯彻党的二十大精神主线，全面贯彻“疫情要防住、经济要稳住、发展要安全”重要要求，有力保障全县社会和谐稳定，推动各项事业发展取得新进步。社会发展一些领域取得了新突破。

合力迎喜事：积极投身“喜迎党的二十大·千名干部下基层”活动，深入乡村、企业、项目现场协调解决疫情防控、经济增长、民生改善、信访维稳等实际问题，圆满完成党的二十大安保维稳任务。党的二十大召开后，持续掀起学习宣传贯彻热潮，始终在思想上、政治上、行动上同以习近平同志为核心的党中央保持高度一致。

着力应急事：精准处置多起输入性疫情，全面贯彻疫情防控优化措施，以最快速度、最小代价，最大程度保障人民群众身体健康、经济社会有序运转。有效应对持续强降雨天气，全力做好群众转移、抢险救灾、恢复重建等工作，应急处置大排口山体滑坡等自然灾害。有效处置“10·7”交通违法肇事事故，及时复盘事故过程，针对问题开展酒醉驾专项整治，推动建章立制、长效管理。接受国家统计督察、土地督察，主动沟通汇报，扎实推进整改。

倾力办实事：坚持以人民为中心，27项为民办实事项目全面完成。加大财政奖补力度，鼓励新建密集式烤烟房258座，带动烟叶增产1.8万担、税收增加880万元、烟农户均增收3.5万元；新建金柑大棚200亩，增产增收456万元，今年新建大棚金柑收益加上财政奖补，可实现当年投资当年回本。全民健康管理中心基本建成、疾病管理中心投入使用，健康县域建设现场会暨全民健康管理示范县启动仪式在尤溪举行。总投资5.7亿元的9所学校建设项目列入财政部PPP项目库。一年来，社会发展的主要做了以下工作：

旗帜鲜明讲政治。坚定拥护“两个确立”。坚持“第一议题制度”，引领政府系统党员干部把对习近平总书记的深厚爱戴之情转化为拥护核心的行动自觉、干事创业的强大动力，更加主动积极抓产业、抓项目、抓招商、抓城乡、抓改革、抓服务、抓民生、抓安全，以实际行动坚定拥护“两个确立”、坚决做到“两个维护”。始终牢记重要嘱托。坚持把学习宣传贯彻党的二十大精神同深入贯彻落实习近平总书记来闽、来明考察重要讲话精神结合起来，围绕习近平总书记对福建提出的“四个更大”重要要求和对三明推动革命老区高质量发展、医改、林改、乡村振兴等重要嘱托，立足尤溪实际，狠抓贯彻落实，尤溪同上海市农业科学院食用菌研究所、同济中学实现结对共建，朱子文化园（二期）、西汤线纳入对口合作支持项目库。全面聚焦“三提三效”。以“三个提升年”行动为载体，促进高质量发展。推进“五大一重”项目建设，174个项目累计完成投资64.1亿元，超出年度计划3.4亿元。强化要素保障，一批项目用林、用地获得批复，向上争取各类资金19.67亿元，总量居全市第二；深化作风建设，乡镇干部驻守一线得到加强、县直部门协同作战更加紧密。经过全县上下共同努力，全年实现地区生产总值257.5亿元、增长3.8%，地方一般公共预算收入10.01亿元、增长11.91%，固定资产投资增长18%，社会消费品零售总额74.5亿元、增长6%，城乡居民人均可支配收入分别为42913元、24078元，分别增长6.5%、8%。

主动改革优服务。深化重点改革。深化医改，抓好“无红包”“无陪护”医院创建，在全省率先配备中小学、幼儿园健康副校长，省立医院对县总医院开展合作帮扶，全县居民个人健康数据身份覆盖率达98.02%。提升林改，“林股贷”等林业金融创新产品顺利发放，承诺制林木采伐改革试点不断深化。推动融媒体改革，“媒体+城市服务”尤溪综合支付云平台获全国地方党媒融合发展创新示范项目。优化营商环境。深入开展政银企对接，助力企业无还本续贷8.5亿元，银行发放纾困贷4.5亿元。推进标准地改革，创新推行项目“绿色审批”“模拟审批”“联合验收”，平均压缩审批时限56个工作日。开展“区域水资源论证+备案承诺制”，办理承诺备案制取水许可124件，帮助企业节约费用620万元，改革案例入选省发改委深化“放管服”改革持续优化政务服务典型经验。深化“一窗通办”、简化商事登记，不动产登记由30个工作日缩短至3个工作日，5993家商户通过承诺制快速办理了营业执照。强化法治建设。进一步规范政府常务会、党组会议事程序，推动行政决策的科学化、民主化、规范化。深化府院联动互动，扎实推进行政复议规范化建设，行政机关负责人出庭应诉率100%。人大代表建议、政协委员提案办理满意率、基本满意率达100%。深化政务公开，主动对外公开重大行政决策、政策文件等803项。

倾心尽力惠民生。教育质量持续提升。实施新阳翔龙幼儿园等10个总投资7.65亿元的城乡教育基础项目，尤溪二中教学楼（二期）等4个项目投入使用，新增学位1395个。2022年高考各项指标居全市前列，义务教育营养改善计划、课后延时服务等做法获得好评。社会保障持续加强。落实稳岗就业政策措施，帮助企业留工招工，新增城镇就业840人，失业人员再就业350人。加强社会保障，基本养老保险覆盖率95%以上，基本医疗保险参保率98%以上，低保月均标准从640元提高到748元。加强退役军人服务，我县连续三次获评省级双拥模范县。社会保持和谐稳定。推进常态化扫黑除恶斗争，破获各类刑事案件1094起，破案率上升5.53个百分点。深化信访“三化三全三到位”机制，一批信访积案得到有力化解。加强金融风险防范，不良率控制在1%以内。强化安全生产责任制，认真贯彻安全生产15条硬措施，全年生产安全事故、受伤人数、死亡人数三下降。与此同时，审计、统计、精神文明、民族宗教、气象、防震减灾、防汛抗旱、消防救援、食品药品、档案、红十字、老龄老干、工会、青年、妇女儿童、残疾人、计生协会等工作取得新成效。

立足特色美城乡。城市加速更新。加快推进瑞云园、秀村等片区规划，完成“三区三线”划定。14个老旧小区基本完成改造，朱子文化园（二期）开工建设，新建5个“口袋公园”，增设风雨连廊6座。工人文化宫、LNG气化站等项目建成使用，中医特色专科大楼进入室内装修阶段，公交综合场站及汽车东站完成地下室主体结构基础工程建设。检察院技侦大楼全面开工，公安业务技术用房、县总院迁建、城西快速通道绿化亮化美化工程等项目有序推进。乡村加快振兴。1940位脱贫劳动力实现稳定就业。71个乡村振兴重点项目完成投资1.37亿元，培育形成1条省级、3条县级乡村振兴精品示范线，完成194个村庄规划编制，全市农村建设品质提升工作现场推进会在我县召开。完成裸房整治2037栋，农村户厕新建改造611户。莆炎高速中仙互通及接线工程动工建设，新改建农村公路50公里。城乡管理日益精细。深入推进“房长制”“田长制”“林长制”“河湖长制”，推广尤溪县建筑风貌导则与农房建设标准图集，依法拆除违法占用耕地建筑129处，处置城市违建4067.8平方米。加强生态环境综合整治，实施国家和省级水土保持重点项目等水利工程，完成水电站退出验收销号36座；加速推进城乡供水一体化和吉木村等6个村污水处理设施建设，城东水厂、城西水厂、溪尾水厂等项目建成投产，饮用水水源地水质达标率100%，城区环境空气质量优良率达100%，尤溪县获评“2022美丽中国·深呼吸小城”“中国天然氧吧”。

（摘编：苏建平）

大田县社会发展概况

2022年，大田县坚持以习近平新时代中国特色社会主义思想为指导，扎实做好“两稳一保一防”各项工作，较好地完成了年初确定的目标任务。全年完成地区生产总值261亿元，增长4.1%；地方公共财政收入9.1亿元，增长16.6%；社会消费品零售总额64.9亿元，增长7.1%；城镇居民人均可支配收入45417元，增长6.5%；农村居民人均可支配收入23580元，增长7.8%。一年来社会发展的主要工作措施和成效是：

民生福祉殷实有增。组织实施大田五中教学楼、上京中心幼儿园等9个教育补短板项目，大田七中、华兴幼儿园等4个项目建成投入使用，新增学位4830个，中考优秀率居全市前列，高考本科上线率同比提高6.1个百分点，大田学子范泽琪被北京大学录取，大田一中入选省第二批示范性普通高中建设学校，县教师进修学校获评省示范性县级教师进修学校；县传染病防治综合楼、太华卫生院迁建2个医卫项目加快实施，新增医疗床位40张，规范细分普通外科、骨科等4个外科亚专科，11项县域医疗技术空白成功填补，县总医院呼吸与危重症医学科规范化建设项目通过国家级认定；三角亭、蔡公亭等城市历史记忆文化项目建成开放，县文化馆荣获“国家一级文化馆”称号，美人茶文化创研基地入选省新时代特色文艺示范基地，客家巫氏医药列入省级非遗，大田赛猪节等3个项目列入市级非遗，大田后生仔在第十七届省运会上斩获4金5银5铜；莆炎高速（大田段）、国道G534线（大田段）一期建成通车，国道G534线广平至铭溪段、国道G356线长溪至梅林段和鲤鱼坑大桥、石牌拱桥危桥改建工程主体完工，文江大桥动工建设。

社会保障提质扩面。农村公路改造、“平安家园·智能天网”建设等28项为民办实事项目基本完成；开展职业技能培训2959人次，帮助企业招用工2557人，发放创业担保贷款4695万元；城乡低保、特困供养等人员社会救助标准进一步提高，城乡居民基本养老保险、医保基本实现全覆盖；广平、上京等5个长者食堂建成投入使用，均溪、梅山2个区域性养老服务项目动工建设，新增养老床位300张，“康复辅助器具产业国家第二批综合创新”试点工作有序推进，“全国居家和社区基本养老服务”国家级试点工作启动实施，“互联网+居家养老110服务”模式入选福建改革创新案例。

社会大局和谐稳定。坚持“快准严实细”，科学精准做好外防输入、应急处置、医疗救治等各项疫情防控工作，及时根据上级要求调整优化防控政策，努力用最小的代价实现最大的防控成果；食品药品、森林防灭火、道路交通、地灾防治等领域安全形势保持稳定，重特大生产安全事故得到有效遏制；扎实开展常态化扫黑除恶专项斗争和打击治理电信网络新型违法犯罪、整治养老诈骗专项行动，圆满完成党的二十大等重要活动期间安保维稳工作，“平安大田”“法治大田”建设深入推进，荣获2017—2020年度省平安建设示范县、入选省第四轮第二批平安县（市、区）名单；连续三届蝉联“省级双拥模范县”光荣称号。与此同时，人民武装、国防动员、双拥、民兵预备役、人民防空、地方志、档案、审计、统计、库区移民、民族宗教、外事、侨务、老龄、老体协、工会、青少年、妇女儿童、残疾人和关心下一代等各项事业取得积极成效。

自身建设务实有效。坚持把党的政治建设摆

在首位，以实际行动增强“四个意识”、坚定“四个自信”、做到“两个维护”，确保政府各项工作始终沿着正确的方向前进。全面实施“八五”普法，充分发挥政府法律顾问作用，深化落实行政执法“三项制度”，出具合法性审查意见书26份，出台行政规范性文件21份，办理行政复议案件13件、行政应诉案件6件；全年办理人大代表建议161件、政协委员提案85件，办结率达100%。树立“既实干又干实”理念，切实为基层降压减负，印发文件、召开会议同比减少19.88%、11.2%，督查检查同比减少16%；e三明和12345政务服务平台群众诉求及时查阅率、回复率均达100%，满意率达99.29%。严格落实中央八项规定及其实施细则精神和省市县实施办法，牢固树立“过紧日子”思想，大力推行节约型机关建设，“三公”经费持续下降；强化工程建设、征地拆迁、政府采购、国有资产管理等关键领域监管，接受上级开展的经济责任审计、自然资源审计和重大政策落实情况跟踪审计工作，完成边审边改23项，开展经济责任审计项目6个、政府性投资项目182个，节省政府性投资支出8600万元。

重点改革开创新局面。创新开展“田医回田”“名医入田”工程，建立名医工作室8个，32位省级名医定期在田坐诊，受益群众3400人次，18家基层卫生院标准化建设全部达标，其中均溪、石牌卫生院达国家推荐标准；试点开展“场村合作”经营模式，完成“碳中和林”示范片建设1500亩，林权抵押贷款1492笔3.2亿元，发行林票2134万元，开发林业碳票项目两个、碳减排量7.6万吨，可增加林农人均年收入1125元；24所中小学幼儿园“总校制”办学改革深入推进，在6所农村初中铺开“全托管”育人改革，被教育部确定为第一批“央馆虚拟实验”规模化应用试点区；“补齐立办”窗口、均溪镇“一支队伍管执法”改革试点工作被列为全市改革创新典型案例，“四减一提”等特色做法得到省委肯定并在《八闽快讯》专版刊发，“局长走流程”活动被《人民网》等媒体广泛报道；探索开展“农票担保”质押贷款1583笔7376万元，成立三明首家“后生仔·福农驿站”，新培育森展林业、大安水电等7家市级绿色企业，绿色融资超6亿元。

城市品质不断提升。健身福道、数字城管等39个城市品质提升项目竣工使用，东门社区、地矿宿舍楼等30个老旧小区完成改造任务，美人茶花漾街区入选省级样板工程；澹多桥、白岩山北路、凤山东路环岛等5个市政项目投入使用，完成坪尾仑、东兜石坑等6个片区雨污水管网改造14公里，新（改）建智慧路灯1.1万盏；凤凰广场、三角亭广场等5处“老人儿童微乐园”和鸿图中学、实验小学、第二实验小学3处“风雨亭”交付使用。

乡村振兴扎实推进。编制村庄规划99个，整治裸房3150栋，上京、梅山等7个乡镇城乡供水一体化工程启动实施，乡镇生活污水处理设施、建制村公厕实现全覆盖；持续打造48个乡村振兴重点村，新增省级“一村一品”专业村5个、市级32个，“游古村落·品美人茶”“赏花海乐园·游畲寨古堡”2条示范线路列入全省百条精品示范线路，屏山乡获评国家全域森林康养试点建设乡，桃源镇获评省级森林康养小镇，桃源里被列为国家级森林康养试点建设基地；高价彩礼、厚养薄葬等移风易俗整治行动成效明显，创建“六无”村（社区）190个，屏山乡、济阳乡以及百束村、隆美村等36个村获评全省乡村治理示范村镇；大田县被民政部确定为“深化地名服务、点亮美好家园”乡村地名信息服务试点县。

环境质量持续改善。深入打好蓝天、碧水、净土保卫战，被列为省实施综合性生态保护补偿实施县，12项中督信访件整改不到位或反复投诉问题整改有序推进，累计创建“绿盈乡村”230个，占比达86.47%；持续开展城区空气质量提升行动，城区环境空气质量优良天数比例达100%，城区空气质量重回全省前十；深入实施村镇集中区生活污水治理、坑口水库饮用水源地水质提升行动，高才国控断面和城口村上游断面水质均符合Ⅱ类标准；着力推进银场沟土壤污染源头防控项目建设，全县治理水土流失面积达2.85万亩。

（摘编：郭虹）

莆田市社会发展综述

2022年，莆田市坚持以习近平新时代中国特色社会主义思想为指导，深入学习贯彻习近平总书记重要讲话重要指示批示精神，以木兰溪综合治理为总抓手，全面发力产业发展、城乡建设、基层治理、民生保障、港口崛起“五篇文章”，全方位推进高质量发展，各项工作取得新成效。

这一年，坚定践行习近平总书记治理木兰溪的重要理念和保护好湄洲岛的重要嘱托，木兰溪流域获评全国“绿水青山就是金山银山”实践创新基地，省委、省政府出台政策，支持莆田市践行木兰溪治理理念建设绿色高质量发展先行市，木兰溪样本再谱新华章；湄洲岛入选国家级再生水利用配置试点，获评全国水系连通及水美乡村建设试点县优秀等次，绿色低碳发展案例亮相联合国气候变化大会，向全球展现湄洲岛生态之美。

这一年，坚定文化自信自强，注重方言保护、文脉传承，莆仙戏《踏伞行》代表福建参赛，为我省时隔15年，再次斩获中国舞台艺术最高奖——文华奖，千年遗响再添美誉；兴化府历史文化街区实现开街，各界纷纷点赞，千年古街再启繁华；第七届世界妈祖文化论坛五洲同聚，千年信俗再增璀璨。

这一年，坚定人民立场，创新实施“党建引领、夯基惠民”工程，经验做法首获国务院大督查通报表扬和全国社区建设部际联席会议推广；开通运营“水上巴士”，游客林间泛舟、绿心赏景，荔林葱郁、白鹭翔空成为家门口的“诗和远方”；投资百亿实施民生三个“十大工程”，惠民红包更暖人心。

这一年，坚定抗疫自信，始终坚持人民至上、生命至上，开发大数据云平台，创新全流程以快制疫、重点人群双闭环管理机制，因时因势优化调整防控措施，打好重点地区疫情歼灭战和常态化疫情防控攻坚战，有效遏制社会面传播，指挥更加从容、措施更加精准、处置更加高效，以最快速度、最小代价创造“莆田经验”。广大市民秉承妈祖大爱精神，用宽容之心、理解之情、守望之举，给了莆田抗疫的最大底气和动力，党员干部、医护人员、公安干警、镇村干群、志愿人员，不畏艰辛、勇毅坚守，用无私奉献诠释“莆田温情”。在各地抗疫的关键时期，12批次1917名医护人员出征驰援，不负重托，用医者仁心展现“莆田担当”。

一年来，莆田市坚决贯彻落实疫情要防住、经济要稳住、发展要安全重要要求，着力提高效率、提升效能、提增效益，有力克服疫情反复、国际局势变化和长时间旱涝交替等超预期因素影响，推动经济社会平稳健康发展。全市实现地区生产总值3100亿元，增长5%左右；一般公共预算总收入264.6亿元（含留抵退税45.9亿元），同口径增长3%，地方一般公共预算收入174亿元（含留抵退税22.9亿元），同口径增长10%；固定资产投资增长9%；社会消费品零售总额1833亿元，增长5%；外贸出口总额375亿元，增长21%；实际利用外资1.22亿美元，增长14.9%；城镇居民人均可支配收入增长7%，农村居民人均可支配收入增长8%；城镇登记失业率2.7%；居民消费价格上涨2%。社会发展的主要工作和成效是：

利民为本，民生答卷温暖厚重。持续保障民生投入，民生支出占一般公共预算支出的78.5%。实施就业服务质量提升工程、莆籍学子“雁归工程”，城镇新增就业2.2万人，超额完成省下达任务的29.4%。社会保障更加有力，城乡居民基础养老金、城镇职工月人均养老金分别提高6.9个、4.4个百分点，新改建养老服务中心和农村幸福院100个、长者食堂34个，新增婴幼儿普惠性托位1693个，推动安置房回迁1.5万套，社会救助典型案例作为全省唯一为民办实事案例，入选全国党史学习教育案例汇编。推动教育优先发展，新增学前教育学位5800个、义务教育学位2.8万个，与北京大学、福建师范大学签订合作办学协议，承办全省职业教育高质量发展暨职业院校办学条件达标工作现场会，莆田学院获批省A类一流应用型建设高校，实现国家一流专业零突破，整体实力位列省内同类高校前列。健康莆田深入实施，新增省级临床重点专科7个、床位500张，与北京大学医学部签约共建省级区域医疗中心。开展“全民悦动·活力莆阳”等群众性赛事100多场，承办全国射击冠军赛等大型赛事，荣获省首届篮球城市联赛冠军，莆田市体育健儿勇夺省运会金牌59.5枚。严格耕地保护，治理撂荒地2.32万亩，粮食播种面积46.17万亩。扎实完成党的二十大安保维稳工作。压实“保交楼、保民生、保稳定”责任，“一楼一策”化解问题楼盘8个。安全生产事故起数下降41%、死亡人数下降34.8%。涉诈人员劝返和“四专两合力”经验做法全国推广，刑事案件总破案率居全省第一。统筹抓好全国文明城市、食品安全示范城市等创建工作。退役军人、民族宗教、侨务、档案、工青妇和残疾人等事业取得新进步。

廉洁履职，自身建设忠诚为民。深学细照笃行习近平新时代中国特色社会主义思想，坚定拥护“两个确立”，坚决做到“两个维护”。全面落实意识形态工作责任制，“这就是莆田”系列宣传的经验做法在新华社智库报告刊发。坚持新官理旧账，尽力量力，说到做到，全面完成50项为民办实事项目。自觉接受人大依法监督和政协民主监督，办好市人大代表建议186件、市政协提案226件，推动26项市人大常委会重点监督事项、27项市政协协商议政重大成果落地。认真履行全面从严治党主体责任，坚决抓好国务院大督查、统计督察、耕地保护督察，以及省委涉粮领域专项巡视、省生态环保督察等问题整改，政治生态风清气正。

畅通循环，改革开放多点突破。在全省率先试点工程建设项目审批全流程无纸化办理、个体户“一表登记”改革和全程电子化登记，在全省率先开展以地方政府规章推进城市道路挖掘管理改革；创新“12345+智慧监督”督办机制，各类诉求接诉即办，群众满意率达99.9%，营商环境更加优化。基本完成国企改革三年行动任务，国有资产总额增长20%。出台小微产业园行动方案，创新亩均效益评价机制，盘活闲置厂房15万平方米。成功举办海峡工艺品博览会、香文化产业大会、福建企业100强发布大会等活动，城市影响力不断扩大。海峡两岸生技和医疗健康产业合作区初具规模，金门供气项目扎实推动，对台铁矿石中转量连续四年全国第一。升级建设莆田国际陆港，开工建设罗屿第二个40万吨级泊位，港口吞吐量5360万吨、增长7%，增幅居全省沿海港口第二。积极融入福州都市圈，G324线萩芦溪大桥开工建设，全国首座跨海高铁矮塔斜拉桥——湄洲湾跨海大桥建成，湄洲岛至平潭岛海上旅游线路开通，区域协同更加顺畅便捷。

全域统筹，城乡品质一体提升。完善城乡规划发展委员会，高铁城市新区、大学城南片区、绶溪片区建设稳步推进，开工棚改1.7万套、改造老旧小区49个，新区扩容、老城提质双向发力。木兰大道一期实现通车，10个高快一体化项目开工建设，八二一街南段、木兰大道三期加快建设，3条“断头路”顺利打通，新改扩建城市道路66公里，建成莆阳福道42.2公里，新增公共停车泊位3060个、口袋公园35个、公园绿地73公顷，城市生活更加便捷、更具品质。人大代表、政协委员主动参与河湖治理监督，完成泗华溪排污口整治及清淤工程，提升安全生态河道35公里，新改建污水管网60公里、供水管网60公里，入选国家“无废城市”建设名单，饮用水源水质达标率、近岸海域国控点位水质优良比例均居全省第一；整治城市易涝点17个，非居民用户燃气报警器安装率100%，在全省率先完成互花米草除治任务、获省政府推广表扬，城市运行更加安全、更具韧性。常太镇获评国家级农业产业强镇，仙游湘溪村、金溪村入选全国乡村特色产业超亿元村，涵江双福村获评中国美丽休闲乡村，建成美丽示范点3400个，“五个美丽”建设经验得到国家部委肯定，乡村生活更有特色、更具活力。

2023年是全面贯彻落实党的二十大精神的开局之年，党的二十大擘画了全面建设社会主义现代化国家、以中国式现代化全面推进中华民族伟大复兴的宏伟蓝图，吹响了奋进新征程的时代号角；今年也是莆田建市40周年，历届党委政府初心不改、励精图治，全市人民同甘共苦、团结拼搏，谱写了一曲曲自强不息、接续奋斗的壮丽凯歌。做好今年工作至关重要，要从国家战略全局充分认识党的二十大的里程碑意义，不断强化学习宣传贯彻的政治自觉、思想自觉、行动自觉；要从建市40周年的奋斗历程中汲取智慧力量，自信自强、同心同德、苦干实干，为共创美好未来、共享美好生活而奋斗。

莆田市工作的总体要求是：以习近平新时代中国特色社会主义思想为指导，全面贯彻落实党的二十大精神和中央、省委经济工作会议部署，紧扣“四个更大”重要要求，坚持稳中求进工作总基调，完整、准确、全面贯彻新发展理念，加快构建新发展格局，全方位推进绿色高质量发展，落实市委“一个总抓手、两大支撑、三大战略、四城辉映、五篇文章”工作部署，更好统筹疫情防控和经济社会发展，更好统筹发展和安全，全面深化改革开放，大力提振市场信心，把实施扩大内需战略与深化供给侧结构性改革有机结合起来，突出做好稳增长、稳就业、稳物价工作，有效防范化解重大风险，推动经济运行整体好转，实现质的有效提升和量的合理增长，在推进中国式现代化中展现莆田作为，为奋力答好谱写“福建篇章”的莆田答卷开好局起好步。2023年经济社会发展的主要预期目标是：地区生产总值增长6%左右，一般公共预算总收入增长6%，地方一般公共预算收入增长6%，固定资产投资增长7%，社会消费品零售总额增长10%，外贸出口总额增长7%，城镇居民人均可支配收入增长7%、农村居民人均可支配收入增长7.5%，城镇登记失业率控制在3%以内，居民消费价格涨幅3%左右，粮食总产量稳定在18.7万吨。实现上述目标，社会发展方面要重点做好以下工作：

坚持牢记嘱托、久久为功，纵深推进木兰溪和湄洲岛生态保护与高质量发展，持续打造生态文明建设的“木兰溪样本”。持续构建木兰溪生态富美走廊。深入贯彻落实省委、省政府《关于支持莆田市践行木兰溪治理理念建设绿色高质量发展先行市的意见》。持续保护好湄洲岛。坚持山水林田湖草沙系统保护，推进湄洲岛海洋生态保护修复工程，建设生态文明示范岛，让蓝天白云常在、碧海金沙永驻。持续提升生态环境质量。

坚持尽力而为、量力而行，解决好人民群众急难愁盼问题，不断实现人民对美好生活的向往。扎实推进共同富裕。深入实施“四大群体”增收计划，以促进农民增收、帮扶低收入群体为重点，城乡居民收入差距进一步缩小，让发展更多更公平惠及人民群众。提升健康莆田水平。以“保健康、防重症”为重点，推动疫情防控优化措施平稳有序落地，加快重症医学科、ICU病房建设，提升基层医疗救治能力，引导分级分层分流救治，保障群众用药需求，最大程度保护人民生命安全和身体健康。优化社会保障服务。实施全民参保计划，持续扩大社会保险覆盖面，基本养老保险、医疗保险参保率均达95%。提升药品供应保障水平，国家、省级和省际联盟集采药品品种扩大至350个。完善养老设施建设，改造提升幸福院50个，创建全国示范性老年友好型社区3个，养老机构护理型床位占比达60%，新增养老护理床位1000张。落实生育支持政策，发展普惠性托育服务，推进普惠性托育机构建设，新增托位500个以上。新开工棚改1.8万套，让群众住有所居、居有所安。

坚持科教兴市、人才强市，大力营造有利于创新创业创造的良好发展环境，不断塑造发展新动能新优势。更高标准办好人民满意的教育。崇文重教的文献名邦，没有理由不把教育办好。更实举措打造科技创新体系。全社会研发投入增长18%以上。更大力度加强改进人才工作。开展人才支撑行动，以爱才敬才的“大气”，汇聚近悦远来的“才气”。

（摘编：周华政）

仙游县社会发展概况

2022年，仙游县坚持以习近平新时代中国特色社会主义思想为指导，深入贯彻落实习近平总书记对福建工作的重要讲话重要指示批示精神，以县委“1299”为工作总抓手，着力战疫情、稳经济、促就业、惠民生、防风险、保稳定，较好完成了今年的目标任务。全年实现地区生产总值609亿元，增长7%；全社会固定资产投资300亿元，增长11.2%；一般公共预算总收入47.26亿元，增长9.2%，其中地方一般公共预算收入29.7亿元，增长11.2%；社会消费品零售总额380亿元，增长10.6%；居民人均可支配收入29900元，增长8.5%。一年来社会发展的主要工作和成效是：

抓民生、增福祉，群众生活不断改善。43件为民办实事项目完成投资24.37亿元。民生相关支出占一般公共预算支出的81%。脱贫攻坚成果持续巩固。新实施棚户区改造5431套，安置房竣工38.9万平方米，荣获省级单项工作评价绩效优异县。城镇登记失业率3%以内。“仙作劳务”品牌作为全省唯一代表在全国劳务品牌发展大会上展示推广。城乡居民养老保险、基本医疗保险参保率实现双提升。城乡低保标准实现一体化，低保边缘户在全市率先实现清零。共发放城乡低保、残疾人“两项补贴”等补助1.6亿元。建成长者之家24家，新增养老床位469张。新购纯电动公交车32部。“路长制”全面实施，完成农村公路养护提升100公里，改造危桥6座。城乡供水一体化深入实施，3家民营自来水公司完成评估整合，经济开发区水厂、城区第一水厂迁建项目实现通水运行。实施110千伏城关变等4个输变电项目，新改建10千伏电力线路179.8公里。

抓统筹、兜底线，社会事业不断进步。教育强县建设不断推进，21个教育类项目完成投资8600万元，建成小学、幼儿园项目8个，新增学位1940个。仙游一中创成全省首批示范性普通高中。福建师范大学仙游附属学校签约落地。仙游电大工作站升格为仙游开放大学。基础教育质量进一步提升，295名学生考取“双一流”学校，中考总分平均分跃居全市各县区第二。县教师进修学校创成省级示范性教师进修学校。卫健事业不断加强。县总医院入选国家第二批县级医院医疗服务能力名单，与省立医院结对共建。文体事业繁荣发展。建成15个莆阳文化驿站，新增省级非遗代表性项目名录5项。举办鲤声剧团建团70周年系列活动。获评省级全民运动健身模范县。中共仙游上宫支部列入“省委党校现场教学点”“省级爱国主义教育基地”。金融风险有效防控，不良贷款率降至1.07%。安全生产专项整治三年行动深入开展，安全生产形势总体平稳，获评全市安全生产和消防工作目标责任考核优秀等次。“平安仙游”建设扎实推进。扫黑除恶斗争常态化推进，巩固深化政法队伍教育整顿、禁毒工作成果，涉诈重点人员劝返工作取得明显成效，开展信访积案化解攻坚，化解“治重化积”信访件476件。党的二十大期间安保维稳工作圆满完成。食品药品监管扎实有效。“八五”普法全面推进。新时代文明实践中心、所、站实现全覆盖。国防动员、民兵预备役部队建设、退役军人服务保障、海防、人防等工作不断加强，荣获省级“双拥模范县”称号，征兵工作圆满完成。人事人才、编制、保密、档案、物价、气象、外事侨务、民族宗教、地方志、慈善、社会诚信、红十字会等工作取得新进步，港澳台事务、工青妇、老龄、关心下一代、残疾人等事业取得新发展。

抓作风、提效能，政府建设不断加强。深入学习宣传贯彻党的二十大精神，坚定拥护“两个确立”、坚决做到“两个维护”。办理人大代表建议163件、政协委员提案163件，答复率均为100%。12345平台受理群众诉求42079件，网评满意率99.31%。修订完善政府工作规则，公开政务信息5507件，政府运行更加规范高效。深入开展“三提三效”行动和“能力作风建设”三年行动，常态化推进“一周一碰头、半月一会商”重点工作协调机制，让“说了就算、定了就干、干就干好”成为仙游干部的鲜明特质。全面从严治党纵深推进，机关效能问责28人次。

抓改革、破难题，创新活力不断迸发。积极探索创新，全力突破一批瓶颈约束，打造一批仙游模式。推行村（居）集体出资成立公司代建小规模工程建设新模式，4个试点乡镇78个村实现村财增收317万元。率先出台“五回一新”政策，30个村回乡资本注册企业32家、新增纳税2100万元。综合行政执法改革全面推进，在全市率先开展“一支队伍管执法”工作。“放管服”改革持续深化，“一趟不用跑”“最多跑一趟”事项占比分别达75.68%、98.99%。启动县属国有企业重组整合改革，木兰投资集团获评2A级信用国有企业。仙游经济开发区管委会被国家发改委、生态环境部列入第一批全国清洁生产审核创新试点项目单位。“党建引领、夯基惠民”工程深入开展，建立“六级七长”单元网格管理体系，开发线上激励评价智能化管理平台，创新融入社会信用体系评价、村规民约及户长作用板块，基层服务群众能力和社会治理能力显著增强，让群众有更多的参与感、获得感。

抓品质、拓功能，城乡面貌不断改观。实施城市品质提升项目130个、完成投资60亿元，综合排名位居全市第一，获评省级城乡建设品质提升综合绩效优异县，仙糖绿色社区样板工程考评居全省第一。18个老旧小区完成改造，开工率和改造进度均居全市第一，荣获省级单项工作绩效优异县。县国土空间总体规划编制形成初步成果，完成“三区三线”划定、中心城区总体概念性城市设计、59个村庄规划编制。165个城建项目有序推进。全面落实“保交楼”，推进4个楼盘复工建设。商品房销售面积达75.74万平方米。纵三线游洋沽山至梧椿段、慈岳中路动工建设，龙泉街、迎勋街改造工程及枫秀西路、法庭路、仙源路竣工通车，新改扩建市政道路10.8公里。新建木兰溪防洪景观工程11公里。城市“五化”扎实推进，设置便民服务摊点125个，整治店外经营、乱摆摊3300多处；在全市率先建成垃圾分类指挥平台，新建垃圾分类屋（亭）145座；新改造公园绿地10公顷、福道6公里，完成主干道绿化景观花化彩化提升3公里；实施路灯节能智能改造1130盏。深入实施乡村振兴战略，入选全国乡村建设评价样本县。省委统战部挂钩联系的乡村振兴工作有序推进。成立由温铁军教授担任名誉院长的乡村振兴研究院，探索乡村振兴新路径。引进省内9所高校与11个乡镇结对，精准编制村庄规划及产业发展规划，打造乡村振兴校地共建合作新模式。2个镇、30个村入选第二批“省级乡村治理示范村镇”。创成32个“绿盈乡村”。游洋镇兴山村、社硎乡田利村入选“全国第三批红色美丽村庄”。

抓源头、严治理，生态环境不断优化。木兰溪源头获评全省第一批“河湖文化遗产”。荣获“莆田市河长制教育基地”。在全市率先建成县级林长制指挥调度中心。空气质量达标率达到99.7%。河长制深入推进，重点河流考核断面水质均100%达标。创新推广“县级主导、镇街主责、村居主体、群众参与、规范运维”的农村污水治理模式，完成32个试点村建设，新建主干管82公里、接户管322公里。建立跨境流域河湖管理保护协作机制。木兰溪流域7座水质自动监测站动工建设。完成10个木兰溪沿线“污水零直排区”示范村建设。经济开发区污水处理厂一期提标改造工程、第二污水处理厂二期项目竣工投用。完成188个农村“千人以下”饮用水源地划定工作。土壤污染防治水平有效提升。完成植树造林1.7万亩、森林抚育5.4万亩、封山育林3.1万亩，水土流失治理2.63万亩。

（摘编：郭虹）

荔城区社会发展概况

2022年是党的二十大胜利召开之年，也是荔城区建区二十周年和实施“十四五”规划承上启下的关键之年，荔城区坚持以习近平新时代中国特色社会主义思想为指导，全面贯彻落实习近平总书记对福建工作的重要讲话重要指示批示精神和治理木兰溪的重要理念，大力实施“三提三效”行动，俯下身子抓产业、一心一意谋发展，聚焦“强产兴城、幸福荔城”总体目标，扎实推进“1815”重点工作，以坚韧不拔之志克服多重超预期因素影响，全方位推进高质量发展取得新成效。全区实现地区生产总值635亿元，增长2%；固定资产投资300亿元；财政总收入51.6亿元（含留抵退税3.4亿元）、同口径增长4%，其中地方级财政收入33.38亿元（含留抵退税1.7亿元）、同口径增长8%；规上工业增加值264亿元；社会消费品零售总额520亿元，增长3.1%；外贸出口总额108亿元，增长20%；实际利用外资1.17亿元，增长37%；农林牧渔业总产值33亿元，增长3.1%；居民人均可支配收入48000元，增长7.1%；节能减排等约束性指标完成市下达任务。一年来社会发展的主要工作和成效是：

美好生活更有质感。财政投入28.5亿元用于民生事业，占本级支出79%，49个为民办实事项目超额完成投资。公共服务扩面提质，发放企业社保补贴、稳岗返还等系列政策资金补贴1903万元，提供就业岗位3.16万个，城镇新增就业7296人、增长17.37%。城乡最低生活保障标准提标到820元/月。持续攻坚安置房、教育、文化体育、医疗卫生等民生项目，实现15个安置房项目、4560户群众回迁，回迁面积约94.1万平方米，居全市第一；新投用中山中学荔浦校区小学部、荔城区教师进修学校附属小学等教育类项目10个，新增学位9300个；新建体育健身点24个；精神病防治院二期项目实现竣工，“一体化”村卫生所全部实现医保“村村通”，阔口社区获评“全国红十字模范单位”。

社会治理全面加强。深入实施“党建引领、夯基惠民”工程，打造荔城“六微”治理模式，东星社区作为基层试点向全市推广。拓展新时代文明实践中心建设，融媒体中心作品荣获全国县融中心“爆款创作”优秀案例。开展“少拘慎押”试点工作，全省首创刑事速裁“一站式”办案中心，在全省公安系统推广，建成全市最大的林则徐禁毒教育基地。设立驻荔部队法律援助工作站，为辖区驻军单位办实事解难题，实现省级双拥模范城“五连冠”。安定局面持续巩固，严密防范化解各领域风险，扎实做好党的二十大期间安全稳定工作。深化安全生产专项整治，实现生产安全事故起数和死亡人数“双下降”。健全完善疫情防控体系，平战应对能力不断提升，完成新冠疫苗接种166.8万人次，有效构筑联防联控安全堤坝。另外，民族宗教、统计、老龄、档案、工青妇、残疾人、工商联、国防动员、征兵、海防、慈善等事业取得新进步。

行政效能持续增强。坚持以政治建设为统领，全面加强党的领导和党的建设，推动党史学习教育常态化长效化，严格落实意识形态工作责任制，坚决落实巡视巡察、主体责任检查、审计等反馈问题整改。深入推进党风廉政建设和反腐败斗争，严格落实中央八项规定及其实施细则精神，政府带头过“紧日子”，压减一般性支出0.49亿元。深化法治政府建设，严格执行重大行政决策合法性审查，按时办复人大代表建议85件、政协提案152件。深入开展“干部作风提升”专项行动，优化行政审批、便民服务等领域办事流程，政务服务进一步提速提效，“12345”诉求办理满意率达99.5%，区“12345”平台获评全国模式革新典范单位。积极开展“八五”普法，西天尾司法所、拱辰司法所分别被评为全国、全省司法行政系统先进集体。

改革活力加速释放。加强“互联网+”信用监管，全面深化“一窗受理、集成服务”，行政许可事项“即办件”“一趟不用跑”和“全程网办”覆盖率均居全市各县区前列，网上可办率达99.74%，企业群众非常满意率达99.96%，政务服务效能持续提升。全年新登记内资市场主体2.77万户，比增6.7%，各类市场主体累计16.19万户，其中企业3.6万户、全市第一。成功举办第十六届中国（莆田）海峡工艺品博览会、香文化产业大会等活动，新晋“中国工艺美术大师”2人。坚持“非禁即享”，推进各项惠台政策落地见效，积极开展对台交流合作，促进荔台产业融合，努力打造台胞、台企登陆“第一家园”。

基础设施日趋完善。实施城市建设品质提升市级十大样板项目10个，打通渭阳配套路网、玉湖路二期等市政道路，建成绿廊“福道”3公里，新增公园绿地10公顷、口袋公园5处、垃圾分类屋（亭）50座。新改建农村公路5.06公里，创建美丽农村路18.8公里，成功获批“四好农村路”省级示范县。

城乡韵味更具魅力。坚持高水平规划、高质量建设、高标准管理，城乡品质持续提升。城市更新步伐加快。兴化府历史文化街区开街亮相。木兰溪南岸、紫霄片区等城市新区加快建设，完成南梧塘CBD一期、永嘉街等4个项目征迁100多万平方米。新开工房地产项目5个107万平方米，面积全市最多。完成老旧小区改造10个，开工棚改3450套，建成3895套。

乡村振兴扎实推进。完成68个乡村振兴试点示范项目建设，实施旧村土地复垦项目1423亩，建设高标准农田2080亩，超额完成全年任务。新增省级优质农产品标准化示范基地3家。成功创建省级乡村治理示范村5个，后黄社区获评全国乡村旅游重点村。严格落实粮食安全责任制，圆满完成年度粮食种植面积和产量，提前完成新增储备粮6143吨。有序推进林长制各项工作，超额完成松林改造抚育、“商品林”赎买等目标任务。

生态治理逐步深化。建成幸福河湖建设示范点3个、河长制文化公园4个，完成“蓝色海湾”综合治理和互花米草除治任务，治理生态河道33.9公里，新改扩建市政污水管网10公里、供水管网103公里。加快实施农村生活污水治理工程，木兰溪三江口、延寿西溪等流域断面水质分别达到国、省考目标要求。

2023年是全面贯彻落实党的二十大精神的开局之年，也是庆祝莆田建市40周年、全方位推进荔城高质量发展的重要一年。荔城区工作的总体要求是：以习近平新时代中国特色社会主义思想为指导，全面学习贯彻党的二十大精神，深入落实习近平总书记对福建工作的重要讲话重要指示批示精神，认真落实市委八届四次全会、区委五届三次全会精神，坚持稳中求进工作总基调，立足新发展阶段、贯彻新发展理念、服务和融入新发展格局，以木兰溪综合治理为总抓手，以“强产兴城、幸福荔城”为总体目标，坚持“四重四提升”目标导向，大力实施“六大提升工程”，加快建设现代化经济体系，促进区域协调发展，全面加快乡村振兴，纵深推进改革开放，探索荔台融合发展新道路，增进人民福祉，推动区域社会治理现代化，全方位推进高质量发展，为奋力谱写全面建设社会主义现代化国家福建篇章贡献荔城力量。经济社会发展主要预期目标是：地区生产总值670亿元，增长5.5%；固定资产投资320亿元，增长6.7%；财政总收入50.1亿元（不含留抵退税）、增长4%，其中地方级财政收入32.55亿元（不含留抵退税）、增长2.7%；规上工业增加值272亿元，增长3%；农林牧渔业总产值34亿元，增长3%；社会消费品零售总额550亿元，增长6%；外贸出口总额108亿元，与上年度持平；实际利用外资1.26亿元，增长10%；居民人均可支配收入51100元，增长6.5%；完成节能减排降碳目标任务。

（摘编：赵旭东）

城厢区社会发展概况

2022年，城厢区坚持以习近平新时代中国特色社会主义思想为指导，高效统筹疫情防控和经济社会发展，扎实推进“两稳一保一防”各项工作，大力实施五大专项行动，推动经济社会平稳健康发展。全区实现生产总值完成580亿元，增长6.5%；财政总收入35亿元，同口径增长2%，其中地方级收入25.5亿元，同口径增长5.4%；固定资产投资增长10%；社会消费品零售总额670亿元，增长2.8%；实际利用外资2570万美元，增长1281%；全体居民人均可支配收入47050元，增长6.5%。

2022年，坚持当表率、作示范，全方位推进高质量发展，入选全国“数字乡村百强县”，荣获全省“平安中国建设示范县区”、省级义务教育优质均衡先行创建区、省级双拥模范城“五连冠”等荣誉称号。木兰溪流域入选全国“绿水青山就是金山银山”实践创新基地，木兰陂获评首届国家水利风景区高质量发展十大标杆景区。

2022年，坚持提升城市品质，中心城区九大片区加快推进，全市首条环城福道（凤凰福道）、首个郊野公园（泗华郊野公园）落地建设，木兰陂世遗公园等木兰溪“十里风光带”项目全面拉开序幕。

2022年，坚持一切为了人民，一切依靠人民，凝聚群防群控强大合力，以快制快成功处置多起局部突发疫情，以最短时间、最小代价打赢疫情歼灭战，实现疫情防控平稳有序转段。坚持共建共治，全员全域打好创建全国文明城市复查攻坚战，城市品质和市民文明素质得到有力提升。一年来，社会发展的主要工作成效体现在以下方面：

民生福祉持续增进。财政支出的70%以上用于改善民生，办好12件年度惠民实事，完成26项民生三个“十大工程”项目，解决了一批群众急难愁盼问题。坚持就业优先，全市首家开展小微企业创业担保贷款，落实各级援企稳岗扶持政策补贴近1800万元，新增城镇就业人员5800人。健全社保体系，发放各类补助超4000万元，帮扶困难群众超10万人次。普惠“一老一小”，改造提升农村幸福院15家，新增市级以上普惠托育园5个。

社会事业全面发展。优化教育资源布局，兴安小学、科技学校扩建等11个项目动工建设，九华学校二期、西厝中学综合楼等6个项目相继建成，新增学位6090个。全力打造高效课堂，全面落实“双减”政策，实现课后服务“5+2”全覆盖，区教师进修学校获评省示范性县级教师进修学校，教育督导连续三年蝉联全市第一。完善公共卫生服务体系，区医院病房大楼、区疾控中心标准化实验室建成投用，区医院患者满意度排名全省第四，基本公共卫生服务考核位居全市前列。持续丰富文体服务，新建智慧体育公园、农家书屋等公共文体设施36处，城厢区体育健儿在省运会上荣获17枚金牌，居全市第一。强化食品安全监管，全面开展网络餐饮、校园及周边等食品安全专项整治，严防严控食品安全风险。村级全国示范型退役军人服务站实现全覆盖。残联、工商联圆满完成换届。与此同时，老龄、妇女儿童、青少年、工会、红十字、慈善事业、志愿服务、关心下一代等工作实现新进展，审计、统计、气象、台港澳、外事侨务、民族宗教、档案方志、国防动员、人防海防工作迈出新步伐。

自身建设切实加强。认真履行全面从严治党主体责任，强化意识形态工作责任制落实，忠诚拥护“两个确立”、坚决做到“两个维护”。深化法治政府建设，依法治区开创新局面。59件人大代表建议、62件政协提案全部按期办结，满意率均达100%。出台优化营商环境十条措施，持续推进3.0智能化审批工作，电子证照应用率达100%；全省率先试点个体户“一表登记”“一业一证”改革，经验做法全省推广。加强机关效能建设，开展“提高效率、提升效能、提增效益”行动，持续整治形式主义、官僚主义，效能问责42人次，办理12345诉求件4.7万件，满意率99.3%，政府运行更加高效。扎实推进政府系统党风廉政建设和反腐败工作，严格执行中央八项规定及其实施细则精神，政府带头过“紧日子”，“三公”经费持续下降。

基层治理更具活力。深入实施“党建引领、夯基惠民”工程，积极融入“全市一张图、全域数字化”管理，赋权镇街106项行政执法事项，示范推进霞林街道、龙桥街道2个市级试点和10个区级试点村（社区）建设，试点工作走在全市前列，新建10个“综治+”社区治理中心，网格事件办结率达97.7%，常太镇获评省级乡村治理示范乡镇，基层社会治理能力水平有力提升。深入开展“除险保安守底线”专项行动，健全矛盾纠纷联调机制，成立人民调解员协会，开展信访积案专项治理，“治重化积”案件办结化解率全市第一。严查严打涉黑涉恶问题，严厉打击涉毒、电信网络诈骗和拐卖妇女儿童等违法犯罪行为，建立圳湖等3处无人机空管站，平安建设考评连续五年居全市第一，群众安全感不断增强。精准防控金融风险，依法稳妥处置房地产领域风险，企业信贷不良率降至0.5%以下。守牢粮食安全底线，全面推行“田长制”，新建1555亩高标准农田，完成715亩耕地“非粮化”整改和2500亩撂荒地整治。落实安全生产“十个三”措施，生产安全事故起数和死亡人数连续四年双下降。高质量完成第一次全国自然灾害综合风险普查工作，防灾减灾能力进一步增强。

城市面貌持续改善。扎实开展城市功能与品质提升三年行动，统筹推进60个城市建设品质提升项目，提升改造口岸小区、一中集资房等11个老旧小区，2个样板项目荣获省城乡建设品质提升正向激励。厚植中心城区生态底色，新建口袋公园5个，新增绿地面积825亩、绿道6公里，建成区绿化覆盖率达46.5%，人均公园绿地面积15.98㎡。持续提升城市综合承载能力，建成投用人行天桥4座、公共停车泊位510个，治理国道G324华林段等6个城市易涝点；新建市政道路9公里，万达南、延寿路2条“断头路”加快打通，国道G228线笏枫公路晋级改造段开工建设，灵华线、木兰大道三期全线贯通，木兰大道一期、龟山路正式通车。城市管理不断优化。巩固拓展文明城市创建成果，深入开展城市精细化管理三年行动，实施“空中飞线”、经营性停车场等专项整治，开展物业小区“点题整治”，探索市政设施公众责任险、公共停车位特许经营等市政治理新模式，数字城管案件有效处置率达99.98%以上。稳步推进垃圾分类，建设59座生活垃圾分类屋亭，生活垃圾回用率进一步提高，餐饮单位餐厨垃圾收运覆盖率达100%。

乡村振兴深入推进。大力发展特色农业，常太枇杷、华亭龙眼、灵川蛋鸡等农产品示范基地项目加快建设，常太镇、灵川镇分获国家级、市级农业产业强镇，华亭镇获评省乡村振兴重点特色镇。扎实推进乡村建设，编制完成74个村庄规划，实施51个乡村振兴试点示范项目和15个农村建设品质提升项目，建成“五个美丽”示范点304个，被评为省村庄清洁行动成效突出区。健全防止返贫监测机制，巩固拓展脱贫攻坚成果，山海协作、闽宁协作等工作深入推进。

生态环境更加优美。坚决落实省环保督察问题整改，扎实推进木兰溪流域专项治理。深入推行“河湖长制”，深化“六清六化六方”攻坚行动，完成兴沙溪等6条河道31.7千米清淤整治，建成2条市级、8条区级幸福河，小流域省考断面、东圳饮用水源地水质达标率均为100%，木兰溪水环境考评稳居全市前茅，东圳水库入选省第一批河湖文化遗产。持续推进农村生活污水提升治理五年行动，完成16个村生活污水提升治理，“投、建、管、运”区域一体化机制渐进形成。扎实推进国土绿化，完成造林绿化3600亩，森林抚育、封山育林9270亩，华亭镇获评省森林城镇。

（摘编：沈光明）

涵江区社会发展概况

2022年，涵江区坚持以习近平新时代中国特色社会主义思想为指导，全面贯彻落实党的十九大和十九届历次全会精神，深入学习宣传贯彻党的二十大精神，俯下身子抓产业、一心一意谋发展，高效统筹疫情防控和经济社会发展，统筹发展和安全，全区各项事业取得新成效，全市唯一获评“平安中国建设示范县（区）”“2022年中国工业百强区”、省级数字经济核心产业集聚区。据统计，全年地区生产总值增长5%；规模以上工业企业增加值增长5.1%；固定资产投资增长8%；农林牧渔业总产值34.9亿元，增长6%；社会消费品零售总额161亿元，增长2.5%；一般公共预算总收入45.2亿元、增长1.9%，其中地方一般公共预算收入25.8亿元、增长5.1%；外贸出口总额59亿元；实际利用外资3100万美元；居民人均可支配收入4.14万元，增长6%；财政收入税性比重达87%，居全市县区首位。一年来，社会发展的主要工作成效体现在以下方面：

疫情防控平稳有序。坚持人民至上、生命至上，最大程度保护人民生命安全和身体健康，最大限度减少疫情对经济社会发展的影响。建立健全平急转换指挥体系，全区上下齐心，广大医务工作者、公安民警、基层干部和志愿者们坚守岗位、奋战一线，千名抗疫人员出征驰援上海、海南、福州、厦门等地，凝聚起同心抗疫的强大合力。强化基础能力建设，改造提升区疾控中心，改造投用福英泰等隔离点，购置流动疫苗接种车等防疫设备。因时因势调整优化措施，投用亚定点救治医院，全面落实分级分类管理，推进老年人、学生等重点人群疫苗接种工作，全人群疫苗接种覆盖率达97.9%。坚持疫情防控同民生保障并重，推行更有温度的防疫服务举措，企业、学校、医院、商超等重点场所正常运转，社会大局保持稳定。

社会大局保持稳定。聚集财力，全面完成46个为民办实事项目，推进民生三个“十大工程”，民生支出增长25.3%。积极回应民生关切，大力实施住房保障工程，安置房促动工项目16个，面积超百万平方米，全年回迁安置房达25万平方米。推进23个历史遗留安置房办证，完成首登办证1058套。社会保障扩面提质，城乡养老保险、医疗保险参保率分别达98%、95%，城乡低保、特困供养、临时救助等政策覆盖更加精准。强化重点人群就业帮扶，发放就业补助资金超1400万元，新增城镇就业3300人、失业人员再就业790人。教育强区建设稳步推进，市对区教育“两项督导”考评居全市第三位，莆田华侨中学入选全省第二批示范性普通高中建设学校。改善提升莆田六中、国欢中学等8所学校硬件配套，建成投用实幼尚书分园、江口陶青小学等9个项目，新增学位2300个。奖教助学蔚然成风，筹集各类基金超3600万元，2名高考考生进入全省物理科目组前50名。扎实推进产教融合，深化与湄职院校地共建合作，莆田侨职入选教育部产教融合校企合作典型案例。与市级优质校协作办学取得突破，白塘中学纳入莆田第一中学教育集团成员校计划。提升基层医疗服务能力，改造提升中医院、社区卫生服务中心，涵江医院成功升级为三级综合医院。全市唯一入选省级青年发展型城市（县域）建设试点名单。涵柘山海协作开启十年新篇章，产业互动融合、平台创新共建、资源互惠共享持续深化。统筹安全生产、信访维稳各项工作，生产安全事故三项指数全面下降，信访事项化解率达100%，圆满完成党的二十大安保任务。深入实施“党建引领 夯基惠民”工程，成立全市首家“情指勤舆”一体化实战中心，首推“食安创城+网格”模式，深化公安基层基础、涉侨纠纷“一站式”多元化解、“网格+消防”等经验做法获得省市肯定，涵江网格化中心获评“全国119消防先进集体”，全市率先完成民用船舶北斗系统应用全覆盖。全区的民族宗教、双拥优抚、军民融合、地方志、档案、防震应急、国防动员、海防打私等工作取得新进步，台港澳事务、工青妇、老龄、关心下一代、残疾人等事业取得新成效。

自身建设全面加强。加强顶层设计、管理赋能，出台安置房建设管理及差价款清收、工业用地出让、工业商贸企业升规纳统、重大项目攻坚等十项重点工作考评机制，全面提升政府工作效能。深化“放管服”改革，推动116项行政执法职权下放乡镇。全省率先实现归侨“定居+落户”“姓名变更”一件事套餐和居住证“全区通办”，全市首推“交房即交证”“带押过户”等便民政策，101项常办事项在“党建+”社区邻里中心实现“就近办”。全面落实政府系统全面从严治党主体责任，坚决做好省委涉粮领域专项巡视等问题整改，推进全区营商环境专项巡察整改落实。主动接受人大、政协、社会和舆论监督，办结人大代表建议意见86件、政协提案112件，办复率均为100%。扎实推进党风廉政建设和反腐败工作，严格落实中央八项规定及其实施细则精神。深入实施“八五”普法，完成行政复议体制改革，法治政府建设持续推进。

城乡品质提档升级。主动融入闽东北协同发展区和福州都市圈建设，高标准编制滨海新城发展规划，联十一线萩芦溪大桥、G228滨海风景道涵江段等一批重大交通节点项目加快建设。统筹推进旧城更新，完成老旧小区改造15个，开工建设安置房近4300套，水环境综合治理等2个项目列入省级十大样板工程。深入实施“三千工程”，储备经营性土地1128亩、年度出让面积居全市第一，工业用地挂牌出让1066亩，盘活闲置工业用地超1000亩。引进万达投资集团，规划布局涵江万达综合体，推动欧亚达家具城落地。与省高速集团合作开发赤港服务区双开放项目，投资超百亿元打造“福建特色、全国领先”的交文旅融合发展示范区。加快推进三江口特大桥、紫霄大道、高林街北伸等项目建设，新改扩建片区配套路网10公里，“外联内畅”的交通网络逐步形成。完善设施配套，启动白塘湖提升工程，实施福厦路塔桥等3处城市易涝点改造，新增停车泊位510个，新建口袋公园5个，完成市政路灯智能化改造1.1万盏。深化环卫“多位一体”化改革，垃圾日收集率达100%。持续推动木兰溪流域系统治理，创新开展“主题河长日”活动，完成蓝色海湾整治项目建设及互花米草除治任务。新建污水管网21.4公里，综合治理河道41公里，小流域水质优良率保持100%。全力推进“莆阳开春”工作，“水上巴士”航线全面贯通，双福村获评中国美丽休闲乡村，大洋乡列入省级“全域生态旅游小镇”名单，白塘湖、东方红水库、苏洋陂入选省第一批河湖文化遗产。严格落实粮食安全责任，全面推行耕地保护“田长制”，出台“稳粮发展十六条”，新建高标准农田2826亩，撂荒地整治工作经验在全省推广。建成全省首家中药材科技小院，引进全市首家“稻药轮种”示范项目，培育“五彩萩芦”“我在大洋有亩田”等农文旅融合发展业态，市对区乡村振兴战略实绩考核实现“三连优”。

2023年是全面贯彻党的二十大精神的开局之年，也是莆田建市40周年。综合考虑，全区经济社会发展的主要预期目标是：地区生产总值增长6.5%，固定资产投资增长7%以上，农林牧渔业总产值增长5%，规模以上工业企业增加值增长6%，社会消费品零售总额增长8.7%，一般公共预算总收入增长3%，其中地方一般公共预算收入增长3.2%，居民人均可支配收入增长6%，完成节能减排降碳任务。

（摘编：游学荣）

秀屿区社会发展概况

2022年，秀屿区深入贯彻党的十九大和十九届历次全会精神，认真学习宣传贯彻党的二十大精神，坚决贯彻落实习近平总书记重要讲话重要指示批示精神，围绕提高效率、提升效能、提增效益，聚焦全方位推进高质量发展，坚持俯下身子抓产业、一心一意谋发展，扎实抓好“两稳一保一防一控”重点工作，高效统筹疫情防控和经济社会发展，统筹发展和安全，有效应对复杂严峻的外部环境和国内疫情冲击带来的经济下行压力，较好完成全年各项目标任务，全区经济社会保持平稳健康发展。

2022年，秀屿区创成“国家级水产健康养殖和生态养殖示范区”，荣获“福建省双拥模范城”称号，获得全省乡村振兴重点工作成效明显县区激励，水系连通及水美乡村建设被水利部和财政部评为优秀，第三季度项目工作正向激励考评位列全省各县区第一，成功举办建区二十周年系列庆祝活动，各项事业呈现欣欣向荣之势。全年实现地区生产总值430亿元，比增5.8%；规模以上工业总产值870亿元，比增13.8%；全社会固定资产投资405亿元，比增19.2%；财政总收入首次突破30亿元，达30.2亿元，比增6.9%；社会消费品零售总额95亿元，比增11%；农业总产值95.77亿元，比增6.2%；外贸出口总额28亿元，比增10%；实际利用外资1972万美元；居民人均可支配收入29007元，比增7.1%。一年来，社会发展的主要工作成效体现在以下方面：

致力夯基补短，民生福祉殷实厚重。民生支出23.5亿元，占财政支出的81%。完成民生三个“十大工程”项目16个，为民办实事项目47个，其中每个镇都独立办成一件民生实事。深化“科教兴区”战略，毓英中学、实验小学教学质量稳居全市前茅，区第一实验幼儿园创成省级示范性幼儿园，“总校+校区”教育模式持续推进，笏石大丘、四新、西徐小学挂牌区实小校区，25个教育提升项目有序实施，莆田一中秀屿校区、莆田工业职业技术学校、南日中心小学教学楼等16个项目加快建设，市实验小学秀屿分校、区实验小学城东校区、平海东湖中学教学楼等5个项目建成投用，新增学位4630个。加快健康秀屿建设，建立健全现代医院管理制度，推行公立医疗机构院长年薪制；市第一医院新院区征迁基本完成，区医院内科综合楼、东庄卫生院等6个项目竣工投用，埭头卫生院整体搬迁一期、南日卫生院周转房等项目加速推进，月塘卫生院挂牌成立，区镇村医疗机构实现全覆盖；投入5078万元集中采购医疗器械，基层就医条件有效改善。织密疫情防控防护网，组建海上疫情防控指挥中心，实现船舶“北斗”定位全覆盖，成功快速处置“0318”“0808”“1124”疫情，科学精准实施国务院“新十条”等优化措施，最大限度减少疫情影响。完善养老服务体系，建成长者食堂2个、改造提升农村幸福院36个，城乡居民基本养老保险基础养老金标准提高到每人每月155元。深入开展“困难群众漏保漏救巩固提升”活动，发放各类救助金1.26亿元，城乡低保标准提高至每人每年9840元。区慈善总会完成换届，募集各类善款5000万元。孝悌、樟林、坝津东津、下尾定固一期、南日镇平海楼A地块5个安置区竣工回迁，后黄、赤坡、西徐、下尾定固二期4个安置区2023年春节前即将回迁。大力整治埭头半岛群众饮水安全问题，实施全域就业创业行动。全面落实粮食安全行政首长责任制，着力创建国家级食品安全示范城市。深入实施“党建引领　夯基惠民”工程，全市首创海上智治新模式，划分海上网格130个。深入开展安全生产大检查和“百日大会战”活动，全区未发生较大及以上安全生产事故。

致力担当实干，政府建设纵深推进。深刻领悟“两个确立”的决定性意义，增强“四个意识”、坚定“四个自信”、做到“两个维护”，组织开展区政府党组集中学习45次。坚定不移推进全面从严治党，落实意识形态工作责任制。落实区人大常委会与“一府两院”联席会议制度，依法执行人大及其常委会决议、决定，认真办理人大代表建议104件、政协委员提案150件，办结率均达100%。修订完善政府工作规则，强化规范性文件备案审查。赋予镇行政执法事项，基层综合执法能力规范提升。聘请产业、金融顾问19名，为科学决策提供智力支撑。成立湄洲湾国投经济开发区，“一区多园”管理机制在全市率先实质性运行。严格落实中央八项规定及其实施细则精神。深化“放管服”改革，加大“12345”政务服务平台投诉件办理力度，群众获得感、幸福感、安全感更加充实、更有保障、更可持续。此外，国防动员、民兵预备役部队建设、防震减灾、海防、人防等工作不断加强，工青妇、残疾人、保密、档案、侨务等工作取得新进步。

致力项目攻坚，发展动能积蓄增强。制定完善重点项目推进工作实施方案，坚持每月调度协调、一线办公推进、“提醒单”督促、“红绿旗”评比、“微信群”晾晒5项制度，39个项目顺利开工、25个项目实现竣工、112个项目提速推进，247个重点项目完成投资348亿元，30个省重点项目完成年度投资计划的120.4%、居全市第一，全社会固定资产投资总量、增幅均全市第一。特别是东南沿海最大的涂料生产基地三棵树产业园试投产，永荣CPL二期进入设备调试阶段、全国单产最大的己内酰胺生产基地即将建成，叉车电机行业隐形冠军聚力电机扩建投产，项目建设质效全面提升。要素保障加力突破，“十四五”期间拟建成投产的20个重点用能项目全部取得能评批复，新增专项债资金31.5亿元，对接政策性银行长期限、低利率项目贷款34.7亿元，争取基础设施投资基金9.2亿元。注重抓龙头、铸链条、建集群，精心培育10条产业链，全市率先绘制产业链“发展全景图”，首家制定企业“发展清单”“服务清单”并在全市推广，重点产业发展清单11个共性指标居全市第一。实行全产业链招商模式，既要顶天立地大项目，也要铺天盖地专精特新项目，签约产业类项目37个，其中开工13个、投产15个，开工、投产项目数均居全市第一。制定出台现代服务业、建筑业扶持政策，实施市场主体纾困解难举措30条，落实减税退税降费18.5亿元、惠企资金1.3亿元。

致力优化功能，城乡品质提档升级。“港产城”融合发展持续深化，高铁、城东、物流片区连片开发，国投迎宾府、澳德状元里、柒号院3个品质楼盘相继入市，完成房地产投资42亿元，比增11.4%、全市第一。国道G228、笏石大道开工建设，联十一线加快推进，西马二路一期、西塘街等6条市政道路建成通车，坝津街、毓秀东路、平海湾疏港公路埭头至平海段及溪边连接线4条断头路顺利打通，新建人行天桥2座，“四横四纵”、外联内畅交通格局日趋完善。首个智慧体育公园建成投用，新建口袋公园5个，土海百亩花海新晋热点打卡地，铜锣湾·万达广场盛大开业，商务大厦、建筑业总部大楼揭牌启用，城市建设踏上更高能级。城市管理更加精细，助力全市顺利通过全国文明城市复评。莆田国际物流港启动前期，丰树物流全面完工，智慧电商物流园签约落地，永福电商城初具规模，与湄洲湾职业技术学院达成电商人才战略合作，电商物流产业逐步兴起。乡村振兴全面铺开，“1镇12村”试点不断拓展，编制村庄规划95个，提升产业扶贫基地28个，“镇镇有基地、村村有产业”格局基本形成。深入实施农村建设品质提升行动，大力开展生活垃圾无害化处理，新建污水管网135公里，整治河道11公里，城乡环境持续改善。建立区镇村三级“田长制”责任体系，落实耕地保护制度，强力整治乱占耕地建房，清理整治撂荒地5631亩，建成高标准农田2.18万亩。

（摘编：王杰成）

南平市社会发展综述

2022年是迎难前行、殊为不易的一年。南平市紧扣迎接和学习宣传贯彻党的二十大这条主线，坚持以习近平新时代中国特色社会主义思想为指导，坚决落实疫情要防住、经济要稳住、发展要安全的重要要求，着力提高效率、提升效能、提增效益，绿色高质量发展迈出了坚实的步伐。2022年全市地区生产总值2211.8亿元、增长3.8%；一般公共预算总收入147.3亿元、同口径增长4.3%，地方一般公共预算收入104.1亿元、同口径增长9.4%；固定资产投资增长5.1%；社会消费品零售总额791.1亿元、增长4%；居民消费价格总水平涨幅控制在3%以内；城镇居民人均可支配收入41101元、增长4.4%，农村居民人均可支配收入21782元、增长6.6%。一些重要领域、重大项目取得新的突破：成功举办省第十七届运动会、第十一届老健会，我市代表团获省运会竞赛金牌59枚、排名第四，创省运会历史最好成绩，赛事活动全网总浏览量超过5000万人次。城村汉城国家考古遗址公园成功获批；高考“双一流”高校录取人数首次突破千人，13名考生被清华北大录取，创恢复高考以来最好成绩；南平市第一医院在全国三级公立医院绩效考核中首次获A等级，排名居全国前20%。中俄第十七轮战略安全磋商和执法安全合作机制第七次会议在南平市成功举办，太平洋岛国驻华使节团到南平考察活动顺利完成。

一年来社会发展主要做了以下工作：

民生事业进一步改善。26项为民办实事项目全部完成，投入资金40.3亿元，完成年度计划的119.3%，民生支出占一般公共预算支出比重达82.8%。稳岗拓岗帮扶行动有效实施，组织开展“才聚武夷”“送岗留才进校园”等行动，与5所高校签订战略合作协议；制定返乡就业创业、稳工稳岗等20多项政策，兑现各类稳就业资金1.1亿元，减免返还缓缴企业社保费1.1亿元；开展就业技能、岗位技能提升和创业培训2.28万人次，城镇新增就业1.55万人。

教育事业不断提升，中小学校和公办园开工24所、建成14所，新增中小学学位2.58万个、公办园学位7830个，南平一中武夷新区高中部顺利开学；2097个中小学近视防控照明教室建成投用、16个义务教育薄弱环节改善与能力提升项目开工建设。积极推进职业教育产教融合，建成7个校企共建实训基地。

健康南平扎实推进，成功列入省DRG医保支付方式改革示范城市；全省率先实现公立医院检查检验互认信息系统市域覆盖；开展医防融合试点工作，组建家庭医生签约服务团队782个，与115万人签订服务协议；新改造提升医疗卫生机构10所，武夷新区综合医院、市疾控中心、中心血站和区域影像云共享平台等项目加快建设；省立医院、福建医科大学附属协和医院与我市10家医院签署医联体协议。

社会保障持续加强，实施全民参保计划，基本养老保险覆盖212多万人，城乡居民基础养老金最低标准提高至140元；建成运营长者食堂239个，提升改造农村区域性、社区居家养老服务和社会福利中心23个，创建三星级幸福院250所；城镇职工、城乡居民医保住院实际报销比均达到全省中上水平。

文体事业繁荣发展，新建6个、改建14个体育场馆，全部投入使用，体育场馆的质和量全面提升；健全文物保护责任体系，631处文保单位完成建档，18个文物保护利用项目加快实施，政和廖俊波先进事迹传习地、浦城梦笔文化公园、延平茶洋窑非遗馆等11个公共文化设施项目建成投用；2038个新时代文明实践中心（所、站）建成，实现县乡村三级全覆盖。

科技特派员制度持续提升。成功举办“学习贯彻习近平总书记关于科技特派员制度重要论述理论研讨会”、科特派创新创业大赛，首个全国骨干科技特派员培训基地成功落地，创建13家科特派院士专家工作站，建成建阳仁山、武夷山燕子窠、延平溪后等9个现场教学点；完善科特派四级服务管理架构，围绕乡村振兴产业链，选派选认科技特派员1029人、团队421个；推行重大项目“揭榜挂帅”机制。

传承弘扬优秀传统文化扎实推进。成功举办学习贯彻习近平总书记“两个结合”重要论述、朱子书院揭牌仪式暨宋明理学研究中心二十年回顾等系列活动，积极推动省级朱子文化生态保护区申报及《朱子之歌》大型舞台剧打造；推动武夷岩茶、建窑建盏等非遗项目传承和合理利用，建成提升非遗展示馆、体验馆、技艺传习所等130余个，国家级工艺美术大师实现零的突破，4位省级非遗传承人推荐申报国家级非遗传承人；建瓯古城申报国家级历史文化名城，完善提升7个历史街区、传统村落，寒泉精舍、朱熹墓、宋慈纪念园、张山头红军墓群等文化史迹保护利用项目加快推进，北苑御焙遗址和建窑遗址入选省级考古遗址公园名录。

社会治理进一步加强。全市上下团结一心、众志成城，有力有序推进疫情防控、安全维稳等工作，全市党员干部能力素质得到锻炼提升，干事创业精气神进一步提振。疫情防控应急能力不断提升，市县一体化扁平化指挥体系健全完善，防控措施及时优化调整，科学快速、坚决果断处置多轮散发性疫情，最大程度减少疫情对经济社会的影响；加大防疫设备设施投入，建设10家定点医院、5221张亚定点医院床位、449张ICU床位。复盘剖析近十年地灾洪灾，有效应对百年一遇的持续性强降雨。深化安全生产专项整治三年行动，扎实开展安全生产百日大会战，事故起数和死亡人数分别下降58.5%、54.2%。落实总体国家安全观，常态化开展扫黑除恶斗争，严格食品、药品安全监管，有效防范化解房地产、金融等领域风险，稳妥有序处置舆情。创新网格化治理机制，划分近3.5万个网格，配备3.7万名网格员，提升风险隐患排查防控能力。建立“带案下访、解剖麻雀”机制，市县乡三级党政领导带案下访化解835件信访突出问题，推动越级上访下降88.7%，圆满完成党的二十大信访安全保障工作。“八五”普法工作深入推进。民族宗教、外事侨务、台港澳事务、老区库区、气象水文、防震减灾、人民防空、档案方志等工作继续加强，妇女儿童、老龄、残疾人等事业不断推进，军政军民关系融洽和谐，连续八届荣膺省双拥模范城称号。

自身建设持续加强。坚持以政治建设为统领，坚决贯彻全面从严治党要求，推进党史学习教育常态化长效化，引导广大党员干部把学习宣传贯彻党的二十大精神不断引向深入，以实际行动忠诚拥护“两个确立”、坚决做到“两个维护”。严格依法行政，加强重点领域立法，提请审议地方性法规2件，修改废止行政规范性文件13件，办理市人大代表议案建议162件、政协提案267件，办复率100%，“厚植法治护绿根基赋能生态文明建设”获批全国法治政府建设示范项目。传承弘扬廖俊波同志优良作风，健全重点工作闭环落实和“晾晒”考评、点对点通报、绿色发展与绩效管理等机制，开展“吃喝风”顽疾、“躺平式”干部、“宽松软”执法、“老好人”思想等问题整治，干部作风明显改进。

改革活力进一步激发。“放管服”改革持续深化，出台“便利南平”12条措施，推动262项惠企政策“免申即享”，创新推出45件便民利企“一件事”套餐改革，走在全省前列；全面推广“e政务”，群众、企业办事“三减三提升”居全省前列，新登记法人企业数增长8.2%。集体林权制度改革加快推进，实施全国林业改革发展综合试点市建设，“森林生态银行”股份合作经营面积新增5.1万亩，实现县域全覆盖。绿色金融改革试验区加快建设，“绿色转型贷”“林下经营权贷”“林业碳汇贷”“科特贷”等金融产品提质扩面，绿色信贷余额增长120%、全省第二。财政管理改革不断深化，实施零基预算改革和预算管理一体化系统建设，7个县（市）进入财政部县级财政管理绩效综合评价全国前110名。对外开放持续扩大，全省首家台商独资公用型保税仓正式开仓，举办海峡两岸纪念“延平王”郑成功收复台湾360周年等25场次对台交流活动。获批设立国家跨境电子商务综合试验区，武夷山国际货运班列常态化运行。

城乡品质进一步提升。以“办好省运会、争创文明城”为契机，大力实施城市更新和旧城综合改造百日攻坚行动，推进以县城为重要载体的城镇化建设取得实质性突破，采取“房票”安置等形式，完成拆迁面积222万平方米；改造各类棚户区3286套、老旧小区3.5万户，改造新建城市道路118.4公里、绿道152公里，新建污水、雨水、供水等各类管网415公里，新增公园绿地187.7公顷、公共停车泊位3385个；制定南平市风貌管控意见，完成全域规模化花化彩化1.5万亩，打造景观带23条。谋划实施城市建设品质提升项目759个，累计完成投资349.6亿元，占年计划的111.4%；武夷新区、延平、邵武、武夷山分别获省城乡品质提升、城镇老旧小区改造等正向激励。坚持双核驱动，武夷新区林后大街、童游大街、建平大道等城市主干道景观提升全面完成，周垄水库备用水源、云谷公园、赤岸幼儿园等一批基础设施和公共服务配套项目相继建成；生态食品产业园、智慧物流园、汽车驾训产业园、职教园加快建设，华润怡宝、益优园食品等项目开工建设，武夷山水城、闽铝轻量化三期、恒冰物流等项目建成投产或运营。建阳街道析置工作顺利完成，连接新老城的潭阳大桥、潭阳隧道建成通车，医卫产业园一批ES纤维产业链项目相继投产。延平中心城市建设协同推进，改造危旧片区3个、老旧小区16个，惠及群众1.86万户；工业路改造二期、李侗支路（一期）建成通车，闽北中医重点专科大楼顺利竣工，九峰隧道、南福路快速通道等项目突破制约多年的要素瓶颈，取得实质性进展；新港路二期、开元实验学校、新城医院等一批市政基础和公共服务项目加快实施，产城融合态势日益凸显。

加快推进乡村振兴，深化农业农村工作机制，持续推进乡村振兴“一二三四”机制，制定稳定发展粮食生产的若干措施，开展“齐心共耕希望田”活动，新建高标准农田22.5万亩，复耕复种撂荒闲置地6万亩，完成粮食播种面积281.17万亩、总产量118.49万吨；推进种业创新，茶树种质资源圃加快建设，全省首个百合种质资源圃建成；争取国家支持扩种烟叶，收购增长27.3%；完善农村土地流转服务平台，土地流转率提升至41.5%；97%以上乡镇通达三级及以上公路，80%以上乡镇实现半小时内上高速；完成农村危旧房、违建房、裸房“三房同治”5564栋；浦城入选国家乡村振兴示范县和国家农业现代化示范区，松溪、顺昌乡村振兴热度指数居全省前十。

生态环境质量持续优化，坚决打好污染防治攻坚战，从严从实整改生态环保督察反馈问题，空气、水等生态环境质量保持全省第一，建瓯、武夷山、松溪、政和入选全国百佳深呼吸小城名单，邵武获批全国“两山”实践创新基地。

绿色发展进一步提质。环武夷山国家公园保护发展带加快建设，完成总体规划和3个专项研究编制，构建环带“三防一提升”森林资源联动保护机制，成功争取中央财政国土绿化试点示范、闽西北山地丘陵生物多样性保护、武夷山脉区域生态保护修复、竹林碳中和创新工程等项目，累计争取各类资金215亿元、增长16%；加快实施闽江上游水生态环境治理、环带生态巡护路、风景道等85个亿元以上项目；组织开展“发现武夷之美”活动，“网络名人看武夷”活动全平台阅读量达6.2亿次，开发环带观景科考点26个，启动建设一批国家公园科普教育基地。

2023年南平市经济社会发展的主要预期目标是：全市地区生产总值增长6%，固定资产投资增长6%，一般公共预算总收入增长5%，地方一般公共预算收入增长5%，出口增长4%，实际利用外资增长8%，社会消费品零售总额增长7%，城镇居民、农村居民人均可支配收入分别增长7%、7.5%，单位GDP能耗控制在省下达目标内，粮食总产量稳定在118.4万吨以上。

（摘编：周华政）

延平区社会发展概况

2022年，是党和国家历史上极为重要的一年，举世瞩目的党的二十大胜利召开，全面建设社会主义现代化国家新征程迈出坚实步伐，举国上下欢欣鼓舞，延平儿女感恩奋进。2022年也是延平发展历史上极不平凡的一年，新冠肺炎疫情反复、经济下行压力和自然灾害等超预期影响，全区上下坚持以习近平新时代中国特色社会主义思想为指导，全面落实“疫情要防住、经济要稳住、发展要安全”重要要求，深入实施“三提三效”行动，紧扣“12335”行动和“10+6”重点工作，砥砺奋进、勇毅前行，干成了许多大事难事实事，经济社会保持稳中向好发展态势。全区6项主要经济指标名列全市前茅，GDP迈上450亿元新台阶；一般公共预算收入、地方一般公共预算收入同口径分别增长5.1%、16.3%，增速分别位于全市第3、第1；农林牧渔总产值增长7.1%，全市第1；存贷款余额连续15年全市第1。

这一年，市区联动温暖民心。市委、市政府始终关心和支持延平发展，组建市区一体工作专班，一月一梳理一推进解决延平城区公共服务及民生领域问题，江南学校、正荣片区路灯、朱熹路步道等2批22个民生补短板项目正有序推进落实；无偿调剂原市委大院、市政府大楼等一批办公场所；无偿移交南武体育馆、文体路体育场等一批文体设施运营管理权；下放19项城市管理职能、11项城市建设职能、170项审批服务事项，市区联动成果进一步惠及全区人民。

这一年，“二次创业”激励人心。时隔26年，延平“二次创业”再出发，全区广大干群，齐心发扬时任省委副书记的习近平同志1996年在延平调研时充分肯定的“二次创业”的精神，迅速掀起推进延平绿色高质量发展热潮。3个月内攻坚完成了17.45万平方米片区开发拆迁任务，啃下南福路快速通道、新城港区码头两个制约多年的征迁“硬骨头”；承接招引了福州等地转移的长辉新材料等15个关联产业好项目，太平混合抽蓄等3个超15亿元大项目正式签约；“十个聚力”境外电信涉诈劝返做法获国务院联席办高度肯定，巨口乡候鸟式养老基地服务模式入选全省推广改革创新案例。

这一年，捷报频传鼓舞信心。长富乳品成功入选农业产业化国家重点龙头企业，华孚电器获评国家级专精特新“小巨人”企业；闽江干流航道正式复航、延平新城港区开港，500吨级货船实现通江达海；延平健儿在第十七届省运会勇夺13金，金牌数、奖牌数、总分数均列全市第1，全省奖牌榜第14位。

一年来，社会发展重抓好以下方面工作：

社会保障扩面提质。从“防疫情”到“保健康、防重症”，因时因势优化防控措施，最大限度降低疫情影响。落实国家“新十条”和“闽13条”，着力保障就医用药，启动建设亚方舱医院，床位600个，落实健康网格化管理机制。高质量完成23个为民办实事项目。新建农村区域性养老服务中心4家、“长者食堂”30家，睿翼建设等3家企业入选市级退役军人就业创业基地，开展“送岗留才进校园”等就业招聘行动，新增城镇就业3039人。

社会治理纵深推进。化解信访积案129个，进京访批次、人数同比下降97%，党的二十大等重大敏感节点进京“零上访”。持续开展“平安延平”创建，常态化推进扫黑除恶专项斗争，群众安全感率99.47%，“平安三率”居全市前列。有效应对12年一遇的强降雨。强力推进安全生产专项整治三年行动，燃气安全报警装置实现餐饮行业全覆盖，组建乡镇专兼职应急消防队伍和全市首支无人机应急救援队伍，连续两年实现安全生产事故起数、死亡人数“双下降”。

社会事业蓬勃发展。建立城乡义务教育共同体10个，校外培训机构营转非完成率、课后延时服务覆盖率均达100%，全区中考总分优秀率全市第2。延平新城医院主体完工，基层医疗机构全面完成智能化公卫服务系统改造。延平优秀传统文化故事90集在喜马拉雅平台上线，新增省级河湖文化、非物质文化遗产4项。开展“延平名医”“延平名师”“剑州工匠”选树活动，国防动员和双拥共建扎实推进，退役军人服务管理工作走在全省前列。民族宗教、审计、统计、外事侨务、人防、史志档案、气象地震等工作取得新成效；工青妇、老干部、老龄、残联、红十字等事业取得新进步。

重点改革迈出新步伐。深化财政审计、预算绩效、金融服务、国资监管“四个中心”一体化建设，调减非必要性预算项目98个6800多万元。全面落实财政保障教师、医卫等机关事业单位津补贴和退休人员生活补贴约3.3亿元，下放乡(镇)、街道行政执法事项394项。行政服务跑出加速度。办理政务服务“跨域通办”4475件，新增“一件事”套餐10个，创新“身后一件事”机制，累计进驻网上办事大厅事项6481项，行政许可审批缩减时间91.9%。政府性投资小规模建设工程“阳光平台”完成竞拍257单，节约资金8584万元，节支率24.5%；新增产业交易竞拍，成功交易103单，收益增值684万元，增值率10.9%。自身建设再上新台阶。常态长效开展党史学习教育，忠诚拥护“两个确立”，做到“两个维护”，严格执行“三重一大”决策程序，严格落实中央八项规定及实施细则精神，一体推进“三不腐”。坚持依法行政，完善政府常务会议制度，自觉接受区人大及其常委会的法律监督和区政协的民主监督，办理人大代表建议114件、政协委员提案125件，办结率、满意率均达100%。

城市品质不断提升。实施城市建设品质提升项目68个，工业路改造（二期)、李侗支路等重大基础设施建成投用。16个老旧小区改造项目有序推进，累计完成投资约1.6亿元，惠及1.86万户，南铝绿色社区建设样板项目通过省级考核验收并获正向激励300万元。智慧城管二期顺利建成，城市管理问题处置率达95%以上；设置生活垃圾分类收集点257个，建成区覆盖率100%；新时代文明实践中心实现全覆盖，省级文明城区创建中期评估获五年来最好排名。

乡村振兴有力实施。完成农村建设品质提升工程18项，新改建“四好农村路”54.7公里、道路安防设施400公里、乡镇污水管网23.3公里、安全生态水系11.3公里，整治裸房1150栋，获评省级美丽庭院111家，乡镇千兆光网和5G网络覆盖率达85%以上。投资9300多万元新建乡村振兴试点示范项目84个，“人人都是科特派”小程序上线运行，王台“科特派”入选省级乡村振兴精品示范带。创成省级“一村一品”示范村3个，省级乡村治理示范镇1个、示范村19个。新增国家级农民合作示范社6家、省级示范社29家、省级产业化示范联合体3个。积极对接财政、改革办、国安办、供销社、消防救援总队等省直挂钩共建单位，以及对口协作莆田市秀屿区，支持农村基础设施、公共服务、特色优势产业培育等方面项目64个、资金1.32亿元。

生态环境持续优化。从严从实抓好生态环保督查反馈问题整改，空气环境质量连续7年位居全省设区市第1；主要河流和重点小流域水质达Ⅲ类以上，水源地水质达标率100%；转移处置各类危废1.86万吨。因地制宜打造规模化花化彩化面积4.4万平方米，种植各类树种3.7万株。新增省级气候康养福地1个、最美古树群2处。加快推进松材线虫病防控工作，新造林2万亩，森林覆盖率74.47%。

2023年延平区经济社会发展主要预期目标是：地区生产总值增长6%；财政两项收入均增长5%；固定资产投资增长6%；外贸出口增长4%，实际利用外资增长5%；社会消费品零售总额增长6%；城镇居民、农村居民人均可支配收入分别增长6.5%和5%。

（摘编：张捷）

建阳区社会发展概况

2022年，建阳区坚持以习近平新时代中国特色社会主义思想为指导，按照“市区一体、绿色发展、产业强区、书香建阳”发展思路，全方位推进建阳绿色高质量发展。全区实现生产总值282.6亿元、增长4%，固定资产投资增长3%，公共财政总收入18.52亿元、下降6.1%，地方公共财政收入14.32亿元、增长5%，社会消费品零售总额102亿元、增长6%，城镇居民人均可支配收入42420元、增长4.2%，农村居民人均可支配收入21970元、增长6.5%。

一年来社会发展的主要成效有。

民生福祉达到新水平。就业优先政策有效落实。突出抓好应届毕业生、退役军人等重点群体就业，举办“人社局长直播带岗”等线上线下直播招聘会20余场，新增城镇就业约2700人。全面落实就业奖补政策，开展“百名人社专员帮千企”稳岗促就业活动，减免、缓缴和返还企业社会保险费2400余万元。社会保障体系不断完善。持续扩大社会保险覆盖面，城乡居民基本养老保险参保率超99%，基本医疗保险参保人数突破32万人，纳入被征地农民养老保障7400余人。加大住房保障力度，保障住房困难家庭1400余户。强化社会救助兜底保障，发放城乡低保金、特困供养金、临时救助金3500余万元。公共服务质量持续提升。31项“为民办实事”项目基本完成。教育教学成绩显著，中考总分优秀率全市第一，高考本科上线1235人、上线率76.4%。248间中小学近视防控照明教室完成改造，双龙幼儿园主体封顶，宝山预备小学、书坊九年一贯制学校投入使用，新增学位约1600个。建阳一中晋级省一级达标校、特殊教育学校获评省级标准化学校、教师进修学校通过省级标准化评估、西门小学获评“全国围棋特色学校”。社会福利中心托老楼主体竣工，新开办运营长者食堂58所。建阳第一医院公共卫生应急救治中心建成投用，康复科成为国家区域医疗中心康复专科联盟单位。建阳中医院入选省共享中药房试点单位。建阳区入选首批省级生育全程优质服务建设项目县、建阳妇幼保健院成为福建省妇幼专科医联体成员单位。投入超4100万元采购医疗设备，医疗救治能力水平进一步提升。社会大局和谐稳定。全市首个行政争议预防调处中心挂牌成立。重拳打击各类违法犯罪，先后侦破全市最大涉“笑气”非法经营案、“廖某假冒注册商标案”和特大制售假冒品牌茶叶案，涉案金额5000余万元，获公安部、省公安厅贺电表扬。圆满完成党的二十大和冬奥会、冬残奥会等重大会议，国家领导人到南平调研等重大活动安保维稳工作。坚决落实“四个最严”要求，全市率先推进阳光药房，公立学校实现“明厨亮灶”100%，食品药品安全满意度不断提升。防灾减灾体系逐步完善，有效应对暴雨洪涝、森林火灾等灾害。国防动员办公室正式挂牌，连续四届荣膺省级双拥模范城。

政府自身建设呈现新气象。坚持把政治建设摆在首位，引导广大党员干部深刻领悟“两个确立”的决定性意义，增强“四个意识”、坚定“四个自信”、做到“两个维护”。持续优化营商环境，“一趟不用跑”“即办件”事项占比96%、75%，超过目标要求。推进审批流程再造，平均环节数同比压减27%、居全市前列。成功开展7个重点行业“一业一证”试点，不动产登记金融服务平台上线运行，深化“一件事套餐”“跨域通办”改革，累计办件量突破1万件。扎实推进法治政府建设，促进“八五”普法与弘扬宋慈法律文化相融合，提高全民法治意识，深化行政复议体制改革，严守统计法律底线，完成省统计执法检查反馈问题整改。办理人大代表建议239件、政协委员提案113件，办结率100%，满意率和基本满意率100%。纵深推进政府系统全面从严治党，坚持以严的基调强化正风肃纪，锲而不舍落实中央八项规定及其实施细则精神，坚持过紧日子，三公经费同比下降8%以上。

城市面貌再焕新容颜。坚持集中连片规模化实施城市更新，在全市率先完成旧城改造片区开发“百日攻坚”行动任务，17个片区累计征收土地1800亩、拆除建筑72万平方米。引入国内高水平规划设计团队，全过程陪伴式跟踪服务重点片区规划提升，严管城市建筑与景观风貌，对市政道路、教育医疗、公园绿地、污水垃圾设施等“应补尽补”。城市功能日臻完善。完成绿化提升126万平方米，新建各类管网约50公里，新建改扩建城市主次干道8条、城市公园7个、农贸市场8家、公厕9座，新增及改造路灯5000余盏；注重保护延续城市历史文脉，谋划实施大潭城墙公园、芥菜主题公园、工业遗产记忆博物馆、古树名木保护等一批“留文留魂留绿”项目。落实市委市政府“办好省运会、共创文明城”部署，实施“创城迎省运”城市品质提升项目256项、完成投资25亿元，圆满完成省运会（老健会）开闭幕式服务保障和比赛项目承办任务。新老城区加速融合。出台房屋征收补偿房票安置实施细则、武夷新区房票购房奖励若干措施，率先发出全市首张电子房票，累计发放房票1800余张、23万余平方米，直接带动武夷新区商品房销售超6万平方米，有序引导老城人口向新区流动、优化重构城区人口布局。街道析置圆满完成，潭城、童游2个街道析置为潭城、宝山、童游、崇阳、崇泰5个街道，城区治理体系更加优化。花海公园、潭山智慧体育公园、崇阳溪漫步道、建平大道景观提升及城区夜景照明亮化等一批联系新老城区的项目建成投用，市福乐家园、闽北气象防灾减灾中心、建阳中医院、新汽车站等项目在新老城区交叉落位，城市功能有机融合。

乡村振兴迸发新活力。建阳区入选全省乡村振兴重点工作成效明显县（区）名单，成为获得上级激励资金1200万元的8个县之一。乡村建设成效显著。深化“四联四促”机制，完善乡村基础设施，实现乡镇千兆光网和5G网络全覆盖，新建改建农村公路46公里，县道858徐建线童游至小湖三级公路改建工程竣工投用。城乡供水一体化项目有序实施，累计完成投资3.8亿元，受益20余万人。持续开展“百城千村”绿化美化宜居工程，黄坑镇和麻沙永兴、小湖葛墩等5个村（镇）获评省级森林城镇、森林村庄，崇雒乡、麻沙镇和徐市宸前、莒口长埂等10村入选省级乡村治理示范村镇，宝山溪源、黄坑三峡等4村上榜省级高级版绿盈乡村，《松柏村村规民约》荣获省级优秀村规民约。

生态文明建设再上新台阶。环武夷山国家公园保护发展带建设成效初显，实施五大行动项目29项、完成投资11亿元。交通环线全面贯通，高标准建成黄坑集镇至先锋岭、小油岭至回潭等风景道6条、65公里，县道860麻桐线入选全省首批最美乡村“福”路。加快发展风景经济，围绕发现“武夷之美”，谋划黄坑坳头观景平台、九峰村塘头服务驿站等项目79项、总投资超120亿元。生态环境保护水平全面提升。全力抓好四大环保突出问题整改，二氧化硫浓度同比下降31%，塔山污水处理厂年平均进水浓度和污水收集率实现“双达标”，完成漳墩永发养鳗场整改拆除，制定出台不可移动建盏烧制窑体管理办法，建盏龙窑无序发展问题顺利销号。严格落实河湖长制、林长制，实施河湖“五乱三非”整治专项行动，开展“健康河湖”创建，整治入河排污口19个，区域内国、省控断面和10条小流域考核断面水质达标率100%。治理水土流失2.5万亩，麻沙界首、将口石维获评省级水土保持生态村。完成森林抚育10.8万亩、松林改造5.6万亩、闽西北山地丘陵生物多样性保护3万亩和国土绿化试点示范项目2万亩，环境容量和绿色空间不断扩大。

（摘编：周华政）

邵武市社会发展概况

2022年，邵武市坚持以习近平新时代中国特色社会主义思想为指导，深入学习贯彻党的二十大精神，全面落实习近平总书记来闽考察重要讲话精神，坚决落实“疫情要防住、经济要稳住、发展要安全”的重要要求，围绕市委“1123”发展要求，深入实施“三提三效”行动，扎实做好“两稳一保一防”等重点工作，全市经济运行稳中有进，各项事业取得新的成效。

据统计，全市地区生产总值268亿元、增长5.5%，社会消费品零售总额增长6%，一般公共预算总收入16.4亿元、同口径增长8.5%，地方一般公共预算收入13亿元、同口径增长11.3%，城镇居民、农村居民人均可支配收入分别增长4%、6%。

这一年，凝心聚力保民生，民生福祉更加殷实。全力以赴防输入、防反弹，有效应对疫情的不确定性，最大程度守护了人民生命安全和身体健康，最大限度减少了疫情对经济社会的影响。民生支出占一般公共预算支出86.6%，28项为民办实事项目全面完成；办学条件持续改善，高考实现清北新突破；107个城乡建设品质提升项目一体推进，城市功能、景观风貌不断完善，商业业态、街区文化持续提升，百姓生活更便捷、更舒适。

这一年，奋勇争先创佳绩，城市名片更加靓丽。县域经济综合竞争力进入全国300强，荣获国字号“绿水青山就是金山银山”实践创新基地金字招牌，获评“中国竹家居之都”、省林竹碳中和示范县、闽台乡建乡创合作样板县，成为南平首个省级青年发展型县域试点。氟新材料创新中心获评省级制造业创新平台。

一年来，社会发展的主要工作和成效是：

幸福指数不断提高。社会保障体系更加完善。积极开展“送岗进校园”等线上线下招聘活动，兑现各类稳就业资金2228万元，新增城镇就业1502人。强化社会救助兜底保障，发放低保、特困等各类救助金5481万元；建成运营长者食堂23所，养老服务机构增至18家。教育质量显著提升。改造提升实验幼儿园，八一希望小学改扩建项目主体竣工，实幼三分园建成并投入使用，公办幼儿园入园率达73.1%；课后服务覆盖率达100%，两项“双减”案例在全国推广。医疗服务水平持续提高。加快推进市立医院现代医疗能力提升、区域医疗中心能力提升一期等项目建设，与福建医科大学附属第一医院签署医联体共建协议，市立医院入选全国首批“千县工程”。文体事业蓬勃发展。建成熙春书房、古城阅读长廊、三有书屋等公共阅读场所，举办“用阅读点亮城市”“严羽诗歌会”等系列活动，全民阅读蔚然成风；体育中心建成投用，顺利承办第十七届省运会部分赛事，铁城健儿创历史最好成绩；被评为国家体育后备人才基地、省体育产业示范基地。

社会大局保持稳定。深入开展安全生产专项整治三年行动，事故起数、死亡人数分别下降85.7%、75%。坚决落实“四个最严”要求，抓实食品药品安全监管。有效防范化解房地产、金融等领域风险，政府债务余额控制在上级限定范围内。扎实推进“八五”普法，常态化开展扫黑除恶斗争，积极高效化解信访积案和矛盾纠纷，“平安邵武”建设取得新成效，社会治安综合治理考评居南平市前列。深入开展双拥共建，连续9届获评省级双拥模范城。民宗、外侨、台港澳、老区库区、气象水文、防震减灾、人民防空、档案方志等工作继续加强，妇女儿童、老龄、残疾人等事业取得新进展。

自身建设全面加强。坚决贯彻落实全面从严治党要求，大力弘扬伟大建党精神，严格落实意识形态工作责任制，引导广大党员干部把学习宣传贯彻党的二十大精神不断引向深入，以实际行动忠诚拥护“两个确立”、坚决做到“两个维护”。不断巩固作风建设成果，持续纠治“四风”，严格落实中央八项规定及其实施细则精神，整治“吃喝风”顽疾、“躺平式”干部、“宽松软”执法、“老好人”思想等突出问题，干部作风全面提升，干事创业、担当作为的氛围更加浓厚。深化法治政府建设，自觉接受市人大及其常委会法律监督、工作监督和市政协民主监督。办理人大代表建议116件、政协提案165件，满意率达100%。

发展动力有效激活。稳步推进重点领域改革。国企改革三年行动圆满收官，国建发公司获评AA主体信用等级；集体林权改革不断深化，发放全省首本“林下经营权证”和首笔“林下经营权证”抵押贷款；巩固提升科技特派员制度，成立科特派院士工作站2个，建成科特派展示馆。持续深化“放管服”改革。出台“便利邵武十二条”，“免申即享”政策达24项，政务服务全程网办率达75.5%，一趟不用跑事项占比达80.1%；创新“项目落地一件事”，从审批到开工实现“全程办”“并联办”，永庚科技从意向签约到开工建设仅用3个月，跑出了“邵武加速度”。千方百计助企纾困，常态化开展“企业家下午茶、晚餐会”活动，真心实意帮助企业解决困难问题；搭建政银企对接平台，促成银企签约项目65个，放贷金额达4.8亿元。

发展基础不断夯实。深入开展重大项目、“一把手”招商、征地拆迁“三大攻坚”行动，综合考评连续三个季度居南平第一，第二季度项目工作获省级正向激励。项目建设全面提速。建立健全项目入园专家与部门联审机制，推行交地即颁证、交地即开工，75个省市重点项目完成投资110亿元，一中新校区、格林生物等27个项目开工，三爱富、福豆新材料、城乡供水一体化等28个项目加快建设，永和新材料、热电联产等20个项目建成投产，温武吉铁路列入国家“十四五”现代综合交通运输体系发展规划；争取上级各类资金21.5亿元、债券资金16.3亿元，分别增长18%、40%。招商引资全面提效。持续开展“一把手”招商、产业链招商，推动招商引资向择商选资转变，全年引进5000万元以上项目50个、总投资108.9亿元，新签约落地科润、永瑞等亿元以上产业项目11个，其中5亿元以上项目7个。

城乡面貌持续提升。全面推进城市更新。以“喜迎二十大、办好省运会、争创文明城”活动为抓手，大力开展城乡建设品质提升行动，组织实施旧城改造片区开发百日攻坚，采取“房票”安置等形式，完成拆迁29万平方米；李纲西路、八一中路、五四北路完成“白改黑”；智慧停车一期建成投用，新增公共停车位1027个，新（改）建雨水、污水管网36.5公里；改造提升西门街区和52个老旧小区，惠及居民1.5万户；福山红飘带健康漫道、城区总水厂等项目主体工程基本完工；实施重要节点花化彩化15.4万平方米，城乡建设品质提升和老旧小区改造两项工作获得省正向激励。扎实开展城市精细化管理六大行动，城市治理水平不断提升。加快推进乡村建设。打造南平市级“一带N点”示范带2条，新增四好农村路32公里，94.7%以上乡镇通达三级以上公路，整治“三房”140栋，造林2.6万亩，森林覆盖率达78.95%；新增省级“一村一品”专业村3个、森林村3个、乡村治理示范村（镇）17个，云灵山入选国家级森林康养试点建设基地，拿口千岭湖、水北二都获评省级森林康养基地。

污染防治全面强化。持续深化“河湖长制”，严厉打击河道非法采砂、电毒炸鱼等行为；吴家塘污水处理厂、城市生活污水处理厂完成提标，出水水质达到一级A标准；餐厨垃圾收运处置一体化项目建成投用，生活垃圾焚烧发电厂、莆常垃圾转运站等项目加快建设；各级生态环保督察反馈问题得到有效整改，全年空气质量优良天数比例达100%，主要流域、小流域优良水质比例达100%。

（摘编：余晓楠）

武夷山市社会发展概况

2022年，武夷山市深入学习贯彻党的二十大和习近平总书记来闽考察重要讲话精神，创新开展“大学习、大攻坚、大比拼、大夯实”行动和“文旅提效年”活动，扎实创建全国文明城市，全市经济社会保持平稳健康发展。据统计，全市生产总值233.22亿元，增长3.8%；一般公共预算总收入13.09亿元，增长3.8%。地方一般公共预算收入9.69亿元，增长5.5%；固定资产投资比降8.5%；城镇居民人均可支配收入43420元，增长7%；农村居民人均可支配收入24224元，增长8%。城镇登记失业率控制在3.4%以内。一些重要领域、重点工作取得新的突破：

——武夷岩茶（大红袍）制作技艺入选人类非物质文化遗产代表作名录，武夷山成为唯一“三世遗”城市。

——创建城村汉城国家考古遗址公园进入公示阶段。

——燕子窠茶园基地列入国家“三茶”统筹综合标准化示范区项目，“无化肥无化学农药”生态茶园建设入选全国绿色发展典型案例。

——大力推进城东片区开发，完成拆迁面积13.9万平方米，房票签约面积11.6万平方米，网签面积6.4万平方米。入选省级棚户区改造工作评价优异县。

——高考实现录取北大清华十年零的突破，“双一流”高校录取117人，比去年翻番。荣获南平市唯一“两项督导”评估“双优”佳绩县市和南平市2021年度政府教育工作优秀县市。

——武夷山公立总医院获评全国县域医共体建设优秀创新案例。医疗水平进入全省县级医院前20。

——服务保障中俄第十七轮战略安全磋商和执法安全合作机制第七次会议、太平洋岛国驻华使节团考察等外交活动。

一年来，社会发展主要工作和成效是：

聚力保民生，幸福指数持续攀升。财政累计支出12.13亿元，用于保基本民生、保工资、保运转。27项为民办实事项目，完成或基本完成18项、在建9项。新增城镇就业1168人，返还企业失业保险费193.77万元，发放困难群众救助资金3553万元。建成11所长者食堂，完成200户困难老年人家庭适老化改造、73户残疾人家庭无障碍改造，创建3个农村留守（困境）儿童示范点，建成2个普惠性托育园。加强与上海第一医院、福建省立医院合作，成立8个名医工作室。6所学校投入使用，20所学校通过义务教育管理标准化省级评估验收。持续推进“双减”落地，武夷山一中、实验小学课后服务特色做法分别入选教育部、省教育厅典型案例。武夷山一中、百花幼儿园被评为省级示范性学校，武夷山华职被确定为福建省（1+X）证书试点校。圆满承办第十七届省运会分会场活动。蝉联福建省双拥模范城（县）“五连冠”。

聚力防风险，社会大局安定稳定。坚持人民至上、生命至上，精准有效抓好疫情防控，高效应对国内省内多轮疫情。因时因势动态调整防控重点，全力保护人民生命安全和身体健康。1604名干部下沉酒店民宿等重点行业全天候驻点指导疫情防控。率先完成60岁以上老年人疫苗第一剂接种任务，重点人群核酸检测率排名南平前列。圆满完成二十大维稳安保任务，打掉恶势力犯罪组织2个，破获涉恶九类案件32起、电信网络诈骗案件30起、养老诈骗案件6起，化解中央交办的“治重化积”件101件，调处各类矛盾纠纷136件。防范化解重大风险，不良贷款率、政府债务率均低于警戒线。荣获福建省平安建设示范县（市、区）。黎前村获评全国民主法治示范村。

聚力转作风，政府效能不断提升。深化“放管服”改革，实现行政许可“一趟不用跑”占比95.34%，营商环境指数排名南平前列，政务服务满意率99.97%。法院与工商联沟通联系机制成为全国典型。严格支出管理过紧日子，一般性支出与上年基本持平、“三公”经费支出持续下降。全年办理市人大代表议案建议125件、市政协委员提案103件，办结率、满意率均为100%。

聚力提品质，城市面貌焕然一新。实施城市品质提升项目77个，完成投资40.38亿元，占年度计划109.43%。完成崇安街、大同街、兴山路、水厂路、金盘亭路等道路提级改造，加快推进西快线、崇阳溪生态巡护绿道等项目。崇东大桥建成通车，景区轻轨接驳站、工人文化宫投入使用，完成中山路示范段立面改造。实行闽H牌照9座以下一类客车市内高速路段免费通行政策。改造老旧小区59个，惠及2900户。推进度假区改造提升，实施透绿工程，改造提升大王峰路、三姑旧街、仙凡福第花漾街区，清除沿街店面车位400个、整治广告牌1874处、水箱160处。开展“三沿”品质提升，拆除彩钢瓦820处、广告牌176块、屋顶蓄水箱2003个，房屋立面改造提升159栋。新建停车场6个，新增停车泊位1226个，新建改造城市雨水管网10公里、污水管网18公里、市政燃气管网17.2公里；新建垃圾分类屋（亭）100座。

聚力夯基础，乡村振兴扎实推进。落实粮食安全双首长责任制，整治撂荒耕地3366.43亩，整改“耕地流出”1712亩，新改建高标准农田3.2万亩。实施乡村品质提升项目16个，完成投资2.79亿元，占年度计划132.86%。大力推进马城线、西快线、星桐线、五夫翁墩至上梅荷墩公路工程、星村特色小镇等项目建设。完成农村生活污水智慧监管试点。编制村庄规划24个，新建改造管网33公里，建设农村公路36.3公里，改造危桥5座，整治裸房200栋。创新全国数字乡村试点“136N”机制。兴田镇入选省级商务特色镇，6个项目列入全省首批县域商业建设行动。桐木村获评全国“一村一品”示范村、兴贤村上榜中国美丽休闲乡村。

聚力提价值，生态建设有力有效。列入全省“无废城市”建设试点城市、省级地质灾害防治和生态修复工作优秀县。水环境质量持续保持优良，空气质量综合指数稳步提升，位列全省前列。实施环武夷山国家公园保护发展带项目49项，累计完成投资42.56亿元。整治提升东溪水库水质，拔除违法违规开垦茶山2827.69亩，整改卫片图斑142宗，拆除“两违”建筑20.1万平方米，处置散养生猪1953头、治理水土流失4.56万亩。完成国土绿化1.15万亩、规模化绿化花化彩化改造提升6023亩、松林改造5.15万亩。扎实推进化肥农药减量增效行动，化肥、农药使用量同比均减少4%。先行先试推进碳达峰碳中和，建立“森林生态银行”示范点3个，试点水稻资源开发农业碳汇，交易林业碳汇3万吨。建成黄龙岩省级自然保护区宣教中心标本馆。“三茶”统筹方面，武夷岩茶连续6年位列中国茶叶类区域品牌价值第2位，发布《武夷岩茶品质化学与健康养生功能》白皮书，制定《斗茶赛》《武夷岩茶冲泡与品鉴茶具》团体标准。成功举办“茶和天下　共享非遗”之“福茶香飘”主题活动。科特派助力乡村振兴方面，在首届南平市科技特派员创新创业大赛中获奖数量排名南平第2。完成科技特派员信息共享平台建设，实现管理服务数字化。创新开展“四百兴村”活动，实现全市115个行政村科技服务全覆盖，促进村财增收900余万元。3名科技特派员获得省级表彰，争取“科特贷”1200万元。文化传承创新发展方面，启动武夷岩茶重要农业文化遗产申报。当溪、红旗渠入选首批福建省河湖文化遗产，岚谷熏鹅和竹编技艺列入第七批省级非物质文化遗产，开设武夷文化“师带徒”培训班，揭牌书画艺术院。举办赤石暴动胜利80周年、“我在武夷山”演说比赛、首届“武夷茶舞”大赛、第九届福建文创奖·朱子文创设计大赛等系列活动，建成文公山一期，加快推进洋庄红色文化小镇、柳永文化研学基地、瑞岩寺修复等项目。

（摘编：赵旭东）

建瓯市社会发展概况

2022年，面对复杂严峻的外部形势和新冠肺炎疫情的冲击影响，建瓯市坚持以习近平新时代中国特色社会主义思想为指导，全面贯彻党的十九大、十九届历次全会和二十大精神，认真贯彻落实习近平总书记来闽考察重要讲话精神，紧扣疫情要防住、经济要稳住、发展要安全重要要求，有力推进“三提三效”行动，扎实开展“三大攻坚”，做好“两稳一保一防”，锚定“千年建州·理学名城”定位，加快“五个一”战略发展，经济社会发展平稳有序。全年完成地区生产总值312.73亿元，增长4.7%；固定资产投资增长8%；一般公共预算总收入15.13亿元，同口径增长3.3%；地方一般公共预算收入11.56亿元，同口径增长8.8%；社会消费品零售总额161.67亿元，增长3.5%；城镇居民人均可支配收入40777元，增长4.3%；农村居民人均可支配收入23462元，增长8.5%。一年来，社会发展主要工作和成效是：

用心用情、惠民利民，社会事业见行见效。财政民生支出占比达85.3%。37个为民办实事项目按时序推进，完成投资13亿元。教育供给持续增强。编制城区教育布局专项规划，实验幼儿园建发园、建安中心幼儿园、朱子学校（一期）建成开班教学，华帜职教产业园、建州外国语高级中学落户建州新区；推进优质教育均衡改革，龙村、顺阳中小学整合试行九年一贯制，城区小学组建实验、建州两个教育集团；完成中小学长效机制、薄改提升项目21个，山海协作项目——迪口中学道路拓宽工程竣工通车；高考喜获佳绩，3人录取“清北”，2人录取空军飞行员。健康服务加快提升。在全省率先实行医疗废物信息化管理，妇幼保健院纳入第二批DRG扩面医疗机构，市立医院入选国家首批“千县工程”综合能力提升名单；高铁社区医院开工建设，中西医结合医院整体能力提升等项目有序推进。疫情防控科学精准。果断有效处置11月25日突发疫情，顺利实现社会面清零；及时优化防控政策，金盘山健康驿站亚定点医院600张床位投入使用，做到“管就管得好、放就放得开”。社会保障扩容提面。城乡居民基础养老金最低标准提高至140元，参加基本养老保险34.5万人、失业保险2.2万人、工伤保险4.4万人；新增就业1355人，失业、就业困难人员再就业656人；建州老年大学新校区投入使用，新建长者食堂66个；社会福利中心（二期）、殡葬服务中心主体工程竣工；第六届残疾人联合会、第四届慈善总会完成换届，妇女、儿童发展纲要编制完成。文体事业蓬勃发展。圆满承办第十七届省运会建瓯分会场赛事，斩获12金18银10铜，总分排名南平第二，省游泳锦标赛、南平市第四届残运会均获佳绩；弘扬优秀传统文化，开展朱子文化资源普查，扩大建瓯朱子理学正统发祥地影响力，杨荣文化展示馆入选南平市家庭教育创新实践基地；黄华山米烧白酒酿造技艺、建安盏烧制技艺被列入省级非遗保护名录，《御制翻译易经》满汉合璧古籍被认定为闽北首个国家一级古籍。连续4届获评省“双拥模范城”。

信念如磐、初心如炬，政府服务高质高效。始终把政治建设摆在首位，办理人大代表议案4件、建议108件，政协委员提案83件。坚持全面从严治党，深化纠治“四风”，精打细算过“紧日子”，三公经费同比下降8.2%。深化体制改革。成立三大国有集团，全面完成国企改革三年行动；

第一批188项行政执法权赋权执法事项下沉属地；入选全省首个省市县三级自然资源数据共享分析平台试点。深化信访维稳“接管通”机制，推行市域治理全科网格，持续推进信访“治重化积”，圆满完成党的二十大安保维稳任务。严厉打击食药环、电信诈骗、养老诈骗等违法犯罪活动。常态化开展扫黑除恶，打掉恶势力犯罪集团2个，破获涉恶案件37起。持续推进安全生产专项整治三年行动，开展房屋结构安全、文物安全、燃气安全等领域隐患排查，全面建设乡镇消防站，完成1100个国省道沿线乡村道路平交路口改造提升。奋力抗击“6·19”洪灾，转移安置群众6268人，抢修路段223处、水毁设施2294处。出台乡村人口进城购房等补贴政策，“恒大·溪山公馆”等3个“保交楼”楼盘加快建设，房地产市场平稳有序。此外，国防动员、老区苏区、人民防空、退役军人、民族、宗教、老龄、统计、对台、档案、气象等工作都有新进展。

超常举措、创新突破，城市建设有力有效。制定完善片区发展规划，明确定位建州新区、柳坑片区、水南片区、城北片区分别为教育产业区、物流产业区、文化休闲区、康养型居住区。古城开发方案编制完成，确定“两个门户、三条街区、五个文化节点”保护开发思路，谋划项目12个总投资48.5亿元。启动铁井栏－紫芝街历史文化街区等6个保护与活化项目建设，通仙门历史风貌等2个片区开发快速推进。创新推行“房票”机制，在南平首创“电子房票”，房票安置率50.5%，13.5亿元征迁补偿资金全部发放到位。实施城乡建设品质提升项目93个，邮电局宿舍等10个老旧小区、曙光路等6条道路“白改黑”、弓鱼枢纽重要节点等基础设施完成改造提升；画卦路等10条道路缆线下地，水西桥头等5个口袋公园建成，花化彩化绿化1万平方米；新增公共停车位710个。龙船塘保障房项目竣工，保修厂棚户区改造项目有序推进。西环路、城乡供水一体化、溪仔路等项目开工建设，三江口大桥、水南二桥主桥合龙，闽江防洪工程南平段三期城西段竣工，垃圾综合处理厂建成投入使用。被确定为省城乡历史文化保护传承试点县。

做强农业、做美农村，乡村振兴增速增效。严格落实粮食安全责任制，整治撂荒地5977亩，建设高标准农田4.6万亩，耕地经营权流转21.2万亩，粮食生产任务全面完成。突出科技引领。推进小松现代农业科技示范先导区建设，推广“稻渔共生”“鱼茶共养”等生态种养模式；强化科技特派员支撑，试点示范玉米等高产、优质、绿色农作物品种25个；新增社会化服务主体5家，俊丰食用菌等4家企业列入省级农业物联网应用基地储备项目。入选全国供销总社“整县推进乡镇为农服务综合体”试点县。加强农产品质量监管，创建省级示范基地6个，新增绿色食品认证7件。硒望园入选省第一批无公害产品，陶然生态园入选省休闲农业示范点，圆旺元种子集团获评“国家农作物品种展示评价基地”。乡村建设扎实推进。完成78个行政村国土空间规划和党城村、裴桥村历史文化名村保护规划，保护修缮16个传统村落、33处历史文化建筑，巧溪村、霞溪村入选中国传统村落；持续整治既有裸房，打造“美丽庭院”101个；新改建农村公路52.4公里，生命防护工程80公里；13个乡镇实现镇区千兆光纤和5G网络覆盖。落实“河长制”，农村生活污水提升治理项目有序推进，7个乡镇生活污水实行市场化运营，溪东溪安全生态水系、高阳溪中小流域治理等项目竣工。全面推行“林长制”，《建瓯市国家森林城市总体规划》编制完成，人工造林、林分修复、森林抚育13万亩，生态林管护机制在全省推广。获评“美丽中国·深呼吸小城”称号，入围“健康中国·康养旅游百强县”。小桥获评省级森林城镇。乡村治理全面提升。培育文明乡风，推广运用“积分制”，农村大操大办、薄养厚葬、封建迷信等陈规陋习治理成效明显。小松、迪口获评省级乡村治理示范镇，19个村入选省级乡村治理示范村。全国宅基地改革及农村乱占耕地建房整治试点、全国屋顶分布式光伏开发试点有序推进。入选省乡村振兴热度指数评价“参与度”县（市、区）前十榜单。

（摘编：余晓楠）

顺昌县社会发展概况

2022年，顺昌县深入学习贯彻习近平新时代中国特色社会主义思想和党的二十大精神，坚决落实“疫情要防住、经济要稳住、发展要安全”重要要求，高效统筹疫情防控和经济社会发展，扎实抓好“两稳一保一防”工作，经济运行总体平稳，社会大局和谐稳定。据统计，全县生产总值147亿元，增长4.1%；社会消费品零售总额35.3亿元，增长4%；固定资产投资增长8.5%；财政总收入7.97亿元，地方财政收入6.18亿元，同口径分别增长1.8%和18.2%；城镇居民人均可支配收入37781元，农村居民人均可支配收入21041元，分别增长4.7%和7.4%。一年来，社会发展主要工作和成效是：

社会民生进一步改善。注重普惠性、兜底性、基础性民生建设，实施为民办实事项目26项，完成投资3亿元。就业形势保持稳定，新增城镇就业1257人，县劳动就业中心获评“全国人社系统优质服务窗口”。教育事业加快发展，加强师资队伍建设，新招聘教师117名；新建校园建筑面积12万平方米，新增高中学位1620个、初中学位1080个、小学学位2700个、幼儿园学位900个，教育资源供给能力明显提升；实小集团“总校制”改革深入推进，义务教育资源配置更为均衡，“择校热”问题得到有效缓解；职业教育取得进步，高职升学率达98%。医疗服务能力持续提升，福建医科大学附属协和医院、泉州正骨医院与县总医院建立帮扶关系，农工党南平市委会与我县合作成立“名医工作室”；完成县医院发热门诊大楼、PCR实验室、中医馆改造等项目建设；县总医院、妇幼保健院通过省级“健康促进医院”验收评估。文体事业取得进步，与福建师范大学、华侨大学签订合作协议，进一步研究论证大圣文化精神内涵；新增市级非物质文化遗产代表性传承人9名，认定非遗传习所10个；线上成功举办“喜迎二十大·歌唱新时代”群众性合唱活动；加强文物保护工作，开展文保单位消防安全隐患专项治理，99处县级以上文保单位全部建档；举办福建省围棋名手邀请赛等全民健身体育活动22场；承办第17届省运会排球、篮球相关赛事，我县选手勇夺8枚省运会金牌。社会保障得到加强，城乡居民基本养老保险参保率99.34%，困难群体参保率100%；建成11个长者食堂，岚下乡区域性养老服务中心投入使用；乡镇退役军人服务站100%通过核验，退役军人优待政策有效落实；发放低保金2199万元、特困供养金975万元，社会救助水平不断提高。

社会治理进一步优化。科学精准落实常态化疫情防控措施，有力保障人民群众生命安全和身体健康；选派医护工作者221人次支援上海、福州、泉州、宁德、浦城等地抗击疫情，驰援丰泽区农产品100吨，展现了“同心抗疫”的顺昌力量。建立县乡村三级网格化服务管理体系，划分近3000个网格并配备网格员，实现“多网合一”“一网多用”；洋口镇入选省级乡村治理示范乡镇，12个村入选省级乡村治理示范村；公共法律服务标准化试点项目有序推进，县司法局获评“全省人民调解先进集体”；常态化推进扫黑除恶斗争，强力打击各类违法犯罪行为，刑事警情和刑事发案同比分别下降44.4%、36%；安全生产专项整治三年行动圆满收官，安全生产形势总体平稳。

自身建设进一步加强。深入实施“提高效率、提升效能、提增效益”行动，推动政府系统干部队伍提素质、转作风、聚合力。健全县政府党组会议、常务会议制度，建立县政府重点工作“双周”推进机制，进一步提高议事质量和办事效率。持续深化机关效能建设，12345政务服务便民热线受理群众诉求4292件，办结率100%、群众满意率99.6%。严格落实中央八项规定及其实施细则精神，带头“过紧日子”，严控“三公”经费和一般性支出。深入查摆整治“两个领域”“四个方面”突出问题，政府系统党风廉政建设取得良好成效。高质量办理人大代表建议135件、政协委员提案及来信126件，满意率均达100%。此外，老干部、国防后备力量、双拥、工会、共青团、妇女、儿童、残疾人、民族宗教、外事侨务、工商联、科协、气象、水文、人防、地震、档案、史志等工作也取得长足进步。

城乡品质进一步提升。加速推进宜居城市建设，坚持“规划绘城、品质建城、文化塑城、匠心治城、融合兴城”的发展理念，高质量推进国土空间规划编制工作，基本实现中心城区控规全覆盖；加快推进城西、城北、余坊、龙湖湾等片区开发建设，体育中心、文化艺术中心投入使用，城西片区（危旧房）改造二期、庙前安置房竣工，城南造纸厂片区棚户区（危房）改造、县委党校搬迁等项目有序推进；提升公园绿地11.2公顷，新建绿道11公里，建成口袋公园4个，新建或改造城区雨污管网22公里，城区污水处理厂二期投入运行；实行网格化街区管理，大力整治“两违”、占道经营、违规停放车辆等乱象；启动“无废城市”建设，实施环卫一体化服务项目，开展城区垃圾分类示范片区创建工作，县城建设向更高品质迈进。深入实施乡村振兴战略，坚持产业引领、科技赋能，成立绿色高质量发展科技创新委员会、乡村振兴科研与创业孵化中心，与福建农林大学、福建农科院、福建农职院、华侨大学、清华启迪集团等科研院校及企业建立合作关系，推进巨菌草综合化利用，探索零碳循环农业发展模式。选任省级个人科技特派员32名、团队科特派7个，充实乡村产业振兴科技力量，《顺昌县杉木产业全产业链机制创新》荣获省科技厅科特派工作优秀案例，高允旺同志荣获福建省“最美科技特派员”称号。抓好“三茶”统筹发展，建成绿色生态茶园1881亩。建立顺昌县农村土地经营权流转服务平台，促进农业规模化经营，全年新增流转土地1.7万亩。加强特色农产品品牌建设，“顺昌闽北花猪”入选“全国名特优新农产品”名录。严守粮食安全底线，完成粮食播种面积12.675万亩、产量5.39万吨，新建高标准农田1.2万亩。实施县级土地开发项目，新增耕地3496亩，同时引入保险机制、设立综合开发基金，有力保障新增耕地长效管护运营。完成乡镇生活污水处理设施市场化建设运营，实施农村生活污水治理工程，乡村环境持续改善。扎实开展防止返贫监测工作，持续巩固拓展脱贫攻坚成果。与泉州市丰泽区深化“山海协作”，11个乡村振兴试点示范村建设有序推进。顺昌县2022年度乡村振兴热度指数评价综合排名全省第5，连续两年进入全省前列。

生态优势进一步凸显。创新生态环境治理机制，实行“河长办＋公安、检察院、法院”联动机制，严厉打击河湖“五乱三非”问题，县检察院党组书记、检察长李培昌同志入选全国百名“最美河湖卫士”；组建生态联合执法中心，强力整治生态环境领域突出问题；扩容生态修复资金，成立“绿色发展修复补偿资金”，对节能减排降耗的企业给予生态补偿。推动林业改革发展，全面落实林长制，科学防治松材线虫病，实施森林质量精准提升工程，完成植树造林8449亩、森林抚育约5万亩，全县森林覆盖率80.37%，县林业局获评“全省造林绿化工作先进集体”。拓展森林生态产品价值实现，依托“森林生态银行”，推广“四个一”林业合作经营模式，建成12个村级平台，累计导入资金9.37亿元，惠及涉林企业、林农7976户；深挖林业碳汇项目潜力，实施VCS标准的国际林业碳汇项目，成立零碳环保公益基金会，“一元碳汇”首次在香港2022年国际环保博览会参展，开创“一元碳汇”跨境销售新局面。

（摘编：沈光明）

浦城县社会发展概况

2022年，浦城县坚持以习近平新时代中国特色社会主义思想为指导，深入学习宣传贯彻党的二十大精神，贯彻落实习近平总书记来闽考察重要讲话精神，全面落实省委“提高效率、提升效能、提增效益”行动，创新开展“城市提升年”“园区建设年”“产业招商年”活动，踔疾步稳、实干担当，圆满完成了年度目标任务，成功入选国家级农业现代化示范区、国家乡村振兴示范县创建名单，迈出了高质量推进富美福建“北大门”建设的坚实步伐；坚持人民至上、生命至上，坚决落实“疫情要防住”这个政治要求，毫不动摇贯彻落实常态化疫情防控政策，因时因势调整完善防控措施，紧盯重点人群、重点场所和重要环节，特别是面对“10·23”“11·23”两起突发疫情，全县上下弘扬伟大抗疫精神，各级党员干部闻令而动、尽锐出战，广大医务工作者逆行冲锋、坚守一线，社会各界和广大人民群众守望相助、共克时艰，共同构筑起了抗击疫情的钢铁长城，用极短的时间实现社会面清零，无扩散外溢，最大限度减少疫情对经济社会发展的影响，赢得省市和社会各界肯定。全县经济运行承压稳行、稳中向好，全年完成地区生产总值188.6亿元，增长3.8%；一般公共财政预算收入10.4亿元，与上年持平；地方一般公共财政预算收入7.6亿元，增长5.0%；社会消费品零售总额47.26亿元，增长5.0%；县本级固定资产投资116.4亿元，增长8.0%；城镇居民人均可支配收入39303元，增长7.0%；农村居民人均可支配收入20322元，增长8.0%。

一年来，社会发展主要做了以下工作：

社会事业协调发展。坚持把人民对美好生活的向往作为奋斗目标，尽心竭力补短板、增福祉、惠民生，33项为民办实事项目如期完成。浦城一中育贤校区、实验幼儿园仙楼校区、梦笔幼儿园新城校区建成使用，新城学校（实验小学新城校区、浦城二中新城校区）基本建成，新增公办中小学、幼儿园学位3600个，2名考生梦圆北大。柔性引进12名国家和省市级高层次医疗专家团队，新设立“名医工作室”7个，卫生“强基”综合项目、城东社区卫生服务中心、应急医疗救治综合项目等重点工程有序推进。圆满完成第17届省运会柔道、女足赛事的承办任务。投入407万元加强文物安全及文化遗产保护，实施省级文保单位镇安桥修缮保护工程。

社会保障更趋完善。全县4851户9274名脱贫户“两不愁三保障”成效持续巩固提升，开展新一轮扶持村级集体经济发展试点工作，74个脱贫村稳定增收2.5万元以上。建成运营长者食堂50所，提升改造乡镇敬老院15座，光明社区养护中心、万安康养中心等重点项目开工建设。新增城镇就业850人，城乡居民基本养老保险参保人数达19.72万人。优化社区设置，新成立南浦街道紫霞社区、莲塘镇虹桥社区。高效防御持续性强降雨，转移安置1万多人次，成功处置“6.6”富岭镇小流域暴雨洪灾。

社会治理有力有效。贯彻落实国务院安全生产15条，深入开展安全生产大检查大整治和消防安全百日大会战，整改隐患问题3656个，19个乡镇（街道）全部完成应急救援站和救援队伍建设，211家食品生产经营企业实现干部包保全覆盖。组建县网格化服务管理指挥中心，建成“全县一张网”治理新体系。开展信访化解攻坚行动，201件治重化积信访事项全部化解，矛盾纠纷调处率100%、成功率99.9%。常态化推进扫黑除恶，打掉2个恶势力犯罪集团，捣毁15个电信诈骗窝点，打掉3个养老诈骗团伙。平安“三率”排位较去年大幅提升，人民群众的安全感、幸福感、获得感更加实在。与此同时，民族宗教、外事侨务、国防武装、人民防空、退役军人、信访维稳、气象防震、档案方志等工作扎实开展，工会、科协、老龄、青年、妇女、儿童、残疾人、红十字、老区建设、邮政通讯等事业全面推进，军政军民心连心，再次荣获“福建省双拥模范城”称号。

自身建设全力推进。旗帜鲜明加强政府系统党的政治建设，坚持和加强党对政府工作的全面领导，深学笃行习近平新时代中国特色社会主义思想，认真学习宣传贯彻党的二十大精神，坚定忠诚拥护“两个确立”，坚决做到“两个维护”，在思想上、政治上、行动上始终同以习近平同志为核心的党中央保持高度一致。全力推进法治政府建设，自觉运用法治思维和法治方式推进改革、推动发展、化解矛盾、维护稳定，认真落实民主集中制，严格执行“三重一大”重大行政决策等制度，严格按照制度和程序办事，主动接受县人大及其常委会依法监督、县政协民主监督，以及社会和舆论监督，让权力始终在阳光下运行，116件人大代表议案建议和141件政协委员提案全部按期高质量办结。努力推进实干型政府建设，围绕提升干部执行力和精气神，深入开展“宣战庸懒散、提振精气神”专项活动，对全县88个单位、6623名公职人员建立起服务中心工作现实表现档案，力戒形式主义、官僚主义，效能问责23人次，有效树立起重实干、重实绩、重担当的鲜明导向。坚定不移推进廉洁政府建设，全面加强党风廉政建设和反腐败斗争，严格落实中央八项规定及其实施细则精神，建成启用廖俊波家风家教展示馆，大力学习弘扬廖俊波同志先进事迹和良好家风家教，严肃财经纪律，带头过紧日子，查处享乐主义、奢靡之风问题11个，有力营造风清气正、务实高效的政务环境。

新城功能不断完善。持续推进新型城镇化建设，71个城市建设品质提升项目、12个样板项目和56个“城市提升年”重点项目有序推进，完成投资65.06亿元，城乡“颜值气质”全面提升。浦城新城梦笔西路、西岩山路等11条总长约7公里市政道路建成通车，梦笔大道提升改造、马莲河两岸景观提升、丹桂广场提升改造等项目基本完成，新城群众出行更加方便，环境更加优美。全民健身中心、行政服务中心、博物馆、档案馆、文化馆、大剧院建成投入使用，美术馆、图书馆基本建成，城市功能更趋完善。举办“抖拍浦城新城”短视频大赛，参赛视频总浏览量超600万次，进一步打响浦城新城知名度。城市更新力度加大。兴浦东区、松鹤小区等4个老旧小区改造项目基本完成，南浦北路片区、怡园片区等4个老旧小区改造加快推进，完成投资2.25亿元、惠及8286户居民。建成上水南安置小区、大众影院棚改安置房等6个棚改安置项目。将城市片区开发作为一号工程，县四套班子领导尽锐出战，广大党员干部勠力攻坚，在人民群众的理解支持下，仅用不到3个月的时间，基本完成南浦、千里马、虹桥（龟山）等3个片区房屋征收任务，共签约1529户、32.94万平方米，拆迁1451户、30.83万平方米。

乡村建设成效明显。实施农村人居环境整治提升五年行动，完成74个村庄规划编制，整治裸房246栋，改建农村厕所240户，新建25公里乡镇污水管网，创建绿盈乡村234个。建成“四好农村公路”25公里，改造危桥4座，投入5000万元整治提升国、省道沿线“穿村过镇”“平交路口”等道路交通安全问题，205国道沿线增设26个公交停靠站。

生态屏障更加稳固。深入贯彻习近平生态文明思想，坚持生态优先，不折不扣落实生态环保目标责任，城区空气质量优良天数比例达99.3%，6项污染物指标达到国家二级标准，县乡两级集中式饮用水水源地、国控和省控断面水质达标率均达100%。推行林长+“三长”机制，守好森林生态资源，森林覆盖率达76.99%。严格落实河湖长制，各级河长累计巡河10.81万次、解决河道问题4152处，成功入选国家水土保持示范县。

（摘编：林学军）

光泽县社会发展概况

2022年，光泽县以迎接、宣传、贯彻党的二十大为主线，扎实做好“两稳一保一防”等重点工作，绿色高质量发展取得新成效。全县实现地区生产总值131亿元、增长6.0%；一般公共预算总收入6.68亿元、同口径下降7.1%，地方一般公共预算收入4.83亿元、同口径增长8.2%；固定资产投资增长10.1%；城镇居民人均可支配收入38300元、增长6.5%，农村居民人均可支配收入18780元、增长8.0%。城镇登记失业率控制在5.0%以内。一年来，社会发展主要做了以下工作：

稳岗就业扩面增效。统筹做好高校毕业生、就业困难人员等重点群体就业工作，出台支持企业员工返岗复工等若干措施，开展“点对点、一站式”专车接送员工返岗服务，失业保险、社保缓缴等惠企政策应享尽享，发放创业贷款、稳就业奖补资金663.25万元，缓缴养老、工伤保险1553万元。强化线上线下招工服务，实施“七个一批”行动，开展岗位技能提升和创业培训2137人次，提供就业岗位1.04万个。服务企业引才聚才、育才用才，出台支持市级重点龙头企业高层次人才培育等措施，成功申报省级高层次人才3人、“雏鹰计划”青年拔尖人才2人、市级高层次人才19人，圣农专家服务基地被省上评为优秀等次。

民生保障扎实有效。25件为民办实事项目全面完成，民生支出占一般公共预算支出比重达83%。退役军人服务保障持续加强，获评新一轮“省级双拥模范县”。在全市率先开展生活困难群众联系服务机制试点，发放城乡低保补助、特困供养、临时救助等资金2801万元，困难残疾人生活补贴标准提高7.6%。养老服务体系不断完善，新增农村区域性养老服务照料中心1个、长者食堂8个，提升改造农村幸福院13个，城乡居家养老服务设施覆盖率达100%。健全多层次住房供给，建成安置房、保障性住房443套。

公共服务更为优质。教育事业取得新成效，成功争取福建师范大学唯一面向县域定向委培公费师范生第二批10名招生指标，完成武夷学院培养公费师范生10名招生计划，第二实验小学、城北幼儿园投入使用，新增城区学位1440个，学前教育公办园入园率全市第一，中考综合排名蝉联全市第一，高考创十年来最好成绩，止马中心小学入选教育部乡村温馨校园建设典型案例。卫生健康事业取得新进步，稳步推进“四大中心”建设，建立县总医院“外聘名医工作室”，DRG试点工作进入模拟运行阶段，全县75个一体化管理标准化村卫生所开通医保服务，基本实现医保“村村通”。文体事业取得新突破，提升改造室内外体育场设施及周边环境，圆满承办第十七届省运会（圣农杯）青少年跆拳道比赛；建立县乡村三级文物保护和文物安全网格化管理机制，新增第六批中国传统村落1个、省级非遗项目1个、省级第一批河湖文化遗产2处。

疫情防控常态精准。始终保持“临战激活”状态，因时因势调整优化防控措施，全县已储备8处集中隔离场所、792间隔离房间，满足每万人60间要求；新建光泽县核酸检测基地，具备1日内完成常住人口全员核酸检测能力。围绕“溯源、流调、封控、转运”等重点防控环节，累计核酸筛查135.7万人次，接种疫苗6.41万人，落实管控入（返）光泽人员1.05万人次，“应检尽检”各类人员周期落实率达95%，最大限度保护了人民群众的生命健康安全。

基层治理成效显著。以科技赋能社会治理，探索“综治中心 + 网格化 + 信息化”模式，全面完成8个乡镇、99个村居综治中心规范化建设，聘用乡镇专职网格员114名。圆满完成党的二十大、全国“两会”等重要敏感时期安保维稳任务，扫黑除恶斗争常态化推进，养老、电信等诈骗立案数比降10.5%，平安建设“三率”测评居全市第二。扎实推进“有访找一人”信访代理制，深化拓展信访评理机制创新，连续四年保持到省进京“零上访”，信访局获评全省信访系统先进集体。大力推进移风易俗，弘扬文明新风，83户家庭分别荣获省、市五好家庭、最美家庭、绿色家庭和美丽庭院示范户。

法治建设规范有序。办理县人大代表建议130件、政协提案87件，办复率100%。“八五”普法深入开展，累计创建国家级、省级、市级民主法治示范村（社区）58个，法治政府建设年度报告、重大行政决策合法性审查、规范性文件前置审查、政务公开等制度进一步完善，政府公信力有效提升。

作风建设更加过硬。全面加强政府系统党风廉政建设，持续深化纠治“四风”，支持纪检监察机关监督执纪问责，政治生态风清气正。树牢过紧日子的思想，积极建设节约型机关，一般性支出和“三公”经费分别压减5.84%、4.27%。

城市品质大幅提升。聚力打造闽赣边界幸福小城，注重规划引领、点面结合，城市集聚力和承载力全面提升。实施旧城片区改造，累计拆迁面积16.2万平方米，采用房票签约12.16万平方米，完成中山南路、二一七路片区等老旧小区改造9.45万平方米，打造特色街巷5条。城市颜值不断升级，实施花化彩化提升项目919亩，建成花海公园、口袋公园17个，人均公园绿地面积达11.39平方米。城乡供水一体化项目稳步推进，新扩建水厂2个，铺设管网42公里，受益人口达6.5万。城区人口密集区域及乡镇主街道实现5G信号全覆盖。

乡村振兴拓面提质。扎实做好巩固拓展脱贫攻坚成果同乡村振兴有效衔接，实现“产业带村”66个，带动村财增收400万元以上，带动更多人走向共同富裕。全力保障粮食安全，开展“齐心共耕希望田”活动，粮食播种面积和总产量分别达到15.33万亩、6.32万吨，蔬果播种面积稳定在7.8万亩以上，粮油和应急物资储备建设项目主体工程基本完工，建成农产品产地冷藏保鲜设施30个，获全国农产品产地冷藏保鲜整县推进实施县奖补资金1200万元。落实“三茶”统筹理念，建成绿色生态茶园面积3.23万亩，福茶网红茶仓落地光泽，成功发布光泽红茶系列团体标准，获授同心杯两岸青年乡村振兴研修营研习基地。大力发展林下经济，华桥乡获评省级林下经济重点（示范）乡镇。

城乡环境不断改善。污染防治工作成效明显，县域空气质量优良比例达99.7%，全流域水质优良比例达100%，重要流域和饮用水源水质达标率100%，获省级农村生活污水治理“以奖代补”专项资金800万元，成立闽江流域首家县级幸福河湖促进会，“河长制”工作连续6年居全市前三。人居环境质量大幅提升，整治农村危房、裸房等404栋，建成垃圾分类屋（亭）90座，华桥乡获评第二批省级乡村治理示范乡镇。乡村基础设施不断完善，完成高标准农田建设3500亩、抛荒地复垦3964亩，改造提升“四好农村路”44.6公里，新建乡村生态漫步道3.5公里，饶坪溪获批福建省第十一批省级水利风景区，油溪村入选福建省美丽休闲乡村。

生态效益日益彰显。深度融入环武夷山国家公园保护发展带建设，武夷山国家公园西大门及综合服务区、杉关生态示范园和富屯溪防洪提升、北溪流域综合治理等项目落地实施，承办“关注森林·探秘武夷—走进光泽”武夷山国家公园生态科考活动，在“护”与“促”中实现绿色发展。加快畅通省际边界节点，谋划生成“环线”项目6个、规划里程267.74公里，山头村至江西冷水镇公路开工建设，316国道和顺工业园区改线项目有序推进，“一环四通道”建设成势见效。拓宽生态产品价值实现路径，探索“生态资产权益抵押 + 项目贷”模式，有偿流转国有林场商品林5.77万亩，发放林下贷款1.88亿元，绿色贷款余额增量、增速均居全市首位。

（摘编：苏建平）

松溪县社会发展概况

2022年，松溪县深入学习贯彻党的十九大、十九届历次全会和二十大精神，坚持以习近平新时代中国特色社会主义思想为指导，扎实做好“两稳一保一防”等各项工作，全方位推进绿色高质量发展超越迈上新台阶。实现各项指标平稳增长，全县地区生产总值90.45亿元、增长3.6%。社会消费品零售总额37.7亿元、增长4.5%；一般公共预算总收入4.05亿元、同口径增长8.56%，地方一般公共预算收入首次突破3亿元、同口径增长12.67%；城镇居民人均可支配收入36005元、增长3.8%，农村居民人均可支配收入16924元、增长7.0%。

一年来，社会发展的主要工作是：

人民福祉持续增进。坚持在发展中保障和改善民生，全年民生支出13.98亿元，占财政支出的80%，13项51个子项为民办实事项目序时推进。落实就业优先政策，举办“春风行动”等招聘活动29场次，兑现各类稳就业资金115万元，开展职业技能、创业培训600余人次，城镇新增就业620人，为80名失业人员实现再就业。教育事业稳步前行，松溪一中顺利通过省一级达标校复评，连续两年有学子被清华、北大录取；湛卢学校小学部、中职校扩建、湛卢幼儿园、下畲幼儿园等项目加快推进，三中教学综合楼、杏花村幼儿园等建成投入使用；县特殊教育学校获评“省特殊教育标准化学校”。医疗服务有效改进，与省立医院共建医联体，开通双向转诊绿色通道，设立“名医工作室”7个，启动“胸痛、卒中、呼吸、创伤”四大中心建设，郑墩精神专科医院投入运营；积极运用人工智能提升基层医疗服务能力，病历书写不断规范、慢病管理更加精细。社会保障质量更高，县生态养老康复中心二期项目基本建成，在全市首创“银杏乐龄学堂”，建成15个长者食堂（助餐点），打造三星级及以上农村幸福院18个，全面构建覆盖城乡的四级居家社区养老服务网络。为3888名城乡低保对象和395名城乡特困人员分别发放最低生活保障金1789.65万元、特困供养金664.16万元。体育事业加快发展，圆满承办省运会乒乓球赛事，县体育健儿实现历史性突破，在省运会斩获6金2银；全面推动湛卢剑特色运动、老年体育、群众体育发展。此外，民族宗教、外事侨务、台港澳事务、老区库区、气象水文、档案方志、审计等工作持续加强，妇女、儿童、青年、残疾人、关心下一代、慈善等事业不断推进，军政军民关系融洽和谐。

政府建设不断加强。扎实推进重点领域改革，稳妥有序推进国企改革，兼并重组成立松溪县城投实业集团和湛卢建设集团；深化乡镇财政体制改革，乡、村财力更有保障、更有支撑；推进农村集体产权制度改革和林权改革，成为全市唯一入选省级农村产权流转交易市场建设的试点县；推进综合行政执法改革，赋予乡镇行政执法事项279项、街道行政执法事项271项。持续优化营商环境，开展“一把手走流程”系列活动，打通行政审批堵点难点34个，缩减各类办件环节117个；新增“一件事”套餐4个，梳理“跨域通办”服务事项433个；有效解决6个窗口部门38个事项“体外循环”问题；打造“一窗受理、集成服务”模式，实现服务事项同标准受理、无差别办理。全面加强政府自身建设，建成县级政务数据汇聚共享子平台。推进党史学习教育常态化长效化，严格落实意识形态工作责任制。加强法治政府建设，扎实推进“八五”普法。全年办理人大代表议案和建议87件、政协委员提案和建议75件，满意和基本满意率均为100%。

城市面貌加速更新。立足中长期发展，聘请福州大学团队作为城乡总规划师，编制《松溪县新型城镇化规划（2022—2035年）》。交通路网加快完善，国道353松溪段全线通车，城区大外环全面形成；长深高速松溪出口连接线林屯大桥拓宽春节前可满足通车条件，湛卢大道建设、下畲路提升等加快推进。城市更新有序进行，创新“1356”工作机制，原武装部至财富天下棚改项目加快推进，红旗街片区基本完成征迁。实施雨污分流第七期、污水处理厂迁建等项目，茶洲水库至文秀湖、花岩溪水系连通工程春节前可投入使用，新改建供水管网15.5公里、雨污管网38公里，改造老旧小区1000户。城市形象有效提升，开展“喜迎二十大、办好省运会、争创文明城、展示新形象”行动，在高速入城口等重点区域完成规模化花化彩化1.34万平方米，红旗桥至水南桥休闲步道等建成开放。城市治理更加精细，数字城管平台投入试运营，实施城北路、工农路等3条道路及背街小巷路灯亮化，开展新一轮城区环卫保洁一体化运作，严格整治店面外溢、违法占道经营、户外广告牌等违规行为，拆除违法建筑38宗、1.19万平方米。

乡村振兴全面推进。严守耕地保护红线和粮食安全底线，全域土地综合整治、县级土地开发、旧村复垦等项目补充耕地718.75亩，提前2年完成5305亩撂荒地复耕复种，新建1.6万亩高标准农田。推进农业适度规模经营，新增省级示范社4家、家庭农场2家、“一村一品”专业村2个。加快现代特色农业发展，举办茶王赛、九龙大白茶销区行等系列活动，获评“九龙大白茶核心产区”“茶业品牌建设示范县”；完成“百年蔗活性成分鉴定与健康营养功能白皮书”编写，建成产学研一体的现代化百年蔗生产车间。发挥科技人才引领作用，建立闽北首个海归专家乡村振兴工作站，设立福州大学助推乡村振兴松溪示范点；建成县级科技特派员服务中心，选派选认科技特派员143人、团队11个。基础设施短板有效补齐，完成44个实用性村庄规划编制，新改建乡镇污水配套管网20公里、农村卫生厕所145户，铺设城乡供水一体化管网70公里，整治既有裸房675栋。渭源线等道路建成通车，招沙甲至源尾、祖墩至山源道路春节前可满足通车条件，全年累计新改建“四好农村路”29公里。乡村治理机制更加成熟，组织开展各具特色的“讲习班”，因村制宜积极打造“茶香小院”“畲村话事”等党建小院，《叶某离婚纠纷案》入选全省“助力乡村振兴”十佳法律援助案例，溪东获评省级乡村治理示范乡。

安全工作卓有成效。疫情防控方面，稳妥处置非法入境、省外阳性感染者入松等突发事件，积极支援上海、泉州等地抗击疫情，抓实人员培训、应急演练等常态化防控工作，全年共检测发现输入病例33例，全部管控到位，有力守住不发生本土病例底线。抗洪救灾方面，全力做好“6·18”洪灾抢险救援，有序转移安置危险区域群众1.9万人次，实现“不死人、少损失”目标，有关经验做法在全省防灾减灾视频会上作典型发言；在3天内基本恢复群众生产生活秩序，累计争取救灾补助资金超1亿元，完成郑护线、河六线等27条县乡道及万前大桥、水口桥等39座桥梁修复，71户分散重建户元旦前可全部搬迁入住。社会治理方面，以数字化赋能基层网格化治理，健全信访事项办理“1+2+5”工作机制，常态化开展扫黑除恶，严厉打击电诈、涉毒等违法犯罪行为。生态安全方面，集中式生活饮用水和主要流域Ⅰ—Ⅲ类水质优良比例100%，空气质量排名全市第1，花桥获评“清新福建·气候福地”；统筹山水林田湖草保护修复，完成植树造林1.12万亩、森林抚育3.05万亩、松林改造提升2.01万亩、水土流失治理2.51万亩，渭田获评省森林城镇，村头、溪畔获评省森林村庄。

（摘编：沈光明）

政和县社会发展概况

2022年，政和县坚持以习近平新时代中国特色社会主义思想为指导，学习宣传贯彻党的二十大精神，坚决落实“疫情要防住、经济要稳住、发展要安全”的重要要求，传承弘扬廖俊波先进事迹，深入开展“三提三效”行动，持续深化“三比三提升”活动，高效统筹疫情防控和经济社会发展，统筹发展和安全，扎实做好“两稳一保一防”等重点工作，全县经济社会保持平稳健康发展。据统计，2022年全县地区生产总值增长4.5%；一般公共预算总收入同口径增长2.6%，地方一般公共预算收入同口径增长9.6%；社会消费品零售总额增长5%；城镇、农村居民人均可支配收入分别增长6%、7.5%。一年来，社会发展的主要工作成效体现在以下方面：

社会保障更加完善。城镇新增就业1229人，完成率全市第一。减免返还缓缴社保费33.4万元，772名重病人员纳入救助范围，2.9万名慢性病人落实医保政策。生态休闲养老中心、殡葬服务中心、开发区保障性安居工程加快推进，农科所棚户区改造完成主体工程，东平、铁山、澄源区域养老中心全面建成。

社会事业加快发展。正和外国语学校、特教学校、铁山中学教学综合楼投入使用，第六实验幼儿园、同心小学、中职校整体搬迁项目建设加快推进。教育教学质量明显提升，高考再创佳绩，一中本科上线率达80%，1名考生被北大录取。县医院与省协和医院签署医联体协议，县中医院整体搬迁扎实推进，全县常住人口、重点人员家庭医生签约率均为全市第一。县体育馆完成提升改造，成功承办省运会摔跤、桥牌比赛项目，东平小胳制作技艺入选第七批省级非物质文化遗产代表性项目名录。《政和茶史》启动编撰，县档案馆晋级国家二级馆。

社会治理成效明显。坚持人民至上、生命至上，认真落实国家新十条防控措施、省十三条优化措施，全年累计投入5255万元，完成方舱医院主体工程，改造6个隔离点，最大程度保护了人民生命安全和身体健康，最大限度减少了疫情对经济社会发展影响。县乡村综治中心完成一体化建设，网格化服务管理提档升级，“四合模式”、“西津解法”、“新康之变”得到省市领导肯定，11个村镇被认定为第二批省级乡村治理示范村镇。“八五”普法扎实开展。全省首个县级国防广场投入使用。安全生产、道路交通、消防安全、文物保护、食品药品安全等专项整治取得实效，信访诉求渠道畅通，群众安全感率、扫黑除恶好评率均位居省市前列。

干事创业的精气神有效激发。实施“144”长效机制，弘扬“马上就办、真抓实干”优良作风，强化“今天再晚也是早、明天再早也是晚”意识，大力推行项目工作法、一线工作法，学典型、争先进，补短板、强弱项。广大干部群众冲锋在三大攻坚主战场、坚守在疫情防控第一线、奋战在灾后重建最前沿，用实际行动践行绿色高质量发展，涌现出一批廖俊波式好干部、好党员和全国、省市先进典型。县级财政管理绩效综合评价连续两年获财政部正向奖励，国投集团获AA－主体信用等级，东平镇被认定为省级“商务特色镇”，新口村连续两年荣获“中国淘宝村”。全年办理人大代表建议议案99件、政协委员提案106件，办复率100%。审计监督力度持续加大，政务公开制度不断完善，廉政建设和反腐败工作扎实推进。同时，国防动员、后备力量建设、双拥共建、退役军人、民族宗教、外事侨务、气象、人防、对台、老龄和关心下一代等工作取得新进展，工会、团委、妇联、科协、文联、侨联、残联、工商联、贸促会、计生协、老促会等在经济社会发展中发挥积极作用。

城市在变靓。以“办好省运会、争创文明城”为契机，加快新城建设、老城更新，推动双城联动发展。实施城市品质提升工程项目76个，完成投资25亿元。政和新城、南庄新区完成城市设计，工人文化宫、新城路、开发区加油站投入使用，博物馆、林博馆基本建成，中国白茶城二期、白茶博物馆、城区供水引调水工程等加快建设，路网、管网、绿化等配套基础设施同步跟进，政和新城已具雏形。七星溪滨水森林休闲步道投入使用，迎宾大道完成路面改造，环城路铁山至稻香段通过竣工验收，元峰大桥至姜屯连接线建成通车，城区高水高排（一期）、人武部新营区、“三山公园”提升改造等加快推进。东门老旧小区完成改造，城市立面改造9.34万平方米，完成智慧公交站台建设86个、“口袋公园”7个、全域规模化花化彩化8.5万平方米。开展旧城改造片区开发百日攻坚行动，完成拆迁15万平方米，老城更新成效明显。

乡村在变美。探索“一统二引三聚合”工作机制，打造三产融合、文旅康养、高山生态农业3条乡村振兴示范带，建成“长者食堂”90个，发展民宿29家，评选“最美乡村”、“最美庭院”等6个系列50个最美典型，完成石屯乡村振兴示范区项目建设，入选首批省级数字乡村试点县，获评省村庄清洁行动成效突出县。开展“齐心共耕希望田”活动，新建高标准农田0.7万亩。建成寨岭隧道及连接线、澄源新康至寿宁上党公路，新建改建村级公路34.4公里，完成农村饮水改造提升项目3个，电网基础设施投资4360万元。

生态在变好。完成国控坤口水质自动监测站、餐厨垃圾处理站、渗滤液处理站建设，扩建城区污水处理厂（三期），提升改造开发区污水处理厂，完成城乡污水管网铺设15公里。加强念山国家湿地公园开发与保护，推进森林生态系统保护修复、生物多样性保护项目建设，完成七星溪东峰段安全生态水系治理，植树造林9800亩，全县森林覆盖率达79.6%，县林业局获评全国绿化先进集体，政和连续六年入选全国百佳深呼吸小城名单。

2023年，是全面贯彻落实党的二十大精神的开局之年，福建支持加快武夷新区高质量发展，省政府主要领导挂钩联系政和、省统战系统助推帮扶政和，为政和县融入新发展格局带来了机遇。“2+3+4”现代绿色产业体系、“一区五组团”工业发展格局加快构建；高速公路、铁路、环城公路、市政道路等外联内畅大交通格局正在形成；政和新城、老城更新加快推进，生态优势、后发潜力逐步显现，一大批事关政和发展的重大项目加快实施，为我县绿色高质量发展奠定了坚实基础。经过脱贫攻坚、疫情防控、三大攻坚等大战大考的锤炼洗礼，广大干部群众信心在提振、节奏在加快、能力在提升，精神状态良好，创业氛围浓厚，为政和县绿色高质量发展提供了重要保障。政和县必须抢抓机遇、主动作为、乘势而上，以勇往直前的奋斗姿态、一抓到底的务实作风，干出时代风采、拼出美好未来。2023年政和县工作的总体要求是：坚持以习近平新时代中国特色社会主义思想为指导，全面学习贯彻党的二十大精神，深入贯彻落实习近平总书记来闽考察重要讲话精神，围绕统筹推进“五位一体”总体布局、协调推进“四个全面”战略布局，坚持稳中求进工作总基调，立足新发展阶段、贯彻新发展理念、服务和融入新发展格局，按照上级和县委工作部署，传承弘扬廖俊波先进事迹，以“三比三提升”活动为抓手，坚持生态优先、绿色发展，坚定不移高质量建设“两地两城”，推动“好风景”走向“好经济”、迈向“好生活”，奋力打造闽浙边现代化生态新城。2023年发展的主要预期指标是：地区生产总值增长6.2%；固定资产投资增长5.5%；规模以上工业增加值增长7%；一般公共预算总收入增长6.7%，地方一般公共预算收入增长6%；社会消费品零售总额增长6%；城镇居民人均可支配收入增长6%、农村居民人均可支配收入增长8%；单位GDP能耗控制在省市下达目标内，力争主要经济指标增速跑在全市前列。

（摘编：赵旭东）

龙岩市社会发展综述

2022年，是党和国家发展史上极为重要的一年，举世瞩目的党的二十大胜利召开，描绘了全面建设社会主义现代化国家的宏伟蓝图，全国上下欢欣鼓舞，闽西儿女感恩奋进。

一年来，龙岩市全面贯彻习近平新时代中国特色社会主义思想，认真学习宣传贯彻党的二十大精神，按照“疫情要防住、经济要稳住、发展要安全”重要要求，深入实施“提高效率、提升效能、提增效益”行动，大抓招商、大抓产业、大抓项目，各项事业发展取得新成效。全年实现地区生产总值3300亿元，增长5.5%左右；固定资产投资增长9%；社会消费品零售总额增长4%；出口增长4.9%；一般公共预算总收入356.3亿元、同口径增长8.1%，地方一般公共预算收入165.5亿元、同口径增长5.5%；城镇、农村居民人均可支配收入分别增长5%、7.5%。

这一年，也是龙岩发展进程中极不寻常的一年。在党中央、国务院的关怀重视下，国家出台《闽西革命老区高质量发展示范区建设方案》，为推动老区苏区振兴发展指明新的方向、注入强大动力。龙岩与广州、7个县（市、区）与广州11个市辖区建立结对合作关系。龙岩新机场签订军地协议并报国务院、中央军委立项审批。科学精准抓好疫情防控工作，因时因势优化调整防控措施，最大程度保护了人民生命安全和身体健康，最大限度减少了疫情对经济社会发展的影响。科学有效应对5月、6月多轮超历史极值强降雨天气和坡面泥石流地质灾害，243户灾后重建户春节前可搬迁入住。入选首批国家知识产权强市建设试点城市、首批国家“十四五”土壤污染防治先行区、国家林业碳汇试点市、全国基础教育综合改革实验区。首次跻身全省营商环境标杆城市。

一年来，社会发展主要做了以下方面工作：

抓民生、促福祉，人民生活日益美好。群众急难愁盼解决有力，26项为民办实事项目全面完成。龙岩西高速口交叉路、樟柴树交叉口、东宫下交叉口等一批交通隐患点完成整治，百姓出行更安全。出台实施“教育强市”战略推进教育高质量发展若干措施，教育质量稳步提升。新增中小学学位9982个、公办幼儿园学位5568个、普惠性托位1646个。开展普职融通试点。出台卫生健康事业高质量发展若干措施，开展“千名医师下基层”活动，市第一医院省级区域医疗中心等项目加快推进。乡镇医保便民服务窗口实现全覆盖。加大特殊困难群体帮扶，发放低保金3.1亿元、特困供养金1.5亿元、残疾人“两项补贴”8200万元。加大援企稳岗力度，全市城镇新增就业2.2万人。推进扫黑除恶斗争常态化，大力整治涉麻制毒、电信网络诈骗、非法出入境等突出问题，群众安全感满意率排名全省前列。新罗、连城取消全国禁毒预警通告。实行信访积案“双包双挂”机制，党的二十大等重要节点实现“零进京”上访。连城获评全国信访工作示范县。打好安全生产专项整治三年行动收官战，生产安全事故起数和死亡人数分别下降67.5%、53.7%。实行“四级包保”机制，食品安全得到更好保障。在财政收支极度紧平衡情况下，三年来化解市级政府债务97亿元，债务风险等级由预警地区降为提示地区。省对市金融风险防控综合考评排名第一。上杭、长汀成功创建“中国长寿之乡”。上杭获评全国民族团结进步示范区。武平获评全国法治政府建设示范县。龙岩市和7个县（市、区）连续四届实现省双拥模范城（县）“满堂红”。纪念福建省苏维埃政府成立90周年大会在长汀成功举行。退役军人、国防动员、人民防空、对口援建、外事侨务、民族宗教、工会、青少年、妇女儿童、老年人、残疾人、慈善、关心下一代等各项事业取得新进步。

抓改革、促开放，发展活力加速释放。出台区域高标准市场体系示范中心实施方案，实行市县乡“一窗受理、集成服务”联动改革，完成“一件事”集成服务套餐364个，“一趟不用跑”事项占比99%，不动产交易登记和抵押登记便利化改革、普惠金融司法协同等经验做法在全省推广。营商环境综合考评、中小企业发展环境评估均首次跻身全省前三。顺利完成国企改革三年行动任务。入选全国政府采购支持绿色建材试点市。成为首批中央财政支持普惠金融发展示范区。数字普惠金融服务平台入选全国数字政府创新优秀案例。武平林业金融区块链平台入选全国“两山银行”十大优秀案例。

抓城乡、促协调，人居环境持续提升。“三区三线”划定成果通过国家审查。启动中心城区南部新城、北部新城规划建设。系统化全域推进海绵城市建设，全市新改建雨污水管网187公里、供水管网74公里，新增公园绿地114公顷、福道149公里，整治内涝积水隐患点193个。持续实施交通畅通工程，全市新改建城市道路60公里、新增公共停车位2150个，中心城区打通了浮东路、陈陂南路、天马西路二期、东外环铁山市政连接线等一批“断头路”，龙岩大道四期可于春节前通车。完成老旧小区改造349个，竣工回迁安置房3200多套。乡村振兴“一县一片区”建设扎实推进，完成150个村“两治一拆”整治。新建设高标准农田14万亩，超额完成省下达粮食生产任务。我市杉木和米老排种子搭载神舟十四号进入太空试验。上杭列入国家乡村振兴示范县创建名单。长汀获评全国县域农业农村信息化发展先进县。连城入选全国传统村落集中连片保护利用示范县。生态环境质量巩固提升，全市主要流域优良水质比例100%，小流域Ⅰ—Ⅲ类水质达标率100%，城市空气质量优良天数比例99.5%、居全省第一。市第二生活垃圾焚烧发电厂可于春节前后点火运行，中心城区基本实现新增原生生活垃圾“零填埋”。完成水土流失治理44.9万亩、占年度任务131%。龙岩作为唯一设区市代表在全国水土保持会议上作典型发言。

2023年是全面贯彻落实党的二十大精神的开局之年，是实施“十四五”规划承上启下的关键一年。老区不老，风华正茂。在建设闽西革命老区高质量发展示范区的新征程中，龙岩市必须牢记嘱托、感恩奋进，深刻领悟“两个确立”的决定性意义，增强“四个意识”、坚定“四个自信”、做到“两个维护”，坚定不移沿着习近平总书记指引的方向勇毅前行，全力以赴把革命老区建设得更好，让老区人民过上更好生活。龙岩市必须突出重点、抓住关键，按照中央经济工作会议“六个更好统筹”和省委经济工作会议“八个突出”重要要求，把实施扩大内需战略同深化供给侧结构性改革有机结合起来，突出做好稳增长、稳就业、稳物价工作，有效防范化解重大风险，实现经济质的有效提升和量的合理增长。龙岩市必须崇尚实干、奋力奔跑，以愚公移山的志气、滴水穿石的毅力，多做打基础利长远、潜绩夯基补短板之事，保持快节奏，跑出加速度，在对标对表中争先进位、在砥砺前行中打开新局。社会发展工作的总体要求是：坚持以习近平新时代中国特色社会主义思想为指导，全面贯彻落实党的二十大精神，深入学习贯彻习近平总书记关于做好老区苏区工作的重要论述，按照党中央决策部署和省委、市委工作要求，坚持稳中求进工作总基调，完整、准确、全面贯彻新发展理念，积极服务和融入新发展格局，更好统筹疫情防控和经济社会发展，更好统筹发展和安全，抢抓三大机遇，发挥四个优势，重点打好五张牌，着力推动高质量发展、创造高品质生活，加快建设闽西革命老区高质量发展示范区，奋力谱写全面建设社会主义现代化国家龙岩篇章。全年经济社会发展主要预期目标是：全市地区生产总值增长6%～6.5%；固定资产投资增长7%；社会消费品零售总额增长6%；出口增长5%，实际利用外资增长8%；地方一般公共预算收入增长6.2%；城镇、农村居民人均可支配收入分别增长7.5%、8%；城镇新增就业1.4万人以上。力争在实际工作中取得更好成绩。

为此，社会发展重点抓好以下方面工作：

致力提高人民生活品质，让共同富裕更具成色。坚持以人民为中心的发展思想，关注“小切口”服务“大民生”，采取更多惠民生、暖民心举措，提升优质公共服务供给能力和安全保障水平，努力打造闽西革命老区共同富裕示范市。

高水平建设教育强市。建立完善高质量教育体系，发展素质教育，促进教育公平。优化义务教育划片入学。推行“总校制”办学，深化城区义务教育小片区管理和农村薄弱学校“委托管理”，省级义务教育管理标准化学校达70%以上。持续实施教育补短板项目，中心城区东山三小等4所学校建成招生。扩大普惠性学前教育资源供给。加强市域内教师编制统筹，全面实施中小学教师“县管校聘”。深入实施名师名校长工程，加强学科教学带头人、新教师培养，高标准选拔教育类引进生，建立完善一线教师考评激励机制，打造高素质教师队伍。争创全国中小学教师师德师风建设基地。深化落实“五项管理”和“双减”工作。推进普通高中优质特色发展，支持龙岩一中打响省示范性高中品牌。支持龙岩学院申办硕士学位授予单位。鼓励闽西职业技术学院培养更多理工农医及师范类紧缺人才。支持和推动中等职业学校“双优计划”建设。

大力推进健康龙岩建设。认真落实新阶段疫情防控各项举措，以“保健康、防重症”为重点，提升医疗救治能力，保障群众用药需求，做好老年人、儿童等重点人群防护和救治，有效守护人民生命安全和身体健康。加快市第一医院省级区域医疗中心等项目建设，支持市第二医院争创三级甲等综合医院，打造中心城区医疗卫生高地。推进与浙江大学附属第二医院等知名医院帮扶合作，新创建国家级临床重点专科2个、省级临床重点专科5个以上。推动二级以上综合医院设立老年医学科。加强“一归口、三下放、五统一”县域紧密型医共体建设，促进优质医疗资源下沉。推进中医药传承创新发展，建立市级中医康复医疗联合体。试点打造中心城区自动体外除颤器4分钟圈。加快推进生育友好城市建设，完善普惠托育服务体系，支持公办及国企领办幼儿园开展托育一体化服务。加强社会心理服务体系建设。深入开展爱国卫生运动，推广文明健康生活方式。广泛开展全民健身活动，支持上杭、永定创建全国全民运动健身模范县（区）。支持长汀全国基层卫生健康综合试验区建设。

提高市域社会治理能力。聚焦“一老一小、一病一残、一弱一困”等群体，深化“大爱龙岩”行动，让城市更有爱、更温暖。细化落实就业优先政策，实施职业技能培训万人计划，促进高校毕业生等重点群体充分就业，多渠道增加居民收入，夯实社会稳定的“压舱石”。高质量创建全国市域社会治理现代化试点先进城市。常态化开展扫黑除恶斗争，持续攻坚整治涉麻制毒、电信网络诈骗等突出问题，争创全国社会治安防控体系示范城市。推进基层网格化管理、数字化赋能、精细化服务，开展村（社区）治理体系试点示范建设。坚持和发展新时代“枫桥经验”，畅通和规范群众诉求表达、利益协调、权益保障通道，坚决防止“小纠纷”“小矛盾”拖成“大问题”“大隐患”。全面加强国家安全教育。深入开展双拥共建活动，深化国防动员体制改革。加强退役军人服务保障，打造“情暖老兵”品牌。实施好新一轮妇女、儿童发展纲要。高质量开展第五次全国经济普查。支持人民防空、民族宗教、外事侨务、工会、慈善、关心下一代等各项事业加快发展。

有效防范化解重大风险。强化基本公共服务，保障好因疫因灾遇困群众的基本生活。加强粮食生产、储备、流通能力建设，严守耕地保护红线，推进高标准农田建设，确保完成省下达粮食生产任务，守好“闽西粮仓”。推行“供销农场”、稻田综合种养等模式，推广粮食生产“五新”技术，让农民获得更高种粮收益。抓好“菜篮子”工程建设，提高蔬菜自给率。加强应急救援体系建设，提高极端天气、突发事件应对能力。深化“餐桌污染”治理，建设“食品放心工程”，强化药品安全监管，让老百姓吃得放心、用药安心。支持刚性和改善性住房需求，推动房地产市场平稳发展。高度重视新技术新应用带来的风险，加强网络安全、数据安全和个人信息保护。

（摘编：王诗诚）

新罗区社会发展概况

2022年，面对国际国内严峻复杂的发展形势和疫情、极端天气等多重风险挑战，新罗区牢记嘱托、感恩奋进，坚持以习近平新时代中国特色社会主义思想为指导，认真学习贯彻党的二十大精神，按照“疫情要防住、经济要稳住、发展要安全”的重要要求，紧紧围绕当好“三个排头兵”、建设“三个区”的目标定位，深入实施“提高效率、提升效能、提增效益”行动，扎实开展项目攻坚“5+1”专项行动，打赢重点项目百日攻坚战役，圆满完成了年初确定的各项目标任务。全年地区生产总值完成1193亿元，增长6.0%。一般公共预算总收入实现39.3亿元、同口径增长2.3%，地方一般公共预算收入实现27.9亿元、同口径增长15.2%；城镇和农村居民人均可支配收入分别达49908元、28705元，增长4.0%7.5%。新罗区入选全国综合实力百强区、全国投资潜力百强区、全国创新百强区，获评“省级森林养生城市”，实现省级“双拥模范城（县）”八连冠。新罗区城市经济发展活力有效释放，中心城区写字楼宇入驻面积超14万平方米，金慧融智等一批总部企业落户发展。“八条措施”支持龙岩大道核心商圈发展首店经济，提升万达金街等3个夜间经济特色街区，中央苏区金融街入选“全国非遗旅游街区”“福建省特色步行街”，成为中心城市靓丽名片。一年来，社会发展主要工作和成效是：

民生保障持续加强。在财政处于“紧平衡”状态下，80%以上财力用于民生支出。100件为民办实事项目全部完成。落实各类稳就业资金6559万元，新增城镇就业1.2万人。开展根治欠薪专项行动，为劳动者追回薪资3424万元。社会事业蓬勃发展。深入实施“教育强区”战略，出台教育高质量发展35条措施，苏溪小学、东山中学初中部等5所学校建成投用，各类教育协调发展，教育教学质量保持全市领先。全面实施健康新罗行动，深化医药卫生体制改革，新罗中医院主体封顶，银雁分院、北城、东城社区卫生服务中心建成。社会大局和谐稳定。科学精准做好常态化疫情防控，突出平战结合、扁平管理，守好“城市大门”“社区小门”，高效处置“3.3”“3.16”“11.17”等多起输入及续发疫情，打赢疫情防控人民战争，牢牢守住不发生规模性疫情的底线。落实领导包案制度，52件信访突出问题有效化解，圆满完成党的二十大信访安保维稳任务。取消全国禁毒预警通告，反诈工作成效明显。打好安全生产专项整治三年行动收官战，安全生产形势稳定向好。

政府建设再上台阶。发扬“冲冲冲”的工作作风，践行“项目工作法”“脚底板工作法”，政府执行力、落实力进一步提升。纵深推进政府系统全面从严治党、党风廉政建设和反腐败斗争，力戒形式主义、官僚主义，风清气正、干事创业氛围更加浓厚。深入开展法治政府示范创建活动，全面实施“八五”普法，东城街道永兴社区获评“全国民主法治示范社区”。办理人大代表建议132件，满意率、基本满意率达96.2%，办理政协委员提案223件，满意率达98%。与此同时，国防动员、人民防空、台港澳、外事侨务、工会、妇女儿童、青少年、老年人、残疾人、库区移民、宗教、社会福利、慈善等各项事业取得新进步。

未来城开发提速。47.5万平方米标准化厂房建成投用，双亚、华拓等重点产业项目实现投产，紫阳商贸中心对外运营，博雅高中部、紫阳人才小区、北翼公交场站等公共服务设施建成投用。

未来城“周周有主题、月月有活动”，人气热度持续攀升。银雁新城日新月异。生态轻纺电子产业园区基本成形，“链主”企业新兴纺织全面投产，吸引雅祺、朗晴等下游制衣企业入驻。生物精细化工产业园安全风险等级评定、征迁等工作进展顺利，能源互联网实训基地开工，文旅产业带、银雁小区等一批项目加快推进，推动“产城人”高度融合。

对口支援共谱新篇。与国家电网、省检察院、省委党校、厦门集美区等单位形成常态化互访和交流合作机制，能源互联网产业园B地块加快建设，6栋厂房结构封顶，太阳电缆、寅耀新能源等7个重点项目实现投产，成功引进厦门成套、福州诚控等项目，能源互联网产业集群效应初显。

城市更新步伐加快。实施城市建设品质提升项目58个，完成投资65亿元。打通天马西路二期、犀牛路南段等4条断头路，全面破解龙岩大道四期等征迁历史难题。201个老旧小区完成改造。“双红”小区实现全覆盖，全国文明城市创建迈向更高水平。乡村振兴蹄疾步稳。脱贫攻坚成果有效巩固，创建“部门+国企”帮扶机制，投入3.6亿元建设银雁、城北乡村振兴“一县一片区”。大池、东肖、适中、雁石等集镇改造进展顺利，比乡村振兴“两治一拆”全市第一，村容村貌焕然一新。投入3.3亿元实施城乡供水一体化项目，群众饮水更加放心。小池培斜上榜全国乡村特色产业亿元村，大池大东等4个村获评省级乡村振兴实绩突出村。苏坂易家邦入选第六批中国传统村落名录。

生态环境持续优化。深化河（湖）长制、林长制，开展水质提升专项行动，主要流域和小流域水质优良比例达100%，列入全省首批农村生活污水治理试点县。九龙江流域山水林田湖草沙一体化保护和修复工程项目完成投资3.6亿元。建成全省首个县级智慧林业监管中心，社会化林业碳汇项目成功签约。空气质量持续保持全省前列。小池镇入选省级森林康养小镇，东肖镇和万安梅村、白沙小吉、小池赖邦分别上榜“福建省森林城镇”“福建省森林村庄”。

2023年主要工作任务。党的二十大科学谋划了未来一个时期党和国家事业发展的目标任务和大政方针，擘画了以中国式现代化全面推进中华民族伟大复兴的宏伟蓝图。2023年是全面贯彻落实党的二十大精神的开局之年，是实施“十四五”规划承上启下的关键一年。新罗区工作的总体思路和目标是：坚持以习近平新时代中国特色社会主义思想为指导，全面贯彻落实党的二十大精神，坚持稳中求进工作总基调，完整、准确、全面贯彻新发展理念，积极服务和融入新发展格局，着力推动高质量发展，更好统筹疫情防控和经济社会发展，更好统筹发展和安全，锚定当好“三个排头兵”、建设“三个区”的目标定位，实施争当排头兵“六比六赛”专项行动，以更高站位、更大气魄、更大格局大抓招商、大抓产业、大抓项目、大抓工业、大抓城市经济，突出做好“三稳”工作，扎实做好“三保”工作，保持经济运行在合理区间，保持社会大局稳定，奋力谱写全面建设社会主义现代化国家新罗篇章。全年经济社会发展主要预期目标是：地区生产总值增长6.5%；规模工业增加值增长8.4%；社会消费品零售总额增长9.0%；固定资产投资增长5.0%；实际利用外资增长8.0%，外贸出口总额增长6.0%；一般公共预算总收入增长5.5%、地方一般公共预算收入增长6.5%，城镇居民人均可支配收入增长6.0%，农村居民人均可支配收入增长8.0%；各项社会事业协调发展。

（摘编：林学军）

永定区社会发展概况

2022年，在习近平新时代中国特色社会主义思想的指引下，永定区全面落实“疫情要防住、经济要稳住、发展要安全”重要要求，高效统筹疫情防控和经济社会发展，统筹发展和安全，团结带领全区人民，鼓足精气神，奋力加油干，认真做好迎接党的二十大召开和学习宣传贯彻党的二十大精神各项工作，较好地完成了年初确定的各项目标任务。全年实现地区生产总值337.7亿元，增长5.6%；一般公共预算总收入16.3亿元，地方一般公共预算收入11.1亿元；固定资产投资增长18%；社会消费品零售总额增长3.5%；城镇、

农村居民人均可支配收入分别增长5.0%、8.5%。一年来，社会发展主要做了以下工作：

人民福祉不断增进。全年共投入24亿元发展民生事业，占一般公共预算支出的80%；“大爱龙岩·福满土楼”活动正式启动，31个省市区为民办实事项目取得实质性进展。社会保障扎实有力。坚持稳岗促就业，城镇登记失业率稳控在5%以内。在全省率先成立区级未成年人保护中心，以全省最高分向国家未保委申报“全国未成年人保护示范区”，有望成功通过验收；建成6家长者食堂、3家区域性养老服务中心，银龄安康保险实现全覆盖；发放城乡低保金5029.8万元，救助困难群众12万余人次，困难群体生活得到有效保障。教育事业蓬勃发展。成功召开教育工作大会，永定区教育基金会募集资金6720.68万元。教育短板持续补齐，永定教育人才生活区主体结构实现全面封顶，城区中小学学校扩容等项目加快建设，侨育中学教学楼、湖雷中心幼儿园改造等一批项目竣工并投入使用，新增中小学学位2160个、幼儿园学位1080个。高考再创佳绩，录取北京大学、清华大学各1人，原“985”高校55人、“211”高校154人，“双一流”大学174人，实现“点上突破、面上丰收”。区科技馆入选全国科普教育基地。医疗卫生提质增效。科学精准抓好常态化疫情防控工作，防控机制进一步健全，保障能力进一步加强；选派291名医护人员赴区外开展医疗救援；广泛动员社会各界向抗疫一线捐资捐物，向广州、西藏、香港等地捐赠价值58万余元的抗疫物资。“三医联动”和公立医院综合改革纵深推进，区中医院新院区正式竣工并投入使用，建成区120急救指挥调度中心，完成15家乡镇卫生院中医馆建设和7个村卫生所标准化建设。全国健康促进区建设有序推进，成立全省首家“特殊教育和医疗康复融合基地”，在重点公共场所配置除颤仪15台，完成2个普惠性托育项目。人才工作稳步推进。深入实施“永人回永”工程，制定出台医疗和师范类人才定向培养政策，与中央美术学院建筑学院、闽南师范大学、厦门工学院签订校地合作协议，设立“永医回永名医工作室”。文体事业繁荣发展。完成区图书馆提升改造，推动非遗项目进景区、进校园，完成永定土楼营造技艺等一批传习中心传习基地建设。成功举办中央红色交通线徒步大赛等赛事；第五届土楼马拉松赛开赛在即；在第十七届省运会中获得16枚金牌，金牌数位列全市第一。社会治理安定有序。全力护航党的二十大，扎实推进社会治安防控，常态化推进扫黑除恶斗争，全面深化打击涉麻制毒，保持反电诈高压态势；充分发挥客家家训“和”文化作用，化解信访积案89件，打造“客家枫桥”调解品牌，经验做法获得全国全省推广，被

评为全省第四轮第三批平安县（市、区）。统筹抓好应急救援、防汛备汛、防旱抗旱、防灾减灾、森林防灭火等工作，交通四项指数实现“三降一升”，食品药品安全保障有力，安全生产形势总体稳定向好，群众安全感、满意率进一步提升。

政府建设提速增效。严格遵守重大行政决策法定程序，清理行政规范性文件194件；依法接受人大法律监督、工作监督，自觉接受政协民主监督，主动接受群众监督和舆论监督，认真办理人大代表建议187件、政协提案132件，办复率达100%。镇（街）一支队伍管执法改革工作深入推进，被省委编办确定为基层综合行政执法改革省级推进示范点。持续加强政府系统党风廉政建设，制定出台《永定区人民政府关于进一步加强政府自身建设的意见》《永定区政府性投资项目管理暂行办法》等文件，用制度管人、靠制度管事，驰而不息纠治“四风”，“三公”经费进一步压减。

城乡面貌明显改善。立足城市提升、乡村振兴，宜居宜业宜游永定建设扎实推进。城市品质功能加速提升，。实施10个城建重中之重项目，完成投资6.85亿元，5个“口袋公园”投入使用，17个老旧小区改造工作有序开展，书院沿河大道及支路工程基本完成，城区外环道路改造提升3.8公里，新建改造供水管网9.5公里、新建改造修复城市污水管网8.24公里，城市安全韧性稳固提升。靖永高速竣工通车。第七届全国文明城市创建、国家园林城市复查迎检、省级生活垃圾分类示范区创建等工作有序开展，城区绿化亮化等项目稳步推进，顺利通过新一轮省级双拥模范城（县）创建验收。融入“一市两区”步伐提速。对接龙岩南部新城建设，初步完成《龙岩市南部新城高坎培片区建设品质提升规划》，快速通道三期工程竣工通车、四期工程开工建设，龙岩新机场环线快速通道前期工作有序推进。

乡村振兴战略接续实施。农村人居环境整治提升五年行动持续推进，超任务完成20个市级整治任务村验收工作；投资8.01亿元推进农村建设品质提升工作，完善提升美丽乡村微景观238个、小公园65个；“土楼风情·耕读文化”精品线路列入省级百条乡村振兴精品线路，重点打造“一县一片区”土楼十里长廊片区，完成年度投资1.42亿元；实施集镇改造提升项目74个，完成年度投资1.92亿元。完成农村公路改造项目70.2公里、村道安全生命防护工程24公里；实施农村客运公交化改造，新增公交线路3条，群众交通出行条件明显改善。粮食安全保障有力，完成抛荒山垅田复垦种粮面积3292.2亩，顺利完成省市下达粮食播种面积和总产量任务。高陂镇西陂村获评“2022年福建省美丽休闲乡村”，峰市镇和金砂镇被认定为省级乡村治理示范镇、高陂镇上洋村等23个村被认定为省级乡村治理示范村，湖坑镇南中村被列入第六批中国传统村落名录；被全国农村改革试验区办公室列为以备案制拓展农村改革试验任务县（区）。

生态文明建设成效显著。实施推动33个生态环保攻坚项目，预计完成投资16亿元。永定区历史遗留废弃煤矿生态修复示范工程入选全国示范工程名单，获3亿元中央财政资金支持。获评国家水土保持示范区，金砂镇获评福建省森林城镇，湖雷镇前坊村等4个村获评福建省森林村庄。辖区内3个国控断面、9个省控断面水质达标率100%，城区集中式饮用水源地水质达标率100%，全年空气达标天数比例100%，空气质量在全省县级城市中排名靠前、位居全市第一。

2023年，全区经济社会发展的主要目标是：地区生产总值增长7.0%左右；一般公共预算总收入和地方一般公共预算收入增长6.5%；规模以上工业增加值增长7.0%；全社会固定资产投资增长15%；社会消费品零售总额增长9.0%；城镇居民人均可支配收入增长5%，农村居民人均可支配收入增长8%；城镇登记失业率控制在5%以内；完成市下达的节能减排降碳任务。

（摘编：李哲）

上杭县社会发展概况

2022年，是党和国家历史上极为重要的一年，也是上杭县发展中具有里程碑意义的一年。一年来，上杭县坚持以习近平新时代中国特色社会主义思想为指导，认真学习贯彻党的二十大精神，按照“疫情要防住、经济要稳住、发展要安全”的总体要求，深入开展提高效率、提升效能、提增效益行动，锚定“三个先行示范”，大抓招商、大抓产业、大抓项目，高质量发展迈上新台阶。全年实现地区生产总值首次突破500亿元，达516亿元，增长8%；规模以上工业增加值增长11%；财政总收入首次突破50亿元，达53.6亿元，增长25.9%，其中地方级收入34.5亿元，增长18.8%；固定资产投资增长10.8%；城镇居民人均可支配收入50380元，增长5.2%；农村居民人均可支配收入24120元，增长7.4%。连续七年入选福建省“县域经济实力十强县”，首次入选全国县域综合竞争力百强县，是全国97个原中央苏区县唯一入选的县。一年来社会发展的工作主要体现在以下方面：

社会保障更高质量。巩固拓展脱贫攻坚成果同乡村振兴有效衔接，实施激励性产业扶贫项目58个，受益脱贫户和边缘户2599户。关心关爱困难群体，发放各类补助1.32亿元。探索发展“公建民营”普惠养老，经验做法得到国家发改委推广。实行招工与招商并重，实现城镇新增就业3550人。在全市率先为75岁以上老年人免费健康体检。获评“中国长寿之乡”称号。

公共服务更优供给。投入6.58亿元完成19项为民办实事项目。坚持教育优先发展，投入2.7亿元实施农村教育振兴扩容等工程，新增学位6630个。全面落实“双减”要求，深化“县管校聘”“九年一贯制”办学等改革。坚持“快准严实细”，高效处置多起输入性新冠肺炎疫情。实质性推进医疗改革，投入3.5亿元实施县医院感染科改建、古田分院和旧县、官庄卫生院建设。入选全国青年发展型县域试点名单。获评新一届全省双拥模范县。

社会治理更加完善。圆满完成护航党的二十大维稳安保任务。常态化开展扫黑除恶斗争，深入开展打击电信网络诈骗、涉麻制毒等专项治理，获评“福建省平安建设示范县”。打好安全生产专项整治三年行动收官战，安全生产形势总体稳定。科学高效应对连续25天强降雨过程，实现“最强降雨、最小损失”。在全省率先为偏远村庄配备301台应急卫星电话。被评为第九批全国民族团结进步示范区。才溪派出所被授予“全国优秀公安基层单位”，古田消防站获评“第六届全国119消防先进集体”。

政府效能显著提升。突出“快”，提高效率。发扬“冲冲冲”工作作风，用好“项目工作法”“脚底板工作法”，认真落实“周分析、半月谈、月推进、季复盘”工作机制，“点对点”精准复盘，推动经济高质量发展。突出“优”，提升效能。严格执行中央八项规定及其实施细则精神，持续整治形式主义、官僚主义突出问题。深化“文山会海”整治，开短会、发短文，把更多精力聚焦抓落实。加强诚信政府建设，做到承诺有度、承诺有信，巩固“诚信上杭”金字招牌。突出“实”，提增效益。高质量做好268件人大代表建议和226件政协委员提案办理工作。首创“急难愁盼”月月办机制，收集32件社情民意，已落实32件，办结率100%。此外，国防动员、人防、防震减灾、党史方志、库区移民、供销合作、保密、外事侨务、文联、侨联、客联、工商联、工青妇、残疾人、科协、农机、慈善、红十字会、关心下一代等事业进一步发展。

重点改革成效显著。古田镇纳入福建省经济发达镇行政管理体制改革范围。实施国有企业整体重组，全县国有资产总量突破千亿元。县属国企紫金矿业位居2022《财富》世界500强第407位，较去年提升79位。建立政银企常态化对接机制，国有企业节省3000多万元利息支出。基金集聚区引进落地25只私募股权投资基金，认缴规模达115.3亿元。企业上市加快步伐，4家企业纳入全省重点上市后备企业库。全县金融本外币存贷款余额突破千亿元，不良贷款率保持全省县域最低，列入全省金融服务实体经济试点县，金融服务实体经济经验做法得到赵龙省长批示肯定。

营商环境持续优化。市对县营商环境综合考评连续三年排名全市第1。行政审批办件当日办结率达99.8%，实现“一趟不用跑”事项90%。在全市率先试行“家门口办照”改革，推动42项便民事项下沉办理。乡镇便民集成服务标准化国家级试点通过考核评估。全力兑现各项惠企政策，为企业减轻税费7.4亿元。

对口支援开创新局面。完成第一批、第二批对口支援交接工作。抢抓闽西革命老区高质量发展示范区建设等机遇，涉及上杭的21个事项被纳入国家和省实施方案。加强与番禺、晋江、同安交流合作。军民融合加快发展。建立常态化“上省赴京”沟通交流机制，全年累计争取各类资金42亿元。

对外合作迈出新步伐。龙龙铁路（上杭段）进展顺利，土建工程已进入收尾阶段。2022年4月，全市首趟中欧班列（红古田号）在蛟洋开行。前瞻性规划中塞“两国双园”项目。预计全年外贸进出口总额310亿元，占全市52%。瓮福紫金通过海关总署AEO高级认证，成为全市首家化工行业海关高级认证企业。

招商引资实现新突破。开展“大招商招好商”行动，精准绘制产业链图谱，新签约项目71个，总投资220亿元，完成计划的173%，其中新开工项目55个，总投资120亿元，开工转化率77.5%。引进落地常青新能源二期、晶旭半导体二期等8个单体超10亿元项目。招商引资经验做法入选福建改革创新案例。

城市品质持续提升。118个城建项目完成投资39亿元。高铁新城顺利推进，上杭北站基础设施配套项目有序建设。做优中部县城核心区，启动东环小区等46个老旧小区和16条背街小巷改造。提质建设龙翔新城，持续完善县医院周边道路等基础设施。全省城市建设品质提升暨县城品质提升工作现场会在上杭县召开。

乡村振兴全面推进。入选国家乡村振兴示范县创建名单。完成22个村试点示范项目建设和109个村庄规划编制。大力推进“两治一拆”专项行动，完成裸房整治2713栋39.6万平方米，空心房治理1787栋15.6万平方米，31个村通过市级考评验收。国家数字乡村试点以全省最高分通过阶段性评估。

基础设施不断完善。投入1.04亿元完成46.7公里“四好”农村路建设，完成才庄线官庄段隐患整治，G205线背头岭至湖洋段、中都富光至临城黄竹等项目有序推进。城乡供水一体化累计完成管道铺设848公里，兰地水厂供水规模从6万吨/日提升至12万吨/日。上杭县城区江滨水利风景区通过“国家级水利风景区”考评。

生态赋能加速发展。全面落实碳达峰、碳中和要求。屋顶分布式光伏开发整县推进试点县建设有序推进，累计完成装机容量10万千瓦。紫金山金铜矿等5家企业入选福建省第五批绿色工厂。

生态治理有力有效。投资3000万元的垃圾填埋场整治提升工程成效显著。下大力气推进水环境治理，有效解决汀江“藻类”问题。实施城区环境空气质量、秸秆禁烧、工业污水、城区生活污水、养殖业污染等5大专项整治行动，国（省）控断面水质达标率100%，城区环境空气质量优良天数比例100%。全面推行垃圾分类，推进生活垃圾减量行动，生活垃圾减少48.1%。

生态体系加快构建。中央和省环保督查反馈的66个问题已完成整改64个，正在整改2个。58个生态环境保护攻坚战役项目完成投资20.1亿元。完成植树造林5.3万亩、水土流失治理5.5万亩，森林覆盖率达76.8%。全国林业改革发展综合试点和集体林地林木股权改革试点有序推进。

（摘编：刘红波）

武平县社会发展概况

2022 年，武平县全面贯彻落实习近平新时代中国特色社会主义思想，认真学习贯彻党的二十大精神，按照“疫情要防住、经济要稳住、发展要安全”的重要要求，40 万武平儿女合力攻坚，过险滩、闯难关，有力有效应对新冠疫情冲击、经济下行压力加大和“5·27”重大自然灾害等超预期因素影响，县域发展经受住重重考验，“稳”的基础更加扎实，“进”的动能更加强劲。据统计，2022 年实现地区生产总值 308.2 亿元，增长 6.2%；固定资产投资增长 10%；财政总收入 11.68 亿元，其中地方级财政收入 8.12 亿元；城乡居民人均可支配收入分别达到 43217 元、23625 元，增长 5%、9%。

一年来，社会发展主要工作和成效是：

社会保障有温度。与民生密切相关的支出占一般公共预算支出的七成以上，14 件为民办实事项目较好完成。严格落实脱贫攻坚“四个不摘”要求，5466 户脱贫户稳定脱贫。累计投入 5184 万元用于“5·27”重大自然灾害灾后重建，建成“同心园”集中安置小区。全面落实稳岗稳工政策，发放各类就业补助 847 万元，新增城镇就业 2230 人。投入 7000 万元用于特困人员救助供养和城乡低保补助。养老、医疗、失业、工伤、生育保险稳步扩面，城乡居民基础养老金每月从 155 元提高到 165 元。

公共服务有热度。投入 8650 万元用于疫情防控工作，未发生规模性本土聚集性疫情。县应急医疗救助中心建成投入使用，县医院成为全市首个国家综合服务能力推荐标准县级医院。继续实施基础教育扩容提升工程，小兰、永平、下坝、岩前中心幼儿园和附小集文校区宿舍楼等项目竣工投入使用，新增公办幼儿园学位 810 个、小学学位 1040 个。实验中学、实验幼儿园均实行集团化办学，全面推行县管校聘改革，“远学张桂梅、近学阙硕龄”师德师风教育成效明显，全县高考本科上线率 70.5%，超全省平均水平 3.68 个百分点。入选全国科普示范县创建名单。持续开展客家戏剧联盟展演交流活动，基本建成智慧体育公园、公共文化服务中心。新增市级非遗文化项目 8 个。武平运动员在省第 17 届运动会上勇夺 10 枚金牌。县直机关企事业单位骑行健身活动火热开展。县融媒体中心入选“全省优秀县级融媒体 30 强”第五。福康老年公寓完成主体建设，武东、中堡乡镇养老院提升为区域性养老服务中心，完成 169 个农村幸福院建设，走在全省前列。建成 11 个长者食堂，为留守老年人提供暖心服务。颐养家园被评为五星级养老院。香樟社区成功入选全国示范性老年友好社区。我县被确定为福建省首个“幸福家园”村社互助工程试点县。顺利蝉联省级双拥模范县“五连冠”。

社会治理有深度。第七届全国文明城市创建工作有序推进，开展“红耀武平·靓城有我”志愿服务活动。平安武平建设深入推进，矛盾纠纷排查化解机制有效落实，食品安全形势向好，安全生产专项整治三年行动顺利收官，全年未发生较大及以上安全生产事故。在全省率先开展农村区域联合派出所警务改革，县公安局荣获“全国优秀公安局”“全国公安机关执法示范单位”，群众安全感满意率稳居全省前列。2 个乡镇、20 个村荣获省级乡村治理示范镇、村。武平被确定为全省党建引领乡村治理试点县。国防动员、人防工作持续加强。人事、统计、计生、民宗、外侨、气象、地震、移民、档案、方志、工会、妇女儿童、青少年、老年人、关心下一代、残疾人、慈善等工作取得新进步。

政府效能不断优化。深入学习贯彻党的二十大精神，纵深推进全面从严治党，忠诚拥护“两个确立”、坚决做到“两个维护”。深入实施“提高效率、提升效能、提增效益”行动，推动各项工作取得新成效。开展事业单位管理岗位职员等级晋升工作，激励干部担当作为。持续深化“放管服”改革，推行容缺受理、并联审批、“拿地即开工”项目预审等制度。在全市首创标准厂房分割销售模式，进一步盘活国有资产。坚持“企业服务日”活动，帮助企业解决具体问题96个。顶格落实惠企政策，新增减税降费8346万元，办理增值税留抵退税9004万元，9418户次市场主体享受政策红利。牢固树立过“紧日子”思想，深入推进零基预算改革和预算管理一体化试点，“三公”经费支出下降1.2%。人大代表建议、政协委员提案办结率均达100%。开展综合行政执法体制改革，下放第一批乡镇行政执法赋权事项，编制县乡属地管理事项责任清单，推进乡镇（街道）一支队伍管执法。成功创建全国法治政府建设示范县。

城市建设新提升。加强县城规划管理，出台《县城规划区村（居）民个人建房管理办法》。南部新城加快崛起，沿河西路三期完成主体工程建设，平南路东段建成通车，灵通溪水美乡村、崇文公园等项目开工建设。基本完成丰平路主体工程建设，结合实施东门片区雨污分流，改造提升红东路、双福路、安东路。河东新村等28个老旧小区改造和2个背街小巷整治全面完成。心月公园建成并对外开放，建成5个城市口袋公园。兴贤坊入选全国非遗旅游街区和全省特色步行街。21家城区机关企事业单位500个内部停车位向社会开放，缓解城区“停车难”问题。城区1、2路公交线荣获全国“工人先锋号”。全国首创智能头盔、有桩还车、配备头套的共享助力车绿色出行模式。

乡村振兴谱新篇。守好粮食安全底线，下拨粮食生产扶持资金4260万元，新建高标准农田2.26万亩。新增省级示范家庭农场9家、省级农民专业合作社示范社4家、省级“一村一品”示范村5个、市级农业产业化龙头企业8家。实施中赤、十方集镇提升示范工程。完成89个村“两治一拆”整治任务。成功创建15个“绿盈乡村”。大布田野音乐部落、新礤茶寮露营等又一批乡村旅游打卡点火热出圈。城厢镇荣获福建省“全域生态旅游小镇”，园丁村获评省级金牌旅游村。“春生夏长‘乡’约大美武平之旅”入选全国乡村旅游精品线路。推进“五大基地”建设，累计接待游客528万人次。武平连续两年位居福建省乡村振兴热度指数全省前十。

生态环境显底色。投入10.5亿元实施41个生态环保攻坚战役项目。建成韩江上游梅江防洪工程12.5公里。完成2条中小河流治理，实施5条安全生态水系建设。建成首个风箱树异地补植复绿基地。启动第一批9个乡镇30个村农村生活污水治理。捷文水库水质安全保障主体工程基本建成。在5个乡镇开展全域垃圾干湿分类试点，生活垃圾焚烧发电项目成功投产运营。完成水土流失治理4.6万亩。8条省控小流域断面综合水质均达到Ⅲ类水标准，县级及乡镇集中式饮用水水源地水质达标率均为100%。城区空气质量保持全省前列，优良天数比例为100%。武平被纳入福建省综合性生态保护补偿区域。

2023年武平县工作的总体要求是：坚持以习近平新时代中国特色社会主义思想为指导，全面贯彻落实党的二十大精神，坚持稳中求进工作总基调，深入实施“融入两区、生态立县、产业兴城、旅游富民”县域发展战略，将“六个作示范走前头”作为县域高质量发展的战略战术引领，以“1355”项目质量提升年行动为重要抓手，更好统筹疫情防控和经济社会发展，更好统筹发展和安全，奋力谱写全面建设社会主义现代化国家武平篇章。经济社会发展主要预期目标是：全县地区生产总值增长7%左右；规模以上工业增加值增长9%；固定资产投资增长10%；社会消费品零售总额增长7%；实际利用外资增长8%，外贸出口增长8%；财政总收入增长7%，其中地方级财政收入增长6.5%；城乡居民人均可支配收入分别增长6.3%、9%。

（摘编：周华政）

长汀县社会发展概况

2022年，长汀县按照“疫情要防住、经济要稳住、发展要安全”的重要要求，抢抓中央支持革命老区振兴发展的重大历史机遇，深入开展“三提三效”行动，全县经济社会发展取得较好成效，荣获“福建省县域经济发展十佳县”称号。全年完成地区生产总值343.8亿元、增长6%；一般公共预算总收入13.47亿元、同口径增长16.1%，地方一般公共预算收入9.87亿元、同口径增长19.6%；固定资产投资增长17%；社会消费品零售总额增长5.1%；城镇、农村居民人均可支配收入分别增长4%、6%。一年来社会发展的工作主要体现在以下方面：

社会事业协调发展。实干为民谋福祉，生活品质获得新提升，坚定不移落实以人民为中心的发展思想，竭尽所能加大民生投入，80%财政资金用于保障和改善民生，2022年为民办实事项目顺利完成，共建共治共享社会治理格局加快形成，群众获得感、幸福感、安全感显著增强。坚持教育优先，投入2.27亿元新（扩）建中小学、幼儿园12所，新增学位3420个，高考成绩创历史佳绩，长汀一中获评省首批示范性普通高中。巩固完善县域紧密型医共体建设体系，开工建设新桥医学观察中心大楼和濯田、河田中心卫生院门诊综合楼。国家基层卫生健康综合试验区建设稳步推进。加快推进长征国家文化公园（长汀段）建设。积极创建省全民运动健身模范县，组织各类赛事（活动）50余次，省运会取得13金9银的历史最好成绩，汀籍运动员廖桂芳获世界举重锦标赛挺举冠军。成功承办纪念省苏成立90周年大会、公祭客家母亲河大典暨名城保护日活动。获赠建党一百周年天安门广场百面红旗第34号。

社会保障牢固有力。新增城镇就业2862人，失业人员再就业663人。城乡居民基本医疗保险和养老保险覆盖率达95%，企业基本养老、失业、工伤等保险均提前完成年度参保任务。提高城乡居民养老金、被征地农民养老保障待遇，7.78万群众受益。建成全省规模最大的零散烈士墓集中安葬点，连续九届获评省双拥模范县。加快打造“大爱龙岩·福满汀州”品牌，社会救助体系不断完善。积极申报创建“长寿之乡”，新建20所农村幸福院、6个长者食堂。

社会秩序和谐稳定。因时因势不断优化调整疫情防控措施，筑牢守护人民群众生命健康的安全屏障。常态化开展扫黑除恶，严打严防涉麻涉毒和电信网络新型违法犯罪，专项整治信访突出问题，圆满完成护航党的二十大维稳安保任务。扎实开展安全生产专项整治三年行动，安全生产形势总体平稳。全面加强食品药品安全监管，守住人民群众“舌尖上的安全”。有效处置金融领域风险，信贷不良率下降至0.59%。同时，国防动员、民族宗教、台港澳侨事务、工青妇、计生协、关心下一代、退役军人事务、红十字会、残疾人等各项工作取得新成效。

重点领域改革阔步向前。转变作风提效能，政府建设再上新台阶，坚持以党的政治建设为统领，推动重点领域改革，狠抓政府自身建设，政府依法行政水平和治理效能明显提高。深化“放管服”和工程建设项目审批制度改革，“e龙岩”自助机全面运行，94.3%的事项实现全流程网办，96.6%的事项实现“一趟不用跑”，一体化政务服务能力明显提高。经济发达镇行政管理体制、乡（镇）执法体制等重点领域改革顺利推进。

行政效能稳步提升。坚持党对政府工作的全面领导，全面贯彻落实习近平总书记重要讲话重要指示批示精神，118件人大代表建议、115件政协委员提案全部办复。“八五”普法和依法治县稳步推进，常态化落实县政府常务会议学法制度，依法行政能力不断提升。严格预算管理，带头过“紧日子”。强化审计监督，提高财政资金质效。坚持全面从严治党，严抓意识形态工作，纵深推进党风廉政建设和反腐败斗争，锲而不舍落实中央八项规定及其实施细则精神和市委3号文件精神。

招商选资更趋优质。坚持“一把手招商”“产业链招商”“全员招商”，完善招商项目联审和落地联席机制，突出亩均产值、固投、税收、就业等核心指标，提升招商项目质量。组建粤港澳大湾区、长三角、闽西南三大片区招商工作组，绘制产业链招商图谱，按图索骥开展一线精准招商，新签约项目120个，总投资221亿元，其中亿元以上项目70个，10亿元以上项目7个。深耕乡贤资源，大力实施“汀商回归”工程，吸引旭众装备制造等10家乡贤企业回归，总投资达37.6亿元。

对口支援走深走实。出台长汀县建设闽西革命老区高质量发展示范区行动方案，建立领导干部赴省进京对接工作制度，争取老区示范区“1+N+X”系列政策42个、省级支持政策事项49项、资金27亿元、地方政府债券9.1亿元。推动中建集团出台对口支援实施方案，在绿色建材产业园、乡村振兴、城市建设等方面开展深度合作。主动融入龙岩—粤港澳大湾区产业合作试验区，与广州市白云、从化建立结对区县联络机制。

城市品质稳步提升。建管并重优环境，城乡统筹迈出新步伐，坚定不移践行“绿水青山就是金山银山”理念，以创建全国文明城市为引领，推进全省城乡建设管理综合试点，坚持建设与管理齐头并进，让城市更宜居、乡村更靓丽、生态更美好。成立规划委员会，加快城市建设品质提升步伐，投入17.4亿元实施65个城市建设品质提升项目、41个创城重点项目、15个老旧小区改造项目，高效创建省级生活垃圾分类试点，街道美化亮化、背街小巷改造、便民设施提档等惠民工程建成见效，违搭违建、空中线网、占道经营等专项治理抓紧抓实。优化调整社区布局，新增7个社区。客家传统建筑营造技艺传习所（木工）项目、省苏维埃工会旧址工程竣工，“红色小上海”旧址保护提升项目试运营，城市记忆得到活化传承。

乡村振兴富有成效。深化试点示范建设，“红旗跃过汀江·两山实践走廊”“田园牧歌·七星闪耀”2个跨村联建示范片区实施项目48个，完成投资2.39亿元，24个省级试点村和实绩突出村实施项目102个，完成投资1.55亿元。推进农村人居环境整治，30个村高质量通过“两治一拆”市级验收。聚力乡村“五个美丽”创建，“五园一舍五化”长汀模式在全省现场推进会上作典型经验交流。中复村获评中国美丽休闲乡村，丁黄村获评省美丽休闲乡村，“长征起点·生态典范”“江畔田园·宜居客寨”列入全省百条乡村振兴示范精品线路。

基础设施加快完善。推进半片街区市场提升、垃圾焚烧发电、第一污水处理厂技改扩容等一批重大基础设施工程。新建及改造城乡污水管网79.9公里、雨水管网9.2公里，启动农村生活污水提升治理整县推进项目。加快推进城乡供水一体化，新铺设供水管网339公里，荣丰水厂实现试通水。开工建设综合客运枢纽，完成农村公路建设110公里、生命防护工程45公里、危桥改造17座。新建5G基站239个，新增停车位2700个，完成电网改造项目119个、天然气管道铺设13.3公里、高标准农田建设3.3万亩、补充耕地483.83亩。

生态优势愈发彰显。编制水土保持高质量发展先行区建设方案，稳步实施“六大工程”“十八项行动”，完成综合治理面积19.2万亩，水土流失率下降至6.57%，持续创新长汀水土流失治理模式列入省绿色经济发展典型案例。深化生态共治监管，持续推进河（湖）长制、林长制，空气质量优良天数比例、国控断面水质达标率均达100%。大力倡导绿色生产，获评国家农业绿色发展先行区、省林业碳中和试点县，稀土园区获评省第四批循环经济示范园区，盼盼食品获评国家级绿色工厂。水保中心获评第三届中国生态文明奖先进集体。汀江源自然教育馆建成开馆。

（摘编：王杰成）

连城县社会发展概况

2022年连城县坚持以习近平新时代中国特色社会主义思想为指导，围绕迎接和学习宣传贯彻党的二十大这条主线，深入贯彻“疫情要防住、经济要稳住、发展要安全”重要要求，扎实开展“提高效率、提升效能、提增效益”行动，发扬“冲冲冲”工作作风，高质量发展取得了新的成效。全县实现地区生产总值320亿元，增长6.2%；城乡500万元以上固定资产投资增长10%；社会消费品零售总额140.2亿元，增长6%；财政总收入11亿元，同口径增长5.2%；地方级财政收入8.4亿元，同口径增长11.5%；城镇居民人均可支配收入39384元，增长4.7%；农村居民人均可支配收入22240元，增长7.5%。16项主要经济指标一半以上增速保持全市前列，连续五年蝉联“福建省县域经济发展十佳县”。一年来，社会发展主要工作和成效是：

社会事业协调发展。民生领域支出占财政支出达80.8%。19件为民办实事项目基本完成。出台《连城县实施“教育强县”推进教育高质量发展若干措施》。实施总投资6.1亿元的教育补短板PPP等项目，新增学位6580个。县智慧总医院一期、县医院负压病房改扩建项目投入使用。基本公共卫生服务工作连续8年全市第1。海峡两岸棒球比赛训练基地建成投入使用。连城健儿荣获省十七届运动会金牌9块，刷新历史最好成绩。在全市率先打造福“豸”连城街头文艺惠民品牌，新建城乡冠豸书屋8个。

社会保障更有温度。“两不愁三保障”成果进一步巩固，脱贫户人均纯收入增长11%，脱贫人口零返贫。落实基本生活救助标准与最低工资标准挂钩动态调整机制，同步提高低保标准。发放困难群众救助、残疾人补贴等各类特殊人群补贴6000万元，落实优抚资金2000万元。城乡居民基本医疗保险、基本养老保险参保率分别达98.8%、99.8%。建成农村区域性养老服务中心1个、“长者食堂”5个，城区养老设施覆盖率达100%。县级生命公园项目实现开工建设。打造“大爱龙岩·福莲冠豸”精神文明建设品牌，在全市创新开展弱势群体和困难群众“月探访”行动，幸福指数逐步提高。

社会治理务实高效。坚持“快准严实细”，提升疫情防控科学性、精准性、预见性，建立疫苗接种、药品储备、分级诊疗等工作体系，积极应对疫情冲击。深入开展安全生产“大起底、大排查、大整治、大提升”攻坚行动，生产安全事故起数、死亡人数分别下降44.4%、50%。守住了食品药品安全底线。“八五”普法深入推进，莲西社区获评“全国民主法治示范社区”。全县刑事案件发案数连续6年下降、破案率连续5年提升。退出国家禁毒委“预警通告”和省禁毒委“重点关注”地区名单。退出省平安办、省公安厅“道路交通安全综合治理重点区域”。建成县旗山英烈园，实现省级双拥模范县“九连冠”。获评“全国信访工作示范县”（全省6个）、省级“平安县”。

自身建设全面加强。坚决贯彻落实市委“四个坚持”“三项纪律”“三个原则”要求。认真履行县政府党组全面从严治党主体责任，牢牢把握意识形态工作主动权，扎实推进经济责任和自然资源离任审计整改。严格落实中央八项规定及其实施细则精神，从严控制一般性支出。全省率先推广运用红色闽政通等智慧政务办公系统。建立县政府领导带头化解历史遗留问题工作机制，原海峡客家论坛、文川医院地块等问题妥善化解，天一温泉重整工作有序推进。人大代表建议、政协委员提案全部办结，满意率均达100%。工会、共青团、妇联、工商联、残联、科协、计生协、红十字会、慈善总会等群团组织为全县经济社会发展作出积极贡献。国防建设、人民武装、退役军人、军民融合、国家安全、应急管理、民宗等工作持续加强，统计、审计、气象、消防救援、电力、人才、供销、外事、物价、老龄、档案、地方志等工作取得新的进步。

重点领域改革纵深推进。出台进一步加强政府投融资项目监督管理补充规定，建立招投标分级审批及多部门并联审核制度。探索实施试点县直单位财政零基预算。教师“县管校聘”改革稳步推进，小规模学校资源加快优化整合。医保医药医疗“三医联动”深化推进，“总院+分院”“互联网+医疗”等互联互通机制更加完善，紧密型医共体加快建设。

市场主体活力持续焕发。研究与试验发展（R&D）经费投入4.7亿元。赛特新材等4家企业认定为国家、省知识产权优势企业。各类市场主体增长11.4%。持续深化营商环境、政务环境、社会环境“一月一联席”“问题吐槽”，共计梳理出有效问题线索1025个，已解决87.6%。创新推出“领导干部换位体验走流程”、营商环境服务专员、涉企执法备案登记等工作机制，率先设立“企业服务专窗”。行政许可服务“一趟不用跑”“全流程网办”事项分别占比96.8%、94%，办件平均压缩至1个工作日。落实企业减税降费3.7亿元。筹集资金9900万元兑现涉企优惠政策。市对县营商环境考评评估连续3年实现进位。

双向合作共建卓有成效。住建部、省住建厅确定的60个帮扶事项基本完成年度任务，争取到位各级帮扶支持资金1.5亿元。入选国家传统村落集中连片保护利用示范县（全省2个），全国市长研修学院（住建部干部学院）现场教学基地在莲挂牌。3个NBA乡村篮球场建成投入使用。住建部、省住建厅亲自关心推动恒大“悦澜湾”、怡景花园项目建设“保交房、保民生、保稳定”。强力推动与广州市越秀区、增城区对口合作与交流。与福清市、湖里区对口帮扶及山海协作深化开展。援县促市成果丰硕，推动龙岩市成功入选财政部、住建部、工信部联合实施的政府采购绿色建材促进建筑品质提升政策实施范围城市名单（全省2个）。

城镇建设扩容提质。新开通冠豸山机场连城至广州、长沙、成都航线。北部动车新城、东部景区新城、西城新区初具规模。连宁南路、文川南路、西桥路综合改造项目实现通车。完成塔背巷等10个城区片区集中整治攻坚。城区高水高排一期等项目投入使用，城乡供水一体化项目完成总投资86%。乡镇污水管网支管建设一期项目加快实施。投资4亿元的福地水库顺利下闸蓄水，有效防御“6·13”强降雨的侵袭。福地水厂正式供水，城区居民告别饮用地下水历史。永丰水库列入全省重大水利工程集中开工项目。朋口、北团、新泉、塘前、庙前、莒溪、姑田等乡（镇）集镇“旧貌换新颜”。

乡村振兴稳步推进。争取中央财政衔接推进乡村振兴资金补助3500万元。完成村庄规划编制139个。新改建农村公路55公里，改造农村危桥7座，实施安全生命防护工程100公里。环冠豸山乡村振兴示范片区完成投资1.8亿元，环冠豸山旅游公路全线贯通。17个省级乡村振兴试点村（含实绩突出村）完成投资1.2亿元。17个任务村通过农村人居环境整治“两治一拆”（8）验收，超额完成市级下达任务。塘前乡、赖源乡入选第二批省级乡村治理示范乡镇。乐江村、池溪村列入第六批中国传统村落名录。

生态治理扎实开展。累计投入13.2亿元实施文川河流域水环境整治攻坚等19个生态攻坚项目。中央和省生态环保督察反馈问题有序整改。河（湖）长制工作持续推进，九龙江流域山水林田湖草沙一体化保护修复工程实现开工建设，并入选全省第一批河湖文化遗产名单。7个国控省考断面、4个省定小流域考核断面Ⅰ~Ⅲ类水质比例达100%，县级以上集中式生活饮用水水源地水质100%达标。林长制工作深化开展，完成植树造林2.3万亩，治理水土流失3.6万亩。城乡生活垃圾及污水集中处理率分别达100%、91%。医疗废物处置率、空气质量优良天数比例均达100%。84.3%的行政村获评“绿盈乡村”。

（摘编：余晓楠）

漳平市社会发展概况

2022年是党的二十大胜利召开之年，也是全面落实市第十四次党代会精神的开局之年。这一年，中共中央总书记习近平向漳平台湾农民创业园全体台农致以新春问候和亲切勉励，中共中央政治局委员、时任福建省委书记尹力亲临漳平考察，全市人民深受鼓舞、备受激励，漳平大地如沐春风、生机勃发。这一年，在漳平提出“建设有区域聚集力的包容性城市”的目标定位基础上，龙岩市委六届四次全会赋予漳平“在两岸融合、产城融合、城乡融合发展中厚植新优势，打造闽西南开放包容的活力城市”的目标定位，全市人民锚定新目标，撸起袖子加油干，一起向未来。这一年，面对复杂严峻的国内外形势和多重超预期因素影响，全市人民众志成城、迎难而上，不仅成功应对了新冠疫情的重大挑战，经受住了长汛期的严峻考验，同时还多线作战、连战连胜，及时有效处置了各类灾害险情，筑起了一道道坚固的安全稳定屏障。

2022年，漳平市统筹发展和安全，坚决扛起“两稳一保一防”工作责任，不断增强经济抗压韧性和发展活力，各项工作取得新进展新成效。全市实现地区生产总值317.6亿元、增长5.3%；一般公共预算总收入14亿元，同口径增长13.2%，地方一般公共预算收入10.8亿元、同口径增长26.5%；固定资产投资增长13%；社会消费品零售总额增长2%；城镇、农村居民人均可支配收入分别增长4.8%、7.5%。漳平水仙茶制作技艺人选人类非物质文化遗产代表作名录，乡村振兴“宣传度”热度指数居全省前十。

生活品质持续提升。幸福指数不断提高，财政民生支出21.2亿元、占一般公共预算支出的80.1%；10个为民办实事项目完成投资3.1亿元，占年度计划的129.7%；返贫动态监测和帮扶扎实开展，脱贫攻坚成果不断巩固提升；民生保障落细落实，新增城镇就业910人，城乡居民医保参保率达98.8%，城乡居民低保标准提高至每人每年9552元；困难群众基本生活全力保障，发放各类救助金5802万元，农民工工资按时足额支付。社会事业更加进步，城北小学体育馆、二中全民健身中心等项目加快推进，“一校多区”、农村薄弱初中委托、封闭（半封闭）管理、农村“小片区”等管理改革效应不断释放，“双减”政策加快落实，城区学校午间托管覆盖面更广，中小学课后服务实现全覆盖；医药卫生体制改革稳步推进，创成全国健康促进市并作为典型在全国推广，市疾控中心实验室加快建设，官田卫生院综合楼投用；市民文体中心建设全力推进，彩玉镶嵌技艺、双洋舞炮龙、新桥板凳花灯龙入选省级非物质文化遗产代表性项目名录。社会保持安定稳定，“平安漳平”“法治漳平”建设深入开展，常态化推进扫黑除恶斗争走深走实；对人民群众深恶痛绝的电信网络诈骗出重拳、下狠手，有效遏制了电信网络诈骗犯罪多发高发势头；安全生产专项整治三年行动圆满收官，食品药品监管、防灾减灾救灾等工作不断强化，各类风险有效防范应对。

自身建设不断加强。以实际行动迎接党的二十大胜利召开，按照“五个牢牢把握”重要要求，迅速掀起学习宣传贯彻党的二十大精神的热潮。严格依法行政，坚持重大事项向市委报告制度，自觉接受人大监督、政协民主监督和社会监督，办复人大代表意见建议109件、政协提案165件，满意率均100%。严格落实中央八项规定及其实施细则精神，坚定不移推进政府系统党风廉政建设和反腐败斗争。

改革开放持续推进。行政审批制度改革取得新进展，“一窗受理、集成服务”改革加快推进，企业群众办事由“一事跑多窗”变为“一窗办多事”，市本级审批服务事项“最多跑一趟”“一趟不用跑”分别占比3.9%、96.1%；“一件事一次办”改革扎实推行，线上受理“一件事”群众非常满意率100%；完成省网“跨域通办”专区事项配置，企业注册登记立等可取。重点领域改革取得新突破，基层综合行政执法体制改革加快推进，乡镇（街道）“一支队伍管执法”全面推行；科技创新加快推进，乡村应急管理体系建设“163提升计划”、审计“三提”机制和整改工作“约谈制”等做法得到上级肯定，批而未供与闲置土地处置方式成为全省典型做法，和春村生活污水收集与处理工程入选省农村生活污水治理样板。两岸融合发展取得新成效，落实《龙岩市支持漳平台湾农民创业园创建海峡两岸农业融合发展示范区若干措施》等各级惠台政策，第十一届樱花（福）文化旅游节成功举办；漳平台湾特色小镇重点项目建设三年行动规划全面实施，完成投资5.6亿元，两岸融合馆等11个项目投用，永福溪防洪堤等15个项目加快建设；奇和洞遗址纳入“考古中国”重大项目取得新进展，“海峡两岸南岛语族考古教学实习基地工作站”获批设立。

城市品质不断提升。实施城市建设品质提升项目111个、完成投资18.5亿元，老旧小区提升改造35个3034户，新改建武馆路、双拥路等城市道路4.6公里，新增文昌公园、城北小学等地停车位160个，新建东石路片区、城南片区等地雨水管网8.8公里，新建门口洋、上江片区等地污水管网9公里，新建改造下水洋、外环东路等地供水管网9.9公里；全力争创全国文明城市，扎实开展渣土扬尘、占道经营等问题整治，拆除“两违”建筑143宗、面积42.8万平方米，新建绿地公园17.3公顷、绿地5.6公顷，创建绿色社区9个，购置新能源公交车14辆、增添公交线路2条，建成无障碍项目17个，火车集市成功开市，果蔬批发市场投用。

乡村颜值持续刷新。村庄规划编制31个，农村建设品质提升项目完成投资8.5亿元，重点特色乡镇、省级乡村振兴试点村（含实绩突出村）完成投资7016.4万元，省级乡村振兴精品示范县完成投资7415万元，城乡供水一体化完成投资3.6亿元、主管网铺设95公里，农村公路新改建28.9公里；创成美丽乡村庭院787户、美丽乡村微景观215处、美丽乡村小公园48个、美丽田园46片、美丽乡村休闲旅游点4个；“两治一拆”整村推进20个，通过龙岩市级考核验收村14个，漳平市入选省级村庄清洁行动成效突出县、农村厕所革命样板县，入选全国乡村治理示范村1个和省级乡村治理试点示范镇2个、示范村19个，龙岩市农村生活污水提升治理工作现场会在新桥成功举办，涌现出香寮“功德银行”、梧溪“三杯茶”、东湖“跑腿社”、西山“理事公”等乡村治理典型。

生态质量日趋向好。城区空气环境质量指标均达到或优于国家二级标准，国控、省控断面综合水质达到或优于Ⅲ类水标准，境内六大支流综合水质保持Ⅱ类水标准，城区两个集中式饮用水源地水质达标率保持100%；山水林田湖草沙一体化保护和修复工程完成投资5.9亿元，生态环保攻坚项目完成投资12.2亿元，水利项目完成投资8亿元，治理水土流失4.4万亩，植树造林2.97万亩，新增省级森林人家5个，现有森林蓄积量2449万立方米、森林覆盖率80.59%。

2023年漳平市要以习近平新时代中国特色社会主义思想为指导，全面贯彻落实党的二十大精神，在两岸融合、产城融合、城乡融合发展中厚植新优势，奋力打造闽西南开放包容的活力城市。全年经济社会发展的主要预期目标是：全市地区生产总值增长7.5%；一般公共预算总收入增长26.4%，地方一般公共预算收入增长7.5%；固定资产投资增长11%；社会消费品零售总额增长6%；外贸出口总额增长3%；实际利用外资增长6%；城镇、农村居民人均可支配收入分别增长5.5%、8%，力争在实际工作中取得更好成绩。

（摘编：李哲）

宁德市社会发展综述

2022年，宁德市坚持以习近平新时代中国特色社会主义思想为指导，以迎接、学习、宣传、贯彻党的二十大为主线，全面落实“疫情要防住、经济要稳住、发展要安全”重要要求和“提高效率、提升效能、提增效益”行动部署，以实施“双百”项目、献礼“二十大”活动为总抓手，以“15个专项行动”为具体抓手，扎扎实实抓市场主体、抓项目攻坚、抓运行调度、抓重难点突破，较好完成了主要目标任务，实现了良好开局。这一年，承压前行，用“两个稳定”的好势头喜迎党的二十大胜利召开。面对多重超预期因素叠加影响，全市上下坚定信心、积极应对，经济运行稳定保持了良好发展态势、稳定保持了全省领跑势头，全市实现地区生产总值3554.6亿元、增长10.7%，增速全省第1，12项主要经济指标中6项增幅全省第1。宁德历史性跻身中国百强城市，蕉城挺进全国“百强区”、蝉联全省“十优区”并前移1位，福安蝉联全省“十强县”并前移2位，霞浦、周宁新晋全省“十佳县”，东侨首次进入国家级经济技术开发区30强。这一年，众志成城，用“一统三保”的新举措顶住了疫情冲击的影响。面对一波又一波疫情来袭，全市上下闻令而动、并肩战“疫”，科学精准打赢了“0409”“0703”“1125”疫情攻坚战，有力保障了交通畅通、企业生产、群众正常生活，得到了省里的肯定。在大战大考中，356万闽东儿女不畏艰辛、守望相助，唱响了“坚持就是胜利、团结就是胜利”的主旋律。这一年，初心不改，用“只增不减”的硬投入诠释了发展为民的情怀。面对大规模减退缓税降费、疫情刚性支出增加等压力，全市上下树牢“财力再紧不能紧民生”的理念，全年民生支出297.2亿元、比上年增加28.5亿元，实施补短板项目330个、为民办实事项目37件，人民群众的获得感、幸福感、安全感进一步增强。

一年来社会发展的主要工作措施和成效是：

民生福祉更加殷实。巩固拓展脱贫攻坚成果，修订防返贫精准救助方案，健全重特大疾病医疗保险和救助制度，困难群体保障范围进一步扩大、救助标准进一步提高。推进社会保障扩面提标，城镇新增就业3.98万人；城镇职工养老保险参保人数突破100万人，城乡低保标准平均提高24.68个百分点；新分配入住保障性安居工程1791套；新增养老床位1982张，新建成农村区域性养老中心11个、互助孝老食堂201个；新改扩建托幼机构20个，新增托位2156个。实施教育扩量提质专项行动，新增公办幼儿园学位2640个、中小学学位1.8万个。东侨二中、寿宁一中新校区等36个项目建成投用，市民族中学新校区等30个项目开工，市职教园一期主体封顶。全市基础教育教学成果实现省级特等奖“零”的突破，福安一中、霞浦一中获评全省首批示范性普通高中；宁德师范学院入选省一流应用型本科高校建设B类名单，宁德职业技术学院农垦茶产业学院获批省级试点项目。实施医疗卫生服务提升专项行动，新建成医疗床位1355张。市医院迁建三期等3个项目开工，市中医院病房综合楼等11个项目建成，福安市人民医院、霞浦县医院新院启用。在全省率先开展专科医联体建设，区域医学影像中心建成投用。深化“暖心服务”活动，远程医疗、对口帮扶、百名医师千人次下基层等活动常态化开展。持续提升文化软实力，《摆脱贫困》出版30周年暨乡村振兴理论研讨会、首届中国·霞浦海洋诗会成功举办。新增屏南仙山牧场等3个习近平新时代中国特色社会主义思想实践示范基地。《相见在鸾峰桥》《那山那海》等影视作品上线发行，《主播带你游》获评全国乡村振兴优秀融媒体作品。红色文化遗存保护利用规划完成编制，市博物馆新馆、市工人文化宫正式开放。新增省级非遗代表性项目21个，福鼎白茶、坦洋工夫制作技艺入选人类非遗代表作名录，柘荣剪纸长卷《血汗铸辉煌》入藏中国共产党历史展览馆，“畲族双音”首登央视春晚。开展文化惠民演出1183场次、全民健身活动300场次，闽东健儿摘得国家级以上赛事金牌19枚、省运会金牌66枚、省老健会金奖10项。深入推进平安宁德建设，实施社会治理创新项目31个，防范化解政治安全、社会矛盾风险等典型经验在全国交流推广。常态化推进扫黑除恶斗争，依法打击电信网络诈骗、养老诈骗等违法犯罪行为，开展涉海违法犯罪打击整治专项行动，启动全国禁毒示范城市创建，攻坚信访治重化积，社会大局总体安定和谐。加强法治宁德建设，扎实开展“八五”普法，创建全国民主法治示范村（社区）3个。实施安全生产治理能力提升专项行动，安全生产形势稳定向好，“孝老消防”等经验全省推广。国防动员和后备力量建设、退役军人服务管理保障工作持续提升，实现省级双拥模范城“六连冠”。军民融合、海防、人防、反走私等工作得到加强，机构编制、工会、共青团、妇女儿童、计生协、科协、老龄、残联、红十字、档案、地方志、气象、防震、外事、侨务、关心下一代等工作取得新进展，民族团结、宗教和顺的良好局面不断巩固。

政治建设摆在首位。严格落实“第一议题”学习制度，认真学习宣传贯彻党的二十大精神，及时传达学习习近平总书记重要讲话重要指示精神，深刻领悟“两个确立”的决定性意义，坚决做到“两个维护”。深入开展“法治政府建设年”活动，修订市政府工作规则，提请审议地方性法规草案1部，制定规范性文件22份，行政复议合法率、规范性文件备案审查合法率均达100%。深化机关效能建设，继续归并优化各类政务服务热线，推动12345便民服务平台扩容升级，累计办理诉求55.7万件，政府网站绩效评估晋位全国第3。认真执行人大及其常委会决定决议，坚持向人大及其常委会报告工作，向人民政协通报情况，支持政协开展专题议政，办理人大代表建议825件次、政协提案1038件次，办结率100%、满意率100%。严格落实中央八项规定及其实施细则精神，持续纠治“四风”。监察监督、审计监督、统计服务等工作进一步加强。

经济运行更加稳健。实施“走千企访万户促发展”活动和人力资源服务提升专项行动。出台一揽子助企纾困政策，及时办理减退缓税降费85亿元，发放纾困贷款41亿元，解决企业用工需求5.5万人。全市新增各类市场主体8.23万户，入选福建百强企业4家、百强民营企业4家。围绕深化“三比三赛”，创新项目前期“3+N”工作机制，实施筹融资专项行动和主导产业产业链招商专项行动。255个在建省市重点项目完成投资719亿元，重大项目开工341个、竣工217个，“双百”任务超额完成。获批农转用1.23万亩、林地1.55万亩，解决项目融资需求558亿元，签约项目总投资1122亿元。开展“福见商旅·畅享宁德”系列促消费活动，出台文旅消费“10条措施”，全年接待游客4235.4万人次、旅游总收入363.8亿元。成功举办世界地质公园文化旅游节，验收通过首批金牌旅游村34个、新发布主题线路4条。线上平台交易活跃，实现网络零售额248.6亿元，涌现出一批粉丝百万、销量过亿的网红主播。

发展活力更加充沛。扎实推进重点领域改革，深化践行“四下基层”制度、海上社区治理等32项改革典型在全国全省推广。高质量完成国家普惠金融改革试验区建设任务，入选中央财政支持普惠金融发展示范区，3项创新成果入选全国典型案例。稳妥推进国企改革三年行动，新组建市旅发集团。在全国率先开展市级医用耗材集中带量采购，中选产品平均降价40%以上。深化财政零基预算、绩效管理等改革，周宁财政管理绩效综合评价全国第1。实施营商环境创优专项行动，扎实推进“137”工程，全面打响“宁德服务”品牌。完成全市一体化政务服务平台和中小企业信用融资平台建设、市县“多规合一”平台整合，102个自建信息系统数据实现全量汇聚。全市推广

"一件事"集成套餐服务129项，"一网通办"比例达90.2%，"一趟不用跑"比例达90%。在全省率先推行政务大厅"局长服务日"机制。持续加大对外开放步伐，宁德获批跨境电商综合试验区，漳湾作业区正式对外开放，霞浦三沙－福州江阴集装箱航线正式开通。新增闽台农业融合发展推广基地3个、乡建乡创合作项目9个；成功举办海峡论坛·陈靖姑文化节、海丝国际茶文化论坛、国际白茶论坛。闽浙赣皖福州经济协作区、闽东北协同发展区交流合作和福州·宁德山海协作更加紧密。

人居环境更加宜居。实施城市更新、新区拓展、生态连绵、交通通达、安全韧性五大工程，完成老旧小区改造38个，新增口袋公园44个、福道145公里、公园绿地1755亩、停车泊位2357个。实施中心城区交通拥堵治理专项行动，建成市政道路8条，开通定制高速客运班线、定制公交线路19条，完成堵点治理、路口改造、信号灯优化109处，主干道路口通行能力、干道通行速度分别提升10%、15%以上；常态化推进全国文明城市创建，实施"十个十"城市民生项目148个，建成投用立体绿化、标准公厕、夜景提升、易涝点整治等一批项目；在全省率先实行城市总规划师制度，完成主城区总体城市设计和东湖片区、锂电小镇片区城市设计初步方案。实施农村人居环境分类晋级专项行动，新晋标准版村庄857个、提升版村庄430个，实现生活垃圾干湿分类全镇域乡镇19个、行政村754个，整治裸房2万栋；新增中国传统村落14个，创建森林村庄184个、绿盈乡村177个。落实支持老区基点行政村、少数民族村振兴系列措施，出台支持海岛乡村振兴"9条措施"。古田入选国家乡村振兴示范县，周宁获评全国村庄清洁行动先进县。加快城乡基础设施扩容提级，宁古高速、宁上高速霞浦至福安段加快推进，国道228全线开工。新改建国省道57.2公里、农村公路353公里，"四好农村路"经验全国推广。新增5G基站2888个，信号覆盖90%以上乡村。实施闽东大水网建设专项行动，开工建设中心城区湖库连通工程，新改建供水管网573公里，建成城乡供水一体化项目10个。建成投产110千伏以上输变电工程12个。周宁抽蓄电站全面投产发电。强化生态环境综合治理，全市空气环境保持优良，国考断面水质居全国第25位。实施污染防治项目141个，建设生态清洁小流域22.3公里，治理水土流失30.2万亩，植树造林19.7万亩，修复红树林3000亩，除治互花米草7.4万亩，清理整治小水电站162座。海上养殖综合整治经验全国推广，石材行业综合整治入选中央生态环保督察整改典型案例，古田获评国家生态文明建设示范区，周宁获评国家水土保持示范县，寿宁入选全国水系连通及水美乡村建设县。

2023年是全面贯彻落实党的二十大精神的开局之年，是实施"十四五"规划承上启下的关键之年。宁德市工作的总体要求是：坚持以习近平新时代中国特色社会主义思想为指导，深入学习宣传贯彻党的二十大精神，贯彻落实习近平总书记对宁德工作的重要指示精神，坚持稳中求进工作总基调，完整、准确、全面贯彻新发展理念，更好统筹疫情防控和经济社会发展，更好统筹发展和安全，全面深化改革开放，大力提振市场信心，突出做好稳增长、稳就业、稳物价工作，组织开展"四个年"活动，深化实施"15个专项行动"，推动经济运行保持"两个稳定"态势，全方位推进高质量发展，加快打造"增长极"、建设"四个区"，奋力谱写全面建设社会主义现代化国家的宁德篇章。经济社会发展主要预期目标是：地区生产总值增长8.5%；农林牧渔业总产值增长5.2%；规上工业增加值增长15.5%；固定资产投资增长5%；社会消费品零售总额增长6%；进出口增长14%；一般公共预算总收入增长8%，地方一般公共预算收入增长6%；金融机构本外币贷款余额增长14%；城乡居民人均可支配收入分别增长7.5%、9.5%。

（摘编：周华政）

蕉城区社会发展概况

2022年是蕉城发展进程中披荆斩棘、勇毅前行的一年。蕉城区紧紧围绕建设“五高五美”现代化新蕉城中心任务，以“三提三效”行动为抓手，高效统筹疫情防控和经济社会发展，综合实力再上新台阶，首次跻身全国百强区，位列第93名，提前三年完成“十四五”规划进入“一个榜单”的目标。全年完成地区生产总值1261.51亿元，增长14.1%；一般公共预算总收入60.92亿元，同口径增长19.9%；地方一般公共预算收入30.49亿元，同口径增长15.7%；社会消费品零售总额178.19亿元，增长3.7%；城镇居民人均可支配收入44463元，增长4.2%；农村居民人均可支配收入23139元，增长8.5%。一年来，社会发展的主要工作成效体现在以下方面：

防疫成果持续巩固。坚持人民至上、生命至上，因时因势不断优化疫情防控举措，打赢多轮疫情阻击战。加强重点人群健康管理，累计完成新冠疫苗接种116.4万剂次；建成8个基层医疗卫生单位发热诊室，启动建设人民医院发热门诊，全面推进区疾控中心新建项目前期工作；储备价值5076万元的医疗物资，免费上门为居家治疗的群众提供健康“暖心包”；疫情期间开通24小时便民服务专线，成立应急保障小分队，为特殊群体、困难群众精准配送物资和药品。

社会保障扎实有力。实施帮扶措施362项，脱贫成果有效巩固。坚持稳岗位保就业，实施“万人回归计划”，开展各类技能培训5609人次，全年城镇新增就业1.72万人，失业再就业1985人，发放各类就业创业补贴3766.7万元。开展人力资源服务提升专项行动，跨省设立劳务工作站3个，助力重点企业招工1.78万人。审核分配保障性住房950套，有效缓解城市中低收入群体住房困难。坚持惠民生保底线，城乡低保标准提高至815元，新增孝老食堂40个、农村幸福院20座，建成金涵乡农村区域性养老中心和残疾人社区康复中心。金涵金溪社区入选2022年全国示范性老年友好型社区。关心关爱残疾人，全年发放各类补贴1045.18万元，建成一般无障碍改造项目3个。

社会事业卓有成效。完成26个年度为民办实事项目。7个教育补短板项目完成投资3.5亿元，蕉城七小、第一实验学校旧校区、第二实验学校二期、三都小学教师周转宿舍等项目陆续建成投用；设立蕉北公办幼儿园，动工建设蕉北西岭、洋中幼儿园，全区普惠性幼儿园覆盖率达90.65%；中小学课后服务实现全覆盖；区教师进修学校获评“省标准化县级教师进修学校”。深入实施公立医院改革，充实疾控中心和社区卫生服务中心医务人员队伍；持续推进区、乡、村三级医疗机构标准化建设；人均基本公共卫生经费政府补助标准提高至84元。反映闽东畲族人民脱贫攻坚伟大实践的电视剧《那山那海》在中央一套黄金时段热播，蕉城畲族双音荣登2022年央视春晚。桃花溪中国工农红军闽东独立师成立地获评省级爱国主义教育基地，成立宁德市蕉城区闽东红军独立师研究会，纪录片《铁流——出征》《烈士颜阿兰》首映。常态化开展文物安全工作，248个问题全部完成整改。首个城市书房完成建设，全民健身中心、金溪智慧体育公园建成投用，天山体育公园动工建设；蕉城健儿在第十七届省运会荣获8枚金牌、6枚银牌，全民健身活动广泛开展。

社会大局和谐稳定。高水平推进平安蕉城建

设，开展夏季治安打击整治“百日行动”，圆满完成党的二十大安保维稳工作；推动常态化扫黑除恶斗争纵深推进，加快创建全国禁毒示范城市，持续开展信访积案大攻坚，获评全省平安建设示范县（市、区）。提升“雪亮工程”智能化水平，加快实施“平安家园·智能天网”“智慧安防”小区建设。改革创新“一肩挑”村主干“一年双考”“适岗能力评估”等工作机制，持续巩固村级组织换届“揭榜挂帅”活动成果；出台《蕉城区社区工作者职业体系建设实施意见》，进一步提高城市社区工作者待遇。成立金融纠纷一站式化解中心。创新老旧小区物业管理模式，开展“好厝边”物业服务中心试点工作。实现省级“双拥模范城”八连冠。食品、药品、特种设备、产品质量等安全有效保障，安全生产形势总体稳定，工青妇及老龄、科普事业进一步发展，国防动员、人防、海防、打私、民族宗教、统计、审计、气象、外事、侨台、老区、广电、地方志、关心下一代、档案等工作取得新成效。

自身建设持续加强。全面贯彻党的二十大精神，牢牢把握习近平新时代中国特色社会主义思想的世界观和方法论，不断增强捍卫“两个确立”、做到“两个维护”的政治自觉、思想自觉、行动自觉。开展法治政府建设年活动，推出全市首个公共法律服务平台，深化“八五”普法，政府治理体系更加健全。完成128件区人大代表议案、建议和165件政协委员提案办理。坚定不移推进全面从严治党，强化正风肃纪，一体推进不敢腐、不能腐、不想腐。强化审计监督和审计整改，完善预算管理，严格财政资金监管，全面推进政务公开，让权力在阳光下运行。

城市颜值不断刷新。连续两年上榜全省城市发展“十优”区，位列第四名。打造城市更新、生态连绵、交通通达、安全韧性等四大城市品质提升工程，完成投资约21亿元。福洋一期、环金溪琼堂一期等片区城市更新项目完成投资8.53亿元；24个老旧小区完成改造。创城品质持续提升，实施36个补短板项目，完成7个市场改造提升，蕉南农贸市场入选省级“四星文明集市”；新增公共停车场5个，建成口袋公园5个，新改建公厕7座。中心城区完成省级生活垃圾分类示范区创建。组建10支城市管理综合执法中队，拆除违建面积16.1万平方米。交通路网不断完善，连城路一期、车里湾片区配套市政道路、104国道福洋至孝岐头段和疏港路至苗圃段改扩建工程、228国道碗窑至礁溪段和城澳至罗源界段、306省道井上至牛头岗段建成通车，宁古高速石后至古田大甲段、237国道八都互通至衢宁铁路蕉城站段动工建设，兰田路、天王路、青山路、镇前路完成“白改黑”，新佳坡步行街、后岗环岛完成改造提升。

乡村建设稳步推进。全年投入3.02亿元，实施农村人居环境整治暨农村建设品质提升项目28个。深入开展农村人居环境分类晋级专项行动，改造农网10千伏线路3条，整治通信线路20公里、广播电视线路45公里，提升农村公路25.5公里，新建乡镇污水管网5.3公里，新改建农村供水管网30.9公里，完成裸房整治1768栋，创建“美丽庭院”155户。开展闽东大水网建设专项行动，宁德中心城区湖库连通工程动工建设，城乡供水一体化项目加快实施。乡村振兴扎实推进，15个省级乡村振兴试点村完成项目63个、总投资3762.5万元。洋中钟洋村入选中国传统村落，金涵上金贝村入选省级美丽乡村，虎贝镇入选福建“气候康养福地”。

生态环境持续向好。开展水生态环境综合整治，全区饮用水源地水质全面达标，建成7座重点流域水质自动监测站，完成185个入河排污口综合整治；互花米草除治全面完成；升级改造木质踏板渔排加塑胶浮球5.8万口，清理海漂垃圾21.34万立方；洪口清库全面完成，十余年水库网箱养殖成为历史。霍童溪流域生态治理EOD项目成功入选国家项目库。完成植树造林2.83万亩、水土流失治理2.48万亩、综合治理堤岸建设6870米，148家小微企业危废处置试点工作成效明显，危废处置利用率达96%以上，土壤环境质量保持稳定。20个大气污染治理减排项目完成建设，全年环境空气质量优于全省平均水平。

（摘编：李哲）

古田县社会发展概况

2022年古田县坚持以习近平新时代中国特色社会主义思想为指导，深度融入宁德市“一极四区”建设大局，全力推进“数字古田、绿色古田、开放古田、健康古田、魅力古田”建设，经济社会发展总体稳中有进。全县地区生产总值242亿元、增长6%；固定资产投资增长15%；社会消费品零售总额99.5亿元、增长5%；一般公共预算总收入10.7亿元、增长2%；地方一般公共预算收入8.2亿元、增长5%；城镇居民人均可支配收入40380元、增长4.8%；农村居民人均可支配收入24323元、增长8%。一年来社会发展的工作主要体现在以下方面：

社会事业加快发展。全年民生支出25.1亿元，占一般公共预算支出的80.5%。教育投入8.3亿元，创历史新高。城镇、农村居民人均可支配收入较去年分别提高1850元和1801元，农民人均可支配收入连续19年居全市第一。完成古田一中莲桥分校、卓洋中心幼儿园建设，完成古田一小、平湖中心小学教学楼重建，完成机关幼儿园搬迁等教育补短板项目。古田一中临江分校实现全日制寄宿，全县12所初三、高三学生实行全体寄宿，新增学位1260个，寄宿制床位1362张。义务教育“双减”政策扎实推进，课后服务覆盖全县中小学。2022年高考，全市物理类第一名花落古田，3名古田学子被北大录取。实施医疗卫生服务提升专项行动，推行药械带量采购、远程医疗会诊等惠民举措，有效缓解群众“看病难”“看病贵”问题。与省肿瘤医院、省妇幼保健院等医院建立医联体和对口帮扶机制，阮诗玮全国名老中医药专家传承工作站落户古田。县总医院迁建项目进入内装修阶段，县中医院康复院区改造项目建成投用，县疾控中心新建项目完成行政楼主体建设。体育馆加固修缮工程完工，文化“三馆”逐步搬迁入驻，闽剧艺术中心改革取得新进展，在全市率先实现行政村全民健身设施全覆盖。对全县52处文物保护单位和11座廊桥制定“个性化”保护措施，对9个省级以上文物保护单位实行“文物保险+服务”保护新模式。古田籍运动员在第十七届省运会上斩获8金6银6铜，为古田赢得荣誉。

社会保障持续提升。始终把人民生命健康放在首位，不惜代价，守护好古田平安，成功应对多轮疫情风险，并派出700多名党员干部、医护人员驰援涉疫地区，展现“古田担当”。在全省率先开发服务乡村振兴大学生公益性岗位，扶持160多名大学生返乡就业创业。持续优化升级创业担保贷款服务，累计发放贷款629笔、1.26亿元，带动创业就业1850人，居全省县域首位。关心关爱农村孤寡老人，新建“互助孝老食堂”123个，经验做法入选“全国农村公共服务建设优秀成果展”。社会治理安定有序。深入开展县乡领导干部信访接待下基层和信访积案化解攻坚专项行动，群众来信来访件数和人次分别下降12.3%和26.4%，群众满意率达92%，中央信访联席办交办的两批次信访积案化解率达100%。完成民兵和警官训练基地建设，创新组建14支“夜鹰巡逻队”，守护夜间社会治安，得到群众点赞。成功举办全国首场县级“健康中国·幸福城市”社会心理服务体系建设公益巡讲活动。建立26个“红色驿站”“小巷管家服务驿站”等志愿服务平台，社工站覆盖全县，社区治理进一步得到加强，青云社区获评“全国民主法治示范社区”。大力开展安全生产治理能力提升专项行动，排查整治重点领域安全隐患问题2090个，有效应对60年一遇的雨情、汛情、灾情，有力守护人民群众生命财产安全。国防动员和后备力量建设、兵员征集、退役军人服务管理保障工作持续提升。工、青、妇、计生协、科协、统计、老区、老龄、老干、残联、红十字、移民、档案、地方志、气象、外事、侨务、台港澳、关心下一代等事业实现新进步。

作风建设全面提升。坚持用制度管人管权管事，大力压减非刚性支出和三公经费，修订完善《古田县政府工作规则》，制定出台《古田县政府性投资重大项目资金跟踪监督工作规则》等政策文件，强化对重大工程建设、公共资源交易等重点领域监管。办理人大代表建议167件、政协委员提案89件，办复率100%。深入开展“作风建设年”活动，深化机关效能建设，大力弘扬“马上就办、真抓实干”等优良作风，“12345”便民服务平台诉求件办结率达100%，群众满意率达99.1%。2021年绩效考核位居全市山区县第一，被评为优秀等次。

改革活力成效明显。创新推出24条“古田服务”承诺清单，创新建立企业“白名单”制度，将首批35家重点企业列入服务名单，“营商环境提升年”活动成效明显，连续两年获评省引导金融服务实体经济试点县，促进市场主体数量增长17.3%。营商环境持续改善。实施营商环境创优专项行动，推行82项具体优化提升措施，创新建立“事难办”反映窗口、“局长服务日”等政务服务新机制，推出132件“一件事”套餐，行政许可“一次办”“一趟不用跑”等事项覆盖率均居全市前列。

改革创新亮点纷呈。深入践行“四下基层”制度，建成23个实践基地，经验做法在全省推广。试点打造“爱心助残驿站”39个，打通服务残疾人“最后一公里”。创新建立全省首个县级社会心理服务中心、“1+X”教育办学共同体模式、“先诊疗、后付费”服务模式、社区党组织领办物业新模式，得到省市相关部门高度认可。

对外开放不断拓展。牵头举办“首届闽江沿线经济带高质量发展协作峰会”，推进闽江中上游四县（区）一体化协同发展。加快推进国家级、省级外贸转型升级基地建设，与宁德海关签订《优化营商环境合作备忘录》，为食用菌等外贸企业提供便利化服务，成功举办第十四届海峡论坛·陈靖姑文化节。建成全市首个华侨文化展示馆，台港澳侨交流合作不断深化。

城区面貌提档升级。投入25亿元用于城乡基础设施建设和环境整治提升，城乡人居环境更加整洁靓丽。新丰河绿水景观提升工程、印石山健身休闲栈道、城西路三坡头段、文峰路等一批市政项目建成投用，移民公园、“旧城紫桥”等项目开工建设。新建7个城乡停车场，新改造提升4个公共停车场，新增233个公共停车泊位。第一批老旧小区完成改造，城区污水处理厂改扩建、新丰河污水管网改造等项目建成投用，新改建雨污管网11.7公里、供水管网37.2公里、燃气管网20公里。“数字城管”平台建成投用，城区公厕实现市场化管理，在全市率先实现智慧停车和公交车全电动化。拆除“两违”建筑面积4.2万平方米。

乡村振兴稳步推进。实施省级乡村振兴试点村、实绩突出村示范项目59个，完成投资4613万元。开展农村电商直播、短视频制作等农村新型职业技术培训1800多人次。推行“一月一观摩”工作机制，深入开展农村人居环境分类晋级专项行动和“五个美丽”建设活动，完成166个村庄规划编制，整治农村裸房3021栋，洋上村“低碳村庄”模式入选省级乡村振兴典型案例，市对县乡村振兴战略实绩考核位居全市第一。

生态环境持续改善。坚守生态环保底线，严格落实河湖长制，主要流域国控、省控断面和省控小流域优良水质比例达95%以上，饮用水源水质达标率100%。石材行业综合整治经验做法入选中央生态环保督察整改典型案例。大力推进畜禽养殖污染整治，依法拆除违建养殖场277家。强化水电站下泄流量监管，拆除退出200千瓦以下水电站56座。完成松林改造提升3.1万亩，造林绿化9.7万亩，治理水土流失2.4万亩。成立翠屏湖派出所，“生态警务”迈出新步伐。全年城区空气质量优良率达99.7%，成功创建国家生态文明建设示范区。

（摘编：李哲）

屏南县社会发展概况

2022年，屏南县坚持以习近平新时代中国特色社会主义思想为指导，全面落实“疫情要防住、经济要稳住、发展要安全”的重要要求，深入实施“三提三效”行动，扎实推进“三个一流”产业发展。全年完成地区生产总值125.16亿元、增长16%，增速有望全市第一，连续两年保持两位数增长，总量跃升至全市山区县第二；社会消费品零售总额44.21亿元、增长7.8%，增速全市第一；城镇居民人均可支配收入35562元、增长6%，农村居民人均可支配收入20752元、增长8.5%；一般公共预算总收入5.31亿元、同口径增长15.8%，地方一般公共预算收入4.23亿元、同口径增长30.4%。一年来社会发展的主要工作和成效是：

民生福祉持续增进。公共服务有效提升，课后服务实现全覆盖，学前教育发展指数山区县第一，中小学各阶段教育质量稳步提升。进修校通过省级标准化评估认定，岭下幼儿园建成投用，双溪幼儿园加快推进，机关幼儿园动工建设，第二实验小学、进修校和电大新校区、职业中专综合培训楼和男生宿舍楼完成前期工作。医疗卫生项目完成投资2.15亿元，6个乡镇卫生院医技综合楼、总院传染病综合楼投入使用，中医院、妇幼保健院整体搬迁项目动工建设，总院扩容提升改造完成前期，县乡医学影像医联体建成投用。坚持平战结合，完善扁平化指挥体系，投入抗疫资金8186万元，在大疫大考中，县处级领导带头志愿服务，广大党员干部、医护人员、公安干警、基层工作者、志愿者闻令而动、坚守一线，最短时间内扑灭输入性疫情，牢牢筑起人民群众生命健康防线。

社会保障更加完善。38个为民办实事项目完成年度任务。全年民生支出16.63亿元，占财政总支出79.03%。发放各类优抚安置资金1095万元，省级双拥模范县首创首成。创新公共资源交易“竞拍+竞捐”模式，累计获得各类社会捐助550万元支持教育事业。持续巩固拓展脱贫攻坚成果同乡村振兴有效衔接，落实产业发展、医疗救助、就业补助、贴息贷款等各类资金7856万元，重点巩固和监测对象无一返贫。长桥、甘棠、岭下区域性养老服务中心建成，新增养老床位200张，长者食堂开办运营19个。投入抗旱保供应急资金350万元，龙虎岔水库引水工程加快推进，双溪片区供水一体化项目基本建成。

社会大局稳定和谐。圆满完成党的二十大安保维稳任务，防范系统安全风险隐患大排查大整治专项行动全面完成，政法队伍教育整顿成果持续巩固，扫黑除恶专项斗争常态化推进，社会网格化服务不断完善，“雪亮工程”“平安家园·智能天网”加快建设，“八五”普法、打击电信诈骗和涉养老诈骗等专项行动深入推进，化解“治重化积”信访件47件，一批“老大难”问题得到解决，社会治安满意度持续上升，平安屏南建设取得实效。代溪获评第二批省级乡村治理示范乡镇，富塘、前洋等10个村获评第二批省级乡村治理示范村。安全生产、食药品安全稳定向好，农村建房安全数字化管理试点经验在全省全市推广。

文体事业加快发展。出台文物保护18条措施，全面完成国省保单位“一文物一方案”编制，完成万安桥修复前期工作。不断丰富群众精神文化生活，工人文化宫完成主体建设，《乡村造梦记》等本土读物出版发行，成功举办“同心杯”两岸青年乡村振兴研修营暨两岸美食风味文化节活动，仙山牧场学习馆入选省级习近平新时代中国特色社会主义思想实践示范基地，前汾溪谷入选省级新时代特色文艺示范基地，科技馆入选全国科普教育基地。加强非遗文化保护传承，畲族火凤凰习俗、端午习俗入选省级非遗保护名录，根雕技艺、“一盘雪”技艺入选市级非遗保护名录。全民健身活动扎实开展，体育中心一期建成主体，十七届省运会获得2金3铜。

自身建设切实加强。坚决扛起全面从严治党主体责任，认真落实意识形态工作责任制，深入推进党风廉政建设和反腐败斗争，严格落实中央八项规定及其实施细则精神和省市县实施办法，坚决纠治“四风”。制定政府工作规则，规范重大决策程序，健全分级协调、清单管理、重点督办等工作机制。自觉接受人大、政协、监察、社会、群众等监督，办理县人大代表建议83件、政协提案76件。坚持“过紧日子”，一般性支出下降4.5%，全面清理平台企业等低效益税收1.14亿元，不断夯实财政家底，兜牢“三保”底线，确保财税安全。同时，国防动员和后备力量建设、军民融合、民族宗教、政务公开、党史方志、老区、老干、档案、外事、农机、气象、水文等工作进一步加强，工会、共青团、妇联、残联、文联、侨联、工商联、社科联、新阶联、关工委、科协、计生协、老科协、老体协、退教协、红十字会、乡村振兴促进会、慈善总会、老促会、企联会等事业取得新成效。

改革创新更具活力。创新“片区党委”治理模式，优化整合农村“六大员”队伍，推行村主干“基本薪酬＋绩效奖励＋村集体经济创收”薪酬模式，全面激活乡村内生动力，相关做法被新华社、人民网、中组部组工信息等报道。在全市率先面向社会招募乡村振兴特聘指导员61名，匹配服务结对项目71个，实现乡镇全覆盖。全面完成农村集体经济组织换届选举，白玉、四坪入选全省农村集体产权制度改革典型案例。龙潭文创旅游减贫入选文旅部乡村旅游扶贫示范案例，“弱鸟先飞——‘文创＋文旅’推进乡村振兴的屏南实践”入选全国乡村人才振兴优秀案例，“工料法”模式在全国乡村建设现场培训班上作典型发言。扎实开展“走千企访万户促发展”活动，深入推行县处级领导挂钩服务重点企业、“局长服务日”等工作机制，出台助企纾困41条措施、促进工业企业和服务业企业发展12条措施、扶持电商发展9条措施、服务业小微企业和个体工商户房租减免等一系列“真金白银”政策，兑现留抵退税、缓缴税收等各类惠企资金2.63亿元、惠及市场主体4493家次，金融本外币贷款增长6.8%，普惠小微贷款增长25.5%，政府性融资担保实现县域行业全覆盖，最大限度支持企业发展，最大努力保障企业稳产稳岗。

城市功能日趋完善。全力推进省级文明县城创建。实施城市品质提升项目73个，累计完成投资21亿元。文化东路一期安置房竣工验收，长坋中路A区安置房建成主体，文化东路一期、城东路建成通车，污水处理厂二期扩建及配套管网工程、城区排水防涝一期、公园小区提升改造等项目建成投用。新建口袋公园5个、燃气管道10公里、供水管网35公里，新改建雨污管网24.6公里，新增城市绿地120亩、公共停车位90个。

乡村建设更具特色。乡村建设投入资金2.48亿元，创建“标准版”乡村62个、“提升版”乡村32个、特色样板村2个，新增中高级版绿盈乡村13个，累计完成112个村庄规划编制，乡村振兴反响度排名全省第五。提级改造农村公路25公里，获评省级“四好农村路”示范县。全国首个乡村访问学者计划、首个“云村庄·云村民”以及中央电视台农业农村频道乡村振兴观察点落户四坪。北墘获评中国美丽休闲乡村，龙潭、四坪、前汾溪入选中国传统村落名录，罗沙洋获评省级美丽休闲乡村。

生态环境保持优良。扎实推进农村小水电清理退出，创新生态下泄流量“物业化”管理，59座农村小水电均达标考核。实施流域水污染综合治理项目9个、完成投资9900万元，水土流失治理2.3万亩，重点流域省控断面水质优良比例达100%。全面推行“林长制”，植树造林1.31万亩、森林抚育4.21万亩、封山育林1.96万亩，森林覆盖率全市第一。空气质量优良天数比例达100%。双溪获评省级气候康养福地，漈头、前墘、三万里获评省级森林村庄。

（摘编：苏建平）

周宁县社会发展概况

2022年，周宁县坚持以习近平新时代中国特色社会主义思想为指导，全面落实“疫情要防住、经济要稳住、发展要安全”重要要求和“提高效率、提升效能、提增效益”行动部署，以“强攻坚、重突破、促提升，干好‘三个年’、献礼‘二十大’”活动为主抓手，有力推动经济实现质的有效提升和量的合理增长，首次跻身福建省经济发展“十佳”县。实现地区生产总值突破“百亿大关”、达100.5亿元，增长10.4%；社会消费品零售总额29.83亿元，增长5.5%；一般公共预算总收入4.11亿元，同口径增长14.5%；地方一般公共预算收入3.66亿元，同口径增长24.2%；城乡居民人均可支配收入分别增长6.5%、8%。

社会保障全面增强。全年民生支出达16.1亿元，占财政总支出的84%，29个为民办实事项目有效落实。城镇新增就业917人。养老和医保综合参保率分别达96%、97.4%。新分配保障性住房63户，发放低保、特困、残疾、救助等各类民政资金约6500万元，拨付优抚、安置资金1237万元。县福利中心（二期）、梅山公益性公墓（一期）动工建设，完成“助力一户多残，共享美好生活”全省首个试点县项目，累计建成“长者食堂”71所。

社会事业持续发展。教育质量稳中有升，实施教育扩量提质项目10个，新增学位1230个，学前教育普惠率达98.7%，“双减”政策落地见效，“两项督导”评估考核获得“双优”佳绩，获评全市“教育先进县”称号。卫生健康事业取得新进步，县疾控中心综合楼、县医院感染病综合楼、咸村住院病房大楼投用，县总医院与福建省人民医院、福建医科大学附属第一医院、闽东医院建立紧密型医疗联合体，县域内就诊率提高到83.9%，基本实现“小病不出乡、大病不出县”；坚定抗疫自信，科学精准落实国务院“二十条”“新十条”和“闽十三条”等优化措施，最大程度保护人民生命安全和身体健康，最大限度减少疫情对经济社会发展影响。文化事业繁荣发展，“理‘响’周宁，‘声’入人心”方言评书项目荣获第六届中国青年志愿服务项目大赛银奖，三月三驮灯习俗、木拱桥营造技艺（周宁）被列入第七批省级非物质文化遗产代表性项目名录，稻草龙、鲤鱼灯等“周宁元素”亮相央视“小春晚”《生龙活虎迎春来》。体育事业取得突破，成功举办福建省全民健身运动会（宁德赛区）气排球赛、宁德市少年儿童举重锦标赛等赛事，汤星强荣获“2021年全国体育事业突出贡献奖”，魏婷娜获得“国家级运动健将”称号，张自朋、张惠萍等周宁籍运动员在第十七届省运会中勇夺5枚金牌、创历史最好成绩。

社会治理不断深化。县社治中心“一站式”调解矛盾纠纷266件、化解信访积案264件。统筹推进扫黑除恶斗争、全国禁毒示范城市创建等工作，刑事、治安案件明显减少，电信网络诈骗案件“万人发案率”全市最低。坚决打好安全生产专项整治三年行动收官之战，深入实施危化品、城镇燃气、在建农房、景区和非景区景点、文物安全等专项整治，稳步推进全省安全生产标准化试点县建设，防汛抗旱、防灾减灾救灾工作扎实有力，县应急管理局森林灭火队伍获评第六届全国119消防先进集体。金融风险防范化解精准有效，金融机构本外币贷款余额增长27%，不良贷款率降至0.36%、为全市最低。持续治理“餐桌污染”，综合检验检测中心建成投用，人民群众对“舌尖上的安全”更加放心。

政治建设入脑入心。始终把政治建设摆在首位，第一时间学习贯彻习近平总书记重要讲话重要指示精神，迅速掀起学习宣传贯彻党的二十大精神热潮，坚定拥护“两个确立”、坚决做到“两个维护”。严格履行全面从严治党主体责任。严格落实粮食安全行政首长责任制。法治建设走深走实。全面开展“八五”普法工作，促进全社会尊法、学法、守法、用法。严格规范行政行为和权力运行，全面推行重大行政决策合法性审查，行政争议发案量和败诉率实现“双下降”。办理人大代表建议158件、政协提案150件，办复率均为100%。作风建设从严从紧。建立重点工作盯办机制，对重大改革、重大事项、重点指标定期分析评价，政府执行力明显提升。严格落实中央八项规定及其实施细则精神和省市县《实施办法》，坚决压减非刚性支出，财政投资评审审减节约资金1.14亿元。深化机关效能建设，“12345”政务服务便民热线共受理诉求3556件，办理满意率达100%。

城市更新热火朝天。积极推进省级文明县城创建，实施城市建设品质提升项目107个，年度完成投资16.76亿元，县城品质提升样板和浦源镇集镇环境整治样板项目获省级正向激励。综合交通枢纽建设工程如期竣工，狮城特色农产品交易中心开工建设，升级改造老旧小区8个，新增停车位158个，新建供水管网70公里、雨污管网15.8公里，鲤鱼溪“水幕光影”、云山名城“周宁之夜”等夜经济活力满满。

乡村振兴全面推进。巩固拓展脱贫攻坚成果同乡村振兴有效衔接，健全防止返贫动态监测和帮扶机制，实现脱贫人口“零返贫”、非贫困人员“零致贫”。扎实开展农村人居环境整治提升五年行动，全域推广“坂坑经验”，农村垃圾干湿分类及资源化利用工作实现全覆盖。深入推进乡村“五个美丽”建设，创建美丽庭院388个、乡村微景观75个，萌源、赤岩等5个村被列为省级典型示范建设点。实施农村建设品质提升项目29个，编制实用性村庄规划107个，完成裸房整治391栋，总投资3.82亿元的城乡供水一体化（一期）项目开工建设，78个千人以下农村集中式饮用水水源地保护区划定工作全面完成。乡村治理更加有效，李墩镇、泗桥乡获评省级乡村治理示范乡镇，桃坑、首章等10个村获评省级乡村治理示范村。大力开展村集体经济“提质强村”三年行动，积极推行党支部领办合作社，村财50万元以上的村达到38个。

污染防治力度加大。深入打好污染防治攻坚战，中央、省环保督察反馈的21个问题和37件信访交办件基本完成整改。实施“蓝天”工程，完成34家茶企“煤改电”，调整优化城区声环境功能区，空气质量优良天数比率达100%、居全省第一。实施“碧水”工程，常态化开展“河湖长”巡查和“清四乱”行动，开展东洋溪等小流域水土流失综合治理1319公顷，建成生态水系3.95公里，完成禾溪、樟源溪河道整治，重点流域考核断面水质、集中式饮用水源水质优良比例均达100%，河长制工作考核实现“六连优”。实施“净土”工程，畜禽粪污资源利用率、农膜回收率分别达95%、82%，土壤环境安全可控。

节能减排推进有力。落实“双碳”行动，周宁抽水蓄能电站3号、4号机组相继投入商业运行，成为“十四五”期间福建省首个全面投产发电的抽水蓄能电站。富鼎精密铸造、鑫常泓机械设备等重点用能单位纳入全省能耗在线监测系统。创新绿色金融产品，发放“碳汇贷”136万元，碳资产融资实现新突破。倡导“绿色出行”“光盘行动”，打造兴福社区、长安社区等4个绿色社区。

生态创建成效显著。全面推行林长制，狠抓松材线虫病防治，改造低质低效林1.22万亩，造林绿化7400多亩，新增省级森林村庄3个、绿盈乡村21个，成功申报省级林下经济重点县。一举创成全国村庄清洁行动先进县、国家水土保持示范县、“中国天然氧吧”，“三库”生态文明学习实践基地成为福建省习近平新时代中国特色社会主义思想实践示范基地和省委党校现场教学点，七步镇入选“清新福建·气候福地”第二批“气候康养福地”。

（摘编：刘红波）

寿宁县社会发展概况

2022年，寿宁县坚持以习近平新时代中国特色社会主义思想为指导，扎实开展14个专项行动，尽最大努力实现了经济平稳增长。全县地区生产总值122.64亿元，增长6%；固定资产投资增长10%；社会消费品零售总额34.21亿元，增长6%；一般公共预算总收入5.49亿元、地方一般公共预算收入3.68亿元，扣除留抵退税影响分别增长1.5%和7%；城镇居民人均可支配收入33685元，增长6.2%，农村居民人均可支配收入20370元，增长9.3%。一年来社会发展的主要工作成效是：

民生保障坚实有力。民生支出18.18亿元，占一般公共预算支出的80.51%。强化财政资金统筹使用，尽量压减非刚性支出和“三公”经费，争取转移支付资金16.11亿元、债券资金8.13亿元，较去年分别增加1.51亿元和4.77亿元，牢牢守住了“三保”底线。坚持新增财力的70%以上用于改善民生，48件为民办实事项目基本完成，教师和基层网格员薪酬待遇全面提标，规范后退休干部生活补贴全面落实，群众“钱袋子”更加殷实，有了更多的幸福感和获得感。落实“四个不摘”和易返贫致贫脱贫户“三个一批”帮扶机制，设立360万元保障金为脱贫户购买病灾保险，重点巩固和监测对象无一例返贫。就业形势总体稳定，新增城镇就业605人，城镇失业人员和就业困难人员再就业255人，转移农村劳动力就业1530人，城镇登记失业率控制在4%以内。城乡低保、特困人员救助、被征地农民养老保障体系更加完善，发放低保金4946万元、特困供养金2069万元、被征地农民养老保障金650万元。慈善事业健康发展，闽东首个非公募公益性基金寿宁县惠莲慈善基金会挂牌成立。“一老一小”事业加快发展。新增老年友善医疗机构10家，建成互助孝老食堂32个。新增普惠托育机构2家，托位220个。

公共服务供给有效。实施教育扩量提质专项行动，建设补短板项目5个，新增学位990个。寿宁一中新校区建设主体完工，东区中学（二期）、寿宁五中迁建等项目加快推进。引进字节跳动集团“大力教育”公司提升高中教育质量，城乡教育“共同体”建设取得新成效。2022年高考再创佳绩，中考优秀率、得分率均居山区县前列。“双减”政策全面落实，课后服务质量明显提升，校外培训机构得到规范。新设立“名师工作室”14个，培育县级以上骨干教师218名。捐资助学蔚然成风，发放奖教助学金256.2万元。省级健康县创建工作扎实开展。县医院ICU病房建成投用，卒中中心、胸痛中心、呼吸诊疗中心、创伤中心加快建设。与省立医院、闽东医院对口帮扶联系更加紧密，新设立“名医师带徒”工作室2个。定向委培高等院校医学生23人，新聘录用定向医学生和卫技人员15人，选派参加各级医疗机构培训592人次，基层医疗服务能力和医技人员素质明显提升。新建中医院核酸检测实验室，全县核酸日检测能力达6500管。疫苗全程接种14.49万人，全民免疫屏障筑牢夯实。

社会大局和谐稳定。建立“梦龙矛盾调处志愿者之家”，设立“便民信访之窗”，推行“县到乡、乡到村”三级信访机制，深入开展解决历史遗留问题、信访问题源头治理专项行动，集中攻坚化解历史遗留问题和信访积案48件，到省进京上访批次人次分别下降82.8%和85.7%，“宁人好讼”逐渐成为历史。创新推行“两统一网”改革，重新划分三级网格 1327 个，成立市域社会治理服务中心，基层治理能级显著提升。竹管垅乡和南阳含溪等 18 个村入选第二批省级乡村治理示范村镇。

政府工作高效运转。强化行政监察和审计监督，加强公共资源、国资国企、招投标等重点领域监管，防治腐败的制度笼子扎得更紧更牢。建立常态化府院联席会议机制，推行政府系统定期学法制度，严格执行重大行政决策程序，全面落实政务公开，保证了政府各项工作在法治轨道上规范运转。106 件人大代表建议、105 件政协委员提案全部办复。开展能力作风建设提升年活动，修订《县政府工作规则》。

基础设施日益完善。千方百计投入交通基础设施建设资金 3.6 亿元，年初动工的省道 S207 线南北段公路工程进度过半，12 个建制村通双车道项目和 16 个较大自然村通硬化路项目率先建成，新改建农村公路 45 公里。落实“路长制”，实施农村公路养护提升工程 62 公里，农村公路安全生命防护工程 87 公里。城乡供水一体化项目加快建设，南阳、斜滩、武曲、下党片区供水工程竣工通水，惠及农村人口 6.03 万人。新建 5G 基站 120 个，实现乡镇所在地 5G 信号全覆盖。设立总额度 6 亿元的乡村振兴产业扶持基金，推进乡村振兴“抓项目、促发展”半年行动，入选全国乡村振兴典型观测县，列入首批省级数字乡村试点县，乡村振兴热度指数评价全省第三，其中获得感全省第一。在 2022 年全国推动“四好农村路”高质量发展会议上，通过“云参观”形式展示了交通助力乡村振兴的寿宁风采。

县城面貌明显改观。实施城市建设品质提升项目 136 个，完成投资 24.92 亿元。东部新城开发步伐加快，后壁洋片区控制性详细规划编制高标准推进，新城大桥、工人文化宫、赛江防洪堤三期工程（寿宁段）实现竣工，寿宁大道（一期）、文昌路、福宁大桥及连接线工程主体完工。蟾溪生态治理及城区市政提升工程项目稳步实施，旧城区“截污纳管”和新城区“雨污分离”扎实推进，“一湖两岸”夜景全面点亮。完成 10 个老旧小区改造提升和湖光新村平交口改建，铺设“福道”12 公里，新增城区停车泊位 196 个。出台县城个人危房改建政策，解决 30 户群众“安居”问题。

乡村品质持续提升。乡镇国土空间总体规划编制全面启动，“一镇一特色”格局加快形成。立足资源禀赋和区位条件，充分尊重农村群众意愿，完成 128 个行政村适用性规划修编。以“三集中六清楚”为抓手，扎实推进农村人居环境整治，推行生活垃圾干湿分类试点，整治农村裸房 532 栋、改造危房 134 户、户厕 277 户，打造了武曲塘洋等一批示范样板村。深入开展乡村“五个美丽”建设，下党乡下党村和“滴水穿石”主题公园分别列入省级美丽乡村休闲旅游点、美丽乡村小公园，南阳镇东吉洋村青春创意墙、大安乡水洋村静幽小道列入美丽乡村微景观，大安乡大熟村和半岭梯田列入美丽田园。推广“拆墙透绿、拆墙造绿”经验做法，上榜美丽乡村庭院之星 15 户，省级美丽庭院示范户 110 户。深度挖掘古村落历史人文底蕴，武曲镇大韩村、大安乡泮洋村列入第六批中国传统村落名录。高标准建设水库移民美丽家园，芹洋乡获评福建省大中型水库移民后扶示范区。

生态环境不断优化。严格落实中央、省环保督察问题整改，全面实行环境损害赔偿制度，实施污染防治工程和生态环境治理项目 56 个。空气质量优良比例和县级集中式饮用水水源地、主要流域、小流域水质达标率均达 100%。建设用地安全利用率 100%，受污染耕地安全利用率 93%。造林绿化 2.2 万亩，松林改造提升 4.42 万亩，实施武夷山森林和生物多样性保护项目 2000 亩，重点区位森林质量精准提升 360 亩。竹管垅乡获评“清新福建·气候福地”气候康养福地。新增省级森林村庄 3 个、绿盈乡村 17 个。武曲大韩榕树古树群获评“福建省最美古树群”。矿山生态环境恢复治理深入推进，水土流失综合治理 2.48 万亩。托溪乡践行“两山”理论石材行业综合整治工作入选中央生态环保督察整改正面典型案例。入选全国 2023—2024 年水系连通及水美乡村建设县，将获中央财政奖补资金 1.2 亿元。深度践行“两山”理论和“四库”理念，积极申创全国“两山”实践创新基地，全国首个双碳教育基地“下党双碳学院”挂牌成立。

（摘编：张捷）

福安市社会发展概况

2022年，福安市坚持以习近平新时代中国特色社会主义思想为指导，紧扣“五福新城、全家福安”发展目标，深入开展“提能级、攻项目、优服务，献礼二十大”活动和19个专项行动，扎实做好“两稳一保一防”，连续两年获评全省经济实力“十强”县（市），且晋升至第八位。全市地区生产总值737亿元，增长6.5%；固定资产投资增长6.5%；社会消费品零售总额172亿元，增长5.5%；一般公共预算总收入65.94亿元，同口径增长10.5%；一般公共预算地方级收入39.63亿元，同口径增长13.6%；城镇居民人均可支配收入45935元，增长5%；农村居民人均可支配收入24210元，增长9%。一年来社会发展的工作主要体现在以下方面：

社会保障更健全。出台服务制造业企业用工8条措施、制造业企业“以工引工”奖补办法等政策措施。发放稳岗补贴790万元。组建市乡村三级企业用工服务队，开设人力资源市场，开展大型招聘活动22场。扶持高校毕业生自主创业项目236个。新增城镇就业4339人、城镇失业人员再就业961人。发放城乡居民养老金1.97亿元、60周岁以上被征地农民保障金3845万元。发放低保金、特困供养金、困难残疾人两项补贴、抚恤优待金等1.8亿元。提升改造农村幸福院77所。新增养老服务照料中心3个、互助孝老食堂100所。阳头养老服务照料中心获评全省五星级养老服务照料中心。城市公益性公墓一期建成投用。新殡仪馆主体封顶。湾坞片区回迁安置、街尾危旧房改造二期顺利完成。

服务供给更优质。民生支出42.3亿元，占公共财政总支出75%。36件为民办实事项目基本办结。教育“两项督导”实地核查评估确定为“优秀”等级。“双减”政策落地见效，课后服务扩面提质。福安入选全省基础教育综合改革实验区。福安一中入选全省首批示范高中。晓阳中学入选省级乡村温馨校园建设典型案例。实施教育补短板项目22个，一中新校区初中部教学楼、甘棠第二中心小学、穆云中心幼儿园二期建成投用，新增学位1680个。规范民办教育发展，政府购买义务教育学位1200个。大力发展职业教育，福建技术师范学院附属福安职业技术学校正式挂牌。筹建“全家福安”奖教助学基金会，一期募集基金近2亿元。人民医院以及新迁建妇幼保健院、精神病医院、精神病人疗养院正式启用。市医院综合楼、范坑、潭头卫生院建成。民族医院康复楼、罗江街道社区卫生服务中心主体封顶。组建名医工作室4个。新增中医馆9个。建成宁德市首个“联合康复病房”。

文体事业更繁荣。坦洋工夫茶制作技艺入选联合国教科文组织人类非物质文化遗产代表名录。福安评话等15个项目入选省、宁德市非遗代表性项目名录。72处红色革命遗址遗迹列入宁德市红色文化遗存。非遗文化展示体验馆建成开馆。廉村入选省首批廉洁文化示范基地。新建畲族歌舞台10个。央视热播剧《那山那海》全面展现福安畲族民俗文化。《畲族传统武术套路教材》正式出版。央视大剧《连家船民的美好生活》在福安完成拍摄。成功举办第九届老年人体育健身大会。组队参加第十七届省运会，福安选手收获奖牌33枚。

社会大局更稳定。圆满完成党的二十大安保维稳任务。获评全国市域社会治理创新城市、省平安建设示范县，蝉联省双拥模范城。19 个村镇入选省级乡村治理示范村镇。启动“八五”普法，办理法律援助案件 964 件。坚决依法打击信访活动中的违法犯罪行为，化解各类信访问题 368 件。严厉打击暴力、非法集资、电信网络诈骗等违法犯罪活动，破获刑事案件 994 起、治安案件 3281 起，实现刑事、治安警情双下降。上白石义务消防队获评全国 119 消防先进集体。金融市场健康稳定，存贷款余额突破 1000 亿元，贷款余额增长 30%，不良贷款率降至 0.7%。深入开展安全生产治理能力提升专项行动，安全生产形势总体平稳。统计、审计、国防动员、民兵预备役、支前、海防、人防、反走私、处非、工、青、妇、计生协、科协、红十字会、宗教、老区、老干部、老龄、残联、慈善、档案、党史方志、气象、水文、外事、侨务、侨联、台港澳、关心下一代等工作取得新成效。

自身建设彰显担当。全面从严治党主体责任有效落实，党风廉政建设和反腐败工作持续深入。会议文件进一步精简，“三公”经费支出保持在合理区间。33 个市直部门获评“全国节约型机关”。政务公开工作位列全省优秀等次。市政府办获评全省信息工作先进单位。“12345”便民服务平台诉求件办结率达 99.98%，群众满意率达 98.47%。办理人大代表建议 184 件、政协委员提案 197 件，答复率、办结率均达 100%，满意率进一步提高。

城乡建管更加精细。实施城乡品质提升项目 120 个，完成投资 34.6 亿元。完成 76 个村庄规划编制。南岩村村庄规划入选全国国土空间规划实践优秀案例。智慧城市基础设施项目启动建设。城区立体绿化、龟湖生态走廊慢道提升、湖滨西路花漾街区、梦顶山公园二期全面建成。秦溪绿道城阳段、富春溪绿道坑下至长汀段顺利完工。江家渡大桥至富春大酒店沿线、环龟湖夜景实现增亮。一批口袋公园走进群众生活。新增公共绿地 315 亩。新改建天然气管道 15 公里、城区雨水及供水管网 18 公里，建成 5G 基站 1047 个。累计建成城区公共停车泊位 3610 个、充电桩 429 个。完成电网建设投资 1.7 亿元。实施城区电力线路缆化下地工程，冠后路、金山北路等市区 9 条主干道电力线路有望年底全部入地，电力高压缆化下地 31.4 公里、低压缆化下地 9.6 公里。4 个老旧小区、东风市场、东风美食城完成改造。阳春绿色社区样板工程获评省级样板工程。“属地吹哨、部门报到”“两违”综合治理机制成效良好，违规占地和违法建房现象得到有效管控。

乡村振兴奋力推进。持续推进脱贫攻坚与乡村振兴有效衔接，累计投入各级财政衔接补助资金 6590 万元，脱贫人员和监测对象无一返贫。开展乡村振兴战略十大行动，批复乡村振兴试点村、实绩突出村建设项目 54 个，累计投入 4205 万元。实施“一事一议”奖补项目 165 个，兑现奖补资金 2620 万元。入股闽东时代基金、铁湖工业园区厂房项目，年增加村集体经营性收入 1120 万元，实现 80% 以上建制村经营性收入达 15 万元以上。新增省级“一村一品”专业村 3 个。苏堤村入选全国“一村一品”示范村。完成 4 个历史文化名镇名村提升修缮、全部历史建筑测绘建档及保护图则编制。完成裸房整治 9845 栋。新改建农村公路 38.5 公里。农村公路“路长制”入选全国农村公路典型案例。

生态优势持续增强。县级集中式饮用水水源水质达标率、主要流域省控以上断面水质Ⅰ～Ⅲ类比例、空气质量优良天数比例均保持 100%。鸭母洋垃圾填埋场应急整治、赛甘污水处理厂提标改造、金属表面处理中心一期建设顺利完成。“一革命四行动”深入推进，完成甘棠、晓阳、穆阳全镇域和 76 个行政村垃圾分类。新建城区污水管网 6.83 公里、乡镇污水管网 12.68 公里。15 个重点水利项目完成投资 4.19 亿元。城乡供水一体化项目开工建设。城区供水、穆阳溪引水一期加速推进。赛江防洪三期加快扫尾完工。大中型水库移民后扶项目省级示范区落地晓阳镇。治理水土流失 2.75 万亩。完成造林绿化 10.48 万亩。新创建“中级版”绿盈乡村 22 个、省级森林村庄 3 个、美丽庭院示范户 285 户。溪柄镇入选省级森林城镇。天马山植物园和林业生态馆建成。实施海漂垃圾陆海统筹治理服务项目，投入资金 2310 万元。央视《焦点访谈》栏目对福安市海上养殖综合整治和产业绿色转型进行重点报道。

（摘编：陈德盛）

柘荣县社会发展概况

2022年柘荣县坚持以习近平新时代中国特色社会主义思想为指导，传承弘扬“柘荣现象”丰富内涵，扎实推动“闽东药城”“中国慢城”建设迈出新步伐，努力为“宁德篇章”宏伟蓝图增添柘荣色彩。全年地区生产总值增长4.9%；固定资产投资增长15%；社会消费品零售总额增长5%；一般公共预算总收入5.34亿元、下降6.4%；地方一般公共预算收入3.52亿元、增长3.5%；城镇居民人均可支配收入34913元、增长6%；农村居民人均可支配收入21084元、增长12%。一年来社会发展的主要工作和成效是：

民生福祉全面增进。人均地区生产总值84126元，位居全市第三。年度民生支出11.54亿元，占一般公共预算支出的78%，完成为民办实事项目16个。实施教育扩量提质专项行动，职校迁建、一中公寓楼等项目序时推进，二小教学综合楼及操场改造项目建成投用，新增学位1030个，创建全国学前教育普及普惠县通过省级验收。实施医疗卫生服务提升专项行动，县医院异地新建项目（一期）主体工程即将竣工验收，县疾控中心及城郊卫生院业务用房建成投用，投入使用普惠性托位310个，千人均床位5.76张、超过全市平均水平。富溪镇、英山乡创建省级卫生乡镇通过验收，各乡镇卫生院在全市率先达到国家“优质服务基层行活动”基本标准。

社会保障不断提高。创新建立因病因灾致贫返贫保险，为669户脱贫户办理特色农业产业帮扶保险，脱贫人口小额信贷存量覆盖率位居全省第一，并在全国脱贫人口小额信贷视频调度会上作典型发言。实施人力资源服务提升专项行动，引进省外劳动力464人，实现本地劳动力就近就地就业982人。落实分层分类社会救助，严格执行社会救助对象动态调整，城乡低保标准从每人每年7152元提高至8964元。县乡村养老服务实现全覆盖，总床位数达985张，新建“孝老食堂”助餐点23个。

文体事业持续繁荣。有力推进文物修缮及消防安防设施建设，县文化艺术中心项目稳步推进，博物馆、文化馆完成主体建设，智慧体育公园建成投用。柘荣剪刀制造技艺、郑宗远传说入选第七批省级非遗项目名录，柘荣畲族民歌、柘荣竹钉鼓制作技艺入选第七批市级非遗项目名录。成功举办“福来福见”全国百福剪纸创作大赛暨剪纸艺术精品展，“柘荣剪纸”被推荐为省级“一县一品”典型案例。开展文化惠民活动25场次、全民健身活动15场次，在第十七届省运会上摘得金牌5枚。

社会大局和谐稳定。筑牢疫情防线，建设步行15分钟核酸采样服务圈，扎实推进疫苗接种，进一步构筑全民免疫屏障。在蕉城“0409”、霞浦“0703”疫情期间，先后派遣医疗队、党员干部突击队驰援抗击疫情，为打赢疫情防控歼灭战作出柘荣贡献。建设“平安柘荣”，常态化推进扫黑除恶，开展七大行业领域整治，扫黑除恶好评率100%、位居全省第一，执法工作满意率98.7%、位居全市第一。深化基层治理，创新“1+6+N”法治服务矩阵，提升“草根和事佬”民间枫桥典型，富溪镇、乍洋乡被评为省级乡村治理示范乡镇。拓展双拥共建，在全市率先组建拥军优属联盟，服务站建设典型做法在全省会议上推广。安全生产形势持续稳定、食品药品安全保障有力、宗教领域和谐稳定、防汛抗旱扎实有效。此外，工会、共青团、妇联、残联、文联、计生协、科协、红十字会、贸促会等群团组织职能有效发挥，国防动员和后备力量建设深入开展，精神文明、供销、移民、民族、宗教、台港澳、外事、侨务、老干部、老区、气象、档案和关心下一代等工作取得新进展。

自身建设不断加强。始终把政治建设摆在首要位置，忠诚拥护“两个确立”，坚决做到“两个维护”。83件人大代表议案建议、122件政协提案全部办复。修订完善《县政府工作规则》，完成首批行政执法赋权，深入开展“法治政府建设年”活动，全面实施“八五”普法，规范健全“阳光公开”“一年一审一结”等村财管理制度，相关经验做法在全省推广。强化机关效能建设，开展年轻干部“四下基层”实践活动，“三公”经费支出持续降低，全力保障离退休干部生活补贴、民生工程建设。深入推进政府系统党风廉政建设和反腐败斗争，行政监察、审计监督、统计监督和绩效评估等工作进一步加强。

推进重点领域改革。医疗卫生改革加速推进，优化县域紧密型医共体（总医院）建设，推进公立医院薪酬制度改革、世行贷款医改促进项目等，兜底解决基层卫生院工资及基础绩效。人才发展环境持续优化，出台生物医药、教育等领域引才留才专项政策，创新卫生领域人才自主评价认定机制。在全市率先开展青年友好型城市创建，让城市对青年更友好、青年在城市更有为。

持续优化营商环境。对标“全市最优营商环境”，打造“柘好办”服务品牌，200件“一件事”集成套餐服务落地运行，在全市率先推出23个“秒办秒批”事项，全类型服务事项“一趟不用跑”占比96.8%、“全流程网办”占比95.9%、“减时间”比例92.3%，均位居全市第一。创新县政府分管领导“一线督办日”、涉改窗口“局长联审会商日”等机制，提升政务服务“好差评”“一企一议”等举措，有效提高市场主体满意度。探索形成一批优秀经验做法，在全市首创“水电气网络”联动报装服务模式，率先完成土地收储阶段“四评合一”区域审查工作，“精准赋能小微企业转型升级”典型经验在全省推广。

城市展现新颜值。落实城市建设品质提升项目39个，重点开展“12558”工程，建成口袋公园5处、城市书坊2处，新建改造慢行步道9.5公里，改造老旧小区2个，城市颜值持续攀升。岭边路、双安路等道路工程建成投用，仙屿公园西侧片区道路提升、文昌南路拓宽等改造工程完成，累计新建城区道路3.7公里、改造提升道路3.5公里，城区主次干道“白改黑”覆盖率达92%；龙溪水污染源头治理有序铺开，全面完成主城区排水管网溯源排查工程119.1公里，修复破损管道2.6公里，新改建排水管网20.7公里，城区污水收集率由不足10%提高至23%，城市发展本底更加坚实。探索“城市智脑”建设，实施城区交通建设管理提升专项行动，新增停车位363个、“智慧停车”系统试运行，荣华路、上桥路等一批交通堵点有效化解。

乡村呈现新面貌。整合中央预算内资金、专项债、一般债、PPP资金等各类乡村振兴资金5亿元，持续改善乡村基础设施。聚焦农村“五个美丽”建设，创成一批美丽庭院、乡村微景观、乡村小公园、乡村休闲旅游点，英山乡半岭村入选省级乡村“五个美丽”典型示范建设点。开展环境整治和建设品质提升项目27个，编制村庄规划22个，整治裸房185栋，完成东源乡全域垃圾干湿分类试点建设，实现晋升“标准版”村庄45个、“提升版”村庄23个，被评为省级村庄清洁行动成效突出县。实施闽东大水网建设专项行动，完成城乡供水一体化工程2个、供水管网60公里，新改建乡村公路13公里，铺设污水管网3公里。

生态显现新魅力。继续推进国家储备林（乡村振兴）森林质量精准提升工程，完成重点生态区位商品林赎买2万亩；扎实推进国家森林城市建设，建成省级森林乡镇1个、省级森林村庄3个，开展植树造林1万亩，森林抚育2.31万亩，封山育林0.52万亩。全面深化河（湖）长制，成立全省首个县级幸福河湖促进会，建设安全生态水系2.65公里，治理水土流失2.62万亩，省控流域断面水质优良率100%，县级集中式饮用水源水质达标率100%。开展“清水蓝天”等环保专项执法行动，检查企业251家，责令整改12家、立案调查13家、关停取缔6家，有力震慑各类环境违法犯罪。

（摘编：林学军）

福鼎市社会发展概况

2022年，福鼎市坚持以习近平新时代中国特色社会主义思想为指导，全面实施16个专项行动，扎实做好“两稳一保一防”工作，经济社会发展稳中有进。全年实现地区生产总值520亿元、增长10.5%左右，创2015年以来最高增幅，固定资产投资增长6.5%，一般公共预算总收入增长3.7%（同口径），地方一般公共预算收入与上年持平，城乡居民人均可支配收入分别增长5%和8%。一年来社会发展的工作主要体现在以下方面：

社会保障更暖民心。面对大规模减税退税降费、疫情刚性支出增加、可用财力减少等压力，我们坚持顶住压力过“紧日子”，尽量压减非刚性支出，强化财政资金统筹使用，全年民生支出41亿元，占一般公共预算支出的85%。36项为民办实事及民生票决项目扎实推进。落实防止返贫监测帮扶机制，实现脱贫户与农民人均收入基本持平。全面落实稳就业政策，发放稳岗稳工资金2904万元，稳定岗位3万个，城镇新增就业5479人。建成太姥山、佳阳、前岐区域性养老服务中心，新增养老床位330张，柏洋上榜全国示范性老年友好型社区。“福乐家园”建成投用，成立全省首家残疾人社区康复驿站。水上救护志愿服务队获评全国红十字模范单位。基本医疗保险、城乡低保扩面提质，城乡居民医保补助和低保标准分别提高至610元、9780元。建成公租房110套。新增普惠托育园3个、托位272个。常态化开展人工增雨，实施应急调供水工程，新增机井105个、地面暖炉催化人工站点5个，抗旱保供取得明显成效。

社会事业更解民忧。实施教育补短板项目12个，建成实验小学百胜校区二期、桐北小学城北校区二期、店下中心小学迁建二期，新增学位5300个。高分通过教育“两项督导”评估，入选全国课后服务信息化管理试点县、省级义务教育优质均衡先行创建县。职成教一期全面竣工，福鼎一中科技创新项目入选省级特色示范项目培育名单。卫生健康水平稳步提高，市医院百胜院区二期主体完工，市应急中心负压病房完成改造，市医院在全国县级医院百强排名中上升至第51位，桐城卫生服务中心新院区、龙安医养结合服务中心投入运行，硖门获评省级卫生乡镇。加强文化遗产保护传承，开展畲族文化资源普查，完成第一批红色文化遗存名录登记，福鼎白茶制作技艺入选联合国教科文组织人类非物质文化遗产代表作名录，新增省级非遗项目4个。文体事业健康发展，开展文化惠民、全民健身活动3000余场次，创作红色题材越剧《金维娇》实现线上展播，新增中国作协会员2名，福鼎籍运动员勇夺省运会奖牌7金5银5铜。

社会治理更顺民意。持续推进平安福鼎建设，连续21年保持现行命案全破。市域社会治理现代化提速，新增智能安防小区23个，创建省级乡村治理示范镇村27个，闽浙两省“融警务”模式全面深化，“执法积分制”获评全国地方公安机关优秀执法制度。安全生产专项整治三年行动扎实开展，事故起数、死亡人数实现双下降。稳妥处置恒大等楼盘风险，化解信访积案82件，办理人民调解案件4306件。积极稳妥应对疫情冲击，严格执行防控措施，牢牢守住“外防输入”防线，加快构建全民免疫屏障，有效守护了人民生命安全和身体健康。创建全国示范型退役军人服务站12个，蝉联省级双拥模范城“八连冠”。依法管理宗教事务，扎实做好民族工作。军民融合、国防动员和后备力量建设、海防、人防等工作得到加强。

政府效能稳步提升。坚持“第一议题”学习制度，跟进学习、全面贯彻党的二十大和习近平总书记重要讲话重要指示精神，坚定不移做“两个确立”忠诚拥护者、“两个维护”示范引领者。修订政府工作规则，完成部分事业单位机构改革，政府系统执行力进一步提升。12345 热线、政府网站等平台与企业、群众全天候互动，全年办理诉求件 17087 件。高质量办理市人大代表建议 204 件、政协委员提案 174 件。严格落实中央八项规定及其实施细则精神和省市实施办法，驰而不息纠治形式主义、官僚主义。廉政建设、审计监督、统计服务、机关效能等工作不断加强。

改革创新推进有序。深入开展改革试点任务 7 项，白茶产业高质量发展等 10 项改革典型登上《中国改革报》。集体林权制度改革不断深化，落地全国首单农业碳汇保险、红树林蓝碳生态保护保险，在全省率先推出国有林场林业碳汇指数保险，入选省级林业执法队伍建设改革试点市。医药卫生体制改革扎实推进，紧密型医共体入选全国优秀创新案例。综合行政执法改革有序实施，353 项行政处罚权顺利下放。“明镜”规范化执法管理平台荣获全国公安基层技术革新一等奖。国企改革三年行动稳步推进。顺利通过全国农村社区治理实验区结项评估。农村生产要素融资服务试点经验获得全省推广。

文明城市加快创建。全面落实创城三年行动，实施创城补短板项目 178 个，宜居水平持续提升。城市框架全面拉开，铁锵片区控规及城市设计启动修编，点头、白琳、前岐、佳阳纳入城区规划范围，“世界白茶中心”总体城市设计方案完成评选，百胜、潮音、玉塘、海湾等新区初具规模。群众出行更加便捷，滨海大道二期、站前大道二期全线竣工，完成主次干道“白改黑”13 条，提升背街小巷 15 条，新改建道路 20 公里、停车场 8 个、停车泊位 516 个，改造智慧停车路侧泊位 1680 个。锂电产业园交通枢纽中心动工建设，动车站公交首末站建成投用。慢行空间加快拓展，潮音城市客厅、鹿龟山公园、梅澳湿地公园建成开放，新建口袋公园 9 个，新增绿道慢道 14.6 公里。城市管理日益精细，启动省级生活垃圾分类试点县创建，全域空间一体化治理平台投入运行，改造老旧小区 12 个。流美倒虹管、后胆溪及双桂公园截污工程建成投用，新改建雨污管网 25 公里。桐南桐北片区更新改造试点前期有序开展，完成老虎湾、中山北路排水改造。新时代文明实践中心（所、站）实现全覆盖，近万名志愿者参与创城活动，创城氛围更加浓厚。

美丽乡村提速建设。“百万村财、千万乡财”行动有力推进，创新推出“乡村振兴 · 富村贷”，新增村财超百万村 18 个，柏洋村财率先在宁德实现超千万。严格落实国土空间规划管控，科学划定“三区三线”，提前完成三年村庄规划编制任务 155 个，柏洋村庄规划入选自然资源部优秀案例。农村建设品质有效提升，启动农村生活污水治理工程一期，整治裸房 2000 栋，新增省级美丽庭院 120 户，治理“两违”3.1 万平方米。晋级改造四好农村路 68 公里，完成单村入户供水工程 35 个。城乡环卫一体化加快实施，在宁德首创“城市 + 农村”“陆上 + 海上”运作模式。赤溪入选全国乡村振兴创新案例，太姥山、硖门 - 嵛山乡村振兴示范线纳入省级精品线路，潋城入选省级美丽休闲乡村，溪美入选省级乡村振兴实绩突出村。

生态环境持续向好。深入开展中央生态环保督察反馈问题整改“回头看”，石材产业整治经验获生态环境部认可。实施生态环境治理项目 33 个，全市空气质量、重点流域水质保持优良。严格落实“河湖长制”，综合治理管阳溪、吉溪等河道 21.4 公里，建设生态水系 12 公里，整治入河入海排污口 83 个。全面完成水电站生态下泄整改任务。巩固海上综合整治成果，提前完成“消白除旧”任务，实施环保型玻璃钢撑杆养殖 6000 亩。获批八尺门内湾海洋生态修复项目，争取中央预算内补助资金 3 亿元。完成益民垃圾填埋场封场整治。在宁德率先完成互花米草除治攻坚行动，出台首个林长令，种植红树林 2371 亩，造林绿化 1.6 万亩，治理水土流失 2.1 万亩。

（摘编：郭虹）

霞浦县社会发展概况

2022年，霞浦县坚持以习近平新时代中国特色社会主义思想为指导，深入学习贯彻党的十九大及十九届历次全会精神和党的二十大精神，全方位推进高质量发展超越，扎实推动“生态型工贸旅游滨海城市”建设，较好地完成了各项目标任务。面对国内外疫情反复，特别是“0409”“0703”疫情接连冲击，全县上下众志成城，广大党员干部冲锋在前，医护人员、公安干警、新闻工作者、志愿者等日夜奋战，全县群众守望相助、同心抗“疫”，在最短的时间内实现了社会面动态清零，取得了阶段性胜利。同时，积极应对大规模减税退税降费、疫情刚性支出、可用财力减少等各方面困难，把有限财力物力用于发展民生事业和基础设施建设，推动经济社会发展取得良好成效。全县实现地区生产总值350.7亿元、增长10%；一般公共预算总收入26亿元、同口径增长41.35%，地方一般公共预算收入19.51亿元、同口径增长45.5%；城镇居民人均可支配收入43130元、增长7%，农村居民人均可支配收入28329元、增长9%；固定资产投资增长10%；社会消费品零售总额增长6%；年度节能减排任务全面完成。先后荣获“中国海带苗之乡”“中国生态大黄鱼之乡”、第六批“四好农村路”省级示范县等荣誉称号，成功上榜2022年度福建省经济发展“十佳”县（市），并作为全国18个县份之一，入选央视《走进县城看发展》节目进行宣传报道。社会发展的主要工作及成效是：

社会保障更有获得感。全年民生支出33.99亿元，占公共财政支出79.5%。新增城镇就业3100人，发放稳岗补贴315.82万元。城乡居民医保人均年补助标准提高到625元，城乡低保标准提高到747元，累计发放低保金、特困供养金、困难残疾人补贴等1.35亿元。城市公益性公墓动工建设。新建区域性养老服务中心1个、农村幸福院30所、互助孝老食堂50处。霞浦列为全市居家和社区养老服务改革试点县。松港街道东昇社区入选全国示范性老年友好型社区。

人民生活更有幸福感。20个教育补短板项目完成投资2.8亿元，新增学位3960个，滨海小学、八小教学综合楼等8个项目竣工投用，七中高中部扩建、仙东小学迁建等2个项目动工建设。霞浦一中确认为首批福建省示范性高中。霞浦县被确定为省级幼小衔接试验区。8个卫生补短板项目完成投资2.08亿元，新增床位735个，县医院新院顺利搬迁开诊，下浒卫生院即将竣工。蓝天、小山哈两家托育机构列为省级托育照护试点单位。文物保护力度持续加强，半月里村、上水村非遗展示馆提升工程完成建设，雷氏青草药制作技艺、霞浦木雕入选第七批省市非遗项目。宣传片《在海之上》荣获上海电视艺术家协会“第三届短视频大赛”社会竞赛单元三等奖。霞浦运动健儿在省第十七届运动会上荣获8金7银4铜的好成绩。

社会治理更有安全感。“八五”普法全面启动。常态化扫黑除恶斗争深入开展，电信网络诈骗、涉海违法犯罪等打击整治持续发力，群众安全感率达99.55%。出入境大队荣获“全国公安机关爱民模范集体”。霞浦获评全省第四轮第二批平安县。“下基层促四访”活动扎实开展，县信访局获评全国信访系统先进集体。孙丽美先进事迹展示馆顺利建成，话剧《阿美书记》成功首演。防汛抗旱扎实有效。安全生产形势稳定向好。军政军民团结巩固发展，蝉联省级双拥模范县。

重点改革持续深化。国企融合重组加速推进，国投公司获评AA主体信用评级。普惠金融改革不断深化，沙江镇入选宁德市第四批普惠金融信用乡镇，12个村入选宁德市第4批普惠金融信用村。农村生产要素流转服务中心和流转交易平台上线运行，年度发放贷款67笔4700多万元。医改工作不断深化，县中医院与崇儒卫生院组建医联体并投入运营。成功举办海峡两岸霞台农业融合发展交流研讨活动，谋划实施台湾农民创业园、松山妈祖文化园等系列项目，两岸同胞“共同家园”正加快建设。

作风建设更加扎实。认真落实“第一议题”学习制度，全面宣传贯彻党的二十大精神，忠诚拥护“两个确立”，坚决做到“两个维护”。弘扬“马上就办、真抓实干”优良作风，从严从实抓好“抓思想强规矩、转作风提能力”教育整顿。办理人大代表建议283件，委员提案163件，办结率、答复率均为100%。主动接受社会监督，“12345”便民服务平台和县长信箱诉求件办结率100%。健全完善县政府工作规则、重大行政决策相关规定，严格落实中央八项规定及其实施细则精神和省市县实施办法，县公安局等33家单位获得“节约型机关”称号。

营商环境更加优质。“互联网+政务服务”持续升级，“一趟不用跑”事项比例提高至96.7%，5100个事项实现“即来即办”，网上可办率达100%。推出132个“一件事”套餐服务，17个部门实现全流程在线审批，企业开办最快4个小时完成。县便民服务馆、行政审批馆、公安业务馆正式开馆。在全市率先推行“一窗通办”审批服务改革，业务办理时间压缩45%。设立“办不成事”窗口，开展“局长服务日”“局长会商日”活动，推行政务业务“四免服务”，全面落实“好差评”制度，好评率达100%。

城市更新按下“快进键”。高质量推进国土空间总体规划编制。实施城乡品质提升项目83个。福宁湾滨海新城建设全面铺开，塔山路、沙洲路等6条道路建成通车，工人文化宫、行政服务中心等一批市政工程开工建设。旧城改造稳步实施，启动锦绣山河、俊贤新村等8个老旧小区改造提升项目。完成世纪大道、上沙东路等16条道路“白改黑”，新改建雨污管网9.05公里、燃气管道20公里，新增公共停车场2个、停车泊位288个。数字城管平台建成试运行。“两违”整治拆违面积4.82万平方米。加强电动车规范化管理，持续推进“机非隔离”和电动摩托车“分级管理”，电动车上牌7.8万辆。

乡村建设跑出“加速度”。累计投入2.15亿元，实施农村人居环境整治暨农村建设品质提升项目29个，启动40个“多规合一”村庄规划编制，整治裸房1999栋，危房改造48座；崇儒、水门全乡域以及60个建制村（社区）试点推广垃圾分类。创建乡村振兴示范带11条。222个行政村集体经营性收入均达到20万元以上。盐田乡上村村、水门乡茶岗村列入第六批中国传统村落名录，三沙东壁村设为全国乡村振兴观察点，玉潭樱花谷获评省级休闲农业示范点。基础设施加快完善，城乡供水一体化项目加快实施，宁上高速霞浦至福安段、G228沙江沙塘里至溪南德土鼻段加速推进，国省干线（联七线）公路东冲至火车站段全线贯通，城乡“1小时交通圈”顺利实现。

生态环保打出“组合拳”。中央生态环保督察反馈问题整改扎实推进，护城河黑臭现象基本消除。强化工业园区大气污染和城市扬尘、餐饮油烟等联防联控，推进“散乱污”企业集中整治，城市空气质量优良达标率100%。落实“河（湖）长制”，治理河道6.1公里、水土流失3.48万亩，基本完成杯溪沿线违规畜禽养殖场集中拆除，饮用水源地和主要流域省控断面水质达标率均为100%。推行“林长制”，完成植树造林2.66万亩、松林改造4.38万亩，互花米草除治2.01万亩，“绿盈乡村”覆盖率达83.3%。推进海上养殖综合整治，完成“消白除旧”整治工作，改造半塑胶渔排26.4万口，清理超规划养殖设施1460公顷，征收海域使用租金5381万元，清海成果持续巩固提升。

（摘编：陈德盛）

平潭综合实验区社会发展综述

2022年是极不寻常的一年。面对世界变局加剧、新冠疫情冲击、国内经济下行、两岸形势变化等复杂严峻的外部环境，以及主动调整经济结构、全面净化政治生态等多重考验，实验区上下以迎接党的二十大召开和学习宣传贯彻党的二十大精神为主线，紧扣“一岛两窗三区”战略定位，在省委、省政府的坚强领导下，保持战略定力，主动求变、敢于斗争、攻坚克难，稳住了经济大盘，守护了人民健康，维护了社会大局稳定，实验区高质量发展表现出强大韧性。

备受鼓舞的是，上级支持力度不断加大。国家部委和省委、省政府始终对平潭关心厚爱，《平潭综合实验区总体发展规划（2022—2035）》已经国家发改委研究通过，省委、省政府建立福州新区、平潭综合实验区工作联席会议制度，全力推动两地一体化高质量发展，并在规划报批、债券申报、重大项目、政策争取等方面给予实验区大力支持。

令人振奋的是，新思路打开了新局面。音乐、赛车、棒垒球、环岛游等新产品陆续推出，欢乐岛、活力岛、舒心岛建设初见成效。积极探索“资源换产业”，引进中能建合作开发新兴产业园，三五集团“海峡梦之城”项目成功签约，总投资分别为90亿元、240亿元。围绕专项债策划生成项目，2022年26个项目获批额度45.29亿元，超过过去历年的总和。区属国企战略重组顺利完成，投融资能力显著增强，区城发集团成功获得AA+信用评级。城乡一体化试点、社会治理网格化等重大改革谋定快动。

值得欣慰的是，人民群众的“幸福指数”持续提升。尽管财政支出压力加大，但财政用于民生的比例仍保持在70%以上，并进一步调增了实验区最低工资、城乡居民基础养老金、城乡低保和特困人员基本生活供养等标准，均位列全省中上游水平，居民收入增长与经济增长保持同步。省、区39件为民办实事项目全面完成。

极为不易的是，新旧动能转换迎难而上。平潭综合实验区立足战略定位，敢于以一时阵痛换长远发展，不再依靠房地产拉动和税收奖补驱动，更加注重壮大第三产业，更加注重企业的长生命周期健康运营。全年完成地区生产总值373.91亿元，增长4%；固定资产投资完成212亿元，保持正增长；一般公共预算总收入、地方一般公共预算收入完成调整后目标；社会消费品零售总额61.6亿元，增长0.5%；进出口总额198亿元，增长1%。透过现象看本质，一些指标虽经受短期波动，但平潭综合实验区发展的底子更实、路子更准、内生动力更足。一年来，社会事业发展的主要工作和成效是：

过去一年，面对“7·13”“10·24”突发输入性疫情，平潭综合实验区坚持人民至上、生命至上，科学施策、以快制快，严格执行国家第九版防控方案，在全区人民的支持配合下，扁平化指挥体系高效运转，率先实施按楼栋、单元精准封控，充分运用大数据手段强化分析研判，均在9天内实现社会面清零，以最小的代价实现最大的防控效果，最大限度减少疫情对经济社会发展的影响。实施“属地网格+依港管船”管理机制，涉海部门、属地片区协同配合，严格落实船舶分类管理，筑牢海上防线。

着力打造两岸“黄金水道”，平潭对台货运航线实现天天有航班，全年跨境电商进出口额突破100亿元，外贸集装箱吞吐量突破10万标箱，对台贸易额突破180亿元，平潭跨境电商保税进口业务量蝉联全省第一，对台海运跨境电商业务量居全国第一。

着力构建台胞登陆平台，全国首个台胞职业资格一体化服务中心揭牌运营，对台职业资格采信“e+”服务模式在全省推广，两岸家园数字身份公共服务平台实现政务办理、医保购药等7类服务场景“一码通”服务，“台商台胞金融信用证书”“台胞诚信闪贷”业务累计发放贷款近2000万元，有效缓解了台商台胞担保难、融资难问题，新增台资企业111家。

着力增进两岸民间交流，与全国台企联签订战略合作协议，与厦大合作成立两岸融合发展研究院，顺利举办第十一届共同家园论坛、海峡两岸工商合作论坛、海峡两岸检察制度研讨会、岚台青年创新创业大赛等50多场交流活动。

坚持对标先进，推出涉案房产“e拍即得”协同执行机制等24项创新举措、其中全国首创15项。入选第三批数字人民币试点城市，在对台、旅游等应用场景方面取得初步成效。

坚持惠企便民，营商环境专项治理行动深入开展，获得电力、招标投标等指标保持全省标杆，推出面向中小微企业的融资服务平台，推行政务服务大厅局长轮值制度，实施全生命周期“一件事”改革，行政许可事项“一网通办”占比达80%，即办件提升至65%，位居全省前列。

坚持扩大开放，持续提高贸易通关便利度，平潭海关进口通关时间压缩为5.7个小时，保持福州关区第一；与福州新区开展一体化高质量发展战略合作，119个事项实现“福州都市圈”通办，闽江口水资源配置（一闸三线）平潭段工程已完工；举办中国－岛屿国家海洋合作高级别论坛、海外侨胞与平潭国际旅游岛建设学术研讨会，国际知名度和影响力持续提高。

就业形势保持平稳，全省首创“两岸就业创业村居服务站”，将就业创业服务下沉到村居一线，新增城镇就业人口2423人，失业率控制在3.5%目标以内。

促进基础教育均衡优质发展，新增公办学位1920个，普惠性幼儿园覆盖率、学前教育入园率、九年义务教育巩固率分别达92%、99%、99.41%，本科上线率达64.53%，较全省平均水平高5.23个百分点。

医疗养老水平明显提升，区疾控中心、精神病防治院新院区投入使用，重点人群家庭医生签约服务率、基本公卫服务项目绩效评价保持全省前列。启动君山养老服务中心建设，完成601户困难老年人家庭适老化改造，为高龄老人发放补贴近10万人次、累计超1200万元。

社会大局和谐稳定，党的二十大等重大节点保障工作圆满顺利，扫黑除恶斗争常态化开展，刑事案件立案数同比下降5.2%，国家信访局交办的信访积案化解率达95%以上，安全生产大检查和专项整治三年行动扎实推进，食品、药品和特种设备监管不断加强，防灾减灾、应急管理扎实有力。

坚持刀刃向内，勇于自我革命，深入开展“全面净化政治生态、进一步推进‘提高效率、提升效能、提增效益’专项教育行动”，实施工程建设领域、土地领域、营商环境、违规借贷和违规经商办企业等5个专项治理，制定完善了450余项制度，着力构建亲清政商关系，政治生态呈现新面貌，政务环境得到明显改善。

实施城市更新行动，107个城市建设品质提升项目完成年度投资31.59亿元，28个老旧小区完成改造，新建改造燃气、污水、供水、雨水管网共50公里，出台支持繁荣金井新城实施意见，新建扩建市民广场和如意湖公园，生活配套日益完善。

推动城乡融合发展，与省水投集团合作城乡水务一体化项目，南部水厂二期等12个项目完成投资4.6亿元，78个省级乡村振兴试点示范项目加快实施，苏平镇入选第二批全国乡村旅游重点镇名单，青峰村入选第六批中国传统村落名录，砂美村获评全国“一村一品”示范村。

生态环境持续优化，君山海洋生态保护修复工程加快推进，完成营造林1.93万亩，新增绿地38公顷，环境空气质量达标率99.4%，联合省水利厅成立平潭水文中心，成功完成县域节水型社会达标建设。

2023年是全面贯彻落实党的二十大精神的开局之年，是实施“十四五”规划承上启下的一年。站在新起点上，机遇与挑战并存，信心比黄金更重要。中央大力支持福建建设海峡两岸融合发展示范区，省委、省政府明确支持平潭加快构建对台全方位开放格局，为平潭发挥试验田作用、当好两岸关系和平发展的新载体，赋予了更大作为空间。《平潭综合实验区总体发展规划（2022—2035）》的落地带来重大战略机遇，必将有力引领实验区中长期发展。平潭综合实验区要坚定必胜信心，全力以赴展现新作为、干出新成效、实现新跨越。工作的总体要求是：以习近平新时代中国特色社会主义思想为指导，全面贯彻落实党的二十大精神以及中央经济工作会议精神，按照省委十一届三次全会和省委经济工作会议的部署，坚持稳中求进工作总基调，完整、准确、全面贯彻新发展理念，加快构建新发展格局，更好统筹经济社会发展和疫情防控，更好统筹发展和安全，以新一轮总体发展规划落地实施为牵引，建设高辨识度的国际旅游岛，率先推动对台全方位开放，以更大气魄谋划推进全面深化改革，加快探索以城乡一体化发展推动共同富裕的平潭模式，努力开创新时代“一岛两窗三区”高质量发展新局面。经济社会发展的主要预期目标是：地区生产总值增长6%以上，固定资产投资增长6%，一般公共预算总收入和地方一般公共预算收入增长保持在合理区间；接待游客达800万人次，旅游收入达70亿元，文旅规上企业增长33%以上，旅游增加值占GDP比重达10%；台资企业增长10%，台胞创业就业人数增长10%，对台贸易额突破200亿元，占闽台贸易额20%以上。实现上述目标，必须全面落实中央“六个更好统筹”重要要求，突出重点，统筹兼顾。社会事业发展主要抓好以下几个方面工作：

着力提升教育质量。统筹优化全区教育资源，推动一中与二中、城中小学与麒麟小学、东庠学校与城北小学集团化办学，加快滨湖小学、城关第二幼儿园等6所中小学校、普惠制幼儿园建设。加强师资队伍建设，引进和培育一批名校长、学科带头人，打造名师工作室。力争实现本科上线率高于全省5.5个百分点。优化人才子女就学政策，妥善解决人才子女入学需求。扩大平潭职业中专学校“3+2”五年专办学规模。扶持特殊教育学校创建全省品牌。

推动健康平潭建设。启动协和平潭分院二期、卫生院能力提升改造工程等7个项目建设，提升妇幼保健院服务能力，开设孕产妇、儿童保健门诊。推进紧密型医共体建设，发挥区总医院龙头作用，做强社区医院，进一步细化分级诊疗体系。推动公立医院薪酬制度改革，加大医疗人才的引进和培养力度。因时因势优化疫情防控措施，平稳有序实施新型冠状病毒感染“乙类乙管”，保障好群众的就医用药，重点抓好老年人和患基础性疾病群体的防控，着力保健康、防重症。

提高社会保障水平。健全基本养老、基本医疗保险筹资和待遇调整机制，促进多层次医疗保障有序衔接，进一步完善大病保险和医疗救助制度，落实好个人养老金制度和商业养老金制度试点工作。实施“稳就业”扶持政策，建设零工市场，加强新就业形态劳动者权益保障。健全完善防止返贫动态监测和帮扶机制。引导、支持有意愿有能力的企业、社会组织和个人积极参与公益慈善事业。坚持“房住不炒”，支持刚性和改善性住房需求，解决好新市民、青年人等住房问题，推动房地产业向新发展模式平稳过渡。持续加大特殊群体关爱帮扶力度。全面落实拥军优抚政策。

建设更高水平平安平潭。研究出台市域社会治理现代化建设实施方案，加快推进社会治理网格化平台运行，推动多网合一、相关部门入网并格，完善“大数据+网格化+铁脚板”治理机制。积极创建青年发展型城市及妇女、儿童友好城市（社区）。强化基层依法治理，推动诉非联动中心建设，实现村居评理室、调委会全覆盖。常态化开展扫黑除恶，严厉打击各类违法犯罪行为。深化文明城市创建，完善新时代文明实践中心（站）建设，把文明实践、志愿服务融入网格管理。

厚植生态底色。加快生态云平台建设，落实区域大气污染防治联防联控机制，加强PM2.5和臭氧协同控制，确保优良空气天数比例稳定在98.9%以上。严格落实河湖长制，推进排污口分类整治，近岸海域优良水质比率不低于92.7%。继续推进防洪防潮工程。创建国家级水资源节约集约示范基地。持续治理海漂垃圾，建设美丽海湾。持续落实林长制，完成营造林0.8万亩。建立完善建筑垃圾处置利用场地管理长效机制，提高建筑垃圾资源利用化水平。积极申报“无废城市”。

（摘编：游学荣）

第七篇 统计数据

说明：

本篇内容摘自《2023 福建统计年鉴》，采用近三年的数据（除注明外）。

（摘编：周华政）

综　合

福建省行政区划（2022 年底）

设区市名称	县级行政单位数（个）				县级行政单位名称
	合计	县	县级市	市辖区	
总　计	84	42	11	31	
福州市	13	6	1	6	鼓楼区　仓山区　台江区　马尾区　晋安区　长乐区　福清市　闽侯县　连江县　罗源县　闽清县　永泰县　平潭县
厦门市	6			6	思明区　海沧区　湖里区　集美区　同安区　翔安区
莆田市	5	1		4	城厢区　涵江区　荔城区　秀屿区　仙游县
三明市	11	8	1	2	三元区　沙县区　永安市　明溪县　清流县　宁化县　大田县　尤溪县　将乐县　泰宁县　建宁县
泉州市	12	5	3	4	鲤城区　丰泽区　洛江区　泉港区　石狮市　晋江市　南安市　惠安县　安溪县　永春县　德化县　金门县
漳州市	11	7		4	芗城区　龙文区　龙海区　长泰区　云霄县　诏安县　漳浦县　东山县　南靖县　平和县　华安县
南平市	10	5	3	2	延平区　建阳区　邵武市　武夷山市　建瓯市　顺昌县　浦城县　光泽县　松溪县　政和县
龙岩市	7	4	1	2	新罗区　永定区　漳平市　长汀县　上杭县　武平县　连城县
宁德市	9	6	2	1	蕉城区　福安市　福鼎市　霞浦县　古田县　屏南县　寿宁县　周宁县　柘荣县

平均每天主要社会经济活动

项　　目	2010	2020	2022
一、全省每天创造的财富			
地区生产总值（亿元）	41.10	119.15	145.51
农林牧渔总产值（亿元）	6.10	13.39	15.08
工业总产值（亿元）	65.22	173.43	167.83
一般公共预算总收入（亿元）	5.63	14.09	14.75
#地方一般公共预算收入（亿元）	3.15	8.41	9.15
一般公共预算支出（亿元）	4.64	14.25	15.59
原煤（吨）	66924	17646	12142
原盐（吨）	915	725	672
发电量（万千瓦时）	37159.45	69320.25	78977.00

续表

项目	2010	2020	2022
粗钢（吨）	29778	67391	82074
钢材（吨）	36728	105509	96042
生铁（吨）	15310	30224	37876
水泥（吨）	162225	264669	264570
平板玻璃（重量箱）	75763	146493	149027
布（万米）	854.80	2035.22	1918.94
纱（吨）	5061	14848	15662
服装（万件）	800.75	1505.74	1969.59
机制纸及纸板（吨）	11837	21817	25625
农用化肥（吨）	1586	2356	1319
烧碱（吨）	551	981	716
彩色电视机（台）	24742	36339	29477
卷烟（箱）	4623	4844	4931
罐头（吨）	5567	7700	6728
粮食（吨）	16018	13725	13937
油料（吨）	605	621	647
甘蔗（吨）	1526	737	790
茶叶（吨）	708	1261	1427
园林水果（吨）	13562	19592	22392
肉类（吨）	5277	7087	8118
水产品（吨）	16094	22759	23626
食用菌（吨）	2089	3767	4195
二、全省每天消费量			
能源消费量（万吨标准煤）	25.18	37.99	
社会消费品零售总额（亿元）	16.48	50.89	57.67
三、每天其他经济活动			
国际旅游外汇收入（万美元）	815.96	565.20	85.96
一次能源生产总量（万吨标准煤）	8.93	10.92	
货运周转量（亿吨公里）	8.17	24.65	31.08
客运周转量（万人公里）	17774.25	18086.52	14022.37
货物进出口总额（万美元）	29802.81	55551.19	81433.97
出口总额（万美元）	19587.16	33439.08	49842.66
进口总额（万美元）	10215.66	22112.11	31591.31
主要港口货物吞吐量（万吨）	89.55	169.76	195.64
邮电业务总量（万元）	32717.81	130189.62	

续表

项　　目	2010	2020	2022
邮寄函件（万件）	69.04	8.93	7.38
图书出版总印数（万份）	21.23	37.21	47.71
杂志出版总印数（万份）	8.06	5.51	5.37
报纸出版总印数（万份）	273.92	189.93	175.01
四、全省每天婚姻变动			
结婚对数（对）	1038	562	455
离婚对数（对）	120	255	160

全省法人单位数（2022 年）

单位：个

项　　目	法人单位数	单产业法人	多产业法人
按登记注册类型分	**1547262**	**1523300**	**23962**
内资	1528499	1505224	23275
国有	37095	35380	1715
集体	8548	7956	592
股份合作	414	361	53
联营	277	277	
国有联营	26	26	
集体联营	70	70	
国有与集体联营	27	27	
其他联营	154	154	
有限责任公司	26780	25301	1479
国有独资公司	2870	2569	301
其他责任有限公司	23910	22732	1178
股份有限公司	1222	844	378
私营	1373131	1354303	18828
私营独资	93652	93175	477
私营合伙	15997	15947	50
私营有限责任公司	1260406	1242394	18012
私营股份有限公司	3076	2787	289
其他	81032	80802	230
港澳台商投资	12568	12218	350
合资经营（港或澳、台资）	2777	2673	104
合作经营（港或澳、台资）	82	79	3

续表

项　　目	法人单位数	单产业法人	多产业法人
港、澳、台商独资经营	9267	9038	229
港、澳、台商投资股份有限公司	214	202	12
其他港澳台商投资	228	226	2
外商投资	6195	5858	337
中外合资	1487	1420	67
中外合作	36	35	1
外商独资	4473	4216	257
外商投资股份有限公司	86	74	12
其他外商投资	113	113	
按机构类型分	**1547262**	**1523300**	**23962**
企业	1419812	1397609	22203
事业单位	24402	23918	484
机关	6698	5668	1030
社会团体	21103	21085	18
其他	75247	75020	227
按行业分	**1547262**	**1523300**	**23962**
农、林、牧、渔业	72500	72313	187
农业	39214	39117	97
林业	6882	6855	27
畜牧业	9268	9245	23
渔业	10210	10192	18
农、林、牧、渔服务业	6926	6904	22
采矿业	1826	1791	35
煤炭开采和洗选业	139	136	3
黑色金属矿采选业	223	213	10
有色金属矿采选业	165	159	6
非金属矿采选业	1204	1189	15
开采辅助活动	38	38	
其他采矿业	57	56	1
制造业	192832	191138	1694
农副食品加工业	6942	6840	102
食品制造业	6337	6256	81
酒、饮料和精制茶制造业	8638	8528	110

续表

项　　目	法人单位数	单产业法人	多产业法人
烟草制品业	12	11	1
纺织业	6926	6871	55
纺织服装、服饰业	13922	13792	130
皮革、毛皮、羽毛及其制品和制鞋业	15373	15301	72
木材加工和木、竹、藤、棕、草制品业	7902	7845	57
家具制造业	8121	8075	46
造纸和纸制品业	4698	4671	27
印刷和记录媒介复制业	3543	3499	44
文教、工美、体育和娱乐用品制造业	12121	12064	57
石油加工、炼焦和核燃料加工业	372	366	6
化学原料和化学制品制造业	4541	4475	66
医药制造业	1341	1317	24
化学纤维制造业	353	352	1
橡胶和塑料制品业	9879	9815	64
非金属矿物制品业	22787	22583	204
黑色金属冶炼和压延加工业	629	624	5
有色金属冶炼和压延加工业	922	913	9
金属制品业	15807	15697	110
通用设备制造业	10155	10083	72
专用设备制造业	9793	9717	76
汽车制造业	2039	2011	28
铁路、船舶、航空航天和其他运输设备制造业	1273	1266	7
电气机械和器材制造业	6600	6514	86
计算机、通信和其他电子设备制造业	4515	4439	76
仪器仪表制造业	1410	1381	29
其他制造业	3201	3188	13
废弃资源综合利用业	1161	1147	14
金属制品、机械和设备修理业	1519	1497	22
电力、热力、燃气及水生产和供应业	7576	7376	200
电力、热力生产和供应业	5991	5868	123
燃气生产和供应业	217	176	41
水的生产和供应业	1368	1332	36
建筑业	78971	73360	5611

续表

项　　目	法人单位数	单产业法人	多产业法人
房屋建筑业	24047	20852	3195
土木工程建筑业	15319	13735	1584
建筑安装业	5289	5063	226
建筑装饰和其他建筑业	34316	33710	606
批发和零售业	594100	589032	5068
批发业	306146	303967	2179
零售业	287954	285065	2889
交通运输、仓储和邮政业	29961	29120	841
铁路运输业	101	98	3
道路运输业	17097	16720	377
水上运输业	1849	1808	41
航空运输业	175	163	12
管道运输业	7	7	
多式联运和运输代理业	7153	7013	140
装卸搬运和仓储业	2484	2442	42
邮政业	1095	869	226
住宿和餐饮业	22796	21966	830
住宿业	6168	5998	170
餐饮业	16628	15968	660
信息传输、软件和信息技术服务业	92964	92251	713
电信、广播电视和卫星传输服务	1009	940	69
互联网和相关服务	16673	16548	125
软件和信息技术服务业	75282	74763	519
金融业	4392	3858	534
货币金融服务	1372	1104	268
资本市场服务	1941	1926	15
保险业	497	257	240
其他金融业	582	571	11
房地产业	33487	32117	1370
房地产业	33487	32117	1370
租赁和商务服务业	158089	155891	2198
租赁业	13177	13028	149
商务服务业	144912	142863	2049

续表

项　　目	法人单位数	单产业法人	多产业法人
科学研究和技术服务业	84579	83062	1517
研究和试验发展	18704	18583	121
专业技术服务业	28670	27467	1203
科技推广和应用服务业	37205	37012	193
水利、环境和公共设施管理业	9596	9451	145
水利管理业	622	607	15
生态保护和环境治理业	1448	1433	15
公共设施管理业	5859	5759	100
土地管理业	1667	1652	15
居民服务、修理和其他服务业	27262	26715	547
居民服务业	12837	12566	271
机动车、电子产品和日用产品修理业	9428	9253	175
其他服务业	4997	4896	101
教育	24392	23819	573
教育	24392	23819	573
卫生和社会工作	10214	10048	166
卫生	6653	6530	123
社会工作	3561	3518	43
文化、体育和娱乐业	42593	42147	446
新闻和出版业	337	328	9
广播、电视、电影和影视录音制作业	6748	6687	61
文化艺术业	15489	15367	122
体育	5448	5311	137
娱乐业	14571	14454	117
公共管理、社会保障和社会组织	59132	57845	1287
中国共产党机关	1343	1282	61
国家机构	13769	12766	1003
人民政协、民主党派	241	236	5
社会保障	366	359	7
群众团体、社会团体和其他成员组织	26333	26311	22
基层群众自治组织	17080	16891	189

各设区市按行业门类分的法人单位数（2022 年）

单位：个

项　　目	福建省	福州市	厦门市	莆田市	三明市	泉州市	漳州市	南平市	龙岩市	宁德市
农、林、牧、渔业	72500	10324	1499	2679	7935	8191	10682	9830	6652	14708
采矿业	1826	162	16	19	466	262	145	190	460	106
制造业	192832	18439	27115	9376	6709	81554	19034	9953	6974	13678
电力、热力、燃气及水生产和供应业	7576	776	224	209	1308	1027	1078	948	1245	761
建筑业	78971	19639	13444	4209	3701	16363	7090	4542	5235	4748
批发和零售业	594100	86219	97169	89402	15902	183424	34579	30056	32204	25145
交通运输、仓储和邮政业	29961	6327	6889	1099	1544	5853	3098	1775	1529	1847
住宿和餐饮业	22796	5018	5076	1169	891	4491	2363	1028	1576	1184
信息传输、软件和信息技术服务业	92964	29241	22619	4522	2183	19203	4530	3139	4405	3122
金融业	4392	1511	1180	123	143	697	233	161	174	170
房地产业	33487	7678	6162	1743	1486	7073	3080	1965	1909	2391
租赁和商务服务业	158089	42541	35261	6991	4657	34448	10954	7600	6799	8838
科学研究和技术服务业	84579	20006	19810	5247	2759	18006	6743	3275	4669	4064
水利、环境和公共设施管理业	9596	1718	1109	792	750	1646	1311	780	669	821
居民服务、修理和其他服务业	27262	5953	6453	1457	1054	5564	2413	1366	1587	1415
教育	24392	4466	4711	1591	1273	4480	3179	1365	1822	1505
卫生和社会工作	10214	2830	1275	417	1572	1344	678	746	774	578
文化、体育和娱乐业	42593	8246	10370	2075	1553	10485	3010	2218	2553	2083
公共管理、社会保障和社会组织	59132	10123	3407	3719	6330	10422	6260	6819	5536	6516
国际组织										

各设区市按机构类型分的法人单位数（2022 年）

单位：个

地　区	法人单位数					
		企业法人	事业法人	机关法人	社团法人	其他法人
福建省	**1547262**	**1419812**	**24402**	**6698**	**21103**	**75247**
福州市	281217	261390	3860	1131	3898	10938
厦门市	263789	256798	1361	421	1842	3367
莆田市	136839	130132	1805	404	705	3793
三明市	62216	47605	2743	886	1981	9001
泉州市	414533	394576	3938	907	5000	10112
漳州市	120460	104947	3326	862	1793	9532
南平市	87756	71917	3274	738	2423	9404
龙岩市	86772	75073	2063	628	1927	7081
宁德市	93680	77374	2032	721	1534	12019

人口　就业　工资

主要年份年末常住人口及人口变动

年份	常住总人口（万人）	按性别分		按城乡分		人口出生率（‰）	人口死亡率（‰）	人口自然增长率（‰）	人口密度（人/平方公里）
		男	女	城镇	乡村				
2020	4161	2151	2010	2861	1300	9.21	6.24	2.97	336
2021	4187	2169	2018	2918	1269	8.26	6.28	1.98	338
2022	4188	2168	2020	2937	1251	7.07	6.52	0.55	338

各种受教育程度人口占总人口的比重

单位:%

项　目	2020	2021	2022
大专以上	14.1	16.2	17.2
高中（含中专）	14.2	14.5	14.4
初中	32.2	30.8	30.3
小学	28.0	27.7	27.6

家庭户类型构成

单位:%

项　目	2000	2010	2020
一人户	9.1	12.1	27.3
二人户	15.5	17.2	26.3
三人户	25.4	24.3	19.4
四人户	24.7	21.7	14.2
五人户	15.8	13.7	6.9
六人户	5.9	6.4	4.0
七人户	2.2	2.6	1.1
八人户	0.8	1.1	0.4
九人户	0.3	0.5	0.2
十人及以上户	0.3	0.4	0.2

七次全国人口普查人口基本情况

项　　目	2000	2010	2020
一、总户数和总人口			
家庭户（万户）	874	1121	1437
总人口（万人）	3410	3689	4154
男	1757	1898	2147
女	1653	1791	2007
性别比（女性=100）	106.3	106.0	106.9
平均每户人数（人/户）	3.6	3.0	2.7
二、城乡人口（万人）			
城镇人口	1432	2106	2856
乡村人口	1978	1583	1298
城镇化率（%）	42.0	57.1	68.8
三、民族人口（万人）			
汉族人口	3351	3610	4042
占总人口比重（%）	98.3	97.8	97.3
少数民族人口	59	80	112
占总人口比重（%）	1.7	2.2	2.7
四、人口年龄构成			
0－14岁人口（万人）	760	571	803
占总人口比重（%）	22.3	15.5	19.3
15－64岁人口（万人）	2422	2828	2890
占总人口比重（%）	71.0	76.7	69.6
65岁及65岁以上人口（万人）	228	291	461
占总人口比重（%）	6.7	7.9	11.1
百岁老年人口（人）	373	1058	3023
男	46	221	755
女	327	837	2268
总抚养比（%）	42.2	30.5	43.7
少儿抚养比	32.7	20.2	27.8
老年抚养比	9.5	10.3	15.9
老少比（%）	30.1	51.0	57.4
平均预期寿命（岁）	72.55	75.76	78.49
男	70.30	73.27	75.81
女	75.07	78.64	81.55
五、受教育人口			
每十万人拥有小学及以上文化程度人口（人）			
小学	40200	29801	28031

续表

项　　目	2000	2010	2020
初中	35700	37886	32218
高中及中专	11300	13876	14212
大专以上	3200	8361	14148
文盲人口（万人）	327	90	97
文盲率（%）	9.6	2.4	2.3
六、劳动力和就业状况			
劳动适龄人口（万人）	2188	2556	2511
男（16－59岁）	1148	1353	1367
女（16－54岁）	1040	1203	1144
占总人口比重（%）	64.2	69.3	60.4
七、各种婚姻人口占15岁及以上人口比重（%）	**100.0**	**100.0**	**100.0**
未婚	24.1	22.9	18.6
有配偶	69.6	70.6	73.7
离婚	0.7	1.1	2.2
丧偶	5.6	5.4	5.5
八、生育			
育龄妇女人数（万人）	1006	1121	999
生育旺盛期组（20－29岁）	328	359	228
生育率（‰）	32.9	33.0	39.6
总和生育率	1.03	1.12	1.38
九、人口自然变动			
出生率（‰）	11.60	11.27	9.21
死亡率（‰）	5.85	5.16	6.24
自然增长率（‰）	5.75	6.11	2.97

全省就业基本情况

项　　目	2020	2021	2022
就业人员合计（万人）	**2206**	**2197**	**2174**
第一产业	323	301	299
第二产业	719	729	721
第三产业	1164	1167	1154
就业人员构成（%）			
第一产业	14.6	13.7	13.7
第二产业	32.6	33.2	33.2
第三产业	52.8	53.1	53.1

续表

项　　目	2020	2021	2022
城镇非私营单位就业人员（万人）	**605.90**	**579.00**	**559.16**
#国有单位	152.27	150.48	147.27
集体单位	8.85	8.33	6.88
股份合作单位	7.51	1.81	1.55
联营单位	0.40	0.30	0.31
有限责任公司	245.28	229.83	229.94
股份有限公司	52.65	51.33	47.34
港澳台商投资单位	77.82	74.93	68.82
外商投资单位	53.84	54.34	50.13
城镇非私营单位在岗职工人数（万人）	**550.13**	**537.18**	**519.79**
国有单位	143.11	141.46	138.12
城镇集体单位	7.96	7.75	6.52
其他经济	399.06	387.97	375.15
城镇私营单位就业人员数（万人）	**603.26**	**620.63**	**589.16**
城镇登记失业人数（万人）	**35.74**	**37.97**	**28.31**

按三次产业分全社会就业人员及构成

年份	就业人员数（万人）				构成（%）		
	合计	第一产业	第二产业	第三产业	第一产业	第二产业	第三产业
2020	2206	323	719	1164	14.6	32.6	52.8
2021	2197	301	729	1167	13.7	33.2	53.1
2022	2174	299	721	1154	13.7	33.2	53.1

城镇非私营单位就业人员年末人数

单位：万人

项　　目	2020	2021	2022
总计	**605.90**	**579.00**	**559.16**
按登记注册类型分			
国有单位	152.27	150.48	147.27
城镇集体单位	8.85	8.33	6.88
其他单位	444.78	420.20	405.01
按执行会计制度类型分			
企业单位	460.95	433.66	416.30
机关事业单位	139.82	140.21	138.26
其他单位	5.13	5.14	4.60

续表

项　　目	2020	2021	2022
按产业分			
第一产业	1.11	1.28	1.08
第二产业	311.59	285.70	272.98
第三产业	293.19	292.01	285.09
按行业分			
农、林、牧、渔业	1.11	1.28	1.08
采矿业	1.64	1.59	1.37
制造业	162.11	160.44	150.52
电力、热力、燃气及水生产和供应业	10.94	10.92	11.02
建筑业	136.91	112.75	110.07
批发和零售业	24.07	24.49	24.06
交通运输、仓储和邮政业	22.76	21.63	21.37
住宿和餐饮业	8.82	9.42	9.25
信息传输、软件和信息技术服务业	10.34	10.73	10.37
金融业	26.64	24.05	20.55
房地产业	16.94	16.18	16.29
租赁和商务服务业	18.31	18.69	18.45
科学研究和技术服务业	8.36	8.32	7.99
水利、环境和公共设施管理业	7.37	7.21	7.01
居民服务、修理和其他服务业	3.60	3.66	3.80
教育	63.49	63.95	63.05
卫生和社会工作	26.49	27.91	27.43
文化、体育和娱乐业	4.17	4.03	3.80
公共管理、社会保障和社会组织	51.84	51.75	51.67

城镇非私营单位女性就业人员年末人数

单位：万人

项　　目	2020	2021	2022
总计	**240.82**	**236.23**	**227.23**
按登记注册类型分			
国有单位	74.21	75.68	76.01
城镇集体单位	4.18	4.17	3.46
其他单位	162.43	156.38	147.76
按执行会计制度类型分			
企业单位	165.44	159.15	150.80
机关事业单位	71.48	73.22	72.94

续表

项　　目	2020	2021	2022
其他单位	3.90	3.87	3.49
按产业分			
第一产业	0.28	0.34	0.32
第二产业	99.08	93.30	87.80
第三产业	141.47	142.60	139.11
按行业分			
农、林、牧、渔业	0.28	0.34	0.32
采矿业	0.31	0.28	0.22
制造业	73.91	71.76	66.92
电力、热力、燃气及水生产和供应业	2.86	2.85	2.84
建筑业	22.00	18.40	17.83
批发和零售业	12.38	12.61	12.26
交通运输、仓储和邮政业	5.73	5.50	5.29
住宿和餐饮业	5.01	5.41	5.41
信息传输、软件和信息技术服务业	3.88	3.93	3.78
金融业	15.44	13.85	11.77
房地产业	6.60	6.40	6.42
租赁和商务服务业	6.08	5.90	5.73
科学研究和技术服务业	2.57	2.58	2.51
水利、环境和公共设施管理业	3.03	3.02	2.93
居民服务、修理和其他服务业	2.35	2.46	2.50
教育	40.74	41.76	41.27
卫生和社会工作	18.33	19.56	19.24
文化、体育和娱乐业	2.01	2.00	1.89
公共管理、社会保障和社会组织	17.31	17.61	18.09

城镇非私营单位在岗职工年末人数

单位：万人

项　　目	2020	2021	2022
总计	**550.13**	**537.18**	**519.79**
按登记注册类型分			
国有单位	143.11	141.46	138.12
城镇集体单位	7.96	7.75	6.52
其他单位	399.06	387.97	375.15
按执行会计制度类型分			
企业单位	414.20	400.73	385.92

续表

项　　目	2020	2021	2022
机关事业单位	130.98	131.50	129.43
其他单位	4.95	4.95	4.44
按产业分			
第一产业	0.96	1.08	0.87
第二产业	282.72	267.24	253.52
第三产业	266.45	268.87	265.40
按行业分			
农、林、牧、渔业	0.96	1.08	0.87
采矿业	1.59	1.53	1.32
制造业	159.35	157.94	148.34
电力、热力、燃气及水生产和供应业	10.04	10.06	10.35
建筑业	111.74	97.71	93.52
批发和零售业	22.84	23.30	23.13
交通运输、仓储和邮政业	22.36	21.28	21.12
住宿和餐饮业	8.28	8.50	8.29
信息传输、软件和信息技术服务业	10.21	10.65	10.31
金融业	13.57	14.81	13.92
房地产业	16.39	15.59	15.70
租赁和商务服务业	17.08	17.67	18.02
科学研究和技术服务业	8.09	8.07	7.76
水利、环境和公共设施管理业	6.93	6.74	6.55
居民服务、修理和其他服务业	3.47	3.53	3.68
教育	58.60	59.16	58.49
卫生和社会工作	25.38	26.67	26.12
文化、体育和娱乐业	3.95	3.69	3.49
公共管理、社会保障和社会组织	49.30	49.21	48.82

城镇非私营单位就业人员平均工资

单位：元

项　　目	就业人员平均工资		在岗职工平均工资	
	2021	2022	2021	2022
总计	**98071**	**103803**	**101516**	**106977**
按三次产业分				
第一产业	69504	77840	78084	89266
第二产业	83251	86073	84118	87058
第三产业	112418	120655	118690	126023

续表

项目	就业人员平均工资		在岗职工平均工资	
	2021	2022	2021	2022
按企事业机关分				
企业	89672	93683	92305	95780
机关和事业	125472	135652	130933	142009
按行业分				
农、林、牧、渔业	69504	77840	78084	89266
采矿业	67457	83510	68482	84578
制造业	86707	90788	86621	90708
电力、热力、燃气及水生产和供应业	134343	141910	141091	147231
建筑业	73221	73178	74031	73961
批发和零售业	97427	103188	99357	104337
交通运输、仓储和邮政业	109125	113836	109988	114751
住宿和餐饮业	50328	52087	54434	55345
信息传输、软件和信息技术服务业	143350	154022	143789	154411
金融业	131573	157538	194404	208319
房地产业	91617	90573	93169	91994
租赁和商务服务业	75274	79344	78186	80209
科学研究和技术服务业	139416	148080	141616	150780
水利、环境和公共设施管理业	69001	69572	71255	71775
居民服务、修理和其他服务业	76355	72596	76927	72870
教育	111035	124756	116760	131143
卫生和社会工作	142942	156258	146461	160260
文化、体育和娱乐业	96891	106939	102990	113548
公共管理、社会保障和社会组织	126864	130557	131321	136330

城镇私营单位就业人员及平均工资（2022年）

项目	就业人员（万人）			平均工资（元）	
		#女性	#在岗职工	就业人员	在岗职工
合计	**589.16**	**218.80**	**556.90**	**65392**	**65844**
按产业分					
第一产业	1.80	0.63	1.70	52450	53224
第二产业	365.62	116.56	340.24	66930	67342
第三产业	221.74	101.61	214.97	63000	63593
按行业分					
农、林、牧、渔业	1.80	0.63	1.70	52450	53224
采矿业	0.44	0.07	0.44	63835	63794

续表

项　　目	就业人员（万人）	#女性	#在岗职工	平均工资（元）	
				就业人员	在岗职工
制造业	182.49	84.71	179.65	69715	69797
电力、燃气及水的生产和供应业	1.11	0.29	1.08	61350	62207
建筑业	181.58	31.50	159.07	64054	64494
批发和零售业	74.73	35.55	72.26	58621	59398
交通运输、仓储和邮政业	14.55	3.78	13.99	64584	65160
住宿和餐饮业	12.86	7.20	12.71	48558	48711
信息传输、计算机服务和软件业	15.57	6.12	15.41	96028	96394
金融业	1.12	0.58	0.97	108280	117729
房地产业	13.52	5.83	13.23	62850	63292
租赁和商务服务业	47.34	19.68	45.45	66673	67513
科学研究和技术服务	11.75	4.31	11.53	64884	65139
水利、环境和公共设施管理业	2.74	1.43	2.67	50653	51459
居民服务和其他服务业	10.36	5.86	10.10	49128	48894
教育	8.29	6.37	8.05	50841	51020
卫生、社会保障和社会福利业	3.67	2.48	3.51	75362	75853
文化、体育和娱乐业	5.24	2.42	5.08	52775	53191

各设区市全社会就业人员

单位：万人

地　区	2020	2021	2022
全　省	**2206**	**2197**	**2174**
福州市	420	419	404
厦门市	312	314	315
莆田市	156	155	155
三明市	117	115	111
泉州市	517	515	507
漳州市	277	277	279
南平市	125	123	122
龙岩市	129	128	129
宁德市	153	151	152

各设区市分城乡分产业就业人员（2022 年）

单位：万人

地　区	就业人员	按城乡分		按产业分		
		城镇	乡村	第一产业	第二产业	第三产业
全　省	**2174**	**1507**	**667**	**299**	**721**	**1154**
福州市	404	286	118	42	113	249
厦门市	315	286	29	7	111	197
莆田市	155	104	51	17	55	83
三明市	111	66	45	23	27	61
泉州市	507	351	156	38	237	232
漳州市	279	177	102	80	74	125
南平市	122	72	50	30	29	63
龙岩市	129	79	50	26	36	67
宁德市	152	86	66	36	39	77

各设区市城镇非私营单位就业人员和平均工资（2022 年）

地　区	就业人员数（万人）			平均工资（元）	
		在岗职工	其他从业人员	就业人员	在岗职工
全　省	**559.16**	**519.79**	**39.37**	**103803**	**106977**
福州市	137.25	125.23	12.03	112248	115549
厦门市	120.27	113.94	6.33	121641	124463
莆田市	38.43	35.45	2.98	82901	84686
三明市	22.85	21.14	1.71	103158	108344
泉州市	109.44	105.25	4.18	88174	89579
漳州市	53.37	47.57	5.80	98265	103722
南平市	22.06	20.20	1.86	88957	94101
龙岩市	27.22	25.58	1.63	98151	102124
宁德市	24.98	22.17	2.81	99079	105184

人民生活

主要年份城乡居民家庭人均收入

单位：元

年　份	居民人均可支配收入			城镇居民人均可支配收入			农村居民人均可支配（纯）收入		
	数　值	比上年增长（%）		数　值	比上年增长（%）		数　值	比上年增长（%）	
		名　义	实　际		名　义	实　际		名　义	实　际
2020	37202	4.5	2.2	47160	3.4	1.1	20880	6.7	4.5
2021	40659	9.3	8.5	51140	8.4	7.6	23229	11.2	10.9
2022	43118	6.0	4.1	53817	5.2	3.3	24987	7.6	5.7

城镇居民人均可支配收入及构成

项　　目	2020	2021	2022
可支配收入（元）	**47160**	**51140**	**53817**
工资性收入	29119	31762	33491
经营净收入	5992	6706	7136
财产净收入	6219	6990	7323
转移净收入	5830	5682	5868
可支配收入构成（%）	**100.0**	**100.0**	**100.0**
工资性收入	61.7	62.1	62.2
经营净收入	12.7	13.1	13.3
财产净收入	13.2	13.7	13.6
转移净收入	12.4	11.1	10.9

城镇居民人均生活消费支出

单位：元

项　　目	2020	2021	2022
生活消费支出	**30487**	**33942**	**35692**
食品烟酒	9673	10612	11145
衣着	1443	1741	1769
居住	9356	10349	10679
生活用品及服务	1519	1794	1913
交通通信	3755	3656	3949
教育文化娱乐	2301	3120	3376
医疗保健	1774	1939	2064
其他用品及服务	665	731	797

城镇居民人均生活消费支出构成

单位:%

项　　目	2020	2021	2022
生活消费支出	**100.0**	**100.0**	**100.0**
食品烟酒	31.7	31.3	31.2
衣着	4.7	5.1	5.0
居住	30.7	30.5	29.9
生活用品及服务	5.0	5.3	5.4
交通通信	12.3	10.8	11.1
教育文化娱乐	7.5	9.2	9.5
医疗保健	5.8	5.7	5.8
其他用品及服务	2.2	2.2	2.2

农村居民人均可支配收入及构成

项　　目	2020	2021	2022
人均可支配收入（元）	**20880**	**23229**	**24987**
工资性收入	9411	10516	11361
经营净收入	7510	8586	9128
财产净收入	393	466	519
转移净收入	3567	3660	3979
可支配收入构成（%）	**100.0**	**100.0**	**100.0**
工资性收入	45.1	45.3	45.5
经营净收入	36.0	37.0	36.5
财产净收入	1.9	2.0	2.1
转移净收入	17.1	15.8	15.9

农村居民人均生活消费支出

单位：元

项　　目	2020	2021	2022
生活消费支出	**16339**	**19290**	**20467**
食品烟酒	6274	6765	7061
衣着	755	918	963
居住	3943	4894	5176
生活用品及服务	874	939	1034
交通通信	1688	2232	2323
教育文化娱乐	1232	1662	1844
医疗保健	1271	1484	1634
其他用品及服务	302	397	433

农村居民人均生活消费支出构成

单位：%

项　　目	2020	2021	2022
生活消费支出	**100.0**	**100.0**	**100.0**
食品烟酒	38.4	35.1	34.5
衣着	4.6	4.8	4.7
居住	24.1	25.4	25.3
生活用品及服务	5.3	4.9	5.0
交通通信	10.3	11.6	11.3
教育文化娱乐	7.5	8.6	9.0
医疗保健	7.8	7.7	8.0
其他用品及服务	1.8	2.1	2.1

设区市城镇居民人均可支配收入（2022 年）

单位：元

地　区	人均可支配收入	工资性收入	经营净收入	财产净收入	转移净收入
福建省	**53817**	**33491**	**7136**	**7323**	**5868**
福州市	55638	35072	4724	7490	8352
厦门市	70467	50079	5731	9453	5205
莆田市	46595	24450	7648	7292	7205
三明市	44627	27886	6347	3720	6674
泉州市	57724	33357	13936	6429	4004
漳州市	46380	27266	8192	4214	6708
南平市	41101	23994	5889	3887	7332
龙岩市	45990	31850	4853	5311	3975
宁德市	42749	19615	13009	4807	5318

设区市城镇居民人均生活消费支出（2022 年）

单位：元

地　区	生活消费支出	食品烟酒	衣着	居住	生活用品及服务	交通通信	教育文化娱乐	医疗保健	其他用品及服务
福建省	**35692**	**11145**	**1769**	**10679**	**1913**	**3949**	**3376**	**2064**	**797**
福州市	37181	11186	1810	12681	1729	3851	3483	1545	896
厦门市	45165	13338	2066	15005	2347	4842	3905	2494	1167
莆田市	30113	10285	1435	9077	1953	2697	2784	1436	447
三明市	30361	10346	1584	7182	1795	3275	3175	2275	729
泉州市	34960	10959	2136	8836	2292	4461	3408	1724	1142

续表

地　区	生活消费支出	食品烟酒	衣着	居住	生活用品及服务	交通通信	教育文化娱乐	医疗保健	其他用品及服务
漳州市	30865	10363	1304	7789	1564	3968	3259	1957	661
南平市	26045	9640	1566	5935	1355	2668	2478	1765	639
龙岩市	30035	10531	1693	6869	1632	3346	3638	1727	597
宁德市	29021	10214	2055	6655	1813	2280	3068	2325	611

设区市农村居民人均可支配收入（2022 年）

单位：元

地　区	人均可支配收入	工资性收入	经营净收入	财产净收入	转移净收入
福建省	**24987**	**11361**	**9128**	**519**	**3979**
福州市	26826	14175	6396	1417	4839
厦门市	32323	20175	7245	1585	3317
莆田市	24718	12501	5034	714	6468
三明市	23228	8453	11131	547	3096
泉州市	27572	15362	9236	435	2539
漳州市	25789	12784	10198	215	2592
南平市	21782	8511	10505	211	2555
龙岩市	24407	9447	11756	312	2892
宁德市	23102	7076	13462	254	2309

设区市农村居民人均生活消费支出（2022 年）

单位：元

地　区	生活消费支出	食品烟酒	衣着	居住	生活用品及服务	交通通信	教育文化娱乐	医疗保健	其他用品及服务
福建省	**20467**	**7061**	**963**	**5176**	**1034**	**2323**	**1844**	**1634**	**433**
福州市	21925	7969	1268	5194	1419	1914	2072	1539	551
厦门市	26696	8796	990	7068	1130	4374	2359	1323	654
莆田市	19983	8166	820	5552	1053	1239	1476	1316	362
三明市	16842	5965	734	3431	885	2172	2175	1157	323
泉州市	20554	7808	1025	5197	943	2351	1885	864	481
漳州市	17714	6728	586	4283	859	1822	1841	1231	363
南平市	15606	5796	793	3514	829	1998	1435	1001	240
龙岩市	17444	6669	715	3888	826	2207	1672	1050	416
宁德市	17430	6970	987	3685	712	1247	1568	1908	353

科 技

研究与试验发展（R&D）活动指标

项 目	2020	2021	2022
R&D 人员全时当量（人年）	**185622**	**235412**	**260296**
基础研究	6613	7090	8390
应用研究	19183	20997	19908
试验发展	159826	207326	232000
#科学研究与开发机构	6062	6965	7638
高等院校	18997	19052	21639
规模以上工业企业	140850	186328	193782
R&D 经费内部支出（亿元）	**842.41**	**968.73**	**1082.13**
基础研究	23.78	27.92	35.65
应用研究	59.01	70.06	63.89
试验发展	759.61	870.75	982.59
#科学研究与开发机构	25.99	29.88	34.15
基础研究	7.03	7.89	9.08
应用研究	9.39	9.02	11.05
试验发展	9.57	12.96	14.02
高等院校	60.62	70.31	79.10
基础研究	13.75	16.70	23.88
应用研究	40.60	46.42	46.12
试验发展	6.27	7.19	9.09
规模以上工业企业	666.91	771.65	848.59
基础研究	0.12	0.30	0.43
应用研究	1.94	6.77	2.13
试验发展	449.35	764.58	846.02
R&D 经费内部支出按资金来源分			
政府资金	81.49	95.78	105.44
企业资金	750.85	861.38	963.71
国外资金	1.22	1.12	0.72
其他	8.85	10.45	12.27
R&D 经费内部支出占 GDP 比重（%）	**1.92**	**1.95**	**2.04**

研究与试验发展（R&D）人员情况

单位：人

年 份	合 计	科研机构	高等院校	规模以上工业企业	大中型	其 他
2019	261612	6165	40561	180365	118887	34521
2020	270424	6686	43676	192160	123269	27902
2021	347528	8104	46335	259342	163829	33747

按买方类别分技术合同情况

项 目	2010	2015	2022
合同数（项）	**5137**	**4209**	**17324**
机关法人	301	561	1555
事业法人	613	631	2167
社团法人	8	8	72
企业法人	4040	2912	13242
自然人	72	25	96
其他组织	103	72	192
合同金额（万元）	**381217**	**538645**	**2895151**
机关法人	17918	57966	177607
事业法人	21319	20047	107128
社团法人	121	412	1327
企业法人	337572	450881	2581034
自然人	1922	733	381
其他组织	2366	8607	27673

按合同类别分技术合同情况

项 目	合 计	技术开发	技术转让	技术咨询	技术服务
合同数（项）					
2020	10943	4904	422	575	5042
2021	16320	6542	705	1128	7945
2022	17324	6667	904	1716	8037
合同金额（万元）					
2020	1838641	682030	436262	7757	712592
2021	2143960	792098	427117	20497	904248
2022	2895151	883295	1030356	50803	930697

技术合同情况（2022 年）

项　　目	合同数（项）	合同金额（万元）
合　计	**17324**	**2895151**
按合同类别分		
技术开发合同	6667	883295
技术转让合同	904	1030356
技术咨询合同	1716	50803
技术服务合同	8037	930697
按服务目标分		
农、林、牧、渔业发展	1904	38762
工商业发展	1107	659620
能源生产、分配和合理利用	788	495474
基础设施以及城市和农村规划	475	60236
环境保护、生态建设及污染防治	969	70570
卫生事业发展	498	71563
教育事业发展	247	10263
社会发展和社会服务	7243	877121
非定向研究	171	8982
民用空间探测及开发	25	1149
地球和大气层的探索与利用	91	15020
国防	43	5480
其他民用目标	3763	580910
按技术流向分		
本省	12277	1794886
省外	5047	1100265

各类型专利授权情况

单位：项

年份	专利授权数	发明	实用新型	外观设计
2020	145929	10250	99956	35723
2021	153814	12561	105267	35986
2022	141536	16213	93033	32290

各单位专利授权情况

单位：项

项　目	合　计	个人	大专院校	科研单位	企业	机关团体
2020	145929	31287	7898	1058	104717	969
2021	153814	24437	8399	1101	118585	1292
2022	141536	16658	7724	1192	114957	1005

地方国有企事业单位专业技术人员数

单位：人

年　份	合　计	#工程技术人员	#农业技术人员	#卫生技术人员	#科学研究人员	#教学人员
2020	761770	107419	12330	123965	4342	388022
2021	805439	133606	11870	126515	3824	405024
2022	830595	141563	11676	130621	4032	413309

分行业地方国有企事业单位各行业技术人员数

单位：人

行　　业	2020	2021	2022
合　计	**761770**	**805439**	**830595**
按行业分			
农、林、牧、渔业	21394	20250	20265
采矿业	3053	2852	3290
制造业	29255	33870	31094
电力、燃气及水的生产和供应业	7251	7073	7203
建筑业	19881	19733	21925
交通运输、仓储和邮政业	20746	27648	29636
信息传输、软件和信息技术服务业	12530	15223	17529
批发和零售业	4911	5035	4615
住宿和餐饮业	1004	1002	988
金融业	27859	37907	40128
房地产业	8345	8017	9142
租赁和商务服务业	4518	5783	6649
科学研究和技术服务业	16988	19913	20746
水利、环境和公共设施管理业	12302	13633	14728
居民服务和其他服务业	14247	6365	6709
教育	392377	407896	416767
卫生、社会保障和社会福利业	124449	129730	134406

续表

行　　业	2020	2021	2022
文化、体育和娱乐业	18287	19204	18538
公共管理和社会组织	22373	24305	26237
按三次产业分			
第一产业	21394	20250	20265
第二产业	59440	63528	63512
第三产业	680936	721661	746818

教　育

主要年份专任教师数和在校学生数

年　份	专任教师数（人）				在校学生数（万人）				每万常住人口拥有大学在校学生数（人）
	普通高等学校	普通中等学校	#普通中学	普通小学	普通高等学校	普通中等学校	#普通中学	普通小学	
2020	52001	181505	160680	182617	94.72	257.68	211.66	343.61	255.0
2021	52856	190304	167541	198335	102.34	272.01	222.54	352.90	264.0
2022	57103	198093	173808	204204	107.61	283.55	231.21	359.09	277.0

各级各类民办教育基本情况（2022 年）

单位：人

项　目	学校数（所）	毕业生数	招生数	在校学生数	教职工数	#专任教师
民办高等教育	36	90500	135535	370336	22422	15830
民办高校	31	72327	114480	300421	18391	12976
本科	11	33916	47370	139488	8763	6211
专科	20	38411	67110	160933	9628	6765
独立学院	5	18173	21055	69915	4031	2854
本科	5	18173	21055	69915	4031	2854
民办高中阶段教育	96	32845	59818	153402	28428	10523
民办普通高中	74	24960	45584	114522	27050	8781
民办中等职业教育	22	7885	14234	38880	1378	1742
初中阶段教育	106	58288	52064	178747	9206	12434
民办普通初中	106	58288	52064	178747	9206	12434
民办普通小学	85	22602	16027	126388	4695	8429
民办幼儿园	5533	261582	177776	626004	97648	49434

各类学校数

单位：所

年　份	普通高等学校	成人高等学校	中等职业教育	普通中学	#高中	技工学校	小学	幼儿园
2020	89	3	166	1812	550	62	5129	8756
2021	89	3	165	1822	557	65	5077	8836
2022	89	3	167	1840	578	68	5001	8597

各类学校专任教师数

单位：人

年　份	普通高等学校	中等职业教育	普通中学	#高中	技工学校	小学	幼儿园
2020	52001	17000	160680	52750	3820	182617	99453
2021	52856	18693	167541	54804	4070	198335	112183
2022	57103	19480	173808	57662	4805	204204	110249

各类学校在校学生数

单位：万人

年　份	普通高等学校	成人高等学校	中等职业教育	普通中学	#高中	技工学校	小学	幼儿园
2020	94.72	12.21	35.81	211.66	66.40	10.21	343.61	169.90
2021	102.34	15.80	37.54	222.54	69.93	11.94	352.90	167.27
2022	107.61	21.09	39.52	231.21	74.64	12.82	359.09	156.71

各类学校招生数

单位：万人

年　份	普通高等学校	成人高等学校	中等职业教育	普通中学	#高中	技工学校	小学	幼儿园
2020	30.25	5.57	13.27	75.01	23.29	4.81	61.70	67.39
2021	31.50	7.31	13.98	77.11	24.54	5.11	62.85	55.02
2022	34.59	9.47	14.35	79.14	26.89	5.28	58.69	47.45

各类学校毕业生数

单位：万人

年　份	普通高等学校	成人高等学校	中等职业教育	普通中学	#高中	技工学校	小学
2020	20.77	2.47	9.86	62.29	19.59	2.64	52.10
2021	22.47	3.60	9.91	64.46	19.64	2.46	52.82
2022	28.09	4.08	11.00	68.65	20.61	3.64	52.46

研究生数

单位：人

年　份	在校学生数	招生数	毕业生数
2020	67333	24985	15455
2021	76592	26816	16543
2022	85302	28581	18722

职业技术培训机构基本情况（2022 年）

项　　目	学校数（所）	注册学生数（人）	结业学生数（人）	教职工数（人）	#专任教师数（人）
总计	**1212**	**691047**	**622510**	**8636**	**5780**
职工技术培训学校（机构）	74	217812	256452	3623	3228
教育部门办	51	212494	252484	3499	3140
其他部门办	21	3767	3767	0	0
民办	2	1551	201	124	88
中外合作办	0	0	0	0	0
农村成人文化技术培训学校（机构）	803	233844	230103	1483	302
县办	60	2784	2763	105	81
乡办	111	44032	42432	337	133
村办	409	113807	115504	722	38
其他部门办	223	73221	69404	319	50
民办	0	0	0	0	0
中外合作办	0	0	0	0	0
其他培训机构（含社会培训机构）	335	239391	135955	3530	2250
教育部门办	16	39825	45312	507	375
其他部门办	9	31334	31231	40	26
民办	310	168232	59412	2983	1849
中外合作办	0	0	0	0	0

分科研究生数（2022 年）

单位：人

项　　目	在校学生数	招生数	毕业生数	博士生			硕士生		
				在校生数	招生数	毕业生数	在校生数	招生数	毕业生数
合计	**85302**	**28581**	**18722**	**9755**	**2389**	**1458**	**75547**	**26192**	**17264**
学术型学位	**35940**	**11344**	**8038**	**9099**	**2087**	**1402**	**26841**	**9257**	**6636**
哲学	342	91	66	139	25	13	203	66	53
经济学	1630	487	406	483	91	72	1147	396	334
法学	2304	759	509	514	109	69	1790	650	440
教育学	981	317	231	179	42	32	802	275	199
文学	1739	517	395	362	70	56	1377	447	339
历史学	548	161	130	179	34	27	369	127	103
理学	10093	3194	2080	3191	754	547	6902	2440	1533
工学	9365	2960	2085	2134	479	285	7231	2481	1800
农学	1779	551	494	428	91	87	1351	460	407
医学	3457	1180	804	664	210	95	2793	970	709
管理学	2859	827	661	714	141	106	2145	686	555

续表

项　　目	在校学生数	招生数	毕业生数	博士生			硕士生		
				在校生数	招生数	毕业生数	在校生数	招生数	毕业生数
艺术学	817	274	177	86	15	13	731	259	164
专业学位	**49362**	**17237**	**10684**	**656**	**302**	**56**	**48706**	**16935**	**10628**
哲学									
经济学	2091	759	601				2091	759	601
法学	2284	708	665				2284	708	665
教育学	4366	1837	1339	154	25	10	4212	1812	1329
文学	1278	478	348				1278	478	348
历史学	63	18	15				63	18	15
理学									
工学	16856	6157	3185	92	92		16764	6065	3185
农学	3083	1161	620	15	15		3068	1146	620
医学	6340	2302	1497	395	170	46	5945	2132	1451
管理学	10898	3004	2039				10898	3004	2039
艺术学	2103	813	375				2103	813	375

普通高等学校本科分科学生情况

单位：人

项　　目	2010	2020	2022
在校学生数	**365516**	**537206**	**587415**
哲学	258	164	256
经济学	31441	41945	40322
法学	17702	15122	16288
教育学	10675	22053	25775
文学	63314	51229	57264
历史学	1792	1523	1776
理学	36624	28839	32116
工学	106651	180387	197273
农学	8117	9609	9682
医学	20207	30501	34050
管理学	68735	105710	113044
艺术学		46496	50362
招生数	**103865**	**146421**	**168094**
哲学	41	25	77
经济学	8733	10346	10369
法学	4653	3576	3993
教育学	2917	6606	7740

续表

项目	2010	2020	2022
文学	18262	14086	16413
历史学	444	365	435
理学	9447	7859	8646
工学	32077	49157	56550
农学	2751	2519	2822
医学	4593	7494	8331
管理学	19947	29394	35368
艺术学		12891	14119
毕业生数	**71708**	**124411**	**137182**
哲学	50	41	45
经济学	6905	9875	11226
法学	3373	3876	3795
教育学	2205	4611	5117
文学	12786	11487	13753
历史学	425	354	376
理学	8207	6720	6954
工学	18885	42389	45422
农学	1530	2451	2359
医学	3614	5608	6538
管理学	13728	26697	29895
艺术学		10302	11702

普通高等学校专科分科学生数（2022 年）

单位：人

项目	在校学生数	招生数	毕业生数
合计	**488635**	**180496**	**143750**
农林牧渔大类	7048	3109	1566
资源环境与安全大类	5427	2141	1317
能源动力与材料大类	5467	1718	1557
土木建筑大类	41283	13815	14187
水利大类	1920	553	733
装备制造大类	40555	15804	10991
生物与化工大类	2754	1092	958
轻工纺织大类	2779	1000	1306
食品药品与粮食大类	15319	6413	4246
交通运输大类	25964	9470	6731
电子信息大类	73429	28913	20200

续表

项　　目	在校学生数	招生数	毕业生数
医药卫生大类	57244	19919	17564
财经商贸大类	75387	25643	25715
旅游大类	13457	5232	4322
文化艺术大类	46383	17453	12104
新闻传播大类	6350	2792	1813
教育与体育大类	65162	24358	17471
公安与司法大类	1		
公共管理与服务大类	2706	1071	969

成人高等学校分科学生情况

单位：人

项　　目	2010	2020	2022
招生数	**36025**	**26098**	**48986**
经济学	1904	312	585
法学	798	420	1018
教育学	5063	4110	7099
文学	2226	654	2410
历史学	36		
理学	352	117	459
工学	9142	6401	13331
农学	338	398	633
医学	4545	7203	10728
管理学	11621	6291	12318
艺术学		192	405
在校学生数	**99038**	**61058**	**106471**
经济学	5821	738	1291
法学	2352	913	1895
教育学	11746	9516	16558
文学	7489	1377	4277
历史学	116		
理学	1012	205	835
工学	24131	15238	28824
农学	1190	1026	1587
医学	13041	15059	23581
管理学	32140	16581	26690
艺术学		405	933
毕业生数	**34699**	**12819**	**18629**

续表

项　　目	2010	2020	2022
经济学	2854	203	280
法学	1120	178	300
教育学	4537	1774	2905
文学	4309	216	416
历史学	75		
理学	1178	15	52
工学	6323	3566	4977
农学	508	299	332
医学	4025	2068	3687
管理学	9770	4472	5573
艺术学		28	107

成人高等学校专科分科学生数（2022 年）

单位：人

项　　目	在校学生数	招生数	毕业生数
合计	**104466**	**45671**	**22212**
农林牧渔大类	4847	1428	1234
资源环境与安全大类	562	292	61
能源动力与材料大类	76	32	26
土木建筑大类	17614	7699	2499
水利大类			
装备制造大类	6658	2894	992
生物与化工大类	649	435	99
轻工纺织大类			
食品药品与粮食大类	433	225	73
交通运输大类	1204	362	119
电子信息大类	6022	2556	757
医药卫生大类	8781	3800	1626
财经商贸大类	38696	17351	10166
旅游大类	1830	1490	193
文化艺术大类	656	262	184
新闻传播大类			
教育与体育大类	10528	4221	3149
公安与司法大类	146	73	22
公共管理与服务大类	5764	2551	1012

技工学校数、学生数和专任教师数

年　份	学校数（所）	招生数（人）	在校学生数（人）	毕业生数（人）	专任教师数（人）
2020	62	48060	102125	26370	3820
2021	65	51050	119364	24554	4070
2022	68	52840	128181	36403	4805

中等职业教育分科学生数（2022 年）

单位：人

项　　目	毕业生数	招生数	在校学生数
合计	**110034**	**143517**	**395217**
农林牧渔大类	4033	7129	16131
资源环境与安全大类	162	285	768
能源动力与材料大类	143	330	876
土木建筑大类	7335	7740	21389
水利大类	82	121	318
装备制造大类	8871	12932	34882
生物与化工大类	462	832	1657
轻工纺织大类	1437	1796	4832
食品药品与粮食大类	1027	1954	4732
交通运输大类	9373	11943	32224
电子与信息大类	19200	26151	72280
医药卫生大类	7392	7869	22460
财经商贸大类	16705	22287	63778
旅游大类	7345	9374	24805
文化艺术大类	8359	11535	32157
新闻传播大类	3077	3650	11088
教育与体育大类	14615	16787	48910
公安与司法大类			
公共管理与服务大类	416	802	1930

小学学龄儿童入学率升学率和初中升学率

单位:%

年　份	小学学龄儿童入学率	小学升学率	初中升学率
2020	99.98	99.28	83.86
2021	99.95	99.54	85.96
2022	99.99	99.58	85.85

文　化

主要年份文化事业情况

年　份	艺术表演团体（个）	公共图书馆（座）	博物馆（座）	图书出版总印数（万册）	期刊出版总印数（万份）	报纸出版总印数（万份）	广播综合人口覆盖率（%）	电视综合人口覆盖率（%）
2020	558	97	132	13620	2017	69515	99.82	99.85
2021	545	96	140	15467	2003	65213	99.85	99.87
2022	671	95	140	17416	1960	63878	99.87	99.90

各类文化文物机构数

单位：个

年　份	艺术业		公共图书馆	博物馆	群众文化服务	
	艺术表演团体	艺术表演场馆			群众艺术（文化）馆	文化站
2020	558	64	97	132	98	1122
2021	545	72	96	140	97	1113
2022	671	75	95	140	95	1112

群众艺术（文化）馆站业务活动及经费情况（2022 年）

项　目	总计	群众艺术（文化）馆	文化站
单位数（个）	1207	95	1112
从业人员（人）	4010	929	3081
举办展览（个）	3191	839	2352
组织文艺活动（次）	16329	3909	12420
举办训练班（次）	16103	9308	6795
培训人次（千人次）	615	276	339
本年收入总额（千元）	648494	430768	217726
本年支出合计（千元）	631797	419682	212115

艺术表演团体按剧种分演出情况（2022 年）

项　目	剧团数（个）	从业人员（人）	本团原创首演剧目（个）	演出场次（千场）	国内演出观众人次（千人次）	艺术表演团体演出收入（千元）
艺术表演团体	**671**	**14619**	**113**	**78.7**	**21285**	**490340**
话剧、儿童剧、滑稽剧类	6	250	2	0.5	114	4414
歌舞、音乐类	50	2080	27	11.5	1936	128669
杂技、魔术、马戏类	4	323	1	2.5	345	11045
京剧、昆曲类	4	225	1	0.3	117	2076
京剧	4	225	1	0.3	117	2076
地方戏曲类	525	9831	58	44.1	14647	309238
曲艺类	43	695	22	4.1	743	8789
综合性艺术表演团体	39	1215	2	15.7	3385	26109

图书、博物馆情况

项　目	2015	2020	2022
图书馆			
图书藏量	22076	37448	44899
报刊藏量	2341	3007	3388
视听文献、缩微制品藏量	696	827	1508
组织各类讲座次数（次）	2891	1267	2257
各类讲座参加人次（千人次）	287	143	526
举办展览次数（次）	712	900	1390
参观展览人次（千人次）	1420	825	2190
举办培训班次数（次）	1083	1000	1938
参加培训班人次（千人次）	58	47	148
总流通人次（千人次）	239633	16601	23743
博物馆			
文物藏品（件、套）	514057	745277	759826
#一级品	1081	1115	1097
二级品	3043	3714	2983
三级品	97883	104000	103129
参观人次（万人次）	2412	1194	1379
#文物机构青少年参观人次	845	339	396

图书出版情况

年份	图书种数（种）	本版图书种数	#新出	总印数（万册、万张）	#租型	总印张（千印张）	#租型	定价总金额（万元）
2020	4621	4405	2267	13620	4580	1109429	331109	231094
2021	5053	4834	2354	15467	4919	1244955	354248	274204
2022	5169	4936	2102	17416	5381	1506295	384741	379425

图书出版分类情况（2022 年）

项目	图书种数（种）	#本版图书新出	总印数（万册、万张）	#新出	总印张（千印张）	#新出
总计	**5169**	**2102**	**17416**	**2437**	**1506295**	**245906**
#使用“中国标准书号”合计	5169	2102	17415	2437	1506291	245906
马列主义、毛泽东思想	5	2	1	0.15	191	23
哲学	59	42	37	16	4156	1504
社会科学总论	25	20	5	4	1162	930
政治、法律	162	112	289	43	21230	5810
军事	15	8	22	10	3791	980
经济	155	102	56	38	10260	5596
文化、科学、教育、体育	2967	710	15081	1293	1278235	103938
语言、文字	83	32	43	10	5568	1350
文学	687	400	1095	500	61303	32068
艺术	229	157	108	65	6781	5075
历史、地理	213	165	365	340	77090	73438
自然科学总论	9	3	8	2	786	176
数理科学、化学	37	17	12	8	1669	897
天文学、地球科学	33	18	15	9	1638	1153
生物科学	64	42	76	25	5176	2299
医学、卫生	120	82	63	24	11518	3649
农业科学	52	26	23	9	2550	1123
工业技术	144	72	54	21	7828	2836
交通运输	17	11	12	5	1113	583
航空、航天	4	3	4	4	284	260
环境科学	8	7	13	1	259	111
综合性图书	81	71	33	12	3702	2106

书刊报纸出版情况

年　份	出版社（个）	出版种数（种）			总印数（万份）		
		图　书	期　刊	报　纸	图　书	期　刊	报　纸
2020	11	4621	174	42	13620	2017	69515
2021	11	5053	174	42	15467	2003	65213
2022	11	5169	174	42	17416	1960	63878

音像电子出版物出版情况

项　　目	2015		2020		2022	
	种数（种）	数量（万张）	种数（种）	数量（万张）	种数（种）	数量（万张）
出版						
录音制品	31	6.79	15	1.95	14	1.89
录像制品	28	16.72	29	12.55	31	5.39
电子出版物	39	24.58	20	6.38	16	3.49
复制						
磁带制品		8.33		0.75		0.12
光盘制品		1082.88		11.98		18.25

广播电视事业发展情况

项　　目	2015	2020	2022
广播电台数量（座）			
广播电台	6	4	3
电视台	7	5	4
广播电视台	65	68	68
全年播出节目时间（万小时）			
广播	52.41	52.62	53.80
电视	36.49	42.35	47.65
全年节目制作时间（万小时）			
广播	25.37	25.20	23.88
电视	7.40	5.54	4.90
人口覆盖率（%）			
广播	98.68	99.82	99.87
电视	98.94	99.85	99.90
有线电视实际用户数（万户）	730.68	726.77	730.25
#数字电视用户	689.18	726.77	730.25
付费数字电视用户	306.81	551.41	505.97
#双向电视用户	53.51	465.58	355.28
互联网宽带业务用户数（万户）	33.60	201.49	247.00

续表

项目	2015	2020	2022
有线电视入户率（%）	69.07	57.63	60.83
广播电视总收入（亿元）	99.34	210.50	314.20
实际创收收入（亿元）	71.96	164.24	248.72
#广告收入	19.85	44.79	88.16
#广播广告收入	4.05	2.13	1.86
电视广告收入	13.66	7.74	7.77
网络收入	26.11	39.97	42.35
广播电视节目销售收入	3.65	5.12	9.31

广播电视制作播出情况

项目	2015	2020	2022
广播			
本年广播节目制作（小时）	253719	251980	238787
#新闻资讯类	52818	57345	51609
专题服务类	66807	64619	54075
综艺益智类	76749	62693	58809
广告类	17001	7559	7408
电视			
有线电视实际用户数（万户）	730.68	726.77	730.25
#数字电视用户数	689.18	726.77	730.25
本年电视节目制作（小时）	73986	55417	49024
#新闻资讯类	25814	25285	23222
专题服务类	18265	14112	13340
综艺益智类	5519	2964	2434
影视剧类	495	253	546
广告类	5914	4858	4165
本年制作电视剧（集）	108	150	190
全年电视剧播出数（集）	108101	129278	148016

各设区市有线电视用户数

单位：万户

地　区	2015	2020	2022
全　省	**730.68**	**726.77**	**730.25**
福州市	187.66	152.02	151.50
厦门市	80.83	74.26	76.12
莆田市	45.82	49.34	49.54
三明市	49.93	51.94	52.68
泉州市	126.48	139.76	138.79
漳州市	81.80	86.92	87.87
南平市	64.85	67.09	66.19
龙岩市	41.33	48.72	49.83
宁德市	51.98	56.71	57.71

各设区市电视节目综合人口覆盖率

单位:%

地　区	2015	2020	2022
全　省	98.94	99.85	99.90
福州市	99.17	100.00	100.00
厦门市	100.00	100.00	100.00
莆田市	98.59	100.00	100.00
三明市	99.17	99.63	99.72
泉州市	98.39	99.93	99.96
漳州市	99.15	99.74	99.75
南平市	98.64	99.45	99.72
龙岩市	98.57	99.79	99.86
宁德市	99.30	99.86	99.90

体　育

当年在聘技术等级运动员人数

单位：人

项　　目	2020	2021	2022
等级运动员	**967**	**1652**	**2367**
#女	349	659	963
国际级运动健将			
#女			
国家级运动健将	12		
#女	10		
一级运动员	234	423	555
#女	113	185	193
二级运动员	721	1229	1812
#女	226	474	770

竞技体育比赛奖牌情况

单位：枚

项　　目	2015	2020	2022
世界比赛	**18**		**12**
金牌	12		7
银牌	4		3
铜牌	2		2
亚洲比赛	**25**		**8**
金牌	15		3
银牌	5		4
铜牌	5		1
全国比赛	**108**	**136**	**60**
金牌	40	42	15
银牌	34	45	20
铜牌	34	49	25

卫　生

主要年份医疗卫生机构和人员情况

项　目	医疗卫生机构数（个）	#医院、卫生院	医疗卫生机构床位数（张）	#医院、卫生院	卫生技术人员数（人）	#执业（助理）医师数	每千人口拥有	
							医疗卫生机构床位数（张）	执业（助理）医师数（人）
2020	28152	1585	216753	202189	278397	105546	5.2	2.5
2021	28693	1600	223813	209421	294376	111058	5.3	2.7
2022	29117	1600	232425	218548	308122	116098	5.6	2.8

各类医疗卫生机构数

单位：个

项　　目	2015	2020	2022
合　计	**27921**	**28152**	**29117**
医院	**570**	**695**	**720**
基层医疗卫生机构	**25875**	**26949**	**27941**
社区卫生服务中心（站）	528	706	731
卫生院	880	890	880
门诊部	512	1409	1772
诊所、卫生所、医务室	4945	6771	7803
村卫生室	19010	17173	16755
专业公共卫生机构	**1402**	**403**	**324**
疾病预防控制中心	96	98	101
专科疾病防治院	23	22	21
健康教育所			
妇幼保健院（所、站）	87	95	94
急救中心（站）	7	12	13
采供血机构	9	9	10
卫生监督所	86	88	85
计划生育技术服务机构	1094	79	
其他机构	**74**	**105**	**132**
疗养院	11	5	4
医学科学研究机构	8	8	6
医学在职培训机构	23	15	15
其他	32	77	107

各类医疗卫生机构床位数

单位：张

项　　目	2015	2020	2022
合　计	**173199**	**216753**	**232425**
#医院	129609	169245	184994
疗养院	2527	1300	600
社区卫生服务中心（站）	3201	4334	4795
卫生院	30402	32944	33554
门诊部	39		
妇幼保健院（所、站）	5709	7218	6628
专科疾病防治院	1681	1666	1808

各类卫生技术人员数

单位：人

项　　目	2015	2020	2022
合　计	**213162**	**278397**	**308122**
#执业医师	66162	90384	100206
执业助理医师	12011	15162	15892
注册护士	90503	122476	136667
药师（士）	13865	15993	17203
检验人员	7720	10532	12066

各类医疗卫生机构情况（2022 年）

项　　目	医疗卫生机构（个）	医疗床位（张）	卫生技术人员（人）		
				#执业（助理）医师	#注册护士
合　计	**29117**	**232425**	**308122**	**116098**	**136667**
医院	**720**	**184994**	**185096**	**60415**	**94969**
综合医院	388	117773	128735	42422	66789
中医医院	89	22935	24905	8810	11168
中西医结合医院	10	3185	3686	1301	1841
民族医院	1	60	45	13	17
专科医院	223	40282	27364	7766	14991
护理院	9	759	361	103	163
基层医疗卫生机构	**27941**	**38349**	**99450**	**47654**	**34559**
社区卫生服务中心（站）	731	4795	15327	6292	5637
卫生院	880	33554	35478	12933	12494
门诊部	1772		21828	11404	8194
诊所、卫生所、医务室	7803		20055	10907	7698

续表

项　　目	医疗卫生机构（个）	医疗床位（张）	卫生技术人员（人）	#执业（助理）医师	#注册护士
村卫生室	16755		6762	6118	536
专业公共卫生机构	**324**	**8482**	**21326**	**7528**	**6531**
疾病预防控制中心	101		6236	2633	711
专科疾病防治院	21	1808	902	345	284
妇幼保健院（所、站）	94	6628	11680	4320	4990
急救中心（站）	13	46	384	161	199
采供血机构	10		629	69	347
卫生监督所	85		1495		
计划生育技术服务机构					
其他机构	**132**	**600**	**2250**	**501**	**608**
疗养院	4	600	165	40	79
医学科学研究机构	6		46	32	1
医学在职培训机构	15		44	19	13
其他	107		1995	410	515

基层医疗卫生机构情况（2022 年）

项　　目	社区卫生服务中心（站）	卫生院	门诊部	诊所、卫生所、医务室	村卫生室
机构数（个）	**731**	**880**	**1772**	**7803**	**16755**
卫生技术人员数（人）	**15327**	**35478**	**21828**	**20055**	**6762**
#执业医师	5273	9176	9686	9460	1637
执业助理医师	1019	3757	1718	1447	4481
注册护士	5637	12494	8194	7698	536
药师（士）	1459	3455	959	1003	108
检验人员	614	1732	526	29	0

农村村级卫生组织情况

项　　目	2015	2020	2022
村设置医疗点数（个）	19010	17173	16755
执业（助理）医师数（人）	3513	5107	6118
注册护士（人）	329	595	536
乡村医生和卫生员数（人）	26902	19397	15910
乡村医生	26113	18846	15754
卫生员	789	551	156

各类医院医疗服务情况

年份	诊疗人数（万人次）	#门急诊	入院人数（万人）	出院人数（万人）	病床周转数（次）
2020	9521.11	9416.75	448.60	449.01	28.40
2021	10721.89	10645.79	481.75	481.02	29.10
2022	10938.34	10854.71	490.14	491.44	28.80

医院、卫生院、妇幼保健院医疗服务情况（2022年）

项目	诊疗人数（万人次）	#门急诊	入院人数（万人）	出院人数（万人）	死亡率（%）	病床周转数（次）	病床使用率（%）
医院	**10938.34**	**10854.71**	**490.14**	**491.44**	**0.18**	**28.8**	**72.76**
#综合医院	7915.87	7865.81	368.32	368.90	0.20	34.1	71.44
中医医院	1829.20	1803.15	59.12	59.41	0.17	28.4	66.86
专科医院	963.59	959.73	52.69	53.02	0.06	14.1	80.50
卫生院	**3854.64**	**3470.42**	**51.54**	**51.59**	**0.01**	**16.4**	**30.68**
妇幼保健院（所、站）	**886.87**	**871.21**	**18.10**	**18.16**	**0.00**	**30.6**	**41.72**

防病工作情况

项目	2015	2020	2022
甲乙类传染病发病总例数（万个）	22.82	15.31	22.76
传染病发病率（1/10万）	599.62	385.24	543.61
传染病死亡总人数（人）	172	256	232
传染病死亡率（1/10万）	0.45	0.64	0.55
结核病登记病人数（例）	16602	14650	12803
登记患病率（‰）	0.44	0.37	0.31
结核病新发病人数（例）	16016	13785	11921
结核病登记新发病率（1/10万）	42.44	34.98	28.47
乙肝疫苗全程接种率（%）	99.94	99.78	99.78

法定报告传染病发病及死亡情况（2022 年）

项　　目	发病率（1/10 万）	死亡率（1/10 万）	病死率（%）
总计	**543.61**	**0.55**	**0.10**
病毒性肝炎	92.96	0.03	0.03
痢疾	0.28		
伤寒副伤寒	0.97		
艾滋病	2.23	0.46	20.60
淋病	9.74		
梅毒	49.17	0.00	
麻疹	0.03		
百日咳	2.64		
流脑	0.00		
猩红热	1.24		
出血热	0.36		
狂犬病			
布鲁氏菌病	0.45		
乙脑			
疟疾	0.05		
新生儿破伤风	0.00		
肺结核	35.16	0.06	0.18

前十位疾病死亡原因及构成（2022 年）

项　　目	占疾病死亡总人数比重（%）	项　　目	占疾病死亡总人数比重（%）
城市	**93.56**	**农村**	**89.80**
恶性肿瘤	26.15	恶性肿瘤	28.57
心脏病	20.73	心脏病	16.41
脑血管病	15.97	脑血管病	14.95
呼吸系统疾病	10.27	损伤和中毒	11.04
损伤和中毒	9.24	呼吸系统疾病	9.52
内分泌、营养和代谢疾病	4.23	内分泌、营养和代谢疾病	3.19
神经系统疾病	2.48	神经系统疾病	2.02
消化系统疾病	2.44	消化系统疾病	1.95
泌尿生殖系统疾病	1.27	泌尿生殖系统疾病	1.15
传染病	0.77	精神障碍	1.00

民　政

主要年份婚姻登记情况

单位：对

年　份	结婚登记对数	内地居民登记结婚	涉外及华侨、港澳台居民登记结婚	离婚登记对数	内地居民登记离婚	涉外及华侨、港澳台居民登记离婚
2020	205610	204644	966	93403	93103	300
2021	184833	183935	898	54643	54454	189
2022	166214	164822	1392	58297	58046	251

社会救济情况

项　　目	2015	2020	2022
社会救济			
城镇居民最低生活保障人数（人）	129477	62379	67804
#女性	50814	29041	31420
#老年人		14524	15537
#残疾人	20875	18498	20385
城镇居民最低保障户数（户）	75518	40921	45002
城镇低保资金全年支出（万元）	53548	42484	51458
农村最低生活保障人数（人）	716811	452363	504601
#女性	260786	199437	226045
#老年人	227503	122313	135008
#未成年人	78654	69723	93070
#残疾人	103180	91318	107519
农村居民最低生活保障户数（户）	375987	248073	282459
农村低保资金全年支出（万元）	152879	232460	306661
城镇特困人员救助供养人数（人）		5868	6476
城镇特困人员全年救助供养支出（万元）		10210	15103
农村特困人员救助供养人数（人）		62044	60346
农村特困人员全年救助供养支出（万元）		91083	108852

提供住宿的社会服务机构数

单位：个

项　　目	2020	2021	2022
合计	**715**	**837**	**941**
养老机构	640	759	861
#社会福利院	65	79	77
精神疾病服务机构（社会福利医院）	14	12	11
儿童福利和救助保护机构	11	16	19
儿童福利机构	10	15	15
未成年人救助保护中心	1	1	4
其他提供住宿机构	50	50	50

提供住宿的社会服务机构基本情况（2022 年）

项　　目	床位数（万张）	收养救助人数（万人）	社会（助理）工作师人数（人）
总计	**12.86**	**4.36**	**621**
养老机构	12.05	3.93	434
社会福利院	2.18	0.84	168
特困人员救助供养机构	2.82	0.92	34
其他各类养老机构	7.04	2.17	232
精神疾病服务机构（社会福利医院）	0.37	0.33	47
儿童福利机构	0.19	0.08	57
未成年人救助保护中心	0.01	0.00	9
其他提供住宿的服务机构	0.24	0.03	74

司　法

主要年份律师、公证和调解工作情况

项　　目	2015	2020	2022
律师工作			
律师事务所（个）	660	1141	1340
专职律师（人）	7211	11703	14277
兼职律师（人）	426	456	485
律师担任法律顾问单位（个）	16310	25937	27484
律师业务情况			
民事诉讼（件）	128245	214651	283714
行政诉讼（件）	4010	9866	13575
非诉讼法律事务（件）	16905	44482	46628
解答法律咨询和代写法律事务文书（件）	180682	77788	71152
公证工作			
公证机构数（家）	90	93	94
公证员（人）	417	453	526
办理公证书（件）	491618	403413	489376
国内公证	229152	315321	363420
涉外及港澳台	262466	88092	125956
调解工作			
人民调解委员会（个）	19817	20422	19557
人民调解人员数（万人）	9.60	8.08	7.16
调解纠纷（万件）	17.26	17.05	30.75

国内公证业务分类情况

单位：件

项　　目	2020	2021	2022
办证件数	**403413**	**464663**	**489376**
合同（协议）	6764	6277	6377
继承	34605	34108	33572
委托	96271	120833	127915
声明	53625	40146	39311
赠与	531	955	1001
遗嘱	7729	6889	7291
现场监督	2316	2174	2456
婚姻状况、亲属关系、收养关系	13100	13642	22437
出生、生存、死亡	18795	20443	24135
身份、经历、学历、学位、职务、职称	2918	1595	1497
有无违法犯罪记录	12907	18084	18425
公司章程	6	16	7
保全证据	44079	63241	64565
证书（执照）	32957	30952	30120
签名（印章）	18204	11777	13475
文本相符	36290	36185	39355
赋予执行效力	10918	40926	48758
执行证书	53	678	749
抵押登记	1	4	
提存	78	173	175
保管	23	8	650
其他	11243	15557	7106

社会保险

主要年份社会保险情况

项　　　目	2010	2020	2022
基本养老保险			
企业职工基本养老保险			
期末参加基本养老保险职工人数（万人）	466.88	894.36	1342.78
期末领取基本养老保险离退休人员人数（万人）	93.33	159.34	178.91
基本养老保险基金收入（亿元）	149.55	391.99	854.37
基本养老保险基金支出（亿元）	135.85	532.89	725.60
基本养老保险基金累计结余（亿元）	104.63	562.49	684.70
机关事业单位基本养老保险			
期末参加基本养老保险职工人数（万人）	54.93	97.24	100.23
期末领取基本养老保险离退休人员人数（万人）	20.13	49.63	52.47
基本养老保险基金收入（亿元）	55.32	189.22	366.37
基本养老保险基金支出（亿元）	52.65	355.42	370.42
基本养老保险基金累计结余（亿元）	36.60	147.67	147.19
城乡居民基本养老保险			
期末参加基本养老保险人数（万人）		1588.16	1598.77
基本养老保险基金收入（亿元）		130.83	144.89
基本养老保险基金支出（亿元）		95.30	114.96
基本养老保险基金累计结余（亿元）		230.99	291.53
基本医疗保险			
期末参加基本医疗保险人数（万人）	1226.25	3840.48	3863.49
城镇职工	554.67	893.13	972.20
城乡居民	671.58	2947.35	2891.30
基本医疗保险基金收入（亿元）	113.72	624.88	789.59
城镇职工	106.22	377.66	499.91
城乡居民	7.50	247.22	289.68
基本医疗保险基金支出（亿元）	96.01	554.65	652.38
城镇职工	88.96	314.60	383.18
城乡居民	7.05	240.05	269.20
基本医疗保险基金累计结余（亿元）	174.86	866.89	1100.81

续表

项　　目	2010	2020	2022
城镇职工	169.99	763.98	970.75
城乡居民	4.87	102.91	130.06
职工基本医疗保险基金收缴率（%）	99.29	98.83	99.04
失业保险			
期末参加失业保险人数（万人）	374.18	664.41	761.34
期末领取失业保险金人数（万人）	3.17	6.34	6.19
失业保险基金收入（亿元）	11.63	18.70	37.63
失业保险基金支出（亿元）	5.60	66.87	36.68
失业保险基金累计结余（亿元）	52.25	98.86	85.47
工伤、生育保险			
期末参加工伤保险人数（万人）	417.74	936.85	1040.00
工伤保险基金收入（亿元）	5.90	10.40	30.24
工伤保险基金支出（亿元）	2.86	24.22	32.97
工伤保险基金累计结余（亿元）	22.37	49.02	45.23
期末参加生育保险的职工人数（万人）	374.41	676.58	741.75
生育保险基金收入（亿元）	4.32	19.32	26.92
生育保险基金支出（亿元）	2.95	21.33	23.29

各设区市商业保险业务情况（2022年）

单位：万元

地区	保费收入					
		财产保险公司	人身保险公司			
				#寿险	健康险	意外伤害
福建省	**13746655**	**4392813**	**9353842**	**7045869**	**2131864**	**176109**
福州市	4038107	1244494	2793613	2018128	720095	55390
厦门市	2704532	906063	1798469	1420999	346440	31030
莆田市	770946	208514	562433	419009	137316	6108
三明市	628813	200967	427847	347296	73899	6652
泉州市	2688244	814759	1873485	1401674	433713	38097
漳州市	958196	368045	590151	456275	120693	13183
南平市	618078	196626	421451	339613	75526	6312
龙岩市	677405	259876	417529	315409	92654	9466
宁德市	662334	193469	468865	327465	131530	9871

续表

地区	赔款及给付	财产保险公司	人身保险公司	#寿险	健康险	意外伤害
福建省	**4468940**	**2828119**	**1640821**	**892111**	**705780**	**42929**
福州市	1367298	814755	552544	228213	315333	8998
厦门市	840700	575326	265374	164848	91984	8543
莆田市	256820	139759	117061	50398	65014	1648
三明市	215385	139359	76026	58371	15264	2390
泉州市	780599	490573	290026	193246	87284	9497
漳州市	343494	245455	98040	65183	28844	4012
南平市	210046	133905	76142	49907	24091	2144
龙岩市	246002	175919	70082	44661	21891	3530
宁德市	208596	113069	95527	37284	56075	2168

各设区市主要社会保险参保人数（2022 年）

单位：万人

地　区	期末参加城镇职工基本养老保险人数	期末参加城乡居民基本养老保险人数	期末参加基本医疗保险的城镇职工人数	期末参加基本医疗保险的城乡居民人数	期末参加失业保险人数	期末参加工伤保险人数	期末参加生育保险人数
全　省	**1674.39**	**1598.77**	**972.20**	**2891.30**	**761.34**	**1040.00**	**741.75**
省　直	59.16		39.18			24.27	27.07
福州市	287.70	252.63	187.50	500.79	162.19	200.17	138.10
#平潭	8.12	20.15	5.02	34.94	3.87	6.75	3.53
厦门市	511.72	25.19	320.27	150.27	287.30	290.50	280.11
莆田市	80.62	173.86	34.07	288.09	30.29	54.10	25.80
三明市	78.96	125.16	44.82	213.42	29.20	48.10	24.21
泉州市	238.51	375.55	117.43	603.19	95.35	158.55	95.51
漳州市	150.68	225.33	82.76	396.60	56.36	93.18	56.14
南平市	77.47	136.51	43.88	237.00	26.57	54.92	21.99
龙岩市	84.75	139.63	51.85	223.67	35.58	54.12	34.44
宁德市	104.82	144.90	50.44	278.28	38.50	62.09	38.35

各设区市城镇职工基本养老保险人数（2022 年）

单位：万人

地　区	期末参加城镇职工基本养老保险职工人数	参加企业职工基本养老保险人数	参加机关事业单位基本养老保险人数	期末领取基本养老保险金离退休人员人数	企业职工领取人数	机关事业单位领取人数
全　省	**1443.01**	**1342.78**	**100.23**	**231.38**	**178.91**	**52.47**
省　直	40.83	27.40	13.42	18.33	11.17	7.16
福州市	240.20	226.31	13.89	47.50	39.05	8.45
#平潭	6.54	5.70	0.84	1.58	1.04	0.54
厦门市	469.40	459.93	9.48	42.31	38.97	3.34
莆田市	70.96	64.02	6.94	9.66	6.45	3.21
三明市	58.27	50.34	7.93	20.69	15.91	4.78
泉州市	219.54	204.58	14.96	18.97	13.08	5.89
漳州市	126.99	116.54	10.44	23.70	18.45	5.25
南平市	53.88	46.49	7.39	23.59	18.08	5.51
龙岩市	71.17	63.52	7.65	13.58	9.15	4.43
宁德市	91.77	83.64	8.13	13.05	8.60	4.45

市县数据

年末户籍统计人口数（2022 年）

单位：万人

地　　区	年末户籍统计总人口	按性别分	
		男	女
全　省	**3961.59**	**2034.08**	**1927.51**
福州市	**729.22**	**370.15**	**359.06**
福州市辖区	305.87	151.64	154.23
鼓楼区	62.42	30.46	31.97
台江区	32.33	15.79	16.54
仓山区	68.47	33.19	35.28
马尾区	19.50	9.61	9.90
晋安区	46.04	22.31	23.73
长乐区	77.10	40.28	36.82
福清市	140.36	72.24	68.12
闽侯县	72.86	36.87	35.99
连江县	67.57	35.04	32.53
罗源县	26.92	14.03	12.89
闽清县	32.10	16.92	15.18
永泰县	38.20	20.34	17.85
平潭县	45.33	23.06	22.27
厦门市	**293.81**	**142.80**	**151.01**
厦门市辖区	293.81	142.80	151.01
思明区	91.28	43.93	47.34
海沧区	29.63	14.16	15.48
湖里区	41.03	20.11	20.92
集美区	44.82	21.54	23.27
同安区	44.70	22.09	22.61
翔安区	42.36	20.97	21.39
莆田市	**367.28**	**187.83**	**179.44**
莆田市辖区	249.63	126.85	122.78
城厢区	44.91	22.43	22.48
涵江区	45.36	22.49	22.88
荔城区	62.99	31.41	31.59
秀屿区	96.37	50.53	45.84

续表

地　　区	年末户籍统计总人口	按性别分	
		男	女
仙游县	117.64	60.98	56.66
三明市	**285.61**	**149.75**	**135.86**
三明市辖区	57.41	28.78	28.62
三元区	30.40	14.90	15.50
沙县区	27.00	13.88	13.13
永安市	32.30	16.59	15.71
明溪县	11.52	6.02	5.50
清流县	15.11	7.97	7.14
宁化县	36.65	19.34	17.30
大田县	40.83	22.39	18.44
尤溪县	44.42	24.07	20.35
将乐县	18.50	9.64	8.86
泰宁县	13.62	7.06	6.56
建宁县	15.25	7.87	7.38
泉州市	**774.00**	**400.57**	**373.43**
泉州市辖区	124.75	62.14	62.61
鲤城区	29.08	13.99	15.09
丰泽区	32.49	15.48	17.01
洛江区	21.30	11.02	10.28
泉港区	41.88	21.66	20.23
石狮市	37.27	18.68	18.60
晋江市	125.00	63.45	61.55
南安市	166.34	88.04	78.31
惠安县	105.81	53.68	52.12
安溪县	119.96	64.08	55.87
永春县	59.48	31.70	27.78
德化县	35.40	18.81	16.59
漳州市	**527.28**	**270.45**	**256.83**
漳州市辖区	183.95	91.10	92.85
芗城区	49.98	24.23	25.75
龙文区	21.39	10.17	11.22
龙海区	91.46	45.95	45.51
长泰区	21.13	10.76	10.37
云霄县	46.80	24.74	22.07
漳浦县	94.85	48.91	45.94

续表

地　区	年末户籍统计总人口	按性别分	
		男	女
诏安县	68.17	35.71	32.46
东山县	22.29	11.20	11.09
南靖县	35.09	18.06	17.03
平和县	60.02	32.29	27.73
华安县	16.10	8.43	7.67
南平市	**313.57**	**162.14**	**151.42**
南平市辖区	85.31	43.64	41.67
延平区	48.75	24.98	23.77
建阳区	36.56	18.66	17.90
邵武市	29.76	15.23	14.53
武夷山市	24.74	12.54	12.20
建瓯市	53.84	27.91	25.92
顺昌县	22.50	11.67	10.84
浦城县	41.58	21.53	20.04
光泽县	15.95	8.36	7.59
松溪县	16.44	8.63	7.81
政和县	23.46	12.63	10.82
龙岩市	**315.62**	**164.28**	**151.34**
龙岩市辖区	108.81	55.23	53.57
新罗区	62.04	30.46	31.58
永定区	46.77	24.78	21.99
漳平市	28.78	15.18	13.60
长汀县	54.41	28.96	25.44
上杭县	51.09	26.55	24.54
武平县	38.95	20.38	18.57
连城县	33.58	17.97	15.60
宁德市	**355.21**	**186.10**	**169.11**
宁德市辖区	54.49	27.40	27.09
蕉城区	54.49	27.40	27.09
福安市	67.29	35.47	31.82
福鼎市	60.42	31.28	29.14
霞浦县	54.83	28.82	26.01
古田县	41.64	22.09	19.54
屏南县	18.73	10.04	8.69
寿宁县	25.77	13.90	11.87

续表

地　　区	年末户籍统计总人口	按性别分	
		男	女
周宁县	20.99	11.33	9.66
柘荣县	11.04	5.77	5.28

年末常住人口数（2022 年）

单位：万人

地　　区	常住人口数			城镇化水平（%）
		城镇人口	乡村人口	
全　省	**4188.00**	**2937.00**	**1251.00**	**70.1**
福州市	**844.80**	**618.98**	**225.82**	**73.3**
福州市辖区	417.50	382.24	35.26	91.6
鼓楼区	67.50	67.50	0.00	100.0
台江区	41.40	41.40	0.00	100.0
仓山区	118.00	118.00	0.00	100.0
马尾区	29.60	26.11	3.49	88.2
晋安区	79.80	77.81	2.00	97.5
长乐区	81.20	51.43	29.77	63.3
福清市	141.40	76.29	65.11	54.0
闽侯县	102.40	62.11	40.29	60.7
连江县	64.60	32.98	31.62	51.1
罗源县	26.00	18.69	7.31	71.9
闽清县	26.10	11.59	14.51	44.4
永泰县	28.60	12.58	16.02	44.0
平潭县	38.20	22.47	15.73	58.8
厦门市	**530.80**	**478.73**	**52.07**	**90.2**
厦门市辖区	530.80	478.73	52.07	90.2
思明区	106.40	106.40	0.00	100.0
海沧区	62.00	60.57	1.43	97.7
湖里区	99.60	99.60	0.00	100.0
集美区	109.10	98.62	10.48	90.4
同安区	89.20	67.35	21.85	75.5
翔安区	64.50	46.18	18.32	71.6
莆田市	**319.90**	**204.77**	**115.13**	**64.0**
莆田市辖区	229.61	156.19	73.42	68.0
城厢区	54.54	39.49	15.05	72.4
涵江区	47.70	38.07	9.63	79.8

续表

地　区	常住人口数			城镇化水平（%）
		城镇人口	乡村人口	
荔城区	67.16	50.45	16.71	75.1
秀屿区	60.20	28.17	32.04	46.8
仙游县	90.30	48.58	41.72	53.8
三明市	**245.50**	**158.08**	**87.42**	**64.4**
三明市辖区	65.95	55.80	10.15	84.6
三元区	41.05	38.15	2.90	92.9
沙县区	24.90	17.65	7.25	70.9
永安市	33.93	24.64	9.29	72.6
明溪县	9.53	5.16	4.37	54.1
清流县	11.46	5.96	5.50	52.0
宁化县	25.57	12.79	12.78	50.0
大田县	29.60	16.21	13.39	54.8
尤溪县	33.80	17.23	16.57	51.0
将乐县	14.21	8.49	5.72	59.7
泰宁县	10.19	6.09	4.10	59.8
建宁县	11.30	5.71	5.59	50.5
泉州市	**887.90**	**621.89**	**266.01**	**70.0**
泉州市辖区	177.30	152.03	25.27	85.7
鲤城区	43.00	43.00	0.00	100.0
丰泽区	72.60	72.60	0.00	100.0
洛江区	25.60	15.84	9.76	61.9
泉港区	36.10	20.58	15.52	57.0
石狮市	69.50	59.92	9.58	86.2
晋江市	207.60	145.01	62.59	69.9
南安市	153.30	98.11	55.19	64.0
惠安县	104.60	61.45	43.15	58.8
安溪县	99.90	52.74	47.16	52.8
永春县	41.90	26.00	15.90	62.1
德化县	33.80	26.62	7.18	78.8
漳州市	**506.80**	**321.01**	**185.79**	**63.3**
漳州市辖区	213.68	161.34	52.34	75.5
芗城区	64.26	58.28	5.98	90.7
龙文区	30.67	28.17	2.50	91.9
龙海区	95.62	60.59	35.03	63.4
长泰区	23.13	14.29	8.84	61.8

续表

地　　区	常住人口数			城镇化水平（%）
		城镇人口	乡村人口	
云霄县	41.28	23.12	18.16	56.0
漳浦县	85.10	48.85	36.25	57.4
诏安县	55.47	26.85	28.62	48.4
东山县	22.12	14.76	7.36	66.7
南靖县	30.36	16.79	13.57	55.3
平和县	45.41	22.11	23.30	48.7
华安县	13.38	7.19	6.19	53.7
南平市	**265.10**	**161.29**	**103.81**	**60.8**
南平市辖区	79.20	54.47	24.73	68.8
延平区	44.80	32.75	12.05	73.1
建阳区	34.40	21.72	12.68	63.2
邵武市	27.10	21.79	5.31	80.4
武夷山市	26.10	16.31	9.79	62.5
建瓯市	42.70	22.70	20.00	53.2
顺昌县	17.50	9.20	8.30	52.6
浦城县	29.30	14.41	14.89	49.2
光泽县	12.70	6.54	6.16	51.5
松溪县	12.90	6.51	6.39	50.5
政和县	17.60	9.35	8.25	53.2
龙岩市	**271.60**	**174.23**	**97.37**	**64.2**
龙岩市辖区	117.20	90.44	26.76	77.2
新罗区	85.50	73.47	12.03	85.9
永定区	31.70	16.97	14.73	53.5
漳平市	25.10	14.87	10.23	59.3
长汀县	39.70	21.56	18.14	54.3
上杭县	37.30	19.53	17.77	52.4
武平县	27.50	14.93	12.57	54.3
连城县	24.80	12.89	11.91	52.0
宁德市	**315.60**	**198.42**	**117.18**	**62.9**
宁德市辖区	64.60	45.25	19.35	70.1
蕉城区	64.60	45.25	19.35	70.1
福安市	60.50	40.40	20.10	66.8
福鼎市	56.20	36.61	19.59	65.2
霞浦县	47.90	29.84	18.06	62.3
古田县	31.50	16.36	15.14	51.9

续表

地　　区	常住人口数			城镇化水平（%）
		城镇人口	乡村人口	
屏南县	13.70	7.06	6.64	51.6
寿宁县	17.40	8.97	8.43	51.6
周宁县	14.60	7.99	6.61	54.7
柘荣县	9.20	5.93	3.27	64.5

城乡居民人均可支配收入（2022 年）

单位：元

地　　区	城镇居民人均可支配收入		农村居民人均可支配收入	
	数值	比上年增长（%）	数值	比上年增长（%）
全　省	**53817**	**5.2**	**24987**	**7.6**
福州市	**55638**	**4.1**	**26826**	**6.4**
福州市辖区				
鼓楼区	65763	4.6		
台江区	60528	3.8		
仓山区	51526	3.7		
马尾区	61529	4.3	34620	6.9
晋安区	56140	3.8	27084	5.5
长乐区	57421	4.3	30551	5.9
福清市	56680	4.4	32000	7.1
闽侯县	53121	4.5	25987	7.5
连江县	45046	2.7	24520	6.4
罗源县	41401	4.1	20481	5.6
闽清县	39993	4.3	20304	6.0
永泰县	38657	4.7	19816	6.4
平潭县	48816	4.2	22277	6.6
厦门市	**70467**	**4.9**	**32323**	**8.1**
厦门市辖区				
思明区	84931	4.6		
海沧区	64607	4.8	40035	8.4
湖里区	69276	4.6		
集美区	63273	5.0	39145	8.1
同安区	59272	5.0	29675	7.7
翔安区	50243	5.3	29305	8.4
莆田市	**46595**	**5.7**	**24718**	**8.0**
莆田市辖区				

续表

地　区	城镇居民人均可支配收入		农村居民人均可支配收入	
	数值	比上年增长（%）	数值	比上年增长（%）
城厢区	53723	5.6	27465	7.9
涵江区	44362	5.7	23640	8.0
荔城区	51928	5.3	28043	7.6
秀屿区	39127	6.1	25725	8.3
仙游县	40098	5.9	22418	8.6
三明市	**44627**	**5.5**	**23228**	**7.5**
三明市辖区				
三元区	49370	4.8	25542	6.6
沙县区	45512	5.2	25983	6.9
永安市	45563	5.3	24281	7.5
明溪县	37064	4.5	21536	7.0
清流县	38829	4.9	22080	7.1
宁化县	36662	6.0	21590	7.2
大田县	45162	5.9	23684	8.3
尤溪县	42848	6.3	24095	8.1
将乐县	43390	6.5	23724	8.6
泰宁县	40734	5.0	21934	7.1
建宁县	37435	5.6	21908	7.7
泉州市	**57724**	**4.9**	**27572**	**6.4**
泉州市辖区				
鲤城区	55977	5.2		
丰泽区	67496	4.5		
洛江区	50599	5.0	23826	6.7
泉港区	44031	5.5	26317	6.0
石狮市	73205	4.9	34136	6.7
晋江市	62055	5.1	31916	5.7
南安市	57597	5.2	29464	5.9
惠安县	54800	5.6	28302	6.5
安溪县	40472	5.2	22341	6.8
永春县	39401	3.6	21784	6.9
德化县	42651	4.4	21221	6.5
漳州市	**46380**	**7.1**	**25789**	**9.4**
漳州市辖区				
芗城区	52056	6.8	25721	9.1
龙文区	53051	6.5	27732	9.9

续表

地　区	城镇居民人均可支配收入		农村居民人均可支配收入	
	数值	比上年增长（%）	数值	比上年增长（%）
龙海区	48094	7.5	27018	9.4
长泰区	48276	6.9	26993	9.5
云霄县	40935	7.0	23684	9.3
漳浦县	47661	8.3	28499	10.4
诏安县	38582	6.8	23047	8.6
东山县	46044	6.8	29862	9.5
南靖县	42263	7.6	24950	9.1
平和县	39540	7.0	25134	9.3
华安县	42920	7.0	24755	8.8
南平市	**41101**	**4.4**	**21782**	**6.6**
南平市辖区				
延平区	42165	4.6	23794	7.1
建阳区	42569	4.6	22116	7.2
邵武市	42415	3.1	25282	7.0
武夷山市	42578	4.9	23758	5.9
建瓯市	41085	5.1	23048	6.6
顺昌县	37798	4.7	20943	6.9
浦城县	38177	3.9	19891	5.7
光泽县	37777	5.0	18566	6.8
松溪县	36055	3.9	16842	6.5
政和县	36144	4.1	17427	6.3
龙岩市	**45990**	**5.0**	**24407**	**7.4**
龙岩市辖区				
新罗区	49695	3.6	28541	6.9
永定区	48571	5.4	25222	6.2
漳平市	43852	5.2	24264	7.1
长汀县	33502	5.5	22279	8.2
上杭县	50438	5.3	24177	7.7
武平县	43263	4.9	23310	7.6
连城县	39574	5.2	22374	8.1
宁德市	**42749**	**5.3**	**23102**	**8.6**
宁德市辖区				
蕉城区	44463	4.2	23139	8.5
福安市	46035	5.2	23928	7.7
福鼎市	45419	5.1	23198	7.9

续表

地 区	城镇居民人均可支配收入		农村居民人均可支配收入	
	数值	比上年增长（%）	数值	比上年增长（%）
霞浦县	42774	6.1	23786	9.6
古田县	40692	5.6	24357	8.1
屏南县	35530	5.9	20831	8.9
寿宁县	33407	5.3	20315	9.0
周宁县	36993	5.8	21543	9.0
柘荣县	34359	4.3	20440	8.6

普通教育专任教师及在校学生数（2022 年）

单位：人

地 区	专任教师数			在校生数		
	普通高中	普通初中	小学	普通高中	普通初中	小学
全 省	**57662**	**116146**	**204204**	**746398**	**1565702**	**3590926**
福州市	**9736**	**20241**	**36496**	**130793**	**285188**	**645997**
福州市辖区	4767	8963	16873	64767	135336	316084
鼓楼区	1532	2035	3378	20764	31197	67839
台江区	470	826	1556	6856	11976	28295
仓山区	1076	2312	5134	14663	37772	93516
马尾区	406	689	1035	4889	8053	18777
晋安区	465	1337	2602	6057	19902	51145
长乐区	818	1764	3168	11538	26436	56512
福清市	1796	3904	7242	25245	55918	117465
闽侯县	773	1898	3638	10102	26482	70686
连江县	855	1939	3082	10899	24963	49053
罗源县	261	687	1223	3274	8766	21587
闽清县	337	855	1471	4286	9549	19114
永泰县	375	840	1118	4806	9887	20094
平潭县	572	1155	1849	7414	14287	31914
厦门市	**5240**	**11184**	**22112**	**69273**	**152849**	**403658**
厦门市辖区	5240	11184	22112	69273	152849	403658
思明区	2208	2836	4927	29632	39393	89256
海沧区	346	1282	2670	4671	16550	49380
湖里区	190	1836	3479	2103	24093	60660
集美区	1020	1953	3796	12328	28201	74684
同安区	1011	2147	4337	13733	29948	79499
翔安区	465	1130	2903	6806	14664	50179

续表

地　区	专任教师数			在校生数		
	普通高中	普通初中	小学	普通高中	普通初中	小学
莆田市	**5481**	**9408**	**15774**	**77778**	**134648**	**287557**
莆田市辖区	3869	6627	11246	54433	97184	207252
城厢区	935	1814	2588	11585	23956	48248
涵江区	755	1238	2031	11158	15370	35283
荔城区	1267	1771	3305	17690	29708	68113
秀屿区	912	1804	3322	14000	28150	55608
仙游县	1612	2781	4528	23345	37464	80305
三明市	**4044**	**8034**	**13019**	**49066**	**102423**	**223380**
三明市辖区	1206	2128	3234	16416	27881	58041
三元区	627	1156	1831	8704	14378	34097
沙县区	579	972	1403	7712	13503	23944
永安市	512	1025	1713	5659	12628	28497
明溪县	148	230	520	1213	2622	6204
清流县	170	361	660	2126	5247	10036
宁化县	477	877	1304	5414	12263	22979
大田县	453	1067	1872	5807	14249	35740
尤溪县	532	1133	1696	5913	11885	31332
将乐县	230	537	723	2718	6960	12659
泰宁县	156	330	668	1820	4146	9287
建宁县	160	346	629	1980	4542	8605
泉州市	**12529**	**25648**	**47861**	**166184**	**370690**	**852937**
泉州市辖区	2924	5316	9202	37742	75718	165108
鲤城区	1270	2106	3035	15958	31558	54738
丰泽区	608	1370	2640	8193	19869	49688
洛江区	462	657	1359	7068	9523	24601
泉港区	584	1183	2168	6523	14768	36081
石狮市	983	1898	3763	13257	29558	69307
晋江市	2370	5107	10747	32614	78336	194537
南安市	1942	4167	8206	26087	61659	147684
惠安县	1494	3099	5529	17373	37947	102459
安溪县	1642	3600	6073	24644	56893	102315
永春县	690	1564	2428	8456	18604	36435
德化县	484	897	1913	6011	11975	35092
漳州市	**7659**	**14776**	**23657**	**93627**	**184628**	**434326**
漳州市辖区	3640	6052	10072	44385	81179	187442

续表

地　区	专任教师数			在校生数		
	普通高中	普通初中	小学	普通高中	普通初中	小学
芗城区	1514	2151	2801	18787	31820	54459
龙文区	328	579	1701	4067	8584	30760
龙海区	1550	2697	4530	19001	33902	82690
长泰区	248	625	1040	2530	6873	19533
云霄县	614	1282	2086	7939	14866	33928
漳浦县	1026	2585	3563	13800	31982	80191
诏安县	597	1601	2541	7985	21586	48821
东山县	350	540	1008	3015	7043	17867
南靖县	460	816	1267	4767	9070	20874
平和县	664	1492	2379	8331	13671	35221
华安县	308	408	741	3405	5231	9982
南平市	**3891**	**8511**	**13012**	**49453**	**107302**	**189703**
南平市辖区	1090	2435	3873	13904	30555	57977
延平区	617	1478	2189	7797	17671	31876
建阳区	473	957	1684	6107	12884	26101
邵武市	355	823	1195	4246	9737	18938
武夷山市	282	767	1145	3874	9388	18444
建瓯市	554	1415	2133	7772	19619	31528
顺昌县	443	674	851	5442	5624	10387
浦城县	490	1027	1371	6248	13077	17869
光泽县	214	433	784	2608	5037	8500
松溪县	200	390	642	2180	5607	10791
政和县	263	547	1018	3179	8658	15269
龙岩市	**4520**	**8811**	**16021**	**50992**	**100053**	**273751**
龙岩市辖区	1726	3463	6925	20600	41966	117232
新罗区	1114	2184	4841	13736	29092	84750
永定区	612	1279	2084	6864	12874	32482
漳平市	349	861	1477	4728	9409	24423
长汀县	732	1390	2645	9153	17281	45591
上杭县	826	1214	2059	7160	13155	36353
武平县	449	949	1575	4933	9827	26070
连城县	438	934	1340	4418	8415	24082
宁德市	**4562**	**9533**	**16252**	**59232**	**127921**	**279617**
宁德市辖区	950	1869	3365	11695	26324	60624
蕉城区	950	1869	3365	11695	26324	60624

续表

地　　区	专任教师数			在校生数		
	普通高中	普通初中	小学	普通高中	普通初中	小学
福安市	1043	1908	3255	13793	28099	54234
福鼎市	671	1524	2849	9428	21494	51298
霞浦县	570	1283	2226	8079	19791	46480
古田县	414	1012	1498	4979	10202	23537
屏南县	212	505	811	2431	5527	11056
寿宁县	302	626	919	3963	6552	12303
周宁县	255	514	784	2978	5808	11373
柘荣县	145	292	545	1886	4124	8712

卫生主要指标（2022 年）

地　　区	卫生机构数（个）	卫生机构床位数（张）	卫生技术人员数（人）	执业（助理）医师	#注册护士
全　省	**29117**	**232425**	**308122**	**116098**	**136667**
福州市	**5265**	**46180**	**76107**	**28743**	**33849**
福州市辖区	2318	30436	53711	20791	24051
鼓楼区	431	11130	20727	8240	9146
台江区	257	5804	10657	3979	5013
仓山区	606	5392	9778	3773	4436
马尾区	139	548	1221	517	497
晋安区	472	4995	7521	2874	3448
长乐区	413	2567	3807	1408	1511
福清市	804	4694	7602	2785	3487
闽侯县	516	2142	3992	1553	1474
连江县	464	2426	3355	1180	1467
罗源县	245	1658	1433	479	640
闽清县	325	1538	1644	481	765
永泰县	281	1396	1503	538	642
平潭县	312	1890	2867	936	1323
厦门市	**2389**	**22747**	**42796**	**17562**	**18769**
厦门市辖区	2389	22747	42796	17562	18769
思明区	620	8530	15984	6651	7182
海沧区	420	5228	10844	1410	4843
湖里区	380	1710	4692	4230	1995
集美区	213	1540	3430	1955	1490
同安区	505	3500	4091	1817	1665

续表

地　区	卫生机构数（个）	卫生机构床位数（张）	卫生技术人员数（人）		
				执业（助理）医师	#注册护士
翔安区	251	2239	3755	1499	1594
莆田市	**1386**	**16246**	**19942**	**7314**	**9173**
莆田市辖区	977	12167	15516	5690	7125
城厢区	238	3136	4523	1725	2206
涵江区	209	1521	2295	857	946
荔城区	277	5488	6881	2397	3246
秀屿区	253	2022	1817	711	727
仙游县	409	4079	4426	1624	2048
三明市	**2642**	**16843**	**20250**	**7466**	**9122**
三明市辖区	570	5682	7138	2541	3399
三元区	308	4240	5492	1920	2637
沙县区	262	1442	1646	621	762
永安市	367	2675	3168	1242	1514
明溪县	109	480	706	303	260
清流县	134	691	875	293	368
宁化县	286	1558	1791	624	783
大田县	421	1728	1535	600	654
尤溪县	365	1838	2144	822	911
将乐县	141	875	1174	426	508
泰宁县	127	706	888	346	385
建宁县	122	610	831	269	340
泉州市	**5414**	**45901**	**52483**	**20449**	**22514**
泉州市辖区	903	12958	19195	7097	8918
鲤城区	208	6848	9370	3191	4770
丰泽区	329	3749	7174	2815	3062
洛江区	159	855	1003	437	371
泉港区	207	1506	1648	654	715
石狮市	386	3160	3494	1514	1395
晋江市	1147	6991	8661	3606	3302
南安市	1154	6953	6601	2962	2526
惠安县	552	5654	5200	2056	2192
安溪县	620	5444	4924	1719	2294
永春县	357	2871	2580	817	1031
德化县	295	1870	1828	678	856
漳州市	**3983**	**29862**	**33921**	**12175**	**14999**

续表

地　区	卫生机构数（个）	卫生机构床位数（张）	卫生技术人员数（人）		
				执业（助理）医师	#注册护士
漳州市辖区	1667	15354	18906	6898	8782
芗城区	356	8527	10333	3625	4965
龙文区	225	1275	2554	971	1141
龙海区	930	4457	4898	1892	2210
长泰区	156	1095	1121	410	466
云霄县	289	2191	2191	670	1087
漳浦县	688	3904	4710	1734	2096
诏安县	400	2560	2429	919	901
东山县	184	1193	1421	486	541
南靖县	311	1320	1632	691	579
平和县	290	2566	1992	558	809
华安县	154	774	640	219	204
南平市	**2184**	**16520**	**18916**	**6626**	**8591**
南平市辖区	514	5950	7058	2391	3356
延平区	294	3696	4234	1470	1973
建阳区	220	2254	2824	921	1383
邵武市	178	2078	2192	761	1026
武夷山市	230	1166	1418	558	592
建瓯市	331	2573	2682	945	1218
顺昌县	210	649	1050	375	480
浦城县	296	1776	1735	605	710
光泽县	110	748	865	311	377
松溪县	146	661	875	280	381
政和县	169	919	1041	400	451
龙岩市	**2848**	**20734**	**22733**	**8326**	**10259**
龙岩市辖区	957	10385	12050	4454	5693
新罗区	657	8176	10061	3644	4890
永定区	300	2209	1989	810	803
漳平市	336	1206	1561	631	619
长汀县	428	2969	2640	861	1221
上杭县	487	2172	2442	982	933
武平县	393	2161	2159	778	913
连城县	247	1841	1881	620	880
宁德市	**3006**	**17392**	**20974**	**7437**	**9391**
宁德市辖区	584	3452	5517	2001	2591

续表

地　区	卫生机构数（个）	卫生机构床位数（张）	卫生技术人员数（人）	执业（助理）医师	#注册护士
蕉城区	584	3452	5517	2001	2591
福安市	514	2771	3679	1377	1638
福鼎市	505	2735	3798	1339	1795
霞浦县	326	2661	2649	886	1121
古田县	418	1821	1773	674	732
屏南县	185	1185	866	263	405
寿宁县	207	1286	1163	419	511
周宁县	156	951	860	238	320
柘荣县	111	530	669	240	278

社会保险和低保情况（2022 年）

单位：万人

地　区	期末参加城镇职工基本养老保险职工人数	期末参加城乡居民基本养老保险人数	期末参加基本医疗保险人数	城镇居民最低生活保障人数	农村居民最低生活保障人数
全　省	**1443.01**	**1598.77**	**3863.49**	**6.78**	**50.46**
福州市	**240.20**	**252.63**	**688.29**	**0.94**	**6.58**
福州市辖区					
鼓楼区		1.30	64.00	0.05	
台江区		1.29	37.18	0.16	
仓山区		6.05	65.98	0.17	0.11
马尾区	16.34	5.17	22.22	0.07	0.14
晋安区		4.71	45.72	0.09	0.10
长乐区	11.51	37.80	69.06	0.04	0.75
福清市	26.22	70.26	129.37	0.12	1.23
闽侯县	16.48	30.47	73.26	0.03	0.96
连江县	7.39	31.13	56.69	0.03	0.96
罗源县	2.97	11.75	24.24	0.04	0.62
闽清县	4.87	14.82	28.14	0.03	0.54
永泰县	3.59	17.74	32.45	0.06	0.57
平潭县	6.54	20.15	39.96	0.04	0.61
厦门市	**469.40**	**25.19**	**470.54**	**0.87**	**0.46**
厦门市辖区					
思明区	4.28	1.43	130.24	0.22	
海沧区	0.72	2.42	43.17	0.05	0.03
湖里区	1.32	0.82	102.64	0.10	

续表

地　　区	期末参加城镇职工基本养老保险职工人数	期末参加城乡居民基本养老保险人数	期末参加基本医疗保险人数	城镇居民最低生活保障人数	农村居民最低生活保障人数
集美区	1.27	1.42	68.49	0.08	0.04
同安区	1.14	7.60	60.67	0.15	0.30
翔安区	0.70	11.50	41.10	0.26	0.09
莆田市	**70.96**	**173.86**	**322.16**	**0.25**	**5.07**
莆田市辖区					
城厢区	0.77	19.17	36.78	0.03	0.43
涵江区	13.41	22.47	40.92	0.08	0.60
荔城区	0.92	23.00	53.47	0.11	0.50
秀屿区	8.22	39.07	64.49		1.27
仙游县	11.32	57.86	100.87	0.03	2.00
三明市	**58.27**	**125.16**	**258.24**	**0.47**	**4.12**
三明市辖区					
三元区	9.61	4.95	17.26	0.09	0.08
沙县区	6.19	12.11	25.57	0.05	0.34
永安市	9.45	12.02	30.29	0.08	0.29
明溪县	2.06	5.87	10.66	0.03	0.21
清流县	2.57	6.95	13.20	0.02	0.29
宁化县	3.62	17.27	30.44	0.05	0.64
大田县	5.09	19.12	35.14	0.03	0.68
尤溪县	4.82	22.62	38.91	0.03	0.73
将乐县	3.13	9.36	16.66	0.04	0.28
泰宁县	1.94	7.04	12.49	0.03	0.24
建宁县	2.17	7.85	13.61	0.03	0.35
泉州市	**219.54**	**375.55**	**720.62**	**0.91**	**7.65**
泉州市辖区					
鲤城区	12.63	4.35	20.85	0.09	
丰泽区	29.25	6.11	32.23	0.09	
洛江区	7.01	9.20	20.97	0.02	0.20
泉港区	6.18	21.74	36.44	0.11	0.79
石狮市	15.61	18.88	37.50	0.18	
晋江市	59.26	61.70	122.10	0.25	0.77
南安市	24.75	88.61	145.53	0.04	1.90
惠安县	13.28	44.56	76.18	0.07	1.13
安溪县	12.47	61.38	100.88	0.03	1.58
永春县	6.62	30.03	51.32	0.02	0.79

续表

地　　区	期末参加城镇职工基本养老保险职工人数	期末参加城乡居民基本养老保险人数	期末参加基本医疗保险人数	城镇居民最低生活保障人数	农村居民最低生活保障人数
德化县	7.82	16.32	32.78	0.02	0.49
漳州市	**126.99**	**225.33**	**479.35**	**1.50**	**8.45**
漳州市辖区					
芗城区	17.85	10.71	39.25	0.41	0.08
龙文区	0.34	7.55	18.58	0.18	0.05
龙海区	21.13	43.67	53.75	0.26	1.42
长泰区	6.47	8.45	20.83	0.03	0.40
云霄县	15.62	19.62	41.57	0.10	0.99
漳浦县	6.19	42.36	63.65	0.15	1.52
诏安县	11.46	27.70	61.19	0.13	1.54
东山县	4.46	9.48	20.49	0.10	0.26
南靖县	6.56	17.31	27.88	0.04	0.59
平和县	5.98	28.65	52.09	0.07	1.25
华安县	3.46	8.75	15.15	0.02	0.31
南平市	**53.88**	**136.51**	**280.87**	**0.81**	**5.36**
南平市辖区					
延平区	7.61	16.96	36.82	0.18	0.62
建阳区	6.90	16.46	32.31	0.07	0.50
邵武市	6.03	12.58	27.45	0.11	0.50
武夷山市	4.38	10.65	22.62	0.06	0.35
建瓯市	5.15	23.91	47.74	0.11	0.90
顺昌县	3.59	10.18	19.73	0.08	0.39
浦城县	5.08	19.62	36.57	0.06	0.84
光泽县	2.85	7.36	14.52	0.06	0.34
松溪县	1.86	7.95	14.03	0.03	0.36
政和县	3.27	10.84	20.11	0.06	0.55
龙岩市	**71.17**	**139.63**	**275.52**	**0.32**	**5.58**
龙岩市辖区					
新罗区	21.14	17.80	48.76	0.07	0.34
永定区	5.86	23.25	38.58	0.01	1.03
漳平市	4.60	14.59	25.75	0.05	0.64
长汀县	8.05	24.78	45.29	0.11	1.00
上杭县	9.70	24.63	44.39	0.04	0.96
武平县	5.69	19.54	32.55	0.02	0.90
连城县	4.36	15.04	27.76	0.02	0.71

续表

地　　区	期末参加城镇职工基本养老保险职工人数	期末参加城乡居民基本养老保险人数	期末参加基本医疗保险人数	城镇居民最低生活保障人数	农村居民最低生活保障人数
宁德市	**91.77**	**144.90**	**328.72**	**0.71**	**7.19**
宁德市辖区					
蕉城区	27.21	18.10	50.81	0.11	0.65
福安市	16.00	27.42	59.91	0.12	1.44
福鼎市	15.56	26.17	57.93	0.11	0.96
霞浦县	6.56	22.06	48.98	0.13	1.05
古田县	4.19	17.71	36.13	0.06	0.63
屏南县	2.08	8.82	16.37	0.01	0.57
寿宁县	3.10	10.18	22.33	0.06	0.89
周宁县	2.10	9.74	17.65	0.02	0.62
柘荣县	2.13	4.70	10.01	0.09	0.38

第八篇 政策选编

中共福建省委办公厅　福建省人民政府办公厅印发《关于深入推进科技特派员制度服务乡村振兴的若干措施》

中共福建省委办公厅、福建省人民政府办公厅印发《关于深入推进科技特派员制度服务乡村振兴的若干措施》，并发出通知，要求各地各部门结合实际认真贯彻落实。

《关于深入推进科技特派员制度服务乡村振兴的若干措施》公布如下：

为深入贯彻习近平总书记来闽考察重要讲话和对科技特派员制度的重要指示精神，继续巩固、完善、坚持科技特派员制度，以科技助力乡村振兴，制定如下措施。

一、加强对科技特派员的政治引领

（一）以习近平总书记重要指示精神指引科技特派员工作。各级各部门要认真学习贯彻习近平总书记关于“深入推进科技特派员制度，让广大科技特派员把论文写在田野大地上”的重要指示精神，引导全省科技特派员把思想和行动统一到习近平总书记重要指示精神上来，坚持人才下沉、科技下乡、服务“三农”，进一步服务乡村振兴，以实际行动和工作成效增强“四个意识”、坚定“四个自信”、做到“两个维护”。要依托党校（行政学院）、高等学校、科研院所等开展科技特派员培训，强化思想政治教育，提升专业技术能力，动员更多科技人员和各方面力量投身“三农”工作。

（二）引导科技特派员投身乡村振兴伟大事业。各级各部门要总结提升、深入推进、创新发展科技特派员制度，推动农业先进科技成果转化和应用。以“一县一团”、“一业一团”及“揭榜”选认等方式组建科技特派员服务团，积极参与科技助力乡村产业振兴“千万行动”，由科技特派员专项资金予以支持，实施特色现代农业高质量发展“3212”工程，培育壮大乡村特色产业，全面推进乡村振兴。

二、完善科技特派员选认和服务管理机制

（三）进一步扩大选认视野和范围。加大对技能型人才以及省外、境外科技特派员的选认力度，对入选设区市（含平潭综合实验区，下同）以上人才计划、技能大师工作室领办人、荣获省级以上技能大赛铜牌以上或拥有授权有效发明专利一项以上的，选认时适当放宽学历、职称和工作经历等要求。支持组建海归专家科技特派员服务团，建立海归专家科技特派员工作站。探索将符合条件的科技服务团成员、驻村第一书记、乡村振兴指导员、乡村就业创业服务专员、流通助理等纳入科技特派员选认范围。

（四）完善科技特派员分级服务管理机制。进一步完善省、市、县三级科技特派员选认、管理、服务和扶持的工作体系和政策举措。建立三级科技特派员协同协作机制，发挥省级科技特派员对市、县级科技特派员的培训和带动作用，鼓励和支持三级科技特派员之间组成团队科技特派员，建立利益共同体，联合开展创业和技术服务工作。建设省级科技特派员工作站，鼓励设区市建立市级科技特派员工作站，符合条件的可申请认定为省级工作站。

（五）建立省级科技特派员分类服务管理新机制。对在乡村创业或提供技术服务达到一定工作时间要求，或到我省对口支援省区开展技术帮扶援助的科技人员，优先选认为省级科技特派员。选认后每年考核一次，对年度考核表现好、业绩突出且所在单位同意继续派出、服务对象同意继续接收的，延长选认期，按规定享受年度工作经费补助等扶持政策。对创业或技术服务范围不在乡村和基层一线的科技人员，按需选认为省级科技特派员。主持承担产业企业参与合作的省级科技计划项目的科技人员，可直接选认为省级科技特派员，结合项目实施开展技术帮扶工作。

三、落实科技特派员利益共同体支持政策

（六）建立科技特派员利益共同体和科技特派员收入备案制度。国有企事业单位专业技术和管理人员被选认为科技特派员后，经所在单位批准，可与服务对象合作结成利益共同体，报省、设区市科技特派员联席会议办公室分别备案。科技特派员在兼职服务期间领取服务对象给予的合法报酬或从利益共同体获得的合法收益，归科技特派员个人所有，不受所在单位绩效工资总量限制，不计入单位绩效工资总量。科技特派员个人须如实将兼职收入报所在单位备案，按有关规定缴纳个人所得税。

（七）完善利益共同体扶持政策。鼓励科技特派员采取技术转移方式建立利益共同体，按规定享受相关扶持政策。省级科技特派员参与的利益共同体列入后补助项目申报范围并予以优先支持；利益共同体申报省级科技计划项目，评审时予以加分支持。对依托科技型企业建立的利益共同体，符合条件的，通过“科技贷”予以优先支持。鼓励各级政府按照利益共同体对当地经济社会发展所作贡献给予奖励。

（八）保障利益共同体健康可持续发展。国有企事业单位科技人员担任科技特派员服务期满后，在利益共同体所持股份不受身份改变等因素影响，向所在单位报告后，可依法依规继续持有股份，确保利益共同体持续稳定发展。

四、建立健全让科技特派员“把论文写在田野大地上”的激励机制

（九）支持科技特派员乡村创业。鼓励和支持科技特派员深入乡村开展创业和技术服务，带领农民创办、领办、协办科技型企业、科技服务实体或合作组织。鼓励各级政府以设立风险补偿金、贷款贴息补助等方式，支持各类金融机构设立“科特贷”。将绩效突出的科技特派员创业项目纳入科技特派员后补助、创业补贴等范围。属于事业单位的科技特派员创业期间按规定享受相应的人事关系、职务、工资、奖金、福利等方面的优惠政策。

（十）完善科技特派员职称评审政策。对具有科技特派员工作经历的农业等专业人才，在同等条件下予以优先评聘。对服务基层一线的科技特派员，在职称评审方面适当放宽学历、论文、科研项目等条件，重点评价和衡量品德、能力及服务乡村振兴工作业绩和实际贡献。科技特派员主持研发的科技成果技术转让成交额、承担横向科研项目获得的经费、创办企业所缴纳的税收等视同纵向项目经费，发明专利转化应用情况作为职称评审的业绩依据，省科技特派员后补助项目与省级科技计划项目同等对待。对贡献突出的科技特派员，可按规定破格评定相应专业技术职称。

（十一）完善科技特派员岗位聘任。到基层一线服务的国有企事业单位科技特派员，保留原职务职级，岗位晋升与所在单位在职人员同等对待，选派期间工作业绩作为其职称评审、岗位聘任、考核奖励的主要依据。对业绩突出的科技特派员，所在单位可按照有关规定在岗位竞聘时予以倾斜。有条件的事业单位，可按照国家有关规定将基层服务经历作为农业等专业技术人员岗位晋级的重要条件之一。到基层一线离岗创业的科研人员应与原单位签订最长不超过3年的离岗创业协议，期满可按规定续签一次，在同一事业单位累计离岗创业时间不超过6年。

（十二）完善科技特派员考核评价。探索科技特派员业绩积分量化考核，实行动态管理，建立健全考核评价和退出机制。在基层一线常驻服务超过半年的省级科技特派员年度考核实行单列，其优秀档次比例控制在参加考核总人数的30%以内，不占所在单位和接收单位所在市、县（区）的优秀档次比例和名额。年度考核优秀的科技特派员，由所在单位按规定给予奖励。

（十三）强化科技成果转移转化激励。鼓励支持科技特派员将职务科技成果、专利优先优惠转让给所创办或服务的企业。对于接受企业、其他社会组织委托的横向项目，允许科技特派员和所在单位通过合同约定知识产权使用权和转化收益，探索赋予科技特派员职务科技成果所有权或长期使用权。科技特派员（团队）、主要贡献人员、担任领导职务人员职务科技成果转化收益分配或奖励，按现行政策执行。

（十四）**优化科技特派员工作保障**。省级科技特派员作为项目负责人申报省级科技项目计划，享受评审加分待遇。对选认的省级科技特派员工作经费补助，既可选择按科技特派员专项资金管理办法报销，也可选择按50%实行年度包干。包干经费用于交通、通讯和生活津贴补助，其余费用按规定报销。选认后在工作时间、表现和业绩等方面符合要求的省级科技特派员可直接领取包干经费，省属单位省级科技特派员由省科技厅会同派出单位审核，设区市以下省级科技特派员由设区市科技管理部门会同派出单位审核。

五、创新科技特派员精准对接和全链服务工作机制

（十五）**推广应用“掌上科特派”**。完善福建省科技特派员服务云平台建设，推动省、市、县三级科技特派员协同选认和管理共享，通过云平台的手机移动终端APP、微信公众号、微信小程序发布科技成果，提供精准、远程、动态服务。省、市、县三级科技、农业农村（乡村振兴）、工信、林业、海洋渔业等部门负责定期征集汇总农户和企业技术需求信息，及时通过云平台发布，加强供需对接，构建起覆盖全省、面向“三农”、基于“互联网+”的新型农村科技服务体系。

（十六）**引入科技成果转化中介服务**。发挥中介服务机构市场化、社会化、专业化等优势，促进科技特派员技术服务供给与需求的精准对接，促成科技成果转化落地。对作出突出成绩的中介服务机构，每年从科技特派员专项资金中给予一定奖励。对科技中介服务机构在乡村创办的星创天地，优先纳入科技特派员后补助范围。

（十七）**构建全产业链服务新格局**。鼓励支持科技特派员组建团队开展跨专业、跨领域、跨区域的全方位创业和技术服务。研究细化对团队科技特派员的支持办法，逐步加大团队科技特派员选认比例和支持力度。聚焦创新驱动、乡村振兴和产业转型升级，助力一、二、三产业快速发展、深度融合，建设科技特派员助力产业融合发展工作点，纳入科技特派员后补助范围，推进科技特派员服务领域跨界协同、一二三产业全覆盖。

六、强化组织保障

（十八）**完善组织领导体系**。加强党对科技特派员工作的领导，构建党委领导、政府主导、部门联合、各方参与的科技特派员工作格局，进一步完善省、市、县科技特派员工作联席会议制度。各县（市、区）、各乡镇加强科技特派员工作体系建设，依托乡村振兴中心等机构加强对科技特派员的管理和服务，确保科技特派员政策在“最后一公里”得到落实。

（十九）**完善工作落实机制**。各级各有关部门要结合实际改革创新，抓紧研究制定贯彻落实措施。省科技特派员工作联席会议办公室要强化督促指导，适时开展工作评估。

（二十）**完善多元投入机制**。各级财政在保持原有财政投入资金规模基础上，持续加大对科技特派员工作的投入。充分发挥科技型中小企业信贷风险补偿专项资金作用，鼓励支持银行、创投公司、风投基金、保险公司等金融机构创新开发金融产品，支持南平市开展科技特派员金融创新试点，积极对接科技特派员及其服务对象的融资需求。

（二十一）**加大宣传推广**。深入挖掘和宣传科技特派员先进典型，强化示范引领。依托各级科技特派员服务云平台，向通过选认程序的科技特派员颁发证书；鼓励各市、县（区）通过星级评分等形式，对优秀科技特派员予以通报表扬，激励更多科技人员投身乡村振兴事业。支持南平市争创国家科技特派员培训基地，扩大科技特派员制度辐射面、影响力。

【发文机关】中共福建省委办公厅　福建省人民政府办公厅

【标　　题】中共福建省委办公厅　福建省人民政府办公厅印发《关于深入推进科技特派员制度服务乡村振兴的若干措施》

【发文日期】2022年4月18日

中共福建省委组织部　福建省人力资源和社会保障厅关于引导和鼓励高校毕业生留闽来闽就业创业工作的通知

各设区市市委组织部，政府人力资源和社会保障局，平潭综合实验区党群工作部，社会事业局：

为深入贯彻党中央、国务院关于做好高校毕业生就业工作决策部署，全面落实省委、省政府工作要求，引导和鼓励高校毕业生留闽来闽就业创业，推动福建经济社会发展，现就有关事项通知如下：

一、政策驱动，引导高校毕业生留闽来闽就业创业

（一）求职免费住宿。鼓励各地通过建设青年人才之家等多种方式，为有意愿来闽就业创业的外地生源高校毕业生提供一定时长的免费住宿以及就业咨询、创业指导、人才交流等综合服务，为其留闽来闽就业创业创造条件。

（二）人才储备生活补助。鼓励各地对在本地就业创业并落户的外地生源本科毕业生、技工院校（预备）技师班毕业生，给予人才储备生活补贴。鼓励各地依托人才集团、人才驿站等载体，引进储备一批急需紧缺专业毕业生。

（三）扶持创新创业。落实创业培训补贴、一次性创业补贴、社会保险补贴、创业带动就业补贴等创业扶持政策，支持各地每年遴选一批优秀高校毕业生创业项目给予资助，帮助对接社会资本跟进股权投资。鼓励各地制定落实创业项目落地补贴、实缴税费地方留存部分等额资助等政策进一步加大创业扶持力度。

二、扩宽渠道，鼓励高校毕业生留闽来闽就业创业

（四）政策性岗位示范带动。加快机关事业单位招录（聘）进度，支持事业单位及时发布招聘岗位和开展招聘工作。盘活事业单位存量编制，进一步做好原中央苏区县、原省级扶贫开发工作重点县事业单位公开招聘工作，吸纳更多高校毕业生在基层锻炼成才。深化落实基层法官检察官助理规范便捷招录机制，国有企业招聘新增岗位不低于50%的比例用于招聘应届高校毕业生（含基层服务项目期满毕业生）。

（五）支持创业带动就业。开展领创高校毕业生培育，全省每年遴选20名左右创办企业正常经营1年及以上，吸纳一定数量毕业生就业的高校毕业生，纳入“领创高校毕业生培育计划”给予重点培育支持，打造一批高校毕业生创新创业人才。发挥众创空间等各类创业载体“蓄水池”作用，开展“试创业”体验，扶持更多高校毕业生创业带动就业。支持各地建设线上线下“零工市场”，落实灵活就业社会保险补贴，扶持更多高校毕业生通过灵活方式就业。各级高层次人才创领办企业，要发挥示范带动作用，带头开发更多适合高校毕业生就业的岗位。

（六）拓展城乡社区就业岗位。实施城乡基层就业岗位募集发布计划，城乡社区工作者队伍空缺岗位要优先招用高校毕业生，或拿出一定数量岗位专门招用高校毕业生。支持各地开发一批行政村、社区基层公共管理和社会服务岗位，吸纳高校毕业生就业。各地基层党群专职工作者要优先面向应届高校毕业生招聘，多渠道引导高校毕业生面向基层就业。

（七）充分发挥民营企业党组织战斗堡垒作用。民营企业党组织要提高政治站位，充分发挥凝心聚力优势，加强与企业出资人沟通，鼓励出资人积极履行社会责任，结合企业发展需要开展拓岗引才专项活动，协调制定本企业优惠政策，推动政府部门惠企政策落实，更多吸纳高校毕业生就业。

（八）**鼓励人力资源服务机构促就业**。支持各类人力资源服务机构和人力资源服务产业园发挥自身优势，开展联合招聘、重点行业企业就业服务、高校毕业生就业服务、促进灵活就业服务、就业创业指导服务和提供优质培训等服务，各地对发挥促进高校毕业生就业作用突出的人力资源服务机构，制定落实减免场地租金、给予奖励补贴、确定诚信服务机构等政策措施予以支持。

（九）**开展高校毕业生就业启航**。各地要依托就业服务机构、企业园区、共青团青年之家、青年活动中心等平台，开展高校毕业生喜欢的志愿服务、职业体验、团体职业指导等实践活动，将未就业毕业生请出家门，感受工作氛围，增强职业认知。要广泛组织职业指导师、人力资源服务专家等专业力量现场指导解答高校毕业生求职困惑，调整就业期望值，帮助树立就业信心，增强就业主动性。

三、优化对接，促进高校毕业生留闽来闽就业创业

（十）**促进供需精准对接**。各地人社部门要全面汇集辖区内各类高校毕业生就业岗位信息，所属公共就业服务机构就业网站要与省毕业生就业创业公共服务网（http：//220.160.52.58）建立链接，实现接口数据对接，推动岗位信息省级归集发布、全省共享。加快公共服务网推广使用，引导各类用人主体和高校毕业生通过公共服务网招聘求职，提高供需对接便捷度和公信力。充分发挥福建省流动人员人事档案公共服务平台功能，为高校毕业生提供免费、快捷的网上档案公共服务。

（十一）**加快政策落地兑现**。全面梳理包括政策内容、补贴项目、补贴标准、申领流程、受理机构等内容的本地引导和鼓励高校毕业生留闽来闽就业创业政策清单，多形式多渠道加大政策宣传推介，精准推送给各类用人主体和高校毕业生，扩大政策知晓度，提升政策落实率。

四、加强领导，保障高校毕业生留闽来闽就业创业

（十二）**加强组织领导**。引导和鼓励高校毕业生留闽来闽就业创业工作由省大中专毕业就业工作领导小组办公室统筹组织实施，各地组织、人社等部门要积极认真履行职责，压实责任，强化就业目标责任制考核，有效发挥就业工作领导小组成员单位职能作用，广泛凝聚社会合力，抓紧配套实施细则，及时会商解决重难点问题，确保各项政策措施落实落细落地。

中共福建省委组织部
福建省人力资源和社会保障厅
2022 年 6 月 28 日

【发文机关】中共福建省委组织部　福建省人力资源和社会保障厅
【文　　号】闽人社文〔2022〕101 号
【标　　题】中共福建省委组织部　福建省人力资源和社会保障厅关于引导和鼓励高校毕业生留闽来闽就业创业工作的通知
【发文日期】2022 年 6 月 28 日

福建省人民政府关于印发福建省加快推进政务服务标准化规范化便利化实施方案的通知

各市、县（区）人民政府，平潭综合实验区管委会，省人民政府各部门、各直属机构，各大企业，各高等院校：

现将《福建省加快推进政务服务标准化规范化便利化的实施方案》印发给你们，请认真贯彻执行。

福建省人民政府

2022年9月14日

（此件主动公开）

福建省加快推进政务服务标准化规范化便利化的实施方案

为深入贯彻落实党中央、国务院决策部署，强化政务服务在便利企业和群众生产经营与办事创业、畅通国民经济循环、加快构建新发展格局中的支撑作用，持续深化政务服务"一网、一门、一次"改革，规范统一政务服务标准，加强线上线下服务协同，推进政务数据汇聚共享，提升政务服务"马上就办"成效，实现全省政务服务高质量发展，根据《国务院关于加快推进政务服务标准化规范化便利化的指导意见》（国发〔2022〕5号，以下简称《指导意见》）要求，结合我省实际，制定以下实施方案。

一、总体要求

（一）**指导思想**。以习近平新时代中国特色社会主义思想为指导，全面贯彻落实党的十九大和十九届历次全会精神，认真贯彻落实习近平总书记重要讲话重要指示精神，按照党中央、国务院决策部署，立足新发展阶段，完整、准确、全面贯彻新发展理念，构建新发展格局，坚持党的领导，坚持以人民为中心，坚持系统观念，坚持公平可及，聚焦提高效率、提升效能、提增效益，加快转变政府职能、深化"放管服"改革、持续优化营商环境，加强跨层级、跨地域、跨系统、跨部门、跨业务协同管理和服务，全面提升全省一体化政务服务平台"一网好办"支撑能力，进一步推进政务服务运行标准化、服务供给规范化、企业和群众办事便利化，打造能办事快办事办成事的"便利福建"，在推进省域治理体系和治理能力现代化上取得更大突破，为我省全方位推进高质量发展超越提供有力支撑。

（二）**总体目标**。2022年底前，省、市、县、乡、村五级政务服务能力和水平显著提升；全省政务服务事项标准化目录（以下简称《标准化目录》）与国家政务服务事项基本目录（以下简称《国家基本目录》）及实施清单之间的事项对接、标准联动、动态调整、全面实施机制基本建立；全省各级政务服务机构综合窗口实现全覆盖，全省一体化政务服务平台有效对接国家平台，"码上办"、"一网好办"服务能力显著增强，企业和群众经常办理的政务服务事项实现"跨省通办""省内通办"。2025年底前，政务服务标准化、规范化、便利化水平大幅提升，全省高频政务服务事项按照全国统一标准开展无差别受理、同标准办理；全省一体化政务服务平台全面整合省内各级业务自建系统，部门间数据共享渠道全面打通；

高频电子证照在全国范围内互通互认，“免证办”得到全面推行；“一件事”“一业一证”“智能审批”“免申即享”等集约化办事、智慧化服务更加科学实用，“网上办、掌上办、就近办、一次办”更加好办易办，政务服务线上线下深度融合、协调发展，方便快捷、公平普惠、优质高效的政务服务体系全面建成。

二、推进政务服务标准化

（一）**推进政务服务事项标准化**。明确政务服务事项范围。按照《指导意见》明确的政务服务事项范围和类型，规范设置我省依申请行政权力和公共服务事项范围和类型，统一纳入政务服务事项标准化、规范化、便利化管理范畴。按照《国务院办公厅关于全面实行行政许可事项清单管理的通知》（国办发〔2022〕2号）要求，编制完善省、市、县三级行政许可事项清单，调整各级权责清单中行政许可事项。

完善福建省政务服务事项标准化目录。根据《国家基本目录》事项体系和我省实际，组织相关省直业务部门、中央驻闽单位和人民团体等开展《标准化目录》梳理，承接《国家基本目录》中省级以下权限事项，同步完善我省依法依规自行设立的地方性政务服务事项，提升《标准化目录》对全省政务服务事项的覆盖度。

落实政务服务事项动态管理机制。省级业务部门要根据政策法规依据调整、《国家基本目录》更新或各级业务部门关于标准的调整申请，及时动态更新《标准化目录》相关事项标准。省审改办负责全省政务服务事项体系和实施要素标准的审核发布，并向国家政务服务平台事项库推送，实现《标准化目录》与《国家基本目录》事项数据同源、动态更新、联动管理。调整更新省内各类现行业务事项清单，实现与《标准化目录》中的同类事项名称、类型等要素一致。

（二）**规范统一政务服务事项实施清单标准**。省级业务部门要根据国家政务服务事项实施清单，统一《标准化目录》中具体事项实施清单标准，实现全省政务服务事项实施清单标准与国家政务服务事项实施清单相一致。执行国务院有关部门制定的政务服务事项“跨省通办”全程网办、异地代收代办、多地联办的流程规则，落实收件地或办理地权责，规范开展业务流转。聚焦企业群众关注，分批次开展简易公共服务（便民服务）事项标准化梳理，明确简易公共服务事项办理方式。依法依规设立地方性政务服务事项实施要素标准，全面清理《标准化目录》之外的事项标准。

（三）**探索建立我省政务服务地方性标准体系**。探索成立福建省行政管理和服务标准化技术委员会，逐步建立完善我省政务服务标准体系。完成2021年已立项的政务服务省级地方性标准公布实施。各设区市（含平潭综合实验区，下同）审改部门、政务服务管理机构要加大对省内政务服务创新举措的研究力度，加快新一轮政务服务地方性标准申报立项。

三、推进政务服务规范化

（一）**规范审批服务**。

规范审批服务行为。各级业务部门要严格按照《标准化目录》设置政务服务事项办事指南，在现场提供办事标准查询，规范开展审批服务。鼓励各级业务部门在《标准化目录》基础上，对办事指南内容添加“通俗化”备注，方便指引企业群众办事。进一步强化前台人员服务规范，严格执行首问负责、一次性告知、窗口无否决权和限时办结等制度，并加强日常效能督查。通过省网上办事大厅向社会公布依法设有现场勘验、技术审查、听证论证等特殊环节的政务服务事项清单，明确特殊环节承诺时限、设立依据等要素。

规范审批监管协同。各级审改部门要按照“谁审批、谁监管，谁主管、谁监管”原则，健全审管衔接机制。行政许可事项要严格按照《行政许可事项清单》管理要求，逐项明确对应的监管部门，完善事前事中事后全链条全领域监管；实行相对集中行政许可权改革的地区，要按照改革方案确定监管职责，加强协同配合。依托全省一体化政务服务平台开展“审管联动”，建立省网上办事大厅与省“互联网+监管”系统之间的数据互联互通，各级监管部门要根据行政许可办件信息有效开展监管，各级审批部门要根据监管发现问题依法加强审查工作针对性。

规范中介服务。省级业务部门要牵头清理本行业政务服务领域没有法律法规或国务院决定依据的中介服务事项，梳理并公布政务服务领域强制性中介服务事项清单，制定完善本行业领域中介服务的规范和标准，指导监督中介服务机构规范开展服务，推动中介服务机构公开服务指南，明确服务条件、流程、时限和收费标准等要素。持续清理整治中介服务环节多、耗时长、市场垄断、“红顶中介”等问题。加强对中介服务机构的信用监管，建立中介服务机构信用评价机制，实行信用分级分类监管和资质动态管理。完善中介服务网上交易平台建设，健全网上中介评价机制，规范中介服务网上交易行为。

（二）规范政务服务场所办事服务。

规范政务服务场所设立。统一调整各级集中提供政务服务的综合性场所名称，县（区）级以上为政务服务中心，乡镇（街道）为便民服务中心，村（社区）为便民服务站。省审改办牵头建立政务服务中心进驻事项负面清单制度，除场地限制、涉及国家秘密等情形外，原则上市、县级政务服务事项应纳入政务服务中心集中办理。确不具备整合条件的政务服务事项，由业务经办部门设立政务服务分中心，接受当地政务服务管理机构的统一业务指导，提供规范化服务。各设区市审改部门牵头制定本辖区便民服务中心（站）进驻事项负面清单，推动基层政务服务“一站式”办理。探索省级政务服务管理运行模式。

规范政务服务窗口设置。完善综合咨询窗口设置，统一提供咨询、引导等服务。各级政务服务机构全面推行综合办事窗口全覆盖，落实“前台综合受理、后台分类审批、综合窗口出件”，合理设置无差别或分领域综合办事窗口，实现“一窗受理、综合服务”。鼓励有条件的县（区）级政务服务机构强化综合窗口“全科受理”能力，实现无差别综合办事窗口全覆盖。建立服务特殊群体窗口，为老弱病残孕提供“帮代办”服务。规范设置“跨省通办”“省内通办”等“跨域通办”窗口，按标准提供异地通办服务。在政务服务场所醒目位置设置“办不成事”反映窗口，协调解决企业群众办事过程中堵点、难点问题。

规范政务服务窗口业务办理。严格落实“三集中、三到位”管理要求，落实部门业务综合授权的“首席事务代表”制度，严查“在受理环节前开展实质性审查”“收件流向原审批部门”等“体外循环”现象。各级政务服务管理机构应完善窗口收件服务标准化制度，充分授权窗口工作人员对申请材料齐全、符合法定形式的办件当场出具“业务受理通知书”，落实“收件即受理”；对申请材料不齐全或者不符合法定形式的办件原则上当场出具“一次性告知书”；对于申请材料较复杂的办件，应做好收件登记，并在3个工作日内一次告知申请人需要补正的全部内容，逾期不告知的，自收到申请材料之日起视为受理。各级政务服务管理机构应积极提升窗口人员业务能力，对于无需开展特殊环节、集体审议的简单审批事项，原则上实行即时收件即时办结，让群众办事“立等可取”。

（三）规范网上办事服务。

统筹网上办事入口。加强全国统一身份认证平台应用，实现网上办事“一次注册、多点互认、全网通行”。规范自建系统与省网上办事大厅之间的链接设置，实现多平台精准跳转。针对老年人、视力残障人士和外籍人员等，科学优化网上办事页面。依托闽政通APP全面整合各设区市各部门政务APP功能，实现办事标准统一，平台业务融合。

规范网上办事指引。规范各政务服务平台标准化建设，实现省网上办事大厅、闽政通APP、“e政务”自助服务一体机页面风格、办事指引、操作流程统一。完善各平台人工智能在线咨询、业务引导功能，实现系统操作“一看就能懂、一点就能办”。

提升网上办事深度。通过数据共享、告知承诺等方式，最大程度取消办件过程中纸质材料收取，提升政务服务事项“全程网办”比例。优化完善省网上办事大厅、闽政通APP“网上签章、人脸（语音）识别、纸质扫描上传”等功能，推动更多适合网上办理的政务服务事项由网上可办向全程网办、好办易办转变。加强对“全程网办”便捷性和办理方式的宣传，引导办事群众更多通过线上方式申办政务服务事项。

（四）规范政务服务线上线下融合发展。

规范政务服务办理方式。持续优化政务服务线上线下融合发展，满足企业和群众的多样化办事需求。各级业务部门在开通线上受理方式的同时，要同步提供线下窗口办事服务。不得强制要求申请人在线下办理业务时，先到线上预约或在线提交申请材料。已在线收取符合要求的申请材料或通过部门间共享能获取规范化电子材料的，不得要求申请人重复提交纸质材料。

合理配置政务服务资源。对全省各级政务服务网络配置和运行情况进行摸底，实现政务服务网络全覆盖，确保全省各级政务服务机构均可依托全省一体化政务服务平台开展政务服务、共享政务数据资源。优化政务服务场所资源配置，建立线下网办专区，推动窗口人员服务前移，为申请人提供现场网办指引，优化线上线下“双渠道”服务供应。落实政务服务事项、办事指南等线上线下同源发布、同步更新，线上线下无差别受理、同标准办理。

（五）规范开展政务服务评估评价。落实政务服务线上线下“好差评”工作机制，推行企业群众线上办事“一事一评”、线下办事“一次一评”；坚持评价人自愿自主评价原则，严查“虚假评价”问题；缩短政务服务机构对“差评”的整改时限。完善省政务服务“好差评”系统平台功能，拓展接受社会监督的渠道和实效；加强对自建系统“好差评”数据汇聚，实现政务服务“好差评”全覆盖。制定政务服务标准化、规范化、便利化考核指标，统一设定全省营商环境指数、审批服务效率、“放管服”改革、“互联网+政务服务”、政务服务满意度和市场准入效能评估等多领域考核中的政务服务指标。委托第三方开展政务服务线上线下办事体验，根据反馈意见，及时回应社会关切。

四、推进政务服务便利化

（一）推进政务服务事项集成化办理。建设省级政务服务事项集成化办理平台，持续提升“一件事”集成套餐服务事项线上办理便捷度。省级有关单位要牵头在企业准营、企业简易注销、企业招收员工、高频证照变更、灵活就业、婚育、身后等领域再推出一批高频集成事项。各设区市根据企业和群众需求，研究推进高频政务服务事项集成工作，提高改革获得感。在省内部分设区市开展“一业一证”改革试点，探索建立行业综合许可制度和行业综合监管制度，将市场主体进入特定行业涉及的多张许可证整合为一张行业综合许可证。深化工程建设项目审批制度改革，建立高效便捷的工程建设项目全流程在线审批机制。

（二）推广“免证办”服务。在保护个人隐私、商业秘密和确保数据安全的前提下，通过流程优化、机制创新和技术保障，推进政务服务领域电子证照在全国范围内互通互认。全面开展电子证照梳理，通过直接取消证照材料或数据共享、在线核验等方式，推动实现政府部门核发的材料一律免于提交，能够提供电子证照的一律免于提交实体证照。

（三）推动更多政务服务事项“就近办、自助办”。组织市、县级涉及公共教育、劳动就业、社会保险、医疗卫生、养老服务、社会服务、户籍管理等领域群众常办且基层能有效承接的政务服务事项下沉至便民服务中心（站）办理。依托工业园区管委会优化提升“企业办事不出园区”服务。推广24小时自助服务，组织公安、市场监管、社保、医保、不动产、医疗卫生、教育、旅游等领域更多高频政务服务事项分批次入驻“e政务”自助服务一体机，优化调整“e政务”自助服务一体机入驻服务事项，扩大“e政务”自助服务一体机布设范围。支持有条件的设区市开展智慧自助大厅建设。

（四）推动更多政务服务事项“网上办、掌上办”。按照“应上尽上”原则，除涉及国家秘密等情形外，推动各级业务部门政务服务事项全部纳入全省一体化政务服务平台管理和运行，实现各级政务服务事项全面规范入驻福建省网上办事大厅。通过建设网上受理系统或配置网上预审功能，提升非涉密政务服务事项网上可办率。聚焦疫情防控和服务老年人需要，实现小规模纳税人免征增值税，缓缴养老、失业、工伤保险费，社会保险待遇资格认证、津贴补贴领取等事项网上办理。进一步完善闽政通APP政务服务功能，推动“跨省通办”“省内通办”事项入驻闽政通APP。各级政府要加大对闽政通APP的应用普及推广力度，推动本级政府部门广泛开展“掌上办公”“掌上审批”“移动监管”。加强高频电子证照在闽政通APP汇聚，围绕合同订立、人员招聘、交通出行、文化和旅游等场景与领域，开展电子证照在企业、社会组织、个人等持证主体之间的社会化应用。

（五）推行告知承诺制和容缺受理服务模式。除涉及国家安全、国家秘密、公共安全、金融业审慎监管、生态环境保护，直接关系人身健康、生命财产安全，以及重要涉外等风险较大、纠错成本较高、损害难以挽回的政务服务事项外，各地各有关部门要按照最大限度利企便民的原则推行政务服务告知承诺服务模式。省级业务部门要对《标准化目录》中适合开展告知承诺和容缺受理的事项进行设置，统一规范告知承诺或容缺受理文书格式，明确可承诺替代或容缺受理的具体内容、要求以及违反承诺应承担的法律责任，并通过省网上办事大厅公布可告知承诺或容缺受理的政务服务事项清单。对实行告知承诺、容缺受理的办件，有关主管部门要加强事中事后监管，确有必要的可以开展全覆盖核查，发现不符合许可条件的，要依法调查处理，并将失信违法行为记入其信用记录，依法依规实施失信惩戒。

（六）提升智慧化精准化个性化服务水平。进一步提炼升级《标准化目录》中政务服务事项审查要点标准，为智能审批提供精准有效的审查标准支持。建设企业服务专区和个人专属服务空间，完善“一企一档”“一人一档”，规范和拓展二维码、数字名片等场景应用，实现个性化精准服务。充分运用大数据、人工智能、物联网等新技术，推出“免申即享”、政务服务地图、“一码办事”、智能审批等创新应用模式。

（七）提供更多便利服务。各级政务服务场所要加强无障碍环境建设和改造，为老年人、残疾人等特殊群体提供便利服务。推动水、电、气、法律援助、公证、电信、广电网络、邮政快递等社会公用企事业单位入驻实体大厅，按照省网上办事大厅公布的服务标准开展便民服务。鼓励有条件的地区减免群众办件收寄费用。巩固疫情防控经验做法，完善现场办事网上预约功能，错峰提供政务服务，减少人员聚集。以设区市为单位，统一政务服务场所工作时间，鼓励对企业群众办件需求量大、办件频率高的事项推行“周末对外轮值服务”，对每日未完成办件开展延时服务。

（八）巩固深化新风正气福建“名片”。巩固深化政务服务中心窗口“倾情服务、马上就办”新风正气福建“名片”活动，各级政务服务机构窗口结合当地特点和工作实际，面向群众、服务基层开展“岗位践新风，人人是名片”大家谈等内容丰富、形式多样的岗位践新风实践活动，在“我为群众办实事”过程中亮出服务清单、擦亮福建“名片”。

五、全面提升全省一体化政务服务平台服务能力

（一）加强平台建设统筹。完善全省一体化政务服务平台与全国一体化政务服务平台对接融合。加强全省一体化政务服务平台统建工作，除根据国家部委要求单独建设的政务服务系统外，在全省一体化政务平台外不再批复新的政务服务系统建设项目。确需单独建设业务系统的，应无条件向全省一体化政务服务平台开放数据端口，实现对接融合、数据共享。对各级各行业现有自建系统分批次开展系统整合工作，强化全省一体化政务服务平台数据汇聚和业务集成能力。

（二）强化平台公共支撑。制定电子印章标准和使用管理规范，推广电子印章在政务服务方面的应用。规范电子证照库归集、分类工作，及时清理失效证照，提升证照调取精准率。制定我省政务服务电子档案归档管理办法，推行政务服务电子文件单套归档和电子档案单套管理，明确规范管理的电子档案与传统载体档案具有同等效力，可以以电子形式作为凭证使用。

（三）提升数据共享能力。增强省公共数据汇聚共享平台数据传输实时性、完整性、准确性。建立健全省内政务数据共享协调机制，打通各级业务部门涉及不动产登记、社会保障、户籍管理、水电气网联办、市场主体准入准营等重点领域以及人口、法人、地名、教育、婚姻、生育、住房、信用的政务数据接口。全面归集各级业务部门审批办件数据，推动省、市业务统建系统数据向下级业务部门回流，加强对各级业务部门政务服务办件数据汇聚情况及统建系统数据回流质量的考核评估。对已实现数据回流的办件信息，各级业务部门不得要求申请人“重复填报”、办事人员“二次录入”。

六、保障措施

（一）**加强组织领导**。各地各部门要切实加强组织领导，层层压实责任，强化经费、人员、场地、信息化保障。明确省、市、县、乡、村五级政务服务责任体系。省政府办公厅、省发改委负责全省政务服务工作的推进落实、监督检查，指导、协调和督促各部门提供优质、规范、高效的政务服务，组织推进全省一体化政务服务平台建设。省审改办每季度协调调度政务服务标准化、规范化、便利化工作，及时研究解决堵点难点问题。市、县、区人民政府和平潭综合实验区管委会对本辖区政务服务工作负主要责任，各市、县、区审改部门要细化任务分工，收集掌握本辖区工作开展情况，督促部门按照实施方案开展工作，确保任务尽快落地见效。乡镇人民政府、街道办事处、村委会、社区居委会负责本辖区政务服务具体工作，接受上级政务服务管理机构指导和监督。

（二）**明确责任分工**。省审改办负责全省政务服务工作的指导协调和监督考核，对全省政务服务管理机构、政务服务机构和全省一体化政务服务平台进行业务指导和监督，统筹政务服务工作考评指标，建立健全全省政务服务工作制度。省委编办负责指导权责清单编制工作，明确部门权责界限，推动政府部门依权责开展政务服务。省数字办负责协调推进全省一体化政务服务平台建设项目，建立健全政务数据共享协调机制，加强政务大数据开发应用。省委网信办负责统筹协调政务数据安全的重大事项和重大工作，会同省数字办、公安厅、国家安全厅、保密局等部门建立政务数据共享安全工作机制，共同开展网络数据安全监管，协调有关部门加强政务数据共享安全风险信息的获取、分析、研判、预警工作。省效能办负责对各级政务服务机构开展电子监察，对政务服务行为进行监督检查，组织各级效能办督促本级政务服务标准化、规范化、便利化工作落实。省司法厅会同省审改办开展清理或修改完善与推进政务服务不相适应的省内地方性法规、规章和规范性文件等相关工作。省级业务部门负责研究规范统一主管行业领域的政务服务事项标准，指导各级行业部门规范开展政务服务。各级业务部门按要求落实政务服务有关工作。政务服务管理机构负责本辖区政务服务管理工作，加强部门派驻人员的日常管理和服务规范，及时向派出部门提供派驻人员进驻期间工作表现相关情况，对业务部门进驻半年以上的工作人员提出年度考核等次建议；对进驻单位窗口工作情况进行绩效考评，考评情况纳入本级政府对进驻单位的绩效考评结果。省大数据公司具体负责全省一体化政务服务平台建设和运维。

（三）**加强人员队伍建设**。

强化政务服务管理机构人员力量。各级政府要强化对本级政务服务管理机构及直属政务服务机构的人员力量配备。政务服务管理机构负责对直属政务服务机构的综合窗口人员进行统一配备，有条件的设区市探索推进便民服务中心（站）窗口工作人员由所属设区市或县（区）级政务服务管理机构统一配备。

稳定政务服务机构人员队伍。各单位在干部选任工作中，应主动征求政务服务管理机构对派驻人员的意见。各级政务服务管理机构对实行政府购买服务的办事窗口，要健全完善和督促落实相关服务标准，合理确定政府购买服务价格，对窗口工作人员按照行政办事员（政务服务综合窗口办事员）国家职业技能标准探索开展等级认定、定岗晋级等工作，增强人员队伍的稳定性。县级以上政务服务管理机构每年对本辖区政务服务机构人员开展不少于1次业务轮训，提高政务服务人员业务水平。

加强政务服务信息化平台队伍建设。省大数据公司要加强省一体化政务服务平台运营管理队伍建设，强化各级政务服务平台技术运维人员力量配备。

（四）**加强法治保障**。聚焦政务服务优化面临的政策制度障碍，及时清理和修改完善与推进政务服务标准化、规范化、便利化不相适应的地方性法规、政府规章和规范性文件。推动将行之有效并可长期坚持的做法以立法形式予以固化，发挥法治引领和保障作用。

（五）**加强安全保障**。强化全省各级政务服务平台安全保障系统建设，落实安全管理主体责任，分级做好政务服务平台建设运营和网络数据安全保障工作，构建全方位、多层次、一致性的安全防护体系，不断提升全省一体化政务服务平台风险防控能力。加强政务数据全生命周期安全防护，强化政务服务和数据共享利用中的个人隐私、商业秘密保护，确保政务网络和数据安全。

（六）**加强宣传推广**。各地各部门要加强政策宣传，通过政府网站、政务新媒体、政务服务平台等向社会及时提供通俗易懂的政策解读。各级审改部门和政务服务管理机构要及时总结提炼本地区推进政务服务标准化、规范化、便利化工作的进展成效和经验做法，按季度向省审改办报送。

附件：福建省加快推进政务服务标准化规范化便利化的具体任务分工（略）

【发文机关】福建省人民政府
【标　　题】福建省人民政府关于印发福建省加快推进政务服务标准化规范化便利化实施方案的通知
【文　　号】闽政〔2022〕24号
【发文日期】2022年9月14日

福建省人民政府关于印发福建省高等院校和科研院所科技成果转化综合试点实施方案的通知

各设区市人民政府、平潭综合实验区管委会，省人民政府各部门、各直属机构，各高等院校：

现将《福建省高等院校和科研院所科技成果转化综合试点实施方案》印发给你们，请认真组织实施。

福建省人民政府

2022 年 2 月 5 日

（此件主动公开）

福建省高等院校和科研院所科技成果转化综合试点实施方案

为深入贯彻落实中央有关部署和科技部等 9 部门《赋予科研人员职务科技成果所有权或长期使用权试点实施方案》（国科发区〔2020〕128 号）有关精神，落实省委和省政府有关推进职务科技成果赋权改革工作要求，进一步深化科技成果使用权、处置权和收益权改革，现就我省高等院校、科研院所开展科技成果转化综合试点工作制定本实施方案。

一、总体要求

（一）指导思想

以习近平新时代中国特色社会主义思想为指导，深入贯彻落实习近平总书记来闽考察重要讲话精神，按照省第十一次党代会部署要求，加快实施创新驱动发展战略，创新促进科技成果转化的机制和模式，畅通科技成果转化通道，赋予科研人员更大技术路线决定权、更大经费支配权、更大资源调度权，充分激发科研人员创新创造活力，推动科技成果加快向现实生产力转化，为加快建设高水平创新型省份、全方位推进高质量发展超越提供有力支撑。

（二）主要目标

分领域选择若干家高等院校和科研院所开展试点，以创新职务科技成果产权奖励等为突破口，探索建立赋予科研人员职务科技成果所有权或长期使用权的机制和模式，进一步激发科研人员创新活力，形成可复制、可推广的经验和做法，推动完善相关政策措施，促进科技成果转移转化。

二、主要任务

（一）赋予科研人员职务科技成果所有权

试点单位可以将利用财政性资金形成或接受企业、其他社会组织委托形成的归单位所有的职务科技成果所有权赋予科技成果完成人（团队），试点单位与科技成果完成人（团队）成为共同所有权人。赋权的成果应具备权属清晰、应用前景明朗、承接对象明确、科研人员转化意愿强烈等条件。成果类型包括专利权、计算机软件著作权、集成电路布图设计专有权、植物新品种权，以及生物医药新品种和技术秘密等。对可能影响国家安全、国防安全、公共安全、经济安全、社会稳定等事关国家利益和重大社会公共利益的成果暂不纳入赋权范围。将赋权科技成果向境外转移转化的，应遵守国家技术出口等相关法律法规。

科技成果完成人（团队）应在团队内部协商

一致，书面约定内部收益分配比例等事项，指定代表向单位提出赋权申请，试点单位进行审批并在单位内公示，公示期不少于15日。试点单位与科技成果完成人（团队）应签署书面协议，合理约定科技成果权属比例、转化收益分配比例、转化决策机制、转化费用分担以及知识产权维持费用等，明确转化科技成果各方的权利和义务，并及时办理相应的权属变更等手续。

（二）赋予科研人员职务科技成果长期使用权

试点单位可赋予科技成果完成人（团队）不低于10年的职务科技成果长期使用权，由受赋权科研人员单独或与其他单位共同实施科技成果转化。科技成果完成人（团队）应向单位申请并提交成果转化实施方案，试点单位进行审批并在单位内公示，公示期不少于15日。试点单位与科技成果完成人（团队）应签署书面协议，合理约定成果的收益分配等事项，在科研人员履行协议、科技成果转化取得积极进展、收益情况良好的情况下，试点单位可进一步延长科研人员长期使用权期限。试点结束后，试点期内签署生效的长期使用权协议应当按照协议约定继续履行，不受人员调整、调动、退休、离职等影响。

（三）建立健全职务科技成果赋权改革决策机制

试点单位应建立健全职务科技成果赋权改革统筹协调机制，成立由科技成果管理、资产管理、财务、审计等组成的领导小组，坚持制度先行、程序公开、集体决策，研究制定（修改）相关配套实施文件，统筹科技创新、知识产权管理和科技成果转移转化。健全职务科技成果产权制度，将产权管理体现在项目的选题、立项、实施、验收、成果转移转化等各个环节。

（四）建立健全职务科技成果赋权改革管理制度

试点单位应建立健全职务科技成果赋权改革的内部管理制度，制定职务科技成果产权归属和收益分配管理办法，明确职务科技成果产权共享的条件、程序、方式、份额、收益分配、成果处置和双方的权利、义务与责任等内容。试点单位应依法依规制定完善本单位科研、人事、财务、成果转化、科研诚信、知识产权等具体管理办法，作为预算编制、经费管理、审计检查、项目验收、绩效评价、评估评审、巡视督查以及纪律检查等工作的重要依据。

（五）规范职务科技成果赋权改革工作流程

试点单位应设立（授权）相关机构，具体负责职务科技成果赋权改革工作，科学制定实施方案，规范赋予成果所有权或长期使用权、成果定价、公开公示、异议处理、协议签订、作价投资、公司组建等工作流程。试点单位与科技成果完成人（团队）进行所有权分割的，科技成果完成人（团队）应按照产权比例承担知识产权申请和维持等费用，且不得利用财政资金支付；不进行所有权分割的，试点单位要明确成果转化收益分配办法。

（六）优化科技成果转化国有资产管理方式

充分赋予试点单位管理科技成果自主权，探索形成符合科技成果转化规律的国有资产管理模式。试点单位对其持有的科技成果，可以自主决定转让、许可或者作价投资，除涉及国家秘密、国家安全、技术出口及关键核心技术外，不需报主管部门、财政部门审批或者备案。试点单位转移转化科技成果所获得的收入全部留归单位，纳入单位预算，不上缴国库，扣除对完成和转化职务科技成果作出重要贡献人员的奖励和报酬后，应当主要用于科学技术研发与成果转化等相关工作，并对技术转移机构的运行和发展给予保障。

（七）完善职务科技成果评估评价机制

试点单位对其持有的科技成果转让、许可或者作价投资遵从市场定价，通过协议定价、在技术交易市场挂牌交易、拍卖等市场化方式确定交易价格，可不进行资产评估。通过协议定价的，试点单位应当在本单位履行民主决策程序并公示科技成果名称和拟交易价格等相关信息，公示时间不少于15日。试点单位应当明确并公开异议处理程序和办法。

（八）落实以增加知识价值为导向的分配政策

试点单位应按照职能定位和发展方向，建立健全职务科技成果转化收益分配机制，实行以增加知识价值为导向的分配政策，让科研人员收入与对成果转化的实际贡献相匹配。试点单位实施科技成果转化，包括开展技术转让、技术许可、技术开发、技术咨询、技术服务等活动，按规定对完成、转化该项科技成果作出重要贡献人员给予的现金奖励，计入所在单位绩效工资总量，但不受核定的绩效工资总量限制，不作为人社、财政部门核定单位下一年度绩效工资总量的基数，不作为社会保险缴费基数。

（九）规范领导人员职务科技成果转化收益分配

试点单位正职领导及其所属具有独立法人资格单位的正职领导，是科技成果的主要完成人或者对科技成果转化作出重要贡献的，原则上不得获取股权激励，但可依法依规获得现金奖励；其他领导人员是科技成果的主要完成人或者对科技成果转化作出重要贡献的，可依法依规获得现金奖励或股权激励，获得股权激励的领导人员不得利用职权为所持股权的企业谋取利益。对领导人员的科技成果转化收益分配实行公开公示制度，收益分配方案应当在本单位公示，公示时间不少于15日，并明确公开异议处理程序和办法。严禁未作贡献人员利用职务便利获取科技成果转化相关权益。

（十）落实科技成果转化税收支持政策

符合国家促进科技成果转化有关个人所得税政策规定的高等院校和科研机构转化职务科技成果以股份或出资比例等股权形式给予个人奖励，获奖人在取得股份、出资比例时，暂不缴纳个人所得税，在获奖的次月15日内向主管税务机关办理备案；在获奖人按股份、出资比例获得分红时，对其所得按“利息、股息、红利所得”应税项目征收个人所得税；获奖人转让股权、出资比例，对其所得按“财产转让所得”应税项目征收个人所得税。

（十一）加强专业化技术转移机构建设

试点单位应加强专业化技术转移机构建设，按照市场导向开展科技成果筛选、成果评价、成果对接、企业孵化、知识产权管理与运用等全流程服务，创新技术转移管理和运营机制，加强技术经理人队伍建设，提升专业化服务能力。支持试点单位在不增加单位编制的前提下建立技术转移服务机构，科技成果转移转化后，可在科技成果转化净收入中提取不低于10%的比例，用于机构能力建设和人员奖励。

（十二）建立容错免责机制

试点单位领导人员履行勤勉尽职义务，严格执行决策、公示等管理制度，在没有牟取非法利益的前提下，可以免除追究其在科技成果定价、自主决定资产评估以及成果赋权中的相关决策失误责任。试点单位以科技成果对外投资实施转化活动，已履行勤勉尽责义务且没有牟取非法利益仍发生亏损的，经主管部门会同财政部门审核后，不纳入国有资产对外投资保值增值考核范围，按科技成果转化投资损失免责办理亏损资产核销手续。监督检查部门工作中出现与工作对象理解相关政策不一致的，要及时与政策制定部门沟通，及时调查澄清。

三、试点对象和期限

（一）试点单位范围

省科技厅会同省直相关部门联合审议，从我省由国家设立的高等院校和科研院所中，选择若干家改革动力足、创新能力强、转化成效显著以及示范作用突出的单位开展试点。

（二）试点期限

试点期3年。

四、组织实施

（一）加强统筹协调

省直各有关部门要做好整体设计，强化协调联动，积极研究支持改革试点的政策措施，细化有关配套办法。要全面落实职务科技成果国有资产确权、变更、注册登记、知识产权权属及变更等相关事项，及时发现和解决问题，形成工作合力，确保改革试点工作顺利推进。

（二）加强评估指导

建立试点工作报告制度，试点单位应对上一年度本单位科技成果转化综合试点情况进行自评，每年1月31日前将自评情况（含赋权成果名单、转化产生的经济社会效益等）报告主管部门和省科技厅。省科技厅要会同教育、财政、知识产权、税务等有关部门加强跟踪指导，对试点工作中发现的问题和偏差，及时予以解决和纠正。

（三）加强宣传引导

科技、教育、财政、知识产权等有关部门要加强政策解读，对可复制、可推广的经验、做法和模式要及时总结推广，加强对典型案例的宣传，不断扩大试点的溢出效应，进一步提升试点单位和科研人员支持参与改革的积极性、主动性和创造性。

【发文机关】福建省人民政府
【标　　题】福建省人民政府关于印发福建省高等院校和科研院所科技成果转化综合试点实施方案的通知
【文　　号】闽政〔2022〕6号
【发文日期】2022年2月5日

福建省人民政府关于印发福建省全民健身实施计划（2021—2025年）的通知

各市、县（区）人民政府，平潭综合实验区管委会，省人民政府各部门、各直属机构，各大企业，各高等院校：

现将《福建省全民健身实施计划（2021—2025年）》印发给你们，请认真组织实施。

福建省人民政府
2022年2月24日

（此件主动公开）

福建省全民健身实施计划（2021—2025年）

全民健身是适应社会主要矛盾变化，更好满足人民群众对美好生活向往的重要手段，有助于增强人民体质、提高人民生活品质。"十三五"期间，福建省落实全民健身各项工作成效显著。为贯彻落实国务院《全民健身计划（2021—2025年）》和中共中央办公厅、国务院办公厅《关于构建更高水平的全民健身公共服务体系的意见》，依据《全民健身条例》，制定本实施计划。

一、总体要求

（一）指导思想

以习近平新时代中国特色社会主义思想为指导，深入贯彻党的十九大和十九届历次全会精神，全面落实习近平总书记关于推进全民健身的重要论述，坚持以人民为中心，深入实施健康中国战略和全民健身国家战略，加快体育强省建设，以更好满足人民群众健身和健康需求为目标，以构建更高水平的全民健身公共服务体系为核心，以创建全民运动健身模范市、县（区）为抓手，全方位推进全民健身高质量发展超越，为奋力谱写全面建设社会主义现代化国家福建篇章作贡献。

（二）发展目标

到2025年，人民群众的健身素养和健康水平持续提高，全民健身公共服务体系更加完善，全民健身场地设施举步可就，人民群众参与体育健身的获得感、幸福感进一步提升。经常参加体育锻炼人数比例达到42%以上，国民体质合格率达到92%以上，县（市、区）、乡镇（街道）、行政村（社区）三级公共健身设施和社区15分钟健身圈实现全覆盖，人均体育场地面积达到2.6平方米以上，每千人拥有社会体育指导员2.3名，带动体育产业增加值达到3000亿元。

二、主要任务

（三）建设更加便利的健身场地设施

依托山水资源特色，建设与城市功能相融合、文化传承相呼应、乡村振兴相适应的城乡绿道、健身步道、登山步道、自行车道等生态化、网格化的"万里福道"。鼓励利用公园、绿地、城市边角地等区域建设与生产生活空间相互融合，与绿环绿廊绿楔相互嵌套的健身设施。支持在保障安全、符合规划、合法利用的前提下，利用旧厂房、仓库、老旧商业设施、建筑屋顶、地下空间等闲置资源改建全民健身设施。推动体育中心、特色产业园区、各类商业设施、旧厂房等城市空间，以新建或改扩建等方式建设城市体育服务综合体。

因地制宜、顺势而为建设更多贴近群众的社区运动角，根据群众需要在社区适宜空间内配建乒乓球桌、羽毛球场、健身路径、篮球架、室内健身器材、棋牌桌、儿童攀爬架等小型多样的全民健身场地设施，让社区居民在家门口就能开展健身运动。指导各地编制并实施全民健身场地设施补短板五年行动计划，加大全民健身公共服务资源向基础薄弱区域和群众身边倾斜力度，推动全民健身场地设施补短板、强弱项、提质量，规划建设群众身边、贴近社区、方便可达的健身场地设施。

完善公共体育场馆免费或低收费开放补助政策，加强公共体育场馆开放使用评估督导，优化开放绩效管理方式，加大向青少年、老年人、残疾人开放的绩效考核力度，鼓励社会力量承接公共体育场馆运营管理。改造完善体育场馆硬件设施，做好应急避难（险）功能转换预案。加强全民健身场地设施运营和维护管理，完善“建管并重”的长效机制，提高使用效益。党政机关、事业单位和国有企业要带头开放可用于健身的空间，做到能开尽开。鼓励私营企业向社会开放自有健身设施。

责任单位：省体育局、发改委、住建厅、财政厅、自然资源厅、教育厅、生态环境厅、应急管理厅、卫健委、水利厅〔以下各项任务均需各市、县（区）人民政府，平潭综合实验区管委会落实，不逐一列出〕

（四）组织更加丰富的全民健身赛事活动

广泛开展全民健身赛事活动，支持开展“一地一品、一地多品”赛事活动，扶持和举办社区（乡村）运动会等基层赛事活动，持续举办“省直机关运动会”、全省社区（乡村）体育联赛、红色运动会、线上全民健身展演比赛等品牌赛事，培育引进国内国际品牌赛事，打造线上与线下相结合的全民健身赛事活动体系。支持闽东北、闽西南两大协同发展区联合打造全民健身品牌赛事活动。支持革命老区、苏区承办全国性、区域性特色体育赛事活动，打造集红色文化、绿色理念为一体的特色体育赛事品牌。

大力发展“三大球”运动，建立足球、篮球、排球业余竞赛体系，普及运动项目文化，发展运动项目人口。结合北京冬奥会推广“三亿人参与冰雪运动”，加快冰雪运动发展和普及，鼓励福州、厦门等有条件的地方积极引入社会资本，发展冰雪运动。同时，发挥青少年冰雪项目俱乐部作用，推动“冰雪进校园”，鼓励更多青少年参与冰雪运动。结合全运会、省运会群众赛事活动，组织开展“我要上全运”、“我要上省运”系列活动。结合纪念毛泽东同志“发展体育运动，增强人民体质”题词、“全民健身日”、农民丰收节以及重大节庆等时间节点，举办形式多样的健身活动，丰富群众体育生活。支持企业、社会组织等自主设计、创建、发起线上赛事活动。

责任单位：省体育局、教育厅、卫健委、农业农村厅、文旅厅、公安厅、应急管理厅

（五）发展更具活力的体育社会组织

完善全民健身组织网络，发挥体育总会在全民健身组织中的枢纽作用，实现市、县级体育总会全覆盖，功能向乡镇（街道）延伸。支持青少年体育俱乐部、社区体育俱乐部、职工体育俱乐部、健身团队等基层体育组织的发展，鼓励健身团队向所在地乡（镇）人民政府、街道办事处申请备案。推进县（市、区）“1+3+N”（1个体育总会，3个人群体育协会，N个单项体育协会、体育俱乐部、健身团队），乡镇（街道）“1+1+N”（1个单项体育协会、1个人群协会、N个健身团队）建设。鼓励发展在社区内活动的群众自发性健身组织，引导体育社会组织下沉社区组织健身赛事活动。

制定优秀体育社会组织考评奖励政策，通过“以奖促建、以奖促律、以奖促管、以奖促育”的方式，支持体育社会组织参与体育行业标准制定、运动项目普及推广、体育赛事活动组织、体育文化传承传播、体育交流合作、体育人才培养等，发挥其服务国家、服务社会、服务群众、服务全民健身高质量发展的积极作用，促进体育社会组织规范化、社会化、实体化、专业化发展。

责任单位：省体育局、民政厅、财政厅，团省委

（六）提供更加科学的健身指导服务

建立健全社会体育指导员健身指导志愿服务体系，加强队伍建设、管理和保障。加大社会体

育指导员培训力度，优化等级结构，推动持有职业资格证书的社会体育指导员与教练员职业发展贯通，提升科学健身指导能力和质量。建立社会体育指导员管理服务信息系统，建设社会体育指导员服务驿站。举办社会体育指导员技能大赛、交流展示大赛，评选优秀社会体育指导员。依托新时代文明实践中心，大力弘扬志愿服务精神，广泛开展志愿服务活动，营造“全民健身、志愿服务”的良好社会氛围，打造全民健身志愿服务品牌。充分发挥体育、医疗领域专家的权威效应以及优秀运动员、教练员、健身达人的引领效应，普及科学健身知识，加强科学健身指导。

推广“群众身边的健身课堂”，开设线上线下相结合科学健身大讲堂。积极与线上运动平台合作开发居家健身课程，鼓励体育明星等体育专业技术人才参加健身直播活动，推动居家健身常态化。建立健全省、市、县三级国民体质监测站点，推动国民体质监测常态化、规范化、科学化。定期开展国民体质监测、国家体育锻炼标准达标测验、全民健身活动状况调查。

责任单位：省体育局、卫健委，团省委

（七）推动更为均衡的重点人群参与

发挥各级工会、共青团、妇联、残联、老体协等社会团体的组织引领作用，落实全龄友好理念，推动职工、青少年、幼儿、妇女、残疾人、老年人、少数民族等重点人群参与健身、乐于健身、受益健身。推进青少年体育“健康包”工程，开展针对青少年近视、肥胖、脊柱侧弯等问题的体育干预。建立和完善学校、社区、家庭相结合的青少年体育活动机制，支持青少年体育俱乐部和校外体育活动中心有序发展。组织实施健康老龄化行动计划，推进新周期老年人健身康乐家园建设，提高健身设施适老化程度，丰富养老健身产品和服务，推进健身养老、健康养老、绿色养老，办好福建省第十一届老年人体育健身大会。全面推行工间健身制度，推广健身气功八段锦、广播体操，定期举办职工运动会。继续推进残疾人康复健身体育行动，办好福建省第九届残运会暨第七届特奥会。挖掘和推广少数民族传统体育项目，支持少数民族传统体育项目训练基地建设和发展，开展民族传统体育赛事活动，办好福建省第十届少数民族传统体育运动会，组织备战第十二届全国少数民族传统体育运动会。

责任单位：省体育局、教育厅、民政厅、卫健委、民族宗教厅，省总工会、妇联、残联、团省委

（八）加快更高质量的体育产业发展

加快构建以竞赛表演和健身休闲为引领，以高端体育用品制造与现代服务业融合发展的现代体育产业体系。依托福厦泉国家自主创新示范区、国家数字经济创新发展试验区，加快体育用品制造全产业链优化升级，培育一批科技型、创新型体育装备制造企业。支持体育企业实施创新发展和数字化转型战略，提升数字化和大数据运用能力，推进产业高端化、智能化、数字化。加快竞赛表演、健身休闲、体育旅游、场馆运营、体育培训、体育中介等体育服务业全产业链发展，重点布局山地户外、水上、航空、马拉松、自行车等引领性强、附加值高的时尚运动项目产业，推动体育服务业向高品质和多样化升级。结合福建实际，鼓励政府和社会合力引进、培育、打造1～2个国际知名品牌赛事，发展赛事经济。持续开展体育产业招商引资，落地一批重大项目。更好发挥省级体育产业发展专项资金作用，适时建立体育产业投资基金。支持体育消费政策、机制、模式创新，培育体育消费新热点、新业态，推动体育消费提质升级，支持福州、厦门、三明争创国家体育消费示范城市。

责任单位：省体育局、发改委、工信厅、科技厅、文旅厅，数字办

（九）促进更为多元的全民健身融合

深化体教融合。开足开齐体育课，落实课外体育活动制度，培养终身运动者，保障学生每天校内、校外各1个小时体育活动时间，学习掌握1项以上体育运动技能。加强各级各类青少年体育赛事的衔接与整合，建立分学段、跨区域的青少年体育赛事体系。将体校义务教育阶段文化教育纳入国民教育体系，促进学校设立教练员岗位，畅通高水平教练员、优秀退役运动员入职通道。制定体育俱乐部进校园准入标准，支持青少年体育俱乐部发展。做好学校体育场馆向社会开放工作，已建成且有条件的学校要进行“一场两门、

早晚两开”体育设施安全隔离改造；新建学校规划设计的体育设施要符合开放条件；鼓励学校体育设施对社会开放实行免费和低收费政策；支持第三方对区域内学校体育设施开放进行统一运营；建立健全社会公共体育场馆与学校体育场馆共建共享机制，推动双向融合开放。

推动体卫融合。建立体育和卫生健康等部门协同、全社会共同参与的运动促进健康新模式，倡导“运动是良医”理念，推广体卫融合和非医疗健康干预。开展体卫融合运动促进健康示范工程，设立“体卫融合社区试点”，支持社区医疗卫生服务机构开设科学健身门诊，为社区慢性疾病、脊柱健康、肥胖症和老年人群制定运动处方。鼓励高校科研院所和社会力量建设运动康复中心、老年体养中心、运动健康传播中心和运动健康实验室。成立省、市、县（市、区）体卫融合协会和专家委员会，发挥跨领域专家的智力支持。加强运动处方师和运动防护师等人才培养，建立运动处方师工作平台，提升体卫融合服务水平。探索建立体卫融合健康大数据管理平台，促进覆盖全人群、全生命周期的体卫融合智慧化发展。

加快体旅融合，推动山地、航空、水上、沙滩、马拉松、自行车等户外运动项目与旅游深度融合，统筹规划建设健身休闲绿道、登山步道、山地户外营地、自驾车房车营地、航空飞行营地等特色体育设施，打造一批有影响力的体育旅游精品线路、精品赛事、示范基地、示范区，助力乡村振兴。

责任单位：省体育局、教育厅、发改委、卫健委、文旅厅、财政厅、人社厅、农业农村厅、民政厅

（十）营造更为浓厚的全民健身氛围

充分利用融媒体平台，普及全民健身文化，树立全民健身榜样。弘扬新时代体育精神，传承中国女排“坚韧不屈、永不言败”的精神，大力挖掘和宣传福建举重“卧薪尝胆、迎难而上”的精神内涵，主动讲好福建体育故事，将奥运冠军的成长故事汇编成册，在智慧体育公园、公共体育场馆设立奥运冠军画廊，激励年轻一代奋力拼搏。在电视、网络等媒体上邀请奥运冠军、社会体育指导员、健身专家开展健身气功八段锦、太极拳、广播体操等健身项目教学，倡导每个人至少学会1项体育运动。打造福建体育展览馆、闽侨体育博物馆、苏区红色体育历史博物馆、漳州·中国女排腾飞博物馆等为代表的体育精神文化平台，传播好福建体育声音，宣传好福建体育文化。实施国家体育运动水平等级标准和评定体系，推广国家标准科学运动积分体系。以“海丝”沿线国家和地区为重点，加强全民健身赛事、体育旅游、体育文化等领域的交流合作。加大福建传统特色体育推广工作，推动咏春拳、八段锦、白鹤拳、龙舟、舞龙舞狮等民俗民间体育项目进校园、进社区、进乡村活动，开展具有福建特色运动项目之乡评选。积极探索闽台体育融合发展新路径，推动台湾“首来族”和青少年体育冬夏令营及研学、棒垒球等运动项目，宋江阵、藤牌操等民间民俗传统体育交流合作。加强跨省区域合作，积极对接长三角、粤港澳大湾区全民健身重点领域交流合作。

责任单位：省体育局、文旅厅、广电局、外办、侨办，省委台港澳办，福建日报社

三、重点工程

（十一）全民运动健身模范市、县（市、区）创建工程

按照国家以及我省创建运动健身模范市、县（市、区）部署，组织开展创建活动，经过考评达到省级创建标准的，予以授牌表彰，并纳入创建国家级全民运动健身模范市、县（市、区）重点推荐名单，地方人民政府对在创建工作中做出突出贡献的集体和个人按照有关规定予以褒扬奖励。以创建全民运动健身模范市、县（市、区）为抓手，推动各地构建更高水平的全民健身公共服务体系，为群众提供更高质量的全民健身公共服务。

责任单位：省体育局、人社厅

（十二）“运动健身进万家”品牌活动提升工程

广泛开展全民健身运动，推动“运动健身进万家”品牌系列活动进农村、进社区、进机关、进企业、进学校、进网络，促进全民健身百村行、社区体育嘉年华、省（市、县）直机关运动会、职工体育文化节、全省网上运动会等系列赛事活动常态化、亲民化、普及化，大力开展“万里福

道百万人健步行”活动，积极组织乒乓球、羽毛球、八段锦、太极拳等业余联赛，提高群众参加全民健身活动的积极性。实现“运动健身进万家”品牌活动管理服务系统化，运用融媒体一体策划，全方位推进“运动健身进万家”品牌宣传推广活动，提升品牌活动影响力。每个设区市至少培育1个品牌赛事活动，全省每年至少举办系列赛事活动2000场次，参与人数超过100万人次。

责任单位：省体育局、农业农村厅、文旅厅，省总工会

（十三）全民健身场地设施补短板工程

加快补齐全民健身场地设施供给不足的短板，加强体育公园、健身步道、社会足球场、全民健身中心、公共体育场、游泳健身场地、户外运动公共服务设施等基础设施建设，推广智能化健身设施，显著改善全民健身场地设施条件。市级重点建设健身步道、口袋体育公园，县级以下重点建设群众身边的社区运动角、多功能运动场、三人篮球场、小型足球场、羽毛球场、乒乓球场、健身路径等项目，打造多层级健身设施网络和城镇社区15分钟健身圈，实现行政村健身设施全覆盖。新建改扩建智慧体育公园不少于100个，基本实现县（市、区）智慧体育公园全覆盖。新建沿河步道、城市绿道、森林步道、登山步道、骑行道等各类健身步道不少于3500公里，实现全省“万里福道”目标。新建游泳健身场地不少于240个，平均每万人超过0.45个。新建社会足球场不少于400个，每万人拥有足球场超过0.9块。完成乡镇（街道）全民健身场地器材补短板项目2000个，新增智慧健身设施200处以上，信息化数字升级改造公共体育场馆30个以上，新建户外运动公共服务设施1000个。

责任单位：省体育局、发改委、财政厅、住建厅、农业农村厅、自然资源厅、水利厅、教育厅、林业局

（十四）全民健身数字化工程

发挥我省建设国家数字经济创新发展试验区优势，着力打造集全民健身电子地图、体育场馆运营、体育赛事活动、体育教育培训、科学健身指导、全民健身调查等为核心的线上线下一体化、综合化、智慧化、数字化的全民健身公共服务平台，实现全民健身信息资源共享，提升全民健身管理水平和服务能力。建立大中型公共体育场馆“身份证”信息库，实现公共体育场馆人脸识别、体温检测、场地使用、赛事培训、客流监测、安全预警等智慧化线上远程管理和运营“一键通”。

责任单位：省体育局，数字办

四、保障措施

（十五）加强组织领导

完善政府主导、社会协同、公众参与、法制保障的全民健身工作机制。推动出台《福建省全民健身条例》，落实国家全民健身公共服务标准。县级以上地方人民政府应当把全民健身事业纳入当地经济社会发展规划，抓紧抓实全民健身重点工作，一项一项分解抓，制定并组织实施本级全民健身实施计划。

责任单位：省全民健身领导小组各成员单位

（十六）加大政策支持

将全民健身列入精神文明创建活动考核评价体系，将公共体育设施用地纳入国土空间规划和年度建设用地供应计划，鼓励引导各地优化土地利用，梳理盘活城市闲置土地，用好公益性建设用地，支持租赁供地，倡导复合用地，建设举步可就的全民健身场地设施。完善全民健身场地设施建设配套政策，优化场地设施管理措施，确保建好、用好、管好。

责任单位：省自然资源厅、体育局、住建厅、财政厅

（十七）壮大人才队伍

加强全民健身人才培养，积极引导退役运动员、教练员、体育教师、社会体育指导员以及其他领域人才为全民健身发展提供人才支持。完善全民健身人才评价机制，建立全民健身人才智库。

责任单位：省体育局、教育厅、人社厅

（十八）强化安全监管

压实压紧安全监管责任，加强公共体育设施开放运行的日常监管和维护修缮，规范公共体育场馆急救设备配置，确保公共体育设施开放服务符合防疫和应急、消防安全等要求。加强全民健身赛事活动规范化管理，落实赛事举办方安全主体责任，建立健全风险防控机制、研判机制、评

估机制、防控协同机制、责任追究机制等，确保不发生重大安全责任事故。

责任单位：省体育局、公安厅、应急管理厅、卫健委、市场监管局、消防救援总队

附件：1. “十四五”期间福建省全民健身工作重点项目清单

2. “十四五”期间全民健身场地设施补短板工程重点项目任务表

附件1

“十四五”期间福建省全民健身工作重点项目清单

序号	项目名称	项目内容
1	智慧体育公园	新建改扩建智慧体育公园不少于100个，到2025年实现县（市、区）全覆盖。
2	游泳健身场地	新建游泳健身场地不少于240个，到2025年实现平均每万人拥有游泳健身场地超过0.45个，其中到2022年至少新建65个。
3	健身步道	新建沿河步道、城市绿道、森林步道、登山步道、骑行道等各类健身步道不少于3500公里，到2025年实现“万里福道目标”，其中到2022年至少新建1420公里。
4	“运动健身进万家”系列赛事活动	全省每年至少举办系列赛事活动2000场次，参与人数超过100万人次，其中2022年举办赛事活动不少于2600场次。
5	品牌赛事活动	支持开展“一地一品、一地多品”赛事活动，每个设区市至少培育1个群众性品牌赛事活动，重点打造“万里福道百万人健步行”品牌活动。
6	社区（乡村）体育联赛	举办省、市、县三级社区（乡村）体育联赛，重点开展乒乓球、羽毛球、健身气功八段锦、太极拳等比赛项目，在基层营造浓厚的健身氛围。
7	“三大球”业余联赛体系	举办足球、篮球、排球业余联赛，到2025年，建立足球、篮球省、市、县三级业余联赛体系，以及排球省、市两级业余联赛体系。
8	体卫融合运动促进健康行动	在福州、厦门、泉州、三明四地开展体卫融合运动促进健康示范行动，持续举办“运动处方师”培训班，“十四五”期间培养不少于300名会开运动处方的“医生”。

附件2

“十四五”期间全民健身场地设施补短板工程重点项目任务表

序号	地市	健身步道（公里）		游泳场地（个）	
		2022年底目标	2025年底目标	2022年底目标	2025年底目标
1	福州	400	1000	11	32
2	厦门	30	70	5	21
3	漳州	110	260	6	25
4	泉州	60	130	11	30
5	三明	160	400	6	24
6	莆田	120	300	6	26
7	南平	140	340	6	24

续表

序号	地市	健身步道（公里）		游泳场地（个）	
		2022 年底目标	2025 年底目标	2022 年底目标	2025 年底目标
8	龙岩	110	270	6	26
9	宁德	280	700	6	26
10	平潭	10	30	2	6
合计		1420	3500	65	240

备注：1. 健身步道指的是登山步道、步行道、自行车骑行道、步行骑行综合道等。

2. 游泳场地指的是游泳池、游泳馆、跳水池、跳水馆等。

【发文机关】福建省人民政府

【标　　题】福建省人民政府关于印发福建省全民健身实施计划（2021—2025 年）的通知

【文　　号】闽政〔2022〕7 号

【发文日期】2022 年 2 月 24 日

福建省人民政府关于废止《福建省人民政府关于印发福建省社会抚养费征收管理办法的通知》的决定

各市、县（区）人民政府，平潭综合实验区管委会，省人民政府各部门、各直属机构，各大企业，各高等院校：

为贯彻落实三孩生育政策及配套支持措施，经研究，决定废止《福建省人民政府关于印发福建省社会抚养费征收管理办法的通知》（闽政〔2003〕13 号），自本决定印发之日不再作为行政管理的依据。

福建省人民政府

2022 年 1 月 12 日

（此件主动公开）

【发文机关】福建省人民政府

【标　　题】福建省人民政府关于废止《福建省人民政府关于印发福建省社会抚养费征收管理办法的通知》的决定

【文　　号】闽政〔2022〕2 号

【发文日期】2022 年 1 月 12 日

福建省人民政府办公厅关于印发福建省卫生健康发展建设三年行动计划（2021—2023 年）的通知

各市、县（区）人民政府，平潭综合实验区管委会，省人民政府各部门、各直属机构，各大企业，各高等院校：

《福建省卫生健康发展建设三年行动计划（2021—2023 年）》已经省政府研究同意，现印发给你们，请认真组织实施。

福建省人民政府办公厅
2022 年 1 月 18 日

（此件主动公开）

福建省卫生健康发展建设三年行动计划（2021—2023 年）

为深入贯彻习近平总书记来闽考察重要讲话精神和关于卫生健康工作的重要论述，全面落实《福建省“十四五”卫生健康发展专项规划》，增加健康资源与服务供给，强化医防融合发展，加快推进公共卫生服务体系和优质高效整合型医疗卫生服务体系建设，推动卫生健康高质量发展，结合实际制定本行动计划。

一、目标要求

到 2023 年，适应时代新要求、满足群众新期盼、体现福建特点的卫生健康服务体系初步建立，城乡区域资源布局结构得到进一步优化、配置更趋均衡，公共卫生服务水平、医疗服务整体效率和质量显著提升，居民健康水平稳步提高，健康福建建设迈上新台阶。

二、主要任务

（一）实施公共卫生能力提升建设

1. 加快疾病预防控制体系建设。加强疾病预防控制体系基础设施建设和实验室设备配备。推进市县 37 个疾控中心建设，其中市级疾控中心 6 个，县级疾控中心 31 个。2021—2023 年开展 19 个疾控中心项目建设。完善疾控中心实验室设备配备，参照省级标准，2023 年完成对福州、厦门疾控中心设备配置，建成覆盖闽东北、闽西南的两个区域中心。〔责任单位：省卫健委、省发改委、省财政厅，各市、县（区）人民政府、平潭综合实验区管委会〕

2. 实施公共卫生突发事件应对能力体系建设。健全公共卫生突发事件应对体制机制，完善公共卫生突发事件应急指挥、监测预警、救援处置和医疗救治能力。2023 年底完成以省立医院为主建设一个国家紧急医学救援基地，打造 10 支紧急医学救援队伍，提升突发、新发传染病 4—6 小时内的快速病毒鉴别能力，〔责任单位：省卫健委、省发改委、省财政厅，各市、县（区）人民政府、平潭综合实验区管委会〕

开展市县突发化学中毒事件卫生应急救援能力建设。2022 年底完成建设市级突发化学中毒事件应急救援基地，提高市级突发化学中毒事件救治能力；将福清市、惠安县、泉港区、漳浦县作为重点，加强能力建设；加强县医院人员检伤分类、现场医疗救治、生物样品采集、公众健康监护、医学洗消、临床救治等能力建设。〔责任单位：省卫健委，各市、县（区）人民政府、平潭综合实验区管委会〕

提升突发核和辐射事件卫生应急救援能力。依托核电厂所在的福州市、漳州市、宁德市三个市和厦门疾控中心和1所综合性三甲医院，2022年底完成建设突发核和辐射事件卫生应急救援基地；加强其他设区市和核电厂所在地福清市、福鼎市、霞浦县、云霄县突发核辐射事件的辐射防护和医疗救治基地能力建设。〔责任单位：省卫健委、省发改委、省财政厅，各市、县（区）人民政府、平潭综合实验区管委会〕

建设突发事件卫生应急管理和指挥决策信息系统。以全省突发公共卫生事件应急指挥中心为核心，2022年底完成建设向上连接国家，向下连接各市、县（区）及各级各类医疗卫生机构和卫生应急队伍的突发事件卫生应急管理和指挥决策信息系统。〔责任单位：省卫健委、省发改委、省数字办、省财政厅，各市、县（区）人民政府、平潭综合实验区管委会〕

完成突发公共卫生事件应急处置能力建设。2022年底完成在省疾控中心建设综合性应急作业中心；加强省级突发急性传染病防控一队处置能力，力争成为国家级队伍；加强疫情、药品、医疗器械等省级实验室建设，提升应急检测能力水平；加强现场流行病学调查能力建设。（责任单位：省卫健委、省发改委、省财政厅）

3. 加强公共卫生医疗救治能力建设。开展医疗机构发热门诊改造。新建、改扩建全省131个二级及以上综合医院、儿童专科医院等发热门诊，优化服务流程，实现服务闭环管理，配备完善患者候诊、检查和隔离留观等功能区域内各项服务设施设备及服务功能。按照发热诊室设置标准，2022年底完成新建或升级改造222个基层医疗卫生机构发热诊室，配置传染病防控有关设施设备。〔责任单位：省卫健委，各市、县（区）人民政府、平潭综合实验区管委会〕

实施传染病床位建设。依托省立医院金山院区二期、福建医科大学附属协和医院西院、福建医科大学附属第一医院滨海院区二期等建设重大疫情救治基地；按国家标准要求，2023年底完成每个设区市建设传染病专科医院或相对独立的综合医院传染病区；每个县（市、区）至少有1所综合医院设置规范的传染病区或分院。〔责任单位：省卫健委、省发改委、省财政厅，各市、县（区）人民政府、平潭综合实验区管委会〕

（二）提升医疗服务体系服务能力

1. 加强县域医疗服务体系建设。支持59个县域医共体县级综合医院建设卒中中心、胸痛中心、创伤中心、呼吸诊疗中心，提升县域综合医院急危重症救治能力。2023年底完成支持乡镇卫生院和社区卫生服务中心服务能力达标建设。〔责任单位：省卫健委，各市、县（区）人民政府、平潭综合实验区管委会〕

2. 推进区域医疗中心建设。推进复旦大学附属华山医院福建医院、复旦大学附属中山医院厦门医院、上海交通大学医学院附属上海儿童医学中心福建医院、上海市第六人民医院福建医院、复旦大学附属儿科医院厦门医院等6个国家区域医疗中心试点项目建设。积极创建新的国家区域医疗中心。（责任单位：省发改委、省卫健委，相关设区市人民政府）

推进首批建设福建医科大学附属第二医院、龙岩市第一医院、三明市第一医院、莆田学院附属医院等4个省级区域医疗中心项目建设。2022—2023年，争取扩大到南平、宁德、漳州等设区市。（责任单位：省卫健委、省发改委，相关设区市人民政府）

3. 提升医疗水平建设。实施新一轮医疗“创双高”。支持建设10个省级临床医学中心，巩固加强建设20个原国家临床重点专科，加强呼吸、重症、急救、麻醉、病理、护理等薄弱专科建设。（责任单位：省卫健委、省财政厅、省发改委，相关设区市人民政府）

加强省、市、县医院基础设施建设。推进省肿瘤医院肿瘤防治综合大楼等13个省属医疗机构和福州市第一医院分院一期、福清医院新院二期等113个市县医疗机构项目建设。〔责任单位：省卫健委、省发改委，各市、县（区）人民政府、平潭综合实验区管委会〕

4. 规范社会办医建设。落实部门监管责任，将社会办医纳入医疗服务和医疗质量管理控制及评价体系，加强综合监督管理，促进社会办医持续健康规范发展。对符合条件的社会办医院持续运营给予补助；鼓励引导社会资本加强基础设施建设，对符合条件的给予补助，力争到2023年社会办医院床位数占医院床位总数比例达到25.3%。〔责任单位：省卫健委、省发改委、省财政厅、各市、县（区）人民政府、平潭综合实验区管委会〕

（三）加强妇幼健康服务体系建设

1. 推动生育全程优质服务县建设。以县域为单位，打造一批涵盖婚前、孕前、孕产期、产后和新生儿期、儿童期、青春期、妇女更年期等生育全程优质服务县。每年择优支持3—5个县（市、区）开展生育全程优质服务县建设。〔责任单位：省卫健委，相关县（市、区）人民政府〕

2. 提升二级以上公立综合医院妇幼健康服务能力。推动具备助产技术服务资质和开展儿科、儿童保健服务的二级及以上公立综合医院进一步提升妇幼健康服务能力。制定二、三级综合医院妇幼健康服务能力考核标准。争取到2023年，在除厦门外的其他8个地市至少有1—2所二级及以上综合医院完成妇幼健康服务能力标准化建设。〔责任单位：省卫健委，各市、县（区）人民政府、平潭综合实验区管委会〕

3. 加强产前诊断机构实验室能力建设。配置相关先进设备，提升全省22家产前诊断机构实验室能力。2022年和2023年分别建设1个和7个产前诊断机构实验室。〔责任单位：省卫健委、省发改委、省财政厅，各市、县（区）人民政府、平潭综合实验区管委会〕

4. 推进普惠性托育园建设。加强部门协作，综合采取规划、土地、住房、财政、金融、人才等措施，推动建立普惠托育服务体系，持续提升普惠性托育园覆盖率，提高婴幼儿家庭获得服务的可及性和公平性。鼓励和引导社会力量兴办托育机构，支持幼儿园和机关、企业事业单位、社区提供托育服务。2023年，全省3岁以下婴幼儿托位数力争达到13.2万个，每千人口拥有3岁以下婴幼儿托位数达到3.1个。指导、监督托育机构按照托育服务相关标准和规范进行设置和提供服务。〔责任单位：省卫健委、省发改委、省财政厅，各市、县（区）人民政府、平潭综合实验区管委会〕

（四）持续推进老年健康服务体系建设

推动省立医院开展省老年医学中心、协和医院国家临床重点专科老年医学科建设，到2022年底，全省二级及以上综合性医院设立老年医学科的比例达到50%。将老年医学人才作为紧缺人才，持续开展培训项目。制定加强新时代老龄工作实施方案，开展失能老年人健康评估和健康服务。持续推进老年友善医疗机构建设，到2022年底全省建成一批、评定一批省级老年友善医疗机构。〔责任单位：省卫健委，各市、县（区）人民政府、平潭综合实验区管委会〕

指导福州、龙岩市继续拓展以家庭病床为主要形式的老年人居家医疗服务，推动南平市开展家庭病床试点。组织各地开展老年口腔健康促进行动。开展安宁疗护省级试点工作，建设省级安宁疗护培训基地。加快落实医养结合发展若干措施，围绕改善老年人居住环境、方便老年人日常出行、提升为老年人服务质量等方面，全省创建30个全国示范性老年友好型社区。〔责任单位：省卫健委、省民政厅，各市、县（区）人民政府、平潭综合实验区管委会〕

（五）加快中医药服务体系建设

开展国家中医疫病防治基地、中西医协同“旗舰”医院建设以及中医特色重点医院建设。支持中医医院空白县建设中医院；持续支持12所列入国家全面提升县级中医医院能力建设。〔责任单位：省卫健委、省发改委，各市、县（区）人民政府、平潭综合实验区管委会〕

持续推进中医药人才提升工程。遴选700人开展第二批基层老中医药专家师承带徒工作，遴选300人开展第四批老中医药专家学术经验继承工作，2023年完成组建1支高水平重大疫情救治中医应急医疗队伍。（责任单位：省卫健委）

（六）强化职业病防治基础能力建设

加快完善省、市、县三级并向乡镇社区延伸的职业健康技术支撑体系建设，2021年启动省职业病防治控制中心和福州、三明、莆田、龙岩4个市级职业病诊断机构建设，到2023年实现每个设区市至少有1家诊断机构目标；继续实施尘肺病康复站（点）能力提升建设，到2023年全省将建成34个康复站，实现常住尘肺病患者达到100人的乡镇都建设1个康复站。支持省职业病防治工程监测中心、省职业病危害工程防护技术中心基础设施建设，到2023年建成比较完善的防尘、防毒、防电离辐射、防噪声“四防”实验室，提升职业

病防治基础能力和科研能力。〔责任单位：省卫健委、省发改委，省委编办，各市、县（区）人民政府、平潭综合实验区管委会〕

（七）支持卫生人才队伍建设与科研创新发展

1. 推进医学科技创新能力建设。实施高水平医学科技创新平台建设工程。建设10个以上省级临床研究中心，力争获批3个国家临床研究中心分中心。推进省预防医学研究院、妇儿医学研究院建设，加强非人灵长类生育调节技术评价国家卫健委重点实验室建设。（责任单位：省卫健委、省发改委、省科技厅，省委编办）

支持实验室生物安全体系建设。推动高等院校等规划新建1—2个生物安全三级实验室。2023年完成建设省级菌（毒）种保藏（保存）机构，市级疾控中心规划建设3个及以上生物安全二级实验室，县级疾控中心规划建设1个以上生物安全二级实验室。〔责任单位：省卫健委、省发改委、省教育厅、省科技厅，各市、县（区）人民政府、平潭综合实验区管委会〕

2. 加快卫生健康人才队伍建设。推进高层次人才培养引进项目。组织开展卫生健康中青年科研重大项目，精选支持50个左右科研项目；组织开展卫生健康中青年领军人才研修培养项目，遴选支持30名左右人才赴国内（外）研修；开展医疗卫生高层次人才团队引进工作，引进拥有国际先进或国内一流的医疗卫生人才及其带领、配合的人才团队；开展卫生健康客座专家引进工作，柔性引进一批科研或临床成果领先的卫生健康专技人才和管理人才。（责任单位：省卫健委、省科技厅，省委人才办）

实施“三个一批”基层医疗卫生人才队伍建设项目。2021—2023年，支持全省乡镇卫生院公开招聘预计2900名基层医学人才，其中2021年1400人左右，2022年800人左右，2023年700人左右；预计定向培养1900名本土化医学人才，其中乡镇卫生院1522人，一体化村卫生所378人；预计培训4000名左右农村医生提升执业能力，鼓励乡村医生学历提升。〔责任单位：省卫健委、省教育厅，各市、县（区）人民政府、平潭综合实验区管委会〕

继续开展乡村医生规范培训。采用理论授课、技能训练和临床跟班学习相结合的方式，每年对全省在岗乡村医生开展常见病、多发病防治、基本公共卫生服务、合理用药、中医中药等基本知识技能轮训。（责任单位：省卫健委）

（八）推进全民健康信息化建设

1. 加强智慧医院信息化建设。推动福建健康码“多码融合”在医疗健康服务领域应用，持续优化完善福建卫生健康公众服务平台。2021年底前，初步建立福建卫生健康公共服务平台，2022年底前逐步完善，并入驻闽政通提供服务，并在省属医院及部分地市率先推广福建健康码“多码融合”应用。（责任单位：省卫健委、数字办，相关设区市人民政府）

2. 推进卫生健康信息共享协同。依托省级电子政务云建设基础，构建数字健康云平台，提升全民健康信息平台基础支撑能力。推进“三医联动”一张网，促进跨部门数据共享，加强省级全民健康信息综合监管。加快推进全省检验检查结果互认和影像资料共享调阅。2021年底前，联合建立“三医联动”合作协议框架，先行完成省属公立医院检验检查结果互认应用；2022年底前，围绕“三医联动”数据共享，在行业监管、绩效评估、便民服务等方面开展多方面合作，建立省级影像共享交换平台；2023年底前，在全省各级医疗卫生机构普遍推广检验检查结果互认和影像共享调阅应用。〔责任单位：省卫健委、医保局、药监局、数字办，各市、县（区）人民政府、平潭综合实验区管委会〕

3. 提升公共卫生信息化水平。统筹推进全省基层卫生信息系统功能拓展升级，加强与县总医院的信息互通共享，促进县域医疗卫生信息一体化。完善省级血液联网和职业病体检等信息系统功能，加快实现全省联网。建立完善全省疫情防控信息平台，发挥“三公（工）一大”融合协同机制，拓展平台对流行病学调查溯源信息管理、重点人群区域信息排查、新冠病毒核酸检测、传染病多点触发监测预警等方面的平台支撑能力，提升疫情防控信息化水平。实施省级应急作业中心建设，逐步推进全省疾控中心信息化建设，提升支撑应对突发公共卫生事件信息化水平。2022年底前，对全省九市一区基层卫生信息系统进行完善升级；初步建立全省流调溯源信息管理系统和发热预警监测信息系统等，助力疫情防控。〔责任单位：省卫健委、数字办，各市、县（区）人民政府、平潭综合实验区管委会〕

4. 促进健康医疗大数据创新应用。加强健康医疗大数据汇聚应用平台建设。以省属医疗卫生机构、基层医疗卫生机构数据汇聚为先行，探索全省健康医疗大数据汇聚有效模式，启动健康医疗大数据汇聚平台建设。鼓励医院开展临床科研数据中心建设，构建临床科研数据中心，开展临床科研应用、临床数据分析等方向的应用。以国家区域医疗中心和省内重点专科联盟为龙头，建立专病专科数据库及 AI 模型，面向全省提供互联网＋便民惠民服务。2022 年底前，建设一批心脑血管、肿瘤、高血压、糖尿病、肝病、呼吸疾病等省级重点专病大数据示范中心。（责任单位：省卫健委、数字办）

三、保障措施

（一）**强化组织领导**。各地要把卫生健康发展摆在更加突出重要的位置，加强规划与实施，落实好领导责任、保障责任、管理责任和监督责任。强化以规划为引领、以项目为抓手的管理机制，增强规划及各相应行动计划执行力与约束力。

（二）**强化督导推进**。各地要加强对行动计划实施的监督和评价，抓好行动计划的落实。各级各部门要加大推进行动计划实施，省卫健委、发改委等按照职责分工对各项卫生健康发展建设项目实施全过程监督，并在一定范围内给予通报。

（三）**强化宣传引导**。大力倡导“人人为健康，健康为人人”理念，依托各载体广泛开展宣传活动。提高舆情应对能力和宣传阵地建设，建立健康危险因素防控长效机制，巩固健康扶贫成果，持续扫黑除恶。开展健康教育与促进行动。

（四）**加强医德医风建设**。开展全系统职业道德教育和执业素养建设，大力宣传优秀医疗卫生工作者的先进事迹，突出展现党领导下卫生健康事业的光辉历程和全心全意护佑人民健康的初心使命，弘扬伟大的抗疫精神、脱贫攻坚精神和崇高职业精神，构建和谐医患关系，营造崇尚生命、关爱健康、尊重医务人员的良好氛围，形成卫生健康发展新环境。

附件：福建省卫生健康发展建设行动计划（2021—2023 年）重点项目

附件

福建省卫生健康发展建设行动计划（2021—2023 年）重点项目

序号	重点领域	重点项目	项目建设内容
1	公共卫生能力提升建设	疾控体系建设	推进市县 37 个疾控中心建设；开展 19 个疾控中心项目建设；完成对福州、厦门疾控中心设备配备
		突发事件应对能力建设	打造 10 支紧急医学救援队伍；开展市县突发化学中毒事件卫生应急救援能力建设；提升突发核和辐射事件卫生应急救援能力；建设突发事件卫生应急管理和指挥决策信息系统
		医疗救治能力建设	开展医疗机构发热门诊改造；实施传染病床位建设
2	医疗服务体系能力建设	县域医疗服务体系建设	支持 59 个县域医共体县级综合医院卒中中心、胸痛中心、创伤中心等建设；支持乡镇卫生院和社区卫生服务中心能力达标建设
		区域医疗中心建设	推进复旦华山福建医院等 6 个区域医疗中心试点；启动 4 个省级区域医疗中心。2022—2023 年，争取扩大到南平、宁德、漳州等设区市
		医疗水平提升建设	实施新一轮医疗“创双高”，支持建设 10 个省级临床医学中心，巩固 20 个原国家临床重点专科建设；加强省、市、县医院基础设施建设
		社会办医建设	对符合条件的社会办医院医疗机构持续运营给予补助；鼓励引导社会资本加强社会办医疗机构基础设施建设

续表

序号	重点领域	重点项目	项目建设内容
3	妇幼健康服务体系建设	生育优质服务县建设	每年择优支持3—5个县（市、区）开展生育全程优质服务县建设
		服务能力提升建设	提升妇幼健康服务能力，在除厦门外的其他8个地市至少有1—2所二级及以上综合医院完成妇幼健康服务能力标准化建设
		产前诊断机构实验室建设	建设8个产前诊断机构实验室，配置相关先进设备，提升全省22家产前诊断机构实验室能力
		普惠性托育园建设	2023年，全省3岁以下婴幼儿托位数力争达到13.2万个，每千人口拥有3岁以下婴幼儿托位数达到3.1个
4	老年健康服务体系建设	提升管理水平建设	到2022年底，全省二级及以上综合性医院设立老年医学科的比例达到50%；建成一批、评定一批省级老年友善医疗机构
		医养结合项目建设	全省创建30个全国示范性老年友好型社区
5	中医药服务体系建设	完善服务体系	支持中医医院空白县建设中医院；持续支持12所列入国家提升县级中医医院能力建设
		中医药人才提升工程建设	遴选700人开展第二批基层老中医药专家师承带徒工作；遴选300人开展第四批老中医药专家学术经验继承工作；组建1支高水平重大疫情中医应急医疗队伍
6	职业病防治基础能力建设	职业健康技术支撑体系建设	完善全省职业病诊断机构能力建设，建成34个尘肺病康复站；建成比较完善的防尘、防毒、防电离辐射、防噪声"四防"实验室
7	卫生人才队伍建设与科研创新发展	医学科技创新能力建设	每年平均建设2个以上省级临床研究中心，力争获批3个国家临床研究中心分中心；推动高等院校等规划新建1—2个P3实验室；市级疾控中心规划建设3个及以上P2实验室；县级疾控中心规划建设1个以上P2实验室
		卫生健康人才队伍建设	精选支持50个左右科研项目；遴选支持30名左右人才赴国内（外）研修；开展医疗卫生高层次人才团队引进和客座专家引进工作。实施"三个一批"基层医疗卫生人才队伍建设
8	全民健康信息化建设	智慧医院信息化建设	鼓励建设区域互联网医疗服务，建立卫生健康公共服务平台并持续完善，在省属医院及部分地市率先推广福建健康码"多码融合"应用
		卫生健康信息共享协同	联合建立"三医联动"合作框架协议；制订"三医联动"数据共享交换技术规范；逐步在全省各级医疗卫生机构普遍推广应用
		公共卫生信息化建设	完善升级全省九市一区基层卫生信息系统，全省9个血站新建接入系统；对全省九市一区基层卫生信息系统进行完善升级；加强疾控信息系统建设
		健康医疗大数据创新应用	建设一批心脑血管、肿瘤、高血压、糖尿病、肝病、呼吸疾病等省级重点临床医学数据示范中心
		强化信息化基础支撑	建设数字健康云，逐步建成"321"支撑体系，即网络、计算、存储三大基础承载资源，安全和运维两大保障体系及统一的数据共享交换体系

【发文机关】福建省人民政府办公厅

【标　　题】福建省人民政府办公厅关于印发福建省卫生健康发展建设三年行动计划（2021—2023年）的通知

【文　　号】闽政办〔2022〕7号

【发文日期】2022年1月18日

福建省人民政府办公厅关于健全重特大疾病医疗保险和救助制度的实施意见

各市、县（区）人民政府，平潭综合实验区管委会，省人民政府各部门、各直属机构，各大企业，各高等院校：

为贯彻落实《中共中央　国务院关于深化医疗保障制度改革的意见》、《国务院办公厅关于健全重特大疾病医疗保险和救助制度的意见》（国办发〔2021〕42号）、国家医疗保障局等七部委《关于巩固拓展医疗保障脱贫攻坚成果有效衔接乡村振兴战略的实施意见》（医保发〔2021〕10号）等文件精神，做好人民群众重特大疾病医疗保障，聚焦减轻困难群众重特大疾病医疗费用负担，强化基本医保、大病保险、医疗救助三重制度综合保障，并将我省脱贫攻坚期医保扶贫政策融入医疗救助制度，建立健全防范和化解因病致贫返贫长效机制，全面夯实医疗保障，经省政府同意，制定本实施意见。

一、对象范围

医疗救助对象是指符合救助条件的困难职工和城乡居民，分为五类：

第一类：特困供养人员、孤儿（含事实无人抚养儿童）；

第二类：县以上地方政府相关部门认定的重点优抚对象、革命“五老”人员、计划生育特殊家庭成员、重度残疾人；

第三类：最低生活保障对象、纳入乡村振兴部门监测的农村易返贫致贫人员、脱贫（享受政策）人员；

第四类：最低生活保障边缘家庭成员；

第五类：不符合上述四类救助对象条件，但因高额医疗费用支出导致家庭基本生活出现严重困难的大病患者（简称因病致贫重病患者）。因病致贫重病患者应同时符合以下条件：

（一）申请前12个月政策范围内医疗费用个人自付达到或超过各统筹区上年度居民人均可支配收入的；

（二）申请前12个月的家庭总收入扣除家庭成员个人负担的医疗费用后，家庭人均收入低于当地最低生活保障边缘家庭标准的；

（三）家庭财产符合当地最低生活保障边缘家庭条件的。

同时符合多重救助身份的人员按待遇就高原则给予救助。第二类医疗救助对象，今后因政策调整应退出医疗救助体系的，从其规定；纳入乡村振兴部门监测的农村易返贫致贫人员、脱贫（享受政策）人员在规定的过渡期内享受相应救助政策，过渡期后重新认定，符合救助条件的继续纳入救助范围。

二、政策内容

救助对象依法参加基本医保，按规定享有基本医保、大病保险、医疗救助三重制度保障权益。强化医疗救助、临时救助、慈善救助等综合性保障措施，精准实施分层分类救助。

（一）实行资助参保政策。全面落实城乡居民基本医保参保财政补助政策。对个人缴费确有困难的群众按规定给予分类资助，确保应保尽保，其中：对第一、二类救助对象给予全额资助；对第三类救助对象按照90%比例给予定额资助。对符合条件的新增救助对象应及时认定并资助参保，相关待遇从认定之日次月起执行；认定前个人当年已参保的，不再资助参保。对享受定额资助的救助对象中因个人原因放弃参保的，应做好参保动员，提高其参保积极性；经相关部门多次动员后仍不按规定缴费参保的，视为放弃当年医疗保险和救助待遇。

（二）**实行大病保险倾斜支付政策**。发挥大病保险补充保障作用，完善大病保险对救助对象的倾斜支付政策。对特困供养人员、孤儿、最低生活保障对象、返贫致贫人口大病保险起付标准比普通参保人降低50%，报销比例提高5个百分点，取消大病保险封顶线，切实提高大病保险保障能力。

（三）**实行医疗救助保障**。强化医疗救助托底保障功能，按照“先保险后救助”的原则，对基本医保、大病保险等支付后个人医疗费用负担仍然较重的救助对象按规定实施救助。救助费用主要覆盖救助对象在定点医药机构发生的住院费用、因慢性病需长期服药或患重特大疾病需长期门诊治疗（简称门诊特殊病种治疗）的费用。由医疗救助基金支付的药品、医用耗材、医疗服务项目原则上应符合国家有关基本医保支付范围的规定。除国家另有明确规定外，各统筹区不得自行制定或采用变通的办法擅自扩大医疗救助费用保障范围。

1. 起付标准。第一、二、三类救助对象不设救助起付标准，第四类救助对象按各统筹区上年度居民人均可支配收入的10%确定起付标准，第五类救助对象按各统筹区上年度居民人均可支配收入的25%确定起付标准。

2. 救助比例。统一门诊特殊病种和住院救助比例，共用年度救助限额。救助对象在医保定点医药机构发生的住院和门诊特殊病种治疗的政策范围内费用，经基本医保、大病保险后个人自付部分，在年度救助限额内，第一类救助对象按90%比例救助，第二、三类救助对象按70%比例救助，第四类救助对象按60%比例救助，第五类救助对象按50%比例救助。基本医保、大病保险起付标准以下的政策范围内个人自付费用，也按规定纳入救助保障。对未按规定转诊的救助对象，所发生的医疗费用原则上不纳入医疗救助范围。

3. 救助限额。全省统一实行年度救助限额设置，原则上按不低于各统筹区上年度居民人均可支配收入核定，动态调整。超过年度救助限额后，医疗救助基金不再支付。

（四）实施倾斜救助。对规范转诊且在省域内就医的救助对象，经三重保障制度综合保障后政策范围内个人负担仍然较重、导致基本生活严重困难的人员，由各统筹区每年度根据救助资金结余情况，依申请实行倾斜救助。具体救助办法和标准由各统筹区根据医疗救助基金筹资情况科学确定，避免过度保障。

三、相关工作

（一）**救助对象认定**。民政部门负责认定特困供养人员、孤儿（含事实无人抚养儿童）、最低生活保障对象、最低生活保障边缘家庭成员、革命“五老”人员，并会同医保等相关部门做好因病致贫重病患者的认定工作；乡村振兴部门负责认定农村易返贫致贫人员、脱贫（享受政策）人员；退役军人事务部门负责认定重点优抚对象；卫生健康部门负责认定计划生育特殊家庭成员；残联负责认定重度残疾人。

（二）**畅通救助获得渠道**。第一、二、三、四类救助对象无需申请，实行“一站式”结算，直接获得医疗救助。因病致贫重病患者实行依申请一次性救助制度，医保部门根据民政部门提供的名单实施医疗救助，具体申请和审核审批等程序另行制定。畅通医疗救助申请渠道，增强救助时效性。

（三）**实行“先诊疗后付费”**。对规范转诊且在省域内定点医疗机构住院的第一、二、三类救助对象，实行“先诊疗后付费”，全面免除其住院押金。做好异地安置和异地转诊救助对象登记备案、就医结算，按规定转诊的户籍地参保救助对象，执行户籍地所在统筹区救助标准。

（四）**加快推进一体化经办**。建立救助服务事项清单，优化医疗救助经办管理服务规程，做好救助对象信息共享互认、资助参保、待遇给付等经办服务。依托医疗保障信息平台，推动基本医保和医疗救助服务融合，实行“一站式”服务、“一窗口”办理，提高结算服务便利性。

四、工作保障

（一）**落实救助对象全员参保**。税务、医保部门要统筹做好保费征缴工作，适应人员流动和参保需求变化，灵活调整救助对象参保缴费方式，确保及时参保、足额缴纳、人费对应。属地政府、街道村居、挂钩联系帮扶干部要把组织参保工作做深做细，民政、乡村振兴、卫生健康、退役军人事务、残联等部门要各司其职，确保困难群众全面参保。

（二）**建立健全防范化解因病致贫返贫长效机制**。医保部门全面开展参保人员高额医疗费用支出预警监测，重点监测经基本医保、大病保险等支付后个人年度医疗费用负担仍然较重的低保边缘家庭成员和农村脱贫人口，将预警监测情况信息推送给同级民政、乡村振兴等部门。民政、乡村振兴等部门要及时核实确认，符合医疗救助对象认定条件的反馈至医保部门纳入医疗救助范围。

（三）**建立动态调整的城乡医疗救助筹资机制**。全面清理现行各级医疗保障扶贫政策，脱贫攻坚期出台的三重保障制度外的地方保障措施资金，统一并入医疗救助基金。合理确定医疗救助筹资标准，并视医疗救助需要、经济社会发展和财政承受能力等情况动态调整，所需资金按现行财政体制分级承担。

（四）**加强基金预算管理**。加强基金预算执行监督，全面实施预算绩效管理，提高救助资金使用效率。按照安全有效、经济适宜、救助基本的原则，引导医疗救助对象和定点医疗机构优先选择纳入基本医保支付范围的药品、医用耗材和医疗服务项目，严控不合理费用支出。

（五）**支持发展慈善救助**。鼓励慈善组织和其他社会组织设立大病救助项目，发挥补充救助作用。推动慈善信息资源共享，规范个人大病求助信息发布，推行阳光救助。建立慈善参与激励机制，定期开展慈善表彰，落实相应税收优惠、费用减免等政策。

（六）**鼓励发展医疗互助和商业健康保险**。发挥职工医疗互助的互济功能，支持医疗互助有序健康发展。支持商业健康保险发展，鼓励、引导和支持商业保险机构探索实施与基本医保相衔接的普惠型商业医疗保险，保障基本医保政策范围内个人自付较高的费用和政策范围外的费用，补齐多层次医疗保障体系中商业健康保险的短板。

（七）**建立医疗救助对象信息共享机制**。各医疗救助对象认定责任部门建立相应的人员信息库，并负责救助对象信息比对校验、动态维护、及时更新。每月15日前应当将认定核准的救助对象名单发送同级医保部门，实现数据共享。条件具备时省级部门也可通过省政务数据汇聚平台或接口对接等方式，实现数据推送共享。建立健全困难群众参保台账管理，精准管理到人、动态维护到人。

五、工作要求

（一）**强化组织领导**。强化党委领导、政府主导、部门协同、社会参与的医疗救助工作机制。将重特大疾病医疗保险和救助制度落实情况作为加强和改善民生的重要指标，纳入各级政府工作绩效评价。各地要切实加强组织领导，落实主体责任，细化政策措施，强化监督检查。实行政策风险评估，建立重大事件应急处置机制，确保政策落地、待遇落实、群众得实惠。各设区市政府、平潭综合实验区管委会要结合落实医疗保障待遇清单制度，制定具体贯彻实施办法，做好与原有医疗救助政策衔接，确保平稳过渡，2022年10月底前报省医保局备案，统一于2023年1月1日起实施。

（二）**加强部门协同**。建立健全部门协同机制，加强医疗保障、社会救助、医疗卫生制度政策及经办服务统筹协调。医保部门负责统筹推进医疗保险和救助制度改革和管理工作，落实好医疗保障政策。各救助对象认定职能部门做好认定及信息共享。民政部门负责慈善救助工作。财政部门按规定做好资金支持。卫生健康部门强化对医疗机构的行业管理，落实先诊疗后付费、分级诊疗和大病专项救治，开展家庭医生签约服务工作。税务部门做好基本医保保费征缴相关工作。银保监部门加强对商业保险机构承办大病保险的行业监管，规范商业健康保险发展。乡村振兴部门做好农村易返贫致贫人口监测。工会做好职工医疗互助和罹患大病困难职工帮扶。

（三）**加强基层能力建设**。加强基层医疗保障经办队伍建设，统筹医疗保障公共服务需求和服务能力配置，做好相应保障。积极引入社会力量参与经办服务，大力推动医疗救助经办服务下沉，重点提升信息化和经办服务水平。建立覆盖省、市、县、乡、村五级医疗保障服务网络。加强医疗救助政策和业务能力培训，努力打造综合素质高、工作作风好、业务能力强的基层经办队伍。

本实施意见自2023年1月1日起执行。

福建省人民政府办公厅

2022年7月31日

（此件主动公开）

【发文机关】福建省人民政府办公厅

【标　　题】福建省人民政府办公厅关于健全重特大疾病医疗保险和救助制度的实施意见

【文　　号】闽政办〔2022〕39号

【发文日期】2022年7月31日

福建省教育厅关于印发义务教育阶段学科课堂教学基本要求的通知

各市、县（区）教育局、平潭综合实验区社会事业局，省属中小学：

为深入贯彻中共中央办公厅、国务院办公厅《关于进一步减轻义务教育阶段学生作业负担和校外培训负担的意见》和我省《实施方案》精神，全面落实省委办公厅、省政府办公厅《关于深化教育教学改革全面提高义务教育质量的若干措施》部署要求，我厅组织教研部门研究制定了《福建省义务教育阶段学科课堂教学基本要求（试行）》。现印发给你们（下载地址：http：//jyt.fujian.gov.cn“下载中心”栏目），请各地各校结合教育实际，抓好贯彻落实。

课堂教学基本要求是根据《福建省普通中小学日常教学基本规范（试行）》，围绕教学准备与设计、教学组织与实施、教学研究与反思、资源开发与利用等方面分学科提出的具体化要求。市、县（区）教育部门要指导学校认真组织学习领会课堂教学基本要求内涵，全面落实立德树人根本任务，深化教育教学改革，全面提升课堂教学质量，强化学校育人主阵地作用，培养德智体美劳全面发展的社会主义建设者和接班人。

福建省教育厅

2022 年 6 月 29 日

【发文机关】福建省教育厅

【标　　题】福建省教育厅关于印发义务教育阶段学科课堂教学基本要求的通知

【文　　号】闽教基〔2022〕34 号

【发文日期】2022 年 6 月 29 日

福建省民政厅印发关于切实加强民生保障服务经济社会发展十二条措施的通知

各设区市民政局、平潭综合实验区社会事业局；厅机关各处（室、局）、厅属各单位：

现将《福建省民政厅关于切实加强民生保障服务经济社会发展的十二条措施》印发给你们，请结合实际，认真抓好贯彻落实。

福建省民政厅

2022年6月15日

（此件主动公开）

福建省民政厅关于切实加强民生保障服务经济社会发展的十二条措施

为深入学习贯彻习近平总书记重要讲话重要指示精神，坚决贯彻中央关于“疫情要防住、经济要稳住、发展要安全”的决策部署，按照省委、省政府“两稳一保一防”的工作要求，落实落细省政府《关于贯彻落实扎实稳住经济一揽子政策措施的实施方案》和民政部、财政部《关于切实保障好困难群众基本生活的通知》（民发〔2022〕32号），结合民政工作实际，制定以下十二条措施。

一、坚决兜住民生底线

1. 提高民政服务对象保障标准。落实困难群众基本生活救助标准和残疾人“两项补贴”标准动态调整机制。2022年底前，低保标准占最低工资标准的平均比例要达到44%以上，特困供养标准按规定作相应调整；增加投入8000多万元，提高困难残疾人生活补贴标准和生活困难的一、二级重度残疾人护理补贴标准。2022年内，集中供养孤儿、事实无人抚养儿童月基本生活保障标准分别不低于1800元、1400元；争取建立孤儿、事实无人抚养儿童基本生活保障标准自然增长机制，确保与我省经济社会发展水平相适应。继续提高革命“五老”人员定期生活补助标准。

2. 全力做好困难群众基本生活救助工作。下达2022年省级困难群众救助补助资金31.15亿元，全力保障困难群众基本生活。密切关注物价变动情况，及时启动社会救助和保障标准与物价上涨挂钩联动机制，按时足额发放价格临时补贴。鼓励有条件的地方为低保对象、特困人员增发节日慰问等一次性生活补贴，受疫情影响严重地区为临时生活困难群众发放一次性临时救助金。对因家庭成员就业导致收入超过低保标准的救助对象家庭，延保渐退6个月（对脱贫人口等特定对象按原有过渡期政策执行）。

3. 加大对未参保失业人员等困难群众的临时救助力度。对未纳入低保范围，受疫情影响无法返岗复工、连续三个月无收入来源，生活困难且失业保险政策无法覆盖的农民工等未参保失业人员，经本人申请，由务工地或经常居住地发放一次性临时救助金。加大对生活困难未就业大中专毕业生等青年的救助帮扶力度，根据实际情况及时采取临时救助等相应帮扶措施。加强低保、特困供养、临时救助等工作衔接，对低保对象、特困人员以及脱贫人口中的新冠肺炎患者、因家庭成员被隔离收治等原因导致基本生活出现暂时困难的家庭，根据需要直接给予临时救助。

4. 加强对各类特殊困难群体的关爱帮扶。加大政府购买服务力度，积极发展服务类社会救助。支持社会工作队伍依托1100多个乡镇（街道）社会工作服务站发挥专业优势，面向特殊困难群体提供心理疏导、社会支持、能力提升等服务。实施“福康工程”，为300名困难肢体残疾人适配假肢、矫形器、电动轮椅等康复辅助器具；在40个县（市、区）开展精神障碍社区康复服务。实施“福蕾行动计划”，为农村留守（困境）儿童提供关爱服务。建立定期巡访制度，加强农村空巢和留守老年人关爱服务。加大流浪乞讨人员救助寻亲服务力度，完善街面巡查和转介处置机制，推进落户安置、源头治理等工作。开展“慈善手拉手”专项行动，动员全省各级慈善组织策划实施500个以上慈善项目和活动，帮扶困难群众人次达到100万以上。

5. 深化困难群众“漏保”“漏救”点题整治。重点整治困难群众（含事实无人抚养儿童）主动摸排不到位、动态监测机制不完善、数据共享比对不健全、服务类社会救助供给不足等问题。通过点题整治，实现困难群众（含事实无人抚养儿童）应保尽保、应救尽救；全省低保平均标准、特困供养平均标准、临时救助人次均救助水平同比增长5%以上；全省开展低保边缘人口认定的县（市、区）达80%以上；完成一批服务类社会救助示范点建设；确保社会救助政策培训全员覆盖所有乡镇（街道）、村（社区）社会救助经办人员。

二、加快民生项目建设

6. 加快推进养老项目建设。重点推进省委、省政府为民办实事项目，加快70所农村区域性养老服务中心和300个长者食堂项目实施进度，带动社会扩大有效投资。积极争取中央预算内投资、政府专项债券支持，推进建设一批社区居家养老服务网络、县区社会福利院（养老中心）。引导社会资本广泛参与，加快推进医养康养相结合的养老服务工程包建设，争取年内新增养老床位1万张以上，完成投资不少于20亿元。

7. 加快推动银发经济发展。实施“养老服务+行业”行动，创新和丰富养老产业新模式与新业态，拓展旅居养老、文化养老、健康养老、养生养老等新型消费领域，每个设区市建有不少于1个医养康养相结合的高品质养老项目。打造“互联网+养老”服务新模式，为老年人提供“点菜式”就近便捷养老服务，鼓励“子女网上下单、老人体验服务”。支持各地建设一批具有配餐、送餐功能的养老服务“中央厨房”，健全老年人助餐服务网络。实施不少于1万户特殊困难老年人家庭适老化改造。

8. 加快社会事务领域机构设施建设。推进精神卫生福利机构项目建设；完善6家精神卫生福利机构设施设备。全省新建30个乡级公益性骨灰楼堂、200个村级公益性骨灰楼堂；推动8个市、县城市公益性公墓建设。

三、稳步拓宽就业渠道

9. 提高养老服务业吸纳就业能力。面向全社会开展养老护理职业技能培训，引导更多人员从事养老服务工作。全省培养培训养老护理员1万人次以上、养老院院长300人次以上、专兼职老年社会工作者500人次以上。按规定落实养老护理员入职、在职奖补政策，对参加培训者按规定提供培训补贴，省级福彩公益金补助培训3000人以上。

10. 积极开发社会工作岗位，做好高校毕业生到城乡社区就业工作。推进城乡社区、民政事业单位开发设置社会工作专业岗位，加大民政领域社会工作服务机构培育力度，吸纳专业社工人才就业。及时足额落实社区工作者薪酬待遇和社区居委会运转补助经费，对照“每万城镇常住人口拥有社区工作者18人”的发展目标，加强社区专职工作人员的组织选聘工作。做好2022年普通高校毕业生到城乡社区就业工作，原则上社区2022年新招聘岗位全部向高校毕业生开放，鼓励拿出较多数量岗位专门招聘有志热心服务群众的高校毕业生；鼓励具备条件的行政村积极吸纳高校毕业生到村担任村务工作者。

四、发挥社会组织在推进乡村振兴中的积极作用

11. 进一步动员社会组织积极参与巩固拓展脱贫攻坚成果同乡村振兴有效衔接。加强对社会组织参与乡村振兴的动员引导、统筹协调和规范监管。围绕乡村发展、乡村建设、乡村治理等重点工作，积极搭建项目对接平台，动员引导社会组织向38个乡村振兴重点县及欠发达老区苏区县集聚，支持脱贫地区改善生产条件，发展特色现代农业，打造特色产品品牌。同时，支持行业协会商会加强诚信自律建设，积极采取会费减免等举措，切实减轻会员企业负担；主动联合财政、税务等部门，做好慈善组织税前扣除资格审核，落实有关税收优惠政策。

12. 加大对老区苏区扶建力度。统筹安排中央财政衔接推进乡村振兴补助资金和省老区发展专项资金，补助290个小型公益性基础设施、特色优势产业、人居环境整治等项目。按时完成75个非文保单位革命遗址保护修缮和展陈工作。进一步深化“阳光1+1”牵手计划，发挥社会组织及其会员企业资金优势，在产业、基础设施、电商消费等方面助推老区振兴发展。

各级民政部门要进一步提高政治站位，弘扬“马上就办、真抓实干”的优良作风，按照省委实施“提高效率、提升效能、提增效益”行动的要求，压紧压实责任，细化分解任务，加强督促指导，定期开展调度，以务实的精神推动以上各项措施落地见效，用实际行动迎接党的二十大胜利召开。

【发文机关】福建省民政厅
【标　　题】福建省民政厅印发关于切实加强民生保障服务经济社会发展十二条措施的通知
【文　　号】闽民办〔2022〕78号
【发文日期】2022年6月15日

第九篇 荣誉成果

第二十一届政府网站绩效评估结果
——福建省政府门户网站绩效评估全国第一

2022 年 12 月 20 日，中国软件评测中心在北京举行 2022 年数字政府评估大会暨第二十一届政府网站绩效评估结果发布会。福建省人民政府门户网站排名全国第一，福建省数字政府服务能力为“优秀级”。

报告显示，厦门市在全国副省级城市政府网站中排名第一；宁德市和龙岩市分别获评地市政府网站第三名、第十名；福州市在省会城市政府网站中排名第九；福州市、厦门市获评重点城市数字政府服务能力“优秀级”。

发布会还公布了优秀创新案例评选结果。我省“惠企纾困政策汇总平台：一企一案让‘企业找政策’变为‘政策找企业’”入选 2022 年省级政府网站“十佳”优秀创新案例；“创新数字化监测督导机制　建设营商环境平台”“‘数智考录’赋能福建公务员工作高质量发展”入选 2022 年数字政府“三十佳”优秀创新案例；厦门市“厦企政策速配”入选 2022 年省会及计划单列市网站“十佳”优秀创新案例；宁德市“以数字化监测赋能政府信息公开管理”、漳州市“漳州市项目全过程管理平台”入选 2022 年地市级网站“十佳”优秀创新案例。

今年是省政府门户网站开通 20 周年。今年以来，福建省着眼“政务服务一网通办”“省域治理一网统管”“政府运行一网协同”，推出了经济社会监测和绩效管理、疫情防控动态图、“码上办”政务服务新模式、“一件事一次办”、惠企纾困政策和数字会务云平台等一系列改革创新举措。

（摘编：杨立群）

第二批全国法治政府建设示范地区或项目福建省获评名单

2022年12月30日福建省委依法治省办消息，中央依法治国办近日命名第二批全国法治政府建设示范地区60个和示范项目59个，我省共有6个市、县获得命名，分别是全国法治政府建设示范市（县）——福州市、晋江市、武平县，全国法治政府建设示范项目——漳州市新时代110警务机制改革创新、三明市打造水生态环境治理新样本、南平市厚植法治护绿赋能生态文明建设。

该创建活动自2019年开展以来，每两年一批，旨在树立新时代法治政府建设的典范标杆，营造法治政府建设创优争先的浓厚氛围，不断把法治政府建设向纵深推进。今年我省获得全国法治政府建设示范地区和项目的数量居于全国第一方阵。下一步，我省获得示范命名的市县将深入学习贯彻党的二十大精神，深入学习贯彻习近平法治思想，切实把示范创建转化为推进法治政府建设的常态化工作，努力在全国率先基本建成法治政府。

（摘编：李哲）

第三届中国廉洁创新奖福建上榜项目

2022年9月27日，第三届中国廉洁创新奖评选结果揭晓。泉州市纪委监委、泉州台商投资区党工委申报的“数字赋能‘治未病’：‘亲清家园’智慧监督服务平台探索与实践”榜上有名，是我省唯一获奖项目。

中国廉洁创新奖由中国管理现代化研究会廉政建设与治理研究专业委员会、清华大学纪检监察研究院联合创办，是廉洁建设领域的首个学术奖，旨在鼓励全党、全国、全社会进行与廉洁建设相关的体制机制创新，推动创造性地开展廉洁建设实践。

近年来，泉州市纪委监委以泉州台商投资区为试点，运用互联网＋大数据技术，打造“亲清家园”智慧监督服务平台。该平台采用“数字赋能＋纪委监委监督”的创新理念，以“线上有速度，线下有温度，党员干部多跑腿，群众企业少跑腿”的服务理念，融数字赋能、掌上政务、监督植入于一体，构建数字技术辅助监督的决策机制，推动监督于问题未发之时，有效提升了监督的智慧化水平和综合治理效能。

（摘编：赵旭东）

全国模式革新典范单位福建获评名单

2022 年 9 月 14 日，第六届全国 12345 政务服务便民热线大会日前在呼和浩特举行。第三方测评机构公布了全国 300 多个城市政务热线运行质量，莆田市 12345 政务服务便民热线和荔城区大督查办公室（荔城区 12345 平台），获评 12345 热线模式革新典范单位。

近年来，莆田市 12345 政务服务便民热线创新服务模式，在全省率先提出建立领导接线、接诉即办、审批服务在线联动、开通专家解惑热线等机制，不断升级平台整合功能，将 32 条热线（涉及 25 个部门）通过“整体并入”“双号并行”“设分中心”等方式进行归并。同时，拓展热线联动单位，共建 12345 热线知识库，实现专业化秒答。

2021 年 7 月成立的荔城区大督查办公室，通过“问题清单化、督办多样化、信息集成化、监管长效化”模式，全面构建“12345 + 大督查”体系，走出 12345 政务服务便民热线的区域特色。截至 8 月 31 日，该平台共受理群众诉求 37074 件，受理率、及时查阅率、按时办结率、反馈回复率均达 100%，群众满意率达 99.64%。

（摘编：赵旭东）

全国市场监管系统执法办案电子数据取证大比武福建省获团体第二

2022 年 8 月 4 日福建省市场监管局消息，第二届全国市场监管系统执法办案电子数据取证大比武近日在厦门举办，省市场监管局荣获团体第二名。

此次比武考核内容包括理论知识、现场勘察取证、电子数据证据分析和认证、消费者个人信息保护以及网络销售野生动物制品等，重点对执法人员计算机取证、手机取证、数据恢复技术、数据关联性分析技术应用以及执法文书制作等内容进行考核。共有 31 支队伍 62 名选手参赛。

在互联网时代，新型的违法手段、高精尖的科技技术对市场监管系统执法监督能力提出了更高的要求。近年来，省市场监管局紧扣电子数据取证勘察主题，针对网络市场日常监管难点弱点，结合“点题整治”“百家电商平台点亮”等专项活动，采取集中授课、单独辅导和案例解析等多种方式进行培训，培养优秀的电子数据取证专业人才，全面提升我省执法人员电子数据取证办案整体水平。

（摘编：吴强）

福建省公安系统33个集体和42名个人获全国表彰

2022年5月25日，全国公安系统英雄模范立功集体表彰大会在北京召开。会议表彰了全国公安系统982个先进集体和1485名先进个人，我省公安系统33个集体和42名个人受到表彰。其中，厦门市公安局莲前派出所、福州铁路公安处福州车站派出所被党中央、国务院授予“全国模范公安单位”称号；福州市公安局刑侦支队六大队大队长高湛等6名同志被人社部、公安部评为“全国特级优秀人民警察”。高湛同志在大会上发言。

此外，漳州市公安局芗城分局等4个单位被公安部评为“全国优秀公安局”；石狮市公安局蚶江派出所等17个单位被公安部评为“全国优秀公安基层单位”；永安市公安局燕东派出所所长邓晓斌等27名同志被公安部评为“全国优秀人民警察”；莆田市公安局湄洲派出所等10个单位被公安部评为“全国公安机关爱民模范集体”；南平市公安局建阳分局治安大队大队长周泽军等9名同志被公安部评为“全国公安机关爱民模范”。

（摘编：周忠志）

漳州智慧城管获全国智标委“标准贡献奖”

2022年8月25日福建日报报道，日前，2021年度全国智标委“标准贡献奖”评选活动揭晓，最终评出先进个人奖15名、优秀组织奖2项、应用实践奖11项。其中，漳州市智慧城管一期建设项目暨城市综合管理服务平台项目被授予“应用实践奖”荣誉称号，也是我省唯一获此殊荣的项目。

全国智能建筑及居住区数字化标准化技术委员会（简称“全国智标委”）“标准贡献奖”旨在表彰住房和城乡建设信息化领域中积极推动标准应用试点项目落地，且有一定市场发展潜力，在标准推广实施等方面作出积极贡献，具有较高的影响力和知名度的城市综合管理服务平台项目。

（摘编：周忠志）

工信部“5G+智慧教育”应用试点项目福建省入围名单

2022年2月21日福建省教育厅消息，日前，工信部、教育部联合发布“2021年‘5G+智慧教育’应用试点项目公示名单”，应用试点项目涵盖5G+互动教学、5G+智能考试、5G+综合评价、5G+智慧校园、5G+区域教育管理、其他自选方向、融合类七大类，我省两个项目入围。

2021年11月，省通信管理局会同省教育厅、省工信厅联合申报“5G+智慧教育”应用试点项目，福州大学的“5G+智慧校园”项目入围5G+智慧校园大类，华侨大学的“5G+中华优秀传统文化传承与创新”项目入围其他自选方向大类。

近年来，我省深入贯彻落实党中央、国务院关于加快5G发展、加强教育信息化工作的相关部署，加快推进《5G应用“扬帆”行动计划(2021—2023年)》实施。省通信管理局积极探索5G网络的教育信息化最佳实践和解决方案，培育以5G为代表的新一代信息通信技术与教育教学融合创新的应用标杆项目。

（摘编：彭金龙）

福建省首批30所示范性高中名单出炉

福建省教育厅2022年3月4日公布确认福州一中等30所学校高中部为福建省首批示范性普通高中（简称“示范性高中”），示范期三年（2022年至2024年）。

这些高中分别是，福州（含省属）：福州一中、福州三中、福州格致中学、福州八中；厦门：厦门一中、厦门双十中学、厦门外国语学校、厦门六中、厦门集美中学；漳州：厦大附属实验中学、龙海一中；泉州：泉州五中、晋江一中、南安一中、晋江养正中学、德化一中、安溪一中、泉州七中；三明：三明一中、三明二中、三明九中；莆田：莆田一中、莆田二中、仙游一中；南平：南平一中；龙岩：龙岩一中、上杭一中、长汀一中；宁德：福安一中、霞浦一中。

经确认的示范性高中在示范期满后，将被重新予以评估确认。我省将建立“可上可下，优胜劣汰”的示范性高中动态管理机制。

（摘编：游学荣）

第七批福建省爱国主义教育基地名单

2022年10月1日福建日报报道，福建省委宣传部近日印发通知，命名福州市博物馆等14个单位为第七批福建省爱国主义教育基地。

通知指出，爱国主义教育基地是爱国主义教育的重要载体和生动课堂，要求各地各部门要坚持以习近平新时代中国特色社会主义思想为指导，着眼构建本地区本系统爱国主义教育基地集群，采取凸显特色、串珠成带、体系融合等方式，支持推动各级各类爱国主义教育基地提质增效、联合联动，形成爱国主义教育集聚效应；要把握正确政治方向、强化基地教育功能、精心组织安排活动，吸引广大干部群众就近就便参观学习、厚植爱党爱国爱社会主义情感。

通知强调，各级各类爱国主义教育基地，尤其是新命名的省级爱国主义教育基地要紧密结合新时代新要求，加强文物征集，开展史料研究，运用最新成果，充实展陈内容，用好科技手段，创新展陈方式，打造精品陈列，不断增强吸引力感染力；要进一步优化展陈内容、提升讲解水平，客观准确、生动活泼地讲好中国故事、中国共产党故事、新时代中国特色社会主义故事、福建故事，传扬新时代爱国主义精神。

第七批福建省爱国主义教育基地名单

福州市博物馆

厦门规划展览馆

漳浦县中共闽粤边区特委红色革命教育基地

晋江市博物馆

南安市郑成功陵园

清流县林畲红军史迹群

泰宁县红军街暨红一方面军领导机关旧址

中共仙游上宫支部旧址

顺昌县洋口东方军革命旧址

上杭县客家族谱博物馆

龙岩市新罗区江山山塘兵工厂旧址

古田县“金翼之家”林耀华故居

宁德市蕉城区中国工农红军闽东独立师成立整编地

平潭国际南岛语族考古研究基地

（摘编：黄万良）

2022年“最美教师”陈炜先进事迹

2022年9月10日，为深入学习贯彻习近平总书记关于教育的重要论述，发掘宣传基层优秀教师典型，展示广大教师时代风采，大力弘扬尊师重教良好风尚，在第三十八个教师节到来之际，中央宣传部、教育部向全社会公开发布2022年“最美教师”先进事迹。

熊有伦、牛雪松、周荣方、李建国、何燕、蒙芳、陈炜、韩龙、祝响响、管延伟等个人和高校银龄教师支援西部计划教师团队，都是来自教育一线的教师和群体。今年“最美教师”还推选了“最美太空教师”中国航天员中心王亚平航天员为特别致敬人物。中宣部、教育部负责同志为他们颁发“最美教师”证书。

陈炜同志生前担任福州三中校长、党委副书记。从教30多年来，他始终以办好人民满意的教育为己任，致力于培养德智体美劳全面发展的社会主义建设者和接班人。2010年，陈炜同志罹患癌症后，从容面对，坚韧不拔，克服困难，砥砺奋进，在教育教学一线创造了不平凡的业绩。先后获得福建省五一劳动奖章、福州市先进教育工作者等荣誉。2021年12月5日，陈炜同志因病医治无效逝世，年仅53岁。2022年1月，省委、省政府追授陈炜同志“福建省杰出人民教师”称号。

（摘编：李哲）

“科创中国”福建区域科技服务团获评全国示范

2022年5月25日福建省科协消息，日前，中国科协公布了2022年“科创中国”科技服务团示范项目评审结果，省科协申报的“科创中国”福建区域科技服务团项目成功获批。该项目是由郑兰荪、郭东明、孙世刚等多名院士作为服务专家，组建“科创中国”福建区域科技服务团，以促进技术转移转化为重点，推动技术、人才等创新要素向我省集聚。

“科创中国”科技服务团是中国科学技术协会围绕地方产业创新需求组建的跨学科、跨领域、跨区域科技服务组织，是“科创中国”建设的“重头戏”，是团结引领科技工作者面向经济主战场贡献智慧的抓手。

（摘编：李哲）

首批全国科普教育基地福建省二十三家单位入选

2022年4月12日福建省科协消息，日前，中国科协发布2021—2025年度第一批全国科普教育基地名单，我省有23家单位上榜。

全国科普教育基地是指由科技、教育、文化、卫生、农业、安全、自然资源、旅游等领域机构兴办，面向社会和公众开放，具有科普和教育功能的示范性场所，每5年评审一次。2021年10月，中国科协启动2021—2025年全国科普教育基地认定工作，经评审，福建有包括中广核宁德核电基地、厦门大学海洋科技博物馆、泉州海外交通史博物馆、中核集团中国核工业科技馆（福建）、厦门市青少年气象天文科普基地、福建江夏学院货币博物馆、福建省科技馆、福建医科大学基础医学院生命科学博物馆、福州科技馆、福州市动物园、晋江市科技馆、龙岩市科技馆、龙岩市永定区科技馆、莆田市科技馆、泉州市科技馆、三明市科技馆、三明市农业科学研究院、厦门科技馆、厦门市同安区科学技术馆、厦门市园林植物园、武平县科技馆、漳州科技馆、紫金地质矿产博物馆等23家单位被命名为2021—2025年第一批全国科普教育基地。

（摘编：王诗诚）

福建省重点实验室（学科类）认定建设名单

福建省科学技术厅印发《关于认定建设41家福建省重点实验室（学科类）的通知》（闽科基〔2022〕1号）提出，根据《福建省重点实验室管理实施细则》，经研究，决定认定建设“福建省超快激光技术及应用重点实验室”等41家省重点实验室，名单如下。

福建省重点实验室（学科类）认定建设名单

序号	实验室名称	依托单位	业务主管部门	实验室负责人
1	福建省超快激光技术及应用重点实验室	厦门大学（电子科学与技术学院）	厦门大学	罗正钱
2	福建省滨海土木工程数字仿真重点实验室	厦门大学（建筑与土木工程学院）	厦门大学	王东东
3	福建省乳腺癌精准诊治重点实验室	厦门大学（医学院）、厦门大学附属翔安医院	厦门大学	张国君
4	福建省移动机械绿色智能驱动与传动重点实验室	华侨大学（机电及自动化学院）	华侨大学	林添良
5	福建省城乡建筑遗产保护技术重点实验室	华侨大学（建筑学院）	华侨大学	陈志宏
6	福建省氢能关键材料与技术重点实验室	中国科学院福建物质结构研究所	中国科学院福建物质结构研究所	温珍海
7	福建省大气臭氧污染防控重点实验室	中国科学院城市环境研究所	中国科学院城市环境研究所	陈进生
8	福建省水循环与生态地质过程重点实验室	中国地质科学院水文地质环境地质研究所	中国地质科学院水文地质环境地质研究所	李亚松
9	福建省海洋物理与地质过程重点实验室	自然资源部第三海洋研究所	自然资源部第三海洋研究所	陈　坚
10	福建省海岛资源生态监测与保护利用重点实验室	自然资源部海岛研究中心、自然资源部第三海洋研究所	自然资源部海岛研究中心	张海峰
11	福建省太赫兹功能器件与智能传感重点实验室	福州大学（机械工程及自动化学院）	福州大学	钟舜聪
12	福建省新能源金属绿色提取与高值利用重点实验室	福州大学（紫金矿业学院）	福州大学	衷水平

续表

序号	实验室名称	依托单位	业务主管部门	实验室负责人
13	福建省国土空间分析与模拟数字技术重点实验室	福州大学（建筑与城乡规划学院）、中国科学院城市环境研究所	福州大学	罗　涛
14	福建省先进无机氧合材料重点实验室	福州大学（化学学院）	福州大学	郑寿添
15	福建省柔性电子重点实验室	福建师范大学海峡柔性电子（未来科技）研究院	福建师范大学	黄　维
16	福建省肿瘤智能影像与精准放疗重点实验室	福建医科大学附属协和医院	福建医科大学	徐本华
17	福建省肺干细胞重点实验室	福建医科大学附属第二医院	福建医科大学	曾奕明
18	福建省糖脂与骨矿盐代谢重点实验室	福建医科大学附属第一医院	福建医科大学	严孙杰
19	福建省中西医结合防治骨质疏松重点实验室	福建省中医药科学院、福建中医药大学附属康复医院	福建中医药大学	葛继荣
20	福建省认知功能康复重点实验室	福建中医药大学附属康复医院	福建中医药大学	薛偕华
21	福建省医疗机构中药制剂重点实验室	福建中医药大学附属第二人民医院	福建中医药大学	倪立坚
22	福建省畜禽病原感染与免疫学重点实验室	福建农林大学［动物科学学院（蜂学学院）］	福建农林大学	陈吉龙
23	福建省农业信息感知技术重点实验室	福建农林大学（机电工程学院）、福建省机械科学研究院（福建省农业机械化研究所）	福建农林大学	叶大鹏
24	福建省海洋信息感知与处理重点实验室	集美大学（海洋信息工程学院）、厦门市产品质量监督检验院	集美大学	谷　宇
25	福建省绿色智能清洗技术与装备重点实验室	厦门理工学院［机械与汽车工程学院（机械工程系）］	厦门理工学院	陈水宣
26	福建省智能加工技术及装备重点实验室	福建工程学院（机械与汽车工程学院）	福建工程学院	童　昕
27	福建省海洋生物多样性保护与永续利用重点实验室	闽江学院（海洋研究院）	闽江学院	陈建明
28	福建省金融信息处理重点实验室	莆田学院（数学与金融学院）	莆田学院	陈智雄
29	福建省毒物与药物毒理学重点实验室	宁德师范学院（医学院）	宁德师范学院	艾克拜尔热合曼
30	福建省茶产业大数据应用与智能化重点实验室	武夷学院（数学与计算机学院）、福建省武夷山生物研究所	武夷学院	杨　昇
31	福建省轻纺化工新材料重点实验室	泉州师范学院［化工与材料学院（化学与生命科学学院）］	泉州师范学院	卓东贤
32	福建省空间信息感知与智能处理重点实验室	阳光学院（人工智能学院）	阳光学院	黄风华
33	福建省植物营养与肥料重点实验室	福建省农业科学院土壤肥料研究所、福建省农业科学院果树研究所	福建省农业科学院	张玉树

续表

序号	实验室名称	依托单位	业务主管部门	实验室负责人
34	福建省畜禽遗传育种重点实验室	福建省农业科学院畜牧兽医研究所	福建省农业科学院	黄勤楼
35	福建省肿瘤早筛早诊前沿技术重点实验室	福建省肿瘤医院、福建和瑞基因科技有限公司	福建省卫生健康委员会	刘景丰
36	福建省疑难重症研究重点实验室	福建省立医院	福建省卫生健康委员会	郑晓春
37	福建省特种智能装备安全与测控重点实验室	福建省特种设备检验研究院、福州大学（机械工程及自动化学院）	福建省市场监督管理局	曾钦达
38	福建省神经系统肿瘤诊断与精准治疗重点实验室	厦门大学附属第一医院（厦门市第一医院）	厦门市科学技术局	王占祥
39	福建省新生儿疾病重点实验室	厦门市儿童医院	厦门市科学技术局	庄德义
40	福建省智能运维机器人技术重点实验室	福建（泉州）哈工大工程技术研究院	泉州市科学技术局	李瑞峰
41	福建省（山区）作物遗传改良与创新利用重点实验室	三明市农业科学研究院	三明市科学技术局	韦新宇

（摘编：李哲）

福建省第一批省级新型研发机构绩效测评结果

2022 年 3 月 22 日福建省科学技术厅印发《关于公布第一批省级新型研发机构绩效测评结果的通知》提出，根据《福建省人民政府办公厅关于鼓励社会资本建设和发展新型研发机构若干措施的通知》（闽政办〔2016〕145 号）关于“每三年对新型研发机构进行一次绩效测评。测评不合格的，取消‘省级新型研发机构’资格，不再享受相应政策扶持”等要求。经形式审查和专家评审、重点核查，其中福建省产品质量检验研究院等 22 家单位绩效测评合格，继续保留省级新型研发机构资格，名单如下：

福建省产品质量检验研究院

福建省粮油科学技术研究所

福建榕基软件股份有限公司

福建海西新药创制有限公司

福州市福塑科学技术研究所有限公司

福建赛福食品检测研究所有限公司

厦门蓝海天信息技术有限公司

厦门稀土材料研究所

厦门紫金矿冶技术有限公司

国网信通亿力科技有限责任公司

厦门斯坦道科学仪器股份有限公司

厦门宝太生物科技股份有限公司

中国皮革和制鞋工业研究院（晋江）有限公司

海西纺织新材料工业技术晋江研究院

福建师范大学泉港石化研究院

泉州华中科技大学智能制造研究院

福建紫金矿冶测试技术有限公司

机械科学研究总院海西（福建）分院有限公司

福建翔丰华新能源材料有限公司

机械科学研究总院（将乐）半固态技术研究所有限公司

永安市竹产业研究院

科荟种业股份有限公司

其他未通过绩效测评的 8 家单位，不再保留省级新型研发机构资格，不再享受相应政策扶持。

（摘编：杨立群）

福建省高等院校和科研院所
科技成果转化综合试点单位名单

2022年5月24日福建省科学技术厅印发《关于公布福建省高等院校和科研院所科技成果转化综合试点单位名单的通知》（闽科成〔2022〕3号）提出，经十一届省委全面深化改革委员会第一次会议审议通过，2022年2月，省政府印发了《福建省高等院校和科研院所科技成果转化综合试点实施方案》（闽政〔2022〕6号）（以下简称《实施方案》）。根据《实施方案》要求，省厅印发了《关于启动福建省高等院校和科研院所科技成果转化综合试点申报工作的通知》（闽科成函〔2022〕5号）。经征集申报、专家评审及部门联合审议，确定了11家福建省高等院校和科研院所科技成果转化综合试点单位，名单如下。

福建省高等院校和科研院所科技成果转化综合试点单位名单

序号	试点单位名称	序号	试点单位名称
1	厦门大学	7	龙岩学院
2	福州大学	8	武夷学院
3	福建师范大学	9	福建省水产研究所
4	集美大学	10	福建省计量科学研究院
5	福建工程学院	11	福建省特种设备检验研究院
6	厦门理工学院		

（摘编：苏建平）

第十六届精神文明建设“五个一工程”奖福建获奖名单

新华社北京2022年12月19日电，近日，中共中央宣传部印发表彰决定，对第十六届精神文明建设“五个一工程”组织工作先进单位和优秀作品进行表彰。授予电影《我和我的祖国》、电视剧《跨过鸭绿江》、图书“足迹”系列等12部作品“特别奖”；授予《守岛人》等12部电影作品、《山海情》等18部电视作品、《燕翼堂》等17部戏剧作品、《中国北斗》等8部广播剧、《领航》等11首歌曲和《远去的白马》等19部图书，共85部作品“优秀作品奖”；授予北京、河北、辽宁、吉林、上海、江苏、浙江、福建、江西、山东、湖北、广东、海南、四川、陕西、宁夏、新疆等17个省区市党委宣传部“组织工作奖”。

本届“五个一工程”主要评选表彰2019年6月1日至2022年5月31日首次播映、上演、出版的优秀作品，获奖的97部作品是从全国报送的750余部作品中经过层层严格评审程序精选出的，充分反映了近三年来精神文化产品创作的丰硕成果。

其中，获得“五个一工程”“特别奖”的包括电影类《我和我的祖国》（福建省委宣传部、陕西省委宣传部、天津市委宣传部、北京市委宣传部）；电影类《我和我的父辈》（河北省委宣传部、福建省委宣传部）；图书类“足迹”系列（河北省委宣传部、福建省委宣传部、浙江省委宣传部、上海市委宣传部）。

获得“五个一工程”“优秀作品奖”的包括电视类《山海情》（福建省委宣传部、宁夏回族自治区党委宣传部、北京市委宣传部、海南省委宣传部）；《绝密使命》（福建省委宣传部、重庆市委宣传部）；《柴米油盐之上》（福建省委宣传部、广东省委宣传部）；戏剧类歌仔戏《侨批》（福建省委宣传部、中国侨联）；歌曲《一起向未来》（北京市委宣传部、上海市委宣传部、福建省委宣传部、湖北省委宣传部）；《春风十万里》（中国文联、河北省委宣传部、福建省委宣传部、天津市委宣传部）；图书类《诗在远方——“闽宁经验”纪事》（宁夏回族自治区党委宣传部、福建省委宣传部）。

（摘编：吴强）

中国作协表彰“深入生活、扎根人民”主题实践先进集体和个人福建省获多项荣誉

2022 年 3 月 9 日福建省文联消息，中国作协“深入生活、扎根人民”主题实践经验交流暨创联工作会议日前在厦门举行，我省作家队伍在表彰活动中获多项荣誉。

其中，福建省作家协会获评“深入生活、扎根人民”主题实践先进集体，三明市作家协会获评 2021 年度全国基层作协先进集体，作家陈健获评 2021 年度“深入生活、扎根人民”主题实践先进个人。

省作协组织实施 2021 年度定点深入生活扶持项目，20 位作家深入全省基层各地精心创作一批反映基层现实和人民生活的优秀文学作品；围绕庆祝中国共产党成立 100 周年等重大主题，积极举办“永远跟党走·大美松溪”等各类“深入生活、扎根人民”文学采风活动；组织了“百名作家百场讲座”文学公益活动，让文学、书籍走进百姓生活，该项目入选 2021 年度中国作家协会文学志愿服务示范性重点扶持项目。

（摘编：郭虹）

2022—2023 年度“中国民族歌剧传承发展工程”重点扶持剧目福建省两部歌剧入选

2022 年 5 月 16 日福建省文旅厅消息，文化和旅游部近日公布 2022—2023 年度“中国民族歌剧传承发展工程”重点扶持剧目名单，由省文旅厅选送、省歌舞剧院创排的歌剧《红杜鹃》和宁德市畲族歌舞艺术传承中心、省歌舞剧院、寿宁县北路戏保护传承中心联合创演的歌剧《鸾峰桥》榜上有名。

“中国民族歌剧传承发展工程”由文旅部组织实施，2022—2023 年度“中国民族歌剧传承发展工程”重点扶持剧目名单全国仅 10 部入选，我省入选数位居全国第一。

歌剧《鸾峰桥》通过对寿宁县下党乡干部群众的人物塑造以及对下党乡通车、通路、通电等细节的描写，以艺术的方式诠释了“中国共产党的领导是中国人民摆脱贫困、过上幸福生活的根本保障”等深刻主题。该剧是福建省舞台艺术精品工程 2022 年度重点剧目，同时也是我省艺术精品创作“火花茶会”机制重点策划和指导的剧目。

歌剧《红杜鹃》讲述了 1949 年初我党与国民党反动派展开的一场光明与黑暗、亲情与信仰生死相搏的故事。

（摘编：杨立群）

第十六届“华东六省一市”戏剧小品大赛福建代表队喜获一金三银

2022年12月6日福建省文化和旅游厅消息，由该厅选送的小品《誓言今生》和《我AI爱我家》《斗舞》《带着月光出发》等作品，分别获得第十六届“华东六省一市”戏剧小品大赛金、银奖，福建省艺术馆获优秀组织奖。

“华东六省一市”戏剧小品大赛是华东地区知名文化品牌项目，迄今已成功举办十五届。大赛为繁荣华东地区戏剧小品创作，促进专业交流、文旅融合，提高老百姓的文化获得感、幸福感，形成与人民美好生活向往相匹配的文化艺术氛围等方面作出了突出的贡献，在全国具有广泛、持续的影响力。

本届大赛共评选出大奖3个、金奖8个、银奖21个和优秀组织奖8个。参赛作品汇聚了山东、上海、江苏、浙江、安徽、福建、江西等32件戏剧小品，聚焦爱党爱国、社会热点、乡村振兴等重大主题，展现了群众文化工作者及业余文艺爱好者深入实践、深入生活、深入群众的艺术创作结晶，代表了华东六省一市群众戏剧领域中文艺创作的最新成果。

（摘编：王诗诚）

首届全省电视节目创新大赛获奖名单

由省委宣传部指导，省广播电视局主办、省广播影视集团承办的首届全省电视节目创新大赛2022年12月20日在福州揭晓。《帮忙办事处》《信仰的力量》《我的梦想我的村》三支团队获得“我有好节目”创新赛前三名；《山味真火》《海峡两岸微电影》《远方的旋律》三个“好点子”获得“我有好点子”创意赛前三名。

比赛历时半年，各地参评的好节目65件、好点子104件，产生了一批内容出新、出彩、出“圈”的优质电视节目，四期大赛节目位列省网收视前列，抖音相关话题的总阅读量超500万，网络票选页面浏览量超过180万，总投票量超120万。

（摘编：王诗诚）

“讲好福建非遗故事”演讲大赛获奖名单

由省文旅厅主办、省艺术馆（省非物质文化遗产保护中心）承办的“讲好福建非遗故事”演讲大赛决赛于2022年12月19日在福州举行。全省各地参赛选手轮番登台，声情并茂讲述了锔瓷、树叶吹奏、十番音乐、茉莉花茶窨制工艺等非遗故事，充分展现了绚丽多姿的八闽非遗魅力。

此次决赛评委集结了多位业内知名专家学者。从演讲内容立意、演讲创新形式、语言艺术、演讲技巧、节奏把控、仪表形象等多个方面，评委对选手们进行了全方位的严格评定。经过激烈角逐，成人组中，三明选手余程瑶获得一等奖；青少组中，来自莆田的林子铬获得一等奖。省艺术馆、福州市文化馆（福州市非物质文化遗产保护中心）、厦门市文化馆（厦门市美术馆、厦门市非物质文化遗产保护中心）等获得优秀组织奖。

（摘编：郭虹）

全国“非遗工坊典型案例”
——连城连史纸非遗工坊入选

2022年12月14日连城县文化体育和旅游局消息，在文旅部非物质文化遗产司公示的全国66个“非遗工坊典型案例”推荐名单中，连城县连史纸非遗工坊名列其中。这是我省本次唯一入选的“非遗工坊典型案例”，案例名称是《连城宣纸：绘制乡村振兴精彩画卷》。

连城县姑田镇在明代嘉靖年间就是全国闻名的宣纸生产基地，当地出产的连史纸秉承竹丝天然漂白工艺，久藏不变色，被誉为“千年寿纸”，享有“纸中丝绸”美称。连城连史纸非遗工坊始建于20世纪60年代，年产连史纸6000刀，是闽西首批设立的非遗工坊之一。

（摘编：杨立群）

第二批全国地质文化村（镇）福建省入选村

2022年11月4日福建省科协消息，日前，中国地质学会印发《关于公布第二批地质文化村（镇）评定结果的通知》，福建省地质学会组织审查并推荐申报的上杭县蛟洋镇贵竹村入选为第二批挂牌筹建的地质文化村（镇）。

贵竹村距离上杭县城约40公里，邻近古田会议会址，自然资源丰富。该村地质遗迹资源主要赋存于志留纪花岗岩中，主要以构造地貌、花岗岩地貌为主，具有较好观赏及科普价值的特色地质遗迹共35处，山峰、石柱、石硐最为特色；山下富锌优质无污染土壤，为打造富锌特色农产品提供了良好的基础。贵竹村地下水资源丰富，为高偏硅酸优质矿泉水，生态环境良好，植物自然分带明显，森林覆盖率达86.8%。

贵竹村以“地质+生态旅游”模式开展地质文化村（镇）建设，将对上杭县蛟洋镇文旅兴镇发展战略起到重要促进作用。

2020年以来，中国地质学会已评定和公布了两批次共50个地质文化村（镇），我省先后有4个村（镇）入选挂牌筹建评定名单。

（摘编：林学军）

2022年中国美丽休闲乡村名单福建省入选村名单

2022年11月17日福建省农业农村厅消息，农业农村部办公厅日前公布2022年中国美丽休闲乡村名单。全国共255个村入选，其中84个村同时为农家乐特色村。

我省三明市沙县区夏茂镇俞邦村、长汀县南山镇中复村、华安县仙都镇大地村、永泰县嵩口镇大喜村、武夷山市五夫镇兴贤村、莆田市涵江区白塘镇双福村、晋江市英林镇湖尾村、屏南县黛溪镇北墘村等8个村获评“中国美丽休闲乡村”。其中，大地村、湖尾村同时获评“农家乐特色村”。

建设中国美丽休闲乡村是带动乡村生产生活生态价值提升、拓宽农民增收致富渠道的重要途径，是促进农村一二三产业融合发展的重要举措。

（摘编：张捷）

泰宁县获评省级历史文化名城

2022 年 8 月 15 日福建日报报道，省政府近日正式批复同意将泰宁县列为省级历史文化名城。

泰宁县为千年古城，历史文化底蕴深厚，保留有较完整的传统格局、古城风貌和文化遗存，长期以来当地政府高度重视，居民广泛参与历史文化保护，具备历史文化名城的突出价值与特色。

接下来，泰宁县将按照批复要求，深入研究发掘历史文化遗产的内涵与价值，明确保护原则和重点，健全长效机制，编制好历史文化名城保护规划，划定历史文化街区、文物保护单位、历史建筑、传统风貌建筑的保护范围及建设控制地带，制定并严格实施相关保护措施。同时，在规划和建设过程中重视保护县城格局，注重城区环境整治和不可移动文物、历史建筑、传统风貌建筑的保护修缮及活化利用。

（摘编：王诗诚）

首届省级全民运动健身模范县（市、区）名单

2022 年 1 月 13 日福建省体育局消息，经过历时 3 年的创建，2019—2021 年第一届福建省全民运动健身模范县（市、区）获得正式命名。我省成为全国首个命名省级全民运动健身模范县（市、区）的省份。

上榜的 9 个县（市、区）是明溪县、永春县、晋江市、南安市、晋安区、海沧区、上杭县、仙游县和沙县区。

此次评选从健全全民健身组织网络、改善全民健身基础设施、丰富全民健身活动赛事、加强健身指导提高健康素养、推进落实重点项目、附加项目等六大方面的 56 个具体指标进行评估。在创建工作中，各参评地不仅形成了组织网络健全、基础设施改善、赛事活动丰富等共性之外，还依托各自的地域、人文资源，在优化健身场地、打造品牌赛事、带动产业发展等方面形成了特色做法。

数据显示，“十三五”时期，我省全民健身公共服务体系进一步完善，新增体育场地 40394 个、体育场地面积 2964. 44 万平方米，人均体育场地面积 2. 28 平方米，举办县级及以上全民健身赛事活动 1. 65 万场次，参与人数 820 万人次，县级（含）以上民政部门登记注册的体育社会组织 180 类 2324 个，每万人拥有体育社会组织 0. 58 个，社会体育指导员注册人数达到 9 万名，每千人拥有社会体育指导员 2. 17 人。

（摘编：彭金龙）

“两博会”福建省获奖项目

2022年12月21日，2022中国体育文化博览会·中国体育旅游博览会（以下简称“两博会”）在广州开幕。在本届两博会上，我省共有8个项目获评中国体育旅游精品项目十佳精品项目，8个项目获评中华体育文化优秀项目，创历史佳绩。

本届两博会共有来自30个省区市的202个项目获评中国体育旅游精品项目，64个项目获评十佳体育旅游精品项目。我省报送的俱乐部杯帆船挑战赛、厦门马拉松赛、厦门红珊汽车文化公园、厦门思明区、平潭综合实验区、白水洋·鸳鸯溪景区、永定土楼景区、闽江源生态旅游区等8个项目获评十佳体育旅游精品项目。

此外，我省的姑田游大龙、五祖拳、“嘉庚杯”“敬贤杯”海峡两岸（集美）龙舟赛、宋江阵、石狮狮阵、南少林武术、安海“水上掠鸭”和大武夷漫生活户外美学节等8个项目，获评中华体育文化优秀项目。

（摘编：康明辉）

“全国先进社会组织”福建省名单

2022年2月21日福建省民政厅消息，民政部日前发布《关于表彰全国先进社会组织的决定》，授予281个社会团体、社会服务机构和基金会“全国先进社会组织”称号。我省7家社会组织榜上有名，分别为：福建省乡村振兴促进会、福建省诚信促进会、福建省公安民警英烈基金会、泉州市慈善总会、福州市仙游商会、漳州市家居商会、厦门市思明区镇海社区邻里互助促进会。《决定》指出，各级社会组织登记管理机关要加强跟踪监督，推动受表彰社会组织高标准治理、高质量发展，确保持续发挥示范引领作用。

截至2021年底，全省登记社会组织达3.5万家、慈善组织817家，社工机构630家，持证社工2.3万人，注册志愿者679万人，成为促进第三次分配、参与基层治理和乡村振兴的重要力量。近年来，我省积极开展“阳光1+1（社会组织与老区村）”牵手计划，全省共有1232家社会组织与1263个老区村签订协议，各级社会组织直接投入近2亿元，引导会员企业（单位）投入8.76亿元，生成各类项目4981个，惠及老区村群众278万人（次）。

（摘编：周忠志）

全国综合减灾示范社区福建省入选名单

2022 年 12 月 24 日福建省应急管理厅消息，国家减灾委员会、应急管理部、中国气象局、中国地震局近日联合下发通知，决定命名北京市东城区北新桥街道九道湾社区等 642 个社区为 2021 年度全国综合减灾示范社区。我省 27 个社区上榜。

27 个社区分别是：福州市鼓楼区温泉街道河东社区、福州市福清市龙江街道天宝社区、福州市罗源县起步镇潮格村、厦门市湖里区湖里街道村里社区、厦门市思明区嘉莲街道莲兴社区、厦门市同安区大同街道凤山社区、莆田市城厢区华亭镇五云村、莆田市秀屿区埭头镇汀港村、三明市建宁县濉溪镇水南社区、三明市三元区徐碧街道北门社区、三明市宁化县城南镇城南社区、泉州市德化县浔中镇吉祥社区、泉州市安溪县凤城镇城东社区、泉州市晋江市罗山街道华泰社区、漳州市平和县国强乡延山村、漳州市龙海区石码街道民生社区、漳州市芗城区天宝镇田寮村、南平市邵武市通泰街道三里亭社区、南平市顺昌县埔上镇上元村、南平市武夷山市兴田镇枫坡社区、龙岩市新罗区南城街道新陂社区、龙岩市上杭县临城镇城南社区、龙岩市连城县莲峰镇莲南社区、宁德市蕉城区飞鸾镇岚口村、宁德市福安市坂中畲族乡坂中社区、宁德市柘荣县乍洋乡前楼村、平潭综合实验区金井镇山海佳苑社区。

（摘编：周忠志）

全国示范性老年友好型社区福建省上榜社区

2022 年 10 月 30 日福建省卫健委消息，国家卫健委、全国老龄办日前下发《关于命名 2022 年全国示范性老年友好型社区的通知》，决定命名全国 999 个社区为 2022 年全国示范性老年友好型社区，我省 35 个社区上榜。其中，福州市 5 个，厦门市 5 个，漳州市 5 个，泉州市 6 个，三明市 3 个，莆田市 3 个，龙岩市 4 个，宁德市 4 个。

入选社区是在各地推荐的基础上，经过逐级审核和公示产生的。通知要求，各地要深入宣传推广 2022 年全国示范性老年友好型社区的典型经验，充分发挥示范带头作用，引领城乡社区不断推进为老服务的软硬件建设，努力提升老年人在社区生活的获得感、幸福感和安全感。同时，加强动态管理，加大监督力度，指导被命名的全国示范性老年友好型社区持续提升为老服务水平。

（摘编：康明辉）

第十篇 年度人才

全国三八红旗手、全国三八红旗集体福建省荣获名单

2022年3月4日福建省妇联消息，“三八”国际劳动妇女节即将到来，日前，全国妇联决定授予布茹玛汗·毛勒朵等10人全国三八红旗手标兵、王小云等300人全国三八红旗手、北京市市民热线服务中心协调督办处等200个单位全国三八红旗集体称号。其中，福建9人荣获全国三八红旗手称号，6个集体荣获全国三八红旗集体称号。

我省荣获全国三八红旗手称号的分别为：福州市晋安区总医院党委副书记、晋安区医院医务科副科长沈彧，漳州市实验小学党委书记兰臻，福建豆讯科技有限公司总经理郑丽煌，南平市邵武市人民检察院检察委员会委员、第一检察部负责人李华，龙岩市公安局情报指挥中心主任刘亚宾，省环境科学研究院院长、教授级高工张玉珍，兴业银行股份有限公司企业金融业务管理部总经理兼福建业务总部副总裁王凌云，福建农林大学食品科学学院教授、闽台特色海洋食品加工及营养健康教育部工程研究中心主任张怡，厦门城建市政建设管理有限公司嵩屿管理站环卫组长蔡月英。

我省荣获全国三八红旗集体称号的分别为：厦门市湖里区人民检察院第一检察部、泉州市惠安县螺阳镇尾透村惠女调解室、三明市尤溪县总医院、宁德市妇联、国家税务总局平潭综合实验区税务局第一税务所（办税服务厅）、省人力资源服务有限公司社会保险部。

（摘编：郭虹）

2022年度法治人物福建省一人入选

2022年12月10日晚，由司法部、全国普法办公室、中央广播电视总台共同主办的特别节目《宪法的精神　法治的力量——2022年度法治人物颁奖盛典》播出，10位“2022年度法治人物”和4位“2022年度致敬英雄”获奖者揭晓。我省武夷山监狱党委委员、副监狱长童亮当选“2022年度法治人物”。

童亮曾任福建省建阳监狱第九监区党支部书记、监区长。作为全国第一个、全省唯一一个集中关押限减罪犯的高度戒备监区，建阳监狱九监区在全省监狱系统中罪犯监管压力最大。上任之后，童亮提炼出“礼法兼治、唯实求新”的限减监区改造精神，摸索出“网格化+调解员”的安全管理制度，开展“万里帮教大走访”活动，以亲情为纽带鼓励罪犯积极改造。在做好监狱警察本职工作的同时，作为公职律师的童亮还充分发挥专业特长，常年义务为民警、职工及群众提供法律咨询、法律援助、代书、调解、法治宣传等服务，近10年来，无偿为民警、职工及群众代理各类诉讼、非讼案件103件，法律咨询370余次，服务群众3500余人次。

（摘编：赵旭东）

2021 年度福建省科学技术奖励获奖名单

2023 年 1 月 26 日福建省人民政府印发《福建省人民政府关于 2021 年度省科学技术奖励的决定》（闽政文〔2023〕75 号）提出，为深入学习贯彻习近平新时代中国特色社会主义思想，全面贯彻党的二十大精神，认真落实习近平总书记对福建工作的重要指示要求，坚定实施科教兴省战略、人才强省战略、创新驱动发展战略，加快推动科技自立自强，根据《福建省科学技术奖励办法》有关规定，省科学技术奖励委员会组织对 2021 年度福建省科学技术奖进行评审。经研究，决定对 2021 年度在科学技术进步活动中作出重要贡献的科学技术人员和组织给予奖励。

一、授予“几何方程与不变量理论”等 3 项成果福建省自然科学奖一等奖，授予“双曲守恒律的高精度数值方法研究”等 5 项成果福建省自然科学奖二等奖，授予“物联网络可信数据处理理论与方法”等 8 项成果福建省自然科学奖三等奖。

二、授予“机械剥离法石墨烯的制备与改性技术及应用”成果福建省技术发明奖一等奖。

三、授予“防御电力系统次生灾害的继电保护技术”等 23 项成果福建省科学技术进步奖一等奖，授予“面向智能车辆的多源协同感知与计算关键技术研发及产业化”等 57 项成果福建省科学技术进步奖二等奖，授予“中低压配电人身触电防护关键技术及应用”等 99 项成果福建省科学技术进步奖三等奖。

四、授予“木质素高质利用制备分散剂关键技术及产业化”1 项成果福建省科学技术成果转化奖一等奖，授予“绿色移动机械高效机电液耦合传动节能技术研发及产业化”等 3 项成果福建省科学技术成果转化奖二等奖，授予“疾病快速检测关键技术开发及转化”等 8 项成果福建省科学技术成果转化奖三等奖。

希望获奖集体和个人珍惜荣誉，再接再厉，再创佳绩。全省广大科技工作者要认真贯彻落实习近平总书记关于科技创新的重要论述，大力传承弘扬科学家精神，勇于担当，攻坚克难，加强原创性、引领性科技攻关，加快科技成果落地转化，为全方位推进高质量发展提供更加有力的科技支撑。

附件

2021 年度福建省科学技术奖获奖名单

序号	项目名称	主要完成单位	主要完成人
		一、自然科学奖（16 项）	
		一等奖	
1	几何方程与不变量理论	福建师范大学、同济大学	王长平、王　鹏、王孝振
2	热力学亚稳态纳米晶的形成机制与可控合成	厦门大学	谢兆雄、匡　勤、林海昕、蒋亚琪、郑兰荪
3	土壤微生物胞外电子转移机制及效应	福建农林大学、广东省科学院生态环境与土壤研究所	周顺桂、袁　勇、刘　星、余林鹏、庄　莉
		二等奖	
1	双曲守恒律的高精度数值方法研究	厦门大学、南京航空航天大学	邱建贤、朱　君
2	超材料理论及新型波场调控	厦门大学、苏州大学、浙江大学	陈焕阳、徐亚东、王振宇、伏洋洋、徐　林
3	植物生长素和葡萄糖协同调控生长发育的新机制	福建农林大学	徐通达、熊　延、黄荣峰、何　军、林德书
4	配位超分子材料结构设计与应用	中国科学院福建物质结构研究所	孙庆福、李小贞、蔡丽璇、严亮亮、胡绍军
5	有机光电器件载流子输运特性调控、机理及应用	泉州师范学院、中国科学院长春光学精密机械与物理研究所、华侨大学	苏子生、杨惠山、初　蓓、吴志军、李文连
		三等奖	
1	物联网络可信数据处理理论与方法	华侨大学、中南大学	王　田、刘安丰、蔡奕侨、田　晖、陈永红
2	基于概率方法和 Ramsey 理论的图与超图划分基础研究	福州大学	侯建锋、林启忠、曾庆厚
3	偏微分方程理论与应用的若干研究	福州大学、闽南师范大学	邵志强、黄梅香
4	变分方法在非线性方程解的存在性和稳定性中的应用	福建师范大学	陈建清、李永青、王志强
5	电纺复合纤维的储能与环境催化机制及多级结构调控	福建师范大学	钱庆荣、曾令兴、罗永晋、薛　珲、许丽洪
6	GaN 半导体垂直腔面发射激光器（VCSEL）	厦门大学、中国科学院苏州纳米技术与纳米仿生研究所	张保平、梅　洋、刘建平、应磊莹、许荣彬
7	计算智能驱动的蛋白质结构与功能预测方法研究	厦门大学	魏乐义、邹　权、高　星、廖明宏
8	铂纳米酶的设计及其仿生催化性能研究	福建医科大学、福建省立医院	陈　伟、邓豪华、吴钢伟、彭花萍、何少斌

续表

序号	项目名称	主要完成单位	主要完成人
		二、技术发明奖（1 项）	
		一等奖	
1	机械剥离法石墨烯的制备与改性技术及应用	华侨大学、厦门凯纳石墨烯技术股份有限公司	陈国华、赵立平、洪江彬、方崇卿、黄卫明
		二等奖（空缺）	
		三等奖（空缺）	
		三、科学技术进步奖（179 项）	
		一等奖	
1	防御电力系统次生灾害的继电保护技术	国网福建省电力有限公司、清华海峡研究院（厦门）、清华大学、国电南京自动化股份有限公司、珠海许继电气有限公司、北京清源继保科技有限公司	董新洲、张明龙、钱国明、施慎行、唐志军、王　宾、陈福锋、张　维、李怡然、钱　健
2	台风多发复杂海域大型风电场工程关键技术及应用	福建永福电力设计股份有限公司、福州大学、福建省福能海峡发电有限公司	宋启明、游先辉、刘　蔚、吴兆旗、赖福梁、范夏玲、陈　翔、欧寅华、吴　昀、陈志冰
3	显示用微小尺寸氮化物 LED 芯片关键技术	厦门大学、南京大学、厦门三安光电有限公司、厦门市三安光电科技有限公司	张　荣、康俊勇、刘　斌、陆　海、刘建明、黄　凯、李金钗、陶　涛、臧雅姝、吴超瑜
4	动力电池 CTP 系统集成关键技术及应用	宁德时代新能源科技股份有限公司	吴　凯、金海族、李　星、孙占宇、李振华、王　鹏、赵丰刚、史东洋、陈兴地、胡　飞
5	云 - 端融合的泛在物联网关键技术及系统	福州大学、国网信通亿力科技有限责任公司、厦门盈趣科技股份有限公司、福建省星云大数据应用服务有限公司、福建师范大学	陈　星、郭文忠、陈哲毅、林建华、钟臻哲、侯浩天、林　兵、郑相涵、黄文思、陈建成
6	复杂场景的海量视频智能分析平台关键技术研发与产业化	厦门理工学院、厦门大学、厦门市美亚柏科信息股份有限公司、电子科技大学	朱顺痣、王菡子、周成祖、商　烁、陈　思、栾江霞、严　严、钟　瑛、林淑强、陈玉明
7	高性能光学元件超精密测控与制造关键技术研究与工程应用	福州大学、福建福光股份有限公司	钟舜聪、何文波、任志英、肖维军、张秋坤、屈立辉、陈剑雄、钟剑锋、林杰文、黄　异
8	铜冶炼渣含铜相结晶控制与高效回收关键技术及应用	紫金铜业有限公司、紫金矿业集团股份有限公司、福州大学	衷水平、吴健辉、刘　春、廖元杭、陈延进、迟晓鹏、陈　杭、许培燕、梁治安、温志森

续表

序号	项目名称	主要完成单位	主要完成人
9	沿海水域藻华与微小有害生物的高效绿色防控新技术及工程应用	厦门大学、大连海事大学、中国环境科学研究院、中科同恒环境科技有限公司、厦门水务集团有限公司	白敏冬、黄金良、魏　源、艾春香、俞　哲、方宏达、张钰博、张小芳、林少云、郑琦琳
10	大型桥梁水下结构数字化检测、评估与加固关键技术及应用	福州大学、福州市公路事业发展中心、福建才溪建设集团有限公司、福建警声市政园林集团有限公司、中盛华勋建设有限公司、福建新华夏建工集团有限公司、福建永东南建设集团有限公司、福建昱勋建设有限公司	姜绍飞、沈　圣、罗伟林、何肖斌、林晓威、张培旭、吴少峰、雷　瑶、缪　锋、骆剑彬
11	岩爆隧道安全高效建造技术研发与应用	福州大学、侨智建设有限公司、中交鹭建有限公司、中铁隧道局集团有限公司、中国电建集团成都勘测设计研究院有限公司、福州闽龙铁路工程有限公司、华侨大学	刘成禹、俞　缙、李红军、王金贵、沈习文、刘士雨、杨静熙、曹洋兵、王华
12	海洋鱼源蛋白加工关键技术及装备的创新与应用	福建农林大学、海欣食品股份有限公司、福建省天源水产集团有限公司、福建省亚明食品有限公司、浙江鱼极食品有限公司	郑宝东、张　怡、曾红亮、郭泽镔、滕用雄、滕用伟、陈滢增、吴其明、蒋荣龙、魏倩婷
13	林业三剩物制备低密度木质复合材料关键技术研发与产业化	福建农林大学、国际竹藤中心、福人集团有限责任公司	饶久平、周吓星、陈礼辉、余　雁、兰从荣、杨大可、叶世俊、陈奶荣、苗庆显、赵　鹤
14	白茶产业升级关键技术创新与应用	福建农林大学、中国农业科学院茶叶研究所、福建品品香茶业有限公司、六妙白茶股份有限公司、长沙湘丰智能装备股份有限公司、福建政和瑞茗茶业有限公司、福建茶叶进出口有限责任公司、福鼎市天天品茶叶有限公司	孙威江、林　智、黄　艳、戴伟东、商　虎、陈李林、林振传、庄长强、汤　哲、蔡良绥
15	作物重要疫病监测与防控关键技术及应用	福建省农业科学院植物保护研究所、海南大学、南京农业大学、福建省植保植检总站、北京汇思君达科技有限公司	陈庆河、翁启勇、王源超、刘裴清、李本金、董莎萌、王荣波、叶文武、张　君、兰成忠
16	“圣泽901”白羽肉鸡新品种培育与产业化应用	福建圣泽生物科技发展有限公司、福建圣农发展股份有限公司、东北农业大学	傅芬芳、肖　凡、刘亚彬、罗忠宝、贺增杰、郭怀顺、何锡栋、严　翔、胡宇平、李　辉
17	主动脉夹层腔内治疗关键技术体系建设及应用	复旦大学附属中山医院厦门医院、复旦大学附属中山医院、先健科技（深圳）有限公司	符伟国、王利新、周　旻、董智慧、郭大乔、卢伟锋、司　逸、洪　翔、洪诗钗、王　刚
18	鼻咽癌诊疗新技术的系列研究及应用	福建省肿瘤医院、福建师范大学	陈传本、邱素芳、林　多、陆　军、费召东、冯尚源、林万尊、吴君心、潘建基、陈　荣

续表

序号	项目名称	主要完成单位	主要完成人
19	肝癌微创与诊疗一体化技术的研究及应用	福建医科大学孟超肝胆医院（福州市传染病医院）、福建医科大学附属第一医院、中国科学院福建物质结构研究所、福建省肿瘤医院	刘景丰、刘小龙、曾永毅、张　达、王培园、李　阳、吴　名、张　翔、赵必星、张晓龙
20	急危重症护理创新救治技术体系的建立及应用	福建省立医院、中南大学湘雅医院	李　红、李映兰、陈巧玲、郑若菲、陈美榕、陈晓欢、尚秀玲、陈丽丽、李　娜、何进椅
21	人工关节感染诊断与治疗关键技术创新与推广应用	福建医科大学附属第一医院	张文明、黄子达、李文波、方心俞、张超凡、白国昌、杨　滨、林建华
22	两项首创的脊柱外科显微手术的临床系列研究	福建省立医院	徐　杰、林　院、余博飞、郑　武、肖毓华、李　鋆、郑益新、俞云龙、田建平
23	膝骨关节炎中医康复技术方案的创新研究及推广应用	福建中医药大学、福建中医药大学附属康复医院、河南省洛阳正骨医院（河南省骨科医院）、五岳尚水（北京）科技有限公司	苏友新、李　楠、杨　洸、罗庆禄、仲卫红、洪振强、陈少清、王晓玲、洪昆达、王　凯
		二等奖	
1	面向智能车辆的多源协同感知与计算关键技术研发及产业化	华侨大学、厦门云知芯智能科技有限公司、厦门金龙联合汽车工业有限公司、云知声智能科技股份有限公司	曾焕强、陈卫强、陈　婧、吕冬冬、朱建清、丘德来、彭振文
2	新型吸附催化复合材料的设计合成与污染净化关键技术	华侨大学、中国科学院城市环境研究所、中汇建筑集团有限公司、福建嘉宜建筑工程有限公司、福建登发建设工程有限公司、中大（福建）工程建设集团有限公司	付明来、苑宝玲、吴承彬、李建荣、徐　垒、吴世昌、洪国华
3	纳米流式检测技术的研发、应用及产业化	厦门大学、厦门福流生物科技有限公司	颜晓梅、朱少彬、马　玲、田　野、陈超翔、吴丽娜
4	自动控制内容积比大型氨螺杆压缩机组关键技术及制冷低温应用	福建雪人股份有限公司、中国科学院理化技术研究所	魏德强、胡忠军、戴闽洪、谭海龙、王炳明、李　强、李　青
5	新能源客车安全管控关键技术及产业化	厦门金龙联合汽车工业有限公司、北京理工大学、北京理工新源信息科技有限公司	苏　亮、王震坡、任永欢、朱武喜、张照生、宋光吉、洪少阳
6	湿法冶金电积阳极材料制备关键技术与应用	厦门理工学院、江西理工大学、昆明理工恒达科技股份有限公司	朱茂兰、钟晓聪、郭忠诚、王瑞祥、姜春海、黄　惠、李月婵
7	建筑工程低碳建造关键技术及应用	福州大学、福州市规划设计研究院集团有限公司、福建省融旗建设工程有限公司、恒亿集团有限公司、中建海峡建设发展有限公司、华辉建工集团有限公司	季　韬、傅大宝、苏文悦、梁咏宁、周骏宇、张鸿儒、王　耀

续表

序号	项目名称	主要完成单位	主要完成人
8	复合饰面多维被动调节室内环境关键技术及应用	福建祥睿建设发展有限公司、福建工程学院、福建省兴岩建设集团有限公司、厦门中联永亨建设集团有限公司、福建三建工程有限公司、福建博厚建设工程有限公司	刘心中、吕学斌、刘润雨、姜宝峰、袁统一、林锦昌、靳贵晓
9	车载视频智能处理关键技术研发及产业化	福州大学、福信富通科技股份有限公司、福州视驰科技有限公司、福建电广车联网络科技有限公司	黄立勤、潘　林、李　勇、陈志峰、张　林、吴林煌、魏云龙
10	面向安全服务的智能视觉感知与理解关键技术及其应用	福建师范大学、福建星网锐捷通讯股份有限公司、福建星网物联信息系统有限公司、福建创高智联技术股份有限公司、福建睿和科技有限公司	黄添强、曾智勇、高如正、叶　锋、黄丽清、罗海峰、郑宏雄
11	城市轨道交通智慧建造与空间智能感知关键技术及产业化应用	厦门大学、厦门轨道交通集团有限公司、上海城建信息科技有限公司、厦门思总建设有限公司、上海城建市政工程（集团）有限公司	王　程、李明洪、温程璐、胡海斌、刘伟权、邹树琪、颜晓程
12	智能网联电动汽车底盘一体化集成与协同控制技术及产业化	厦门大学、厦门金龙旅行车有限公司、清华大学、北京智行者科技有限公司	郭景华、石添华、罗禹贡、王靖瑶、张德兆、张文超、陆　军
13	智能可调光汽车玻璃关键技术研发及产业化	福耀玻璃工业集团股份有限公司	刘贤平、林　寿、郑国新、陈志新、冯　涛、郑明生、林　军
14	基于红土镍矿的低能耗冶炼技术及资源节约型高耐蚀不锈钢产品开发	福建青拓特钢技术研究有限公司、青拓集团有限公司、哈尔滨焊接研究院有限公司、福建鼎信实业有限公司、福建青拓镍业有限公司、福建鼎信科技有限公司	姜海洪、江来珠、石显云、蒋　一、周庆龙、方乃文、奚飞飞
15	面向碳纤维复合材料切削的金刚石涂层刀具研制及产业化	厦门金鹭特种合金有限公司、厦门钨业股份有限公司、集美大学	吴高潮、刘菊东、林亮亮、刘　超、王　珏、杨小璠、李友生
16	5G 通信基站 GaN 功放芯片关键技术研发及产业化	厦门市三安集成电路有限公司	孙希国、杨　健、刘胜厚、卢益锋、王文平、蔡仙清、刘波亭
17	多变流器馈入型微电网系统稳定控制与高效运行技术及应用	国网福建省电力有限公司、国网福建省电力有限公司经济技术研究院、上海电力大学、中国农业大学、南京南瑞继保工程技术有限公司、清华大学	林　毅、巨云涛、陈　俊、边晓燕、吴文传、徐光福、林章岁
18	福建强雷电地区输电线路雷电防护关键技术与应用	国网福建省电力有限公司电力科学研究院、清华大学、国网陕西省电力公司电力科学研究院、武汉大学、中国电力科学研究院有限公司、福州大学	许　军、张　波、鲁海亮、李　伟、方超颖、康　鹏、舒胜文
19	数据驱动的配电网核心设备绝缘故障诊断关键技术研发	国网福建省电力有限公司莆田供电公司、福建中电合创电力科技有限公司、华北电力大学、国网能源研究院有限公司	林智炳、刘　鹏、鲁　刚、朱永利、林明星、王晓晨、王　艳
20	双万兆高密型安全无线接入关键技术研究及应用	锐捷网络股份有限公司、福建师范大学、北京星网锐捷网络技术有限公司	潘文贤、黄增安、许　力、陈建祥、周赵斌、苏彬庭、贾　攀

续表

序号	项目名称	主要完成单位	主要完成人
21	手机宽频显示技术的开发与产业化	厦门天马微电子有限公司、厦门天马显示科技有限公司	陈　浩、杨金金、钟健升、杨贤艳、陈少云、何　水、李建兴
22	生活垃圾源废塑料精细化分选与高质利用产业化	福建师范大学、福建技术师范学院、福龙马集团股份有限公司、厦门陆海环保股份有限公司、江苏金发环保科技有限公司、福建省百川资源再生科技股份有限公司	陈庆华、杨文卿、周挺进、庄凌峰、汪　海、江凤凤、张飞鹏
23	漆酚基海洋自抛光防污涂料的关键技术研发及应用	福建师范大学、闽江学院、泉州市新协志精细化工有限公司、福建省台华化学工业有限公司	徐艳莲、白卫斌、林　棋、程慧萍、陈美香、魏方芳、陈基棚
24	夏秋茶高值化利用关键技术及产业化应用	福州大学、大闽食品（漳州）有限公司、安徽农业大学、达利食品集团有限公司、福建盼盼食品有限公司	汪少芸、高学玲、陈旭、蔡茜茜、岳鹏翔、陈　选、翁祖铨
25	广色域量子点背光关键技术开发及产业化	福州大学、深圳市TCL高新技术开发有限公司、广东普加福光电科技有限公司、闽都创新实验室、冠捷电子科技（福建）有限公司	郭太良、叶　芸、李　阳、闫晓林、陈旭彪、陈恩果、季洪雷
26	聚醚类功能湿电子化学品的研发及其在显示领域的产业化应用	福州大学、福建华佳彩有限公司、福建省佑达环保材料有限公司、清源创新实验室	侯琳熙、刘小勇、姚慧君、肖龙强、黄子昜、房龙翔、李　纹
27	合成樟脑高效连续生产关键技术与产业化	福州大学、福建南平青松化工有限公司、清源创新实验室	郑辉东、江承艳、陈晶晶、邓新贵、严佐毅、叶国梁、刘　杰
28	悬索桥抗震及减震关键技术研究及应用	福州大学、中工建设集团（福建）有限公司、福建省鼎贤市政园林工程有限公司、精易建工集团有限公司、北京工业大学、福建省金通建设集团有限公司	张　超、贾俊峰、黄　凯、林志滔、王　莹、许长宾、李　栋
29	基于北斗系统的大坝安全实时监测与智能预警关键技术与应用	福州大学、福建中锐网络股份有限公司、浙江省第一水电建设集团股份有限公司、福建省水利水电勘测设计研究院、中恒宏瑞建设集团有限公司、福建省溪源水库管理处	张　挺、苏　燕、郑相涵、林　川、陈继泉、黄祖海、黄志辉
30	建筑工程数字化建造关键技术研究与应用	福建省建筑设计研究院有限公司、中建海峡建设发展有限公司、福建建工集团有限责任公司、厦门海迈科技股份有限公司、福建工程学院、北京鸿业同行科技有限公司	戴一鸣、任　彧、黄晓冬、王　耀、阮锦发、金季岚、陈　群
31	桥梁抗震与加固技术及工程应用	福州大学、同济大学、福建省交通规划设计院有限公司、中铁大桥勘测设计院集团有限公司、广州市市政集团有限公司	卓卫东、王志强、陈　阵、谷　音、袁万城、张　强、安关峰
32	滨海城市海底隧道建造关键技术	福建省交通建设质量安全中心、厦门路桥工程投资发展有限公司、中铁十八局集团有限公司、山东大学、中铁十八局集团第一工程有限公司	蔡　杰、王学斌、林立华、董建松、高海东、薛翊国、孙　磊

续表

序号	项目名称	主要完成单位	主要完成人
33	历史遗产及城乡风貌保护系统理论构建与数字技术创新应用	福州大学、福建省建筑科学研究院有限责任公司、福建工程学院、中国科学院城市环境研究所、中建海峡建设发展有限公司、中兴华骏建设有限公司	罗　涛、李苗裔、杨　艳、张　鹰、李梁峰、缪　远、晁鹏飞
34	建筑子结构抗震及减隔震关键技术与应用	福建九鼎建设集团有限公司、福州大学、福建闽清一建建设发展有限公司、福建省渚港建工发展有限公司、千易建设集团有限公司、福建省中隧建设工程有限公司	颜学渊、陈再现、李素超、毛会敏、杨　国、祁　皑、王黎园
35	大型城市地下工程设计施工关键技术研究及应用	福州市规划设计研究院集团有限公司、浙大城市学院、福建省九龙建设集团有限公司、福建工程学院、上海铁能建设工程有限公司、福建璟榕工程建设发展有限公司	夏　昌、魏新江、陈加才、黄建华、丁　智、傅大宝、魏　纲
36	智能网联汽车无线网络车路协同关键技术研发及应用	华侨大学、大连理工大学、厦门金龙联合汽车工业有限公司、厦门蓝斯通信股份有限公司	高振国、姚念民、李　理、丁　男、林升元、赵　睿、刘强生
37	功能性复合薄膜高效制造关键技术与产业应用	厦门大学、厦门理工学院、厦门市科宁沃特科技有限公司、厦门世达膜科技有限公司、厦门纳莱科技有限公司	郑高峰、李文望、纪镁铃、李振峰、王　翔、姜佳昕、黄春梅
38	工矿作业场所的灯具散热材料及其在智能照明系统中的应用	厦门东昂科技股份有限公司、福建工程学院	庄俊辉、朱育兵、许永超、林永南、杜　峰、陈　勋、翁章勋
39	鲍鱼南北大规模保活运输与精深加工技术及产业化应用	集美大学、福建中新永丰实业有限公司、厦门大学、福建海文铭海洋科技发展有限公司、晨洛（福州）食品有限公司、福建紫山集团股份有限公司	曹敏杰、孙乐常、陈玉磊、吴永寿、章　骞、柯才焕、游伟伟
40	特色珍贵树种半枫荷种质挖掘与高效繁育利用	福建省林业科学研究院、福建农林大学、顺昌县林业科学技术中心、三明市沙县区林业科技推广中心、福建省鑫闽种业有限公司、福建省顺昌埔上国有林场	范辉华、刘　宝、张天宇、汤行昊、胥清利、汤道平、刘敬灶
41	南方特色果树关键气象保障技术研究与应用	福建省气象科学研究所、云南省气候中心、广西壮族自治区气象科学研究所、福建省漳州市热带作物气象试验站	陈　惠、杨　凯、李丽纯、林　晶、李丽容、朱　勇、余凌翔
42	主要生物毒素新型快速检测卡及速测仪器的研制与应用	福建农林大学、福州大学、福建商学院、福建拓天生物科技有限公司、厦门斯坦道科学仪器股份有限公司、江苏省农业科学院	汪世华、王荣智、高跃明、陈清爱、肖志勇、林晓丽、祭　芳
43	南亚热带城市生态风景林构建与功能提升技术及应用	福建农林大学、福建省林业科学研究院、闽江学院、福建省源野景观规划设计有限公司	董建文、洪志猛、叶功富、潘　辉、许春如、黄石德、傅伟聪
44	杉木高值化大径材高效培育关键技术及其应用	福建农林大学、福建省洋口国有林场、福建省顺昌埔上国有林场	曹光球、吴鹏飞、邹显花、李　明、郑　宏、林开敏、陈春莉

续表

序号	项目名称	主要完成单位	主要完成人
45	福建柏速生优质新品种选育技术与应用	福建省林业科学研究院、福建省仙游溪口国有林场、福建省安溪丰田国有林场、福建省沙县官庄国有林场、福建省大田梅林国有林场、福建省南靖国有林场	郑仁华、苏顺德、吴清金、陈元品、张运根、杨宗武、章进峰
46	海洋微生物资源获取、战略储备与可持续利用	自然资源部第三海洋研究所	邵宗泽、赖其良、董纯明、王丽萍、李光玉、王万鹏、骆祝华
47	食药用菌高值化加工关键技术及产业化	福建农林大学、福州东星生物技术有限公司、福建三明草本宝藏生物工程有限公司、福建省菌芝堂生物科技有限公司、福建省农业科学院农业工程技术研究所、厦门一三九生物科技有限公司	刘　斌、赵　超、赵立娜、吕旭聪、曾　峰、陈君琛、林占熺
48	禽坦布苏病毒病病原学及诊断技术研究与应用	福建省农业科学院畜牧兽医研究所、福州海关技术中心、中国农业大学	傅光华、万春和、黄　瑜、傅秋玲、陈　珍、陈翠腾、郑　腾
49	食用菌菌渣基料化利用关键技术与配套装备研发应用	福建省农业科学院农业生态研究所、福建农林大学、厦门市江平生物基质技术股份有限公司、福建省农业科学院科技干部培训中心、宁德市益智源农业开发有限公司	陈　华、邢世和、王义祥、胡开辉、陈永快、陈倩倩、刘朋虎
50	基于间充质干细胞技术平台的GvHD优化治疗	福建医科大学附属协和医院、中国医学科学院血液病医院（中国医学科学院血液学研究所）、北京汉氏联合生物技术股份有限公司、莆田学院附属医院	杨　婷、韩忠朝、胡建达、任金华、韩之波、冯晓明、骆晓峰
51	肺癌微创精准肺段切除关键技术的研究与推广	福建医科大学附属协和医院	陈　椿、郑　斌、徐国兵、梁明强、张树亮、陈　昊、郑　炜
52	遗传病孕前阻断的辅助生殖关键技术研究与应用	中国人民解放军联勤保障部队第九〇〇医院	刘　芸、黄吴键、王志红、张群芳、曾　健、陈国勇、张　朵
53	基于HPV检测的宫颈癌初筛防控体系的研究及应用	福建省妇幼保健院（福建省妇儿医院）、中山大学、厦门大学、华侨大学	孙蓬明、邹华春、董滨华、吴　婷、毛晓丹、宋一一、柳培忠
54	人感染新型流感和禽流感病毒的发现及其分子生物学研究	福建省疾病预防控制中心	谢剑锋、郑奎城、翁育伟、张炎华、陈　平、修文琼、黄婕莉
55	体现辨证论治特点的中医药疗效评价方法与应用研究	福建中医药大学、漳州片仔癀药业股份有限公司、厦门大学	李灿东、林雪娟、黄进明、罗志明、俞　洁、闵　莉、王　洋
56	闽产道地药材太子参质量控制关键技术及产业化应用	福建省中医药科学院、福建中医药大学、福建西岸生物科技有限公司、福建省闽东力捷迅药业股份有限公司、福建中医药大学附属第二人民医院	胡　娟、林　苑、郑珍珠、游奶寿、阚永军、李　斌、应佳檬
57	国家一级中药保护品种片仔癀抗大肠癌二次开发及推广应用	福建中医药大学、漳州片仔癀药业股份有限公司、福建省立医院	沈阿灵、彭军、褚剑锋、洪　绯、陈志亮、魏丽慧、陈宏伟

续表

序号	项目名称	主要完成单位	主要完成人
		三等奖	
1	中低压配电人身触电防护关键技术及应用	国网福建省电力有限公司、厦门理工学院、山东科汇电力自动化股份有限公司、中国石油大学（华东）	李天友、黄建业、黄超艺、薛永端、刘冰倩
2	±320kV 直流电缆设计、安装与运行维护关键技术及应用	国网福建省电力有限公司厦门供电公司、南瑞集团有限公司、中天科技海缆股份有限公司、西安交通大学	严有祥、朱智恩、张洪亮、徐　阳、刘　英
3	电力网络安全仿真验证和数据防护关键技术及应用	国网福建省电力有限公司电力科学研究院、电子科技大学、国网福建省电力有限公司信息通信分公司、武汉大学	何金栋、秦　臻、郭敬东、李俊娥、赵志超
4	能源计量器具规模化检测与分级式仓储智能协同关键技术及应用	国网福建省电力有限公司营销服务中心、中国电力科学研究院有限公司、深圳市科陆电子科技股份有限公司、福建通力达实业有限公司	李建新、郑安刚、张荔鹃、周厚源、洪巧文
5	核电站主泵机械密封服役性能提升和延寿关键技术与应用	福建福清核电有限公司	杨全超、文　学、向先保、江腊涛、吴　明
6	RK3399 高性能智能物联网终端通用 SoC 芯片	瑞芯微电子股份有限公司	陈晓冬、陈继晖、陈　辉、邓训金、郑应勇
7	消费类锂离子电池安全技术的开发和应用	宁德新能源科技有限公司	李保章、苏义松、程文强、宋传涛、杨　帆
8	基于国产化芯片的异构环境融合云办公技术研究和关键行业应用	福建升腾资讯有限公司	张　辉、夏　威、杨荣尊、陈　敏、杨　辉
9	F5000 电脑横机控制系统关键技术研发及其产业化应用	福建睿能科技股份有限公司	张国利、唐宝桃、林　杰、谢学忠、林云鹏
10	基于云－边－端协同的民生大数据平台关键技术研究与产业化	厦门大学、厦门市民数据服务股份有限公司、众数（厦门）信息科技有限公司、云从科技集团股份有限公司	杨律青、上官慧柏、吴炳坤、刘世英、姚志强
11	时变多径环境下的信道感知水声通信技术及应用	厦门大学、西安天和海防智能科技有限公司、福州大禹电子科技有限公司	童　峰、程　恩、陈建峰、周跃海、上官明禹
12	高浓度难降解污水应急处理关键技术及轻量化智能装备	厦门嘉戎技术股份有限公司、厦门理工学院、优尼索膜技术（厦门）有限公司	严　滨、王如顺、董正军、许美兰、刘德灿
13	生物质废弃物的炭转化成套技术研发与产业化应用	中国科学院城市环境研究所、厦门市江平生物基质技术股份有限公司、厦门中科城环新能源有限公司、岐北通用净水技术（厦门）有限公司	汪　印、余广炜、李智伟、邢贞娇、刘学蛟
14	基于 TiO2 多功能纳米材料的水环境监测技术	闽南师范大学	李顺兴、郑凤英、刘凤娇、黄旭光、黄　泱
15	除尘用脉冲高效电源开发与应用	福建龙净环保股份有限公司	谢小杰、邹　标、陈　颖、刘振兴、李文芹
16	基于振动信号处理的新型幕墙结构远程在线实时健康监测系统	华侨大学、厦门雅众建设集团有限公司、福建坤加建设有限公司、福建三建工程有限公司	王　成、廖金杰、张忆文、缑　锦、林新强

续表

序号	项目名称	主要完成单位	主要完成人
17	城市地下基础设施大跨度空间动环设备监控和智能运维技术及应用	华侨大学、科华数据股份有限公司	莫毓昌、方瑞明、王军平、许　斌、赵学举
18	难降解有机废水处理工艺系统关键技术研发与应用	华侨大学、厦门烟草工业有限责任公司、福州建工（集团）总公司、福建省融旗建设工程有限公司	张　倩、洪俊明、王永全、曾　静、朱剑钦
19	电动车新型驱动电机系统高效高可靠运行关键技术与应用	华侨大学、中国矿业大学、厦门唯质电气科技有限公司、厦门欧斯拓科技有限公司	陈　昊、郭新华、李钟慎、闫文举、王荣坤
20	面向显示屏的多光谱智能检测关键技术及应用	华侨大学、厦门天马微电子有限公司、厦门市计量检定测试院	余　卿、谢玉练、王　寅、颜华生、郑伟峰
21	层状裂隙隧（巷）道围岩失稳机制及其控制关键技术	华侨大学、河南理工大学、福建省交建集团工程有限公司、福建省百川建设发展有限公司	常　旭、王树仁、刘国生、陈耀文、陈业伟
22	特殊条件下盾构始发与接收安全控制关键技术及应用	华侨大学、中建交通建设集团有限公司、中国建筑第二工程局有限公司、福建省恒基建设股份有限公司	陈星欣、尹清锋、江玉生、庄全贵、工春河
23	全护眼校园智慧健康照明关键技术研发及产业化	厦门立达信照明有限公司、漳州立达信光电子科技有限公司	许建兴、马永墩、汤茂平、陈云伟、方　翔
24	建筑结构抗连续倒塌关键技术与工程应用	福建工程学院、江西中煤建设集团有限公司、福建才溪建设集团有限公司、福建省协兴建设有限公司	乔惠云、钟炜辉、孟　宝、廖青龙、王征
25	高水压充填型岩溶隧道灾害预警预测与施工控制技术	福建工程学院、福建省燕城建设工程有限公司、中铁二十四局集团福建铁路建设有限公司、中铁二十局集团有限公司	臧万军、王林峰、林剑忠、范德全、王兴照
26	燃煤耦合生物质污泥掺烧及其全流程烟气污染控制关键技术与应用	福建省特种设备检验研究院、华北电力大学（保定）、福州和特新能源有限公司、上海风和能源科技有限公司	郝润龙、张自丽、赵　毅、曾钦达、杨雪辉
27	福建省中小河流安全生态治理关键技术与应用	福建省水利水电勘测设计研究院有限公司、福建省水利水电科学研究院、福州大学、福建荣冠环境建设集团有限公司	詹冯达、刘耀辉、阮伟芳、黄向阳、吴树延
28	滨水工程生态整治与绿色防护关键技术	福建省恒超建设发展有限公司、南昌航空大学、皓耀时代（福建）集团有限公司、宇烈建工集团有限公司	陈　榕、韩尚宇、张云忠、郑　瑶、陈德贵
29	新能源汽车用高压直流继电器研发与产业化	厦门宏发电力电器有限公司、华侨大学	钟叔明、张青年、代文广、周广涛、洪尧生
30	高精高效绿色螺杆压缩机主机关键技术及产业化	集美大学、厦门大学、厦门东亚机械工业股份有限公司	沈志煌、姚　斌、林思桥、蔡志钦、韩文翰
31	超高强度超低摩擦高效内燃机灰铸铁气缸套制造关键技术及应用	三明学院、福建汇华集团东南汽车缸套有限公司、中原内配集团股份有限公司、恒亿集团有限公司	高　浩、陈　秋、熊　毅、高广东、王春荣
32	大数据驱动的智能金融关键技术及应用	福州大学、兴业证券股份有限公司、北京邮电大学、福建顶点软件股份有限公司	廖祥文、蒋剑飞、张　熙、戴小戈、纪达麒

续表

序号	项目名称	主要完成单位	主要完成人
33	功能微生物群落与生态修复材料的混合构建及其工程应用	福州大学、海环科技集团股份有限公司、福建同坤建设有限公司、福建佰胜达建设有限公司	程扬健、何　琛、黄天寅、余　强、吕源财
34	工业机器人接触感知与柔顺控制关键技术研究及应用	福州大学、福建省特种设备检验研究院、上海新时达机器人有限公司、福建明鑫智能科技股份有限公司	吴海彬、郑耿峰、张敏梁、叶锦华、陈浩龙
35	大型建筑施工安全多尺度保障关键技术与应用	福州大学、中国建筑第二工程局有限公司、福建省永正工程质量检测有限公司、福建路港（集团）有限公司	方圣恩、陈福全、王　鹏、王巧艺、吴　琛
36	新型线罗茨鼓风机及其在大气治理脱硫脱硝设备中的应用	福州大学、百事德机械（江苏）有限公司、福建龙净环保股份有限公司	姚立纲、蔡英杰、陈晓雷、张　俊、谢维民
37	背照式高灵敏科学成像系统（sCMOS）开发与应用	福州大学、福州鑫图光电有限公司、福州英迪格成像技术有限公司	林振宇、陈　兵、邹兴文、郭隆华、赵泽宇
38	智能化高效化的防汛救灾应急决策指挥系统	福州大学、福建省水利水电建设有限公司、中国移动通信集团福建有限公司、福建经纬测绘信息有限公司	刘漳辉、施建华、柯　逍、黄庆荣、林世森
39	复杂环境深基坑绿色施工与智慧防控关键技术研究与应用	龙岩市西安建筑工程有限公司、浙大城市学院、千易建设集团有限公司、福建西南建设有限公司	徐化新、王新泉、刁红国、章丽莎、孙余好
40	智慧型超大功率电力应急车关键技术及应用	龙岩市海德馨汽车有限公司、三明学院、福建省机械科学研究院（福建省农业机械化研究所）、泰豪科技股份有限公司	黄建祥、薛天茂、陈　刚、江媛英、谢传楠
41	基于人工智能的营运车辆安全管理服务平台	厦门卫星定位应用股份有限公司、华侨大学、厦门瑞为信息技术有限公司	张志辉、谢维波、詹红梅、苏敏咸、俞　辉
42	基于物联网+的新型智能同步升降防护平台研究及产业化	厦门安科科技有限公司、泉州芸台科技有限公司	钟松杏、张阳川、林宇鹏、施志峰、罗　炜
43	环保型连续式沥青混合料成套设备关键技术与应用	福建省铁拓机械股份有限公司、长安大学、福建省卓筑建设工程有限公司、福建省厚德建设集团有限公司	高国强、傅章敏、陈志雄、刘洪海、程志峰
44	纤维增强复合材料技术及工程应用	中建四局建设发展有限公司、中庆建设有限责任公司、福建筑兆建设有限公司、福建星原建设工程发展有限公司	丘华生、陈金成、林恒舟、江闽洋、郭　展
45	废弃花岗岩石粉制备多功能加气混凝土板材关键技术与应用	福建省兴岩建设集团有限公司、福建祥睿建设发展有限公司、福建博厚建设工程有限公司、福建三建工程有限公司	郑东明、范亚明、郑闽锋、彭　蕾、刘益萌
46	5N级超高纯氧化镥纯化关键技术研发及产业化	福建省长汀金龙稀土有限公司	钟可祥、李来超、郑仙荣、叶纪龙、阴长福
47	高能量密度高压钴酸锂电池的高安全性关键技术与应用	飞毛腿（福建）电子有限公司、福建师范大学、易佰特新能源科技有限公司	童庆松、俞　峰、方　乐、冯明竹、胡洪文
48	基于用户交互状态感知的自动问答关键技术研究	闽江学院、福建天晴数码有限公司、福建榕基软件股份有限公司、中国标准化研究院	徐　戈、刘德建、陈　威、朱　虹、吴冬华
49	海量多源多标签数据协同融合推理关键技术研究及应用	闽南师范大学、长威信息科技发展股份有限公司、厦门大学、宁德市交投电子信息有限公司	林耀进、吴剑锋、李绍滋、李明堃、王晨曦

续表

序号	项目名称	主要完成单位	主要完成人
50	建筑垃圾高品质再生骨料关键技术研发与应用	厦门卓毅建筑工程有限公司、福建筑兆建设有限公司、福建省盛达建设有限公司、福建才溪建设集团有限公司	林金顶、隋玉武、郑志阳、李小阳、雷勇春
51	应对台风－雨涝灾害链的滨海高密度城市生态化智慧海绵关键技术	厦门市城市规划设计研究院有限公司、天津大学、福建省禹澄建设工程有限公司、天津城建大学	曾　坚、吴连丰、曾穗平、王　宁、王泽阳
52	基于数字孪生和人工智能的智慧城市治理关键技术研究与应用	恒锋信息科技股份有限公司、中国科学院声学研究所南海研究站	李松斌、魏晓曦、刘　鹏、欧霖杰、陈榕魁
53	异形钢管混凝土结构关键技术及工程应用	福建工程学院、福建荣建集团有限公司、中国建筑第四工程局有限公司、福建西南建设有限公司	郑永乾、郑莲琼、周继忠、吴进华、姜少伟
54	交通基础设施超高精自动化智能检测关键技术及工程应用	福建农林大学、福建省高速公路集团有限公司、武汉光谷卓越科技股份有限公司、福建省汤头建筑工程有限公司	罗文婷、李　林、刘光东、周　峰、张　超
55	大型泄洪闸门接力式液压启闭机关键技术及应用	福建水口发电集团有限公司、中国电建集团华东勘测设计研究院有限公司、福州德寰流体技术有限公司	黄光斌、胡涛勇、王功明、金晓华、范家庆
56	非成像光场调控技术及其半导体投影显示应用与产业化	泉州师范学院、厦门力鼎光电股份有限公司、合肥全色光显科技有限公司、中国科学技术大学	黄启禄、张军光、许立新、廖廷俤、吴富宝
57	轻质高弹缓震运动鞋材制备关键技术及产业化	泉州师范学院、安踏（中国）有限公司	刘　超、朱君秋、苏加明、郭江彬、吴清实
58	莲子低温高质脱水加工关键技术的研究与应用	福建农林大学、福建闽江源绿田实业投资发展有限公司	田玉庭、庄玮婧、刘文聪、郑亚凤、邓凯波
59	微生物光合净化富营养化污水关键技术与应用	福建师范大学、龙岩市稀土开发有限公司、福建方明环保科技股份有限公司、福建蓝海市政园林建筑有限公司	王明兹、陈必链、赖小彬、何勇锦、郑梅清
60	外来入侵杂草国门生物安全监测及防控技术的研究与应用	福州海关技术中心、中国检验检疫科学研究院、中国科学院植物研究所	于文涛、范晓虹、徐　晗、于胜祥、黄　振
61	南方梨早期落叶成因及关键防控技术研究与应用	福建省农业科学院果树研究所、华中农业大学、江苏省农业科学院	黄新忠、曾少敏、陈小明、洪　霓、孙伟波
62	高产优质多抗广适花生泉花551的选育与应用	泉州市农业科学研究所	陈剑洪、陈永水、李锦泉、郭陞垚、滕振勇
63	银耳工厂化瓶栽技术研发与应用	福建省祥云生物科技发展有限公司、福建农林大学、尤溪县农业科学研究所	邓优锦、杨　彬、黄勇云、陈祥珍、彭传尧
64	葡甘聚糖－花青素偶联功能配料的关键技术创制与应用	福建农林大学、蜡笔小新（福建）食品工业有限公司、福建技术师范学院、福州素天下食品有限公司	吴春华、潘泽川、庞　杰、王丽霞、王良玉
65	新型食品杀菌保鲜关键技术创新与应用	福建农林大学、厦门银祥集团有限公司、莆田市汇龙海产有限公司、阿一波食品有限公司	林少玲、胡嘉淼、张志刚、林建杰、曾绍校
66	百香果（西番莲）病毒鉴定、检测技术研发与应用	福建省农业科学院果树研究所、福建省种植业技术推广总站	李　韬、谢丽雪、施　清、张小艳、张立杰

续表

序号	项目名称	主要完成单位	主要完成人
67	狼尾草新品种选育及其在生猪生态养殖中的关键技术研究与应用	福建省农业科学院农业生态研究所、福建省畜牧总站、福建省南平市农业科学研究所	黄秀声、陈钟佃、黄勤楼、钟珍梅、黄水珍
68	国兰和大花蕙兰品种创新与产业化应用	福建省农业科学院作物研究所、福建百秾生态科技有限公司、三明市农业科学研究院、三明市森彩生态农业发展有限公司	钟淮钦、林榕燕、林　兵、陈南川、周辉明
69	生物炭基功能性生物有机肥产品的创制与应用	泉州师范学院、江苏省农业科学院、福建三炬生物科技股份有限公司、南安市鸿盈天然有机肥有限公司	袁建军、余向阳、陈晓燕、林培成、梁晓辉
70	竹林主要食叶害虫无公害防治技术研究与应用	三明市沙县区森林病虫害防治检疫站、福建省林业科学研究院	洪宜聪、丁　珌、许春枝、朱祥锦、刘化桐
71	武夷山脉多花黄精种质资源保护利用与产业化应用	武夷学院、三明市农业科学研究院、福建生物工程职业技术学院、邵武市旭东生物科技有限公司	李宝银、周建金、张传海、林志銮、罗晓锋
72	桉树山地混交林栽培技术研究与应用	福建省林业科学研究院、南京林业大学、福建省龙海九龙岭国有林场、福建省长泰岩溪国有林场	李宝福、陈国彪、汤建福、吴培衍、朱　炜
73	福建山樱花和山樱花种群遗传特征与种质创新应用	福建省林业科学研究院、南京林业大学、福建丹樱生态农业发展有限公司、福建省洋口国有林场	黄云鹏、伊贤贵、吴擢溪、王贤荣、林荣光
74	竹基集装箱底板关键技术创新与应用	福建和其昌竹业股份有限公司、福建农林大学	林金国、俞　艳、侯伦灯、郑忠福、俞先禄
75	生态型营养饲料创制及产业化健康养殖技术集成应用	福建省新闽科生物科技开发有限公司、福建省农业科学院畜牧兽医研究所、福建闽科饲料有限公司、福建深纳生物工程有限公司	况应谷、陈鑫珠、陈炳钿、时祥柱、卢文标
76	澳洲龙纹斑细菌性疾病病原学及防控技术研究与应用	福建省农业科学院农业质量标准与检测技术研究所、福州海关技术中心、福建海洋职业技术学校	饶秋华、刘洋、罗土炎、罗　钦、张志灯
77	海洋经济贝类高值化加工关键技术及产业化	福建省水产研究所、中国水产科学研究院黄海水产研究所、蚝老大（福建）食品有限公司	刘淑集、曹荣、林秋云、王　茵、廖登远
78	低盐驯养技术在大黄鱼繁育上应用及产业化	宁德师范学院、宁德市鼎诚水产有限公司、福建省闽东水产研究所、中国科学院烟台海岸带研究所	黄伟卿、谢伟铭、全汉锋、吉成龙、王兴春
79	花鲈健康苗种繁育及其大网箱养殖模式的示范与推广	福建闽威实业股份有限公司、集美大学	黎中宝、方　秀、汪　晴、刘荣城、李文静
80	海洋生物牡蛎胶原蛋白肽关键技术创制及产业化应用	福建大众健康生物科技有限公司、福州日兴水产食品有限公司、福建农林大学、福建省农业科学院农业工程技术研究所	江铭福、江新辉、方　婷、潘超然、蓝登杭
81	山海可吸收生物材料及其产品的研发与推广应用	福建省博特生物科技有限公司、福建吉特瑞生物科技有限公司、中国医学科学院整形外科医院、福州大学	张其清、张　瑗、刘玲蓉、袁　平、栾　杰
82	神经外科手术协同训练系统开发及云应用	福州大学、福建省立医院、中国移动通信集团福建有限公司、超选集团有限公司	何炳蔚、刘宇清、邓　震、朱兆聚、张　月
83	病原微生物安全风险防御与管控系统关键技术及产业化应用	福建师范大学、厦门金龙联合汽车工业有限公司、四川智研科技有限公司、中国科学院生物物理研究所	欧阳松应、苏经迁、付新苗、谢乐敏、吴志辉

续表

序号	项目名称	主要完成单位	主要完成人
84	胃肠肿瘤光子诊断关键技术创新与应用	集美大学、南方医科大学南方医院、福建省肿瘤医院、福建师范大学	卓双木、严　俊、陈　刚、陈德鑫、陈建新
85	免疫炎症与心血管疾病相关机制的基础与临床研究	福建省立医院、中山大学附属第八医院（深圳福田）	朱鹏立、余惠珍、尚秀玲、林　帆、黄　峰
86	非小细胞肺癌转移机制及精准治疗系列研究	福建省立医院、福建医科大学	李鸿茹、陈愉生、许能銮、林　明、涂洵崴
87	福建省食管鳞癌发病与预后的相关因素研究	福建医科大学	胡志坚、彭仙娥、林　征、史习舜、刘凤琼
88	改良皮瓣移植在关节烧创伤创面修复及功能重建的研究与应用	中国人民解放军联勤保障部队第九一〇医院	黄书润、刘江涛、欧阳容兰、张　勇、阮明珍
89	非小细胞肺癌精准诊疗体系关键技术的建立和临床推广应用	福建省肿瘤医院、香港中文大学、北京吉因加科技有限公司	林　根、力　超、莫树锦、黄　诚、徐海鹏
90	梅毒的临床与发病机制研究	厦门大学附属中山医院	牛建军、杨天赐、刘莉莉、童曼莉、林丽蓉
91	创新光学分子影像技术体系的建立及其在乳腺癌精准外科的应用	厦门大学附属翔安医院	张国君、黄文河、白静雯、邱斯奇、曾焕城
92	人多能干细胞衍生细胞技术创新及临床应用	厦门大学、福建和泽生物科技有限公司	徐秀琴、刘　靖、洪礼伟、刘乐锋、邱　彦
93	多模态影像学新技术在肾脏肿瘤的诊断及预后评估的临床应用	复旦大学附属中山医院厦门医院、复旦大学附属中山医院	周建军、丁玉芹、戴辰晨、唐启瑛、李晓霞
94	前列腺癌的早期筛查与精准诊疗新策略	厦门大学附属第一医院（厦门市第一医院）、华中科技大学同济医学院附属同济医院、厦门市领汇医疗科技有限公司	邢金春、王　涛、叶章群、张开颜、胡志全
95	富马酸替诺福韦二吡呋酯原料药及胶囊剂的研究开发	福建广生堂药业股份有限公司	陈仕魁、张燕华、苏　葳、毛昌元、吴文强
96	膝关节半月板损伤的创新理论与修复关键技术研究	中国人民解放军联勤保障部队第九〇九医院	郑佳鹏、林达生、翟文亮、邓辉云、肖　棋
97	脑血管病康复基础理论新认识及其临床策略的构建与应用	福建中医药大学附属康复医院、福建中医药大学	薛偕华、柳维林、黄　佳、江一静、林志诚
98	从痿痹并存辨治骨关节炎的科学内涵与临床应用	福建中医药大学、福建中医药大学附属康复医院、中国人民解放军联勤保障部队第九〇〇医院	李西海、曾维铨、林木南、郑春松、叶锦霞
99	补肾益髓法治疗帕金森病神经保护机制研究及临床应用	福建中医药大学、福建中医药大学附属第三人民医院（福建省第三人民医院）	蔡　晶、许　茜、林　瑶、陈诗雅、曾建伟
		四、科学技术成果转化奖（12 项）	
		一等奖	
1	木质素高质利用制备分散剂关键技术及产业化	福州大学、福建清源科技有限公司、三明市缘福生物质科技有限公司、厦门鸿益顺环保科技有限公司	刘明华、林春香、刘以凡、吕源财、叶晓霞、刘剑锋、陈珍喜、姚梅宾、周凌强、程水燃

续表

序号	项目名称	主要完成单位	主要完成人
		二等奖	
1	绿色移动机械高效机电液耦合传动节能技术研发及产业化	华侨大学、福建华南重工机械制造有限公司	林添良、陈其怀、郭俊锋、缪　骋、郭海波、李钟慎、付胜杰
2	高档数控刀具用抗黏结涂层的设计、制备、检测及其应用	华侨大学、厦门金鹭特种合金有限公司、厦门钨业股份有限公司、东方电气集团东方汽轮机有限公司	姜　峰、邹伶俐、言　兰、范超颖、向志杨、李友生、查旭明
3	高可靠无主从并联自适应 BCS 系列大功率储能变流器	科华恒盛股份有限公司	曾春保、林镇煌、陈海森、许林毅、陈　林、黄凯伦、焦保帅
		三等奖	
1	疾病快速检测关键技术开发及转化	厦门宝太生物科技有限公司	张国锋、颜　珊、陈彩华
2	中化泉州石化 100 万吨/年乙烯及炼油改扩建项目	中化泉州石化有限公司	胡福磊、宋立臣、孟　华、张　琪、程广伟
3	基于 BIM 的建设项目全过程信息模型与数据集成控制管理	福州市建设发展集团有限公司、福建华夏工程造价咨询有限公司、福建七建集团有限公司、广联达科技股份有限公司	林　磊、王毅雄、黄启兴、王逢朝、许文舟
4	港口工程施工质量检测与安全风险评估关键技术转化应用	福建省交通建设质量安全中心、河海大学、福建省港航勘察设计院有限公司、福建省港航管理局勘测中心	林同钦、朱瑞虎、程李凯、刘荣林、李同飞
5	预制劲性桩复合地基软基处理成套关键技术研究及应用	福建省交通规划设计院有限公司、福建省建筑设计研究院有限公司、建华建材（中国）有限公司、福建陆海工程勘察设计有限公司	寇　军、郑金伙、张　雁、刘秋江、曾庆有
6	绿色建筑全过程关键技术集成创新与工程应用	中建四局建设发展有限公司、厦门市建筑科学研究院有限公司、中国建筑第四工程局有限公司、厦门佰地建筑设计有限公司	王建飞、王金兵、张向军、黄　华、陈景镇
7	心电大数据平台及智能分析技术的研究与应用	厦门纳龙健康科技股份有限公司	徐拥军、钟玉秋、徐乃平、李　熙、曾文斌
8	遗传性耳聋基因检测芯片在福建新生儿筛查中的推广应用	福建博奥医学检验所有限公司、福州市妇幼保健院（福州市计划生育服务中心）、福建省妇幼保健院（福建省妇儿医院）、中国人民解放军总医院	张冠斌、夏　泳、张秋韵、王国建、林　堃

（摘编：吴强）

福建省委宣传部授予林占熺“八闽楷模”称号

2022年9月10日福建日报报道，近日，由省委宣传部、教育工委，省教育厅共同主办的“八闽楷模”林占熺同志先进事迹发布仪式在福州举行。省委常委、宣传部部长张彦出席发布仪式并为林占熺颁奖。

为深入学习贯彻习近平总书记关于社会主义精神文明建设的重要论述，大力宣传弘扬林占熺的先进事迹和崇高精神，省委宣传部决定授予他“八闽楷模”称号，号召广大党员干部群众向他学习，踔厉奋发、勇毅前行、团结奋斗，奋力谱写全面建设社会主义现代化国家福建篇章，以实际行动迎接党的二十大胜利召开。

林占熺现任福建农林大学国家菌草工程技术研究中心首席科学家，他于1986年发明的菌草技术解决了“菌林矛盾”这一世界难题。30多年来，林占熺一直活跃在菌草研发和推广一线，不仅帮助数以千万计的农民种菇脱贫，还在减少水土流失、保护生态环境等方面作出了巨大贡献。如今，菌草技术已被推广至全球106个国家，在13个国家和地区建立示范基地，并被联合国列为“和平发展基金项目”重点项目向全球推广。

发布仪式通过现场访谈、视频连线和视频短片等形式展现了林占熺的先进事迹，并现场宣读了致敬辞和《中共福建省委宣传部关于授予林占熺同志“八闽楷模”称号的决定》。

（摘编：黄万良）

福建省享受国家级、省部级表彰奖励获得者待遇人员名单（2021 年 4 月—2022 年 3 月）

2022 年 4 月 7 日福建省人力资源和社会保障厅印发《福建省人力资源和社会保障厅关于公布我省享受国家级、省部级表彰奖励获得者待遇人员名单（2021 年 4 月—2022 年 3 月）的通知》提出，2021 年 4 月至 2022 年 3 月，全省共有 16 人受党中央表彰并享受国家级表彰奖励获得者待遇，共有 87 人受省部级表彰并享受省部级表彰奖励获得者待遇，现将名单予以公布，请按有关规定落实相关待遇。

享受国家级表彰奖励获得者待遇人员名单

（2021 年 4 月—2022 年 3 月，共 16 人）

序号	姓名	受表彰时单位及职务	获得荣誉称号	表彰文号	表彰时间	备注
1	林占熺	福建农林大学生命科学学院菌草所党支部书记、国家菌草工程技术研究中心首席科学家	全国优秀共产党员	中委〔2021〕434 号	20210628	
2	谢华安	福建省农业科学院原院长、研究员，中国科学院院士	全国优秀共产党员	中委〔2021〕434 号	20210628	
3	郑贞良	福州市红庙岭垃圾综合处理中心生产科副科长	全国优秀共产党员	中委〔2021〕434 号	20210628	
4	陈清洲	厦门市公安局集美分局二级高级警长	全国优秀共产党员	中委〔2021〕434 号	20210628	
5	陈欠水	惠安县人大常委会原助理调研员	全国优秀共产党员	中委〔2021〕434 号	20210628	
6	黄秀泉	沙县农业科学研究所副所长、良种繁育场党支部副书记、三明市总工会副主席（兼职）	全国优秀共产党员	中委〔2021〕434 号	20210628	
7	刘家富	宁德市水产技术推广站原站长	全国优秀共产党员	中委〔2021〕434 号	20210628	
8	兰　臻	漳州市实验小学党委书记	全国优秀共产党员	中委〔2021〕434 号	20210628	
9	傅光明	福建圣农控股集团有限公司党委书记、福建圣农发展股份有限公司董事长	全国优秀共产党员	中委〔2021〕434 号	20210628	
10	杨　晓	福州市园林中心党委书记、主任、一级调研员	全国优秀党务工作者	中委〔2021〕434 号	20210628	

续表

序号	姓名	受表彰时单位及职务	获得荣誉称号	表彰文号	表彰时间	备注
11	吴丽敏（女）	厦门市湖里区金山街道金安社区党委书记	全国优秀党务工作者	中委〔2021〕434 号	20210628	
12	王周齐	福鼎市硖门畲族乡柏洋党委书记	全国优秀党务工作者	中委〔2021〕434 号	20210628	
13	林孝发	九牧集团有限公司党委书记、董事长、总裁	全国优秀党务工作者	中委〔2021〕434 号	20210628	
14	段闽杰	南平市延平区四鹤街道党工委书记、一级主任科员	全国优秀党务工作者	中委〔2021〕434 号	20210628	
15	刘　琤	国网漳州供电公司副总政工师、纪委副书记，纪委办党支部书记、主任	全国优秀党务工作者	中委〔2021〕434 号	20210628	
16	黎立璋	福建省冶金（控股）有限责任公司总经理助理，福建省三钢（集团）有限责任公司党委书记、董事长	全国优秀党务工作者	中委〔2021〕434 号	20210628	

享受省部级表彰奖励获得者待遇人员名单

（2021 年 4 月—2022 年 3 月，共 87 人）

序号	姓名	受表彰时单位及职务	获得荣誉称号	表彰文号	表彰时间	备注
1	周元火	福建省政和县委党史和地方志研究室主任、党支部书记	全国地方志系统先进工作者	人社部发〔2021〕35 号	20210602	
2	吕清贵	福建省水土保持与乡村发展亚行贷款项目中心一级主任科员	全国乡村振兴（扶贫）系统先进个人	人社部发〔2021〕37 号	20210604	
3	林浩磊	福州市农业农村局扶贫综合协调与开发处处长	全国乡村振兴（扶贫）系统先进个人	人社部发〔2021〕37 号	20210604	
4	杨先健	连城县脱贫攻坚指挥部办公室副主任，连城县良种繁殖场副场长	全国乡村振兴（扶贫）系统先进个人	人社部发〔2021〕37 号	20210604	
5	关咏梅（女）	福建省举重运动管理中心教练员	全国体育系统先进工作者	人社部发〔2021〕70 号	20210908	
6	李发彬	福建省举重运动管理中心运动员 第三十二届东京奥运会举重男子61KG 级比赛金牌运动员	全国体育系统先进工作者 福建省先进工作者	人社部发〔2021〕70 号 闽委〔2021〕62 号	20210908 20211031	
7	黄东萍（女）	福建省乒羽网运动管理中心运动员 第三十二届东京奥运会羽毛球混合双打比赛金牌运动员	全国体育系统先进工作者 福建省先进工作者	人社部发〔2021〕70 号 闽委〔2021〕62 号	20210908 20211031	
8	卢云秀（女）	福建省帆船帆板运动管理中心运动员 第三十二届东京奥运会帆板女子RS：X 级比赛金牌运动员	全国体育系统先进工作者 福建省先进工作者	人社部发〔2021〕70 号 闽委〔2021〕62 号	20210908 20211031	

续表

序号	姓名	受表彰时单位及职务	获得荣誉称号	表彰文号	表彰时间	备注
9	李雯雯（女）	福建省举重运动管理中心运动员 第三十二届东京奥运会举重女子87+KG级比赛金牌运动员	全国体育系统先进工作者 福建省先进工作者	人社部发〔2021〕70号 闽委〔2021〕62号	20210908 20211031	
10	刘灵玲（女）	福建省体操技巧运动管理中心运动员 第三十二届东京奥运会蹦床女子网上个人比赛银牌运动员	全国体育系统先进工作者 福建省先进工作者	人社部发〔2021〕70号 闽委〔2021〕62号	20210908 20211031	
11	谌　龙	厦门市竞技体育发展中心运动员 第三十二届东京奥运会羽毛球男子单打比赛银牌运动员	全国体育系统先进工作者 福建省先进工作者	人社部发〔2021〕70号 闽委〔2021〕62号	20210908 20211031	
12	吴美锦	第三十二届东京奥运会举重女子87+KG级比赛金牌教练员	福建省先进工作者	闽委〔2021〕62号	20211031	
13	林忠仔	第三十二届东京奥运会10米气手枪混合团体比赛金牌教练员	福建省先进工作者	闽委〔2021〕62号	20211031	
14	黄文红	第三十二届东京奥运会10米气手枪混合团体比赛金牌教练员	福建省先进工作者	闽委〔2021〕62号	20211031	
15	高传卫	第三十二届东京奥运会帆板女子RS：X级比赛金牌教练员	福建省先进工作者	闽委〔2021〕62号	20211031	
16	朱德宁	集美大学 第十六届东京残奥会田径男子跳远－T38金牌、田径男子100米－T38银牌运动员	福建省先进工作者	闽委〔2021〕65号	20211118	
17	陈　超	福州市残疾人就业服务指导中心工作人员 第十六届东京残奥会乒乓球男子团体－TT6/7金牌、乒乓球男子单打－TT6第五名运动员	福建省先进工作者	闽委〔2021〕65号	20211118	
18	叶超群	厦门市第二外国语学校职员 第十六届东京残奥会乒乓球男子团体－TT8金牌运动员	福建省先进工作者	闽委〔2021〕65号	20211118	
19	衷黄浩	福建武夷山市居民 第十六届东京残奥会田径男子跳远－T38银牌运动员	福建省先进工作者	闽委〔2021〕65号	20211118	
20	杨小平	厦门市竞技体育发展中心高级教练 第十六届东京残奥会田径男子跳远－T38比赛金牌教练员	福建省先进工作者	闽委〔2021〕65号	20211118	
21	黄华兵	福建工贸学校讲师 第十六届东京残奥会乒乓球男子团体－TT6/7、乒乓球男子团体－TT8比赛金牌教练员	福建省先进工作者	闽委〔2021〕65号	20211118	

续表

序号	姓名	受表彰时单位及职务	获得荣誉称号	表彰文号	表彰时间	备注
22	郜志强	福建省残疾人体育运动管理中心干部 第十六届东京残奥会田径男子跳远－T38 比赛银牌教练员	福建省先进工作者	闽委〔2021〕65 号	20211118	
23	高松涛	福建省网络与信息安全测评中心党政机关测评部副部长	国家网络安全先进个人	人社部发〔2021〕79 号	20211009	
24	郑少泉	福建省农业科学院研究员	全国杰出专业技术人才	人社部发〔2021〕84 号	20211026	
25	鲍晓军	福州大学教授	全国杰出专业技术人才	人社部发〔2021〕84 号	20211026	
26	夏宁邵	厦门大学教授	全国杰出专业技术人才	人社部发〔2021〕84 号	20211026	
27	钱向炜	福建省应急管理厅防汛抗旱处三级主任科员	全国应急管理系统先进工作者	人社部发〔2021〕85 号	20211101	
28	陈华森	福建省三明市应急管理局办公室主任、一级主任科员	全国应急管理系统先进工作者	人社部发〔2021〕85 号	20211101	
29	陈国锋	福建省石狮市应急管理局党委书记、局长、一级主任科员	全国应急管理系统先进工作者	人社部发〔2021〕85 号	20211101	
30	王士成	福建地震台地震预警室副主任	全国应急管理系统先进工作者	人社部发〔2021〕85 号	20211101	
31	乔巍然	福建省泉州市消防救援支队特勤大队一站消防员	全国应急管理系统先进工作者	人社部发〔2021〕85 号	20211101	
32	岳承浩	福建省森林消防总队南平市支队副支队长兼灭火救援指挥部部长	全国应急管理系统先进工作者	人社部发〔2021〕85 号	20211101	
33	王　刚	福建省厦门市曙光救援队队长	全国应急管理系统先进工作者	人社部发〔2021〕85 号	20211101	
34	涂颜森	福建省福州市消防救援支队特勤大队二站消防员	中国消防忠诚卫士	人社部发〔2021〕85 号	20211101	
35	黄谷霖	福建省森林消防总队特勤大队大队长	中国消防忠诚卫士	人社部发〔2021〕85 号	20211101	
36	郑智明（女）	福建省图书馆馆长、研究馆员	全国文化和旅游系统先进工作者	人社部发〔2021〕91 号	20211118	
37	陈　山（女）	福建省文化和旅游质量标准化建设中心一级主任科员	全国文化和旅游系统先进工作者	人社部发〔2021〕91 号	20211118	
38	孙　砾	福建省歌舞剧院党总支书记、院长、一级演员	全国文化和旅游系统先进工作者	人社部发〔2021〕91 号	20211118	
39	徐　扬（女）	福建省文化和旅游厅资源开发处副处长	全国文化和旅游系统先进工作者	人社部发〔2021〕91 号	20211118	
40	陈源春	福建省文化和旅游厅人事处一级主任科员	全国文化和旅游系统先进工作者	人社部发〔2021〕91 号	20211118	
41	陈惠平	泉州市文化广电和旅游局党组副书记	全国文化和旅游系统先进工作者	人社部发〔2021〕91 号	20211118	
42	陆逸红（女）	漳州市歌仔戏（芗剧）传承保护中心副主任、一级演员	全国文化和旅游系统先进工作者	人社部发〔2021〕91 号	20211118	
43	曾学文	厦门市台湾艺术研究院院长、一级编剧	全国文化和旅游系统先进工作者	人社部发〔2021〕91 号	20211118	

续表

序号	姓名	受表彰时单位及职务	获得荣誉称号	表彰文号	表彰时间	备注
44	丁光棋	连江县文化体育和旅游局党组书记、局长	全国文化和旅游系统先进工作者	人社部发〔2021〕91 号	20211118	
45	徐卫兵	南平市建阳区文化体育和旅游局党组书记、局长	全国文化和旅游系统先进工作者	人社部发〔2021〕91 号	20211118	
46	叶少春（女）	建宁县副县长（尤溪县文体和旅游局原局长）	全国文化和旅游系统先进工作者	人社部发〔2021〕91 号	20211118	
47	叶蒲青	福建金源纺织有限公司车间技师	全国纺织工业劳动模范	人社部发〔2021〕93 号	20211125	
48	舒玉华（女）	福建航港针织品有限公司财务经理	全国纺织工业劳动模范	人社部发〔2021〕93 号	20211125	
49	陈明宏	福建长源纺织有限公司技术中心主任	全国纺织工业劳动模范	人社部发〔2021〕93 号	20211125	
50	陈文娟（女）	福建省宏港纺织科技有限公司管理部工程师	全国纺织工业劳动模范	人社部发〔2021〕93 号	20211125	
51	陈国汉	欣贺股份有限公司党委书记、副总裁兼财务总监	全国纺织工业劳动模范	人社部发〔2021〕93 号	20211125	
52	叶琼念（女）	厦门维达斯服饰有限公司员工	全国纺织工业劳动模范	人社部发〔2021〕93 号	20211125	
53	徐天雨	福建华峰新材料有限公司研发创新二部副总监	全国纺织工业劳动模范	人社部发〔2021〕93 号	20211125	
54	谢明忠	才子服饰股份有限公司生产厂长	全国纺织工业劳动模范	人社部发〔2021〕93 号	20211125	
55	钟宗峰	福建省三明纺织股份有限公司技术部工艺技术主管	全国纺织工业劳动模范	人社部发〔2021〕93 号	20211125	
56	陈超凡	福建省永安市金德纺织实业有限公司总工程师	全国纺织工业劳动模范	人社部发〔2021〕93 号	20211125	
57	肖美清	福建省百川资源再生科技股份有限公司加弹车间主任	全国纺织工业劳动模范	人社部发〔2021〕93 号	20211125	
58	黄福春	福建福联精编有限公司研发总监	全国纺织工业劳动模范	人社部发〔2021〕93 号	20211125	
59	王琼兰（女）	匹克（中国）有限公司缝纫工	全国纺织工业劳动模范	人社部发〔2021〕93 号	20211125	
60	高雪冬（女）	福建安溪佳胜针织服装有限公司生产部部长	全国纺织工业劳动模范	人社部发〔2021〕93 号	20211125	
61	汤伯发	福建万家美轻纺服饰有限公司行政部经理	全国纺织工业劳动模范	人社部发〔2021〕93 号	20211125	
62	施金锥	福建林生纺织有限公司技术总监	全国纺织工业劳动模范	人社部发〔2021〕93 号	20211125	
63	万仲海	石狮市新华宝纺织科技有限公司技术科科长	全国纺织工业劳动模范	人社部发〔2021〕93 号	20211125	
64	洪霜雅（女）	联邦三禾（福建）股份有限公司副总经理	全国纺织工业劳动模范	人社部发〔2021〕93 号	20211125	
65	郑小佳	晋江海纺新材料科技有限公司研发人员	全国纺织工业劳动模范	人社部发〔2021〕93 号	20211125	
66	林阿查（女）	南安市南益电脑针织有限公司员工	全国纺织工业劳动模范	人社部发〔2021〕93 号	20211125	

续表

序号	姓名	受表彰时单位及职务	获得荣誉称号	表彰文号	表彰时间	备注
67	郑 羡（女）	福建佳丽斯家纺有限公司产品研发开发部副经理	全国纺织工业劳动模范	人社部发〔2021〕93号	20211125	
68	李拥军	福建新纺纺织有限公司董事长	全国纺织工业劳动模范	人社部发〔2021〕93号	20211125	
69	陈容俤	福州市长乐区工业和信息化局二级主任科员	全国纺织工业先进工作者	人社部发〔2021〕93号	20211125	
70	郑武进	莆田市仙游县司法局党组书记、局长	全国司法行政系统一级英雄模范 平安中国建设先进个人	人社部发〔2022〕6号 人社部发〔2021〕99号	20220215 20211213	
71	王国顺	福建省委政法委综治督导处处长	平安中国建设先进个人	人社部发〔2021〕99号	20211213	
72	李明毅	三明市法学会秘书科科长、二级主任科员	平安中国建设先进个人	人社部发〔2021〕99号	20211213	
73	黄佶喆	南平市建阳区人民法院刑庭庭长	平安中国建设先进个人	人社部发〔2021〕99号	20211213	
74	蓝浩成	龙岩市委政法委综治督导科科长、一级主任科员	平安中国建设先进个人	人社部发〔2021〕99号	20211213	
75	魏良康	平潭综合实验区党工委政法工作部综合处负责人	平安中国建设先进个人	人社部发〔2021〕99号	20211213	
76	陈全守	福建省安溪县委组织部副部长、老干部局局长	全国优秀老干部工作者	人社部发〔2021〕104号	20211219	
77	徐巧英（女）	福建省市场监督管理局（知识产权局）知识产权运用促进处处长	全国知识产权系统先进个人	人社部发〔2021〕106号	20211223	
78	丁长新	厦门市市场监督管理局（知识产权局）知识产权保护处一级主任科员	全国知识产权系统先进个人	人社部发〔2021〕106号	20211223	
79	叶儒旺	南平市市场监督管理局（知识产权局）商标监督管理科科长	全国知识产权系统先进个人	人社部发〔2021〕106号	20211223	
80	万 欢（女）	厦门市海沧区市场监督管理局药品监督管理科科长	全国药品监管系统先进个人	人社部发〔2021〕108号	20211230	
81	陈 艳	福州市台江区洋中街道金斗社区党委书记、居委会主任、妇联主席	全国妇联系统劳动模范	人社部发〔2021〕109号	20211230	
82	林丽霞	莆田市仙游县鲤城街道东门社区党支部书记、妇联主席	全国妇联系统劳动模范	人社部发〔2021〕109号	20211230	
83	丁美娇	平潭综合实验区海坛街道上楼村妇联主席	全国妇联系统劳动模范	人社部发〔2021〕109号	20211230	
84	张谢池	厦门市妇联宣传部（发展联络部）二级主任科员	全国妇联系统先进工作者	人社部发〔2021〕109号	20211230	
85	张 蕾	漳州市诏安县妇联党组书记、主席	全国妇联系统先进工作者	人社部发〔2021〕109号	20211230	
86	邱鹭鹭	龙岩市新罗区西陂街道华莲社区党委书记、居委会主任、妇联主席	全国妇联系统先进工作者	人社部发〔2021〕109号	20211230	
87	苏俊才	龙岩市委党史和地方志研究室主任	全国党史和文献部门先进个人	人社部发〔2021〕113号	20211231	

（摘编：吴强）

福建省表彰全省机构编制系统先进集体和先进工作者名单

2022年1月27日，福建省人力资源和社会保障厅、中共福建省委机构编制委员会办公室下发《建省人力资源和社会保障厅　中共福建省委机构编制委员会办公室关于表彰全省机构编制系统先进集体和先进工作者的决定》（闽人社表彰〔2022〕2号）提出，近年来，在省委、省政府的领导下，全省机构编制部门和广大机构编制工作者以习近平新时代中国特色社会主义思想为指导，深入学习贯彻党的十九大和十九届历次全会精神，紧紧围绕“五位一体”总体布局和“四个全面”战略布局，围绕中心，服务大局，开拓创新，积极有为，涌现出一批先进集体和先进个人，有力地推动我省机构编制事业发展，为新福建建设作出了重要贡献。

为表彰先进，弘扬正气，树立典型，进一步激发全省机构编制系统广大干部职工的积极性和创造性，不断开创机构编制工作新局面，省人力资源和社会保障厅、省委编办决定，授予中共福州市委机构编制委员会办公室等20个单位“全省机构编制系统先进集体”，授予陈晖等47名同志“全省机构编制系统先进工作者”。

全省机构编制系统先进集体名单

中共福州市委机构编制委员会办公室

中共福州市台江区委机构编制委员会办公室

中共厦门市委机构编制委员会办公室事业编制处

中共厦门市湖里区委机构编制委员会办公室

中共漳州市龙海区委机构编制委员会办公室

中共南靖县委机构编制委员会办公室

中共泉州市委机构编制委员会办公室

中共惠安县委机构编制委员会办公室

中共永安市委机构编制委员会办公室

中共明溪县委机构编制委员会办公室

中共莆田市城厢区委机构编制委员会办公室

中共莆田市涵江区委机构编制委员会办公室

中共南平市委机构编制委员会办公室机关委员会

中共浦城县委机构编制委员会办公室

中共龙岩市委机构编制委员会办公室事业科

中共上杭县委机构编制委员会办公室

中共霞浦县委机构编制委员会办公室

中共福安市委机构编制委员会办公室

平潭综合实验区党工委党群工作部机构编制处

中共福建省委机构编制委员会办公室机关委员会

全省机构编制系统先进工作者名单

陈　晖（女）　福州市仓山区事业单位登记管理局局长

林向颖（女）　中共福州市晋安区委机构编制委员会办公室二级主任科员

陈贺民　中共连江县委机构编制委员会办公室主任、一级主任科员

朱鸿柱　中共闽清县委机构编制委员会办公室副主任、三级主任科员

程礼风　罗源县事业单位登记管理局局长

林无售（女）　中共永泰县委机构编制委员

会办公室副主任

沈辉南　中共厦门市委机构编制委员会办公室体制改革处二级主任科员

吕珊珊（女）　中共厦门市思明区委机构编制委员会办公室机构编制科科长

林彩云（女）　厦门市同安区事业单位登记中心二级主任科员

吴志鹏　厦门市翔安区事业单位登记中心主任

黄琼莲（女）　中共漳州市委机构编制委员会办公室事业编制管理科科长

黄毅鑫　中共漳州市芗城区委机构编制委员会办公室一级科员

王清杰　中共漳州市龙文区委机构编制委员会办公室一级科员

郭里缘（女）　中共漳州市长泰区委机构编制委员会办公室副主任

林三妹（女）　中共漳浦县委机构编制委员会办公室机构编制管理科科长

邱志民　中共泉州市委机构编制委员会办公室副主任

黄清选　中共泉州市委机构编制委员会办公室综合科科长、一级主任科员

徐　炜　中共泉州市委机构编制委员会办公室机关编制科科长、一级主任科员

郑明芬（女）　中共石狮市委机构编制委员会办公室副主任

陈灿龙　中共南安市委机构编制委员会办公室室务会成员、四级主任科员

陈宝文　中共三明市委机构编制委员会办公室副主任、室务会议成员、三级调研员

林绍辉　中共三明市委机构编制委员会办公室机关机构编制科科长

陈汝传　中共大田县委机构编制委员会办公室主任

陈　文　三明市三元区事业单位登记中心主任

廖心怡（女）　中共尤溪县委机构编制委员会办公室机构编制科科长

张翠青（女）　中共宁化县委机构编制委员会办公室综合股负责人、事业单位登记中心副主任

郑碧锋　中共莆田市委机构编制委员会办公室事业编制科科长

温兆敏　中共仙游县委机构编制委员会办公室主任

俞向阳　中共莆田市荔城区委机构编制委员会办公室主任

陈纪星　莆田市秀屿区事业单位登记中心四级主任科员

石　慧（女）　中共南平市委机构编制委员会办公室综合科负责人、事业单位登记管理局副局长、一级主任科员

吴加亮　政和县事业单位登记中心主任

蓝雨琴（女）　中共龙岩市委机构编制委员会办公室督查科科长、一级主任科员

雷朝先　中共漳平市委机构编制委员会办公室主任

林　梦（女）　中共连城县委机构编制委员会办公室副主任　丘福圣　中共武平县委机构编制委员会办公室综合股股长兼武平县机构编制信息中心主任

陈　胜　中共宁德市委机构编制委员会办公室综合科科长

朱丽平（女）　中共福鼎市委机构编制委员会办公室主任、市委组织部副部长

陈　旸（女）　古田县事业单位登记管理局四级主任科员

倪秀梅（女）　屏南县域名与电子政务中心工程师

孙秀梅（女）　中共周宁县委机构编制委员会办公室机关编制股股长

熊志华　平潭综合实验区党工委党群工作部机构编制处处长

曹　珍（女）　平潭综合实验区人力资源公共服务中心九级职员

林永忠　中共福建省委机构编制委员会办公室监督检查处处长、一级调研员

李泽民　中共福建省委机构编制委员会办公室综合处二级主任科员

梁　菲（女）　中共福建省委机构编制委员会办公室事业编制处二级主任科员

黄　玲（女）　中共福建省委机构编制委员会办公室电子政务中心统计师

（摘编：李哲）

福建省妇联系统先进集体和先进工作者名单

2022 年 7 月 14 日，福建省人力资源和社会保障厅、福建省妇女联合会下发《福建省人力资源和社会保障厅　福建省妇女联合会关于表彰全省妇联系统先进集体和先进工作者的决定》（闽人社表彰〔2022〕22 号）提出，近年来，全省各级妇联组织和妇联干部坚持以习近平新时代中国特色社会主义思想为指导，深入贯彻习近平总书记关于妇女和妇女工作的重要论述、关于福建工作的重要讲话重要指示精神，坚持担当政治责任与履行基本职能相统一，坚持服务大局与服务妇女相统一，坚持维护妇女儿童权益与做实民生服务相统一，充分彰显了新时代妇联组织和妇联干部的优秀品质和时代风貌，涌现出一大批政治坚定、爱岗敬业、勇于担当、乐于奉献的集体和个人。

为表彰先进、树立榜样，激励各级妇联奋发有为、建功立业，省人社厅、省妇联决定，授予福州市鼓楼区妇联等 35 个单位“全省妇联系统先进集体”称号；授予廖禄香等 64 名同志“全省妇联系统先进工作者”称号。这次受表彰的集体和个人是近年来全省妇联系统的优秀代表。他们践行初心使命、忠诚履职尽责，强化思想引领，服务发展大局，做实维权关爱，创新家庭工作，深化妇联改革，充分发挥了桥梁纽带和得力助手作用，全面提升了妇女儿童获得感幸福感安全感，有力促进了新时代妇女儿童事业高质量发展。

全省妇联系统先进集体名单

（共 35 个）

福州市鼓楼区妇联
罗源县妇联
闽清县梅城镇妇联
永泰县樟城镇南门社区妇联
厦门市思明区嘉莲街道龙山社区妇联
厦门市湖里区禾山街道禾缘社区妇联
厦门市同安区西柯镇滨海社区妇联
漳州市芗城区妇联
南靖县妇联
云霄县和平乡坎顶村妇联
华安县妇联
泉州市妇联
惠安县妇联
安溪县妇联
德化县浔中镇妇联
三明市妇联
泰宁县妇联
永安市贡川镇妇联
宁化县淮土镇团结村妇联
莆田市城厢区妇联
莆田市秀屿区妇联
莆田市荔城区西天尾镇妇联
浦城县妇联
政和县妇联
光泽县寨里镇妇联
武夷山市兴田镇西郊村妇联
上杭县古田镇妇联
长汀县妇联
龙岩市永定区妇联
柘荣县富溪镇富溪村妇联
寿宁县妇联
屏南县路下乡妇联
霞浦县牙城镇妇联

平潭综合实验区苏平镇上攀村妇联

福建省妇女儿童活动中心（省妇联家庭关爱服务中心）

全省妇联系统先进工作者名单

（共64名）

廖禄香　福州市妇联家庭和儿童工作部部长

刘巾棋　福州市台江区洋中街道铺前社区党委书记、居委会主任、妇联主席

林　菠　福州市仓山区城门镇妇联副主席

陈　慧　福州市晋安区鼓山镇妇联主席

陈晓萍　福清市妇联办公室主任、一级科员

王玉华　福州市长乐区妇联党组成员、副主席

王真真　闽侯县妇联办公室主任

柳　颖　连江县妇联办公室主任

杨珊珊　厦门市翔安区妇联四级调研员

叶丽蔚　厦门市翔安区马巷街道妇联副主席

蔡樱思　厦门市集美区妇女儿童活动中心副主任

陈守玮　厦门市海沧区妇联一级科员

杨　芳　厦门市妇女儿童活动中心副主任

郑淑容　漳州市龙文区妇联主席

陈素英　漳州市龙海区妇联权益部部长、三级主任科员

张明惠　漳州市长泰区妇女儿童服务中心主任

何惠珠　漳浦县妇联党组书记、主席

张新燕　平和县妇女儿童服务中心九级职员

黄华芬　漳州古雷港经济开发区妇联主席、漳州古雷港经济

开发区信访服务中心主任（挂职）、漳州古雷港经济开发区办公室副主任（挂职）、古雷镇一级主任科员

李晓玲　漳州台商投资区角美镇吴宅村党委委员、妇联主席

杨卫玲　漳州市妇联宣传部部长

郑彩霞　泉州市鲤城区妇联家庭和儿童工作部负责人

裴华蓉　泉州市丰泽区妇联主席

谢月英　泉州市洛江区万安街道妇联主席

连莉昭　泉州市泉港区妇联综合部负责人

邱亚环　石狮市妇联主席、一级主任科员

丁玉梅　晋江市妇联副主席，三级主任科员

康得志（男）　南安市妇联权益部部长、四级主任科员

林华珠　永春县一都镇仙阳村党支部书记（村妇联原主席）

赖琳琳　三明市三元区妇女儿童活动中心主任

徐　笑　明溪县妇联主席

廖先花　建宁县里心镇上黎村党支部委员、妇联主席

林爱红　大田县妇联党组书记、主席

施秋怀　清流县妇联党组成员、三级主任科员

廖燕辉　将乐县古镛镇东门社区党总支书记、居委会主任、妇联主席

陈美玲　尤溪县梅仙镇妇联主席

邓　宏　三明市妇联组织部部长

郑丽萍　莆田市妇联党组成员、副主席

李　芳　莆田市涵江区涵东街道妇联主席

林　生　仙游县妇联宣传权益部部长

苏剑玲　莆田市城厢区妇儿工委办主任

姚荔霞　莆田市儿童活动中心幼儿园办公室主任

黄　萍　南平市妇联党组成员、副主席

邱敏芳　建瓯市委组织部部务会成员、副部长、编办主任、一级主任科员（建瓯市妇联原党组书记、主席，一级主任科员）

刘晓兵　南平市建阳区妇联党组成员、四级主任科员

潘　静　松溪县妇联办公室负责人、县妇女儿童活动中心主任

黄丽姬　邵武市水北镇妇联副主席

周　程　南平市延平区紫云街道华光社区党总支书记、居委会主任、妇联主席

曹招富　顺昌县郑坊镇峰岭村党支部委员、妇联主席

蓝凯英　龙岩市妇联党组书记、主席

陈秀惠　龙岩市儿童保育院办公室主任兼心理健康辅导中心主任

方秀容　武平县妇联办公室负责人、县妇女儿童活动中心主任

罗爱云　连城县妇联二级主任科员

陈玉玉　漳平市永福镇妇联主席
郑明莹　福安市妇联党组书记、主席
余惠蕊　古田县妇联党组书记、主席
陈　东　福鼎市妇联副主席
罗　玲　宁德市蕉城区妇联四级主任科员
王雪平　福鼎市太姥山镇妇联主席、一级科员
阮金钗　周宁县七步镇洋头村妇联主席
念　玉　平潭综合实验区妇联办公室主任
陈荔茹　省妇联组织部副部长
魏　玮　省妇儿工委办三级调研员
林宇琳　省儿童保育院副院长

（摘编：王杰成）

2022年度福建省“最美退役军人”

2022年7月31日，由省委宣传部、省退役军人事务厅、省军区政治工作局联合主办的“喜迎二十大，永远跟党走”庆祝建军95周年暨2022年度福建省“最美退役军人”发布仪式在省广播影视集团演播厅举行。副省长李建成、省军区司令员王宏宇出席活动并为“最美退役军人”颁奖。

经广泛发动、逐级推荐、严格审核，共评选出十名福建省“最美退役军人”（排名不分先后），分别为：厦门市曙光救援队队长王刚，泉州市纪委监委驻市政协机关纪检监察组三级调研员李安安，福建省市场监督管理局特种设备处一级主任科员邱德海，大田县吴山镇阳春村党支部书记兼村委会主任林乐坚，漳州市供电服务有限公司漳浦分公司党支部书记兼古雷镇供电所所长林智勇，莆田市公安局白沙派出所所长郑俊峰，武平县梁野仙蜜养蜂专业合作社党支部书记、理事长钟亮生，福建千金诺投资集团有限公司董事长莫良明，莆田市荔城区文化馆馆长黄金梅，福建恒杰力环保科技有限公司董事长傅恒超。

发布仪式通过视频展示、情景演绎、互动访谈等形式，以“人民军队发展历程”“军民鱼水情深”“退役军人再立新功”为主线，分“浴血荣光”“重整行装”“大爱无疆”“续写辉煌”等篇章，集中展示了双拥工作的发展进程，展现了新时代新福建退役军人在各行各业、各条战线爱岗敬业、锐意进取、争创一流的动人风采，彰显了“若有战、召必回、战必胜”的使命担当。

（摘编：林学军）

福建省党校系统教师高级职务任职资格人员名单

2022年7月12日福建省人力资源和社会保障厅下发《关于批准确认张荣伟等33位同志党校系统教师高级职务任职资格的通知》（闽人社批复〔2022〕362号）提出，经研究，批准确认2021年度全省党校系统教师高级职务任职资格评审委员会评审通过的张荣伟等3位同志的教授职务任职资格、杜威望等10位同志的副教授职务任职资格及陈拓新等20位同志的高级讲师职务任职资格。任职资格确认时间为2022年6月26日，现予公布，名单如下：

一、教授（3人）

1. 中共福建省委党校：张荣伟

2. 中共厦门市委党校：石文静、艾明江

二、副教授（10人）

1. 中共福建省委党校：杜威望、蔡菡丹

2. 中共厦门市委党校：彭新波

3. 中共泉州市委党校：张秋梅

4. 中共龙岩市委党校：陈经富

5. 中共三明市委党校：茅飞珠、李小立

6. 中共南平市委党校：陈秋芸

7. 中共宁德市委党校：林金灼、陈锦芳

三、高级讲师（20人）

1. 福州市

中共福清市委党校：陈拓新、陈融梅、薛清兰

中共福州经济技术开发区委员会党校：黄莉娜

2. 泉州市

中共泉州市鲤城区委党校：苏文奕

中共惠安县委党校：吴黔源

中共晋江市委党校：王海静

3. 漳州市

中共漳州市龙海区委党校：陈宝月

中共云霄县委党校：朱灿鑫

4. 龙岩市

中共龙岩市永定区委党校：曾玲、苏红艳

中共龙岩市新罗区委党校：郭鹰

5. 三明市

中共清流县委党校：马清香

中共大田县委党校：林克进

6. 南平市

中共松溪县委党校：李永新

中共南平市建阳区委党校：郑霞

中共浦城县委党校：吴丹华

7. 宁德市

中共福安市委党校：李霰菲

中共寿宁县委党校：郭建平

中共福鼎市委党校：陈家志

（摘编：余晓楠）

福建省中等职业学校正高级讲师职务任职资格人员名单

余茂生等13位同志中等职业学校正高级讲师职务任职资格人员名单

2022年11月28日，福建省人力资源和社会保障厅下发《关于批准确认余茂生等13位同志中等职业学校正高级讲师职务任职资格的通知》（闽人社批复〔2022〕642号）提出，经研究，批准确认2021年度福建省中等职业学校教师系列正高级职务任职资格评审委员会评审通过的余茂生等13位同志的正高级讲师任职资格。任职资格确认时间为2022年10月19日，现予公布，名单如下：

一、省教育厅（1人）

福建工业学校：余茂生

二、省供销社（1人）

福建商贸学校：陈清珠

三、省林业局（1人）

福建三明林业学校：佘丽

四、福州市（3人）

福州旅游职业中专学校：杨松

福州商贸职业中专学校：蒋舒凡

福州机电工程职业技术学校：施璇

五、厦门市（2人）

集美工业学校：方清化

厦门市海沧区职业中专学校：杨卫坤

六、泉州市（2人）

福建省泉州华侨职业中专学校：康江梅

晋江安海职业中专学校：李克勤

七、龙岩市（1人）

漳平职业中专学校：乐大杰

八、宁德市（2人）

宁德职业中专学校：钱锦彬

福建省福安职业技术学校：陈强

马光凯等4位同志技校系列正高级讲师任职资格人员名单

2022年12月16日，福建省人力资源和社会保障厅下发《关于批准确认马光凯等4位同志技校系列正高级讲师任职资格的通知》（闽人社批复〔2022〕688号）提出，经研究，批准确认2022年福建省技校教师正高级职务任职资格评审委员会评审通过的马光凯等4位同志正高级讲师的任职资格。任职资格确认时间为2022年12月1日，现予公布：

一、省人社厅（1人）

福建技工教育中心：马光凯

二、福州市（2人）

福州第一技师学院：张雄

福州第二技师学院：柳振宇

三、龙岩市（1人）

龙岩技师学院：陈建生

（摘编：苏建平）

福建省中小学幼儿园正高级教师职称人员名单

2022 年 3 月 17 日，福建省人力资源和社会保障厅下发《关于批准确认吴刚等 119 位同志中小学幼儿园正高级教师职称的通知》（闽人社批复〔2022〕151 号）提出，经研究，批准确认由福建省中小学幼儿园正高级教师职称评审委员会评审通过的吴刚等 119 位同志中小学幼儿园正高级教师职称。任职确认时间为 2022 年 1 月 21 日，现予公布，名单如下：

一、福建省机关事务管理局（1 人）

福建省直屏东幼儿园：陈晓霞

二、福建省教育厅（4 人）

福建省普通教育教学研究室：李林川、黄国才

福建省福州第一中学：吴刚、林同春

三、福建师范大学（1 人）

福建师范大学附属小学：卓晓斌

四、福州市（17 人）

福州教育研究院：李霞、肖永琴

福州市鼓楼区教师进修学校：林其雨

永泰县教师进修学校：吴孟宇

闽江师范高等专科学校：吴向阳

福州第四中学：葛莉苓

福州第十九中学：杨秀珍

福州第四十中学：林萍

福州江南水都中学：郑海燕

福州教育学院第二附属中学：胡元冲

福州市乌山小学：杨彦伟

福州市茶园山中心小学：许丽美

福清市城关小学：陈玮

福清市岑兜中心小学：陈华忠

闽清县白樟镇樟山小学：池朱兴

永泰县东门小学：薛彩云

福州市马尾实验幼儿园：林勤

五、厦门市（17 人）

厦门市教育科学研究院：林才回、郑宝珍

厦门第一中学：梁弘文、张琦

厦门市第五中学：张荣生

厦门第六中学：刘明

厦门双十中学：黄雄、李海北、林英

厦门外国语学校：欧阳国胜

厦门集美中学：陈庆军、陈茜茜

同安第一中学：江坚智

厦门市同安实验中学：李加前

厦门市瑞景小学：黄芸

厦门市湖里区教师进修学校第二附属小学：陈步华

华侨大学集美附属学校：洪菲菲

六、漳州市（12 人）

漳州市教育科学研究院：白云、李都明、林厦门

漳州第一中学：李玉、林丽娟

漳州市第五中学：卢英明

漳州古雷港经济开发区古雷港中学：林水火

云霄云陵工业开发区第一学校：黄敬辉

东山第一中学：蔡明忠

厦门大学附属实验中学：林运来

漳州市实验小学：林巧青

南靖县实验小学：张宏伟

七、泉州市（22 人）

泉州市教育科学研究所：刘德华、汤向明、谢贵荣

泉州市丰泽区教师进修学校：张彩琴

晋江市教师进修学校：施丽聪

石狮市教师进修学校：黄雅芳
泉州第一中学：张向东、尤飞鹏、石志新
泉州市第七中学：郑芳卉
泉州第十一中学：张益乡
泉州市晋光小学：刘小五
石狮市实验中学：施清杯
晋江市第一中学：鲍国富
晋江市养正中学：汪波
南安第一中学：洪丽敏
泉州市丰泽区第二实验小学：李冬梅
泉州市丰泽区第八中心小学：郑劭煌
丰泽区湖心实验小学：侯逸华
晋江市实验小学：姚育晓
泉州市实验幼儿园：郭冰清
泉州幼儿师范高等专科学校附属东海湾实验幼儿园：李志英

八、三明市（8 人）

三明市三元区教师进修学校：朱毅鸿
三明市第二中学：郑昌洋
永安市第一中学：黄华文
永安第三中学：李哲治
清流县第一中学：邓谋雨
三明市实验小学：林秀萍
三明学院附属小学：曾扬明
三明市实验幼儿园：林晓丰

九、莆田市（8 人）

莆田市教师进修学院：林庆新
莆田第四中学：郑金山
莆田第五中学：林建明
莆田第八中学：蔡文华
福建省仙游第一中学：卢金飞、陈炳泉
莆田市城厢区第一实验小学：郑玉贞
莆田市城厢区筱塘小学：陈峻英

十、南平市（8 人）

南平市教师进修学院：邹定琴
福建省南平市第三中学：方秀红
建瓯市第二中学：冯青
松溪第一中学：黄秀芝
建瓯市第一小学：叶杨荣
建瓯市建安街道中心小学：张华
南平师范学校附属小学：连秋凤
南平市实验幼儿园：张晓霞

十一、龙岩市（10 人）

龙岩市教育科学研究院：游爱娇
龙岩市新罗区教师进修学校：林爱村
龙岩第一中学：钟华胜
龙岩市第一中学锦山学校：邓秀荫
龙岩市第二中学：林立琼
龙岩市永定区培丰中学：赖天浪
上杭县第一中学：陈玉生、李义初
龙岩市实验小学：陈莹玉
武平县城厢中心学校：陈伟光

十二、宁德市（9 人）

福安市教师进修学校：苏培园
福建省宁德第一中学：陈春
东侨经济技术开发区中学：余爱惠
福鼎市第一中学：林贵台
福安市实验小学教育集团：王金花
福鼎市实验小学：纪素芳
福鼎市桐南小学：朱晓华
福鼎市白琳中心小学：叶传意
柘荣县第三小学：游爱金

十三、平潭综合实验区（2 人）

平潭城中小学：林彩英、林爱淋

（摘编：刘红波）

福建省幼儿园高级教师专业技术职务任职资格人员名单

2022年7月12日福建省人力资源和社会保障厅下发《关于批准确认沈婉冰等7位同志幼儿园高级教师专业技术职务任职资格的通知》（闽人社批复〔2022〕364号）提出，经研究，批准确认由2021年度省直机关幼儿园教师高级职称评审委员会评审通过的沈婉冰等7位同志幼儿园高级教师专业技术职务任职资格。任职资格确认时间为2022年6月17日，现予公布，名单如下：

一、省机关事务管理局（3人）

福建省直属机关幼儿园：沈婉冰

福建省直屏东幼儿园：陈丽云

福建省直广厦幼儿园：陈丹鸿

二、省妇联（3人）

福建省实验幼儿园：陈婷

福建省儿童保育院：卢曦

福建省金山幼儿园：庄秀萍

三、省残联（1人）

福建省福乐幼儿园：赖淑芳

（摘编：刘红波）

第四届“科学探索奖”福建获奖名单

2022年9月15日，第四届“科学探索奖”获奖名单揭晓。50位青年科学家榜上有名，其中包括周大旺、李剑锋、侯旭等三位厦大教授。

“科学探索奖”于2018年设立，面向基础科学和前沿技术领域，支持在中国内地及港澳地区全职工作、45周岁及以下的青年科技工作者，每年遴选不超过50位获奖者。

厦门大学生命科学学院教授周大旺长期聚焦Hippo信号通路如何调控肝脏尺寸大小与肿瘤起始发生的科学问题开展系列研究，入选教育部长江学者特聘教授，获得国家杰出青年科学基金，荣获中国细胞生物学学会普洛麦格创新奖。

厦门大学化学化工学院/能源学院教授李剑锋长期从事电化学拉曼光谱相关研究，建立了系列高灵敏、高空间分辨的壳层隔绝纳米结构增强光谱新方法，突破表面增强拉曼光谱长期存在的材料和形貌普适性差、无法广泛应用的瓶颈。他从分子水平揭示了能源催化反应中界面水分子构型和反应中间物种与催化性能的关联，为阐明电化学界长期争议的反应机理提供了直接证据。同时还致力于推动拉曼光谱在公共安全和医疗健康领域的产业化应用。

厦门大学化学化工学院/物理科学与技术学院教授侯旭长期致力于仿生液基材料系统的科学与技术研究，曾获得国家杰出青年科学基金，荣获全国创新争先奖。他还担任厦门大学电化学科学与工程研究所所长、固体表面物理化学国家重点实验室副主任、Chinese Chemical Letters副主编、中国化学会仿生材料化学委员会委员等。

（摘编：吴强）

第一届中国科技青年论坛福建省获奖名单

福建省科协消息，2022年11月21日，中国科协办公厅公布第一届中国科技青年论坛获奖名单，由省科协推荐的侯旭、游伟伟、付志飞、杜鹏程等4名青年科技人才在专题分论坛演讲环节表现优异，均榜上有名。其中，厦门大学侯旭、游伟伟和福建医科大学付志飞荣获二等奖，中核集团福建福清核电有限公司杜鹏程荣获三等奖。福建省科协荣获“优秀组织单位”称号。

中国科技青年论坛由中国科协主办，致力于打造青年人才交流观点、分享心得、碰撞思想的平台。本届论坛主题为“自立自强，创见未来”，参与对象为各领域、各行业40周岁以下的青年科研团队负责人、科技人才、卓越工程师、高技能人才、科技管理人才以及科协系统干部等。

（摘编：周忠志）

第十七届中国青年科技奖福建省获奖名单

2022年11月12日，第十七届中国青年科技奖揭晓，并在浙江温州召开的2022世界青年科学家峰会开幕式上颁奖。厦门大学推荐的厦门大学尤延铖教授、福建省科协推荐的福建农林大学徐通达教授荣获该奖项。

尤延铖，现任厦门大学航空航天学院党委副书记、常务副院长，教育部“长江学者”特聘教授，博士生导师。尤延铖长期从事空气动力学理论、内外流一体化设计等方面应用基础研究；主持完成装备预先研究、国家重大科技专项基础研究、基础加强重点项目、科工局国防基础科研项目、国家自然基金联合基金重点项目等科研课题40余项，发表国内外期刊论文40余篇，出版专著1部，授权国家发明专利70余项。现任高等院校航空航天专业教学指导委员会委员、中国科协航空发动机产学联合体专家委员会委员。

徐通达，现任福建农林大学教授，博士生导师，福建农林大学未来技术学院海峡联合研究院副院长、国家自然基金委优秀青年基金项目获得者、入选国家级人才、闽江学者特聘教授，中国植物生理和分子生物学学会常务理事。徐通达长期聚焦植物核心激素生长素调控细胞命运机理的基础科学问题，首次发现植物生长素细胞膜信号通路，为解析植物生长调控机理及解决农业产业重大问题提供新突破口。他主持国家自然基金委重点项目等，共发表学术论文30余篇。

（摘编：周忠志）

第39届全国中学生物理竞赛决赛福建学子斩获佳绩

2022年11月6日，第39届全国中学生物理竞赛决赛圆满结束。福建省科协发布，我省15名高中生代表福建省参加决赛，共获得2枚金牌、12枚银牌、1枚铜牌，其中厦门一中庄泓昊同学、福州三中刘简同学获得金牌，庄泓昊同学进入国家集训队。这是近10年来我省在这项赛事中取得的最好成绩。

全国中学生物理竞赛是全国中学生五项学科竞赛之一，是国内中学生物理最高级别赛事。福建赛区竞赛工作由福建省科协组织管理、监督保障，具体赛事由省物理学会承办。今年我省有1万多名高中生参赛，经预赛和复赛等层层选拔，推荐优秀选手组成福建省代表队参加今年全国决赛。

（摘编：周忠志）

第八届中国工艺美术大师福建省入选名单

2022年8月5日，中国轻工业联合会发布公告，确定第八届中国工艺美术大师名单，全国共108人获此殊荣。我省推荐的13名候选人中有11人入选，分别是：刘传斌、许瑞峰、吴文忠、吴德强、宋春国、张木芳、张建奎、陈明志、林建胜、郑则评、袁师永，入选人数与江苏省并列全国各省（区、市）第一位。

按行业分，我省的11名人选中，寿山石雕3名、木牙雕3名、工艺陶瓷2名、石雕2名、漆艺1名；按地区分，福州市4名、泉州市4名、莆田市2名、南平市1名。至此，我省荣获“中国工艺美术大师”称号的人数增至60名，居全国前列。

中国工艺美术大师是工艺美术行业的最高荣誉，是德艺双馨工艺美术从业者的典型代表。自1979年起，每4年评选一次，至今共评选8届，第七届开始由中国轻工业联合会组织评审。

（摘编：彭金龙）

2022年福建省予以通报表扬的科技特派员名单

2022年8月15日福建省科学技术厅、中共福建省委组织部、福建省发展和改革委员会、福建省教育厅、福建省财政厅、福建省人力资源和社会保障厅、福建省农业农村厅印发《关于通报表扬一批科技特派员的通知》（闽科农〔2022〕7号）提出，根据省科技厅等单位《关于联合开展“最美科技特派员”学习宣传活动的通知》（闽科农〔2022〕6号）精神，经广泛发动、层层推荐、资格审核、专家遴选、公开公示等程序，福建省科技特派员工作联席会议成员单位决定联合对丁铮等150名优秀科技特派员予以通报表扬。

予以通报表扬的科技特派员名单

（按姓氏笔画为序）

丁　铮　福建农林大学艺术学院、园林学院（合署）教授

于　艳　福建省罗源县百谷农业发展有限公司总经理

王　凡　福建省水产技术推广总站科长、高级工程师

王长方　福建省农业科学院植物保护研究所研究员

王文磊　集美大学教授

王火生　福建工程学院材料科学与工程学院副教授

王会全　福建农业职业技术学院园艺园林学院副院长、副教授

王连登　福州大学机械工程及自动化学院副教授

王春忠　莆田市水产科学研究所副所长、研究员

王剑磊　中国科学院福建物质结构研究所高级工程师

王维奇　福建师范大学地理科学学院研究员

王朝新　福鼎市水产技术推广站站长

王惠新　福建省旺佳农业科技有限公司董事长、正高级农艺师

尤颖哲　漳州市水产技术推广站站长、教授级高级工程师

孔祥锋　闽侯县乡村振兴促进会会长

卢政辉　福建省农业科学院食用菌研究所高级工程师

叶大鹏　福建农林大学机电工程学院院长、教授

叶　炜　三明市农业科学研究院药植物研究所所长、副研究员

叶祖云　宁德师范学院福建省特色药用植物工程技术研究中心主任、教授

白伟辉　厦门国贸教育集团有限公司综合管理部副总经理

冯冬林　福建农业职业技术学院教学科研处副处长、副教授

庄卫东　泉州市农业科学研究所所长、教授级高级农艺师

庄飞云　中国农业科学院蔬菜花卉研究所研究员

刘以凡　福州大学环境与安全工程学院副研究员

刘建福　华侨大学园艺科学与工程研究所副所长、副教授

刘梦莹　南平市绿色食品发展中心农艺师

刘康林　福州大学教授

刘新永　福建省农业科学院农业经济与科技信息研究所副编审

江　斌　清流县莲花山省级自然保护区服务中心主任、高级工程师

江　斌　福建省农业科学院畜牧兽医研究所教授级高级兽医师

许伟坚　集美大学海洋信息工程学院副教授

阮美英　宁德市蕉城区畜牧兽医站农业技术推广研究员

纪荣昌　福建省农业科学院作物研究所副研究员

苏经迁　福建师范大学生命科学学院副教授

李文杨　福建省农业科学院畜牧兽医研究所副研究员

李　健　集美大学海洋食品与生物工程学院副院长、教授

李清华　福建省农业科学院土壤肥料研究所副研究员

李　琦　厦门南方海洋研究中心助理工程师

李　磊　厦门大学材料学院教授

杨小浪　闽清县三农服务超市、福建引凤优选农业科技有限公司总经理、中级农艺师

杨哲安　平潭综合实验区金融创新服务中心有限责任公司总经理

连　捷　福建商学院工商管理学院副教授

肖志勇　福建拓天生物科技有限公司总经理、高级工程师

肖旺钏　三明学院资源与化工学院教授

吴则焰　福建农林大学生命科学学院教授、博士生导师

吴伟民　福建水利电力职业技术学院继续教育中心主任、教授、高级工程师

吴兴荣　溪客绿星创天地总经理

吴寿华　宁德市扶贫开发服务中心主任、高级农艺师

吴志源　福建省农业科学院水稻研究所助理研究员

吴丽云　福建省微生物研究所教授级高级工程师

吴良如　国家林业和草原局竹子研究开发中心研究员

吴良泉　福建农林大学讲师

吴建设　福建省农业科学院作物研究所研究员

何水林　福建农林大学教授、博士生导师

余文琴　福建农林大学园艺学院教授

余盛良　武夷山市武夷街道八角亭社区居委会主任、书记、高级制茶工程师

张　晨　闽江学院材料与化学工程学院副研究员

张飞萍　福建农林大学林学院院长、教授

张见明　武夷学院高级农艺师

张红月　闽江学院测绘工程系讲师

张迎新　南平市科学技术情报研究所科员、工程师

张招娟　福建农林大学高级实验师

张　怡　福建农林大学食品科学学院副院长、教授

张建福　福建省农业科学院水稻研究所所长、研究员

张瑞芬　福建水利电力职业技术学院教务处副处长、教授、高级工程师

陈义挺　福建省农业科学院果树研究所副研究员

陈元镇　福建林业职业技术学院继续教育学院副院长、副教授

陈艺杰　福建农林大学金山学院辅导员、助教

陈文胜　福建农业职业技术学院现代农业工程学院院长、教授

陈仕玺　厦门大学海洋与地球学院教授

陈汉鑫　漳州市农业科学研究所副研究员

陈永聪　福建省农业科学院生物技术研究所农艺师

陈兆芳　福建工程学院副教授

陈国爱　福建湛峰茶业有限公司董事长、高级制茶工程师

陈忠士　福建船政交通职业学院教授、高级工程师

陈常颂　福建省农业科学院茶叶研究所所长、研究员

陈清西　福建农林大学园艺学院院长、教授

陈　琳　南平市武夷旅游商贸学校中级讲师、

高级物流师、高级营销员

陈蕙如　泉州市本草赋医药科技有限公司总经理、高级研究员、博士

武永华　福建江夏学院副教授

林子龙　龙岩市农业科学研究所副研究员

林　生　福建农林大学生命科学学院副教授

林江富　漳州科技职业学院艺术设计与建筑学院讲师、高级工程师

林丽艳　霞浦县农业技术和农村产业发展服务中心高级农艺师

林岐舟　南靖串野果竹开发有限公司植物保护技术研究员

林君盈　福州文武雪峰农场有限公司总裁

林国松　福州理工学院副教授

林忠宁　福建省农业科学院农业生态研究所副研究员

林荣川　集美大学教授、高级技工

林荣溪　福建八马茶业有限公司副总经理、高级制茶工程师、高级农艺师

林秋敏　福建农业职业技术学院动物科技学院专职副书记、副教授

林美珍　漳州卫生职业学院教授

林　娟　福建省特种设备检验研究院检验员、高级工程师

林章武　莆田市科技情报研究所所长、副研究员

林智敏　福建省农业科学院生物技术研究所副研究员

欧建德　明溪县林业科技中心主任、教授级高级工程师

罗文彬　福建省农业科学院作物研究所副研究员

罗智骁　龙岩技师学院图书馆副馆长、高级工程师、高级实习指导教师

金文松　福建农林大学助理研究员、福建农林大学（古田）菌业研究院副院长

周丹蓉　福建省农业科学院果树研究所副研究员

周　鹏　福建省农业科学院水稻研究所助理研究员

郑百龙　福建省农业科学院农业经济与科技信息研究所教授级高级农艺师

郑宜清　宁德市农业科学研究所教授级高级农艺师

郑诚乐　福建农林大学园艺学院教授

郑海平　泉州市林业局二级主任科员、驻洛江区河市镇白洋村党支部书记助理、博士

郑辉东　福州大学石油化工学院教授

郝明灼　南京林业大学林学院副教授、国家冬青工程中心副主任

柯庆明　莆田市农业科学研究所研究员

钟凤林　福建农林大学教授

侯晓龙　福建农林大学林学院副教授

施龙清　福建省农业科学院水稻研究所助理研究员

姚运法　福建省农业科学院亚热带农业研究所助理研究员

倪　林　福建农林大学植物保护学院副教授

徐良年　福建农林大学国家甘蔗工程技术研究中心副研究员

徐继林　宁波大学教师、研究员

徐　磊　福建农业职业技术学院动物科技学院教授

高　浩　三明学院机电工程学院院长、教授、教授级高级工程师

郭玉琼　福建农林大学园艺学院副院长、教授

唐　旭　自然资源部第三海洋研究所研究员级高级工程师

唐　星　厦门市农业综合执法支队农产品质量执法科科长

陶永新　福建农林大学园艺学院副教授

黄永春　集美大学教授

黄欣乐　福建省农业科学院农业经济与科技信息研究所助理研究员

黄荣裕　厦门大学生命科学学院高级工程师

黄俊义　闽南师范大学副研究员、高级农艺师

黄梓良　福建林业职业技术学院副教授

黄献光　福建省农业科学院副研究员

黄翠琴　龙岩学院生命科学学院院长、教授

黄　镇　福建师范大学生命科学学院副教授

曹海青　南平市延平区农业农村局农技推广中心主任、教授级高级农艺师

曹碧凤　永安市林业局竹业开发办主任、营林高级工程师

常　发　福建工程学院材料科学与工程学院讲师

傅丽君　莆田学院教授

曾孟祥　厦门理工学院环境科学与工程学院高级实验师

游惠明　福建省林业科学研究院工程师

蓝养金　龙岩市农产品质量安全检验检测中心兽医师

赖正锋　福建省农业科学院亚热带农业研究所副研究员

赖瑞云　福建省亚热带植物研究所副研究员

赖谱富　福建省农业科学院农业工程技术研究所副所长、副研究员

詹兴堆　三明市茶叶技术推广站站长、正高级农艺师

廖荣周　将乐县农业科学研究所所长、高级农艺师

熊成华　松溪县中等职业技术学校高级讲师

Zuzana Pavlonova
潘淑娜　厦门市外国人才服务站服务顾问、厦门筼筜街道官任国际社区境外主任助理

潘腾飞　福建农林大学园艺学院园艺系讲师

薛　山　闽南师范大学生物科学与技术学院副教授

薛彦斌　福建商学院信息工程学院讲师

薛凌展　福建省淡水水产研究所副研究员

霍光磊　福建（泉州）哈工大工程技术研究院技术副总监

魏仕斌　福建省长汀县鸿鑫食用菌有限公司董事长、经作农艺师

魏莎莎　集美大学海洋装备与机械工程学院副教授

（摘编：苏建平）

中国农技协百强乡土人才福建省获评名单

2022年11月7日福建省科协消息，日前，中国农村专业技术协会公布选树为中国农技协百强乡土人才的100位同志，我省5位同志上榜。

福建省农技协积极开展乡土人才推介活动，经过精心选拔，最终有5位同志获评中国农技协百强乡土人才，他们分别是：厦门三秀山蔬菜专业合作社领办人郭永远，晋江市磁灶镇李锦成农场场长李锦成，福建金品农业科技股份有限公司副总经理兼技术总监、副研究员邵贵荣，永春云河白番鸭保种繁育股份有限公司总经理、永春白番鸭养殖协会会长巫金春，福清市渔溪郑为平家庭农场负责人、福清龙眼科技小院依托单位负责人郑为平。

（摘编：苏建平）

福建省“最美科技特派员”名单

2022年8月15日福建省科技厅、省委组织部、省委宣传部、省发展改革委、省教育厅、省财政厅、省人力资源社会保障厅、省农业农村厅印发《关于公布福建省“最美科技特派员”名单的通知》（闽科农〔2022〕8号）提出，经广泛发动、层层推荐、资格审核、专家遴选、公开公示等程序，最终评选产生了林占熺等50名福建省“最美科技特派员”，名单如下。

福建省“最美科技特派员”名单

（排名不分先后）

林占熺　福建农林大学菌草国家工程技术研究中心首席专家、研究员

廖　红　福建农林大学二级教授

苏海兰　福建省农业科学院农业生物资源研究所高级农艺师

谢福鑫　南平市农业农村局原副调研员、教授级高级农艺师

詹夷生　南平市林业局原副局长、高级工程师

刘瑞璧　福建省南平市农业学校副校长

刘国英　武夷山市农业科学研究所高级农艺师

高允旺　顺昌县大历镇乡村振兴发展中心教授级高级农经师

刘家富　宁德市水产技术推广站二级农业技术推广研究员

黄新忠　福建省农业科学院果树研究所研究员

吴敬才　福建省农业科学院教授级高级农艺师

江文清　南平市农业科学研究所研究员

林戎斌　福建省农业科学院土壤肥料研究所高级农艺师

陈文靖　南平市延平区林木种苗站副站长

郑承根　福建省南平市农业学校高级农艺师

倪济民　顺昌县高阳乡乡村振兴发展中心主任、高级农艺师

刘端华　福建省南平市农业科学研究所高级农艺师

李　晔　仙芝科技（福建）股份有限公司董事长、推广研究员

孙威江　福建农林大学园艺学院教授

刘　景　福建省农业科学院畜牧兽医研究所副研究员

应薛养　福建省南平市农业科学研究所副研究员

陈克华　邵武市沿山镇乡村振兴发展中心高级农艺师

陈国兴　福建省建瓯市林业局高级工程师

叶　新　南平市建阳区崇雒乡乡村振兴发展中心高级农艺师

吴飞龙　福建省农业科学院农业工程技术研究所助理研究员

罗土炎　福建省农业科学院农业质量标准与检测技术研究所研究员

卢新坤　福建省农业科学院果树研究所教授级高级农艺师

王振康　福建省农业科学院茶叶研究所高级农艺师

胡开辉　福建农林大学生命科学学院教授

朱朝枝　福建农林大学教授

张国防　福建农林大学新农村发展研究院副院长、教授

陈秀娟　福州市蔬菜科学研究所所长、推广

研究员

杨　慧　福建农业职业技术学院产教融合中心主任、三级教授

洪永辉　福建省龙岩市林业种苗站教授级高级工程师（二级）

廖桂明　龙岩市经济作物技术推广站高级农艺师

邹泽昌　福建船政交通职业学院副教授

康英德　厦门百利控股有限公司总经理

黄瑞宝　漳州钜宝生物科技有限公司董事长

倪　辉　集美大学海洋食品与生物工程学院副院长、教授

吴辉木　泉州泉港涂岭红茶叶专业合作社技术主管、高级农艺师

吴立新　中国科学院福建物质结构研究所研究员

吴立东　三明市农业科学研究院蔬菜所副所长、副研究员

王　戈　国际竹藤中心研究员

原瑞芬　莆田市农业生态环境与能源技术推广站高级农艺师

许伟东　莆田市农业技术推广站教授级高级农艺师

张富民　福安市农业服务中心高级农艺师

罗学涛　厦门大学材料学院教授

汪少芸　福州大学生物科学与工程学院执行院长、二级教授、博士生导师

卢玉栋　福建师范大学化学与材料学院教授

陈世辉　福建工程学院机械与汽车工程学院实验中心主任、教授

（摘编：李哲）

福建省社会科学研究系列高级职务任职资格人员名单

2022年1月19日，福建省人力资源和社会保障厅下发《关于批准确认陈燕等6位同志社会科学研究系列高级职务任职资格的通知》（闽人社批复〔2022〕46号）提出，经研究，批准确认全省社会科学研究系列第二十六届高级职务任职资格评审委员会评审通过的陈燕等3位同志的研究员任职资格、刘艳飞等3位同志的副研究员任职资格。任职资格确认时间为2021年12月25日，现予公布，名单如下：

一、研究员（3人）

福建社会科学院：陈燕、张洁

中国进出口银行：郭春松

二、副研究员（3人）

福建社会科学院：刘艳飞、王铀镱

福建师范大学：贺建涛

（摘编：刘红波）

福建省体育科研专业高级职务任职资格人员名单

2022年7月8日福建省人力资源和社会保障厅下发《关于批准确认周丽云同志体育科研专业高级职务任职资格的通知》（闽人社批复〔2022〕354号）提出，经研究，批准确认福建省体育科学研究所周丽云同志体育科研专业副研究员职务任职资格，任职资格确认时间为2021年12月17日，现予公布。

（摘编：余晓楠）

2022 年全国地方戏精粹展演表演艺术传承英才福建省获评名单

2022 年 12 月 6 日福建省文化和旅游厅消息，2022 年全国地方戏精粹展演日前在广西南宁落幕。经专家推举，15 名优秀青年演员从参加展演的 48 个剧目 59 名领衔主演中脱颖而出，被授予“2022 年全国地方戏精粹展演表演艺术传承英才”荣誉称号，我省青年演员李伟强以高甲戏《连升三级·求亲》中贾福古这一经典角色入选。

2022 年全国地方戏精粹展演由文化和旅游部艺术司、广西壮族自治区党委宣传部、广西壮族自治区文化和旅游厅共同主办，是文化和旅游部贯彻落实党的二十大精神的一项务实举措。共有 21 个省区市的 43 个艺术院团、40 个戏曲剧种的剧目（折子戏）参加历时 8 天的展演，集中展示了全国众多地方戏曲的经典作品，尤其注重戏曲绝技绝活的发掘展示。省文旅厅组织推荐的泉州市高甲戏传承中心的高甲戏《连升三级·求亲》和省莆仙戏剧院有限公司的莆仙戏《百花亭》入选并参演。

（摘编：苏建平）

福建省新闻系列高级职务任职资格人员名单

2022年10月25日，福建省人力资源和社会保障厅下发《关于批准确认倪可风等111位同志新闻系列高级职务任职资格的通知》（闽人社批复〔2022〕579号）提出，经研究，批准确认2021年度全省新闻系列高级职务任职资格评审委员会评审通过的倪可风等24位同志的高级编辑、高级记者任职资格，任职资格确认时间为2022年9月22日；批准确认会议评审通过的周福东等87位同志的主任编辑、主任记者任职资格，任职资格确认时间为2022年9月23日，现予公布，名单如下：

一、正高级职称（24人）

（一）福建日报社（2人）

高级编辑：倪可风

高级记者：李珂

（二）福建省广播影视集团（7人）

高级编辑：王萍、唐征宇、唐嫣妮、杨青、叶闽武、张雷、商建汤

（三）福州市（4人）

福州广播电视台

高级编辑：陈建斌、郑继业、史芹

高级记者：林卫军

（四）厦门市（2人）

厦门日报社

高级编辑：杨家慧

厦门广播电视集团

高级编辑：吴木坤

（五）漳州市（1人）

漳州人民广播电台

高级记者：陈鸿滨

（六）泉州市（5人）

泉州晚报社

高级编辑：许志荣、林志党、杨杰

泉州广播电视台

高级编辑：苏兴秋

高级记者：高颖秋

（七）南平市（1人）

南平广播电视台

高级记者：黄旭辉

（八）龙岩市（1人）

闽西日报社

高级编辑：钟德彪

（九）平潭综合实验区（1人）

平潭综合实验区融媒体中心

高级记者：高芳

二、副高级职称（87人）

（一）福建日报社（2人）

主任编辑：周福东、雷光美

（二）福建省广播影视集团（11人）

主任编辑：冯媛媛、徐园媛、周伟亮、姚鹏举、邹蓉、陈真、陈东培、陈赫男、刘君荣

主任记者：林水杰、叶舜祺

（三）福建省教育厅（1人）

福建教育电视台

主任编辑：田伟华

（四）中国海峡人才市场（10人）

福建日报社

主任编辑：龙友情、陈娟

主任记者：王凤山、刘深魁、陈梦婕、卞军凯、林侃、储白珊

石狮日报社

主任编辑：张镒琛

莆田市湄洲日报社

主任记者：许爱琼

（五）**福州市**（8 人）

福建日报社

主任记者：赵锦飞

福州日报社

主任编辑：赵金华

主任记者：杨莹、黄戎杰、陈坚

福州广播电视台

主任编辑：李升

主任记者：陈辉强、王俊俊

（六）**厦门市**（11 人）

厦门日报社

主任编辑：桂芹

厦门晚报社

主任编辑：谢磊

主任记者：王绍亮

厦门广播电视集团

主任编辑：房慧萍、陈文国、王凡

主任记者：林子健、谢芳芳、许晓露、杨林、陈文静

（七）**漳州市**（5 人）

漳州电视台

主任编辑：兰佩蓉

主任记者：曾光炜、刘菁、黄志远、张先进

（八）**泉州市**（17 人）

泉州晚报社

主任编辑：薄鲁晖、王海铭、吴拏云、张咏

主任记者：黄小玲、林福龙、张文璟、陈劲楠、黄宝阳、孙灿芬

泉州广播电视台

主任记者：白高峰、苏文青、郑育超、付利霞、洪泳

晋江经济报社

主任编辑：李剑锋

德化县融媒体中心

主任记者：郑世发

（九）**三明市**（4 人）

三明市融媒体中心

主任编辑：王志德

主任记者：罗鸣灶

三明市沙县区融媒体中心

主任编辑：谢萍

永安市融媒体中心

主任编辑：杨华月

（十）**莆田市**（3 人）

莆田市湄洲日报社

主任记者：刘永福

莆田市广播电视台

主任编辑：胡莎莎

主任记者：黄艳艳

（十一）**南平市**（6 人）

闽北日报社

主任记者：郑金富

南平广播电视台

主任编辑：郑晖

主任记者：吴成来、叶华升、黄益平

建瓯市融媒体中心

主任编辑：官剑英

（十二）**龙岩市**（6 人）

闽西日报社

主任记者：高营光、林阿玲

龙岩电视台

主任编辑：胡志文、吴伟昆

主任记者：邱晶敏

连城县融媒体中心

主任记者：叶先锋

（十三）**宁德市**（3 人）

闽东日报社

主任记者：王志凌

宁德电视台

主任记者：陈欢

屏南县融媒体中心

主任记者：陈章典

（摘编：张捷）

福建省出版系列高级职务任职资格人员名单

2022年12月19日福建省人力资源和社会保障厅下发《关于批准确认何欣等20位同志出版系列高级职务任职资格的通知》（闽人社批复〔2022〕704号）提出，经研究，批准确认2021年度福建省出版系列高级职务任职资格评审委员会评审通过的何欣等4人编审的任职资格、季奎奎等16人副编审的任职资格，确认时间为2022年11月24日，现予公布，名单如下：

一、编审（4人）

海峡出版发行集团：何欣、陈玉龙、郭武、林滨

二、副编审（16人）

（一）省文旅厅：苏金兴

（二）集美大学：孙永泰

（三）海峡出版发行集团：季奎奎、陈稚瑶、叶斌、曾翠华、黄旭凌、骆一峰、周敏、林锦春、李英、谢娟梅、谢道廉、梁靓、詹亮浈、辛丽霞

（摘编：余晓楠）

福建省图书资料系列高级职务任职资格人员名单

2022年9月16日福建省人力资源和社会保障厅下发《关于批准确认赵慧真等30位同志图书资料系列高级职务任职资格的通知》（闽人社批复〔2022〕494号）提出，经研究，批准确认2021年度全省图书资料系列高级职务任职资格评审委员会评审通过的赵慧真同志的研究馆员任职资格、范华秀等29位同志的副研究馆员任职资格。任职资格确认时间为2022年8月28日，现予公布，名单如下：

一、研究馆员（1人）

泉州市

泉州师范学院：赵慧真

二、副研究馆员（29人）

（一）**省文化和旅游厅**（2人）

福建省图书馆：范华秀、潘春辉

（二）**省教育厅**（1人）

福建农业职业技术学院：游开铿

（三）**省属高校**（3人）

福建师范大学：陈明利

闽南师范大学：钟智

福建江夏学院：张林友

（四）**部属高校**（1人）

华侨大学：严栋

（五）**中国海峡人才市场**（1人）

中国科学院福建物质结构研究所：张丽英

（六）**福州市**（4人）

闽江学院：黄燕娟、刘心红

福建省福州屏东中学图书馆：倪慧

海峡寿山石文化研究院：蒋桂英

（七）**厦门市**（3人）

厦门市图书馆：陈璐

厦门市湖里区图书馆：邱洋城

厦门市第三中学：郑巧妙

（八）**泉州市**（7人）

黎明职业大学：陈丽恋、张巧娜

晋江市图书馆：洪碧云

南安市李成智公众图书馆：黄桂治

福建省南安市侨光中学：苏燕斌

德化县图书馆：孙美虹

石狮市图书馆：杨孙超

（九）**三明市**（3人）

三明市图书馆：郑美玉

三明市少儿图书馆：戴明

建宁县图书馆：黄富英

（十）**南平市**（1人）

松溪县图书馆：刘文凤

（十一）**龙岩市**（2人）

龙岩图书馆：陈鸿雁、郑微娜

（十二）**宁德市**（1人）

古田县图书馆：郑建英

（摘编：余晓楠）

福建省文物博物系列副研究馆员任职资格人员名单

2022年10月17日福建省人力资源和社会保障厅批复下发《关于批准确认逯鹏等16位同志文物博物系列副研究馆员任职资格的通知》（闽人社批复〔2022〕547号）提出，经研究，批准确认2021年度全省文物博物系列高级职务任职资格评审委员会评审通过的逯鹏等16位同志的副研究馆员任职资格。任职资格确认时间为2022年9月25日，现予公布，名单如下：

一、厦门市（2人）

厦门市博物馆：逯鹏、高宇

二、泉州市（12人）

福建中国闽台缘博物馆：张敏、黄毅、黄善哲、陈晓岚

泉州市文物考古研究所：郭阿娥、黄伟

晋江市文物保护中心：陈君兰

晋江市博物馆：陈聪艺、林铅海、刘昭斌、张小兰

南安市博物馆：卢培峰

三、龙岩市（2人）

中央苏区（闽西）历史博物馆：邹淑红

长汀县文物保护中心：兰桦文

（摘编：刘红波）

福建省档案系列研究馆员任职资格人员名单

方丽真同志档案系列研究馆员任职资格人员名单

2022年4月6日，福建省人力资源和社会保障厅下发《关于批准确认方丽真同志档案系列研究馆员任职资格的通知》（闽人社批复〔2022〕192号）提出，经研究，批准确认中共福建省委党校、福建行政学院方丽真同志档案系列研究馆员任职资格。任职资格确认时间为2021年12月11日，现予公布。

张洁等65位同志档案系列副研究馆员职务任职资格人员名单

2022年7月12日，福建省人力资源和社会保障厅下发《关于批准确认张洁等65位同志档案系列副研究馆员职务任职资格的通知》（闽人社批复〔2022〕361号）提出，经研究，批准确认2021年度全省档案系列副高级职务任职资格评审委员会评审通过的张洁等65位同志的副研究馆员任职资格。任职资格确认时间为2022年6月30日，现予公布，名单如下：

一、福州市（1人）

闽江师范高等专科学校：张洁

二、厦门市（5人）

厦门第一中学：谢婷雨

厦门大学附属第一医院：郭竞新

厦门市人才服务中心：张晋

厦门双十中学：张毓森

厦门市政工程有限公司：林燕燕

三、漳州市（3人）

平和县机关事业单位社会保险中心：胡文惠

漳州市房产交易中心：朱智斌

漳州市廉政文化教育中心：杨特团

四、泉州市（16人）

泉州市泉港区党群综合服务中心：庄菁

石狮市城建档案馆：周文星

泉州市鲤城区现行文件利用中心：郑慧

晋江市养正中学：龚水英

晋江市西滨镇社会事务服务中心：王振军

泉州台商投资区人力资源服务中心：刘丹婷

惠安县城乡居民社会养老保险中心：林贵忠

泉州市不动产交易登记档案馆：肖劝治

泉州第一中学：梁蓓兰

石狮市职工活动中心：陈琼

安溪县政协机关服务中心：曾彩真

安溪县人才和就业服务中心：林仲城

泉州市城市建设档案馆：温鲤虹

泉州台商投资区档案馆：郑平温

泉州市不动产交易登记档案馆：张文娜

泉州市城乡规划信息中心：吴新蓉

五、三明市（13人）

三明市农业科学研究院：罗志花

三明市第二医院：范小丹

永安市行政服务中心：张勇

三明市文化和旅游服务中心：杨央

三明市劳动人事争议仲裁院：赵闽丽

明溪县职工服务中心：张君锋

三明市公路事业发展中心：黄忠英

清流县融媒体中心：邱东莲

三明市医疗保障基金中心：林国余

明溪县人才人力资源公共服务中心：赖丹香

建宁县警务辅助中心：万秀兰

尤溪县人才发展促进中心：陈丽生

三明市科普服务中心：郑真珠

六、莆田市（3人）

莆田市湄洲湾北岸经济开发区非公有制企业和社会组织工

作委员会办公室：康建凡

莆田市涵江区校外未成年人心理健康辅导站：陈湘萍

莆田市秀屿区军休所：朱淑霖

七、南平市（6人）

南平市第一医院：鄢鲜花

南平市第二医院：张晓君

南平市邵武第一中学：黄小玫

光泽县中医院：黄健秀

武夷学院：林琳

浦城县未成年人思想道德建设中心：陈霞

八、龙岩市（2人）

龙岩市妇幼保健院：廖庆珍

武平县保密技术服务中心：陈向平

九、宁德市（8人）

宁德市城市建设档案馆：刘敏

福鼎市人事考试中心：郑伟

宁德市林业科研与技术推广中心：阮莹

霞浦县数据信息和重点项目服务中心：曾媛媛

周宁县应急救援中心：何礼红

福安市绩效评估中心：胡岩芳

福安市河道堤防服务中心：陈韩锋

福鼎市委组织部信息中心：王谢群

十、福建省教育厅（1人）

福建卫生职业技术学院：朱颜郴

十一、福建省卫生健康委员会（1人）

福建省立医院：陈淑艳

十二、福建省林业局（2人）

福建三明林业学校：何荣财

福州植物园：陈慧如

十三、福建医科大学（1人）

福建医科大学附属口腔医院：杜振强

十四、中国海峡人才市场（2人）

福州市规划设计研究院集团有限公司：余岚

新华社福建分社：沈丹

十五、福建省高速公路集团有限公司（1人）

福建泉厦高速公路管理有限公司：石丽桦

（摘编：周华政）

福建省艺术系列高级职务任职资格人员名单

2022 年 1 月 26 日，福建省人力资源和社会保障厅下发《关于批准确认章品等 42 位同志艺术系列高级职务任职资格的通知》（闽人社批复〔2022〕59 号）提出，经研究，批准确认 2020 年度全省艺术系列高级职务任职资格评审委员会评审通过的章品等 13 位同志的正高级职务任职资格、王英等 29 位同志的副高级职务任职资格。任职资格确认时间为 2022 年 1 月 9 日，现予公布，名单如下：

一、正高级职称（13 人）

（一）**省文化和旅游厅**（6 人）

1. 一级演员：福建人民艺术剧院　章品

福建省杂技团　林伟

福建尹派越剧艺术传承保护中心　毛乐霄、邢丽华

2. 一级演奏员：福建省歌舞剧院　陈速影、毋军

（二）**省文联**（2 人）

一级美术师：福建省画院　刘东方、翁志承

（三）**厦门市**（1 人）

一级艺术管理：厦门艺术学校　林丽珍

（四）**泉州市**（3 人）

1. 一级演员：泉州市南音传承中心　周成在

泉州市提线木偶戏传承保护中心　庄文铁

2. 一级舞美设计师：泉州市高甲戏传承中心　周健行

（五）**宁德市**（1 人）

一级编剧：宁德市剧目工作室　赖玲珠

二、副高级职称（29 人）

（一）**省文化和旅游厅**（10 人）

1. 二级编剧：福建人民艺术剧院　王英

2. 二级演员：福建省歌舞剧院　何弦、罗敏

福建人民艺术剧院　张晓云、梁笑

福建尹派越剧艺术传承保护中心　祝洪波

3. 二级演奏员：福建省歌舞剧院　沈婕

福建尹派越剧艺术传承保护中心　孔佳超

4. 主任舞台技师：福建省歌舞剧院　王乃舜

福建省实验闽剧院　杨凡

（二）**福建省广播影视集团**（1 人）

二级导演：林晓明

（三）**中国海峡人才市场**（1 人）

二级导演：

福建信息职业技术学院（福建平潭一颗洋葱文化传媒有限公司）　张冀

（四）**福州市**（1 人）

二级舞美设计师：福州市闽都文化艺术中心　程静

（五）**厦门市**（5 人）

1. 二级编剧：厦门市台湾艺术研究院　伍晋

2. 二级演员：厦门小白鹭民间舞艺术中心　傅舜国

3. 二级演奏员：厦门歌仔戏研习中心　郑腾飞

厦门市南乐团　陈明红

4. 二级舞美设计师：厦门歌仔戏研习中心　苏嘉莉

（六）**漳州市**（4 人）

1. 二级演员：漳州市布袋木偶传承保护中心　张钊

漳州市歌仔戏（芗剧）传承保护中心　张丽红

云霄县潮剧传承保护中心　林淑玲

2. 二级美术师：漳州市美术馆　林玉梅

（七）泉州市（4人）

1. 二级演员：福建省梨园戏传承中心　郭智峰

泉州市高甲戏传承中心　叶建国

泉州市提线木偶戏传承保护中心　许润明

2. 主任舞台技师：泉州市高甲戏传承中心　林廷厚

（八）莆田市（2人）

二级演员：福建省莆仙戏剧院有限公司　郑仁森

福建省仙游县莆仙戏鲤声艺术传承保护中心　吴荃颖

（九）龙岩市（1人）

二级演奏员：龙岩山歌戏传习中心　曹丽丽

（摘编：苏建平）

福建省主任播音员主持人职务任职资格人员名单

2022年9月6日福建省人力资源和社会保障厅下发《关于批准确认柳研等7位同志主任播音员主持人职务任职资格的通知》（闽人社批复〔2022〕479号）提出，经研究，批准确认2021年度全省播音主持专业高级职务任职资格评审委员会评审通过的柳研等7位同志的主任播音员主持人任职资格。任职资格确认时间为2022年8月3日，现予公布，名单如下：

一、福建省广播影视集团（1人）

柳研

二、福州广播电视台（1人）

白娅莉

三、厦门广播电视集团（2人）

陈珊莉、辛振宇

四、南平广播电视台（2人）

高原、吴莺

五、厦门市同安区融媒体中心（1人）

刘驰

（摘编：苏建平）

福建省表彰“最美医师”颁发2021年福建医学科技奖

2022年8月19日，由省卫健委指导，省医师协会、省医学会主办，福建中医药大学附属人民医院承办的“‘医’心向党、踔厉奋进”2022年“中国医师节”活动大会在福州举行。

会上，表彰慰问了詹美蓉等99名2022年福建省“最美医师”，颁发了“2021年福建医学科技奖”。此次共有41项科技成果荣获“2021年福建医学科技奖”，其中：福建省立医院徐杰、福建医科大学附属协和医院陈椿、福建医科大学附属协和医院杨婷3人主持的项目获得一等奖；福建省肿瘤医院力超、福建医科大学附属协和医院王小众、福建医科大学附属协和医院池畔等10人主持的项目获得二等奖；福建省立医院黄毅、福建医科大学附属第一医院黄菲、福建医科大学附属第二医院黄惠斌等28人主持的项目获得三等奖。

（摘编：康明辉）

福建省盲人医疗按摩专业主治医疗按摩师任职资格人员名单

2022年1月4日，福建省人力资源和社会保障厅下发《关于批准确认张翔骁同志盲人医疗按摩专业主治医疗按摩师任职资格的通知》（闽人社批复〔2022〕4号提出，经研究，批准确认2021年福建省盲人医疗按摩专业中级专业技术职务任职资格评审委员会评审通过的张翔骁同志盲人医疗按摩专业主治医疗按摩师的任职资格。任职资格确认时间为2021年12月12日，现予公布。

（摘编：周华政）

福建省国家级教练职务任职资格人员名单

2022年9月20日，福建省人力资源和社会保障厅下发《关于批准确认黄宝挺等7位同志国家级教练职务任职资格的通知》（闽人社批复〔2022〕510号）提出，经研究，批准确认福建省田径自行车运动管理中心黄宝挺（田径），福建省篮排球运动管理中心池桃莲（排球）、福建省乒羽网运动管理中心胡芝兰（羽毛球）、福建省青少年体育学校陈红（羽毛球）、福建省皮划赛艇运动管理中心刘小辉（皮划艇）、福建省武术运动管理中心吴贤举（武术）、福建省射击射箭运动管理中心林忠仔（射击）等7位同志国家级教练职务任职资格，任职资格确认时间为2021年12月31日，现予公布。

（摘编：周华政）

福建省竞技体育高级教练职务任职资格人员名单

2022年9月26日，福建省人力资源和社会保障厅下发《关于批准确认林建等69名同志竞技体育高级教练职务任职资格的通知》（闽人社批复〔2022〕512号）提出，经研究，批准确认由省体育教练员高级职务任职资格评委会评审通过的林建等69位同志竞技体育高级教练职务任职资格。任职资格确认时间为2022年8月28日，现予公布，名单如下：

一、福州市（6人）

福州市体育运动学校：林建；

福州市重点少年儿童业余体育学校：周越男；

福州市体育工作大队：许姗；

福州市水上运动项目管理中心：柳淑彬；

福州市马尾区少年儿童业余体育学校：黄元贤；

福清市少年儿童业余体育学校：林冕；

二、厦门市（10人）

厦门市水上运动中心：孙银锁；

厦门市体育运动学校：张睿、曹震、林志鹏、林佳跃、胡春红；

厦门市竞技体育发展中心：林清峰、林珍珠、张靓、王磊；

三、漳州市（2人）

漳州市重点少年儿童业余体育学校：金旻、魏如彬；

四、泉州市（5人）

泉州体育运动学校：薛顺斌；

南安市体育学校：李丽珍；

南安市体育学校：刘长江；

惠安县青少年业余体育学校：张碧丽；

永春县少体校：李晓君；

五、三明市（6人）

三明市少年儿童业余体育学校：林敬伟、李少君；

三明市三元区少年儿童业余体育学校：王琳；

明溪县少年儿童业余体育学校：黄燕悦；

大田县少年儿童业余体育学校：池其衔；

将乐县少年儿童业余体育学校：李斌；

六、莆田市（4人）

莆田体育运动学校：陈秀华、刘东山、林洪图、吴金煌；

七、龙岩市（7人）

龙岩体育运动学校：王聪明、林新晖、姚植明；

龙岩市永定区少年儿童体育学校：曾昭湘；

龙岩市永定区体育中心：林薏婷；

漳平市少年业余体育学校：林永华；

武平县少年儿童体育学校：练建斌；

八、宁德市（3人）

宁德市少年体育运动学校：苏闽英；

福安市少年儿童业余体育学校：徐雪珍；

周宁县少年儿童业余体育学校：张铭；

九、福建省体育局（26人）

福建省篮排球运动管理中心：沈泽、陈志锦、王仕岩；

福建省乒羽网运动管理中心：颜开、蔡佳妮；

福建省体操技巧运动管理中心：郭俊；

福建省武术运动管理中心：林莺、林凡、张庆军；

福建省田径自行车运动管理中心：姚月华、兰应汹、尤汉山；

福建省帆船帆板运动管理中心：经细阳、林

武智、王国兴；

福建省游泳跳水运动管理中心：任炜、施银行、洪跃伟；

福建省射击射箭运动管理中心：宋妍、白一廷；

福建省举重运动管理中心：吴美锦；

福建省青少年体育学校：唐小榆、伍文梅、林羡玲、郭馨、王勇。

（摘编：余晓楠）

图书在版编目（CIP）数据

2023福建社会发展年鉴/《福建社会发展年鉴》编委会编.—福州：福建科学技术出版社，2024.3

ISBN 978-7-5335-7204-4

Ⅰ.①2… Ⅱ.①福… Ⅲ.①社会发展－福建－2023－年鉴 Ⅳ.①D675.7-54

中国国家版本馆CIP数据核字（2024）第035288号

书　　名　**2023福建社会发展年鉴**
编　　者　《福建社会发展年鉴》编委会
协　　编　福建省海峡数据信息中心
　　　　　　福建省产业经济发展促进会
出版发行　福建科学技术出版社
社　　址　福州市东水路76号（邮编350001）
网　　址　www.fjstp.com
经　　销　福建新华发行（集团）有限责任公司
印　　刷　福州力人彩印有限公司
开　　本　889毫米×1194毫米　1/16
印　　张　47
字　　数　900千字
插　　页　4
版　　次　2024年3月第1版
印　　次　2024年3月第1次印刷
书　　号　ISBN 978-7-5335-7204-4
定　　价　493.00元（含光盘）